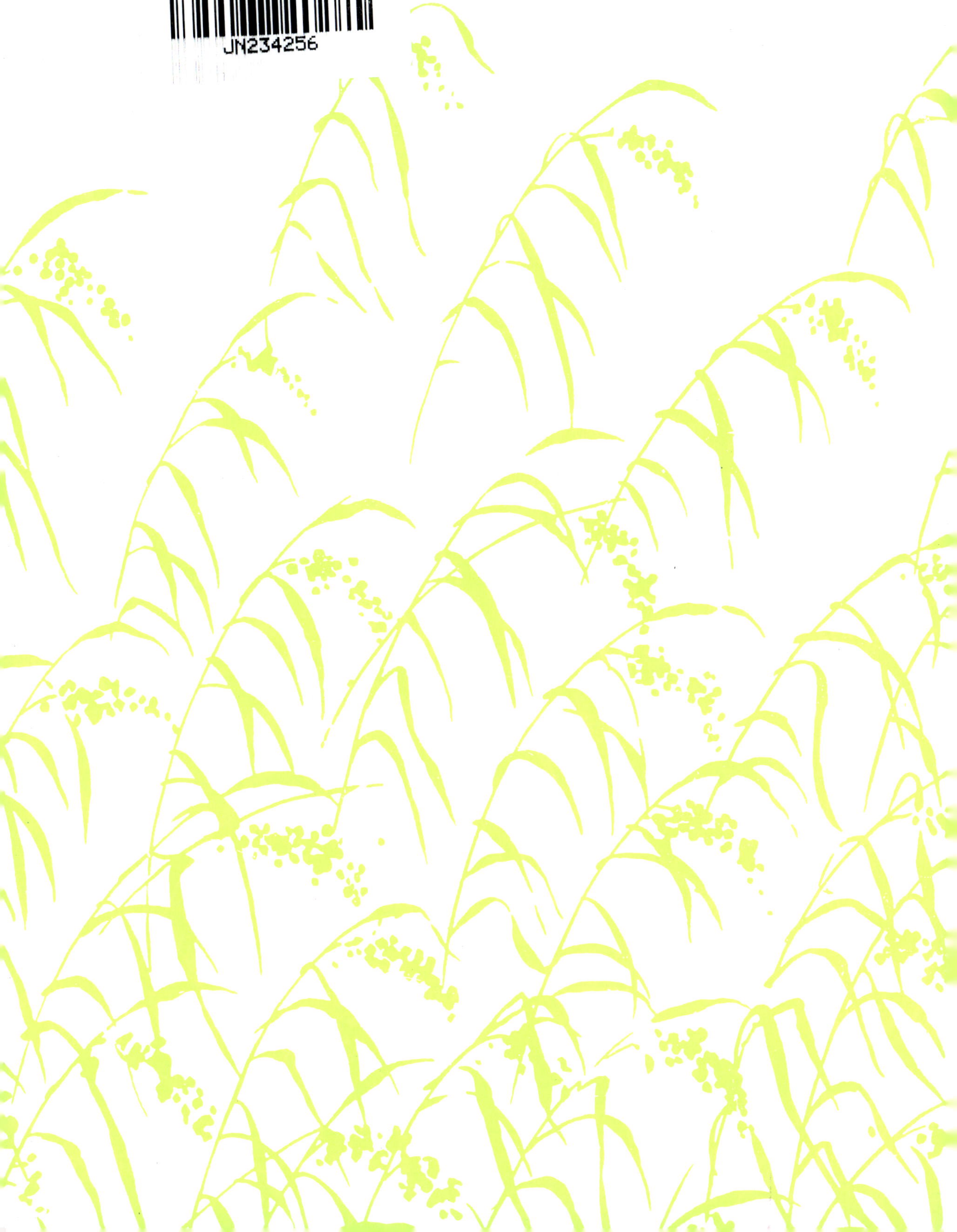

江戸時代 人づくり風土記 ㊿ 総索引付き

# 近世日本の地域づくり

200のテーマ

［監修］
会田雄次　京都大学名誉教授
大石慎三郎　学習院大学名誉教授
林英夫　立教大学名誉教授

# はじめに

監修　立教大学名誉教授　林英夫

『江戸時代人づくり風土記』は、次のような基本的な考え方で編集が進められてきた。

　教育には、二つの種類がある。一つは、達成目標を決め、その目的に添うように、方法や技術を尽くして努力するもの。ここではもっぱら目標を達成できたかどうかが問題にされる。もう一つは、教育しているなどとは少しも思っていないのに、たくまずして誰かが誰かを教育しているという教育である。どちらがいいというような性質のものではないが、現在は目標や達成率にあまりにこだわり過ぎているのではないか。たくまずして誰かが誰かを教育しているという、そんな環境や条件は何によってもたらされるのであろうか。「人づくり」に注目した理由がここにある。

　たくらまない「人づくり」というのは、言語矛盾であって、じつは人はつくられるのではなくて、できるものだ。子が自ら育っていく力をまず信頼する。そして、親（大人、地域）は、その力が一層発揮されるような場をつくってやる。この関係はイネづくりに似ている。イネづくりとはイネをつくることではなくて、田をつくることである。田をつくることによってイネができる。「人づくり」というとき、つくるとは決して画一的に鋳型にはめてつくるようなことではなく、多様な人材がおのずとできてくるような場をつくるということである。場は学校教育ばかりではなく、広く人が育つ場を視野に入れなければならない。人が育つ場は国という抽象的な場ではなく、具体的な地域のほかにはない。

　戦後「民主主義」教育は、文部省による一元的な指導要項の設定で、戦前の富国強兵という国是とは別の意味の画一化への道を歩むことになった。高度経済成長の伸展とともに地域は、急速に個性を失っていった。教育の地域離れが進み、人が育つ場としての地域そのものが弱体化した。

　教育を教える側からではなく、人が育つ場の側から考える。人は地域で育つのだから、人をつくるには地域をつくらなければならない。地域のすみずみに分け入って、地域が教育に持つ力を発掘すること、それが企画意図であり、「人づくり風土記」と名付けた所以でもあった。

　明治以来続いた近代化の過程は、地域の人づくりの基本的な場として機能する力を弱める過程でもあった。高度経済成長は地域の人づくり機能を一挙に壊滅するほどの力を持っていた。その反省の上に立って、私たちは人づくりの原点をあえて江戸時代に求めた。一般に江戸時代は封建の時代、鎖国の時代、士農工商の身分制度の時代として、否定的に捉えられてきた。歴史の進歩を自明のこととする時代には、過去は必ず否定される。しかし、今は歴史の進歩を疑う時代である。未来のために過去を考える時代である。江戸時代を虚心に振り返れば、三百余の藩領ごとに地方分権が行われ、半独立的に行政・経済が運営され、独自の地域振興が蓄積され、多彩な地方文化が花開き、その結果二世紀半にわたる社会的安定が保たれた特異な時代が浮かび上がってくる。

　そうした中で人づくりの場は実に多様であった。村や町の自治と相互扶助の中で人は育った。農業でも商業でも、生業を振興し継承する中で人は育った。地域システムとしての藩校、私塾、寺子屋で人は育った。それぞれの場で人々は、たくまずして、人を育て上げた。地域に根ざした多彩な人づくりのあり方を考える上で、江戸時代から学ぶことは限りなく多い。

　全集の完結にあたって、その発刊意図をもう一度確認するために、地域横断的なテーマによって江戸時代の意義をとらえ、そこから逆に地域の特質を探る『近世日本の地域づくり２００のテーマ』を企画した。人が育つ場としての「地域」、そのような「地域」を育てた先人の営みが具体像をもって、読者諸兄に提示できていれば幸いである。

　ところで、本全集は、発刊いらい十三年の歳月を要したが、この間、中央教育審議会は「生きる力」「みずから学び考える力」などをキーワードとする教育改革の方向をうち出し、二〇〇二年度からは、地域のモノ・コト・人に密着した「総合的な学習の時間」がスタートする。そこでは、みずから調べる探究学習が大切になる。「２００のテーマ」のいずれかを「調べ学習」するさいに、ぜひ江戸時代という特異な時代をも調べてみて欲しい。そのための簡にして要を得た手引きとして本書が使われることを期待する。

# 目次

はじめに…1
本書の利用のしかた…4

## 第1部　近世日本の地域づくり200のテーマ

藩と地域の成立ち…6
1一国一城令　2相次ぐ築城　3城下町の形成　4幕府の体制確立　5藩政の成立　6藩政の基本、農政　7藩政の矛盾　8藩による産業振興　9独特な土地制度　10評定所は最高裁　11お家騒動

開発と環境保全…28
12暴れ川を治める　13水との闘いで得た知恵　14不毛な地を美田に　15活発な新田開発　16治水と新田開発　17新田開発の明暗　18多目的用水路の開発　19溜池の築造で潅漑　20干拓による開発　21石高制　22森林の育成　23飛砂との闘い　24環境保全の努力

人・モノ・情報の交流…54
25全国の街道整備　26整えられた宿駅　27物と文化を運んだ街道　28門前町の賑わい　29在郷町の発展　30沿岸航路の整備　31物流の大動脈、海上交通　32水上交通網の発達　33山国と町を繋いだ水運

自治と助け合い、福祉…72
34天変地異の惨状と救援　35飢饉とその対策　36災害からの復興　37庶民の相互扶助　38年貢減免要求　39権利の主張　40逃散・強訴　41越訴　42国訴　43藩政改革のしわ寄せ

暮らしと楽しみ…92
44町政と自治　45住環境の整備　46共同体と自治　47山の暮らし　48島の暮らし　49働く女性たち　50たくましい女性たち　51子どもの行事　52子どもの学習と遊び　53講のいろいろ　54年中行事　55さまざまな生活習慣　56歌と祈り　57説話・伝説・とんち　58生活から生れた祭　59祭を育てたエネルギー　60農耕行事から伝統芸能へ　61民俗・郷土芸能　62神楽　63歌舞伎　64人形浄瑠璃　65食文化　66観光　67温泉

自給列島産業おこし…140
68財政と金融　69市場と流通　70運輸・通信　71土木・建設　72商業　73貿易　74農業　75畜産　76林業　77海の漁業　78湖・川の漁業　79捕鯨　80養殖漁業　81製鉄　82鋳物　83金銀銅　84石炭　85鉱産物　86造船　87製塩

世界との交わり…180
88漂流民　89来日した外国人　90朝鮮通信使　91シーボルトと支倉常長　92鎖国の中の交流

## 衣食住文化の成熟…190

93麻・麻織物 94養蚕・製糸 95絹織物 96染織 97綿栽培 98木綿織物 99紅花 100藍 101櫨と蝋 102藺草と畳表 103和紙 104木炭・薪 105菜種 106野菜 107果樹 108さつま芋 109茶 110砂糖 111醸造（味噌・醤油・酢） 112清酒 113焼酎・泡盛 114そうめん 115鰹節 116食品各種 117干鰯 118煙草 119薬草 120製薬・売薬 121花と植木 122焼物 123朝鮮文化を発展、陶磁器 124木工品・漆器 125美術工芸品 126特産品

## いきわたる教育…258

127藩校と家臣の教育 128藩校と藩政改革 129庶民に開かれた藩校 130郷学 131私塾の隆盛 132高名な私塾 133ユニークな私塾 134寺子屋の普及 135寺子屋の師弟関係 136宗教教学 137庶民の心を捉えた心学 138社会教育 139武道教育 140家訓・店則

## 学問・文化と情報発信…286

141幕藩体制を支えた学問 142儒学 143国学 144算学 145農学 146医学 147蘭学 148博物学 149暦 150和歌・漢詩 151俳諧 152美術 153茶道 154剣術 155出版・貸本 156地図 157地誌 158図書収集・図書館 159好学な藩主

## 信仰…324

160宗教 161新しい宗教 162庶民の信仰 163山岳信仰 164禁じられた信仰 165神事 166遍路 167お蔭参り

## リーダーたち…340

168地域指導者 169名代官 170地域開拓者 171農業指導者 172義民 173技術者・名工 174豪農 175地域に尽くした商人 176豪商 177思想家 178宗教家 179旅行作家 180役者・力士 181作家・文筆家 182俳人 183測量・地理学者 184漢方医 185蘭方医 186儒学者 187国学者 188蘭学者 189海外体験者 190文人大名 191藩中興の祖 192受難の指導者

## 近代への出発…390

193外国船の渡来 194対外防備 195外国との戦い 196開国と鎖国の終焉 197藩内の分裂 198幕府への叛旗 199世直しと庶民 200内戦から明治へ

# 第2部

江戸時代人づくり風土記総目次…408

江戸時代50科テーマ一覧…453

江戸時代人づくり風土記しおり（月報）一覧…454

江戸時代人づくり風土記執筆者一覧…461

江戸時代人づくり風土記総索引…541


●表紙カバーデザイン・装丁＝ＧＤＩ（グラフィックディメンションズ・釜石征弘）

# 本書の利用のしかた

一、第1部「近世日本の地域づくり200のテーマ」は、江戸時代を読み解き今日に生かすうえで有効な200のテーマを設け、各テーマについて短編物語で分かりやすく解説しています。あわせて、文末に「関連項目」として、『江戸時代人づくり風土記』各都道府県版でそのテーマが取りあげられている箇所を示しました。

二、これにより、課題や関心にあわせて、テーマを①探す→②読む→③調べる、というように学習・探究を深めていくことが可能です。

**①探す** 200のテーマを十三分野に分けて掲載しています。目次から選んでください。例えば、川については⑫・⑬の治水、⑭～⑰の用水・新田開発、⑱・㉜～㉝の水上交通などさまざまなテーマがあります。

**②読む** 各テーマ二ページの解説で、そのテーマの意味と江戸時代の活気ある営みが理解できるように記述しています。例えば、「⑫暴れ川を治める」では、川に秘められた闘いの歴史と、暮らしの知恵、治水技術、先人の業績などを、いくつかの具体的な事例を通じて紹介します。

**③調べる** 「関連項目」にあげた都道府県版を読むことによって、より詳しくテーマを探究し、また全国の地域を比べる調べ学習へと発展させていくことができます。また、第二部の全都道府県版の「総目次」「総索引」から関連箇所を探して調べるができます。

＊

第1部の文中の丸囲み数字は、この文章をつくるに当たって参考または引用させていただいた各文章の所在を表示しています。もとになった文章を書かれた御執筆者各位にこの場を借りて厚く御礼を申し上げます。

# 第1部

近世日本の地域づくり200のテーマ

# 1 一国一城令

慶長《けいちょう》五年（一六〇〇）九月、天下分け目の関ヶ原の戦で東軍が勝利し、以降の政局は徳川家康《いえやす》を中心に推し進められていきました。家康が即座に断行したのは、西軍に参加した大名たちの領地の没収と、東軍にはせ参じた大名たちへの論功行賞です。これは大規模な大名の配置替えを意味していました。江戸に近いところや要衝の地には親藩や譜代《ふだい》大名を置き、江戸から遠隔の地に外様《とざま》大名を配置したのです。

慶長八年、家康は征夷大将軍となって江戸に幕府を開きました。しかし、家康はわずか二年で将軍職を退き、その座を三男の秀忠《ひでただ》に譲ります。家康は、徳川家が公儀《こうぎ》を世襲することを世に示したうえで、大御所《ごしょ》（隠居）として最大の難題である豊臣氏と西国の外様大名を押さえることを一手に引き受け、西国大名を臣従させて豊臣氏を包囲することに全力をあげました。こうして将軍（秀忠）は江戸で東国を、大御所（家康）は駿府《すんぷ》（静岡県）で西国をにらむ、という二元政治が始まったのです（②）。

以後、慶長十一年三月に江戸城増築着手、慶長十五年三月、家康は豊臣包囲と西国鎮護の要として名古屋城の築城を開始しました。そして慶長十九年十月の大坂冬の陣、翌元和《げんな》元年（一六一五）四月の大坂夏の陣を経て五月八日に秀頼《ひでより》と淀殿《よどどの》は自害し豊臣氏は滅亡。これ以後幕末まで、戦争らしい戦争はあとを断ちます。

家康はすばやく動きます。豊臣氏が滅んだ翌六月、「一国一城令」が制定され、領国内の居城以外の城郭は、すべて破壊されることになりました。「一国一城令」は「城割《しろわり》」ともいいます。江戸幕府の大名統制策のひとつで、諸大名の軍事力を押さえることを主な目的として、一領国一城という趣旨にそって制定されました。この威令は、とくに畿内以西に徹底しました。九州、中国、四国方面で、盛んに城郭の建設や修理が行なわれていたからです。制定後数日にして約四百の城が壊されたといわれます。これによって各藩は、一城に機能を集中することになりました。

翌七月に制定された「武家諸法度《はっと》」では、居城の修理は許可制になり、新築を厳禁されました。大坂打倒の余勢を駆って「一国一城令」と「武家諸法度」のセットで戦国的な軍事体制の打破を図り、国内の反幕勢力を一挙に屈服させようとしたのです。

ここでは「一国一城令」が制定される前夜に築城された仙台藩の仙台城と、尾張藩の名古屋城を取りあげ、当時の城の特徴をみましょう。

**伊達政宗《だてまさむね》が構想した仙台城《せんだい》**

仙台藩祖伊達政宗は大きな領地を持つ大名であるだけでなく、外国人から奥州王とよばれ、豊臣秀吉や徳川家康に伍《ご》して天下取りを狙ったともいわれる人物です。

政宗が仙台城の普請《ふしん》をはじめたのは慶長《けいちょう》六年（一六〇一）一月。設計にあたったのは、仙台城築城のために紀州から招聘《しょうへい》された刑部左衛門国次《ひょうぶざえもんくにつぐ》で、天下無双の匠人といわれていました。

本丸の地は西・南・北の三面を人馬の通行が困難な山林で囲まれ、とくに南は龍《たつ》の口《くち》の渓谷、西は奥行き深い山林です。そして前面は六四メートルの断崖で、その前を広瀬《ひろせ》川が流れています。本丸の城地は東西百三十五間《けん》（約二五六・五メートル）、南北百四十七間（約二七九メートル）で、天守閣はないものの諸藩のなかでは最大級の城でした。

城の正門である大手門を入って折れ曲がった坂道を五二七メートル登ると、本丸の詰門《つめもん》に達します。詰門の左右に脇櫓《わきやぐら》があり、さらに進むと本丸の城地に入ります。城地の東北隅に辰《たつ》櫓、東南隅に巽《たつみ》櫓が建ち、ともに三重の櫓でした。西側の西隅には二重の櫓が設けられ、東側の断崖の端に眺望亭がありました。そして城地の北部に能舞台があり、それを前面に本丸の中心の建物である公館がありました。

公館の大広間は縦十七・五間（約三三メートル）、横十三・五間（約二五・六メートル）の桃山式書院づくりで、床面積は畳部分が約二百六十畳、縁側を含めると約四百三十畳におよびました（①）。

### 尾張名古屋《おわりなごや》は城でもつ

名古屋城（愛知版口絵より）

関ヶ原の戦で覇権を握った徳川家康は当初、要害の地としての条件を備えていた尾張の清須《きよす》城を大修理して、西国の大押さえとすることを考えていました。が、清須城は低地に位置しており、つねに洪水の危険にさらされていました。そのため清須城をあきらめ、交通の要地だった名古屋に白羽の矢を立て、家康自ら名古屋の地を見聞。慶《けい》長《ちょう》十五年（一六一〇）から本格的な工事に着手したのです。

のべ五百五十八万五百石《こく》の役夫と総人員二十万人ともいわれる人海戦術により、十七年末には天守閣や諸櫓が完成しました。天守に金の鯱《しゃち》が輝く名古屋城は、壮大なものでした。城は本丸・二の丸・三の丸・西の丸・御《お》深井丸《ふけまる》の五郭に分かれ、城地の中央北寄りに位置する本丸には、天守・小天守・御殿・西南櫓が設けられました。二の丸はそれに続く一段低い東の一角に設けられ、藩主の住居や藩の政庁がつくられました。また、のちに「お城」といわれたこれらの区域を取り囲んで、東西に鉄門、天守の南西に西の丸、北に御深井丸、三の丸が、本丸内堀から南外堀南側の町家に接して建てられました。

こうして慶長十九年、完工なった名古屋城は本丸を中心とした主な城郭のすべてに出撃機能をそなえるなど、きわめて堅固な城でした。そしてこの年、大坂冬の陣の幕が切って落とされたのです（②）。

**関連項目**

①宮城一章1　埼玉一章7　②愛知一章1　大阪二章3　兵庫一章3　香川一章1

# 2 相次ぐ築城

元和《げんな》二年（一六一六）四月の家康の死を境に、二代将軍秀忠《ひでただ》のいわゆる元和政治が軌道に乗りました。元和政治の特色のひとつは、幕府と藩の関係の強化を促進するために、大名に対する統制にいちだんと拍車が加えられたことです。

幕府は外様《とざま》大名に対しては、元和五年に豊臣系の有力大名だった安芸《あき》国広島藩主・福島正則《ふくしままさのり》を減封に処し、ついで信濃《しなの》国（長野県）高井野村に蟄《ちっ》居《きょ》。その領国である芸備《げいび》二国に、譜代《ふだい》大名が配置されました。また、豊臣氏の滅亡によって、家康の孫・松平忠明《まつだいらただあきら》が大坂に移されたのをはじめ、豊臣氏の勢力下にあった播磨《はりま》（兵庫）・和泉《いずみ》（大阪府）・紀伊《きい》（和歌山県）などの畿内やその周辺、さらに東北の出羽《でわ》、九州の豊後《ぶんご》（大分県）、中国の備《びん》後《ご》（広島県）などの諸国に、徳川一門や譜代大名が配置されました。

幕府の統制は、しかし外様大名に対してだけでなく、譜代大名に対しても厳しく行なわれました。譜代大名の転封は、元和二年十件、同三年十四件、同五年二十一件と激増。豊臣氏の勢力圏だった諸国への転封にとどまらず、関東・東海・中部など、本来徳川政権の権力地盤とみられる地方における異動も頻繁でした。

このようにして幕府は、全国支配体制を確立したのですが、諸大名の改易や転封にともなって各地で新城建設ラッシュが起きました。この建設ラッシュは、元和元年に発布された一国一城令と密接な関係があります。この法令によって本城以外の支城を破却したのはもちろんですが、本城自身を交通に便利で城下町が形成しやすい地に移転・新築したり、または改修するケースが多くなったのです。

### 新城建築ラッシュの実例

たとえば兵庫県の明石《あかし》には、すでに高山右近《たかやまうこん》の船上《ふなげ》城がありましたが、元和《げんな》三年（一六一七）、新たに西国街道と瀬戸内海航路を押さえる戦略上の要地に明石城と城下町が建設されました。また赤穂《あこう》城も、浅野長直《あさのながなお》の代にすでにあった掻上《かきあげ》城から千種《ちぐさ》川の三角州上に移転し、慶安《けいあん》元年（一六四八）から寛文《かんぶん》元年（一六六一）にかけて建設されました。龍野《たつの》城は元和三年に本多政朝《ほんだまさとも》によって築城。尼崎《あまがさき》城は元和四年、戸田氏鉄《とだうじかね》が近世以前にすでに建設されていた旧城の城地を広げ、新城を築きました（③）。このほか淡路《あわじ》には、脇坂《わきさか》氏時代（一五八五〜一六〇九）に三熊山山頂に築城されていましたが、阿波《あわ》藩領となって寛永《かんえい》八年（一六三一）に蜂須賀至鎮《はちすかよししげ》が由良《ゆら》城を三熊山麓に移し、平城を構えました（④）。

慶長《けいちょう》十六年（一六一一）に完成した島根県の松江《まつえ》城も、関ヶ原の戦後の新時代に対応するために建設された新城です。中世以来、出雲《いずも》国守護代だった尼子《あまご》氏の居城・広瀬の富田《とだ》城は、要害堅固な山城でした。しかも広瀬は出雲国の東部に片寄っており、交通の便もよくなかったので、新城の地として松江が選ばれたのです。城下町を形成するにも、最適な地でした（⑤）。

ここでは、白漆喰《しっくい》総塗籠《ぬりごめ》に千鳥破風《ちどりはふ》・唐《から》破風を組み合わせた大天守を持つ姫路《ひめじ》城を例に、築城の経過を振り返ってみましょう。

## 姫路城が白鷺《しらさぎ》城となるまで

山陽道と播磨《はりま》灘の喉《のど》元を押さえる播磨は、古代に国衙《こくが》（国ごとに置かれた役所）が置かれていた要衝でした。

この地の姫山には支城が築かれていましたが、天正《てんしょう》八年（一五八〇）四月にこの城を羽柴《はしば》（豊臣）秀吉が黒田孝高《くろだよしたか》から献じられて、三重四階建ての天守閣を持つ城に改築しました。秀吉は築城とともに、城下町も営みます。西国街道沿いの龍野《たつの》町に楽市の制札（許可証）を与え、いろいろな公事《くじ》（税）を免除して領内各地から商人や職人を招いたり、英賀《あが》城下（姫路市）の住民を移住させたりしました。

関ヶ原の戦のあと、姫路城には慶長《けいちょう》五年（一六〇〇）に播磨一国を支配した池田輝政《いけだてるまさ》が入りました。輝政は翌六年に、まず姫山の北を通っていた山陽道を姫山の南に付け替えて大手（正門）を南に面するようにし、また市川を付け替えて、姫山・鷺山を中心とする約三十万坪の地に螺旋《らせん》状に堀と石垣で三重の曲輪《くるわ》をめぐらし、数多くの櫓《やぐら》や門、土塀を設けた総曲輪式の平山城を構築しました。

姫路城（兵庫版口絵より）

広さ約六万坪の内曲輪を本丸・二の丸・三の丸に分け、本丸には、秀吉が構築した天守を解体して五十間《けん》四方に新たに石積みし、その上に外観五層・内部六階・地下一階建ての大天守と、その周囲に小天守三棟を渡櫓で連ねる連立式天守閣を構築しました。

こうした大工事は九年の歳月と延べ二千四百三十万人の労力を投入して、ついに慶長十四年に竣工したのです。

姫路城はその姿から白鷺城とも呼ばれる優美な城として知られており、わが国城郭建築の粋を集めたものです。現在まで残っている数少ない城のひとつで、世界文化遺産に登録されています（②）。

## 陣屋も盛んに建築

城下町の整備・拡大とともに、各主要街道の宿場町が発達してにぎわいを見せるようになりました。これらの宿場町は、関ヶ原の戦以降に江戸幕府が全国的な交通網の整備を図り、宿駅制度を確立する過程で成立し、改編されたと考えられています。その後参勤交代の制度が確立するころには、宿場町の形態も整い、人々を休泊させたり荷物の継ぎ立てを行なうところとして機能していました（①）。

陣屋が盛んに建築されたことも、この時代の特徴といえます。陣屋は、古くは軍兵が駐屯する仮屋・軍営を指しましたが、江戸時代になると城郭のない小藩の大名、交替寄合などの居館をいうようになり、一般には代官や給人が支配地や知行地に置いた役宅・屋敷、また用水の御普請詰所を指すようになりました（③）。

**関連項目**

岩手一章1　群馬一章1　①滋賀一章3　大阪一章3　②兵庫一章2・③3・④4　奈良一章2　鳥取一章1　⑤島根一章1

# 3 城下町の形成

中世の城郭は塀《へい》や山塁《さんるい》をめぐらし、山上に要害を構えて城としました。領主の居館は、普通その山のふもとにあり、城下町は居館の周辺にわずかな根小屋（一種の武家屋敷）集落があった程度でした。

近世に入ると、天正《てんしょう》十六年（一五八八）に出された秀吉の刀狩令《かたながり》に象徴される兵農分離が徹底して行なわれるようになり、新たに消費専門の武士階層が生まれました。諸大名はこの武士階層を家臣団として城下に定住させ、家臣団の消費需要に応じるために、職人や商人を集めて諸産業を奨励しました。近世の城下町は、このようにして発達したのです。そのため近世の城は、中世の軍事性のみを重視した山城にかわって、政治・経済性に優れた交通の要衝に築かれました。一般的に平野の中の小高い台地に築かれたので平山城といいます。

城下町は、町人が商業を営む町屋と武士が住む武家屋敷町地区に大きく分かれ、城を防衛する意味から大きな建物を持つ寺院を集めた寺町もありました。城下町の出入口には木戸が設けられ、町の治安や流通の関門も兼ねているのが普通でした。

城下町はまた、藩の経済を司る重要な役目を持ち、町人がその主役を果たしたのですが、その運営は多くの場合、有力で老練な町人の合議制で行なわれました。しかし、町人の権力や経済力が強力になり過ぎるのを防ぐために、藩は町奉行などを置いて監督指導を行ないました。

そんな体制のなかから、以下のようなさまざまな城下町が生まれてきたのです。

## 各地の有力商人や職人が移り住んだ高知の城下町

関ヶ原の戦の翌年の慶長《けいちょう》六年（一六〇一）、土佐《とさ》に新領主として入国した山内一豊《やまのうちかずとよ》は、前領主の居城だった浦戸《うらど》城を廃し、潮江《うしおえ》川と江《え》ノ口《くち》川にはさまれた大高坂《おおたかさ》山に高知城を築き始めました。築城と同時に、浦戸湾に面した三角州地帯に城下町がつくられました。武家が住む郭中《かちゅう》は、高知城を中心にして南北は河川でさえぎられ、東は堀詰め、西は桝《ます》形で囲む区域を設定しました。町人街は、郭中をはさんで上町と下町に分けています。

郭中の西側に位置する上町方面には、武家の奉公人や足軽が多く住んでいたので、北奉公人町と南奉公人町が設けられました。また水道《すいどう》町は、鏡川から幅八〇センチの水路を開き、城下町に用水を供給したところからその名がつけられました。

郭中に隣接している下町方面には、掛川《かけがわ》町・堺《さかい》町・京町がつくられました。掛川町は藩主の旧領知である遠州《えんしゅう》掛川（静岡県掛川市）から職人を移住させたところ、堺町は泉州《せんしゅう》堺（大阪府堺市）出身の呉服商人が住んだところ、京町は京都の呉服商人である筒井宗泉《つついそうせん》が住んだところです。

新領主である山内一豊が城下町づくりに積極的だったのは、ひとつには兵農分離を徹底するために、家臣団を集住させたかったからです。こうして高知城下は発展し、寛文《かんぶん》五年（一六六五）には二万人を超える城下町となったのです（①）。

## 一万石《ごく》に一町のわりで町づくりされた唐津《からつ》城下町

唐津藩の初代藩主・寺沢志摩守広高《てらさわしまのかみひろたか》は、唐津湾の海岸に突き出た小丘陵の地を選んで慶長《けいちょう》七年（一六〇二）に城を築き始め、七年後の慶長十三年にようやく完成しました。築城と同時に城下町の町割にも着手し、寺沢氏の知行高十二万三千石に対して、一万石につき一町の計算で十二町がつくられました。これらの町は米屋町、呉服町、魚屋町など職業を表わす町名のとおり、その職業に従事する人びとを中心にできた町であり、とくに魚屋は魚屋町以外で店を出すことは禁じられていました。また、材木町は船着き場として繁栄しました。

西と南に堀をめぐらせた城下町には多くの武家屋敷が建ち並び、現在でも城内と呼ばれています。大手門からは東西と南北に通じる道路が設けられ、その周辺に足軽などの組屋敷を置きました。さらに町の東西に東寺町と西寺町を配して、そこに防御のために塀や石垣、溝で囲んだ寺院群を移して、非常の際の備えとしました（②）。

（佐賀版37ページより）

古地図にみる唐津の城下町（鍋島報效会蔵）

### 小藩が分立していた豊前《ぶぜん》・豊後《ぶんご》国の城下町

現在、町全体で歴史的景観を保存している数少ない例として名高い杵築《きつき》藩の城下町は、高台に武家屋敷、谷筋に町人の居住区が集まり、城郭は海に突き出た台地に分離しています。城下の外側は矢来（竹や丸太を縦横に荒く組んでつくった仮の囲い）で囲まれ、城下は武士・町人・寺院の三区画に分かれていました。

城付近の南台や北台には上・中級の武士が、下級武士の屋敷は台地の境や城の下の北浜などに分散され、藩主の菩提寺などの寺院は南台の根元に寺町としてまとめられていました。そして町は三方が海に面しているため、陸路側に六ヵ所の番所を設けて関門にするなど、城下町全体が非常にユニークな計画のもとにつくられていたのです。

滝廉太郎《たきれんたろう》の「荒城の月」で知られる岡藩の城下町竹田《たけだ》は、町と城とが二キロ近くも離れています。城は高い台地の上に築かれ、町は四方を岩山に囲まれた盆地の中につくられました。武士の屋敷は城の周辺や町の東部の山際に殿町として営まれ、町は小規模ながら東西南北に碁盤目の町割がされています。ここでも寺院を一角に集めた寺町がありました（③）。

**関連項目**

宮城一章1　群馬一章1　東京一章1　山梨一章1　三重一章1　滋賀一章1
大阪一章3・二章1・2・3　兵庫一章3　奈良一章2　鳥取一章1　島根一章1
広島一章1　徳島一章1　香川一章1　愛媛一章1　①高知一章1　佐賀一章1
②佐賀一章2　③大分一章2　鹿児島一章1

# 4 幕府の体制確立

慶長《けいちょう》五年（一六〇〇）〝天下分け目〟の関ヶ原の戦で勝利した徳川家康は同八年、江戸に幕府を開き、着々とその体制を固めていきました。

## 江戸の守り固めに大名の配置替え

家康が即座に断行したのは、西軍に参加した大名らの領地の没収と、東軍にはせ参じた大名への論功行賞でした。領地を没収された大名は八十七名、石高四百十五万石（一石は約一五〇キロ）にのぼり、それに対し家康から論功行賞に預かった大名は百四名、六百三十四万石にのぼりました。

このことは、大名の配置替えを意味していました。徳川一門の大名（親藩）や、関ヶ原戦い以前から徳川氏に仕えていた大名（譜代《ふだい》大名）は関東や近畿など重要な所に置き、関ヶ原以降に徳川氏に従った大名（外様《とざま》大名）で強大なものは、東北や九州など江戸から遠い所に配置したのです。なお、外様の大大名のうち三家が減封・転封され、その石高は二百八十万石でした。

また、南関東の抑えとして江戸の八王子に警備団を組織して江戸防衛の役を担わせるとともに、上野《こうずけ》国（群馬県）には三河以来の徳川氏の重臣を配置し、関所を十四も置いて北辺の守りを固めたのでした（①②③⑤）。

## 西の抑え名古屋城築城とお手伝い普請《ぶしん》

家康にとって最大の難題は、豊臣氏と西国大名を抑えることで、西国大名を臣従させて豊臣氏を包囲することに全力をあげることにしたのです。

家康はまず、豊臣御前帳《ごぜんちょう》（大名領国の領域と国力を掌握《しょうあく》できる帳面）を無効にして、徳川御前帳と国絵図の提出を西国大名に命じたのです。こうして家康は西国大名らの国力を把握すると、慶長十年、関東・信濃（長野県）の一門・譜代の大名と、奥羽・越後（新潟県）の外様大名を引き連れて上洛し、その威力で西国大名を公儀《こうぎ》普請（お手伝い普請）にかり出したのです。このお手伝い普請は、「御一乱後の大国役」といわれる江戸城の修増築と駿府城の築城を除けば、大坂城を包囲する重要な地点に新城を築くか再建する工事ばかりでした。

さらに家康は、西国攻めのための後方の備えと西国大名の東侵をとめる防衛基地として、東西の分岐点にあたる尾張の清洲《きよす》城を「西国の大抑え」とすることを計画したのでした。その後、この計画は名古屋城の築城に変更され、急ピッチで工事が進められます。もちろん、諸大名のお手伝い普請により工事が行なわれました。

工事を命令されたのは、加賀（石川県）の前田利光《としみつ》、安芸《あき》（広島県）の福島正則《まさのり》、播磨《はりま》（兵庫県）の池田輝政《てるまさ》、長州（山口県）の毛利秀就《ひでつぐ》、九州・四国の黒田長政《ながまさ》・細川忠興《ただおき》・鍋島勝茂《なべしまかつしげ》・蜂須賀至鎮《はちすかよししげ》など西国と北国の二十の大名たちでした。お手伝い普請は、諸大名の全面的奉仕（出費）で行ないます。このため、諸大名にとっては幕府に忠誠を示して取りつぶしや配置転換を免れるための機会であり、幕府にとっては諸大名家の財力を消耗させて、幕府への反抗を不可能にする効果がありました。

さらに家康は、播磨の池田輝政（家康の娘婿《むこ》）に西国大名の軍事・政治を監視する役割を担わせました（②⑤⑥⑦）。

### 改易《かいえき》・参勤交代にみる大名支配

幕府は、大坂の夏の陣直後の元和《げんな》元年（一六一五）に、大名の居城は一つに限るとする「一国一城令」を出しました。本城は残し、他のすべての支城を破壊させ、幕府に対抗する軍事的拠点となる要素を取り除かせるもの。さらに、幕府は「武家諸法度《はっと》」を制定し、幕府の許可なく結婚すること、城を増改築することなどを禁止したのです。そして、この法律に背けば、大名家の取りつぶし、改易（領地没収）などの処分がまっています。

こうして安芸《あき》の福島正則《まさのり》は元和五年、その二年前の洪水で崩れた城囲いを幕府の許可を受けずに修復したことを口実に改易され、信州川中島（長野県）四万五千石に移されたのです。また、肥後（熊本県）の加藤忠広《ただひろ》は、三代将軍家光に対する謀反《むほん》の罪で切腹した徳川忠長《ただなが》（家光の実弟）と親しかったことで、やはり改易され、出羽庄内（山形県）に配置替えとなりました。寛永《かんえい》九年（一六三二）のことですが、その実際の罪状は不明です。

また寛永十七年（一六四〇）、讃岐《さぬき》（香川県）の高松（生駒《いこま》）藩で起きたお家騒動に乗じ、藩主生駒高俊は改易され、出羽国由利（秋田県）に配置替え。代わりに、親藩である水戸藩の松平頼重が四国の監視役として配置されました。

徳川家康画像（東京版口絵より）

さらに三代将軍家光は、大名に国元と江戸とを一年交代で往復する参勤交代を義務づけ、妻子の江戸居住を強制しました。いうならば人質です。

大名家はそれぞれの格式を守って参勤交代をつとめ、江戸屋敷での生活、将軍家への奉仕、大名同士の交際などを果たすための費用は、領内からの年貢による年収の七割から、多い場合は八割にもおよびました。この参勤交代の制度により、大名家は莫大な出費を強いられ、財政面から弱体化したのでした。大名には、幕府に対抗する余力など残りません。

参勤交代も、やはり「武家諸法度《はっと》」にもとづくものです（②⑧⑨⑩）。

### 寺を通じ人々を支配

幕府は、島原の乱（寛永十四年、一六三七）後、キリスト教の禁制を徹底し、世の人々がキリスト教を信仰しないよう「寺請制度」を実施しました。人々を必ずどこかの寺院に所属させ、その寺院（檀那《だんな》寺）に檀家《か》であることを証明させるという制度です。檀那寺は、檀家の人々の出生から死亡までの届け出、検死や旅行・移住・婚姻などあらゆることに関与します。その一方幕府は、全国の寺院に対し、本山や本寺に末寺を掌握させる方式（「本末制度」）をとり、寺院保護・仏教保護の政策を行ない、寺院を通じて人々を支配できる体制をつくったのです。これが確立するのは、元禄年間（一六八八～一七〇四）ころと考えられています（④）。

**関連項目**

①群馬一章6　②東京前章・一章1　③東京二章5　④新潟三章1　⑤愛知一章1　⑥大阪前章　⑦兵庫一章1　⑧広島前章　⑨香川一章3　⑩熊本前章

# 5 藩政の成立

民意で政治家を選べなかった時代には、藩主しだいで民衆の幸不幸が左右されます。幕藩体制の確立とともに、各藩は独自のアイデンティティを駆使して、藩体制の基礎を築いていきます。各地の藩主はどのように藩の基礎を築いたか、ここでは米沢藩《よねざわ》・会津藩《あいづ》・川越藩《かわごえ》の三藩を取りあげてその苦心のあとを振り返ります。

## 米沢藩／治教一致を実践した上杉鷹山《うえすぎようざん》

米沢藩の中興の名君といわれる上杉鷹山治憲《はるのり》（一七五一〜一八二二）が上杉家の家督を継いだのは、明和《めいわ》四年（一七六七）、十七歳の時でした。

彼が家督を継ぐまでの上杉家は、苦難の連続でした。謙信《けんしん》を祖とする上杉家は、関ヶ原の戦ののち、二代景勝《かげかつ》が会津百二十万石から三十万石の大名として米沢に移され、三代綱勝《つなかつ》が世継ぎのないまま急逝すると、四代綱憲《つなのり》の時にさらに十五万石に減らされ、藩の財政は一段と苦しくなります。鷹山が八代重定《しげさだ》の養子として迎えられるころには、藩主重定は幕府に領地を返納することまで覚悟する状態に陥っていました。

家督を継いだ鷹山がまず行なったことは、生涯の師と仰いだ細井《ほそい》平洲《へいしゅう》の治教一致（政治と学問は切り離すことができない、とする考え方）の教育方針を、政治改革の中に実践することでした。執政の竹俣当綱《たけのまたまさつな》は鷹山のこの考え方に沿って、富国生産の政策を積極的に推進していきます。

富国政策は蠟《ろう》を採るための漆《うるし》、養蚕の桑《くわ》、和紙原料の楮《こうぞ》の各百万本の植樹から手がけられました。ついで仙台《せんだい》の職人を招いて染料の藍《あい》の栽培と製塩法、伊達《だて》藩の職人の指導で和紙の製法、南部《なんぶ》藩からは墨《すみ》の製法、京都からは筆の製法、相馬《そうま》藩からは製陶《せいとう》術を習い、越後《えちご》の縮《ちぢみ》職人一家を移住させて織物技術を学ばせるなど、他国からの技術導入が進められました。

いっぽう、領内から豊富に産出する燧石《ひうち》（火打ち石）の江戸出荷や、梨《なし》、茶の栽培まで手がけ、それまで移入に頼っていた必需品が、国産で自給自足できるようになります。この政策が実を結び、寛政《かんせい》年間（一七八九〜一八〇二）ころには青苧《あおそ》や紅花《べにばな》のような原料の移出だけでなく、織物、絹糸、真綿などの製品移出もできるようになりました。

天明《てんめい》五年（一七八五）、鷹山は藩の将来を考え、家督を前藩主の二男治広《はるひろ》に譲ります。その時、鷹山が治広に贈った三ヵ条の訓戒が、封建藩主の言葉とは思えぬ民主精神にあふれたもので、ケネディ大統領も感服したといわれる「伝国の辞」です。

一、国家というものは先祖から子孫に伝えるもので、藩主の私有すべきものではない。

一、人民は国家に帰属するもので、藩主の私有物ではない。

一、藩主は国家人民のためにいるのであって、藩主のために国家人民が存在するのではない（①）。

## 会津藩／藩の精神的支柱となった保科正之《ほしなまさゆき》

二代将軍徳川秀忠《ひでただ》の御落胤《ごらくいん》として生まれた保科正之（一六一一〜七二）は、のち会津二十三万石の藩祖となり、藩政の基礎を敷いて名君といわれました。その「家訓十五ヵ条」は、代々の藩主と家臣に引き継がれ、会津藩の精神的支柱となりました。

正之は慶長《けいちょう》十六年（一六一一）五月七日、秀忠の乳母に仕えていたお静の方を母として生まれ、七歳の時に高遠《たかとお》藩主の保科正光《まさみつ》に預けられました。寛永《かんえい》八年（一六三一）、二十一歳の時に高遠三万石の藩主となり、同十三年、出羽《でわ》国最上《もがみ》二十万石に転封。さらに同二十年、加藤明成《かとうあきなり》のあとを襲って会津二十三万石の藩主になりました。

会津に入国して以来、正之は領内の総検地をして正確に年貢を産出したほか、凶作などに備えるために倉に米を貯蔵し、悪習の撲滅、人身売買の禁止、孝子・節婦の表彰などの一連の政策を推し進め、会津藩政の基礎を固めました。儒学の教養が深い正之は、保科家の子孫と会津藩士が守るべき教訓として、寛文《かんぶん》八年（一六六八）四月、「家訓十五ヵ条」を定めました。この家訓は会津藩の士風形成に大きな影響を与え、幕末の会津藩の行動をつらぬく精神ともなりました（②）。

保科正之画像（福島版口絵より）

### 川越藩／自ら主導した 松平《まつだいら》信綱《のぶつな》の新田開発と農業指導

松平信綱（一五九六〜一六六二）は、三代将軍徳川家光《いえみつ》の信任を受け、老《ろう》中《じゅう》という幕府の要職について幕藩体制の確立につとめました。その活躍ぶりは、人々から知恵伊豆と呼ばれるほど目覚ましく、国元の川越においても、藩政を確立するためにさまざまな施策を打ち出しました。

寛永《かんえい》十六年（一六三九）、武蔵《むさし》国忍《おし》藩の藩主だった信綱は、三万石の加増を受けて六万石の同国川越に藩主として入国しました。信綱が川越入りする直前、川越は城中にまで延焼するほどの未曾有の大火に見舞われたため、彼はまず城下町と城の復興に着手し、川越城の拡張とともに城下町の整備も行ないました。

信綱はまた、藩政の確立に欠くことのできない農業政策に重点を置きました。彼によって始められた武蔵野新田開発も、重要な農業政策のひとつです。武蔵野は赤土と呼ばれる関東ローム層のため、土地がやせて水利の悪いところでした。信綱は明暦《めいれき》三年（一六五七）と万治《まんじ》四年（一六六一）に、新田開発を奨励する法令を発布しています。

同じころ、幕府は多摩《たま》川から江戸に飲料水用の水路を開削する工事を進めていました。信綱はその工事の惣奉行に任命され、玉川上水を完成させ、その功によって玉川上水の分流を引水することを許されました。続いて野《の》火止《びどめ》用水を完成させ、さらに大規模な新田開発を行なう呼び水となりました。藩主主導による新田開発と農業指導は、みごとな成果をあげたのです（③）。

**関連項目**

北海道二章1　秋田一章2　①山形一章8　②福島一章1　③埼玉一章5　岐阜一章2　三重一章2　和歌山一章1　山口一章1

## 6 藩政の基本、農政

もともと封建社会は、農業生産を土台にして成り立っています。江戸時代には農民とその家族とで全人口の八割以上を占めていて、彼らが生産するものによって武士も町人も生きていたのです。その農業の中心は稲作であり、米を年貢として納める制度だったので、少ない例外を除いて日本国中稲作が行なわれていました。

幕府をはじめとする各藩は、農民から米を貢租として取り立て、それを売って運営するための必要諸経費を入手するという経済構造を持っており、農業政策は各藩の浮沈にかかわっていたのです。藩政の基本は農政をいかに進めるかでした。

### 他藩の模範とされた加賀《かが》藩の改作《かいさく》法

加賀藩では五代藩主前田綱紀《まえだつなのり》のとき、幼少の綱紀を後見した祖父であり三代藩主だった前田利常《としつね》によって改作法が実施されました。この改作法は、加賀藩政の基礎を固めた農村支配の基本制度で、加賀百万石の財政を支える基礎となり、改作法に基づく政治は他藩の模範とされました。改作法は、慶安《けいあん》四年（一六五一）から明暦《めいれき》二年（一六五六）にかけて行なわれた一連の大農政改革です。

近世大名の領国は、大名自身の領地である蔵入《くらいり》地、家臣の領地である給人《きゅうにん》地、寺院や神社などの領地から成り立っています。ちなみに家臣のうち、藩主から土地を与えられた者を給人といい、藩主のかわりに蔵入地の支配・管理を行なった者を代官といいました。

兵農分離が進められて、江戸初期には武士たちは城下に住むようになり、給人は城下から領地を支配して直接年貢を納めさせていました。が、この制度の弊害は、給人地によって年貢の条件が異なり、領民に重税を課することが給人の自由だったことです。藩による俸禄の借り上げなどで生活が苦しい給人は、六割から七割を年貢として取り立てていました。

おりしも凶作が続いて農村は荒れ果て、そのうえに重税を課された農民たちは年貢米を納めることができず、借金として残したり村から逃げ出したりしました。前田利常は当時の農村の荒廃を見て、改作法に着手したのです。改作法を考え出した利常の考え方をまとめると、次のようになります。

「藩の力を蓄えるには、一定の年貢を確実に納めさせなければならない。今までのようにその年の豊凶によって違いがあるのでは、藩政の予算も立てられない。そのためには怠け者の農民を追い出し、まじめな農民と入れ替えて一定の耕地からできるだけ多くの収穫をあげさせ、年貢の徴収率を上げよう。徴収率を上げても農民が不平を申し立てないようにするには、年貢の負担を公平にし、年貢の納入を一村の共同責任にすることだ」

これを見ると改作法は、農民を助け、租税・給人のあり方、村々の仕組みに関する改革だったといえます。しかし改作法の本当の目的は、財政難の家臣たちを救い、藩が直接農民から、より多くの年貢を取ることにあったとみられます（②）。

### 富山藩の公平な年貢共同負担を確立した田地割制度

江戸時代の農村では村内の農民がそれぞれの持田を耕作していました。田地割とはその持高を変えず、くじを引いて田地を取り替え、米の収穫量の割合を平均にすることをいいます。この田地割のもとになったのは、関ヶ原合戦（一六〇〇）のころから越中国《えっちゅう》砺波郡《となみ》太田村《おおた》（富山県砺波市）で農民が内輪の定書をつくって行なっていた「碁盤割《ごばんわり》」です。だれに命令されたわけでもなく、自分たちが話し合って掟《おきて》をつくり、すでに田地割をしていたのです。

同じ村の中でも地味に違いがあり、同じ面積の田畑を耕しながら、収穫量に差がありました。それで同じ割合の年貢を出すのでは、やはり不平が出ます。とくに水害などで一部の田畑が流された場合、個人の力ではどうにもなりません。太田村の農民たちは、水害で荒れ果てた村を再建しようと知恵を絞った結果、田地割を始めたと思われます。

慶安《けいあん》四年（一六五一）に富山藩で実施された改作法では田地割が取り入れられ、給人地と蔵入地の免（年貢徴収率）違いをまったく解消し、一村内を同一の免として給人が支配地の農民と直接交渉することを固く禁じました。ここに一村平均免と定免（過去数ヵ年の平均作を参考にして、毎年一定の税率で年貢を割り当てること）による年貢の公平な共同負担が確立し、給人も安定した収入が保証されて生活の窮乏から救われたのです（①）。

津軽の水田地帯（青森版41ページより）

## 美濃国《みの》の濃州国法《のうしゅう》

江戸時代の為政者と農民の関係は、よく「抑圧する者とされる者」という図式で見られがちですが、幕府の直轄地・美濃国（岐阜県）で施行された法度《はっと》（法令）には、農民保護の姿勢がうかがわれます。農民はこれを濃州国法と呼んでいました。

濃州国法の大本は江戸時代前期に美濃国奉行だった岡田善政《おかだよしまさ》の時代にかたちづくられた、といわれています。濃州国法は正保《しょうほう》四年（一六四七）に美濃国幕府領の農民に出された「代官法度」と、慶安《けいあん》三年（一六五〇）に出された「地方法度《じかた》」から成り立っています。いずれも岡田善政が、幕府法令に基づいて独自に立法、施行した農民法令です。「代官法度」は農民が生活するうえでの規則的な心構えと農民保護を、「地方法度」では農民から気軽に願いを出させ、それを吸い上げながらさらにより実状に合った対応策が打ち出されています。

濃州国法は、岡田善政自身が農民の願いを踏まえた政治を、第一に心がけていたことを物語っています。ここに濃州国法と愛称された理由があるのです（③）。

**関連項目**

青森一章2　群馬一章9　①富山五章2　②石川一章1　③岐阜一章5　鳥取一章5　島根二章5　愛媛一章5　熊本一章1　鹿児島一章4

# 7 藩政の矛盾

江戸時代も半ばを過ぎるころから、藩政の確立にともなう矛盾が噴出し始めます。その最大の問題が財政破綻でした。商品経済の進展につれて経常的な経費が増大したほか、参勤交代や普請《ふしん》などの幕府の役負担、飢饉《ききん》・旱魃《かんばつ》などの自然災害が重なり、各藩の財政はいつ破綻してもおかしくない状況にありました。各藩は急場をしのぐために藩札《さつ》を発行したり、特産品を藩の専売にして財政再建を試みます。

## 紀州藩《きしゅう》／緊縮財政だけではなかった吉宗《よしむね》の財政再建

宝永《ほうえい》二年（一七〇五）、数奇な運命を経て二十一歳の時に紀州徳川家の当主となった吉宗は、享保《きょうほう》元年（一七一六）までの十二年間、紀州藩五代藩主を務めます。その間に行なわれた吉宗の藩政改革は、のちに八代将軍として実施する享保の改革の原点となりました。

紀州藩の財政悪化傾向は、すでに初代頼宣《よりのぶ》が幕府から十万両を借りたころからはじまっています。吉宗の父光貞《みつさだ》は、町人から間口税（通りに面している家屋の幅についてかけた税）を取り立てたり、藩札を発行したり、幕府や民間から多額の借金をして藩の財政をやりくりするいっぽう、有能な人材を登用し、潅漑施設を整備して新田開発にも努めています。紀州藩主となった吉宗の政策は、多くの面で光貞が手がけた政策を継承、発展させたものといえます。

藩主として初登城した日、吉宗は木綿の小倉織《こくらおり》の袴に木綿羽織を着た姿で馬に乗って入城し、出迎えの美服をまとった家臣を恥じ入らせたそうです。吉宗の倹約は、食事にもみられます。朝は重箱に入れた焼きおにぎりと唐辛子《とうがらし》味噌、昼食はお膳に吸物が一種だけ。夕食は昼の冷や飯を食べるので夕食の膳を必要とせず、台所の係は暇になったということです。

吉宗の藩財政再建策は、単に質素倹約の励行や緊縮財政だけでなく、新田開発や水利施設づくりにも積極的に努力しています。そのために、父光貞の代から財政・農政面で能力を認められていた者たちを引き続き重用《ちょうよう》しつつ、新しい能吏《のうり》も積極的に登用し続けました。こうして財政再建のための諸施策は順調に実施され、吉宗が八代将軍となる享保元年には、和歌山城の金蔵に十四万八百八十七両と米十一万六千四百石が蓄えられるほどになりました（①）。

## 薩摩藩《さつま》／五百万両の借財を返済した調所笑左衛門《ずしょしょうざえもん》

薩摩藩の借財は、代々の藩主の改革にもかかわらず、八代藩主島津重豪《しまづしげひで》のときには、当時の藩の収入の三十〜四十年分にあたる約五百万両にふくれあがっていました。

重豪の意を汲んで藩財政の立て直しにあたり、成功した功労者が調所笑左衛門です。彼による財政改革が、幕末における薩摩藩の活躍の基礎を築いたといえるでしょう。笑左衛門は五百万両の借財を返済しただけでなく、弘化《こうか》元年（一八四四）には、五十万両の貯金も達成したのです。

調所笑左衛門広郷《ひろさと》は、二十三歳の時に初めて江戸勤めになり、重豪の信任を得て町奉行、藩内各郷の地頭《じとう》、側用人《そばようにん》として実績を上げ、彼が五十三歳の時、重豪の気心をよく心得た忠実な代行者として財政改革主任の命を受けることになります。

以来調所は、努力を約束するとともに、改革の全権を握り、主君重豪の意に沿って積極的な開発主義の方針を打ち出します。そして五十七歳のとき家老格に任じられました。

島津重豪は天保《てんぽう》四年（一八三三）に亡くなりましたが、その孫十代藩主の斉興《なりおき》も調所を信任し、その手腕を発揮させました。重豪に約束した五十万両の備蓄は、黒糖の値段が下落したり幕府への上納金があったりしてなかなか達成できなかったのですが、弘化元年にようやく達成しました。これに大きく貢献したのが、中国や他の国との密貿易です。

嘉永《かえい》元年（一八四八）十二月、調所は江戸の宿舎で服毒死しました。幕府に密貿易が知れることを恐れての自殺といわれていますが、詳細は不明です（③）。

## 長州《ちょうしゅう》藩／維新の資金源となった撫育方《ぶいくかた》をつくった高洲就忠《たかすなりただ》

破綻した財政の改革を目指した宝暦《ほうれき》の長州藩政改革は、藩主毛利重就《もうりしげたか》による人材の登用に始まり、検地の成功や撫育方の設置などにより徐々に財政を回復させました。

長府《ちょうふ》支藩主から長州藩主となった重就が、七十四万両あまりにのぼる藩の借財を解消する切り札として登用したのは、当職裏判役（国家老補佐役）をしていた高洲就忠です。財政再建に命を受けた高洲は大坂へ上り、凶作による全国的な米不足と資金難の中で、買米資金と財政運営資金の調達に成功しました。

長州経済を支えた三田尻塩田（山口版口絵より）

こうして数人の改革派とともに藩政の中枢に参画した高洲は、財政の基盤である貢租を確保するために、約八十年間そのままになっていた検地を行なうことを藩主重就に進言し、これによって新たに四万千六百八石の増《まし》高《だか》を得ることができました。

宝暦十三年（一七六三）、藩主重就は検地による増高を財源とする撫育方を設置しました。この撫育方によって高洲らの改革派は、新田・塩田の開発や港の設置などに着手しますが、撫育方の資金を温存し、その財源を下級武士身分を与えることと引き替えに豪農から出させています。そっくり残された撫育方の資金は、諸事業を展開する財源となり、撫育方は経済政策で中心的な役割を果たすようになりました。幕末維新期の長州藩の活動に、撫育方の資金が投入されたことは広く知られています（②）。

**関連項目**

①和歌山一章2・3　②山口一章7・8　愛媛一章4　大分一章8　③鹿児島一章5・6

# 8 藩による産業振興

各藩は稲作を中心とする農業政策と新田開発を基盤とするいっぽう、産業を盛んにすることによって現金収入を得ようとしました。殖産興業は藩の財政難を建て直すエース的な存在でした。ここでは殖産興業での藩の工夫をいくつか紹介しましょう。

## 播磨《はりま》に見る特産品の藩専売

江戸時代における諸藩の経済政策で、重要な位置を占めたものに専売制があります。藩専売制とは、藩内で産出する特産品を藩が独占的に集荷し、それを特定の流通ルートに乗せて販売し、現金を得る政策をいいます。

一般的に藩専売は、藩の財政難を立て直すことを目的にしていました。そして多くの藩では、藩専売制を実施するさいに都市の有力商人に特権を与え、彼らを通じて特産品の流通を掌握しようとしました。また、藩専売制の実施とかかわって、藩札が発行されるケースも多く見られました。

●赤穂《あこう》藩の塩専売制……赤穂藩では、塩専売制を実施する以前から藩札の流通が活発に行なわれており、これが専売制を実施するうえで重要な役割を果たしました。藩札は塩問屋が領内から塩を買いつけるための資金として用いられ、また、塩浜で製塩作業に従事した浜子《はまこ》の労賃や燃料代の資金にも使われて、代用貨幣として高い信用を得ていました。

赤穂藩で塩専売制が実施されたのは文化《ぶんか》六年（一八〇九）ですが、これを献策したのは大坂の塩問屋尼崎屋又右衛門《あまがさきやまたえもん》です。専売条件は、赤穂塩を大坂塩問屋に独占的に出荷するかわりに、大坂塩問屋での落札価格の三パーセントを赤穂藩大坂蔵屋敷に納めるというもの。ただし、大坂塩問屋が完全に塩の流通を独占するわけではなく、たとえば他国船への販売を認めたり、通りがかりの船が赤穂で塩を買うことを認めるなど、流通統制に不徹底な面も持っていました。

●姫路《ひめじ》藩の木綿専売制……姫路藩の木綿専売制は、典型的な成功例として知られています。文化年間（一八〇四〜一八）に城下の商人吉田助重郎《よしだすけじゅうろう》が家老河合道臣《かわいみちおみ》の内命を受けたのが始まりとされています。この専売制は領内から城下の木綿問屋に集められた木綿を江戸へ直積みし、江戸のふたりの商人が木綿問屋との取り引きを引き受け、販売代金の正価を姫路藩江戸屋敷に納入する、というものでした。

この木綿専売制の特徴は、藩側の主導で実施されたことにあります。しかも、藩内に強い経済的影響力を持っていた大坂商人との流通関係を排除する形で行なわれており、他の藩にない自立性がうかがえます。姫路藩木綿専売制の成功は、諸藩の専売制に大きな影響を与え、以後木綿の江戸積み専売制を始める藩が続出しました（②）。

## 大蔵永常《おおくらながつね》による田原《たはら》藩の殖産興業策

天保《てんぽう》五年（一八三四）九月、農業著述家として幕府や諸藩士のあいだで好評を博していた大蔵永常は三河《みかわ》田原藩（一万二千石）の御産物殖産方《ごさんぶつしょくさんかた》として仕えることになりました。これは、同藩の家老職に就任間もない渡辺《わたなべ》華山《かざん》の推薦によるもので、町人身分の農業技術者を抜擢する異例の人事でした。永常は、六十七歳にしてはじめて藩政の中に身を置き、長年研究してきた自分の農学を実施する機会を得て、歓喜したといいます。

永常は村奉行の支配下で、渡辺華山が期待する換金作物の栽培や、それに伴う製造加工業に取り組むことになりました。翌六年には領内の農民のために『門田之栄《かどだのさかえ》』という、農家経済の改善を説く平易な解説書を出版しました。永常はこの書で、稲作の改良技術、櫨《はぜ》、楮《こうぞ》、甘蔗《かんしゃ》（サトウキビ）などの栽培・加工の技術を紹介するとともに、飢饉の対策として窮民の救済に備えて村民に米を貯えさせた義倉《ぎそう》の建設などを提言しています。甘蔗の栽培と砂糖の製造にも成功し、殖産の先駆けとなりました（①）。

**大きな利潤をあげた松江《まつえ》藩の木実方《きのみかた》と人参方《にんじんかた》**

松江藩の財政改革とともに設けられた木実方は、蝋燭《ろうそく》をつくる生蝋《なまろう》製造を手がけ、人参方は滋養強壮薬として人気のあった朝鮮人参を販売するもので、ともに松江藩が藩営専売の役所として設け、大きな利益をあげました。

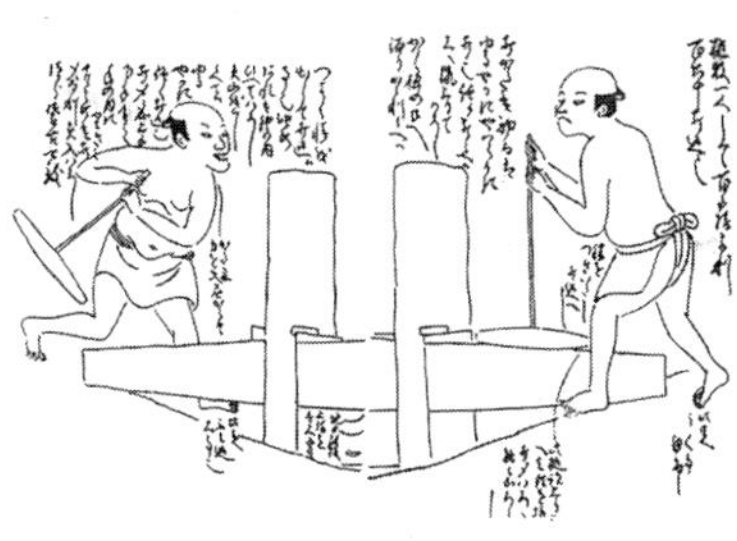

油絞りの図（島根版108ページより）
（『木実方秘伝書』）

菜種油からつくった明かり取りの灯油にかわって、広く普及したのが蝋燭です。蝋燭は生活必需品なので、藩営専売にして民間で製造を認めないようにしたのは、松江藩が独占利潤を確保するためでした。藩の御細工所《おさいくじょ》では延享《えんきょう》四年（一七四七）から本格的に製造しはじめ、櫨の実を絞ってつくった生蝋をびんつけ油や蝋燭を製造している業者に売りわたすとともに、大坂の松江藩蔵屋敷に送って販売しました。

三年後、御細工所を改組拡充して木実方が開設され蝋燭の製造もはじめ、大きな収益をあげて所期の目的だった藩財政の再建に貢献しました。

いっぽう朝鮮人参は、高価な医薬品として珍重されていました。この朝鮮人参が松江藩で本格的に栽培されるようになったのは、文化《ぶんか》元年（一八〇四）ころからです。松江藩が人参方役所を開設したのは文政《ぶんせい》八年（一八二五）。当時、藩内の人参畑は八千ヵ所、製造高は二万斤《きん》でした。のち、上納金を納めるという条件で幕府に働きかけた結果、清国《しんこく》にも輸出できるようになり、大きな収益をあげることができました。

このようにして松江藩が専売する人参方の薬用人参と木実方の蝋燭は、藩の特産物となったのです（③）。

**関連項目**

富山五章10　山梨一章4　①愛知一章4　②兵庫二章7　和歌山二章　島根一章5・③二章5　香川二章4・6　愛媛一章4・五章1　佐賀一章7

# 9 独特な土地制度

## 村の範囲が確定し、村請制が実施される

江戸時代は、「村」の単位が固定されるようになった時代です。年貢が村の生産高に対してかかったからです。藩幕体制が安定すると、真っ先に村の範囲とその生産高が確定されました。藩の財政はこれらの村々からあがる租税収入に拠っていたからでした。これらを確定するために行われたのが検地です。検地は村の境界を定め、田畑、屋敷ごとの等級、段別をはかり、所有者を決定し、貢租の負担者を明らかにする土地調査です。この結果農民は土地に固定され、村落形成が急速に進みます。全国的な検地は、豊臣秀吉による太閤《たいこう》検地が有名ですが、江戸時代では慶長《けいちょう》、慶安《けいあん》、寛文《かんぶん》、延宝《えんぽう》、元禄《げんろく》の検地が有名です。

村の範囲が確定されると、村の生産高は米の生産高に換算されて表示されます。これを石高《こくだか》制といいます。村の生産高は村高《むらだか》といいました。年貢はこの村高に対して課せられました。これを村請《むらうけ》制と呼びます。しかし、場所によって洪水で被害を受けたり、なんらかの理由で不作になることもあります。一定の率で年貢を取られると、さまざまな不公平を生じる場合もあります。検見《けみ》法という年貢徴収方法は、村役人が村内数ヵ所の作柄の状況を調べて、全体の生産量を推定して年貢を決める方法です。これに対して定免《じょうめん》法という方法は、豊作不作にかかわらず一定の年貢を納めさせることをさします。ただし、一般的には各藩とも平年よりも三割以上不作のときは、年貢の率を考え直す例が多かったようです。これを破免《はめん》といい、この時だけ検見法に戻しました。享保《きょうほう》年間（一七一六〜三五）は、定免法を行なう藩が多くなりました。検見をする役人への賄賂が横行したり、年貢が思うように集まらなくなったからです。ところが支配をより徹底するとともにきめ細かい農村対策として、独特の土地制度を導入した藩も数多くありました。ここではその典型として、伊予《いよ》国（愛媛県）と薩摩《さつま》国（鹿児島県）をみてみます。

## 伊予はじめ多くの藩で実施された割地《わりち》制度

江戸時代の伊予国での土地制度でもっとも特徴的なのは割地制度です。割地とは、簡単にいえば一定の期間ごとに土地を割換《わりか》えることです。たとえば割換え期間十年で十区画の土地を割換える場合、十年目ごとに検地をし、村内の田畑を上・中・下の地位別に十区画に分け、さらに各区画を十等分します。そして田畑各区画から一区画ずつを取り出し、組み合わせてまったく同質のものを十組つくり、抽選によって所持する土地を決定するのです。これを十年ごとに繰り返します。ただくじを引くことのできるものは、原則的に高持ち百姓であり、持ち高に比例してくじを引きました。

割地は江戸時代、北は東北地方から南は九州・沖縄まで至るところで行なわれました。割地は村独自で行なう場合と、藩が制度として行なう場合とがありました。村独自で行なう場合は、水害などの自然条件の悪化が引き金になる場合が多く、藩が行なう場合は藩の土地政策、農村支配の強化などがねらいでした。

農民が逃亡したり、あるいは洪水で荒れ地になっても、検地によって村

高が変更されない限り、同じように年貢がかかってきます。そこで村内の全農民が持高に応じて、これらの損失分を公平に負担しなければなりません。これをかずき高といいました。北陸では余荷といいました。これがあまりに多くなると農民は負担できなくなります。すると農民は自分たちで検地をするか、藩に願い出て検地をしてもらうことになります。割地を前提にする検地を伊予では、地ならし（地坪、地平均など）といいました。生産基盤にまで入りこんで、年貢の公平さを保とうとした側面を割地は持っているのです。伊予国の場合は、大洲《おおず》藩は地ならしまで、宇和島《うわじま》藩、松山《まつやま》藩、今治《いまばり》藩などでは割地まで実施されました（①）。

**農村を大胆に再編成した薩摩藩の門割《かどわり》制度**

薩摩藩の土地政策は、これとは少し趣が違います。江戸時代の幕府領やほとんどの藩では、武士は城下に居住して、村政運営の中心になる庄屋も農民から選ばれるのが一般的でした。これに対し薩摩藩では、村のすぐ隣に麓《ふもと》と呼ばれる郷士たちの住む地域があって、農民と同じ地域で農耕生活を営み、彼らの中から選ばれた庄屋が村政運営の中心になっていたので、それだけ藩や武士による農村支配も強固でした。

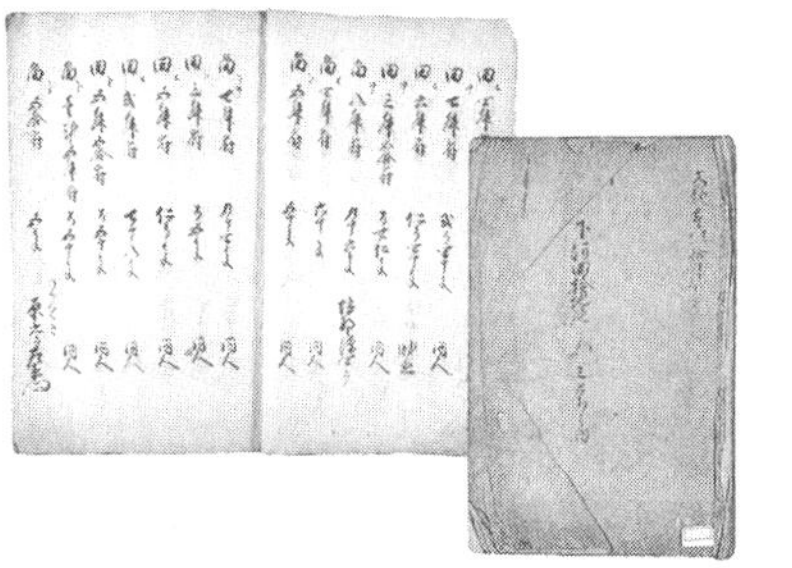

下河田村検地帳（文禄2年）（群馬版口絵より）（生方満太郎蔵）

薩摩藩の農村は、門《かど》という単位で構成されていました。門は五〜十人単位で組織されました。薩摩藩はこのように門に全農民を組織して村を治めていたのです。薩摩藩領は太閤検地のあと、一世紀あまりの間に四回の検地が藩の手で行なわれました。その検地を通じて農民を門に組織して支配体制を確立していったのです。こうした支配の体制を門割制度といいます。

薩摩藩のある村で検地が行なわれると、藩の検地役人と現地の郷役人が、それぞれの村の農業生産力と門の農業経営の実態を事細かに調査します。門ごとの田畑の面積から土地の善し悪し、農民の年齢、性別、身分や健康状態のほか、門が所有する牛馬の数や茶や柿木の本数に至るまで調べ、門高が算出されます。ここまでは普通の藩がやっていた検地を少し細かくしたものと思えるのですが、薩摩藩にはもう一つ次の段階があります。

門ごとの年貢高が不公平にならないように、そして夫役などが偏《かたよ》らないようにさまざまな工夫がなされます。検地のあと各門には、経営規模に見合った適量面積の土地が新たに配分されます。さらに、農民の数をバランスのとれた公平なものにするために、家族関係や社会的つながりなどはおかまいなしに、強制的に配置し直しました。若くてたくましい労働力が各門に一人ずつ平等に配置されるように再配分したのでした。

その結果膨大な数の均質な門が出現しました。こうすることで農民支配を円滑にし、年貢徴収も非常に効率的になりました。門の経営体力の強化や安定につながったようですが、強制的に移住させられる農民は、いっこうに耐乏生活から抜け出せませんでした（②）。

**関連項目**

富山一章2　①愛媛一章5　熊本一章1　宮崎一章3　②鹿児島一章4・5

# 10 評定所《ひょうじょうしょ》は最高裁

江戸時代のもめごとに対する解決策は和解が原則です。が、それでは済まない複雑で大きな事件も多発します。天領（幕府の直轄領）であれば代官や町奉行に、大名領であれば藩に訴えてもらちが明かない場合は、幕府の最高裁判所である江戸の評定所に訴えることになります。評定所には領地の境界争い、漁場をめぐる争い、水争い……さまざまな争いごとが持ち込まれています。評定所は町・勘定・寺社の三奉行で構成された合議制の最高裁判所です。が、評定所はすべての事件を審理したわけではありません。評定所と奉行所の管轄には、次のような線引きがありました。

（一）三奉行が管轄する事件のなかで、単独では裁決がむずかしく、三奉行の協議を必要とする事件や訴訟を扱う、（二）大名・幕臣の訴訟と越《おっ》訴《そ》（順序を踏まない訴訟）を扱う、（三）原告・被告が二奉行以上の所轄にまたがる民事訴訟を扱う。町人同士なら町奉行、百姓同士なら勘定奉行だが、原告が町人、被告が百姓の場合など、（四）遠国奉行（幕府の直轄地で政務を司った奉行）の所轄ながら、重要かつ当奉行のみでは専決しがたい訴訟を扱う、（五）刑事事件では、庶民関係でも重大な事件を扱う、三奉行の単独裁判では扱えない武士の事件も扱いました。

以下に、評定所に持ち込まれたいくつかの事例を、みてみましょう。

**瀬戸内塩飽《しわく》諸島の漁場をめぐる争い**

塩飽諸島の領有権は、豊臣秀吉以来江戸時代を通じて島民が持っていました。きわめて特例的で、これを〝塩飽人名領《しわくにんみょうりょう》〟といいます。そのイキサツは秀吉の天下統一の戦いまで遡ります。小田原《おだわら》攻めのとき、兵糧運搬などで功績のあった塩飽水軍に対する褒賞として、千二百五十石の島地の領有権を六百五十人の船方に与えました。徳川家康も関ヶ原の戦いで塩飽水軍の功績を認め、引き続き領知する許可を与えました。以来塩飽領は、幕府の支配を受けながら六百五十人が共有し自治運営するという、特殊な政治体制を取ります。この六百五十人の船方を〝人名〟と呼んだのです。

この領有権には、周辺海域の漁業権が含まれていました。塩飽諸島を含む備讃瀬戸は古来、鯛《たい》・鰆《さわら》などの豊富な漁業資源に恵まれた好漁場として知られています。しかし、領有権の一部として認められた漁業権の範囲は、はじめから確定していたわけではありません。江戸時代の初期から周辺諸藩との争論を通じ、ときには訴訟の結果によって確定されたのです。ただ、塩飽の人名の多くは漁業に従事せず、他領の漁民が領海へ入漁するために支払う運上（入漁料）に頼る部分が多く、幕末には塩飽人名財政の大部分を占めることになります。それだけに、権利として与えられた漁業権が及ぶ漁場の範囲を確定し、密漁を取り締まることは塩飽の人名にとって生活にかかわる重要な問題だったのです。

元文《げんぶん》四年（一七三九）、最高の漁場として知られていた〝かなて〟と呼ばれる漁場の漁業権をめぐって、塩飽人名と高松藩領漁民とのあいだで訴訟が起きました。幕府の評定所に訴えたのは高松藩領の漁民です。評定所は、提訴から二年後の寛保《かんぽう》元年（一七四一）十月に裁定をくだしました。現在、塩飽勤番所に伝わるこのときの裁許状（判決書）によれば、結論に至る理由をいろいろあげたうえで、次のような結論をくだしています。

一、地瀬居島・小瀬居島・室木島三ヵ所、東の橋を見通し、それより西側は塩飽漁場、東側は高松漁場とする。

一、鯖瀬は前のとおりに入会（一定地域の住民が特定の権利を持って、一定の範囲の森林・原野・漁場に入り、共同で利用すること）とする。

この裁許状の裏面には、境界の線引きがハッキリと示された絵図が描かれています。評定所の裁許状によれば一見高松藩側の全面勝訴のように見えますが、線引きにより塩飽側の好漁場もしっかり確保された名判決とされています（①）。

### 喧嘩《けんか》両成敗で決着した銭瓶石《ぜにがめいし》騒動

宝暦《ほうれき》十一年（一七六一）三月十四日、豊後《ぶんご》国府内《ふない》藩（大分県大分市）の人夫が道普請に取りかかろうとしたとき、一発の銃声を合図に天領（幕府直轄領）赤松村（大分県別府市）の農民たちが抜き身の長刀や槍を手に襲いかかりました——。

銭瓶石と道しるべ（大分版80ページより）

高崎山の北側を銭瓶峠から別府湾に延びた鳴川の谷は、天領赤松村と府内藩田浦村の秣場《まぐさば》（田畑の肥料・牛馬の飼料や薪などを採取する原野）で、この谷あいの地は境界争いの絶えない場所でした。今回の騒動は赤松村が、数日後に迫った幕府巡見使の下向を機に、年来の境界問題を一挙に解決しようと仕掛けたのです。もともと「境界線を赤松側に入り込ませて天領をかすめ取っている」とする赤松の農民たちは、巡見使の通行に備えて府内藩の領内に新道を切り広め、芝土手を築いて新しい境界をつくり、府内側の芝土手切り崩しを警戒して銭瓶石付近に見張り小屋を建て、府内藩の出方をうかがっていました。

府内藩の巡見使送迎は、幸いにもなにごともなく終わることができました。が、西国大名を監視する立場にある西国郡代が、四月十一日にこの騒動を、天領と私領の騒擾事件として幕府の勘定奉行（江戸幕府三奉行のひとつ。幕府領の年貢徴集や訴訟の取りあつかい、幕府財政の運営にあたった）に報告してしまいました。府内藩もやむをえず幕府に事件のイキサツを届け出たので、この事件の吟味（取り調べ）の舞台は、江戸幕府の評定所に移りました。府内藩はこの事件を銭瓶石騒動といっています。

同年十二月十一日、評定所は銭瓶石騒動について赤松の農民に非があることを認め、主だった八人の農民を遠島にしました。いっぽう府内藩に対しては、藩主の松平近形《まつだいらちかのり》に逼塞（僧や武士以上に科せられた監禁刑）を、国元家老他三人に御預押込（御預は罪人を大名・町村・親族・家主に預けて監禁した。押込は謹慎刑で、門を閉ざして夜も出入りを許されなかった）を申しわたしました。銭瓶石騒動は、藩と天領の農民の出入り（喧嘩）に対して、喧嘩両成敗とはいえ私領に加重な仕置（処罰）だったようです。赤松村の農民たちには、天領の領民という思いあがった気持ちがあり、幕府のうしろ盾を頼んでの行動だったことはいうまでもありません（②）。

**関連項目**

青森一章6　福井一章6　①香川二章8　②大分一章9

# 11 お家騒動

近世の藩が体制的に確立していくためには、一門（一族）や譜代《ふだい》（代々その主家に仕えること）の家臣らの政治的な干渉を避けながら、藩主に権力を集中させることが必要です。そして、藩主の地位が確実に世襲されていくような仕組みをつくり、支配の永続化をはかることが重要でした。そのため家臣団の雇用形態を、与えられた領地支配を許す地方知行から、切《きり》米《まい》・扶持《ふち》米《まい》をもらう俸禄制に再編するとともに、農民に対する直接支配を強化する必要がありました。また、領地の政治・経済の中心である城下町を整備し、手工業や商業・流通を統制して、藩経済を確立することも求められました。諸藩は、以上のような政治的にも経済的にも重要な藩内の問題を処理しながら、同時に幕府が要求する江戸城の修築や河川の改修、参勤交代、江戸における莫大な交際費を支出できるだけの、財政的な安定を築くことが急務でした。

ところが、このような藩体制の強化と新政策の実施は、現状を維持しようとする保守勢力とのあいだに軋轢《あつれき》を生みます。それを抑え込めるだけの権威がなく、藩主に嗣子《しし》がなかったり、幼弱だったりした場合には、この対立はより深刻さを増し、収拾できないお家騒動にまで発展しました。

お家騒動は一般的に、藩主側の御為方《おためかた》と対立側の逆意方《ぎゃくいかた》と呼ばれる二派に分かれます。反対派を倒すために幕府の高官と結びついて援助を求めた結果、対立がより複雑になる傾向もありました。そして、お家騒動で外様《とざま》大名が改易《かいえき》された土地には、幕府の一門・譜代大名が派遣され、結果的に幕府権力が急速に浸透していくことになります。

元来、徳川幕府の政策には、譜代以外の藩は機会さえあればとりつぶそうという態度がありました。お家騒動の事実が知れると、藩を解散させる絶好の口実になったのです。それに対処するため、どの藩でも問題はひた隠しにして重臣たちが額を集め、善後策を図りました。しかし、その間に幕府の知るところとなるとただでは済みません。越後《えちご》の松平《まつだいら》家、讃岐《さぬき》の生駒《いこま》家、播磨《はりま》の池田家のようにとりつぶしになった例もあります。

大名が正室以外に側室を公然と持っていたことも、嫡子《ちゃくし》・庶子《しょし》を母親同士で争う、という結果を招きました。どの藩主も正室は江戸の藩邸に置いていて、帰国しているあいだは〝お国御前《くにごぜん》〟といわれる側室を近づけることが常だったので、このようなタイプのお家騒動が数多く発生したのです。

この種のお家騒動は、主に江戸時代前期に多く見られますが、幕末近くの薩摩《さつま》藩で起きた島津《しまづ》騒動（お由良《ゆら》騒動）も、島津斉興《なりおき》の嫡男《ちゃくなん》の斉彬《なりあきら》と、三男で側室の由良の子である久光《ひさみつ》との家督争いでした。そしてこの事件の背景には、藩財政の窮乏にどう対処するかという、重臣間の政策的な対立がありました。

戦乱の世を自らの実力で生き抜いてきた個性的人物たちがしだいに寿命が尽きていくなかで、領民を支配するあり方は、武力で抑圧する方法から吏僚《りりょう》が法の定めによって治める方法へと転換せざるを得ない世の中になりました。お家騒動の有無にかかわらず、どの藩でも以上のような転換をスムーズに行ない、藩主の個性に頼り過ぎず、法や制度・思想による普遍的な支配を実現することを求められたのです。

代表的なお家騒動には伊達《だて》・加賀《かが》・越後・生駒・黒田《くろだ》・会津《あいづ》・池田《いけだ》など

の諸騒動があります。ここでは讃岐高松の生駒氏家臣団の内紛により、実質的な改易をもたらした生駒騒動を取りあげてみます（①②③）。

## 近世的な幕藩体制の確立に失敗した生駒騒動

寛永《かんえい》十七年（一六四〇）七月、讃岐《さぬき》国高松十七万千八百石余りを生駒親《ちか》正《まさ》以来、四代五十四年間にわたって支配してきた生駒氏が領地を没収されました。藩主生駒高俊《たかとし》は出羽《でわ》国由利郡矢島（秋田県矢島町）に移され、堪《かん》忍《にん》分（生活を支えるに足る扶助料）としてわずか一万石を許される境遇となりました。世に〝生駒騒動〟といわれるこの事件は、どのようにして起きたのでしょうか。

讃岐生駒氏の祖である生駒親正は、豊臣秀吉に従って軍功をあげ、天《てん》正《しょう》十五年（一五八七）讃岐一国の支配者になりました。関ヶ原の戦いでは西軍に属しましたが、その子一正《かずまさ》が東軍に属して活躍し、讃岐の領有を安《あん》堵《ど》されました。慶長《けいちょう》十五年（一六一〇）に一正が五十六歳で死去すると、その子正俊《まさとし》が二十五歳で父のあとを継ぎます。しかし正俊は元和《げんな》七年（一六二一）に三十六歳で亡くなり、あとには十一歳の生駒小法師《こぼうし》（のちの高俊）が残されました。藩政の乱れを懸念して外祖父（母方の祖父）藤堂高虎《とうどうたかとら》が、子法師の藩政を後見して内政に関与する形になりました。幕府中枢と深いつながりを持ち、信頼も厚い藤堂家の政治力が生駒家存亡の危機に際して、領内統治・対幕関係の双方でにらみをきかすものとして期待されたのです。

生駒高俊が造園した栗林公園（香川版口絵より）

子法師は寛永《かんえい》二年高虎の息子藤堂高次《たかつぐ》によって加冠《かかん》の儀式（元服してはじめて冠をつける儀式）をすませて高俊と改名。翌三年には上洛《じょうらく》する大御所秀忠《ひでただ》、将軍家光《いえみつ》に供奉《ぐぶ》して従四位下《じゅよいのげ》をさずけられ壱岐守《いきのかみ》に任じられました。高虎はさらに、外孫高俊の安泰をはかるため、秀忠の大御所政治下で実権を握り、幕府の意思形成にも参加していた土井利勝《どいとしかつ》の娘を妻に迎えることにしました。が、寛永七年藤堂高虎は七十五歳で死去します。

家臣の対立が表面化したのは寛永十四年譜代の家臣を中心とする〝旧臣派〟年寄りのひとりである生駒帯刀《たてわき》が江戸に向かい、藩の新しい政策を担う〝吏僚派〟の非法を藤堂高次、土井利勝らに訴え出たのです。両派の対立は拡大して抜き差しならなくなり、ついに寛永十七年五月、吏僚派の国元侍百七十五人、江戸詰め百九十九人が、徒党を組んで家中を立ち退く事態にいたりました。

この騒動に対し幕府は、同年七月、生駒藩の処分を決定し、冒頭に記した結果となったのです。また、吏僚派の石崎若狭《いしざきわかさ》・前野治太夫《まえのじだゆう》らは切腹、旧臣派の生駒帯刀・生駒左門らは大名預けということになりました。生駒藩騒動の原因は、当時からいわれてきた江戸藩邸と藩地の対立ではなく、その背景には、地方知行制から蔵前俸禄制への移行があったのではないか、と考えられています（②）。

**関連項目**

①宮城50科　石川一章5　②香川一章3　③鹿児島四章9

# 12 暴れ川を治める

治水とは、川の氾濫《はんらん》を防ぎ潅漑《かんがい》の便をはかることです。川は豊かな流域を提供してくれるいっぽう、氾濫や洪水をもたらし、川沿いの広大な田畑を流出させ、家を奪い、人命を損なわせます。また、流路は洪水のたびに変動するので、対岸の村との境界は不分明になり、境界争いが発生します。洪水を防ぐ治水事業は、大きな川を擁する藩にとっては、最重要課題だったのです。これは単に各藩の課題だというだけでなく、全国的治世の上からもゆるがせにできないものでした。このため代々の為政者は治水にもっとも意を用いたといっても過言ではないでしょう。徳川家康は領主として東国に入ると、真っ先に専門家に命じて利根《とね》川や荒《あら》川の付け替え工事に取り掛からせましたし、八代将軍吉宗《よしむね》は最高位に就くとすぐに、地元紀州《きしゅう》から治水工事の技術者を呼び寄せて、全国的な治水状況を見て回らせ、必要なところでは工事に取り掛からせました。ここではいくつかの洪水との闘いを見てみましょう。

## 水との闘いだった利根川流域の農民

利根川は、江戸時代初期に本流をせき止め、支流を本流に変えました。が、それ以来流域では洪水が頻発し、人口増加に伴う農地拡大によってとくに深刻なものになりました。

利根川沿岸地方の農民の生涯は洪水との闘いだった、といっても過言ではありません。三年に一度は必ず水害に見舞われ、また、年に数回の水禍《すいか》を被《こうむ》ることもまれではありませんでした。これに対応するため、この地方ではふだんから各家でさまざまな準備をしていましたが、そのひとつに水《みず》塚《づか》があります。水塚とは、家の裏手などに土盛りをして、その上に建てた倉庫兼納屋のことです。その中に衣類・米・味噌などの応急品を入れ、洪水が予想される時には、家財道具なども急いで運び込みました。洪水となって避難する時には、揚《あ》げ舟を用いました。揚げ舟はふだんは軒下などにつり下げておく長さ四〜五メートルくらいの緊急用の舟です。

文政《ぶんせい》六年（一八二三）と七年、利根川の堤防は連続して決壊し、館林《たてばやし》藩・邑楽《おうら》郡の南東一帯を湖沼と化しました。水が引いたあとの被災地は、茫《ぼう》ぼうたる川原のような状態で、村里は滅亡寸前でした。この有様を見た吉田市右衛門《よしだいちえもん》は同志と語らい、救援策を講じるとともに、被害地十四ヵ村の十五歳以上の男女に、ひとり一日大麦三升を与えました。さらに復興策として、自分の所有地・百九十町歩（一町歩＝約一ヘクタール）を開墾し、被害者に無料で耕作させました。そのほか桑《くわ》苗四万本、ハンノキ苗数万本、琉球芋《いも》苗を分与するなど救済厚生策を講じました。

吉田市右衛門の洪水被災民の救済と、その復興に尽くした恩義に対し、感謝の意を込め、さらにこのことを永久に伝えるために、天保十三年（一八四二）六月、被災民が利根川堤防上に記念碑を建立しています（①）。

## 甲斐《かい》三川の治水事業

甲斐国の釜無《かまなし》川、笛吹《ふえふき》川、荒《あら》川の三河川は、たびたび氾濫して被害が絶えませんでした。差出《さしで》の磯《いそ》、近津《ちかつ》、竜王《りゅうおう》という三大水難所などの治水事業は、甲斐国を統一した武田信虎《たけだのぶとら》、信玄《しんげん》の代から始まり、江戸幕府に引き継がれました。とくに名高い事業は、竜王の信玄堤です。

武田氏時代に釜無川の竜王伊勢明神下まで御河除《おかわよけ》と呼ばれる堤防がつくられましたが、その堤防を西八幡まで延長し、七百間《けん》の石積堤が天正《てんしょう》十一年（一五八三）から慶長《けいちょう》十三年（一六〇八）にかけて建設されました。釜無川の広い河川敷も、築堤技術の進歩によって狭められ、享保《きょうほう》年間（一七一六～三六）に竜王から今福新田まで一道の流れとなり、そのあとは新田として開発されました。

現在の釜無川堤防は、明治二十年（一八八七）から七ヵ年計画で、竜王および対岸の御影《みかげ》村・南湖《なんご》村・市川大門《いちかわだいもん》村に至る、両岸総延長二五キロに及ぶ大事業として完成したものです。

笛吹川は日《ひ》川、重《おも》川の二川を合流して流勢を強め、じかに近津《ちかつ》の堤防を突くことになります。この三河川が合流する近津付近は、差出の磯、竜王とともに甲斐の三大水難所といわれてきました。笛吹川はもと近津から小《こ》松《まつ》、川中島《かわなかじま》の境を西流し、平等《びょうどう》川と合流して南下していましたが、明治四十年の大水害によって近津堤が決壊し、鵜飼《うかい》川に流れて現在の笛吹川になりました（②）。

利根本流締切跡（群馬版254ページより）

**千曲《ちくま》川は近国無類の荒れ川**

寛保《かんぽう》二年（一七四二）八月の大洪水に限らず、千曲川には毎年大小の洪水があったので、土地の人はことあるごとに「近国無類の荒れ川」といって恐れました。下県《しもがた》村では川沿いの田畑が年々流出し、また流路が洪水のたびに変動したので、境界争いが絶えませんでした。

千曲川はまた、東西を結ぶ交通の障害でもありました。当時千曲川には中山道の千曲川往還橋、佐久《さく》甲州街道の野沢原橋のほか、上流に一、二の橋があった程度でしたが、洪水のたびに流失して東西の交通を遮断しました。しかし、中山道は東海道とともに、江戸と京都を結ぶ重要な交通路なので、洪水のたびに長期間通行止めになるようなことは許されません。水が引き始めると流失した橋の両側の宿にとって最大の負担であり、難事だった井形《いがた》渡し、つまり人手による川越えが開始されます。

洪水のたびに橋が流出するので、寛保《かんぽう》三年八月から船渡しに変えました。しかしこの船渡しは、少しの出水でもすぐ船止めになるなどの理由で寛延《かんえい》三年（一七五〇）には廃止され、再び橋が架けられました。わずか百五十年のあいだだけでも、川を渡る方法が何回も変わったということは、千曲川がいかに荒れ川であり、交通の便を確保することがいかに困難だったかを物語っています（③）。

**関連項目**

茨城五章1　①群馬四章7　埼玉一章1　埼玉五章1　千葉四章2　神奈川一章4　新潟五章8　富山一章8　富山五章6　②山梨一章7　③長野一章4　岐阜一章1　岐阜一章8　静岡一章3　愛知四章1　三重五章2　滋賀一章4　滋賀三章1　滋賀三6　大阪一章4　和歌山一章6　和歌山一章10　徳島一章6　徳島五2　愛媛一章2　福岡一章3　佐賀一章3　沖縄八章4

# 13 水との闘いで得た知恵

古来「水を治めるものは国を治める」といわれてきましたが、それだけ水との闘いは困難をきわめました。水は肥沃な大地を育む恵みの神であり、洪水の災害をもたらす悪しき神でもあったのです。絶えず洪水の脅威にさらされていた江戸時代の人たちは、水とどのように闘ってきたのでしょうか。流域住民の、水防に対する生活の知恵を探ってみましょう。

## 輪中《わじゅう》は水防・運命共同体

中央高地から流れ出た木曾《きそ》・長良《ながら》・揖斐《いび》の三大河川は、最下流域の愛知・岐阜・三重の県境付近に達すると、ひとつに束ねられた形となって伊勢湾に注ぎます。このあたりの土地は低湿地が多く、増水時には乱流し、氾濫《はんらん》を繰り返していました。人びとは洪水から集落を守り、安全な生活環境を築くための自衛策を考えました。集落の周囲に堤をめぐらして水防区域をつくり、洪水の害を防ごうとしたのです。

このような囲堤《かこいづつみ》集落を「輪中」といいます。江戸時代末期には、大小の輪中は約八十を数えました。ちなみに輪中は「曲輪《くるわ》」ともいいます。

当時の輪中は尻なし堤といって、上流だけ囲って流水の激突を避け、下流部は開け放して排水に便利なようになっていました。しかし、これでは本流の水位に左右され、大規模な水害には効果がありません。その対策として出現したのが、いくつかの輪中を堤で囲んだ一円大輪中です。寛永《かんえい》元年（一六二四）に尾張《おわり》藩が資金援助して、上流の藤《ふじ》ヶ瀬《せ》村から大きい堤防を綴《つづ》り合わせ、下流の大森《おおもり》村と船頭平《せんどうだいら》村まで大輪中堤を築いたのです。二つの村のあいだに、用水を取り入れたり悪水を排出するいくつかの「圦《いり》」を設け、輪中内での耕作条件が整えられたのです。

しかし、一円大輪中になったからといって、ただちに村人の生活が安定したわけではありません。この地域がたび重なる洪水の脅威から開放されるまでには、多くの薩摩《さつま》藩士の犠牲のうえに完成された木曽川宝暦《ほうれき》の治水（一七五四〜五五）、また、明治二十年（一八八七）着工、同三十五年竣工の木曽・長良・揖斐三川分流工事を経て、第二次大戦後の土地改良・区画整理と輪中排水機の設置を待たなければなりませんでした。

輪中内にある古くからの農家は、近くに堤防のある場所を選んで建てられています。洪水に襲われた時は、とりあえず堤の上に避難すれば命だけは守ることができたからです。堤防から離れたところでは、家に接して土を盛った円墳のような小山を築き、これを助命壇《じょめいだん》と呼びました。やがて盛り土の周囲を石垣で囲み、その上に災害時の住居と非常用の備蓄倉庫を兼ねた水屋《みずや》という建物を設けるようになりました。この水屋のおかげで、大規模な洪水に襲われても人命の損傷は格段に少なくなりました（①②）。

## 吉野《よしの》川の洪水と闘った住民の知恵

洪水の時に流れる水量が日本で最も多いのは、四国一の大河・吉野川です。吉野川上流域はわが国有数の多雨地帯で、地形が急峻なことも洪水流量が大きい原因です。二十年の歳月を費やして昭和二年（一九二七）に完成した吉野川第一期改修工事によって、初めて吉野川下流部両岸に連続堤防が築かれたのですが、それ以前は徳島平野一面が氾濫原《はんらんばら》となり、洪水のたびに数多くの人命が失われていました。が、流域住民がただ手をこまねいていたわけではありません。

まず、洪水が襲来する前に収穫できる畑作物として藍《あい》に着目しました。やがて吉野川流域一帯は藍の一大産地となって、徳島産の藍玉は全国の染料市場に覇《は》をとなえるに至ったのです。

吉野川の中・下流域両岸に長く連なる竹林は、洪水被害を軽減するために植樹されました。地下茎がからんだ竹林は、水による浸食から川岸や堤防を守るとともに、洪水の水勢を削《そ》いで岩や小石が耕地に侵入するのを防ぐ役割を果たしたのです。また、徳島藩は天保《てんぽう》十二年（一八四一）、吉野川両岸に大規模な柳の植樹を行ないました。洪水の水勢を弱めるために、柳のしなやかさを利用したのです。

石囲いも徳島特有の洪水対策です。家を取り囲むように石垣が築かれているのですが、洪水の時には飲料水を汲みおいた桶を石囲いの上にあげ、石囲いの上から流れ寄せる流木を棒で押しのけていた、といいます。

吉野川ぞいの水防竹林（徳島版59ページより）

石垣を高く築いた地盤の上に母屋・納戸・土蔵などが軒を並べる高石垣の家が多く見られるのも特徴のひとつです。木曾三川流域でいう「水屋」や、利根川の洪水常襲地域に見られる「水塚」と同じ目的を持っていますが、徳島では「城構えの家」といい、その規模の大きさに驚かされます。城構えの家は屋敷地全体を高く築きます。中でも洪水の水が当たる方向の石垣、あるいは貴重品を収める土蔵の石垣を、より高く築くのが一般的です。

洪水による表土の流出や土砂の流入などにより、地域や区画の境が不明にならないように建てられた石（郡境石《きょうせき》・村境石）や、隣地との境界争いを未然に防ぐ地境木《ちざかいぎ》の植樹も、長年洪水と闘ってきた流域住民の生活の知恵です（③）。

先年来住民投票で全国的話題となった吉野川第拾堰は、江戸時代に築かれたものです。流域の状況は時代とともに変遷しますが、先人から連綿と受け継がれてきたものと、現代人の生活からの要請とどう折り合いをつけるのか、それがいつの時代でも問題になります。水屋や輪中は今も各地に見られます。また、洪水のときに人々が身を守った知恵は、今も洪水遺産として残されているのです。

**関連項目**

青森一章3　青森五章4　青森五章11　岩手一章5　岩手五章1　岩手五章2　岩手五章3　宮城一章5　秋田五章3　秋田五章9　山形一章4　福島一章2　茨城一章3　茨城一章6　茨城五章3　栃木一章1　栃木一章3　栃木五章8　群馬一章2　埼玉一章3　埼玉二章1　東京一章7　神奈川一章1　神奈川一章2　神奈川一章3　神奈川一章5　新潟一章7　富山一章1　富山五章4　富山五章9　石川五章9　福井一章5　山梨一章8　長野一章6　長野五章1　①岐阜一章1・8　静岡五章1　②愛知四章1　三重五章4　和歌山五章10　鳥取一章6　鳥取一章7　鳥取五章3　島根五章1　山口一章4　③徳島一章6・7　高知一章2　福岡一章2　福岡一章6　長崎五章2　熊本一章4　熊本一章4　大分一章4　大分五章6　宮崎五章1　宮崎五章2　宮崎五章5　鹿児島一章5

# 14 不毛の地を美田に

## 灌漑《かんがい》用水をいかに確保するかがカギ

現在、見渡す限り美しい水田地帯となっているところも、江戸時代以前にはまったくの不毛地帯だったところが少なくありません。江戸時代に入ると、戦乱がおさまって幕藩体制が安定したこと、治水・土木技術が進歩したこと、幕府・藩などがまとまった資金を投じることができるようになったこと、などから不毛の地を開発しようとする動きが活発になりました。

検地によって確定された石高《こくだか》は、年貢や幕府の手伝い普請《ぶしん》などの基準になることから、各藩ともその対象になっていない耕作不能とされた土地が開発されれば、その利益は大きなものがありました。もっとも代表的な例は、水不足で灌漑ができず、田畑にならない土地でした。

## 見渡す限りの原野が水田地帯に

山形県の庄内《しょうない》平野は、現在わが国有数の米どころとして有名です。しかし、関ヶ原の戦のあと最上義光《もがみよしあき》が山形藩主として領国の狩川《かりかわ》城に入ったときには、北に鳥海《ちょうかい》山がそびえ、眼下に最上川が曲がりくねって日本海に注ぎ、庄内平野は一面の原野で、ところどころに天水の沼とわずかばかりの村が見えるだけでした。ここらの農民は用水を山あいから流れ出る小さな沢に頼っていましたから、日照りにあうとすぐに水不足に悩まされました。新しく田畑に開拓できる原野は西に果てしなく広がっていましたが、水枯れが心配で開拓することができませんでした。最上川や付近を流れる京田《きょうでん》川は豊富な水量を誇っており、それを利用できればよかったのですが、いずれの川も水面が田畑よりも二〜三メートルも低く、利用できなかったのです。それを解決したのが熱意と土木技術でした。

最上領の米は酒田《さかた》（酒田市）から船で敦賀《つるが》（福井県）に送られ、そこから大坂に運ばれていました。大坂からは物産とともに新しい文化や優れた土木技術が伝えられてきました。月山《がっさん》を水源として最上川に合流する立谷沢《たちやざわ》川に水を流そうとする狩川大堰《おおぜき》開削計画ができあがったのは慶長《けいちょう》十六年（一六一一）のことでした。計画には藩内の反対もありましたが、藩主義光自らが計画の範囲を拡大して、藩ぐるみで取り組みました。翌年起工式を行なって正式に工事がスタートしましたが、工事は難航しました。崖を削り石を積みながら進むのですが、工事中に大岩石が落下して人夫十六人が圧死するという事故も起こりました。当時は岩を割るのに、岩の上で木炭や薪を燃やして熱し、急に水をかけて割る南蛮《なんばん》（ポルトガル、イスパニアなど）伝来の技術を使っていました。惨事に怖気づいて逃亡する人夫が続出しました。

堰はこうして苦心の末に完工し、以来用水路は毎年のように延長されました。その後、村びとは末流に広がる原野の開墾にも取りかかり、現在のような美田がつくりあげられたのです（②）。

## 殿様の命令で鷹場《たかば》が美しい田に

江戸時代のはじめ仙台《せんだい》藩は、領内で大々的な新田開発を行ないました。その結果表向き六十二万石だった藩の実際の石高は、百万石を超えたのでした。増産された米は江戸で販売され、仙台藩は江戸の台所といわれるようになりました。新田開発の代表的なものは栗原《くりはら》郡伊豆野原《いずのはら》の開発でした。

仙台藩二代藩主伊達忠宗《だてただむね》は、鷹狩の最中に傍らの家臣に「この広大な原野何とかならんか」といって、鷹場を新田にすることを提案しました。この事業のために登用されたのが川村孫兵衛元吉《かわむらまごべえもとよし》でした。元吉は現地を調査して原野を開発するには、いかにこの大地に水をひくかが成否のかぎだと考えました。そこで迫川《はさま》上流部を堰《せき》元とする二〇数キロの用水路を引くことを決めました。工事は正保《しょうほう》元年（一六四四）に始まり丸三年の歳月を要して完成しました。ところがいざ水を通してみると、水がうまく流れず、途中で止まってしまいます。そこで水に勢いをつけることにし、途中に滝を設けて流下させることにしました。この大滝によって水は再び動き出し、さらに多くの水門や樋《ひ》が設けられました。水門は急な増水や不要な水を排水して堰の水量を調整するものです。樋は用水を潅注する施設で、下流の水田面積によって大きさが決められました。こうして堰の水は伊豆野原全域に運ばれました。

現在の伊豆野堰の清水ヶ袋堰元（宮城版50ページより）

のちの人々が感心するのは、元吉の設計の優秀さでした。彼は日中ごろごろしていながら、夜になると提灯《ちょうちん》を持って出かけました。とくに闇夜になると大張り切りでした。人々は大変不思議に思いましたが、彼と仲間は闇の中で提灯を上げ下げしながら土地の高低を測り、掘削《くっさく》線を測量していたのだと伝えられています（①）。

## 那須野《なすの》ヶ原《はら》の用水、鹿島灘《かしまなだ》沿岸の町人請負《うけおい》

栃木県の那須野ヶ原も広大な原野が広がるばかりで、その三分の二が水にとぼしい上に土地が大変やせていました。それでも江戸時代以降、人々は何とかここを開発しようと努力を重ねました。慶長《けいちょう》年間（一五九六～一六一五）には蟇沼《ひきぬま》用水を、寛永《かんえい》六年（一六二九）頃には高阿津《たかあつ》用水を、正《しょう》保《ほう》四年（一六四七）には巻川《まきがわ》用水を、万治《まんじ》元年（一六五八）には長島《ながしま》堀を、宝暦《ほうれき》十三年（一七六三）には穴沢《あなざわ》用水を開いて、潅漑をするとともに村民の飲料水を確保しました。寛政《かんせい》五年（一七九三）に赴任した幕府の代官山《やま》口鉄五郎《ぐちてつごろう》は、穴沢用水を拡張し、その用水は山口堀などと呼ばれました（③）。

茨城県の鹿島灘沿岸地方も不毛の地で、農業には適しませんでした。しかし、江戸時代中期以降町人請負制の新田開発がさかんになり、太田宗助《おおたそうすけ》による太田新田、須田官蔵《すだかんぞう》による須田新田、柳川宗左衛門《やながわそうざえもん》父子による柳川新田の開発事業が成功して、新しい村々が誕生しました。

とくに柳川父子の取り組んだ地域は砂地で、防風防砂に松を植え、砂を取り除いて利根《とね》川沿いの肥えた土を運び込むという困難なものでした。伊豆韮山《にらやま》の代官江川太郎左衛門《えがわたろうざえもん》や若き多数の協力者たちの協力があって、成功したのでした（④）。

**関連項目**

青森一章3　①宮城一章5　②山形一章4　③栃木一章3　④茨城一章6

# 15 活発な新田開発

現在美しい田園風景が広がっているところは、総じて江戸時代に新田として開発されたところが多いのです。当時の人々の熱い思いが受け継がれているいると同時に、いかに綿密に計算されて開発されたかがわかります。

## 米どころは長年の開発の積み重ねでつくられた

わが国最大の米どころのひとつ新潟県上越地方は、高田《たかだ》藩主松平光長《まつだいらみつなが》（一六二四〜八二）の時代、領内でさかんに新田開発が行なわれました。とくに高田平野北部は広い池や沼地が広がっていましたが、三期にわたって広大な新田が開かれました。

第一期は寛永《かんえい》十四年（一六三七）から正保《しょうほう》元年（一六四四）にかけて行なわれた大瀁《おおぶけ》新田です。藩と町人のいわば共同開発でした。横川《よこかわ》村（新潟県東頚城《くびき》郡）で保倉《ほくら》川を堰《せ》き止め用水を取り入れて、約二〇キロにわたって灌漑用水を供給するものです。第二期は正保三年から明暦《めいれき》三年（一六五七）にかけてで、中谷内《なかやち》新田です。開発地は大瀁新田の北側にある低湿地で、大半が沼のため排水が開発の基本課題でした。池から延長一三キロの排水路を掘り、水を保倉川に流す工事でした。排水路が砂丘沿いにあったために、護岸工事に手間取り、十年の歳月を要しました。第三期は寛文《かんぶん》元年（一六六一）から延宝《えんぽう》六年（一六七八）にかけてで、大潟新田の開発でした。

三期工事のころ藩は、各地で開発の実績をあげていた河村瑞賢《かわむらずいけん》を招いて意見を聞きました。現地を見た河村瑞賢は保倉川の流路を変えるようアドバイスしました。保倉川はたしかに途中で流路をほぼ直角に変え、このため流れが滞ることが多く増水のときは潟《かた》川へ逆流し、せっかく開いた上流部の新田まで冠水してしまいます。古い城の内堀などを利用してこの曲りを直し、まっすぐ直江津今町《なおえついままち》（上越市）まで流路を開削したのです。この結果潟川の排水がよくなり、池の水も抜けて大潟新田の開発は成功したのです。高田藩の開発はその後、高田平野東部に移ります。こうして少しずつ積み上げられた開発の結果が、今日に残っているのです（①）。

## 北アルプスを背景に安曇野《あずみの》に清流が流れる

長野県の安曇野は、山国の長野県では屈指の米どころです。広々と続く水田は、生産力も高い上、圃場《ほじょう》（農園・水田）整備も進み、大型機械の導入も県下の最先端をいっています。しかし、ここもまた最初からそうではなかったのです。安曇野の中心の穂高《ほたか》町も不毛の地の典型とされ、水田はわずかで芝原や林・畑が広がる貧しい原野でした。その原因はただ一つ、水が乏しいことでした。

現在安曇野を歩いてみると、幅広い用水路が満々と水をたたえて流れ、後ろの北アルプスの雄姿と合わせて、美しい風物詩をかたちづくっていることに気がつくでしょう。中でも拾ヶ堰《じっかせき》は、その姿が際立っています。この拾ヶ堰は、保高《ほたか》組（穂高町・豊科町）の大庄屋代役等々力孫一郎《とどろきまごいちろう》の奔《ほん》走で実現したものです。

等々力孫一郎は、木曽《きそ》川（現在の奈良井《ならい》川）や梓《あずさ》川の水量を調べたり、高いところに上って土地の様子をみたりして、島内（松本市新橋の下流）の町《まち》村《むら》で水を取り入れ、梓川の河床下を横切って川をつくれば、水を引けそうだと見当をつけました。そこで近隣の村役たちと相談して、計画を練り始めます。堰の名前も十ヵ村の組合堰にするため、拾ヶ堰と呼ぶことにしました。しかしこの工事は困難が予想されました。開発対象となる地域は、いずれも海抜の高い烏川《からす》扇 状《せんじょう》地にあるのです。低いところから高いところへ水をひかなければなりません。

藩の反対にあい、工事の開始が大幅に遅れましたが、文化《ぶんか》十三年（一八一六）九十日の突貫工事で拾ヶ堰は完成しました。幅約九メートル、長さ一二キロ、梓川の下を暗渠《あんきょ》で通した用水路が見事にできたのです。六万七千百十二人が動員された大工事が終わって、水が流れ出すとまるで低いところから高いところへ流れていくような錯覚さえ起こさせるほど、設計どおりにできていたことがわかりました。初めて水が通った日、孫一郎を先頭に百姓たちはおいおいと泣きながら、水の流れを追ってどこまでも高い用水路の土手を走ったということです（③）。

牛が首用水の取水口付近（富山版35ページより）

## 富山の牛が首用水と鳥取北 条《ほうじょう》砂丘の開発

長年干害に苦しんできた農民たちにとって、神通《じんづう》川支流の井田《いだ》川・山田川から水を引き水田を開くことは長年の念願でした。神通川西岸の婦負《ねい》郡北部・射水《いみず》郡東部一帯（富山県）は、沼地や原野、荒地が多く、用排水設備がありません。婦負郡には井田川・山田川が貫流していましたが、御福《ごふく》山・城《じょう》山・八ヶ《はっか》山が立ちふさがっています。水を引くにはこれらの山を切りとおさなければなりません。

藩（加賀《かが》藩）の許可を得て大庄屋善左衛門《ぜんざえもん》らが工事にかかったのは寛永《かんえい》元年（一六二四）のことでした。城山を切り崩し、八ヶ山を掘削《くっさく》するのがもっとも困難でした。難工事で立ち往生したときに、善左衛門は夢を見ました。牛嶽《うしだけ》神社の明神が現れて、「寝牛の首をとって難所に埋めよ」というのです。善左衛門はその通りにしました。すると無事に難所も切り抜けられ、やがて工事が完成しました。用水路は十年の歳月をかけて完成されました。これによって二万五千石余の田が開かれました。用水は当然のように牛が首用水と名付けられました（②）。

鳥取県の北条砂丘は今一面の葡萄ハウスが広がり、ところどころに畑が点在していますが、減反政策以前は水田地帯でした。北条砂丘は天神《てんじん》川の運んだ流砂と季節風がつくった一一〇〇ヘクタールにも及ぶ砂原です。桝《ます》田新蔵《だしんぞう》は、砂丘に水路を通し水田に変えてやろうという野望を抱きました。自ら土木・用水工事の書物を熱心に読み、周囲の嘲 笑《ちょうしょう》の中でもひるまずに自説を主張しつづけ、ついに工事開始にこぎつけます。安政《あんせい》五年（一八五八）のことです。用水の見通しがついたのは文 久《ぶんきゅう》元年（一八六一）のことでした。新蔵は用水の引かれた砂地に自ら入植したのでした。翌年には約三〇ヘクタールの開拓地に二十一戸の農家が入植したのでした（④）。

**関連項目**

茨城一章6　群馬一章2　埼玉二章1　①新潟一章7　②富山一章1　③長野一章6　④鳥取一章6　大分一章4　福岡一章6　鹿児島一章5

# 16 治水と新田開発

## 大河を治めて流域を開発

大河川の下流域は、上流から川が運んでくる土砂や洪水とともに運ばれる栄養分で、肥えた土地が堆積されます。氾濫原《はんらんばら》と称するこれらの土地は、扇状地を形成し、絶好の耕作地帯なのです。ところが名前の通りしばしば川が氾濫し、しかも大河ですからすべてを流し尽くすような洪水となります。その上、川は土地よりも低いところを流れる場合が多く、ありあまる水が流れていながらそれを利用することが困難でした。

このため大河川の下流域は、中世まではそのまま放置されているところが多かったのです。放置されたところは葦《あし》や茅《かや》が生い茂る湿地となったり、最下流の河口付近では水量が豊富な時期はまだしも、渇水期にはとくに満潮時に海の水が逆流し、塩害をもたらしました。塩害の防止、氾濫の防止、灌漑用水の確保が、こうした立地での開発の要点でした。江戸時代からは治水技術の進歩で、こうした場所の治水と用水確保がつぎつぎと行なわれるようになりました。

## 大河吉野《よしの》川と格闘続ける流域住民

徳島県を貫通して流れる大河吉野川とその東側を流れる今切《いまぎれ》川に囲まれた下板《しもいた》地方（徳島市川内町や板野郡松茂町・北島町を中心とする地域）は、中小河川が網の目のように流れ、葦や茅が生い茂る湿地や砂州でした。戦国時代の終わり頃からこうした湿地や砂州は徐々に干拓され、新しい村落が開かれるようになりました。これらの村は工夫して農業用水を吉野川と今切川から取水して利用していました。海に近いため日照りの日が続くと海水が逆流し、塩害をおこすおそれもありましたが、吉野川の水量が豊富でさしあたっての心配はありませんでした。そしてこの地域は藩内有数の穀倉地帯に発展していきました。

ところが元禄《げんろく》年間（一六八八〜一七〇四）、思わぬ事態が発生しました。藩内の物資輸送を担う吉野川は、城下へ入るのが不便で、途中分岐する流れの細い別宮《べつく》川に入って城下へ荷物を運んでいました。そこで荷船の運航を円滑にするために、吉野川から別宮川を最短距離で結ぶ堀川の開削工事をすることになりました。工事は順調に完工しましたが、この新川と呼ばれた運河は、次第に両岸を削って広がりついに吉野川の本流をしのぐ大河になってしまいました。新川は流路を広げつつ、沿岸の村の土地を削っていきました。また、吉野川河口近くでは海の水が逆流し、塩害が発生するようになりました。吉野川に農業用水を頼っていた村も、水量の不足でたいへんに困りました。そこで村々が協力して築かれたのが、新川への流水を止めるため川の分流口をふさぐ堰でした。建設された堰は幅一四メートル、長さ四四〇メートルで、つくられた第拾村《だいじゅう》の地名をとって、第拾堰と名付けられました。今日の第十堰の前身です（③）。

## 武田信玄《たけだしんげん》の工法を採り入れた雁堤《かりがね》

日本三急流の一つ富士《ふじ》川は、河口付近でいくつかの川と合流し駿河湾に注ぎますが、その手前でいくつもの枝川に分かれながら大きな扇状地を形成していました。この扇状地のわずかに高いところにつくられた集落は加《か》島《じま》と呼ばれました。これらの集落はひとたび富士川が洪水を起こすと、農作物をすべて流失してしまう状態で、富士川の治水は大きな課題でした。

せっかく開いた新田も何年に一度かの洪水で水泡に帰してしまうことから、長い堤防を築いて洪水を防止しようとする試みが始まりました。水の流れが速く水量が多いので、普通の堤防ではすぐに決壊してしまうので、信玄堤と同じ工法をとることになりました。戦国の武将武田信玄が釜無《かまなし》川の東岸に築いた堤防は、一つの堤に何本かの堤を雁行（雁の列のようにはすかいにつなぐこと）させた形式の頑丈なものでした。ここで考えられたのも信玄堤の工法を採り入れた遊水池を設けた長堤防でした。寛文《かんぶん》七年（一六六七）に開始された工事が完成したのは、延宝《えんぽう》二年（一六七四）で実に七年余の大工事でした。

現在の第十堰の景観（徳島版64ページより）

完成した堤防は雁堤と呼ばれています。堤防外の河原を遊水池として、ここに洪水で溢《あふ》れた水を溜め、水流を弱めながら徐々に川下へ流そうとするものでした。堤防の長さは約四五〇〇メートル、高さは四～七メートル、上層部の幅は平均して九メートル、下層部の幅は約一五～四五メートルに及ぶこの堤防の成功によって、富士川の流路は現在に近い形になり、洪水の心配はほとんどなくなったのです（②）。

## 利根《とね》川から延々八〇キロの用水路

埼玉平野を潤す葛西《かさい》用水と見沼代《みぬまだい》用水は、利根川から取水し、延々八〇キロ余りを流れ、文字通り埼玉水田耕作の大動脈になりました。埼玉平野は低地帯で、水田の用水池として溜池が多数掘られました。低地帯の用水を蓄えておく施設を溜井《ためい》と呼んでいます。江戸時代はじめに埼玉平野では多数の溜井が築造されました。ところが河川の流路を変える工事があったり、上流筋に多数の溜井が掘られるとどうしてもはじめに築造された溜井の水が不足しがちになります。大小の溜井をつなぐ用水路を掘ったりしましたが、開発が進んでくるとどこも水不足になってきます。

そこで関東郡代伊奈忠克《いなただかつ》は、利根川から取水し新しい用水路を掘削しました。会《あい》の川筋の旧利根川の河道も使って流下させています。これが葛西用水です。忠克は利根川から取水したにもかかわらず、一部用水路の新規開削もありますが、旧利根川の流路を巧みに利用し、これまでさかんに利用されてきた溜井方式を合わせて利用しています。古い川の流路を利用するのはこの地域で農民たちが古くからしてきた方法で、それと伊奈方式が巧みに融合されたのが葛西用水といえます。見沼代用水というのは、利根川から水を引き入れて見沼用水の代わりをした用水というほどの意味ですが、こちらは井沢弥惣兵衛《いざわやそべえ》がみごとに完成させています（①）。

**関連項目**

①埼玉一章2　埼玉一章3　神奈川一章4　富山一章8　②静岡一章3　滋賀一章4　和歌山一章6　③徳島一章7　福岡一章3　佐賀一章3

# 17 新田開発の明暗

江戸時代の社会は、検地によって決定された玄米の標準生産高（石高）で表示した石高《こくだか》制社会で、村高や知行の大きさは石高で表わしました。周知のように米が経済の中心であり、米を貨幣に交換することにより、幕藩領主や農民は商品経済を営むことができました。江戸は当時日本一の大消費地で、幕府直轄地や徳川氏直臣の旗本知行地、譜代大名の領地に取りまかれていました。幕府直轄地は徳川家臣団を養う米蔵《こめくら》でもあったのです。

石高制社会では、米の収穫量を増すことが財政状態の改善につながります。新田開発は急務でした。こうして関東平野を縦横に流れる大河川の治水に力が注がれ、新田開発が活発に行なわれたのです。

それぞれ条件が異なる荒野や湿地を、どのように新田に開拓していったのか。ここでは新田開発の成功例と失敗例をみてみましょう。

## 畑作新田のモデルケースとなった野火止《のびどめ》新田

武蔵野といえば雑木林がイメージされますが、このような風景は江戸時代の新田開発によって形づくられました。それ以前の武蔵野は、一面にススキや萩《はぎ》に覆われていた荒野だったのです。ススキや萩に覆われていた武蔵野の開発を、最初に手がけたのは川越《かわごえ》藩でした。

川越藩は江戸城の外郭として重要な役割を担っていました。そのため、川越藩は相応の軍役を負担したり家臣団を充実させなければならなかったので、藩財政の確保は歴代藩主の大きな課題となっていました。

寛永《かんえい》十六年（一六三九）、松平信綱《まつだいらのぶつな》が川越に六万石で入封しました。信綱は川越藩主となると直ちに領内に積極的な農政を展開し、年貢収納の確保と年貢の増徴などに務めました。

信綱が三代将軍家光《いえみつ》の老中《ろうじゅう》だった承応《じょうおう》二年（一六五三）、新座《にいざ》郡野火止に新田を開きました。しかし、野火止は武蔵野台地上にあったために開発は畑に限られていたうえ、水が乏しかったので飲料水の確保が大きな問題でした。そこで信綱は、自分が惣奉行として完成させたばかりの玉川《たまがわ》上水から野火止まで水を引きました。これが野火止用水です。こうして野火止新田は、飲料水を上水として引き入れて新村をつくる畑作新田のモデルケースとなりました（①）。

## 紀《き》ノ川流域最大の用水路小田井《おだい》の築造で一万三千石を灌漑《かんがい》

紀伊《きい》国（和歌山県）の紀ノ川河口付近は紀州最大の平野部で、貴重な穀倉地帯として知られています。この地帯は水田の水を確保するため、古来数多くの池がつくられてきました。

近世以前の取水は、主として谷川から水を引いたり、台地の谷間に堤を築いた池などから行なっていましたが、新田開発の機運にともなって、しだいに紀ノ川のような大きな川から取水する用水路の築造が望まれるようになりました。

紀ノ川流域で最大の治水事業は、小田井の用水路の築造です。この用水路を手がけたのは、五十五歳のときに紀州藩の普請方役人に抜擢された大《おお》畑才蔵《はたさいぞう》。七十四歳で職を去るまで、田地の調査や測量、治水事業などを数多く行なっています。

小田井は取水口の伊都《いと》郡小田《おだ》（高野口町）から那賀《なが》郡今中《いまなか》（岩出町）までの、全長約三三キロの用水路です。この用水路の工事は、三期に分けて行なわれましたが、才蔵が最も苦心したのは宝永《ほうえい》四年（一七〇七）三月から翌年十二月までかかった第一期工事、取水口から那賀郡名手《なて》市場《いちば》（那賀町）までの約二一キロでした。この区間を二十五に区切り、延べ十一万人あまりの人夫が動員されました。

最も困難だったのは、紀ノ川の支流である穴伏《あなぶし》川をどのように横断させるか、という問題でした。この問題は穴伏川の両岸の岩盤を掘りくぼめ、川の上に木樋《もくひ》をわたす方法で解決されました。

小田井の完成により、水田約一万三千石を潅漑できるようになりました。小田井の前に才蔵が手がけた藤崎井《ふじさきい》の潅漑水田と合わせると、計二万三千石の水田が潤うことになったのです（③）。

現在も残る小田井用水（和歌山版67ページより）

## 三度の挑戦も実らなかった印旛《いんば》沼の開発

新田開発がすべてうまくいくとは限りません。印旛沼の開発はその例です。印旛沼には、鹿島《かしま》川をはじめ多くの川が流れ込んでいましたが、沼の外に流れる川は利根《とね》川に注ぐ長門《ながと》川しかなく、印旛沼と利根川の水位差があまりなかったので、大雨が降ると利根川のほうの水位が高くなって水が印旛沼に逆流し、周辺の村々に大きな被害をもたらしていました。

水害を防止して新田の開発や水運の整備をするためには、印旛沼の水を調節することが不可欠です。が、長門川ではその役割を果たせません。こうした中から堀を開削して印旛沼の水を江戸湾に流そう、という遠大な構想が持ち上がりました。

この工事が完成すれば、たとえ利根川の水が逆流しても、これまでのような被害をこうむることはなくなり、減水した印旛沼の周辺に新田が開かれ、利根川と江戸湾を結ぶ水運が開かれる、と期待されました。この大工事は、江戸時代に享保《きょうほう》期（一七一六〜三六）、安永《あんえい》・天明《てんめい》期（一七七二〜八九）、天保《てんぽう》期（一八三〇〜四四）の三度にわたって実施されました。

最初は農民の発議で工事が始められましたが、難工事のため資金不足に陥りました。二度目の工事は実力派老中田沼意次《たぬまおきつぐ》が民活を導入して工事を推進しましたが、田沼の政治的失脚で挫折します。三度目の工事も幕府の実力者、老中水野《みずの》忠邦《ただくに》が強力に推進したのですが、この時も水野の失脚で工事は中断されてしまいました。

この工事は明治以降にも試みられますが、人々の夢をかなえるには、昭和に入るまで待たなければなりませんでした（②）。

**関連項目**

岩手一章5　①埼玉一章3・二章1　②千葉一章6　東京一章7　神奈川一章2・3　福井一章5　岐阜一章6　③和歌山一章6　熊本一章4

## 18 多目的用水路の開発

用水路の開削は不毛の地を潤すばかりでなく、上水・下水・家庭用水・産業用水・消防用水・舟運の運河としても利用され、庶民の生活と密接に結びついていました。

ここでは全国に先駆けて上水道の施設に取り組んだ備後・福山城下の例、埼玉平野に八〇キロ以上もの二大用水路を掘削した例、さらに多目的用水路を縦横に設備した仙台城下の例をみます。

### 福山城の築城と同時に上水道を敷設

元和《げんな》五年（一六一九）、四国・九州を含めて西日本に配置された初の譜代大名として「西海道《さいかいどう》の鎮守《ちんじゅ》」の役割を課せられ、備後国（広島県）福山十万石の藩主となった水野勝成《かつなり》は、元和五年八月四日、大和国（奈良県）郡山から海路で港町鞆《とも》に上陸します。勝成は荒地の遠干潟《とおひがた》だった福山に福山城と城下町を建設したのですが、多くの人が住めるようにするためには、飲み水の確保が大問題でした。それには城下の西部を流れる、芦田《あしだ》川の真《ま》水《みず》を利用するしかありません。

勝成は、潅漑用水と飲料水のどちらにも利用できる水を確保するために、芦田川を分流して城下に引き込みました。取水口は芦田川上流の幸崎に設けて芦田川と並行した分流をつくり、本庄《ほんじょう》二股《ふたまた》まで引き込んだのです。二股でさらに上井出と下井出の用水路に分け、上井出は本庄村の山麓を流れて城下近郊の諸村を潤します。下井出は城に近い蓮池に導いて黒門の少し上流でせき止め、貯水と塵埃沈殿をして城下への水道源としました。

上水道の施設には、藩府独自のものと町方負担のものがありました。さらに、その素材や流水量、用途によってさまざまな水道管や貯水施設が埋設されました。溝の両側を石積みして石蓋《ぶた》で覆った埋め水道に、貯水のための貫洞《かんどう》を街角に設けて分岐点・交差点に利用し、水道の動脈をつくりました。そこから木管・竹管で各戸に配水し、水甕《みずがめ》や井戸に貯水して大切に使うのです。

福山の上水道は、江戸の神田上水に次いで全国でもいち早く敷設されました。福山に近代上水道が敷設されたのは大正十五年（一九二五）なので、約三百年間、勝成が敷設した上水道は生き続けたことになります（③）。

### 埼玉平野を縦断する二大用水路

埼玉平野を潤す二大用水路――葛西《かさい》用水と見沼代《みぬまだい》用水は、武蔵国（埼玉県等）と上野《こうずけ》国（群馬県）の境をなす利根川から延えん八〇キロあまり。埼玉水田耕作の大動脈です。

埼玉平野で盛んに新田開発が行なわれるようになると、それまでの貯水池からの潅漑用水では用水需要をまかなえなくなり、利根川から引水する用水路の掘削が急務となりました。万治三年（一六六〇）、関東郡代伊奈忠《ただ》克《かつ》は埼玉郡本川俣村（羽生市）に利根川からの取水口を設け、旧利根川の河道を使って幕府の幸手《さって》領に用水を導入。

さらに享保四年（一七一九）、元荒川下流の用水需要にこたえるために用水路を延長し、全長八〇キロにおよぶ葛西用水路が完成しました。葛西用水が潤した地域は現在の幸手市から東京都江戸川区までの三百ヵ村、村高合計は十三万二千七百石あまりにのぼります。

いっぽう見沼代用水は、享保十二年に着工。埼玉郡下中条村（行田市）で利根川から取水し、星川の一部を用水路に利用して騎西領の用水にも分水されました。取水口から見沼まで約六〇キロ。末流を含めると八〇キロあまりもあります。その潅漑面積は約一万七千町歩、そして用水路完成によって開発された新田は約二千町歩弱。見沼代用水は葛西用水とともに埼玉平野を貫く水田耕作の大動脈となり、新たな穀倉地帯を加えたのです。また、この用水路は舟運にも利用され、江戸と埼玉を結ぶ大きな役割を果たすことになりました（②）。

## 仙台城下の四ツ谷用水は多目的

城下町だけでの総延長が約四一キロにおよぶ四ツ谷用水は、城下町仙台に欠くことのできない都市用水として町中堀とも呼ばれ、その一部は昭和初期に入っても多くの役割を果たし続けました。以下にその役割をあげます。

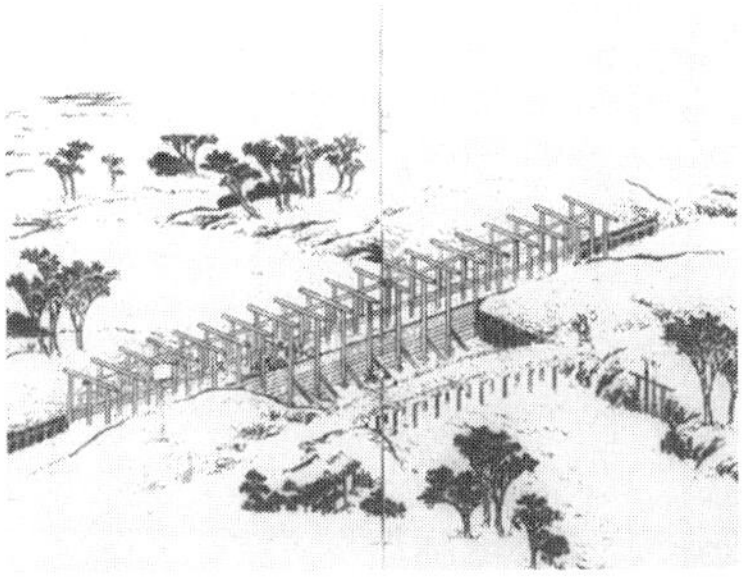

綾瀬川の掛樋図（埼玉版37ページより）
（『新編武蔵風土記稿』）

（一）飲料水：用水そのものが飲料水として、どの程度利用されたかは明かではありません。むしろ、用水が地下水を涵養《かんよう》することによって容易に浅井戸を得ることができ、湧水とともに間接的な飲料水の供給を受けたといえます。

（二）消防用水：仙台藩には定火消《じょうびけし》、町火消、村火消などがありましたが、その当時の唯一の消防用水源は四ツ谷用水でした。

（三）家庭用水：炊事・洗濯・雑用水として欠かせない水流であるとともに、夏は道路への散水、冬は雪捨て場として利用されました。いっぽう、家庭からの排水先もこの用水でした。

（四）農業用水：用水の下流・八ヵ村の水田をうるおしました。

（五）水車用水：精米・製粉などの穀類加工、練炭などの製造動力源として、藩政時代から水車が稼働していました。

四ツ谷用水は現在、全国で三番目に整備されているといわれる仙台市の下水道の基礎となりました（①）。

**関連項目**

①宮城一章10　茨城五章3　②埼玉一章2　東京一章5　石川一章4　三重一章7　滋賀三章7　大阪二章4　③広島一章1　山口一章3　徳島五章2　熊本一章2　宮崎五章1

## 19 溜池の築造で潅漑

米が主食のわが国では、今も昔も米作が農業の中心です。稲はいうまでもなく水田で耕作されます。しかし、雨が降らなくて旱魃《かんばつ》に見舞われたり、地形的に恵まれず水の便の悪いところでは、さまざまな工夫をして水を確保する努力が重ねられてきました。

溜池による水の確保もその一つです。ここでは、いくつかの代表的な溜池をみてみます。

わが国で溜池による潅漑《かんがい》をしてきた歴史は古く、平安時代にすでに空海《くうかい》によって潅漑用溜池が築造されたという記録があります。空海がつくった溜池は今もなお香川県に残されていますが、わが国で降雨量の少ない地域では、多くの溜池が掘られました。溜池が一番多いのは兵庫県で、その数二万以上といわれます。ついで広島県、香川県と続きます。香川県は数では第三位ですが、一平方キロメートル当たりの溜池数は七・八ヵ所で、全国一です。

### 弘法大師《こうぼうだいし》がつくった溜池

その香川県でもっとも大きい溜池が満濃《まんのう》池です。貯水量は千五百四十万トンもあり、全国でもっとも大きい農業用溜池です。現在香川県でもっとも大きなダムが府中ダムで、その貯水量が八百万トンですから、満濃池の規模の大きさがわかります。

満濃池は先に触れた空海が弘仁《こうにん》十二年（八二一）に、金倉川の侵食谷を台地の崖の端でせき止めて、谷全体に水を溜めた台地池をつくったのが始まりです。

その後、藤堂高虎《とうどうたかとら》から派遣された西島八兵衛《にしじまはちべえ》は、堤防が決壊していた満濃池を視察し、自ら普請奉行《ふしんぶぎょう》となって修復に取りかかりました。寛永《かんえい》五年（一六二八）のことでした。足掛け四年をかけた大工事でした。しかし、難工事の連続でもあり、また藩論も十分に統一されているとはいえず、西島八兵衛にはつらい日々が続きましたが、ともかくも満濃池は修復されました。その結果、三万五千八百十四石（三千百十五町八反）が潅漑できるようになりました。これはその当時高松《たかまつ》藩の内高二十一万二千九百四十八石のおよそ一六・八一パーセントに当たりました③。

### 多目的ダムの様式で築造された入鹿《いるか》池

今日では、農業用水を確保するのに大部分は、多目的ダムによっています。ダムは水力発電用のほかに、洪水対策として水量の調節や飲料水・農業用水・工業用水の確保などの目的で利用されます。村を水没させてダムを造ることなどが一昔前にたびたび行なわれてきました。そのたびに反対運動などが起ったのは、記憶に新しいところです。

江戸時代にこうした試みがなされていたことを知る人は少ないでしょう。愛知県の入鹿池は、そのまれな例の一つです。江戸時代はじめの尾張《おわり》藩の土地開発政策は、小牧原のような台地に用水を引くこと、それに名古屋南部の海浜地区を開発することの二つが主な眼目でした。

現在の犬山《いぬやま》市に入鹿村という集落がありました。この村は八会山と尾張富士のある盆地にありましたが、ここは海抜百メートル前後の尾張丘陵地であり、その西には小牧原台地などの洪積世台地や扇状地が広がっていました。この盆地に水をためて入鹿村を水没させ、巨大な溜池（人造湖）を築造して、ここを水源に小牧・春日井台地を潤し、一大水田地帯をつくろうという計画が持ち上がりました。あえて一村を水没させて溜池をつくり、それを用水源として耕地を開発するという発想は、わが国の歴史上希有《けう》のことでした。

この大工事は、地元六人衆と呼ばれる人々などの努力で完成しました。この地元の六人衆は、入鹿雨池と呼ばれる盆地が周囲を山で囲まれ、今井川・あふぎ川・奥入鹿川といった大小の川がこの盆地に注ぎ込んでおり、しかも「銚子の口」から流れ出ていることに目をつけました。この銚子の口を締め切れば、大きな池が出来上がり、巨大な用水源となると考えたのでした。しかし詳しく調べると水の出口は二ヵ所あり、中央の部分に大きな岩山があり、しかも流れが急で、締め切る工事は難工事の連続でした。

そして、苦労の末に完成した入鹿池は、満々と水を湛え、周辺の水田十二万石の潅漑用水として利用されました（②）。

満濃池（香川県提供）

（香川版口絵より）

### 「大男の足跡」—飯綱《いいづな》の大座法師池《だいざほうし》

長野市から西北に十四キロほどのところに大座法師池があります。靴底のような形状から、法師が飯綱山頂から飛び降りたあとに水がたまったなどといわれますが、この池とその近くの五つの溜池は、江戸時代から周辺の村々の農業用水として重要な役割を果たしました。これらの水は、ブランド薬師東麓の里口に達して一つになります。浅河原十ヵ村の人々は、里口に分水堰を築き水を引きいれました。その後水田の増加などもあり、村人の手によってさらにいくつかの溜池がつくられました。

とはいってもこの大座法師池がどうしてできたのか、実はよくわかっていません。三百二十五年あまり前の延宝《えんぽう》二年（一六七四）、先の十ヵ村が水利権を得て管理するようになったことがわかっています。村人は潅漑用水が不要な九月から翌年四月まで池に水を入れること、夏も捨て水や大雨を溜めること、そして堰の崩れを補修したり、漏水を補修したりして厳重に管理したのです。

また、この池には浮島がたくさんあったのですが、これを取り除いて湖面を増やす試みを継続して続けています。こうして三万坪分の貯水量が増えたと伝えられます。こうして維持された大座法師池は、今では長野市と戸隠《とがくし》を結ぶ有料道路がすぐ側を通り、夏は打ち上げられた花火を湖面に映して絶好の観光ポイントになっています。満濃池も入鹿池も今も満々と水を湛えており、先人の苦労を偲ぶことができるのは池の脇にひっそりと建てられた石碑だけです（①）。

**関連項目**

①長野一章1　②愛知一章2　三重五章4　奈良50科　和歌山五章10　岡山50科
③香川一章2　福岡一章4

# 20 干拓による開発

## 海に伸ばして領地を広げる干拓

藩財政を支える米の増産を図るため、江戸時代には新田開発がさかんに行なわれました。藩の財政が逼迫してくると、殖産興業によって新たな収入の道を探るか、新田を開発して米の増産を図るかがもっとも手っ取り早かったからです。新田を開発するには、荒れ地だったところに水を引き田畑にするか、海を埋め立てて水田化するしかありません。海を埋め立てることを干拓といいますが、土木技術的に困難で、戦国時代まではそれほど行なわれていません。しかし、江戸時代になって治水技術が向上してくると、各地でさかんに試みられるようになります。

藩の領地が限られているのですから、海へ張り出していけば確実に領地は広がります。遠浅の海や干潟《ひがた》は埋め立てやすく、こういうところから手がつけられていきます。干拓は治水のためにも行なわれました。複数の川が比較的短い距離の海岸線に注いでいるところなどは、川が運んでくる土砂のために河口が狭まり、付近の流域はすぐに川が氾濫して洪水が起こります。これらの土砂を取り除き、川の流れをスムーズにしてやらなければ一年に何度もの水害に襲われるのです。

## 新潟の米どころは干拓で誕生

全国でも有数の米どころである越後《えちご》平野（新潟県）は、蒲原《かんばら》平野とも呼ばれ、おいしいコシヒカリの多産地帯として有名です。その範囲は十市、二十九町村におよぶ広大な地域で、日本第二の大平野です。昔この地帯は南北一〇〇キロあまりにわたって海岸砂丘が連なり、内陸部と隔たっていたのです。その内陸部を信濃《しなの》川と阿賀野《あがの》川のふたつの大きな川が流れ、砂丘の唯一の切れ目である新潟で海に注いでいました。潟湖《せきこ》も多数点在していました。そのためこの地方は融雪期や梅雨時には決まって河川や潟湖が氾濫し、水辺の植物蒲《がま》が生い茂るため、蒲原と呼ばれていたのです。

ここで最初に手をつけられたのが紫雲寺潟《しうんじがた》で、ここは現在の蒲原郡紫雲寺町、中条《なかじょう》町、加治川《かじかわ》町の範囲にあたります。広さは二千町歩（約二〇〇〇ヘクタール）でしたが、江戸の若い実業家竹前小八郎《たけまえこはちろう》の発意で工事が始められました。長い堀を回し潟の水を抜き、流れ込む河川を締め切りました。享保《きょうほう》十三年（一七二八）のことです。小八郎は途中で亡くなりましたが、工事は兄の権兵衛《ごんべえ》らが引き継ぎ、この地の完全干拓が成功し、同十八年はじめて田植えが行なわれたのです。

紫雲寺潟干拓の成功は、開発ブームを呼びました。いくつかの潟湖が干拓され、蒲原郡は正保《しょうほう》二年（一六四五）に二十一万石だったのが天保《てんぽう》五年（一八三四）には五十三万石になりました③。

## 遠浅の干潟や河口付近が適地

海で干拓を行なう場合、干満の差が大きく、遠浅で干潟が広がっている海にあらかじめ捨石をします。すると捨石をしたところに砂が堆積して洲ができ、捨石は根石になります。三田尻《みたじり》（山口県防府市）の干拓の際には、「仕かかりの捨石など大分あり、通船の差し障りになります。右の石垣に乗りかけて破損する船もあり」と史料に書かれているくらい、洲が発達したようです。こうして発達した洲を中心に石垣を築き、ぐるりと石垣の土手を回してその内側を埋め立てるのです。三田尻の場合土手の総延長はおよそ四三五〇メートルでした。人海戦術で、延べ十八万千九百人が二ヵ月がかりで築造したということです。

長州《ちょうしゅう》藩は瀬戸内の沿岸を積極的に干拓しました。藩直営工事で進められた干拓は、五〇ヘクタール以上の広さのものに限っても、正保三年から文久《ぶんきゅう》元年（一八六一）までの二百年余りの間に三十五ヵ所を数えます。長州藩は宝暦《ほうれき》十一年（一七六一）に検地を行なっていますが、これ以降の干拓はおもに防府周辺で行なわれ、干拓による塩田プラントの造成という意味合いが強くなっています（⑤）。

三河《みかわ》湾（愛知県）に注ぐ矢作《やはぎ》川は、川幅も狭く蛇行していたため、大雨の際に大きな被害が出ました。そこで木戸《きど》（安城市）の大地を掘割り、一挙に湾に水を落とすことが計画され、長さ一・三一キロ、幅三六メートル、深さ一四メートルの掘割りを完成させました。この矢作新川は勾配が急であったため、おびただしい土砂を運び、短期間に両岸に寄洲《よりす》を、河口には三角洲を形成しました。堆積した寄洲にはやがて周りに堤を築いて、幡豆《はず》郡側（西尾市）にも碧海《あおみ》郡側（碧南市）にも新田ができました（④）。

椿海の干拓でできた「干潟八万石」（千葉版口絵より）

## 名勝象潟《きさかた》の大地震と横浜《よこはま》港

秋田県の象潟は、江戸時代有名な景勝の地でした。「象潟や雨に西施《せいし》がねぶの花」と芭蕉《ばしょう》も詠う、宮城県の松島と並ぶ観光地だったのです。ところが文化《ぶんか》元年（一八〇四）、この地を大地震が襲います。景観は一瞬にして一変し、狐や狸、狼たちさえ逃げられなかったといわれる、突然の自然の猛威でした。観光資源を失ったので（一部に反対の声もあったといわれます）、潟を埋め立て開田することにしました。塩分除去と水路を開き、壊れた島の一部を土砂確保のために切り崩して埋め立てたようです（①）。

横浜はもともと丘と谷からできていて、平地らしい平地はないところでした。海岸べりはほとんど丘陵地帯の崖のようでした。現在の横浜駅付近はもちろんのこと、官庁街になっている関内《かんない》地区（横浜市中区）とその周辺など中心部はすべて海を埋め立ててつくられたものです。野毛山《のげやま》公園（横浜市西区）から見ると、伊勢崎《いせざき》町を中心とした釣鐘《つりがね》型の埋立地が一望できます。この埋め立て事業を成し遂げたのが吉田勘兵衛《よしだかんべえ》という人です。一度目は失敗しましたが、万治《まんじ》二年（一六五九）から始めた二度目の工事で、九年の歳月をかけた末完成しました。この年から百九十二年後の安政《あんせい》六年（一八五九）、この場所につくられた横浜港が開港されました（②）。

**関連項目**

宮城一章4　①秋田一章7　千葉一章4・6　②神奈川五章2　③新潟一章8
石川五章6　④愛知一章3　三重一章7　岡山一章3　⑤山口一章2　愛媛一章2
福岡一章2

# 21 石高《こくだか》制

## 貫高《かんだか》制から石高制へ

江戸時代の幕府や諸藩は、加賀百万石などというように領内でとれる米の量を基準にして、米で取り立てることのできる年貢が財政の基盤になっていました。石高は藩の財政規模を示すとともに、格式や幕府への軍役・諸役の義務などすべての基準になりました。米は単なる食料としてだけではなく、全国共通の通貨に当たる役割を果たしていました。これを石高制といいます。江戸時代以前は、領内の収穫を金に換算する税制でした。何貫文《かんもん》の収穫がある土地だから何貫の年貢を納める、という金納制が広く行われていたのです。これを貫高制と呼びます。江戸時代になって石高制に大きく転換したのは、なぜでしょうか。

第一に当時の貨幣制度が複雑で不安定なことが挙げられます。江戸時代の貨幣は東日本が金の産出が多かったことから金貨中心に流通し、西日本は銀の産出が多かったことから銀貨中心、小額の取引には銭が用いられるという三貨併用でした。三貨の交換比率が相場によって終始変動する上に、貨幣改鋳《かいちゅう》による価値の変動も頻繁で、統一的な基準とするには弊害が大きすぎました。これに対して米は、食料として不動の価値をもっており、金銀銭の三貨に対する統一した基準価値をもつための役目を果たせたのです。

次に納税するための都合もありました。収穫したものを売って換金して納めることは、貨幣経済になじんだ上層農民は別にして、大部分の農民にとっては厄介《やっかい》この上ないものでした。農産物の市場・流通機構などが整備されていれば別ですが、そうでないうちは金納は実情に合っていませんでした。年貢が取れなくて困るのは領主ですから、初期には金でも米でもいいからとにかく納めなさい、という法令が各地で出ています。

第三には、輸送事情の改善によって、米が全国共通の価値をもつ商品になったことです。平安時代から室町時代まで、都（京都）に集められる税は、大坂に船で運べる西日本各地からは重貨《じゅうか》と呼ばれる米で納められたのに対し、遠く離れた東国からは黄金・絹など軽貨《けいか》と呼ばれる少量で高価な品物で納められていました。これはもっぱら当時の輸送事情によるもので、重くてかさばる米を遠隔地から運んできたのでは輸送コストが高くついて、納める側にも取る側にも不合理だったのです。

江戸時代に入ると交通手段が発達し、とくに東廻り・西廻り海運の整備によって、米の全国流通体制ができあがりました。この結果、産地による輸送コストの差が縮まって、米こそがもっとも全国共通の価値を持つ商品となったのです。こうして米を政治・経済の機軸とする「米本位制」が支配者にとって一番便利で都合のよい制度となったのです（②③）。

## 大河川の中下流域を公共工事で大規模開発

大坂城が落城した元和《げんな》元年（一六一五）、わが国の人口は一千万人前後だったとみられます。徳川家康が覇権《はけん》を握って戦乱が終り泰平の世を開いてからおよそ百年、元禄《げんろく》年間（一六八八〜一七〇四）には人口がおよそ三倍の三千万人前後にまで増加しました。この数字は当時の食糧事情、衛生環境、医療水準などから考えて驚異的な増加としかいいようがないものです。それを可能にしたのは命を支える米の大増産でした。

平和な時代になって、藩の石高が定まると戦国時代と違って武力で領土を奪い取ることはできませんから、領内での増産を図ることになります。石高制とはいっても米の収穫量だけではなく、領内でとれた生産物を米に換算した分も含まれます。畑でとれる雑穀や櫨《はぜ》、菜種、綿、煙草、茶、藍《あい》などの商品作物についても米に換算されて石数で示されました。それにしても中心は稲で、水田の広さとそこでとれる米の量こそ問題でした（①③④）。

新田開発の中心になったのは、それまでの治水技術では不可能だった大河川の中下流域の開発でした。大河川の中下流域はほとんどが葦《よし》や蒲《がま》が生い茂る湿地帯で、上流で大雨が降るとすぐに水浸しになりました。そのために放置されていたのです。ところがこういう氾濫原《はんらんばら》は、上流から栄養分が運ばれて来続けた沃野《よくや》で、ひとたび治水に成功すればたちまちのうちに地味のよい美田に生まれ変わります。

戦国時代に培った軍事技術と平和な環境のもとでの巨額な公共投資で、大河川の治水に全力で取組みました。幕府は直轄地に巨費を投じ、諸藩は自領内の公共工事の中心を治水に向けて、大河を押さえ込みました。流路を変えたり、大堰《おおぜき》を構築して水を溜めたり、用水路を開削して大河の流量を調整したりして、次々と大河川の中下流域に新田が開発されました。この結果、この百年間に人口増加と見合うかのように、全国の水田面積、米の収穫量ともに約三倍に伸びたのです。

堂島米市場の跡（大阪版口絵より）

## 米余り現象で米価が低迷、藩財政窮迫《きゅうはく》

石高は何度かの検地で定まっていました。江戸時代初期には石高は、実際の生産高とほぼ一致していました。しかし、こうした新規開発地の増大、農業技術の改良などによって、公表された石高（表高）と実際の収穫高（実高）とが乖離《かいり》していきました。藩によっては表高を五割以上も上回るところも出てきました。年貢は表高に対してかけますから、実際の課税率はどんどん下がっていくことになります。こうした課税率の低下は、幕府・藩の財政を窮地に追い込みました。反面、農民の可処分所得はそれだけ増大したことになります。元禄の繁栄はこうしてもたらされました。減税こそが消費を元気にするのは、今も昔も変わりません。

米の大増産は米価の低迷をもたらしました。元禄・享保《きょうほう》年間（一六八八〜一七三六）にはすでに米余り現象が出ています。米価が下落する一方、元禄の高度成長で諸物価は値上がりします。武家にも農民にも困った事態が生じてしまったのです。吉宗《よしむね》による享保改革はこうした背景から始められました。米の実需を増やすために酒造を奨励したり、米価の引き上げを狙って堂島米市場の先物取引を公認するなど、事態を打開するために吉宗は必死でした。税制も検見《けみ》法から定免《じょうめん》制に移行させたり、消費抑制や特産品の開発を奨励したりしました。が、年貢の収納は多くなったものの、農村の階層分化が進み、貧富の差が拡大するという結果を生みました（③）。

**関連項目**

①秋田二章7　②山形二章4　③新潟50科　④三重二章11

# 22 森林の育成

## 大建設時代の到来で加速された林業開発

江戸時代の初期は、いわば大建設時代で、木材需要が飛躍的に増えました。慶長《けいちょう》、元和《げんな》、寛永《かんえい》年間（一五九六～一六四四）は、新しく生まれた巨大都市江戸をはじめ各地の城下町がいっせいに建設されたからです。まだ市場は未整備でしたが、しゃにむに建設が進み、それにともなって木材が強引に集められました。強力な統一政権（徳川幕府）の誕生は、同時に林業の急速な開発も促したのです。すでに畿内では丹波《たんば》（京都府）山国《やまぐに》地方や大和《やまと》（奈良県）吉野《よしの》地方などの山元から材木商人の手によって、生産された材木が市場を通じて流通していたのですが、それではとてもこの時期の需要は満たせませんでした。

そこで考えられたのが、第一に幕府が各大名に軍役と同様材木を供出させることでした。江戸城、大坂城、二条城《にじょう》、駿府《すんぷ》城、禁裏《きんり》（皇居）などの造営材を、たびたび秋田藩、水戸《みと》藩、尾張《おわり》藩、紀州《きしゅう》藩、土佐《とさ》藩などの諸藩に命じて供出させました。大名加役に並んで第二の方法として、材木の生産技術を持つ特権商人に請け負わせることもさかんに行なわれました。さらに第三の方法として、領主への公租として木材を収める木年貢制度がありました。農地が少なく、他方豊かな森林資源のある地域からは、米に代わって材木で年貢を収納する場合があったのです。信濃《しなの》（長野県）木曽・伊那、大和北山、阿波《あわ》（徳島県）木頭《きとう》、飛騨《ひだ》（岐阜県）の一部などで、開発の進んでいなかった森林地帯に、林業の開発をかねて課されました。これらの結果、各地の原生林・天然林が開発されていきました。そして各地域から消費地までの流通ルートも開発され、中央市場には十七世紀中頃までに木材問屋などの流通ルートが整いました。

大建設時代が終わる頃には、通常の木材需要に、市場は十分対応できるようになりました。これ以後は、森林資源を持つ各藩が主体となって森林の管理・林業開発・木材生産が行なわれるようになったのです（①）。

## 古くから流通していた紀州材と山林保護政策

紀伊半島の中心部は、深い山が連なっています。奥へ行くほど険しい山並みが続き、高温多湿の気象条件から、樹木の生育が早く良材が豊富なところから、江戸や大坂へ建築用材として大量に送り出されました。しかし一方で紀州藩は、明確な基準を決めて森林の保護と利用を図りました。

紀州藩の山林政策の基本は、農業の生産性が低い山間農民に生活の糧として山林を活用させるとともに、高価な重要木材確保のために「留山《とめやま》」（留林。伐採を禁じた山林）を定め、とくに楠《くす》、柏（カヤ。イチイ科のカヤのことか）、欅《けやき》、杉、檜《ひのき》、松は、「六木《ろくぼく》」といって伐採を禁止し、伐採地には必ず苗木を植えるようにしたことです。紀州藩は全十一ヵ条からなる「奥熊野山林御定書《おさだめがき》」で、こうした規制をしていました。

しかし、山は農民にとって材木ばかりか木炭、薪など、絶好の稼ぎ場でした。六木政策は、こうした農民の山野の利用に不自由を来し、農民にとってはやっかいな法令でした。時代が下ると木材の需要がさらに増し、農民の山林伐採が拡大していきます。正徳《しょうとく》年間（一七一一～一六）の史料によると、六木のうち松、杉、檜は八十年前（寛永年間）から農民の自由な伐採が許されているとあります。先の「御定書」には、七、八尺（一尺＝約三〇センチ）回り以上の松、杉、檜の伐採は禁じられていますが、それ未満の伐採は許可されていたのです。藩の山林政策は山廻り役によって進められていました。山の境目や立木の所有をめぐる争い（山論）の調停も山廻り役の役目でした。山林での六木の伐採にはとりわけ厳しかった藩も、雑木、下草などは、その土地の農民にわりに自由に刈り取らせていました。

熊野《くまの》地方で産出する木材は新宮《しんぐう》まで熊野川から、十津《とつ》川筋や支流の北山川筋からは筏《いかだ》流しで運ばれました。新宮からは、新宮廻船、鵜殿《うどの》廻船で江戸、大坂へ運ばれました（③）。

## 「三部一山制」や「七木制」で厳しい林政

日向《ひゅうが》（宮崎県）飫肥《おび》は、飫肥杉の産地として有名です。飫肥杉は弁甲材と呼ばれ、造船材として珍重されたのです。高温多雨な土地で育つ杉は、生長が早くて木目が荒いので比重が小さく、浮力が大きくなります。また柔らかい割には粘り強い性質を持っているため、曲げて使用する木造船の外板には最適だったのです。

日向高千穂の森林（宮崎版口絵より）

飫肥藩の重要な財源だったのですが、元禄《げんろく》年間（一六八八〜一七〇四）になると、天然林が枯渇《こかつ》してきました。そこで考え出されたのが「部一山制」でした。実際に実行されたのは享保《きょうほう》年間（一七一六〜三六）でした。これは下級武士や農民に領内の山野に杉の植林をさせ、成木まで育って収穫すると、成木の二分の一を造林者に与えるという制度でした。もちろん残り半分は藩が取ります。これによって飫肥藩内では大規模な植林が行なわれるようになり、宝暦《ほうれき》十三年（一七六三）から三ヵ年で七万五千本、天明《てんめい》二年（一七八二）に二万五千本の杉苗が植林されたことがわかっています。しかし、五公五民（藩が半分、造林者が半分）では、造林者は苦労の割には利益が少ないため、最初に伐採したあとは、あまり造林者が出ませんでした。そこでこれを「三部一山制」（一公二民）に改めました。天明年間（一七八一〜八九）のことです。また藩は、植木方を設けるとともに、各村に山守人を任命して杉山帳簿の作成をさせました。このため藩内に造林がさかんになり、広く美しい杉の美林が再び見られるようになりました（④）。

また、加賀《かが》、能登《のと》（ともに石川県）、越中《えっちゅう》（富山県）を領していた加賀藩は、厳しい林制を敷き、山林の保護に努めたことで知られています。藩有林を「御林」、準藩有林を「持山林」と決め、さらに御用木として「七木」を設定して、伐採を禁じました。七木の盗伐には厳しい罰則がありました。七木とは、杉、檜、松、梅、栗、漆の木、欅でした。しかし、地域によってはこの七木の内容が変わっており、きめ細かく伐採を禁じる樹種を定めていたようです（②）。

**関連項目**

①秋田50科　②富山一章5　三重二章4　③和歌山二章2　宮崎二章1・④

# 23 飛砂《ひさ》との闘い

長い海岸線を持つ、とくに日本海側の藩は、海から吹き上げる風で砂丘の砂が飛ぶ飛砂に悩まされていました。砂丘が人々の生活の舞台となるためには、飛砂を防止して砂丘の移動を食い止めなければなりません。そのうえで、乾いた砂地に水を与えることができれば、立派な農地になるのです。飛砂と闘うために防護林を植林し、新田を開発した人々の苦労を振り返ってみましょう。

## 唐津《からつ》の名勝・虹《にじ》の松原は飛砂を防ぐ防護林

日本三大松原の中で最も美しいとされる唐津の虹の松原は、潮風による塩害から後背地の耕地を守る目的で植林されました。玄界灘《げんかいなだ》の一部である唐津湾は、秋口から春先にかけて特有の北西の強風が吹き、海岸の砂は塩分を含んだ飛砂となって内陸を襲いました。そのため後背地は、作物を植えてもほとんど育たない土地柄でした。

唐津八万三千石の初代藩主寺沢広高《てらさわひろたか》は城を築くに当たり、松浦《まつうら》川の流れを変え、堤防を築き、川の氾濫を防ぐとともに、鏡《かがみ》山周辺の荒地を耕地にしました。しかし、この地区特有の風と塩害をふせがなければ、稲をはじめ作物を育てることはできません。そのため、砂丘に松を植林したのです。

広高が植林に黒松を選んだことは賢明でした。黒松は塩分と乾燥に強く、強風にもよく耐えます。しかし、樹木が育たないとされる砂丘への植林は、容易なことではありません。黒松の幼木の根を赤土で巻き、それを藁《わら》で包み、一本一本ていねいに植えられました。この浜は冬の強風で一尺（約三〇センチ）も砂が堆積するところもあり、砂の取り除き作業と黒松の生長の競争は数年間続きました。

広高の黒松育成に対する熱意は並々ならぬものがありました。彼は黒松育成のため、松原内にふたりの郷足軽《ごうあしがる》（足軽として採用された旧領主の家臣）を常駐させ、黒松の管理をさせていたのです。

こうして立派な防護林に育った松原は、美田を生んだほかに畑作物を収穫できるようになり、数多くの恵みを周辺住民にもたらしました（④）。

## 砂に埋もれた村から綿畑に

鳥取藩の天神《てんじん》川の下流にできた北条《ほうじょう》砂丘は、東西一〇キロにもおよびます。この砂丘の内側にある村は、絶えず飛砂との闘いを繰り返してきました。その中のひとつ東園《ひがしその》村は飛砂に追われ、村をあげて移住したことがあります。が、移住先で洪水に見舞われ、享保《きょうほう》年間（一七一六〜三六）に再び砂丘地に戻って防砂林づくりに参加しました。

藩が松の植林を奨励して飛砂が止まり、北条砂丘がようやく安定し始めたのは天保《てんぽう》三年（一八三二）ごろです。その後、北条砂丘に天神川から水を引き、新田が開発されました（②）。

砂丘地は、水さえあれば綿をつくるのに適した土地です。最初、近畿・東海地方で生産されていた木綿は、賃金など生産費の安い地方を求めて西日本各地に広がりました。江戸時代の中期には山陰にも綿作が本格的に伝わり、たちまち一大綿作地となったのです。北条砂丘でも幕末には綿作が盛んになり、倉吉《くらよし》木綿、倉吉がすりとして藩内外に売り出されました。

明治時代から大正初期にかけて、この地方の篤農家はいろいろなことを試みています。そのなかで最も成功したのが、砂丘地でのぶどう栽培でした。その後、栽培技術の改良、新品種の導入、葡萄酒醸造などの努力がなされ、今日の北条ぶどうがつくり出されたのです（③）。

### 豪商本間《ほんま》家の三代目が一大防風林を完成

最上《もがみ》川河口の、いわば砂丘の上につくられたような羽前（山形県）の酒田は、つねに風砂の害に悩まされていました。その害は元禄《げんろく》年間（一六八八〜一七〇四）になるといっそうひどくなり、庄内《しょうない》藩でも植林にのりだしました。

藩の要請に応じて植林を願い出たのは、酒田の豪商として知られる本間家の三代目光丘《みつおか》です。光丘は西浜に植林するにあたって、土地の古老から風の道を聞き出し、それが西北にある現在の「下《しも》の山王社《さんのうしゃ》」あたりであることを知りました。

次に光丘がとった策は、いかにも商人らしい方法でした。船頭や丁持《ちょうもち》（荷物をかついで運ぶ仲士のこと）に呼びかけ、「砂俵一俵持ってくるといくら払う」と触れたので、たちまちのうちに数十万の砂俵が積み重ねられ、長さ数百メートルにわたる一大横丘《おうきゅう》ができあがったのです。

虹の松原（佐賀版口絵より）（佐賀県提供）

そこに砂垣を立てたりグミやネムの木を植えて砂を固め、その上に海風に強いとされる能登《のと》（石川県）の黒松の苗を移植しました。が、せっかく植えてもひとたび西北の強風が吹き荒れると、またたくまに松苗は吹き飛ばされたり砂に埋まるのです。四年間試行錯誤を繰り返した結果、宝暦《ほうれき》十二年（一七六二）にようやく松苗が根づきました。

光丘はそこを基点として、さらに南の最上川岸から西北の高砂《たかさご》に達する延長約一八〇〇メートル、東西約三五〇メートルにおよぶ植林を続けました。植林事業は光丘が没したのちも子孫によって引き継がれ、六十年後に一大松林を形勢して今日に至っています。

これにより酒田は、長年にわたる風砂の害や強風による大火の難から救われ、発展の基礎が築かれたのです（①）。

**関連項目**

青森一章4　秋田一章5　①山形五章3・4　②鳥取一章6・③50科　島根五章1・2　④佐賀一章4

# 24 環境保全の努力

## 自然と共生するアイヌの暮らし方

人間の生活や生産の活動が高まれば、自然の生物、資源の減少や環境悪化などの影響が生じます。人びとは長い歴史のなかで、そのような経験を重ねながら、自然と共存する生活・生産のあり方を産み出してきました。アイヌの人びとは、自然と人間を対立させずに、自分たちを自然の一部と位置づけて生きる生活文化を育み、伝えてきました。

山菜や木の実を採るとき、例えば十本のふきが生えているとき、七本までは切りますがあとは残してきます。ふきとふきのとうは一年交代で生えてくるもので、三本は残しておくことによって来年ふきのとうが芽を出しその恩恵を受けることができるからです。季節ごとに採れる食べ物はすべて神様の与えてくれたものであり、神々とアイヌがお互いに信頼しあって、アイヌは自然を傷めないし、川や山の神もアイヌを裏切らない、そういう関係を昔話などで折に触れて語りながら伝えてきたのです（①）。

## 湖のきれいな水を守る

琵琶湖周辺に住む人びとは、湖水やそこに流れ込む川水をいつまでも利用しつづけるために、自分たちで管理し、水を清浄に保つ工夫をつづけてきました。そうした暮らしの習慣が湖の汚染を防ぐ用水・排水システムをつくりあげてきたのです。

琵琶湖周辺の多くの村では、川のわき水を水路で導き、集落のなかで細かく分けて、どの家でも水路に接するようになっていました。それぞれの家に、カワト（洗い場）やカワヤ（屋根付きの洗い場）があり、飲み水を取ったり、洗い物をしたり風呂水を汲んだりしていました。

そして、川の水を汚さないための工夫がさまざまにこらされていました。集落を流れる水路はわざと蛇行させて窪地をつくり、汚物を沈殿させて定期的にくみ上げて肥料にしました。水路で下着やオムツなどを洗うことは強くいましめられ、オムツ洗いはタライで行い、洗い水は便所に入れるという習慣もありました。大便所にためられ発酵した大便は麦や菜種など冬の作物のよい肥料として畑に施し、また風呂の落とし水は小便所に小便といっしょにためて、二〜三日に一度くらいの割合でくみ出して野菜畑に施しました。食器などを洗う川の洗い場ではコイを飼ってご飯つぶなどを餌に食べさせるなど、家庭生活から出る排水・廃棄物はほとんどすべてが生産にまわされ、そのような暮らしのなかで、結果として水域の汚染（富養化）が防がれていました。

湖や内湖の栄養分が多いところには、水草や藻が発生しました。これらを人びとは採り上げて田畑の肥料としたのです。さらには、水底の汚泥《おでい》もくみ上げて肥料にしました。水草や藻の採集は、魚の産卵への影響などを考慮して、開始時期などにしきたりがありました。生活・生産の全体が連なって、川や湖の利用と保全を永続させるしくみがあったのです（②）。

## 土を守り海への流出を防ぐ沖縄の伝統

今日、山野や畑からの土砂の流出による海の汚染が問題になり、いっぽう海の漁業の安定のために上流の山に木を植える運動が起こるなど、山・田畑・川・海を一体にとらえた環境と生態系の保全が課題になっています。このような見方は江戸時代の各地の取り組みにみられます。

一八世紀沖縄の政治家、蔡温《さいおん》はそのような農業指導・治水治山事業を実施した典型といえる人です。蔡温はその著作『農務帳』（一七三四年成立、農文協刊「日本農書全集」三四巻に所収）を「土地の保全」から書き始め、雨で浸食を受けやすい赤土の流出をどう防ぐかを説いています。例えば、山の傾斜地を開墾し山肌を出したままにしておくと、荒れ土が落ちて田畑をだいなしにしてしまうので固く禁止、水をゆっくりと流すために等高線の横溝を多く掘ったりよどむ場所を短い間隔で多くつくったりして一ヵ所に集中して流れないようにすること、などです。

こうした考えにもとづく事業と山原《やんばる》の各集落の人びとの努力によって、水資源が守られ安定した生態系が維持されてきたのです。山原では、谷ごとに小さな川が流れて海に注ぎます。川の源はイタジイを中心とする山林（杣山《そま》）ですが、ここにリュウキュウマツ・イヌマキ・モッコクなど建築・造船用などに使う有用樹も植えられ、奥山は計画的な伐採・植林で保護されてきました。杣山の裾野は里山で、薪炭、屋根ふき用のカヤ、家畜の飼料、田畑の肥料などを採る場所として集落で共同管理・利用してきました。その下に段々畑、さらに下の低地が水田となり、集落は水田を背に前方を防風・防潮林に守られて海に面しています。自然の地形を巧みに生かし、水・土・農作物を守り、海への赤土の流出も防ぐ、風水思想にも通じる地域景観が成立したのです（④）。

清浄さが保たれた琵琶湖（滋賀版口絵より）

## 鉄穴《かんな》ながしによる土砂流出対策

江戸時代には工業活動による環境崩壊も起こっています。その一つの例に、鉄山からの土砂の流出があります。古代以来代表的な鉄の生産地であった鳥取・島根県域では、砂鉄を採るのに、山地を掘り崩してそれを水で流して沈んだ砂鉄を集める「鉄穴ながし」の方法が行われ、ここから出る大量の土砂が砂丘を形成してきました。この廃砂が、川の中流・下流部で用水路を埋めて通水を困難にしたり、川底を高めて洪水のときには田畑を埋め尽くすなど、作物や人家に大きな被害をもたらしたのです。

この鉄穴ながしの規制や中止を中下流の人びとは訴えましたが、製鉄は鉄山師はもちろん上流の農家にとっても重要な産業ですし、藩にとっても収入源でしたから、長い間、嘆願・訴訟、規制・禁止と再許可が繰り返されました。たたら数の規制、土砂の流出を防ぐ砂止め施設の設置、砂揚げる人夫賃など費用の負担など、どちらにとっても厳しい対応がつづき、いっぽう各河川の下流の治水や砂丘の農地開発になみなみならない先人の努力が重ねられたのです（③）。

**関連項目**

①北海道一章1・6　②滋賀三章6　③鳥取一章8　④沖縄一章4・八章4

## 25 全国の街道整備

慶長《けいちょう》五年（一六〇〇）、関ヶ原の戦に勝利をおさめ、天下の覇権を握った徳川家康は、その支配体制を強化するための交通政策として、街道の整備に力を注ぎました。慶長六年には東海道と中山道《なかせんどう》の宿駅を設定。同七年、各宿間の駄賃銭などを規定。同九年には主要街道の修造に着手し、道幅を五間《けん》（約九メートル）に広げ、その両側に松を植えさせました。また、一里を三十六町に一定して江戸の日本橋を起点に一里塚を築かせ、重要街道を五つ選んで五街道とし、他の脇《わき》街道（脇往還《おうかん》）とは区別しました。五街道とは、東海道（品川〜大津・五十三宿）、中山道（板橋〜守山・六十七宿）、甲州道中《どうちゅう》（内藤新宿〜上諏訪・四十二または四十四宿）、日光道中（千住〜鉢石・二十一宿）、奥州道中（白沢〜白川・十宿）をいいます。主要脇街道としては、伊勢路（四日市〜山田）、佐屋路（宮〜桑名）、美濃路（宮〜垂井）、中国路（大坂〜下関）、長崎路（小倉〜長崎）、水戸道（江戸〜水戸）、佐倉道（江戸〜佐倉）、鹿島・棚倉道（江戸〜本宮）などがあります。

　これらの陸路は、廻船（沿岸航路で旅客または貨物を輸送する船）の組織が整わない江戸初期には、物資の運搬路でもありましたが、やがて人間中心の交通路になりました。というのも、陸路が物資運搬上いろいろな悪条件を持っていたからです。しかし、船運に恵まれない中央山岳地帯への陸路や、表日本と裏日本を結ぶ陸路には、物資運搬上重要な街道もありました。伊那街道などはその例です。

　幕府は街道を整備する反面、旅行者を監視する意図で関所を設けたり、江戸を防衛する目的で河川に架橋しない方針を取るなど、軍事的な目的も包含していました。が、整備・充実した宿駅を一般庶民も気軽に利用できるようになったことは、江戸時代の大きな特色です。

### お江戸日本橋は五街道の起点

　現在、東京都中央区日本橋に大伝馬《おおでんま》町・小《こ》伝馬町という地名がありますが、江戸時代の交通制度と深い関わりがあります。伝馬町とは江戸時代、幕府公用の伝馬《てんま》を負担していた町で、当時は上記二伝馬町以外に南伝馬町があり、この三伝馬町で五街道の総元締め的な役割を果たしていました。

　伝馬町には、街道の宿場の問屋にあたる伝馬役がいました。彼らはそれぞれの町の名主（町役人の長）を兼ねて名字を許され、大伝馬町・南伝馬町では帯刀《たいとう》も許されていました。

　徳川家康が確立した伝馬制度は、街道上に設置した宿場に、一日あたり一定数の人馬を提供する義務を課し、幕府公用交通などに用いるというもの。各宿場をリレー形式で継ぎ立て、目的地に達することが大原則でした。公用の通行者は、宿場で用意する人馬を無料または安い賃銭で使えましたが、一般庶民が用いる場合には公用者の倍ぐらいかかりました。伝馬制度は慶長《けいちょう》六年（一六〇一）東海道に設けられ、その後中山道などにおよび、寛永《かんえい》年間（一六二四〜四四）には全国的な制度として確立しました。

　いっぽう江戸幕府は、各大名の財政力を削《そ》ぎ、幕府に反抗できないようにするための施策のひとつとして、参勤交代制度を設けました。これは原則として、大名は一年おきに自分の領地と江戸のあいだを往復するもので、大大名になると数千人もの行列で旅するため、巨額な出費になりました。

しかし参勤交代のために、大人数の通行や宿泊が可能なように街道や宿場が整備された面もあります。

五街道をはじめ主要な街道や宿場、人馬の使用は、本来幕府の政治的・軍事的目的の公用交通を円滑に行なうために設定されました。商用荷物の運搬や庶民の旅行は、当初あくまでも付随的なものだったのです（①）。

## 宿場の基本的な構成

各宿場には公用の運輸・通信に用いるため、一定数の人馬を提供することが義務づけられていました。これを宿定《しゅくさだめ》人馬といい、東海道の宿場では百人・百疋（四）、中山道では五十人・五十疋、日光・奥州・甲州の各道中では二十五人・二十五疋となっていました。

しかし、参勤交代などの大きな通行のときは、宿場が提供する人馬だけでは足りなくなります。その場合は宿場周辺の農村から人馬を集め、不足分を補いました。この制度を助郷《すけごう》といいます。この制度は農村疲弊の大きな原因になりました。

日光・奥州道中の最初の宿場千住宿（東京版86ページより）（葛飾北斎の「武州千住大橋之景」）

宿場の機能を果たすために設置された施設としては問屋場、本陣・脇本陣、旅籠《はたご》、貫目改所《かんめあらためしょ》がありました。

（一）問屋場《とんやば》：江戸時代の交通制度下では、原則として荷物を発送地から目的地まで直接運ぶことはできず、各宿場ごとに人馬をつけかえてリレー式に輸送する方法がとられました。宿場にはこのような事務の一切をあつかう問屋場が置かれ、宿場の長である問屋をはじめとする宿役人が詰めていました。（二）本陣・脇本陣：本陣とは大名・公家・幕府役人などが利用するために設けられた旅館で、門・玄関・書院が設けられていました。脇本陣は本陣の代用となるもので、本陣がふさがっているときに用いられました。本陣の当主は身分的には農民でしたが、その多くは名字・帯刀を許されていました。（三）旅籠：食事つきの旅館が登場するのは、江戸時代に入ってからです。それまでの旅人たちは、食糧を持参するか、旅先で材料を購入して自炊していました。一泊二食つきの旅館を旅籠、自炊形式の旅館を木賃宿とよびました。旅籠には平《ひら》旅籠と飯盛《めしもり》旅籠があり、飯盛旅籠には飯盛女がいて、客の求めに応じて遊女の役割もしました。（四）貫目改所＝荷物の重量検査をするところです。人夫や馬が運ぶ荷物には重量制限があり、十七世紀中ごろには次のように区分されていました。本馬：四十貫目（約一五〇キロ）の荷物を積んだ馬。乗掛馬《のりかけ》＝人と荷物をつけた馬。荷物は二十貫目まで。軽尻馬《からじり》＝人が乗った荷物なしの馬。五貫目までの荷物をつけることが許される。人夫ひとりが持つ荷物は五貫目まで。これを超える荷物は目方に応じて賃銭を払う。料金は、本馬を一とすると乗掛馬が同額、軽尻馬が三分の二、人夫は二分の一となっていました（①）。

**関連項目**

宮城一章8　山形一章3　群馬一章4　①東京一章3　神奈川50科　山梨一章5
長野一章2　滋賀一章2　大阪一章5　徳島一章2　愛媛一章3　佐賀一章5
長崎一章2　大分一章5

# 26 整えられた宿駅

## 街道と宿駅整備で発展した宿場町

全国制覇を実現した徳川家康は、地方を掌握し江戸に権力を集中するために街道を整備し、宿駅を設けて運輸・通信のネットワーク構築に全力をあげました。宿駅は人馬の中継地点ごとに設けられ、宿泊施設を中心に、荷物・情報伝達の中継などが行なわれました。参勤交代が制度化されるとおもな宿駅には、大名が宿泊する本陣と称する旅館が設けられました。また、宿駅には幕府の公用に応えるために馬や人夫を常時用意することを義務付けられました。こうして宿駅にはいつも人や荷物が集散するので、次第に町の規模が大きくなっていきました。とくに複数の大名行列が通る街道の宿駅には、本陣のほかに脇本陣も設けられ、常時用意されている伝馬だけでは足りずに助郷《すけごう》で周辺から集められた人や馬も集まり、集散する荷物も多くなりました。行き交う旅人も多く、旅館もたくさんできて大変な賑わいぶりでした。ここではそれらの宿場町のいくつかをみてみます。

## 城下町、宿場町、港町の桑名《くわな》

慶長《けいちょう》六年（一六〇一）、家康は江戸と京都・大坂を結ぶ東海道に宿駅制度を設けました。それまで関東と関西を結ぶ幹線道路は、関ヶ原（岐阜県不破郡）を経由して、現在の名神高速道路や東海道新幹線に沿ったルートでした。しかし家康は関ヶ原を避けて、宮宿《みやしゅく》（名古屋市熱田区）から海上の「七里の渡し」を渡船で桑名（桑名市）に達し、伊勢《いせ》国（三重県）北部を通って、鈴鹿《すずか》峠を越えて近江《おうみ》国（滋賀県）に至るルートに変更しました。変更の理由ははっきりしませんが、まだ大坂城に豊臣家が健在であったことから、必ず船に乗せることによって旅人を監視しやすくするためだろうと考えられています。

江戸時代の桑名は、本多《ほんだ》家あるいは松平《まつだいら》家十万石前後の城下町でした。そして木曽《きそ》川、長良《ながら》川、揖斐《いび》川の三大河川の河口にある物資集散の港町であり、さらに東海道の宿駅でした。このような三つもの機能を持った宿駅は、東海道でも特異な存在でした。天保《てんぽう》十四年（一八四三）の調べでは、旅籠屋は百二十軒あり、このあたりでは宮宿に次ぐ多さでした。桑名は関東方面から伊勢《いせ》神宮へ入る入口に当たるので、一の鳥居が建てられたように、伊勢参宮の旅人でも賑わいました（①）。

東海道は五十三次とよくいわれますが、正確には五十七次でした。京都三条《さんじょう》大橋と大坂京橋の間に伏見《ふしみ》、淀《よど》、枚方《ひらかた》、守口《もりぐち》の四宿があったからです。枚方宿は陸路の東海道と水路の淀川舟運の要に位置しています。水陸交通の要衝として三都の連携に不可欠な宿場町として繁栄したのです（④）。

## 「泊まらんせ」と都なまりで呼びかける

越前若狭《えちぜんわかさ》（福井県）を縦貫して京都に至る北陸道の重要な宿駅に今庄《いまじょう》（福井県南条郡今庄町）があります。京から南越の山を越えた旅人が最初に泊まる宿場です。また、福井を早朝に発った旅人も多くは今庄で泊まりました。今庄宿が本格的に整備され始めたのは江戸時代に入ってからです。

宿は周囲を山で囲まれ、日野《ひの》川に沿った街道の両側には約一〇〇〇メートルにわたって町並みが続いていました。

今庄仲町には本陣、脇本陣、問屋が集中し、宿場の核になっていました。本陣から中に入ると茶屋馬場といわれた馬つなぎ場があり、規定によって二十四疋（匹）の馬が常備されていました。問屋の脇には高札場があり、往来する旅人に越前藩の法令を伝達していました。

今庄には旅行者にさまざまなサービスを提供していた業者がいました。天保《てんぽう》年間（一八三〇～四四）の記録によれば、旅籠屋五十五軒、茶屋十五軒、酒屋十五軒などとあって宿場の特色がよくうかがえます。とりわけ宿場に不可欠の旅館の多さが目立ちます。全戸数に占める割合は一九パーセントで、たとえば中山道の木曽十一宿の全戸数に占める旅館の割合は平均で一二パーセントですから、今庄の多さが際立ちます。

「今庄の駅につくと、茶店には田楽（豆腐）・煮物・蕎麦《そば》などが売られ、道には呼び込みの女がかまびすしく、やすまんせ、泊まらんせなどと少し都なまりも混ざった言葉のおかしさ…」

とある旅行記には宿場の情景が活写されています（②）。

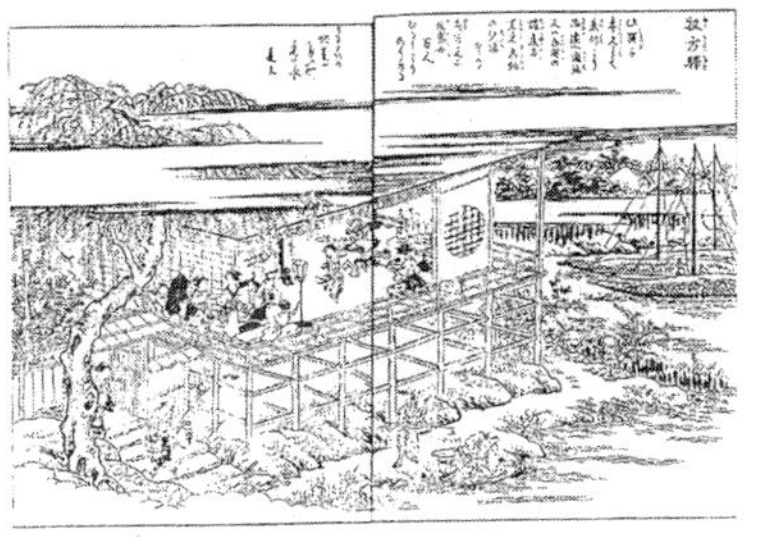

枚方駅（宿）での船宿（大阪版64ページより）（『河内名所図会』）

### 荷物の重量検査所が置かれていた草津《くさつ》宿

近江《おうみ》国（滋賀県）の中央には琵琶《びわ》湖があり、その周囲に広がる平野部を多くの街道や脇往還が通り、町や村を結んでいました。中でもここは五街道に数えられた東海道と中山道の双方が通過するという点で大きな特色がありました。それらの街道沿いには、東海道では土山《つちやま》（甲賀郡土山町）、水口《みなくち》（甲賀郡水口町）、石部《いしべ》（甲賀郡石部町）、草津（草津市）、大津《おおつ》（大津市）の五つの宿場町が、中山道で柏原《かしわばら》（坂田郡山東町）、醒井《さめがい》・番場《ばんば》（坂田郡米原町）、鳥居本《とりいもと》・高宮《たかみや》（彦根市）、愛知川《えちがわ》（愛知郡愛知川町）、武佐《むさ》（近江八幡市）、守山《もりやま》（守山市）の八つの宿場町がありました。

これらの宿場町は、成立過程はそれぞれ違いますが、おおよそ関ヶ原の戦以降に幕府が宿駅制度を確立する過程で成立し、改編されたと考えられます。

宿場町の中でおもに継ぎ立ての機能を担う場所が問屋場といわれるところでしたが、そこには問屋、年寄、帳付《ちょうづけ》、馬指《うまさし》、人足指などの宿役人が詰めていました。東海道草津宿では、全国に五ヵ所設置されていた荷物の重量検査所である、貫目改所《かんめあらためしょ》が問屋場に併設されていたこともあって、宿役人の数も多く、享和《きょうわ》三年（一八〇三）の史料には、問屋・貫目改め役兼四人、年寄三人、馬指・秤取《はかりとり》兼五人、人足・秤取兼六人、下働六人の役人がいて、そのうち問屋一人、年寄一人、馬指二人、人足指二人、下働二人が日々当番として出仕していたことが記されています。

旅館も本陣や脇本陣のほかに、一般の人が宿泊する旅館にも普通の平旅館や飯盛女《めしもりおんな》を置いた飯盛旅館、旅人が自炊する木賃宿など数種類がありました（③）。

**関連項目**

福島一章4　静岡一章2　埼玉一章4　①三重一章4　富山一章4　福井一章2・②3　③滋賀一章3　④大阪一章5　岡山一章2

# 27 物と文化を運んだ街道

### 江戸時代に入って急速に整備された道路

江戸時代、道路はそれ以前に比べ格段に整備されました。主要街道のほか、それを補完する脇往還が通され、今でいう農道、林道、それに寺社に参詣するための道路、鉱産物を輸送するための道路など、目的別につぎつぎと道路がつくられていきました。重要な物資を運び、時には軍隊を通すための道路であったり、海運とつながって遠隔の地とを結ぶ役目も負っていました。道路が通ることによって、国と国がつながり、物が行き来するばかりでなく、文化や情報が伝わり、人々の生活や意識を大きく変えることになったのです。

### 目的別に多数の街道が開かれる

上野国《こうずけ》（群馬県）内には幹線道路として五街道の一つ中山道《なかせんどう》が通り、日光例幣使《れいへいし》道、三国《みくに》街道、足尾《あしお》銅山街道が重要な陸路としてありました。

日光例幣使道は、中山道の倉賀野《くらがの》宿（高崎市）から分かれ日光へ通じる道筋ですが、毎年四月の日光東照宮例祭に京都朝廷から派遣される勅使《ちょくし》（奉幣使）が往路に利用したことから、この名がつきました。三国街道は江戸と越後《えちご》・佐渡（新潟県）を結ぶ道の一つで、日本海側と太平洋側をつなぐ江戸からの最短路でした。高崎《たかさき》宿から分かれて北上し、三国峠を越えたことからこう呼ばれました。この道は越後諸大名の参勤交代や佐渡奉行の往来に利用されたほか、越後米などの物資の輸送路でもありました。佐渡で採掘された金（御用金）は、この道筋よりも安全性の高い北国街道から中山道を経て江戸へ搬送されました。足尾銅山街道は銅街道とも呼ばれ、下野《しもつけ》国安蘇《あそ》郡（栃木県）の足尾銅山の開発にともなって慶安《けいあん》二年（一六四九）頃整備された道筋です。幕府へ納める銅の江戸への搬出路でした。

主要な街道が大名や武家の往来や幕府御用荷物の輸送などを優先した公用道であったのに対し、商品経済が伸展するにつれて商人荷物の輸送も活発になり多くの脇街道も整備されていきました。高崎宿から榛名《はるな》山の南西麓をまわって吾妻《あがつま》郡に入り、上野・信濃《しなの》（長野県）国境の鳥居《とりい》峠へ通じる信州街道（大戸通ともいいます）が代表的です。この道は中山道の裏街道で、古くから人々の往来や荷物の輸送がさかんでした。とくに江戸時代に入ってからは信州諸藩から江戸への年貢米あるいは白根《しらね》・万座《まんざ》山で採掘される硫黄、草津《くさつ》温泉の湯花などの輸送路として利用されました（①）。

このように大量の荷物は舟運に頼るケースが多かったとはいえ、海のない地方や川が利用できないところ、さらには陸上輸送がもっとも適しているもの、安全な輸送が最優先されるものなどは、開かれた街道が活発に利用されました。

### 産業と暮らしのネットワーク中馬《ちゅうま》街道

伊那《いな》谷（長野県）を通って東海と信州を結ぶ道は、縄文時代の人が黒耀《こくよう》石を運んだ道であり、戦国時代に武田の軍兵が上下した道でもありました。しかし、それにもましてこの道が重視されたのはこの道が塩の道であったからです。この道は中山道の脇街道として利用され、中馬による物資輸送がさかんだったので中馬街道と呼ばれました。また、善光寺《ぜんこうじ》参りの人や職人移動の道でもあったので、善光寺街道とも呼ばれました。

街道の宿場の問屋は幕府などの公的荷物の宿継ぎ輸送を行なっていました。一般の旅行者や商人の荷物は、宿場で付け替えられそのたびに口銭《こうせん》を問屋に、駄賃を馬子《まご》に支払う定めになっていました。街道沿線の農民たちは、はじめ自分の馬の背に生産物を積んで城下町や町の市へ出荷し、自給できない品物を買い入れて帰る手馬《てうま》という輸送を行なっていました。商品の流通が活発になると、農民たちは農閑期を利用して商人荷物を積んで駄賃稼ぎをするようになりました。やがて宿継ぎをせず、問屋口銭も払わずに、遠方の目的地まで同じ馬と馬子が輸送する付け通しをするようになりました。このようにして発達したのが中馬と呼ばれる輸送形態です。中山道は公用の輸送が多かったので、民間の輸送は伊那街道が多く利用され、東海地方との中馬輸送が増大していきました。

中馬の馬子（愛知版57ページより）

中馬の馬方は「馬追い」と呼ばれて、一人で三、四頭の馬を追って農耕の合間に荷物を運び、「岡船」と呼ばれました。一日の旅程は約三二キロ、馬宿を利用して荷物の付け通しを行ないました。宝暦《ほうれき》十三年（一七六三）の飯田《いいだ》（長野県飯田市）への入荷物は五万三千五百七十九駄、出荷物は二万四百五十三駄で、年間合わせて七万駄あまりだったといわれます。飯田は名古屋と松本方面を結ぶ中継地として、「入馬千匹、出馬千匹」といわれるほどの賑わいをみせました。東海地方から飯田に入った荷物は茶、塩、魚、木綿などで、飯田からは煙草、木地椀、麻、薪炭などが東海地方へ送られました。中馬で運ぶ一駄は米俵二俵で、一駄二十八貫から三十貫、一貫は三・七五キロなので、先の七万駄は一〇トン積みトラックで約八千台という量になります（③）。

中馬街道と同じような産業道路に、通称鯖《さば》街道があります。福井県小浜《おばま》市から滋賀県大津市を経由して京都へ出る全長七〇キロほどの道です。うす塩をした鯖が多く運ばれたのでこの名があります。若狭（福井県）から京都への最短距離で、多くの物や文化が往来した道でした（②）。

## 利用の多さに道路の改修も

参詣道も江戸時代に入って急速に整備されました。生活に余裕ができた庶民が有名寺社に押しかけるようになったからです。金毘羅《こんぴら》宮の境内にある「おんひらひら蝶も金毘羅参り哉」「象の眼の笑いかけたる山桜」の句でわかるように一茶《いっさ》も蕪村《ぶそん》も金毘羅参りをしていました。金毘羅参りがさかんになると、四国各地からの道は金毘羅（琴平）に集まる形になりました。大坂・丸亀間に直行航路が開かれ、丸亀から金毘羅への丸亀街道が、江戸時代後期には道路の凹凸を改修する工事が行なわれています（④）。

**関連項目**

①群馬一章4　新潟五章1　富山二章3　②福井一章2　長野一章3・二章6　岐阜一章3　③愛知一章五　三重一章6　奈良一章6　和歌山一章4　④香川四章3　佐賀一章5

## 28 門前町の賑わい

世の中が平和になり商品経済が発達してくると、全国的に庶民の寺社参拝熱が高まり、近世の門前町はたくさんの参拝者を集めて発展しました。門前町には多くの宿屋や店が立ち並んで、大変な賑わいをみせました。

ここでは讃岐《さぬき》国（香川県）金毘羅大権現《こんぴらだいごんげん》の門前町と、比叡《ひえい》山延暦《えんりやく》寺や日《ひ》吉《え》大社の門前町、近江《おうみ》国（滋賀県）坂本《さかもと》、越前《えちぜん》国（福井県）永平《えいへい》寺門前大工《だいく》村の例を取りあげます。

### 大名から庶民まで信仰を集めた金毘羅大権現

現在の金刀比羅宮は、明治以前は金毘羅大権現と呼ばれ、海の神・農業殖産の神として大名から庶民まで幅広く信仰を集めました。大名は讃岐三藩ばかりでなく、諸国の大名が代参を立てて参詣しています。

大名代参は天明《てんめい》・寛政《かんせい》年間（一七八一～一八〇一）のころまで盛んに行なわれていましたが、文化《ぶんか》・文政《ぶんせい》年間（一八〇四～三〇）にはその回数は減少し、代わって庶民の講（神仏への参詣・寄進などの目的を有する信者の団体）による参詣・寄進が目立つようになりました。講は讃岐をはじめとして、江戸・京・大坂など諸国で結成されています。

金毘羅大権現の門前町は信仰の高まりとともに賑わい、町づくりも進みました。寛文《かんぶん》八年（一六六八）に、道筋に沿って町を構成する宿屋については、立派な家を建てることが認められています。元禄《げんろく》年間（一六八八～一七〇四）に狩野休円清信《かのうきゅうえんきよのぶ》が描いたと伝えられている「金毘羅祭礼図」屏風には、表町の店や裏町の芝居などのようすが描かれ、大いに賑わっていたことがうかがえます。金毘羅では享保《きようほう》十三年（一七二八）に三百軒あまりだった屋敷が、寛政《かんせい》元年（一七八九）には五百八十軒、さらに天保《てんぽう》九年（一八三八）には七百五十八軒と増えていきました。

市は古くから六月と十月に行なわれていましたが、寛文《かんぶん》年間（一六六一～七三）には三月にも行なわれるようになりました。また、門前の酒屋・呉服屋・茶屋・髪結い・醤油屋・宿屋などは、株仲間が組織されていました。町の支配は基本的には町年寄、組頭、五人組の制度で運営されました。

町の賑わいに欠かせなかったのが芝居や見せ物でした。金毘羅ではすでに江戸時代初期から相撲・歌舞伎・能などさまざまな芸能が掛け小屋（周囲をむしろで囲った程度の仮小屋）で上演されていましたが、名優の来演が相つぐようになり、天保六年に定小屋（カワラ葺きの常設の劇場）が完成。いっそう盛んに芝居が興行されるようになりました（③）。

### 寺院の里坊《さとぼう》が立ち並ぶ坂本《さかもと》

近江《おうみ》国（滋賀県）の坂本は、比叡山延暦寺や日吉大社の門前町として栄えました。坂本の地名は延暦寺への登り口に位置したためとされ、京都の修学院口あたりを西坂本と呼ぶのに対して東坂本とも呼ばれました。

坂本の門前には、山上で修行を続けた僧侶が、六十歳を過ぎると延暦寺から下山して生活をした寺院の里坊（寺の僧などが人里につくった宿泊所）が並びます。里坊を印象づける景観としては、穴太《あのう》積みの石垣があり、その連続する石積みや生垣、門構えが今日でも風情をかもし出しています。

この里坊の東に隣接する「作り道」「横小路」には町屋が並び、門前町として賑わっていました。参詣者たちは琵琶湖の湖岸、両社の辻で船を降り、「松の馬場」を経て「作り道」に至り、そこから日吉大社に詣でるか、比叡山上を目指す山道へと入っていったのです。この坂本が門前町として賑わったのも、寺社の門前に位置した宗教的な性格だけでなく、交通や商業、芸能など多岐にわたる性格を持っていたからです（②）。

## 永平寺門前の大工村は一職業集団によって構成された特殊な村

曹洞宗《そうとう》の開祖道元《どうげん》によって開かれた本山永平寺のそばには、古くからこの寺に奉仕する人々の集落が存在し、門前と呼ばれていました。この門前は、江戸時代に入って百姓村と大工村に分かれました。大工村は大規模な本山の建築を一手に引き受けていましたが、そのなかで磨かれ受け継がれた伝統技術は、当時の建築界の指導的立場にあった社寺建築のなかでも、確たる地位を築いていました。

道元は寛元《かんげん》元年（一二四三）に入山して伽藍を築きはじめ、正和《しょうわ》三年（一三一四）、永平寺第五世・義雲《ぎうん》のころには、中国・宋代の様式を採り入れた七堂伽藍も整いました。その後、火災や災害に見舞われましたが、そのつど修理改築を重ね、伽藍は今日まで伝えられています。

大工集団である門前大工村が、この建築を技術的に支えてきたのです。志《し》比《い》大工としてよく知られたこの集団は、道元が宋から伴ってきた大工・玄盛繁《くろのじょうはん》を祖として成立した、と伝えられています。門前大工村を構成する大工の戸数は、江戸時代のはじめは約三十軒。中期には増加し、四十五軒から五十軒ほどとなって安定したものと思われます。

粉河寺門前とその周辺（和歌山版172ページより）（『紀伊国名所図会』巻一）

大工村には他村と同じように名主・山奉行・組頭の村役人がいたほか、この村に特有な工匠の役職がありました。

まず、大工職を統轄するのが大工という役職です。この大工は、玄盛繁の子孫とされる玄源左衛門が代々世襲していました。しかし、工匠である限りは当然技術面での力も必要だったようで、その技量を欠く場合は他の者が補佐したり、名代（代理）を立てたりしたこともあったようです。

この大工を補佐する立場にあった実力者のひとりが、大久保市左衛門でした。市左衛門は本山より小工《しょうく》を賜り、以後この市左衛門家を代々小工と称するようになりました。ちなみに大工とは、本来建築・細工などをする手工業技術者集団の長のことで、小工は大工の下位にあって集団を統率する役をしました。大工、小工とともに工匠集団の役職にあったのは隠居大工です。以上の三名を三頭または三棟梁と呼び、彼らは常に門前大工集団の指導的立場にありました。そしてこの三名が寛政《かんせい》四年（一七九二）以降、交替で名主を勤めることになります。

門前大工村の例は、建築技術という特殊能力を持つ集団という側面はあるものの、時代を反映した近世村落の一発展型を示す好例でしょう（①）。

**関連項目**

①福井一章1　②滋賀一章3　大阪一章1　和歌山二章8　③香川一章7

# 29 在郷町の発展

### 変わる農村の中で発展した在郷町

在郷町というのは、農山村地帯にできた農産物の集散、特産物の加工、中央市場への中継市場などとして発展した町をいいます。江戸時代はじめから各地で新田開発がさかんに行なわれ、新しい農村集落が続々と誕生しました。また、旧来の村にも新田が大幅に増えました。中世までの農家は多数の奴隷的奉公人と独立できない主人の兄弟やその家族を丸抱えにする大家族経営の農家でした。新田開発によって、それらの兄弟は分家することになったり、奉公人が独立して新田に入ったり、新たな農家が増えました。小農といわれる夫婦と子供、祖父母を一単位として農業を営む農家が多数生み出されて、農村の形態に変化が生じてきたのです。一方で元禄《げんろく》年間（一六八八〜一七〇四）には、都市の発展が目覚しく、農家の二、三男が都市へ流入するということも起こっています。

新しい農村の誕生は、新しい拠点を誕生させます。農産物の集散に便利なところに町が形成されます。人の移動しやすさ、物資輸送の便から拠点が形成され、そこに市場機能が付加されます。さらに、特産品が誕生するとその加工がさかんとなり、関連業者も集住します。こうして在郷町は発展していったのです。

### 計画的な在郷町づくりが行なわれた砺波《となみ》

もっともわかりやすいのは、富山県砺波地域の町立《まちだ》てです。ここでは、慶安《けいあん》年間（一六四八〜五二）から明暦《めいれき》年間（一六五五〜五八）にかけて、つぎつぎと計画された在郷町がつくられました。新田開発にともなう商品流通の拡大に対応して意図的に新しい町がつくられたのです。福野《ふくの》（東砺波郡福野町）、杉木《すぎのき》新町（砺波市）、津沢《つざわ》（小矢部市）、福光《ふくみつ》新町（西砺波郡福光町）、和田新町（高岡市）、大門《だいもん》新町（射水郡大門町）、小杉《こすぎ》新町（射水郡小杉町）などの町がつぎつぎとできました。さながら新町建設ラッシュです。町場が遠く離れていて、村落が点在して孤立し、道路も曲がりくねり、市場も遠くて不便だったために、町場が建設されたのです。それに加え、従来ある町場についてもそれに付加される形で新しい町が建設されています。たとえば福町（小矢部市）、放生津《ほうしょうづ》新町（新湊市）、城端《じょうはな》西新田町（東砺波城端町）、氷見朝日《ひみあさひ》新町（氷見市）などがそれにあたります。

これらの在郷町の建設は、はじめのうち城下町の建設と同様もっぱら藩の意志によって行なわれています。しかし、その後は地域住民の意向を汲む形で、藩の許可のもとに行なわれるようになりました。また、この町立ては加賀《かが》藩が実施していた改作法と呼ばれる農政改革に深い関わりをもっていました。改作法は給人《きゅうにん》（知行地を与えられた武士）の地方支配を廃し、農民の代官・給人に対する債務を藩が肩代わりして、農村の生産性を高め、年貢の増収を図る目的で行なわれたものです。これらの新しい在郷町は藩の方針もあって、一部の例外を除いて順調に町場として発展しました（②）。

### 絹織物業の勃興《ぼっこう》で急成長した桐生《きりゅう》

群馬県の桐生市は、もともと徳川氏の代官が地方支配のために新しく開いた町といわれます。それがやがて周辺で養蚕・製糸がさかんになるようになると、絹織物を中心とする商工業の町へと大いに発展していきました。延宝《えんぽう》元年（一六七三）、桐生の戸数は二百十一戸でした。八十年ほど後の宝《ほう》暦《れき》五年（一七五五）でも戸数三百二十四戸、人口千四百八十二人でした。ところがそれからわずか七、八十年の間に戸数九百五十八戸、人口四千百七人にふくれあがりました（天保二年＝一八三一）。いずれも三倍近くに急増したのは、絹織物業がこの地でたいへんな隆盛をみせたことからでした。

　絹織物業がさかんになると、多額の織物売上代金が産地に流れ込み、その結果商工業やサービス業に対する需要が拡大し、多数の営業を生み出しました。また、関連業も桐生に集まるようになり、ますます都市的発展をみせるようになります。大工、左官、石工《いしく》、屋根屋、建具屋、畳屋、鍛冶屋、桶屋、仕立て屋などの諸職人、呉服屋、足袋屋、古着屋などの衣料関係、それに食品・嗜好品関係、その加工品、日用雑貨関係、飲食業、髪結い、湯屋、医者、貸本などさまざまなサービス業も成立させました（①）。

福野町で今も続いている「歳の大市」（富山版47ページより）

### 交通の要衝で物資集散の拠点として発展した池田

　同じ在郷町といっても、西日本での町の成り立ちはもっと複雑で多岐にわたります。関西では寺内町を前身とする在郷町が多く、これらはすでに町の形ができあがっていました。戦国時代に寺内町としての特権を奪われてからは役割が変化しますが、その集積を生かして農産物の集散の基点や市場機能、交通の要衝として発展していくところが多かったのです。また、この地域は特産物も多く、桐生のようにその特産物を中心に発展を続けるところも数多くありました。

　池田（大阪府池田市）は、大坂と能瀬《のせ》・川辺《かわべ》郡との中間に位置し、江戸時代に入って能勢街道が整備されると、奥郷の村々や周辺農村からの物資の集散地として市場が営まれるなど、北摂地域の経済の中心地として繁栄しました。また池田は酒どころとして知られ、全国から江戸に入る酒の一割を送り出したといわれています。

　元禄《げんろく》十年（一六九七）の史料によると、池田の戸数は千四百三十七戸を数え、そこに住む人々の職種も多様でした。酒屋三十二軒、樽屋八軒、米屋二十一軒、問屋二十軒、炭屋二軒、炭商二軒などが目につきます。池田で扱われていた炭は、能勢・川辺郡の山で生産されたものですが、集散地の池田の名を冠して「池田炭」と呼ばれました。火持ちのよい良質の炭で、切り口の美しさもあって今日でも茶の湯で珍重されます。

　貝塚（大阪府貝塚市）は、江戸時代に入ってからも特権を失わなかった数少ない寺内町といわれますが、紀州《きしゅう》街道の沿道に位置していたこともあって、各種産業が発達しました（③）。

**関連項目**

①群馬二章2　新潟一章3　②富山一章3　③大阪七章1　④奈良一章4　福岡二章5　大分二章2

## 30 沿岸航路の整備

江戸に幕府が開かれ、江戸城の修築、参勤交代、藩邸建築などのため江戸に人口が集中し、塩・酒・油などの日用品はもとより、多くの物資を〝天下の台所〟といわれた大坂に求めることになります。その結果、江戸・上方間の大量輸送に適した海運が不可欠になりました。

元和《げんな》五年（一六一九）、泉州《せんしゅう》堺の商人が紀州富田《とんだ》裏の二百五十石（約二五トン）積みの船を借り、大坂から木綿・油・酒・酢などを江戸に輸送しました。これが菱垣《ひがき》廻船のはじまりだといわれています。菱垣廻船は、船の積荷が海に落ちないように竹で菱形の垣をつくったところから名づけられたといわれますが、船の構造自体も従来の廻船に比べれば大きく進歩して、高速で運航できました。

次いで、樽《たる》廻船が出現します。樽廻船は当初伊丹《いたみ》の酒樽を積んで江戸に運びました。寛文《かんぶん》年間（一六六一〜一六七三）から船問屋も増え、二百〜四百石積みの船も現われるなど船体も大型化し、やがて樽廻船と呼ばれるようになり、樽廻船と菱垣廻船の競争は激化しました。両廻船間で何度も積み荷に関する協定を結びましたが守られず、やがて樽廻船の優位は不動のものになります（④）。

前後して本州を取りまく東廻り航路と西廻り航路が開発され、日本の沿岸海上交通の骨格が完成します。東廻り航路の開発は、寛文十年三月、幕府が陸奥（東北地方）の米数万石を江戸の運ぶことを、江戸の豪商河村瑞《かわむらずい》賢《けん》に命じたことから始まります。西廻り航路は、奥羽・北陸の諸港から日本海・下関海峡・瀬戸内海を経て大坂に至るルートです。寛永《かんえい》十五年（一六三八）、加賀藩がこの航路で船を大坂に送って以来しだいに開け、寛文十二年に河村瑞賢が航路に改良を加えてさかんになります（②）。

### 大坂が物流の中心

近世日本の全国的な流通は、京都・大坂・江戸を中心とした三都体制と呼ばれる流通網で構成されていました。沿岸航路は幕府の年貢米や諸大名の蔵米を江戸に回送するために整備され、とくに大坂は全国物資流通の中心で、「出船千艘入船千艘」といわれたにぎわいを見せました。

西廻り航路が整備されたことは大坂にとって、九州・瀬戸内海・中国・四国方面からのコメや特産物の移入に加え、新たにえぞ地（北海道）・東北・北陸・山陰の日本海側地域の物産を大坂に集中させる契機になりました（②）。大坂が〝天下の台所〟〝天下の賄所《まかないどころ》〟となり、また「天下の貨、七分は大坂にあり、そのまた七分は船中にあり」といわれるほど、近世海運の中心となったのです。大坂の蔵屋敷は、各地大名の出張所でした。蔵屋敷の数は明暦《めいれき》年間（一六五五〜五八）には二十四ヵ所でしたが、元禄《げんろく》年間（一六八八〜一七〇四）には九十六ヵ所に増加します。明らかに西廻り航路を整備・拡充した結果でした。この後も蔵屋敷は増え続け、天保《てんぽう》年間（一八三〇〜四四）には百二十五ヵ所となっています（④）。

江戸―大坂間の航路を独占する廻船問屋は、廻船や船頭・水主《かこ》などの乗組員の調達と手配、荷物の積み下ろしを引き受け、航海中のすべての責任を負っていました。このため荷主は、航海中の難破や事故について廻船問屋に口出しできない状態に置かれました。荷主の権利が保護されていなかったのです。このような状態を改善するために、江戸の荷主たちが組合をつくったのは元禄七年。江戸十組問屋と称しました。大坂でも大坂十組問屋が結成され、のちには二十四組となります。

これによって廻船問屋に主導権があった商品の廻送が、荷主が主体となった運送体制に変えられることになります。このとき、十組のうちから大行司を決めて順番に勤め、荷物引受仕法をつくり、航海のたびに船足・船具などを改める方式にしています。廻船新造の場合や船を買った場合は、廻船会所に届けて見分けを受け、積載石数や帆数を定めたうえで届けをして、廻船会所の諸入用を勤めることになっていました。それらを済ませたあとで極印を受け、はじめて航海に出ることができたのです（①③④）。

## 加賀藩の島原の乱参戦が西廻り航路開拓のきっかけ

近世の社会は、領主が農民から徴集した年貢米を米穀市場で換金し、生活必需品を購入する、という構造を軸に成り立っています。西廻り航路が開拓される前、加賀藩では毎年十五万石前後の年貢米を現金化するため苦労していました。琵琶湖を利用した大津廻米は一部を馬の背を利用する陸運に頼ったので、積み替えのために米俵が痛み、そのうえ運賃は米百石に対して二十五石と高額なものにつきました。

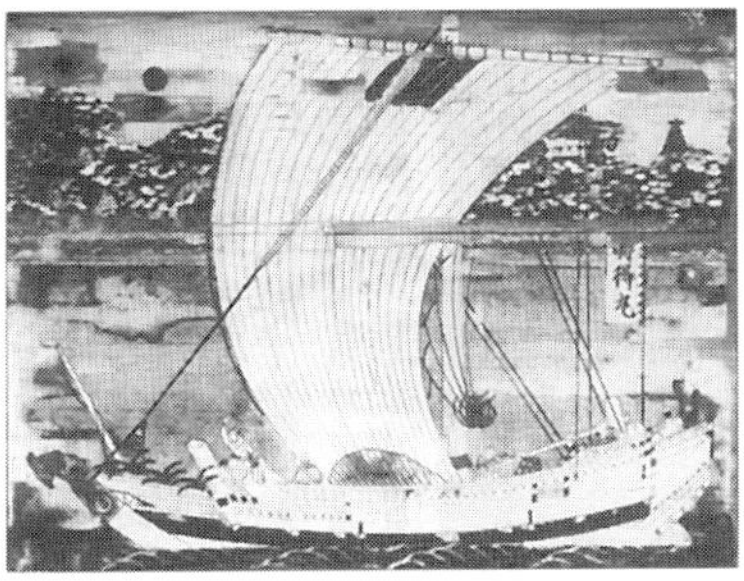

北前船の絵馬（新潟版321ページより）（新潟県佐渡白山姫神社蔵）

窮余の策として考え出されたのが西廻り航路の開拓です。そのきっかけとなったのは、寛永十四年に発生した島原（長崎県）の乱です。この乱を鎮圧するため、加賀藩の前田軍団は舟運を利用して、金沢と大坂から島原に派遣されました。このふたつの軍団の航跡が、下関で交差したことからヒントを得たのです。翌寛永十五年、加賀三代藩主の前田利常《としつね》は、試みに百石の年貢米を積んだ船を下関経由で直接大坂へ廻送させました。その結果、西廻り航路の開拓に成功したのです。この新航路による大坂廻米は、積み替えがないので痛み俵もなく、運賃も米百石につき十七石と大津廻米に比べると格安でした。西廻り航路の開拓以前、琵琶湖経由時代に日本海を航行するした船は北国船や羽《は》瀬《せ》船でした。これらの船は浅い川港で船底をこすっても痛まない平底の船で、むしろ帆を立て櫓櫂《ろかい》を使用したので、多数の漕ぎ手が乗っていました。対して上方からやって来た船は、瀬戸内海で発達した弁財船《べんざいせん》でした。弁財船は櫓櫂を使わず、木綿の帆一枚で向かい風も利用して走ることができたので、乗組員は半分ですみました（②③）。

その後、十七世紀半ばに河村瑞賢によって東廻り航路と西廻り航路の安全がもたらされ、日本を取りまく海が一本の航路で統一されました。そして大坂がその要として日本の経済の中心となり、天下の台所といわれるようになったのです。

**関連項目**

①山形50科　②富山二章5　③福井二章3　滋賀三章2　④大阪三章1　和歌山一章5

# 31 物流の大動脈、海上交通

江戸時代の廻船の発達は、幕藩体制の確立と貨幣経済の発展にともなう幕府と諸藩の年貢米の運搬によってうながされました。とくに貨幣経済が局地的だった江戸初期には、どのようにして年貢米を大坂へ運んで換金するかということが、各藩にとって重要な問題でした。

いっぽう江戸も、参勤交代が定着して城下が整備されて急速に発展し、物資の需要が急増しました。しかし、関東周辺は日用品の供給地が未発達だったので、大坂からの商品供給に頼らなければなりませんでした。上方から江戸に商品を運ぶ菱垣《ひがき》廻船や樽《たる》廻船は、このような需要にこたえるために登場したのです。江戸に搬入される幕府の年貢米がしだいに増え、江戸が大坂と同様な市場として発展するに従い、東北諸藩は東廻り航路によって各藩の蔵米を直接江戸に搬入するようになりました。廻船も大型化が進み、流通ルートは多岐にわたり流通量も増大しました。そのため廻船の寄港地・中継地となった港は、繁栄しにぎわったのです（②）。

## 北前船の中継基地としてにぎわった三国《みくに》湊

三国湊（福井県坂井郡三国町）は越前福井藩のただひとつの外港として、豪商が軒を連ね、日本海有数の港町に発展しました。大坂と北海道を結ぶ交易船である北前船《きたまえ》の中継基地としてにぎわったのです。三国湊周辺では、江戸時代の中ごろまで帆走能力に劣った船が用いられていましたが、瀬戸内海で生まれた帆走能力にすぐれた弁財船《べんざいせん》が登場すると、たちまち全国に普及しました。三国湊も例外ではなく、弁財船の普及は商品流通の時間を短縮し、遠方まで多くの荷物を運べるようになりました。弁財船が江戸時代の商品経済の発達をうながした、といっても過言ではありません。

三国湊の船乗りたちの活動は、海の荒れがおさまる春先に、陸路で大坂へ旅立つことから始まります。大坂に預けてあった北前船の点検を終えると、日本海側の浦々で必要とする砂糖・素麺・酒などの食料、木綿・古着・足袋などの衣料、畳表・蝋燭・和紙・茶碗などの日用品を購入します。大坂を出航してからは、瀬戸内海では塩を、小浜《おばま》や敦賀《つるが》などではワラやムシロを、三国湊では笏谷石《しゃくだにいし》（福井市足羽山《あすわやま》の北麓に古くから産出される石材で、北ノ庄切石の名で織田信長に献上されたほどの主要産物）などを積み込みます。

これらの商品を中継の港やえぞ地（北海道）で売り払って利益をあげると、帰路にはえぞ地で買い入れたニシン・ニシン〆粕・魚油・コンブ・サケ・タラなどの海産物を積み込み、中継の港や大坂港で売りさばいて、復路は往路以上に利益をあげます。江戸時代後期では、一回往復の航海で約一千両もの利益をあげました（①）。

## 北前船の寄港地として繁栄した長州諸港

寛文《かんぶん》年間（一六六一〜七三）に東北地方の幕府領米を江戸に回送するため、幕府は河村瑞賢《かわむらずいけん》に命じて西廻り航路を整備しました。その発展に支えられた防長（周防《すおう》と長門《ながと》＝山口県）の諸港では、米だけにとどまらず、各地の主要産物の取り引きなども行なわれて繁栄しました。西廻り航路を航行する北前船は風や潮流に左右されたことから、風待ちや潮待ちのための港がにぎわうようになったのです。また、船による商取引が盛んになり、消費地を抱えた萩越《はぎこし》ヶ浜（萩市）や赤間関《あかまがせき》（下関市）などの港町も発展しました。

赤間関は瀬戸内海の最も西の端に位置して九州に相対しているので、早くから交通の要衝でした。西廻り航路が整備されてからは、北前船により北陸・山陰・えぞ地の物資が入り、さらに上方や九州各地の物資も流入して、中継ぎ港としての赤間関の地位はますます高まりました。

文化《ぶんか》十年（一八一三）八月に大坂からの帰途、赤間関に立ち寄った佐渡（新潟県）沢根の廻船商笹井秀山《ささいしゅうざん》は、この地の賑わいを次のように記しています。「ここは長州赤間関とて、瀬戸の入口なれば八方より入り込み、船一日に千艘の出入り致す湊は、外に類なし処ぞかし」。この言葉を裏づけるように、赤間関の人口は元禄《げんろく》七年（一六九四）に五千百四十二人だったのが、寛政《かんせい》四年（一七九二）に八千八十四人とふくれあがり、北前問屋（北前船が運ぶ物資をあつかう問屋）を中核とする問屋も四百軒余りを数えました。

長州藩内の諸浦に所属する大型廻船のなかには、幕府や他藩の年貢米回漕に従事する船もありました。安永《あんえい》六年（一七七七）に酒田湊《さかた》（山形県）を出帆した小郡《おごおり》の孫右衛門の船もその一艘でした。船は十五人乗りの千石積み以上の大船で、大坂で幕府の船改めを受けたのち、羽州《うしゅう》（秋田・山形県）の幕府年貢米二千五百四十俵（一俵は三斗七升入り）を積み込み、東廻り航路（北陸・東北の日本海側から津軽海峡・三陸沖を通って太平洋を航行し、江戸に至る航路）で江戸に向かいました。

小浜（福井県）の海商が奉納した絵馬（福井版口絵より）（南条郡河野村八幡神社蔵）

嘉永《かえい》二年（一八四九）四月には、同じ酒田湊から庄内藩の蔵米二千四百俵を積んで彦左衛門の船が大坂に向かっています。いずれも庄内藩の意向を受けた大坂の米屋喜兵衛に雇われた船で、これらの廻船は回漕による運賃を稼ぎました。

西廻り航路が活況をみせると、萩藩自らもその経営的効果に着目し、他藩の廻船を相手として金融・倉庫業を事業として利益を得るための〝越荷《こしに》方《かた》〟を設け、商品流通に積極的にかかわっていきました。越荷は、諸国廻船の積荷を担保に資金を貸しつける制度で、明和《めいわ》年間（一七六四〜七二）以降、室積《むろずみ》（光市）、上関《かみのせき》、下関伊崎、中関《なかのせき》（防府《ほうふ》市）で越荷の業務をはじめました。いずれも、瀬戸内海の主要な港です。

塩業で有名な中関では、田島西泊に越荷蔵を設けて営まれました。諸廻船への貸銀はまず問屋に貸しつけられ、問屋は諸廻船の荷物を質にして、質物の七〜八割にあたる金額を貸しつけました。藩は越荷経営によって、貸銀の利息と質物として預かった荷物の倉敷料（保管料）を得ることができたのです。越荷の経営は他の港でも同様で、長州藩はその業務を拡張し、西廻り航路がもたらす経済的利益の追求に努めました（③）。

**関連項目**

山形50科　茨城一章2　千葉一章3　富山二章5　①福井二章3　鳥取一章3・②4　島根二章7　岡山一章4　③山口二章8　徳島二章4　香川一章4　福岡一章7　大分一章6　宮崎一章4

# 32 水上交通の発展

物資を陸上で運ぼうとすると、利用できる輸送手段は主に人か馬です。しかし、運ぶことができる量は、人夫ひとりでは米一俵程度、馬一頭では米二～三俵が限度でした。これに比べて水上輸送では、たとえば利根川を例にとれば、最も規模の小さい川下小船《かわさげこぶね》でも船頭ひとりで米二十五俵くらいを運ぶことができました。さらに運賃も、陸上輸送に比べて格段に安く運べました。つまり江戸時代における物資の移動は、海や河川を利用できる地域では、陸上輸送よりも水上輸送が主体だったのです。

ここでは利根《とね》川と、最上《もがみ》川の例を見、パナマ運河開通より百八十三年も前に閘門《こうもん》を備えた運河を利用していた見沼通船《みぬまつうせん》をみてみます。

### 酒田《さかた》湊は河川舟運と海運の結節点

最上川は吾妻《あづま》山を源流とし、河口の酒田で日本海に注ぐ全長約二二四キロにおよぶ大河です。米沢《よねざわ》盆地と山形盆地を縦断し、新庄《しんじょう》盆地から庄内《しょうない》平野へと、山形県の中心部をすべて流れているのです。

最上川の舟運の開発は、戦国時代から近世はじめにかけて急速に進みました。内陸部では清水、大石田、船町を最上川の三河岸《かし》と呼び、享保《きょうほう》八年（一七二三）以降、寺津、本楯《もとだて》が認められて五河岸となります。

大石田は、下流から見ると山形盆地の玄関口にあたり、羽州《うしゅう》街道と最上川が最接近している地点にあることから、河岸として最も発展しました。その絶頂期は元禄《げんろく》年間（一六八八～一七〇四）です。そのころ、酒田の三百六十艘に対して、大石田には二百九十二艘もありました。大石田には多くの荷問屋が並び、船肝入《きもいり》が川船の発着をさばいていたのです。

酒田湊は最上川河口に位置し、河川舟運と海運の結節点として栄えました。最上川を下る物資は、幕府領の年貢米、大名領の蔵米、商人荷物の三つに大きく分けられます。最上川を下る荷物には、米、雑穀のほかに、紅《べに》花《ばな》、青苧《あおそ》、蝋、煙草などがありました。紅花は京都西陣《にしじん》の染料として、青苧は奈良晒《さらし》の原料として、その大部分は上方に送られました。

これらの荷物を積む川船は、いずれも米二百俵積み以上のひらた船。標準は船頭、水主《かこ》四人乗りで二百五十俵、最大は三百五十俵を積みました。川船はひらた船のほか、上流や支流ではより小型の小鵜飼《こうがい》船が使われていました。ひらた船の寺津―酒田間の往復日数は約三十日、大石田―酒田間は約二十日といわれ、上りは下りの約四倍の日数がかかったそうです（①）。

### 利根川水運は物資と文化を運搬

江戸時代のはじめまで、利根川本流は関宿《せきやど》（千葉県関宿町）付近から現在の江戸川に流路をとり、東京湾に流れ込んでいました。この流路をほぼ現在のような形に変えたのは、文禄《ぶんろく》三年（一五九四）から承応《じょうおう》三年（一六五四）に至る徳川幕府による利根川の大規模な東遷《とうせん》事業でした。その目的は、水害防止や新田開発のためといわれていますが、江戸を中心として関東各地に通じる水運路をつくり出すことも、大きな目的のひとつでした。

当時、関東各地にあった幕府領の年貢（領主に納める税）は米が中心でした。経済の中心も米だったので、米の輸送は重大な問題でした。陸上の輸送機関として馬と人夫しかなかったそのころは、格段に大きな輸送力を持つ船は貴重な存在で、その船の道である水運路の造成は重要な課題でした。

利根川の水運には高瀬《たかせ》船とひらた船が使われました。高瀬船は、浅瀬でもこげるように底を平たくした川船です。利根川の高瀬船は大型の帆船《はんせん》で、大きなものは米千三百俵、小さなものでも三、四百俵を積みました。ひらた船は高瀬船より少し小型の帆船です。これらの船で積み送られた荷物は、幕府の年貢米や沿岸の農産物、九十九里浜・鹿島灘《かしまなだ》の海産物ばかりではありません。東北・北海道から東廻り航路によって江戸に送られる廻米や材木は、房総《ぼうそう》半島を回って江戸に直航するいっぽう、銚子や潮来で利根川の高瀬船やひらた船に積み替えられ、江戸に向かいました。

このような廻米やいろいろな荷物を上げ下ろしするために、関東の大きな川には多くの河岸《かし》と呼ばれる川の湊ができました。河岸は、幕府の代官や藩主などによって年貢米輸送の必要から新しく設けられたところもありましたが、大きな街道が川と交差する地点の渡船場などから発展したところもありました。また、川に近い城下町・在方町の外港としてできた河岸もあり、寺社門前、参詣客通行によって発展した河岸もあります。河岸には船問屋や船持ち、船頭をはじめ多くの商人や問屋が集まり、活気あるにぎわいをみせていました（②）。

川船の絵馬（群馬版54ページより）
（群馬県板倉町雷電神社蔵）

## パナマ運河より百八十三年前に閘門《こうもん》式運河を開発

埼玉平野を縦断する見沼代用水路は、水田の潅漑用に開削されました。この用水路を荒川と結び、江戸への舟運として利用しようと考えたのは、見沼代用水路を開削した井沢弥惣兵衛《いざわやそべえ》です。しかし、大きな問題がありました。用水路から荒川に出るには、連絡水路として芝川を使わなければなりませんが、芝川と用水路の水位差があり、そのままでは船を通すことができなかったのです。その解決策として考え出されたのが、後年パナマ運河に採用された閘門式です。

水位差は、八丁堤付近で三メートルもありました。そこでふたつの閘門を設け、水量を調節しながら船を上下させる方法がとられたのです。この閘門式運河は、享保十六年（一七三一）に完成しました。同じ閘門式を採用したパナマ運河の開通より、百八十三年前のことでした。

見沼代用水路の舟運は、例年用水を使用しない十月下旬ころから翌年春の彼岸まで運航されていました。見沼通船の主な貨物は年貢米の輸送でしたが、野菜・薪なども江戸に運ばれ、江戸からは塩・干鰯《ほしか》などを積んで帰ってきました（③）。

**関連項目**

青森二章8　宮城一章3・7　秋田一章2　①山形一章1　福島一章3　茨城二章4　②群馬一章5　埼玉一章1・③前口絵　千葉一章1　東京一章4　福井二章3　山梨一章6　静岡一章4　大阪一章6　奈良一章5　徳島一章6　宮崎一章5

# 33 山国と町を繋《つな》いだ水運

山の多いわが国では、山間と在郷町を結ぶ輸送は、人の力と馬などに頼ってきました。人力や馬では輸送量に限界があり、大量輸送は事実上不可能でした。しかし、次第に人々は川を利用するようになりました。急流や浅瀬などが連続して水上輸送に適さない川は、流路を変えたり浚渫《しゅんせつ》したりして水路が開かれていきました。筏《いかだ》流しが工夫されたり、川の状況に合わせた船の構造が考え出されたりして、内陸の物資輸送は次第にその中心が水上輸送になっていきました。ここでは主として、木材の運搬についてみてみます。

**阿波《あわ》徳島の吉野《よしの》川を下り上った荷物**

土佐《とさ》国（高知県）と阿波国（徳島県）にまたがって東流し、紀伊水道に注ぐ吉野川は全長一九四キロ。四国一の大河で四国三郎の異名を持っています。吉野川は広大な流域の田畑を潤すとともに、船や筏などによる物資の運送でも大きな役割を果たしました。

ところで江戸時代には、吉野川をどのような荷物が上り下りしていたのでしょうか。吉野川の中流域で難所とされていた岩津《いわつ》には分一所《ぶいちしょ》がありました。分一所とは徳島藩内を移出入する商品などに課税するため、各地交通の要所に置かれた役所です。その分一所で、享保《きょうほう》十六年（一七三一）に通過した荷物は以下のようでした。

まず下り荷物では、大量の塩焼薪や松葉が、斎田《さいだ》（鳴門市）を中心にした地域で盛んに行なわれていた藩の重要産物であり塩をつくるための燃料として運ばれました。できあがった塩は、船で遡《さかのぼ》って薪や松葉を産出する村々に運ばれます。そのほか木材・紙・板・松ヤニ・木皮などの木材加工品は、上流から下流に運ばれる主要な荷物です。山の恵みを商品としたものに動物の毛皮があり、シカ・テン・タヌキ・イノシシ・カワウソ・クマの六品が記録されています。他にシイタケ・ワサビ・イワタケ・コンニャク玉・ワラビ粉・漆《うるし》などが山村から川を下っていたことが分かります③。

**紀《き》ノ川上流から材木を流送**

紀ノ川は奈良・三重県境の大台《おおだい》ヶ原に源を発し、奈良県の中央部から和歌山県の北部を西流し、紀伊水道に注ぐ全長一三六キロの大河です。奈良県内の部分を吉野川と通称し、上流地域は吉野杉や檜《ひのき》の林業地として知られています。

吉野川流域の木材が商品として積極的に産出されるようになるのは、大坂城や伏見城の築造、京都方広寺《ほうこうじ》の大仏殿をはじめとする大小社寺の造営からでした。また、摂津《せっつ》の伊丹《いたみ》（伊丹市）・灘《なだ》（西宮市）を中心とする清酒醸造業の発達によって、上物の江戸積み用酒樽として、香気に富み酒に風味を与える吉野杉の需要が増大しました。

木材を搬出する手段としての筏流しは、慶長《けいちょう》年間（一五九六〜一六一五）までは和歌山県境に近い五条（五條市）から下流のみでした。五条から上流は難所が多くて筏が通らず、管流《くだなが》しといって材木を筏に組まないで、一本ずつ流送する方法をとっていました。しかし、慶長九年に幕府から川上・黒滝郷の郷民が吉野付近で価格の十分の一を口役銀《くちやくぎん》（吉野郡内十八郷から伐り出す吉野川の筏材木に対してかけられた税金）として直接徴税することを認められ、その一部を資金として木材の流送路の改修が行なわれました。

流送路の改修とともに、筏流しの出発点は寛永《かんえい》年間（一六二四〜四四）には飯貝《いいかい》（吉野郡吉野町）まで遡り、寛文《かんぶん》年間（一六六一〜七三）には東川《うのかわ》領字滑《なめり》（吉野郡川上村東川）まで、延宝《えんぽう》八年（一六八〇）には和田大島（吉野郡川上村）まで、宝暦《ほうれき》年間（一七五一〜六四）には川上郷の入之波《しおのは》まで達しました。こうした長年の努力と多額の費用によって、吉野川の最上流である入之波から紀ノ川河口の和歌山に至る筏の水路が確保されたのです（②）。

## 管理が厳しかった天竜《てんりゅう》川の材木流し

天竜川は源を長野県諏訪《すわ》湖の西北端に発し、南下して静岡県西部で遠州灘に注ぐ全長二一六キロ、「暴れ天竜」の異名を持つ急流で、昔から流域の住民にとっては恐るべき存在でした。急流を生かした交通路として最適だったのは、上流で伐り出した木材の運搬です。

江戸時代のなごり天竜下りの船（長野版口絵より）

慶長《けいちょう》十三年（一六〇八）一月、豊臣秀頼が造営した京都方広寺の大仏殿の用材として鹿塩《かしお》・大河原（大鹿《おおしか》村）のマツの良材を伐採し、天竜川を流下して海路を大坂まで運搬しました。また慶長十七年には、江戸城天守閣築造のため、遠山から長さ十七間（一間＝約一・八メートル）の良材を切り出して江戸に搬送しています。十七間の材木は、川下し以外に運び出す方法はなかったはずです。長大な材木だけでなく、短小な榑木《くれぎ》も川に流して川下に送りました。榑木は切り口を台形にした屋根葺《ふ》き用の木材です。伊那谷の山間地では米が収穫できないため、米年貢の替わりに榑木が上納されました。榑木に使用した樹種はサワラ・ヒノキ・スギなどで、江戸時代中期以降、長さ約一メートルと約七十センチの二種に規定されていました。この榑木を、時には水面が見えなくなったほどのおびただしい量を川下げしたのです。川下げされた榑木は遠州の日《ひ》明《あり》、舟明《ふなぎら》で陸揚げされ、四等品に分けられて筏に組み、江戸や大坂などの需要地に、海路で運搬されました。榑木は使用場所で薄くはいで屋根板として使用しました。板葺き屋根は耐久年数が短いので、その需要量は莫大なものでした。

天竜川の筏流しが盛んになるのは、江戸中期以降のことです。筏は三十石（一石は〇・二八立方メートル）から四十石の材を一艘に組んだものです。川を下った筏は、延宝七年四千七百五十五艘、天和《てんな》元年（一六八一）四千二百五十五艘、貞享《じょうきょう》四年（一六八七）六千七百五十艘という数字が記録されています。いずれにしても莫大な木材総量です（①）。

**関連項目**

青森二章8　宮城一章3　宮城一章7　秋田一章2　山形一章1　福島一3　茨城二章4　栃木一章2　群馬一章5　埼玉一章1　埼玉前口絵　千葉一章1　東京一章4　福井二章3　山梨一章6　①長野一章8　岐阜二章5　静岡一章4　静岡二章8　滋賀三章2　京都五章1　②奈良一章5　岡山一章1　③徳島一章6　熊本一章3　大分一章5　宮崎一章5　宮崎五章7

# 34 天変地異の惨状と救援

江戸時代の人びとにとって、天変地異に対する恐怖心は現代人の比ではなく、本気で「この世の終わり」と受け止めていました。天変地異はそれほどの壊滅的な打撃を与えました。災害に対する認識不足が恐怖心をあおり、対策や救援が立ち遅れて被害をさらに拡大したのです。人びとは、未《み》曾《ぞう》有の天変地異がもたらした惨状と、どのように闘って乗り切ったのでしょうか。

## 浅間山《あさまやま》大噴火がもたらした飢饉《ききん》と打ち壊し

江戸時代に入ってからも、五十年に一度くらいの割合で噴火を繰り返していた信州《しんしゅう》（長野県）と上州《じょうしゅう》（群馬県）にまたがる浅間山の火山活動は、天明《てんめい》三年（一七八三）に至ってにわかに活発化しました。世にいう「天明の浅間焼け」とは、天明三年五月から八月におよぶ浅間の火山活動のことをいい、この間前後十回にわたる大爆発がありました。なかでも七月七、八日にわたった大噴火の規模は、これまでにないものでした。

六月末から激しさを加えてきた噴火は、七月五日の夜には一層激しくなり、上州（群馬県）松井田《まついだ》・坂本あたりでは、小石が降ってきて人馬は外に出ることができなくなりました。六日の夜明けには小石にかわって灰が降りはじめましたが、昼過ぎから夜の十時ころまで再び「大焼け」となりました。雲のなかから火玉が八方に飛び散り、裾野は一面の山火事となり、浅間山はしきりに鳴動します。夜に入ると噴火はとくに激しくなり、砂や灰は雨や雪のように降り注ぎました。

八日、浅間山はついに大噴火を起こします。当時の模様を書き留めた『浅間焼出大変記』には、その日の朝の状況を次のように記しています。

「大風に吹かれたように草木が揺れ、神仏の石塔が倒れるのを見て、気味が悪くなった村人が神仏に祈っていたところ、十時ごろ、なにか光るものが山頂に飛び込んだかと思うと、あたかも山全体が暴れ出したように揺れ、上州側の吾妻《あがつま》川めがけて動き出した。黒鬼のように見える第一陣が台地を揺るがし、家を囲む防風林を押し倒し、土煙を上げて暴れ回った。第二陣は泥や焼けた火石を数百メートルも高く舞い上げた。そのさまは、まるで青竜が真っ赤な舌を巻き、日月のような両眼を見開いたかと思うと、全天火山灰でおおわれた暗闇に百万の稲妻が光りとどろき、天地が崩れ落ちるばかりだった」

このとき噴出した火砕流は、浅間山の上州側北斜面を流れ下り、まず鎌《かん》原《ばら》・大前《おおまえ》・西久保《にしくぼ》（いずれも吾妻郡嬬恋《つまごい》村）・小宿《こやど》（同郡長野原町）の四ヵ村を襲いました。なかでも火砕流の直撃を受けた鎌原村は、一瞬のうちに家屋九十三戸がすべて埋没。助かった村人は、五百九十七人のうち高台にある観音堂に逃れた九十三人のみ。生き残った馬は二百頭中三十頭、残った田畑は九十二町（一町＝一ヘクタール）余りのうちわずか五町だけという壊滅状態でした。現在の「鬼押し出し」は、このときの溶岩あとです。この火砕流は吾妻川に流れ込んで泥流となり、一気に両岸の村々を呑み込みながら流れ下りました。その際の被害は吾妻川沿岸の五十五ヵ村にわたり、死者千六百二十四人、流失・埋没家屋は千百五十一戸とみられています。しかも泥流はさらに利根川に流れ込み、前橋・伊勢崎方面まで押し寄せて、三十四ヵ村を巻き込みました。

　大噴火直後の七月中旬から八月にかけ、幕府の代官やその手代は、幕府領の村々を回って被害状況を調べ、緊急の救援措置として、家屋を失った農家には農具代を金二朱、食料をなくして飢えた農家には一日につき男に米二合、女に米一合の割合による六十日分の金銭を支給しました。

　ついで八月二十五日、幕府から「御救普請《おすくいぶしん》」を命じられた勘定奉行所の一行が、道や橋、田畑を復興させるために江戸を出発しました。翌年正月、幕府は九州の熊本藩に「御手伝普請」を命じ、熊本藩は一万四千両を用意、総勢四百人で被災現場に乗り込みました。藩領七万五千石のうち六万八千石が被害を受けた上州最大の前橋藩や伊勢崎藩はいちはやく、七月から八月にかけてお救い米とお救い金を配布して被災した村々の救援にあたりました。二～三ヵ村の領地しか持たない江戸居住の旗本たちは、財政難でなすすべもなく、せいぜいその年の年貢を免除したり、少なくすることぐらいが精いっぱいでした（①）。

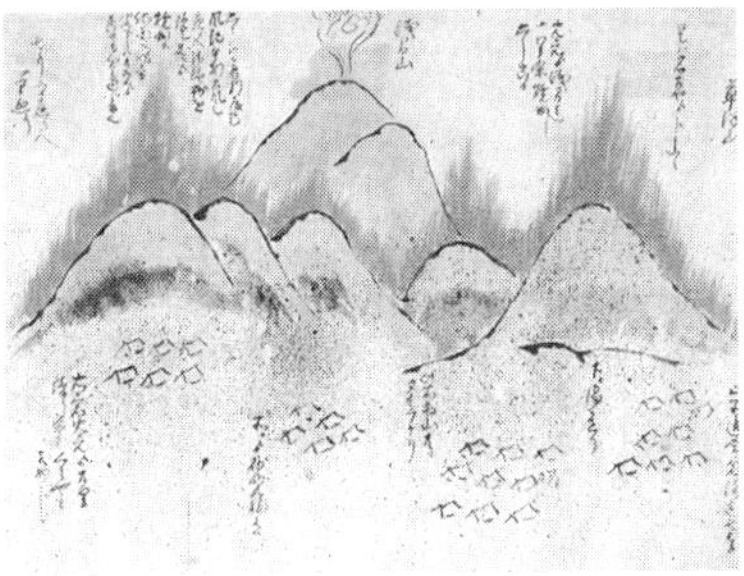

「浅間山噴出之図」（群馬版口絵より）（群馬県立歴史博物館蔵）

## なん度も大津波に襲われた紀州《きしゅう》藩

江戸時代、西日本一帯に大きな被害をもたらす大地震が何度も起きました。とくに宝永《ほうえい》四年（一七〇七）と安政《あんせい》元年（一八五四）の大地震では多くの家屋が倒壊し、たくさんの人が犠牲になりました。海岸線が長い紀伊《きい》国（和歌山県）は、そのたびに大津波に襲われたのです。

　和歌山城下では、地震のためほうぼうで火事が起こりました。城下の人びとは地震と火事のために逃げ惑いました。押し寄せてきた大津波のために紀ノ川の川口に係留してあった船五十艘が、伝法《でんぽう》橋まで押し上げられて破壊されました。また湯浅《ゆあさ》（湯浅町）では、津波は海岸から約一二〇〇メートルも離れた八幡神社まで押し寄せて、百二十五戸の家屋が流され、三十人が亡くなりました。田辺（田辺市）では大地震のあと大火事が起こり、三日間にわたって燃え続けて三百五十五戸の人家が焼失しました。さらに津波が三回押し寄せ、四十五艘の船が押し上げられ大橋を破壊しました。

　紀州藩の公式報告によると、勢州《せいしゅう》（三重県）を含めた領内（田辺領・新宮領を除く）で、田畑の荒廃が十六万八千石余り、倒壊した家屋は一万八千戸余り、津波で流失した家屋が約八千五百戸、流失した船は約二千艘、津波に流されて死亡した人が約七百人、そのほか被害は莫大だった、とされています。戦前に小学国語読本巻十（五年生用）に掲載された浜口《はまぐち》儀兵衛《ぎへえ》の「稲むらの火」は、この地震中に起きたできごとです。「稲むら」とは、刈った稲または稲ワラを積み重ねたものです。夜間、津波から逃げる人びとの目印になるように、道端の稲むらに火をつけて回り、多くの生命を救ったという故事《こじ》は、このときに生まれたのです（②）。

**関連項目**

福島五章11　栃木一章4・5　①群馬一章8　埼玉五章4　東京二章3・4　長野一章5　愛知三章9　滋賀一章7　②和歌山一章9　高知一章3　鹿児島一章7　鹿児島五章2

# 35 飢饉《ききん》とその対策

江戸時代の農民は絶えず凶作《きょうさく》と飢饉にさらされていました。その原因は浅間山の大噴火などによる異常気象があったほか、幕府が全国にわたって稲作をすすめたことも大きな理由でした。稲はもともと熱帯から亜熱帯にかけて生育していました。天候さえ順調なら日本の夏は高温に恵まれて多くの収穫が得られるため、稲作は急速に北上していったのです。しかし、ひとたび夏の炎暑が失われ、冷夏となると悲惨なことになります。当時は農業技術が低く、寒冷地向けの品種改良もまだ着手されていませんでした。

江戸時代を通して絶えずどこかで凶作に見舞われていましたが、なかでも寛永《かんえい》・延宝《えんぽう》・享保《きょうほう》・宝暦《ほうれき》・天明《てんめい》・天保《てんぽう》の飢饉は、日本の半分以上に被害をおよぼす大規模な飢饉でした。飢饉は農民の生活をあやうくし、餓死《がし》や疫病死《えきびょうし》と間引《まびき》による人口減少をもたらして農村を荒廃させ、藩の財政をゆるがすものでした。さらに一揆や打ち壊しが多発して、社会問題にも発展していきました。

**飢饉対策は救荒食《きゅうこうしょく》と食料備蓄／仙台藩**

江戸時代の仙台藩はなん度か大きな飢饉を経験しました。とくに宝暦の飢饉（一七五五〜五六）、天明の飢饉（一七八三〜八四）、天保の飢饉（一八三三〜三九）は多くの死者が出たので三大飢饉といわれています。いずれの場合も、北東風ないし東風が冷たい雨を毎日のように降らせ、低温と日照不足による冷害が飢饉のきっかけになりました。

宝暦や天明の場合、単年度の大凶作にもかかわらず、餓死者や疫死者がおびただしく、宝暦の飢饉で約三万人、天明の飢饉で十数万人から二十万人近くの人たちが死亡した、といわれています。しかし、天保の飢饉では七年間にわたって大凶作が続いたにもかかわらず、最もひどかった天保七〜八年でも数万人の死者にとどまったのは、備荒貯穀《びこうちょこく》が曲がりなりにも展開していたためでした。ところで、大凶作がただちに飢饉を引き起こすわけではありません。もし領内に、前年度米が売られずに残されていたり、凶作に備えて穀類が公共的に蓄えられていたり、他領からの緊急移入が可能だったら、餓死者が大量に発生することはないからです。備荒貯穀に取り組むまで、仙台藩には飢饉対策がなかったのです。

十八世紀半ばには、他の藩と同様、仙台藩も藩財政の窮乏に苦しんでおり、資金を融通する上方の商人に多額の借金がありました。仙台藩の第一の移出産物は米だったので、年貢米のほかに農民の手元にある米を強制的に買い上げ、江戸に廻送していました。そのため、新米が出る前の端境期《はざかいき》には、領内にはほとんど米がない状態になっていたのです。飢饉になると農民は、山野の恵みを取り尽くすまで取って食べました。

仙台藩が救荒食として奨励したものに松皮餅《まつかわもち》があります。松の皮を加工して餅にするのですが、宝暦の飢饉のとき、仙台藩江戸御買物所の今中九《いまなかく》兵衛《へえ》が松皮製糧法《せいりょうほう》を木版刷りにし、それを藩が五百部買い上げて国元に送り、村々に配布しました。稲の藁《わら》からつくる藁餅も、救荒食として広く流布しました。しかし、救荒食だけでは栄養失調に陥ってしまいます。飢饉をしのぐためには、救荒用として米や雑穀が十分蓄えられていなければなりません。仙台藩では十九世紀になってから、ようやく公共的な貯穀制度を始めます。藩自らが設置した備荒倉《びこうぐら》や、藩が家臣に命じて備えさせた貯穀もありましたが、中心となったのは郡単位の郡中備倉《ぐんちゅうそなえぐら》と、村単位の村備倉でした。天保の飢饉のあと、大勢の人が餓死するような飢饉は発生しなくなりましたが、それは天明や天保のときの悲惨な体験が、貯穀の大切さを認識させたことの結果といえるでしょう（①）。

## 備蓄倉を整備して飢饉対策／広島藩

江戸時代の農民は、収穫したコメの五割から六割を年貢として取りあげられていました。そのため、いざというときに備えることがほとんどできず、天候不順などで作物のできがよくない年は、年貢の支払いにさえ困るほどでした。そこで、安芸備後《あきびんご》国（広島県）では、社倉《しやそう》とか義倉《ぎそう》と呼ばれる倉を村ごとに建て、村人が分限《ぶんげん》に応じて出し合った麦や米を蓄えて、凶作や飢饉に備えるようになりました。この相互扶助システムは、最初は民間の手で行なわれていましたが、広島藩では全国的にも早い時期に社倉制度を取り入れました。

備荒倉を開く（岩手版268ページより）
（『民間備荒録』）

社倉に蓄えられるのは、原則としてハダカ麦でした。麦は虫がつきにくく、年貢米との混同もなく、米が不作でも貯蓄ができるためです。貨幣でなく穀類を備蓄するのは、飢饉のときは貨幣を持っていても、穀類の価格が高騰して入手することがむずかしくなるためです。ただ、麦作ができない町方や漁村では、麦にかえて貨幣や麦以外の穀物を蓄える地域もありました。この社倉システムは、安永《あんえい》九年（一七八〇）には藩内十六郡の町村にほぼ整います。藩内に社倉が整った安永年間から明治に至る約八十年のあいだには、本来の社倉の目的とは違って貸付に重点を置いた運営がされたり、帳簿上は蓄えられている救麦がなかったり、天保飢饉のような大飢饉には十分な効果があげられなかった、などの問題もありました。

## 福山《ふくやま》藩の義倉・社倉

広島藩の南東に接する福山藩（十万石）では、十八世紀末から町の有力者が発起して社倉や義倉が設立されました。義倉設立から約六十年後の文《ぶん》久《きゅう》二年（一八六二）、藩の主導で災害・飢饉の対策として社倉が設立されました。設立にあたって、藩は農民に社倉法の説明を行ないました。基金として藩からお下げ銀とお下げ米を出すほかに、農民からも所得高に応じて米を出させる計画だったからです。社倉・義倉が飢饉のときに役立ったことはいうまでもなく、基金は低利で貸しつけられ、困窮者の生活を助けました（②）。

**関連項目**

青森一章7　岩手一章3・8・四章9　①宮城四章9　福島五章11　東京二章11
神奈川一章6　新潟一章4　三重五章9　②広島一章4　山口一章6　愛媛一章7
佐賀一章6　大分一章10　熊本一章7

# 36 災害からの復興

## 縦割り行政が事業の円滑な推進を阻む

江戸時代、わが国はたびたび災害に襲われました。冷害、蝗《こう》害、旱魃《かんばつ》、台風、噴火、地震、津波など自然災害は容赦なく人々の生活を破壊しました。今日のように災害を予知することはできませんでしたから、それは突然にやってきました。そのたびに甚大な被害を出しました。人々はそのつどすばやく対策を立て、相互に救援の手を差し伸べて、復興に努めて乗り切ってきました。

災害は場所と時を選びません。そしてその規模は行政単位をはるかに超えて、広い範囲に及びます。したがって、今も昔も縦割り行政が災害対策や救援、復興事業を実施する際の妨げになりました。とくに幕府領、旗本領、藩の飛び地などが入り組んでいるところでは、復旧の遅れが目立ちました。ここでは噴火と地震・津波についてみてみます。

## 浅間《あさま》山と富士山の大噴火、その救援と復興

天明《てんめい》三年（一七八三）の浅間山大噴火の火砕流・泥流は別項（㉞）でみたような恐しい被害をもたらしました。そのうえ空中に噴出された火山灰は、碓氷《うすい》峠下の坂本《さかもと》（群馬県碓井郡松井田町）で約一メートル降り積もり、その他の所でも軒並み五、六〇センチ降り積もりました。

上州は幕府領、藩領、旗本領が混在していて、総合的な救援・復興事業はできませんでしたが、それぞれがすぐに救援に乗り出しています。幕府は緊急措置として家屋を失った農家には金二朱、食料に困っている農民には六十日分の食料としてそれに相当する金を支給しました。また、田畑に積もった火山灰をのぞく「田畑起き返し」、川にたまった泥流の除去、通行路の確保、橋の架け替えなどに全力を尽くしました。同時に熊本藩にお手伝い普請を命じ、熊本藩は上州・信州《しんしゅう》（長野県）・武州《ぶしゅう》（埼玉県）に人を派遣するとともに、一万四千両もの救援金を出しました。結局幕府は十万両の出費を余儀なくされました。

上州にあった九藩は、いずれも小さい藩で災害に呆然とするばかりでした。まして江戸に居住して二、三ヵ村しか領地を持たない旗本は、せいぜいその年の年貢を免除することぐらいが精一杯でした。前橋《まえばし》藩は米を配ったり金を配布したりして救援にあたり、融資制度をはじめ、農具代の貸与、三年間の伝馬役の免除などをして復興にあたりました（①）。

富士山が大噴火をおこしたのは宝永《ほうえい》四年（一七〇七）でしたが、この時も麓の村々は壊滅状態になりました。須走《すばしり》村（静岡県駿東郡小山町）はおよそ三メートルの火山灰に埋まってしまいました。この村には富士登山者たちのための旅館が七十五軒ありましたが、そのうち三十八軒が倒壊し、残りも火山弾で焼けてしまったほどです。

当時のこのあたりを領地としていた小田原《おだわら》藩は、早速家老を派遣しましたが「砂を除いて耕地を復旧するのは百姓が自力でやれ」と発言し、農民たちの反発を買いました。農民は江戸へ強訴《ごうそ》に及びますが、この時の数は四、五千人にも及んだそうです。慌てて藩は米と金の救援を約束したのです。しかし、小田原藩の救援は約束通り進まず、幕府は火山灰を取り除く

まで被害地域を天領（幕府領）とすることにし、全国から救援金を徴収しました。救援金十六万両に加え、伊奈半左衛門《いなはんざえもん》を代官として送り込み復興事業を担当させます。復興のための役所を酒匂村《さかわ》（神奈川県小田原市）に置いた半左衛門は、復興事業に被害を受けた農民を使い、現金収入の道を与えました。今でいう失業対策事業でした（④）。

### 紀伊半島を襲った大地震と大津波

宝永四年と安政《あんせい》元年（一八五四）に紀伊半島は大地震と大津波に襲われました。宝永の地震とその後の津波ですさみ町（和歌山県西牟婁《むろ》郡）だけで、百三十四人の死者を出しています。印南《いなみ》町では百七十人の死者でした。津波の高さは、十数メートルから二二、三メートルに達したといわれます。芝《しげ》村（白浜町）の神社には、地震と津波の模様を記録し、そのあとに「これからもし地震があったら、必ず津波や高潮がくるものと思って油断しないようにしなさい。毎年祭りの日には村中の人にこれを読んで聞かせなさい」という警告板が残されています。

噴煙を上げる桜島（鹿児島版口絵より）
（鹿児島県立図書館蔵）

安政の地震で、紀州藩の公式記録では勢州《せいしゅう》（伊勢国＝三重県）を含めて倒壊や破損した家屋一万八千戸余、荒廃した田畑十六万八千石余、津波で流出した家屋約八千五百戸、流出した船約二千艘、津波で流され死亡した人約七百人となっています。浜口《はまぐち》梧陵《ごりょう》が道端の稲むらに火をつけて、村人に第二派の津波襲来を知らせたのはこの時です。その後梧陵は津波に耐える堤防工事を開始し、被害を受けた人たちに働き口を創出しました。また、湯浅《ゆあさ》町では、網谷清七《あみやせいしち》などの大庄屋が集まって救援活動をしました（⑤）。

### 被災地を名産地に、たばこや櫨《はぜ》を根づかせる

大噴火の被害にあった各地では粘り強く復興の努力がつづけられました。上州では、浅間山の大噴火につづいて大飢饉に襲われますが、渋川村（渋川市）で農業と商業を営む吉田芝渓《しけい》は、荒れた畑の再開墾《かいこん》にみずから取り組み、その経験をもとに『開荒須知《かいこうすち》』、養蚕の分かりやすい指導書『養蚕《ようさん》須知《すち》』などを著し、疲弊した農村を救うために尽くしました（②）。

宝永の富士山大噴火で大被害を受けた相模国（神奈川県）の秦野《はたの》地方では、噴火による降灰で荒れた土地でも栽培できるたばこで復興がはかられました。草山貞胤《さだたね》などの篤農家《とくのうか》が栽培法や、収穫した葉の乾燥・加工法の研究に努力し、名産秦野たばこが生まれたのです（③）。

島原藩（長崎県）は、寛政四年（一七九二）の雲仙《うんぜん》岳の大爆発とその後の地震で、人びとの暮らしや藩財政は困難をきわめました。このとき、櫨の植付けと製蝋（ろうづくり）が奨励され、商人の中村利兵衛らの努力が実を結んで、重要産業になっていきました（⑥）。

**関連項目**

栃木一章4・5　群馬一章8・①9・②三章6　東京二章4　神奈川二章7　長野一章5　④静岡一章5・9　⑤和歌山一章9　⑥長崎二章6　鹿児島一章7

# 37 庶民の相互扶助

江戸時代の庶民は、民間の相互扶助組織に加入し、その組織を活用することにより少ない費用で大きな成果を得ていました。たとえば、頼母子《たのもし》や無尽《むじん》は多人数が協力し、お互いに助け合って当座の用を間に合わせる相互扶助的な金融制度でした。また農村では、賃金を払わないで大勢の労働力を確保する結《ゆい》という方法を活用して労働力の交換を行ない、互いに共同で作業をしました。しかしこれらの方法は、ぎりぎりの生活のなかで助け合わざるを得なかった庶民の偉大な知恵だったのです。

### 頼母子・無尽は庶民の金融機関

頼母子・無尽という一種の金融制度は、全国的に広くみられるものです。「頼母子」とは、多くの人が協力してお互いに融通しあう、つまり「頼りになる」ということから起こった、という説や、「たのむのあし」が訛《なま》った言葉であしは料足（掛け金）のことで、「お互いに助け合う」という意味だという説があります。いずれにせよ頼母子が共済的であり、救済的な制度であったことは間違いありません。いっぽう、「無尽」とはもともと「質屋」という意味でしたが、しだいに頼母子と同じような意味で使われ、両者が混用されるようになった、といわれています。

頼母子・無尽はふたつの形態に分けられます。ひとつは講親救済のために行なうもので、講中（会員）が最初の掛け金を出し合ってすべて講親に寄付します。二回目からは入札か抽選によってひとりずつ取り、講親は毎回酒食を提供します。他のひとつは物品買い入れを目的として組織されるもので、牛頼母子・畳頼母子・布団講などがありました。

以下に陸奥《むつ》岩手郡（岩手県）南部《なんぶ》藩の例を取りあげます。

南部藩では藩営による武士無尽が行なわれていました。その主な目的は、参勤交代のための旅費の調達です。江戸から遠ざかるにしたがって、旅費その他の費用がかさみます。そこで江戸から遠い藩は、旅費の調達法をいろいろ工夫しました。南部・八戸《はちのへ》（青森県）・津軽《つがる》（青森県）各藩が、江戸時代初期から始めた「舫《もやい》」（茂合とも書く）制度がそれです。舫制度は無尽（頼母子）の意味を持つとともに、一種の損害保険的な性格も持っていました。つまり舫制度は、参勤交代に要する費用を参勤要員だけでなく、すべての武士（加入の賛否は任意）が拠出し合い、個人の負担を軽減することを目的としたのです。

江戸時代の村落共同体で行なわれた無尽・頼母子には、村落共同体自身が純粋に相互扶助を目的として組んだものがいくつかあります。その主なものを次にあげます。

●契約講―最も本来的な無尽機構を持っており、村落共同体全員の相互扶助機関です。毎年一定の掛け金をし、共同体員のなかの冠婚葬祭に一定の金品を贈ることを約束した保険的性格の強い無尽講です。

●家作《かさく》無尽―「カヤ無尽」とか「屋根無尽」ともいわれ家の共同建築・修理のための無尽講です。屋根の葺《ふ》き替えを共同で行なう無尽でもあります。この場合、掛け金が通貨ではなく縄・カヤ・労力なので、最も原始的な共済的現物無尽といえます。

●縄索《なわひき》無尽講―村民全体が参加して夜なべ仕事として一定の縄をない、

それを現物掛け金として供出し、共同販売して得た得た金銭を無尽掛け銭にあてる無尽講です。講の積立金は村の窮乏者を救済する資金になったり、村人の離村を防ぐために用いられたり、農具や肥料の購入資金ともなりました。

●頼まれ無尽―村落内の困窮《こんきゅう》している農民を、村全体または有志によって救済する講です。

●寺社無尽―たとえば「伊勢参宮《さんぐう》無尽」など参拝旅費の調達や、供養碑の建設費を調達するために行なわれました。

この無尽・頼母子の慣行が近代に入ってから、相互無尽会社、相互銀行への橋渡しの大きな役割を果たすのです（①）。

佐渡《さど》（新潟県）での農作業の相互扶助組織・結を見てみます。「結」とは「結う」とか「結ぶ」という意味で、村内の特定の家がなん軒か共同し労力の交換をすることです。地方によっては手間換といい、一時的に多くの労力を要する田植えや稲刈り、屋根の葺き替えなどのときに行なわれます。

農作業は共同で（奈良版口絵より）
（大和高田市曽大根自治会蔵、奈良県立民俗博物館提供）

牛耕の普及する以前の江戸時代の農作業は、すべて人力で行なわれました。春の田仕事で最も激しい労働である田起こしから十日くらい経って肥料を入れたあと田こなしとなります。田こなしは激しい労働だったので、掛け声をかけながら鍬《くわ》打ちをしました。結に来た人には食事が出され、小昼（朝食と昼食、または昼食と夕食のあいだにとる簡単な食事、またはおやつ）は赤飯か草餅・豆腐・野菜の煮しめなどでした。仕事が終わると風呂を浴び、神棚に花を立て灯明をつけ、つぼひら（つぼは膳部に用いる椀形の深い器で、ひらは平椀のこと）つきに本膳でごちそうしました。

農作業中、最も重要な仕事は田植えです。田植えはほとんどの農家が結にして行ないました。一軒の労働力では仕事をこなすことが困難でしたから、他家から多くの労働力が動員されたのです。結とは「ひとつにまとめる」という意味があります。結に出ればユイカシ（結貸し）であるし、手間替えしてもらったものにはユイナシ（結消し、お返し）をしなければなりません。田植えが遅れている農家には村人が手伝いに行き、村中がすべて終わったところで一斉に農休みするのが普通でした。

手労働による農作業は、単調で持続性を必要とします。そのため、多数の人が寄り合って作業すれば気もまぎれ、張り合いが出て能率も上がります。結による労働には、単に多数の労働力を確保するという意味のほかに、お互いの労働のつらさを共同の力で補っていこう、という生活の知恵もありました。同時に村落のなかで、だれかが裕福になり、一部に苦しく貧しい人が出ることを極力防止しようとする意図が働いていることも確かです（②）。

**関連項目**

青森一章5　①岩手一章9　宮城一章6　秋田一章6　福島一章7　新潟一章1・②2　京都一章3　広島一章4

# 38 年貢減免要求

徳川家康は「農民は生かさぬよう殺さぬよう、ぎりぎりいっぱいまで年貢を取るのが慈悲《じひ》ある政治だ」といったと伝えられていますが、この言葉は江戸時代の領主の年貢に対する考え方をよく表わしています。

ところが時代が進むにつれ、悪化した藩財政を立て直すために、年貢率を上げることによって農民の生活はさらに過酷になりました。その結果六公四民は普通で、七公三民というひどいところもありました。加えて災害による飢饉などにより、農民は年貢を納められなくなることはもちろん、生きることさえ困難になります。農民は年貢減免を要求して、生きるか死ぬかの闘いを挑みました。

## 広島の本藩まで飛び火した三次《みよし》藩の享保《きょうほう》大一揆

享保三年（一七一八）一月三十日、三次浅野五万石の三次城下（広島県三次市）に領内各地から五千人を超す農民が続々と集まり、町のすべての出入口に村ごとに小屋がけして、城下を完全に封鎖しました。農民は全員が汚れた姿をしています。三次全藩一揆のはじまりでした。寒冷な中国山地の盆地に位置する三次藩は、十七世紀末ころから慢性的な財政難に見舞われ、元禄《げんろく》十二年（一六九九）には藩主の参勤交代の費用にも困るところまで追い詰められました。そこで藩は年貢はすべて正米《しょうまい》（実際の米）とし、家臣の禄米《ろくまい》（給与としての米）はすべて藩札での支給に切り替えなどして藩の大坂廻米を増し、中国山地の特産物である砂鉄を原料とするたたら鉄や和紙を藩の専売制にし、藩札で生産者から買い上げて大坂に送り、藩の収入を増やすことに務めました。さらに郡奉行に任命された吉田孫兵衛は藩の期待にこたえ、農民支配を一層強めて年貢率を引きあげ、たたら製鉄業を藩の直営とし、原料の砂鉄や木炭を買いたたきました。以前は三九パーセントだった本年貢は年々高率になり、享保二年（一七一七）には六〇パーセントとなり、その他の雑税を含めると七三・九パーセントの重税を課されたのです。これに対して農民は、散発的に強訴（農民が大勢で城下や代官所などに押しかけて訴えること）を繰り返していましたが、そのたびに孫兵衛は、所務《しょむ》役人（郷代官ともいう）や頭庄屋（各村の庄屋のとりまとめ）の首をすげかえて身をかわしていました。

――城下を完全に包囲した五千人以上の農民に対し、藩は農民ひとり一日につき五合の食糧を支給し、一村ごとに数人の農民代表の訴えを聞きました。その間も農民たちは連日、各地の所務役人宅や藩営のたたら場などを襲撃し、二月三日には三次城下に乱入して藩の御用商人宅を襲撃しました。このように圧力をかけながら交渉するという農民側のたくみな戦術もあって、藩側は全面譲歩を余儀なくされ、農民の訴えはすべて聞き届ける旨の書きつけを代表にわたしました。農民側の全面勝利となったのです。

三次藩の決定と前後して、今度は本藩である広島藩のいたるところで農民が蜂起し、「諸郡およそ三十万余の百姓御城下へ出てはことのほか騒動」という大一揆が発生しました。広島藩では三次藩と同様、農民支配組織を強化してそれまでにない重い税を課し、鉄・綿・紙などの統制を強め、その利益を藩のものとしました。その過酷な政策に対する農民側の回答が、未曾有《みぞう》の全藩一揆だったのです。

この一揆に押された広島藩は（一）定免法《じょうめん》（過去の平均作を参考にして、毎年一定の税率で年貢を割り当て徴集する方法）を配して土免法《どめん》（前年の作柄、土地の肥沃度、村の盛衰などを総合的に判断して、毎年年貢課税率を決める方法）に戻す。（二）藩が貸しつけた種米利息を年三割から二割に軽減する。（三）年貢一俵三斗三升詰めを三斗一升詰めにする…など十八ヵ条にわたって農民側に譲歩し、要求の大部分を認めました（②）。

## 年貢米免除を勝ち取った大聖寺《だいしょうじ》藩農民の固い結束

正徳《しょうとく》二年（一七一二）の八月十日、大聖寺藩（石川県）では暴風に見舞われて家々の屋根・塀垣は吹き倒され、田畑の穀物はほとんど吹き飛ばされて惨憺《さんたん》たる被害を受けました。生きることさえ困難になった農民たちは、八月ごろからそれぞれの村役人を通じて、毎日のように藩に年貢米の免除を訴え続けました。その結果、藩の役人による毛見《けみ》（実際に稲の生育状況をみてその作柄状況を判断すること）をすることになりました。ところが、どの村でも農民たちが期待していたような軽減が申しわたされず、なかには「立離《たちばな》し」と称し、検分役人が調査もせずに素通りする村もあり、農民たちからしだいに不満の声が高まってきました。

一揆の要求項目を記した『八戸藩日記』（青森版105ページより）

急派された藩の勘定頭一行は、五千人以上の農民に取り囲まれ、「四分年貢六分農民」を再確認させられました。農民を代表する各村の肝煎《きもいり》たちが集まり、評定が行なわれました。その結果、年貢減免などいくつかの要求項目を決めました。この評定にも数千人の農民たちが集まり、付近の道は農民たちであふれたといいます。

大聖寺藩は本藩の加賀藩と協議した結果、十村一同を大聖寺に呼び、「米はあるだけ納めよ、残りはお貸し米にする」と申しわたしました。しかしだれも納めなかったので、のちになって藩は、貸し米・容赦米（年貢として納めることを免除した米）の合計を一万四千石とすることを発表しました。これによって、農民たちの年貢減免要求はほぼ認められたのです。

この正徳の大一揆には、いくつかの特徴がありました。（一）大聖寺藩領内のほとんどの村がこの一揆に参加したこと。（二）動員は絶えず村単位でなされ、それぞれの村の肝煎たちが指導者になっていたこと。（三）藩が家臣に対して半知借り上げ（大名が財政不足を補うため、家臣の知行を借り上げて半減すること）という俸給の大幅削減を行ない、藩士は貧困のどん底にありました。こうした事情が、凶作であっても年貢を減免しなかったことにつながり、大一揆になったのです（①）。

**関連項目**

青森一章9・10　秋田一章3　福島一章6　栃木一章8　富山一章7　①石川一章6　岐阜一章7　静岡一章6　滋賀一章6　京都一章4　大阪七章6-1　兵庫一章6　和歌山一章7　岡山一章6　②広島一章3　香川一章5　高知一章6　福岡一章5

## 39 権利の主張

十七世紀の後半から全国的に、藩領内の多数の村で農民が結集し、統一した要求を掲げて藩当局に迫る全藩的強訴と呼ばれる百姓一揆の形が現われました。とくに十八世紀の後半は各地で一揆や打ち壊しがひんぱんに起こりました。一揆は一藩にとどまらず隣藩にも飛び火して、連鎖反応のように大規模な一揆が発生しています。農民一揆は年貢の減免ばかりでなく、既得権の確保とその侵害への抗議、新たな義務への反発、権利獲得などの要求を含むものも多かったのです。

### 十万人以上の農民が蜂起《ほうき》した中山道《なかせんどう》伝馬《てんま》騒動

江戸幕府の重要な公用街道のひとつである中山道は、時代が下るにつれて旅人や各地物産の輸送量が多くなりました。公用の人や荷物の輸送は宿駅《しゅくえき》の仕事ですが、そのために用意されていた人馬では足りないため、宿駅の近隣の村々が指定されて人馬を提供する助郷《すけごう》という制度が設けられていました。しかし、農繁期に助郷を命じられた村々の農民にとっては、大変な負担になっていたのです。ところが明和《めいわ》元年（一七六四）の秋、幕府は各宿駅に助郷の村々を一挙に増やす〝増《まし》助郷〟を命じました。

同年十二月二十一日、本庄《ほんじょう》宿（埼玉県本庄市）に集まった十万人にのぼる農民の大集団は、増助郷の免除願いをもって江戸表に訴えるべく、午後四時ころから動きはじめました。途中、沿道の村々が加わって勢力を増した大集団は、二十五日には桶川《おけがわ》宿（埼玉県桶川市）に達しました。農民大蜂起の知らせを受けた幕府は、評定所の役人を急派して説得にあたらせましたが、一揆団は承知しません。この形勢に驚いた幕府は、関東郡代に鎮圧を命じるいっぽう、新たに桶川宿に役人を派遣し、農民側の増助郷免除の要求を全面的に受け入れることを伝えました。農民がついに、自分たちの要求を通したのです。

幕府はその後、この大一揆を主導した三百六十八人を捕らえて処罰しましたが、そのうち三百七人が名主・組頭・年寄・百姓代などの村役人でした。これらの村役人が一揆を指導し、しかも幕府直轄地・大名領・旗本知行所という支配関係を超えて、増助郷対象村のすべての農民がいっせいに蜂起するかたちをつくっていったのです（②）。

### 稲刈りを拒否して京都奉行所に訴えた大和《やまと》の芝村《しばむら》騒動

江戸時代中期から幕府は財政難を理由に、各地の天領（幕府の直轄地）を最寄りの各大名に預ける預地《あずかりち》制度を始め、年貢の徴収を請け負わせました。大和《やまと》国（奈良県）の場合天領二十万石余りのうち、芝村藩・高取《たかとり》藩・藤堂《とうどう》藩を中心に十五万石近くも預けられたのです。なかでも芝村藩は、幕府からほうびをもらうほど年貢徴収が優秀でした。そんな芝村藩の預地だった十市《とおいち》・式下《しきげ》・葛下《かつげ》の三郡三十ヵ村の天領の農民が、宝暦《ほうれき》三年（一七五三）十一〜十二月にかけて京都奉行所に訴え出るという事件が起こりました。

しかしこの一揆には、芝村藩の預地だったすべての村が参加したわけではありません。中心となったのは、もと郡山《こおりやま》藩領から天領に移された村々でした。というのも天領に移されたとき、郡山藩が臨時に農民に課していた年貢に関する不利な条件が改善されないまま、天領となっていたからです。そのため同じ芝村藩預かりの村でも、もともと天領だったところと郡山藩だったところでは条件的に大きな差があり、かつて郡山藩だった村々では、とりわけ重い年貢に苦しんでいたのです。それまで、農民たちは手をこまねいていたわけではありません。芝村藩役所に年貢減免の嘆願を繰り返していたのですが、役所は取りあげてくれなかったのです。その年は、稲作も綿作もひどい不作でした。が、藩役所からは状況を無視した年貢を要求されました。その結果農民たちはついに立ち上がり、各村が稲刈りを拒否したうえで、京都奉行所に三度目の訴えをしたのです。

　これに対して幕府は、厳しい取り調べをもって応じました。稲刈りを拒否し、芝村藩預けから他藩預け替えを要求し、さらには京都奉行所に直訴した農民たちの行為を認めるわけにはいきません。宝暦四年一月、各村役人を中心とした代表者が江戸に召喚《しょうかん》され、勘定奉行のもとで取り調べがはじまりました。宝暦五年八月七日、一年八ヵ月にわたった取り調べの判決がいいわたされました。その結果、宝暦三年の年貢は前年の半分となり、宝暦六年分まで減額が認められたのです。しかし死罪ひとり、遠島ひとり、追放三十二人をいいわたされ、罪を得た者は財産を取りあげられました（③）。

伝馬騒動の遠藤兵内碑（群馬版76ページより）

### 絹運上《きぬうんじょう》の賦課に農民は団結して反対

天明《てんめい》元年（一七八一）六月、農民が生産した絹の規格を検査して流通の円滑化を図るために上州（群馬県）と武州（埼玉県）両国に十ヵ所の改所（検査をする役所）を設ける計画が幕府から発表されました。それによると、検査料を絹商人から徴収してその一部を幕府に納入し、残りは改所の維持費にあてることになっていました。これを聞きつけた農民は、ただちに反対運動を起こして計画の撤回を求めました。「幕府は改め料を商人に出させるというが、そろばん高い商人は改め料分絹の仕入価格を必ず値切る。そうなれば農民が改め料を負担することになるから、実態は絹運上（税金）である。それでは農民の生活がもっと悪くなる」というのが彼らの主張です。当時、幕府の老中として活躍していた高崎藩主の松平輝高《まつだいらてるたか》は、改所設立に深くかかわっていると噂されていました。そこで農民たちは数万人を動員して高崎城を包囲し、計画の撤回を迫りました。

　高崎藩では禁制の鉄砲を撃ってようやく一揆勢を追い払うことができたのですが、このような農民の強力な反対運動が功を奏しました。八月十六日、事態を深刻に受け止めた幕府は、改所設立を断念したのです（①）。

**関連項目**

秋田一章8　山形一章6　茨城一章5　栃木一章6　①群馬一章7　②埼玉一章8　福井一章8　岐阜一章9　静岡一章7　愛知一章7　三重一章9　大阪七章6-2　③奈良一章8

# 40 逃散《ちょうさん》・強訴《ごうそ》

十八世紀に入ると、百姓一揆に大きな変化がみられるようになりました。それまでの、村役人代表による越訴（順序を踏まず上の役所にいきなり訴えること）などの訴願という形態から、より強硬で大規模な総百姓による強訴（農民が集団で領主のもとに押しかけ、強引に訴願内容をのませる行為）や、村ごと他藩領に移ってしまう逃散といった闘争が広く展開されるようになったのです。それでも要求が通らない場合は、豪商の家などを打ち壊すなど、闘争形態はしだいにエスカレートしていきました。

## 伊予《いよ》吉田藩の紙専売と労役負担に逃散で対抗

伊予国（愛媛県）吉田藩は明暦《めいれき》三年（一六五七）、宇和島《うわじま》藩初代藩主伊達《だて》秀宗《ひでむね》が五男宗純《むねずみ》に三万石を分封して成立した宇和島藩の支藩です。藩成立当初から財政難に見舞われていた吉田藩では、特産品の紙を専売制にして収入の増加を図ることにしました。この専売制に深くかかわるようになった商人が、吉田の法華津屋《ほけつや》です。法華津屋は、洪水の復旧などで財政が逼迫した吉田藩に多額の融資を行ない、見返りとして藩の専売品である紙の集荷・販売を集中的に請け負うようになりました。法華津屋は紙の生産にたずさわる農民たちに資金を貸しつけ、藩にかわって紙の取り立てを行なったので、農民たちは法華津屋に対して反感をつのらせました。

農民たちの反感の的になったのは、法華津屋だけではありません。吉田藩の農民は年貢のほかにさまざまな負担がありました。領主に対する負担だけでなく、各村の庄屋に対する負担もあったのです。庄屋たちは藩から認められて、本年貢などが免除された庄屋無役地を三町（一町＝約一ヘクタール）前後持ち、農民に野役《のやく》（庄屋の家事の手伝い）田植役、牛役を負担させる権利が与えられていました。このような重い負担は、長年にわたり農民の庄屋に対する不満と反感をつくりだしていったのです。

寛政《かんせい》五年（一七九三）、農民たちは十七項目におよぶ要求をまとめ、藩に伝えました。しかし、藩からは何の回答もなく、農民たちはもはや蜂起することによってしか状況を変えることはできないという結論に達します。森に終結した農民たちは、途中参加者を加えながら広見《ひろみ》川に沿って進みました。が、一揆勢は吉田の城下に向かわないで、宇和島藩領を目指しました。逃散です。他藩の領地に逃散することによって、吉田藩内部の騒動として内々に処理され、問題がうやむやにならないようにしようとする巧妙な行動でした。

農民たちは近永《ちかなが》村（広見町）で宇和島藩代官に願書を提出し、宇和島藩の同意を得て越境しました。その際一揆勢は、家を引き倒すときに用いる綱を放棄するなど、宇和島藩に対しては従順な態度を取りました。宇和島藩に入った一揆勢は、その後続々逃散してきた農民たちを加え、計九千六百人に達しました。一揆が終息したのは、自らの命を投げ出すことによって状況を切り開こうとし、農民たちの目の前で切腹した吉田藩家老安藤継《あんどうつぐ》明《あき》の死がきっかけでした。安藤の切腹は、農民たちに大きな衝撃を与えたのです。安藤が切腹した翌日、農民たちが十一項目の願書を出し、吉田藩がその内容を了承しました。これを受けて農民たちは村に戻り、一揆は終息に向かうことになったのです（①）。

## 幕府をも動かした日向《ひゅうが》の百姓逃散一揆

日向国（宮崎県）の山陰《やまげ》村・坪谷《つぼや》村（いずれも東臼杵《うすき》郡東郷町）百姓逃散一揆は、近世日向国における最大規模の一揆でした。幕府評定所の判決によって解決するまでに十一ヵ月を要しました。

元禄《げんろく》三年（一六九〇）、延岡《のべおか》藩領臼杵郡山陰村と坪谷村の農民千四百人以上が川舟で耳《みみ》川を下ったり、山越えをしたりして高鍋藩領に逃げて来ました。逃散した農民たちは、牛馬百二匹、槍二本、弓十一張、鉄砲四十九挺、川舟十七艘とともに、他藩に逃げ込んだのです。

山陰・坪谷村は、当時延岡藩主有馬清純《ありまきよずみ》五万三千石の支配下にありました。有馬氏が肥前《ひぜん》島原（長崎県）から延岡に移封されたのは慶長《けいちょう》十九年（一六一四）のことです。延岡にはいってきた有馬氏は、大坂の役・島原の乱などの軍役、大坂城や江戸城などのお手伝い普請《ぶしん》による出費がかさみ、藩財政は厳しい状態が続いていました。そのような状況のなかで梶田十郎左衛門《かじたじゅうろうざえもん》が臼杵郡代として、農民たちから年貢や他の税を厳しく取り立てた政治を行ないました。高鍋藩によって急きょつくられた股猪野《またいの》（都農《つの》町）の小屋に収容された農民たちは、高鍋藩の警護を受けながら延岡藩と交渉を続けます。その結果農民側の要望はほぼ認められ、やっと帰村を承諾しました。が、翌日になって農民たちは、帰れば斬罪《ざんざい》になるという噂を理由に「郡代の梶田十郎左衛門が支配している限り帰村しない」といいはじめます。この逃散一揆の報告を受けた幕府は、当初延岡・高鍋両藩で解決するように求めていました。しかし、帰村拒否の報告を受けてからは介入を決意し、農民たちの帰村と、二十人の農民代表、郡代、庄屋、村廻りを江戸に召喚する命令を両藩主に伝えます。

元禄四年幕府老中大久保加賀守忠朝《ただとも》はついに、農民代表者二十人の高鍋藩扱いによる江戸召喚を命令しました。彼らは評定所に呼び出されました。そして幕府は判決をいいわたしました。磔《はりつけ》ふたり、打首ふたり、死罪ふたり、遠島七人、追放ふたり……。刑の執行は、山陰村入口で行なわれたといいます。この一揆には、延岡藩の重臣林田図書《ずしょ》の二男・林田半蔵が深くかかわっていました。半蔵は農民たちの相談相手となり、知恵を授け、訴訟のために文書をつくるなど、農民たちを助けていたのです。半蔵は一揆の首謀者のひとりとして打首となりましたが、延岡藩主有馬清純もまたこの一揆の責任を問われ、越後国（新潟県）糸魚川に転封されました（②）。

一揆勢が集合した神社（愛媛版64ページより）

**関連項目**

山形一章5　茨城一章3　徳島一章11　香川一章8　①愛媛一章6　高知一章7
大分一章7　②宮崎一章6

## 41 越訴《おっそ》

「越訴」とは「順序を踏まないで上の役所にいきなり訴えること」です。最終的な越訴は幕府に直接訴えることですが、しかしこの方法は江戸時代を通して禁じられていたので、極刑を含んだ重い懲罰を覚悟しなければなりません。それでも訴願の効果的な方法として、幕府への越訴はしばしば行なわれました。

### 諫早《いさはや》農民が佐賀藩との交渉を拒否して幕府に訴え

寛延《かんえん》二年（一七四九）、佐賀藩から藩領諫早の領主諫早茂行《しげゆき》に対して、蟄《ちっ》居隠居《きょいんきょ》（すべての役職を退き、家の一室で謹慎すること）を、さらに諫早氏の領地二万六千石余りのうち一万石の召し上げを命じられました。ことが諫早に伝えられると、諫早領民のあいだには大きな動揺が起こりました。佐賀藩の蔵入地《くらいりち》（直轄領）となると農民の年貢負担が重くなるうえ、諫早氏の家臣も土地を召し上げられて生活の本拠を失うことになります。

諫早では、重臣たちが召し上げに反対を唱えながらも佐賀藩をはばかり、なかなか正面切って抗議しようとはしません。下級武士たちは「このままでは自分たちの訴えが伝わらず、佐賀藩のなすがままになってしまう」と連判状をつくり、結束して重臣に訴えます。農民たちもこれに呼応して召し上げ撤回を訴え、諫早一円に佐賀藩に対する抗議の声がしだいに大きくなりました。そして、ついに長崎奉行に訴え出ることにしたのです。ところが、この企てはすぐ諫早の重臣らの知るところとなり、農民の代表たちは奉行所に駆け込む直前に連れ戻されてしまいました。そこで幕府の直轄地である日田《ひた》（大分県日田市）の代官所へ訴え出ることにしました。代官は幕府の役人です。しかし、代官所からは訴状を差し返されたことが露見してしまいました。寛延三年、約一万三千人の農民たちは佐賀を目指して一斉に動き始めました。この時は佐賀藩の重臣が、身体を張って説得にあたりました。

しかし、下級武士たちと農民は、なんとか佐賀藩の圧力を除こうとして次の一手を考えます。その結果、幕府という大きな力にすがるべく、こんどは大坂町奉行所へ秘かに訴えました。ところがこの訴えは大坂城代より「諫早領の百姓から訴えがあったが、その訴人を大坂へ上らせるように」という通達があり、佐賀藩の知るところとなりました。佐賀藩はふるえあがり、訴人を早く大坂へ上らせるために諫早家に対し、「早急に訴人を出さない場合は将兵を差し向ける」と厳しく申しわたします。指導者たちは、諫早家の家臣に捕らえられて佐賀藩に引きわたされました。一万石の諫早の領地は、佐賀藩の蔵入地となり、のち、一揆の首謀者は磔《はりつけ》の刑に処せられました。しかし、この一揆は農民の敗北のままに終わったわけではありません。十七年後の明和《めいわ》四年（一七六七）、召し上げられた一万石の領地が、諫早家に返還されたのです（②）。

### 経済をめぐる佐渡《さど》島住人と幕府の対立

幕府直轄領で問題が生じた場合、どのように解決したのでしょうか。

天保《てんぽう》九年（一八三八）、幕府の御料巡見使の船が徳川家の紋所《もんどころ》である葵の紋をつけた帆に風をはらませ、多くの供船に守られながら佐渡（新潟県）

の小木《おぎ》の港に入ってきました。「御料」とは、幕府の直轄地、天領のことです。巡見使は、将軍がかわるたびに全国の天領とすべての国々に派遣される慣例になっていました。巡見使の一行が宿に入って間もなく、ひとりの農民が訪れて一通の訴状を差し出しました。訴状を差し出したのは、羽《は》茂《もち》郡上山田（佐渡郡羽茂町）の農民・善兵衛《ぜんべえ》です。善兵衛は三人の巡見使から訴状の内容を聞かれました。善兵衛は尋ねられるままに、訴状に記されている佐渡奉行の圧政について説明しました。巡見使は、その年五月に来島することになっている諸国巡見使にも訴状を出すように、といってくれました。

　この一揆の原因は佐渡の金銀山が寛永《かんえい》年間（一六二四〜四四）のころから急速に衰えたことにあります。幕府の享保《きょうほう》の改革がはじまると、赤字経営の鉱山は合理化で整備され、相川の人口は激減してしまいました。いっぽう、改革の柱である年貢の増額は、容赦なく何度も行なわれました。こうして寛延三年に前回の一揆が起きたのです。この一揆では年貢の軽減こそ認められませんでしたが、それまで禁止されていた佐渡の国産品の他国出しが、ようやく許されました。佐渡では、物資の不足から商品価格が高くなって金銀のコストが上がることを恐れ、米をはじめ島で生産される穀物・木材・炭・海産物など、一切を他国に移出することを禁止されていたのです。

佐渡の善兵衛慰霊碑（新潟版70ページより）

　なによりも問題だったのは、文政《ぶんせい》六年（一八二三）に佐渡奉行所がはじめた「広恵倉《こうえそう》」です。広恵倉はもともと「お救い倉」の役目をもたせ、相川の羽田浜に三棟建てられました。その意図は、米を中心にいろいろな商品を安価なときに買い入れ、物価があがったときにこれを安く売って、その利益は飢饉《ききん》時にお救い米として放出したり、窮民《きゅうみん》救助に用いるということではじめられました。しかし、広恵倉はしばらくすると利潤追求のみにはしり、諸藩の交易会所のような性格をもってきました。その資本力にものをいわせ、国産品や他国から移入した商品をほとんど買い占め、その売買で巨額の利益をあげたのです。

　さて、諸国巡見使に訴状を提出してからなかなか、善兵衛に対する召喚がありません。その間、巡見使一行は奉行所の役人と協議し、善兵衛を呼び出して捕え、獄に入れてしまいました。一揆勢は善兵衛の釈放を要求し、人数と勢いに恐れをなした奉行所側は、結局善兵衛を釈放するほかありませんでした。佐渡奉行は、一揆の最重点項目とされた広恵倉の活動を停止させ、保管していた全商品を買い入れ価格で売り出すことを全島に触れ出しました。他の規制も廃止して、農民たちの要求を全面的に認めました。善兵衛を含めた一揆の指導者たちは、のちほど江戸に送られて牢死するのですが、佐渡民衆のための貴重な礎石となったのです（①）。

**関連項目**

山形一章5　茨城一章1　群馬一章3　①新潟一章6　徳島一章11　香川三章8
愛媛一章6　高知一章7　山梨一章9　②長崎一章7　大分一章7　宮崎一章6

# 42 国訴《こくそ》

一七世紀を境として、商品として作物を販売するための農作物栽培が主流になってきます。商業的農業の登場によって、農家の経営は大きく変化しました。田畑の利用もこれに対応させるため、米・木綿・野菜などの輪《りん》作《さく》が行なわれ、肥料も金肥《きんぴ》と呼ばれる干鰯《ほしか》・油粕《あぶらかす》・屎尿《しにょう》などを利用するようになりました。この商業的農業から生み出される商品作物の展開や権利の継承、商人仲間の横暴の排除などをめぐって「国訴」と呼ばれる支配地域や国を超えた農民運動が起こってきました。この運動の特徴は、(一) 村役人の役割が重要であること。(二) 各村役人層が連携して大規模な農村連合をつくりあげたこと。(三) 年貢の問題よりも、商品生産や流通に関する経済的な要求が多かったこと——などがあげられます。

## 農民の主張が通った大和《やまと》の剣先船《けんさきぶね》訴訟

江戸時代に大坂と大和(奈良県)を結ぶ物資輸送の大動脈だった大和川は、奈良盆地の中小河川を集めて西流し、亀ノ瀬渓谷・河内《かわち》平野を経て大阪湾に注いでいます。大坂から大和には油粕・干鰯などの肥料を、大和から大坂には綿・吉野葛《くず》・宇陀《うだ》の薬・三輪《みわ》の素麺《そうめん》などの特産物が運ばれていました。これらの物資を大坂からの便は剣先船(船首のとがった船。江戸時代、大坂付近の川筋で荷物運送に用いた)で亀ノ瀬まで、亀ノ瀬より上流は魚《や》梁船《なぶね》(大和川水運の大和側の船の名称)が輸送にあたり、延宝《えんぽう》三年(一六七五)には、剣先船は三百十一艘、魚梁船は約七十艘が就航していました。

以上のような状況から、毎年莫大な金肥を購入して商品作物を生産していた大和の農民たちにとっては、剣先船の運賃は重大な関心事であり、宝《ほう》永《えい》二年(一七〇五)から天明《てんめい》三年(一七八三)まで、農民たちは四回にわたって船賃値上げを阻止してきました。

天保《てんぽう》十一年(一八四〇)、今度は剣先船の船持ちたちから大和の肥屋《こえや》(農民に肥料を売る業者)に船着き場を浜辺《はまべ》川床荒《かわどこあれ》(船が着くあたりの川床に土砂がたまって荒れていること)による運航困難を理由に、約四町(一町＝約百九メートル)下流の河州峠《かしゅうとうげ》村に荷揚げ地を変更するように要求してきました。しかしこの要求をのめば、魚梁船の始発場所まで約四五〇メートルを陸送しなければなりません。その分運賃が高くなり、さらにこの値上げ分をだれが負担するかが大問題です。荷揚げ地の変更をつきつけられた肥屋たちは、大和国内の村役人に問題の解決を持ちかけ、村役人を中心に対策会議ができました。対策会議を重ねるうちに新たに加わる村もでてきて、天保十二年には大和の総石高の六割を超える三十一万五千九百二十八石の村が支配領域を超えてかかわるようになり、「国訴」といわれる形の運動になりました。肥屋ではなく農民たちが立ちあがったのです。

代表者たちは剣先船側となん度も折衝しましたが話がまとまらず、ついに奈良奉行所に出訴。奈良奉行所は添簡《そえかん》(口添えの書状)を出し、農民たちは大坂東町奉行所へ訴えました。その結果「到着場の変更は認めない」「一回分の積荷の減載も認めない」という大和の農民の主張が認められる内容で決着したのです(①)。

## 大坂問屋の独占を訴えた文政《ぶんせい》年間の「大国訴」

文化《ぶんか》・文政年間（一八〇四〜一八三〇）、摂津《せっつ》・河内の農村では、生産者とその地の商人が結束して、生産品の高価販売や販路を拡大することを目指しました。その結果、大坂の問屋商人による市場の独占を打破しようとする運動が表面化してきます。文政六年（一八二三）、綿や菜種の売買に関する国訴の下相談が摂河の村の代表役五十人によって行なわれ、六月までに二百二十一ヵ村が合流。合わせて摂河千七ヵ村が綿の国訴をすることになりました。摂河両国の総村数千四百六十二ヵ村からみても、この国訴に参加した村の多さは注目されます。この「文政六年の大国訴」は、結果的には農民側の要求が認められ、綿問屋の独占は解消されました。

　敗訴した例もあります。綿の国訴が展開されているなかで、綿作農民だけでなく、より範囲を拡大した菜種や油小売の国訴も起こりました。摂河の千百以上の農村が文政六年に二回訴え出たのですが、いずれも願いさげとなったのです。しかし、翌年、こんどは摂河泉の千三百七ヵ村が参加して三度目の訴願運動を展開しました。

奈良県橿原市春日神社にある騒動の記念「連碑」（奈良版86ページより）

　農民たちは、油・油粕値段の高騰と菜種価格の下落に苦しんでいることを述べ、油を大坂の油仲間問屋を通じて買わなければならないために、運賃や口銭がかかることを申し立てました。このような流通経路で農民たちが油を買う値段は、大坂の相場より一石（一五〇リットル）につき銀十五〜十六匁高い、と具体的に数字をあげて説明しています。つまり、村方の絞《しぼ》り油屋から直接買い取ることを認めてほしい旨を願い出たのです。農民側からすれば、少しでも高く売りたい菜種と、できるだけ安く仕入れたい肥料の油粕の開きが大きいほど利潤が大きくなる、という論理がありました。しかし、これを受けた大坂町奉行所は翌年、農民に対して「小売り油を在方油屋かた直接取り引きすることは定法《じょうほう》に背《そむ》く」として、訴えを退けてしまいました（②）。

## 肥料高値に反対した国訴

元文《げんぶん》五年（一七四〇）、摂津国の村々で下肥《しもごえ》・干鰯高値反対運動が行なわれました。さらに寛保《かんぽう》三年（一七四三）、摂津国百ヵ村以上、河内国・和泉《いずみ》国の村々も立ち上がっています。このとき最終的には、摂津・河内の約二百ヵ村が肥料商組合を相手取って訴訟を起こしたようです。その結果大坂町奉行所は、肥料の価格を引き下げるように法令を出しました。ほぼ同じ時期に、和泉国四郡の村々からも出願が行なわれており、大坂町奉行所から各村の庄屋への達し書には、「大坂市中の干鰯屋（肥料商）に、争いをやめて値段を下げるように命令した」とあります。具体的には、「近ごろは諸国で不漁なので干鰯が不足して高値になった」と書かれてあり、毎年の価格を注意して高値の年でも下値で売ることや、干鰯類を出し惜しみしないことなどを肥料商に命じています（②）。

**関連項目**

①奈良一章8　②大阪七章6－1

# 43 藩政改革のしわ寄せ

江戸時代中期以降に発生した農民一揆は、疲弊《ひへい》した藩財政を建て直すために農民から年貢を徹底的に収奪したところに原因があります。六公四民から七公三民にもおよぶような年貢の収奪体制は、農民の余剰を吸いつくしていました。農民は、領主に年貢やその他の租税を納めたら、ほとんどなにも残らない状態だったのです。

時代を経るにつれ、藩財政はますます悪化しました。水野忠邦《みずのただくに》によって天保《てんぽう》十二年（一八四一）からはじまった幕府の天保改革は、わずか二年ばかりで失敗におわりましたが、天保の改革はなにも幕府だけが行なったわけではありません。幕府と同様な財務体質をもっていた各藩も、規模の大小にかかわらず改革に取り組まざるを得なかったのです。そしてこの天保期の改革に成功した藩が、約三十年後の明治維新を決行する立役者となるのです。

天保改革期の特徴は、近世的な経済構造の大枠が崩れてきていることにあります。商品の動きも、生産者→藩専売→大坂特権商人…というルートに対して、生産者→在郷商人…というルートで取り引きされる物資の比重がきわめて大きくなっていました。にもかかわらず、それをもう一度上から統制しようとする諸藩の動きは、藩営専売反対の農民一揆や、藩の領域を超えた生産者と商人との結びつきによる国訴《こくそ》のような、激しい抵抗を受けることになりました。ここでは、藩政改革の実施による過酷なしわ寄せに対し、農民たちが立ち向かった二、三の例を見てみます。

## 長州《ちょうしゅう》藩の眠りを覚ました天保の一揆と改革

天保二年、長州藩の三田尻《みたじり》（山口県防府《ほうふ》市）で、米価の高騰によって生活をおびやかされている農民たちが大挙して繰り出し、特権商人の家を襲撃しはじめました。長州藩にとっては大坂夏の陣以来の大騒動のはじまりです。農民たちが壊した家は二百軒にもなりました。

この一揆の知らせが伝わると、藩内各地で百姓一揆があいついで起こり、野火のように広まって十三万二千人もの農民が参加したといいます。熊毛《くまげ》郡呼坂《よびさか》村（熊毛町）では、農民たち五百人は「要求がかなうまで稲刈りはしない」と宣言し、急ごしらえの団結小屋に立てこもるという戦術を行使。また美祢《みね》郡では、五十人ほどの武士が武装して警戒していましたが、六〜七百人もの農民がいっきょに押しかけると逃げ出すほかありませんでした。一揆を起こした農民たちの最大の要求は、藩の産物役所を廃止することでした。そのころ長州藩は、「国産御内用方《こくさんごないようがた》」という役所を新設し、藩内の農民たちが副業で生産した綿織物や菜種・櫨実《はぜみ》などを特権的な有力商人に買い占めさせ、藩の力でこれを藩外に売り出すことによって藩が大きな利益を得るという専売制度を強めていました。

これは財政難の藩が打ち出した新しい経済強化策でした。が、この制度の目的はあくまでも藩が利益を得るためのもの。生産者である農民からは安い値段で買いあげ、しかも農民には国産御内用方以外に売ることを禁じました。それだけに、これらの産物生産で生活を支えるようになっていた瀬戸内地区の農民たちにとっては、大きな障害となりました。結局彼らは、自らの経済活動の自由を求めて、その要求を一揆という形で表明したのです。藩はこれまでの政治を、改めないわけにはいかなくなりました。

この天保の一揆をきっかけにして、村田清風《むらたせいふう》が指導する大規模な藩政改革が行なわれます。しかし清風が改革に腕をふるうには、天保八年十三代藩主毛利敬親《たかちか》が登場するまで待たなければなりません。清風は江戸・国元両方の財政改革係に任命され、自ら改革に腕をふるう立場を得ました。彼は中級武士の出身でしたが、いまや中級の身分でも、能力と熱意のあるものが政治の要所につくことができるようになったのです。

天保十一年、清風は藩主敬親の前で開かれた大会議で、財政の立て直しと倹約、人材の登用、富国強兵など七ヵ条からなる改革方針を発表しました。長州藩の天保改革がはじまったのです。清風による天保改革は志半ばで引退に追い込まれますが、清風の指導を受けた周布政之助《すふまさのすけ》らが安政の改革を行なうことで清風の遺志は受け継がれ、明治維新への大きな潮流となったのです（②）。

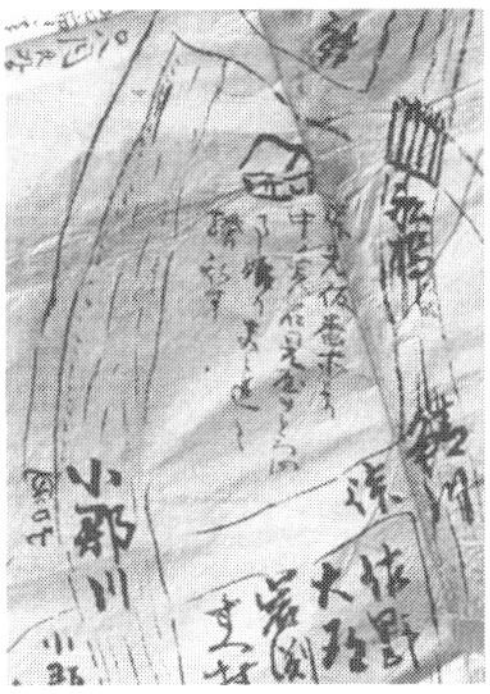

百姓一揆の地図（山口版68ページより）
（山口県岩国徴古館蔵）

### ハタハタ漁操業の自由化を勝ち取った秋田藩の漁民一揆

煮てよし焼いてよし漬《つ》けてよしのハタハタは、秋田の冬を代表する味覚の王者です。体長二五センチ前後のうろこを持たないこの魚は、慶長《けいちょう》二年（一五九七）にはすでに算用状（決算書）に記載されており、ハタハタが年貢の対象になっていたことを示しています。

安永《あんえい》二年（一七七三）、秋田藩では財政難の打開を目指して税制改革を行ない、ハタハタ漁についても役銭（税）を課すことになりました。役銭を確実に納めさせるために、網主たちに藩公認の漁業権、すなわち「株」を与えました。この時点で男鹿《おが》のハタハタ引網株《ひきあみかぶ》は四十八株あったといわれます。以後、ハタハタ株を持たない漁民は、漁を禁じられることになりました。

このような藩の統制に対し、一般漁民のなかから引網主たちのハタハタ漁独占を打破しようとする動きが出てきたのは、当然のなりゆきでした。その動向が助長されたのは、ハタハタ肥料の開発です。これはハタハタ干《ほし》鰯《か》と呼ばれ、北前船で上方に運ばれ、藍《あい》栽培の貴重な肥料として売り出されるようになったのです。これが一般漁民のハタハタ漁自由化を求める動きに拍車をかけることになりました。

天保元年、自由操業を願う一揆が起こりました。それまで、藩では役銭の減収を恐れて許可しなかったのですが、今回は藩も要求を認め、各村に一艘ずつの手繰《てぐり》網を許可しました。以来毎年自由化は拡大され、天保六年には「永久に自由」という宿願を勝ち取ることができたのです。

このようにしてハタハタ漁は、男鹿の漁民の生業として、確固たる位置を占めるようになりました（①）。

**関連項目**

青森一章10　岩手一章6　①秋田一章4　山形一章9　千葉一章5　新潟一章5
石川一章5・7　福井一章7　和歌山一章8　広島一章16　②山口一章8　徳島
一章8・9・10　高知一章5　熊本一章6　鹿児島一章6

# 44 町政と自治

## 町衆による多岐にわたる自治

戦国時代への幕開けとなった応仁の乱で焼け野原になった京都。その京都に祇園祭を民衆の祭りとして復活させたのは京の町衆《まちしゅう》ですが、そのエネルギー・力（自治の力と財力）は大きなものでした。

「町衆」というのは、都市に住む住民で、中世から近世初頭にかけて活躍した人たちであり、一つの歴史的用語です。彼らは主に商工業者であって各業種の「座」という組合を中心に団結するいっぽうで、地域的には「町《ちょう》」ないしは「町組《ちょうぐみ》」のまとまりをもった自治共同体をつくり、そこでみずから町行政に参加し、団結した人たちのことをいいます。

町衆の活動基盤は、基本単位として町共同体にありました。町には法律があり、その法律には町内の構成員が持つ、義務・権利・資格が規定されています。つまり自治活動の内容が規定されているのです。

町衆の資格としては、家持ちであること。そして町内に不動産を持っており、一定の財政負担（税金納入）をする義務があります。これが町の基本財源となるのです。また、毎月行なわれる会議には必ず参加しなければなりません。会議に参加していなければ、あとで決定を不服として上申しても受けつけられません。出席なくして発言権なしという姿勢です。

一方、その町内の構成員は、さまざまな救済が受けられます。例えば、当主が若死にして、後継者が十分に育っていない場合、後継者が成長するまで家屋を抵当に町内が長期間お金を用立て、しかる後長期にわたる返済を認めるという方法もとられています。それに、捨て子を成長するまで費用を負担して育てるとか、福祉的救済や金融救済がしばしばみられます。

町の行政は、選ばれた町年寄・五人組の役員によって運営されますが、その選任は入札《いれふだ》（選挙）で毎年行なわれます。これらの役員は、若干の給金をもらうわけですので一時商売を棚上げして、活動しなければなりません。現在、県や市町村がやっているような業務を分担し、指導していたのです。その他町内の親睦をはかるための花見、遊山、寺社参詣、地域の祭礼などといったレクリエーションも町内の「年中行事」などで消化していきます。実に多岐にわたる自治活動を繰り広げていたのです（①）。

## 惣《そう》年寄と町年寄による町民自治

大坂は町奉行が治めましたが、奉行は江戸から派遣されてくる幕府の官僚なので、町政は、実質的に惣（総）年寄・町年寄などの町民代表を中心に自治的に行なわれていました。惣年寄は世襲でしたが、町年寄は町人による入札《いれふだ》（選挙）で選任されていたのです。

「お奉行の名さえ覚えず年暮れぬ」とは、大坂元禄俳壇を受け継ぐ担い手の一人だった小西来山《らいざん》が詠んだ俳句といわれています。お奉行様の名前さえ覚えないうちに、平穏に一年が過ぎてしまったという感慨を込めた句です。短期間の赴任ですぐ交替するような町奉行などいてもいなくても、三郷（近世の大坂市中全域にあたる）の市政や町政は惣年寄や町年寄が中心となって、町民だけで十分に運営できるということを暗にいっています。

大坂三郷の自治の代表者は惣年寄ですが、その職務の一つは各町の町年寄の任免です。これは、領主や幕府の意向とは無関係に、惣年寄が中心となった町政の運営ができたことを示しています。それぞれの町を管轄《かんかつ》するのが町年寄だからです。各町では、町年寄のもと家持ち町人が町会所でたびたび寄合を開いて町の運営を行なっており、町共同体が形成されました。

十八世紀に入ると、各町ごとに独自の法律（町法）がつくられるようになります。そこでは、町年寄がやるべきこと、町年寄への給金等についての規定、さらに各種礼銀や祝儀銀の支払方法などが定められています。また町によっては、一般に火を使うもの、騒音を発するもの、異臭をだすもの、風紀をみだすもの、縁起の悪いものなど住人の職業規制まで定めています。自分たちが生活していくための環境をより良いものにしていくため一定の規制を定め、町年寄を中心に実施していくというわけです。町年寄の職務には、火の用心、用水汲み置き、橋や浜先の掃除、借家貸しつけ法の吟味などもありました。いずれも生活環境にかかわるものです。

なお大坂三郷は、北組・南組・天馬組という行政区域に分けられ、六百もの町々から構成される大都市でした。三つの行政組織にはそれぞれ惣年寄がおり、六百の町にもそれぞれ町年寄がいて惣年寄の指揮のもとで町政を担当していたのです。町年寄は、町人による入札（選挙）で選任されていました。

今井町惣年寄の旗印（奈良版55ページより）（上田家所蔵）

江戸の場合、大坂の町年寄に当たるのが名主で、大坂のように一人一町ではなく、一人で数町以上の町の名主を兼務していました。大坂の惣年寄に当たる位置にいるのが町年寄です。いずれも世襲で、代々名主や町年寄をつとめている家柄は変わることがありませんでした（②③）。

## 奈良町と今井町の町民自治

奈良町（奈良市）と今井町（橿原市）では、動乱に明け暮れた戦国時代以降、領主権力の一定の制約はあったものの、町人たちは利益追求だけでなく、より安全で快適な生活を送れるよう積極的に取り組んできました。

奈良町では、平安時代以降、興福寺、東大寺、春日社などの社寺を中心として門前町の成立をみます。室町・戦国時代に入ると外部から武力で攻め入ってくるのに対し、郷士を守るため寺社の支配領域を超えて連帯して「奈良惣中」（有力町人などからなる強固な自治組織）を形成し、権力に対して一定の距離をおく自治意識が高揚しました。こうした伝統が江戸時代になっても生かされ、町づくりに反映しているのです。今井町は、戦国時代に一向宗の道場を中核として営まれた寺内町。本願寺の勢力を背景に町の強力な武装により税の納入を免れ、徳政令を適用させずに商人の保護をするなどの特権を得ていました。町人の強固な団結力、自治意識がありました。江戸時代に入ると今井は商業都市として発展。今井町民による自治は、経済的発展による町人の地位向上を前提として展開してきました（④）。

**関連項目**

東京二章1　①京都一章1　②大阪五章2　③大阪五章3　兵庫四章6　④奈良一章4

# 45 住環境の整備

## 都市問題にどう対処したか

江戸時代の大都会はごみ処理、下水道など環境問題をどう解決していたのでしょうか。江戸時代になって急速に人口を増やして大都会になったのは、江戸と大坂ですが、たちまち問題になったのは今日でいう都市問題でした。江戸は百万人、大坂は四十万人の人口を抱え、飲料水の確保、下水の整備、汚物・ごみ処理が課題となりました。近代になって、下水道整備などで欧米におくれを取っているとたびたび指摘されてきましたが、これは江戸時代にあまりにうまくいき過ぎて、そのまま変更せずに近代に入ったためにその後の人口増加に追いつけなくなったのが、整備がおくれた本当の理由だといわれています。

## 飲料水の確保

飲料水については、江戸は優等生でした。江戸はもともと海に臨んだ低湿地に開かれたため、徳川家康は当初から飲料水の確保の必要性を感じており、江戸に入る前に部下に命じて小石川上水を完成させました。海に面した低湿地では、井戸を掘っても塩分を多量に含んでおり飲料にはできないからでした。

将軍が秀忠《ひでただ》、家光《いえみつ》と変わって参勤交代が制度的に定着するにつれて、江戸は人口増が目立ち町の範囲も拡大されます。これにともなって小石川上水も拡張され、寛永《かんえい》年間（一六二四〜四四）には神田上水が完成します。神田上水の完成後も江戸の市域は拡大し、神田上水ではまかないきれなくなります。そこで承応《じょうおう》元年（一六五二）、幕府は多摩川から水を引く玉川上水を計画します。ところが明暦《めいれき》三年（一六五七）に起こった振袖火事と呼ばれる大火で、江戸の市外地の大半が焼失してしまいます。その復興で火《ひ》除《よ》け地をつくったり、大名屋敷や寺社を移転したりしたためにさらに市街地が広がり、新たな上水の開削が必要となりました。こうしてできあがったのが青山、千川《せんかわ》、三田《みた》、本所《ほんじょ》の四上水でした。四上水のうち青山、千川、三田は水量が豊富な玉川上水からの取水でした（①）。

これに対し大坂は水の確保に非常に苦労しました。最初は淀川の水を直接汲んで飲料水にしていました。それだけ澄んできれいな水だったのです。淀川とつながる堀川の水も使っていたようですが、次第に汚染が進み、井戸水も金気《かなけ》が強く飲料には適しませんでした。そこで活躍したのが水屋です。水船で水を運び各家庭に売るわけです。常時百隻以上の水船が宅配していたといいます。その代わりというのも変ですが、大坂では「水道」が発達していました。この水道は下水あるいは排水溝のことで、生活排水や雨水を流すのです。背割り下水と呼ばれました（③）。

## ごみ処理とその対策

ごみの処理は、大坂では庭や道路沿いに穴を掘って埋めていたようです。ただし堀川などへ不法投棄する人も跡を絶たなかったらしく、たびたび不当投棄を禁ずる触れが奉行所から出ています。江戸時代のごみは、今のように有害金属やプラスチックなどの不燃物はありませんから、これで用が済んだようです。しかし、生ごみや堀川を浚《さら》った泥土は、一ヵ所に溜めておき、それを農民が引きとって肥料にしていました。これを大坂では「ごもく」と呼んでいました。掃溜《はきだめ》、塵《ち》溜《り》には米のとぎ汁、飯粒、野菜屑、食器や衣類を洗ったあとの灰汁などが混ざり合い、少し腐らせればとてもよい肥料になりました（③）。

江戸でもごみの問題は深刻でした。川や堀川にごみを捨てられるので、幕府はたびたび禁令を出しています。しかし、その対応策としてごみを一括船で運んで永代嶋《えいたいじま》に捨てるという方法をとることにしました。この方法は明暦元年から始まりました。永代嶋は一部を除いて葦の茂った干潟《ひがた》でしたが、この時以来江戸の人々のごみで埋め立てられていきました。寛文《かんぶん》五年（一六六五）には町々にごみ捨て場が設けられ、ごみ運搬船がごみを収集してまわる体制が整備されました。ごみ捨て場以外にごみを捨てると処罰の対象となり、ごみの公的管理が組織的に行われるようになったのです。

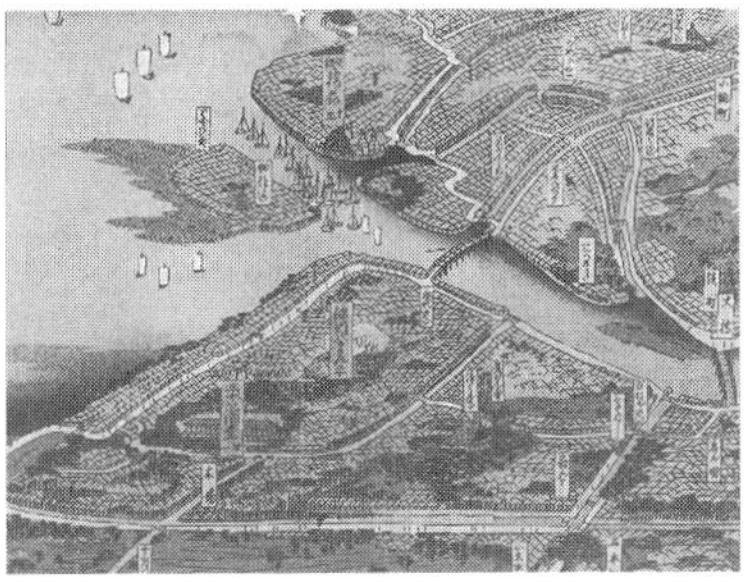
永代嶋は埋めたてられて深川になりました（東京版207ページより）

## 屎尿《しにょう》のリサイクル

屎尿についても江戸の人たちは、当初川や堀川、下水に流していました。幕府は川のそばの雪隠（トイレ）を取り壊すように指導していました。しかし、屎尿は江戸近郊の村々が農作物をつくるための貴重な肥料になったので、この貴重なものを堀や川に流してしまうもったいないことをする習慣は次第になくなっていきました。

大量の屎尿が出る大きな屋敷や御殿は、きちんと引き取り人が決まっており、彼らはこうした屋敷の屎尿を引き取らせてもらう代わりに屋敷の便所掃除を引き受けていました。町方でも農家が便所掃除の代わりに屎尿を引き取っていました。しかし、その後野菜と交換したり、引き取り賃を農家が払うようになりました。そのあと屎尿の仲買人も現われ、屎尿引き取り代金はだんだん高くなっていきます。それにつれて江戸の町もきれいになっていきました（②）。

大坂でも事情は同じですが、こちらは江戸よりももっと早く農家による屎尿引き取りが始まっています。農家から野菜などを積んで市中へ行き、屎尿を引き取って帰る船を下肥船と呼んでいました。

屎尿といっても、大坂では小便と大便は分けられ、それぞれ使用する作物が違っていました。それぞれ仲買人が出現して、農民と町方の間に入るようになります。大便を引き取る仲買人は元禄《げんろく》七年（一六九四）の調査で大坂市中に百十五人、のちに結成された仲間を加えると二百四十五人に上りました。小便は農民と町民の直接取引が続いていましたが、のちに小便仲間が出現して、これも専門業者が引き取るようになりました（④）。

江戸も大坂もこうして、同時代のヨーロッパなどの先進都市よりもはるかに清潔で進んだシステムの上水・下水・ごみ処理・屎尿処理を行っていたのです。

**関連項目**

①東京一章5・②二章10　③大坂五章7・④七章5

# 46 共同体と自治

## 洪水から集落を守る、輪中《わじゅう》の村

岐阜県の南西部を流れ、伊勢湾に注ぐ木曽川・長良川・揖斐《いび》川の三川《さんせん》はその下流域に肥沃な大地を育み形成しましたが、同時に洪水による災害をもたらしていました。人々は肥沃な大地の恵みを享受し、洪水から集落を守るため、周囲に堤をめぐらし安全な生活環境を確保しようとしたのです。この囲堤《かこいてい》集落を輪中と称しますが、輪中は外水を堤防で遮断《しゃだん》した孤立した集団であり、水と闘う水防・運命共同体であるといえます。

輪中のある地域は、木曽川等の三川流域の美濃国（岐阜県）、尾張国（愛知県）、伊勢国（三重県）を含めた、南北五〇キロ、東西約四〇キロ、その面積約一八〇〇平方キロの広さです。江戸時代末期には、大小の輪中約八十を数えました。先人たちは、自然とどのようにかかわったのか、低湿地をいかに開拓し、土地利用への英知を傾けたのか。

輪中では、一致団結して外水に対し堤防を築き必要以上の水が流入するのを防いでいるわけですが、それでも輪中地域内には土地の高いところ（上郷《かみごう》）と低いところ（下郷《しもごう》）があり、下郷では水が深くてそのままでは稲ができません。下郷の農民たちは、沼田（湿田）の一部を掘り、土を積み上げて高い耕地を造成しました。櫛《くし》目状にいく筋もできた、水面に浮かぶ高い耕地を堀田《ほりた》と呼びます。こうして堀田に稲が作付けられ、堀田農業が営まれたのです。みんなが知恵を出し合い築いた輪中特有の土地利用です。

輪中の村々は、外水に対しては、共通の利害関係に立ちますが、生活用排水など内水に対しては、利害相反する関係にありました。上郷の村々では、飲み水や潅漑用水を掘り井戸に依存します。下郷の村々は、上郷から生活排水等が流れ、湛水被害を生じるようになります。ここに、上郷と下郷の間に掘り井戸をめぐって紛争が起きます。この対立の和解策として生まれたのが株井戸制です。上郷に対して掘り井戸の数を規制し、しかも各井戸に錠前《じょうまえ》をかけておき、鍵は下郷の総代が保管する。必要な経費は上郷が負担するという、上郷にとって厳しい協定です。経費の捻出は、株代金から行なわれる仕組みでした（①）。

## 澄んだ湖を守った排水のしきたり

琵琶湖周辺に住む人々は、湖水やそこに流れ込む川水を自分たちが利用するために自分たちで管理し、水を清浄に保つ工夫を続けてきました。ここには、住民自治の原点があります。

琵琶湖には数百本の大小の河川が流れ込みますが、その水を生活用水に利用している地帯では、川の水を汚さないという工夫が多様に行なわれていました。例えば滋賀県能登川町の伊庭という地区では、集落のなかを流れる水路は蛇行《だこう》させて窪地をつくり、汚物をそこに沈殿させ、定期的にくみ上げて肥料にしていました。そのような川では、下着やオムツなどいわゆるシモノモノ（下の物）を洗うことは強くいましめられ、オムツ洗いはたらいで行ない、洗い水は便所に入れるという習慣もありました。

川や自然の水域に汚れもの（栄養分）をながさないという習慣は、屋敷や家のつくり方とセットでした。例えば大便所は屋敷の別棟につくられる例が多くありますが、これは便所での発酵を促すためです。大便所にためられた発酵した大便は、麦や菜種などの冬作のよい肥料でした。また家の入り口のところに小便所があり、その横には風呂があり、風呂の落とし水は小便といっしょにためられて二〜三日に一度くらいの割合で、頻繁にくみ出されて、野菜畑などの肥料とされていました。食器などは川で洗い、洗い場には鯉を飼って、食器や鍋などについていたご飯つぶなども鯉の餌になりました。このように、家庭から出る排水、廃棄物はほとんどすべて田畑に戻され、肥料として利用されるよう工夫されています。

このようにしてきれいになった水が琵琶湖に流れ込むわけですが、それでも湖辺の水がよどんだ場所では、栄養分がたまりやすく、大量の水草や藻《も》が生えました。これらは、舟で取り上げて田畑の肥料にしています。当時の農民は、農業生産を行なうために藻を取り肥料にしたわけですが、そのことが結果的に、水域の水を清浄に保つことになったのです。

いずれも川や地域の水を利用するために、自分たちで管理する必要があり、その結果生まれた習慣です。川や水を直接生活に使い続けることがこのような習慣につながったのでした（②）。

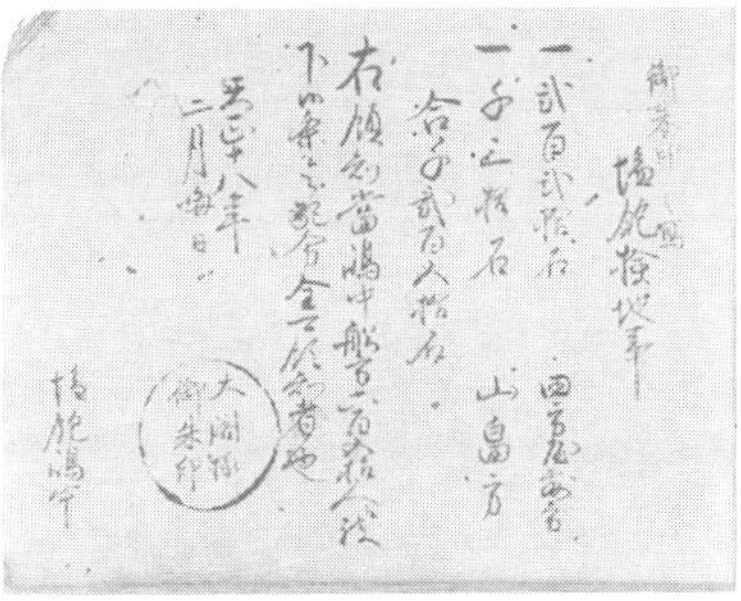

豊臣秀吉朱印状写（香川版177ページより）
（長徳院極楽寺所蔵）

### 塩飽《しわく》諸島における船方衆《ふなかたしゅう》の自治

瀬戸内海のほぼ中央部にある塩飽諸島。ここに千二百五十石（一石は約一五〇キロ）の領地を与えられ、自治を許された六百五十人の船方衆がいました。塩飽諸島は塩飽水軍で有名ですが、その塩飽水軍が慶長《けいちょう》五年（一六〇〇）の関ヶ原の戦で徳川方につき勝利に貢献したということで、徳川家康も、それ以前豊臣秀吉に認められた「塩飽領千二百五十石を、六百五十人の船方に与える」という朱印状を与えたのが出発点です。以来江戸時代を通して塩飽領は、幕府の支配を受けながら六百五十人の船方が共有するという、特異な政治体制をとることになります。船方とは、船の所有者と乗組員の総称で、幕府から動員があれば、船で出動することを義務づけられた水軍の人たちのことです。大名に対して人名と称しました。

塩飽では、中世以来、島の領主的立場にいたのは年寄で、世襲されてきました。年寄は、塩飽諸島の最高機関として朱印状を保管し、幕府の指示を受けて島中《とうちゅう》（塩飽の人名組織）を統治してきました。年寄の下に各浦に庄屋を置いて政治に当たり、庄屋の補佐役として組頭が設けられました。

幕府からの指示を伝えてくる支配役所との連絡は、すべて年寄を通じて行ない、人別帳の整備、人名六百五十人の確保、島中の秩序維持、漁場の支配、往来切手（通行許可証）の発行などが、年寄の主な業務でした。年寄は、支配役所からの重要事項の伝達や、島中の重要案件の協議を行なうため、庄屋・組頭等人名を召集して島中寄合《よりあい》を開いていました。この寄合で人名の意見を聞き、島の運営に生かすことになります（③）。

**関連項目**

埼玉三章1　①岐阜一章1　滋賀一章5・②三章6　奈良一章7　島根一章6
③香川三章5

# 47 山の暮らし

山の暮らしといっても、村里の生活とそんなに変わるところはありません。しかし、耕作する畑が狭く、山林が多いところから暮らしに独特の工夫が要ります。また、村と村の距離が離れていて、交通手段が乏しく、比較的孤立して生活している例が多く、そのために古い生活習慣が長く保たれるという傾向もあります。いくつかの山の暮らしの例を見てみましょう。

## 隔絶した山の暮らし、職業は山林保護

山口県の佐波《さば》川上流域や支流の滑《なめら》川流域の山々（佐波郡徳地《とくじ》町）は「滑山」と総称される地帯です。鎌倉時代から知られた良材の産地でした。このため滑山一帯は御立山《おたてやま》として、藩の厳しい管理下にありました。御立山は日暮《ひぐれ》山、三成《みつなり》山など十七の山から成り立っていました。現在では赤松が「なめら松」として有名ですが、この赤松は自然のもので、植栽されたのは杉、檜《ひのき》などでした。こうしたことから山には山役人が入るくらいで、この地域で暮らす人々は隔絶した山の生活を維持していました。

元治《げんじ》元年（一八六四）、三田尻《みたじり》（防府《ほうふ》市）生まれの儒学者荒瀬桑養《あらせそうよう》は、オランダ人の依頼を受けて船の帆柱五本を求めるために滑山に入りました。彼はこのときの体験を「滑問答略記」という書物にまとめました。

山に分け入った桑養一行は、途中勘助という人物に出会います。勘助の家に案内された一行はそこで蜜蜂の巣が並べてあるのを見ます。十ばかりの木の根をくり抜いた自家製の蜜蜂の巣でした。家に行く途中には長い柵に囲まれた焼畑も目撃しています。そこには楮《こうぞ》の切り株がありました。適当な傾斜地の木を夏頃に切り払っておき、春に火を入れて畑にするのです。最初の年は蕎麦《そば》、小豆を植え、二年目から楮を植えます。「滑の山中には滑、梶畑《かじばた》、隠藪《かくれやぶ》、日暮、光成、釣山《つりやま》の六つの村があり、隣村へはざっと一里（四キロ）から数里ほどの距離があります。われわれは税を納めることをせず、山林の保護が仕事です。ひっそりと静かで住む人も少なく、朝起きようと思えば起き、寝ようと思えばいつでも床に伏せればよく、仁義《じんぎ》や交際のわずらわしさもありません。飲食さえ事足りればここほど良い村はないのですが」、これは桑養が勘助の言葉を聞き取ったものです。

勘助の山林保護の仕事は、藩による山の保護管理の一端を担うもので、頭取《とうどり》一人、小頭《こがしら》一人、山廻り七人からなる地下《じげ》（地元）の山廻りの一員としてのものでした。種まき、植栽、伐採、払い下げ渡しなどのほかに、不法な立ち入りや盗伐の取締り、それに山火事が出ないよう監督することも重要な仕事でした。この地では彼らの努力のかいあって、江戸時代はじめ以来一度の失火もありませんでした（①）。

焼畑は、江戸時代日向《ひゅうが》国（宮崎県）の山間部でさかんに行われていたことが知られています。現在でもわずかながら椎葉《しいば》村（東臼杵《うすき》郡）、西米良《めら》村（児湯《こゆ》郡）、北方《きたかた》町（東臼杵郡）などで行われています。宮崎の焼畑は、輪作《りんさく》と遷地《せんち》にその特色があります。輪作とは一年目、二年目と年度ごとに作付けする作物を変えることで、遷地は五年目にその地を放置して、十五年から二十年のちに再び焼畑として利用することです。ここでは大豆、稗、粟、小豆、蕎麦などが焼畑によってつくられました（④）。

焼畑は山林保護との関係もあって、次第に少なくなりました。江戸時代

もたびたび規制されましたが、明治に入ってからはより厳しく制限されるようになりました。

## 峠を越えるカリコ牛、生活を支えたかずら橋

山の生活をする人々にとって、なんといっても不便なのは交通の便です。香川県と徳島県の境には、幅が最大一九キロ、高さ平均五〇〇〜七〇〇メートルの山が連なる讃岐《さぬき》山脈があります。江戸時代の各藩は藩領への出入りを厳しく規制していました。この讃岐山脈にも境目《さかいめ》番所が設けられ、厳重な監視体制が敷かれていました。ここを通るには出稼ぎ、養子縁組、嫁入りなど一様に、庄屋、五人組を経て郡奉行の奥書という証明書と印をもらった「暇《いとま》証文」が必要でした。移住は困難でしたが、経済の発展と寺社参詣などで、次第に国境を越えた交流は活発になっていきました。讃岐（香川県）の米、砂糖、塩、阿波（徳島県）の藍《あい》、煙草、繭《まゆ》といった特産物の生産には、それぞれに季節的な人手がたくさん必要で、阿讃の峠を越えて往来することがどうしても必要でした。

稗の収穫（椎葉村）（宮崎版198ページより）

この地方にはこの山脈を越えて、農耕用の牛を借りる習慣があったことが知られています。天保《てんぽう》十一年（一八四〇）に交わされた讃岐川東村の忠右衛門と阿波重清村の藤太との間のカリコ（借耕）牛契約書が残っています。六月七日から十月十日まで牛を借り受け、貸し賃と追越し（牛追い人）賃として、米二斗二升と丸札二匁を受け渡しした手形です。カリコ牛というのは讃岐山脈を挟んで、水田の少ない南傾斜の徳島県三好《みよし》郡、美馬《みま》郡、麻植《おえ》郡などの山間地帯で飼われた牛が、国境の仲介人の手を経て農繁期の香川県の農家に出稼ぎすることです（②）。

元来徳島藩は水田が不足しており、畑作による藍、煙草《たばこ》、養蚕《ようさん》のような商品作物の生産を奨励していました。とくに美馬郡、三好郡の山間部は煙草の栽培がさかんで、牛を飼って牛屋肥《うしやごえ》を使うと良質の葉煙草が採れたのです。それに対し讃岐は水田が多く、阿讃の峠という交通の便利さからカルコといって、阿波人と呼ばれる阿波の山村農家の二、三男が讃岐の農家へ長期の常雇いとして働きに行っていたのです。最初はカルコという人だけの移動が、やがて牛をともなっての人畜の出稼ぎに変わったのです。

山村の交通といえば、徳島県の山岳地帯に今も残るかずら橋が印象に残ります。木頭《きとう》（那賀《なか》郡木頭村）や祖谷《いや》（三好郡東・西祖谷山村）に架けられたかずら橋は、那賀川、吉野川上流の深い峡谷に架けられました。深山に自生するシラクチカズラを使ってつくった吊り橋で、江戸時代には十あまりのかずら橋があったといわれます。山村の生活は、地理的・自然条件の制約が多く、低地や海辺の暮らしとは異なった生き方を強いられます（③）。かずら橋はその象徴で、単なる橋梁《きょうりょう》ではなく、生活そのものを表しているものといえます。

**関連項目**

青森二章6　秋田二章3　埼玉三章2　富山四章3　山梨四章5　長野二章7
①山口四章五　②徳島一章3　③香川四章6　④宮崎四章5・10

# 48 島の暮らし

## 耕地面積が少なく水不足

島の暮らしといっても、わが国には離島がたくさんあり、島の位置によって気候・風土が違うため一概に同一視はできません。しかし、島は面積が限られている上に、たいていの場合中央の山を中心に放射状に陸地が海へ落ちる地勢のため、耕地面積が少なく、水が不足がちで、山と里が近いために動物の食害にあいやすいなどの共通点もあります。そして、島外との交通が船だけに限られることから、政治権力との関係が陸続きの場合とはまた違った形になる場合が多いといえます。藩の利益になる特産物でもあれば締め付けが厳しくなる反面、見捨てられたように長い間島の人の自治に任されたままになっていたところもあります。

## 延々と続く石垣の列

小豆《しょうど》島《しま》を離島というには本州にあまりに近いためはばかられますが、気候・風土はまさしく島の特性を備えています。山がちな小豆島の田畑から少し山へ入ると、石垣列石《れっせき》（一列に並んで積んである石）を見かけます。附属の小島をのぞいた本島全域に分布しています。全長およそ一二〇キロあります。多くの石垣は自然石をそのまま積んだものですが、ほかに薄く大きな石を立て石状に並べたもの、石をぬり土で固めたもの、土をこねて土《ど》塀《べい》にしたものなどがあります。これらの石垣の多くのものは、寛政《かんせい》二年（一七九〇）以前に完成したものと伝えられています。石垣がつくられたのは、おもに猪と鹿から農作物を守るためでした。ほかに牧場の柵用、村と村の境界線用、があるといわれています。

小豆島は他の島同様水不足も深刻でした。瀬戸内は夏の湿った空気が四国山地にさえぎられ、冬の日本海からの空気は中国山地でさえぎられて、わが国有数の少雨地帯です。小豆島の雨量は南四国の約二分の一しかありません。小さい島の割りには山が高く、流水面積も少なく、雨が降ればすぐ洪水になり、日照りが続けば旱魃《かんばつ》になります。このため農業用水にする溜池が掘られました。難工事の連続で、住民は重い地元負担に長い間苦しみました（③）。

## 島の自然条件と牛の飼育

同じ水不足の島でも、それをうまく利用した島もありました。見島《みしま》（山口県萩市）は、萩から北北西に四五キロ離れた日本海に浮かぶ離島です。水を蓄える森林に乏しく、川は小川程度のものしかありません。かなりの高地まで開かれた水田と畑の灌漑用水は、天水（雨水）と溜池に頼っています。その上火山性の土壌で、農業生産に適した土地はわずかしかありません。

そこで考えられたのが牛の飼育です。見島牛は他の牛と比べると成長が遅く小柄ですが、性質が温順で力が強く、病気に強く粗食に耐えるという性質を持っていたため、長年多数飼育されてきました。離島のせいもあって、混血することなく現在に至ったため、日本でもっとも古い和牛といわれています。いつから飼育されていたか、どこから持ってきたかは不明ですが、見島の気候・風土にぴったりの牛には違いありません。江戸時代には人の数よりも牛の数のほうが多かったという記録も残っています。現在は天然記念物に指定されて保護されています（②）。

トカラ列島（鹿児島県鹿児島郡）の人々も水不足で苦しめられました。江戸時代にはこのため疫病《えきびょう》の流行に悩まされました。生活用水を共同の湧水や井戸に求めていたため、水汲み場から全住民へと伝染病が広まります。このため島外者が島に来ると、島の人々は出歩かないようにしました。島外者が疫病を持ってくると信じられていたからです。

トカラ列島は近くに好漁場があるために、早くから漁業が発達していました。海底の地形が魚の生息に適していること、黒潮の分岐点であることなどから、鰹《かつお》漁などが活発に行われました。江戸時代にはこの地域で産する鰹、鰹節、煎汁《せんじ》（鰹節製造の際の煮汁をのり状にしたもの）、鰹塩辛がとくに有名でした。

また島々は火山の噴火で甚大な被害を蒙《こうむ》っています。文化《ぶんか》十年（一八一三）諏訪之瀬島で最高峰の御岳が噴火して、全島の人々の生活基盤を破壊してしまいました。このため集団で付近の島に移りました。明治十六年（一八八三）に奄美大島から入植者が入るまで、この島は無人島でした（⑤）。

小豆島にのこる土塀（香川版141ページより）

## 島の人たちの創意と工夫

どこの島でもそうですが、島の生活は男は漁師、女は農業と決まっていました。もっとも屋久島《やくしま》（鹿児島県熊毛郡）では、「海十日、里十日、山十日」といわれました。一ヵ月のうち十日は海へ漁に行き、十日は畑を耕し、十日は山へ木を伐りに行く、という生活をすれば屋久島では楽に暮らせるというわけです。自然条件に恵まれた屋久島ならではの話です（④）。

「島も通わぬ八丈ヶ島」と歌われた八丈島は、東京から南へ約三〇〇キロの位置にある絶海の孤島です。ここの特産物は黄八丈《きはちじょう》と呼ばれる絹織物です。八丈島は椿《つばき》・椎《しい》・刈安《かりやす》などの植物が豊富で、草木染めによる黄八丈はそれらを染料として用いたものです。黄八丈は黄と樺と黒の三色に染め上げられた絹糸を使い、色の配合を工夫して織り上げたものですが、その織方自体に特色はありません。色の味わいが昔から珍重されてきました。とくに鮮やかな黄色は古来絶品として名が高く、これが黄八丈の名前の由来ともなっています。草木染めの黄八丈は、染料として用いる材料をすべて八丈島の自然物でまかなっています（①）。

甑《こしき》列島の人たちは、葛の繊維で衣類をつくっていました。山焼きして新しい芽の出る頃とつるが伸びた頃を見計らって採取して編み、作業着としたようです。また、芙蓉《ふよう》から布を織り、晴れ着などをつくったといいます。島の人々の生活は創意に満ちています（⑥）。

**関連項目**

①東京四章5　②山口四章4　③香川三章2・5　④鹿児島三章2・⑤3・⑥8

# 49 働く女性たち

## 農村の大黒柱は女性たち

江戸時代の女性は社会的地位が低く、いつも忍従を強いられていたとされますが、武家社会ではともかく、農村では想像以上に女性が逞《たくま》しく生きていたことが、古文書などでわかっています。上州（群馬県）は「かかあ天下」といわれますが、これも故なしとしません。上州では養蚕《ようさん》が早くから発達していましたから、蚕《かいこ》の成長に合わせた合理的な飼育を心がけ、良質な繭《まゆ》を生産し、糸を紡《つむ》ぎ、場合によっては絹織物を織るという一連の作業を女性がこなしました。発達した上州の養蚕業を支えたのは、女性たちの労働力と優れた経営感覚でした（①）。

そしてそれは大きな利益をあげ、家計を潤しました。例えば神奈川県の相模野《さがみの》台地での養蚕農家の中心的な働き手は、やはり女性でした。その相模原市に残る「村鑑」や「村明細帳」には、次のような記述があります。

「宝永《ほうえい》二年（一七〇五）当麻村『蚕、村中にて女の稼ぎに仕り、大積り金百両内外売り渡し…』。享保《きょうほう》十三年（一七二八）大島村『村中、女稼ぎに蚕仕り候…一両年は金百四、五十両にも…』。宝暦《ほうれき》十年（一七六〇）田名村『当村中にて飼い蚕仕り候て、年中女の稼ぎ仕り候て、大概金高五百五十両程、高下御座候』（②）

ここに出てくる「女の稼ぎ」は、今のお金にすると二千万円から三千万円に当たります。江戸時代の農作業を描いた「四季耕作図」は全国各地に残されていますが、そういう絵に描かれている人の姿をみると、半分近くは女性です。そこに描かれている女性は、男性と同じように力仕事もしています。江戸時代の農村の女性は、日々の労働に加え、一家の先行きの計画をも立てるプロデューサーで、まさに大黒柱といえる存在でした。

## 激しい労働で地域の農業を支えた女性たち

京女という言葉からは、たおやかで優雅な女性が思い浮かびますが、例えば洛北大原の里から薪《まき》を頭に載せて市中に売りに来る大原女《おはらめ》と白川の里から花を売りに来る白川女は、京都の働く女性の代表といえる存在です。田畑の少ない山里から、炭や薪を売って生計の助けにしていたのです（③）。

「讃岐《さぬき》男に阿波《あわ》女」という言葉があります。農繁期の夏から秋にかけて、徳島県の藍《あい》作地帯には阿讃《あさん》山地を越えて、たくさんの男性が讃岐（香川県）から出稼ぎにきていました。その中にいつの間にか阿波（徳島県）の女性と結ばれて、出稼ぎ先に落ち着くことも少なくありませんでした。そこで「讃岐男と阿波女」なのですが、どちらも働き者で、最高のカップルの誕生として使われる言葉だったのです。藍は種蒔きから始まって、苗床の間引き、苗床の害虫駆除、苗床からの採苗、本畑への移植、藍畑の根寄せ、潅水、施肥、害虫駆除、藍葉の収穫、葉藍の夜切、藍粉成し、葉藍の俵《たわら》詰と作業が切れ目なく続きます。工程のいたるところで男女が共同で作業をします。藍作農家の女性は働き者でなくては勤まらなかったのです（⑤）。

## たった一人の女性刀工と貿易商

ことは商家でも同じでした。職人の家では、女房に尻をたたかれていやいや仕事に行く男も多く、現代社会と何も変わりません。事情が別だったのは武家社会だけで、それ以外の女性は逞しく自立して生活していたといえるでしょう。自立して働いた二人の女性の場合をみます。

備中《びっちゅう》国（岡山県）はもともと刀づくりがさかんで、有力な刀工集団がいたことで知られています。備中国重《くにしげ》派です。泰平の世になって、刀工集団は各地に散りますが、幕末まで国重を名乗る刀工数は四十余名にものぼり、なかなかの勢力でした。その中にたった一人女性の刀工がいました。江戸時代に女性刀工として知られるのは、後にも先にも大月源《おおつきげん》だけです。

源は代々刀工だった伯父に育てられ、二十一歳のときに伯父の遺言で刀工を目指します。伯父からは代々伝わる秘伝を聞かされます。それをもとに修行を重ねることになるのですが、それまで女が刀剣をつくることなど聞いたこともありません。まして武士の魂である刀づくりは、封建社会では女人禁制でした。しかし伯父のたっての頼みと、代々伝えられてきた技術がここで絶えるのを見ていられなくて、源は日夜研鑽を重ねました。女のか細い力ではここが限界かと思われたとき、筑前《ちくぜん》国（福岡県）の来信国《らいのぶくに》という人物が、修行の途中に訪ねてきました。信国は源の作品を見て、その完成度に驚き、およばない所を補ってくれることを約束しました。以来源の作品は長足の進歩を遂げました。作風は総じて女性らしい柔らかさを持っています。短刀、脇差が主で、刀、太刀はありません。夫も刀工でしたが病弱だったせいか作品は残っていません。源は、文化《ぶんか》八年（一八〇八）、七十六歳で没しました。それから女性の刀工は出ていません（④）。

薪を頭上にのせて運ぶ大原女
（京都版141ページより）

長崎市の油屋の娘として生まれた大浦慶《おおうらけい》は、いわゆるお嬢さんタイプではなく、気性が激しく頭の切れる才女だったといいます。慶は十六歳のときに庄屋の息子と結婚しましたが、夫が甲斐性なしだったため追い出して、以来独身を通したと伝えられています。

その慶が東インド会社の重役のオランダ人に話します。「今はまだ日本茶は外国の方に知られていません。でも私は世界中の人に日本のお茶を飲んでいただきたいのです。嬉野《うれしの》茶の見本がありますのでこれを持っていって、日本茶を外国の人に紹介してください」。嘉永《かえい》六年（一八五三）、長崎でのことです。

安政《あんせい》三年（一八五六）、イギリス人の商人が慶を訪ねてきました。日本茶を十二万斤（七二トン）引き取りたいといってきたのです。こうして女性貿易商が誕生したのです。日本茶の輸出は大成功し、そのうち日本茶は長崎港の貿易品でナンバーワンの商品になりました。押しも押されもせぬ実業家になった慶は、維新の志士の援助を始めるようになります（⑥）。

**関連項目**

山形四章2　①群馬四章5　埼玉三章3・四章12　②神奈川四章2　愛知四章5
③京都三章3　④岡山五章5　⑤徳島四章4　⑥長崎五章5

# 50 たくましい女性たち

江戸時代の女性は、男性社会の中で男に隷属し黙々と働くだけ、というイメージをもたれがちですが、どうしてなかなかにたくましさを見せていたのです。武家を中心に江戸時代はたしかに男性優位の社会で、史料も男性中心に記述されています。しかし、地域に伝わる古文書を子細に見てみれば、表には現れにくい女性たちの生き生きとした行動を垣間見ることができます。

## 「三行半《みくだりはん》」は女性たちの自由の証明書

神奈川県藤沢市の農民の妻や娘二十五人は、名主に対する訴訟を起こしたかどで捕らえられた夫や父の釈放を願って、幕府役人が投宿中の宿へ揃って押しかけるという大胆な行動を起こしました。これとは逆に、相模原《さがみはら》市に残っている古文書には不貞を働いた農家の妻のことが書かれています。わかっている七件のうち、一件は下男と妻の密通現場を抑えた夫が二人を殺してしまいます。二件は駆け落ちしてしまって妻の行方がわからなくなっています。残り四件は許されて妻は夫のもとへ帰っています。妻にいなくなられては農家の生活が立ち行かないということなのでしょう。

若夫婦二人の農家で、夜八時頃夫が家に帰ってみると妻は不在でした。やがて帰ってきた妻を夫がとがめると、二人は取っ組み合いの喧嘩になります。二十六歳のこの妻は一つ年上の夫と対等に喧嘩し、その挙げ句家を飛び出し川に身を投げて死んでしまいます。弘化《こうか》三年（一八四六）のできごとです。この時の調書に「平生婦夫仲悪しき様子見受けもうさず」と、夫婦の婦と夫が逆に書かれています。単なる書き間違いかもしれませんが、農村の男女の地位を暗示しているようでもあります（③）。

「三行半」というと、わずか三行半の離縁状を渡して男が都合よく妻を離縁できたように思いますが、事実は少し違っていたようです。上州《じょうしゅう》（群馬県）などでは、妻が離婚したいと思い立つとまず家を飛び出してしまう「飛び出し離婚請求」が多かったと伝えられます。この場合、妻は夫に対して慰謝料（趣意金）を払うか、持参金を放棄するかのいずれかを選択するのが一般的でした。しかし、ほとんどの上州の女性は自分で働いた金で慰謝料を支払って離婚しています。中には実家が貧乏であったり、あるいは自分には蚕飼の力や糸挽《ひ》きの技術もないけれど、離婚した後に農業奉公に出るという約束で得た前払いの金で慰謝料を払い、離婚を成立させた女性もいます。嫌いな夫、あるいは生活力のない夫に多額の慰謝料を払って離婚することができたのは、彼女たちがそれを可能にする経済的実力を持っていたからです（①）。これは上州だけではなく、各地に見られることです。文久《ぶんきゅう》元年（一八六一）、埼玉県大里郡江南町の七五郎が妻みつに離縁状を渡しています。みつは七五郎のもとを家出、一年半後に本庄《ほんじょう》市の大工藤吉のもとにいたところを見つかります。交渉の末離縁状が出され、みつは藤吉と暮らすことを認められます。また秩父郡都幾川《ときがわ》村のしずは、玉川村の男と駆け落ち、連れ戻されて離縁状を渡されています（②）。

こうした離縁状（三行半）は、各地に残されていますが、それには「本来深くそして厚い前世の因縁が、たまたま浅く薄かったので、このような不幸な結果になってしまった。その責任は夫婦いずれにもない。だれと再婚しても問題はない」と書かれています（①）。つまるところ、これらの離縁状は女性の離婚後の自由を保障する性質のものだったのです。したがって、離婚したい女性たちは自ら行動を起こし、こうした離縁状を手に入れるために男のもとへ走ったり、「縁切り寺」へ駆け込んだりしたのです。

## 長旅をものともしないたくましい女性たち

埼玉県坂戸《さかど》市には、代々名主を勤めた豪農の文政《ぶんせい》年間（一八一八〜三〇）の日記が残されています。それによれば妻や子どもたち、女性奉公人たちは、私たちが考えているよりもずっと頻繁に外出しています。実家に帰ったり、近郊の寺社に参拝したり、少し遠出をして江戸へ出かけたりということを繰り返しています（②）。

女性たちの旅も、時代が下るにつれ大胆なものになっています。江戸時代は庶民の私用旅行は容易なことではありませんでした。関所手形や往来手形を名主から発行してもらう必要がありますし、費用もかかります。歩いて旅をしますから体力も要ります。「慶安御触書《けいあんのおふれがき》」には、「大茶をのみ、物まいり遊山好きする女房は離別すべし」とあるように、女性の旅行は快く思われていなかったのです。しかし、そんなことはものかわ女たちは旅へ出ました。

農家の生計は女性に大きく依存していました（埼玉版口絵より）（機織師。喜多院蔵。埼玉県立博物館提供）

神奈川県相模原《さがみはら》市に残る往来手形十三通のうち、三通は女の名前です。天《てん》保《ぽう》十四年（一八四三）、淵野辺《ふちのべ》の女五人が三十泊三十一日の旅へ出ました。みな四、五十歳代の農家のおっかさんです。箱根ヶ崎、坂戸、岩殿と泊り、坂東の札所岩殿観音や吉見観音に参詣し、五日目から秩父《ちちぶ》巡礼を始めます。高い石段や急な坂道のある寺を彼女たちは一日十六も回るたくましさをみせます。秩父巡礼で終わりかと思うと、次に彼女たちは西へ向かって泊まり歩き長野善光《ぜんこう》寺へ至ります。ついで再び小諸に引き返しそこから進路を北東にとり、日光へと行っています（③）。

## 世の中を冷静に見つめつづけた二人の女性

紀州《きしゅう》（和歌山県）には、丹念に世の移り変わりを写し取った二人の才女がいました。一人は商家の妻沼野峯《ぬまのみね》で、もう一人は和歌山藩校学長夫人の川合小梅《かわいこうめ》です。幼くして両親を亡くした峯は、天明《てんめい》五年（一七八五）のれんを継ぎます。峯の日記は寛政《かんせい》三年（一七九一）と文政《ぶんせい》八年（一八二五）の分二冊が残っています。商売の様子や子育てがきめこまかく記述されています。一方、小梅の日記は半世紀以上にわたって書きつづけられたものと思われます。幕末の激動が、女性の目を通して描かれています。とくに政治や社会を冷静に見ていたことがみてとれます（④）。離縁状、旅、行楽、そして世の中を見つめつづけた日記と、江戸時代の女性たちの姿はもっと詳細に明らかにされてしかるべきでしょう。

**関連項目**

①群馬四章5　②埼玉四章11　③神奈川四章2　和歌山四章3　④和歌山四章8　長崎四章2

# 51 子どもの行事

## 楽しみと地域構成員になるための訓練の場

江戸時代の子供たちは、現在のように遊びの器具や情報がたくさんありませんでした。そのかわり地域社会は子供を構成員の一員として、子供たちの行事を最大限の努力を払って応援しました。あくまで子供たちは自主的に行うのですが、自分たちのリーダーの指図で組織的に運営されるこうした行事は、楽しみの場でもあると同時に、社会の一員として必要な責任感や忍耐力、団結力などを養うための貴重な訓練の場でもあったのです。

## 頭を中心に子供たちの共同作業

熊本県に伝えられてきた子供組の行事を見てみます。菊池郡七城《しちじょう》町には、「馬づくり」という行事があります。毎年正月四日に行われますが、藁《わら》を撚《よ》り合わせていくつもの馬をつくり、松飾とともに家々へ届けます。この地域では十四歳を頭と呼び、下は六、七歳までの子供たちで子供組が組織されます。馬の口には「銭抜き」という縄をくわえさせます。穴のあいた銭を通すためので、今でいう貯金箱に相当するものです。家を回って馬を届け終わると、頭の家でぜんざいなどが振舞われ、皆で楽しく食べます。

小正月（一月十五日または十四日から十六日までをいいます）には、十三日の「もぐら打ち」、「かせどり」が行われます。縄や竹の先に藁束をつけ、各家の前で地面を何回もたたくのが「もぐら打ち」です。熊本市などで行われていました。「かせどり」は鹿本《かもと》郡菊鹿《きくか》町や上益城《かみましき》郡益城町あたりで行われるもので、「稼いで取る」という意味だといわれます。小さな俵（福俵）をつくったり、注連縄《しめなわ》をつくったりして各家を回ったり神社に供えたりします。

夏になると「カッパ祭り」があります。今のようにプールなどはありませんから、河の祭りをして水難が無いように祈ったのです。八代《やつしろ》市球磨《くま》川では、子供組は頭を一番大将、その下を二番大将と呼び、女の子も交えます。住職がお経を唱え、そのあとに一番大将が御幣、二番大将が笹竹を持って、向こう岸まで泳いでいって御幣を立てます。お寺へ帰ると母親たちが用意した握り飯や料理をみんなで食べます。これが終わると川で泳いでいいということになっていました。八月の月遅れの盆には熊本市の南端あたりでは「寝た牛」と呼ばれる行事があります。牛を張りぼてでつくり、竹筒の楽器をつくって音を出し、家々を回ります。最後には精霊《しょうろ》流しのように牛を川に流します。無病息災を願った行事です（⑤）。

## 厳寒の中の少年たち、春を呼ぶ少女たち

鳥取県八頭《やず》郡用瀬《もちがせ》町は、「流し雛の里」と呼ばれています。用瀬の女の子が美しく着飾って、千代《せんだい》川に雛を流す三月三日のひな祭りは、今では全国から観光客を集める有名な行事になりました。しかし、雛を流す風習は平安時代からあり、用瀬の行事もルーツをたどれば室町時代に至る古い行事なのですが、雛流し、節句、ひいな遊び、豊作祈願などが庶民の日常生活にうまく結びつき、三月三日のひな祭りとして定着したのは江戸時代になってからのことです。

用瀬の雛人形はその形、色どりともに素朴ですが気品があります。因《いん》州《しゅう》和紙の赤い紙を竹の串にはり、土を丸めて頭や顔の部分をつくります。顔に胡粉《ごふん》（貝殻でつくる白い絵の具）を塗り、その上に目鼻口を軽くあしらいます。男雛には金紙の冠をつけます。袴の部分にも金紙を用います。女雛には黒髪を描きます。衣装には赤色の和紙を使い、胡粉で白い梅を散らします。この赤、白、金の配色が見事です。この一対の男女雛を十組竹串に挟みます。この雛を桟俵に載せて流します。その日は家でもひな祭りを祝います。近くの野山や川でとれたご馳走をひな壇に供えたあといただきます。クワイ、タニシ、イモ、フキ、ワケギ、コンブや菱餅、塩ガレイなどです。ひな祭りが終われば、因幡地方に本格的な春が訪れます（④）。

トンドという小正月の行事は全国にあります。鳥取県気高《けたか》郡気高町の酒《さけ》津《のつ》のトンドは、粉雪が舞い散る厳しい寒さの中少年たちが裸で走り回ることで有名です。正月に飾りつけた門松や注連縄を外で焼くのがトンドという火祭りですが、トンドの火に当たると長生きをし、この火で焼いた餅や大根を食べると一年中健康で過ごせるといわれます。火祭りの前夜少年たちは下帯一つで、海水で清めた海草（ジンバソウ、三メートルほどの長さになります）を振りながら家々を回ります。家内安全と無病息災を祈るのです。少年たちは歳神を飾った小屋で徹夜をします。午前一時から行事があるからです。午前四時半には火がつけられます。十二歳までのおとのこが「トンドゥ、トンドゥ」と人々とともに火柱のまわりをまわります（③）。

用瀬の流しびな（鳥取版口絵より）

和歌山県御坊市には、五つの地区（字）の氏子の中から選ばれた五人の長男が、御幣を振って健康と家の平安、豊作を祈願するオトウマツリは、この地の須佐《すさ》神社に伝わる由緒あるお祭りです。毎年三月十五日に行われます（②）。

### 菅江真澄《すがえますみ》の見た秋田の子供たち

生涯を旅に過ごした菅江真澄は、秋田県に長くとどまり、庶民の四季折々の行事や日々の暮らしぶりを記録しました。その中には子供たちの生活や遊びについて触れたものも数多く見られます。真澄は雪のない東海地方で生まれ育ちましたから、雪の中で屈託なく遊ぶ子供たちにとりわけ興味を持ったようです。雪が軒を覆うように積もり、その上をはきぞりをつけた子供たちが滑り降りる様子が描かれています。

仙北郡六郷町では「竹打ち」を興味深く見ています。「六郷の竹打ち」は、小正月の行事でかまくら、竹打ち、どんど焼鳥追いなどが複合した行事です。そのメイン行事竹打ちは、町内が南北に分かれて青竹で打ち合うもので、豊作を占う予祝行事です。子供たちが夜を徹して行事に打ち込む様を真澄は、詳しく伝えています（①）。

**関連項目**

①秋田四章5　②和歌山四章4　③鳥取四章3　④鳥取四章4　⑤熊本四章8

# 52 子どもの学習と遊び

## よく学びよく遊んだ江戸時代の子どもたち

江戸時代の子どもたちは初期はともかく中期以降は、今の子どもたちとそう変わらない生活を送りました。農村部では早くから農業の手伝いをしたり、労働力としてあてにされる地域もありましたが、総じてわが国では子どもたちは大事にされ、地域ぐるみで子どもの育成に大人たちは力を尽くしました。遊び道具こそ今のように豊かではありませんが、工夫を重ねて遊びを創出していました。また、どんなに貧しくても子どもには教育を受けさせようと、親たちは努力しました。このため寺子屋は驚くほどの速さで普及し、子どもたちは寺子屋通いにも追われました。ある年齢に達すると寺子屋へ通い、地域では行事に参加し、友達同士で暗くなるまで遊ぶ、という生活を毎日送りました。その限りでは、学校へ毎日通う今の子どもたちと選ぶところはありません。

## 江戸時代の親たちも教育熱心

都市部では寺子屋に多くの子どもが通って、一つの寺子屋に大人数が通うのがその特徴でした。一校に五百人を超える寺子がいることも江戸（東京都）では珍しくなく、その上女子が多いのも特徴でした。江戸に多かった小売商人は、営業活動に夫婦揃ってあたることが多く、そのため女子でも読み書き算盤《そろばん》が必ず必要だったのです。江戸の寺子屋には五〜八歳くらいから通い出しましたが、学習は毎日六、七時間でした。毎日朝七時半頃始まり、昼食は家に帰ってとり、戻って再び学習して午後二時半頃終わりました。帰宅して「御八《おや》ツ」（午後二時半頃のこと）を食べました。それからは家の手伝いや友達との遊びの時間です。休みは毎月の定休日、五節句、年末年始、それに臨時など合わせて年間五十日ほど。授業日数は年通算三百日ほどになりました。地方の農村ではこれに加えて農繁期の休暇がありました（③）。この時はもちろん家の手伝いをするわけです。いずれにしてもあまり遊んではいられなかったのです。

寺子屋のほかにも習い事をすると、今でいう塾に通うことになるわけで、かなり忙しい毎日を送らなければなりませんでした。河内《かわち》（大阪府）の造り酒屋の長男は、十歳前後から寺子屋で学びました。同時に謡《うたい》と仕舞《しまい》に入門しています。そうして「舞二年、太鼓三年、ふえ五年、つつみ七年、うたひ十年」といわれたように、そののち長いこと修練を積んでいます。とくに謡は男子が一人前の商人になるための必須の芸でした。次男三男は華道、茶道、算盤《そろばん》などの習得を目指します。華道も茶道も江戸時代までは男の子が行うものでした。この家には三人の女の子もいましたが、共通して学んだのは手習と琴でした。一定の免状の獲得を目指したのです。男子の算盤に代わるものは、女子では裁縫でした（④）。

## 創意工夫をこらして遊びを創出

都会の子どもたちは露地《ろじ》で遊びましたが、雪国ではこれが雪の中に変わります。昭和九年（一九三四）秋田県横手《よこて》市を訪れたドイツの建築家ブルーノ・タウトは、江戸時代と変らない子どもたちの姿を「とりわけ子どもたちは冬の生活の素晴らしい点景である。また雪頭巾と女たちのはいているモンペはまるで絵の様な冬衣裳だ。橇《そり》がある。子どもたちはこれに乗って方々駆けまわるのである。冬の遊び、冬の唄、冬の祭、雪だるま、かまくら—子どもたちはこの雪室《ゆきむろ》のなかに茣蓙《ござ》を敷き、その上につつましく座っている」と描写しました。

かまくらはもともと子どもたちによって行われる祭のためにつくられたものです。雪でかまくらをつくり、それを中心にさまざまなことが行われます。綱に灯を点してぐるぐる回す火振《ひぶ》りかまくらが行われるのは、武家屋敷と枝垂《しだ》れ桜で知られる角館《かくのだて》市です。かまくらの正面に水神《みずがみ》様をまつるのは横手市です。子どもたちは甘酒をのみ、料理や餅を食べながら楽しく過ごします（①）。

新潟ではかまくらのようなものを「雪ん堂」と呼びます。中をいくつかに間仕切りして、筵《むしろ》を敷いて部屋をつくります。そこには神棚や囲炉裏《いろり》までつくられます。そこで煮炊きをしてみんなで食べます。飽きると外で雪遊びです。ままごと遊びの原型を見るような気がします。「玉栗《たまくり》」という遊びもあります。雪玉を石のように堅くして、これを相手の雪玉に打ち当てるのですが、壊れたほうが負けです。雪に塩をまぶすと堅くなるのですが、子どもたちは秘術を尽くして堅い雪玉をつくろうと必死です（②）。

横手地方のかまくら（秋田版口絵より）

## 数十万人の少年少女たちの「抜け参り」

ところで江戸時代の子どもたちの異色の行動を一つ紹介します。それは子どもたちによる「お蔭参り」です。お蔭というのは神のおかげという意味ですが、子どもたちが親や雇い主に無断で、しかも役人や領主に届けもなしに伊勢参りに出かけるのを「抜け参り」といいます。普段伊勢参宮など考えられない少年少女が、ある時集団で「抜け参り」を決行したのです。伊勢をめざす群集は「おかげでさ、ぬけたとさ」とはやし立てながら街道を通過していったと伝えられています。阿波《あわ》国（徳島県）から始まったとされるこの騒動は、宝永、明和、文政の三回が規模も大きく、少年少女の数ももっとも多かったとされます。およそ六十年ごとに引き起こされた抜け参りの大群衆が、なぜ伊勢へ向かったかは謎とされます。

親や雇い主も、あとで伊勢へ行ったとわかると許したといい、道中はお蔭参りを止めることはできないと人々に信じられていたので、通行には不自由がありませんでした。それにしても最初は手習に行っていた手習子が参宮したいといい出し、翌日には二、三十人の子供が同調して始められたと伝えられますが、それが瞬く間に数十万人の規模と全国への広がりをみせたのは不思議な現象です（⑤）。

**関連項目**

岩手四章3　①秋田四章3・5　福島四章7　茨城四章3　栃木四章8　②東京五章2　③新潟四章5　富山四章6　④大阪コラム　和歌山四章4　鳥取四章3・4　⑤徳島四章10　佐賀四章7　長崎四章3　熊本四章8

# 53 講《こう》のいろいろ

## 庶民をひきつけた富士信仰

日本には古くから山岳信仰があります。高い山、険しい山であるほどその信仰は厚く深いものとなりますが、日本を代表する富士山は、山全体が神そのものでした。この富士山に詣でるために、富士講というものができています。江戸はもとより東海・関西からも講に加わるようになり、その講数はそれこそ数え切れないほどたくさんありました。

講というのは、同じ目的をもった人たちの集団であり、お金を積み立てて目的を実現するため種々活動します。富士講の場合でいうと、富士山に詣でるためお金を積み立て、夏になると行者として参加する人をくじ引きで選んで決めていました。順番制をとる場合もあります。

講による登山者たちは、白の行衣を着て敬虔《けいけん》な信徒であることを自負し、富士御山《おやま》修行を行なうのです。まず登山口にある浅間《せんげん》神社に参拝します。江宿泊するのは「御師《おし》」と看板がかけられた家。一泊し、朝出発します。江戸の水商売人・職人・商人らは、出発の際に御師の部屋で「まき銭《せん》」をしました。それを目当てに近所の人が御師の家に手伝いに来るほどでした。

まき銭は、見栄《みえ》やご機嫌取りではありません。登山修験《しゅげん》の無事を、土地の人々みんなから見守ってもらいたいという願いがこめられています。登山途中や下山途中に滑落したり、落石に当たったりして死亡する危険があったからでした。富士講の開祖は長谷川武邦《たけくに》、後に角行東覚《かくぎょうとうかく》と改名しています。角行は、庶民にこそ一家繁栄・現世安穏《あんのん》を願う信仰が必要だと、富士講について熱心に説いたのです。（②④）

## お伊勢参り、成田詣でなど社寺詣での流行

江戸時代も後半の文化・文政年間（一八〇四〜三〇）になると、庶民の生活が豊かになり、遊山《ゆさん》といって社寺詣でが流行します。この時代の庶民が「一生に一度は」と念願したのが、お伊勢参り。江戸や大坂、そして各地の村々には伊勢講が組織され、くじ引きで選ばれた人が村の代表者としてかわるがわる伊勢神宮に出かけました。その実態は、ただ単に伊勢神宮に参詣するだけではなく、それを機に各地を観光して歩く、文字通り「一生に一度」の大旅行だったのです。讃岐《さぬき》（香川県）の金毘羅《こんぴら》参りに足をのばし、奈良を含む大和名所巡りをした後、高野山に詣でたりしました。

江戸周辺では、武蔵の川崎大師（神奈川県川崎市）などとともに成田山新勝寺（千葉県成田市）がその代表格。江戸から成田山の参詣には、俗に成田街道と呼ばれる道が利用されました。江戸から十六里（一里は約四キロ）と比較的距離も近く、道中も平坦で風景にも恵まれていたことから、老若男女を問わず広い階層に好まれ、多くの成田講が江戸にできました。

江戸から成田山参詣へは、三泊四日のコースでした（①⑤）。

## 村人たちのつながりを深める庚申講《こうしんこう》

江戸時代、庚申講は各地にさまざまな形をとって広がっています。近隣同士の連帯を強めるためにも非常に有効な方法でした。

「話は庚申の晩に」という言い伝えがあります。気のおけない近隣同士が一晩中語り明かすので、雑談の合い間に細かな相談ごともできます。いまと違って娯楽の少なかった時代には、飲食をしながら歓談《かんだん》することが何よりの楽しみでした。一晩眠らずに夜を明かす「庚申待《まち》」の風習は、いまでも福岡県内の各地に残っています。

「庚申待」は、近所の人が集まって一晩中雑談をしながら夜を明かすという行事。近隣の五、六軒から十四、五軒くらいで「庚申講」という組織をつくって行なわれます。講の主催者（講元）を順番に定めて、庚申待の晩になるとその家に講中《こうじゅう》の人々が集まります。講元の床の間には庚申様の掛け軸を掛けて、お神酒やお供え・灯明のほかに六一個の庚申ダゴ（団子）が必ず供えられます。別に七色菓子を供えるところもあります。

庚申講の御座《おざ》は日が暮れてから始まりますが、おつとめは講中の人々が床の間の掛け軸に向かった、簡単な庚申の呪言《じゅごん》を唱えながら拝む程度のものです。時には盲僧を呼んで、琵琶《びわ》読経《どきょう》をしてもらうことがありました。

伊勢参宮講の定宿講札（三重版249ページより）

おつとめの後は、講元の用意した料理が出され、酒を酌《く》み交わしながら賑やかな談合の場となります。

庚申信仰が民間信仰として広まったのは、江戸時代に入ってからのようです。農村では、冠婚葬祭はもちろん農作業や村内の仕事（道つくりや川浚《さら》えなど）もすべて共同作業でやってきました。そのため、もっとも大切なことが近隣の結束でした。これは町部や漁村の生活でも同じ。庚申講など信仰行事の集まりは、その結束のための大事な機会でもありました（⑥）。

## 村人たちの生活に深く根付いた御講《おこう》

越中国（富山県）では、十五世紀後半、浄土真宗（一向宗）が飛躍的に発展しましたが、それは蓮如《れんにょ》によってつくられた御講と呼ばれる寄り合い（講社《こうしゃ》）を通じて、村人たちの生活に深く根付くなかでのことです。

講は、奈良時代は仏教経典を講義する法会《ほうえ》を意味しました。平安時代には、信者が毎月定まった日に集まり、仏・菩薩・高祖《こうそ》の像を礼拝し、その教えを称える会合のことをいうようになり、鎌倉時代になると、御講に集まった信者たちが、金銭・穀物・野菜などを出し合って、仏教行事を営むようになりました。親鸞《しんらん》によって開かれた浄土真宗では、御講が本格的に現れたのは、第八代蓮如（一四一五〜九九）の時代からといわれます。

蓮如は、北陸の信者にあてに「御文章《ごぶんしょう》」と呼ばれる手紙を出し、「お念仏の教えを熱心に聞くこと」といい、教団発展のため、寄り合い・談合を奨励しています。文明年間（一四六九〜八七）以降、真宗では、明確な組織づくりがなされたことによって、寄り合いは、たんに宗教的集まりとしてだけでなく、村の政治的結合体としての性格を強めていくようになりました。同時に、村人の憩いの場となったのです。（③）

**関連項目**

宮城四章8　①千葉四章3　②東京七章4　③富山四章2　④静岡四章4　三重四章1　⑤大阪五章5　⑥福岡四章2　佐賀四章1　鹿児島四章12

# 54 年中行事

## 開放的、賑やかな商都の年中行事

暮らしのなかにリズムと季節感をもたらす年中行事は、郷土色がそのまま現われます。江戸時代に村づくりや町づくりが進み、地域産業が発展するなかで、年中行事の地域性も豊かになっていったといえるでしょう。

養蚕《ようさん》王国として発展した上州《じょうしゅう》（群馬県）高崎《たかさき》は、「お江戸みたけりゃ、高崎田町、紺ののれんがひらひらと」といわれるほどに、絹の取引を中心に栄えました。その高崎の町の人びとの生活を記録した『閭里歳時記《りょりさいじき》』（安永九年＝一七八〇）から、一月からの行事をみてみましょう。

正月は、そば粥《かゆ》またはうどんで祝い、一家の主人は朝つくった料理を門松にあげ、一年の無病息災を祈ります。町中は年始客で賑わい、人びとは屠蘇《とそ》をいただき、子どもにもすすめ、家にお年賀に来た人には蓬莱《ほうらい》（新年の祝儀に、三方の上に白米を盛りいろいろな縁起のよい飾りをつけたもの）を配って祝いあうのです。七日は七草粥の日。十日は田町の初市で、市の神様の牛頭天王《ごずてんのう》が祀《まつ》られ、非常な賑わいです。お宮の周りの商人の家では屋根から餅を投げ、一年の福が授けられるというこの餅を人びとは争って拾います。十四日はどんど（どんどんやき）の日。子どもたちが太鼓や笛などで囃《はや》しながら町をまわり、正月飾りや松竹などで「舎《いえ》」をつくって、川原に引き出して焼きます。正月飾りを下げたあと家々では、繭《まゆ》・養蚕の豊作を祈って米粉団子《だんご》を榎《えのき》や柳の枝にさした「まい玉」を飾ります。二十六日は藩主、松平氏の祖先、源頼政《よりまさ》の祭礼の日で、この日に向けてたくさんの人が高崎にやってきます。

二月になると、三河万歳《みかわまんざい》がやってきて賑やかで明るい雰囲気をかもし、下旬には雛《ひな》の市が立ち、江戸や京都からの雛人形が店頭に並び、いよいよ春本番です。このように、開放的で多くの人がやってきて交流し、商売繁盛を祈り祝いあう商都の年中行事が繰り広げられます（①）。

## 稲作の祈りを込めた農村の年中行事

農村では、とくに稲の豊作を祈り、災害を避け、収穫を祝う行事が、季節と農作業の流れのなかで営まれてきました。鳥取県の年中行事は、豊作の「予祝《よしゅく》」すなわち新しい年の豊作を願って農作業の所作などをして祝う前祝いでスタートします。

大晦日《おおみそか》はいろりに火を燃やしつづけ、夜を徹して年神様に仕え、元旦になって若水汲み・初詣などをしてから家族は眠りにつきます。これを「グロを積む」「大グマを積む」といいます。グロ・クマとは稲束を立木などを芯にして積み上げたものです。種籾はグロの状態で眠っている間に元気を蓄え豊作の準備をしているのですから、人もこれにあやかって眠ることで豊作を引き寄せられると考えたのです。そして起きるとき、八頭《やず》郡では大人なら「大穂がぶらぶら」、子どもなら「小穂がぶらぶら」と唱えます。

元旦か二日か地域によって違いますが、「縫《ぬ》い初《ぞ》め」「山入り」が行われます。縫い初めは、紙袋を縫ってそのなかに一升二合（十二カ月の意）の米を入れて年神様に供えておき、初田植えの日か田植え終了の日に、この米を炊いて田の神に供えます。また、山入り行事でとってきたウツギなどの木を、先端に小縄をかけて稲穂がたれたような状態にして神棚などに祀っておき、田植え時に縫い初めの米を炊くさいの薪に使います。

三日は「かぶら煮」といって、細切れにして煮たかぶ、大豆もやし（稲の芽に見立てたもの）、わらび（稲の苗に見立てた）三本、お盆に盛り上げた練り小豆（田の畔に見立てた）と、紙に包んだご飯の五品を氏神様に供え豊作を祈ったのち、家に持ち帰って年神様に供えます。

六日が「鳥追い」で、七草をのせたまな板をたたきながら、「唐土の鳥が…」と歌って、作物を荒らす害鳥・害虫による被害の回避を願います。十一日は「田打ち（鍬《くわ》初め）」、十四日が「飾りおろし（とんど）」、「きつね狩り・（ブイブイ正月）」、十五日が「なるかならんか」「管《くだ》漬け」、節分の夜が「豆占い」と、冬中かけて、農業にとって大事なことを一種予行演習的に行って神々に祈り、占い、まもなく春の農作業を迎えるのです（③）。

## 神仏とのかかわり深い古都の年中行事

鹿の角伐り（『春日大社』、奈良版245ページより）

古都、奈良の町に元旦の夜が明けかけるころ、「俵《たわら》迎え、俵迎え」と大黒天の木版刷りを売る声が聞こえてきます。この日、人びとは、何はさておき春日大明神にお参りします。春日神社は、七六七年に藤原永手が創建したと伝えられる藤原氏の氏神ですが、その後のこの土地の守護神として広く人びとに信仰されてきました。一家一門の親族が連れだって参詣し、その一門の数が多いほど評判が高いものです。

こんな風にして、古都の一年が始まりますが、人びとの暮らしはこの地に祀られた神仏と深いかかわりをもちながら、長い歴史のなかで培われた多彩な四季折々の行事とともに営まれています。一年間の主な年中行事を掲げてみます（②）。

一月　一日　春日神社参詣初め　丑の日　若草山山焼き
　　　五日　南市・北市・高天市初戎　十五日　とんど・興福寺心経会
二月　一日〜十四日　二月堂お水取り　七日〜十四日　薪能
　　　二の申日　春日祭
三月　五日　東大寺華厳会　二十五日　般若寺文殊会
四月　八日　興福寺仏生会
五月　二日　東大寺聖武天皇御斎会
六月　三十日　町方茅輪祓
七月　二十四日　地蔵盆
九月　三日　東大寺八幡宮祭礼　十二日〜十三日　御霊社祭礼
十月　上旬ころ　鹿の角伐り　十日〜十六日　興福寺維摩会
十一月　上の申日　春日祭　二十七日　春日若宮祭
十二月　八日　大煤払い　三十一日　庭竈

**関連項目**

岩手四章5　宮城四章4　秋田四章1・2　①群馬四章6　②奈良四章2　和歌山四章3　鳥取四章4・③7　広島四章1・3　佐賀四章1　長崎四章1　熊本四章8

# 55 さまざまな生活慣習

## 子どもの成長を祝う登拝《とうはい》習俗

青森県三戸町の泉山集落は、名久井岳の西の麓に広がる水稲・りんご・ブドウなどの生産を主とする豊かな農村です。その泉山に「月山《がっさん》の初参り」と呼ばれる珍しい行事が続いています。名久井岳の峰の一つ、月山頂上の月山神社奥殿へ数え年七歳の男子が登山、参拝するしきたりです。

初参りは厳しい行事で、戦前の初参りでは、七歳児は七日間、肉や魚を断ち、冷水を浴びて心身を清める精進潔斎《しょうじんけっさい》を行ないました。この精進期間、食べ物の煮炊きには、家族用炊事の火と別の火を用い、父・兄などすべて男手で行ないます。初参りは七歳から三年間続けますが、この厳しい精進潔斎は、初年度以外は三日間ですませています。

しかし現在では、この厳しい精進潔斎は初参り当日だけ。その日、七歳から九歳までの男子は、朝、真っ裸となり、冷水を浴びて心身を清めて、月山神社に集まります。神官のおはらいを受け、父兄に付き添われて月山山頂の奥殿を目指して出発、一時間半ばかりで頂上に到着します。

奥殿の神前に、おみき・にしめなどを供え、同行した神官のおはらいを受けて一同参拝の後、子どもたちは弁当を開きます。

帰路は、登山のときとは別の道を下ります。途中、薬師さま・稲荷さま・お不動さまなど多くの祠《ほこら》や小さなお堂などに、お賽《さい》銭を供えながら下ります。初参りは雨天でも必ず決行します。

泉山から他へ嫁いでも、男の子が生まれると七歳児の初参りには、現在でも必ず村に帰ってこの行事に参加します（①）。

## 一人で産む、産小屋の慣習

敦賀《つるが》市をはじめとする若狭《わかさ》湾沿岸には産小屋という慣習があり、昭和四十年代ころまで産小屋が存在し、利用されていました。これは出産のけがれを忌み、産婦を隔離するためのものでしたが、結果的に、日常の雑事や他人の目から解放され気兼ねなくお産ができるので、これらの産小屋は、生命を産み出すためになくてはならない大切な村の施設でした。

若狭湾沿岸の集落では、産小屋はサンゴヤ・オサンゴヤ・コヤ・コヤド・オビヤ・オンビア・オーゴト・オクゴヤなどと呼ばれ、また産後初めて神棚のある台所へ出ることをコヤアゲといったり、出産祝いの金品をコヤミマイ・コヤンマイともいいました。産院で出産すようになる以前は、初産は実家に帰ってするのがほとんどでしたが、これらの用語の分布から、かつては広く産小屋の慣習があったと考えられています。

産小屋のない集落では、納屋の土蔵・土間・下屋などの、日光の射し込まない部屋を産室に当てていました。このように日陰の粗末な場所が、出産という重要な任務を成しとげる場所に選ばれたのは、一般的には、日本人の民俗社会における浄穢《じょうえ》観念がこれらの慣習の根底にあるからだといわれています。白不浄《しらふじょう》（出産）、赤不浄（月経）、黒不浄（死）と呼ばれる三つのケガレが、日常の生活を深く規制しているのです。

陣痛のことを「ハラゲづく」とか「ケづく」「コバラがいたむ」といいますが、このような出産間際の状態になると、いよいよ産小屋にこもり、一人で出産し寝とまりします。産小屋の入居期間は土地によって一定していませんが、敦賀市立石では、出産の日から数えて長子二十八日、次子以下は二十一日、同白木では男児二十三日、女児二十四日と決められていました。白木では、つい先年まで産小屋が使われていましたが、市街地の産院で出産するようになってからは、産小屋は退院後にしばらく静養する場所になっていました（②）。

### 家の継続と繁栄のための隠居《いんきょ》慣行

隠居が制度化されるのは明治時代になってからですが、江戸時代には慣習として民間に定着していました。家長が生存中に相続者を決めて家督や財産を引き継ぐということは、家を発展させていくうえで、欠くことのできない条件だったのです。

昭和二十二年（一九四七）に改正された新民法で「家」制度が廃止され、財産はすべての子どもが均等に相続することになり、家長権とともに家督相続はなくなりましたが、現実社会では、家督相続・財産相続の慣行があり、両者を合わせて「家の相続」と考えていることが少なくありません。

敦賀市と敦賀半島（福井版227ページより）

また、家長が生存中に相続者を決め、家長権をゆずるのは、家の発展を願ってのことでした。家長の地位や財産などを相続人にゆずって隠退生活に入ることを「隠居」といい、その実際は地域や家によって相違がみられますが、かつては隠居慣行とでもいうべき慣習がかなり定着していました。

土佐（高知県）の山村でみるとその形態は多様ですが、一定の年齢になると生産活動は続ける一方、家長の地位や財産は相続人にゆずり、村・親族との交際など対外的責任から解放されています。同居したまま隠居する場合（同居隠居）もありますが、屋敷内に小さな隠居屋を建てて隠居者夫婦だけが移る場合（別居隠居）もあります。例えば、家長が六十歳を過ぎると、屋敷内に隠居屋を建てて隠居。もうそのころには、次男以下の子どもたちはほとんど家を出ているので、老夫婦だけの生活になります。長男が嫁をもらって初孫が生まれると、親は次男以下を連れて隠居屋へ移るという地域もあります。また、長男が三十歳くらいになると、親がまだそれほどの歳でなくても対外的な面では隠居することもあります。

土佐の農山村では、こうした隠居の慣行があり、早めに相続者を決めることで、先祖伝来の土地や財産が確実に守られ、農村社会の経済基盤が維持されたといえます（③）。

**関連項目**

①青森四章4　石川四章8　②福井四章3　鳥取四章6　③高知四章5　熊本四章4

# 56 歌と祈り

江戸時代幕藩体制の政治的・経済的支配や侵攻にさらされ、その影響を受けながら、沖縄とアイヌの人びとは独自な文化と暮らしのあり方を守り続けてきました。そこには、古来日本列島で人びとが培ってきた自然観、世界観、生活観の原像がうかがわれます。

## 沖縄―海のかなたから迎える神々への讃歌

周囲を海に囲まれた沖縄の人びとは、海のかなたにミルヤ・カナヤ（ニライ・カナイ）という理想郷を思い描いてきました。祭りの時期になると、ミルヤの神様は船に乗りあるいは蝶に変身してこの世界に現われて一年の幸福、健康を祝福し、豊穣を約束して、またミルヤ・カナヤに帰っていきます。そうした信仰の世界を、一五三一年から一六二三年にかけて首里《しゅり》大府によって編纂された沖縄最古の歌謡集『おもろさうし』に収められた叙事詩オモロからみてみましょう。

○あらかきのもりのふし　　○新垣の森の節
一　あまみやみるやにや　　一　アマミヤ、ミルヤ仁屋
まきよゑらてすおれたれ　　マキヨ（村）を選んでこそ降りたれ
もゝすへてつられ　　百末まで手摩られ
又　しねりやみるやにや　　又　シネリヤ、ミルヤ仁屋
ふたゑらてす　　フタ（村）を選んでこそ
又　あらかきのみやに　　又　新垣の庭に
又　おきおふちかみやに　　又　大祖父が庭に

これは、「ミルヤの神様、遠くミルヤからようこそ私たちの新垣村を選んでおいでくださいました。いつまでも祈願をしておもてなしいたしましょう。村に繁栄と豊穣をお恵みくださいますように」という意味です。

ミルヤ・カナヤからもたらされる幸いは穀物の豊作であり、暴風雨のあと流れ着く杉の大木だったり、異国からもたらされる文物や鉄製の農具・武具だったりします。いっぽう、稲をおかすネズミや害虫、侵略してくる大和勢力など不幸の元凶を追いやる空間もミルヤ・カナヤでした。オモロには新生した朝日への讃歌がたくさんあります。太陽が、活力を失い夕日となって沈んでいき、再び若い生命力と活力を蓄える場所がミルヤ・カナヤと考えられたのです（②）。

## 神と交流する女性の役割と共同体の絆

沖縄北部の塩屋などで旧暦のお盆に行われる「ウンジャミ」は、海から訪れる神を迎える豊作予祝行事です。この儀式は女性中心に進められ、五穀豊穣を祈り感謝をささげます。身を清めた神女を乗せた船の競漕と、海中に入って囃《はや》したてる女性たちの踊りや歌で祭りは頂点に達します。

このように沖縄では、神に祈りをささげてその祝福の媒介になることができるのはほとんど女性にかぎられていました。女性は男兄弟を守護する霊能をもつとされ、琉球王国の王家で、また民衆の各家で、村の守護神を祀る御嶽（うたき）を中心とした集落共同体（シマ）で、男性が行政の運営を行い、女性が宗教的なものを司ってこれを守護し補佐するしくみがありました。厳しい自然条件と孤島という立地条件のもと、愛情深い神の加護

を信頼しながら、人びとは絆を強め相互扶助と団結心の強い共同社会をつくりあげてきたのです。『おもろさうし』からもう一篇紹介します（②）。

○はつにしやが節
一 あかるいのみつたけ
みつたけはめおり
あれみるろのろのろ
きもちよくもちよわれ
又 てたかあなのみつたけ

○初北風の節
一 東方の美しき御嶽
美しき御嶽はみえたぞ
あれみえたぞ、神女のお姿が
心を強くもて船子どもよ
又 太陽の穴の美しき御嶽

## アイヌ―自然との共生、神々との交流を謳《うた》う

アイヌの人びとは、衣食住のすべてにわたって自然の恵みをよりよく活かし、ほかの生き物たちとの共生を基本にした生活文化を築いてきました。自然の出来事や動植物、自分たちがつくり出した道具などすべてが、神の国から命じられて、人間の役に立つために姿や形を変えて地上にやってきたものである、という考え方によって生活を営むとともに、歌や物語によってそれを伝承してきたのです。

国頭村のウンジャミ（沖縄版189ページより）

アイヌの暮らしのなかから生まれた口伝えによる物語が、叙事詩ユカラです。ユカラには大きく分けてカムイユカラ、ユカラ、メノコユカラがあります。カムイユカラ（神謡）には神のほうからアイヌにこうして欲しいといった注文が盛り込まれている話と、神が神自身のことについて語る話があります。ユカラ（英雄叙事詩）は、少年英雄の波乱に満ちた生涯の物語、メノコユカラは女が語る叙事詩です。

アイヌの祭りや祝宴をはじめさまざまな行事では、神への祈りの式（カムイノミ）が行われ、そのとき演じられる歌と踊りには、うえで述べたような大切な意味が込められていました。熊送りの儀式のあと全員が輪になって踊る踊り（イヨマンテリセム）は、これをみた神々が、人間との楽しいひとときをすごしたくなって、ふたたび地上に（毛皮や肉などのお土産をもって）遊びにきてくれるようにするためといわれます。いつも神々の遣わした生き物とともにあるアイヌには、女性たちがやさしく美しく鳥や動物たちのまねをする踊りも多くあります。「鶴の舞」では、次のように鶴の親子の愛情が鳴き声や羽ばたきによって表現されます。

○チカップ＝ウポポ（鶴の舞）
ホロロ　ホロロ　アウーマ　ハエイー
ホロロ　ホロロ　フッタッタ　フックーエ（繰り返し）

アイヌの民話（ウウェペケレ）には、人と神と生き物たちなどが交流する物語を通じて、自然の恵みは人間だけのものでなく分かちあうべきこと、小さな生き物にも命がありそれを守ってあげなければならないこと、人に対するやさしさをもつべきことなどの教えが込められています。この話によって、世界観・価値観・善悪観や生活の知恵が共有されたのです（①）。

**関連項目**

①北海道一章全体・資料編、②沖縄四章全体・五章6

## 57 説話・伝説・とんち

日本各地で今に語り継がれている数々の民話は、江戸時代も盛んに村々で語られていました。いくつかの代表的な話を紹介します。

**熊本――彦一頓智話　たぬきの饅頭《まんじゅう》**

八代《やつしろ》一の古だぬきと彦一《ひこいち》は、いつも騙《だま》しあっていました。あるとき、たぬきが通りかかり「彦一ちゃん、あんた何が一番恐ろしいかね」と尋ねたので、彦一は困った顔をして、「そうな、饅頭は見るとふるいあがっとたい」と、まじめに答えました。幾日かたったある日、たぬきは、饅頭を彦一の家の中へ、いっぱい投げ込みました。彦一は、こらぁ、よいことをしてくれたと喜んで、饅頭を腹いっぱい食べました。騙されたたぬきは、今度は、一晩中かかって彦一の畑の中に石ころを投げ込みました。翌朝、彦一は、畑を見て驚き、「こらぁ、だれがよかこつば（よいことを）してくれた。これが馬の糞《くそ》だったら、おおごつ（えらいこと）だったばい」と言いました。たぬきはまた騙されたと思い、石ころを畑から取り出し、村中の馬の糞を拾って投げこみました。次の朝、彦一は畑を見てにっこりし、「こりゃ困ったことをしてくれた」と言いました。たぬきは満足そうに帰り、おかげで畑は肥え、村に馬の糞はなくなり、村は美しくなりました。

**長崎――勘作《かんさく》ばなし　大村うなぎと諫早《いさはや》うなぎ**

ある雨あがりの日の午後、勘作さんは隣の諫早（諫早市）の川に魚が多いうわさを聞いて、うなぎ釣りに行きました。すると釣り糸をたれた場所に近くの諫早の人が来て、「お前は見かけぬ者だが大村の者だろう」と尋ねましたので、「そうだよ」と答えました。諫早の人は大そう怒って、「大村の者が諫早に来てうなぎを釣るとは、おうちゃくなやつ、こらっ、諫早のうなぎを釣ることは許さん。やめろ、やめないか」と、どなりたてました。それでも勘作さんは平気な顔をして、見向きもしませんでした。「おいこらっ、こらっ、言うことをきかんと痛いめにあわせるぞっ」。諫早の人は次第に激しく怒って、つめよりました。勘作さんは煙草に火をつけ、落ちつきはらって言いました。「やかましい人じゃのう、私は諫早のうなぎは釣りよらん」。人を馬鹿にしたような勘作さんの態度に、なお気を荒くした諫早の人は、さざえのようなげんこつで今にも叩きそうな気配です。「なにっ、諫早のうなぎは釣りよらぬと。目の前で釣っているじゃないか」と、いきりたって雷が落ちそうなけんまくにも、勘作さんは落ちつきはらって餌をつけかえては、「どれ、もう一つ大村うなぎを釣るとするか」、こう言って、また釣り糸を川に投げました。まもなく小さなうなぎが掛かってきました。「やあ、諫早うなぎが食いついたぞ、これは捕ってはいけないのだ、それ逃げろ」と言っては、川の中に放ちました。次に大きなうなぎが掛かってきました。勘作さんは、さも見分けがつく自信たっぷりのしぐさで、「こりゃ大村うなぎだ、ありがたい」と、ひとりごとを言ってはびくの中に入れていきます。これをくり返すうちに、大きいびくはいっぱいになり、勘作さんは竿を肩にさっと帰ってしまいました。諫早の人は、あきれて見送るばかりでした。

**三重――権兵衛《ごんべえ》伝承　カラスと権兵衛**

権兵衛が父の兵部《ひょうぶ》と移り住んだころの便《びん》ノ山村は、荒れた原野ばかりでした。その荒野を父子二人でせっせと耕し、りっぱな田畑に開墾していきました。父の死後も権兵衛はよく働き、草を刈っては堆肥にし、ついには村一番の篤農家《とくのうか》といわれるほどになりました。村の収穫がすむと、田を畑として麦まきがはじまります。麦の種をまいていくと、カラスが来て食べてしまいます。しかし権兵衛は、そのカラスをいっこうに追おうとはせず、あいかわらずせっせと種をまいていきます。ときどきふりかえってカラスを見つめる目は、「カラスよ、お前もひもじいであろう」というまなざしでした。権兵衛の性格は観音《かんのん》さんのように慈悲《じひ》そのもので、カラスだけでなく、生きものすべてにかぎりない愛情をふるそそいでいたのです。こうした権兵衛の、物にこだわらないやさしい気持ちが村人たちに伝わり、村人の権兵衛を見る目は尊敬にかわり、村人たちから「権兵衛さん」と親しみをこめてよばれ、今でもつぎのような歌がうたわれています。

権兵衛が種まきゃカラスがほぜくる／三度に一度は追わずばなるまい／ズンベラ　ズンベラ

狐退治の相談（鹿児島版119ページより）

（『大石兵六夢物語』）

**長野――入野谷の孝行猿**

ある冬の日、勘助《かんすけ》は猟に出かけて一日中歩きましたが、今日は運わるく兎一羽とることができずに苛立《いらだ》った気持ちで山から下りてきました。すると家の近くの大木に猿が登っているのが目にとまりました。猟師たちは猿を射《う》つことはあまり好まなかったし、家の近くでもあったので気味悪く思いましたが、今日は獲物《えもの》が何もないので、猿でもいいわいと鉄砲の筒をこの大猿に向けてズドンと一発放ちました。猿はころりと落ちてきたので「猿でも仕様がないわ」と独り言をいいながら家の中の炉の上へ吊るして焚火《たきび》に炉の灰をかけて保温の手順をしてからその晩は早々と床に入りました。勘助は、母親のない一人息子の与曾松《よそまつ》に添寝《そいね》して眠っていましたが、夜中にガタガタという物音に目覚めました。昨夕の猿が生き返ったのではないか、と音のする炉辺《ろへん》をそっとのぞくと灰をかけておいたはずの炉の火が赤々と燃えています。驚いたことに小さな猿が三匹炉の周囲に手をかざしたり何かのしぐさをしています。じっと息をこらして見ているうちに、この子猿たちは焚火で手を温めては一匹ずつかわるがわる親猿の鉄砲の鉄砲口を温めているのです。勘助はじっと息をこらしてこのしぐさを見ているうちに、今まで長いこと殺生を続けてきた自分の半生をつくづく後悔しました。俺は生きているものの命を奪うことばかりしてきた、何も知らずに傍ですやすやと眠っている母親のない与曾松の額に顔をこすり寄せて「与曾松、おっとうがあの親猿のような目にあったときは、おめえどうする」と語りかけ、今日限り殺生は一切やめると神仏に誓ったのでした。

**関連項目**

①長野四章2　②三重四章6　徳島四章11　③長崎四章6　④熊本四章7　鹿児島五章4

# 58 生活から生まれた祭

全国的に知られる大きな祭も、集落単位で営まれる小さな祭も、その多くは江戸時代に祭としての形を整えて発展しました。そして、その源には、地域の人々が生産と生活の安定や集落社会の繁栄と平穏を祈り、子どもたちの健やかな成長を願って行ってきたさまざまな行事・神事が母体となっています。

## 豊作・健康祈願から巨大イベントへ

津軽のねぶた（ねぷた）祭は、その原型は各地で広く行われていた旧暦七月七日の「眠り流し」にあるとされます（①）。

夏の暑い日に、農作業の妨げになる眠気を追い払うために、水浴びをしたり、ねむの木や豆の葉を川へ投げ込んだり、ワラの灯篭《とうろう》を流したりするなど、真夏の豊作祈願の行事が眠り流しです。この行事のなかの火祭と「流し」の要素が合わさってできたものがねぶた祭りと考えられています。町をねり歩いたあと、灯篭を川に運んで流すとき「ねぶたは流れろ、豆の葉はとどまれ、いやいやいやいやよ」と唱えたのはその現われといえます。

江戸時代には、全国との物資・文化の交流が進み、地域産業・経済が発展する中で、例えば灯篭に使う紙やローソクの生産・流通が増え、大きな灯篭をつくることが可能になってきます。天明《てんめい》八年（一七八八）の絵図では、灯篭の頂部にたくさんの飾りがあり、「篭の大きさは二、三間（一間は約一・八メートル）から四、五間で、笛・太鼓ではやしながら夜行する」とかかれています。

さらに江戸時代後期になると、灯篭の形は従来の箱型から人形灯篭（人形ねぶた）に発展し、その飾りも精巧なものになり、幕末頃には高さ五間、さらには九間というものも出るなど巨大灯篭時代を迎えます。

こうして町のエネルギーが爆発したねぶたも、明治初期には、「野蛮である、喧嘩の場になる」との理由で禁止の事態を迎えますが、やがて取締り規則をともなって再開許可が下ります。弘前ねぷたの灯篭が扇型に発展していくのは、その後のことです。

## 自治の伝統にはぐくまれた祭

博多っ子が一丸となって取り組む「博多どんたく」とそれに続く「博多祇園山笠」は、古代・中世から対中国貿易で栄え、室町時代に最盛期を迎えた自治都市の伝統のもと、町民が暮らしのなかからつくりあげてきた祭です（④）。

現在五月三、四日に行われる「博多どんたく」のパレードのなかの「松ばやし」は、江戸時代には旧暦正月十五日に行われていました。松ばやしは、もともと年の初めに繁栄を祈って山から神の依代《よりしろ》である松を切ってきて家に迎えるという行事に、音曲が加わって芸能的なものに発展したとされます。やがて人びとが宮廷や幕府、勢力のある家などを訪れて七福神の舞など祝いの舞を披露するという形をとり、室町時代に最盛期を迎えました。

江戸時代の博多松ばやしは、博多町人が年に一度福岡城を訪れ、黒田の殿様に祝言を述べ、殿様から酒肴《しゅこう》をいただくという、都市らしい祭でした。

「博多祇園山笠」は、古く平安時代に始まった京都八坂神社の祇園会《ぎおんえ》の流れを汲み、夏に流行病の退散を祈る行事だったとされます。元禄時代の記録では、六月十五日、六本の大きな「作り山」をこしらえ、その上に人形をすえ、衣服甲冑《かっちゅう》を着せ、刀槍を持たせ旗や幟《のぼり》をささせ、さまざまな場面をつくってこれを担いで神前に奉納したのち博多の町中を回った、暑い時期なのに見物人が町にあふれ返った、とあります。

このような、松ばやしも祇園山笠も、近世初期にできた博多の町割りに発する町組織である「流れ」が基礎となり、七つの流れを中心に当番・役割が決められて準備・運営されてきました。そして、それぞれの流れに属する町には、子ども・若手・中年・年寄りという年齢組織があり、祭を軸とした地域の営みを指導し伝承していく仕組みができていました。

## 地域の個性を表現し、伝承する祭

勇壮な「左義長まつり」（滋賀版口絵より）
（滋賀県観光連盟）

人びとの暮らしの願いや祈りをベースに、室町・江戸時代に盛んになった文化・芸能のひろがりを受けて地域固有の祭りが発展しました。その背景には、自立した村や町の形成と民衆の力の蓄積、物産・経済の成長があります。そして、地域地域で個性的に生み出された祭は、地域の自治、地域の文化のシンボルであり、それを伝承する場でもあったのです。このような祭が江戸時代には、全国の村や町でさかんになりました。

高知市長浜の若宮八幡宮で行なわれる「どろんこ祭」は、神事のあと早乙女たちが逃げ回る男性たちを追いかけて、その顔に泥を塗るという陽気で開放的な祭りです。稲を育てる泥に対する信仰と、女性の巫女《みこ》的性格に裏打ちされた、豊作と健康を願う行事であるとされます（③）。

滋賀県近江八幡市で三月に行なわれ天下の奇祭ともいわれる「左義長《さぎちょう》まつり」は、全国で活動した八幡商人たちが、氏神である日牟礼《ひむれ》八幡宮の祭礼への参加を求めるなかで、江戸時代中期に町ごとに競って左義長をつくり奉火（奉納して神火をつけて燃やすこと）するようになったものです。農村部の小正月行事のトンド焼きに共通するものですが、左義長の規模の大きさ、山車の飾りの丹精、技術とその競い合いなど、町住民の創意と経済力によって、この地域ならではの都市的祭として発展し、受け継がれてきました（②）。

**関連項目**

①青森四章7　宮城四章5　秋田四章4　茨城四章5　栃木四章4　山梨四章7　岐阜四章5　愛知四章3　②滋賀四章7　広島四章2　山口四章7　③高知四章3　④福岡四章4　長崎四章4　大分四章3

# 59 祭を育てたエネルギー

新しい町がつくられたり、藩主が変わって新しい国づくりが求められたりするとき、政治・経済システムや交通・生産基盤といったハード部分の整備に加えて、祭が地域づくりの一翼を担いました。初めは、藩主などによる指令やテコ入れで始まった祭も、やがて庶民のエネルギーが結集して、地域を支える精神的なシンボルとなっていきます。

## 山車《だし》は古今東西にわたる知と教養、表現力の競演の場

天下分け目の関ヶ原の戦で勝利した徳川家康が、征夷《せいい》大将軍となって江戸に幕府を開いたのは慶長《けいちょう》八年（一六〇三）のこと。それから三十年余りのちの寛永《かんえい》十一年（一六三四）には、早くも山王権現《さんのうごんげん》の祭礼である山王祭が将軍上覧の天下祭となり、神田明神《みょうじん》（現在の神田神社）の祭礼である神田祭は元禄《げんろく》元年（一六八八）に天下祭になったとされます。

この二つの天下祭を支えたのが、神田川を境にして北東に住む神田明神の氏子《うじこ》と、南西に住む山王権現の氏子でした。山王祭の行列を盛り立てたのは、百三十余りの町から四十六台も出た華やかな山車です。各町の氏子たちは毎年趣向をこらし、山車は次第に豪華・華麗で高価なものになり、祭の前から評判が立ち、行列の編成や山車の作りを紹介する冊子、浮世絵が売り出されるほど。その山車のテーマといえば、十二支・七福神・合戦物・風景・習俗があれば、二四老莱子《ろうらいし》・石公張良《せきこうちょうりょう》・西王母《せいおうぼ》など中国の故事・伝説、高砂《たかさご》・氷室山《ひむろやま》など能楽の曲目、記紀神話に題材を求めたり、というように実に多彩で、つくる方もこれを鑑賞し、あれこれ評価した圧倒的多数の江戸っ子たちの水準の高さに思いを致すべきでしょう。

天下祭としてほかに根津《ねづ》権現祭も始まり、また下町では浅草三社《さんじゃ》祭・深川八幡の祭、両国川開きの隅田川花火などが江戸っ子の血を騒がせます。縁日の寺社詣でが盛んになり、その案内書も出て、新しい首都は祭・縁日で彩られて、活気ある生活文化ができていったのです（②）。

仙台では、徳川家康を祀《まつ》る東照宮が承応《じょうおう》三年（一六五四）に完成しています。藩祖伊達政宗によって仙台城下町の建設がされたのは慶長五年でした。関ヶ原の戦や大坂の陣で徳川方についた政宗は徳川一門に名をつらねたこともあって、城下町ができて五十年後には東照宮の勧請《かんじょう》・建設となったのです。そして、完成の翌年にはさっそく祭です。日は農繁期を避けて九月十七日。藩は城下の有力商人や町に山車を出させています。

祭の行列の中心は神輿《みこし》で行列の前後は武士で固められましたが、山車や幟《のぼり》、奴踊りなどは一般町民が参加しました。山車には責任者の名前が記されています。当時武士以外は苗字をつけないという身分制度のなかで、商人たちは店の屋号や職業名・町名などを名前の上にのせて表示し、祭にかける心意気、その経済力を示しています（①）。

## 藩主の祭礼に漁師・民衆が花を添える

松江城内にある稲荷の御神霊をおよそ一〇キロメートル離れた出雲郷（東出雲村）の阿太加夜《あだかや》神社に船で運び、一週間にわたって豊作や繁栄を祈る船渡御《ふなとぎょ》祭。御神船を中心にたくさんの引船、伴走船が参加し、幟・大幣などで飾った櫂伝馬《かいてんま》船のうえでは笛や太鼓に合わせて櫂踊りなどがくりひ

ろげられ、水上の大パレードとなって賑わいます。ほぼ十年に一度行われる式年神幸祭ですが、船をこぐときの掛け声からきた「ホーランエンヤ」の名で親しまれてきました。

寛永十五年に松江城の城主になった松平直政《なおまさ》は稲荷信仰の厚い人で、前任地の信州松本城でも稲荷神社を祀っていました。信州から神霊を勧請し、松江城内に八幡稲荷をつくり、以来稲荷信仰は藩士とその家族へ、さらに一般民衆へと広がりました。城主となって十年目、悪天候で大不作となったとき、城内稲荷を出雲郷に移し、船渡御を行って祈祷《きとう》をささげたところ祈願成就《じょうじゅ》し、これが式年神幸祭につながったのです。

船渡御は初め藩の御船屋の船と御水主《かこ》だけによるもでした。それがある年、御神船が強風雨で危険状態になり、近くの馬潟《うまがた》の漁師が引船し、無事出雲郷の神社まで送ったのです。これを機に、祭のたびごとに引船がふえていきました。さて、引船が無事終わった漁師たちは、村に帰ってから、櫂を持って喜びの踊りを踊ったとされ、やがてその「櫂踊り」が神幸祭に花を添えるのです。櫂踊りのほかに、采《さい》をもって踊る「采《ざい》振り踊り」が加わり、華麗・勇壮、賑やかな祭に発展していきました。民衆が盛り立てて育てた「ホーランエンヤ」は、踊り・歌・笛・太鼓など伝統芸能の維持、櫂伝馬船の調達など、今も市民の協力で継承されています（④）。

津島神社天王祭宵祭（愛知版口絵より）
（名古屋市博物館蔵）（『津島祭礼図巻』）

## 観光文化の誕生、市の交流

織田信長父祖由来の地、愛知県津島神社で旧暦六月に十三日間に渡って繰り広げられる華麗な船の祭典「天王祭」は、金雲極彩色《きんうんごくさいしき》の屏風に描かれ、京都西本願寺のほか、大英博物館はじめ海外に二双・一隻《せき》、国内に五双保存されています。また、初代・二代広重《ひろしげ》の浮世絵も人気を博しました。滝沢馬琴《たきざわばきん》は紀行文に「全国から参拝者・見物客が群集してきて、旅宿も四、五十人ずつ分宿している」と書いています。江戸時代中頃になると庶民の旅行熱が高まりますが、津島天王社などの祭礼にあわせて、伊勢参詣日程を組むなど、観光主体の旅行も盛んになり、一層賑わいました。

こうした地元と全国からの見物客に向けて、各種芝居・見世物小屋、飲食売りが立ち、ことに津島の「市」は尾張国中で並ぶものがないといわれるほどに大規模なものでした。祭りは、車楽船《だんじり》の屋台・舞台などの製作・装飾・上演の技術と表現力を結集する場であると同時に、広く物資と人と情報の交流する場でもあったのです（③）。

関連項目

青森四章1・7　①宮城四章5　秋田四章4　山形四章5　福島四章2　茨城四章1・5　栃木四章4　②東京八章4・5　富山四章5　石川四章7　福井四章6　山梨四章7　岐阜十四章3・5　③愛知四章3・6　三重四章3　滋賀四章7　京都一章2　鳥取四章1・5　④島根四章3　岡山四章3　広島四章2　山口四章7　愛媛四章9　高知四章3　福岡四章4　佐賀四章3・5　長崎四章4　熊本四章3　大分四章3

## 60 農耕行事から伝統芸能へ

稲の豊作を願い、収穫に感謝する行事は、全国の農村で行われ受け継がれてきました。そうした行事・神事《しんじ》が、舞・踊り・歌・語り・物まねなど、さまざまな芸能的要素を取り込んで、地域独自な伝統芸能を生み出します。重要無形民俗文化財などに指定されているものも少なくありません。

### 多彩な演技で祈り、祝い、楽しむ

青森県八戸《はちのへ》地方に伝わる「えんぶり」は、二月中旬、田植え前の「田ならし」の作業光景を、三十人ほどの人が組みになって舞いや囃子《はやし》で演じながら地域を回る豊作祈願の行事です。日本各地で行われた「田遊び」や「御田《おんだ》」は、年の初めに田植えから収穫までの一連の作業を演じて豊作を祈るものですが、えんぶりは田ならし作業の場面を重点に芸能化したものです。えんぶりの組は集落単位に構成され、先頭に旗、次に組の親方、田の神様である「太夫《たゆう》」、いろいろな舞を踊る「舞手《まいて》」、太鼓・笛・鉦《かね》・音頭とり（歌い手）の囃子方などです。太夫のかぶる烏帽子《えぼし》は馬をかたどったもので、左右の面には農耕作業の絵やおめでたい鶴亀の図などが描かれています。太夫は、棒に鳴子板のついたナルゴ、鍬《くわ》の形をしたカンダイなどをもって、田面を摺《す》りならすようなしぐさで舞（「摺り」）を踊ります。

演じる場所に入ると、「えんぶり摺りの藤九郎がまいりましたァ」と口上を述べ、歌詞を唱えながら「摺りはじめ」の舞に入ります。実際の耕うん作業が、田起こしに続いて荒代かき・中代かき・植え代かきとていねいに行われることもあってか、「中の摺り」「摺りおさめ」と三回の田ならしがあり、その間に「ご祝い（昼休み）」「中畦止め《なかぐろど》（水を止める）」が入ります。こうした太夫の摺りの間に、子どもたちの踊り「えんこえんこ」、「松の舞」「えびすの舞」「大黒舞」などの獅子舞や、「田植え万才《まんざい》」などが行われ、金輪切《かなわぎり》とか豊作すだれの奇術や、手踊りなども披露されます。

村にはまさに演技の多彩な技が伝えられており、えんぶりは見る人を楽しませる新年の祝福芸でもあるのです。江戸時代に始まったえんぶりは、村の各組が、藩主や地主、町の商家、社寺に出かけて演じ、ともに祝い祈り楽しむ行事でした。地域の人びとみんなの生産・生活の安定への共感を育てるイベントであったのです（①）。

### まさに農村ミュージカルの稲作劇

和歌山県の有田川流域には、稲作農業を芸能化し、神仏に奉納する「御田」が各地に伝えられています。伊都《いと》郡の天野《あまの》・梁瀬《やなせ》、有田郡の杉野原・久野原の御田で、行われる時期は前三ヵ所が一月、久野原二月です。四ヵ所の御田は演じる役や人数、演目などに特色があり、それぞれストーリーを盛り上げる工夫が凝らされています。

梁瀬の場合、遍照寺《へんしょう》大日堂《だいにち》に奉納されます。白しらげ（神主）、黒しらげ（舅《しゅうと》）、本太鼓、聟（福太郎）、脇鍬、尻鍬、田植え子（男の子六人）という役を中心に、「廻り鍬」「田打ち」「かりむけ（仮《かり》水迎え）」「溝かすり」「水迎え」「牛呼び」の順に奉納され「籾《もみ》摺り」で終わり、最後に「鬼走り」演じられます。立役がせりふを口にしながら同じ所作を何回も繰りかえすうちに、場面全体の雰囲気がだんだん高揚していきます。杉野原でも、御田の演じ手と座舞台の謡手《うたい》との呼吸が合って、演技そのものに熱がこもり、クライマックスに達します。まさに農村オペラ・ミュージカルともいえる稲作劇が長い年月かけて村々で工夫されてきたのです（②）。

## 人と牛が描く田んぼキャンバス

「御田」や「田遊び」が、冬に神仏の前などで行われる芸能であるのに対して、実際の田んぼを舞台に、田の神への祈り、稲作の祝い、ともに働く人と牛への感謝と慰安をこめて行われるのが、広島県芸北《げいほく》地方に伝わる「花田植え」でしょう。田の神サンバイさんを祭る神事に続いて、飾り牛による代《しろ》かきが始まります。絢爛豪華な飾り鞍《くら》に家名・家紋を染めぬいた幟《のぼり》を立て、赤い角巻き、額にボタンの造花という晴れ姿の牛が勢ぞろいして、初夏の田んぼを回ります。花田植えの代かきは、普通の田の仕事を行うときと違って、「サンバイ迎え」で始まり「サンバイ上がり」で終わる晴れの日の代かきです。そして、「天の三星《みつぼし》」「鶴の巣ごもり」などの紋様を、たくさんの牛を連ねて田一面に見事に描き出すという、人と牛が一体になった壮大な田園キャンバスが出現するのです。

梁瀬の御田（和歌山版252ページより）

この地域の田植えは、かつては七月の半夏至《げし》までに終わらなければならいとされ、それはつらい労働が続きました。つづみを打ち、田植え歌を「朝歌」「昼歌」「晩歌」と歌って励まし続ける音頭取りと、唱和しながら一日中植える早乙女たち。作業終了を告げる「あがり歌」である「けまり歌」が歌い出されるときどんなかにホッとしたことでしょう。サンバイを称える歌も、田植え歌も、広島県下のところによって変わり、また歌詞は同じでも寒冷地では八調子、温暖地では六調子というように、各地各様に発達していました（③）。

## 村々で豊かな芸能・文化を伝承

水不足地帯である香川県讃岐《さぬき》平野の雨乞い行事「滝宮《たきみや》念仏踊り」や、広島県大朝《おおあさ》町の虫送り行事「新庄南条《しんじょうなんじょう》踊り」など、田植えに続いて稲作期間中に行われる行事も豊かな芸能性・文化性をもっています。

稲の最大害虫であるウンカを斎藤別当実盛《さねもり》に結びつけて「サネモリ」と呼び、虫送りのとき「実盛人形」を川に流したりするのは全国でみられます。南条踊りでは、「実盛さん」を囲んで踊る演目が二十種類にも及び、また、たくさんの踊り歌があります。そのなかには、室町時代の『宗安《そうあん》小歌集』に載っているものとそっくりなものがあり、そんな古歌まで長い年月、村で歌いつがれてきているのです（④⑤）。

**関連項目**

①青森四章1　岩手四章1　福島四章4　東京八章7・9　富山四章7　石川四章3　岐阜四章7　静岡四章5　愛知四章2・4・8　兵庫四章7　奈良四章7
②和歌山四章5　岡山四章2　③広島四章1・④3　山口四章7・9　徳島四章3
⑤香川四章7　愛媛四章10　高知四章9　福岡四章8　佐賀四章3　宮崎四章6
鹿児島三章7・四章12・13

# 61 民俗・郷土芸能

日本全国津々浦々、農耕儀礼のほかにも多彩な民俗芸能・郷土芸能が伝承され、今日に受け継がれています。

## 家康が気に入っていた三河万歳《まんざい》

三河地方に残された独特の古典芸能で、徳川家康がことのほか気に入っていたといわれる芸能が三河万歳です。現在の漫才とは形がちょっと違います。農民は、収穫が終わった秋から練習し、正月に江戸や関東地方の村々へ出向き、得意先を回って芸を披露して歩きました。

三河万歳とは三河を本拠とする万歳ということで、森下万歳・別所万歳・院内万歳のことをいいます。森下というのは幡豆《はず》郡森下村（西尾市）のことで、別所とは碧海《あおみ》郡別所村（安城市）のこと、院内とは宝飯《ほい》郡院内村（小坂井町）のことです。安城市と小坂井町には、江戸時代の三河万歳の記録として唯一の「万歳御由緒《ごゆいしょ》の事」が享保《きょうほう》十一年（一七二六）に書き残されており、三河万歳と代々徳川氏との関係の深さが記されています。

秋の取入れがすむと、万歳に出かける準備に取りかかります。衣装は、夏の間に洗い張りをして、仕立て直しておきます。十二月に入ると、米を売ったお金で紙を買い、板木《はんぎ》で御札《おふだ》に「恵比寿・大黒天」「火の用心」などと印刷。才蔵（相方）をしてくれる人を頼み、二人で稽古《けいこ》を始めます。歌詞を覚え、歌の調子を合わせる。鼓《つづみ》を打つところを決め、手振り身振りだけでなく呼吸も合わせるように何遍《べん》も繰り返し稽古します。稽古には二週間ほどかけました。

こうして江戸へ向けて、正月に間に合うよう出発します。江戸に着くと、まず大名家、ついで武家の屋敷を回りました。一日に二〜三軒しかできなかったといいます。江戸がすむと江戸周辺の村々へ向かい、一日に二、三十軒ほどを巡回しました。

万歳師の衣装は、太夫は折烏帽子《おりえぼし》をかぶり、腰には脇差《わきざし》をさし、手に扇《せん》子《す》を持ちます。才蔵は侍《さむらい》烏帽子をかぶり、手に鼓を持ち、米を入れる袋を持参します。こうして一月から芸をして歩くのです。

一〜三月までが万歳師の出稼ぎ期間でした（②）。

## 博多生まれの風刺と滑稽《こっけい》、博多にわか

博多では、今でも宴席の余興に飛び出すことが多い「一口にわか（博多にわか）」。この「博多にわか」は、博多弁の独特の言いまわしを巧みに生かして行なわれる即興の寸劇で、一口にわか、掛け合い、あるいは段ものといわれる芝居の形式のものもあります。

「博多にわか」の最大の特色は、一口にわかも演劇形式の段ものでも、すべて純粋の博多弁で演じられることです。もともと博多弁は滑稽な雰囲気を持っています。海外貿易を主とする商業都市として日本最古の伝統をもつこの町で、長年にわたって作り上げられてきた言葉なのです。単刀直入の的確な言葉ではあっても、対人関係をできるだけ円滑にしようとする商人としての知恵が生きています。人をそらさぬサービス精神と親愛感をこめたユーモアもあります。

その起源は、福岡藩の藩祖黒田如水《じょすい》が播磨《はりま》国（兵庫県）の風習を取り入

れて始めたとされています。如水は、まだ播磨の姫路にいたころ、一の宮・伊和明神《いわみょうじん》の祭礼で行なわれる踊りのなかで、民衆が国政の得失・役人の善悪などを論ずることが許されているのを見て、いたく感心し、息子の長政が福岡藩主として筑前《ちくぜん》国（福岡県）に移封（領地替え）されたとき、この風習を筑前にも採り入れたいと考え、移封後、さっそく博多の者を伊和明神に見学に行かせて、これを見習わせたということです。

さらに旧筑前藩士で明治時代に新聞界で活躍した福本日南《にちなん》がその著書『筑前志』で「博多にわか」について、「茶番（即興的な滑稽寸劇）に似ているが、純粋な博多弁を用いた滑稽劇で、ユーモラスの裏に風刺をこめ、驚いたり笑ったりするうちに政治の善し悪しや人情の濃淡がわかるようになっているところは他に類を見ない」と評しています。博多では、今でも酒席で「にわか」が飛び出し、場をなごませています（④）。

じゃがら念仏踊り（福島版237ページより）

### じゃんがら念仏踊り

毎年梅雨があけると、チャンカチャンカの音がどこからともなく聞こえてくるのが、いわきならではの風物詩です。この音こそ、古くから「磐城《いわき》名物、じゃんがら念仏、菜《さい》大根、背中に灸《きゅう》点《てん》、手のくぼ」と歌われている、いわき名物じゃんがら念仏踊りのはやしの歌です。その踊りの数は百七ヵ所、日本国内で念仏踊りが一番盛んなのは、いわき市だといわれます。

このじゃんがら念仏踊りは、お盆の季節、とくに新《にい》盆の家を数人で回り、鉦《かね》や太鼓《たいこ》の伴奏で踊るものですが、江戸時代初期に浄土宗を布教した祐天《ゆうてん》上人《しょうにん》が創始したというのが通説になっています。

江戸時代末期のじゃんがら念仏踊りは、大須賀筠軒《いんけん》の『歳時民俗記』によると、「男女が輪になって、鉦をたたいたり太鼓を打ったりするものである。盂蘭《うら》盆のときだけでなく、各神社仏閣の宵《よい》祭りにも踊られる。また、開帳、入仏供養《にゅうぶつくよう》、大般若会《だいはんにゃえ》などにも踊る。領主の法事が行なわれたときも、その菩提寺に来て、堂前で踊り、その場で酒肴《しゅこう》をいただいた」。江戸時代末期のじゃんがら念仏踊りは、男女とも参加したところに特色があります。明治六年（一八七三）、明治政府は「風土上問題がある」と念仏踊りを禁止しましたが、明治時代の中ごろから民衆の根強い支持を受け、再開されて今日に至っています（①）。

毎年、全国からおおぜいの観光客を集めて大規模に行なわれる阿波踊りは、江戸時代の徳島城下の多彩な盆踊りがさまざまな曲折を経て今日に受け継がれたもの。藩の規制をはねつけて規模を拡大した原動力は、庶民のほとばしるエネルギーそのものです（③）。

今日各地に残る民謡も、江戸時代にたくさん生まれています。

**関連項目**

岩手四章1　①福島四章4　東京八章9　富山四章6・7　石川四章3　②愛知四章2・8　兵庫四章7　岡山四章2　山口四章7　③徳島四章3　④福岡四章8　長崎四章5　宮崎四章6・9

## 62 神楽《かぐら》

神楽とは平安時代に宮廷で行なわれるようになった神事《しんじ》芸能のことですが、その起源をさかのぼれば天照大神《あまてらすおおみかみ》の岩戸かくれに始まります。平安朝になって神に捧げるとともに時の天子を祝福する宮廷神楽が定着し、それが次第に地方でも行なわれるようになったのです（①）。現在行なわれている神楽は、そのほとんどが江戸時代の形を伝承しているものです。

### 今も徹夜で踊られる宮崎の夜神楽

宮崎県というと、「神話の国」「神楽の里」と思いを馳せる人も多くいると思います。実際、宮崎県には無数の神楽が伝承され、舞い続けられています。高千穂《たかちほ》神楽を筆頭に、椎葉《しいば》神楽、銀鏡《しろみ》神楽など山の神楽から、高鍋《たかなべ》神楽のように農村の神楽があり、さらに北郷《きたごう》町の潮嶽《うしおたき》神楽では漁村の信仰を集めるところもあります。

ところで県内の神楽は、ほとんどといってよいほど修験道《しゅげんどう》の影響がみられます。これは山岳の宗教者である修験者（山伏）が神楽を各地に伝えたからです。神楽といえば、神道《しんとう》化されていると思われがちですが、それは『古事記』『日本書紀』に表れるような岩戸開きなどの説話を題材とした演目が目立つからでしょう。しかし、もともとは神楽歌も仏教的な色彩の強いものでした。それが、近世中期ごろから国学の発展とあいまって徐々に神道化していき、明治以降の国家神道と結びついて変わったのです。

神楽になぜ修験者である山伏がかかわるのかという素朴な疑問もわきますが、修験者は仏教に属しながらも、山岳で修行をし日本の山の神・水の神などの民族神を祭る宗教者なのです。ですから、彼らは神楽も舞えば念仏踊りも踊るという、神仏の信仰とともに両方の芸能にもたずさわったのです。県内で国家神道の影響が少なく、比較的修験者の影響がよく残る神楽は、椎葉村の椎葉神楽です。ここでは、今も修験者の家系を引く太夫《たゆう》が神楽執行の権限を持っており、数珠《じゅず》を持って印《いん》を結び、竈《かまど》の神に祝詞《のりと》や唱教《しょうぎょう》と呼ばれる祭文《さいもん》を唱えます。

また、県内の神楽は夜神楽が多く、これは夕刻から舞い始められ、翌朝まで徹夜で舞い続けられます。舞う場所は民家を利用し、座敷に四畳ほどの広さで注連縄《しめなわ》を張り、天井に雲と呼ばれる白蓋《びゃっかい》をぶら下げます。白蓋というのは修験道の清めに使う呪具《じゅぐ》です。ですから、高千穂神楽の神送りとなる最後の「雪降ろし」は修験道の影響をよく伝えているのです。

狩猟とかかわる神楽が多いのは宮崎県の特色です。高千穂神楽の「山森」は狩猟の神が神楽に現れることがよくわかる事例ですが、諸塚《もろつか》村の八重の平という地区でも、山の神祭りの日に「山森」という演目を奉納します。これは一人が弓矢、もう一人が火縄銃を持って二人で舞い、やがて猪や鹿などのシシに見立てた獅子《しし》が一頭現れ、しばらくし三人舞となったあと、獅子二人がこの獅子を捕らえます。このあと、シシ肉に見立てた豆腐を、箸《はし》がわりにした矢で食します。椎葉神楽でも弓矢の採物舞《とりものまい》を「森」と称しており、両者の関係には密接なつながりがあると思われます（④）。

### まるで山伏の修行のような法印《ほういん》神楽

宮城県の北上川流域から岩手県東磐井《ひがしいわい》郡にかけての地域には、法印神楽が伝承されています。この地方だけでみられる神楽で、江戸時代中期から修験者（別名・法印）たちによって演じられてきました。法印神楽は、集団芸能なので一修験院だけで行なうことはできません。神楽を舞うためには、近隣の修験が集まって神楽仲間を組織しなければならず、このような集団のことを十箇院と称してきました。例えば、本吉郡志津川町《しづかわ》には戸倉《とぐら》十箇院があり、村や浜の神社、仏道の祭りに神楽を奉納していました。

それぞれの修験院は、得意とする舞を持ち、それを代々伝えてきました。神楽の稽古《けいこ》は、毎年冬に、十箇院の一院を宿として法院たちが集まり、泊まりがけで夜更《ふ》けになるまで稽古に励みました。舞に長じた師匠の指導は厳しく、手の振り方や足の踏み方を厳しく指導され、完全に覚えるまで何度もやり直しを命じられました。厳寒の道場で、素足で舞うことは、弟子たちにとっては辛い修行でした。舞い方を厳しく指導したのは、この神楽が修験道の影響を強く受けているためでした。法院神楽の終わりには、獅《し》子振《しぶり》をして舞台を清めたり、打ち納めをして締めくくりとします。

八岐の大蛇（広島版口絵より）
（広島県有田神社の舞）

神々の舞った舞台は、神聖な場所とされ、ここに飾られている旗や笹打ち、餅などを、神楽が終わると見物していた人々が先を争って取りあいます。これは、それらの品々に神の力が残っていると考えられたからでしょう。舞台の忌竹《いみだけ》に吊るされた餅を食べるとお産が軽くてすむとか、舞台に揚げた旗を漁船に掲げると大漁になるといわれているのは、法院神楽にともなう民間信仰の一つでしょう（②）。

## 神の里の神楽は舞いが主体

石見国《いわみのくに》（島根県西部）は、地域全体が神楽の里です。古くから農業、漁業で生きてきた人々を中心に、神楽は根付いているのです。現在も、石見神楽を演ずる社中といえるものが、ほとんどの市町村にあります。社中は三十戸から二百戸くらいで維持されており、里の神社に神楽を奉納することで地縁の集いとなり、息の合った伝統が守られているもので、その数は百二十を下らないとみてよいでしょう。石見では、昔から神楽舞とはいわず、舞だけで通じるのです。舞の種類は神を迎える儀式舞をはじめ、神話などからとったストーリー舞に至るまで、雑多ともいえる演目がありますが、祖先の人々が多くのものを取り入れて土地のものとしてきた証拠でしょうか。今も石見の人の性格は開放的で、協調的といわれます。

この地方の神楽は祭儀としてではなく、神楽の能舞を主体とした民族芸能として発展してきました。民族芸能は伝承という大きな課題を抱えています。かつては自然伝承という形で、皆の愛情だけでも続いてきたのですが…。西部の浜田地域では、「改革を含んだ伝承」がスムースに進んで、八調子《はっちょうし》神楽の誕生をみています。リズムがよく、神楽を演じる者と観る側の一体感が生まれ、それが長い伝承の歴史をささえてきたのです（③）。

**関連項目**

①青森四章5　②宮城四章6　③島根四章8　岡山四章1　広島四章4　④宮崎四章6

# 63 歌舞伎《かぶき》

## 京都で生まれ、上方で人気沸騰の歌舞伎

歌舞伎は、出雲《いずも》のお国が慶長《けいちょう》八年（一六〇三）に京都で始めたといわれています。それ以降、お国の芸をまねて歌や踊りや物まねなどを出し物とする女歌舞伎の一座が多数現れて諸国で歌舞伎を演じたのでした。

その後女歌舞伎は、遊里《ゆうり》で男性の相手をする遊女による歌舞伎が中心となり、風紀上の問題も多く、寛永《かんえい》六年（一六二九）に禁止されます。そこで、歌舞伎が禁止される前から舞台に登場していた少年による若衆《わかしゅう》歌舞伎の人気が高まりました。若衆歌舞伎も容色を売り物にする踊り主体のものではありましたが、蜘蛛舞《くもまい》と呼ばれる綱渡り芸や曲芸なども取り入れられるなど、芸を見せる要素が拡大されています。しかし若衆歌舞伎も、やはり風紀上の問題から、承応《じょうおう》元年（一六五二）に禁止されてしまいます。

以降、若衆の前髪を落として成人男子の姿である野郎姿とし、容色より技芸を重んじた物語性の強いものとすることを条件に上演再開の許可が下りました。女性の出演や若衆姿が禁じられたため、男性の役者が女性を演じる女方《おんながた》（形）が生まれてきました。こうして野郎歌舞伎という男性のみの一座で興行を行なう、現在の歌舞伎の基盤がスタートしたのです。次第に物語性を重視した多幕物の出し物が演じられるようになっていきます。役者にも、その役割によって立役《たちやく》（主役の男性）や敵《かたき》役、女方などの区別が生じてきました。演劇としての戯曲の質も高まり、役者の演技術も向上。ここに歌舞伎のスタイルはいちおうの完成をみせ、元禄《げんろく》年間（一六八八〜一七〇四）の歌舞伎人気沸騰の素地ができあがったのです。

歌舞伎は、このように京都で発生し、姿を変えつつ上方（京都・大坂）で発達します。戯曲の質的向上と実力のある役者の輩出とあいまって、元禄時代に、江戸時代前半期としては人気のピークを迎えました（②④）。

## 江戸の人々にも最高の娯楽

京都で生まれた歌舞伎は、幕府の膝元の江戸にも移されて、寛永元年（一六二四）には猿若《さるわか》座、十一年には村山座（のちの市村座）、十九年には山村座、万治《まんじ》三年（一六六〇）には森田座の四座が幕府から興行の認可を得ました。これらの座元は世襲され、代々中村勘三郎・市村羽左衛門・森田勘弥《かんや》を名乗ります。劇場正面入り口の上に、公認を得た印として「櫓《やぐら》」を上げたので座元は櫓主とも呼ばれました。

歌舞伎の年中行事のうち顔見世は、もっとも重要なものとされています。江戸時代、三都（江戸・京都・大坂）の官許の大芝居は、役者を毎年十一月から翌年十月までの一年契約で抱えました。十一月が第一回の興行ということになりますから、契約後はじめて役者が顔を揃えて観客にお目見えするという意味で顔見世といったのです。顔見世初日は、芝居の関係者にとっては元日。観客たちは、前夜から劇場へ詰めかける熱狂振りでした。

歌舞伎はたいへん人気があり、元禄時代に江戸期前半のピークを迎えたのですが、さらに幕末のころになると町内でも芝居が上演され、大入りで二階が落ちたという記録も残されているほど、歌舞伎は町の隅々まで浸透し、江戸の人々にとって最高の娯楽として栄えたのです（②）。

## 農村でもさかんだった歌舞伎

「西宮の歌舞伎舞台」は、健事神社《たてことじんじゃ》（長野県東部町西宮）の境内に現存します。この舞台は文化《ぶんか》十三年（一八一六）に建立《こんりゅう》されたもので、「回り舞台」「セリ上げ」「セリ下げ」などのからくりがあり、このような機構がある農村歌舞伎舞台のなかでは、日本一古い貴重な舞台です。

歌舞伎は、舞台のある諏訪大明神《すわだいみょうじん》（現在は健事神社）の祭礼の日（四月二十日。この日は近くの御姫尊《おひめさま》の祭礼の日）に合わせて上演されます。どの家にも嫁にいった娘たちが里帰りし、親戚縁者などが招待され、村の人口はふくれあがり、村が一番活気づく日です。当日は、いくつもの重箱に料理を詰め、酒をさげ、早くからよい席を取り、隣の席の人たちとも珍しい料理を分け合い、酔っ払うほどに大きな声で舞台の上の役者に声援を送り、「花」（祝儀《しゅうぎ》の金銭のこと）を投げながら、待ちにまった歌舞伎を楽しむのです。近隣からも観客が押しかけ、観客席は超満員になります。

上三原田歌舞伎試し公演（群馬版261ページより）

歌舞伎は、春の例祭の日ばかりでなく、秋にも豊年を祝って上演されたといいます。一日だけでは物足りないということで、二日間連続上演された年もあったようです。娯楽らしい娯楽のなかった当時、歌舞伎は村人の生活のなかに大きなウエートを占めた、最高の楽しみだったことが想像できます（③）。

## 養蚕の普及が歌舞伎を支える

江戸時代、上州の地では歌舞伎がさかんに行なわれました。農民にとって最高の娯楽だったのです。上州の農村では江戸中期ごろから副業として養蚕を行なうようになりました。農民は取れた繭《まゆ》をそのまま売ったり、繭から糸を挽《ひ》いてその糸を売って現金を得るようになり、また各地の町や村には繭や生糸を扱う在郷商人が生まれ、その在郷商人は地元と江戸を行き来して生糸《きいと》や絹織物の売買をしていました。これらの商人は、商売だけにとどまらず、文化の面でも江戸と農村を深く結びつけるようになり、地方にも江戸などの文化が導入され新しい文化が芽生えてきました。

上州に芽生えた文化は、学問・趣味・遊芸（人を楽しませる芸）など多種にわたっていましたが、それら文化芸能活動は年を追ってさかんになり、その一つが江戸から伝わった歌舞伎でした。農民は、はじめは江戸から役者を呼んで歌舞伎を観るのを楽しみにしていましたが、次第に自分でも歌舞伎をやりたいと思うようになり、農民が役者になり演じる地芝居《じしばい》がさかんになって、やがて農民にとって最高の娯楽になっていきました。このように地芝居がさかんだった上州では、多くの歌舞伎舞台が確認されており、すぐれたものとしては、現在、回り舞台として日本最古といわれ、国の文化財に指定されている上三原田歌舞伎舞台があります（①）。

**関連項目**

福島四章6　①群馬四章8　②東京八章3　石川四章4　③長野三章1　④大阪九章3　兵庫四章3　徳島四章9　香川三章4　香川四章8

# 64 人形浄瑠璃《じょうるり》

## 元禄時代に花開いた人形浄瑠璃

物語を節回《ふしまわ》しにのせて語る芸能を、語りものと総称します。浄瑠璃節はその語りものの一種で、十五世紀なかばころ発生し、琵琶《びわ》や扇拍子伴奏で語られた『浄瑠璃物語』に始まるといわれています。もともとは語りを聞くという楽しみ方でしたが、いつの世か三味線《しゃみせん》を伴奏楽器とし、操《あやつ》り（人形芝居）と結びついて、芝居小屋で上演されるようになりました。大坂の道頓堀《どうとんぼり》に、もっとも早く人形浄瑠璃の芝居小屋を構えたのは出羽座で、正《しょう》保《ほう》五年（一六四八）には上演していたことが確認されています。

元禄《げんろく》年間（一六八八〜一七〇四）までは、現在に受け継がれている浄瑠璃（義太夫節《ぎだゆうぶし》）や常盤津《ときわず》のような音曲に合わせて書かれた台本ではなく、戦記物や信仰にまつわる伝説などの物語本（正本）に、節をつけて芝居を演じていたのです。これを古浄瑠璃といいます。

元禄年間になると、世の中も平和そのものになり、文学や音曲の文化面も大衆化して、浄瑠璃本などの出版も盛んになりました。代表的作家に大坂の近松門左衛門と竹田出雲《いずも》がいます。これらの作家が書いた浄瑠璃は、古くから語り継がれてきた古浄瑠璃の正本をもとにして一般庶民にもわかりやすく、時代物・時代世話物・世話物・所作事《しょさごと》などに分けられています。それをもとに、竹本義太夫が従来からの浄瑠璃のリズムや語りなどを改良して、新しい型の音曲・義太夫節を生みました。この新しい浄瑠璃は、元禄文化のなかで、戦乱の世から立ち直った民衆に受け入れられて、浄瑠璃界の王者を占めるようになったのです。近松の『曽根崎心中』が大当たり。浄瑠璃でははじめての世話物でした。近松は、心中へと追いこまれた若者の純粋なけなげさを表現し、美しい詞章《ししょう》で劇の感動を高めています。

一方、人形芝居も大きく変わりました。古浄瑠璃時代は、一体の人形を一人で操り、人形も小さな「一人遣《づか》い」でしたが、義太夫節が取り入れられてからは、一体の人形を三人で操る大型の人形になりました。これを「三人遣いの操り人形」といいます（①③）。

## 人形浄瑠璃を全国へ広めた淡路と阿波

江戸・大坂・京都などの都市には、大きな常設の芝居小屋（劇場）があって定期的に上演されていましたが、地方には芝居小屋などはなく、一年に一回か二回、巡業でやってくる一座を楽しみに待っていました。そんな地方の人々のところへ人形を担いで回ったのは、当時は蜂須賀家の支配下にあった淡路（兵庫県）の人形座や阿波（徳島県）の人形座の人々でした。「三人遣いの操り人形」の出現により、人形浄瑠璃の人気は上昇の一途をたどります。そして、「三人遣い」の人形芝居を全国にもたらしたのは淡路の人形座の人々でした。

淡路の人形浄瑠璃は、大坂から次々と新作の浄瑠璃や新しい技術を取り入れ、藩内にとどまらずに西日本を中心に各地に出かけ、人々に親しまれてきました。常設の芝居小屋をもたず、行く先々で野がけ小屋という仮設の舞台を組んでの興行。淡路の人形座は、農民が農作業の合間に楽しんだアマチュアの一座ではなく、もともとそれを職業としたプロ集団だったのです。最盛期の享保《きょうほう》・元文《げんぶん》年間（一七一六〜四一）には、人形座は四十座以上を数え、それぞれが専属の人形遣いや三味線弾きを抱えていました。

　この淡路人形の影響をもっとも受けたのは、同じ藩であった阿波です。淡路と阿波の人形座の違いは、淡路座がプロであるのに対して、阿波は素人の域を脱しておらず、巡業にも淡路のプロを加えて興行をしていました。ただ、昔から太夫（語り手）は阿波の人が上手で、三味線は淡路の人が巧いという定評があります。もともと農民の村芝居として始まった阿波人形ですが、江戸中期から活発に地方興行するようになりました（④⑤）。

## 各地に根付いた人形浄瑠璃

　地方には芝居小屋はなく、一年に一〜二回、巡業でやってくる淡路や阿波の一座を楽しみに待っていました。お祭や農閑期の娯楽として。

　元禄のころ、信州（長野県）伊那谷の人たちは、大坂での人形浄瑠璃の評判を聞くうちに興味をいだき、仲間を集め人形を譲りうけたり買って人形芝居を始めました。しかし、大坂の人形浄瑠璃など観たこともない人たちですから、人形をもてあそぶという程度のもの。その後、享保年間（一七一六〜三六）になると、地方回りの人形遣いが村祭りなどにやってくるようになります。何度も観るうちに少しずつ人形が遣えるようになっていきます。また、淡路からはるばる伊那谷までやってきて人形を教え、伊那谷で一生を終えた人たちが何人もいました。こうした旅芸人の来住によって、伊那谷の人形芝居は本格的な技術を身につけ、次第に発展していき、村祭りに奉納したり人形のない村へ頼まれて出向いたり。藩主や大勢の武士たちの前で演ずるほどになりました。

　黒田村（飯田市上郷）では人形熱が盛りあがり、天保《てんぽう》十一年（一八四〇）には大きな人形専門舞台を建てました。今日残っている舞台では日本一大きく、本格的な人形舞台です。その後、伊那谷ではあちらこちらに人形舞台ができて人形芝居がさらに盛んになりました（②）。

　関下《せきした》人形（福島県須賀川市関下）は、安永《あんえい》年間（一七七二〜八一）から大正時代までの約百五十年間、操り人形結城座《ゆうきざ》を組織して近郷の祭礼や農閑期の娯楽として、村々を興行して回り親しまれてきました。

　なぜ関下に人形芝居が定着したのか。地方では、年に一〜二回巡業にくる旅回りの一座を楽しみに待っています。その一座も天候などに恵まれず興行が不振に終わったとき、帰りの費用を捻出するため、最後の興行地で人形一式を抵当《ていとう》に金を工面したといわれます。関下に人形芝居が移入されたのも、このような事情からではなかったかと思われています。その後、人形の操作や浄瑠璃の指導に何人も人がきていますし、関下に骨を埋めた人もいます。こうして関下人形は定着したのでした（①）。

お弓とお鶴、母子の別れ（徳島版口絵より）（徳島県郷土文化会館所蔵）

**関連項目**

①福島四章5　②長野三章1　岐阜四章6　愛知四章7　三重四章4　滋賀四章8　③大阪九章2　④兵庫四章4　鳥取四章2　岡山四章5　山口四章8　⑤徳島四章2　大分四章7

# 65 食文化

食文化というものは、長い歳月の中で庶民がつくりあげていくものですが、一日三食をとる習慣とか、主食のご飯に味噌汁、それに魚や野菜のおかずという形は、江戸時代に定まったといわれています。また、食堂、料理屋などの外食産業が数多くできたのも江戸時代でした。ここでは江戸、大坂、京都の食べ物屋の発展についてみていきます。

## 大坂のグルメは高級料亭から

料理屋がもっとも早く軒を並べ、さかんになったのは大坂でした。「川《かわ》口《ぐち》遊里《ゆうり》図屏風《ずびょうぶ》」は、木津《きづ》川の河口三軒屋《さんげんや》（大阪市大正区）にあった遊里の様子を描いたものです。この遊郭は明暦《めいれき》三年（一六五七）に新町（大阪市西区）に移転統合されますから、屏風の制作はそれ以前ということになります。この屏風には川縁にずらりと並んだ料理屋が描かれ、その座敷に出す料理を調理している板場の様子が描き出されています。まな板で魚をおろしている板前や鳥を捌《さば》いている者、串刺しの魚を焼いている者がいます。また、鱗《うろこ》を取った大きな鯛《たい》の腹に手を突っ込んで洗っている者、長い柄《ひ》杓《しゃく》で水を汲んでいる者もいます。傍らにはたこや貝類、さまざまな種類の魚などが並べられています。座敷へ運ばれる料理の豪華さが想像できます。

大坂は土地柄豊富な食材に恵まれた都市でした。大阪湾の漁業は早くから発達し、生きたままの魚を運ぶために生簀《いけす》を備えた船が、堀川を早くから行き来していました。また三郷近くの畑場八ヵ村からは豊富な蔬菜《そさい》が毎日運ばれてきました。加えて、中之島や堂島《どうじま》に集中していた各藩の蔵屋敷には、各地から大量の特産物が運び込まれました。したがって江戸時代の大坂では、揃わないものはないといってよかったのです。

経済の中心地でしたから商売人が接待に利用したり、全国から取引のために大坂にきた人たちが行ったりと料亭や料理旅館がたくさん成立する背景がありました。なかでも「浮瀬《うかむせ》」「西照庵《さいしょうあん》」（いずれも大阪市天王寺区）が料亭としては名が高かったようです。天明《てんめい》三年（一七八三）に築かれた蟹島《かにじま》新地あるいは今橋築地《いまばしつきじ》と呼ばれるところには、料亭や料理旅館が建ち並んでいました。

大坂の商家は、先祖の法事をねんごろに行ないました。そのつど本家、分家、親類などが集まって、一家眷族《けんぞく》の結束を確認するのですが、この時に仕出し料理をとるのが常でした。立派な道具に本膳料理を盛るのが流儀でした。こうした仕出しを引き受けていた料理屋がありました。八百屋などの出身の者が多かったようですが、やがてちゃんとした料亭に発展するケースも多く見られました（③）。

## 料亭政治の始まり、留守居茶屋

江戸での外食産業の嚆矢《こうし》は、浅草《あさくさ》（東京都台東区）浅草《せんそう》寺前の茶店が茶飯、豆腐、煮しめ、煮豆などをつくり、「奈良茶」として売り出したことでした。明暦三年の大火後のことだったといわれます。本格的な料理を多人数分出せるようになったのは、明和《めいわ》年間（一七六四〜七二）のことで、洲《す》崎《ざき》（東京都台東区）の升屋という料理屋でした。

山東京山《さんとうきょうざん》は、「ご承知のような大家なので、諸家の留守居役の会合、みな升屋を定席《じょうせき》とした」と、『蜘蛛《くも》の糸巻き』の中で書いています。留守居役というのは、諸藩が幕府との連絡や藩同士の交渉や連絡のために、江戸藩邸に設けた外交係ともいうべき役職でした。享保《きょうほう》年間（一七一六〜三六）までは、各藩の間の交際も質素なものでお互いの屋敷に招き逢い、国元の料理を出す程度のものでした。ところが安永《あんえい》、天明《てんめい》年間（一七七二〜八九）に、各地に料理屋がさかんにできるようになると、留守居役組合の会合も次第にぜいたくになり、料理屋に集まっては宴会を開き、芸者を呼ぶようにまでなりました。費用は藩の公費でしたから、連日高級料理茶屋で、連絡会議と称して会合を開きました。いわば料亭政治の始まりです。そこでこれらの料理茶屋は留守居茶屋とも呼ばれました。

　こうした料亭政治とは別に、外食産業は大流行でした。文化《ぶんか》元年（一八〇四）に江戸町奉行所が食べ物商売の調査をしたところ、食べ物屋は江戸中で六千百六十軒に上っていました。外食に代表される江戸の食べ物は、公家文化の伝統を引き継いだ京都や商人の都大坂とはかなり違った特色がありました。**1**江戸前の魚介や近郊の青物など新鮮な素材をできるだけ手をかけないで出したこと、握り寿司や天ぷらがその代表例です。**2**関東で開発された濃口醤油ではっきりとした味付けをしました。うなぎのたれ、蕎麦のつゆ、おでんのだしなど、体を使って働く職人の好みに合った味付けでした。**3**手軽な外食の流行と調理品、半調理品がさかんに用いられたこと、時間も手間もなく、広い台所もない住環境によるものです（①）。なにやら現代のわれわれとよく似ています。

江戸の天ぷら屋（東京版口絵より）
（「近世職人尽絵詞」）

## 公家、武家の儀礼と茶の湯の融合が生んだ京料理

江戸や大坂の料理に対して京都の風土や文化を背景にして生まれた料理が「京料理」と呼ばれるようになったのは、江戸時代中頃からです。京料理の源は、平安時代の貴族たちの饗宴料理にあります。室町時代に幕府が制定した武家儀礼の本膳料理、また宮廷料理儀式だった包丁式が武家にも伝えられて、方式が整ったといわれます。また、禅宗寺院の精進《しょうじん》料理が食礼として登場します。これらが合体して京料理が形作られたようです。

　さらに茶の湯から懐石《かいせき》料理が生れました。これはもともと空腹をいやす程度の一汁三菜、わびの心にかなう季節感や席主の心入れの趣向をあらわす料理が基本でした。江戸時代になると料理材料が豊富になり、調理技術も進歩して、材料を生かして自然の風味を再生しようとする、薄味でバラエティーに富んだ料理がつくりだされるようになりました。

　京菓子は寺院の門前で売られていたもの、寺院の僧侶が内職でつくるものなどでしたが、ここでも茶の湯がさかんになるとともに菓子としての優雅さがより加わってきました。今では四季折々の風情をこめ、芸術性を帯びた華麗で風雅な趣のある菓子が楽しめます（②）。

**関連項目**

①東京八章8　滋賀三章5　②京都二章2　③大阪五章6　香川四章9　長崎二章5　大分四章5

# 66 観光

## 信仰を名目に一生に一度の長旅

世の中が平和になり、多少の余裕が出てくると、人は旅に出ます。しかし、江戸時代は旅が幕府や藩によって厳重に規制されていました。観光や遊びの旅はまったく許されなかったのです。庶民に許されたのは親族の法要や信仰を目的とした旅、温泉に行くなどの病気療養の旅、富山の薬売りなど職業のための旅、学問や技術、芸能を身につけるための修業の旅、そして歌人、連歌師、俳人などが歌枕を巡る旅などでした。

ところが人々は規制をかいくぐるように旅へ出ました。信仰名目で旅に出たのでした。とくに伊勢《いせ》神宮は当時国家の最高神であり、国民の総氏神でしたから、この伊勢参りを名目にしました。伊勢参りといえば為政者といえどもこれを規制することはできません。名目が立つと旅行プランを練ります。江戸時代の人々にとって長旅はほとんど一生に一度のことでしたから、あれもこれもとてんこ盛の旅になります。名目は伊勢参りですから、まず講に入ります。各村々には伊勢講が組織されていて、くじ引きで選ばれた人が村の代表者としてかわるがわる伊勢参宮に出かけました（「講」の項参照）。当時の旅の記録などを見ると、これらの人々がどんなルートを旅したか、推測することができます。

関東や東北地方といった東国からの場合、旅人が通ったルートは次の二つに大別できます。第一のコースは、江戸を見物したあと東海道を伊勢神宮へ向かい、参宮したのちに奈良・大坂・京都を見物し、帰りは中山道を通って途中信濃《しなの》（長野県）の善光寺《ぜんこう》に立ち寄るというものです。第二のコースはやはり東海道を通って伊勢参宮を果たしたあと、紀伊《きい》半島を南下して那智《なち》山に参り、西国三十三ヵ所の札所《ふだしょ》を巡礼して谷汲《たにぐみ》山華厳《けごん》寺（三十三番目。岐阜県揖斐郡）に至り、中山道経由で善光寺を目指すというものです。こうした両ルートに十九世紀はじめから金毘羅《こんぴら》（香川県仲多度郡）参詣が加わるようになり、さらに安芸宮島《あきみやじま》（広島県佐伯郡）、岩国の錦帯橋《きんたいきょう》（山口県岩国市）見物へと足を伸ばすようになります。「一生に一度」ですから、欲が深いのです。

## トラベル・エージェンシーとツアーガイド

こうした観光の核になっていた都市は大坂でした。伊勢神宮に近い大都市である上に、京都や奈良、高野山《こうやさん》、熊野《くまの》など観光スポットへのアクセスがもっともよかったからです。さらに延享《えんきょう》元年（一七四四）に観光客を乗せる金毘羅船が大坂～丸亀《まるがめ》間に就航します。文化《ぶんか》年間（一八〇四～一八）の史料では、遠く東北地方の人々でさえ、「伊勢参宮、江戸、京、大坂、大和、近年は金毘羅まで、一生に一度は参る」と考えていたと記されています。定期航路が開設されたこともあって、さらなる観光スポットを加えて大坂の観光業者はうけに入ります。

文化元年大坂の松屋源助《まつやげんすけ》は、仕事柄全国を行商して歩いた経験から、新しい商売を思いつきます。旅の途中各地で悪質な宿屋に悩まされたことから、諸国道中筋の良心的な宿屋をネットワーク化して旅の安全を保障しようとしたのです。これを「浪花講《なにわこう》」と名づけました。わが国初の協定旅館組合でした。旅人は浪花講の講員になることで、各宿場の安全な加盟旅館に宿泊することができました。宿屋の側も身元の確かな客を安定して供給してくれるわけで、このシステムは旅人、宿屋双方から大歓迎されました。浪花講が大好評だったため、これを真似た同種の講が幕末までに三十あまり誕生しました。さしづめ松屋源助は、わが国ではじめてのトラベル・エージェンシーであったといえます。

大坂長町にあった「ひょうたん河内屋《かわち》」は、寛政《かんせい》三年（一七九一）当時で座敷数百二を数える大坂きっての旅館でしたが、こんなチラシを配りました。「京都への登り船と金毘羅船を毎日出しています。また諸国への書状、荷物の取次ぎもしています。芝居見物も私どもで直接芝居小屋と取引していますので、よそより安い値段でお世話いたします」この当時もっとも人気の高かった道頓堀《どうとんぼり》の芝居見物も宿屋で斡旋してくれたのです。現在ホテルや旅館で提供しているサービスは、この時代すでに行われていたことがわかります。

多くの観光客を集め続ける金刀比羅宮の本宮（香川版口絵より）

この当時の大坂には市中観光の案内人もいました。旅人は宿泊した宿で案内人を紹介され、案内賃を払って市中見物に出かけました。文化九年の一人一泊の宿賃が百三十文、紹介された案内人に支払った案内賃は一人二百文だったといいますから、案内人はなかなかいい値段をとっていたのです。案内人は土産物の斡旋もしました。『東海《とうかい》道中膝栗毛《どうちゅうひざくりげ》』に出てくる大坂の宿は、先の「ひょうたん河内屋」の姉妹店のようですが、同じ煙管屋《きせる》のことが出てきますので、宿屋―案内人―土産物屋との間での連携が見て取れます（②）。案内人は海外旅行で免税店に連れて行くツアーガイドのようです。こうしてみると江戸時代の旅行システムは、私たちが考えているよりはるかに進んでいたことがわかります。

### 数多く出版されたガイドブック、旅行記

旅行に欠かせないのがガイドブックです。奈良・京都・大坂では、ガイドブックにあたる名所案内書が次々と出版されました。名所図会と名づけられた案内書の最初は安永《あんえい》九年（一七八〇）に発行された秋里籬島《あきさとりとう》の『都《みやこ》名所図会《めいしょずえ》』です。書名の通り京都の名所、旧跡について書かれたものですが、あっという間に数千部が売れたといわれます。版元の強い勧めで五畿内すべての名所図会が刊行されることになります（①②）。のちには『難《なに》波巡覧記《わめぐりき》』などのように携帯用のガイドブックも刊行されました。この書には四日間で大坂市中を見て歩けるモデルコースも紹介されています。

さらには旅日記の出版もさかんでした。失敗例などこと細かく書いたもの、感動の場面を書いたものなどに人気があって、自分が旅に出るときの参考にしようとする人が多かったようです。『東海道中膝栗毛』のあと各地の膝栗毛が続々出版されましたが、いずれも典型的な旅のコースを通っており、その面の紹介の意味もあったのです。

**関連項目**

東京八章1　三重四章1　①京都二章4　②大阪五章5　奈良四章8

# 67 温泉

## 江戸時代後期には観光地化

わが国は火山国ですから、いたるところに温泉地があります。いずれの温泉も古い由緒を持ち、早くから利用されていました。群馬県の草津《くさつ》・伊《い》香保《かほ》、神奈川県の箱根《はこね》、兵庫県の有馬《ありま》・城崎《きのさき》、大分県の別府《べっぷ》など、名湯といわれるところはいずれも鎌倉時代以前に発見されて、武士が管理していたところが多かったようです。しかし、江戸時代になって最初は病気療養に湯治客が来るようになり、そして「一夜湯治《いちやとうじ》」といわれる行楽の客で賑わうようになりました。さらに江戸時代の中期以降、今でいう団体旅行やパック旅行で温泉宿が繁盛して、現在のような営業形態をとるようになったのです。

## 農民の労働の疲れをいやした温泉

「別府は…民家五百軒ばかり、民家の宅中に温泉十軒あり、いずれも清潔である。庄屋の宅中にあるのはことにいさぎよし。およそこの地の温泉はよそに増して清く和やかである。家々に多いので、その館に宿れる客のほかに入浴するものはない。ゆえに入浴する回数も時刻も客の心に任せて自由である。ほかの温泉のように喧《かしま》しく騒ぐことはない。傍らに懸樋《かけひ》の水があり、温熱は自由に増減しやすい。…町半ばに川あり（流川）。東へ流れている。この川岸に温泉が湧き出るのでその下流に朝夕里の男女浴す…」

これは貝原益軒《かいばらえきけん》が別府村の温泉の様子を書いたものです。こう書かれた元禄《げんろく》年間（一六八八〜一七〇四）には内湯のある家はわずかでしたが、懸樋の水を調節してちょうどよい湯加減にして入浴する姿が活写されています。当時の温泉の多くは、自然湧出の共同浴場です。農民は野良仕事の帰りに湯につかって疲れを取りました。自由に旅のできなかった江戸時代でも、森藩の農民のように湯治のためであれば庄屋の許可さえあれば鶴見村（森藩の飛び地。別府市）の照湯温泉に入浴できました。しかも武士や僧侶は一日十二文の入湯銭を取られましたが、農民はただでした。別府村には内湯を備えて営業する旅籠《はたご》が文政《ぶんせい》年間（一八一八〜三〇）に二十三軒ありました。しかし多くは共同浴場の近くに炊事場を設け、客が自前で炊事する素泊まりの木賃宿でした。農民が湯治のために逗留《とうりゅう》しやすくなっていたのです。浜脇村、別府村、亀川村（いずれも別府市）のように船で湯治に来れる場所にあった温泉場がことに賑わったようです（③）。

## 湯治は一回り七日が一単位

上毛《じょうもう》（上野国＝群馬県の別称）カルタに「草津よいとこ薬の出湯」「伊香保温泉日本の名湯」「世のちり洗う四万《しま》温泉」と詠み込まれている三ヵ所の温泉は、温泉好きな人ならだれでもが知っている有名な温泉です。文化《ぶんか》十四年（一八一七）の「諸国温泉功能鑑」では、東の大関に草津温泉があげられています（伊香保は前頭）。草津には代表的な五つの共同湯があります。草津五湯といいます。共通して高温で、湯が荒いのが特徴で、そのため入る人はよく湯もみ板で湯をよくもんで和らげ、温度を下げて入浴するという草津独特の入浴法が生まれました。

草津における湯治は七日を一回りとするものでした。当時客は比較的長い期間逗留しました。中には五回り（三十五日間）も滞在して、病気の治療に専念した人もいたくらいです。ここも湯治客のほかに物見遊山の客などが増えてくると内湯を設けた旅籠が増え、気のあった人同士が湯治を楽しむようになりました。宝暦《ほうれき》五年（一七五五）前後の四月から五月中旬にかけておよそ千人から四、五千人ほどの客があり、さらに夏の土用前後には毎年五、六千人の人々が草津にやってきました。

伊香保温泉は温泉街の中央を流れる大堰《おおぜき》（湧き出した温泉をせき止めた堰）から温泉をひくことのできる権利は、十四軒の大屋が持っています。大屋とは中世から続いた地主で、江戸時代になっても伊香保の土地と温泉の権利を独占しました。温泉宿を経営しようとする人は、大屋の湯壷から湯を流してもらわなければなりませんでした。それでも天保《てんぽう》九年（一八三八）に幕府巡見使が訪れたときの記録には、住民と客でおよそ四千人ほどとなっていますから、ここにも数多くの湯治客が入り込んでいたことになります。上州にはこのほか四万温泉、川原湯温泉、沢渡温泉、老神《おいがみ》温泉など江戸時代から栄えた温泉が軒を並べています（①）。

草津温泉全図（群馬版口絵より）
（草津町温泉資料館蔵）

### 将軍家への献上湯で一躍脚光

箱根温泉は、開発が早い順から芦之湯、堂ヶ島、底倉、宮之下、木賀、塔之沢を、箱根七湯と呼びます。それまでこれらの各湯治場は武将たちに愛されていたといわれますが、江戸をはじめ関東の湯治客が押し寄せるようになったのは、寛永《かんえい》年間（一六二四〜四四）からだったといわれます。

箱根の湯を有名にしたのは、七湯の各地から湯が汲みだされ将軍家へ献上されるようになってからです。献上湯は、徳川家康が部下の病気の際に湯を運ばせたことにはじまり、正保《しょうほう》元年（一六四四）の三代将軍家光《いえみつ》への献上湯を木賀から汲みだしたことによりほとんど制度化されました。以来湯本・塔之沢・宮之下の各地から四代家綱《いえつな》、五代綱吉《つなよし》へ湯が献上されました。運搬は厳重をきわめ、汲み出し湯が決まると御湯樽奉行が現地へ派遣され、汲み出されたお湯を詰めた樽は封印が貼られ、小田原城下で集められた人夫によって箱根山を下ることになります。そして人夫の掛け声とともに江戸へ向かいます。沿道には御湯樽行列を見送る人々が列をなしていました。見送る人々は、将軍様がわざわざ運ばせるほどだから箱根の湯は効くんだろうなと話題になり、湯治への思いが講じたといいます。

江戸時代中期までは、ここも一回り七日を単位とする湯治場でした。三回り（二十一日間）が普通だったといわれます。ところが江戸時代後期の文化文政年間（一八〇四〜一八三〇）になると、伊勢講・大山講・富士講などの団体がどっと繰り込むようになります。これらの団体は当然「一夜湯治」です（②）。

**関連項目**

①群馬四章2　東京八章1　②神奈川二章3・6　山梨四章5　静岡二章4　兵庫四章5　長崎二章7　③大分四章4

# 68 財政と金融

## 幕府の通貨政策と財政

幕府が政権を安定的に維持するには、通貨の統一が絶対条件です。統一政権には物品の価値を全国一律に図る基準となる統一貨幣が必要だからです。徳川幕府は全国の主要な鉱山を直轄領とし、各地に金座、銀座、銭座を設けて貨幣鋳造権を独占して全国統一貨幣を発行しました。

それとともに通貨制度も整備しました。金貨は大判（十両）、小判（一両）、一分判があり、その単位は両《りょう》、分《ぶ》、朱《しゅ》で、四朱が一分、四分が一両でした。これらは表価貨幣といって、貨幣に表記された金額が通貨としての価値を表していました。一方銀貨には豆板銀《まめいたぎん》、丁銀《ちょうぎん》などがあり、単位は重さで表す匁《もんめ》でした。銀貨は両目《りょうもく》が不定で、取引のつど秤にかけて重さをはかったうえで交換される、秤量《ひょうりょう》貨幣です。東日本は金、西日本は銀がおもに流通しました。少額貨幣には銭が使われました。したがって三つの貨幣の交換比率を定める必要があります。そこで幕府最初の統一貨幣である慶長《けいちょう》金銀の品位をもとに、慶長十四年（一六〇九）、金一両＝銀五十匁＝銭四貫文《かんもん》と公定しました。

金座では金貨幣を鋳造しましたが、当初は江戸のほかにも佐渡や京都に金座が設けられました。しかし、元禄《げんろく》十一年（一六九八）に後藤庄三郎屋敷内一ヵ所になり、すべての金貨幣はここで鋳造されるようになりました。現在の日本銀行の所在地（東京都中央区日本橋本石町）です。銀座も当初京都、大坂、長崎、江戸にありましたが、のちにこれも江戸一ヵ所（中央区銀座一〜四丁目付近）に統一されました。銭座は庶民の便宜を図るため全国各地に座を設けて鋳造しましたが、明和《めいわ》二年（一七六五）には、江戸の金座が鋳造を兼務することになりました。

米あまりがはっきりしてきた元禄年間（一六八八〜一七〇四）以降は、貨幣改鋳がたびたび行われるようになりました。幕府直轄領からの金銀収入や貿易収入も減り、通貨制度が発達するにつれて商業取引が活発となり、旺盛な貨幣需要への対応が幕府の緊急課題となってきました。新井白石《あらいはくせき》が貨幣の品位を戻そうとしましたが、すでに肥大化した経済社会になじまず、かえって経済界を混乱に陥れました。それ以来幕府は通貨改良政策を放棄して、貨幣の品位を落とすことによって貨幣額面との差を習得する目的で、貨幣改鋳を繰り返しました。それによって幕府の財政赤字を埋めようとしたのです（①）。

## 通貨の売買で利益をあげた両替商

しかし、貨幣の品位の変化と発行高の増加によって三つの貨幣の交換比率は変動し、金一両が銀五十匁から八十匁（中心相場は六十匁）を上下し、銭も四貫文から七貫文を上下しました。

この三貨相場の騰落を利用して、その引き換えの際に額面と時価との差額を得て大きな利益をあげたのが両替商でした。天下の台所といわれた大坂では、貨幣相場に先物取引も登場し、通貨はより投機的に扱われました。両替商は商人に融資、手形を流通させるなど今日の銀行業務に近い形で商売をしていました（①④）。

有力商人たちは商売になれない藩士に代わって、藩の蔵屋敷に集められる物産の販売・在庫管理をまかされていました。これを蔵元《くらもと》といいます。これらの売上を管理するのが掛屋《かけや》で、両替商に委ねられました。蔵元と掛屋を兼ねる大商人も多数いました。蔵屋敷で売りさばくのは藩内の年貢米や特産品です。したがって藩財政の主要な部分を占めていました。各藩と富裕な大商人との結びつきはこうして大きくなったのです。藩の財政が窮乏してくると、結びつきの強い大商人から融資を受けることになっていったのです（③）。

### 私札《しさつ》（銀札）と藩札《はんさつ》

江戸時代初期から特定の地域だけに通用する紙幣（私札＝銀札）が発行されるようになります。伊勢（三重県）、大和《やまと》（奈良県）、摂津《せっつ》（大阪府・兵庫県）、河内《かわち》、和泉《いずみ》（いずれも大阪府）などといった地域で発行されました。おもに新田開発や堀川の開削を民間が行う場合にいわば私債として発行されるものでした。額は小額で、食料購入費や人足労賃の支払に使われたようです。これは銭の流通量の少なさを補うものでした。

金貨鋳造を描いた「金吹方之図」（東京版239ページより）

　これを藩単位で実施したのが藩札です。藩札は私札よりは遅れて、寛文《かんぶん》・延宝《えんぽう》年間（一六六一〜八一）から発行されるようになります。わが国で最初の藩札は漢文元年発行の越前《えちぜん》国（福井県）福井藩札で、そののち宝永《ほうえい》四年（一七〇七）に、幕府によって発行が禁止されるまでの間に、近畿以西の諸藩を中心に約五十三藩が発行しました（⑤）。

### 日田《ひた》の掛屋と独自通貨の甲州

幕府領の西国郡代は、日田（大分県日田市）に置かれていました。日田代官の支配高は七万石でしたが、のちに十五万石に加増されます。これらの年貢は江戸や大坂に送られましたが、年貢徴収にともなう手数料や雑税はすべて日田に集まりました。これらの公金に、飢饉《ききん》のときに小農民を救済するために積み立てられた助け合い穀銀《こくぎん》などが、代官所から御用商人へ無利子で貸しつけられました。それが日田金と呼ばれる金融資本でした。この金を利用して日田の掛屋は、九州の大名などに貸し付けました。こうして日田は、九州一円の金融センターの様相となったのです（⑥）。

もう一つ金融政策で、別に扱われた地域がありました。甲斐《かい》（山梨県）国で、ここでは戦国武将の武田信玄以来の甲州金という通貨を使っていました。幕府は何度か甲州金の流通をやめさせようとしましたが、地元の反対が強くてそのつど断念しています。甲州では日用品の購入、農産物の売買、小作金、田畑質入金などすべてを甲州金で行っていたため、やむなく幕府も公定の交換比率を定めて流通を許すことになりました（②）。

**関連項目**

①東京三章1・2・3　②山梨一章2　③大阪三章2・④4　⑤兵庫二章1　大分二章1　⑥大分50科

# 69 市場と流通

徳川家康いらい幕府は、百万都市へと発展する江戸へ物資を大量かつ円滑に受け入れるため、水上交通網の整備に力を入れました。鎖国政策のもとで幕府の財源確保は、幕府領の年貢米を消費地に送って換金することでした。これは諸藩も同じです。そのために全国的な流通網を整備し、物資の流れを江戸に集中させる江戸中心の流通体制の確立が急がれたのです。

## 全国物流の拠点、天下の台所・大坂

こうしたなかで、大坂は、「出船千艘《そう》入船千艘」「天下の貨七分は大坂にあり」といわれるほどの、全国物流の拠点になっていきます。十七世紀初めに大坂—江戸間を結ぶ菱垣《ひがき》廻船が就航しました。これは、木綿・油・酒・醤油など江戸周辺で未発達な産物を輸送することに始まり、幕府領の年貢米を江戸浅草蔵へ運ぶ「江戸廻米」の開始とともに隆盛を迎えました。

この流通は初め廻船問屋の主導で行なわれていましたが、十七世紀末には荷主の問屋商人が組合をつくり、主導権をもつようになります。江戸に「十《と》組《くみ》問屋」、大坂に「二十四《にじゅうし》組《くみ》問屋」が成立し、十組問屋の注文に応じて大坂の二十四組問屋が買いそろえ、廻船問屋が江戸に運ぶという仕組みです。

十七世紀後半の西廻り航路の開発は、大坂への物資の集中をさらに強めました。西日本の物資に加え、蝦夷《えぞ》地（北海道）・東北・北陸・山陰地方の米と特産物が日本海・瀬戸内海を経由して大坂へ集まり、ここから江戸方面に送られるようになったからです（③）。

## 各藩の米・特産物を販売する大坂蔵屋敷

各地の大名は競うように、物流の拠点である大坂に蔵屋敷を構えました。蔵屋敷のもっとも重要な役割は、国元から大坂に送られてくる物資を貯蔵し、商人に売って換金することでした。最大の商品である米の販売は入札によって行なわれました。蔵屋敷では、売り払う米の量と入札期日を門前に掲示し、資格をもった米仲買商人が希望価格で入札しました。落札した商人は代金を払って蔵屋敷が発行する米切手を受け取り、のちに米と交換するというしくみです。米切手は転売が行なわれました。

江戸時代も中ごろになると、姫路藩の木綿・皮革、萩藩の紙・木綿、徳島藩の藍玉、薩摩藩の黒砂糖など、各藩が売り出す特産物が増大し、ここから全国の消費地へ届けられました。蔵屋敷では、商品の管理と販売、代金の管理を蔵元、掛屋と呼ばれる商人が請け負いました（④）。

## 米市場の成立と米相場

万治《まんじ》・寛文《かんぶん》のころ（一六五八〜七三）大坂屈指の豪商で諸藩の蔵元も務めていた淀屋が屋敷の門前で、米と米切手を売買する市を立てたとされます。その米市は元禄《げんろく》十年（一六九七）に堂島新地が開発されたとき、その振興のためにここに移され、現物の米の取引（正米取引）が行なわれました。

幕府は当初米切手の売買や米市を、米価の騰貴を招く不正な商いとして禁じていましたが、享保《きょうほう》年間（一七一六〜三六）以降、米価が下落して幕府・藩の財政を圧迫するようになると、米切手による帳合米取引（相場の変動を利用して差益を得る取引）の禁令をゆるめるなど、米価の安定を米市場（米会所）に期待するようになりました。

こうしたなかで、堂島米市場は公許を得て、仲買によるせりを行なう「米相場寄場《よせば》」が設置され、仲買株一三〇〇という大規模な米市場ができました。また、堂島米市場では帳合米取引が正式に認められましたが、それは米相場の標準として建てられる「建物米《たてものまい》」（福岡・熊本・岡山・広島・金沢の各藩の米）を想定して先物取引を行なうものでした。建物米の相場は各地の得意先に通達され、各地の米相場の基準とされたのです。こうして、取扱い規模において、また全国の米相場形成への影響力において、日本第一の米市場が成立しました（⑤）。

江戸の米市場は、堂島米市場のような取引の集中は見られず、蔵屋敷と同じ場所に米会所がある小規模なものでした。江戸の米売買では、旗本や御家人に給料として払われる米の売却業務を代行する札差《ふださし》が力をもっていました。札差が得る米販売の手数料は小額でしたが、困窮した旗本などへの金の貸付で利益をあげました（①）。

米の荷上げ（大阪版139ページより）
（『摂津名所図会』）

## 大都市への生鮮食品の供給

都市の人々の食料消費に応えたのが、青物市場や魚市場です。大坂では、堂島米市場とともに天満《てんま》の青物市場と雑喉場《ざこば》の魚市場が三大市場と呼ばれました。全国から水産物が集まる大坂では、川魚、生魚、塩魚干魚鰹節の問屋・仲買が、それぞれ市場を開いて活発な商いを行ないました。生魚を扱う雑喉場の魚市場には西日本各地からイケフネによって運ばれ、明石港以東のものを「マエの物」、明石から備前《びぜん》下津井湊（岡山県倉敷市）のものを「一夜物」、下津井から西のものを「シモの物」と呼び、鮮度の位わけができていました。

靭《うつぼ》の市場は、塩魚干魚・鰹節さらには昆布や肥料の干鰯《ほしか》などを扱う市場でした。鰹節は土佐（高知県）・薩摩（鹿児島県）・熊野（和歌山県）などの良質の製品が江戸に向けて盛んに出荷されました。また大坂は蝦夷《えぞ》地産昆布の最大の集散地でしたが、刻み昆布・とろろ昆布などの加工が発達し、ここから江戸をはじめ各地に送られました。大坂は全国の物資の中継点あるいは消費地であるだけでなく、さまざまな加工産業をもって製品化しそれを使う食生活などの生活文化とともに送り出していたのです（⑥）。

江戸には、日本橋の魚市場と、神田・駒込・千住などの青物市場が開かれます。日本橋魚市場と神田青物市場は江戸城御用の市場としての役割をもち、将軍から庶民までの食生活を支えました。江戸周辺農漁村では、関西など先進地から漁法や野菜品種・栽培法を取り入れ、関東の地にあったものに改良して産地を起こし急速に供給体制を固めました。近郊から続々と市場に運ばれた野菜や魚は、仲買を通じて「振り売り」「棒手振り《ぼてふ》」と呼ばれた行商人の手で、巨大都市のすみずみまで届けられたのです（②）。

**関連項目**

東京一章4・①三章2・4・②6　愛知二章12　③大阪三章1・④2・3・⑤四章1・⑥八章1～4

# 70 運輸・通信

## 陸上輸送を担う伝馬《てんま》制度

関ヶ原の戦に勝利した徳川家康は、関東に入ると江戸を中心とした交通網の整備をすすめ、伝馬制度を確立しました。伝馬制度は、幕府の公用の運輸・通信に用いるために、各宿場に一定数の人馬の提供を義務づけ、この人馬によって宿場から宿場へとリレー形式で輸送する交通制度です。宿場の義務として負担する人馬を「宿定人馬《しゆくさだめじんば》」といい、その数は、東海道の宿場が百人・百匹、中山道が五十人・五十匹、日光道中・奥州道中・甲州道中が二十五人・二十五匹とされました（③）。

幕府公用の通行者は一定範囲で、この人馬を無料、あるいは「御定賃銭」という幕府公定の安い料金で使用できました。いっぽう、商人など一般の旅人が使用するばあいは、「相対賃銭」といって馬方や人夫と相談して決める形をとり、御定賃銭の倍くらいの額でした。また、参勤交代の大名には御朱印・御証文が与えられなかったので、御定賃銭のほか多くの部分を相対賃銭で払わなければなりませんでした。

各宿場には「問屋場」が置かれ、リレー輸送の付け替え、公用文書の輸送や交通に支障のないように人馬を配置することなど、いっさいの仕事を行いました。とくに、参勤交代などの大きな通行のときには、宿場の人馬だけでは不足します。こうした際には、周辺の農村から人馬を集めて補いましたが、この農民の負担を「助郷《すけごう》」といいました。

東海道見付《みつけ》宿（静岡県、袋井《ふくろい》宿と浜松宿の間の二十八番宿駅）の場合、元禄《げんろく》七年（一六九四）には、定助郷（本来の助郷）十二ヵ村、大助郷（定助郷で不足するとき追加される補助的助郷）五十四ヵ村でしたが、正徳《しようとく》二年（一七一二）からは大助郷に二ヵ村が加えられて計六十八ヵ村になっています。助郷の村々は負担の重さに、たびたび軽減訴訟を起こしています（⑤）。

このように、助郷は村々にとって大きな負担で、農村疲弊の大きな原因になったとされます。そのため、各地で一揆・打ちこわしが起こりました。水戸街道牛久《うしく》宿（茨城県牛久市）では、文化《ぶんか》元年（一八〇四）不正もからんだ助郷拡大要求に対して、六千人もの近隣農民が結集して「助郷一揆」を起こしています（①）。中山道の宿駅ごとに助郷を一挙に拡大しようとする幕府・宿駅側の「増助郷」政策に対して、明和《めいわ》元年（一七六四）、現在の埼玉県を中心に群馬・長野県などの農民も加わって十万人以上もの民衆が蜂起したのが「中山道伝馬騒動」です（②）。

## 幕府公用飛脚《ひきやく》に始まり民間飛脚が発展

交通・運輸の整備とともに通信網も整えられていきます。江戸時代の通信を担っていたのは飛脚で、書状・為替や高価で小さい物資の輸送にあたりました。幕府公用の飛脚を「継飛脚《つぎびきやく》」といい、各宿場が提供する人馬を継ぎ替えて運びました。利用できるのは、老中・京都所司代・大坂城代・駿府城代・勘定奉行・京都町奉行・道中奉行などに限られていました。幕府の公文書の入った箱を「御状箱《ごじようばこ》」といい、この飛脚が走るときは、人びとは道をゆずり、川明《かわあけ》の際は一番先に渡りました。宝暦《ほうれき》十三年（一七六三）の御状箱の配達速度は、老中の出す公文書の場合、江戸―京都間を、

「急御用」で三十四時《とき》（六十八時間、三日弱）、「中急御用」で四日、「常体」で五日で走りました。各大名は、江戸や大坂蔵屋敷などと領国との間に独自の飛脚を設けました。これが「大名飛脚」です。

　商業の中心地として発展した大坂からは、民間の飛脚「町飛脚」が起こり、上方商人の江戸進出とともに成長・発展しました。寛文《かんぶん》三年（一六六三）には、大坂・京都・江戸の商人が飛脚屋を創業し、一般庶民の通信も行うようになりました。東海道を片道六日で行くことに定めたので「定《じょう》六《ろく》」、毎月三度大坂を出発するので「三度《さんど》飛脚」といわれました。そして商業の発展にともない、享保《きょうほう》年間（一七一六〜三六）には江戸からの飛脚網は上州（群馬）・奥州方面にも広がりました。東海道に二十八ヵ所というように取次ぎ所を設け、やがて江戸―大坂間に月十二回、江戸―仙台間に月六回、江戸―西上州間月十二回、江戸―東上州間月四回の定期飛脚が往来し、江戸―木曽路―京都などに臨時便が立つようになりました（④）。

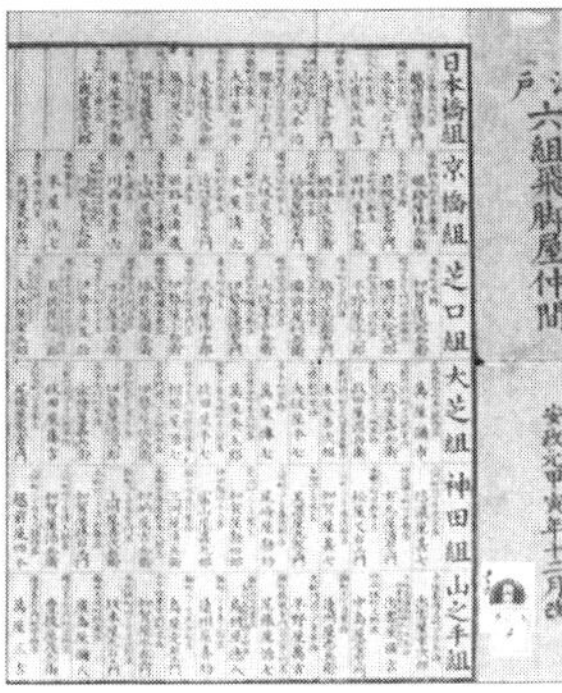

安政の「江戸六組飛脚仲間」の名簿
（東京版103ページより）

**物産列島をつないだ廻船業**

　江戸時代は水上交通の時代です。大坂・江戸間に菱垣《ひがき》廻船・樽《たる》廻船が定期的に運航され、いっぽう一七世紀後半に西回り海運・東回り廻船が整備され、河川舟運も発達するのに伴い、全国からの物資輸送と経済交流が飛躍的に高まりました。

　各地の港で廻船業が起こり活躍しますが、兵庫津の北風《きたかぜ》家は、江戸時代を通じて、入港する諸国の廻船から委託された積荷の売却を行う問屋業、自ら廻船で各地物産の買付け販売を行う「買い積み商い」、幕府の江戸への廻米の請負などを行って、事業を大きく積み上げてきました。荷主や売り手・買い手への便宜を計らうなどの信用と堅実経営によるものといわれます。

　北風家の支流とされる北風彦太郎は、寛永《かんえい》年間（一六二四〜四四）、廻船業と酒屋を営んでいました。あるとき、伊丹《いたみ》の酒を馬に積んで江戸まで陸送していた鴻池新《こうのいけしん》右衛門《えもん》から江戸に船で酒を送ることをもちかけられ、ここから廻船による酒の江戸送りが始まったとされます（⑥）。

　やがて、伊丹・池田さらには大きく発展した灘の酒造業をバックに、江戸への所要日数が普通で三日、早ければ二日というスピード輸送の樽廻船が登場しますが、これは酒輸送だけではない経済活性化をもたらしました。樽材には吉野杉が用いられ、酒造と林業が結びついて発展したのです。また、関東で空き樽の商いで利益をあげた人びとは九十九里の鰯《いわし》漁に投資し、ここで生産された干鰯《ほしか》が、木綿・煙草・紅花などの肥料となって商品作物生産の発展を支えたのです。廻船業はこのように、全国と大坂・江戸を結ぶ物流を担いながら、諸国の特産づくりを刺激し、それを結びつけて日本列島の産業のネットワークをつくる役割を果たしたのです。

**関連項目**

岩手二章3　山形一章2　①茨城一章5　②埼玉一章8　③東京一章3・④6
新潟五章1　石川五章7　⑤静岡一章2　愛知五章9　⑥兵庫五章4

# 71 土木・建設

## 土木技術は軍隊の進軍から

江戸時代は建設の槌音《つちおと》とともに始まりました。江戸・大坂の二大都市の建設、一国一城令による城郭の破却と新設、それにともなう城下町の建設、街道や宿駅、港湾の整備、水上交通のための河川改修、農業振興のための灌漑用水確保、洪水対策の河川付け替えや築堤工事など、枚挙にいとまがないほどの公共工事ラッシュでした。

幕藩体制が落ち着いてくると、幕府は直轄地の、藩は領内の増産のため新田開発に積極的に取り組みます。新田開発は従来荒れ地で田畑として使えなかったところを使えるようにしたり、海岸線を埋め立てて利用可能にする干拓が主となります。「水を制するものは国を制する」といわれますが、幕府や藩にとってもっとも頭を悩ましたのは治水と利水でした。「甲州流」というのは、江戸時代初期に小幡勘兵衛《おばたかんべえ》によって説かれた軍学の一派で、武田信玄《たけだしんげん》・山本勘助《やまもとかんすけ》の兵法を祖述したものといわれますが、江戸時代には土木技術への応用が試みられました。というのも、大軍が通行するための道路や橋の建造についても言及されているからです。実際、治水工法で「関東流」として有名な伊奈忠次《いなただつぐ》は、豊臣秀吉の小田原攻めの際、参戦した徳川家康のもとで駿河《するが》、遠江《とおとうみ》（静岡県）、三河《みかわ》（愛知県）の三国の道路、富士川の船橋の普請《ふしん》、それに兵糧を担当しています。そして秀吉の大軍が通行するための道や橋をすばやく整え、大量の兵糧を見事に輸送したと伝えられています。

## 関東郡代伊奈家代々の「関東流」

家康にしたがって江戸へ入った伊奈忠次《ただつぐ》が、最初に行った仕事は江戸周辺の幕府直轄地の知行割でした。まだ戦国時代の余燼《よじん》が燻《くすぶ》っているときでしたから、家康家臣団を効果的に配置して防衛体制を固めなければなりませんでした。と同時に家臣団の中で不満が出ないように偏りのない割り振りもしなければなりません。そのためには土地の状況をよく知っていなければなりません。家康は直轄地に代官を置いて支配させますが、忠次は青《あお》山忠成《やまただなり》と大久保長安《おおくぼながやす》とともに代官頭（郡代）として、直轄地の管理にあたりました。戦国時代までの埼玉県域は、利根川と荒川の二大河川が乱流して、至るところに沼沢地があり、水害の常襲地帯でした。利根川は埼玉郡川俣（羽生《はにゅう》市）で分流し、一流は会の川筋を南東に流れ、後の古利根川に流入していました。会の川が締め切られ、利根川は南東流路をふさがれ、東流する流路（現在の川筋）が主流になったため、これを利根川の東遷《とうせん》と呼んでいます。荒川は足立郡（桶川《おけがわ》市）で二流に分かれ、一流は綾瀬《あやせ》川筋を流れていました。忠次は堤防を築いて綾瀬川筋を締め切りました。これによって利根川、荒川ともに下流域は水害の脅威が薄れ、新田開発が容易になりました。下流域にはこのあとつぎつぎに用水路が引かれ、新田が開発されました。忠次は、中山道《なかせんどう》、日光道中、日光御成道など埼玉県域の主要道路の整備にも次々に手をつけています。伊奈氏は忠次以降も三代にわたって関東郡代を続け、治水や道路整備に力を尽くします。

ところで、伊奈氏の治水工法は「関東流」と呼ばれますが、この特徴に既存の池沼を利用して溜井《ためい》として用水源としたり、一度灌漑用水として使用した水を再び集めて反復利用する方法があります。また強大な堤防で洪水を遮断するよりも、堤防から溢れた水を遊水池に導入する方法がとられています。これは当時の関東地方の自然状況に合致しており、土地の農民から学んだ工法といわれています（①③）。

### 「紀州流の祖」井沢弥惣兵衛《いざわやそべえ》は吉宗《よしむね》の右腕

徳川吉宗が八代将軍に就任したときに、地元の紀州からつれてきた家臣の一人に井沢弥惣兵衛がいました。井沢弥惣兵衛は、現在の海南市と和歌山市にわたる亀池の築造で知られる、水利土木工事の専門官僚です。また農政の専門家でもありました。吉宗がこれからの治世になくてはならない人材として、井沢弥惣兵衛を登用したのです。

井沢弥惣兵衛が埼玉県の見沼代用水《みぬまだいようすい》の開削にかかったのは、享保《きょうほう》十三年（一七二八）八月で、翌年の二月には完工しています。利根川の取水口から見沼までおよそ六〇キロ、流末まで含めると八〇キロあまりもあり、その途中には多数の施設が設けられています。このように短期間で工事が竣工したことは、井沢弥惣兵衛の計画がいかに綿密であったか、施工前の準備が万全であったかを示しています。千葉県でも飯沼新田の開発を手がけました。

見沼代用水の木造樋（埼玉版口絵より）
（東京国立博物館蔵）

井沢弥惣兵衛は、伊奈氏の「関東流」に対して、「紀州流」の祖といわれます。紀州流は蛇行《だこう》する川を直流にして新田を生み出したり、そこに堰《せき》を設けて用水を確保すること、低地で用水と排水を分離したことなどに特徴があるといわれています（②④）。

### 平坦な佐賀平野の水に取り組んだ成富兵庫《なりとみひょうご》

佐賀平野は山が浅く、嘉瀬《かせ》川と筑後《ちくご》川をのぞけば集水面積の広い川はありません。川と平野のバランスが欠けているのです。そのため慢性的な水不足に悩まされていました。佐賀平野のほとんどが等高線五メートル以下なのに対し、有明海は満潮時最大六メートルにも水位が上がります。満潮と高潮が重なると、背振《せぶり》山から水が流れて内水が氾濫し、筑後川の氾濫した水が押し寄せ、下からは満潮と高潮で、三重に苦しめられていました。

江戸時代のはじめ成富兵庫という水利巧者が、こうした問題を乗り越えて国づくりをする方法を提示しました。

佐賀には昔から堀（クリーク）が至るところに張り巡らされていましたが、兵庫はそれに加え至るところに遊水池を置きました。また、水配分を日割りにしたり、隣り合う堀を結び付けたり、組み合わせたり、さまざまな工夫をしました。洪水対策にも意を用い、彼が実施した水利体系は、藩政時代はもとより明治以降もほとんど変わっていないのです。成富兵庫の工法は「甲州流」「関東流」の影響が強いといわれています（⑤）。

**関連項目**

群馬五章2　①埼玉一章1・②2・③五章1　千葉一章8　愛知二章13　滋賀二章6・五章9　④和歌山五10　香川三章1・7　⑤佐賀一3　大分五章6

# 72 商業

江戸時代の商業活動は、商品を届けて人びとの消費欲求に応えるというだけではありません。都市と農山漁村を結んで新しい生活文化を地方にもたらすいっぽう、全国各地で産業を起こし、経済活性化を促したのです。

## 地域経済活性化の拠点「市《いち》」

享保《きょうほう》十二年（一七二七）に藩から許可された尾張一宮《おわりいちのみや》（愛知県一宮市）の三八市《さんぱち》は、毎月三・八の日の六回開かれる市です。天保《てんぽう》十三年（一八四三）の出店の商品を見ると、一番多いのが古手（古着）の六十軒で、糸販売三十六軒、綿二十九軒、いさば（乾魚・塩魚など）二十六軒、みそ溜《たま》り（溜り醤油）二十五軒などがつづきます。米雑穀・青物・果物・酒・茶などの食料品から、瀬戸物・薪炭・金物・小間物などあらゆる生活用品が並び、すし・うどん・うなぎ・あま酒などの飲食店も出ています。（④）

ここからわかることは、**1**近在のたくさんの農民が農間副業の産物を出店しており、農業と食品加工など地域産業の多彩な発展がうかがえること、**2**古着屋の繁盛にみられるように、「麻から木綿へ」という衣料革命が民衆まで及んでいく場になっていること、**3**木綿生産に欠かせない機《はた》屋材料・ろくろといった生産用具・資材の出店も多く、産地発展を支える場になっていることなどです。市は地域経済活性化の拠点になっていたのです。

## 産業起こしを促す商業活動

都市と農村、地域と地域を結んで活動した商人の典型が「近江《おうみ》商人」です。その行動パターンは近江（滋賀県）の産物である麻布《まふ》・蚊帳《かや》・薬そして古着などを地方に運んで売り、帰路に販売地の産物、東北・信州の生《き》糸《いと》・紅花《べにばな》・蝋・漆《うるし》・蚕種《さんしゅ》などを買って上方などで販売する、いわゆる「のこぎり商法」です。地方に支店を出すようになると、支店の地域の産物の交互販売も盛んに行っています。全国の地域間の産業ネットワークづくりを促したといえます（⑥）。

盛岡の城下町ではたくさんの近江商人（高島商人）が支店を出して活動しました。その営業は、古着と各地の産物を持ち込んで販売し、南部《なんぶ》の砂金にかえて京都本店に送るというものでした。そのさい、商品販売で得た資金を現地の水田に投資し、小作米を酒米に利用して醸造し酒を売って砂《さ》金《きん》を回収するというのが特徴でした（⑦）。近江商人が進出先の関東・東北地方に酒・醤油・味噌の醸造業を展開させたことは有名です。商業活動は、地元への投資による地域産業の育成という活動を伴っていたのです。

## 地域産物を全国に知られる名産に

各地に木綿織が起こるなかで、松阪木綿は、産地の生産努力と伊勢商人による販売活動によって、高い名声を博しました。伊勢地方（三重県）は肥沃《ひよく》な田畑、伊勢湾からの干鰯《ほしか》肥料、伊勢神宮へ神御衣《かんみそ》などを献上してきた紡織の伝統などを背景に、木綿栽培と木綿織が早くから広がりました。松阪地域ではほとんどの村で農閑期の女性の副業として木綿が織られました。隣接する津藩領や鳥羽藩領の村々でも生産が高まり、江戸へ出荷されるときは、一括して「松阪木綿」の商標がつけられました。

「松阪の女業」とまでいわれた女性たちの活躍に、鳥羽藩領法田村《ほうだ》（松阪市）の紺屋《こうや》のすぐれた染色技術が加わります。江戸で人気を博した縞《しま》木綿「松阪縞」や、藍《あい》・ヤマモモの皮・墨《すみ》などの色相から三十通りにも染め上げる「無地染め」などが産み出されたのです。

　こうした地域の風土と人の技を結集してできた松阪木綿は、買次問屋の手で農家から買い集められ、染色されたあと、白子《しろこ》港から船で江戸へ運ばれ、伊勢商人の目玉商品となったのです。一八世紀末には松阪の買次問屋から毎年五十万反以上もの木綿が江戸へ出荷されました。

　伊勢商人は江戸にいち早く店を出し、江戸の商業界において近江商人とともに際だった存在でした。江戸日本橋（中央区）の大伝馬町《おおでんま》一丁目には木綿問屋の一群が集中しましたが、宝永《ほうえい》二年（一七〇五）には七十四軒のうち六割以上が伊勢国出身と考えられ、なかでも松阪出身者が圧倒していました。隣接する駿河町《するが》には松阪の三井（越後屋、三越デパートの前身）、本町には射和《いざわ》の富山（大黒屋）・家城《いえぎ》や松阪の伊豆蔵など、江戸でも指折りの呉服店が軒を連ね、呉服を中心に多彩な商いを展開したのです（⑤）。

東京麹町にあった木綿問屋（東京版261ページより）

**横浜開港、生糸輸出の先駆者たち**

安政《あんせい》六年（一八五九）の横浜開港のさい、横浜に進出して外国商館に生糸を販売し、生糸輸出の先鞭をつけた一人が、上州中居村《なかい》（群馬県嬬恋村《つまごい》）出身の中居屋重兵衛《じゅうべえ》でした。二十歳のとき江戸に出て出版業和泉屋で働き、ここで和漢洋の書に触れ、また出入りの学者・知識人と交流を持ちオランダ語も学んでいます。やがて独立し、外国船の出没で海防の必要が高まるなかで、火薬製造で利益をあげます。そして、急展開する天下の情勢を把握し、火薬販売で幕閣の有力者とも知己になっていた重兵衛が出した店は、堂々たる店構えで、壁につけたガラス張りの水槽に金魚を泳がせ、座敷は靴のまま入れるようにして、大きなオルゴールが置いてあったといいます。ここに、生糸のほか外国人に売れそうなさまざまの品を揃えました。生糸輸出の先駆者、中居屋重兵衛ですが、出店から二年めに突然横浜から姿を消します（①②）。

　横浜開港とともに生糸をイギリス商人ハーバーに販売し、外国商人への生糸売込みの創始とされる人が、甲斐《かい》国東油川村（山梨県石和《いさわ》町）の甲州《こうしゅう》屋忠右衛門《やちゅうえもん》です。忠右衛門は先祖代々長百姓役（組頭）の家に生まれ、養蚕《ようさん》を中心とした地域産業の発展を図る指導者として尽力します。横浜出店にあたっての構想は、地元の豪農たちも含めた共同出資で、「甲州産物会所」の名で絹・木綿・ブドウ・ナシ・クリ・紙・たばこなど、地域産物全般を輸出することでした。この斬新なアイディアは企画どおりにはいきませんでしたが、郷土の産物を代表する生糸の、つづいては繰綿《くりわた》（種実を取り除いた状態の綿）・蚕種《さんしゅ》（蚕の卵）の積極的販売を展開したのです（③）。

**関連項目**

岩手二章6　①群馬二章5　埼玉二章7　千葉二章2　東京三章7　②神奈川五章5　石川二章2　③山梨二章8　④愛知二章12　⑤三重二章9　⑥滋賀50科・⑦二章2　京都五章9　大阪四章1〜6　徳島二章2　福岡二章9

# 73 貿易

## 自由に出入りしていた外国船

江戸時代はじめは、貿易は自由でした。外国からはポルトガル、オランダ、イギリス、中国などの船が来ていました。わが国の船はおもに東南アジア方面へ渡航しました。徳川家康が将軍になってからは、家康の朱印を押した文書を各船に持たせるようになりました。朱印状を持つことによって、海賊ではなくて正規の貿易船であることを証明し、先方に通行の安全保障を求めたのです。そしてまた朱印船以外との貿易も禁じたものでした。制度化されたのは慶長《けいちょう》六年（一六〇一）のことで、以来朱印船は三百五十六隻に及びました。おもな貿易品は生糸、絹織物、皮革などが輸入され、輸出品は銀を中心に銅、樟脳《しょうのう》、雑貨類などでした（②）。この頃はどこの港にも比較的自由に外国船が入ってきていたといわれ、家康のお膝元駿河湾にはたくさんの外国船が帆を休めていたと伝えられます。

## 鎖国政策で貿易相手国は二国のみに

外国との貿易にはじめて制限が加わったのは、ポルトガルに対してのもので、慶長九年のことです。家康はこの年長崎、京都、堺（大阪府）の三都市の有力商人に「糸割符《いとわっぷ》仲間」を結成させ、ポルトガル船が積んできた生糸を一括購入する特権を与えました。糸割符制度は、糸割符仲間の中の有力者である糸年寄が、長崎に入ってくる生糸すべての価格を決定し、その価格で糸割符仲間に全部買い取らせるというものでした。この制度だと日本の商人の間での買付競争がなくなり、安い価格で買い叩かれる結果になることから、ポルトガルはまるで押買い（押売りの反対）だと抗議しました。国内でも糸割符仲間が独占的に安い価格で仕入、ほかの商人には高い価格で売りつけたため、糸割符仲間は巨額の利益を得ました。その見返りとして、糸割符仲間は多額な運上金（税）を幕府に支払いました。この仲間には後に江戸、大坂の商人が加えられ五ヵ所商人と呼ばれました。

この生糸貿易におけるポルトガルに対する制限をきっかけに、つぎつぎと貿易に対する制限が加わります。寛永《かんえい》十二年（一六三五）、日本人の海外渡航禁止。同十六年、ポルトガル人の入国禁止。同十八年、オランダ商館の平戸《ひらど》から長崎出島への移転、オランダ・中国貿易を長崎一港に限る、といった一連の鎖国政策が進みます。その結果、わが国の貿易相手国は、オランダ・中国の二国のみとなり、貿易港も長崎だけとなったのです。

貿易の方法は、時代によってさまざまに変わります。糸割符貿易はオランダ・中国の巧みな商法で次第に生糸価格が上昇して、見直さざるを得なくなりました。明暦《めいれき》元年（一六五五）には自由貿易に切り替え、輸入量は増えますが対価にする銀の流出がひどくなります。銀の輸出を禁止すると今度は金の流出が目立つようになるなど、幕府は対策に苦慮します。これを打破するために寛文《かんぶん》十二年（一六七二）、市法貨物《しほうかもつ》仕法という制度が採用されます。これは船の積荷に対し、日本側の役人と五ヵ所商人が事前に市場調査をして、それに基づき長崎奉行が比較的低い輸入原価を示して、オランダ・中国に認めさせるというものです。ところがこれには輸入量の制限がなかったため、金銀の流出は相変わらずでした。そこで考えられたのが、貿易限度額を設けるという方法でした。定高《じょうだか》仕法と呼ばれるこの方法では、限度に達したら荷物を積んできても一定量に達するとそのまま帰らなければなりませんから、このような積戻船はどこかでこの荷物を売らなければなりません。そして急増したのが抜け荷（密貿易）でした（②）。

### 対馬《つしま》を窓口に活発な朝鮮との交易

江戸時代は鎖国の影響で長崎だけで貿易が行なわれていたように伝えられますが、必ずしもそうではありません。家康は秀吉の出兵によって関係が悪化した、朝鮮との国交回復に努めました。一方的に侵略された朝鮮の怒りは強くなかなか交渉は捗りませんでしたが、対馬（長崎県）の宗義智《そうよしとし》の努力で慶長《けいちょう》十四年（一六〇九）に国交が回復しました。宗氏一族は倭寇《わこう》の対策に手を焼いていた李朝《りちょう》政府に対し、倭寇の取り締りを約する代わりに貿易上の権益を手に入れていました。

国交を回復したあとは、対馬を通じて交易がさかんになるとともに、両国の交流も活発になりました。とくに釜山《プサン》には倭館《わかん》が置かれ、対馬の人々が常時五、六百人詰めていました。倭館は在外公館と商館の機能を併せ持った性格で、交易の拠点でした。李王朝から徳川幕府に対しては、前後十二回に及ぶ大型使節団が派遣されました（①）。

糸荷廻船模型（堺市博物館所蔵）

（大阪版口絵より）

### 琉球《りゅうきゅう》の進貢《しんこう》貿易と薩摩《さつま》藩

もともと東アジアには、中国を中心とした一つの国際社会があり、高い文明を持つ中国と交流したいとする国はたくさんありました。それらの国々は中国を宗主国として、それに進貢《しんこう》するという形で交易するルールができていました。沖縄の琉球王朝もその一つでした。琉球王朝は、中国皇帝への貢ぎ物を船で運び、帰りにはそれに倍する下賜品を中国から与えられました。また、琉球産の物産を進貢船に積み、中国福州で売りさばき、中国・東南アジアの物産を買取ってくるという貿易を続けていました。この進貢貿易は唐一倍といわれ、つまり投資が倍になって帰ってくるといわれていたのです。

この利益に目をつけたのが薩摩藩でした。家康が江戸に幕府を開いてから六年目に当たる慶長十四年、薩摩藩は琉球に武力進攻し、完全に支配下に置きました。以来、進貢貿易は薩摩藩の監視のもとで行なわれ、利益は薩摩藩が独占しました。中国からの使節が琉球を訪れると、薩摩藩は船を隠し、役人も隠れて琉球の人々だけで応対させました。あくまでも進貢貿易をしているのは琉球王朝だと見せかけようとしたのです。すぐに中国もこのことに気付いたようですが、黙認する形になったものと思われます。薩摩藩の行為は幕府公認のもとに行なわれたものですが、この貿易で薩摩藩は財政危機から立ち直ったともいわれています（③④）。

**関連項目**

島根五章4　①長崎一章3・②5　③鹿児島一章2　④沖縄前章・三章7

# 74 農業

## 大開発から集約的農業へ

戦国時代から江戸時代初期にかけて、日本は大開発時代を迎え、積極的な水田の造成が行なわれました。築城技術などを生かして台地や大河川の沖積《ちゅうせき》平野、海岸へと開発の手が及んでいったのです。江戸時代初期の田畑面積一六四万ヘクタールが一八世紀初めには二九七ヘクタールに拡大し、増加する人口を養うとともに、今日の農地のもとがつくられたのです。

ところが、急激な開発は、肥料源である草（刈り敷）をとる山野や河川《かせん》敷《しき》・湖沼の減少をもたらし、自然の治水機能の低下につながります。そこで、幕府は早くも寛文《かんぶん》六年（一六六六）には「山川掟《おきて》」を出して、新たな開発を禁止し、すでにある田畑の生産を高める方向に転換しています。

日本の農業は、土地から高い収穫を上げる集約的農業へ、多毛作など土地と資源を有効に生かす農法へと発展していきます。江戸時代後期の稲作の収穫量は種籾《たねもみ》の量の三十倍以上で同時期のヨーロッパがわずか四〜五倍だったのに比べて、日本の土地生産性がいかに高かったかがわかります。

## 「農書」に現れた地域農業確立の努力

こうした農業の発展は全国各地の農民自身によってもたらされたものですが、それには、十七世紀後半以降に盛んに書かれた「農書」による情報が大きな役割を果たしました。福岡の農学者、宮崎安貞《みやざきやすさだ》は長い年月をかけて、当時の農業先進地である畿内《きない》をはじめ各地の農業を視察し、また中国で一六三九年に書かれた最先端の農業技術書『農政全書』を読んで自分の実験農場で検証を重ね、元禄《げんろく》十年（一六九七）に『農業全書』を著わしました⑨。これは、日本で初めて体系的にまとめられた農業書として、広く読まれましたが、その後各地で、地域性を踏まえた「農書」がリーダー的農民や指導者によって書かれていることが重要です。

青森田舎館《いなかだて》の豪農の家に生まれた中村喜時《なかむらよしとき》は、安永《あんえい》五年（一七七六）に『耕作噺《こうさくばなし》』をまとめています①。日本各地をいろいろ見てまわったが自分の生まれた在所ほどよいところはないという確信のもとに、村の人びとの集まりで、冷害の危険と隣り合わせの寒冷地農業の心得と技術を語った記録をまとめたものです。土地に根を張って風土にかなった農業と生活をつくりあげていく機運が、秋田では長崎七左衛門《ながさきしちざえもん》の『老農置土産《ろうのうおきみやげ》』③、岩手では淵沢円右衛門《ふちざわえんえもん》の『軽邑耕作鈔《けいゆうこうさくしょう》』②、福島では佐瀬与次右衛門の『会津農書』④などの農書となってあらわれています。

## 土地と資源の高度利用

日本の集約的農業の典型が土地を高度に利用する多毛作です。その先進的な例が、奈良盆地の大和農法です。昔から水不足に悩まされてきた奈良盆地では、限られた水を地域内で分かちあって最大限有効に使う農業に腐《ふ》心《しん》してきました。そこから生まれたのが、水田を田としても畑としても使う田畑輪換農法《でんぱたりんかんのうほう》「つくりまわし」です。代表なつくりまわしは、稲（夏作）―麦（冬作）―稲―菜種―綿―麦・そらまめ、という三年六作で、このうち夏作は水を大量に使う稲を二回、綿を一回栽培しています。こうした農法が、木綿織物業、搾油《さくゆ》業の発展をもたらし、衣料の自給、灯りのある暮らしを人びとにもたらすことになったのです（⑧）。

南国高知では、温暖な気候を生かし、いっぽう山国で一人当たりの耕地面積が極めて少ないという条件下で生き抜くために、水田で稲を二回栽培する二期作が生まれました。また、一八〇〇年前後には、きゅうりやなすの早出し栽培が大坂や和歌山を行き来していた船乗りたちによって始められて、今日の園芸大産地の源をつくっています（⑨）。

## 地域に適した優良品種育成の努力

農業生産性の向上には、深耕を可能にする備中鍬《びっちゅうぐわ》や、脱穀用の千歯扱《せんばこき》など農具の開発、鰯《いわし》・鰊《にしん》漁業の発展によってもたらされた干鰯《ほしか》肥料の普及、優良品種の育成などが大きな役割を果たしました。三重の山間地では幕末から明治初期かけて、農民の手によって稲の優良品種「関取」「竹成《たけなり》」「伊勢錦」が選抜育種されています。「関取」と「竹成」は、早生《わせ》で分げつ数が多く、茎が短く肥料を多く施しても倒れにくい多収品種で、全国に栽培が広がりました。またその後の近代育種の親になり、第二次大戦後の米自給を支えた「日本晴」などの重要品種に受け継がれました（⑦）。

優良品種を生んだ伊勢平野北部（三重版181ページより）

江戸が世界最大の都市に発展していくのにこたえて、近郊では野菜の生産が高まりましたが、土地条件を生かした品種が次々と生まれました。江戸川では「小松菜」、亀戸周辺には利根川・荒川の沖積土を生かした浅漬け用の「亀戸《かめいど》大根」、練馬《ねりま》には武蔵野台地の洪積土《こうせきど》を生かした沢庵《たくあん》漬け用の「練馬大根」、千住《せんじゅ》には白茎部分の長い「千住ねぎ」など数々の江戸野菜が産み出され、その料理・食文化は現代に受け継がれています（⑤）。

## 特産列島日本の誕生

江戸時代には、木綿も絹も、それを染める藍《あい》や紅花《べにばな》も、砂糖・煙草・紙・蝋・油もあらゆるものが国内で生産されるようになり、生活のすみずみまで国産の物資が満たしていきます。地域地域の条件を生かした特産列島日本が出現したのです。こうした江戸時代後期の日本各地の農業を見聞し、商品作物・特産づくりをリードしたのが、豊後《ぶんご》（大分県）出身の農業ジャーナリスト、大蔵永常《おおくらながつね》です。蝋をとる櫨《はぜ》栽培の手引き書『農家益』、綿の栽培から販売までの手引き書『綿圃要務《めんぽようむ》』、菜種の栽培と搾油についての『油菜録』『製油録』、砂糖づくりについての『甘蔗大成《かんしゃたいせい》』など多数の特産作物の栽培・加工の書を著わし、安政《あんせい》六年（一八五九）に全生涯で究めたことがらを『広益国産考《こうえきこくさんこう》』として集大成します（⑪）。

**関連項目**

①青森五章7　②岩手二章7　③秋田二章7　④福島五章1　⑤東京四章1　⑥愛知一章4　⑦三重二章11　滋賀四章10　⑧奈良二章2　広島二章8　⑨高知二章8・五章5　⑩福岡五章2　⑪大分五章2

# 75 畜産

江戸時代には各地に馬の牧場がありました。馬産地の周辺には馬市も立ち、さかんに取引されました。それだけ馬の需要があったということを意味しています。馬は武士の乗馬用として欠かせないものでした。日頃の鍛練はもちろん、急ぐときには馬を利用しました。また荷物の輸送には欠かせない運搬手段で、馬に積む荷物を一駄二駄と数える単位までありました。江戸時代には農耕に馬を使う地域はあまりありませんでした。農耕には牛がおもに使われました。馬はもっぱら、乗馬用と輸送用に使われたのです。馬産地では、藩が管理する藩営牧場がおもで、民間の牧場は数が少ないのが実状でした。

一般的に江戸時代の人々は動物を食べなかったと考えられていました。ところが数々の史料を当たると必ずしもそうではなくて、薬と称してかなり食べられていたことがわかっています。現代に残るものとしては近江牛《おうみ》などはその典型ですが、かなり幅広い分野で動物性蛋白質を摂取していたようなのです。

**大規模に運営されていた藩営牧場**

江戸時代、馬産地として有名だったのは津軽《つがる》（青森県）と薩摩《さつま》（鹿児島県）でした。両者とも広い藩営牧場を持ち、たくさんの馬を放牧、飼育していました。

厳寒の下北半島の突端尻屋崎《しりやざき》（青森県下北郡）を訪れた人は、そこに建つ白い灯台とその下で悠々とたわむれる馬の群を見て、そのたくましい風格ある姿にある種の感動を覚えます。これらの馬は年中放し飼いにされて、吹雪の中でも強風に向かって立ち続けているので、人々は「寒立馬《かんだちめ》」と呼びました。この寒立馬こそ、長い歳月をかけて南部地方の人々がつくりあげた南部駒《なんぶごま》の成果なのです。

平安時代に白河《しらかわ》天皇が歌に詠ったり、藤原《ふじわら》氏の時代には金と並ぶ名産品として贈答用にされたり、古くから南部の馬は有名でした。義経《よしつね》が「ヒヨドリ越え」をしたときに乗っていた馬も南部の馬だったといわれます。頼《より》朝《とも》は奥州を平定したあと、多くの地頭を任命しましたが、同じ甲斐駒《かいごま》で有名な馬産地出身である南部氏を、ここに配したのは故なしとしません。牧場の経営に優秀な手腕を発揮したのはいうまでもありません。

江戸時代になると南部藩は、合計九ヵ所の牧場を藩営で運営していました。そこで飼育されていた馬は、江戸時代を通じてだいたい千頭前後でした。八代将軍吉宗《よしむね》の時代には、ペルシャ馬を導入して品種の改良にも努めていました。

寛政《かんせい》四年（一七九二）、この地を旅した菅江真澄《すがえますみ》は、下北半島に放牧されている馬をこのように書きました。

「朝早く磯をつたい、山陰《かげ》を行ったが、多くの馬が群れ歩いているのは、牧場が近くにあるのであろうか。山の裾や田面《たづら》に芝垣を高く結いめぐらしたなかに、たくさんの馬がたたずみ、あるいは枯れ草を踏みしだき、高い島山の峰も麓も歩きならして、あるかぎりの小笹、木の根を掘って食べてはいなないている」（①）。

薩摩藩領は、九州一の馬産地でした。江戸時代を通じて藩で運営する二十ヵ所の牧場で、およそ五千頭もの馬が飼育されていました。武器弾薬などを運ぶ目的もあったためか、薩摩藩は母馬の藩外への売買を禁止し、一般の荷物を運ぶための馬三千頭以内だけを売ってもよいということにしていました。

薩摩藩の藩主は代々馬の飼育に熱心で、最初の頃は乗馬用として導入した奥州馬を、改良のため牧場に移して飼育しました。また、天文《てんぶん》年間（一五三二〜五五）にはアラビア種を輸入して、城下に唐牧《からまき》と称する牧場を設置しました。この牧場はハルシア牧とも呼ばれたので、放牧された馬はペルシャ種ともいわれています。また比志《ひし》島にはジャガタラ牧があったといわれ、オランダ人がジャワ（インドネシア）から西洋種の馬をつれてきて、それを放牧したとも伝えられます。

尻屋崎の寒立馬（青森版141ページより）

薩摩藩領では、民間の牧場も多く、藩はそれらに牛馬札を交付していました。毎年馬改めがあり、優良馬は御用馬に指定しました。薩摩藩の検地帳には牛馬数が記入されましたが、水田地帯では馬保有が少ないものの、原野の多い地域では少ない所でも二頭、多い所では十八頭もの馬を飼育しています（③）。

## 牛肉の味噌漬を将軍家に献上

わが国が世界に誇る和牛の中でも、神戸牛、松阪《まつざか》牛、近江牛は古くから知られた三大銘柄牛ですが、とくに近江牛はもっとも古い歴史を持っています。明治維新以後最初に広まった肉牛銘柄は神戸牛ですが、その確立には近江（滋賀県）から出荷された肉牛が大きく貢献しています。また江州での飼養技術や素牛《もとうし》供給をもとに明治期に肉牛肥育が伊勢《いせ》（三重県）に広がりますが、のちにその中から松阪牛が誕生します。

江戸時代を通して生牛馬屠畜《せいぎゅうばとちく》禁止は幕府の定法《じょうほう》であり、庶民も肉食に強い禁忌《きんき》意識を持っていました。少なくとも表向き牛肉は生産されることも食べられることもなかったのです。しかし、実際は薬食いのような形で陰に陽に行なわれており、時代が幕末に近づいて体制がゆるみ出すと、江戸や京・大坂では牛鍋のようなものも食べることができるようになりました。

彦根《ひこね》藩は江戸時代中期から生牛馬屠畜を半ば黙認していました。黙認どころか藩役人の指揮のもと牛肉の味噌漬や干肉を特別につくり、将軍や老中に献上していました。これがよく知られた彦根牛肉です。夏場は味噌漬では日持ちしないので、寒いうちに牛肉に塩を加えて乾燥させた干肉がつくられました。ビーフジャーキーです。

この他江戸時代でも鹿や猪などの狩猟は、禁制とされず、江戸の町にはこれらの獣肉を売る店がありました。鹿肉を「紅葉《もみじ》」、猪肉を「牡丹《ぼたん》」と呼んでいました。愛好家もかなりたくさんいたようです（②）。

**関連項目**

①青森二章5　岩手二章8　宮城二章4　福島二章4　千葉二章5　②滋賀二章9　岡山二章9　山口四章4　③鹿児島二章6　沖縄三章3

# 76 林業

江戸時代の林業を考えるときに、寛文《かんぶん》年間（一六六一〜七三）はその結節点ともいえるときです。わが国の国土の七〇パーセントが山林といっても大規模な都市開発が相次いで大量の木材が消費されると各地で森林開発が進み、森林の荒廃が全国的にようやくはっきりしてきたのがこの頃です。江戸時代初期からさかんに行なわれた新田開発が限界に達し、森林の開発と相俟って洪水が多発して本田畑の荒廃が目立つようになったのも寛文期でした。幕府は寛文八年に「山川掟《おきて》」を出し、開発促進政策を転換し、荒廃した本田畑の回復と、細かく行き届いた農法の確立を目指しました。林業でも森林の保護、育成策が次々に打ち出されます。

## 大都市近郊に育った需要に応える育成林業

多くの林業地帯がすでに存在する森林資源の保護に乗り出しましたが、それは天然更新によって資源の回復を図るということが中心でした。これに対し、中央市場の大坂、京都、江戸近郊では、この頃から植林によって森林資源を造成して材木を生産する育成林業が成立するようになっていきました。大坂に対する大和《やまと》国（奈良県）の吉野《よしの》林業、京都に対する丹波《たんば》国（京都府・兵庫県）山国林業、江戸に対する武蔵《むさし》国（東京都・埼玉県）青梅《おうめ》・西川《にしかわ》林業などがその例です。

もっとも著名なのが紀《き》ノ川上流吉野川流域に形成される吉野林業です。吉野杉は、秋田杉、木《き》曽《そ》檜《ひのき》などと並んでわが国の美林の一つに数えられます。ここでも寛文期までは切り出された木材は、天然林が多かったと考えられます。

大坂市場では多様な太さの杉材需要がありました。武家、商家の建築様式が「書院造り」から「数寄屋《すきや》風《ふう》書院《しょいん》造《づく》り」へ移っていったことから、利用される木材も檜の大材を中心とした豪奢《ごうしゃ》なものから、小径の杉材を含む多様なものへ転換していきました。また、伊丹《いたみ》・灘《なだ》（いずれも兵庫県）の酒造業をはじめとする醸造業の発展が、樽・桶材としての大径の杉材の需要を生み出しました。このような需要に対して、吉野地方では寛文年間後から急速に杉を中心とした人工造林が展開して、十八世紀中には反当たり一千本を植えるという「密植」が始まりました。こうして植えられた木を十二、三年目から六、七年おきに間引きするように伐採していくのです。これを「多間伐」といいます。細い木から順々に切り出し、最後は百年目に大木を切り出します。最終的に百年で皆伐する「長伐期」という、造林技術をつくりあげていったのです。密植によって幼齢林の間伐が可能となり、まっすぐで木目の細かい名木がつくりあげられるようになりました。中径材は一般建築用材となり、大径材は樽材や板に加工されました。

江戸近郊にも寛文期に育成林業が成立しますが、その代表が荒《あら》川支流の入間《いるま》川・高麗《こま》川上流域に形成された西川林業です。この地方では十七世紀に天然林を資源として江戸市場向けの炭の生産が進み、炭を焼いたあとには杉、檜を造林していったと考えられます。造林技術も、江戸市場には大径材はすでに木曽や熊野《くまの》から大量に入ってきていたので、小径材の生産をおもな目的としたものになりました。植林密度は反当たり三百から五百本、間伐する間もなく二十年から三十年で皆伐してしまうもので、生産される材は小丸太、小角材、貫木《ぬきぎ》（小幅板）が中心でした（①）。

**世界的に珍しい北山《きたやま》杉の育成法**

茶室風の美しい建築に使われる北山杉は、京都が生んだ銘木です。この北山杉は、独特の方法で育成されていました。北山林業の起こりは古く、室町時代の茶の湯の流行とともに、茶室の建築用材として用いられたといわれます。

北山杉は、台杉林業としてあまりにも有名です。台杉は一本の杉の樹を地上から七、八〇センチのところで伐採し、それを台として吹き出したわき芽の生長後、さらにこれを切って、わき芽を育てるという方法によって得る杉材です。

北山杉の里といわれるのは、京都市の北側を囲む丹波高地の南端部に当たり、京都北西部の鷹ケ峰《たかがみね》（京都市北区）から清滝《きよたき》川の上流にかけて、つまり京都から小浜《おばま》（福井県）に通じる周山《しゅうざん》街道沿いの梅ケ畑《うめはた》（京都市右京区高雄）、中川、小野郷《おのごう》（京都市北区）あたりをさします。室町時代から京都の需要に応える形で中小径木の生産地として、代々台杉林業を営んできたところです。しかし、江戸時代半ばには、この地域の人口がそれまでより倍増しており、一層北山杉の需要が高まったことを示しています。

北山杉の森（京都版150ページより）

本来からいえば木は一樹一幹であるのが自然なのですから、北山杉のように一樹多幹という世界でもたいへん珍しいやり方は、自然に反する育成法といえるでしょう。しかし、それを可能にしたのは北山式の「枝打ち」（樹木の下枝を切って手入れすること）という独特の保育技術を見つけ出し、工夫・発展させてきた先人の努力によるものです。

台杉は木の芽の発育に応じて垂木《たるき》仕立ての場合は隔年ごとに、丸太仕立ての場合はだいたい四年目ごとに枝打ちを繰り返します。三間（約五・四メートル）の梯子《はしご》を使いますが、梯子で届かないところは職人が木から木へ飛び移って枝打ちします。とても熟練の要る作業です。北山の枝打ちに使うのは、髭《ひげ》もそれるような鋭利な刃の鎌です。北山杉が一人前に育って伐採されるようになるまでには、ほぼ三十年から四十年かかります。

このような長い年月丹精こめて育てられた木は、建築材の磨《みが》き丸太として製品化されます。木のへらで樹皮をはぎ、乾燥させて磨き、そして再び乾燥という手順を踏んで入念に加工されます。

江戸時代中期までは、京都の需要を賄うだけでしたが、自然美と格調の高さが注目されてそれ以降は関西一円に北山杉の名声が高まりました。栗《りつ》林《りん》公園（高松市）の中の茶室「掬月《きくげつ》亭」に北山の磨き丸太が使われているのはその一例です（②）。

**関連項目**

青森二章1　秋田二章2　①秋田50科　千葉二章7　東京四章3　長野二章5
三重二章4　②京都三章4　奈良二章5　和歌山二章2　鳥取一章10　島根五章7
徳島二章5　高知二章3　宮崎二章1・五章6　鹿児島三章2

# 77 海の漁業

## 先進的な役割を担った大坂湾岸や紀州《きしゅう》の漁師

中世までの多くの漁村は、自分たちの食するものと近隣の村に細々と売る程度の漁獲をして、生活する漁民がほとんどでした。唯一の例外は、京の都の需要に応えて漁をする大坂湾岸の漁師たちでした。このため、漁法や漁具などはこの地方が先進地でした。江戸時代になると江戸や大坂に大消費都市が生まれたため、魚を含めた生鮮食料品の需要が高まりました。加えて江戸時代中期からは、綿や菜種、蔬菜などの栽培に積極的に魚肥が使われるようになり、干鰯《ほしか》などの需要が飛躍的に高まります。こうして先進的な漁撈《ぎょろう》技術を持つ大坂湾の漁業は、全国に出かけていって指導的な立場を確保することになります。

先進的役割を果たし指導的立場にあったのは、大坂湾とその周辺の摂津《せっつ》（兵庫県・大阪府）、和泉《いずみ》（大阪府）、紀伊《きい》（和歌山県）、淡路《あわじ》（兵庫県）、播磨《はりま》（兵庫県）、阿波《あわ》（徳島県）の漁師たちでした。彼らは東は関東の相模《さがみ》（神奈川県）、房総《ぼうそう》（千葉県）、常陸《ひたち》（茨城県）から三陸沿岸（岩手県・宮城県）まで、西は本州西端の長門《ながと》（山口県）から五島《ごとう》・対馬《つしま》（ともに長崎県）方面に、また豊前《ぶぜん》（福岡県・大分県）、筑前《ちくぜん》（福岡県）、肥前《ひぜん》（長崎県）、日向《ひゅうが》（宮崎県）、薩摩《さつま》（鹿児島県）まで出漁しました。当初は旅網《たびあみ》で、漁期が終われば帰郷していました。のちに出稼ぎ地に住みついてしまった例もありましたが、いずれにしても最新の漁撈技術を伝播する役割を果たしたのです。江戸の佃島《つくだじま》（東京都中央区）へは、幕府の命令によって大坂佃（大阪市西淀川区）の漁民が移住させられたりしました（②）。

## 多彩な漁具と漁法

江戸時代に使った漁網は、麻糸と藁縄《わらなわ》を組み合わせたものでした。幹綱には麻綱を使い、水面下にある網には藁縄を多く使用しました。明治になって近代紡績による漁網が進歩するまでは、ずっと藁縄と麻糸が使われていたため、大漁といっても限度がありました。一度にあまりに大量な魚が網に入ると、藁縄が千切れてしまうからです。といっても今考えるよりははるかに工夫され、丈夫につくられていました。資源保護と大漁が巧まずして両立していたといえるでしょう。漁船に動力はなく、帆掛船と櫓漕《ろこ》ぎでした。代表的な網漁法を見てみます。

○地曳《じびき》網　海岸に接近してきた魚群の回りに網を張りまわし、この網を陸上から数十人で引き寄せて漁獲します。一網につき網船一艘、綱船一艘、手船（指揮をするものをのせる）二〜三艘、それに陸上の曳き子が必要です。手船は魚群の発見もします。夏は沖合い十丁（一丁＝約一〇〇メートル）、秋には沖合い二十丁余のところに網を下ろします。

○手繰《てぐり》網　五智《ごち》網とも藻手繰網ともいいます。船一艘に漁師三〜四人が乗って網の一端に浮樽をつけて海中に投入し、綱を引き回して浮樽のところへ戻り、槌で舷（ふなげた）をたたいて魚を驚かし網のふくらんだところに追い込みます。

○建《たて》網　船一艘に網を百から二百把積んで漁師二〜三人が乗り組み、一人は櫓を押し、一人は網を継ぎ合わせ、一人は投網をします。網の両端にブイをつけ、日暮れに投入して翌日の明け方に網を揚げます。刺《さし》網の一種です。

○打瀬《うたせ》網　船には一艘に漁師四人が乗り組み、船首と船尾に一〜三丈（一丈＝十尺）の棒を縛り付けて、舷に曳き綱で結びつけ、網を長く海底に垂らし、帆を三枚揚げて船を横方向に走らせます。底曳網の一種です。貝打瀬網とか貝捲《かいまき》網という貝を漁獲する底曳網もありました。

○八田《はちだ》網（八手網）　網船二艘で出漁し、魚群の進行方向の前面に急行して、網を張り魚群が網の上にきた時に網を揚げて漁獲します。

この他に間稼《まかせ》網、徒歩《かち》網、坪《つぼ》網と呼ばれる網漁などがありました。網のほかに釣漁業もさかんに行なわれました。一本釣（手釣）では鯛《たい》、鱧《はも》、太刀魚、タコ、エソ、ハマチ、スズキ、キス、サワラ、シイラ、穴子などを釣りました。釣漁業はおもに春から秋にかけての昼間行なわれ、夜間は手長ダコ、イカ、穴子だけでした。また延縄《はえなわ》（のべなわともいう）もさかんに行なわれました。延縄は堺《さかい》の漁師たちが多用しました（②）。

鯊釣り（はぜつり，大阪版381ページより）
（『摂津名所図会』）

**三陸沖の鮪《まぐろ》漁、トカラ列島の鰹《かつお》漁**

宮城県の三陸沖では、漁獲高の首位を占めるのは鮪でした。鮪はこの地方ではシビと呼ばれ、夏には体長六尺（約一・八メートル）をこえる鮪の群れが仙台湾に入り、牡鹿《おしか》半島から岸に沿って北上します。水深のある磯浜は岸近くまで回遊するため、岸から伸びる定置網を仕掛けます。砂浜地帯では沖に船を出して魚を追いかけ、巻網で捕獲しました。鰹《かつお》は紀州の漁師の指導を受けた、鰯の生餌《いきえ》を使う溜釣《ためつり》（一本釣）が行なわれました。この地方では他に大物では、イルカ、マンボウ、サメ、鰤《ぶり》、鮭などが漁の対象でした（①）。

鹿児島県のトカラ列島は、早くから好漁場として知られたところでした。黒潮がこのあたりで日本列島の東と西へ分かれる分岐点であるため潮流が速い上に、魚が群をなす曽根《そね》や瀬が数多く分布しているのです。これらは浅堆《せんたい》と呼ばれる大陸棚の中で一段と水深が浅いところで、魚類の産卵や成育に適した場所です。したがって漁師にとってはまたとない好漁場でした。一年中回遊するものの他、根付きと呼ばれた鰹が群で定着するため、一年中鰹釣ができました。『三国名勝図会』によると、七島（トカラ列島）の名産は鰹、鰹節、鰹煎《せんじ》汁、鰹塩辛の四品とされます。煎汁というのは、鰹節や鯖《さば》節製造の際の煮汁を濃縮してのり状にしたものです。このあたりの鰹は、過度に肥えていなくて生臭さが少なく、鰹節は長く保存しても虫がつかず、煎汁は油汁がなく、塩辛も美味で藩内（薩摩藩）でも第一の出来栄えといわれていました。また、こうして生計を立てていた漁師の中には、財力をつけて中国や琉球と交易する人々も現れました（③）。

**関連項目**

青森二章4　①宮城二章7・10　茨城二章1　千葉二章3・4　東京四章6・7
神奈川二章4　富山二章2　福井二章2　静岡二章6　愛知二章10　三重二章2
京都三章1　②大阪七章4　和歌山五章一　兵庫二章10　鳥取二章5・6・7
島根二章4　広島二章2　山口二章10　香川三章3　③鹿児島三章3

# 78 湖・川の漁業

## 農民の余業としての河川・湖沼漁業

わが国で大きな湖といえば琵琶湖《びわこ》や霞ヶ浦《かすみがうら》が有名ですが、この他に大小の湖、沼、溜池《ためいけ》などが多数あります。また、河川も大小取り混ぜて無数にあります。このように魚や水性小動物が棲息する環境は、豊富にあります。そこでこれらの魚類を捕獲する技術も早くから発達しました。大きな湖では漁で生計を立てる漁業も成立しましたが、多くは農民の農間余業として淡水漁業が行なわれました。

## 琵琶湖の環境にやさしい漁業

わが国第一の淡水湖である琵琶湖には、ビワコオオナマズ、ホンモロコなどの固有種をはじめとして数多くの魚介類が棲息しています。このため琵琶湖の周辺には、大津市堅田、草津市北山田、近江八幡市沖島などに代表されるように現在でも漁業で生活している人々の集落があります。これらの人たちは、刺網《さしあみ》、曳網《ひきあみ》、エリと呼ばれる漁業技術を駆使して、よく売れる魚を漁獲しています。その漁法の一部を紹介します。

（1）エリ　これは定置陥穽《かんせい》漁法と呼ばれる方法です。魚の移動路に待ち受けていて、一度魚が入ると出られなくなる仕組みをそなえています。アユをとるヤナなどもこの範疇《はんちゅう》に入ります。エリは蘆簀《よしす》でつくられていました。湖岸用と内湖用では構造が違います。鯉《こい》、鮒《ふな》、鯰《なまず》などをとります。

（2）アミモジ　やはり陥穽漁法で、竹の枠を中心に胴体、カエリの部分を編みこんでつくります。産卵のために来る魚をとるために、入り口を湖岸に向けて竹の棒などで固定します。やはり鯉、鮒、鯰などをとります。

（3）タツベ　竹でつくった円筒形の漁具で、やはり鯉、鮒などをとります。

（4）ツケバリ・オキバリ　竹を湖底に突き刺し、餌をつけたはりをつけたハリスを結び付けて一晩おきます。鯰、鰻《うなぎ》をとります。

この他にも琵琶湖にはさまざまな漁法や漁具がありましたが、琵琶湖岸や湖に流れ込む河川の周辺で水田が開かれるようになると、魚が湖からやってくるようになります。水田が水をたたえる時期は、多くの魚の産卵の季節と重なるのです。水田は水温が上がりやすい上、肥料によってプランクトンが大量に発生します。稚魚《ちぎょ》の生育環境として非常に優れているのです。そのためこの時期は餌をとるためや産卵のために多くの魚が水田地帯にやってきます。これを琵琶湖の周辺の人々は「ウオジマ」と呼び心待ちにしていました。そして、これらの水路や水田で魚を捕獲するための漁法も数々考えられました。

農民たちの漁具や漁法には、特徴がありました。まず、魚をとるのは農閑期の夜間で、農作業の妨げにならない時間帯であったことです。次に漁法の特徴は「待ち」であり、積極的に魚の棲息域に出かけていって漁をしようとはしていないことです。また、漁具は農閑期につくり、網のようにメンテナンスが必要なものはつくらず、竹や木など身近なものでつくっていることです（④）。

### 江戸時代に淡水化した霞ヶ浦

わが国第二の湖である霞ヶ浦は、もともと太平洋の入り海でした。湖岸には数多くの港が古くから開かれていました。これらの港は霞ヶ浦四十八津と呼ばれていました。水深が浅く、（平均一メートル。最深部で七メートル）栄養が豊富で多くの魚介類が棲息します。ところが鹿島《かしま》半島がだんだん発達して、太平洋への入り口をふさぎ、さらに幕府によって利根《とね》川の流路が変えられて、利根川の運搬する土砂が霞ヶ浦の南部に堆積して霞ヶ浦の出口をふさぐようになり、海との連絡路がさえぎられました。そして流入する河川が海水を薄め、江戸時代の初めに、霞ヶ浦は淡水化したのです。

霞ヶ浦の漁業は、最初海でしたからクロダイ、スズキ、蛤《はまぐり》などでしたが、淡水化してからはワカサギ、鯉、鮒、白魚などが主力になりました。おもな漁は次のようなものです。**1**イサザごろひき網漁業、**2**ワカサギ・白魚曳き漁業、**3**帆びき網漁業、**4**まんぐわ漁業、**5**鯉・鮒機械船ひき網漁業、**6**白魚刺網漁業、**7**張網漁業、**8**雑魚刺網漁業、**9**シジミかき漁業、**10**おだ漁業、**11**笹浸漁業、**12**延縄、**13**鯉船、**14**エビ船、**15**鰻筒（①）。

三面川鮭持網の図（新潟版132ページより）

### 天然孵化の環境を整備

この他さまざまな地方の河川でそれぞれ独特の漁が行なわれていましたが、新潟県の三面《みおもて》川では鮭《さけ》漁がさかんに行なわれました。三面川は磐梯《ばんだい》朝日国立公園に源を発し、村上市で日本海に注ぎます。春は鱒にウグイそれにシラス（白魚）、夏から初秋には鮎、晩秋から冬にかけては鮭が漁の対象となりました。とくに鮭は将軍家に献上されるなど、藩にとっては重要な財源でした。そのため藩もさまざまな工夫をして、鮭の産卵をスムーズにするため川普請《ふしん》などを行ないました。産卵に適した流れを確保するために川の中洲を掘削して川筋をつくったり、漁獲を制限したりしました。このように鮭の天然孵化《ふか》を助長して繁殖を図る方法を、村上では「種川《たねかわ》の法」と呼んでいました（②）。

「おもしろうて　やがてかなしき　鵜舟哉《うぶねかな》」と詠んだのは芭蕉ですが、岐阜県の長良川で鵜飼漁が始まってから千三百年以上たちます。江戸時代はもちろんのこと、現在まで鵜飼はさかんに行なわれています。とくに江戸時代はとった鮎を将軍や藩主に献上するために、最大の努力が払われました（③）。現在の観光のための鵜飼は、江戸時代にすでに藩主に見せるために完成された姿で、今の観光客は江戸時代の殿様と同じ立場にいるのです。

**関連項目**

①茨城二章2　②新潟二章4　長野二章9　③岐阜二章2　④滋賀三章3・4

# 79 捕鯨《ほげい》

## 「七浦が栄える」といわれた捕鯨

現在捕鯨はIWC（国際捕鯨委員会）の取り決めによって、わずかに調査捕鯨と生存的捕鯨（イヌイットなど民族維持のための伝統捕鯨）のみが許されているだけですが、江戸時代からつい最近までわが国の捕鯨は、一大産業でした。中でも和歌山県の太地町《たいじ》（東牟婁《むろ》郡）は、わが国最大の捕鯨基地でした。鯨の捕獲が母船式になった近年も、捕鯨船の重要な役割を担う人の多くは太地町出身者で占められていたほどです。第二次世界大戦後、不足する食糧事情の中で、貴重な蛋白源として学校給食などに利用された鯨も、国際的な捕鯨反対の声に押されて科学的資源利用の道も閉ざされているのは残念というしかありません。こうした措置によって、太地町では五万人もの捕鯨関係者が職を失ったといわれます。

鯨は肉、皮、髭、油、骨などあますところなく利用でき、しかも一頭捕獲すれば大柄なだけに十分の量が確保できました。このため、江戸時代には鯨を捕らえれば七浦（七つの漁村）が潤うといわれました。それだけに太地町ばかりでなく、江戸時代以来各地で捕鯨が行なわれてきました。

### 和歌山太地町から全国へ伝播した捕鯨技術

沿岸を回遊する背美《せみ》鯨、児鯨など性質のおとなしい鯨を何艘もの鯨船で追い、銛《もり》を打ち込んで鯨を弱らせて仕留める方法である突取《つきとり》法による捕鯨は、伊勢《いせ》湾岸の漁村で始まったといわれています。この方法が各地の漁村に伝わったのは十七世紀はじめのようです。捕鯨をする各地の漁村では船団を組織し、統率者のもとそれぞれ役割を決めて鯨に打ち掛かります。

延宝《えんぽう》五年（一六七七）、太地町で開発された突取法に網を併用する網取《あみとり》法は、捕鯨業に大きな転機をもたらしました。突取法で対象になっていたのは背美鯨と児鯨で、行動の俊敏な座頭《ざとう》鯨は捕獲が困難でした。網取法の開発で、これまで捕獲できなかった座頭鯨が捕獲できるようになったのです。網取法は、突取法に比べてはるかに大規模な漁法で、大納屋、山見役、勢子《せこ》船、持左右《もつそう》船など、作業内容によって専門化された分業体制が一層はっきりできあがりました。太地町の燈明《とうみょう》崎から梶取《かんどり》崎までの間に七ヵ所ほどの網代《あじろ》（魚が生息している場所）があり、四ヵ所の遠見番所が設けられ、鯨が遊泳しているところを発見すると煙をたいて合図しました。

太地町には太地角《たいじかく》右衛門《えもん》を中心に、「太地一類」という鯨組の十家がありました。一家当たり十二艘の鯨船を持っていました。太地一類以外の漁民は、浮世組という鯨組をつくっていました。太地一類は、天和《てんな》三年（一六八三）暮れから翌年春までに、座頭鯨九十一頭、背美鯨二頭、児鯨三頭を捕獲していますから、網取法が突取法に比べていかに優れた漁法であったかがわかります（①）。

網取法は紀州漁民によって各地に伝えられます。長崎県の五島列島へは紀州《きしゅう》の漁民が直接雇われて出向いていますし、土佐《とさ》（高知県）からは人が来てこの方法を学んでいます。土佐は捕鯨のさかんなところですが、始めたのは安芸《あき》郡の多田五郎《ただごろう》右衛門《えもん》だとされます。五郎右衛門は紀州で突取法を習いうけると、鯨船十三艘を仕立て鯨漁を始めたといわれます。また一時土佐で捕鯨業が下火になると、五郎右衛門の子息吉左衛門《きちざえもん》が再び紀州へ出向き、網取法を教えてもらい捕鯨を再開したとされています（②）。

太地で鯨漁を見物した信州《しんしゅう》高遠《たかとお》藩の坂本天山《さかもとてんざん》は、「鯨はときどき通過するが、沖合い二、三里ではとても捕らえられない。磯辺近くを通る鯨ならば四、五艘の船で追いまわして浅いところへ追い込み、網を何重にも張って逃げ道を断ち、網にかかったところを銛で突き、百〜二百本銛を打ち込んで弱らせ、二間（約三・六メートル）柄に二尺（約六〇センチ）ばかりの剣のついた長刀で突いて弱らせ、虫の息になったとき二艘の船の間に丸太を渡し、その上へ鯨の頭を乗せ、縄でくくりつけて漕いで戻ってくる」と記しています。「鯨が遊泳していく沖合い側に船を並べて、鯨が沖合いに向かおうとすると船から槌《つち》音などを出して沖に向かないようにして渚を通らせ、そこに網を張ったならば鯨はいくところがなくて捕らえやすい」とも書いています（①）。

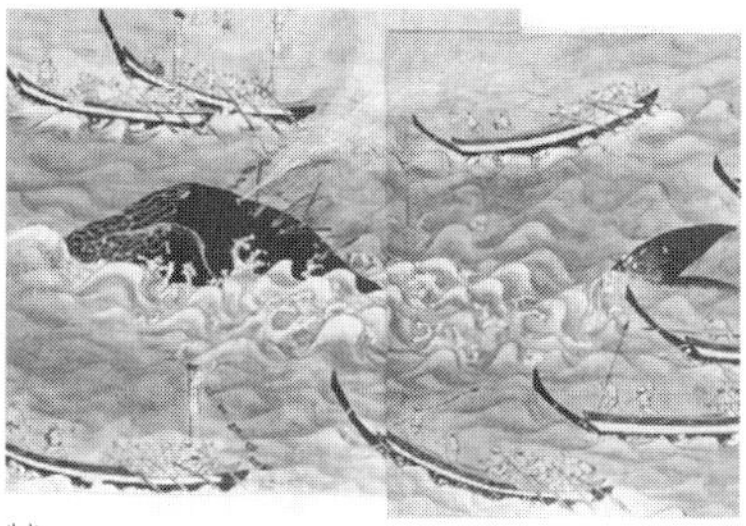

銛《もり》打ち（和歌山版165ページより）（「鯨魚鑬笑録」山下善市蔵）

## 佐賀呼子《よぶこ》町の沖、小川島《おがわじま》も一大捕鯨基地

佐賀県呼子町に捕鯨が伝えられたのも、紀州からでした。呼子町の沖、玄界灘に面して小川島がありますが、ここも江戸時代一大捕鯨基地でした。漁民は初夏から総がかりで前準備を始め、下り鯨が回遊してくる師走が近づくと鯨組はにわかに活気づきます。眺望の

きく海岸の丘には随所に山見が設けられ、もし発見の合図があれば、待機していた漁師が急ぎ体勢を整えて沖の現場に急行するのです。小川島の鯨船団は、勢子《せこ》船十六艘、双海《そうかい》船（網船）六艘、双海船付船六艘、持双《もっそう》（左右）船四艘、ちろり船二艘など、少なくとも四十艘で構成されました。勢子船は八挺（八人漕ぎ）立てで、網代に追い込む速い船です。双海船は網を積んだ船で、一艘に十九反（網の一反は約十八尋四方で、一尋は人が両手を広げた長さ）ずつを積み、櫓《ろ》はやはり八挺《ちょう》立てで、すばやく網を張らなければならないのでスピードが要求されました。持双船は杉丸太を常に二本用意し、仕留めた鯨を船と船の間に渡した丸太に結びつけ、吊るして納屋場（基地）に運ぶ船です。ちろり船は船と船の連絡などの仕事をしました。およそ総計で八百人から千人が乗り組んだ大船団だったのです（③）。

文政《ぶんせい》年間（一八一八〜三〇）から、アメリカ、イギリスの捕鯨船が日本近海までやってきて、大量に鯨を捕獲したせいもあって、沿岸によりつく鯨は減少しました。この当時の外国の捕鯨船は、三〇〇〜四〇〇トンの帆船を使い、船上で鯨を解体処理して鯨油をとる工船式でした。一航海に二〜四年かけました。網取法を主体とした沿岸捕鯨では、外国船にはとてもかないませんでした（①）。かつて鯨油だけをねらって鯨を大量捕獲した国々が、代替油を開発し終えた今日、全部をていねいに利用するわが国の母船式捕鯨に異を唱えるのは歴史の皮肉とでもいうのでしょうか。

**関連項目**

千葉五章1　石川二章8　愛知二章10　三重二章1　①和歌山二章5　山口二章5
②高知二章2　③佐賀二章7　長崎二章2

# 80 養殖漁業

今日、漁法や漁具の革新、それに漁船の大型化・高速化・機械化によって、世界のあらゆる海面で魚類の大量捕獲が行なわれ、漁業資源の枯渇が心配されています。わが国のように動物性たんぱく質を魚から大量にとる国民は、資源の管理を厳重にし、できるだけ有効利用することが求められています。そこで重要視されるのが「つくる漁業」です。しかし、相手は生き物であり、生態系を把握するだけでも大変で、養殖には数多くの解決しなければならない技術的難問題が残されています。こうした壁を超えて、いくつかの魚種で養殖が成功しています。今後ますますこうした面での研究がさかんになると思われます。この難問をすでに江戸時代にクリアして、養殖に成功した実績があったのです。

**質・量ともにわが国随一、広島の牡蠣《かき》**

牡蠣は古くから人々に好まれてきました。河口や海岸の岸壁や岩礁《がんしょう》に付いている自然の牡蠣を採取して食してきたのです。しかし、人口が増え牡蠣を食べる人々が増えると、養殖を試みるようになりました。最初の養殖は、より自然の状態に近い形で、牡蠣の持つ性質を利用して、人々が採取しやすいような成育状態を整えてやるというようにして始められました。

牡蠣は現在全国生産量の七割が広島で生産されますが、養殖も江戸時代初期に広島で始められました。しかし、これには諸説あって、いったいどのようにして養殖が始まったのかいまだにはっきりしていません。天文《てんぶん》年間（一五三二〜五五）、安芸《あき》国（広島県）のどこかで養殖方法が見つけ出されたとする説、元和《げんな》五年（一六一九）、改易された福島正則《ふくしままさのり》に代わって入封した浅野長晟《ながあきら》が紀州《きしゅう》（和歌山県）から持ってきたという説などがあります。しかし、寛文《かんぶん》三年（一六六三）に草津《くさつ》村（広島市）から伊予《いよ》（愛媛県）松山藩へ、牡蠣七十俵を送ったという記録がありますから、もうこの頃にはかなりな規模で養殖が行なわれていたようです。

広島で江戸時代に行なわれていた養殖方法は、次のようなものです。

（1）石蒔《いしまき》法…もっとも原始的な方法で、室町時代から江戸時代にかけて行なわれたようです。春に海中に適当な石を蒔き、夏に牡蠣の付着した石を集め干潟に並べて育てる方法です。

（2）篊建《ひびだて》法…浅い海に竹を立てておき、その竹に付着した牡蠣の小貝をたたいて落とし、それを集めて干潟に運び育てる方法です。この方法は江戸時代から昭和の初めまで行なわれ、地面に蒔いて育てるため、地蒔法ともいいます。多くの竹を垣根のように並べる竹篊を八重篊といいます。

篊建法では、一年間牡蠣の小貝が付着するのを待って、二年目の四月に小貝を取り、それを少し水位の高い「夏置場」に移します。これは産卵を促進して貝が太るのを促すためです。九月頃になると、浅瀬の「身入れ場」に移し大きく成長させます。十二月から翌年の二月にかけて、収穫が始まります。成長した牡蠣を引き上げ、牡蠣打ち場に運び殻をとってむき身にします。小さいものは選別して他の場所へ移し、もう一年過ごさせて三年で収穫しました（④）。

広島の牡蠣が有名になったのは、大坂へ船で運び販売するようになってからです。江戸中期になると、殻付きのまま大坂まで運び船内に牡蠣打ち場や座敷をつくり、そこで新鮮な牡蠣を客に食べさせる「牡蠣船」が有名になりました。大坂の堀川の風物詩として有名です（③）。

### 蚕《かいこ》のさなぎを餌においしく育つ佐久《さく》の鯉《こい》

長野県の佐久では鯉の養殖が行なわれていました。現在でも佐久鯉として有名ですが、江戸時代から積み重ねられた鯉飼育のノウハウが蓄積されてきた実績がものをいっています。佐久での鯉飼育はすでに戦国時代から始まっているとされますが、さかんになったのは徳川幕府の「生類憐れみの令」が廃止されてからでした。享保《きようほう》年間（一七一六〜三六）には利根《とね》川、天竜《てんりゆう》川の鯉を導入して、飼育にかかっており、出稼ぎ以外に現金収入のなかった農民が始めたものです。

天明《てんめい》・寛政《かんせい》年間（一七八一〜一八〇一）になると、信州各地で養鯉が試みられ、佐久郡でもさまざまな工夫が行なわれました。体軀の長い、脂肪分の少ない鯉にあきたらず、京・大坂へおもむき、肉質の優れた淀《よど》鯉を導入したりしています。京都から大坂へ流れる淀川の川水が鯉によくあって、養殖がはやって昔から味のよさで知られていました。

安藤広重が描いた鯉と鮒（長野版159ページより）

佐久では池で飼う養殖方法では限界があるとして、次第に田んぼで飼育が行なわれるようになっていきます。餌の問題に加え、狭い池では生育効果あがらないため広い水田で飼育し、田の除草と鯉の生育促進の一石二鳥を狙ったのです。佐久鯉が品質、数量ともわが国で一番になったのは、この地で並行して発展した養蚕と切り離しては考えられません。鯉の飼料の穀物に蚕のさなぎをすり混ぜて利用したのは、養蚕地帯ならではの工夫でした（①）。

### 武士の内職から始まった金魚飼育

大和郡山《やまとこおりやま》の金魚飼育も見逃せません。金魚がわが国に初渡来したのは元亀《げんき》二年（一五〇二）といわれていますが、五代将軍綱吉《つなよし》に仕えた柳沢吉《やなぎさわよし》保《やす》も金魚を愛玩しました。甲府《こうふ》から大和郡山に転封になって、三代目保光《やすみつ》は藩財政好転の一環として家臣に金魚の飼育を勧め、藩も援助を惜しみませんでした。そのうち武士の内職の域を出るようになり、品種改良も積極的に行なわれるようになりました。

江戸時代金魚の輸送はすべて荷い桶を用いました。遠くへたくさん運ぶときは重ね桶といって、荷い桶を三つも四つも重ねて二、三人が交代して担いで運びました。このようにして、金魚は大和郡山から全国へ出荷されました。今では年間八千万尾が大和郡山で取引され、その出荷量は全国の六〇パーセントに達するまでになりました（②）。

**関連項目**

①長野二章9　②奈良二章8　③大阪コラム　④広島二章2

# 81 製鉄

近世の製鉄は「たたら製鉄」によって行われました。この方法は出雲《いずも》（島根県）地方を中心に中国山地で確立され、東北地方など各地に広がったものです。鉄の生産量の増加によって、多様な農具や工具などに加工され、産業の発展を支えました。

### たたら製鉄と「鉄穴流し《かんな》」

たたら製鉄は、砂鉄《さてつ》を原料にして、木炭の熱で溶《と》かして鉄をとる方法です。伯耆国《ほうき》（鳥取県）での方法を見ると、精錬《せいれん》する炉は粘土製の細長い長方体で、この炉の左右の下のほうに風を送って木炭の火力を強めるための穴（竹の管を差し込んでそれから送風）が一九か二〇開けられています。木炭を入れて火が盛んになると砂鉄と木炭を交互に入れて、ふいごから炉に風を送りながら、不眠不休で燃やしつづけます。

四日間燃やしつづける四昼夜操業で銑《ずく》だけを生産する方法と、三日間燃やしつづける三昼夜操業で銑とともに鋼も生産する方法があります。そのあと、鉄を取り出して炉は壊しますが、この一操業を「一代《ひとよ》」といいます。銑は、そのまま鋳物用にするか、さらに精錬して包丁や農具などの材料となる割鉄《わりてつ》にしました。四昼夜操業で投入する砂鉄はおよそ一八トン、木炭は一四トンで、採れる銑鉄は四・五トンくらいでした。

このように、製鉄には大量の炭が必要で、常に不足する状態でした。藩の指定を受けて一定の税を払って使う「鉄山林《てつざんりん》」で炭を焼きましたが、木を伐り尽くしてしまうとたたらを移動せざるをえませんでした。また、砂鉄の採取は、山を切り崩して土を水で洗い流し、底にたまった砂鉄をとる「鉄穴流し」が行われました。このため、水の確保にも苦労があり、また洗い流した土砂の流出で下流の農業などに被害が出ることも多く、操業時期の限定や被害への補償負担など鉄山の経営には、さまざまな困難がつきまといました。そのため、農家が農閑期に行っていたような小規模な製鉄は次第に少なくなってきて、たたらをいくつももつ大鉄山師（鉄師）の手に移っていったようです（②）。

### 鉱業・農業一体の地域産業

奥出雲地方（島根県東部の山間地帯）では、近世の半ば以降、わが国トップの和鉄の生産地となりました。ここでは、松江《まつえ》藩が享保《きょうほう》十一年（一七二六）、九人の大地主の鉄師に限って操業を許可し、木炭生産のために藩有林の一部を一定の見返りを条件に提供したり、養米《やしないまい》（職人の賃金用）として米を与えたりするなどの保護をし、経営は自主的に行わせました。鉄師は、値段の高い割鉄を効率よく生産する製鉄方法や天秤《てんびん》ふいごの大型化などの技術改良を進め、鉄価の暴落といった苦境にも耐えて産地の維持・発展を図りました。

鉄山の仕事は周辺の農民にとって得がたい収入源です。奥出雲での一鉄師の企業の従事者数は、常雇用・季節雇用あわせて千五百人もいました。一戸当たり平均一・五人も従事するという、稲作と並ぶ重要産業だったのです。鉄師が運搬用として購入した馬の増産も進み、小作農民はこれを借りて厩肥《きゅうひ》を得たり畜力利用の便を得たりすることができ、またたたら場などを運搬してまわる賃仕事の稼ぎをふやすこともできました。いっぽう、中小地主も馬を用いて原料や製品の運搬の組織をつくっていましたので、まさに鉱業・農業が一体になった地域産業が形成され、日本一の和鉄生産を支えていたのです（③）。

## 独自な、水車ふいご・石組み製鉄炉

中国山地のたたら製鉄は、鹿児島へも導入されましたが、ここでは独自な、石積みの炉で水車ふいごを用いて風を送る方法があったことが、遺跡や研究報告で明らかにされています。水力を利用した送風装置は、中国十四世紀の『王氏農書《おうしのうしょ》』に描かれているものと共通します。鎖国時代にもかかわらず、鹿児島藩は中国や西洋の文化を積極的にとり入れてきたことから、そこからのヒントで風土にあわせて改良したということも考えられます（④）。

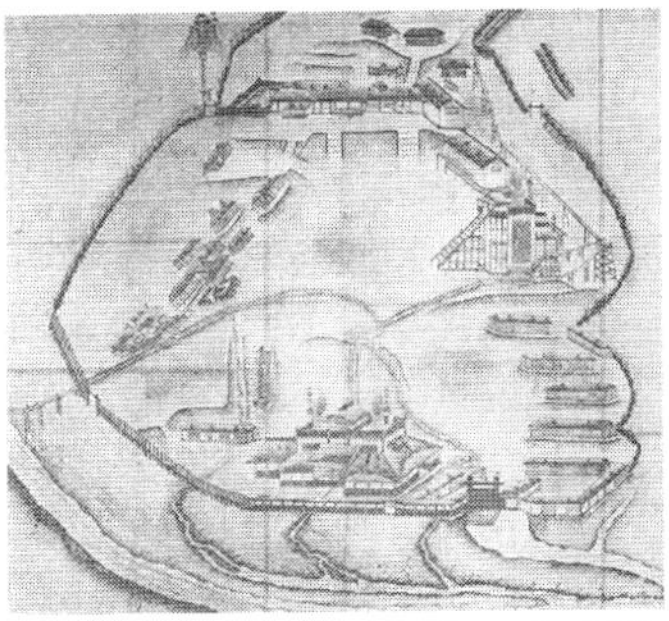
釜石の大橋鉄山高炉全景（岩手版157ページより）

## 日本初の洋式高炉の建設

安政《あんせい》四年（一八五七）十二月一日、南部《なんぶ》領の上閉伊《かみへい》郡甲子《かっし》村（岩手県釜石市甲子町）大橋鉄鉱山で日本初の洋式高炉による製鉄に成功しました。高炉とは、円筒形の高い炉で、上から鉄鉱石を入れて、溶けた銑鉄を底のわきから流れ出させて採る装置です。この大橋鉄鉱山の高炉建設にあたった人が、「わが国近代鉄産業の父」といわれた大島高任《おおしまたかとう》です。

たたら製鉄は東北地方にももたらされ、岩手県は重要な鉄生産地になっていました。しかし、たたら製鉄の弱点は、一代ごとに炉を壊し再び構築しなければならず、燃料材料の効率も低かったことです。そして、幕末に現れた黒船と鋳鉄《ちゅうてつ》製の大砲は、わが国の製鉄に衝撃を与え、大砲の鋳造に使う大量な鉄を効率よく生産できる溶鉱炉の建設が急がれたのです。佐賀藩の反射炉をはじめいくつかの藩で反射炉を建設し、大砲製造の試みが行われました。しかし、砂鉄を原料にして反射炉で溶解した銑鉄による大砲は、爆発力に耐えられませんでした。

盛岡の医師の家に生まれた大島高任は、冶金《やきん》学・鉱山学の道を進みますが、そのきっかけは長崎留学中に、オランダ人ヒューゲニンの著作『リエージュ国立鋳砲所における鋳造法』を読んだことにある、といいます。こうした研究から高任は「優れた大砲は砂鉄銑ではなく岩鉄（鉄鉱石）銑から製造される」と確信したのです。そして鉄鉱石が豊富に埋蔵されており、製鉄技術の伝統がある南部藩の領地に、洋式高炉建設の地を求めたのです。

明治政府は、高任の学識を評価し、大学大助教・民部省鉱山司の鉱山権正《ごんのせい》に任じ、さらに木戸孝允《きどたかよし》・大久保利通《おおくぼとしみち》らの一行に加えてヨーロッパの鉱業を視察させています。帰国後、各地で鉱山の監督・指導・経営にあたり、近代日本の鉄産業の基礎づくりに努力しました（①）。

**関連項目**

岩手二章5・①9・50科　宮城二章2　兵庫二章2　②鳥取二章1　③島根二章6　岡山二章7　広島二章4　山口二章11　佐賀一章9　④鹿児島二章8

# 82 鋳物

## 特権を手にした鋳物師《いもじ》

鋳物産業は古い歴史を持っています。このうち平安時代末から鎌倉時代にかけて、河内《かわち》国丹南《たんなみ》郡狭山《さやま》郷（大阪府南河内郡美原《みはら》町）に住む鋳物師が、朝廷に鉄灯篭を献上したところ天皇の苦しみがなくなったので、以後この流れを汲む鋳物師だけが勅許《ちょっきょ》鋳物師として、諸役免除の特権（仁安綸旨《にんあんりんじ》）を得たと伝えられます。彼らは朝廷の灯篭供御人《くごにん》として組織され、全国で活躍しました（②③④）。中世社会が発展する中でこれら勅許鋳物師は特権を失いますが、そうした由緒を手に全国に分散した鋳物師は各地で鋳物業を起こし、江戸時代を通じて活躍したばかりか、今日までその命脈を伝えているのです。もちろん江戸時代には需要の増大を受けて、全国それぞれの地域で新しい鋳物師が生まれました。こうして各地で鋳物業は活況を呈したのです。

## 熟練の技が産地を支える

富山県高岡市は、現在銅器の製造で日本一の販売高を誇ります。そのきっかけは加賀藩二代藩主前田利長《としなが》が、高岡城完成記念に燗鍋《かんなべ》を寄贈した鋳物師に対して、近郊から高岡へ引っ越すように勧め、藩として保護政策を推し進めたことだといわれています。江戸時代に全国の鋳物師を支配していたのは京都の真継《まつぎ》家でした。真継家に残る『諸国鋳物師名寄記』のうち、天保《てんぽう》年間（一八三〇～四四）の分では、高岡が四十九人で全国一位、越後《えちご》国大久保（新潟県柏崎市）が四十六人で二位、若狭《わかさ》国小浜《おばま》（福井県小浜市）が二十五人で三位となっています。

銅器や鉄鋳物をつくるためには、原料の鉄鉱石や銅をこしき炉（溶解炉）に入れて溶かす必要があります。高温で金属を溶かすために良質の鍛冶炭《かじずみ》と強風を送り込むたたら（炉に風を送り込む装置）が重要でした。とくに高温になるかどうかはたたら板の踏み方一つで決まったので、金属を溶かす作業の問吹《といふ》きは各鋳物師の秘密で、鋳型へ湯（溶金）を入れる鋳込とともに最重要視される作業でした。銅・鉄器をつくるための鋳型は、鋳物砂を用いてつくられます。鍋、釜のような軸を中心として回転体となるものは、挽《ひ》き型という木型を回転させてまず外型をつくり、次にそれより少し小さ目の中子《なかご》（内型）をつくってそれを合わせ、外型と中子の間に溶けた湯を流しこんで製品を鋳造しました。これは焼型あるいは惣《そう》型といわれる鋳造法です。もっと精巧なものをつくるときには生《なま》型（湿ったままの砂で鋳型をつくる方法）、蝋《ろう》型などの鋳型が用いられました。蝋型は蜜《みつ》蝋で原型をつくり、これを砂型に埋め外型が乾燥して湯を入れると、原型の芯になっている粘土の上につくった蜜蝋が溶けて製品ができます。香炉や仏像の鋳造にこの方法を使いました。鋳込が終わると少し冷ましてから外型を壊して製品を取り出します。これに着色や彫金《ちょうきん》を施して出荷されます。

鋳物師のつくる製品は鍋、釜、五徳《ごとく》、火鉢、鉄瓶など日用品のほか、寺社用の金物、鋤《すき》、鍬《くわ》、釜などの農具にまで至りました。当時鍋、釜は大変高価で、都会地には貸鍋屋という商売があり、庶民は借り鍋、借り釜で煮炊きしている場合も多かったのです。今でいうリースです。万一鍋や釜に穴があいたりすると、鍛冶や鋳物師が巡回してくるときに修繕してもらいました（③）。

## 江戸の日用雑器の需要に応える

キュウポラ（溶鉱炉）のある町で有名な埼玉県川口市は、江戸時代から鋳物の生産がさかんでした。江戸（東京都）は人口百万人を数え、一大消費地でしたから、そこで消費される日用品もまた膨大な量でした。川口でいつ頃から鋳物業が始まっていたかははっきりしません。しかし、鎌倉時代には比企《ひき》郡などで鋳物師集団が活躍していたことが確認されていますし、江戸時代はじめの寺の梵鐘《ぼんしょう》や仏具に川口で鋳造されたことがわかっているものがあることから、その頃にはこの地で鋳物業が成立っていたと思われます。川口でおもに生産されていたのは鍋、釜、鉄瓶、銚子《ちょうし》、花活け（花瓶）、風呂釜などの日用品で、江戸時代後期には茶道に使われる茶釜のような高級品もつくられるようになりました。

川口鍋釜製造図（埼玉阪口絵より）
（埼玉県立博物館提供）

元禄《げんろく》年間（一六八八〜一七〇四）から川口の鋳物師たちが日用品の製造に力を入れたのは、江戸の問屋からの資金援助があったためもあると思われます。江戸十組問屋は本来大坂から江戸へ送られてくる下り物を扱う商人の組合ですが、このうち釘店組は安定した商品の流通を目指して、江戸周辺で生産された品物の確保を目的に職人の育成に力を入れていました。これらの商人は前貸生産と称し原料、燃料、その他必要な資材をすべて鋳物師に貸し与え、製品を納入させて一手販売しようとしました。

川口の鋳物業は幕末に海岸防備の必要から、幕府や諸藩から大砲と砲丸の注文を大量に受けるようになります。この面では当時の第一人者高島秋帆《しゅうはん》の指導を受け、需要に応えます。この経験が近代の川口鋳物業の技術革新と大量生産技術に結びついたといわれます（②）。

## 貨幣を鋳造した鋳銭場《いせんば》

江戸時代の鋳物業の一角を占めるものに鋳銭場があります。江戸時代の銭貨対策は、幕府による流通通貨の統一を図ることが急務でした。慶長《けいちょう》十三年（一六〇八）、幕府は永楽銭通用禁止例を出し、寛永《かんえい》十三年（一六三六）に寛永通宝という新銭を鋳造することになりました。翌年には仙台、水戸、三河吉田、松本、高田、萩、岡山、豊後《ぶんご》竹田の八ヵ所に銭座が増設されて、寛永通宝が大量に鋳造され、やがて標準貨になっていきます。

寛永通宝が行き渡ると、のちには江戸、京都以外ではできなくなりました。享保《きょうほう》十三年（一七二八）になって、度重なる申請で、仙台藩で鋳銭ができることになりました。以後石巻《いしのまき》鋳銭場で大量の寛永通宝が鋳造されました。「享保仙字銭」と呼ばれました（①）。

**関連項目**

岩手二章2　①宮城二章3　山形二章2　栃木二章1　②埼玉二章6　新潟二章3　③富山二章4　岐阜二章3　三重二章7　滋賀二章4・④5

# 83 金銀銅

十六世紀後半から十七世紀にかけて、日本は世界でも有数の金銀産出国でした。中国からの大量の絹など海外物資輸入の見返りとして、大量の金銀が輸出されたのです。幕府はその産出に力を入れますが、十七世紀後半には金銀の産出量が減るなかで、貿易を制限して生活全般にわたる自給態勢を固めるいっぽうで、輸出の中心を銅が担っていきます。

## 武田信玄《たけだしんげん》以来の伝統、甲州《こうしゅう》金山

金山経営を重視した戦国部将が甲斐《かい》国（山梨県）の武田信玄です。黒川《くろかわ》金山が有名ですが、採掘の技術・経営手腕をもつ金山衆（山師）と多くの金掘り人足を抱え、領国経営の柱として大切にしました。信玄の時代にいったん最盛期を迎えます。やがて、関ヶ原の戦後、徳川家康は金銀山を幕府直轄にするなど、金銀産出を手中に納めることを重要方針とし、甲斐国をいち早く領地としました。そして、江戸時代初期に各地の金銀山経営で手腕を発揮する大久保長安《おおくぼながやす》を送り込んで、金の増産につとめました。

早川《はやかわ》流域など甲州各地の金山経営は、地元の有力者が中心になって、一族で金鉱脈の探索と開発をし、坑道（間歩《まぶ》）ごとに権利を持ち、産出金の一部を上納することによって、領主から金掘削の特権が保証されるという仕組みになっていました。徳川家康はこのような有力者を抜擢して、武田氏以来の金山経営と新たな鉱脈探索・開発にあたらせたのです。

こうして江戸時代初期に甲州金山は最盛期を迎えますが、そののち急速に採掘量が減って、金掘り人足たちはほかの土地に鉱脈を求め、金山衆は大久保長安とともに佐渡《さど》金山（新潟県）などへ移っていきました（②）。

## 西洋の新技術を導入して栄えた佐渡金銀山

佐渡は、古くから黄金の産出地として知られていました。十六世紀はじめに鶴子《つるし》銀山が発見され、ここに、博多の貿易商神谷寿貞《かみやじゅてい》によって金銀採取の新技術「灰吹《はいふき》法」が取り入れられました。灰吹法は、銀鉱石に鉛を混ぜて焼き、できた岩銀鉛を灰をつめた炉で加熱して灰に鉛を吸収させて銀を取り出すという方法です。これによって、鶴子銀山は石見《いわみ》国（島根県）の大森《おおもり》銀山と並ぶ日本の代表的銀山になりました。さらに、相川《あいかわ》金銀山が、文禄《ぶんろく》四年（一五九五）に発見されています。

こうしたところに、大久保長安が慶長《けいちょう》八年（一六〇三）佐渡代官に任じられ、金銀の産出が本格化するのです。大久保は、播州《ばんしゅう》（兵庫県）多田《ただ》銀山で働いていた味方但馬《みかたたじま》を山師（採掘の長）に招き、ヨーロッパ渡来の新技術を積極的に導入して開発をすすめました。例えば、鉱脈を探る坑道掘り技術、水銀を利用して金銀を採るアマルガム精錬《せいれん》術などです。また、鉱山では坑道に溢れる水の排水対策が重要でした。スポイトの原理を応用したスポン樋、アルキメデスポンプなどの新技術が採用されました。こうした設備投資を、味方氏は自己の財産から、また幕府からの借入れもして、積極的に金銀採掘の操業をつづけたのです。元和《げんな》四年（一六一八）から寛《かん》永《えい》四年（一六二七）の十年間、一年平均の江戸幕府への銀の上納高は八千貫に上りました。佐渡の山師の手元には年間一万二千貫もの銀が残ったことになります。

相川の町は、小さな寒村だったところに短期間で鉱山町が出現し、山師・精錬業者・商人、おびただしい数の金掘りたちが集まり、一気に四万人の人口を抱えるまでになりました。こうした人とそれらが消費する物資が佐渡に流れ込んだのです。元和八年に佐渡に運び込まれた商品総額は十万両を超え、これは大名の城下町の消費を超える量でした（①）。

### 二十万人が働いた石見銀山

大久保長安は、佐渡金銀山に先立つ慶長六年に石見銀山奉行に任命されています。そして、銀山を領主の所有として山師に経営を委任するという方向に転換し、有望な山には資金・資材の調達や新技術の導入面で援助する形をとりました。長安が積極的にすすめた技術は、深い間歩でも排水・換気をしやすくするために坑道を水平につける「横相《よこあい》」や、灯火の油煙《ゆえん》換気のための二重穴の開削などでした。こうしてすたれていた間歩が復活し、産銀の飛躍的な増大をみました。

佐渡の金掘り絵馬（新潟版102ページより）
（氏神神社蔵）

「ここに働く人は二十万人」といわれた石見銀山も寛永年間の末ころからかげりがみえはじめます。一つには、間歩が深くなって経費が増えていくのに対して、生産する灰吹銀の銀貨との交換比率が追いつかないこと。そして、やはり地下水の湧出と油煙で稼動不可能となる間歩が増えたことでした。油煙や石粉は銀山労働者の健康も損なうものでした。石見銀山では、鉱山病患者の家族に対して米や「御勘弁味噌《ごかんべんみそ》」を給付する保障制度、鉱夫の後継者対策として「子供養育米」の制度などを実施しています（③）。

### 幕府の支援で近代に継続、別子《べっし》銅山

金銀輸出をやめて長崎貿易の輸出を銅に切り替えた幕府の方針のもとで、大きく発展した銅山の代表が別子銅山（愛媛県）です。大坂の泉屋（住友）は近世初期から銅貿易商・銅吹き屋として有名でしたが、銅吹きの材料調達のため銅山開発も行っていました。元禄《げんろく》三年（一六九〇）、泉屋支配人が別子山村に良質鉱脈があるとの情報を得て、元禄四年から銅生産を開始し、産出量を急速にふやしました。幕府は、直轄領の山林の木を坑道や薪炭用に利用することを許可するなど積極的な支援を行いました。

泉屋は、幕府の銅増産のための諮問に対して、年季請負を「永代請負《えいたいうけおい》」にすること、立川《たつかわ》銅山の併合による「一手稼《いってかせ》ぎ」などを意見書として提出しています。永代請負や安値買請受米制度、立川銅山側への輸送路の建設、休んでいる坑道再開の資金融資などが認められています。また、その後、風水害や、地震による坑道の湧水などで経営危機に陥り、泉屋が休業願いを出す事態もありましたが、幕府の支援策で継続しました（④）。

**関連項目**

青森二章3　秋田二章3　山形二章5　①新潟二章1　福井二章4　②山梨二章1
静岡一章1　三重二章3　大阪四章2　兵庫二章2　③島根二章1　④愛媛二章1・50科　鹿児島二章7

# 84 石炭

石炭は明治時代、わが国の急速な産業近代化に欠かせないエネルギーでした。その石炭も江戸時代にすでに採掘され、多方面に利用されていたからこそ、明治に入ってからの急速な需要の拡大に応えられたのです。筑豊《ちくほう》、常磐《じょうばん》などその後わが国を代表する炭田地帯は、江戸時代にすでに鉱脈が発見され、さかんに発掘されていました。明治の産業近代化から第二次世界大戦後の産業復興を準備したのは、紛れもなく江戸時代の人々だったのです。

## 塩田の燃料として石炭の需要が増加

江戸時代半ばまで、石炭の存在は人々に知られていましたが、家庭で煮炊きしたり、風呂の焚きつけに使うには独特の匂いがしたり煤《すす》が出たりすることから、その利用も限られたものでした。石炭の需要が高まるのは、瀬戸内海沿岸で塩業がさかんになってからです。塩田で濃くした塩水をさらに煮沸して塩を採る方法（揚浜《あげはま》式塩田）では、大量の燃料を必要とします。それまでは燃料に材木が使われていました。したがって規模の大きな塩田は、燃料にする材木が確保しやすい立地が求められました。ところが高温で燃料効率の良い石炭は、船での輸送の便さえつけばはるかに運びやすく、燃料コストも安くついたのです。

塩田での石炭の使用は、北九州地方がもっとも早く行なわれたといわれます。それが次第にわが国最大の塩田地帯瀬戸内海地方へ拡大していったものと思われます。たとえば長州《ちょうしゅう》藩最大の塩田地帯である三田尻《みたじり》浜で、安永《あんえい》七年（一七七八）から安価な燃料の石炭の導入によって、塩田業者の経営の合理化が成功したという事実が「大浜実録」という記録に載っています。燃料コストが安いといっても、それは木材に比べればという話で、三田尻浜の塩販売代金のうち、およそ二七、八パーセントが石炭購入代金に充てられていました。

三田尻浜の塩田業者は、必要な石炭の大部分を九州から買い入れたため、藩との対立が生じました。天明《てんめい》八年（一七八八）、筑前《ちくぜん》国（福岡県）が石炭の輸出禁止を決めたため、人を派遣して豊前《ぶぜん》（福岡県東部）と肥前《ひぜん》（佐賀、長崎両県）から石炭の買い付けをすることにしました。しかしこのことは、すでに有帆《ありほ》川や厚東《ことう》川の河口付近でさかんに石炭を採掘し石炭運上銀（営業税）をとって、さらに増産を督励していた藩にとっては好ましいものではありませんでした。藩は九州から石炭を購入することに税をかけるとともに、有帆炭の購入を三田尻の塩田業者に要求しました。この地方の塩田業者は、一年間に七万トンもの石炭を消費していたといわれています（②）。

## 西洋技術摂取で、さらに石炭を

石炭の採掘は、金山や銀山と比べると、湧き出る水をいかにしてくみ出すかということが大きな課題でした。排水器具として龍骨車《りゅうこつしゃ》、撥釣瓶《はねつるべ》など、金山や銀山で使われていたものを使いましたが、限界がありました。ところが山間部に炭層があるところでは、坑道を上向きに掘り進めば湧き水が自然に下へ流れ、比較的排水がしやすいのです。こうした立地条件にあったところが産炭地になりました。佐賀県では、唐津《からつ》の厳木《きゅうらぎ》、相知《おうち》（いずれも東松浦郡）が中心地で、佐賀地区では多久《たく》（多久市）、杵島《きしま》（杵島郡）、伊万里山代《いまりやましろ》（伊万里市）などといったところでした。

天明《てんめい》四年（一七八四）に出版された『肥前国産物図考』に、「先ニ竪《たて》ニ掘《ほり》、夫《それ》より横ニほる也《なり》」とあり、さらに「出水多く、水溜《たま》り強き」と書き、湧水対策が課題であることが記されています。また「仮の居宅、但し五年も十年も炭を掘り尽くす間ハ此の小屋に居住するなり」とあり、すでに石炭掘りのための住居がつくられ、長期間にわたって石炭掘りが続けられる体制ができていたことが書き留められています。

時代が下って、嘉永《かえい》七年（一八五四）の開国以後は、外国船の渡来がさかんになり、さらに石炭の需要が高まります。外国船は蒸気船で、いうまでもなく石炭をエネルギー源にしています。さらにわが国内部では各地に海防のため砲台が建設されます。大砲をつくるためには、反射炉などを擁する製鉄所がなければなりません。そこでは鉄を溶かすための大量の燃料が必要です。当然のことながら石炭に対する需要は飛躍的に高まります。

北多久町鉱山（炭鉱）（佐賀版186ページより）

宝暦《ほうれき》元年（一七五一）に杵島《きしま》郡大崎村（北方町）から、「油石《あぶらいし》」を「焼炭《やきすみ》」にしたいという願いが佐賀藩に出されています。油石とは石炭のことです。焼炭とはコークスを意味します。このように佐賀藩領でも石炭の採掘は比較的早くから行なわれていました。佐賀藩内の石炭採掘は他の産炭地と同様開国以降にもっともさかんになりますが、佐賀藩は石炭を積極的に使い、石炭の貿易を活発に行なう一方で軍事力強化にも積極的にとり入れます。長崎のほかにも兵庫など新しく開港された港へどんどん石炭を販売しており、他方自藩の海軍方、鋳立方、産物方へも石炭をどんどん送っています。また外国船ばかりでなく、西南雄藩（薩摩藩、熊本藩など）が購入した洋式軍艦にも石炭を供給しています。

佐賀藩の石炭政策の積極性は、幕末、グラバー商会と共同で高島炭鉱（佐賀藩の飛び地でした）の開発を始めたことでもわかります。高島炭鉱は、最近まで軍艦島として有名でした（③）。

### 常磐炭鉱の開発

常磐炭鉱が開かれたのは幕末になってからのことですが、それまで「クンドン岩」などと呼ばれ、燃やすと独特の匂いがするところからねずみ退治などに利用されていたといわれます。常磐炭鉱地帯は茨城県と福島県にまたがっていますが、石炭が重要視されるようになったのは、水戸《みと》藩九代藩主徳川斉昭《とくがわなりあき》が大砲をつくる計画を建てて以来です。那珂湊《なかみなと》の反射炉で大砲が製造されるようになってからは、濫掘《らんくつ》ばかりか、藩の許可なしに勝手に石炭を掘ったり、売ったりすることが禁じられたのです（①）。

**関連項目**

①茨城二章9　②山口二章6　③佐賀二章10

# 85 鉱産物

## 金銀以外の鉱産物も豊富

わが国は鉱産物の多い国でした。今でも鉱物資源はかなりの埋蔵量があると推定されています。ただ現在は、それを掘っても掘る費用のほうが余計にかかって採算が合わないので、掘らないだけです。古来日本は「ゴールデン・ジパング」と呼ばれ、金の埋蔵量の多い国と見られてきました。それに関しては金銀銅の項を参照していただくことにして、ここでは江戸時代におけるそれ以外の鉱産物のいくつかについて見てみましょう。

金銀銅の埋蔵量が多いということは、それ以外の鉱産物も多いことを意味しています。事実、江戸時代には鉛、水銀、錫《すず》、硫黄《いおう》、石灰など多様な鉱産物がさかんに採掘されました。

## 需要が多かった硫黄、石灰、明礬《みようばん》

硫黄はわが国が火山国であることから各地で早くから大量に採掘されて、おもに外国に輸出されていました。一二、三世紀頃からすでに輸出品の重要な位置を占めてきました。江戸時代に入ると硫黄の用途はますます広がり、火薬の原料ばかりでなく、付け木（マッチ）、花火、薬種（薬の材料）などにも使われ、外国だけでなく国内の需要も増えました。群馬県の万座《まんざ》山、白根《しらね》山などでは、硫黄の原鉱を採掘した上で、釜場で砕き水釜で熱する、これを麻袋に入れて搾《しぼ》りさらに砕いて箱に詰めさらに釜に入れて固める、などの作業を繰り返して製品としました。製品は火薬の原料になることもあって幕府の厳重な監視下にありました。販売先は江戸の指定硫黄問屋のみに限定されていました。黒船が来航して開国されると、再び硫黄鉱山は活況を呈しました。火薬の原料として輸出も国内需要もともに伸びたからです（②）。

豊前《ぶぜん》・豊後《ぶんご》（大分県）も鉱産物の多い国でした。金銀銅のほか水銀、錫、鉛、石灰、硫黄などが産出されました。このうち石灰は現在も採掘されています（⑧）。中で変わったものに明礬がありました。明礬は媒染剤として染色を助ける薬品で、武士に好まれた茶色を鮮やかに染め出すといわれ、さらには収斂《しゅうれん》剤として血止めや革なめし、製紙など用途が広く、江戸時代には大量の需要がありました。このため幕府は享保《きょうほう》二十年（一七三五）、明礬を専売品として生産販売を保護しました。明礬のおもな産地は別府《べっぷ》市でした。地中の温泉が地上へ蒸気を吹き上げるようなところで、その蒸気から明礬をつくっていました。蒸気が吹き上げるところを土で広く覆《おお》って、四、五日経つと明礬の素（湯の花）が土の上に塩のように現れます。それをかき集めて水につけざるで漉《こ》して、灰汁《あく》を入れて煮るとやがて固まって氷のようになります。これをさらに大釜に入れて、灰汁と薬を加えて煮れば固まって明礬になります（⑦）。湯の花とともに外国にも輸出されました。

石灰はこれも各地で産出されましたが、江戸周辺では栃木県から出荷される野州石灰、それに八王子石灰（東京都青梅《おうめ》市産と埼玉県飯能《はんのう》市産がありました）が有名でした。石灰はおもに土蔵の白壁などに使う漆喰《しっくい》という塗料に使われました。漆喰は消石灰に麻、紙などの繊維質であるスサとフノリ、ツノマタなどの海藻類を糊料として加えてつくられました。石灰は山から掘り出した石灰石を高温で焼き上げられてつくられます。焼き上げたままの白色の塊を生石灰、これに水を加えて粉状にしたものを消石灰といいます。石灰は土蔵の白壁のほかに民家や城、それに寺社などの壁や天井に使われ、田畑への肥料としても使われましたから、江戸時代になってから需要が大幅に伸びました（①）。

**白粉《おしろい》、雲母《うんも》、顔料ベンガラ、火打石、砥《と》石…**

変わったところでは三重県多気《たき》郡勢和《せいわ》村で水銀鉱山が発見され、採掘が始まると豊富な産出量と品質の良さとがあいまって、わが国随一の水銀鉱山と呼ばれるようになりました。ここで産出される水銀を使ってつくられたのが射和《いざわ》軽紛（伊勢白粉）でした。勢和村丹生《にう》鉱山で掘られた水銀が松阪市射和町で白粉に加工されたのです。鉱山は八世紀に採掘が始められ、白粉がつくられ始めたのは室町時代でしたが、江戸時代半ばまで高級化粧品として女性に人気がありました。軽紛は薬品としての評価も高く、当時流行した梅毒の特効薬としての薬効もありました（④）。

湯の花をとる小屋（大分版119ページより）

雲母は愛知県の北東山間部から産出され、西尾藩（西尾市）の貴重な財源となっていました。雲母は粉末にして和紙の模様にしたり、香を焚《た》くときに火の上においたり、文字や絵を臨写する紙にしたりしました。山間部から額田《ぬかた》郡、宝飯《ほい》郡、幡豆《はず》郡にかけて、白雲母を含む巨晶花崗岩の岩脈が通っています。これを農閑期の農民が掘り子となって掘っていたといわれます（③）。

岡山県川上郡成羽《なりわ》町の吹屋《ふきや》銅山は、江戸時代中頃まで西日本最大の銅山といわれました。産出量は次第に落ちましたが、ここでは美しい色を発するベンガラ顔料が製造されており、閉山（昭和四十七年）後も惜しまれています。硫化鉱物の黄鉄鉱、黄銅鉱の風化してできた硫酸鉄を焼いて、無水の酸化鉄にしてベンガラ顔料をつくります。澄んだ赤色が陶磁器の絵付けなどに珍重されました。伊万里焼や九谷焼に利用された吹屋ベンガラ顔料は、独特の工夫と手間をかけて生産され、他の追随を許しませんでした（⑤）。

徳島県阿南市や大分県国東《くにさき》郡では、火打石が生産されていました。マッチ（早付木）が普及するまでは、火を付けるのはもっぱら火打石で、徳島では藩の重要な財源の一つでした。ほかに美濃《みの》（岐阜県）、常陸《ひたち》（茨城県）、山城《やましろ》（京都府）などでも火打石が産出されています（②⑧）。

群馬県北部の山間部では良質の砥石が生産されていました。甘楽《かんら》郡、利《と》根《ね》郡、吾妻《あがつま》郡などで産出する砥石は上野《こうずけ》砥といわれ、江戸をはじめ関東各地、それに名古屋（愛知県）、松阪・桑名（三重県）などへ海路で運ばれて販売されました（②）。

**関連項目**

①栃木二章7　②群馬二章7　③愛知二章11　④三重二章5　⑤岡山二章3　⑥徳島二章7　高知二章7　⑦大分二章4・⑧5

自給列島産業おこし

# 86 造船

## 鎖国政策で外洋航海が不要だった和船

わが国は四囲を海に囲まれているため、早くから海上交通が発達し、海での漁業もさかんでした。このため船は必要に応じて、各地でつくられてきました。和船は一枚帆の手漕ぎ船が代表的なもので、用途に応じてさまざまな船がつくられていました。造船技術がもっとも進んだのは戦国時代で、海戦に使う船足の速い船から、銃器で損傷を受けない鉄板で覆われた船など、奇抜な船も建造されました。江戸時代になると海上の大量輸送に対応するため、大型船が次々と建造されました。

しかし、鎖国政策のもと御朱印船以外、一切の海外渡航が禁止され、外洋の航海に耐える大型の和船を建造する必要がなくなりました。わが国が二百年以上にわたって鎖国をしている間に、ヨーロッパを中心に産業革命が起きました。一七六五年、ワットが蒸気機関を発明します。それまで水力や風力を動力として使っていたものが、蒸気の圧力を動力とするようになりました。それによって効率の良い機械が次々とつくられるようになりました。一八〇七年にアメリカのフルトンが汽船を、一八一四年にイギリスのスチーブンソンが汽車を発明しました。鎖国をしていたわが国の泰平の夢を破ったのは、この蒸気を動力とする汽船でした。

## 瀬戸内海沿岸で大半の船がつくられた

江戸時代、造船がもっともさかんだったのは瀬戸内海沿岸です。ここでは倉橋島《くらはしじま》（広島県安芸郡倉橋町）の造船業を見てみます。もともと江戸時代の藩主は、軍事力としての水軍の維持と充実をはかるため、御召船《おめしぶね》や関船《せきぶね》（船足の速い船で、最初に下関でつくられたのでこの名があります。櫓《ろ》の数が四十二～八十挺までありました）などの建造と修理に努めました。また、藩はさまざまな物資を輸送するため、造船業を育成するとともに、船大工の掌握と統制にも力を入れました。広島藩も早くから倉橋島の造船業に注目していました。寛文《かんぶん》十一年（一六七一）、「危急のときに軍船の建造」を約束するのと引き換えに、藩は倉橋島に領内での造船業の独占を認めます。

寛文十二年に始まった西廻り海運は、瀬戸内海の海運を飛躍的に増加させ、造船業発展の大きな契機になります。こうして元禄《げんろく》年間（一六八八～一七〇四）に、倉橋島造船は大きな繁栄期を迎えます。造船の中心地である本浦《ほんうら》では海辺をあげて造船の場になり、いろは四十七文字をつけた納屋（造船材料を入れた倉庫）が軒を並べていたといいます。この当時の倉橋島造船業の得意先は、瀬戸内海沿岸の中国・四国地方からはじまって、西は九州から壱岐・対馬（ともに長崎県）、日本海側の山陰地方から佐渡（新潟県）、能登（石川県）、東は近畿地方から東海地方、相模（神奈川県）、武蔵（東京都、埼玉県、神奈川県）の関東地方にいたる広大な範囲にわたっており、これら全国から注文を受けていました。

この頃の造船業には船大工のほかに、鍛冶《かじ》、大鋸《おが》、木挽《こびき》などの職人、原料となる板材木、銅、鉄、炭、槙皮《まき》（船材の隙間に詰めるアベマキのコルク質樹皮）、竹、苫《とま》、筵《むしろ》などを買い集める問屋や仲買などの商人、など大勢の人々が必要でした。船大工の場合、棟梁《とうりょう》の下に数人の弟子や見習大工・

手間職人がいて、棟梁の監督・指示のもとに仕事をしました。安永《あんえい》九年（一七八〇）の調査では、棟梁三十六人に対して弟子百九十九人、見習い大工五十二人となっています（②）。

## 日本初の洋式船に船大工が取り組む

安政《あんせい》元年（一八五四）、ロシアの使節プチャーチン提督は、ディアナ号で下田《しもだ》（静岡県下田市）へ入港しました。日米和親条約の締結を知って、通商条約を結ぶために来たのでした。ところが下田に停泊中に安政の大地震による大津波に襲われ、ディアナ号は大破してしまいました。ディアナ号は修理のために戸田《へだ》（田方郡戸田村）へ曳航《えいこう》されることになりますが、その途中に沈没してしまいます。下田で日露和親条約は無事調印されましたが、プチャーチンの帰国の足がありません。このため代船を建造することになりました。

代船建造は韮山《にらやま》代官江川英龍《えがわひでたつ》の指揮のもと、日露の技術者が合同であたりました。船の設計は、露天に樽をさかさまに置きその上に戸板を載せて、その上で行なわれました。設計には五十五日を要しました。その設計図に基づいて作業は夜を日についで続けられました。日本側から戸田の船大工棟梁七人のほか、戸田・松崎《まつざき》（加茂郡松崎町）間の船大工四十人、人夫百五十人が動員され、近郷の鍛冶職人も残らず呼び寄せられました。また、下田や江戸からも職人が呼び寄せられ、いくつかの道具や部品をつくらせています。日本側の者はみな洋式造船は未経験で、言葉も通じませんでしたが、ロシア人技術者と協力してしだいに習熟していきました。

50人乗り帆船戸田号の模型（静岡版329ページより）

こうして八七トン、五十人乗り、二本マストの帆船ができあがりました。幕府はこの戸田《へだ》号と名づけられた船の優秀さを知り、引き続き同型船を六隻建造させました。当時の瀬戸内海の造船地でつくった和船は、大型船でも竜骨《りゅうこつ》（船首から船尾にかけて船底を通す材）を組まなかったので、沿岸ならまだしも外洋航海は非常に困難でした。また一枚帆なので追い風のない時は航海できなかったのです。戸田号試乗記録には「逆風で走り出し、戸田沖二里のところを走り回り、逆風荒波でも少しも差し障りなかった」と驚いた様子が記されています。

戸田号の建造に従事した船大工の棟梁たちは、これ以後、長崎伝習所や横須賀造船所、石川島造船所などに派遣され、洋式造船に力を発揮します。また、品川で造船業を起こしたり、大坂難波島の造船所を開くなどその活躍は目覚しいものがありました（①）。

幕府は嘉永《かえい》六年（一八五三）に浦賀《うらが》（神奈川県横須賀市）に、続いて石川島（東京都中央区）、横浜（神奈川県横浜市）にも造船所の建設を決定します。安政四年、長崎鎔鉄所（造船所）が着工され、本格的な近代造船の扉が開かれたのでした（③）。

**関連項目**

神奈川五章6　①静岡五章7　②広島二章9　③長崎二章9

# 87 製塩

## 江戸時代から大規模塩田の造成

塩は人の生活に欠かせないものです。このため塩づくりは古くから行なわれていました。わが国におけるもっとも古い塩づくりの形跡は、出土した土器によって確認されています。縄文時代後期から古代までのもので、この土器に塩水（海水）を入れて煮沸して結晶塩を得たり、結晶塩をさらに焼いて固形の焼塩をつくりました。このために使われた土器を製塩土器といいます。人口増加にともなって、こうした古い方式では生産が間に合わず、次第に大規模な塩づくりが行なわれるようになっていきます。江戸時代の初期から、瀬戸内海沿岸を中心に大規模な塩田が開発され始め、塩の大量需要に対応できるようになりました。

## 入浜式《いりはま》塩田の開発で生産性が大幅に上昇

塩は大部分が塩田でつくられましたが、江戸時代までの塩田は揚浜式《あげはま》と呼ばれました。満潮のときに海水を呼び入れ（人力で汲んで砂浜に撒いたりしました）、干潮で海水が引くと砂浜に海水が残ります。この残った海水から太陽光で水分が蒸発し、塩分が砂と残ります。この砂を集めて海水に浸し、砂を分離して濃い海水を得、これを煮詰めて塩を得るのです。

これに対して、江戸時代初期に播磨国《はりま》（兵庫県）で開発された方法は、入浜式《いりはま》と呼ばれるものです。この方法は、塩田を満潮時の海水面と干潮時の海水面のちょうど中間くらいの高さに造成します。塩田と海水の間に堤防を築き、堤防の下に伏樋《ふせひ》を通します。揚浜式が人力で海水を汲み上げるのに対して、海水はこの伏樋を通して供給します。満潮時に海水が入り、干潮時には不要な水が排出されるのです。こうして砂地でできた塩田に海水が浸透します。この塩田にさらに大きな川の河口にあるような粒子の細かい砂を均一に撒きます。この上から柄杓《ひしゃく》で海水をさっと撒くと、塩田に浸透していた海水が毛細管現象によって上昇し、日光と風によって蒸発し、撒砂《まきすな》の粒面に塩が結晶します。この結晶のついた砂を溶出装置（沼井《ぬい》と呼ばれます）に入れ、海水で洗いとって塩分の濃厚な海水（鹹水《かんすい》）をつくるのです。この鹹水を煮詰めて食塩を結晶させていきます。海から堤防、伏樋、潮まわし、浜溝、塩田、沼井、鹹水溜と続き、それをはね釣瓶で釜屋（鹹水を煮沸する小屋）へ導くという工程が連続して並び、一大製塩工場を構成します。入浜塩田はできた当初から賃金労働者を雇い、作業は分業形態がとられていました。昭和三十年までこうした塩田は構造・形態に変化なく、わが国の塩の九〇パーセントをつくっていました（①②）。

## 瀬戸内海沿岸を中心に大規模塩田開発

江戸時代初期の入浜式塩田に先鞭をつけたのは、忠臣蔵で有名な赤穂《あこう》（兵庫県赤穂市）でした。赤穂の塩田技術は、十七世紀中頃までに阿波国《あわ》（徳島県）、備後《びんご》・安芸《あき》（ともに広島県）に伝わります。そして、塩田開発は瀬戸内海沿岸を中心に活発に行なわれます。元禄《げんろく》年間（一六八八〜一七〇四）には、阿波国で二百四十町歩（一町歩＝約一ヘクタール）、周防国《すおう》（山口県）百五十七町歩、安芸国九十八町歩、播磨国赤穂七十五町歩、備後国七十町歩の開発が行なわれました。

幕藩体制が安定するとともに、東日本では江戸、西日本では大坂の中央市場が成立して、両都の人口が急増して塩の需要が大幅に増加したこと、西廻り海運の成立によって北国と大坂が直結し、北国で大量の塩需要を生み出したことなどが、こうした塩田開発ラッシュをもたらしたものとみられます。塩田の開発は自然条件および地理的条件のよい瀬戸内海地方でなおも続き、明和《めいわ》年間（一七六四〜七二）には全国の塩の九〇パーセントが瀬戸内海沿岸で生産されるようになりました。この時瀬戸内沿岸には塩田が千七百七十一軒にもなり、一軒あたりおよそ一町歩強でしたから塩田の総面積は二千町歩近くになりました。

宝暦《ほうれき》十三年（一七六三）、全国の人口は庶民二千六百万人、武士百九十三万人、合計二千七百九十三万人と推定されています。一人が一年間に使う塩の量は一斗といわれますから、全国の総需要は二百七十九万石前後とみられます。それに対して、三田尻《みたじり》浜（山口県）の塩業家三浦源蔵《みうらげんぞう》が著した『塩製秘録』によれば、宝暦年間末の全国生産高を三百七十五万石とみなしています。赤穂から三田尻までの沿岸の塩田地帯を十州地区といいますが、十州でおよそ三百万石強を生産していたと推定されています。したがって、十州地区だけで全国需要を上回り、塩はこの時点で大幅な生産過剰になっています（②③）。

赤穂の汲潮浜（兵庫版100ページより）
（『播州名所巡覧図会』）

## 塩価下落で大規模生産カルテルの実施

このため塩の価格が大幅に下落します。明和《めいわ》年間には塩は一升（約一・八リットル）三、四文となり、灰よりも安くなったといわれました。このため安芸国の三原屋貞右衛門《みはらやさだえもん》は、二九法を提唱しました。これは二月から九月まで操業し、十月から翌年一月まで四ヵ月間を休業する方法でした。またのちに三八法も提唱されました。これは九月から翌年二月まで半年休業する方法です。貞右衛門は数ヵ月かけて瀬戸内十州をまわり、休浜法実施の同盟締結を説いてまわりました。この結果宝暦十三年、安芸、備後、伊予《いよ》（愛媛県）三ヵ国の代表塩田によって休浜同盟が締結されました。赤穂や阿波の塩田がこれに参加しなかったため、この同盟は数年で瓦解してしまいますが、塩業者が独自の力で藩域を越えて生産カルテルを結成しようとしたことは注目に値します。

明和八年になると三田尻浜の田中藤六《たなかとうろく》によって、再び生産カルテルが提唱されます。安永《あんえい》元年（一七七二）、安芸、備後、伊予、周防、長州の五ヵ国の塩業者の同盟がなり、三八法の実施と塩価および石炭価格の通告をし合って、この時点で不参加の播磨、備前、備中《びっちゅう》（岡山県）、阿波、讃岐《さぬき》の業者に働きかけることを申し合わせています（③）。

**関連項目**

①宮城二章6　福島二章1　千葉二章1　石川二章5　愛知二章5　①兵庫二章5　②岡山五章8　②広島50科　③山口二章2　徳島二章6　香川二章1・4・三章6・五章6　愛媛二章2　大分二章8

# 88 漂流民

寛文《かんぶん》十～十二年（一六七〇～七二）にかけ、河村瑞賢《かわむらずいけん》によって開発された西廻り航路と東廻り航路が整備され、やがて日本を周回する航路が一般化してきました。それにともない、船舶は大型化して千石積み以上も珍しくなくなり、航海術も沿岸航海法から沖合い航海法へと進歩しました。しかし、沖合いに出れば、それだけ遭難の危険性も増します。そして、沖合で遭難した廻船や漁船の生き残った乗組員は漂流民となり、外国船に助けられるなどして数奇な運命をたどることになります。当時の日本は鎖国下、彼らの帰国もままならなかったのです。しかし、にもかかわらず漂流民たちは外国で力強く生き抜き、結果的に日本と外国との国際交流を実現しました。外国で得た彼らの新知識は、時代の荒波にもまれながら開国から明治維新へと続く大きな潮流を、加速することになったのです。

## 近代日本のいしずえを築いたジョン万次郎《まんじろう》

少年万次郎ら五人が乗り組んだ小さな鰹《かつお》漁船が土佐《とさ》湾の足摺《あしずり》岬沖で遭難し、十日におよぶ漂流を経て南の小さな無人島に流れ着いたのは天保《てんぽう》十二年（一八四一）一月十五日のことです。この無人島は現在の鳥島、伊豆諸島の最南端に位置します。彼らはアメリカの捕鯨船ジョン・ハウランド号に救助されるまで、百四十三日をこの島で過ごしました。幸いこの島はアホウドリの繁殖地だったので、岩のくぼみにたまった雨水を飲み、洞穴を見つけてすまいとし、ようやく生き延びることができたのです。

ジョン・ハウランド号のウイリアム・ホイットフィールド船長は、進んで英語を覚え、アメリカ人の生活に適応して誠実に働く万次郎の資質に注目し、ジョン・ハウランド号の名を取って「ジョン・マン」という愛称をつけてくれました。ジョン・マンは、船がハワイのホノルルに着いて仲間の日本人水夫が上陸したあとも、自ら希望して船に残りました。

ホイットフィールド船長は、マサチューセッツ州の母港に帰ったあと、万次郎を自分の家に引き取りました。彼は船長の援助で三年近く学校生活を送り、その間高度な航海学や測量術を身につけました。専門学校を卒業後、彼は別の捕鯨船に乗り込み、再び長い航海に出ます。この船で彼は人格と手腕を見込まれ、一等航海士副船長に選ばれました。母港に戻った万次郎は、ゴールド・ラッシュで賑わうカリフォルニアのサクラメントに乗り込み、まだホノルルにとどまっている仲間たちと日本に帰る資金を稼ぎます。嘉永《かえい》三年（一八五〇）十二月十七日、残留希望者を除く万次郎ら三人は、日本行きの船を見つけてホノルルの港を出帆しました。

万次郎は帰郷後間もなく、土佐藩の武士に取り立てられ、藩校の教授を命ぜられます。藩の指導者たちが、激しく揺れ動くこの時代に、西洋事情について広い知識を持った万次郎を必要としたからです。嘉永六年六月、アメリカのペリー提督が浦賀《うらが》沖に現われて開国を迫ると、こんどは幕府が万次郎を幕府直属の武士に取り立てました。このときから彼は、生まれ故郷の地名を取って「中浜《なかはま》万次郎」と名乗ります。彼は幕府の通訳の仕事をするかたわら、造船・航海・測量・捕鯨などを指導しました。

万延《まんえん》元年（一八六〇）、幕府の使いで咸臨丸《かんりんまる》がアメリカへ航海したとき、乗組員として乗船した万次郎は、船酔いで動けない艦長の勝海舟《かつかいしゅう》にかわって指揮をとり、大任を立派に果たしたのです（②）。

### 遠州《えんしゅう》灘で遭難した二隻の船の漂流民がたどった軌跡

知多《ちた》半島の南端にある美浜《みはま》町の小野浦《おのうら》海岸に「三吉の碑」があります。「三吉」とは、知多郡小野浦の宝順丸《ほうじゅんまる》（千五百石積み、乗組員十四人、船頭重右衛門）の水夫岩吉・久吉・音吉の三人のことです。

天保《てんぽう》三年（一八三二）十月十一日、宝順丸は遠州灘で漂流し、生き残った「三吉」が一年二ヵ月後に北アメリカのフラッタリー岬に漂着しました。彼らはそのあと数奇な運命をたどりつつ、中国のマカオ・香港《ホンコン》・上海《シャンハイ》などで日本人漂流民の世話や通訳として活躍しました。この碑は日本人初の聖書翻訳者でもあった「三吉」を、顕彰する碑だったのです。

ところで、フラッタリー岬に漂着した三吉は、日本送還のツテを探すために中国のマカオに送られました。当時マカオは中国のなかで唯一の欧米の植民地であり、中国貿易にかかわる欧米人はみなマカオに住んでいました。三吉はマカオで、キリスト教の伝道師であり外交官でもあったドイツ人ギュツラフの家に世話になり、聖書の日本語訳を手伝うことになりました。こうして三吉は、「ハジマリニカシコイモノゴザル」という出だしではじまる日本語訳聖書の歴史に名をとどめることになったのです。

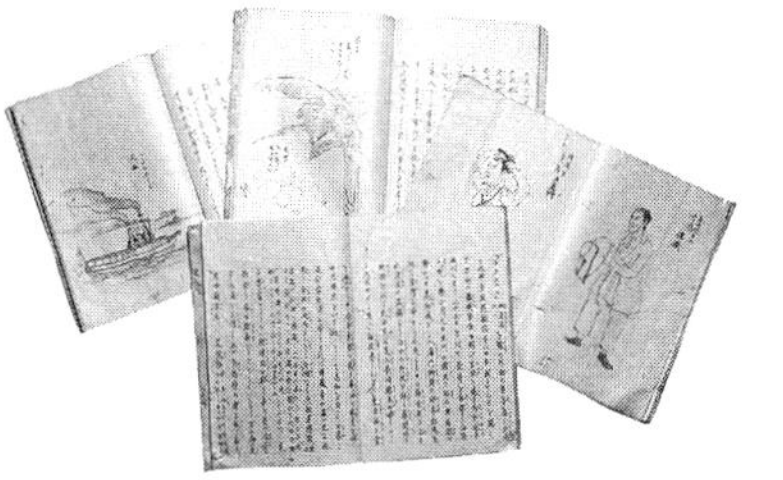
ジョン万次郎に聞き書きしてまとめた『漂選紀略』（高知版343ページより）

天保八年七月、三吉と九州の漂流民を乗せたモリソン号は、マカオを出帆して江戸湾に到着したのですが、異国船打払令によって猛烈な砲撃を受けました。鹿児島でも同じあつかいを受けたモリソン号は、なす術もなくマカオに帰還しました。三吉は、故郷の地を目前にしながら帰国の道を断たれたのです。

再びマカオに戻った三吉は、弘化《こうか》二年（一八四五）前後から別々の生活を送るようになります。三人のなかで最も個性的な人生を送ったのは音吉でした。岩吉と久吉はいぜんギュツラフのもとで通訳と聖書の翻訳に従事していましたが、音吉は上海で外国商社に勤め、しだいに日本人漂流民を救う中心的な存在になりはじめていました。上海に集まってきた漂流民たちを、最も確かで早い帰国ルートを見つけて日本に送り出していたのです。嘉永《かえい》二年（一八四九）四月八日、江戸湾に入ったイギリス船マリーナ号に乗船していた日本語を上手に話す中国人の林阿多《リンアト》は、実は音吉だったといわれています。

嘉永七年にイギリスの極東艦隊司令長官スターリングが長崎に来航したとき、音吉は通訳として同行し日英和親条約の締結にかかわりました。そのとき、彼は長崎奉行にはじめて自分が日本人であることを打ち明けます。彼は帰国するように勧められましたが、上海の妻子を見捨てることはできない、といって断りました。かつて国家に帰国を拒絶された男が、こんどは国家の帰国要請を拒否したのです。このころ音吉は、「にっぽん音吉」と呼ばれる国際人になっていました（①）。

**関連項目**

宮城五章6・9　①愛知五章4　三重五章8　島根一章7　②高知五章8

# 89 来日した外国人

安政《あんせい》元年（一八五四）に「日米和親条約」、安政五年に米英蘭露仏とのあいだに「安政五ヵ国条約」とよばれる修好通商条約を締結し、日本は二百年以上も続いた鎖国を修了して開国に転じました。以来多数の外国人が日本に滞在しますが、鎖国がはじまる前にも幕府の中枢で活躍した外国人たちがいました。

## 徳川家康の外交顧問になったウイリアム・アダムス

慶長《けいちょう》五年（一六〇〇）、イギリス人航海士ウイリアム・アダムスが乗船していたオランダ船リーフデ号が悪天候のため、豊後《ぶんご》国佐志生《さしう》（大分県臼杵市）に漂着しました。日本とイギリスの交渉がはじまったのは、このときからといわれています。ヨーロッパの科学知識を紹介し、その技術を伝えたアダムスが、時の権力者徳川家康にかわいがられたことはよく知られています。彼は家康に信任され、外交顧問のような地位につきました。彼は家康とのことを、次のように手紙に書いています。

「私はこのような寵遇を受け、彼（家康）にいくばくかの幾何学の数項と数学の方法について知識その他を授けた。彼は私をたいそう気に入ったので、私が進言することは、どんなことでも反対したことはなかった」

彼は家康から相州《そうしゅう》（神奈川県）三浦郡逸見《へみ》村に領地を与えられ、「三浦《みうら》按針《あんじん》」と名乗ります。「三浦」は彼の領地があったところ。「按針」は水先案内人のことです。彼はまた、江戸の日本橋に近い小田原《おだわら》町に、屋敷を与えられました。彼の屋敷があった一帯は、やがて按針町とよばれます。

アダムスにはイギリスにマリー夫人とふたりの子供がいましたが、日本でも妻を娶り、男女ふたりの子供を設けています。日本で生まれた長男のジョセフはアダムス没後に三浦按針の名を継ぎ、海外貿易に活躍しました。

慶長十六年、ジャワ（インドネシア）にイギリス人が来ていることを耳にしたアダムスは、「日本に来航すれば貿易を仲介する」という内容の手紙をジャワに送りました。この手紙を読んだ東インド会社のセリーヌは慶長十八年、グローブ号を率いて平戸《ひらど》（長崎県）に入港し、アダムスと連絡をとりました。セリーヌはアダムスの案内で駿府《すんぷ》（静岡市）と江戸に赴き、イギリス国王ジェームス一世の国書と進物品を家康と二代将軍の秀忠《ひでただ》に贈呈しました。その結果慶長十八年、イギリスは朱印状を得て、平戸に商館を開きました。この朱印状は、日本とイギリスの最初の通商条約でした。そして、リチャード・コックスが商館長、アダムスが顧問となって対日貿易をはじめたのです（①）。

## 『大君《たいくん》の都《みやこ》』を書いた駐日イギリス公使オールコック

安政六年五月、イギリスの初代駐日総領事兼外交代表（翌年一月公使に昇任）としてサンプソン号で来航したラザフォード・オールコックは、長崎経由で江戸に向かいました。同年六月七日、彼は公式に江戸の地に上陸し、イギリスの国旗を公使館に定められた高輪《たかなわ》の東禅《とうぜん》寺に掲げました。オールコックは来日する前に十六年間外交官として中国に滞在し、福州《ふくしゅう》・上《シャン》海《ハイ》・広東《カントン》省では領事を務めていました。そのような体験から、日本に対しても並なみならぬ興味を示し、日本語を学習します。彼は言語・風俗・習慣などを含めた日本の文明にアプローチすることにより、対日外交方針を打ち出したのです。三年間の滞在中、彼は江戸を拠点として日本各地を旅行しています。富士山に登り、熱海《あたみ》の温泉につかり、北海道の箱館《はこだて》（函館市）にも足をのばしました。

元治《げんじ》元年（一八六四）末、オールコックは英仏米蘭の四国連合艦隊による馬関《ばかん》（山口県下関市）砲撃でラッセル外相と対立し、本国への召喚命令を受けました。帰国して引退後も王立地理学協会の会長を務めながら日本研究を続け、ロンドンで八十九歳の生涯を閉じました。日本見聞記として執筆した『大君の都』は、オールコックの日本に対する視点が随所に盛り込まれた本です。この見聞記には、オールコックが自ら描いた百四十四枚の写生画が掲載されており、幕末の風俗を知るうえでも貴重な資料です（②）。

### 尊王攘夷の嵐のなかで縦横の活躍をしたアーネスト・サトー

幕末動乱前夜の江戸の状況を活写している『一外交官の見た明治維新』の著者アーネスト・サトーは、イギリスの外交官として幕末に来日しました。彼は日本人も驚く卓越した日本語を駆使して尊王討幕派の人々と接触し、彼らの考えを知り、イギリスが考えていることを伝えて日本の近代国家建設に大きな足跡を残しました。サトーが日本に興味を持ったのは、安政《あんせい》五年（一八五八）に特派使節のエルギン卿とともに来日したイギリスの外交官ローレンス・オリファントが書いた『エルギン卿のシナ・日本への使節記』を読んだことがキッカケです。この本はとりわけ日本を親愛と理解のある姿勢で紹介しており、若きサトーを魅了しました（③）。

ヒュースケンの墓（東京港区光林寺）
（東京版533ページより）

### 攘夷《じょうい》の暴漢に斬殺されたヘンリ・ヒュースケン

安政三年七月、アメリカの全権公使タウンゼント・ハリスの通訳兼書記として来日したヘンリ・ヒュースケンは、アムステルダム生まれのオランダ人でした。彼はオランダ語のほかに英語・仏語・独語に堪能で、一八五三年に新天地を求めてアメリカに渡りました。ヒュースケンを紹介されたハリスは彼の語学能力を買い、雇い入れたのです。

安政四年十月、日米修好通商条約を締結するため、ハリス一行は下田《しもだ》の領事館を出発し六郷川《ろくごう》を渡って江戸に入りました。彼はノリモン（駕籠）のなかから、ハリス一行を見物するおびただしい群衆を見ました。そのときの感想を、「途方もない人出であるのに話し声ひとつ聞こえず、礼儀正しい沈黙があたりを支配していた」と書いています。ヒュースケンは万延《まんえん》元年（一八六〇）十二月五日、江戸の芝《しば》（港区）赤羽橋《あかばね》近くで暴漢たちに斬殺されるのですが、彼が書き残した『日本日記』には、下田での体験や江戸の印象が興味深く記され、当時の日本人像がうかがわれます（④）。

**関連項目**

①東京六章1・2・4②5・③6・④7　長崎三章3・7

# 90 朝鮮通信使

豊臣秀吉が朝鮮を侵略した戦い、文禄《ぶんろく》・慶長《けいちょう》の役で日本と朝鮮の国交は断絶しましたが、その後関ヶ原の戦に勝利した徳川家康は、途絶えていた日朝関係の修復に力を注ぎました。対馬《つしま》藩の藩主宗《そう》氏の尽力で国交を回復した幕府は、慶長《けいちょう》十二年（一六〇七）から文化《ぶんか》八年（一八一一）まで計十二回、「朝鮮通信使」とよばれる朝鮮の外交使節団を迎えています。朝鮮通信使は将軍の代替わりのとき、慶賀のために訪日したのです。通信使を迎える費用は一回に百万両といわれました。

## 片道二千キロの旅程を十ヵ月以上かけて往復

この使節団は三使（正使・副使・従事官）・上々官・上判事・学士などで構成され、毎回三百〜五百人の一行が釜山《プサン》から六隻の船に分乗。対馬、赤《あか》間関《まがせき》（下関）を経て瀬戸内海を縦断し大坂に到着します。ここで水夫・船主など約半数を残し、川御座《ござ》船で淀《よど》川をさかのぼって京都に入りました。京都からは陸路をとり、琵琶湖東岸を北上して美濃《みの》路から名古屋を経、東海道を通って江戸に達し、江戸城で時の将軍に謁見《えっけん》するのが慣例でした。通信使一行の行列は、警護の武士や人足などを含めると、五千人もの大行列になったといわれています。

通信使一行は朝鮮の漢城（ソウル）から江戸まで、片道二千キロの道のりを十ヵ月以上かけて往復しました。近江《おうみ》には「朝鮮人街道」とよばれる道がありました。旧中山道の野洲町行畑から彦根市郊外の鳥井本町へ抜ける琵琶湖沿いの道（浜街道）を、朝鮮通信使が往復に使ったためにそうよばれるようになったのです。この使節団には、朝鮮の第一級の学者・詩人・画家などが加わっていました。そのため通信使来日のたびに沿道の各地や江戸で、日本の学者や文人たちと濃密な文化交流が行なわれました。

鎖国政策下の江戸幕府は、中国やオランダと長崎の出島《でじま》で通商関係を維持していましたが、正式に外交関係を結んでいたのは朝鮮国のみでした。「通信」とは「信頼を互いに通わす」という意味です。日朝両国は互いに対等の信義を交わす「通信の国」同士だったのです（①②）。

## 日朝友好につくした儒学者、雨森芳洲《あめのもりほうしゅう》

江戸時代を通じて対馬《つしま》藩は、朝鮮との貿易・文化交流の窓口の役割を果たしました。その対馬藩の外交実務担当として活躍し、日朝友好の礎を築いた人物が雨森芳洲です。幕府の儒官として名高かった木下順庵《きのしたじゅんあん》の優秀な門下生だった芳洲は、元禄《げんろく》二年（一六八九）順庵の推薦で対馬藩に藩儒として迎えられました。

以来、対馬藩の江戸屋敷に仕え、二十五歳のときに長崎に行って一年間中国語を学び、二十六歳で朝鮮海峡に浮かぶ対馬藩の儒者として赴任。三十一歳のとき、朝鮮方佐役という外交の実務を担当する役職に任じられました。当時の外交は「筆談外交」といわれるもので、日朝双方の外交官は漢文の読み書きができれば、いちおうその役目を果たすことができました。

しかし芳洲は、「外交の任にあたる者は異国の人の心を知らなければならない。そのためには意志伝達の手段である言葉を理解し、話せることこそ大切である」と考えたのです。

彼は三十六歳にして「朝鮮言葉稽古」のために三年間、釜山に留学して朝鮮語を習得。地方の方言までも話し理解できるようになりました。彼はまたその間に、日本語と朝鮮語の日常会話集『交隣《こうりん》須知《すち》』をはじめ、十六冊におよぶ朝鮮語の学習書をつくりました。さらに彼は、藩主に上申して対馬に通詞《つうじ》（通訳）の養成所を設立し、その指導にもあたったのです（③）。

## 江戸城内で盛大な饗宴

江戸における朝鮮通信使の最大の任務は、時の徳川将軍に朝鮮国王からの国書を伝えることでした。これを朝鮮側では「伝命の儀式」といいます。通信使一行は、江戸でどのような日程で行動したのか、以下に最も形式の整った延享《えんきょう》五年（一七四八）の来日のときを例にみてみましょう。

そのときの一行約三百七十名は五月二十一日に江戸に入り、宿舎にあてられた浅草《あさくさ》東本願寺に着きました。翌二十二日は将軍から、長旅をねぎらう上使が宿舎に手土産を持って訪れています。それから数日、一行は休息と行事の打ち合わせのために宿舎に滞在し、六月一日がいよいよ登城・進見の日です。

朝鮮通信使の行列のようす（東京版口絵より）（「朝鮮通信使屏風」泉涌寺蔵）

当日、正使・副使・従事官の三使をはじめ、通訳の上々官、さらに上官、中・下官が朝鮮国の礼服を着用し、国書を先頭に威儀を正して江戸城に向かいます。一行とともに来日した楽隊が、朝鮮の曲を奏でながらの行進です。一行は大手門で馬や輿《こし》から降りて城内に向かい、対馬から一行に付き添ってきた宗対馬守《そうつしまのかみ》の先導で城内大広間の会見の場に向かいます。

将軍の装束《しょうぞく》も直衣《のうし》（昔の貴族が着用した平常服）・帯剣の正式の礼装です。紀伊《きい》・尾張《おわり》・水戸《みと》の御三家や老中たちが列席し、諸大夫譜代大名・万石以上の大名など数百名がいならぶなかで、おごそかに国書伝達の儀式がとり行なわれます。そのあと型どおりの献盃の儀式があり、盛大な饗宴が開かれます。その献立の豪華さは、目を見張るばかりでした。

翌二日は老中・若年寄衆との表敬の儀式があり、三日には田安《たやす》門外の馬場で使節一行がともなってきた馬上才《ばじょうさい》とよぶ馬の曲乗りの披露があり、万石以上の大名が招待され、将軍も観覧します。四日には御三家との表敬の儀式がありました。六日には下谷《したや》（台東区）の対馬藩邸に招待されています。無事使命を終えた一行は、七日に再び登城して辞見の挨拶をしています。公式行事はこれで終わりです。

一行は十三日に江戸を旅立つのですが、九日には対馬藩邸に招待されたお礼として、対馬藩邸で曲馬を披露。十日は上野車坂下で一行の随員による射芸の演武がありました。そのとき小屋がけの見物席には対馬藩主、御用係の寺社奉行や大目付、日光門跡などの姿も見えました。

江戸滞在中、使節の宿舎にはいつも多くの学者・文人・墨客が訪れ、詩文の応唱や書画にサインを求めました。そのため一行は毎夜、朝鶏が鳴くころまで寝られない、と悲鳴をあげたそうです（①）。

**関連項目**

①東京六章3　滋賀②カラー口絵・③五章7　広島一章2　長崎一章3

# 91 シーボルトと支倉常長《はせくらつねなが》

日本人は古くから進取の気性に富み、新知識に対する異常な興味を持っていました。その傾向は鎖国以前はもちろん、鎖国下でも失われることはありませんでした。

## シーボルトの鳴滝塾《なるたきじゅく》に集まった若き秀才たち

南ドイツ・ウュルツブルクの医家の名門に生まれたフィリップ・フランツ・フォン・シーボルトが、長崎出島《でじま》のオランダ商館医として赴任したのは文政《ぶんせい》六年（一八二三）七月ことでした。シーボルトに課された表向きの職務は商館内に病人が出たときの診療でしたが、彼を日本に派遣したオランダ政府には、もっと大きな狙いがありました。

当時、アメリカ・イギリス・ロシアなどの列強が、日本に対する権益を目指して競り合っており、長年にわたって日本と特殊な関係にあったオランダの地位は、おびやかされつつありました。そこでオランダとしては、日本国内の実状を十分つかんで日蘭の友好関係を強めるために、まだ二十七歳の若さながら医学をはじめ地理・歴史・社会・生物・化学など、さまざまな分野の広い知識と旺盛な研究心を持ったシーボルトを、文化交流の担い手として日本に送り込んだのです。

シーボルトはこの期待によくこたえ、足かけ五年の第一回滞日期間に、日本に関する調査研究と日本への西欧文明の伝達に大きな足跡を残しました。彼の精力的な活動の中心となったのは、来日の翌年に開設した鳴滝塾でした。シーボルトの名声と鳴滝塾の開設を伝え聞いた全国の若き学究たちは、ぞくぞくと長崎に集まってきました。のちに鳴滝塾の高弟となり、幕末の志士として活躍した高野長英《たかのちょうえい》は、江戸から郷里の水沢（岩手県水沢市）の養父に送った手紙で「シーボルトというオランダ医は、よほど医術にすぐれているとのこと。各地の蘭学を学ぶ人たちは、つてを求め大金を費やして長崎に赴き入門しています。私も人の雇い人となってでも長崎に行って、この人に学びたいものです」と書き送っています。

シーボルトは門弟たちに、外科・内科・産科・眼科を中心とする医学の理論と実技はもとより、当時万有学とよばれた百科事典的な広範な学問を教えました。彼は師から弟子への一方通行の教育ではなく、師弟が互いに学び合い、啓発し合う双方向の教育に努めています。鳴滝塾の卒業論文制度は、その方針のあらわれでした。弟子たちはそれぞれの得意な分野について、またシーボルトの要請にこたえ、日本に関するさまざまなテーマを選んでオランダ語の論文にまとめて提出します。彼はそれを検討し、合格と認めた者に塾卒業の名誉を与えました。

シーボルトが帰国後にまとめた大著『日本』には、弟子たちから提出された研究成果が十分に生かされています。弟子達の卒業論文はシーボルトにとって、文献の入手・解読や、実地調査が思うに任せない環境のもとで、向学心に燃える弟子たちを通して日本に関する豊富な情報を得るという、またとない方法でもあったのです（②）。

## イスパニアと外交交渉を行なった支倉常長

大航海時代にヨーロッパに渡った遣欧《けんおう》使節としては、天正《てんしょう》少年使節が知られていますが、最近まであまり語られていなかったもうひとつの遣欧使節があります。それが支倉常長の慶長《けいちょう》遣欧使節です。天正少年使節はキリスト教信仰の使節であり、日本人として初てヨーロッパにわたりました。これに対して慶長遣欧使節は、堂々たる大人の外交交渉使節でした。

慶長十八年（一六一三）九月十五日、支倉常長一行はイスパニア（スペイン）人の協力を得て仙台藩が建造した約五百トンの洋式帆船サン・ファン・バウティスタ号で、仙台藩領牡鹿半島の月ノ浦をノビスパニア（メキシコ）に向けて出帆しました。乗員は支倉一行のほかに案内役のイスパニア人ソテロ、ノビスパニア特派大使ビスカイノ一行、日本の商人など百八十人でした。仙台藩の藩主、伊達政宗《だてまさむね》がこの使節に託した目的は二点ありました。ひとつはキリスト教国との親善と文化交流、他のひとつはノビスパニアとの対等な通商平和条約の締結です。

シーボルト像（長崎版221ページ）

三ヵ月後、ノビスパニアの太平洋岸にある港アカプルコに入港。一行は陸路首都メキシコを目指します。常長はさっそくノビスパニアの総督に通商貿易を要望する伊達政宗の親書を提出しました。しかし、ノビスパニアはイスパニアの植民地なので、母国の許可なしに外国と貿易を行なうことはできません。そこで常長は一行を約三十人に絞り、イスパニアの艦隊に便乗して大西洋を渡りイスパニアに向かいます。一六一四年十月、日本を出発して約一年後、ようやくイスパニアにたどり着きました。当時のイスパニアは、最強の艦隊を擁する世界最大の強国でした。翌年一月末、常長は首都のマドリードで国王に拝謁し、政宗の親書を奉呈します。キリスト教国との文化交流についてはまったく問題はなかったけれども、ノビスパニアと奥州の相互貿易に対しては難航しました。とくに問題だったのは、仙台藩が自藩の船でノビスパニアと貿易を行なおうとしていることです。これを承認すると、それまで独占してきたイスパニアの対日貿易体制が崩れることになるのです。

常長がアカプルコに着いたころ、江戸幕府がキリスト教に対する大弾圧をはじめたという情報が伝わり、交渉に悪影響をおよぼしました。イスパニアはオランダと異なり、キリスト教の普及と通商貿易は一体のものだという考え方があったのです。常長は難航する交渉を打開するために、ローマに赴きます。マドリードからローマへの道は、三十年前に天正少年使節がたどった道でもありました。常長がローマに到着したのは一六一五年十月二十九日、日本を出発して二年後のことです。翌月三日、枢機卿《すうききょう》全員の臨席のもとに法王パウロ五世との公式謁見が行なわれました。そのときの常長の礼儀作法と外交折衝の態度は、列席した多くの人びとに多大な好感を与えたといわれます。しかしイスパニア国王からは、内容にとぼしい抽象的な返書しか受け取ることができません。そのうえ常長一行は強制退去を命じられ、ノビスパニア→ルソン経由で元和《げんな》六年（一六二〇）八月二十六日、常長は失意のうちに七年ぶりに故国の土を踏んだのです（①）。

**関連項目**

①宮城五章12　東京六章4　②長崎三章7

# 92 鎖国の中の交流

## 追放者との交易がもたらしたもの

幕府が鎖国政策を実施するまでは、外国船が来航するのも日本船が外国へ行くのも比較的自由でした。三代将軍となった徳川家光が第一次鎖国令を出したのは寛永《かんえい》十年（一六三三）でした。以降次々と鎖国を強化する命令が出され、寛永十八年の第六次で鎖国政策は完成します。それまで比較的自由だったのですから、鎖国令によって数々の悲劇が生まれました。たとえば三重県松阪の角屋七郎兵衛《かどやしちろべえ》は、江戸時代はじめ海外貿易に携わり、安南（ヴェトナム）で現地の女性を妻として、日本人町を現地につくるなど大活躍していました。ところが幕府の鎖国政策で、日本に帰国できなくなりました。以来一度も帰国できずに海外で一生を終えました。寛永十三年に長崎に出島が完成するとポルトガル人をマカオ（中国）に追放し、さらに十六年にはオランダ人やイギリス人の日本人妻子三十二名をジャカルタ（インドネシア）に追放しました。一切の通信が禁じられ、ようやく文通が許されたのは寛文《かんぶん》年間（一六六一〜七三）になってからでした⑥。

寛文年間になって文通が許されるようになると、ひっそりと交流がされるようになります。角屋七郎兵衛は日本にいる親族に宛てて自分のヴェトナムでの活動を伝えるとともに、品物を送ってきました。銀、砂糖、生糸、絹織物などでした。変わったものでは「川内なべの風呂」というものがありました。川内はコーチと読み、ヴェトナム北部地方を指します。親族はこれらの品物を角屋の菩提寺《ぼだいじ》などへ寄進しました。一方、七郎兵衛へは酒、醤油、漬物、鰹節、梅干、足袋《たび》、目薬などの日用品が送られました。七郎兵衛の求めに応じたようです。安南の太公子宛ての進物にする品々を日本から送らせたりしたこともあります②。これでは交易です。

こうした交流の中で注目されるのは、茶道でも珍重された縞模様の南方裂《ぎれ》（現地では柳条布《りゅうじょうふ》）です。松阪商人が飛躍のきっかけをつかんだ松阪木綿のたて縞の柄は、この柳条布を改良したものではないかといわれています。当時は南洋諸島から来たものを島あるいは島物といっていましたが、縞模様の松阪木綿に「松阪嶋」の字が使われているのは、南方との交易がもたらしたものであることを示唆しているのではと指摘されているのです。

## 朝鮮、中国貿易と対馬《つしま》、琉球《りゅうきゅう》

鎖国の中での外国との交易や外国人との交流は、長崎でのオランダと中国、対馬（長崎県）を通しての朝鮮、それに琉球（沖縄県）を通しての中国しか公式には認められていませんでした。長崎でのオランダ・中国との交易は、別項貿易で詳しく触れていますので、ここでは触れません。

朝鮮との交流はもっぱら対馬藩宗《そう》氏を通じて行なわれました。豊臣秀吉の無謀な朝鮮侵略によって傷ついた日朝関係を修復しようと宗氏が外交機関として設立したのが「以酊庵《いていあん》」です。これより先、幕府に関係修復を命じられた宗氏は、何度かの交渉の末、朝鮮と十二か条の約定を結びます。これが江戸時代を通じての両国の基本条約となります。寛永《かんえい》六年（一六二九）には以酊庵の代表を含む代表十九名が、幕府の正使として朝鮮を訪問しています。一行は五ヵ月にわたって朝鮮に滞在し、成功裏に帰航して三代将軍家光を喜ばせました。

釜山《プサン》には在外公館と商館の機能を持った施設を置き、そこには常時五、六百人の対馬の人々が滞在していました。朝鮮からは通信使を迎え、以酊庵は幕府の外交政策を反映させる場として機能し、朝鮮貿易も大きく発展しました。大量の中国産生糸、絹織物と朝鮮人参が輸入され、日本からは大量の銀が輸出されました。シルクロードとは逆に、対馬―朝鮮―中国と結ぶ「銀の道」があったことになります（⑤）。

中国との交易では、琉球（沖縄県）が古くから進貢《しんこう》貿易を行なっていました。中国から冊封《さっぽう》を受け、琉球からは進貢するという形の交易です。冊封とは、中国皇帝が諸王に位を授けることをいい、それを周辺諸国との間にも広げていました。朝鮮、安南、シャム（タイ）、琉球などがこの体制下にありました。中国との交易は、この体制下にあることが条件でした。

琉球は薩摩藩の侵略を受けその支配下に入りましたが、こと交易に関してはこの体制を維持しました。薩摩藩は冊封使が中国からくるときには自藩の船を入り江などに隠し、駐在していた役人も姿を隠したといいます。進貢貿易を続けることが、薩摩藩にとっても有利だと判断していたからです。こうした琉球と中国の関係は、明治政府による琉球処分まで続きました（⑦）。

角屋七郎兵衛の御朱印船で使われた船印（三重版303ページより）

**さまざまな交流・交易**

いくら周囲を海に囲まれているといっても、完全に締め切ることは不可能です。何らかの形で、あちらこちらで交流、交易の跡が見えます。

昔から北海道付近の北の海では、北方の諸民族がそれぞれ自由に往来し、交易をしていました。えぞ地のアイヌは樺太《からふと》のアイヌと交流がありましたし、樺太にはその先の沿海州の交流ルートが存在していました。アイヌの酋長たちは中国産の錦織《にしきおり》やロシア製のブーツなどを身につけており、彼らが鎖国の外にいた事実を裏付けています。十八世紀のえぞ地では、北のシルクロードというべき山丹《さんたん》交易体制ができあがっていたのです。

島根県の沿岸には朝鮮の船がよく漂着《ひょうちゃく》しました。異国船が厳しく取り締まられる中で、朝鮮船は別でした。積極的に救助し、もてなしました。この間日朝の庶民レベルの交流が行なわれていたのです（③）。

薩摩藩が密貿易によって莫大な利益をあげていたことがよく知られていますが、島根県浜田市の会津《あいづ》屋八右衛門は、藩財政の窮迫を見かねて藩とともに密貿易に乗り出しました。舞台は竹島（鬱陵島《ウルルン》）で、そこに着いて驚いたことには越後、薩摩、対馬藩などの密貿易船が外国人と渡り合って、さかんに商取引しているのです。八右衛門は密貿易の罪を一身にかぶって処刑されますが、広い世界を覗き見て何を感じたでしょう。

**関連項目**

①北海道二章3　②三重五章1　③島根一章7・④五章4　⑤長崎一章3・⑥四章2　⑦沖縄三章7

# 93 麻・麻織物

麻は古くから衣料の原料として利用されてきました。夏に薄緑色の花を開く多年草です。麻は正確には苧麻《ちょま》・カラムシなど、「糸をとる草」という意味の日本語的表現です。その苧麻・カラムシという植物の皮からとった繊維を青苧《あおそ》といいます。青苧は奈良晒《さらし》や越後縮《えちごちぢみ》などの衣料の原料として珍重されました。

## 麻布原料の最大の供給地は東北地方

カラムシはイラクサ科の多年草で、原野や畠で栽培されます。茎は多少木質化しており、葉は幅広い卵円形で、先端がとがり、縁に鋭い歯牙があります。雌雄同株ですが、雄穂は下、雌穂は上のほうにあります。実は楕円形で、毛が密生しています。茎の粗皮《あら》をはいで水によくさらし、細かくさいた繊維が青苧で、これが布を織る原料になります。

江戸時代、この青苧の代表的産地は出羽《でわ》（山形県）、会津《あいづ》（福島県）、越後《えちご》（新潟県）などでした。中でも出羽の置賜《おきたま》地方、村山地方はわが国有数の産地でした。これらの地方を支配する米沢《よねざわ》藩は、藩の重要財源として厳しい専売制度を敷きました。これらの青苧の主産地は現在の山形県西置賜郡白鷹町を中心とする地域で、荒砥《あらと》の青苧蔵へ集荷され、ここで荷造りされて米沢城下に運ばれ、京都や奈良の中央市場へと出荷されました。藩ははじめ代官が青苧の買い上げを担当していましたが、慶安《けいあん》二年（一六四九）に青苧買銀奉行を設置して、一切の業務を担当しました。

元禄《げんろく》年間（一六八八〜一七〇四）まで、この地方の青苧の需要は、もっぱら奈良晒の原料としてでした。ところが正徳《しょうとく》年間（一七一一〜一六）から享保《きょうほう》年間（一七一六〜三六）になると、越後縮の生産が急速に増加してきました。そのため、いっそう栽培に拍車がかかるようになっていきます。

カラムシは普通二〜二・三メートルほどに生長しますが、根本から先端までの茎から青苧を取るのを長苧《ながそ》と呼びます。穂先から一〜一・三メートルほどの茎の部分を利用するのを撰苧《えりそ》と称します。この撰苧は薄皮で、朝露に曝《さら》すと透き通るように美しく、かつ上質なものとなります。奈良晒は長苧を、越後縮は撰苧を使います。安永《あんえい》年間（一七七二〜八一）になると、撰苧は高値だったので生産が伸びましたが、長苧は値段が低迷したため出荷が落ち込む傾向を見せるようになっています。安永年間の撰苧一駄（約一四〇キロ）の価格は十五、六両で、反当たりの収益は田地の約三倍に当たったといわれます（①）。

## 奈良を産業都市にした奈良晒《さらし》

奈良晒は、武士の礼服などに用いられていた高級麻織物です。奈良晒は、名前の通り奈良市の特産物でしたが、いつごろから特産になったのかはっきりしていません。数々の史料から類推すると、十六世紀前半までに寺社の需要に応える形で生産が行なわれるようになったようです。それが慶《けい》長《ちょう》・寛永《かんえい》年間（一五九六〜一六四四）から急速に生産量を伸ばし、享保年間には最盛期を迎えます。この時期の生産高は、年間三十〜四十万疋《ひき》（一疋＝二反。一反は大人一人分の着物の量）にものぼっていました。奈良はそれまで甲冑《かっちゅう》や刀の細工人、酒屋、墨屋などが多かったのですが、奈良晒の生産が活況を迎えると町の様子もすっかり変貌し、「奈良町の家で十分の九は『布一色』で渡世している」といわれるほどになりました。この時期に奈良町は産業都市として繁栄するようになったのです。

奈良晒の生産工程は、大きく分けて苧《お》うみ、織布、晒の三工程に分かれていました。青苧から糸をとる作業が苧うみです。三日ほど青苧を水につけ、それを指先で細かくさき、その先端を二股にして唾液で湿らせて硬くひねってつなぎ、苧桶に手繰りこむ作業のあと、捲車《へそ》にかけてよりをかけ、かせ棒に束ねたものが紿《かせ》（綛）で、緯《よこ》糸に用いるものは貫《ぬき》と呼ばれました。奈良町や大和《やまと》（奈良県）の農村部の婦女子の仕事でした。

これに使う青苧は先に触れたように東北地方から購入していました。元《げん》文《ぶん》二年（一七三七）の史料によると、毎年米沢藩の蔵苧《くらお》五百駄ほど、出羽の商人苧が千四百駄ほど入荷していたといいます。青苧は奈良町の青苧問屋が荷受し、紿《かせ》屋仲買がこれを購入して、苧うみに出しました。糸にされた青苧は、これも流通に携わる商人の手で家内副業的に行なわれる婦女子の織作業に出されます。機織《はたおり》には『上《かみ》機《はた》』と呼ばれる高機《たかはた》が用いられ、一疋織り上げるのに一週間から十日を要し、一冬で十五疋から二十疋織るのが普通だったといわれます。こうして織り上げられた布は、淡い亜麻色を帯びています。これを晒屋が真っ白に仕上げるのです。水で洗ったり、灰汁《あく》をかけて日光に曝したり、大釜で焚いてさらに日光に曝《さら》すという過程を数回繰り返し、晴天で数十日を要する作業です。こうして仕上がった奈良晒のうち一万疋ほどは幕府に納められ、残りは問屋の手を経て江戸、京都、大坂の呉服問屋に販売されました（③）。

晒作業図（奈良版106ページより）（『日本山海名物図会』）

## 雪とともにつくりあげられる越後縮

越後の布は、正倉院《しょうそういん》に納められるほど古い歴史を持っています。もちろん青苧を使用したものですが、江戸時代になると糸の品質が向上し、この地方の布は夏物衣料として高い評価を受けるようになりました。高級武士たちの裃《かみしも》に使われたり、丈夫で涼しい着物として上流階級の人々が競って求めるようになりました。延宝《えんぽう》年間（一六七三〜八一）になると、小千《おぢ》谷《や》、堀之内《ほりのうち》（新潟県北魚沼郡）、十日町《とおかまち》（十日町市）に縮市場が設けられ、縮買いの商人たちが京都、大坂、江戸から大勢入り込んで、賑やかな取引が行なわれるようになりました。

奈良と同じで糸を取ったり、布に織り上げるのは農村の婦女子の仕事でした。鈴木牧之《すずきぼくし》の『北越雪譜《ほくえつせっぷ》』の中には、「雪の時期に糸にして、雪の時期に織り、雪水ですすいで、雪の上に曝す。雪があって縮がある。だから越後縮は雪と人との気力が五分と五分に合っているところで名産の名があるのである。魚沼《うおぬま》郡の雪はまさに縮の親というべきである」と記しています（②）。

**関連項目**

①山形二章3　群馬二章6　②新潟二章2　石川二章10　三重二章8　滋賀二章1・2　③奈良二章1

# 94 養蚕《ようさん》・製糸

## 江戸時代の蓄積が明治・大正時代に生かされる

最近は、農村に行っても桑畑や養蚕農家が減ってしまって、若い人たちで桑の木を知らない人も多くなっています。桑畑はもうほんの少ししか残っていませんが、第二次世界大戦前まで養蚕・製糸業（蚕糸業《さんし》）は、外貨を獲得するための大事な生糸《きいと》を産する重要な産業でした。もっとも発達した昭和五年（一九三〇）には、全国五百五十万戸の農家のうち、実に四割に当たる二百二十万戸の農家が蚕を飼っていました。こうした蚕糸業の発展の契機となったのは、幕末の安政《あんせい》六年（一八五九）、わが国が鎖国政策をやめ、開港することによって生糸を欧米市場へ輸出する道が開けたことでした。以来昭和初年まで、蚕糸業はほぼ一直線に拡大し、戦前までのわが国の資本主義を大きく支えてきました。

しかし、こうした近代蚕糸業の発展の背景には、わが国に古くから蚕糸業が存在したことに加えて、開港以前の江戸時代に長い時間と努力を重ね、蚕《かいこ》や桑の品種改良をはじめとする養蚕技術の発達、蚕種製造業や絹織物業といった専門的分業化、流通システムの発達など、蚕糸業の産業的発展が積み重ねられてきたことがあったことを見逃すわけにはいきません。

## 輸入制限で国産生糸が需要を伸ばす

江戸時代は二百十五年にわたって鎖国政策がとられていましたが、長崎の出島《でじま》、対馬《つしま》藩（長崎県）、薩摩《さつま》藩（鹿児島県）を介してオランダ、中国、朝鮮などと貿易を続けていました。江戸時代のはじめは、外国からの輸入の主体は生糸でした。一六三〇年代の生糸輸入量は大人用の着物にして十数万着分にも上る量だったといわれます。絹織物もあったものの輸入の主体は生糸で、それを受け入れていたのは京都の西陣《にしじん》でした。この頃は養蚕・製糸業は未発達でしたが、絹織物業はかなりの発達を見せていたのでした。これらの輸入に対してわが国からは、金・銀・銅などの鉱産物が輸出されました。しかし、各地の鉱山が衰微《すいび》していき、輸出すべき物が次第に枯渇《こかつ》していきました。このため貞享《じょうきょう》二年（一六八五）以降、幕府によって生糸の輸入制限が数度にわたって行われました。生糸の輸入量が減少すると、代わって国産生糸に対する需要が増加していきます。こうして、江戸時代中期以降、各地で養蚕・製糸業が次第に活発になっていったのです。

## 東日本の山間部中心に発展した蚕糸業

文化《ぶんか》十一年（一八一四）に書かれた成田重兵衛の『蚕飼絹篩大成《こかいきぬふるいたいせい》』という有名な養蚕書によれば、慶長《けいちょう》・元和《げんな》年間（一五九六〜一六二四）から正《しょう》徳《とく》・享保《きょうほう》年間（一七一一〜三六）までの約百年間に生糸の生産高は約二倍に、享保年間から文化年間（一八〇四〜一八）までの約百年間に約四倍の生産高になったと記しています。江戸時代になると東日本の土地生産力の低い山間地に養蚕・製糸業が発達しました。西日本の肥沃《ひよく》な平野部では、稲作が発達し、綿作や菜種栽培が広がっていきました。

このように東日本の山間の農家ではたいてい副業として蚕を飼い、繭《まゆ》をつくって、生糸を繰ったのです。その生糸を自分の家で絹織物にすることもありましたが、専業的な織物業が早くから発達していたこともあって、生産した生糸は市場などで商人に売りました。商人は買った生糸を京都の和糸（国産生糸）問屋に運び込みます。このように地方から京都に上る糸を「登《のぼ》せ糸」と呼びます。登せ糸は商人によって品質を厳しく吟味されますから、高品質のものを出しました。比較的質の悪い糸は、自分の家で絹や紬《つむぎ》の織物に加工したのです。

**地域分業化が進む特産地、各地へ拡大絹織物業**

早くから蚕糸業が発達していたのは、なんといっても奥州（福島県）の信達地方（福島市、伊達郡）でした。すでに江戸時代初期から桑や蚕の新品種が吟味され、天和《てんな》年間（一六八一〜八四）から元禄《げんろく》年間（一六八八〜一七〇四）には、「赤熟《あかじゆく》」や「市平《いちへい》」といった蚕の新品種が選び出されています。これは明治期に至っても使用されました①。上州（群馬県）では、十七世紀にすでに各地で生糸市が開かれていますが、元禄年間以降、近江商人の進出が活発になり、「登せ糸」が送られるようになりました②。さらに信州（長野県）では、上田地方がもっとも進んだ地方であり、寛文《かんぶん》年間（一六六一〜七三）には、藩が問屋から紬《つむぎ》（上田紬）を買い上げており、すでにこちで絹織物業がある程度展開されていたことがわかります③。

農家の庭先での取り引き（群馬版口絵より）

享保年間までは、京都西陣への「登せ糸」を目的に、養蚕・製糸業は発達してきましたが、そのうち生糸購入を独占していた京都の糸問屋が買いたたいて価格を抑えようとすることへの反発から、地方の機業地が勃興《ぼっこう》しそちらにも供給するようになります。さらに享保十五年と天明《てんめい》八年（一七八八）の西陣の大火で、一部の織物業者が地方へ移転して、織物技術が各地へ伝わります。こうして桐生《きりゅう》、伊勢崎（ともに群馬県）、足利《あしかが》（栃木県）、八王子（東京都）などが十八世紀に織物産地として大きく発展しました。とくに桐生は「関東の西陣」と呼ばれて、西陣に負けない高級織物を生産するようになりました。この頃上州では、桐生を中心とする南東部で織物生産、中部で製糸、西部と北部の山沿い地帯で養蚕がさかんに行われ、各過程が地域的に分業化していきました②。

それは何も上州に限ったことではなく、奥州でも十八世紀中頃には蚕種生産に適する風通しのよい阿武隈《あぶくま》川沿いの土地が蚕種の特産地になり、山間部が生糸や絹織物の特産地になっていきます。信州上田では、蚕種を専門的に製造する地域が現れます。その後わが国最大の製糸業地帯になる諏訪《すわ》地方（長野県）は、ようやく十九世紀はじめになって、養蚕とは切り離された形で繭を購入し、絹糸を生産する製糸業が活発になります。

**関連項目**

青森五章3　秋田二章9　福島二章6・五章7・①50科　②群馬二章1・二章3
富山二章6　山梨二章2　山梨二章3　③長野二章3　兵庫二章4　熊本二章8

# 95 絹織物

## 伝統の技を維持発展させた西陣

絹織物は古い歴史を持っています。京都西陣の名は、応仁《おうにん》の乱（文正《ぶんしょう》二年＝一四六八＝から十年続いた内戦）のとき山名宗全《やまなそうぜん》の陣が置かれたことに由来しますが、西陣はさらに以前の平安朝織部司（錦・綾・紬などの高級衣料を織ったり染めたりする部署）以来の伝統を持っています。高級織物の代名詞としてあまりに有名ですが、実は徳川幕府の庇護のもとに独占的地位を獲得しました。

三河の一大名から覇権を握った徳川家康は、地位に相応しい伝統儀礼の復活を図りました。その装束を織ることができるのは西陣しかありませんでした。そのため家康は手厚い保護を西陣に加えたのです。この頃高級織物を織るための生糸《きいと》はまだ国内で生産できなかったため、中国産の「唐糸」が使われました。幕府は糸割符《いとわっぷ》貿易で特定の大商人に輸入生糸を買い取らせ、それを適正な価格で西陣に配分しました。二代将軍秀忠《ひでただ》の娘和子が入内《じゅだい》（天皇の中宮や皇后になるべき女性が正式に宮中に入ること）したことでさらに西陣は活気を帯びました。嫁入り衣裳をそっくり西陣が受注したのです。将軍の娘ですから衣裳だけでもたいへんな数でした。さらに生類憐みの令で評判のよくない五代将軍綱吉《つなよし》の母桂昌院《けいしょういん》は、西陣の機《はた》織り娘でした。西陣にとってこれほど有力なてずるはありません。桂昌院の指示で、西陣に大奥から高級織物の注文が殺到します。

しかし、西陣はコネだけで商売していたのではありません。西陣で織られる高級絹織物は、技術的にほかではつくれなかったのです。技術も材料も独占していた背景には、それだけ蓄積したノウハウが厚かったという事実があります。伝統的な能装束なども西陣でしかつくれませんでした。伝統に加え、技術革新、新技術の開発も絶えず行われていました。江戸時代に西陣が生んだものに、友禅《ゆうぜん》染めがあります。この優美で繊細な染め物は、扇師宮崎友禅斎の考案になるものです。西陣は二度の大火や地方機の進出でたびたび危機を迎えますが、そのたびに新しい技術を導入するなどしてよみがえりました。明治になってからの化学染料や外国製の織機の導入によってその後の発展のきっかけをつかんだのです（③）。

## 水車と機音が響く桐生《きりゅう》の町

貞享《じょうきょう》二年（一六八五）、幕府は中国産生糸の輸入を制限します（養蚕の項参照）。金、銀、銅などの流出がはなはだしかったからです。最大の絹織物生産地であった西陣は、これに代わるものとして国産の生糸を購入し始めます。こうして買われる「登《のぼ》せ糸」の需要が増し、養蚕地帯は増産に追われます。桐生（群馬県桐生市）は、もともと幕府代官による地方支配のために開かれた町でしたが、やがて周辺の絹糸生産がさかんになるとその集散地として発展するようになります。またこの周辺では古くから農業の合間に絹織物が織られていました。ところが西陣が大火に見舞われ（享保《きょうほう》十五年＝一七三〇）、焼け出された職人が地方へ散りました。その一部は桐生にも流れ、元文《げんぶん》三年（一七三八）には西陣から桐生に高機《たかばた》が導入されます。高機はそれまでの居坐《いざり》機よりも生産性が高く、いろいろな紋様を織り込めます。それをきっかけに桐生の絹織物は飛躍的な発展を遂げます。そしてやがて「東の西陣」といわれるまでになりました。

桐生の機屋は技術革新に熱心で、天明《てんめい》三年（一七八三）には、岩瀬吉兵衛が水力八丁撚糸機を考案します。寛保《かんぽう》三年（一七四三）に西陣から縮緬《ちりめん》の生産方法が伝えられたのですが、縮緬は原料糸に強い撚《よ》りを加えなければなりません。この工程に手間がかかっていました。縮緬は着尺地（着物にする布）、羽織《はおり》地、帯地、襟《えり》地などに広く用いられます。吉兵衛は水車を動力源として一度に多数の糸を撚る機械を考案したのでした。こうした技術革新によって桐生は絹織物の産地としての地位を不動のものにしたのです。宝暦《ほうれき》五年（一七五五）以前人口千五百人に満たなかった在郷町は、天《てん》保《ぽう》二年（一八三一）には戸数九百五十八戸、人口四千百七人にまで増大しました（①）。

## 八王子の織物市と丹後縮緬

友禅染めの彩色（京都版口絵より）

東京都八王子市は、桑都という名で呼ばれることがあります。こう呼ばれるようになったのは、江戸時代からのことです。八王子宿には月に六回の定期市（六斎市）が開かれていました。市は紬《つむぎ》座（絹織物）、紙座、麻売り座、太物《ふともの》座（綿や麻織物）など十座に分かれていました。周辺農民の農間余業でできるものの集荷市の色彩が強いものでした。商品経済の進展とともに市の取引量は増し、市が開かれる日は大変混雑をするようになります。そこで紬座と太物座を合わせて織物市として一つにし、一般の市と分離されました。この織物市は元禄《げんろく》年間（一六八八～一七〇四）から享保年間（一七一六～三六）にかけて成立したようです。江戸で縞柄《しまがら》の絹織物がよく売れた時期と一致します。

高機が桐生から八王子へ持ち込まれ、足利《あしかが》や桐生の織物業者が八王子へ移住することも始まります。八王子の織物は丈夫で実用向きで、黒っぽい男物が多く、女物も堅実な品、柄でした。このため「奢侈《しゃし》禁止令」にも打撃を受けることなく発展しました（②）。

丹後《たんご》国（京都府北部）では古くから絹織物が織られていました。しかし、のちに有名になる丹後縮緬が本格的に生産されるようになったのは、江戸時代中期からです。京都に修行にいった佐平治が技術を持ちかえったものです。享保五年（一七二〇）のことでした。峰山《みねやま》藩主の京極高長《きょうごくたかなが》は、佐平治の功績を称え、暖簾《のれん》と屋号を与えたといわれます。佐平治は森田次郎兵衛と名を改めています。峰山藩は縮緬生産を奨励し、京都の問屋に販売を依頼しました。これが京問屋の始まりで、享保十五年には問屋が七軒に増えています。いかに急速に縮緬の生産が増大したかがわかります。ここでも西陣の大火の影響が大きくあらわれています（④）。

**関連項目**

山形二章7　茨城二章5　栃木五章3　①群馬二章2　埼玉二章3　東京四章5・②9　新潟五章5　石川二章9　山梨二章2　長野二章4　③京都二章3・④五章7　香川二章7　福岡二章6　鹿児島三章6

# 96 染織

## 人気沸騰した優美で繊細な京友禅《ゆうぜん》

京染めという言葉には、京都で染められたものというほかに質のよい染め物という意味があります。現在伝統産業法指定の染め物に京友禅、京鹿《かの》子《こ》絞《しぼ》り、京小紋《こもん》、京黒紋付《もんつき》染めなどがあります。京染めの歴史は平安時代にさかのぼります。はじめは絞りが主でしたが、室町時代に絞りに刺繍《ししゅう》や絵を加えた辻ヶ花染めが考案されました。しかしこれはあまりに高価でほとんど実用化されませんでした。

江戸時代に入って生れたもっとも美しい紋様は友禅染めでした。着物を画布にして描かれた名画の趣です。友禅は天和《てんな》年間（一六八一〜八四）から貞享《じょうきょう》年間（一六八四〜八八）に、京知恩院門前に住んでいた扇師宮崎友禅斎の名前からとられました。友禅斎は勧められて小袖の紋様を描いたのです。それまでにあった糊引き染めに隈取り、色挿し、ぼかしなどの技法を駆使して染め上げると、人気が沸騰して人々は争って買いました。

京染めは友禅染めの出現によって大きく飛躍しました。染屋は織《はた》屋から独立し、独自の基盤を築きました。京小紋染めは武士の裃《かみしも》の紋様に始まるものです。渋さと色合いが特徴で、友禅染めと刺激しあって発展しました。京鹿子絞りは、絞りとして最高級といわれ、江戸時代はじめから生産されていました。細かいくくりをするのは近郊主婦の内職です（⑤）。

## 宮崎友禅斎が加賀にあらわれる

京の町から忽然《こつぜん》と姿を消した友禅斎が、次にあらわれた土地が金沢（石川県）でした。享保《きょうほう》年間（一七一六〜三六）でした。金沢にはこの時すでに加賀染めという染め物が存在しており、友禅を受け入れる素地が十分にありました。加賀染めというのは梅の幹の皮をたきだして柿の渋を加えた液にさっと染めたもので、赤い色に黄味がかったもので普通梅染めといわれます。染める回数を少し増やした赤梅染め、数を重ねて黒味を増したものが黒梅染めと呼ばれます。

友禅斎は御用紺屋である太郎田屋四代目茂平とともに、友禅染めを始めます。金沢での友禅斎のことはわかっていないことが多いのですが、大正九年（一九二〇）、金沢市龍国寺で墓が発見されました。一説には元文《げんぶん》元年（一七三六）に金沢で没したといわれます。

京友禅が別名鴨川染めといわれるように、友禅は水洗いの工程で大量の水を必要とします。しかもきれいで、水質は軟水がよいとされます。金沢には犀《さい》川と浅野川が中心部を流れ、二つの川から取水した用水網も整備されていたため、各所において豊富に良質の水を確保できるという絶好の条件を備えていました。また加賀染めによって染め上げられる加賀紋の彩色に使われる一陳《いっちん》糊を改良して、友禅糊がつくられました。友禅糊は糯米《もちごめ》の微細な粉末に少量の食塩を混ぜ、水練りして蒸しあげたものに石灰水と蘇《す》芳《おう》（スオウの木からつくられる赤色系の植物性染料）を入れたものです（④）。

## 有松《ありまつ》・鳴海《なるみ》絞りの技法は百種類以上

絞りという染織技術は、正倉院の遺物にあるくらい古いものです。京都では絹の絞りが発達しましたが、愛知県の有松と鳴海（ともに名古屋市緑区）では木綿中心に絞り技術が発達しました。知多《ちた》・三河《みかわ》という木綿の大産地に隣接していたせいで、木綿絞りがさかんになったものと思われます。最初は東海道を往来する旅人への土産物の販売が主でしたが、次第に大産地へと発展しました。

絞りは布の一部を縛って染まらないようにして模様を出す、比較的簡単な原理による染め物です。このため世界各地（インド、インドネシア、ナイジェリア、カメルーンなどがとくにさかん）でつくられていますが、有松・鳴海は新しい技法の開発に熱心で、ほかの地方とは比べ物にならないほど多様な技法を生み出しました。

下絵をもとに渋紙にポンチで穴をあけ、型紙がつくられます。型紙は模様を表現するとともに、くくる技法がわかるように穿孔《せんこう》されています。この型紙に布を重ね、青花液を刷り込みます。このあと布を糸でくくる作業に入ります。くくるのはほとんど農家の女性でした。女性たちはいくつかの模様に必要なくくり方の技術を身につけています。数人のくくり方の手を経てくくり終わった布は染色に回されます。木綿に藍染めが一般的でした。

鴨川の友禅流し（京都版91ページより）

有松・鳴海の絞りには百種を超える技法があるといわれています。ここでは現在も多くの絞り製品が扱われていますが、絞りでできる凹凸やプリーツという絞りの特性を生かした新感覚の素材やデザインの研究が続けられています（③）。

## 草木染めで素朴な味わい、鹿角《かづの》紫・黄八丈

わが国には江戸時代に発達した染織技術を今も続けているところがたくさんあります。たとえば秋田県の鹿角地方（鹿角市）に伝わる紫根《しこん》染めと茜染もその一つです。紫根染めとはムラサキ（ムラサキ科の草）の根からとった紫の染料で染めた布で、茜《あかね》染とはアカネ（アカネ科の草）の根からとった赤色の染料で染めた布のことです。天然の植物と太陽光線だけが材料のこの素朴な染め物は、衣類や夜具の生地として江戸の人々に愛されました。国の無形文化財に指定されています（①）。

八丈島（東京都）でつくられる黄八丈は、黄と樺と黒と三色に染め上げた絹糸を使い、色の配合を工夫して織り上げたものです。織り方自体には特色はありません。しかし、その色の味わいが昔から珍重されてきました。とくに鮮やかな黄色は古来絶品とされ、これが黄八丈の名の由縁になっています。椿《つばき》、椎《しい》、刈安《かりやす》（イネ科の多年生草木）などの植物から染料をとって草木染めされます。島の特産品となった黄八丈は、物納の年貢として江戸へ船積みされました。船は幕府の御用船が使われました。遠距離の上黒潮の本流を乗り切るためでした（②）。

**関連項目**

①秋田二章5・9　②東京四章5　③愛知二章2　④石川二章6　⑤京都二章
佐賀二章11

# 97 綿栽培

## 「衣料革命」に支えられて拡大した綿作

わが国ではじめて綿が植えられた場所は、三河《みかわ》（愛知県）だといわれています。綿花は亜熱帯の作物ですから、夏の日照りと開花前の降水が必要で、温暖で肥料を豊富に施すことのできる余裕のある地域で栽培が始まりました。江戸時代のはじめには畿内とその周辺、中期には瀬戸内海沿岸へ、そしてさらに関東や伯耆《ほうき》（鳥取県）などへ作付けが拡大していきました。元禄《げんろく》十年（一六九七）に刊行された『農業全書』（宮崎安貞著）では、河《かわ》内《ち》・和泉《いずみ》（いずれも大阪府）、摂津《せっつ》（大阪府西部と兵庫県東部）、播磨《はりま》（兵庫県）、備後《びんご》（広島県）の五ヵ国が、土地が肥沃で、綿を植えて多大な利潤をあげていることが紹介されています。

木綿衣料は江戸時代以前は大半を輸入に頼っており、それだけに高級衣料でした。庶民の衣料は麻織物や紙布でした。それが国内で生産されるようになって「衣料革命」が起きたのです。それまでの主な衣料であった麻織物に比べて木綿は、肌触り、保温性ともよく、染織しやすいなどの理由から、急速に庶民の間に普及していきました。

## 夏には畑一面に白い花が咲く

綿栽培が盛んだった河内中・南部や和泉では、全耕地面積に対する綿作の比率は四〇〜六〇パーセントに達していたものとみられます。この地域では宝暦《ほうれき》年間（一七五一〜六四）前後を最盛期に、明治二十九年（一八九六）に綿花輸入が自由化されるまでの長い間、綿はもっとも重要な商品作物として栽培されつづけました。河内での綿作の発展は、宝永《ほうえい》元年（一七〇四）の大和川付け替えのあと、開発された広大な新田が多いに寄与しました。かつて川床であったことから稲よりも綿の栽培に適しており、その面積のほとんどで綿を栽培するところもありました（③）。

摂津の西部地方、とくに武庫《むこ》川の東岸や川下の新田地帯（尼崎市）で綿作がさかんに行われました。享保《きょうほう》末期から寛保《かんぽう》年間（一七三〇〜四四）には、田畑への綿作率は平均で二八〜二九パーセントくらいで、多い村になると五〇パーセント以上もの田畑で綿がつくられました。播州《ばんしゅう》地方でも綿作がさかんでしたが、とくにさかんだったのは加古川《かこがわ》市域一帯の平野部でした。この地域では田畑全体の五〇パーセント程度に作付けされる村が多く、畑にほとんど綿を植えるという村も多くみられました（④）。

三河では一六四〇年代頃、東海道の宿場町池鯉鮒《ちりゅう》宿（知立《ちりゅう》市）の店先で木綿が売られていたことが知られています。生産は矢作《やはぎ》川下流にあたる碧海郡がさかんでしたが、次第に生産地は三河湾に面した平野部に広がっていきました。綿作と木綿織生産は、農家で一体として行われていましたが、夏になると畑一面が白い木綿の花でおおわれ、冬になると農家の女性の手によって真っ白な木綿に織り上げられていきます（②）。

甲斐《かい》国（山梨県）で綿作がさかんだったのは、甲府盆地西部でした。御《み》勅《だい》使川扇状地を中心とする地域、それに釜無《かまなし》川氾濫原の甲西町、竜王町などの地域でした。吉田村（櫛形町）では享保二十年（一七三五）に耕地面積の三六パーセントに綿を栽培していましたが、それが文化《ぶんか》十一年（一八一四）には四七パーセントにまで増えています。西野村（白根町）でも、寛《かん》政《せい》元年（一七八九）一八パーセントだったものが、慶応《けいおう》四年（一八六八）には六五パーセントにまで作付けが増えました。南湖《なんご》村（甲西町）では、夏作をみない、といわれるほど畑全体に綿作が行われていました。甲府盆地西部は綿が育つ夏季の高温、小雨と砂土または礫質《れきしつ》砂土の土壌で、比較的綿作に適した条件を備えていたようです（①）。

土壌でいえば、鳥取県の弓ヶ浜半島も綿作に適した土地でした。この地方で綿作が行われるようになったのは延宝《えんぽう》四年（一六七六）といわれます。元来綿は排水のよい砂質の土壌と、開花期の高温、開絮《かいじょ》（綿実が熟して吹き出ること）期には乾燥を必要とするとされます。この条件からいえば弓ヶ浜半島は綿作の適地でした。この地帯は水利の悪い不毛の荒地多かったのですが、元禄年間（一六八八〜一七〇四）以降の米川の開削によって、綿作ができるようになりました。また綿作には多くの労働力を必要とします。小農、小作農の多いこの地区の農民の安価な労働力が豊富に供給されたことが、その発達を促しました（⑤）。

開花後の綿花（愛媛版108ページより）

## 多くの現金収入をもたらす魅力的な商品作物

綿作はこのように自然・地理的条件のほかに、たくさんの人手を必要としました。したがって、豊富な労働力が確保できることが綿作のもう一つの条件でした。さらに綿作をするには、たくさんの肥料が必要でした。三河湾、大阪湾、瀬戸内海など、綿作が発展した地域の付近には肥料にする雑魚が豊富に入手できる漁業基地がそばにあることも条件になったでしょう。金肥といわれて、高い代金を払って確保しなければならない干鰯《ほしか》や〆粕《しめかす》を大量に投与しなければならない綿作は、少しでも輸送コストがかからない近隣の海にこれらの供給地があることが望ましかったのです。

綿作がこうして拡大していったのは、ほかの作物、とくに稲作と比べて収益性が高かったことが大きな理由です。河内国の一農家の史料から作成された、稲作と綿作の比較では年度による違いはあるものの、綿作は稲作の平均二倍以上の収益をあげていたことがわかります。多い年では三倍ということもありました。肥料代などの諸経費がこの史料には表れていませんが、綿作の反当りの収穫量の有利性は明らかです。それだけではなく、綿は換金しやすく、糸・木綿に加工することによってより多くの収入を得ることができます。また種も油の原料に利用されるので収入源の一つになりますし、収穫したあとの綿木は焚き付けに利用されました。反面、綿作は稲作に比べて多くの肥料と労働力を必要とし、また年による豊凶の差も激しいなどのリスクもありました。それでも綿は農民にとって、多くの現金収入に結びつく、魅力溢れる商品作物だったのです（③）。

**関連項目**

①山梨二章4　②愛知二章1　③大阪六章3　④兵庫二章3　奈良二章2　和歌山二章3　⑤鳥取二章4　広島二章8　山口二章4・五章6　香川二章2　愛媛二章4・5

# 98 木綿織物

## 近代への分厚い蓄積を残した木綿織物業

江戸時代に入って「衣料革命」が起き、人々の日常着が麻から木綿へ急速に切り替わってくると、それまで綿栽培地を中心に農間余業《のうかんよぎょう》として糸を紡いだり、染めたり織ったりされていたものが、次第に木綿織の専門業機《はた》屋ができ、それが集まった特産地が形成されていきました。特産地ではそれぞれの特有の技術が開発され、ブランド名がつけられて大消費地に大量に出荷されるようになります。太物《ふともの》と呼ばれた木綿織物は、都会では専門の呉服店で売られました。この時期の呉服店が今日のデパートに発展した店もあります。

幕末に鎖国が終わって、開港された港に外国から輸入された綿や綿糸が入ってくるようになって、次第に綿栽培地は衰退していきました。さらに明治になって綿花の輸入が自由化されると、綿作地帯はわが国から消えていきます。しかし、木綿織業はこうした事態を迎えて、かえって活況を呈します。安い輸入綿糸でそれまでに培った技術をフルに生かして、優秀な織物を織って国際競争に打ち勝っていったのです。綿織物業を代表とする軽工業は、明治の産業発展を支える原動力になったのです。江戸時代に蓄えた分厚い技術がそれを可能にしたのです。

## 農間余業から次第に特産地化

早くから木綿織物の産地といわれた三重県松阪市周辺の農村では、ほとんどの村で農閑期の女性の作間《さくま》稼ぎ（副業）として木綿が織られていました。この地域の特産品であった縞木綿織は「松阪の女技《おんなわざ》」とまでいわれ、機織上手であることが農家に嫁ぐ女性の必須条件とされました。隣接する津市や鳥羽市周辺の村々でも事情は同じでした。伊勢地方で生産された木綿織物は松阪周辺で集荷されたものを「松阪木綿」、津周辺で集荷されたものを「伊勢木綿」、神戸《かんべ》（鈴鹿市）周辺で集荷されたものを「神戸木綿」と呼びましたが、江戸へ出荷されるときには等しく「松阪木綿」の商標がつけられました。正徳《しょうとく》二年（一七一二）に刊行された『和漢三才図会《わかんさんさいずえ》』に、木綿織物の順位を上から伊勢松阪、河内・摂津《せっつ》（大阪府）、三河・尾張（愛知県）、紀伊（和歌山県）、和泉（大阪府）、播磨《はりま》・淡路（兵庫県）としており、伊勢松阪ブランドが最上位にランクされていたからでした（②）。

知多《ちた》半島（愛知県）で織られた生《き》木綿（漂白加工する前の木綿をいいます）は、海路によって伊勢松阪に送られ、そこで加工を施され完成品となって、伊勢商人の手で江戸へ送られていました。ところが文政《ぶんせい》年間（一八一八〜三〇）に、知多地方の人々は工程に工夫を凝らして独特の晒《さらし》木綿をつくりだしました。この木綿の風合いが江戸っ子に人気を呼び、浴衣《ゆかた》、手拭《てぬぐい》、下《した》帯《おび》などにさかんに使われました。知多木綿は生木綿から晒木綿に変わり、同時に松阪を経由せずに直接江戸へ出荷されるようになります。この近くには尾張西部地方で生産されていた尾張縞木綿がありました。西陣（京都府）や結城《ゆうき》（茨城県結城市）からも技術を入れ、人気の尾西《びさい》縞木綿の技術を確立しました。結城から入れた技術は絹と木綿の交織《こうしょく》でした（①）。

ブランドとして全国にその名を知られた河内木綿は糸が太く厚地である

ことがその特徴で、暖簾《のれん》、半天、農作業着、布団地《ふとん》などに使われました。対して和泉木綿は薄地で手拭や衣服の裏地に用いられました（③）。兵庫県の姫路木綿は、一反につき長さが一〇メートル以上という規格（幅およそ三五センチ）があったために、「長束木綿《ながそく》」と呼ばれました。その生産高は二百万反にも達していて、江戸へ大量に出荷されていました（④）。

## 縞木綿と絣《かすり》が人気商品、ブランド商品誕生

木綿織物を大別すれば、無着色の白木綿、染めた糸で縞模様を織る縞木綿、藍・茶・黒中心の無地染め木綿、それに型染紙を使って文様染めをする型染木綿に分けられます（②）。中でも縞木綿は人気があって、いろいろな工夫が施されました。この縞織物と同様に人気を博したのが絣でした。縞織物は先染めした二色以上の糸を使い、一定本数ごとに色分けして交互に織ることによって、綿布に縞模様の柄を出すものです。これに対して絣は糸を先染めしてから織るところは同じですが、普通は一色であり、染める際に綿糸の所々を別の糸で堅くくくって、織ったときに特有な絣模様が現れるようになっています。染色や機織に余分な手数がかかる分だけ、縞木綿より絣は高価でした。

伊予絣の機織（愛媛版口絵より）

伊予絣は中でも人気がありました。伊予絣は愛媛県伊予郡の鍵谷《かぎや》カナによって、享和《きょうわ》年間（一八〇一〜〇四）に考案されたといわれます。カナが織った伊予絣は、染料も藍ではなくて、菜のような青草の汁を用い、経糸《たて》を斑に白く染め残し、織ると霜降り状の模様だったと伝えられています。こののち経糸・緯糸《よこ》とも絞って、染料も藍を使うようになり、十の字や井筒の模様を織り出すようになりました。村内や周辺の村々からその織り方の指導を求める女性が、カナのもとを訪れつづけたといわれます（⑤）。

カナは金毘羅《こんぴら》参詣旅行中に、新しく考案された久留米絣を見て、伊予絣を織り出したとも伝えられています。久留米絣は筑後国《ちくご》御井郡《みい》（福岡県久留米市）の米穀商の娘井上伝《でん》によって、寛政《かんせい》十一年（一七九九）に発明されたとされます。伝は小さいときから白木綿や縞木綿を織って家計を助けており、ある日幾度か洗い晒《さら》され色褪せた衣服の所々に白い斑点があるのを見て不思議に思いました。早速衣服を解いて糸に戻し、白くなっていた部分をまとめて糸にくくり、藍汁に染めて乾いた後にそのくくり糸を除き、これを機で織ってみました。すると白い斑紋が数百点布面に現れて、これまでみたことのない新柄の織物ができあがりました。これが久留米絣発明の発端でした。最初は「加寿利《かすり》」と名付けて売り出されました（⑥）。こののち伊予絣も久留米絣も、木綿織への高機《たかばた》の導入や絣模様の多様な創出など、多くの人々の努力で最高のブランドに育て上げられていきました。

**関連項目**

栃木五章3　群馬二章6　埼玉二章3　山梨二章4　静岡二章9　①愛知二章1　②三重二章9　③大阪六章3　④兵庫二章3　奈良二章2・五章3　和歌山二章3　鳥取二章4　島根二章2　岡山二章5　広島二章3・五章9　山口二章4　香川二章2　⑤愛媛二章4・5　⑥福岡二章

# 99 紅花《べにばな》

## 生育条件に恵まれた全国一の産地、山形・村山《むらやま》地方

紅花は、古くは『万葉集』などで末摘花《すえつむはな》とと呼ばれ、染料や口紅の原料として大いに珍重されました。紅花は地中海沿岸、またはエジプトのナイル川流域が原産地といわれ、キク科の植物です。不耐寒性で、茎の高さが一メートルほど、七月上旬頃アザミに似た鮮やかな黄色の美しい花を付けます。シルクロードを経由して文化の東遷によって、中央アジアからインドを経て、推古《すいこ》天皇の時代（五九三〜六二九）に中国との文化交流によってわが国にもたらされたと伝えられています。

紅花は平安時代に入って、さかんに利用されるようになりました。わが国に渡来した当初は、肥後《ひご》（熊本県）、遠江《とおとうみ》（静岡県）、尾張《おわり》（愛知県）、相模《さがみ》（神奈川県）、奥州の仙台（宮城県）、出羽の最上《もがみ》（山形県）などで栽培されていました。しかし、次第に産地化が進み、生育条件にあった地域でさかんに栽培されるようになっていきました。

山形県を北上するように流れる最上川の流域地帯は、東西から最上川に多くの支流が注ぎ込み、それによって形成された肥沃で広大な弱酸性の畑地が、盆地性の気候と相俟《ま》って紅花の生育に最適な自然条件を備えていました。このため山形・村山地方は江戸時代を通じて全国一の紅花の産地となりました。

## 花が付いた美しい名の作業、その陰の激しい労働

「世にも賑わし　紅花摘みの　笠に映ゆるや　旭のひかり」

と歌われたように、紅花は朝まだ早い時間に摘み取られます。紅花の葉には鋭い刺《とげ》があり、朝露でまだ刺が柔らかい早朝に花を摘むことを歌ったのです。紅花畑に日が上り、朝露が乾いてしまうと（午前十時以降）、鋭く硬い刺が手に当たって痛くて摘むどころではありません。だから紅花摘みは朝まだ暗いうちから行なわれます。

紅花は産地によって植え付けや収穫の時期が異なります。最上紅花や仙台紅花は春に種を蒔き、その年の七月に収穫しますが、武州《ぶしゅう》臙脂《えんじ》と呼ばれた埼玉県域の紅花は、前年の秋十月頃に種を蒔いて翌年の六月に収穫しました。武州のほうがより温暖だったことと出荷が早く「早場」と呼ばれて珍重されたように、販売政策によるものでした（②）。

紅花の種は冬場一ヵ月半ほど水に浸され、その後乾燥されます。湿気の多い砂質で肥えた畑にたっぷりと堆肥が入れられ、深く耕された畑に種が蒔かれます。それに干鰯《ほしか》や荏《え》などの種を絞った粕などの金肥も施されます。半月ほど経つと芽が出てきます。こうしてその後追肥をしたり、土を寄せたりして大切に育てられた紅花は、夏至（旧暦）の頃に開花のときを迎えます。

紅花農家は先の歌のように開花した花の花弁を摘みます。花弁は咲き過ぎてもいけないし、蕾からすぐでもいけない（そのどちらも発色がよくない）、ちょうどよい頃合いを見て摘まなければなりません。摘み取った花弁からたんねんに雑物を取り除き、大きな「半切り桶」に入れます。これに水を

注ぎ、よく足で踏みつけて揉《も》みます。すると黄気という黄色い汁が出ます。この作業を「花振り」といいます。紅花は色素を二つ持っています。サフロール（黄色）とカルタミン（紅色）です。このサフロールをはじめにとり尽くさないと、紅色が出てこないのです。ですから「花振り」は重要な作業なのです。

次に、木枠の底によしずを張り筵《むしろ》を敷いた、いわゆる「花蒸籠《はなせいろう》」によく水を切った花弁を薄めに敷き詰めます。これを日陰に置き、熱発酵を防ぐために如雨露《じょうろ》で冷水を注ぎます。そのまま一昼夜くらい放置しておくのですが、これを「花寝かせ」といいます。寝かせている間に花の変化を注視します。色が濃くなる具合と多少餅状になるその具合を観察するのです。寝かせすぎると発酵が進み過ぎ、「花流れ」となって黒色に変わり、真紅のできを著しく損じます。寝かせた花は桶に入れ、足で踏むか手で揉むかして餅状にし、粘りを出します。これをせんべい状にして「花筵」にならべ、天日で乾燥させて干花《ほしばな》ができあがります（①）。

紅花の天日乾燥
（山形版108ページより）

農家の仕事はここまでです。このような状態で出荷された紅花は京都などに送られて、高度な技術を持った職人たちによって染料や化粧品に加工されました。

### 「最上千駄《もがみせんだ》」をはじめ、東日本でさかんに生産

幕末の全国の紅花生産高は、約二千〜二千四百駄といわれています。そのうち「最上千駄」といわれるように、最上地方は江戸時代を通じて全国の生産量の約半分を占めていました。その他の産地は武州がおよそ四百駄、仙台は三百五十駄、常陸《ひたち》（茨城県）が三百駄、という割合でした。干花（紅餅）は普通紙袋に五百匁（約一・八七五キロ）入れます。売買の単位は十六袋が一丸で、四丸が一駄です。一駄の重量は三十二貫（約一二〇キロ）になります。最上紅花はもっとも多いときで千四百駄も出荷されたという記録もあります（①②）。

農家から集荷された干花は、サンベ（仲買人）と呼ばれる集荷業者の手で山形「花市場」に出されて競《せ》りにかけられます。競り売りされたものは花問屋の手で、最上川を小鵜飼《こうかい》船（川舟）で河口の酒田へ運ばれ、ここからは千石船に積み替えられて一路日本海を敦賀《つるが》の港へと運ばれました。敦賀には荷継ぎ問屋のほかに馬借《ばしゃく》問屋といわれた陸上運送業者がおり、紅花を琵琶湖の北岸にある港まで駄送しました。そして湖上を大津まで輸送し、ここで再び駄送体制をとり京都まで運ばれたのです。

紅花は産地の藩がそれぞれに種の段階から保護政策をとりました。当時紅花は同量で米の百倍の価格だったといわれ、最上・村上地方だけで十万石といわれ、米の栽培面積を上回っていました。現在では化学染料に押され、栽培面積も江戸時代の千分の一程度ですが、それでも村上地方では三ヘクタールほどの土地で栽培されています。これは現在この地方最大の特産品さくらんぼの約一割強に当たる数字です（①）。

関連項目
①山形二章1・五章2　宮城二章8　②埼玉二章5

# 100 藍《あい》

わが国では十七世紀末ごろから、綿花の栽培がさかんになりました。そして綿織物が急速に普及するようになりました。元禄《げんろく》期には各地で綿織物の名産品も生産されるようになります。木綿の普及は、日本人の衣料に革命的な変革をもたらしました。着心地が良く、長持ちし、暖かくて安価で、どんな色にも簡単に染め分けられる木綿の衣料を、たちまち庶民はこぞって身に付けるようになりました。この木綿の染料にもっとも適していたのが藍でした。このため藍の需要が急増したのです。

## 全国シェア九〇パーセントを誇った徳島の藍

藍は当初各地で栽培されていましたが、栽培地はいずれも藩が国禁として地元以外に出すことも外の国から買うことも禁じていました。広島、長州《ちょうしゅう》、薩摩《さつま》藩などがその代表例です。藩が地元の藍栽培を保護しようとする政策でした。一方、大産地となる徳島藩も良質の藍種や加工のノウハウが藩外に流出することを厳しく取締まりました。

藍は北海道に自生する大青や琉球藍が知られていましたが、色素の含有量の多い蓼藍《たであい》が平安時代に中国から伝えられて以来、染め物にはこの蓼藍が使われてきました。徳島には、宝治《ほうじ》元年（一二四七）に僧侶が京都から藍種を持ち帰ったと伝えられています。蓼藍は連作が難しいといわれていましたが、吉野《よしの》川の流域は毎年のように氾濫し、そのつど肥沃な客土を上流から運び、中・下流域に蓼藍の栽培に適した土壌を醸成しました。

藍を栽培するには肥沃な土壌と大量の肥料が必要です。その上実に細やかな気配りと手間のかかる農作業が要ります。このため農民に過酷な労働を強います。しかし、極端に労働集約的な作業の連続は、多くの労働力を必要とし、加工工程の多さもより多くの雇用を生みました。こうした栽培、加工、労働人口などの条件が揃って、この地域に藍の一大産地が現出したものと思われます。江戸時代を通じて染料としての藍の全国シエアは、徳島藩領のみで九〇パーセントを超えていました（②）。

勤勉な農民の労働に支えられ、徳島・吉野川中・下流域は全国一の藍産地になり、藍は藩財政を支え、地域経済の根幹を担いました。しかも、藍作農民に「食い外れ」はなかったといわれます。商品経済の農村への浸透で、各地の農村が相次いで階層分化が進み、崩壊の危機にさらされているとき、この藍の一大産地には百姓一揆がほとんど起こっていない事実が、この間の事情を雄弁に物語っています。

## 激しい労働と細やかな気配りで良質な藍

藍を栽培するのは並大抵のことではありません。まず節分の頃に種を蒔きます。苗がある程度育ってくると、苗を傷めることがないように苗代に梯子《はしご》状の台を渡してこの台の上から間引き作業をします。春が深まってくると、太陽の直射や強風から守るために、裏作の麦の間に苗を移植します。初夏に麦が収穫される頃になると藍の苗もしっかり根を張ってきます。そこから厄介なのは虫取りです。消毒薬のない時代ですから、とても手間がかかります。また、この時期の藍は大量の水が生育に欠かせません。藍の生育には「水食い作物」と呼ばれるほどにたくさんの水を与えなければならないのです。潅漑施設をつくっても一度の洪水で流れてしまうため、畑の要所に井戸を掘って水を汲み上げ、その水を畑一面に撒きます。

収穫は夏の土用（立秋の前十八日）から始め、およそ一ヵ月かけて行なわれます。収穫された藍の葉は、その日のうちに細かく刻まれます。刻まれた葉藍は翌早朝から庭一面に広げて乾燥させます。それを殻竿（脱穀や麦打ちに使う農具）で叩きます。そうすると葉藍は、グリーンからブルーへと変色します。これからさらに葉脈や茎を取り除き、さらに乾燥させて農家の仕事は終わりです。この作業が収穫期の一ヵ月毎日続けられ、できあがったものは俵に詰められ出荷されます。

これを仲買人が集荷して、さらに加工を施して染料として出荷するのが藍師たちです。徳島藩は宝暦《ほうれき》四年（一七五四）に藍師株を制度化し、これらの業者から租税を徴収したのです。藍師は葉藍を、寝床と称する加工場に運び入れます。寝床は藍の加工工程で熱が逃げないような構造になっており、独特の造りになっています。

葉藍の刈り取り（徳島版100ページより）
（「大日本物産図会」安藤広重画）

秋風が吹く九月になると俵から出された葉藍が山のように積み上げられ、それに水がかけられます。よく打ち水をして筵《むしろ》をかけて密閉しておくと、四〜五日で葉藍はよく発酵して、摂氏七十度もの高温になります。山積みされた葉藍の場所によって水の浸透度が違うので、積み上げられた葉藍を移動させながらまんべんなく水が行き渡るようにさらに水を供給します。この作業のことを切り返しといいますが、寝床の中は高温で、その上アンモニア臭が立ち込め、息苦しい重労働でした。この切り返しの作業は、五日ほどの間隔で年末まで繰り返し行なわれます。その頃になると温度は平温にまで低下して、藍はすくもと呼ばれる染料になっています。すくもは出荷する前に木臼で搗き、団子状にして乾燥させます。これを藍玉と呼びます。この頃藍師たちの屋敷からは乾いた杵の音が響き、作業に携わるものたちの伊勢《いせ》音頭が流れ、この地方の正月が近いことを実感させたといいます。

徳島から出荷された藍玉は、全国各地の機業地（織物のさかんな土地）で優れた製品（結城紬《ゆうきつむぎ》、有松絞《ありまつしぼ》り、小千谷縮《おじやちぢみ》、松阪《まつざか》木綿、河内《かわち》木綿、伊予絣《いよがすり》、久留《くる》米《め》絣など）を数多く生み出しました（②）。

## 関東にも広まった藍づくり

歌舞伎などの主役になるほどの豪商も出た徳島の藍商ですが、関東でも藍づくりはさかんでした。埼玉県の利根《とね》川流域で行なわれた藍づくりは、阿波《あわ》国（徳島県）の人が旅行中に病気で倒れ、回復の後看病のお礼にと藍の葉の寝かせ方を伝授したと伝えられています。つまり、すくものつくりかたを教えたようです。以来、深谷《ふかや》市、久喜《くき》市、加須《かぞ》市、越谷《こしがや》市などの一帯で藍づくりがさかんになり、江戸時代後期には江戸町奉行に地藍玉問屋の設立願いが出されるまでになりました（①）。

**関連項目**

①埼玉二章1　②徳島二章1・2・3

# 101 櫨《はぜ》と蝋《ろう》

電灯やランプのなかった江戸時代、人々は油や蝋燭《ろうそく》で明かりをとっていました。油というのは魚や鯨《くじら》の油、それに菜種油でしたが、もっとも便利なのはいうまでもなく蝋燭です。照明をする時間を自在に調節できること、明かりを移動できること、提灯《ちょうちん》などに入れて携帯できることも大きな魅力でした。

後に輸入されて主流となるパラフィンなどを主成分とする西洋蝋燭とは違い、和蝋燭は櫨の木の実からつくられました。櫨の木は、ウルシ科の喬木で、西日本各地の山地に自生しています。秋に真っ赤に色づく櫨の木は、紅葉の光景に欠かせないものの一つに違いありません。しかし、実から蝋燭を生産する櫨は、これら日本に自生する山櫨とは違い、主に琉球諸島、中国、台湾、ヒマラヤ、タイ、インドシナ（ベトナム、ラオス、カンボジア）などに分布する琉球櫨という種類です。

この琉球櫨（唐櫨とも）いつごろ渡来し、蝋燭の製法がいつの時代に確立したかについては、確かなことはわかっていません。諸説ある中で、比較的信用できそうなのは、大隅根占《おおすみねじめ》（鹿児島県肝属《きもつき》郡）の領主が櫨苗を取り寄せて根占に植えたという説です。その後の経過や薩摩《さつま》藩の取りくみの早さから、この説が妥当と思われます。というのも、のちに櫨栽培がさかんに行なわれた大洲《おおず》藩領では、「唐櫨」と呼ばれる苗木を導入したといいますし、官民共同で櫨栽培に大々的に取り組んだ長州《ちょうしゅう》藩領や熊本藩でも、薩摩藩から琉球櫨の種を輸入して栽培を奨励した事実があるからです③。

## 櫨栽培を奨励し、専売制を敷いて統制した西日本各藩

櫨は実から蝋燭の原料のほか、染料や整髪材としてさかんに使われた鬢《びん》付《つ》け油の原料としての用途もありました。このため西日本各地の各藩は、櫨栽培から製蝋事業を藩営事業の柱として位置づけ、生産・販売を藩の統制下に置き、とくに力を注ぎました。

厳重な統制で有名だった熊本藩で櫨の栽培がさかんになったのは、吉良《きら》上野介《こうずけのすけ》を討ち取った赤穂《あこう》藩城代家老大石内蔵助《おおいしくらのすけ》が、切腹するまで預けられた熊本藩邸の鄭重《ていちょう》な扱いに感激して、櫨栽培の有利さを教えたからと伝えられています。

これは単に時間的な経過に合わせてあとでつくられた話でしょうが、赤穂浪士の討ち入りから二十年ほど経った享保《きょうほう》八年（一七二三）に熊本藩は薩摩藩から櫨の種を初めて仕入れています。櫨方受込役人が任命され、石《こく》高十石につき三本の櫨を植えるようにという通達が藩から出されたのは延《えん》享《きょう》二年（一七四五）のことでした。さらに翌年には櫨方役所が設置され、それまで民間に委ねられていた製蝋所を櫨方役所の直営にします。こうして櫨栽培と製蝋事業は、熊本藩財政の立て直しを目指す「宝暦《ほうれき》改革」の殖産興業政策の柱の一つとして推進されます。以来熊本藩の製蝋事業と製品の販売は藩によって推進され、櫨の実や蝋の売買はきびしく統制され、天《てん》保《ぽう》十年（一八三九）には民間の製蝋所はすべて禁止され、熊本藩の櫨蝋の専売制は完成します。

この結果、弘化《こうか》二年（一八四五）の熊本藩の櫨場（栽培地）は、千二百九十七町（約一二九七ヘクタール）に達し、河川や干拓地の堤防、道端など至

るところに櫨が植え付けられていました。安政《あんせい》五年（一八五八）の櫨木数は七十万本、櫨実は約五百万斤《きん》（約三〇〇〇トン）、製蝋高は約七十五万斤で、その大部分は大坂で売りさばかれ、売上高は約一万七千両に上ったといわれます（①）。

## さかんに品種改良された櫨苗

江戸時代後期の農学者大蔵永常《おおくらながつね》は、その著『広益国産考』の中で、

「桑を植えて養蚕の方法を指導し、楮《こうぞ》を植えて紙を漉かせ、道端や池の堤防の上、丘陵や原野に櫨を植えさせて蝋をつくらせ、不毛の土地に杉や檜《ひのき》を植えさせることも必要なことである」

と書いて、農作業は何も田畑だけではなく、農閑期の作間稼ぎが農民の生活を活性化させ、藩の経済政策を多彩にすると説きました。

大蔵永常は豊後《ぶんご》国日田《ひた》（大分県日田市）の出身ですが、この地で櫨の新しい品種が開発されました。開発したのは上田村（宇佐市）の庄屋の息子上田俊蔵《うえだしゅんぞう》で、山野に自生する櫨木を台木に接木《つぎき》を繰り返し、五〜七年の歳月を費やして新優良品種をつくりだしました。上田俊蔵が新しい品種を開発しようと思い立ったのは、米作中心で次第に困窮化していく農業に疑問を持ち、村おこしの秘策として優良な櫨種の栽培を考えたからだといわれています。果樹や樹木の品種を改良するには、良い実を育てる実生《みしょう》、枝を地に挿して育てる挿し木、台木に優良な品種の枝芽を接ぐ接木などの方法があります。いずれも根気と時間がかかりますが、俊三は接木で新しい品種を生み出しました。俊蔵の開発した新品種は「群烏《むれがらす》」と名付けられました。実がなっているときにこの櫨木を見ると、まるで木に鳥が群がってとまっているようにみえたからです。それまでも各地で優良種といわれる櫨木が育てられていました。たとえば筑後《ちくご》（福岡県）の「松山」、豊前《ぶぜん》（大分県）の「大功房《だいこうぼう》」などです。大蔵永常は著書の中で、丸美、安富、猪の爪、小川、田中、吹上、松山などの櫨品種をあげています。しかし、群烏はこれらの品種よりも、二〜三倍もの実を付けたといわれています（②）。

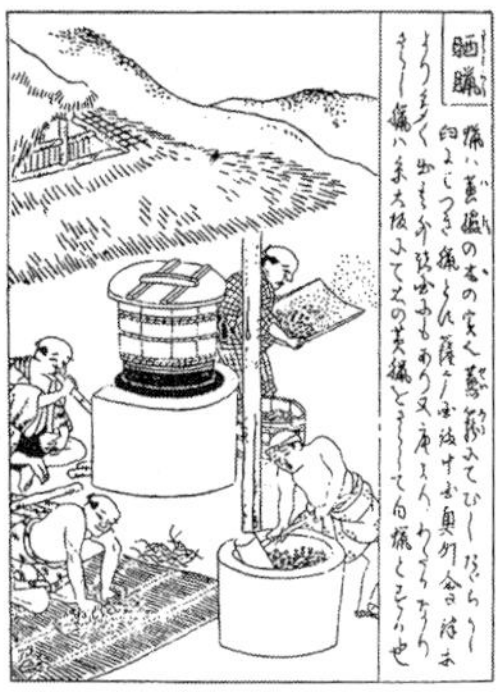

櫨蝋の製造（鹿児島版103ページより）
（『山海名物図会』巻三）

櫨の栽培と蝋の生産は西日本各地の藩に莫大な利益をもたらしました。それ故藩の統制はきびしく、櫨の実の農民からの買い上げ価格は極端に低く抑えられ、藩は最大限の利益を確保しようとします。しかし、最初のうちこそ作間稼ぎに有利な櫨栽培に農民も協力したのですが、相次ぐ増産命令と櫨の実の収穫強制に追われ、他の作物の収穫時期と重なることもあって、次第に農民の怨嗟《えんさ》の的になるようになっていきました。藩の収入になる櫨にばかり力を入れようとする政策のひずみが農民を苦しめたのです。それも明治に入って電気が点くようになり、洋蝋燭が普及するようになると、たちまち櫨は再び山野に自生するだけになりました。

**関連項目**

和歌山二章7　鳥取二章2　山口二章7　愛媛二章7　佐賀二章8　長崎二章6
①熊本二章9　②大分二章7　③鹿児島二章4

# 102 藺草《いぐさ》と畳表《たたみおもて》

## 江戸時代は岡山、現在は熊本

畳はわが国の住宅には欠かせないものの一つですが、それだけに古い歴史を持っています。古墳からは五世紀前半に作られたと思われる藺草で編まれ、今の畳表にきわめて近いものが発掘されています（岡山県月の輪古墳）。また近くの古墳からも残欠が出土しており、これらが日本最古の畳表ということができます。

歴史が明らかになってくると次第に畳の存在もはっきりしてきます。正倉院御物《しょうそういんぎょぶつ》には聖武《しょうむ》天皇が使った木製ベッドに畳がつけられており、これにはへりかがりもあって、裏には麻張りが施されていました。また畳をつくったことで位階をもらった人が岡山県に現れました。七七〇年のことです。十二世紀頃のものと思われる兜《かぶと》の浮張《うきはり》（クッション）には藺草および筵草《むしろぐさ》が使われ、保存状態も良いまま残っています（高梁市《たかはし》）。鎌倉時代の「法然上人伝法絵《ほうねんしょうにんでんほうえ》」には、今の畳とまったく同じものが描かれています。

室町時代の武家屋敷の典型ともいえる書院造りにはもはや畳は欠かせません。しかし、一般庶民が畳を用いるようになるのは、せいぜい江戸時代以降のことです。寛永《かんえい》年間（一六二四〜四四）にはすでに藺草と稲作の二毛作が行なわれていたといわれる岡山県の早島一帯は、畳表の産地として全国に知られるようになり、やがて「はやしま」が畳表を表す用語として使われるようにまでなるのです。

江戸時代の畳表の産地は、滋賀県、岡山県、広島県、大分県が有名でした。現在全国一の産地になっている熊本県は、藩の方針で藺草の栽培が五つの村に限られ、藩用、高級武士用、豪商用くらいに畳表の使用も限定されました。このためこの地域で藺草栽培が飛躍的に伸びるのは明治になってからです。岡山県の生産が昭和四十九年に全国の四六パーセントを占めていたのが、現在ではわずか二パーセントになってしまったのとは対照的に、熊本での藺草の生産は昭和四十三年に全国一になって以来その地位を譲っていません。現在「くまもと畳表」という銘柄で、全国一のシエアを持っています（①③）。

## 細心の注意をはらった藺草の栽培

藺草は苗作りからはじめられます。苗畑から丈夫な苗だけを一株一株ていねいに株分けします。苗床で苗が十分生着するまでは、土を乾燥させないために随時潅水して、肥料を施します。十二月から一月の厳寒期に薄氷を割って本田に植え付けます。気温が上がると茎の生育が速すぎ、いたずらに伸長し収量が少ないばかりか、質も脆弱《ぜいじゃく》になります。四月から五月にかけてもっとも多量の肥料が必要です。

刈り取りは七月中旬の暑い晴天の日を選んで行ないます。十分に乾燥する前に雨にあえば、変色腐敗することもあり大損害をこうむります。一度に大量の刈り取りを行なうので、大勢の労働力を必要とします。刈り取った藺草に独特の色艶と香を保たせるため、天然の染土で泥染めをします。藺田の片隅に長さと幅一・五メートル、深さ五〇センチくらいの小池を掘り、これに川底の粘土あるいは赤色粘土を入れ、水でよく溶きます。泥水の濃度は藺草の品質に多大な影響を与えます。濃すぎると乾燥後白け立ち、薄すぎると乾燥力が弱くかつ茎の青色を損ねます。現在でもこの栽培加工方法は、基本的には変わっていません。

現在、全国一の生産地である熊本県八代《やつしろ》市周辺でも、泥染めに関して一切の着色料の使用を禁止していますし、火力乾燥機で仕上げるときの水分の含有率も、一三パーセント以下と決められています。

藺草は南は九州から北は北海道まで栽培が可能です。しかし、春季が温暖で、生育時に湿潤で気温が高いこと、また七月の晴天、高温、湿度の低いことなどの条件が必要です。岡山県の早島は干拓地でその土壌が適していたこと、天候などの自然条件が適していたこと、瀬戸内海に面して海上輸送に有利だったことが、いち早く産地になった理由としてあげられるでしょう（①）。

八代平野での藺草の収穫（熊本版96ページより）

## 広島や大分の畳表生産

大分県の豊後表《ぶんごおもて》も有名でした。豊後国には七島《しっとう》から藺草が伝えられたといわれています。七島というのはトカラ列島のことですが、橋本五郎左衛門《はしもとごろうざえもん》という商人がトカラ列島からもって帰ったといわれています。大分県内ではこの七島藺が、別府湾岸地方にだけ根付きました。他の県内のものは生育する藺草の高さが低く、畳表としては横幅が足りなかったからといわれます。

豊後の各藩は藺草の栽培を奨励するとともに、豊後表の販売について専売制を導入したり、品質保持や価格維持のためにさまざまな工夫を凝らしました。専売制を敷いた府内《ふない》藩の筵《むしろ》会所は、天保《てんぽう》十三年（一八四二）に、三十三万枚の扱いを記録しました。杵築《きつき》藩では規格の統一を最初から厳しくしていました。というのも杵築藩は禄高三万二千石だったのですが、畳表の収益は五万石分にも達したといわれているからです（④）。

広島県の沼隈《ぬまくま》郡（広島県東部）も藺草栽培で有名なところです。とくに献上表と呼ばれる幕府へ献上する畳表は、高級品として知られ、備後《びんご》表の名を高めました。この名をさらに高めたのは、長谷川新右衛門《はせがわしんえもん》が発明した畳表の製織方法でした。この製織方法は、中指《なかざし》表とか中継《なかつぎ》表と呼ばれる画期的なものでした。これはこれまでの引通《ひきとおし》表では捨てていた短い藺草を活用し、二本の藺草を中間でつなぎ合わせる方法です。この方法を駆使して、藺草の中間の質の良いところだけを使って、丈夫で品質の良いものを織り出せるようになったのです。

このため福山藩は、「九ヵ条御定法《ごじょうほう》」を定め、献上表を中心とする備後表の生産に厳しい禁制を設けました。それによると色土《いろつち》の指定、婦人の製《せい》織《しょく》の禁止、色土の他領への持ち出し、ならびに職人の他領との縁組の禁止など、技術流出防止のための統制などがあげられています（②）。

**関連項目**

島根二章3　①岡山二章1　②広島二章1　③熊本二章1　④大分二章3

# 103 和紙

江戸時代になると紙の需要は急増します。それまでは公家や僧侶、武士たちの記録などに用途が限られていましたが、江戸時代は町人文化の時代といわれるように、紙の消費に膨大な数の町民が加わったのですから、その需要が飛躍的に伸びるのも当然でした。また、さまざまな技術開発も進み、紙の用途も拡大しそれも需要を伸ばす一因でした。とりわけ出版文化の発展は、紙の需要を大きく伸ばしました。中世末期のお伽草紙《とぎぞうし》から発展した浮世草紙が元禄《げんろく》年間（一六八八〜一七〇四）に隆盛をきわめ、洒落本《しゃれ》、人情本、滑稽本、談義本、黄表紙《きびょうし》などが流行し、京都に始まった出版業は江戸、大坂へと移るとともに、急テンポで発展して紙の需要を拡大させました。また、庶民の生活様式も変わり、障子、襖《ふすま》紙はもちろん、鼻紙やちり紙までもが生活必需品になりました。江戸時代後期の経世家、佐藤信淵《さとうのぶひろ》は「紙は一日もなくては叶わざる要物」と書いています。

### 専売制で生産、加工、流通を厳しく統制

幕藩体制のもとでは、藩ごとの自給経済体制が基本でした。しかし、商品経済の急速な発展は、全国市場の形成を推し進めました。それが藩財政を圧迫したのです。そこで、各藩は特産物について専売制を敷き、商品の生産、加工、流通を厳しく統制して、財政を支えようとしました。専売制の対象は、米、塩、綿、蝋、紙などでした。紙は需要の急増を受けて有力な商品として、専売制の中で増産体制が取られました。

紙を専売制に組み入れたのは、東日本では水戸《みと》（茨城県）、大垣《おおがき》（岐阜県）、福井など五藩に過ぎませんでしたが、西日本では中国、四国、九州に二十数藩もあり、それを反映してか、紙の生産は西日本中心に有力な産地が数多く形成されました。古代から紙の産地として知られた美濃《みの》（岐阜県南部）や越前《えちぜん》（福井県）は、高級紙をつくり続けたため生産量が少なかったのに対し、町人向けの半紙、半切紙などを主体に量産し、専売制を強く推進した中国、四国の諸藩の紙は急速に発展して大坂市場を圧倒する勢いを示しました。

藩によって専売制の実施方法は異なりますが、割当量を必ず生産することを義務づける方法を請紙《うけがみ》制といい、こうした強制をともなう専売制を実施した藩は、生産量を急速に拡大しました。その代表的な例は、周防《すおう》国・長門《ながと》国（山口県）で、その政策のもとで生産された半紙は、大坂市場で高い評価を得ました。一方で、藩による厳しい統制は農民の反発も呼びました。とくに凶作や楮《こうぞ》皮の減産などで、割当量がとても達成できそうにもないときに農民の怒りが爆発しました。紙漉《す》きは寒さの厳しい冬期に、そうでなくてもつらい上に割当量の重圧に苦しむのです。請紙制の厳しいところほどむしろ旗を立てての紙一揆《いっき》が多く発生したのが、この間の事情をよく物語っています。

### 流通機構の整備で庶民に紙がいき渡る

江戸時代は大坂が「天下の台所」といわれて物資流通の中心地でしたが、紙もまた大坂を中心に流通しました。正徳《しょうとく》四年（一七一四）の大坂市場入荷商品のうち、紙は取扱高第一位でした。また、元文《げんぶん》元年（一七三六）に

は、米、木材に次いで第三位になっています。

西日本産の紙は大坂へ入荷しますが、藩の蔵屋敷と特約する紙問屋によって引き取られます。文政《ぶんせい》七年（一八二四）には、江戸積問屋八人、問屋三十八人の計四十六人の問屋が数えられます。江戸には上方をしのぐ紙の需要があったので、紙問屋も急増しています。江戸の紙市場は、武蔵《むさし》国（東京都、埼玉県）、常陸《ひたち》国（茨城県）、駿河《するが》国（静岡県）、甲斐《かい》国（山梨県）、信濃《しなの》国（長野県）、磐城《いわき》国（福島県）などから直送されるものもありましたが、多くは大坂の江戸積問屋から廻送されました。江戸の人口は元禄《げんろく》年間（一六八八〜一七〇四）にすでに百万人を超えていたといわれますが、その需要を背景に、文政《ぶんせい》七年（一八二四）にはすでに六十一人の紙問屋がいました。

このような大都市の紙問屋に出荷する各地の紙生産地には、当然のことながら有力な地方の紙問屋がありました。美濃国の小森彦三郎《こもりひこさぶろう》、長瀬《ながせ》（美濃市）の武井助右衛門《たけいすけえもん》、越前国の三田村和泉《みたむらいずみ》、豊後《ぶんご》国（大分県）の広瀬《ひろせ》家、日向《ひゅうが》国（宮崎県）の日高《ひだか》家などがその代表例です。流通機構がこのように整備されて、広く庶民にも紙がいき渡るようになったのです（①）。

木槌で原料の楮を打ってから紙漉きに
（岐阜版134ページより）

## さまざまに加工された紙

紙の需要は出版文化の発展につれて増大しましたが、出版物に使われたのは奉書紙《ほうしょし》、美濃紙《みのがみ》、杉原紙《すぎはらがみ》（もとは兵庫県の杉原で生産された）、半紙などですが、板紙も量産されました。板紙《はんがみ》とは「板刻《はんこく》用の紙」を意味します。木版印刷に主として使われました。美濃国はその主産地の一つでしたが、書物用の紙の主流だったのです。和綴《とじ》本には奉書判、半紙判などがありますが、美濃判がもっとも普及していました。

商人の帳簿もなくてはならないもので、最初半紙が使われていましたが、そのうちもっと良い紙質を求めて杉原紙、美濃紙などで大福帳がつくられるようになりました。江戸では武蔵国（埼玉県）産の細川紙、常陸国産の西の内紙が多く使われました。駿河国の佐束《さずか》紙、紀伊《きい》国（和歌山県）の大帳紙、伊予国の泉貨《せんか》紙なども帳簿用でした。火災のときに井戸の中に吊し、火事が沈下するとすぐに引き上げて、直ちに商いを再開しました。これらの紙は水につけても破れないので、墨書きの記録をそのまま保存できたからです（①②）。

この他多様な加工紙もつくられました。萩風、衝《つい》立て、襖《ふすま》障子などは、もともと布を貼っていたものを紙で代用するようになりました。合羽《かっぱ》、紙子、紙布、紙帳《しちょう》（紙の蚊《か》帳《や》）、紙衾《ぶすま》（夜具）、烏帽子《えぼし》、紙元結《もとゆい》いなどにも利用されました。皮の代わりに紙を使った煙草入れが考案されたり、袋物に紙を使用したりしました。加工技術も江戸時代には、目をみはるばかりに進んだのです（①）。

**関連項目**

宮城二章5　栃木二章4　群馬二章6　富山二章8　福井二章5　山梨二章5　長野一章7・二章2　岐阜二章4　①岐阜50科　京都三章7　兵庫二章9　奈良二章7　島根一章5　山口二章3　②愛媛二章3・五章7　高知二章1　福岡二章2　佐賀二章5・6　宮崎二章3

# 104 木炭・薪《たきぎ》

## 江戸時代のエネルギーは木炭と薪

江戸時代、炭や薪は暮らしに欠かせない、米や塩につぐ重要な生活必需品でした。現在の一般家庭の冷暖房、調理などの生活用熱エネルギー源は、電気、ガス、石油がそのほとんどを占めています。今のように一般家庭で気軽にガスや電気、石油が使われ始めたのは、そう古いことではありません。第二次世界大戦が終わって十数年経った、一九五〇年代後半になってから、木炭・薪、石炭から石油、ガス、電気などへの転換が急速に進んだのです。こういう事態を「燃料革命」などという人もいます。

しかし、それ以前のわが国では木炭や薪が一般家庭用の主要な燃料として、炊事や暖房にさかんに使用されていました。最近でこそ、石油一辺倒から代替エネルギーを探る努力がされたり、グルメブームの中で木炭のもつやわらかくて強い火力が見直されつつあるとはいえ、一般家庭では七厘《しちりん》で炭をおこして秋刀魚《さんま》を焼く風景などはまったく見られなくなりました。江戸時代における木炭や薪は、炊事や暖房などの家庭用のほか、鍛冶《かじ》業、塩業、鉱業などの産業に広く利用されて、その社会的、経済的位置はきわめて高かったのです。

## 江戸・大坂・京、三都の消費量は膨大

とりわけ十八世紀半ばには世界一の人口を持つ都市に発展した江戸では、その需要は膨大でした。東京都心部の発掘調査では、膨大な数と種類の火鉢が出土しています。農村地帯のように囲炉裏《いろり》を切ったり、土間につくりつけの竈《かまど》を備えたりするスペースのなかった江戸の住宅密集地では、さまざまに工夫された火鉢が多用されました。火鉢のほか、素焼の七厘や五徳《ごとく》（やかんなどの台にするため火鉢の中に立てる道具）、十能《じゅうのう》（炭火を入れて運ぶ道具）なども多数出土しています。これらの膨大な出土品は、江戸の暮らしの中でいかに木炭や薪が使用され、消費されていたかを雄弁に物語っています。この事情は、大きな人口を持つ京都、大坂においても変わるところはありません。

京・大坂・江戸の三都における木炭や薪の消費量がどのくらいだったのかは、正確な資料がなくてよくわかりません。『享保通鑑《きょうほうつうかん》』という史料によると、享保《きょうほう》十一年（一七二六）に江戸へ船で運び込まれた木炭の総量は、八十万九千七百十俵（一俵＝約六〇キロ）で、薪は千八百二十万九千六百八十七束、とされています。これが天保《てんぽう》年間末（一八四〇年前後）には、木炭が年平均二百三十八万俵へと需要が拡大したと推定されています。当然のことながら薪もこの割合で増えていると考えられます。一般に木炭は俵で、薪は縄で束ねられて輸送されましたが、この数字には問屋の手を経ないで運ばれてくる武家荷物は含まれていませんから、実際にはこれをはるかに上回る量が運び込まれていました。大坂への天保十二年（一八四一）における木炭の入荷量は、百八十万八千俵でした。

江戸木炭薪問屋の幕末の調査では、江戸へ入荷する木炭、薪の産地は、武蔵《むさし》国（東京都、埼玉県、神奈川県の一部）、伊豆《いず》国、駿河《するが》国、遠江《とおとうみ》国（いずれも静岡県）、相模《さがみ》国（神奈川県）、甲斐《かい》国（山梨県）、常陸《ひたち》国（茨城県）、上野《こうずけ》

国（群馬県）、下野国《しもつけ》（栃木県）、上総国《かずさ》、安房国《あわ》（ともに千葉県）、下総国《しもうさ》（千葉県、茨城県）の計十二カ国が確認されています。また元治《げんじ》元年（一八六四）に幕府によって作成された資料には、伊豆炭、上総炭、房州炭、相州炭、甲州炭、駿州炭、遠州炭、上州炭、川越炭、佐野炭、栃木炭、常州炭、野州炭、熊野《くまの》炭が価格とともに書かれています。

現在でも高級炭として日本料理に珍重される備長炭《びんちょうたん》を生み出した紀州炭の一品目である熊野炭をのぞけば、そのほとんどは江戸周辺の近国で焼かれた炭でした。しかし、大坂へ入荷するおもに西日本各地から送られてくる炭は、江戸へも大量に廻送されていました。木炭の生産で江戸時代質量ともに有名だったのは、日向国《ひゅうが》（宮崎県）です。このため大坂の木炭市場の価格を左右するほどでした。嘉永《かえい》五年（一八五二）、延岡《のべおか》藩の特権商人小田清兵衛《おだせいべえ》は、毎年二十万俵を大坂へ送るという契約をしているほどです。

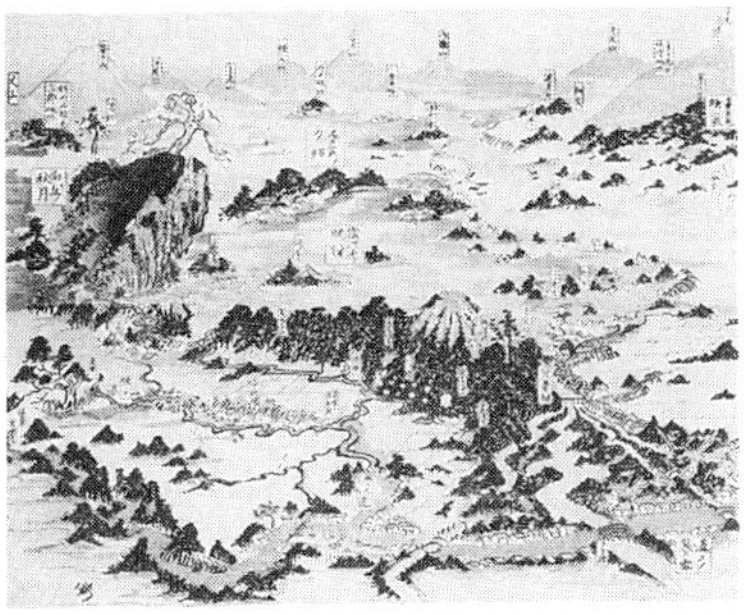
江戸への炭や薪の供給地登戸（東京版327ページより）（「武陽玉川八景之図」）

### 品質向上に研修も

木炭は、生産者である農民から生産地の山方問屋が買い上げ、それを大都市の問屋が集荷する、問屋は仲買に販売し、これを小売商人が買い取って、消費者に販売するという、流通ルートを経ました。仲買が山方問屋から直接仕入れたり、大都市の問屋が消費者に直接売ることが厳禁されていました。このため、木炭はこの流通ルートが厳重に守られました。これは薪についてもまったく同じです。

炭は農民が農間稼《のうまかせ》ぎとして焼きましたが、山は厳重に管理されていました。管理者は多くの場合藩でした。各藩は山を「御手山《おてやま》」などと呼び、藩の管理下においてそこで産出される物産を、藩の財源としようとしたのです。実際、山はさまざまな実りを藩にもたらしました。住宅や船舶用の木材、木炭、薪、椎茸《しいたけ》などです。これらを山を流れ下る川を利用して港まで運び、港から大坂、江戸などへ大型船で出荷するのです。

木炭の品質向上にも各地で努力が重ねられました。たとえば木炭は、白炭、黒炭、和炭に区別されますが、炭材には樫《かし》、櫟《くぬぎ》、楢《なら》などが使われます。白炭は石造りの窯《かま》で焼かれた炭を窯の外にかき出し、湿灰で消してつくるので灰白色になり、硬質で火力が強く火持ちの良いのを特色とします。黒炭は土造りの窯で焼いたまま窯を密封し、そのまま消火冷却してつくるので白炭より軟質で、点火しやすい利点がある反面火力と火持ちの点で白炭に劣るといわれます。技術的には紀州が進んでいたようで、各地から技術研修に人が集まったといいます。木炭の最大の生産地日向からも、藩の役人が、白炭の焼子（炭焼き）二人をつれて、研修に赴いています。帰りには新宮領《しんぐう》（和歌山県新宮市）の山子二人を借りる約束をしています。安政《あんせい》三年（一八五六）のことです（①②）。

関連項目

①東京四章4　静岡二章3　三重二章4　②宮崎二章1・5・6

# 105 菜種

## 江戸時代の人々の生活を革命的に変えた菜種油

現在油といえば、石油か料理用の油を意味します。しかし、江戸時代の人々は、油といえば灯火用の油をすぐに思い浮かべました。この時代の人々の生活に革命的変化をもたらしたもの、それは灯火でした。人々は夜明けとともに起き、日没とともに仕事をやめ就寝する生活を送っていました。そんな暗闇の夜に文字どおり光を灯したのが、菜種油などによる行灯《あんどん》でした。江戸時代以前から魚油や鯨油などの動物性油脂を燃焼させて明かりとすることはありましたし、中世の寺院では神前、仏前に灯明が供えられ、公家の家の室内ではごま油と荏油が使用されていました。しかし、一般庶民にまで普及することはありませんでした。

江戸の夜の世界をまさに革命的に変化させたのは菜種油でした。菜種油は、「種油」「水油」とも呼ばれ、綿実油の「白油」とともに、一般庶民たちの灯火油として広く普及したのです。はじめは油そのものに点火していましたが、やがて綿や藺草《いぐさ》からつくった灯芯で毛細管現象を応用して、効率よく灯すことができるようになりました。

この菜種油の行灯は、どの程度の明るさだったのでしょうか。推定ではおそらく現在の六〇ワット電球の五十分の一くらいの明るさだったと考えられています。たとえ豆電球程度の明るさでも、あるとないのとは天と地の違いです。「夜の時間」が誕生したのです。夜なべ仕事をしてもよし、書物を読むのもよし、一家で語り合うのもよしです。蛍雪《けいせつ》の時代は江戸時代すでに昔物語になっていたのです（①）。

## 麦とともに有力な裏作物

菜種は、現在の十一月上旬頃（春の節分の九十二、三日前）に種を蒔きます。一反（約一〇アール）当たり二合（一合＝約〇・一八リットル）が種の適量だといいます。ときどき小便と水を混ぜた水肥を施し、十一月下旬になったら、移殖します。下肥と藁や草からつくった堆厩肥《たいきゅうひ》をときどき施し、一月、二月に水肥を追加して、三月に入ると追肥をします。四月頃になると稲作や綿作の準備で忙しくなりますが、五月下旬には刈り取ります。刈り取る頃になれば、あの黄色い絨毯《じゅうたん》を敷き詰めたような菜の花畑が風景全体に広がります。「菜の花や月は東に日は西に」（与謝蕪村）、「菜の花の四角に咲きぬ麦の中」（正岡子規）、「菜の花のなかに城あり郡山」（森川許六）など、菜の花の美しさを詠んだ句は数知れません。

俳句の中にも詠われているように、菜種は裏作としてつくられました。地域や時代、それに作付け面積によって差がありますが、奈良盆地南東部での記録（一八〇〇年前後、二町歩）では、夏の表作は綿が毎年約三五パーセントつくられます。稲二年綿一年のサイクルです。裏作率は八〇～九〇パーセント。そのうち麦が約半分で、菜種は四割ほどでした。残りの一割は蚕豆《そらまめ》です（①②）。

## 水車利用で高い生産性を実現

元禄《げんろく》十一年（一六九八）、「天下の台所」大坂から京都、江戸など諸国への油積み出し高は合計七万二千石（一石＝約一八〇リットル）ほどでした。この代金（銀）は、一万六千貫目でしたが、内訳は菜種油六八パーセント、綿実油二五パーセント、ごま油五パーセント、荏油二パーセント、でした。いかに菜種油が急速に普及したかが窺《うかが》い知れます。

　油を絞る方法は、時代や地域でそれぞれ異なります。しかし、十八世紀からは、人力で絞る方法と水車を利用する方法に集約されていったようです。人力で絞る方法は、次のようなものです。まず中央に立木と称する太い二本の柱を立て、横に太い「貫《ぬき》」を通し、貫と板との間に原料である種物を粉末にしたものを仕込みます。そして貫と立木の間に「矢」といわれるくさびを打ち込み、この圧力で搾油していきます。大蔵永常《おおくらながつね》の著した『製油録』（『日本農書全集』五十巻、農文協刊）によれば、この方法は大坂、畿内で一般的で、この方法では五人で一日菜種一石二斗（一斗＝約一五キロ）絞ることができたといいます。一方菜種一石（一石＝約一五〇キロ）からどのくらいの種油を絞れるかを割合で示したのが、油垂口《あぶらたれくち》といいます。

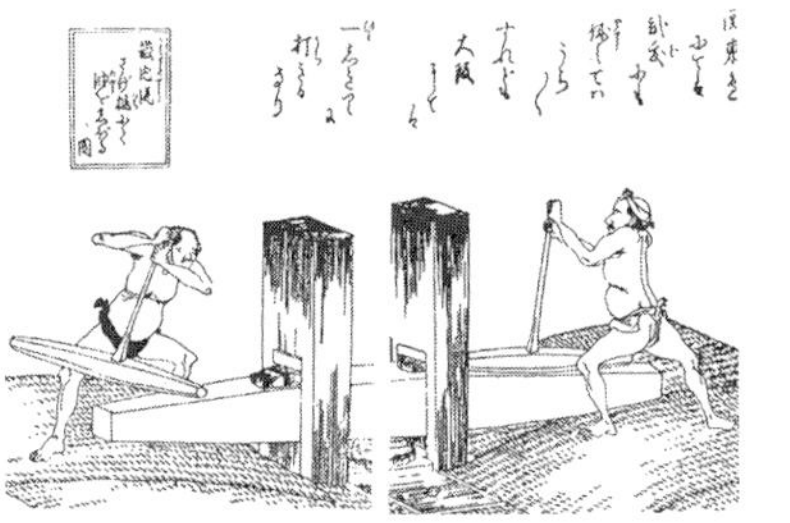
油をしぼる図（奈良版119ページより）
（『製油録』）

『製油録』では、地域によって異なりますが、一割七分から二割五、六分といっています。奈良の絞り油屋の記録では、二割二分となっています。一石の菜種から二斗二升（一升＝約一・八リットル）の油がとれたわけです。

　水車を利用した方法は、まさに技術革新といっていいほど生産性の向上を実現しました。『製油録』では、同じ五人で一日こちらは三石六斗絞れたと記述しています。水車利用で急速に絞油量を伸ばしたのは西摂津《せっつ》（兵庫県）でした。清酒の項でも触れましたが、六甲《ろっこう》山地から流れ落ちる大小の河川の水を利用して、灘目《なだめ》と呼ばれる地方に多くの水車がつくられました。この水車を利用して酒造米の精米、素麺《そうめん》の製粉などとともに、菜種、綿実の絞りが行なわれたのです。

　水車というと現在では蕎麦《そば》屋のディスプレー用くらいにしか想像できませんが、灘目につくられた水車はそういうのどかなものではありません。現代流にいうと工場というにふさわしい設備です。まず、水車を覆う納屋は、長さ二、三〇メートル、幅七、八メートルの広大な建屋です。ここへ樋で水を導き入れます。水の落下の速度を回転運動に変える回転軸は一本ではなく複数で、回転運動を上下の圧力に変える杭は回転軸から無数に延び、絞油作業を行ないます。

　注目すべきは、絞油作業には多くの工程がありますが、すべての工程についてこの納屋のなかに設備がある点です。つまり、この水車納屋は絞油の一貫生産工場になっているのです。人力で絞るのに比べ三倍もの高い生産性があるのですから、灘目地方はたちまちのうちに一大絞り油業地帯と飛躍したのです。天保《てんぽう》四年（一八三三）には、江戸市場へ出荷された約十一万樽の油のうち、灘目は三万一千樽を占めるまでになったのです（②）。

**関連項目**

大阪六章1　①兵庫二章8　②奈良二章3

# 106 野菜

## 大都市近郊の野菜生産農業の発展

近世のはじめ、関東の一寒村に過ぎなかった江戸は、百年足らずの間に百万人の人口を抱える世界屈指の大都市になりました。大都市が成立するためには、そこに住む人々の衣食住が確保されなければなりません。なかでも生鮮食料品は、近隣の地域からの供給に頼ることになります。それまで江戸周辺の農村はほとんど自給自足の生活を送っており、野菜もいろいろつくってはいましたが、野菜というよりむしろ日常の主食の一部であり、ほかの野菜もみな自分の家で食べるだけのものでした。それでも江戸からの需要に応じて、自家消費の余剰分が少しずつ売られるようになっていきました。やがて江戸に青物市場が成立するようになると、周辺の農村にも商品作物としての野菜生産が次第に広がっていきました。

天和《てんな》三年（一六八三）に書かれた戸田茂睡《とだもすい》の随筆『紫のひともと』には、「武蔵野の原野も今は田畑になって、一村一村の民家の数も増え、瓜《うり》、茄《な》子《す》をはじめ、菜や大根などいろいろな野菜を毎日江戸へ運んで売っている」と、当時の江戸西郊の変貌ぶりが記されています。同じ頃の貞享《じょうきょう》四年（一六八七）の『江戸鹿子《かのこ》』には、早くも江戸の名産として、葛西《かさい》（東京都江戸川区、葛飾区）の青菜、練馬《ねりま》（東京都練馬区）の大根、岩槻《いわつき》（埼玉県岩槻市）の牛蒡《ごぼう》、川越《かわごえ》（埼玉県川越市）・成子《なるこ》（東京都新宿区）・府中《ふちゅう》（東京都府中市）の瓜《うり》、八王子《はちおうじ》（東京都八王子市）の西瓜《すいか》などがあげられています。

こうした事情は大坂でもまったく同じです。関ヶ原の戦のあと、大坂城が再興されて町が復興されると、大坂の人口は急速に増えました。最高時におよそ四十万人に膨れ上がった大坂の野菜供給基地は、三郷の南に位置する畑場八ヵ村でした。難波《なんば》村（大阪市中央区、浪速区）を中心とする畑場八ヵ村は、上町台地・難波砂堆《さたい》といわれる高燥地（土地が高く乾燥している）で、稲作に適しませんでした。そのため青物作を中心とした都市近郊農業が発展しました。こうした背景は江戸も同じで、江戸の近郊は東部から北部にかけて広がる低湿な水田地帯と、西部一帯に広がる武蔵野台地の畑作地帯からなっていました。前者は沖積層の多湿地帯で小松菜に代表される軟弱葉菜類の生産を中心とし、後者は高燥な関東ローム地帯に属し、練馬大根を代表とする根菜地帯となったのです（①④）。

## 大消費都市江戸と大坂の野菜市場

江戸で青物市が立ったのは、徳川家康が江戸へ入って間もなくの頃だったといわれます。東京都文京区にある天栄寺の入り口に「江戸三大青物市場遺跡」という石柱が建っています。そしてこれに「駒込土物市場縁起」という来歴が付されています。それによれば、近在の百姓たちが土付きの大根、人参、芋類を持って来て市が立ち、それがのちに青物・土物市場になったといいます。東京にはこのような記念碑が千住、神田、大根河岸（日本橋）、駒込に建っています。「三大」がどれをさすのか諸説あってはっきりしません。大規模青物市場は、品川の青物横丁、神田、日本橋にありました。ほとんどの野菜類は船で川から堀川を通って運ばれました。西のほうは船の便がありませんから、馬で運ばれました。井原西鶴《いはらさいかく》は「神田須田町（東京都千代田区）の八百屋物、毎日の大根、田舎から馬の背に乗せてぞくぞくと数万駄つながって見えるのは、まるで畑が歩いているようだ。半切に移し並べた蕃椒《とうがらし》（唐辛子）は、秋深い竜田山を武蔵野に見るのに似ている」と、『世間胸算用《せけんむねざんよう》』にその賑わいを描いています。

こうした農業に不可欠な肥料も、市街地の近くや舟運に恵まれた東部や北部ではおもに江戸の下肥（糞尿）を、陸路に頼る西部ではおもに米糠《こめぬか》や干鰯《ほしか》などが用いられていました。このようにして江戸に生鮮農産物を供給し、江戸から下肥をはじめ各種の肥料を持ちかえる近郊農業地帯が、時代とともに形成されてきたのです。

大坂では早くから天満《てんま》（大阪市北区）に青物市場が立ち、ほとんどここで野菜が取引されました。のちに堀江《ほりえ》新地（大阪市西区）にも青物市場が開かれました。また畑場八ヵ村でも青物を直売したいとたびたび奉行所に願い出、難波と木津《きづ》（大阪市中央区、浪速区）に立売場ができました。

ところでこの頃の野菜はどんなものだったのでしょうか。元禄《げんろく》八年（一六九五）に出された『本朝食鑑《ほんちょうしょくかがみ》』によると江戸時代の野菜は次のようなものでした。葱《ねぎ》、糸葱《あさつき》、韮《にら》、高菜、芥子《からし》菜《な》、蕪《かぶ》、蓼《たで》、生姜《しょうが》、芹《せり》、山葵《わさび》、三つ葉芹、紫蘇《しそ》、独活《うど》、牛蒡、ほうれん草、蒟蒻《こんにゃく》、蕗《ふき》、里芋、山芋、筍《たけのこ》、茄子《なす》、白瓜、冬瓜、胡瓜《きゅうり》、干瓢《ひょうたん》、松茸、平茸、榎茸《えのき》、木耳《きくらげ》、岩茸、蓮根《れんこん》、慈姑《くわい》、蕨《わらび》、薇《ぜんまい》などです。これらに大根、人参、小松菜、柚子《ゆず》などを季節によって組み合わせて八百屋の店先に並べられたのです。現在とほとんど変わらないといっていいでしょう（②④）。

京都で今も生産されているすぐき（京都版134ページより）

### 独特の野菜を育てた京都の歴史と食文化

京都は首都としての歴史がわが国でもっとも長い都市です。江戸時代が始まったときすでに人口は三十万人を超していました。そうした長い歴史に中で独特の食文化を育んできました。その中で栽培されてきたのが京野菜です。天正《てんしょう》年間（一五七三〜九二）には、京の町に三つの野菜常設市場ができ、近郷からさまざまな野菜が持ち込まれました。

京野菜は、歴史書に出てくるたびに呼び名が変わっています。内外から多くの野菜が持ち込まれ、改良されてこの地方独特の野菜が形づくられていったのでしょう。京野菜の中でもっとも古いのが芹と葱（九条葱）です。独特の野菜で今もさかんにつくられているのはすぐき（酢茎）です。蕪の仲間です。上加茂《かみがも》（京都市北区）のものが有名です。聖護院《しょうごいん》大根、聖護院蕪は、今も有名です。丸く大きい大根はおでんに、蕪は千枚漬けに加工されます。同じ聖護院の名のつくものに胡瓜があります。聖護院は京都市左京区にあります。水菜と壬生《みぶ》菜は京都では区別しますが、東京では一緒に京菜と呼びます。このほか鹿ヶ谷南瓜、加茂茄子なども有名です（③）。

**関連項目**

埼玉二章2　①埼玉50科　②東京四章1　静岡二章7　③京都三章　④大阪六章2・八章4　高知二章8　長崎二章4

# 107 果樹

果物といえば新鮮さが生命ですから、現在のように輸送手段が発達していない江戸時代には、庶民の口にはなかなか入らなかったものと考えられます。ところがさまざまな工夫を凝らし、私たちが今日想像する以上に、生産者から直接にあるいは市場を通して流通していたのです。

大坂の天満《てんま》青物市場といえばその当時最大の蔬菜《そさい》や果実の市場でしたが、幕府の触れおよび口達で元禄《げんろく》六年（一六九三）、蔬菜と果実の販売時期を規制しています。これは「走り物」（初物）の売り出しで高値に誘導することを禁じる目的でした。ここで指定されたものの中に、みかん、りんご、ぶどう、かき、びわなどの季節の果物が含まれています（③）。傷みやすい果物をどう流通させていたのか、大変興味深いものがあります。

## 江戸時代にぶどうの加工品も

わが国のぶどうの産地は、元禄十年（一六九七）の『本朝食鑑』によれば、甲州を第一とし駿州（静岡県）がこれにつぎ、武州八王子（東京都）、京都や洛外（京都府）をあげています。このように当時は甲州種ばかりでなくほかの品種も小規模ながら産地を形成していたようです。

「勝沼《かつぬま》や　馬士は葡萄を　喰いながら」（松木蓮之）

現在でも最大のぶどう産地勝沼宿（山梨県東山梨郡）の風景を詠んだ句ですが、江戸時代も甲州街道沿いにある勝沼宿では秋ともなると、棚下に小店をしつらえて旅人にぶどうを売っていました。

この地域でぶどうづくりがいつから始まったかはっきり示す資料がなくてわかりませんが、慶長《けいちょう》六年（一六〇一）作成の検地帳には、上岩崎村（勝沼町）のぶどう樹百六十四本と記されていたといいますから、この時期にはある程度の広がりを持ってぶどう樹が栽培されていたと考えられます。その後元和《げんな》年間（一六一五〜二四）のはじめ、永田徳本という医者がぶどうは栄養があって栽培の方法を考えて繁殖させればやがて有益な特産品になるだろうと、村人に棚架けの方法を教えたと伝えられます。こうして日川をはさんだ上岩崎と勝沼がぶどうの名産地となったといわれます。

収穫されたぶどうはこの地でとれた梨や柿とともに、甲州街道を駄荷（馬に負わせる荷物）で運ばれました。運ばれていった先は、大部分は江戸神田の水菓子（果物）問屋で、一部が甲府の水菓子問屋でした。そして甲府藩主柳沢氏の時代に幕府への献上品とされ、甲州が幕府領になった後も甲府勤番から献上されました。

ぶどうの加工品も生まれました。「甲州土産になにもろた　郡内《ぐんない》しま絹・ほしぶだ《ど》う」と謡われたように加工品の一般的なものは乾しぶどうです。砂糖を使って鍋で煮たあと影乾しして作ったようです。葡萄膏《こう》といって、葡萄を煮つぶして砂糖を加え、煮詰めて練り固めたぶどうジャムのようなものもありました。白砂糖を湯で溶かし練ったものを型に入れその中にぶどうを一粒ずつ入れて固めた菓子で、白い衣の美しい形から「月の雫《しずく》」と名づけられました。江戸時代から今に続くぶどう菓子です（①）。

## 江戸っ子の人気を集めたみかん

みかんはわが国でもっとも古くから栽培されてきた果樹です。大分県津《つ》久見市《くみ》に「尾崎小みかん先祖木」があります。この木は保元《ほげん》二年（一一五七）、又四郎という人物が植えたといわれています。この木は樹齢八百年を超え、わが国に現存する柑橘《かんきつ》類の中でもっとも古いものとされ、津久見みかんのシンボルともなっています。

江戸時代津久見は臼杵《うすき》・佐伯《さいき》両藩に所属していました。みかん栽培の中心は臼杵藩領で、藩はみかん園を直営として大切に保護しました。はじめ豊臣秀吉に献上されていたみかんはやがて、徳川幕府の将軍や老中などに献上されるようになり、津久見みかんはその名を全国に知られるようになります。これらは伝統的な小みかんでしたが、寛永《かんえい》十八年（一六四一）、植付けが成功した「温州みかん」がその後の伝統を引き継いで今日にいたります（④）。

「沖のくらいに白帆が見える　あれは紀の国ヨンヤサみかん船じゃエ」

これは幕末の流行歌ですが、こう唄われるほど紀州みかんは有名でした。紀州でみかんが栽培されるようになった起源ははっきりしませんが、各種の文献から見て室町時代にはすでにある程度有名になっていたようで、旅人が土産物としてもとめたという記録も散見されます。

本格的な生産が始まったのは徳川頼《より》宣《のぶ》（初代紀州藩主）の時代で、みかんを植えた土地の年貢を少なくして生産を奨励しました。このため紀州みかんは急速に植付け面積を増加させたのでした。

勝沼のぶどう棚（『甲斐叢書』、山梨版口絵より）（山梨県立図書館蔵）

江戸には寛永十一年（一六三四）にはじめて出荷されました。四百篭のみかんを江戸廻りの船に他の荷物とともに積み、江戸では水菓子問屋に依頼して仲買人を集めて売りさばきました。すでにこの頃江戸には伊豆、駿河（静岡県）、三河（愛知県）、上総《かずさ》（千葉県）産のみかんが出回っていました。しかし、有田みかん（紀州みかん）の風味は「甘露にして酸き味」（甘さと酸味が調和しておいしく）、その上黄金色に紅が少し混じり、形は丸く、「日本国の珍果不有此上」（珍しい果物で比べてもこの上はない）と、江戸市民の大絶賛を浴びました。すぐにさらに二千篭を追加で送り、以降どんどん江戸に送られるようになりました。栽培農家も急速に増え、作付面積の増えつづけました（②）。

白装束を身にまとい決死の覚悟で大荒れの海へ千石船で乗り出し、江戸へみかんを届けて喝采を浴び、さらには赤穂浪士の討ち入りのスポンサーになり、遊里で金をばら撒く。紀州みかんといえばあの紀伊国屋文左衛門を忘れることはできません。しかし、江戸で材木問屋をしていたことは確かなようですが、その他の話はどれもあてになりません。紀州みかんの名声に乗った架空の話が多いのです。幕末に書かれた二世為永春水《ためながしゅんすい》の小説『黄金水大尽盃』で、紀文とみかんが結び付けられたようなのです。いずれにしてもこれは紀州みかんの江戸での評判がいかにすごかったかを物語るものです。

**関連項目**

①山梨二章7　②和歌山二章1・五章2　③大阪八章4　④大分二章6

# 108 さつま芋《いも》

## 中国から沖縄に伝わる

中南米が原産の甘藷《かんしょ》（さつま芋）は、江戸時代はじめに沖縄に伝わり、そして鹿児島・長崎へと伝わりました。災害に強いさつま芋は、嗜好品としてだけでなく、飢饉で苦しむ人々の大切な食料として、さまざまなルートを介してわが国全土へと普及していきました。

甘藷は紀元前後までに南米から太平洋の島々を経て、東南アジアに伝播していました。南中国の三世紀に書かれた本の中に、甘藷の記述があります。しかし、中国で本格的に甘藷栽培が普及するのは、明の時代にルソン島（フィリピン）から赤芋が伝わってからです（一五九四年）。当時の中国では蕃国《ばんこく》（未開の国）からきた芋だということで、蕃藷《ばんしょ》と呼ばれました。この蕃藷が慶長《けいちょう》十年（一六〇五）、沖縄中部の嘉手納に伝わり、田地奉行の儀間真常《ぎましんじょう》によって、全島に広められました。琉球《りゅうきゅう》（沖縄県）は、慶長十四年薩摩《さつま》藩に侵攻され、その支配下に入り、それ以降琉球芋と呼ばれて鹿児島に伝わることになったのです。しかし、十七世紀中は、それが普及するということはありませんでした。

宝永《ほうえい》二年（一七〇五）、薩摩国山川《やまがわ》（鹿児島県揖宿郡《いぶすき》）の利《り》右衛門《えもん》が沖縄から琉球芋を持ち込みます。また、元禄《げんろく》十一年（一六九八）、薩摩藩農政担当家老、種子島久基《たねがしまひさもと》は自ら琉球王に依頼して甘藷（唐芋）を取り寄せ、一七一〇年代藩内に広く普及させています。

沖縄からは鹿児島の他に長崎へも伝わりました。長崎県の指定史跡に、平戸市川内町《かわうち》の「コックス甘藷畑跡」があります。これは元和《げんな》元年（一六一五）、ウイリアム・アダムスが琉球芋をイギリス商館長コックスに一袋送り、コックスが当時の英貨五シリングを投じて菜園を借り受けて植え付けました。正徳《しょうとく》三年（一七一三）刊の『和漢三才図会《わかんさんさいずえ》』には甘藷のタイトルで、「蕃藷、今は赤芋という。俗名琉球芋または長崎芋」とあり、所によって甘藷の呼び名が違うことがわかります。これは伝来の経路の違いを表しているといえそうです。享和《きょうわ》三年（一八〇三）刊の『本草綱目啓蒙《ほんぞうこうもくけいもう》』には、肥前《ひぜん》（佐賀・長崎県）のイモの呼称が、次のように紹介されています。トウイモ、カライモ、ハチリ、リュウキュウイモ、アカバチリ、サツマバチリ、モチバチリ、サクラバチリ。長崎ではハチリ（八里）の名が広がっていました。これは栗（九里）の味にもう一歩足りないというほどの意味です。有名だった長崎イモの名は、十九世紀には薩摩芋《さつまいも》という呼称に吸収されるように消えてしまいました（③④）。

## 備荒《びこう》作物（食物）として全国へ広がる

十七世紀にわが国へ伝えられたさつま芋は、元来嗜好品でした。しかし、十八世紀に入ると慢性的に飢饉に襲われるようになったため、さつま芋は備荒（飢饉に備える）作物として見直されるようになりました。山川の利右衛門は備荒作物として芋を琉球から取り寄せたので人々に感謝されたのです。ところが薩摩藩領では、さつま芋のおかげで餓死者こそ出さなかったものの、米を八公二民という高率でとられるため、さつま芋を主食にせざるを得ないという皮肉な結果を生じました。薩摩・奄美《あまみ》の農民はさつま芋すら食べられないときが飢饉であったのです。

福岡へは長崎から種芋が供給されていました。しかし、福岡の貝原益軒が、「甘藷は性良し。けれども甘美で濃い味だ。日本人が食べれば、多くは脾胃《ひい》を傷めるとして、毒草だという」と書いたので、あまり普及しませんでした。四国、中国、近畿へは鹿児島から伝わっていきました。このうち、瀬戸内地方へさつま芋を普及したのは伊予《いよ》国大三島（愛媛県）の下見《あさみ》吉十郎《きちじゆうろう》で、薩摩から種芋を持ち帰ったといわれています。この地方の人々はその徳を慕い、あちこちの寺に芋地蔵を建てました（③④）。

全国に普及したさつま芋（鹿児島版口絵より）

## 「芋代官」や「甘藷先生」

井戸平左衛門は、幕府の勘定役を務めていましたが、還暦を迎えた六十歳のときに、石見《いわみ》銀山（島根県）の代官に任命されました。八代将軍吉宗から生産量の落ちてきた石見銀山の再生を託されたのです。享保《きようほう》十六年（一七三一）のことでした。赴任した井戸平左衛門を迎えたのは、折から長年の飢饉に苦しむこの地方の農民達でした。井戸はその翌年、幕府に願い出て、薩摩から琉球芋種百斤（一斤＝約六〇〇グラム）を取り寄せ、沿海砂地の村々へ配りました。

この年、この地方は大凶作で人々は飢饉にあえいでいました。さつま芋の栽培はまだ緒についたばかりでしたので、農民の苦境は極限に達していました。この様子を見て井戸は、独断で官米を農民のために放出し、この年の年貢をことごとく免除したのです。井戸は享保十八年に備中笠岡（岡山県）で死亡しますが、独断の責任をとって自刃したというものと、病死したとの二説があります。井戸が遺した甘藷はその後この地方に根付き、それからのたびたびの飢饉の際にもこれによって農民は露命をつないだといわれます。このため島根県全域にわたって、井戸は「芋代官」と慕われ、次々に顕彰碑が農民の手で建立されました。この顕彰碑は今も四百以上が残っています（②）。

井戸平左衛門が石見銀山領でさつま芋の植付けに取り掛かったのは、青木昆陽が幕府の小石川薬園でさつま芋の栽培をはじめた三年前といわれています。井戸が石見銀山へ赴任した翌年の享保十七年、西日本各地は大凶作に見舞われ、餓死者九十七万人を出したと伝えられます。ところが九州には餓死者が少なく、これひとえにさつま芋のおかげと考えた青木昆陽《こんよう》は、南町奉行の大岡忠相《ただすけ》にこれを建言し、試作の許可を得たのです。大岡忠相が手を回して九州諸藩から分けてもらった百八十一個の種芋は、青木昆陽の手で植え付けられ、五千六百五十一個の収穫があったといいますから、試作は大成功でした。その経験をもとに青木昆陽は『蕃藷考』を著したのですが、将軍（吉宗）自ら二ヵ所に添削を加え、紙四丁の官書として出版されたのでした。青木昆陽の名はこれで一躍全国区になったのです（①）。

**関連項目**

宮城五章7　埼玉二章2　①東京四章1　②島根一章2　広島五章1　香川三章2　③鹿児島二章1・④50科　沖縄八章2

## 109 茶

### 徳川家康が愛飲したことで一気に広まる

現在、茶所といえば東から埼玉県（狭山《さやま》茶）、静岡県（駿河《するが》茶）、京都（宇治《うじ》茶）、福岡県（八女《やめ》茶）、佐賀県（嬉野《うれしの》茶）などがあげられますが、いずれも江戸時代から続く古い歴史を持っています。お茶を喫する習慣は室町時代からですが、本格的に栽培されだしたのは江戸時代に入ってからです。

戦国武将の織田信長や豊臣秀吉が、茶道の宗匠《そうしょう》を重く用いて、時には政治向きの相談をしたりしていたことは広く知られています。しかし、お茶はこの時点ではまだ一部の支配階級のものでした。お茶が各地で本格的に栽培されるようになって、産地が形成されていったのはお茶が庶民の生活習慣の中に広く定着するようになってからです。主な産地は早くから栽培技術を開発し、品種改良を重ねて新しい時代にすばやく対応して大産地へと発展したのです。

現在生産量全国一を誇る静岡県に茶がもたらされたのは、鎌倉時代静岡市出身の聖一国師《しょういちこくし》（京都東福寺開祖）が、中国に留学し、帰国の折に茶の種を持ち帰り、蒔いたのが始まりと伝えられています。これは栄西が同じように中国へ留学して、帰国の折の種を持ち帰り、京都市右京区の明恵《みょうえ》上人に贈り、宇治茶の始まりとなったのとほぼ同時代になります。したがって、駿河と宇治の二大産地はほぼ同時期から茶の栽培に取り組んだことになります。

もともと茶は禅僧が眠気を除くために用いたものといわれます。ですからこれら僧たちのほか、上流社会の人たちの愛玩《あいがん》と社交の道具だったのです。大衆化に一役買ったのは徳川家康でした。聖一国師が蒔いた種からとれた茶は「本山《ほんやま》茶」と呼ばれました。家康は秀忠《ひでただ》に将軍職を譲り、駿府《すんぷ》で隠居生活に入ってから、本山茶を愛飲しました。家康は一年中香ばしいお茶を飲むために、「お茶壷屋敷」をつくり、夏場はそこに茶を貯蔵させました。冷暗所への貯蔵というわけです。本山茶の献上のため栽培地（静岡市）では、専任の指揮者のもと千人もの人が茶づくりに励んだといわれます。家康は献上された本山茶を江戸城や尾張《おわり》（愛知県）、紀州《きしゅう》（和歌山県）の殿様にも贈ります。家康のお茶好きは徹底しており稲作農家からは年貢米をとりましたが、茶づくり農家からは税金として茶を納めさせました。大御所愛好の飲み物とあって、静岡県の茶畑はどんどん広がりました（①②）。

### 多彩な宇治茶—碾茶《てんちゃ》と煎茶《せんちゃ》と玉露《ぎょくろ》

高級茶の代名詞ともいわれる宇治茶は、絶えざる技術革新によってその地位を揺るぎないものにしていきました。

織田信長が本能寺の変で討たれたとき、徳川家康は命からがら堺《さかい》から三《み》河《かわ》へ脱出します。家康の脱出行を助けた一人が、上林久茂《かんばやしひさもち》でした。以来、上林家は家康の手厚い保護を受けることになり宇治の代官兼茶頭取を務めるようになりました。上林家は宇治で茶園も経営していました。

このような縁もあり、家康は宇治から最上の茶を運ばせました。これがいわゆるズイズイズッコロバシの「お茶壷道中」の始まりで、三代将軍家《いえ》光《みつ》のときの寛永《かんえい》十年（一六三三）以後は、幕府の公式行事として制度化されました。

「野にも山にも若葉がしげる　あれに見えるは茶摘みじゃないか　茜《あかね》だすきにすげの笠」と唱歌に唄われたのはだれでもが知る茶摘みの風景ですが、宇治の茶園では茶摘みの姿は外からは見えません。宇治では覆下《おおいした》茶園といって、茶園の上に棚をつくり、葦や藁の筵《むしろ》で全部を囲ってしまい、茶摘みはその中でするのです。こうすることで、茶の芽を寒さや霜、春先の強風から守り、色も香も味も優れた茶の葉を摘むことができたのです。

この覆下茶園でつくっていたのは、挽《ひ》いて粉にする抹茶のもとになる碾《てん》茶でした。摘んだ茶の芽を蒸籠《せいろう》に並べて沸騰した湯で蒸し、さまし籠《かご》に薄く広げて団扇《うちわ》であおぎます。次に焙炉《ほいろ》で乾燥させ、はり籠の上で葉の良し悪しを分け、篩《ふるい》にかけて葉選りをして、品質別に壷につめます。あとは必要量だけ茶臼で挽いて抹茶《まっちゃ》として飲むのです。

寛永《かんえい》年間（一六二四〜四四）には茶銘まで登場し、宇治茶の名声を揺るぎないものにしました。濃茶《こいちゃ》（上質の抹茶を使用して、五人分を一椀に点《た》て、これを飲みまわします。これに対し薄茶は茶の分量を少なくして、一人分ずつ点てる抹茶を意味します）に使う極上の宇治茶には、多くの茶銘を持つ袋茶があります。茶の湯では、「お茶銘は」「御詰は」などと尋ねられ、茶の挽き具合まで客と亭主との間でやり取りがあります。

茶摘みの風景（佐賀版124ページより）

ところでこの頃の一般の人たちが飲んでいたのは煎じ茶でした。これは覆いのない茶園の若葉・古葉を残らず摘み取って、灰汁《あく》で湯がいて冷水で冷やし、よく絞って筵に干し、筵の上であらく揉んでつくります。今から見れば番茶のようなものでした。しかし、永谷宗円《ながたにそうえん》は煎茶の製法に工夫を凝らしました。抹茶の製法に則り、若芽だけを摘んで蒸籠で蒸し、焙炉で揉みながら乾かして、香味ともによい青色の煎茶の製造に成功しました。宗円はこの青製煎茶を江戸で販売しようとしました。元文《げんぶん》年間（一七三六〜四一）のことです。江戸日本橋の茶商四代目山本嘉兵衛《やまもとかへえ》が、その品質に目を付け販売を引き受けました。青製煎茶はたちまちのうちに江戸の人たちの口をとりこにしました。この成功で山本家は、江戸城や御三卿家、寛永寺《かんえいじ》などに出入りが許され、のちには宇治や江州《ごうしゅう》（滋賀県）、駿《すん》州（静岡県）にまで茶園を持つようになりました。

「玉露」というのは湯冷まししたぬるい湯でゆっくり入れた煎茶ですが、玉露の創始には諸説あってはっきりしません。しかし、天保《てんぽう》五年（一八三四）頃、碾茶をつくる覆下茶園の茶葉を蒸し、焙炉で乾燥させて手揉みする方法でつくり始めたようです（③）。

先に触れた栄西が中国から持ち帰った茶種は、佐賀・福岡県の境の背振《せぶり》山《やま》にも植え付けられました。この茶は、現在でも大きなシェアを持つ八女茶となりました（④）。嬉野茶は明の人紅令民が伝えたといわれており、南京釜《なんきんがま》で煎って茶をつくったので釜入り茶と呼ばれました（⑤）。

**関連項目**

茨城二章3　①埼玉二章4　②静岡二章5　③京都三章5　奈良五章2　④福岡二章1　⑤佐賀二章4

# 110 砂糖

## 古い歴史を持つ砂糖黍《さとうきび》栽培

砂糖は古い歴史を持った調味料です。おもに植物の砂糖黍（甘蔗《かんしゃ》）と甜《てん》菜《さい》（砂糖大根＝ビート）を原料に精製された製品です。甜菜の根に糖分が含まれているのが発見されたのは、十八世紀のドイツででした。しかし、砂糖黍のほうははるかに古い歴史があります。砂糖黍は紀元前のニューギニアで栽培が始まり、フィリピンやインドに伝わったといわれます。

砂糖が一般に普及したのは、イギリスがカリブ海へ進出して、この地域に砂糖黍栽培を促して大量の砂糖を本国に持ち帰ったことがきっかけでした。その消費拡大を促進したのは、同じ植民地で生産される茶、コーヒー、チョコレートなどの当時としては珍しい新商品でした。もともと苦みだけを味わっていた地元民に対してイギリス人は、甘味を楽しむ食品として本国に紹介し爆発的な人気を博します。大量消費された砂糖は価格が下がり、肉や魚を買えない下層労働者階級が、砂糖で必要なカロリーがとれることによって、パンとジャムと茶という食事を普通にとるようになり、砂糖は庶民に欠かせないものとなりました。

わが国にはじめて砂糖が伝えられたのは、奈良時代（八世紀）に中国からやってきた鑑真《がんじん》によってだという説があります。真偽のほどはともかく、奈良・平安の貴族は砂糖を薬として珍重していました。ヨーロッパでも古くは砂糖黍から生れたサッカロン（砂糖）は、胃腸によく腎臓や膀胱の痛みを和らげる薬とされていました。戦国時代（十六世紀）になると、ポルトガルやスペインの船によって砂糖入りのボーロ・カステラ・コンペイトウなどの南蛮《なんばん》菓子がもたらされます。土佐《とさ》（高知県）の長宗我部《ちょうそがべ》元親《もとちか》が織田信長に三十斤《きん》（白砂糖は一斤＝約八六二・五グラム）の砂糖を贈った記録（『信長記』）があるなど、砂糖の輸入品は時の権力者たちに好まれ、贈答品として用いられました。江戸時代に入っても砂糖は輸入品で、上層階級のもので、大変な貴重品でした。消費量は次第に増え、それとともにその代金の金銀銅が海外へ大量に流出するため、幕府が年間の輸入量を制限するほどでした（②）。

## 砂糖国産化へ苦心の歩み

わが国で砂糖の製造が始まったのは、学者の研究によれば沖縄でのことのようです。この学者の著書には、「元和《げんな》九年（一六二三）琉球王尚豊《しょうほう》のとき、黒糖製造の業が起り、経済界を一新した」とあります。沖縄ではこの時よりも前にすでに甘蔗（砂糖黍）が栽培されていて、果物として扱われていたといわれます。時の為政者が、中国福建省に製糖技術を学ばせるために人を派遣して以来、糖業が発展したようです。

江戸時代砂糖製造で有名だった奄美大島では、慶長《けいちょう》年間（一五九六〜一六一五）に、直川智《すなおかわち》という人物が琉球に向かう途中暴風雨に遭い、中国に漂着してそこで製糖法を知り、黍苗を持ち帰ったのが嚆矢とされます。しかし、黍苗を持ち帰ったのは事実としても奄美大島に糖業が根付くには、まだ多くの日時を必要としました。奄美大島で砂糖製造が本格化するのは元禄《げんろく》年間（一六八八〜一七〇四）に入ってからだったといいます。

江戸時代の初め琉球へ出兵し、琉球・奄美群島を傘下に収めてから、薩《さつ》摩《ま》藩は砂糖生産を重視し、専門の役人を置いて生産奨励と統制を強めました。十八世紀にはそのせいもあってこの地域で黒砂糖の大量生産が実現し、薩摩藩を通じて大量の黒砂糖が大坂へ積み出されるようになりました。正徳《しょうとく》四年（一七一四）の記録には中国・東南アジア産の白砂糖、氷砂糖、黒砂糖が計三百四十～五十万斤輸入され、琉球産黒砂糖は七、八十万斤（黒砂糖は一斤＝六〇〇グラム）とあります。幕末の統計では、黒砂糖の生産高は二千七百万斤とされています。そのほとんどが奄美群島と琉球で生産される薩摩藩を通じてのものですから、この間いかに薩摩藩がこの地域で黒砂糖の増産を図ったがわかります。

薩摩藩の統制は厳しく徹底したもので、買い上げ価格はできるだけ安く抑えられました。このため奄美群島などの砂糖黍農家や砂糖製造に携わる労働者は過酷な状況下に置かれました。反面薩摩藩は莫大な収益をあげ、その利益は薩摩藩の財政難を救い、明治維新の原動力にもなっていったのです（③④）。

砂糖黍の茎を絞る砂糖車の図（香川98ページより）（杏雨書屋蔵本「甘蔗大成」）

**砂糖を白くするためのさまざまな工夫**

十八世紀に入ると幕府は殖産政策の一貫として朝鮮人参などとともに砂糖生産の研究、奨励を積極的に進めます。とくに砂糖を白く精製するのは、非常に高度な技術が必要で、各地でさかんに研究されました。しかし、国産の白砂糖はなかなか実現しませんでした。八代将軍吉宗《よしむね》は、池上太郎左衛門《いけがみたろうざえもん》に命じて中国の製法にならった白く精製する方法を普及しようとしました。

砂糖の結晶を得るには砂糖黍の絞り汁を煮沸中に石灰を加えます。浮いてくるあくを丹念にすくい、ある程度煮詰まった段階で澄まし桶に移します。澄まし桶で不純物が下に沈殿するのを見極めて上澄み液だけを再び煮沸します。煮詰め終わったら容器に移しゆっくり冷却すると砂糖分が結晶します。これが白砂糖に加工する中間の白下糖《しろしたとう》です。この白下糖を本当に白くするのが最大の難関です。白下糖から水分を除き、その表面に色素を抜き取る性質のある粘土を塗り込めて白くするのが中国流です。後に最大の白砂糖産地になる讃岐《さぬき》（香川県）の向山周慶《さきやましゅうけい》が考え出した方法は、これとは違い「押しブネ」と呼ばれる木製の器具を使いました。袋に詰めた白下糖に上から圧力をかけて、強制的に脱蜜するのです。さらに「研ぎブネ」の技法が加わって、讃岐の白砂糖は完成します。「押しブネ」にかけた白下糖を取り出し、水を加えながら職人が研ぐように揉みます。この「押しブネ」と「研ぎブネ」を三～四回繰り返すと「三盆白《さんぼんじろ》」と呼ばれる白砂糖ができあがります。

この成功によって、幕末の和糖生産高二千七百万斤のうち讃岐が二千二百万斤を占めるまでになりました。現在でも高級和菓子に使用される「和三盆」は同じ技法でつくられています（①）。

**関連項目**

神奈川一章5　山口五章12　徳島五章4　①香川二章3・5・6・②50科　長崎二章8　③鹿児島三章5・④五章1　沖縄三章4・八章2

# 111 醸造（味噌・醤油・酢）

## 広く庶民の口に入るようになったのは江戸時代

醸造といえば清酒など酒類も含まれますが、酒類については別項があるのでここでは味噌・醤油・酢についてみてみます。

醤油の起源はあまりはっきりしません。奈良時代には醤《ひしお》が生産されていますが、これは調味料というよりなめものの一種として食されたものといわれます。調味料として醤油が生産されるようになったのは室町時代で、広く庶民の口に入るようになったのは江戸時代になってからのことでした。

味噌も歴史の古い伝統的な日本人の食品ですが、庶民の口に入るようになったのは江戸時代でした。最初は副食で、なめものでした。多くは自家製でつくられました。ここでは八丁《はっちょう》味噌を取り上げます。酢も万葉集に詠われるなど古くからある調味料ですが、寿司に使われるようになったのは江戸時代からです。このように醤油・味噌・酢とも業として大量に生産されて販売され始めたのはいずれも江戸時代に入ってからのことでした。

## 紀州から黒潮に乗ってきた醤油

和歌山県の湯浅《ゆあさ》（有田《ありだ》郡）は、古くから醤油製造を行っていましたが、江戸時代には全国市場に向けて販売する大産地になりました。その技術は紀州漁民の手で千葉県に持ちこまれ、野田《のだ》（野田市）、銚子《ちょうし》（銚子市）の醤油製造の基礎をつくりました。湯浅醤油は覚心《かくしん》という僧侶が、中国から径《きん》山寺《ざんじ》味噌を伝え、その溜《たまり》（醤油の最初の形であり、味噌を仕込んだあと桶の底にたまった汁を溜といいます）に目をつけ、ほどなく醤油の製造が工夫されたと伝えられます。正応《しょうおう》年間（一二八八〜九三）には近隣に販売されたといわれますが、本格的に他国へ売ったのは、天文《てんぶん》四年（一五三五）になってからでした。宝永《ほうえい》三年（一七〇六）大坂へ製品を送り好評だったので、その後原料を吟味し、大豆は美作《みまさか》（岡山県北東部）産、小麦は相模《さがみ》（神奈川県）産、塩は赤穂《あこう》（兵庫県赤穂市）産のいずれも良質なものを使用したため、製造高が急増したそうです④。

関東に紀州漁民が鰯《いわし》漁の進んだ漁法を持ち込んだのは江戸時代のはじめですが、やがて紀州広《ひろ》村（有田郡広川町）の浜口《はまぐち》儀兵衛《ぎへえ》が銚子に進出して味噌、醤油などの醸造業を始めました。元禄《げんろく》六年（一六九三）のことだといわれています。その後、干鰯《ほしか》生産で資金を貯えた地元の人々が醤油醸造業に投資することによって発展し、利根《とね》川をさかのぼって霞《かすみ》ケ浦《うら》沿岸や野田地方に広がりました。大消費地江戸の人々の口を魅了したのは濃口《こいくち》醤油でした。濃口《こいくち》というのは、関西の薄口《うすくち》醤油に対する言葉ですが、紀州の溜醤油からの転換は元禄十年頃のことだといわれます。濃口醤油は生揚《なまあ》げ醤油を基本としますが、諸味《もろみ》を圧搾しただけの生醤油のことですが、これが最上といわれます。銚子や野田では、大豆・小麦は常陸《ひたち》（茨城県）産のもの、塩は赤穂塩を使用しました。この地域の醸造家が企業として大躍進したのは、明治以降のことです①。

龍野《たつの》（兵庫県龍野市）の醸造家は、江戸時代のはじめ醤油の流通の中心だった京都に進出し、薄口醤油を大量に供給しました。文化《ぶんか》十三年（一八一六）の京都他国醤油売問屋の扱い量のうち、三五パーセントが龍野醤油であったとみられます。龍野醤油業を支えたのは赤穂の塩、三日月《みかづき》（三日月町）や山崎《やまざき》（山崎町）など近在の良質な大豆でした⑥。

## 江戸前握り寿司を創造した三河《みかわ》の酢

江戸時代はじめの人々が食べていたスシはナレズシで、現代の寿司用飯が考え出されたのは、延宝《えんぽう》年間（一六七三〜八一）のことだといわれます。以来江戸では寿司屋も出現して、早寿司（ナレズシは日数がかかるためすぐ食べられる寿司はこう呼ばれました）が食べられるようになりました。三河半田《はんだ》（愛知県半田市）の酢醸造家中野又左衛門《なかのまたざえもん》はこの早寿司を食べて、自分がつくっている酢がこれに最適だと直感しました。

知多《ちた》半島は江戸時代はじめから酒造りがさかんでした。ところが酒粕《さけかす》の処理が厄介で、ほとんど利用されていませんでした。又左衛門はこの酒粕を熟成すれば、従来の米酢や酒酢と違って非常に色は濃いのですが、そのうまみと甘味が格別になることを発見するのです。粕酢《かすず》の誕生です。又左衛門が江戸に酒酢を売込にいくと、瞬く間にこの酢は江戸の人々の口を魅了しました。文政《ぶんせい》年間（一八一八〜三〇）には、すっかり酢飯にネタをのせる握り寿司が普及しています。ネタは江戸前浜《まえはま》の新鮮な魚介類です。半田の酢と前浜の魚介類が結びついてできたのが江戸前寿司なのです③。

粕酢製法の絵図（愛知版97ページより）

酢は和歌山県の粉河《こかわ》寺門前（那珂《なか》郡粉河町）のものも有名でした。ここの酢は花山《かざん》法皇が西国霊場を開いたときに、粉河の清流が酢の生産に適していると話したことを起源とするといわれますが、はっきりしません。粉河酢は元禄十三年に株仲間がつくられていますから、歴史も古くしかも大量に江戸などへ送られていたものと思われます。粉河でつくられていたのは米酢で、泉州米と紀州米を原料としていました⑤。

## 大豆だけでつくられる独特の風味の八丁味噌

独特の風味で今もファンの多い八丁味噌は、徳川家康がとくに好んだことで知られています。三河（岡崎市）で生れた八丁味噌が全国に愛用されるようになったきっかけは家康の江戸入りでしたが、今ではむしろ大豆だけでつくる栄養価の高い自然食品として人気があります。普通の味噌のように米や麦を加えないので豆味噌とか赤味噌（色が赤い）と呼ばれます。

それだけに当時から大豆は吟味され、天明《てんめい》七年（一七八七）から十六年間の仕入割合は、上州（群馬県）大豆を主とした関東地区が五九パーセント、仙台南部（宮城県、岩手県）大豆が二三パーセント、地元の盆大豆が一五パーセント、東三河の吉田大豆が六パーセント、九州大豆が三パーセント、その他二パーセントでした。これだけみてもいかに大豆を吟味したかがわかるでしょう③。

**関連項目**

①千葉二章6　②愛知二章3　③愛知二章4　④和歌山二章4　⑤和歌山二章8
⑥兵庫二章9

# 112 清酒

わが国の酒造りの歴史はとても古いものです。中世までは、奈良や京都の寺院を中心に行なわれ、室町時代の終わり頃には日本酒の原型となる諸《もろ》白酒《はくしゅ》（精白した米で造った麹《こうじ》と白米を用いて造る酒）が生み出されました。なかでも伏見《ふしみ》と嵯峨《さが》（京都府）は酒造りで有名で、応永《おうえい》三十二年（一四二五）には洛中洛外に三百四十二軒の酒屋があったと古文書に記されています。酒造りは京都や奈良だけで行なわれていたわけではなく、酒屋として利潤をあげる目的で、全国各地の都市や港など商業の中心地で酒造りが行なわれました。たとえばこの頃有名だった酒に、摂津西宮《せっつにしのみや》（兵庫県東部）の旨《うま》酒、加賀《かが》（石川県南部）宮越の菊酒、博多（福岡県）の練貫《ねりぬき》酒、伊豆（静岡県）の江川酒、河内《かわち》（大阪府）の平野酒、備前《びぜん》（岡山県東部）の小島酒、伊《い》予《よ》（愛媛県）の道後《どうご》酒などがありました（①②）。

## 江戸時代初期に現在と同じような清酒ができる

江戸時代のはじめに酒造量を急速に伸ばしたのは、池田（大阪府）と伊《い》丹《たみ》（兵庫県）の酒でした。これらの酒は「南都諸白《なんともろはく》」といわれた奈良の寺院で造られた酒の系譜を引くといわれ、これに技術的改良を加えて高級酒を造りあげました。奈良の寺院は酒造りの技術を競い、十六世紀中頃には現在と同じ三段仕込みが取り入れられました。酒母に大量の蒸米と水を一度に仕込むと、酒母中の酵母の増殖が間に合わず雑菌が繁殖して、酸味の強い酒ができます。事実それまでの酒は酸味の強い酒だったようです。このため何回かに分けて酵母の増殖を計りながら仕込む必要があります。三回に分けて仕込むのが一般的で、これを三段仕込みといいます。伊丹と池田の酒はこの南都諸白を継承して、さらに技術的改良を加えて酒造法を確立し、のちに摂泉《せっせん》（摂津と和泉）十二郷といわれる江戸積酒造地帯の中で、いち早く台頭したのでした。ことに伊丹で造られる酒は「丹醸《たんじょう》」と称され、江戸で好評を博し、高級酒としてもてはやされました。

江戸時代の酒造業は、膨大な人口を抱えた大都市江戸で消費するさまざまな生活物資を上方（関西）から供給するという流通体制の中で展開された産業です。元禄《げんろく》十年（一六九七）に上方から江戸へ送られた酒は四斗樽（一斗＝約一八リットル）で六十四万樽（二十五万六千石）でした。このうち池田、伊丹の酒は二〇数パーセントを占めていました。池田の酒は香り味ともに良く、酒好きが好む辛口の酒だったといわれます。また、伊丹の酒は、豊潤で、とくに年に数回仕込まれる新酒の評判が良かったようです。七つ梅、剣菱《けんびし》、白雪、老松《おいまつ》などの銘柄が江戸で大評判をとりました（①②）。

## 幕府の厳しい酒造業への統制

江戸時代の酒造業は、幕府による厳しい統制下にありました。当時の経済の根幹である米を加工するのが酒造業であったからです。米価はすべての物価の基準となるため、幕府は米の流通量にとくに神経を使いました。酒造業統制の中心政策となったのが、酒造株制度です。これは営業許可であるとともに、酒造家ごとに酒造米高（酒造りに使う米の量）を決め、その範囲内での酒造りしか許さない制度です。株札には許可される酒造米高が明記されています。表示されている酒造米高を超えて酒を造ることはできませんし、その時々の米の収穫高によって酒造量も制限されました。

たとえば凶作の年には、株高の三分の一とか五分の一とかというように減醸令《げんじょうれい》（酒造り高を少なくする命令）が出されました。逆に豊作で米があまり気味な時には、統制を緩和して酒造りが奨励されました。凶作になると米の価格が上がり、豊作になると米の価格が下がったからです。簡単にいってしまえば、豊作で米の価格が下がると、米で俸禄をもらっている武士の生活が困り、反対に凶作で米の値段が上がれば庶民の生活が困ります。幕府は常に、双方の生活が成り立つように米価を一定の水準を保つよう監視する必要があったのです。

酒造株が設定されたのは明暦《めいれき》三年（一六五七）のことですが、元禄十一年から宝永《ほうえい》五年（一七〇八）まで毎年減醸令が出されました。酒造家には大打撃でしたが、米の凶作が毎年続いていたのです。その時期が過ぎ、享保《きょうほう》年間（一七一六～三六）になると、米がだぶつき価格の低落傾向が続くようになります。幕府はその対策の一つとして酒造米を買い取るよう通達し、資金がない酒屋には米を貸与する措置さえ取りました。そして宝暦《ほうれき》四年（一七五四）、酒の勝手造令を出します。酒造りはこれ以降、自由競争の時代に入ります（③）。

酒造りのようす（大阪版338ページより）
（『摂津名所図会』）

### 自由競争のなか、灘《なだ》の生《き》一本の誕生

自由競争の時代に入ると、今まで酒造株を持つ酒造家がいなかった地域でも酒造りが一挙にさかんになりました。そして急速に酒造量を増やしたのが灘（兵庫県）でした。灘の酒が江戸へ送られて高い評判を取り、従来の酒造仲間を追い払う勢いで、江戸積酒造業の中心的存在にのし上がっていきます。

灘の酒が江戸の人々の味覚を捉えたのには、いくつかの理由が考えられます。まず「宮水《みやみず》」の発見です。西宮地方の伏流水は硬度が高く、発酵に必要な無機質を豊富に含んだ酒造りに理想的な水でした。六甲《ろっこう》山系から流れ出る急流の河川を利用していち早く水車精米を取り入れたことで、精白度を上げ、しかも量産することに成功しました。町場では酒蔵の用地を確保するのが困難でしたが、灘では田畑に利用できない海岸部に大酒造蔵を建てることができ、船積にも最適地でした。また、灘酒は仕込み時期を極寒中に集中し、腐敗しにくい高品質の寒造り酒を江戸へ送り出すことができたのです。こうして今日まで続く高級銘柄ができ上がっていきました。

酒造りは杜氏《とうじ》と呼ばれる酒造りの専門家とその指揮のもとに働く蔵人《くらびと》によって担われました。灘や池田・伊丹には丹後《たんご》、丹波《たんば》から杜氏や蔵人が出稼ぎにきました。会津《あいづ》には南部（岩手県）杜氏や越後《えちご》（新潟県）杜氏が入りました。専用の輸送態勢（樽廻船）もでき、酒造業は一大産業へと発展していったのです（③④）。

**関連項目**

福島二章8　埼玉五章4　京都三章6　①大阪六章5　②兵庫二章6―1・③6―2・④6―3・6―4・50科　広島二章6

# 113 焼酎《しょうちゅう》・泡盛《あわもり》

日本列島は南北に長く、暑い地方では、寒冷地のような酒造りができません。また、南の地域では米がことのほか貴重で、米を使っての酒造りなどは考えられなかったばかりか、たとえできたとしても気温が高いため常に腐造（仕込んだ酒が腐ってしまうこと）の危険が付きまとっていました。こうした地方では独特の蒸留酒が早くから造られていました。それが焼酎であり、泡盛です。

## 五百年の伝統を誇る薩摩の焼酎

薩摩（鹿児島県）ではおよそ五百年前から焼酎が造られていたと考えられています。天文《てんぶん》十五年（一五四六）から半年間揖宿《いぶすき》郡山川《やまがわ》地方に滞在していたポルトガル人のジョルジェ・アルバレスは、滞在中の様子を詳細に記した報告をフランシスコ・ザビエルに送っています。この中に「飲み物として米からつくるオラーカ（焼酎）があり」、「この地には多数の居酒屋や旅館があり、そこでは飲食物や宿泊が提供されている」と、米焼酎が広く飲まれている様子が記されています。

またそれから十三年後の永禄《えいろく》二年（一五五九）、八幡《はちまん》宇《う》佐《さ》宮《ぐう》（大口《おおくち》市）の社屋の改築の折、工事に関わったものが木片に「施主がけちで一度も焼酎をくれなかった」という落書きを残しています。ちなみにこのときの落書が、「焼酎」という文字のわが国での初見です。いずれも四百五十年ほど前の記録ですが、この時には南薩摩から北薩摩まで広く焼酎が飲まれていたことがわかり、少なくても五百年前には焼酎が造られていただろうと推定される根拠になっています。世界的に見て蒸留酒が広く飲まれるようになるのはスコッチウイスキーで十六世紀、ブランデーが十七世紀のことですから、薩摩の蒸留酒はそれらの酒に負けない古い歴史を有しているのです。

酒には大きく分けて、醸造酒と蒸留酒があり、焼酎は蒸留酒に属します。蒸留酒はアルコールを含む液体（モロミといいます）を加熱して、蒸発してくる湯気を冷やして造られます。エキス分を含まないために腐敗することがなく、アルコール度が高いのが特徴です。ウイスキーやブランデーも蒸留酒です。醸造酒は清酒やビール、ワインのように、蒸留しないでそのままあるいは搾《しぼ》って造る酒のことです。

橘 南谿《たちばななんけい》の『西遊記』には、「薩摩には焼酎という琉球（沖縄県）の泡盛のような酒があるが、京都の焼酎のように強いものではない。薩摩国では七～八割がみなこの焼酎で酒宴を開いている。（中略）さつま芋からも焼酎を造るが、これは味がはなはだ良い。そのほか黍《きび》、粟《あわ》、稗《ひえ》などからも焼酎を造っている」と、書かれています。

当時、焼酎には二つの種類がありました。一つは清酒の酒粕《さけかす》を蒸留して造る粕取り焼酎です。「京都の焼酎のように強くない」というのは、上方（関西）での清酒の副産物として造られる粕取り焼酎に対して、薩摩の焼酎がいたって飲みやすかったことを表しています。これに対し、米やさつま芋などから造られるのは、もろみ取り焼酎と呼ばれるものです。このもろみ取り焼酎の仲間には、沖縄の泡盛や壱岐《いき》（長崎県）の麦焼酎（大麦を原料とする焼酎）、球磨《くま》（熊本県）の米焼酎などがあります。

年貢で米が厳しく取り立てられるようになると、芋焼酎が急速に普及しました。元禄《げんろく》年間（一六八八～一七〇四）には、自家製はともかく販売目的の焼酎製造には藩の許可が必要になりました。天明《てんめい》年間（一七八一～八九）、藩に認められたものが千軒に対し、密造が三千軒に達しました。困った藩は、全体で千五百軒に制限しようとしました（①）。ことほどさように芋焼酎の普及は急だったのです。江戸では、薩摩の焼酎が清酒よりも高値で取引されたといわれ、いかに庶民に好まれたかがわかります。

### 「口かみ酒」と泡盛の製造

沖縄での泡盛の製造は、鹿児島とはまた違った発展段階をたどっています。薩摩藩に侵攻されるまで、沖縄は琉球王朝が支配する独立国家でした。中国や朝鮮をはじめ南の国々とさかんに交易をしていました。そういう中で泡盛の製法がもたらされたと考えられています。

泡盛造り（沖縄版151ページより）

もともと琉球では酒は、祭や行事が始まる直前に造られるのが慣わしで、日常生活の中に飲酒の習慣はありませんでした。豊年を祈る祭り、豊作を感謝する祭り、正月や盆、新築祝いなど特別な日に酒が飲まれました。そしてこういう日に飲まれるのは「口かみ酒」でした。「口かみ酒」とは、身を清めた娘たちが生米をかんだり、塩できれいに歯を磨いてから、炊きたての米の飯を丹念《たんねん》にかんで、容器に吐き出し、それに少量の水を加えて、石臼で引いてどろどろにし、かめ（甕）に入れて発酵させたものです。数日でできあがります。特別な日に飲む分だけを造ったのです。中国からきた人たちは、娘たちがかんで造ったと聞いて気味悪がって飲まなかったと伝えられています（②）。

泡盛の消費量は、現在でも沖縄ではあらゆる酒の中で（ビールを除く）もっとも多くなっています。泡盛が南方との交易の中で知られ、あわせて蒸留技術や道具も伝わったと先に触れましたが、薩摩藩が侵攻したあと琉球の人々の江戸上りの際の献上品には必ず泡盛が含まれていました。それをきっかけに泡盛は沖縄の銘酒として、全国に知られるようになります。

焼酎と泡盛の違いは、一般には度数の違いと考えられています。泡盛のほうがアルコール度数が高いのです。しかし、もっとも大きな違いは焼酎が白こうじ菌を用いるのに対し、泡盛は黒こうじ菌を使う点にあります。黒こうじ菌にはレモンのような酸っぱさのもとになるクエン酸を、他のこうじ菌よりたくさん造り出すという特徴があります。酸の多いこうじで仕込まれたもろみは、他の雑菌が繁殖しにくくなります。暑い沖縄ではもろみが腐ることを防ぐ役割を果たしています。

現在の泡盛には製造に適したタイ米が使われており、この点も焼酎と異なっています。沖縄の夏は暑く、冬でも平均気温がほぼ十六度と暖かく、年間の平均湿度が七六パーセントと高いのです（③）。こうした自然風土に適した酒、それが泡盛なのです。

**関連項目**

熊本二章4　①鹿児島二章2　②沖縄一章2・③三章5

# 114 そうめん

現在でもそうですが江戸時代も麺類が好きな人が多く、各地で蕎麦《そば》、うどん、そうめんが早くからつくられていました。小麦はほとんど全国でできましたから、あとは塩を入手しつくる技法さえ習得できれば、だれにでもどこでもつくることができました。蕎麦は最初蕎麦がきだったといい、そのうち切蕎麦という手打ち蕎麦がつくられるようになります。うどんもあちこちでつくられました。蕎麦はソバが栽培できる地理的条件が整っていなければなりませんが、広い範囲で栽培が可能です。蕎麦もうどんも江戸や大坂で外食産業がさかんになると、たくさんの店ができました。そのうち蕎麦もうどんも特産地ができるようになり、産地の名前を冠した商品ができるようになりました。ここではつくるときに職人的芸のいる細くて美しいそうめんをとりあげます。

## 大和《やまと》から各地へ伝わる

そうめんをもっとも早く手がけていたのは大和（奈良県）の三輪《みわ》でした。ここから各地へ伝播《でんぱ》していったと思われます。現在でも三輪そうめんは有名です。小豆島《しょうどしま》（香川県）にも三輪からそうめんが伝わりました。小豆島の人が伊勢参りの帰りに三輪のそうめんづくりを見学し、何回も通って技術を習得したといわれます。手延《の》べそうめんが島でできる小麦を原料にし、塩もまたたくさん生産され、その上農家の副業に農閑期を利用できることから、小豆島に適していると判断したようです。慶長《けいちょう》三年（一五九八）のことでした。最初は農家が生産した小麦を牛で挽《ひ》いて粉にしていたようですが、そのうち水車を利用し専門的に製粉する地域ができました。

こうして生産した手延べそうめんは、小豆島の廻船によっておもに瀬戸内の西部方面や北九州方面に販売されていたようです。そのうち佐賀県域や長崎県域にも販路をひろげました。長崎では「小豆島のそうめんがこないと盆がこない」といわれるまでになりました（②）。

## 良質の小麦と近くでできる塩

長崎県島原半島の南東部、雲仙《うんぜん》岳南山麓に広がる有家《ありえ》川下流域に西有家町（南高来《たかき》郡）があります。この一帯は古くからの手延べそうめんの特産地として知られています。島原半島の南部は寛永《かんえい》十四年（一六三七）の島原の乱後、すっかり破壊されて無人の荒野になりました。そこへ移民を受け入れて徐々に復興されていきました。その移民の中に小豆島から来た人々がいて、これらの人たちが手延べそうめんの製法をこの地域に伝えたというのです。現在この地域の手延べそうめんの生産高は、兵庫県播州《ばんしゅう》手延べそうめんについで、全国二位の産地になっています。

西有家町の須川地区にそうめん製造が根付いたのは、地理的条件が幸いしたのだと思われます。この地方の気候は内海性で、年間降雨量が一五〇〇～二〇〇〇ミリと少なく、乾燥産業としての製麺業が適していることが挙げられます。またそうめんの主原料である小麦が近くの深江《ふかえ》扇状地で生産されていることです。しかもそこでとれる小麦は、肥沃《ひよく》な有機質のアルカリ性土壌の畑地で育ったためきわめて良質です。深江小麦はグルテン価の高い硬質小麦なのです。そうめん製造に欠かせない塩は、近くに島原半島最大の塩田がありました。

最初農家の自家消費のためにつくられていたそうめんは、次第に専業製造家が出現し、近くの須川港から積み出されて各地へ出荷されるようになりました。そうめん積み出しの無動力帆船は、近海沿岸の磯から磯へとそうめん商いをして回る小回船で、地元の人は「そうめん船」とか「いさばまわし」と呼んでいました。いさばまわしとは磯場回しの意味で、磯がいさとなまったものです。幕末の頃離島を商取引して巡航した船で、もとは帆柱が二本ありましたが、昭和に入ってからは一本となって動力がつくようになりました（④）。

## 熟練の技が決め手のそうめんづくり

三輪そうめん（奈良版口絵より）

手延べそうめんの製造には長い時間がかかります。時間がかかるのは一工程ごとに冷暗所に放置する（ねかせる）時間が必要だからです。これを「モシ」をとるといいます。ねかせてモシをとるということは、塩水でこね太麺体《めんたい》を熟成させ麺に引きをつくることで、麺を細く延ばすためには欠かすことのできない重要な工程で、その日の気温とこね水の塩加減と密接な関係があります。この塩梅《あんばい》は、長年の経験と勘に頼るしかない、熟練の職人にしかわからないものです。

最初に小麦粉と塩水を混ぜ、こね前作業をします。次に板切作業といって、こねあげた麺体を麺棒で延ばし、のの字型に切って桶に入れてねかせてモシをとります。そのあと油返しといって、菜種油か綿実油をつけます。次は細目です。この作業はほんめともいい、第一回の引き延ばし作業です。それを小均《こなら》しします。これは第二回目の引き延ばしで、一センチぐらいの太さになります。ここでまたねかせてモシをとります。そして掛巻《かけまき》です。これは第三回目の引き延ばしと篠竹に巻きつける作業です。これを室箱《むろばこ》に入れてモシをとります。次いで小引き作業に入ります。これは第四回目の引き延ばしです。また室箱。最後はさばきといって戸外の機《はた》にかけて竹で延ばします。製品は晩秋から冬にかけての乾燥していて気温が低い時期につくられたものが上質で、さらに一年間倉庫でねかせたものを「古そうめん」といって、腰があっておいしいとされています（②④）。

## うーめんは油を使わない

そうめんの最大の産地は播州（兵庫県）ですが、こちらは油とともに水車での製粉で効率よく作業をすることで特産地となりました。宮城県白石《しろいし》でつくられる温麺《うーめん》は、油を使わないそうめんです。旅の雲水《うんすい》（禅宗の修行僧）から地元の人が製法を教わったとされます（①）。ほかに佐賀県小城《おぎ》郡小城町でも、名水を生かしたそうめんづくりがさかんでした。白髪そうめんはとくに名品と呼ばれました（③）。

**関連項目**

①宮城二章5　②香川三章6　③佐賀二章5　④長崎二章10

## 115 鰹節《かつおぶし》

　黒潮の産物である鰹は、古くからわが国で食されていました。青森県八《はち》戸《のへ》市の貝塚からは、なんと八千年前の縄文初期の鰹の骨が鹿の角の釣り針とともに出土しています。とくに江戸時代の人は鰹を好み、「目に青葉山ほととぎす　初鰹」とは鰹の旬を詠んだものですが、大枚をはたいても食べたいと血道を上げる様子が伝えられています。当時の人たちは鰹を生で刺身にしたり、藁《わら》火で燻《いぶ》してたたきとして酢醤油で食べるのを最高の珍味として賞味していました（②）。

　鰹は古くから加工品としても珍重されてきました。奈良時代の文献にすでに堅魚《かつお》、煮堅魚などの文字が登場しているところから、鰹の加工品が重要な食料品であったことがわかります。堅魚は鰹を乾燥させた、現代風にいえばなまり節のようなものと解されています。

### 上質の鰹節は土佐、薩摩、熊野産

　大坂の三大市場の一つ、靭《うつぼ》海産物市場で元和《げんな》八年（一六二二）以来、塩魚、干魚に混ざって鰹節が商われていました。寛文《かんぶん》年間（一六六一〜七二）になると、長堀川の下流で西横堀側と交差する四つ橋の西側に「東西凡《およ》そ三丁ばかりの間ことごとく鰹節の市店なり、故に地名を鰹座」（『摂津名所図会』）と呼ばれる場所があり、この一帯でも鰹節を売っていました。

　鰹は土佐（高知県）、薩摩《さつま》（鹿児島県）、阿波《あわ》（徳島県）、紀伊（和歌山県）、伊予（愛媛県）、駿河《するが》、伊豆、相模《さがみ》（以上静岡県）、安房《あわ》、上総《かずさ》（以上千葉県）、陸奥《むつ》（東北地方）など黒潮海流の沿岸沿いの諸国で漁獲され、それぞれ加工品を製造していました。

　靭と長堀の鰹節問屋は江戸へ鰹節を輸送していましたが、上品質の鰹節が求められました。そこで好まれたのが、土佐節、薩摩節、熊野節（紀州産）でした。これら良質の鰹節は、菱垣廻船によって江戸へさかんに送り出されました（①）。

### 鰹漁法は紀州から全国へ

　縄文の昔は知らず、有史以来もっとも早く鰹漁が行われたのは薩南《さつなん》諸島、中でも七島と呼ばれたトカラ列島あたりだといわれています。フィリピン近海を北上する黒潮は、台湾の北、わが国の最南端与那国《よなぐに》島を通って東シナ海へ入り、奄美大島の西方海上で対馬《つしま》海流を分流したのち、トカラ列島を巻き込んで東北へ進み、日本列島の東側海岸に沿って三陸沖まで達します。七島付近での海流の速さは一日一〇〇〜一二〇キロにも及ぶといわれています。「一に玄海《げんかい》、二に日向《ひゅうが》、三に七島灘」といわれるくらいの海の難所として漁師たちに恐れられていた海域はまた、まれに見るほどの魚の宝庫でもありました。島の人々はこの豊かな海で鰹を釣り、鰹節もつくっていたのです（④）。

　古さではトカラ列島ですが、鰹漁業がもっとも早く発達したのは紀州、とりわけ潮岬から熊野あたりであるとされています。紀伊半島は大きく太平洋へ突き出し、黒潮がまともにぶつかるところです。黒潮に乗った鰹の大群が押し寄せるところとして有名で、近くには「鰹島」という島さえあります。紀伊山中の豊富な木材を利用して、「熊野水軍」に伝えられた造船技術は、やがて漁業に生かされることになります。大船の漁業への使用です。そして紀州の漁民は、やがて鰹漁に新しい技術を開発します。「熊野新法」と呼ばれる「釣《つ》り溜《ため》法」がそれです。餌の鰯《いわし》を生きたまま漁場に運び、活餌を魚群の上にまいて一挙に大量の鰹を船に釣り溜めます。この方法を釣溜法といい、母船を釣溜船と呼びましたが、鰹漁業界に画期的な変革をもたらしました。

### カビ付け鰹節の誕生

大量の鰹が水揚げされれば、それに対応する処理方法が必要になります。古代の鰹節は、生の鰹を細長く切り、日に乾かしたもので干し鰹といい、「堅魚」と書いていました。室町時代中期（一四〇〇～五〇）に、火で燻す「焙乾《ばいかん》法」が創案され、室町時代末期（一四五〇～一五〇〇）頃に煮てから焙乾する方法が熊野で開発されました。これを「熊野式焙乾法」と呼びます。「堅魚」が「鰹節」に変わったのです。

鰹の茹で釜（鹿児島版口絵より）

紀州とくに印南の出稼ぎ漁師たちは、新しい鰹の漁法と加工法を携えて、鰹漁のさかんな土佐、日向、伊豆などまで出かけました。鰹漁のさかんな地域では、藩をあげて鰹漁に取り組んでいたので、これらの出稼ぎ漁師たちを歓迎しました。藩政時代はどの藩でも、住民の逃亡を防ぐため、許可なく領民が藩外に出ることを禁じていました。紀州の漁師は一年間を限度に、出稼ぎに出ることが許されていたのです。「鹿籠《かご》（枕崎《まくらざき》市）の鰹漁業は、宝永《ほうえい》年間（一七〇四～一一）に、紀州から森弥兵衛がきて、鰹節の製法をつたえてからおいおいさかんになった」と、東南方村（枕崎市）郷土誌に書かれています。このような出稼ぎ漁師たちは京・大坂の鰹節問屋の意見を聞きながら改良を加え、ついに「カビ付け法」を発明することになります。鰹節のカビ付けは、長途の輸送・長期の貯蔵・品質の向上など鰹節製造の「最後の砦」ともいえる難問を解決に導きました。土佐藩ではこれを秘法として藩外にもらすことを厳しく禁じました。先の森弥兵衛は紀伊半島を襲った大地震と大津波によって家財を失い、招かれて枕崎に移住し、焙乾カビ付けの秘法を伝えたのでした。

カビ付け法の発明によって鰹節は現代のものとさして変わらないほどの進歩を遂げました。江戸時代後期に出版された本に、「鰹を焙乾したのち、市と樽に入れ蓋をして四～五日おくと青いカビがつく。これを縄ですり落とし、また樽に入れて四～五日するとカビがつく。これを前のようにすり落として日に干して乾かしたものを最上とする」（天明《てんめい》・寛政《かんせい》年間＝一七八一～一八〇一＝頃刊『譚海』）という記述があります。これは現代とほぼ同じ製法なのです。カビ付けするごとにうま味と香をまし、イノシン酸などの相乗作用によってかもし出される風味は、グルメ志向といわれる今日、なくてはならない高級だしの素材となっています（③）。

**関連項目**

静岡二章6　①大阪八章1　②高知二章4　③鹿児島二章10・④三章3

# 116 食品各種

## 年貢に干し柿を納めるように

食品といっても各種あります。素材については別項でとりあげているので、ここでは目に付いたちょっと珍しいものだけをとりあげてみます。

富山県の南砺波《となみ》平野は、石川県境に接し、三方を険しい山で囲まれ、平野の中央を小矢部《おやべ》川が流れる豊かな農村地帯です。西砺波郡福光《ふくみつ》町や東砺波郡城端《じょうはな》町では、江戸時代の初めから「干し柿」づくりがさかんでした。干し柿にする原料柿は、「三社《さんじゃ》」という品種で、渋みの大変強い楕円形で大型の実をつけ、隔年結果を生じやすい特性があります。加賀藩三代藩主前田利常《としつね》が鷹狩《たかがり》の途中にここへ立ち寄って、干し柿を食し、「これはうまい。今度から年貢米の代わりにこの干し柿を納めるように」といったとか。現在でもこの三社柿は、毎年一千八百万個から二千万個が全国へ出荷されています（⑥）。

下野《しもつけ》国壬生《みぶ》（栃木県下都賀郡壬生町）に転封されてきた鳥居忠英《とりいただてる》は、領内に特色ある産物が何もないことに気付きました。早速前任地の江州《ごうしゅう》（滋賀県）からユウガオの種を取り寄せて農民に試作させました。正徳《しょうとく》二年（一七一二）のこと。名主の一人篠原丈助《しのはらじょうすけ》が数年にわたって研究、工夫を重ねた結果、ユウガオの栽培とかんぴょうのつくり方に目途が立ち、次第に近隣に作付けが広まって特産物にまで成長したのです。栃木県は現在、ユウガオの全国作付けの約九〇パーセントを占めます。かんぴょうは、ユウガオの果肉を細長く紐のようにむいて乾燥させたものです（②）。

## 台風襲来前に収穫できる小粒大豆

江戸時代初期に水戸藩（茨城県水戸市）内でうたわれた童唄《わらべうた》に「なんぞ　なんぞ　なんぞ　なんぞのさきに糸つけて…」というのがあって、「な」が十個詠みこまれていて、「納豆」という答を出させるためのなぞなぞになっています。この時期には、すでに納豆が広範につくられていたようです。藩主の水戸光圀《みつくに》は、有事に備えて保存食をつくることを奨励しましたが、その中に納豆が含まれていました。水戸納豆は小粒で有名ですが、那珂《なか》川の自然堤防上でつくられる大豆は台風の被害を受けるので、出水前にとり入れることのできる「生娘《きむすめ》」「地塚《じづか》」などの早生小粒大豆を栽培して早く収穫するからなのです（③）。

江戸時代を通じて生牛馬《せいぎゅうば》屠畜《とちく》は禁止され、庶民も肉食に強い禁忌《きんき》意識を持っていました。しかし実際は、薬を飲み込むように牛馬食が陰に陽に行われており、時代が幕末に近くなり体制が緩みだすと、江戸や京・大坂では牛鍋のようなものも食べることができるようになりました。もっと以前には彦根藩が幕府の定法《じょうほう》にそむいて生牛屠畜を黙認していました。黙認するどころか藩の役人が指導して牛肉の味噌漬や干し肉をつくり、将軍家や時の老中などに献上していました。江戸時代中期のことです。精力のつく特別な食品として食べていたようです。江戸時代でも鹿や猪の肉は禁制ではなく、これらの獣肉を売る店もありました。鹿肉を「紅葉《もみじ》」、猪肉を「牡丹《ぼたん》」などと言い換えてはいましたが、いつの時代でも美味いものには目がなかったのです（⑧）。

滋賀県といえばフナズシに触れないわけにはいきません。琵琶湖でとれる鮒《ふな》を漬け込んでナレズシにするのですが、独特の風味と味があります。千年以上の歴史を持つフナズシですが、江戸時代は将軍にも献上され、今と違って寒のうちに漬け込みました。寒のうちの鮒は子を持っていないので、今のように卵を賞味することはなかったようです⑦。

**昆布《こんぶ》は大阪、海苔《のり》は東京**

寒天《かんてん》は天草《てんぐさ》を煮てつくりますが、京都万福寺を開いた隠元禅師《いんげんぜんじ》が名付けたといわれます。江戸時代には大阪府豊能《とよの》郡一帯でさかんに製造されていました⑨。大坂の産物に昆布があります。もともと昆布を加工していたのは若狭《わかさ》国小浜《おばま》（福井県小浜市）や越前《えちぜん》国敦賀《つるが》（福井県敦賀市）だったのが、北前船で北海道から西廻り航路で昆布が大量に大坂へ荷揚げされるようになると、小浜や敦賀の昆布加工技術が大坂へ移転し、昆布の最大の消費地は大坂になりました。もっとも昆布の利用はもっと早く始まっており、こんな話も残されています。豊臣秀吉が大坂城を築城したときに、五十万個以上の石材を集め城の土台や防塁を築いたことが知られています。この巨岩を運搬するときに昆布を水でぬらし、そのぬめりの上に大岩をのせて運んだという話です。秀吉は堺の商人に昆布を集めさせたと伝えられます。使い終わった昆布は、築城に携わった人たちの食料になったというのですが…。大坂で昆布の消費が増えるとともに「出し昆布」を使う習慣も定着していったといわれます⑩。

富山県砺波平野の干し柿（富山版口絵より）

海苔は東京の浅草海苔が有名ですが、もともとは中川河口の葛西《かさい》の漁民が自生していた海苔を採取したものです。海苔は海水と淡水の交じり合う海域に自生します。海苔が木枝を利用して養殖されるようになるのは、延宝《えんぽう》・天和《てんな》・元禄《げんろく》・正徳《しょうとく》年間（一六七三〜一七一六）の間だとみられています。場所も葛西から品川に変わっています。粗朶《そだ》を積んだ活簀《いけす》に海苔がついたのが、木枝で養殖するヒントになったといわれています。浅草海苔というのは浅草寺の門前市で売られたことからついた名のようです④。

**塩水の使いまわしでクサヤに**

伊豆七島の新島《にいじま》（東京都）名物にクサヤがあります。先祖から受け継いだ液に漬けて天日で乾かした干物で、独特の風味があります。江戸時代新島は地引網漁がさかんで大量にとれたムロアジを干物にして江戸に出荷していました。干物は塩水に漬けたのちに天日で干すのですが、当時塩は貴重品なので塩を補給しながら同じ塩水を繰り返し使いました。その結果、ある種の臭気と甘味のある干物ができあがったのです⑤。湯葉《ゆば》は京都が有名ですが、日光でもつくられています。もともとは山岳宗教の霊場だった日光の修験《しゅげん》僧たちの精進料理としてつくられたものでした①。

**関連項目**

①栃木二章3・②5　③茨城二章10　④東京四章7・⑤8　⑥富山二章12　⑦滋賀三章5・⑧9　⑨⑩大阪コラム

# 117 干鰯《ほしか》

## 高価な肥料を使って換金作物をつくる

干鰯というのは、脂抜きをした鰯《いわし》を干したもので、江戸時代には肥料として珍重されました。化学肥料が出てくるまでは、田畑の肥料は人糞や堆肥、それに油粕、干鰯などが代表的なものでした。油粕というのは、菜種や大豆の油を絞ったあとの粕で、窒素分を多く含んでいました。干鰯が珍重されたのは、綿や菜種、蔬菜の肥料としてたいへん効き目があったからです。このため漁獲された鰯は、それを買い受けた商人の手で加工され、俵詰されて綿や菜種の生産地へ送られました。

もともと綿や菜種は、換金作物として栽培されたものです。その収量を上げる目的で干鰯が利用されたわけですが、干鰯や油粕はそれまでの常識を覆すように高価な肥料でした。高価な肥料（金肥《きんぴ》）を使って、高く売れる生産物を収穫しようというのです。このことは確実に市場経済が農村へも浸透してきたことを示しています。また、鰯を漁獲する漁村もまた変化を余儀なくされました。大量に捕獲できる漁法の開発は、網主を中心とする漁村の再編成と巨大商人の資本との結びつきを生みました。わが国の前浜は鰯の好漁場が多く、各地で活発に鰯漁が行なわれました。ところがそれでも足りなくて、北前船が就航して北海道の産物が本州各地へ送られるようになると、鯡粕《にしんかす》が干鰯の不足分を補うことになります。

## 先進地紀州《きしゅう》から鰯網の技術導入

千葉県の九十九里浜は、もともと小さな網と小さな船で自分たちの食料と近隣の村に売る分だけを漁獲する漁師たちの村が連なっていました。ところが、「太東岬《たいとうみさき》（千葉県長生郡）より犬吠《いぬぼう》岬（銚子市）まで魚家四万余戸、網主三百余家におよぶ」と、安永《あんえい》六年（一七七七）の見聞録に記されるまでに変貌します。江戸時代の高名な経済学者佐藤信淵《さとうのぶひろ》は、「諸国の漁業の中でももっとも規模が大きいのは、九十九里などで行われる鰯漁である。とくに九十九里のものは、日本全国のうち第一のものであろう」と述べています。佐藤信淵は寛政《かんせい》四年（一七九二）から七年間、近郷の上総山辺《かずさやまべ》郡大豆谷《まめさく》村（東金市）に住んでいたので、大規模な地引網《じびきあみ》を目《ま》の当たりにしたのでしょう。

九十九里浜は、江戸時代のはじめ紀州（和歌山県）の漁民が新しい漁場を求めてやってきてから大きく変貌したのです。紀州沿岸は山地が多く農業には不向きで、加えて近くに京、大坂という大消費地が控えていたこともあって、早くから漁業が発達していました。また、摂津《せっつ》（兵庫県、大阪府）、河内《かわち》、和泉《いずみ》（ともに大阪府）で綿作がさかんになり、干鰯はいくら生産しても足りないという状況でした。「関東の海には魚がたくさんおり、土地の人はそれら魚を捕る方法を知らない」と書物に書かれているような状態を知った紀州の漁民は、先を争うようにして関東にやってきました。

紀州の漁民は九十九里浜のような遠浅の砂浜地帯には地曳網を、天津《あまつ》（安房郡天津小湊町）や銚子《ちょうし》のような岩場のところには八手網《はちだあみ》（沖どり網）を持ってきました。八手網というのは二艘の船の間に網を敷き、魚がその上にくると網を上げ船に積んで帰るものです。浮敷網《うきしき》（海底までおろさないで張る網）の一種です。紀州の漁師は漁期がくると浜辺の近くに土地を借り、小屋を建てて生活しながら漁をして干鰯をつくり漁期が終わると引き揚げます。紀州の人が新しい漁法で鰯をたくさんとり、それを干鰯に加工して三浦半島にある干鰯問屋に送って、莫大な利益をあげているのをみて地元の経済力のある百姓たちが集まって共同で地引網を始めるようになりました。元禄《げんろく》五年（一六九二）には、紀州の湯浅《ゆあさ》（和歌山県有田郡湯浅町）から十二人の漁業技術者を招き指導を受けたようです。なにしろ地引網は二隻の船とともに長大な四枚の網を使い、鰯を囲い込んで陸にいる人々が力を合わせて引く三百人がかりの組織的な漁です。網の仕立て、船の操り方、鰯の群の見方、網の入れ方、網の引き方など解決すべき問題が山積していました。ともあれこうして旅網（出稼ぎにきている漁師の網）と地網（地元漁民の網）が共存して漁をするようになりました。ところが元禄十六年、房総沖を大地震が襲いました。大津波が押し寄せ、海岸近くに土地を借りて小屋を建てていた旅網はひとたまりもありませんでした。この災難で旅網は網も船も無くし、死者まで出してしまいました。旅網は撤退し、以来九十九里浜は地網の時代になりました（①）。

九十九里町での地引網（千葉版112ページ）

## 膨大な干鰯が日本中へ出荷される

獲れた鰯は、「下場」「大場」「神の魚《いお》、または小役」の三ヵ所に積みます。大場は商人に売る鰯で、台形状に積み上げ、一間《けん》を三歩（歩測）で測って横何間、縦何間、厚さ何尺と、その量を測ります。網主は賄（支配人）と商人の代表である帳元が値ぶみをして全体の金額を決めます。ついで大場に居合わせた商人（その網に附属した商人。普通一網三十から五十人でした）を四から五グループに分け、そのグループ数に鰯を大分けしてだれがどれをとるかくじ（鰯籤《くじ》）で決めます。商人は買い入れた鰯を干鰯に加工します。

干鰯には種類がありますが、もっとも単純なのは砂浜でそのまま天日で乾燥されるものです。春、夏は十日前後、秋、冬は二十五日程度乾燥するのにかかりました。〆粕とか煮干鰯と呼ばれるものは、釜で鰯を煮てから、〆粕道具に入れて圧搾します。よく絞って取り出してから筵《むしろ》の上に並べて干します。この他塩漬けした鰯を浜辺で干す方法もありました（①）。

寛文《かんぶん》年間（一六六一〜七三）の記録によると、大坂市場の魚肥を扱う商人はすでにこの時期問屋と仲買に分離しており、問屋二軒、仲買五十五軒となっています。永代濱に荷揚げされた干鰯はすべて問屋が荷受し、セリにかけられて仲買が落札しました。大坂の干鰯商人は、寛文八年に五十五人だったものが元禄《げんろく》十六年（一七〇三）には、百五十七人へと急増しています。正徳《しょうとく》四年（一七一四）に大坂に入荷した干鰯は、銀一万七千七百六十貫二百八十九匁（金換算二十五万三千七百十八両二分）という莫大な量でした（②）。

**関連項目**

千葉二章3・①4　神奈川二章5　大阪四章6・②八章2・コラム　鳥取二章6　愛媛二章8　大分二章8

## 118 煙草《たばこ》

煙草を喫煙する習慣を日本人が身に付けたのは比較的新しいことです。たばこは漢字で煙草と書きますが、烟草、あるいは多様粉などの文字も使われました。いずれも読みはたばこですが、葉を乾燥して喫煙用に加工するこの植物は、亜熱帯特有の植物で、西インド諸島などで古くから栽培されていました。アメリカ大陸を発見したといわれるコロンブスが、西インド諸島に到達したときに目を付け、ヨーロッパに持ち帰ってから喫煙の習慣が広まったと伝えられています。ヨーロッパで好まれるようになって、わが国へはポルトガル船によって持ち込まれたようです。十六世紀後半のことだといわれています。

江戸時代の初めにはわが国でも栽培が始まりましたが、幕府は最初のうちしばしば禁令を出して、たばこの栽培、売買を禁じました。米を作るべき田や五穀を作付けしなければならない畑に他の作物をつくることは適当ではないという理由のほか、煙草が火事の原因になることを嫌ったものと思われます。事実、慶長《けいちょう》十二年（一六〇七）、大御所徳川家康の駿府城で煙草が原因で火事が起きています。

しかし、煙草のような嗜好品は一度庶民に好まれると、禁令もものかわ、流行の勢いを止められるものではありません。加えて、比較的やせた土地でも栽培できること、商品作物としてなかなか良い値で売れることなどの理由も手伝って、元禄《げんろく》年間（一六八八〜一七〇一）には全国各地でさかんに栽培されるようになり、中には産地の名を冠して名品と呼ばれるブランドものまで登場するようになったのです。

### 「花は霧島《きりしま》、煙草は国分《こくぶ》」

喜代三がこう小原節で歌って、一躍有名になった国分煙草の歴史はわが国でももっとも古く、すでに慶長年間（一五九六〜一六一五）に作付けしたという記録があります。もっとも小原節がヒットしたのは昭和九年のことですから、御当地ソングの流行と国分煙草の歴史とはあまり関係がありません。

しかし、鹿児島県の煙草づくりはわが国でももっとも早くから行われており、記録による煙草のわが国における最初の栽培地は現在の指宿《いぶすき》市だとされます。その煙草の種を領主の島津氏は親戚に当たる京都の公卿近衛家に送り、近衛家はこれを京都花山に植えて、花山煙草をつくったと伝えられます。またその直後、国分では服部宗重《はっとりむねしげ》という武士が主人の島津義久《よしひさ》の許可を得て一反（約一〇アール）の畑で試作したところ、素晴らしい製品に仕上がり、義久に激賞されて、服部宗重は煙草奉行に任ぜられたそうです。

それから幕府の禁令との関係もあり、いくつかの曲折を経ましたが、十八世紀に入ると煙草は全国で公然とつくられるようになっていました。その中でとくに有名になったのは歴史的蓄積の厚い「国分煙草」だったのです。砂地で排水の良い地質が煙草栽培に向いていたことに加えて、煙草葉に付いた虫を一匹ずつていねいにとる作業など、数々の工夫を凝らした栽培ノウハウの蓄積がものをいったものと思われます。砂走《すなばしり》、車田《くるまだ》、伊勢《いせ》ケ屋敷《やしき》など、地名を冠した名品ブランドがもてはやされました。

鹿児島県では国分に刺激され、やがて姶良《あいら》地方、出水《いずみ》地方へと栽培地が広がって行き、やがて全県的に栽培されるようになりました（④）。

## 全国各地でさかんに生産された煙草

当初は農家で栽培された葉煙草は、そのまま市の立つ町へ持ち出されて売買されていたようです。ところが大都市での煙草消費が増えてくると、産地の葉煙草を扱う業者が、江戸など大都市の問屋から前渡しされた仕入代金を運用し、産地の仲買あるいは生産者から直接集荷し、それを問屋へ送付して決済する方式がとられるようになっていきました。江戸では送られてきた葉煙草を問屋配下の職人の手で刻《きざ》み煙草に加工された上で消費者に売買されました。しかし、産地近くにも問屋があり、たとえば上州（群馬県）高崎城下には数軒の煙草問屋があり、周辺から買い付けた葉煙草を職人に加工させ、刻み煙草の製品を出荷していました。寛政《かんせい》四年（一七九二）の町奉行日記によると、この年城下には少なくとも五十七人の煙草刻み職人がいたことがわかります（①）。

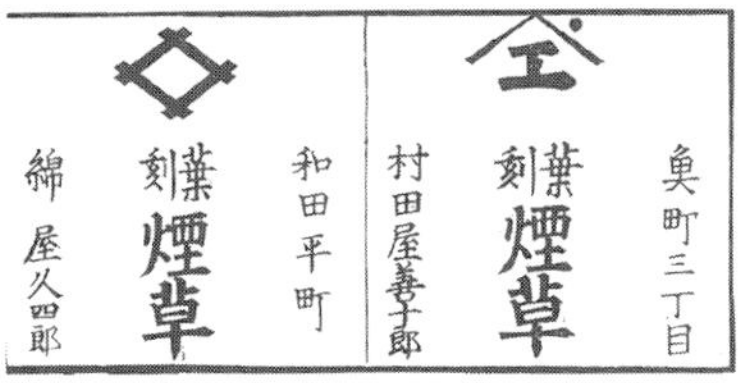

甲府の煙草問屋（山梨版137ページより）
（『甲府買物独案内』山梨県立図書館蔵）

貞享《じょうきょう》四年（一六八七）、甲府町年寄が城下での諸商品の取扱高と問屋人数を書き上げたなかに、煙草は城下での小売り千二百両あまり、煙草問屋四人と記されています。他国へ売り出す分は、すべて在方（農村）の生産地から直接売られていてこの中には入っていないので、もうこの時すでに相当の額が産出されていたことが想像できます。

『本朝食鑑《ほんちょうしょくかがみ》』（元禄《げんろく》五年＝一六九二＝刊）が、諸国で産する煙草のうち、摂州《せっしゅう》服部（大阪府高槻《たかつき》市）、和州吉野（奈良県吉野郡）や泉州（大阪府）新田産に次ぐものとして、信州（長野県）和田・玄古、上州高崎とともに佳品としてあげられた甲州和田・小松（山梨県甲府市）の煙草は香りも味も温和で、甲州産の随一といわれました（③）。

神奈川県の秦野《はだの》でも煙草がさかんに栽培されました。この地方で煙草栽培が増えたのは、宝永《ほうえい》四年（一七〇七）の富士山の噴火がきっかけだったとされます。噴火による降灰で荒れた土地でも煙草は栽培可能だったからだというのです。しかし、品質は今一つだったようで、江戸では秦野葉は国分葉などの調和材として利用されたようです。「国分は気候で、水府《すいふ》（茨城県）は土壌で、秦野は技術で持つ」といわれたように、秦野では栽培技術の改良がつぎつぎと図られました（②）。

煙草の値段は、産地の格付けもあり、なかなか現在の基準で計るのは難しいのですが、甲州での宝暦《ほうれき》六年（一七五六）の値段は、甲金一分（一両の四分の一。甲金一両で上米京桝一石八升）につき、上等の煙草で和田・小松が五斤から六斤（この場合一斤二百匁＝七五〇グラム）でした。もっとも龍王（商品名）六〜七斤、萩原（同）十六〜十八斤と相当幅がありました（③）。

**関連項目**

①群馬二章6　②神奈川二章7　③山梨二章6　④鹿児島二章3

# 119 薬草

## 薬草を求めて山野に分け入る

薬は私たちの生活に欠かせません。そのため古くから薬をつくるための薬草が求められてきました。人々は身近にある山野の草花から薬効のあるものを探し出し、簡単な加工を加えて薬として利用してきました。やがて古医方《こいほう》と呼ばれる昔の医術と結びついて次第に体系化されていきました。これが本草《ほんぞう》学と呼ばれる学問の重要な一部分です。江戸時代には、こうした薬効のある草花を栽培しようという動きがさかんになりました。幕府は官営の薬園をつくって積極的に栽培を試みたり、すでに販売されている薬の薬効の調査、中国や朝鮮から輸入された薬の真偽や効き目を鑑別しようとしました。各藩もそれぞれ薬園をつくって薬草を栽培しました。こちらは藩の殖産興業の一環としての色彩の強いものでした。民間で薬草園を経営した数少ないケースもあります。

## 画期的な八代将軍吉宗《よしむね》の薬事行政

江戸時代に製薬や売薬がさかんになったのは、八代将軍吉宗の享保《きょうほう》年間（一七一六〜三六）でした。幕府のそれまでとは違った薬事行政が、製薬や売薬をさかんにするきっかけをつくりました。

幕府はそれまであった官営薬園を整備し、大幅に増設しました。官営薬園は偽薬の流通を制限するために、輸入薬種の真偽鑑別と原料の研究が主目的でしたが、それに加えて薬種の栽培研究を始めました。とくにこの時代に薬用人参《にんじん》の栽培に成功したことは注目されます。官営薬園は最大規模の中央薬園の小石川《こいしかわ》（東京都文京区、現在の東京大学附属小石川植物園）、禁裏《きんり》への薬種調達を主たる任務とした京都、外国から渡来した薬草などをプールした長崎、駒場《こまば》（東京都目黒区）、久能山《くのうざん》・駿府《すんぷ》（いずれも静岡県静岡市）、人参栽培の研究をした佐渡《さど》（新潟県）などにありました。その上幕府は採薬使を全国に派遣して薬原料の調査を行い、これと並行して「和薬改所」を設けました。ここで薬を検査し、良質な和薬（国産薬種）を公認して全国の流通機構に乗せて流通させることにしました。和薬改所は全国の五ヵ所に設けられました。このため良質な薬原料が容易に入手できるようになり、製薬・売薬業は全国的に活況を呈することになったのです（④）。

薬用人参は中国・朝鮮を原産地として、わが国には奈良時代に輸入されました。以来貴重な薬種として輸入され続けました。江戸時代には国交の回復した朝鮮からおもに輸入されていましたが、薬効のあると評判になった薬には必ずといっていいほど使われていました。このため価格もどんどん高くなりました。薬用人参そのものを手に入れるには複雑な何段階もの手続きがあり、最後には対馬《つしま》藩に理由書をつけて提出して調達しなければなりませんでした。朝鮮貿易は対馬藩宗《そう》氏が、幕府から独占する特権を受けていたからです。価格は元禄年間（一六八八〜一七〇四）で、一斤（六〇〇グラム）銀六百八十匁（金にして十二両あまり）もして、貧しい人にはとても手が出ませんでした。

吉宗は何とかしてこの状況を打開しようとして、側近の本草学者に命じて日光で輸入種を使って試験栽培をさせました。享保十三年（一七二八）

のことです。それから数年、さまざまな試行錯誤の末栽培に成功し、種が採取できるようになりました（③）。幕府はこれを希望する各藩に配布し、全国で栽培されるようになります。しかし薬用人参は、種を蒔いてから収穫するまでに四、五年かかること、直射日光を嫌うため日覆い栽培をするためその労力と資材がかかること、連作ができないため耕作地を五、六年ごとに移動させなければならないことなど、苦労と手間と資金のかかるものでした（①）。そこで栽培を奨励する藩は、栽培農家に資金提供と栽培指導を積極的に行いました。

## 藩の薬園は殖産興業の一環

熊本藩は宝暦《ほうれき》六年（一七五六）に蕃滋園《ばんじえん》を設立して、薬草や薬木を栽培しました。翌年には医学校の再春館《さいしゅんかん》が創設され、医薬両輪の教育が行われました。再春館の本草学の教師は、村井見朴《けんぼく》という人物でしたが、彼は闘草会というものを開いていました。再春館の教師や学生が山野に分け入り、それぞれ植物、動物、鉱物など薬用になると思われるものを採集します。それを持ち寄って展示し、参会者に見せます。採集品に付箋《ふせん》をつけ、参会者と採集者が質疑応答、討論をします。この行事は定例化され、長い間続けられました（⑧）。

森野藤助の薬草研究所があった桃岳庵
（奈良版318ページより）

鳥取藩は文政《ぶんせい》十年（一八二七）に、大黄《だいおう》、地黄《じおう》、甘草《かんぞう》、芍薬《しゃくやく》などの中国種の栽培を中心とした薬園を始めました。のちに日本の在来種、蕃種（南方やヨーロッパなどからの伝来種）を含め、七十八種を栽培しました（⑦）。

会津藩（福島県）が藩主の別荘地の一角に薬園を創設したのは、寛文《かんぶん》十年（一六七〇）のことでした。この薬園では早くも貞享《じょうきょう》年間（一六八四〜八八）には薬用人参の試験栽培を行っています。尾張藩の薬園は十七世紀初めにつくられたようで、薬草のほか花も植え、栗、桃、梨などの果樹も植えられていました。全体で二千種ほどに上ったようです（⑤）。

## 民間の薬園も各地にできる

須賀川《すかがわ》（福島県）の牡丹《ぼたん》園は全国的に有名です。ここはもともと江戸時代には、薬種商伊藤祐倫《いとうゆうりん》が薬種として牡丹の根に注目して栽培を始めたものです。牡丹皮は消炎性の浄血薬で痛み止めの功能がありました。牡丹を栽培すれば花を鑑賞し根を薬に利用するという一石二鳥の収益がありますが、薬用の根を採るには専門的な栽培法が必要とされます（②）。

民間の薬園としては、奈良県宇陀《うだ》郡大宇陀町の森野薬草園が当時から有名でした。当主の森野藤助は、葛《くず》を製造しながら幕府の採薬使と同行して、近郊の山々で薬種を採取しました。藤助は自ら採集した薬草や幕府から分けてもらった種苗などを植付け、享保十四年（一七二九）に薬草園を本格的にスタートさせました（⑥）。

**関連項目**

①福島一章5　②福島五章4　③栃木二章6　④富山五章10・50科　⑤愛知三章4　⑥奈良五章5　⑦鳥取二章8　⑧熊本三章3

# 120 製薬・売薬

江戸時代の薬といえば、越中《えっちゅう》富山の「万金丹《まんきんたん》」があまりにも有名です。しかし、別に富山だけで薬がつくられていたわけでは決してなく、よく知られた薬の産地もいくつかありました。大坂には薬問屋が軒を並べる道《ど》修《しょう》町がありましたし、滋賀県には近江《おうみ》売薬として名高い薬の行商集団がありました。また、佐賀県には田代の売薬がありました。いずれにしても医者にかかると高くつくため、少々の具合の悪さは安価な売薬に頼っていたのが実状でした。これらの売薬はどんな地方にも行商に来てくれますし、支払いは使ったあとでいいという気楽さから、家庭に常備薬としておかれていた事情は現在と変わりません。

## 薬業関係者の一大集住地道修町

大坂道修町に薬問屋が集まって、特殊な専門街をかたちづくった理由はよく分かっていません。しかし、薬業関係者がここに集まって一大問屋街を形づくっているのは、江戸時代から現在まで変わりません。もっとも現在では問屋というよりわが国を代表する大製薬メーカーといったほうが相応しい会社もいくつかあります。

享保《きょうほう》七年（一七二二）、道修町薬種仲買仲間が成立しましたが、この時、唐薬種《とうやくしゅ》や和薬種などを諸国へ積み送る商人が百十軒あまり、道修町やその他の町で薬種の卸や小売りを行うかあるいはほかとの兼業で薬種を扱うものが約七百軒あまり、国内で産出する和薬種を仕入れ、大坂の問屋へ納入している商人は数え切れず、と幕府への上申書に記されているように、道修町をめぐる薬業関係はすでに一大産業に発展していました。

江戸時代の医療における薬はおもに漢方であり、薬の調合材料は中国、朝鮮からの輸入と国内各地で産する和薬種が使われていました。このうち中国、朝鮮からの輸入は長崎を通じてなされ、長崎の輸入業者が道修町の唐薬問屋に売り渡す形でした。唐薬問屋はこれを薬種仲買に卸し、薬種仲買がこれを国内各地の製薬業者に売る仕組みでした。道修町の薬種仲買は、輸入物ばかりでなく、国内産の薬種も広く全国から仕入れました。とくに享保年間（一七一六～三六）には、八代将軍吉宗の方針もあって、医療、薬事政策に力が入れられ、朝鮮人参の国産化をはじめ薬草園の創設などが実施され、和薬種の増産が奨励されました（③）。

## 壮大な富山の薬の販売網

富山で薬の製造と販売がさかんになった理由はよく分かっていません。この地は山岳信仰である立山《たてやま》信仰がさかんでしたが、立山の宿坊《しゅくぼう》から地方ごとの旦那場《だんなば》（信者のいる土地）へ布教に出かけていましたが、その際に立山の家内安全の御札《おふだ》と家族が死んだときに着せる経帷子《きょうかたびら》（白麻布）、それに立山付近で摘んだ薬草からつくった薬を持っていきました。これらは必要が生じたときに信者の家で使われ、代金は次の訪問のときに受け取りました。これが富山の薬売りの訪問販売方法の原型になったといわれています。

また、富山藩二代藩主前田正甫《まさとし》は、富山売薬の祖と後年称されるほど売薬に力を注ぎました。ある時岡山の医師が来て反魂丹《はんごんたん》を献上し、藩主はこれを愛用していました。正甫が参勤交代で江戸城へ参内した折、ある大名が腹痛で苦しんでいたので反魂丹を服用させたところすぐに治りました。これを見ていた多くの大名から反魂丹を求められたため、松井屋源右衛門に製造させ、全国販売を始めたといわれます。当時富山藩は、米以外にこれといった産物がなかったので、この反魂丹を中心とした売薬業を重要な産業に育てようという機運が生まれたと伝えられています。

名物があったからといって、他国へ勝手に売りにいくわけにはいきません。当時各藩は独立の経済を営んでおり、その藩内で行商しようとすれば必ず藩の許可が必要でした。行商といっても規模が大きく、道中の荷物の管理、運搬にも気を遣わなければいけませんし、なにより旅先藩との折衝が最重要事項でした。また、商人同士の連絡、営業上の注意事項も定める必要があり、行商団体仲間の組がつくられました。行商先方面によって全国を二十一の組にし、組の本部を富山に置き、組頭が統括しました。

組の大きさは、関東地方にいく関東組三百八十一名、近畿地方五畿内組二百六十一名、東海地方の美濃《みの》（岐阜県）組二百六名など広範囲にわたるものもありましたが、国ごとの信州（長野県）組百七十二名、越後《えちご》（新潟県）組百九名、薩摩《さつま》（鹿児島県）組二十六名などといった小さい組もありました。いずれにしても富山の売薬組は、本州・四国・九州へくまなく行商に入っています（①）。

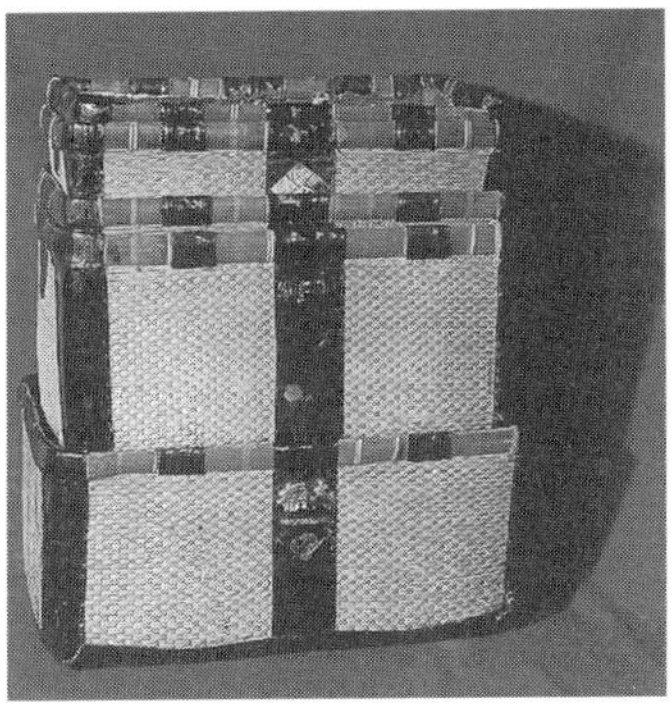

売薬の行商に使われた柳行李（富山版口絵より）

## 田代《たじろ》と日野の売薬

佐賀県の田代は対馬《つしま》藩の飛び地です。ここで売薬が発達したのは、対馬藩と朝鮮との長年の交流がもたらしたものです。鎖国政策が継続された江戸時代にあっても対馬だけは、長年の実績から朝鮮貿易が認められていました。したがって対馬藩の財政はこの朝鮮貿易に大きく依存していました。対馬藩領田代で売薬がさかんになったのは天明《てんめい》年間（一七八一〜八九）のことです。朝鮮人参を主成分とする朝鮮名法《めいほう》奇《き》応丸《ほうがん》が、大変効くと評判になったのをきっかけに各地で田代売薬が知られるようになりました（④）。

滋賀県の伊吹《いぶき》山は、古くから薬草の産地として知られていました。古い記録でも朝廷に献上された生薬《しょうやく》が、ほかの国にぬきんでて多く七十三種が近江のものと記されています。

これらの薬種を巧みに利用したのが日野商人でした。日野はもともと漆器の産地でした。日野商人はこれらの漆器を持って諸国を行商していました。ところが漆器の評判があまり良くなくなり売上が減少したため、これに代わる商品を探していました。そのような時、正野《しょうの》玄三《げんぞう》という人物が「万病感応丸《かんのうがん》」「万応丸」をつくりだしたのです。その効能が評判になり、漆器に代わる新商品としてこれらの薬が売り出されたのです（②）。

**関連項目**

茨城二章7　新潟二章6　①富山二章7・50科　②滋賀二章8　③大阪四章3
奈良二章4　岡山二章6　山口二章9　④佐賀二章9

## 121 花と植木

花卉《かき》というのは鑑賞されるために栽培される植物のことですが、これらの花卉・植木は、江戸時代に需要が増し大きく発展します。参勤交代が制度化され、江戸に屋敷を構える大名は例外なく大規模な庭園を造成しました。また、江戸時代半ば頃からは、江戸市民や下級武士の間で盆栽・草花・観葉植物の鉢植えが大流行しました。

　こうした動きは江戸市中ばかりでなく、全国的な動きでした。全国各地の物産を書き上げた記録には必ず花卉・植木が記されていますし、寺院や商人の庭園づくりもさかんでした。こうした需要の高まりは、供給者として多くの優れた植木屋たちを生み、育てていきました。大都市周辺では農家が転業することが多かったのです。

### 駒込《こまごめ》・巣鴨《すがも》は江戸の一大植木供給センター

「そこの村全体が多くの苗樹園で網羅され、それらを連絡する一直線の道が一マイル（一・六キロ）以上も続いている。私は世界のどこへいってもこんなに大規模に売物の植物を栽培しているのを見たことがない。植木屋はそれぞれ三、四エーカー（一エーカー＝約四〇アール）の地域を占め、鉢植えや露地植えのいずれも数千の植物が良く管理されている。（中略）そこでサボテンやアロエのような南米の植物に注目した。それらはシナでは知られていないのに日本へは来ていたのである。実際それは有利な識見による日本人の進取の気質を表している」

　これは万延《まんえん》元年（一八六〇）から一年あまり江戸と清国《しん》（中国）の北京《ペキン》を旅行したイギリスの植物学者ロバート・フォーチュンの見聞記、『江戸と北京』の中の「染井《そめい》村の壮観」と題された記述の一部分です。この本には、染井村（東京都豊島区）が、植木の一大供給センターになっている様子が詳しく書かれています。幕末期の江戸の園芸は、造園の本場イギリスの植物学者を驚嘆させたほどに、世界に類を見ないほど発達したものだったことがよくわかります。とかく鎖国というイメージだけが先行する江戸時代にあって、当時の染井でサボテンやアロエなど南米産の植物が植えられ、栽培されていた事実は注目に値するでしょう。

　ところで現在ＪＲ山手線駒込駅構内の土手に春になるとさまざまなつつじが花を咲かせていることに気付いている人も多いかと思いますが、これは明治四十三年（一九一〇）、近隣の植木屋が駒込駅が開設されたことを記念して植えたものです。今は市街地化してしまいましたが、駒込・巣鴨界隈は、かつて江戸時代には植木屋が多くを占める地域でした。その中心が染井村でした。染井の地名を知らない人でもソメイヨシノという桜の品種を知っているでしょう。そのソメイヨシノが誕生した地です。ソメイヨシノは江戸時代中頃この地で誕生しましたが、その発生については諸説あります。オオシマザクラとエドヒガンという二つの自生種の自然交雑説や植木屋の人為交配説などです。

　八代将軍吉宗《よしむね》は、「花の名所」づくりを奨励しました。上野《うえの》寛永《かんえい》寺や王《おう》子《じ》の飛鳥《あすか》山、隅田《すみだ》川堤など現在でもお花見シーズンになると大変な人出になるところは、吉宗の命によって桜をはじめ種々の樹木が植えられて江戸庶民の新しい名所になったところです。園芸の流行はこうした為政者の姿勢にも後押しされていたのです。

江戸時代の駒込は大名屋敷（下屋敷や抱屋敷）の多いところでしたが、ここで東都一の植木屋と謳《うた》われた伊藤伊兵衛《いとういへえ》が生れました。伊兵衛は染井にあった藤堂家《とうどう》（津藩）の庭掃除などの下働きをしていましたが、そこで不用になった花や樹木を自分の庭に持ち帰り、植え直して多くの種類を所有するようになったといわれます。とくに有名な染井ツツジは、寛文《かんぶん》年間（一六六一〜七三）、藤堂高久《たかひさ》が薩摩《さつま》（鹿児島県）の霧島山《きりしま》から霧島ツツジを取り寄せ染井の下屋敷に植え、これを伊兵衛が挿し木や接木《つぎき》をして増やしたものです。藤堂家の下屋敷は広さが八万坪（約二六・四ヘクタール）あり、花の季節になるとさながらツツジが原の様相を呈したといわれています。三代目の伊兵衛は、ツツジとサツキの解説書『錦繍枕《きんしゅうまくら》』五巻五冊を、図入りで刊行したことで知られています。その三年後の元禄《げんろく》八年（一六九五）には、わが国初の総合園芸書『花壇地錦抄《かだんじきんしょう》』六巻五冊を著しました（①）。

隅田川ぞいのソメイヨシノ（東京版314ページより）

## 肥後《ひご》六花と植木市

現在全国有数の植木市が開かれる都市に熊本があります。熊本で植木市が最初に開かれたのは天正《てんしょう》年間（一五七三〜九二）にさかのぼるといわれますが、この頃はほかのものと一緒に並べられた程度だったようです。しかし、熊本藩六代藩主細川重賢《ほそかわしげかた》はことのほか花木を愛し、薬草を含めた植物に造詣が深い人でした。熊本藩の宝暦《ほうれき》改革を実行するとともに、医学校として再《さい》春《しゅん》館を、薬草園として蕃滋《ばんじ》園を創設しました。花を愛する藩主のもと、城下で花木の商いがさかんになったのは宝暦年間（一七五一〜六四）のことでした（②）。

熊本には「肥後六花」と呼ばれる名花があります。いずれも頭に肥後の文字をつけて呼ばれますが、芍薬《しゃくやく》、花菖蒲、朝顔、菊、椿、山茶花の六種類の花です。このうちもっとも古いのは芍薬で、その名の通り、最初は薬用として植えられました。しかし、「立てば芍薬、座れば牡丹」といわれるように、この美しい花に魅せられたのが、儒学者である中瀬助之進《なかせすけのしん》です。長年苦心して美しい芍薬をつぎつぎと咲かせ、『芍薬花品評論』を書き上げ、肥後芍薬の祖と仰がれるようになりました。

花菖蒲《しょうぶ》は江戸で花菖蒲に魅せられた旗本が育てたものを、熊本藩士が苗と実を譲り受け、国元に植えたのが肥後花菖蒲の始まりとされます。肥後朝顔は、宝暦年間にすでに鉢仕立てで鑑賞する傾向が始まっていたといわれます。肥後菊は、大輪のものではなく、清楚な小菊です。肥後椿は梅芯《うめじん》と呼ばれる梅のおしべのように開いた芯が特徴です。六花のうち創始者がわからないのは、この椿と朝顔だけです。肥後山茶花は藩士が京都から持ち帰ったものといわれています（③）。

**関連項目**

①東京四章2　滋賀五章3　②熊本二章7・③10

# 122 焼物

東日本では「せともの」、西日本では「からつもの」といわれるほどに、この二つの焼物産地は古くから陶磁《とうじ》器の産地として人々に知られていました。陶器、土器は生活に必要欠くべからざるものでしたから、須恵《すえ》器の時代からさかんに焼かれてきました。いくつかの陶器や陶磁器の産地をみてみます。

## 独特の味わいと素朴な力強さ

岡山県備前市で焼かれる備前焼は、八百年を超える生産の歴史があります。はじめのうちは須恵器と同じ青灰色をした瓦《かわら》、椀《わん》、皿、壺《つぼ》、鉢、大甕《おおがめ》などを焼いていましたが、中世の中頃になると現在の備前焼の黒褐色に近いよく焼き締まった丈夫な焼物へと発展し、壺、擂り鉢、大甕など中・大型日常雑器では、尾張（愛知県）の常滑《とこなめ》焼と東西を二分するように販路を拡大します。江戸時代になると、製品は次第に壺、甕は減少し、擂鉢《すりばち》、徳利が主力製品になります（⑦）。

愛知県常滑市の常滑焼も古くから壺、甕、鉢などを焼くことで知られていました。江戸時代にはこれら大型の製品に、火鉢、火消し壺、蚊遣《かや》り、土管などが加わります。江戸時代の後期になると朱泥《しゆでい》急須《きゆうす》の生産が始まります。常滑焼きの特徴は、釉薬《ゆうやく》をかけずに陶土をそのまま焼き締める点にあります。近代になって土管が大量生産されるようになりますが、これは江戸時代に培われた大甕生産技術の基盤の上に築かれたものです（②）。

## 名品の唐津、全国にシェアを拡大した瀬戸

佐賀県唐津市の唐津焼は、日用雑器に使われる陶器に、わが国ではじめて釉薬をかけた焼物で、西日本一帯で広く使われました。また、茶の湯で使用される茶碗、水差し、花入れなどの名品も多い陶器です。滋野焼（瀬戸系の茶陶）とともに日用雑器の陶器の表面に鉄絵（鉱物性の顔料で絵を描く）を描くようになったことでも知られます。唐津焼は豊臣秀吉が朝鮮に出兵する前に、すでに朝鮮人陶工の手ではじめられていたとされます。十六世紀末から十八世紀中頃までに焼かれた唐津焼を、「古唐津《こからつ》」と呼びます。千利休が愛用した筒茶碗「狂言袴《きようげんばかま》」「引き木（挽き木）の鞘《さや》」「ねの子餅」を三名椀といいます。その一つ「ねの子餅」は、古唐津とされています。利休の弟子たちは、利休が愛した高麗《こうらい》物や古唐津を求めるようになりました。江戸の茶人たちは「一井戸、二楽、三唐津」とか「一楽、二萩、三唐津」といって、「背高き白き高麗」と呼ばれた井戸茶碗、京都の楽茶碗、山口の萩茶碗、唐津茶碗を名品としてたたえたのです（⑧）。

愛知県瀬戸市は古くからの焼物の産地でした。十五世紀の終わり頃、旧来の穴窯に変わり新たに大窯が登場します。大窯の出現により瀬戸焼の生産形態は大きく転換されます。作業効率が向上するとともに、燃焼効率も格段によくなりました。一度に焼ける量も多くなりました。十七世紀初めには、この大窯が連房式登窯《のぼりがま》へと発展します。瀬戸へは唐津から連房式登窯の技術が移転しています。連房式登窯は大窯と同じように地上式の窯ですが、焼成《しようせい》室が十数室連なっており、各部屋ごとに専用の出し入れ口と薪の投入口が設けられ、大窯以上に大量生産に適した窯でした（③）。

江戸時代の瀬戸焼には、食膳具として各種椀、皿、鉢、盤類、調理用具として摺り鉢、こね鉢、鍋類、貯蔵用具の壷、甕類、その他香炉、灯明具、火鉢、植木鉢など、庶民の生活の変化に合わせてさまざまなものがつくられました。しかし、江戸、大坂、京都などの大都市での食器類は、肥前（佐賀県・長崎県）磁器が多数を占めていました。磁器が陶器より硬質で食器素材として優れていることで、磁器が量産されるようになると多くの階層で使用されることになったからです。瀬戸では享和《きょうわ》元年（一八〇一）から磁器が生産されるようになり、磁器量産のための試行錯誤が繰り返されます。品質向上への努力と流通体制の整備で、瀬戸磁器が東日本各地で「せともの」と呼ばれるほどに成長するのは、幕末から明治にかけてでした④。

## 信楽《しがらき》、京、九谷―いずれ劣らぬ名品

滋賀県甲賀郡の信楽焼も、豊富な陶土と燃料がこの地に古くから焼物を根付かせた要因でしょう。お茶壷道中の茶壷やユーモラスな狸の焼物で知られる信楽焼は、素朴さが京都の茶人に愛されました。茶陶類のほか日常雑器も焼かれ、むしろこちらのほうが生産の主力でした。京都や大坂へさかんに出荷されたのです⑤。

（愛知県陶磁資料館蔵）
江戸後期の瀬戸焼の鉄絵秋景図大皿
（愛知版口絵より）

京都には備前、常滑、丹波、信楽などからの国内製品にとどまらず、中国などからの輸入陶磁器が大量にもたらされ、需要を満たしていました。京都で焼物が焼かれるようになったのは、陶磁器を見る目を持った需要家が自らの好みを主張しようとしたからだとみられます。楽焼の技法で、千利休の侘《わ》び茶の世界にあった素朴でかつ格調の高い茶碗をつくったのは、楽《らく》長次郎でした。野々村仁清《にんせい》は京都で茶陶がさかんになりかけた江戸時代初期に窯を開き、鮮やかな色絵の上に金・銀彩を加えた華麗で雅《みやび》な焼物をつくって一世を風靡《ふうび》しました。茶陶として始まった京焼も、江戸時代中期にはさまざまなものを焼き、デザインのセンスが都会的で京文化を反映しているものとして高い評価を受けました⑥。

石川県加賀市、小松市、金沢市でつくられる九谷《くたに》焼は、京焼、有田焼と並ぶ日本の色絵陶磁の代表として、世界的な評価を受けています。大聖寺藩の御用窯として出発した九谷焼は、古九谷、再興九谷、そして現代まで多くの名工による見事な作品をつくりつづけています。古九谷は明暦《めいれき》年間から元禄《げんろく》年間（一六五五〜一七〇四）までの約五十年間に加賀市でつくられたものを指します。再興九谷というのは、金沢市や小松市に文化四年（一八〇七）や文政五年（一八二二）に開かれた窯で焼かれたものをいいます。美しい上絵付けが特徴で、多くの人たちに今も愛されています①。

**関連項目**

青森二章7　秋田二章6　福島二章5　栃木二章8　①石川二章4　福井二章6　長野二章8　岐阜二章1　②愛知二章2・③8・④9　三重二章6　⑤滋賀二章3　⑥京都二章1　奈良二章9　島根二章8　⑦岡山二章2　山口二章1　香川二章7　愛媛二章6　高知二章5　福岡二章3　佐賀二章1・⑧2　長崎二章1　鹿児島二章9　沖縄三章6

# 123 陶磁器―朝鮮文化を吸収

### 朝鮮人陶工たちの技を発展させる

豊臣秀吉が起こした無謀な朝鮮への侵略戦争は、その時期から文録《ぶんろく》・慶《けい》長《ちょう》の役（一五九二〜九八）といわれますが、別名「焼物戦争」とも呼ばれました。朝鮮へ出兵した多くの武将が朝鮮人陶工を連れ帰って、それぞれ窯《かま》を開き、優秀な陶磁器を競うように焼かせたからです。こうして始まった焼物は、九州の有田焼、上野《あがの》焼（福岡県田川郡）、高取《たかとり》焼（福岡県直方《のうがた》市）、高田焼（熊本県八代郡）、薩摩焼、山口県の萩《はぎ》焼などです。

陶器や土器と異なって、陶石という白い石を原料とし、高熱で焼き上げる白く硬い磁器を焼きました。その後わが国の焼物は、中国方式の赤絵技術を導入し、さらには柿《かき》右衛門《えもん》様式の開発など独自の技術を加えて、世界に冠たる陶磁器を完成しました。一六四〇年代後半には、中国製陶磁器が内戦（明王朝から清王朝へ変わる際の内乱）によって供給不能になると、内外からの需要が殺到し、さらに陶磁器生産は活況を呈することになります。一方で茶の湯が町人層にまで広がりを見せ、千利休《せんのりきゅう》や古田《ふるた》織部《おりべ》が好んだと同様の茶碗が求められ、優美な茶碗が生み出されていきました。同時に庶民の生活向上に合わせ、日用雑器にも陶磁器が使われるようになり、ますます需要を増大させたのです。

### 技術革新と柿右衛門様式の確立で世界的名品に

佐賀鍋島《なべしま》藩の軍に連れてこられた朝鮮人陶工は、最初すでに始まっていた唐津陶器生産窯で磁器の試し焼を行いました。朝鮮人陶工の指導者の一人、李《り》参平《さんぺい》らが有田市郊外の泉山で磁器の原料となる良質の陶石採掘場を発見しました。以来有田の谷間に多くの陶業者が集まって、磁器生産が活発に行われるようになりました。正保《しょうほう》四年（一六四七）には、焼物の車（ろくろ）の数が百五十五、竈《かまど》数（世帯数）も百五十五になっています。

先に触れたように中国磁器の輸入が止まり、有田磁器が広く求められるようになります。磁器の表面を赤、緑、黄などの色絵具で彩る赤絵の技術は、朝鮮にはなかったもので、有田でも当初は行われませんでした。ところが中国ではさかんにつくられていました。もっとも付加価値が高く、需要も多かったので、伊万里《いまり》の陶商が長崎で中国人から技術を学び、試行錯誤を繰り返した挙げ句に有田の赤絵が始まりました。そして慶安《けいあん》から万治《まんじ》頃（一六五〇年代前後）、多くの焼成技術や成形方式が朝鮮的なものから中国的なものへと変わっています。中国の陶工たちが内乱を避けて、有田へも流れてきたようです。

こうして中国の技術に勝るとも劣らないシャープな磁器が生産されるようになった有田に、オランダ東インド会社が本格的に大量の注文をしてくるようになりました。万治二年（一六五九）を皮切りに、十八世紀前半までの間におよそ七百三十万個の有田磁器が海外へ輸出されたのです。国内需要も旺盛で、有田は磁器生産のメッカとなったのです。有田の磁器はすぐ近くの伊万里湊《みなと》から積み出されたので、伊万里焼とも呼ばれました。

中国の国内情勢が落ち着くとすぐに磁器生産が再開され、有田は中国との輸出競争を余儀なくされます。国際的な厳しい品質要求の中で生み出されたのが、柿右衛門様式でした。白く洗練された素地の上に明るい色絵を施した酒井田柿右衛門の磁器は、有田の技術的完成度の高さを内外に示すものとなりました。同じ頃、有田の技術の粋を集めて、伊万里市大川内に鍋島藩は、藩の御用品を焼く窯を開きました。ここでつくられた製品を鍋島焼といいます（②）。

**独特の風合いと柔らかさで利休茶陶を再現**

萩焼の祖も朝鮮から連れてこられた李勺光《しゃくこう》という陶工でした。萩焼の土として有名な大道の土や松本の土は、こうした陶工によってみつけられたのかもしれません。李は協力者として弟の李敬を呼び寄せました。利勺光のあとは子の山村新兵衛が継ぎ、李敬は坂あるいは坂本高麗左衛門《こうらいざえもん》と名乗り、こちらも息子があとを継ぎます。萩焼はこの二つの系統によって継承されていきます。

初代や二代の陶工が焼いたもっとも高級なものは、茶陶でした。そして千利休や古田織部が求め続けた茶碗が追求されました。こうして焼き上げられたのが、やや荒めの土による素朴さの残る柔らか味のある萩焼でした。しかし、彼らは茶陶のみ焼いたのではありません。生活用品としての茶碗や皿も多く焼いています。

有田の陶山神社（佐賀版口絵より）

十八世紀に入ると、萩焼は技術的な進歩を見せ、形も洗練されてきます。初代の三輪休雪《みわきゅうせつ》は、元禄《げんろく》十三年（一七〇〇）、藩によって京都に派遣され、楽焼を学んでいます。ほかの技術に注目することによって、技術的研鑽を積んだものです。また、新しい釉薬《ゆうやく》の開発にも努力しています（③）。

**全国各地に学んだ集大成**

薩摩焼も朝鮮人陶工によって開かれました。平成十年、薩摩焼が発祥してから四百年のイベントが日本と韓国で開かれたのは記憶に新しいところです。金海《きんかい》、申主碩《しんしゅせき》・申武信《ぶしん》兄弟などの名が知られています。彼らが焼いたのはおもに茶陶で、茶碗、花入、花生などが、古帖佐《ちょうさ》と呼ばれて茶人に珍重されています。

薩摩焼は焼かれた製品から次の三つに大別されます。

一　白薩摩　無色や淡黄色の貫入《かんにゅう》（表面に現れた細かいひび）に覆われたもの、これに染付、京焼の影響を受けた色絵、金を加えた錦手《にしきで》、さらに華やかな金襴手《きんらんで》などの絵付けをした陶器です。

二　黒薩摩　黒釉《こくゆう》、褐釉《かつゆう》、飴釉《あめゆう》など各種の色釉に覆われるもので、初期の古瀬戸の風格を持つ茶道具、李朝陶器の流れを汲むもの、諸国の陶法を採り入れたものなど多彩です。

三　磁器　白磁や染付、色絵のもので、肥前（佐賀県）の技法導入で始まったものです（④）。

**関連項目**

愛知二章9　①山口二章1　②佐賀二章1・③2　④鹿児島二章9

## 124 木工品・漆器《しっき》

### 木工品のルーツは惟喬《これたか》親王

木地師《きじ》とは、切り出された木材から椀《わん》や盆などの木工製品をつくる人々のことです。木地師は轆轤《ろくろ》を使って、椀や盆などの荒木地を装着して回転させ、刃物によって美しい円形に整形します。木地師が用いる轆轤は、手引き轆轤と呼ばれるもので、回転軸が水平方向に伸びた横軸のものです。こうして美しく整形された製品は、表面を滑らかにするために柿渋と杉・檜《ひのき》の木炭を混ぜたもので下塗りされ、さらに漆《うるし》を上塗りし、絵柄を彩色・描写する工程を経て仕上げられます。木地師はおもに表面を滑らかにするまでの工程を担当し、漆を塗ること以降の仕事は塗師という専門分野を担当する人々に任せられることが多かったようです。

木地師は古くからその存在がわかっており、奈良県の唐子遺跡で出土した弥生時代の「木製高杯」や奈良時代の法隆寺百万塔（内部の陀羅尼経《だらにきょう》は最古の印刷物として知られます）は、木工轆轤によって作製されたものです。近江国（滋賀県）は奈良時代から都（京都）への木材供給地でした。古くからこの地に轆轤技術を伝える人がいたことが知られています。

江戸時代になると鈴鹿《すずか》山脈北東部に位置する蛭《ひる》谷・君《きみ》ケ畑《はた》（滋賀県神崎《かんざき》郡永源寺《えいげんじ》町）のふたつの村が、ともに自分たちの村を木地屋の根源地とする惟喬親王の伝承を伝え、それぞれ村の社に惟喬親王を祀っていました。その伝承とは、皇位継承の政争に敗れて都を離れ小椋《おぐら》郷にたどり着いた惟喬親王が、読経中に経軸からヒントを得て轆轤を発明し、付近の山に住む人々に木地業を営ませ、それが木地業の嚆矢《こうし》となったというものです。両村は惟喬親王の由緒を記した「親王縁起」や諸国の轆轤師を支配することを認める綸旨《りんじ》（天皇の言葉）などの文書を持ち、木地屋のルーツである証拠としていました。蛭谷村は正保《しょうほう》年間（一六四四〜四八）から、君ケ畑村も元禄《げんろく》七年（一六九四）から、「氏子狩り」と称して、全国木地屋の組織化に乗り出します。全国の木地屋から金銭を徴収し、その代わりに惟喬親王の系譜を引く由緒ある木地屋であることを保証するのです。正統な木地屋としての由緒とある種の特権は、木地師として安定した生産活動をするには不可欠のもので、これは何も木地師の世界だけではなく、鋳物師などほかの職業でも広く見られることです。

お膝元の日野《ひの》（蒲生《がもう》郡日野町）では、日野椀が知られています。正徳《しょうとく》三年（一七一三）に出た『和漢三才図会《わかんさんさいずえ》』の椀の項に、紀伊国（和歌山県）の根来《ねごろ》、黒江《くろえ》、奥羽の会津（福島県）、摂津《せっつ》国（大阪府、兵庫県の一部）の大坂、堺と並んでその名があげられています。日野椀は美術工芸的な製品もありますが、どちらかというと堅牢丈夫な日常品として使われる素朴なものが多かったようです（③）。

### 月賦販売をはじめた「輪島塗《わじま》」、匠《たくみ》の技「飛騨《ひだ》春慶《しゅんけい》塗」

輪島塗は、漆に特徴があります。漆というのはウルシ科の落葉高木で、樹液から塗料をつくり、実から蝋をとります。漆器の塗料は漆の木を傷つけ、出る樹液（生漆）を原料にしてつくります。漆は各国で生産されますが、日本産のものがもっとも良質といわれます。その中でも飛騨国（岐阜県、信濃国《しなの》（長野県）、常陸国《ひたち》（茨城県）、能登国《のと》（石川県）、南部国《なんぶ》（青森県、岩手県）産が良いとされます。多湿地帯で山野に欅《けやき》、草槙《くさまき》、档《あて》（あすなろ）、朴《ほう》の大木が豊富な地方は、塗り物に適した風土であり、漆の生産がさかんなところです。とりわけ、輪島塗、山中塗（ともに石川県）、河和田塗《かわだ》（福井県）、会津塗（福島県）、木曽塗（長野県）、津軽塗（青森県）が有名です。

輪島塗の漆には、「地之粉《じのこ》」を混ぜて塗り重ねて下地にします。黄土を採掘して焼成し粉末にして漆に混ぜます。輪島の黄土は、能登半島で発見された特殊珪藻土《けいそうど》で、当地の漆器組合の専売特許になっています。漆は主成分のウルシオールと空気中の水分の酸素が結合して凝固するため乾燥するといわれています。水分の多い梅雨期は漆の乾燥が早くなるのです。輪島地方は雨が多く湿度の高い地帯で、漆塗りの作業をするには最適の地です。櫛比《くしび》郷（鳳至《ふげし》郡門前町）にあった曹洞《そうとう》宗総持《そうじ》寺は、一年を通じて五院の住職が全国から選ばれて輪番制でつとめました。交代のときは僧や檀家《だんか》など千人あまりが五院に宿泊しました。本山で使用していた輪島塗の本膳・什器を見て、帰国後自坊の調度品として購入したので、輪島塗は全国へ広がりました。越前国曹洞宗大本山吉祥山永平寺、紀伊国（和歌山県）真言宗大本山高野山金剛峰寺《こんごうぶ》、日蓮宗大本山身延山久遠寺《くおん》（山梨県）ならびに塔頭《たっちゅう》の調度品も同様でした。浄土真宗東本願寺の法要のとき、たくさんの膳や椀が集められましたが五日間使ううちに破損するものが続出しました。この中で輪島塗だけが最後まで使用に耐えたとして、一挙に信用が高まりました。

文政《ぶんせい》元年（一八一八）には、地元の商人が「椀講」を考えました。これは家具頼母子講《たのもしこう》で、十人一講として、当時の本膳家具揃えもの二十人前を購入するというものです。一人四十五匁ずつ十回掛け金することにし、くじで年に二人ずつに現品を納入するものでした。今でいう月賦販売制度にあたります。京阪地方ではじまりましたが、全国へ広まりました（①）。

宮大工の棟梁《とうりょう》が社寺造営中にたまたま木の割れ目に目をつけ茶盆をつくることを思いつき、その盆があまりにきれいだったので塗師が透漆で淡黄色に仕上げたのが、飛騨春慶塗の始まりだったとされます。飛騨の匠《たくみ》はあまりにも有名ですが、匠の技にそれを壊さないように木目の美しさがそのまま透き通って見える工夫が特徴です。高い山々に囲まれ、深い谷間の入組んだ飛騨国は「木の国」と呼ばれます。その木を加工する匠の技術に加え、繊細で微妙な漆塗りの技は驚嘆に値します（②）。

惟喬親王の系譜を引く漆器は、英語で Japan と表現されます。

惟喬親王像（滋賀版129ページより）
（君ヶ畑金龍寺蔵）

**関連項目**

青森二章2　秋田二章4　山形二章8　福島二章2・3　栃木二章3　東京三章8　神奈川二章2　新潟二章5　富山二章9　①石川二章1　福井二章7　②岐阜二章7　③滋賀二章7　大阪六章6　和歌山二章6　香川二章6・7　福岡二章4　沖縄三章6

# 125 美術工芸

美術工芸品は、全国各地で多種多様なものがつくられました。簡単な細工物から名人芸といわれるもの、単純な仕組みのものから高度な技術を駆使して複雑玄妙な仕上げをしてあるものなど、多岐にわたります。どこからが美術工芸品で、どこまでが単なる細工物かその線引きは困難です。また本書でも別項で木工品や漆器をとりあげています。その中には美術工芸品としかいいようのないすばらしい製品も多数ありました。本稿ではそれと重ならないよう美術工芸の一端をのぞいてみます。

**本阿弥光悦《ほんあみこうえつ》、緒方光琳《おがたこうりん》、玉楮象谷《たまかじぞうこく》…**

本阿弥光悦（一五五八〜一六三七）は、戦国時代末期から江戸時代初めにかけて活躍した万能の工芸家でした。書道、陶芸、蒔絵など多方面にその才能を発揮しました。光悦は京都の刀剣鑑定や研ぎをする家に生まれました。刀剣といっても幅が広く、研ぐだけではなく鍔《つば》や鞘《さや》には漆《うるし》などを用いて図柄を施し、鑑定書を添えて提出します。したがって、漆工芸や書にも通じていなければなりません。光悦は小さい頃からこうした環境の中で、感覚を磨いていったと思われます。

光悦の書は寛永《かんえい》の三筆といわれたほどでしたが、俵屋宗達《たわらやそうたつ》（生没年不詳。江戸時代初期の画家）が下絵を描いたという『新古今集』や「百人一首」などの色紙類にその成果を見ることができます。また角倉了以《すみのくらりょうい》の子素庵《そあん》が始めたといわれる嵯峨《さが》本は、別名光悦本と呼ばれ、『伊勢物語』を初め古典を美しく装丁して世に送り出しました。ここでは光悦は装丁作家、アートディレクターとしての顔を見せます。作陶面では光悦の作品は、楽茶碗に代表されます。国法である「不二山」や黒茶碗「雨雲」、赤茶碗「雪峯」などの名品が知られています。光悦流の楽焼は、孫の光甫《こうほ》や緒方乾山《かんざん》（一六六三〜一七四三）に継承されました。

蒔絵の名品「樵夫《きこり》蒔絵硯《すずり》箱」は、重要文化財に指定されています。蒔絵は漆と金銀紛や金貝《かながい》（切金）を用いて、下絵、素地、塗りというように何人かの共同作業でつくられます。光悦はおもに意匠を担当し、『源氏物語』を題材にしたり、和歌を配した「船橋蒔絵硯箱」など、それまで草花を中心としたデザインの蒔絵に光悦は新風を吹き込みました。光悦は優れたアートディレクターだったのです④。

本阿弥光悦の仕事は、緒方光琳（一六五八〜一七一六）・乾山（一六六三〜一七四三）兄弟によって受け継がれます。光琳は絵画・蒔絵など、乾山は陶芸を引き継ぐことになりました。光琳は多芸多才な人で、絵画は一般的な掛け物だけではなく、印籠《いんろう》の蒔絵や陶器など工芸品の領域全般にわたる作品を残しています。衣装のデザインにも意欲的に取組みました⑤。

もう一人特異な作風の人を見てみます。讃岐《さぬき》（香川県）の玉楮象谷（一八〇六〜一八六九）です。象谷は中国や東南アジアから入ってきた堆朱《ついしゅ》、堆《つい》黒《こく》、蒟醤《きんま》、存清《ぞんせい》などの技法に自らの調漆技法を加え、独自の世界を構築しました。天保《てんぽう》十年（一八三九）、象谷三十四歳のときに殿様に献上した印籠はつとに有名です。「一角印籠」と呼ばれるもので、高さ八・六センチ、幅五・五センチ、厚さ二・九センチの偏円筒形の印籠表面に、なんと千八十六点の彫刻をしています。神業としかいいようがありません。この中には蓮の花五十五枚、花三十、亀三百四十三匹、蟹四百四十三匹、蛙四十一匹、ひき蛙四匹、かたつむり二十七匹、とんぼ二十四匹、蝿九匹、蜂四匹、蝶二十六匹、玉虫二匹、いなご三匹、こおろぎ二匹、かまきり四匹、くも十八匹、けら二匹、むかで五匹、かぶと虫一匹、この他に雀十九羽、鷺《さぎ》七羽、ひすい十羽、せきれい二羽、がちょう三羽が彫り込まれています。象谷が彫ったけし粒ほどの動物たちは、今にも動き出しそうに生き生きとしています。しかし、象谷の真価は微細な彫刻よりも独特の塗りの技法にあるといわれています。ベンガラを混入した生漆を塗りこむ技法は象谷塗と呼ばれます。今日まで香川漆芸として受け継がれています（⑥）。

**組織的に工芸品をつくった加賀の御細工所**

こうした美術工芸品を組織的に制作したところもありました。加賀藩（石川県）は、五代藩主前田綱紀《つなのり》（一六四三〜一七二四）のときに御細工所を整備拡充し、武具の修理や工芸品の製作、細工人の養成などを行いました。

玉楮象谷の一角印籠（香川版口絵より）
（香川県文化会館蔵）

こうして藩が力を入れることによって、工芸王国加賀ができあがりました。御細工所に抱えられる職人は、すべて武士扱いで切米（玄米で何俵といいあらわします）が支給されました。抱えられていた細工人は時代によって違いますが、三十人から五十人、それに見習が十人ほど常時いました。

ここで行う細工の種類は、紙細工、竹細工、小刀細工、ろくろ細工、絵細工、塗物細工、ゆがけ細工、象嵌《ぞうがん》細工、荒皮細工、鉄砲金具細工、物書き、とぎ方などです。紙、竹、荒皮の細工は使用する材料の種類によってついた名です。針細工は衣類の仕立てをします。絵、塗物、象嵌、とぎ、物書は技術の種類で名がつけられ、ゆがけ、鉄砲金具は製品の種類でつけられた名です。とぎは刀や鑓《やり》を研ぐ仕事、物書は本などの筆写をする仕事、ゆがけは弓を射るときに手の指を保護するための皮袋のことです（②）。

**屋台や山車《だし》にもみごとな装飾と技術**

漆の産地である新潟県村上市の漆工芸品は、とくに村上堆朱と呼ばれています。毎年七月七日に催される村上大祭で引き出される屋台のうち、「おしゃぎり」と呼ばれる八台は、すばらしい彫刻と漆塗の技術の粋を集めたもので、うち四台は江戸時代につくられたものです（①）。

愛知県尾張地方に伝わる仕掛けの精巧な山車からくりは、美と伝統技術の粋を集めたものといわれています。全国にからくりをのせた山車は約二百輌あるといわれますが、このうち百五十輌近くが尾張から美濃（岐阜県南部）に分布しています。これらの山車はほとんど江戸時代につくられたものです。山車の人形やからくりは時々変わりましたが、山車の中には中世以来使われているものもあります（③）。

**関連項目**

秋田二章8　①新潟二章五　②石川二章7　③愛知四章9　④京都五章2・⑤6
⑥香川五章5

# 126 特産品

## 伝統を維持しつづけることの困難さ

全国には特産品がたくさんあります。ここでは江戸時代の人々が身近に使った日用品の中からいくつかを選んで、産地を見てみます。産地では製品をつくるのに原料・素材が手に入りやすい、需要地が近い、製品流通の便がよい、などその地域ならではの理由があります。そして今日もなおその地の特産品として生き続けているものもあれば、すでにその地では生産されていないものもあります。激しい時代の変転の中で生き続けるのは並大抵のことではありません。原料の生産が中止になったり、素材が枯渇したり、後継者が途絶えたり、伝統を維持するのは簡単ではありません。

## 工程が長く複雑な和傘《わがさ》と提灯《ちょうちん》の製造

和傘といえば、江戸時代には日本国中どこでもつくっていました。傘張り浪人といわれるように材料さえあればどこでもつくれますから、地域での必要量は地域でつくるという形が主でした。しかし、おのずから優劣は出てきます。全国一の生産量を誇っていたのは美濃《みの》国稲葉《いなば》郡加納《かのう》（岐阜県岐阜市）でした。地域を支配していた加納藩の保護もあり、周辺から傘の材料となる真竹《まだけ》、和紙、わらび粉、荏油《えあぶら》などが豊富にとれたこと、木曽三川の中央部に位置し材料や製品の運搬に便利だったことが傘の生産をさかんにしました。和傘の製作工程は複雑です。加納独特の細かな分業体制がこれを支えました。現在でも加納は全国一の和傘の生産地です（④）。

提灯もまた江戸時代の懐中電灯ですから、当時は全国でつくっていました。その中でも岐阜提灯は有名でした。卵型の提灯は、岐阜提灯と総称されるようにまでなったのです。提灯も出来上がるまでに多くの工程があります。口輪屋《くちわや》、塗師、蒔絵師、板目《いため》彫師、刷込師、張り師の六つが大きく分けて岐阜提灯の工程に携わる職種です。江戸時代初期から現在まで変わらぬ体制で、全国一位の生産高を守っています（③）。

## 「どのように軽く見えても皆人の下にはおかぬか加賀の笠」

藩主が将軍とともに入洛《にゅうらく》したときのありさまを風刺《ふうし》した川柳ですが、藩主がたとえられるほど加賀藩の菅笠《すげがさ》は全国に知れ渡っていました。蓑《みの》と笠は農作業にはどうしても必要でした。笠は大野笠、三度笠、玉子笠、富士笠、一文字などの種類があり、寸法も大小の変化があります。菅笠は竹で骨組みをつくりそこに菅を巻きつけてつくります。菅は透水性の低いものを使います。富山県西砺波《にしとなみ》郡福岡町を中心とした小矢部《こやべ》川の流域地帯に生育する菅が最適でした。東北地方から九州にまで売られ、加賀笠は全国の七割に達したといわれます（⑤）。

## 下駄《げた》、団扇《うちわ》、扇骨《せんこつ》、縫い針、そろばん…

桐下駄は軽い、歯の目減りが少ない、割れないという特徴があります。三代将軍家光《いえみつ》愛用の桐下駄は、柾目《まさめ》の数が五十本美しくそろっていたといわれます。会津藩主保科正之《ほしなまさゆき》の献上品と伝えられます。会津桐を使った製品は家具などとともに下駄も有名でした（②）。団扇は京都、四国丸亀《まるがめ》（香川県）、それに熊本県鹿本《かもと》郡鹿本町が三大産地といわれます。熊本では初代藩主細川忠利《ほそかわただとし》の奨励でさかんになったと伝えられます。とくに台所用の渋団扇を考案したところ重宝され、商家の宣伝用として多くの注文が寄せられたということです（⑭）。滋賀県高島《たかしま》郡高島町では、扇骨づくりがさかんでした。扇骨というのは扇子《せんす》の骨のことです。真竹を原料とします。扇骨は京都に運ばれ、業者の手で華やかな京扇子に加工されました。ピークにあった時期は全国の九割を生産しました（⑨）。

縫い針も各地でつくられました。兵庫県美方《みかた》郡浜坂《はまさか》町の縫い針は、長崎から製法が伝えられて発展したといわれます（⑩）。富山県氷見《ひみ》市でも縫い針が製造されていましたが、こちらは江戸時代中期からと伝えられます（⑥）。現在針製造日本一を誇る広島市では、やはり江戸時代中期に下級武士の内職とわずかな数の職人によって、針製造が始められたといわれます。昔は縫い針がもっとも多かったのですが、今では待針《まちばり》、ミシン針、虫ピンなど種類も多くなりました（⑫）。

江戸時代の計算機そろばんは、長崎そろばん、大津そろばん（滋賀県）、播州《ばんしゅう》そろばん（兵庫県）、雲州《うんしゅう》そろばん（島根県）などと産地の名前を冠していました。中でも雲州そろばんは珠《たま》が美しくすべりがよく安定していて、さらに木枠が堅牢で使いやすいと評判でした（⑪）。

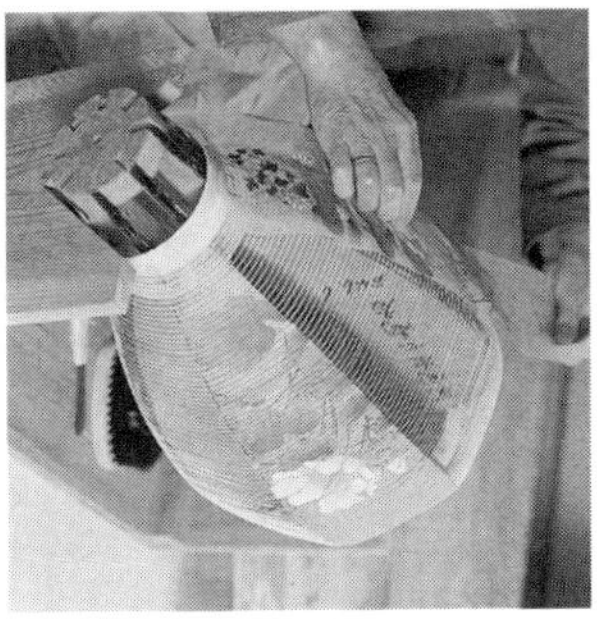
岐阜提灯（岐阜版口絵より）

**硯《すずり》、筆、墨《すみ》、将棋の駒、型紙…**

滋賀県高島郡高島町では、最高級の硯も有名です。安曇川《あどがわ》町と朽木《くつき》村の境界に位置する阿弥陀《あみだ》山の山頂付近から産出される良質の原石を使ってつくられる石硯は、高度な加工技術とともに高く評価されています。全国の武家の間で珍重されました（⑧）。一方筆や墨は、伝統的に京都・奈良で生産されました。変わったところでは、広島県安芸《あき》郡熊野《くまの》町で筆づくりがさかんでした。この地方の農民は出稼ぎに行った帰りに京都・奈良で筆や墨を仕入れ、帰路にはそれを行商したようです。つくり始めたのは江戸時代後期とみられています（⑬）。墨の製造は奈良を代表する伝統産業の一つですが、室町時代からつくり始められ、江戸時代にその評価を高めました。中でも江戸時代初めに創業した松井古《まついこ》梅園《ばいえん》は、代々の当主が墨の改良に研鑽《けんさん》を重ねたことが声価を不動のものにしました（⑨）。

山形県天童《てんどう》市の将棋駒製造は、米沢から将棋駒づくりの師匠を招いて指導を受けたのが始まりとされます。藩士の生活の窮乏を見かねた藩の重役が、下級武士の内職として始めさせたのだといいます（①）。今では将棋の駒といえば天童の名が瞬時に思い出されるほどに著名です。伊勢型紙は三重県鈴鹿《すずか》市でつくられます。全国の紺屋で藍染《あいぞめ》に用いられました。鈴鹿白子《しろこ》宿でつくられましたから昔は白子型紙と呼ばれましたが、今では伊勢型紙といわれています（⑦）。

**関連項目**

①山形二章8　②福島二章3　③岐阜二章8・④9　⑤富山二章10・⑥11　⑦三重二章10　⑧滋賀二章10　⑨奈良二章6　⑩兵庫二章9　⑪島根五章5　⑫広島二章7・⑬10　⑭熊本二章5

# 127 藩校と家臣の教育

## 二百八十余の藩校の設立

江戸時代の政治形態は、各藩が独自に司法・立法・行政に責任を持ち、幕府はいわば連合政府の役割を持っていました。教育も各藩が独自に行いました。戦乱のない平和な時代になると、士農工商という身分制度の中で、武士階級はそれまでの軍人という役割から藩を治める官僚機構の一員になることを求められるようになりました。とくに江戸時代中期以降は、全国的に市場経済が行き渡るようになり、藩による自給経済が破綻を来すようになってきました。武士は統治者として、その存在意義を問われるようになったのです。そこで相次いで設立されたのが藩校という教育機関です。統治者としてふさわしい見識と哲学を身につけることを迫られたのです。そして藩経済の崩壊を食い止める政策と知恵の提示を求められました。

江戸時代には全国に三百余の藩がありました。このうち幕末までに設立された藩校は二百八十余に上ります。藩校は藩士の子弟の教育機関ですがいち早く設立されたものもあれば、幕末近くなってようやく創立されたところもあります。総じて財政難の中で必要に迫られて設立されたものが多かったのです。危機的状況を打開するために、藩内に埋もれた才能を発掘しようとしたり、人材を登用して固定化した藩機構に新風を送ろうとしたり、藩校の設立そのものを藩政改革の一貫として藩士の気風を引き締めたりと、さまざまな試みが行われました。いずれにしても、教育制度がまだまだ未整備だったところに藩校、郷学校、私塾、寺子屋という教育機関が、曲がりなりにも姿をあらわしてきたのが江戸時代中期でした。

## 上杉鷹山《うえすぎようざん》と藩校「興譲館《こうじょうかん》」

江戸時代後期の米沢《よねざわ》藩主上杉鷹山は、政治と教育を一体化させる「知教一致」を藩政の基本精神に掲げ、藩校興譲館と医学校好生堂《こうせいどう》を設立し、その充実に努めました。米沢藩の藩校興譲館は、藩主の鷹山と儒学者細井平《ほそいへい》洲《しゅう》がつくりあげたものです。興譲館は安永《あんえい》五年（一七七六）に開校しますが、興譲館という名は細井平洲が命名しました。鷹山は師の平洲の教えもあって興譲館は、学問のための学問ではなく儒教の実学思想を学ばせ、有能な役人や賢明な指導者を養成する実践道場にしようとしました。

米沢藩にはそれまでも小規模ながら、元禄《げんろく》十年（一六九七）につくられた学問所がありました。また明和《めいわ》六年（一七六九）にそれを発展させる形でつくられた松桜館《しょうおうかん》がありました。興譲館は質量ともにそれを大幅に発展させるもので、本格的な藩校でした。藩校開校に当たって平洲は学則を揮毫《きごう》しておくります。「先生教えを施し、弟子是れ則る」という冒頭の一節はあまりにも有名です。藩校は代々この学則を扁額《へんがく》にして掲げてきましたが、二百数十年たった今でも米沢興譲館高等学校に掲げられています。

鷹山は政治と教育は一体という、細井平洲の主張を藩政の中に取り入れましたから、興譲館の教育に携わる師範格のものにはそれにふさわしい地位を与えました。そして政治にも参与させたのです。学生には内試（教師による試験）、本試（藩主や家老が立ち会う試験）、秀逸試業（藩主、家老立ち会いのもとに優秀者を選ぶ試験）の三種類の試験が課され、優秀者には賞が贈られました。また、優秀な学生は江戸の細井平洲の塾嚶鳴館《おうめいかん》に遊学させる制度もありました。寛政《かんせい》四年（一七九二）には、江戸の有名な本草《ほんぞう》学者佐《さ》藤平三郎《とうへいざぶろう》を招いて、薬草の栽培や制薬法を学ばせ、その翌年には医学校好生堂が設立されました。附属の薬草園も造成され、各種医学書のほかに杉《すぎ》田玄白《たげんぱく》の世話でオランダ製の外科医療器械なども備えられました。上杉鷹山という人物は、既成概念や固定観念を排し、実際に役に立つものは洋の東西を問わずに積極的に採り入れる合理精神の持ち主でした（②）。

長州藩校明倫館跡（山口版口絵より）

**仙台の「養賢堂《ようけんどう》」と鹿児島の「造士館《ぞうしかん》」**

仙台藩の藩校養賢堂は、安永《あんえい》元年（一七七二）、七代藩主伊達重村《だてしげむら》の時に創建されました。しかし、それより先の元文《げんぶん》元年（一七三六）、学問所が創立されますが、儒学者の芦東山《あしとうざん》らの急進的な方針が重臣たちの反発を買い、休講が続いて事実上休眠していました。重村はこの学問所の改革を昌平《しょうへい》黌《こう》出身の大槻《おおつき》平泉《へいせん》に託します。再建された藩校養賢堂は、これ以降、医学校を併設し、積極的にオランダ医学を採り入れ、目覚しい発展を遂げます。

医学校を藩校から分離独立させるのに力があったのは大槻玄沢《げんたく》でした。玄沢は医学校の教授となり、文政《ぶんせい》五年（一八二二）以降、漢方医学のほかに蘭学がとり入れられるようになります。大槻玄沢は文化《ぶんか》八年（一八一一）、幕府が計画した辞書づくりにも参加しています。また、『蘭学階梯《らんがくかいてい》』『重訂解体新書《かいたいしんしょ》』など、有名な著書が多数あります。こののちも藩校養賢堂は、大槻家の習斎《しゅうさい》、盤渓《ばんけい》などが支えます。大槻家あっての藩校ということもできます。仙台が「学都」と呼ばれるのも藩校養賢堂あってのものなのです（①）。

薩摩《さつま》藩に藩校ができたのは、八代藩主島津重豪《しまづしげひで》のときでした。開明的で文化や教育熱心で知られた重豪は、安永二年に聖堂と武芸稽古場をつくりました。これが薩摩藩の藩校のもとになりました。聖堂は造士館と、武芸稽古場は演武館と呼ばれるようになります。重豪は、安永三年に医学院を、同八年には明時館《めいじかん》をもうけて天文学や暦学を研究させました。重豪は、当時与頭《くみがしら》の家で儒学が講義されていたり、個人の道場があったり、寺子屋の教育があったりと、教育がばらばらに行われていることを知り、これからの若者は藩として統一して教育を受けさせる施設が必要だという考えから、藩校の設立に踏み切ったといわれます（③）。

**関連項目**

青森三章1・5　岩手三章4　①宮城三章1　秋田三章4・5　②山形三章3・5　福島三章2・4　茨城三章2・9　栃木三章3・7　群馬三章1　千葉三章7　東京五章1　神奈川三章9　富山三章3　福井三章2・4　山梨三章1　長野三章7・8　岐阜三章3　静岡三章4　愛知三章1　滋賀四章1　兵庫三章2・3　奈良三章1　和歌山三章1　鳥取三章1　島根三章1・2・3　岡山三章8　広島三章2　山口三章2　徳島三章2　香川四章1　愛媛三章2・3・5　高知三章3　福岡三章5・6・10　佐賀三章1　長崎三章3・6　熊本三章2　大分三章1・2　宮崎三章2・3・4・5　③鹿児島四章6

# 128 藩校と藩政改革

### 経済環境の変化と価値観の多様化

江戸時代も中期になると、どの藩も財政が窮迫し、それにつれて藩祖以来培ってきた藩内の規律が乱れを見せてきました。急速に全国規模で進展する市場経済の中で、藩独自で展開されてきた自給経済が破綻を見せてくるとともに、価値観の多様化から藩内の規律も緩んできました。こうした情勢下、旧来の指導者の考え方だけでは乗り切ることが困難で、新しい人材の登用に各藩とも迫られました。すでに学問好きの藩主のもとで、藩校が設立されているところもありましたが、江戸時代中期から後期にかけて雨後の筍《たけのこ》のように藩校がつくられた背景には、こうした藩が置かれた現状に対する危機感があったのです。各藩が共通して行った藩政改革は、殖産興業の振興と人材登用のためのシステムを構築する藩校の創立でした。このうち藩校の設立は、藩内に埋もれていた才能を発掘しようというものですから、それまで上級から下級武士という風に厳格に守られてきた藩内の身分、階級を突き動かす面をもっていました。下級武士がとり立てられたり、場合によっては藩内の商人の子弟が抜擢されることもありました。このため藩内に大きな軋轢《あつれき》を生むこともありました。

### 藩財政の窮迫と時代の急変に対応

たとえば江戸時代中期、今の三重県域には津《つ》、桑名《くわな》、菰野《こもの》、亀山《かめやま》、神戸《かんべ》、鳥羽《とば》、長島《ながしま》、久居《ひさい》、紀州《きしゅう》の九藩がありました。これらの藩には、十八世紀末から十九世紀初頭にかけて、次々と藩校が設立されました。このように競って各藩が藩校を設立したのは、いずれの藩も藩財政が窮乏の一途をたどり、その打開のため士風を一新するとともに、文治に長《た》けた人材を育成することが必要とされたからです。

津藩校は有造館《ゆうぞうかん》といいますが、その創立は全国三百余藩中百十五番目の設立で、決して早いほうではありません。しかし、この藩校は十代藩主が「きびしい御省略」といわれる緊縮政策をとり、財政再建をはかりようやく目途がたったものなのです。その藩主が自ら日常経費を倹約して貯蓄した一千両の資金を基に設立されたのです（②）。

松山《まつやま》藩（愛媛県）の藩校は明教館《めいきょうかん》といいます。この藩校は十一代藩主松《まつ》平定通《だいらさだみち》のときに設立されました。寛政《かんせい》改革を断行した幕府老中松平定信《さだのぶ》が藩主の叔父という間柄であったせいもあって、家中の風儀の乱れを正し、人材の発掘を目指して設立されました。松平定信との関係もあって、幕府の教学であった朱子学がさかんに学ばれましたが、文武で優秀な成績を収めたものを登用する仕組みを制度化して、藩士の意欲を促す工夫をしていました。

藩の制度では学問では最高の七等に達した者、武芸では剣術あるいは槍術の免許を得た者、弓術・馬術・砲術のうち二術または三術の免許を得た者は、十年に一度定例の「番入り」が認められました。この番入り以外にも「不時番入り」として特別に藩の職務に登用する制度を設けていました。実際、藩は天保《てんぽう》三年（一八三二）に二十一人、弘化《こうか》元年（一八四四）に二十三人の不時番入りを命じています（④）。

東北の八戸《はちのへ》藩（青森県八戸市）は二万石の小藩でしたが、江戸時代中期以降はロシア船出没によって、沿岸警備を迫られ、また領内では相次ぐ冷害凶作によって藩財政が極度に窮乏しました。八代藩主は文政《ぶんせい》二年（一八一九）、藩政改革に着手しました。藩内の特権的な大商人を利用するとともに、他方では弾圧するという強硬策を実施しました。大豆、魚油、塩、鉄の専売制、新田開発、増税、新税の創設などの施策をやつぎ早に実施するとともに、これまでの体制を刷新できる人材を文武両面にわたって育成するために藩校が設立されました。

文武講習所と名づけられた藩校は、学問をする総講堂や武芸を学ぶ大道場が新築され、これらの建物は総称して「学校」と呼ばれました。八戸藩はそれまで好学な藩主が多かったせいもあり、学問を奨励してきました。このため、江戸時代中期には、封建社会をきびしく批判した思想家安藤《あんどう》昌益《しょうえき》や和算家の真法恵賢《しんぽうえげん》といった傑出した人物が活躍しました。

しかし、時代の進展は急で、旧態依然の教育では新しい時代に対応できないことから、それまでの武中心の教育内容から転換し、文中心の教育に切り替え、新しい動きに対応しようとしたのです（①）。

福山藩校誠之館の玄関（広島版口絵より）

**今も伝統を受け継ぐ福山誠之館《ふくやませいしかん》**

新しい時代に適応しようとした典型的な例が、広島福山藩の藩校誠之館でした。七代藩主阿部正弘《あべまさひろ》が行った藩政改革のうち、もっとも重要なものが誠之館の創設だったといわれています。阿部正弘は、天保《てんぽう》十四年（一八四三）、わが国がもっとも困難な時期に差しかかった時期に、老中に就任しました。二年後には老中首座に就いた阿部が常に考えていたことは、「青少年の心身を鍛え、激動する時代を担う人材をつくりあげなければならない」ということだったといわれます。

アメリカ東印度艦隊指令長官ペリーが黒船で浦賀《うらが》へ来航し、開国を要求してきた時に問題解決にあたったのが阿部正弘でした。ペリーが浦賀を去ったあと、長い間懸案だった学制改革を断行し、誠之館の創設に取りかかりました。創設された誠之館は、学則にあたる「仕進法の定」十六項目を決め、安政《あんせい》元年（一八五四）に発足しました。身分の上下を問わずに学習すること、文武とも試験を行い等級が与えられる、卒業時の試験で一定の成績を収めたものは、嫡子、部屋住みの別なく登用される、という世襲制の当時としては画期的な能力主義が採り入れられていました。

誠之館は、藩校から明治時代になって旧制中学、さらに第二次世界大戦後は新制高等学校として今も存在します。学校制度は変転しても、校名や教育目標は受け継がれてきたのです。校内には阿部正弘の直筆の書やペリーが寄贈したといわれる「六分儀」（天球上の二点間の角度を測る器具）などが大切に保管されています（③）。

**関連項目**

①青森三章3　山形三章6　②三重三章6　③広島三章7　④愛媛三章2　高知三章6

# 129 庶民に開かれた藩校

## 農民から特待生の「居寮生」に

六代熊本藩主細川重賢《ほそかわしげかた》は、財政の窮迫を打開し、藩政の刷新を目指す宝《ほう》暦《れき》改革に着手しました。宝暦二年（一七五二）、重賢は改革を始めるに当たって、大奉行を任命し、合わせて奉行クラス四人を指名して、藩校設立を命じました。改革の一環として人材育成と登用を図るためでした。

設立された藩校は「時習館《じしゅうかん》」と名付けられましたが、それ以前は初級教育は寺子屋で、中級以上の教育は私塾でなされていました。藩校は熊本城二の丸の一角に宝暦四年に完成しました。初代教授には秋山玉山《あきやまぎょくざん》が就任しました。玉山は江戸の昌平黌《しょうへいこう》に学んだ儒学者ですが、荻生徂徠《おぎゅうそらい》にも学んで学問の幅を広げ、一学派にとらわれなかった人でした。玉山は重賢の信任厚く、「おまえは国の大工だ。若者どもを指導するには、一ヵ所に橋を架けぬようにして、向こう岸に渡してくれよ」と、時習館の教育に関して、より人間性を生かした教育を指示しました。

時習館には知行どりの子弟、御中小姓の嫡子（跡継の子）など士席以上は大小身の別なく学ぶことができました。士分以下の軽輩、陪臣（家臣の家来）の子弟も入ることができ、農商の子弟も抜群のものは推薦により入学できました。とくに成績優秀なものは居寮生に採用され、藩から扶持米（給与としての米）の支給を受けることができました。居寮生のうち学業進歩のものには毎年銀五枚または米十俵、士分で留学七年に及ぶものには藩主から紋付きの麻裃《かみしも》が贈られました。居寮生の最大の名誉は江戸などへの遊学であったといわれますが、これは容易ではなく、横井小楠《よこいしょうなん》ほか数名しか遊学できなかったといいます。

明和《めいわ》元年（一七六四）、総庄屋の倅と百姓奥七が居寮生に選ばれました。翌二年は百姓庄助が選ばれました。無苗（名字を持たないこと）のものが居寮生に選ばれると居寮中は名字が許されます。この庄助は、明和八年上京を命じられ、安永《あんえい》四年（一七七五）まで遊学、熊本へ帰ってからは自習館で和学および詩学の指南に当たっています。農民が自習館で学び、居寮生に選ばれることは大変難しいことでしたが、こうした壁を乗り越え、和学指南にまでなったのですから庄助の才能が豊かだったこととともに、自習館の広く人材を登用するという方針も本物だったということでしょう。

自習館からは、熊本藩の農政経済の書『井田衍義《せいでんえんぎ》』をまとめた中山昌《なかやましょう》礼《れい》、幕末の幕府政事総裁松平春嶽《まつだいらしゅんがく》の政治顧問として活躍した横井小楠が出ました（③）。

## 藩校設立に庶民の寄付が続々と

伊予《いよ》（愛媛県）八藩の中で、もっとも早く止善書院明倫堂《しぜんしょいんめいりんどう》という藩校を設立したのは、それほど豊かでなかった大洲《おおず》藩（五万石）でした。藩校の設立に努力したのは陽明学者の川田雄琴《かわだゆうきん》でした。川田雄琴が乞われて大洲に赴任したのは、享保《きょうほう》十七年（一七三二）、四十九歳のときでした。その時から十三年の歳月が流れていました。

大洲へきた川田雄琴は、十七歳の藩主への御前講義だけでなく、広く藩士への陽明学の講義に力を注ぎました。学舎がなかったので、狭い自宅も開放しました。さらに雄琴は藩内の村や町を回り、農民や商人にも教育を広げました。雄琴の講話は庶民にもわかりやすく、人気があり、「毎度男女僧俗百人、二百人入れ替わり、入れ替わりして縁崩れ落ちし、一巡の人数二、三万人に及びしときありし」という盛況ぶりでした。

雄琴の集会は、「講書」という王陽明《おうようめい》などの陽明学の漢籍（中国の書籍）の講義、「教諭」という通俗的で平易な講釈、「夜話」というやわらかい内容の話、「切磋」という討論会と、実に変化に富んだものでした。人々は楽しみながら参加しました。「教諭」の中には女性だけを対象にした集会もありました。ここでは善政、善行の問題が話し合われたといわれます。

一方、雄琴は農民や商人との交流の中で、大洲藩内の孝行者、貞婦、奇特者などの善行を耳にすると、それを詳しく書きとめ、善行者を表彰することを藩主に進言しました。雄琴のこうした活動は、伊予における近世最初の「社会教育」と評価されています。

延享《えんきょう》元年（一七四四）、藩校建設が始まりました。すると雄琴の教えを受けた庶民の間から自発的な寄付がつぎつぎと寄せられました。播磨屋権兵衛《はりまやごんべえ》という商人は、集会のたびに参加して湯茶の世話をしたり、会場の掃除などをしていましたが、藩校建設が始まると寄付金募集に走り回りました。何人かの庄屋も寄付をしていますし、庶民も三文、五文と持ちよりました（②）。

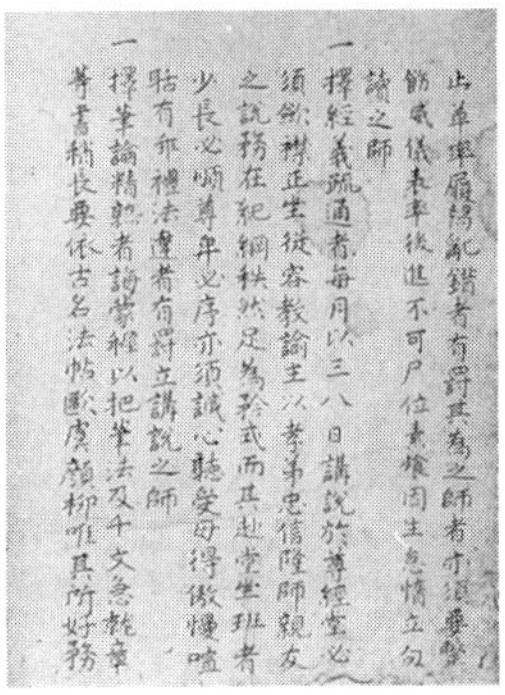
時習館の「学規」（熊本版178ページより）

## 「社講《しゃこう》」制度で藩内すみずみまで

新発田《しばた》藩の藩校「道学堂《どうがくどう》」は、明和《めいわ》九年（一七七二）に開かれましたが、それとともに各郷村に「社講」と呼ばれる講師を配置し、一般庶民の勉学を奨励しました。八代藩主の溝口直養《みぞぐちなおやす》は、「身分や貧富による差別なく、だれもが学問をしなくてはならない」という考えを持っていました。したがって「道学堂」は、広く庶民に開かれた藩校として出発しました。

しかし、実際に藩校で講義が始まると、庶民の出席はよくありません。直養は、「庶民の中で自主的に講釈を行っているものたちがいるが、彼らを道学堂の出先にしてはどうか」と提案します。安永《あんえい》七年（一七七八）頃から医師や神主など十人以上が直養の目に留まります。彼らはやがて「町在講師」「町在社講」という肩書きで、藩の教育政策の中に組み込まれていきます。社講とは藩内の各郷村で行われた講釈の講師を勤めるもので、庄屋、名主、百姓など身分にかかわらず学力のある者が任じられました。社講は、藩から年に米二、三俵の支給を受け藩主の謁見を受けることができる栄誉も与えられました。

もともと自主的に講釈や講書の会を行っていたのが、次第に道学堂の出先として共通のテキストを使用したり、藩主の考えを説き聞かせたりする機能を果たすようになったのです（①）。

**関連項目**

①新潟三章7　石川三章4　②愛媛三章1・4　佐賀三章4　長崎三章4　③熊本三章2・5

# 130 郷学《ごうがく》

郷学は、公立で建てられた学校を意味します。藩校は藩庁の所在地に建てられるのを原則としますが、郷学は広い藩内の各所の教育に当たるもので、藩営のものもあれば、村が何ヵ村か集まって共同で教育の場を設ける場合もあり、これも郷学と呼びます。地域的特性から郷士や庶民が学びました。したがって、現在の学校制度の萌芽がここにあります。

## 現在青少年教育センターになっている閑谷《しずたに》学校

儒者の横井小楠《よこいしょうなん》が、熊本と江戸の往来の途中岡山を通りました。その時の見聞をまとめたのが『遊歴見聞書《ゆうれきけんぶんしょ》』です。この書に「学校の建物は大きいが、まことに質素である。結構な建物といえば講堂だけである」との記述がありますが、これは岡山藩校（岡山学校）を訪れた時の印象を書いたものです。彼はその足で和気《わけ》郡閑谷新田村の閑谷学校を訪ねます。ここは岡山城下からおよそ三五キロ東へ入ったところで、「例のない美しく見事なつくりで、江戸の湯島《ゆしま》聖堂（幕府の学問所）のほかには、天下にこのような壮麗な学校はないだろう」と、激賞しています。この閑谷学校こそ、郷学の代表的な存在です。士農工商の身分制度が厳しかった時代に、侍の子弟が学ぶ藩校の建物よりも、庶民の子弟が学ぶ閑谷学校が美しく設備が整っていたのですから、小楠ならずとも驚嘆します。敷地は現在、国の史跡になり、講堂は国宝に、聖堂・芳烈祠《ほうれつし》（閑谷神社）は重要文化財に指定されています。特別史跡閑谷学校顕彰保存会の手で管理され、学房の跡地には青少年研修センターが建てられ、青少年の合宿研修の場とされ、三百年の教育の伝統が受け継がれています。

さて、この閑谷学校は、岡山藩主池田光政《いけだみつまさ》が命じて、津田永忠《つだながただ》が建てたものです。寛文《かんぶん》八年（一六六八）のことです。有名な儒学者熊沢蕃山《くまざわばんざん》を召し抱えた光政は、藩士や領民に学問を奨励しました。当時領民は、寺院に通い僧侶から教育を受けていました。しかし、僧侶の教育に限界を感じた光政は、城下に一ヵ所、諸郡に百二十三ヵ所の手習所を設け、地主や村役人の子弟を通わせることにしたのです。これを手習所と名付けましたが、多くは寺に変わる初等教育の場でした。これに対して閑谷は学問所として高等教育をするところと定めました。

閑谷学校は、のちにさまざまな盛衰に見舞われましたが、津田永忠の発意で、学校領を学校田として、学校自体が地主になるなどの工夫を凝らしたことなど、さまざまな人々の努力で長く継続した教育を続けることができました。閑谷学校には、岡山藩領の人々ばかりでなく、隣接の播磨《はりま》（兵庫県）や美作《みまさか》・備中《びっちゅう》（ともに岡山県）や讃岐《さぬき》（香川県）から遊学する人たちもいました（③）。

## 十津川《とつがわ》郷士たちの熱気が生んだ文武館《ぶんぶかん》

閑谷学校のように古い歴史はありませんが、独特な教育で知られるのは、幕末の全国的な教育熱の中から生れた十津川郷（奈良県吉野郡）の郷学文武館です。文武館は、十津川郷五十九の村の共同で経営された学校でした。教育には朝廷の学習院（公家の子弟教育機関）で儒学を教えていた中沼了三《なかぬまりょうぞう》とその子清蔵《せいぞう》が当たりました。

十津川郷は、神武《じんむ》天皇が熊野《くまの》から大和《やまと》へ向かって北上した際に通過したとする伝承があり、鎌倉時代には後醍醐《ごだいご》天皇の王子護良《もりよし》親王を助けたとされます。南北朝の内乱の際には、南朝の歴代天皇に味方しました。大坂の冬の陣が起ると参戦して手柄を立て、大坂方に味方した北山一揆を鎮圧します。天皇に深い関わりがあったこと、江戸時代に入ると戦功によって郷士とされたことは、十津川郷の人々にとっては強い自負と誇りとなりました。こうした意識は幕末になって、開国を求めた外国人が日本に迫るようになると、十津川郷の人々は危機感を募らせ、国の行く末に関心を高めることとなりました。

天誅組《てんちゅうぐみ》の変のあと朝廷は、十津川郷に四ヵ条の取り締まり規則を出しました。そのなかに「郷中一同、文武修行専一たるべきこと」という一文がありました。その朝廷の期待に応えるべく、郷の若者の教育機関を設置しようとしたのが、文武館設立の動機でした。元治《げんじ》元年（一八六四）、十津川郷の人々は文武館設立願いを朝廷に出し、間もなく許可されます。十津川郷折立《おりたち》村（吉野郡十津川村）の寺を仮の校舎としました。建築費用として一戸当たり二百文の負担を課したとありますから、まさに郷の総力を挙げて建設しようとしたものでした（②）。

閑谷学校構堂の花頭窓（岡山版180ページより）

## 若者たちを鎮める郷学

江戸時代も半ばを過ぎると、町人や農民の生活規律が緩み、なかでも若者の生活が乱れてきたことを心配する声が多くなってきました。それは伊勢《いせ》崎《ざき》（埼玉県伊勢崎市）藩領でも同じでした。当時は十五、六歳から三十歳前後の男子は若い者と呼ばれ、仲間を組むことになっていました。ところが彼らは「名主（村長）や組頭（名主の補佐）が許していることに難癖をつけ、婚礼などではちょっとしたことをとがめて理屈をいい、村人はそれを恐れて気遣い、婚礼・葬礼の際の金銭をほかの人よりも多く与えている。その結果若者たちはますます増長し、その一方で村人はますます苦しめられるということになり、こうしたことが村の衰微の原因になっている」と藩は指摘し、若者たちの行動は許しておけないということになりました。

こうして若者たちが本来の農耕に精を出し、秩序を守るようになるためには、道徳的素養を身につけさせることが必要だということになりました。この考えに基づいて、藩では各所に郷学を設けることにしました。こうして設立された郷学は、文化五年から明治初年までに二十五ヵ所に及びました。伊勢崎藩の村は四十七でしたから、ほぼ二つの村に一つの割で郷学が開かれたことになります。いつの時代も若者の行動は、大人を苦しめるようです（①）。

**関連項目**

青森三章7　岩手三章6　宮城三章2　栃木三章1・6　群馬三章6　①埼玉三章3　神奈川三章11　石川三章5　山梨三章2　②奈良三章8　鳥取三章3　③岡山三章4　山口三章2　鹿児島四章8

# 131 私塾の隆盛

## 寺子屋を終えた子の十人に一人が私塾へ

私塾というものは、一般的にいうと寺子屋の学習を終えて、さらに高度な知識や技術を得たい人が通うところでした。全国的にみて、私塾の数は寺子屋の十分の一でした。したがって寺子屋を終えた子の十人に一人が私塾で学んだことになります。

私塾は官学である幕府の昌平坂《しょうへいざか》学問所や藩校と違い、身分や性別にとらわれず、広い範囲から生徒を集め、とくに有名な塾には全国から優秀な者たちが集まりました。江戸の場合、一校平均の生徒数は百十九名で、約七割が五十名以上在学していました。天保《てんぽう》年間（一八三〇～四四）に開業した桑野松霞《くわのしょうか》の塾はもっとも多く、明治四年（一八七一）の段階で男六百名、女二十名の六百二十名もいました。また書道、絵画などの塾を中心に、江戸の約四割の塾に女性が学んでおり、生徒総数のおよそ一割もいました。

私塾は高度の教養を授けるところであり、なおかつ武士階級の生徒が主体でしたから、教師の多くは江戸でもほかの地方でも武士でした。入学者は教師についての評判やその著作によって学識や人格を知り、それに共鳴して集まる場合が多かったので、教師が亡くなると塾も閉鎖されるのが通例でした。また教師が一人で経営者をかねる場合がほとんどでしたが、今の学校のように複数の教師がいる場合、女性の教師を含むことがあり、女性は江戸の教師総数の三パーセントほどでした。慶応《けいおう》年間（一八六五～六八）に芝《しば》（東京都港区）にあった書道塾の芝香堂《しこうどう》のように、女性が教師兼経営者のこともままありました（①）。

## 学者の数だけあった私塾

私塾の教師は武士階級が圧倒的に多かったのですが、私塾での教授を専業とするものと、幕府や諸藩に仕えながら、公務のあと塾で教えるものとがいました。江戸では後者に著名な人が多く、たとえば蘐園《けんえん》塾で教えた荻《おぎ》生徂徠《ゆうそらい》、百之寮《ひゃくしりょう》で教えた佐藤一斎《さとういっさい》、三計《さんけい》塾で教えた安井息軒《やすいそっけん》、逢源堂《ほうげんどう》で教えた芳野金陵《よしのきんりょう》らの儒学者たちがいます。

教師への謝礼は授業料にあたる謝儀《しゃぎ》と入学金にあたる束脩《そくしゅう》がありました。このうち授業料は盆暮れ二回納め、額は定まっていませんでしたが束脩とともに品物からしだいに現金にかわりました。福沢諭吉《ふくざわゆきち》によって安政《あんせい》五年（一八五八）鉄砲洲《てっぽうず》（東京都中央区）の中津《なかつ》藩邸内に設立され、明治元年（一八六八）芝に移された慶応義塾がはじめて授業料の名目を立てて毎月徴収しました。

江戸時代は公教育システム（公の学校制度）が、まだ十分に発展していませんでした。ですから学問を志すものは、何らかの形で個人的に特定の学問上の師について、その教えを受けることが必要でした。一方、師（学者）の側からしても、幕府や大名に仕えたごく少数をのぞく大部分の学者は、おもな生計の手段として門人たちからの入学金（束脩）と授業料（謝儀）に頼らざるを得ませんでした。ここに江戸時代の私塾が成立する条件があったのです。極端ないい方をすれば、学者の数だけ私塾があったともいえるのです。

施設の大きさのみならず、種類や教科もさまざまでした。数では漢学塾が非常に多く、江戸時代中期からは国学塾が増加し、幕末には「富国強兵」が幕府や諸藩で進められたこともあって洋学熱がさかんになりました。しかし、このほかに習字、算学、医学、絵画、三味線、尺八、琴、詩文、俳諧、和歌さらには作法、裁縫、華道、茶道などおもに女子を対象としたもの、また馬術、剣術、槍術、弓術、砲術などの武芸塾もありました。

各塾での教科は千差万別でしたが、習字や漢学など一科目のところがおよそ七割で、ほかは二科目以上でした。国学、医学、洋学の塾でも漢学はほかの教科の基礎として教えた場合が多かったのです。漢学塾の一例として荻生徂徠の塾をみてみると、経学（中国の儒教の基本経典である経書を研究する学問）、詩、文章、律（法律を研究する学問）、和学、兵学、書学、算学の八つがあり、経学は必須ですがあと一科目を選択することができました。また洋学塾では、オランダなどの書物を通して医学、兵法、地理、天文、化学などの幅広い知識を身につけさせました。

若き日の福沢諭吉（大分版口絵より）（福沢旧邸保存会蔵）

**今も昔も京都は「学生の町」**

いつの時代でもそうですが、この時代にはとくに優れた師にめぐり合うことが重要視されました。そして江戸時代になると、遠方への旅も比較的容易にできるようになりました。ですから良き師を求めて遠くへ遊学する人も多くなってきました。全国的な規模で門人を集めた私塾も出現するようになったのです。江戸時代の京都は政治の中心を江戸に、経済の中心を大坂に譲りました。しかし、学問や教育の面では依然わが国の中心でした。伝統文化や学問の蓄積の厚さとそのレベルの高さが、常に京都を先進的学問の地でありつづけさせたのです。したがって最高レベルの学問を求める諸藩の武士や立身出世を夢見る浪人や庶民の子弟たちが、全国から絶えず京都に遊学のために出かけました。京都にはそれを受け入れるだけの学者（私塾）がいたということです。

京都という都市が持つこうした学問や教育の役割をうかがわせるものに『平安人物志』という本があります。これは京都在住の学者や文人を網羅した人名鑑です。明和《めいわ》五年（一七六八）に初版が刊行され、その後明治時代にいたるまで増補を繰り返しながら、なんと九版も版数を重ねました。この本の刊行目的は、地方からの遊学生が入門すべき師を選定するための情報提供でした。

寛文《かんぶん》年間（一六六一～七三）から元禄《げんろく》年間（一六八八～一七〇四）、伊藤仁斎《いとうじんさい》の私塾古義堂《こぎどう》は全国から三千人を超える入門者があり、以後も古義堂は多くの門人を集めつづけました。『平安人物志』にあげられている京都の学者の数は、明和五年で百一人、文政《ぶんせい》五年（一八二二）百六十六人、同十三年百七十九人、といった具合です。京都は江戸時代から「学生の町」だったのです（②）。

**関連項目**

群馬三章4　茨城三章8　①東京五章2　山梨三章3　②京都四章　大阪十章4
兵庫三章5　奈良三章3　佐賀三章2　長崎三章7　大分三章4

# 132 高名な私塾

幕府の学問所や各藩の藩校、さらには藩などの公的支援を受けて設立された郷学校などと違って、私塾は身分や性別にとらわれず、自由な学問の場としての存在でした。このため、高名な私塾には全国からたくさんの入塾希望者が集まりました。現在でいえば有名私立高校、大学のような存在でした。江戸時代には高名な私塾がたくさんありましたが、ここでは、伊《い》勢《せ》松阪《まつざか》（三重県松阪市）の鈴屋《すずのや》、豊後日田《ぶんごひた》（大分県日田市）の咸宜園《かんぎえん》、長門《ながと》萩《はぎ》（山口県萩市）の松下村塾《しょうかそんじゅく》を取り上げます。

## 偽《にせ》門人まで出た国学の「鈴屋」

国学者の本居宣長《もとおりのりなが》が、自宅で講義を始めたのは宝暦《ほうれき》八年（一七五八）、二十九歳のときでした。聴講者わずか九名の『源氏物語』研究会として発足したのが、私塾「鈴屋」の始まりです。それが天明《てんめい》年間（一七八一〜八九）の末頃には、他国からの入門者も相次ぎ、急速に門人が増加していきます。この傾向は寛政《かんせい》年間（一七八九〜一八〇一）に入るとさらに加速され、宣長が死去した享和《きょうわ》元年（一八〇一）には、陸奥《むつ》国（青森県）から九州肥後《ひご》国（熊本県）・日向《ひゅうが》国（宮崎県）にまでおよぶほぼ全国的な門人組織が形成されるにいたったのです。その数四百八十九名、宣長の名は全国津々浦々にまで知られるようになりました。

そのうち宣長の名が広まるにつれ、偽門人があちこちに現れるようになりました。宣長の名を利用して塾商売をしようというわけです。「肥後、筑前《ちくぜん》（福岡県）、長崎、甲州《こうしゅう》（山梨県）、越中《えっちゅう》（富山県）あたりに、本居門と名乗り、怪しげな神道者や講談師風の者が、俗人を集めてあれこれ根も葉もないことをいい広めていると聞き及びます」と、宣長の側近が高弟に宛てた書状にあります。このため寛政十一年に、入門手続きの整備が行われたほどです。内容は全八条からなり、鈴屋から各地方社中に送付されました。その中に次のようなことが書かれています。

「大人（宣長のこと）の御流儀においては、秘伝口授などというようなことは決してなく、そのようなことを申し立て、これを世渡りの方便とするようなことそのほか、すべて卑劣な行為によって、国学の名を汚さないように」秘伝口授とは、学問、技芸などの各流派に伝わる秘密の奥義を、他者に洩れないように直接口伝えに授けるもので、いかにも閉鎖的なこの慣わしも、当時としてはごく一般的なものでした。宣長の師加茂《かも》真淵《まぶち》の主宰する県居《あがたい》さえ、入門誓詞に「許しを得ずに教えられたことを他へ漏らしません」という一文があります。宣長はこれを拒絶したのです。ここに宣長の学問への自由な考え方と師弟関係の基本があり、それが多くの門人に慕われた所以だったかもしれません（①）。

## 「咸宜園《かんぎえん》」には全国から四千人の門人

広瀬淡窓《ひろせたんそう》が堀田村（日田市）に咸宜園を開いたのは、文化《ぶんか》十四年（一八一七）、三十六歳のときでした。門弟十五人が入寮し、そののち入塾、入寮者が増加していきました。淡窓が研究、教育活動に専念し始めたのは、文化二年のことで、最初「成章舎《せいしょうしゃ》」という塾を開きました。次に新たな塾舎を新築したのを機に塾の名を「桂林園《けいりんえん》」と名づけました。

咸宜園での淡窓の教育を特徴づけるのは、なんといっても月旦評《げったんひょう》でしょう。月のはじめに試験の成績により等級を分けて公表するというもので、級が上がって上にいくほど成績が良いことを示しています。入塾希望者は、入学金（束脩）を納め、入門簿に自分で氏名、出身地、入門年月日、紹介者名を記入すれば、身分を問わずいつでも入門できました。そして淡窓は入塾者から年齢、学歴、身分を奪うという「三奪の法」を課し、入塾者全員を無級のスタートラインに立たせ、それ以降塾の中での勉強の状況と月旦の高低により差が生じるようなシステムをつくりあげました。

淡窓は博多《はかた》屋（広瀬家の屋号）という日田代官所の御用商人や諸藩の御用達を勤め、大名貸しなどの金融業をする掛屋の長男として生まれました。早くから秀才の誉れ高く、十三歳で日田代官の前で『孝経』の講義をし、十四歳のときに佐伯《さいき》に遊学しています。しかし、淡窓は病弱で、家業を弟に譲り、二十四歳のときに教育、研究の道を歩む決心をしました。淡窓は安政《あんせい》三年（一八五六）、七十五歳で没しましたが、学問と教育に捧げた生涯でした。淡窓が始めた咸宜園は、開塾以来明治三十年（一八九七）まで約八十年間にわたって、全国から四千人を超す塾生を集め、さまざまな分野に多くの人材を輩出しました（③）。

現存する咸宜園の建物（大分版186ページより）

## 吉田松陰《よしだしょういん》の志を継いだ志士たち

吉田松陰の主催した「松下村塾」からは、高杉晋作《たかすぎしんさく》、日下玄瑞《くさかげんずい》、山県有朋《やまがたありとも》、伊藤博文《いとうひろぶみ》など、明治という新しい時代を切り開き、実際に運営した人々が多数出ました。吉田松陰は、友人と三人で東北旅行に出かけ、藩が発行した通行手形を持たずに出発したため、帰ってから謹慎させられます。嘉永《かえい》六年（一八五三）、藩の命で江戸へ遊学にでますが、その一年のち、アメリカへの密航のため米艦へもぐりこんだところを捕らえられます。萩《はぎ》の野山獄《のやまごく》へ収監された松陰は、獄囚を相手に教育活動を始めたと伝えられます。ここで『孟子』の講読会も始まっています。出獄してからも行動の自由を束縛されていた松陰は、預けられた幽囚室を舞台に、のちの松下村塾を始めるのです。そこへ近隣の子弟が徐々に集まり始めたのです。

松陰が松下村塾を主宰するのは安政四年十一月から翌年の十二月までのことです。短い間でしたが、自立した人間を育てる方針を明確にしています。松陰は老中暗殺計画に関与したとして、再入獄、安政六年三十歳で刑死します。多くの門人が彼の志を継ぎました（②）。

**関連項目**

青森三章8　茨城三章7　群馬三章4　東京五章2　新潟三章8　富山三章2・4・5　石川三章6　福井三章5　山梨三章3　長野三章11　岐阜三章9　静岡五章5　①三重三章3　京都四章2・五章5　大阪十章2・4　兵庫三章5・五章8　奈良三章3・4　和歌山三章3　鳥取三章2・4・6・五章10　広島三章1・3・5・五章5・6　②山口三章8　徳島三章3　香川四章2・五章10　愛媛三章7　高知三章2　福岡三章4・8・9　佐賀三章2　長崎三章7　熊本五章9　③大分三章3・4・五章8　宮崎三章7

# 133 ユニークな私塾

## 文化交流の結社「混沌社《こんとんしゃ》」

私塾といえば、寺子屋では得られないもう少し高度な教養や学問を学ぶところでしたが、文化人のサロン的なものや主張を同じくする人たちの集まり、結社のようなものも数多くありました。そういう塾は、和歌や詩文の研究をしたり教えたりするところが多かったようです。その代表的なものが大坂の混沌社です。

木村蒹葭堂《きむらけんかどう》は、北堀江（大阪市西区）で造酒屋を営む町人でしたが、博学多芸の人として有名でした。本草《ほんぞう》家（薬用となる自然物の研究家）、博物学者、古今東西の文物収集家、蔵書家、また儒学の素養を身につけた詩文や書画、煎茶を好む文人、さまざまな顔を持った蒹葭堂の知識や所蔵する文物を求めて多くの人々が彼のもとを訪ねました。日々の往来を書き留めた『蒹葭堂日記』は、現存する十九年あまりの分だけでも九千人以上の人名が記されており、彼の交友関係がいかに広かったかを示しています。

蒹葭堂は漢詩文にも造詣が深く、宝暦《ほうれき》八年（一七五八）頃から蒹葭堂会という作詩の集まりを開いていました。この蒹葭堂会のあとを受けて新たに組織されたのが、蒹葭堂の儒学の師でもある片山北海《かたやまほっかい》を盟主とする詩文結社の混沌社です。混沌社は明和《めいわ》二年（一七六五）にはじめて集まりがもたれましたが、蒹葭堂会に参加していた人々の相当部分が混沌社の創立メンバーに加わっています。

その顔ぶれは商人や医師、武士など二十〜三十代の若い世代を中心としたさまざまな職業、身分の人々でした。片山北海を中心に、鳥山崧岳《とりやますうがく》、田《た》中鳴門《なかめいもん》、葛子琴《かつしきん》ら当時一流の文人が集まった混沌社には、そののちつぎつぎと才能ある人々が加わり、さらにその存在が大きなものとなっていきました。町人の中でも儒学が素養とされ始め、漢詩文や書画のたしなみが一般的な教養となりつつあった当時、伝統的な考えに束縛されず自由な発想を受け容れる素地のあった大坂という地が、新しい活動を後押ししたといえます。混沌社は明和から天明期にかけて、詩文結社として京阪の学芸界に大きな影響を与えつづけました（②）。

## 商人が共同で設立した「懐徳堂《かいとくどう》」

もう一つ大坂に、町人の有志が協力して設立した「懐徳堂」という塾がありました。大坂の有力町人五人が、自分たちが学ぶために設立した塾ですが、のちに幕府も関与するようになり半官半民で運営されました。

だれもが自由に参加できるのが特徴で、講義は常に公開講義でした。講義に関して定められた壁書には、第一条に学問は忠孝を尽くすものであるとともに職業を勤める上で役に立つものでなければならないとあります。講義はそれを説き進めるものなので、書物を持たない人でも聴講できると記されています。さらにその但し書きで、やむを得ない用事ができたときには講義の途中で退出してもよい、という商人たちの都合に配慮した非常に寛容な聴講態度が許されていました。また、武士は上座に座るものとしながらも、講義が始まってからの着席は町人と武士の間に区分をもうけず、学問を学ぶ上では身分の区別はないという扱いをしています。

この塾では三宅石庵《みやけせきあん》、富永仲基《とみながなかもと》、中井竹山《なかいちくざん》などが教えました。中井竹山はこの塾が官学になるよう老中松平定信《まつだいらさだのぶ》に働きかけたことで知られます。

懐徳堂は享保《きょうほう》九年（一七二四）に設立されましたが、八代将軍吉宗《よしむね》の庶民教育施設への援助方針もあって、懐徳堂の建物の建つ土地は幕府からの拝領地という扱いを受け、町人としての負担が免除されます。幕府は土地を与えただけでそれ以外の援助はしませんでしたから、設立に関与した町人たちは、毎年掛け金をし、その他に寄付された資金とを合わせて運営されました。それらの総額を信用しうる商人に貸付け、そこから上がる利息が日常的な経費に当てられる、というシステムをとっていました。商人らしい合理的な運営でした。

懐徳堂のもう一つの特徴は、町人の学問所としてだけではなく、全国的な「学校」へという動きを見せたことです。混沌社の存在もあり、山陽、四国、九州といった西日本から大坂へ学びに来るケースが多くなり、大坂を中心とする学芸交流のネットワークが形成され、懐徳堂はその中で学芸センターのような位置にありました。

懐徳堂の碑（大阪版口絵より）

四国からは柴野栗山《しばのりつざん》、尾藤二洲《びどうにしゅう》ら、広島からは頼春水《らいしゅんすい》、菅茶山《かんちゃざん》、大分の麻《あさ》田剛立《だごうりゅう》、佐賀の古賀精里《こがせいり》ら、次の時代をになう人々が大坂へ集まって学問の研鑽を積んだのです。そしてこういう中から、寛政《かんせい》九年（一七九七）に設立される幕府の昌平坂《しょうへいざか》学問所の教官になる人々が輩出され、寛政年間（一七八九〜一八〇一）から全国教学の指導的位置を占めることになります（①）。

### 漢詩文や和歌の研究から結社へ

こうしたある種の教育運動的に展開される学問のネットワークは、和歌や漢詩文の塾が同好の士と結びついて、つぎつぎと輪を広げていくところにもみえます。漢詩人の塾では、広島の菅茶山の塾「廉塾《れんじゅく》」があります。菅茶山は江戸時代後期の代表的な漢詩人ですが、天明《てんめい》年間（一七八一〜八九）に、備後《びんご》国（広島県）神辺宿《かんなべじゅく》（深安郡）に塾をはじめました。菅茶山自身が懐徳堂に立ち寄って交流したことには触れましたが、山陽道を上下する学者や文化人たちは必ず廉塾に立ち寄って、詩文を菅茶山と交換したと伝えられます（③）。

伊予大洲《いよおおず》（愛媛県大洲市）の常盤井《ときわい》家の「古学堂《こがくどう》」もそういう意味では、激しい世界の動きの中で幅広い活躍をみせた塾でした。塾を主宰した常盤井厳戈《いかしほこ》は、国学研究の専門家です。にもかかわらず、三瀬周三《みせしゅうぞう》（シーボルトの孫娘高子と結婚）に蘭学研究を勧めたり、自ら電信機器で通信の実験をしたりしています。もちろんこの塾から激しい尊尊愛国思想の志士が輩出もしています。しかし、こうした新しい時代に対する自由で柔軟な発想が互いに手を結んで明治維新を準備したことを思わせます（④）。

**関連項目**

長野三章11　①大阪十章2・②3　奈良三章4　③広島三章5　④愛媛三章7
福岡三章9

# 134 寺子屋の普及

## 江戸時代の社会が急速な教育を促した

寺子屋は普通六、七歳の子どもが通い始め、それから数年間学んだ初等教育機関です。今でいう小学校で、ただし公的なものはなく、すべて私的な塾として経営されました。江戸時代にいったいどれくらいの数の寺子屋があったのかは、たしかな史料がなくてわかりません。しかし、江戸時代の初期から存在は確認されています。

江戸時代は兵農分離と石高《こくだか》制の社会でした。武士は城下町の一角に住んで、村落運営の大部分は農民の自治に任されました。その結果、文書での指示・通達、それに法令によって行政が行われました。また、石高制による年貢の割り当ても農民自身が計算しなければなりませんでした。農作物も換金性の高いものを植付け、肥料を買って収益性をあげ、できるだけ高く売ることが必要とされました。都市は貨幣経済が浸透し、何をするのも計算と契約でした。どんな人にも読み・書き・算術が必要となったのです。そういう意味では、江戸時代の社会の仕組みは、庶民も読み・書き・算術がある程度できることを前提として成立していたといえます（①④）。

寺子というい方は、中世に寺院で子どもに学問を教えていたときのなごりですが、「屋」の字がついたのは、庶民子女を教えること自体を営業とする施設という意味が含まれます。「手習指南《てならいしなん》」「手習所」などのいい方をする地方もありました。明治維新前後に調査された資料であまりたしかとはいえませんが、それによれば全国に寺子屋は一万三千八百十六、寺子の数は男子五十九万二千七百五十四人、女子十四万八千百三十八人、計七十四万八百九十二人、とされます（③）。江戸時代末のわが国の人口は三千万人と少しなので、就学率はなかなか高いといえるでしょう。

## 三都には早くから寺子屋が開かれた

もっとも早く寺子屋が普及したのは京都だと思われます。貞門俳諧の祖松永貞徳《まつながていとく》が、慶長《けいちょう》年間（一五九六〜一六一五）にすでに町の子どもたちに手習を教えていたことが知られています。また、関ヶ原の戦で敗れた長曾《ちょうそ》我部《かべ》盛親《もりちか》も名を変えて手習を教えていました。一七世紀半ばから後半の京都周辺を描いた絵巻物に、一階が本屋で、二階に寺子屋が描かれている絵があります。わが国ではじめて体系的な育児書（『小児必用養育草《しょうにひつようそだてぐさ》』、元禄《げんろく》十六年＝一七〇三＝刊）を書いた医師の香月牛山《かつきござん》は、その中で「いまや子どもを手習にやるのが一般的になっているが、近頃では女の子でも七、八歳から十二、三歳まで手習に通わせるようになっている」と記しています。このように京都市中では少なくても元禄頃までには、だれもが普通に通う程度に寺子屋が一般化していたのはたしかだと思われます（④）。

大坂での寺子屋の普及も早かったようです。大坂が天下の台所と呼ばれて急速に発展するにつれ、寺子屋もまた増加します。元禄期になると、すでに寺子屋教育は社会の中で欠くべからざる機関として定着していきました。延享《えんきょう》三年（一七四六）に人形浄瑠璃『菅原伝授手習鑑』、その二年後に『仮名手本忠臣蔵《かなでほんちゅうしんぐら》』が大坂竹本座で初演されますが、今でも人気のあるこの二作品の外題《げだい》が寺子屋に関係するのは注目に値します。とくに『菅原伝授手習鑑』は、「寺子屋の段」がクライマックスに設定され、寺子屋の情景がリアルに再現されます。当時の人々にとって寺子屋が、生活情景の一部になっていたことを如実に示すものでしょう。

　大坂の寺子屋は学習方法や教材にさまざまな工夫を凝らしましたが、もっともよくその特徴を示すものに夜学があります。夜学は、貧しい子どもたちや昼間学ぶことのできない丁稚《でっち》などに開かれたもの、奉公人などが仕事のあとさらに学ぼうとするために開かれたもの、すでに寺子屋を終えたものがさらに高度なことを学ぶために開かれたものの三種類がありましたが、このうち貧しい子供や丁稚などのために開かれたものがもっとも多かったようです（⑤）。

　江戸もまた早くから寺子屋が開かれていたところです。慶長年間に開かれ、享保《きょうほう》六年（一七二一）には師匠の数が約八百人おり、幕末には約千百校の存在が確認されています。江戸の寺子屋の特徴は、一校平均の寺子の数が多い（半分以上が百人以上在籍）ことで、さらに女子の就学者の多いこともその特徴でした（①）。女子教育といえば、富山県高岡市には女子だけの寺子屋がありました。大福院という寺の住職の妻神子たかが、天保《てんぽう》四年（一八三三）に開きました。習字を中心に、『女大学』や『百人一首』の素読《そどく》、『商売往来』の講義もしたようです（②）。

寺子屋風景（東京版口絵より）
（謙堂文庫蔵）

## 画期的な教科書『商売往来』の刊行

　寺子屋はもともと読み・書きが授業の中心です。したがって読書と習字が主ですが、江戸ではそれに加えて算盤《そろばん》を教える寺子屋が約七割を占めていました。いろはの手習本からはじめて往来ものに入り商売に関する知識や手紙の書き方を学びます。さらに『江戸方角』や『国尽し』など地理を修め、『塵劫記《じんこうき》』で算術を学びました。女子は『庭訓《ていきん》往来』で手紙の書き方を習い、習字の初歩の手本は師匠自らが書いたものを使いました（①）。

　元禄七年に『商売往来』が大坂で刊行されました。「凡《おおよ》そ、商売持ち扱う文字は、員数《いんずう》、取遣《とりやり》の日記、証文、注文、請取、質入、算用帳、目録、仕切の覚えなり」という書き出しで始まるこの本は、商売のことを知ろうとする人たちのために書かれた教科書です。大坂はもちろん全国の寺子屋で使用されることになります。こののち『諸職往来』『百姓往来』『問屋往来』『本屋往来』など、業種の異なる往来ものが続々と出版され、産業型往来というべき教科書出版の分野が形成されます。それに類する七百余りのうち四百点以上は『商売往来』の影響を受けてつくられたものです。これらこそ地理型往来と並んで、江戸時代独自の往来ものです（⑤）。

**関連項目**

秋田三章3　埼玉四章10　千葉三章2　①東京五章2　②富山三章7　③滋賀四章5　④京都四章9　⑤大阪十章5　和歌山三章6　山口三章3　徳島三章3　高知三章4　福岡三章3　佐賀三章5　大分三章5

# 135 寺子屋の師弟関係

## 寺子屋師匠の信念と見識

寺子屋の師弟関係は、伝えられる史料を見る限りなかなか濃密なものであったと思われます。いくら寺子の数が多いといっても、現在の小学校児童数から比べれば少ないものですし、地域のあり方も今とは違っていました。貧しいうちの子や丁稚《でっち》などは毎回一文銭や三文銭を握り締めて、寺子屋へ通いました。このためそれらの寺子屋は「一文屋」とか「三文稽古」といわれました(④)。こうして通ってくる子どもに、師匠は子どもがいることのできる時間は精一杯教えました。

浮世草子作家井原西鶴《いはらさいかく》の『世間胸算用《せけんむねざんよう》』に「才覚のぢくすだれ」という一節があります。そこには手習子とその親と師匠が登場します。ある子どもが寺子屋へ通っている間に、ほかの子どもが使い捨てた筆の軸を拾い集めて手細工ですだれをつくり、一つ銀一匁五分で三つ売って儲けました。親はわが子の才覚を自慢したくて、師匠にそのことを語ります。ところが師匠は次のように語って突き放します。あなたの子のように「気の働き過ぎたる」子が大きくなって、豊かに暮らしたという例は見たことがない。ほかにも書き損じた紙を集めて売ったものや紙の不足を見越して余分に用意してきて、それを二倍の値段で売って稼いだ子どもなど、利にさとい子どもたちは多くいた。しかし、「これらはみな、それぞれの親のせちがしこき気を見習い、自然と出るおのれが知恵にはあらず」と、師匠は批判します。せちがらく、ずるがしこい親の気持ちを先取りするような真似はするべきではなく、子どもたちは「自然と出るおのれの知恵」を大事にすることのほうが、成長過程では重要だというわけです(④)。

ここにはできるだけ早く子どもたちに大人の知恵を身につけさせようとする親と、子どもは大人とは区別された存在として成長過程に応じた学習や遊びを通じて人間形成を図るべきだという考え方が対置されています。寺子屋の師匠とはそういう存在だったのです。

## 生涯の交わりを示す筆子塚《ふでこづか》

もともと寺子屋というところは、農村部では近隣の住民が博学で教養があり人格者と慕う人に、自分の子どもの教育を委託したことが始まりです。そのため師を御師匠様と尊称し、家庭でも子どもに師の命に背《そむ》かぬよう常々いい聞かせました。全課程が終了したときには父母同道で謝礼をし、社会人になってもいつも師の安否をたずねたといいます。女子は嫁入りのときはもちろん、その後の里帰り、あるいは奉公中の薮《やぶ》入りの際もまず師匠をたずねました。師匠も寺子の将来を心にかけ、成人後にも相談に乗っていました(⑤)。

たいていの寺子屋は入校するときに、誓約書などへ署名します。埼玉県行田《ぎょうだ》市にあった寺子屋玉松堂では、師匠の植田養山《うえだようざん》に宛てて「門人証文帳」を提出しました。その前書きには「門弟となり筆道を教えていただくことになった上は、学習稽古のことはもちろん、行儀作法など何事にかぎらずご教示の趣に決して背きません。たとえ、下山(下校)後においても心得違いや不行跡のことがあったら、師弟関係をもって遠慮なくご意見ください」と書いてありました。指導は手習ばかりでなく生活全般におよぶとされ、さらに師弟関係は終生変わらずに続くとされていたのです（②）。

秋田市に江戸時代中期から百年も続いた赤津寺子屋がありました。規模も大きく、教育内容もみごとなものだったため、わが国七大寺子屋の一つに数えられたといわれます。この寺子屋の三代目の師匠が亡くなったときの様子が、碑文に刻まれています。師匠が病の床につくと、弟子がかわるがわる側について薬や水を飲ませました。その甲斐なく師匠が亡くなると弟子たちは悲痛の声を上げるばかりでした。葬式当日は遠近を問わず、集まった人は弟子やその父兄千有余人といわれます（①）。

ところで寺子たちが師匠の恩に報いるために、お金を出し合って共同で建てる師匠の墓を「筆子塚」と呼びます。筆子塚は江戸時代の中頃から明治時代にかけて全国各地に建てられました。筆子塚には、師匠の生涯や功績、弟子の名前などが刻まれている場合が多く、寺子屋を考える上で貴重な史料になっています。

渡辺崋山『一掃百態』（東京版口絵より）
（田原町教育委員会蔵）

福岡県浮羽《うきは》郡に残る寺子屋師匠岩沢一圃《いっほ》の筆子塚には、「門人力を合わせて逆修を建て、それによって師の深い恩に感謝する」旨の記述があります。逆修というのは、生前に供養して死後の冥福を祈って、恩に報いることです。このように筆子塚には、師匠の生前に建てられた例が非常に多いのです。もちろん死してのちにということもありますが、地域で先生がどれだけ大事にされていたかがわかります（⑥）。

## 子どもを教育する親の負担は重い

ところで、寺子屋の月謝はどれくらいだったのでしょう。江戸・大坂・京都などの都会地では現在と同じにお金を取っていたようですが、地方では入学金（束脩《そくしゅう》）は酒一升とか米一升を差し出す場合が多かったようです。また授業料（謝儀《しゃぎ》）は、毎月のところと節句・歳暮の時期の二回に届けるケースがあったようです。節句に米一升（小麦のところも）、歳暮に紙一束か牛蒡《ごぼう》一束、餅や里芋、大根などの現物で収めるケースもあったといいます（⑦）。江戸では毎月納入した月並銭、教場の畳《たたみ》替えの費用として六月頃に納めた畳料、暖房費として十月頃に納めた炭料、五節句にそれぞれ納める謝儀、七月と十二月の盆暮れの謝儀、書初めと席書（書道の展覧会）の謝儀がありました。その他に入学金、臨時の贈りものや寄付金と、親は息つく暇もありません。どちらにしても、ほかの地方に比べて父兄の負担は大変重いものがありました。師匠がこれで生計を立てているのですから、やむを得なかったのかもしれません。嘉永《かえい》・安政《あんせい》年間（一八四八〜六〇）の頃、百人の生徒がいれば師匠の生活は楽で、二百人ならば俸禄二十石（下級武士並）に相当するといわれていました（③）。

**関連項目**

①秋田三章3　②埼玉四章10　千葉三章2　③東京五章2　富山三章7　滋賀四章5　京都四章9　④大阪十章5　⑤和歌山三章6　山口三章3　徳島三章3　高知三章4　⑥福岡三章3　佐賀三章5　⑦大分三章5

# 136 宗教教学

## 日蓮宗の最高学問所、飯高檀林《いいだかだんりん》

仏教寺院の学問所を檀林といいますが、日蓮宗では江戸時代中期までに全国で二十あまりの檀林が創設され、関東八檀林と関西六檀林の十四が代表的なものとされています。日蓮《にちれん》を生んだ房総の地では日蓮宗寺院が多くあり、檀林も五つ存在し、その五つの檀林のなかでも最大規模、最高の教育水準を誇ったのが飯高檀林（千葉県八日市場市）でした。厳しい修行課程のもとに全国から集まった学僧が修行に励み、卒業生のなかから多くの名僧・高僧が出ています。

関西からやってきた日尊《にっそん》が、天正《てんしょう》八年（一五八〇）に飯高村妙福寺に学《がく》室《しつ》（講義室）を開きました。これが法輪寺で飯高檀林の始まりとされています。飯高檀林では、幕府の援助を受けながら講堂や学寮などが建てられ、慶長元年（一五九六）頃には檀林の基礎が確立したといわれています。その原動力になったのは日尊で、初代講主（檀林長・学長。化主《けしゅ》ともいいます）として十八年間飯高檀林の創設期に尽力しました。

檀林の組織を大きく分けると教授陣と学徒になります。檀林の最高責任者は化主で、現在の学長や校長にあたります。化主は修学課程の文句部《もんぐぶ》の教授でもあり、文能《もんのう》とも呼ばれました。化主の下で副学長にあたるのが玄《げん》能《のう》で、その次に位置するのが板頭《ばんとう》で、檀林すべての事務責任を負う事務総長の役目でした。檀林の化主や玄能を歴任した僧や修行を終えた学僧は、全国各地の日蓮宗寺院に僧侶として迎えられることになります。

江戸時代には、身延《みのぶ》や池上《いけがみ》など日蓮宗寺院の住職にはすべて飯高檀林の出身者が就任したので、日蓮宗において名僧・高僧といわれる僧侶のほとんどは飯高檀林から出ているといって間違いないでしょう。

飯高檀林の修学課程は、初等教育課程から専門研究課程まで八段階に分かれており、この八つの課程をすべて終えるには、極めて順調に進んでも二十年くらいを要したといわれています（①）。

## 浄土《じょうど》真宗《しんしゅう》の学塾、尺伸堂《しゃくしんどう》と空華廬《くうげろ》

富山県は昔から「真宗王国」といわれるように、親鸞《しんらん》の念仏の教えが浸透して、人々の心を豊に慎み深く育ててきました。親鸞の浄土真宗（一向宗）の教えについての学問・宗学についても、「学国」と称されるような高い評価を受けていました。それは江戸時代以来、宗学の指導者として名を残す学僧が多数現れたからで、その学問を教えた学校ともいうべき塾があったからです。尺伸堂（氷見《ひみ》市）と空華廬（下新川郡宇奈月《うなづき》町）です。

元分三年（一七三八）、西光寺で修行を重ねた芳山《ほうざん》は、兄弟子の義教の協力を得て西光寺境内に学塾を建て、「尺伸堂」と名づけました。芳山四十一歳のときです。芳山は真宗教学（宗学）の研究と、子弟の教育に一生をささげ、尺伸堂は若い僧侶が集まる地方の学塾として活気がみなぎっていました。越中国内はもちろん、越後（新潟県）・加賀・能登（いずれも石川県）・越前（福井県）・但馬《たじま》（兵庫県）・近江（滋賀県）・和泉（大阪府）・奥州（福島・宮城・岩手・青森各県）・松前（北海道）・信州（長野県）から多くの若者が氷見まで修学のため足を運んでいることが知られています。

尺伸堂より二十年ほど遅れて、宝暦八年（一七五八）に越中にもう一つの学塾空華廬が創設されました。京都で修行していた僧鎔《よう》が、宇奈月町の善巧寺《ぜんぎようじ》境内に開いたものです。僧鎔三十五、六歳の頃のことです。しばらく空華廬で門弟教育に取り組んだ後、四十一歳のときにふたたび京都へ行き、浄土真宗西本願寺の法主文如《ぶんによ》の侍講《じこう》になっています。その後も講義をしており、その評価はいっそう高まっています。越中国以外からの入門者も多く、遠く肥後（熊本県）・筑前（福岡県）・日向（宮崎県）・安芸（広島県）・河内（大阪府）などから勉学のため宇奈月まで足を運んでいます。また越中から他国の寺へ入った人々もおり、それらの人々によって空華の教えは全国に伝わりました。その結果「今、世にある諸国の僧のうち、約三千人は門弟である」といわれるような一大学派を形成したのです。

学塾尺伸堂と空華廬によって、念仏の教えが門徒に浸透し、越中では「真宗王国」といわれるほどの成果をあげたのです（②）。

飯高檀林が置かれた寺院飯高寺（千葉版口絵より）

## 禅宗の修行道場、永平寺《えいへいじ》等

日本独自の禅宗を打ちたてたのは栄西《えいさい》禅師《ぜんじ》（臨済《りんざい》宗）ですが、その弟子の道元《どうげん》禅師は、寛元二年（一二四四）越前国（福井県）の永平寺に道場を開き、ただ座禅のみによって悟りを開こうとする厳格な宗風を打ちたてました。曹洞《そうとう》宗です。道元禅師は、真実の仏弟子を養成するため約十年間を永平寺で尽くしています。

江戸時代の永平寺住職は、幕府の定めた法度（きまり）にしたがって関東の三か寺から順番につとめていますが、その住職の下には約五十名の弟子（雲水《うんすい》・修行僧）が修行していました。雲水修行の中心は座禅をする僧堂です。ここは、単に座禅のみでなく二回（朝と昼）の粥《しゆく》や飯をいただく場所であり、三と八のつく日の三八念誦《ねんじゆ》といって弁道《べんどう》修行（仏道の修行）の反省をしたり、施主の求めに応じてお経を読む場所でもあります。この僧堂で、夏場は三時半、冬は四時の起床に始まって、夜の開枕《かいちん》（禅宗で眠りにつくこと）のときまで仏祖の教えにしたがって、安居《あんご》弁道（一定の場所にこもり修行すること）が続きます。道元禅師は、食事のつくり方やその食事のいただき方など、すべて仏になるための修行であると示されています。それぞれ礼儀正しく誡《いまし》められていて、それぞれの規則に準じて、仏祖の慧《え》命《みよう》（尊い生命）を生かそうとしているのです（③）。

江戸時代後期、真の仏道修行（禅）の実践と大衆の教化に大きな足跡を残したのが、臨済宗《りんざいしゆう》妙心寺《みようしんじ》（京都市右京区）の白隠慧鶴《はくいんえかく》禅師です。妙心寺派に限らず、臨済宗各派にわたって江戸時代から近代に受け継がれている禅宗寺院における真剣な修行の姿は、この白隠禅師によって再興、整備されたものといわれています。禅の再生は、京の本山の道場で厳しい雲水修行を積み、全国に散っていった有名無名の多くの僧侶によって初めて可能となったのです（④）。

**関連項目**

①千葉三章1　東京五章9　神奈川三章6　②富山三章1　石川三章3　③福井三章1　④京都四章4　大阪十章1　奈良三章1

# 137 庶民の心を捉えた心学《しんがく》

## 商人の社会的存在理由を明らかにした石田梅岩《ばいがん》

心学の創始者は石田梅岩といいます。普通、創始者の名をとって石門心学《せきもんしんがく》と呼ばれます。心学は人の生き方を平易に説いた実践倫理ですが、とくに商人の社会的な価値を論理的に明らかにし、正直な商法こそ繁栄につながると説いた教えは、商人たちの心をとらえたばかりでなく、広く庶民に共感を呼び、大きく発展します。士農工商の身分制度の中でもっとも低い地位に置かれていた商人の社会的存在価値をはっきりと示し、商人自らがそのことを自覚して、正道を行くことが大切だという教えは、経済力があってもそれとは裏腹な身分に落とし込められていた商人に、自信と勇気を与えました。商人が守るべき徳目として梅岩があげた正直、勤勉、質素倹約は、多くの商家の家訓にとり入れられ、企業の倫理綱領として重んじられたのです。石門心学は十九世紀初めに最盛期を迎え、六十五カ国にわたり百四十九の講舎（心学の道場）が開かれたといわれます。わが国は六〇余州といわれていましたから、梅岩が京都で初めて心学の講席を開いた享保十四年（一七二九）から七十年余りの間に全国に広がったことになります（②③）。

## 独学を続け呉服屋の奉公人から塾を開く

石田梅岩は貞享二年（一六八五）、丹波国桑田郡東掛村《とうげむら》（京都府亀岡市）に生まれました。石田家は田畑が少なく、梅岩は長男でなかったため十一歳で京都に丁稚《でっち》奉公に出ました。奉公先は商売がうまくいかず、奉公人に世間並みの待遇をしてやれませんでした。それでも梅岩は黙々と働きました。奉公先の実態を聞いた両親に呼び戻されるまで八年間、梅岩は不平もいわずに働き続けたのでした。いったん自宅に帰った梅岩は、二十三歳のとき再び京都の呉服商に奉公します。それから二十年間ここで勤め、かたわら読書を重ねて、独学を続けていました。母の看病をしていたときに突然思い立って、奉公先から暇をとり、京都車屋町の自宅で講義を始めたのです。

開講に当たって表の柱には、「何月何日開講、席料（入場料）入り申さず候。無縁にてもお望みの方々は、遠慮なくお通り、お聞きなさるべく候」と書いてありました。つまり無料で、だれが入って聞いてもよい、と書いてあったのです。梅岩四十五歳のときでした。普通塾に入って師について学問をするには、しかるべき人の紹介を受けて、子弟の誓約を行ない、束脩《そくしゅう》を払ってはじめて聴講を許されるのが、当時のあたりまえの慣習でした。梅岩は無料の公開講座を開いたのですから、当時としては画期的なことでした。しかし、それを危ぶんだのか、なかなか聴講に来る人は集まりませんでした（②③）。

ついこの間まで奉公人をしていたのですから、梅岩は独学で世間的にはまったく無名でした。梅岩は少ない聴講者を前に、日常生活の中での例を引きながら、とくに商業行為の正しさと商人の必要性などを強調し、勤勉、倹約とか堪忍《かんにん》、正直、親への孝などの徳目を説きました。梅岩の話は平易でわかりやすく、儒学のように漢籍《かんせき》を使うのではなくて、自身の三十年近い商家奉公での経験から生み出されたもので、わかり易い語り口で庶民の理解が得られやすいものでした。そのため徐々に聴講者も増え、自宅で毎晩講義をするほかに、京都市中、大坂三郷、河内、和泉（いずれも大阪府）などへの出張講座も開かれるようになります。時あたかも享保《きようほう》年間（一七一六〜三六）で、八代将軍吉宗による享保の改革の最中にあって、梅岩の説く勤勉、倹約は時流に乗っていきます。有力な門人もつぎつぎと育って、それらの門人によって心学は全国へと広まっていきました（②）。

## 多くの人の心を捉えて全国に急速に普及

梅岩は優れた弟子をたくさん育てましたが、後継者として石門心学の発展に大きく貢献したのは手島堵庵《とあん》でした。裕福な商家に生れた堵庵は、十八歳のときに梅岩の門に入り、延享《えんきよう》元年（一七四四）、梅岩が没すると、以後一門の中心となり活躍します。梅岩、堵庵のあとを継いだのは中沢道《どう》二《じ》、柴田鳩翁《きゆうおう》、布施松翁らでした。なかでも中沢道二は、師の堵庵の命で江戸に下り、参前舎《さんぜんしや》を興して関東心学の基礎をつくりました（③）。

石門心学の創始者、石田梅岩像
（京都版213ページ）

こうして全国に普及した石門心学ですが、各地ではどうだったのでしょうか。埼玉県では北葛飾郡杉戸町に心学講舎恭倹舎《きようけんしや》の跡があります。ここは天明五年（一七八五）、大島有隣《うりん》が心学の塾を開いたところです。大島有隣は旗本の用人の家に生れましたが、二十九歳のとき江戸通塩町《とおりしおちよう》（東京都中央区）で中沢道二に入門して心学を修めました。恭倹舎の名前は、京都の手島堵庵が主宰する明倫舎から受けたものでした。ここが開かれた翌年、中沢道二が来て七日間続き道話（訓話）を行ないましたが、聴衆は八百人から千人にも達する盛況でした。また道二は寛政三年（一七九一）にも来ましたが、この時聴衆はさらに増えて毎日千人から千五、六百人にもなったと伝えられます。当時の関東郡代伊奈忠尊《ただたか》も心学の熱心な推奨者だったといわれます（①）。

兵庫県養父《やぶ》郡関宮町には天明七年、太田垣猶川《ゆうせん》が「敬忠舎《けいちゆうしや》」を設立しました。また寛政三年に出石《いずし》郡出石町「日新社」が設立され、豊岡市には「含章舎《がんしようしや》」が寛政十年に設立されました。この他にも太田垣猶川の門人が、養父郡八鹿町に「立誠舎《りつせいしや》」を設立しています。江戸時代に但馬《たじま》と呼ばれたこの地域だけでもこれだけの心学塾が短期間にできています（④）。徳島県では吉野川沿いに心学塾が開かれていきました。徳島城下に寛政五年「益堂《えきどう》」（のち「尊性舎《そんせいしや》」）が、翌年鳴門市に「学半舎」が設立されました。美馬郡半田町には「根心舎」が開かれました。こののちも各地で心学講舎の設立が相次ぎます（⑤）。

このように全国的に急速に普及した心学ですが、中沢道二の講義は幕府老中松平定信をはじめ、聴講する大名が二十人ほどいたといわれます。時代が下るにつれ商人から次第に武士や農民に浸透していきました。

**関連項目**

山形三章4　福島三章1　①埼玉四章5　山梨三章7　長野三章3　静岡三章5　②三重三章5　③京都四章5　④兵庫三章6　奈良三章5　和歌山三章4　⑤徳島三章4　広島三章6

# 138 社会教育

## 地域構成員になるためのさまざまな訓練

社会教育の場は、今ではすっかりすっかり少なくなってしまいました。とくに都会ではボランティア活動に参加するか、特種な団体に属していないと経験することができません。しかし、江戸時代には社会教育の場はたくさんありました。通過儀礼も含めて、青少年たちは地域の社会教育の洗礼を受けて成長していきました。そうした洗礼を受けていないと一人前の大人とはみなされなかったのです。現在でも、地方にいくとわずかにその風習が残っているところもあります。たとえば祭の運営や神事への参加といった形でです。全国が均一化されていく中で、地域が持つこうした伝統が失われていくのは、今日の教育の荒廃と無縁ではあり得ません。地域が持っていた人を育む力の一つが、社会教育でした。

## 十八、九年にも及ぶ激しい鍛練、郷中《ごじゅう》教育

薩摩《さつま》藩（鹿児島県）には、郷中教育という独特の社会教育制度がありました。郷中教育の郷中というのは、「方限《ほうぎり》」の意味です。方限というのは一定の区域を指します。薩摩藩の直轄地を九十二ヵ所、島津《しまづ》一門や重臣の私領を二十一ヵ所に分け、藩はそれを行政単位にしていました。郷中というのはこの一単位の中にいる人というほどの意味です。この同じ行政単位に住む武士の子どもたちがお互いに協力して、心身の鍛練や学習に励むのが郷中教育です。地域の年長少年が指導者となって、年下の者を教育するのがその基本的仕組みです。もともとは豊臣秀吉の朝鮮出兵で、残された青少年の風紀が非常に乱れ、これをただすために、自由に話し合い、切磋《せっさ》琢磨《たくま》する場として青少年の集団をつくったことに始まるとされています。江戸時代を通じて郷中教育は整備されてきましたが、八代藩主島津重豪《しまづしげひで》のときに、藩校が開校され、意図的に藩校と郷中教育の二本柱の教育が青少年に対して実施されるようになりました。

郷中は六歳から二十四、五歳までの男子で構成されました。六、七歳から十歳までを小稚児《こちご》、十一歳から十四、五歳までを長稚児《おせ》、稚児の上を二才《にせ》と呼びました。二才とは元服（成人式。前髪を剃る）を済ませた十四、五歳から二十四、五歳までをいいます。稚児には稚児頭、二才には二才頭（郷中頭ともいう）があり、二才の中の最年長者、または文武に優れた人望の厚い者が年齢に関係なく選ばれることもありました。二才は二十四、五歳になると郷中を離れて結婚し、役職に就くようになります。彼らは長老と呼ばれて二才を指導したり、郷中に起った重大事件を二才とともに処理しました。郷中の子どもたちは、朝起きて夜まで座元（長稚児のいるところ）や稽古場に通いました。こうして文武の訓練を十八、九年にわたって続けるのです。郷中の稚児の数は、方限によって違いますが、おおよそ三、四十人のところが多かったようです⑥。

## 村落の構成員になるために青年が果たす役割

江戸時代には多くの郷村で、青少年の集団である若者組が組織されていました。若者組は一人前の村人になるための生活訓練の場として大きな役

割を果たしました。若者組の若者たちはそれぞれの年齢にしたがって役割を分担し、村の共同作業や夜警、祭礼行事などに欠かせない働きをしました。ここでは秋田の若者組と高知県の泊り屋を見てみます。

　一般的にいって藩政期の若者組は、村落行政の下請け機構のようでした。村落の警察や消防、さらには生産活動、氏神の祭典、盆踊りなどの信仰的、娯楽的な諸行事をも受けもっていました。若者組が組織されるのはすべて村単位で、若者組は子供組、年を経て組入れられる中老組、年寄組へと円滑に進んでいけるように、世代間の行動や考え方に一貫性を保つように組織された一面もあり、年齢的な序列もありました。秋田県のある地方では、小走り・ろうそくつぎ・器具係・年番・格年という五段階に分かれていました。祭礼の係りと深く結びついていることが言葉から想像できます。この段階ごとに仕事が決まっていました。多くの村では村を維持していくことと若者組が深い関係を持っていました。若者組は先に触れたさまざまな労働のほか消防、警察、葬式、祭礼、さらには入会《いりあい》林野や地先漁場の管理などの仕事もありました（①）。

奴振りと拍子取り（山口版265ページより）

　高知県の幡多《はた》地方（中村市、宿毛市、土佐清水市、幡多郡）の泊り屋は、高床式の独立家屋で、十四、五歳から妻帯するまでの若者が夜毎ここに宿泊して、夜警や災害救助などに当たり、大人になる前の社会訓練と学習の場という意味合いの大きなものでした。泊り屋の起源は戦国時代で一村一城の時代に、村の入り口に見張り小屋を建て若衆に見張りをさせたことに始まると伝えられています（⑤）。

## 祭礼の運営など共同作業で連帯感

福島県石川郡浅川町に伝わる盆花火は、この町の若者組が主となって製作から打ち上げまでを行う行事として知られています。この行事が若者たちの相互信頼と団結を強め、村の構成員としての自覚を備えるための社会教育の場となっています。江戸時代から始まって、二百年経った今でも続けられています（②）。

　香川県の小豆島《しょうど》では、古くから上方との交流が深く、江戸時代中期には歌舞伎・狂言《きょうげん》などの芝居がさかんに行われました。祭や祝い事に行われる芝居興行には、若衆組が重要な役割を果たしました。太鼓や行灯立ての役割は若衆組でしたし、難破船の救助、火事に駆けつける、また道普請や盆踊りの運営も若衆組の受け持ちでした。若衆組の規約には、目上の者に対するもののいい方、挨拶、口上なども決められていて、こうした作法を覚えることによって一人前へと成長していくことになったのです（④）。

　島根県津和野《つわの》での城山神社の祭礼は、若連中と呼ばれる若者組が担当しました。およそ十六歳から二十六、七歳までの若者がほとんど一切を仕切るのです（③）。

**関連項目**

①秋田三章2　②福島三章5　埼玉四章6　静岡三章1　石川三章5　島根三章8・③四章5　山口四章6　④香川三章4　⑤高知三章5　⑥鹿児島四章4

# 139 武道教育

### 武士の素養、人格形成のための武道

江戸時代には、武道はそれまで戦闘を主目的にしてきたのに変わって、支配階級としての武士の素養、人格形成的な面が重視されるようになります。佐賀藩の初代藩主・鍋島《なべしま》勝茂《かつしげ》の嫡男の三平《さんぺい》（のちの元茂《もとしげ》）は少年期に江戸へ送られた時期に、一流の武芸者について文武両道の修行を積みました。『鍋島元茂年譜』は当時の武道の内容をよく伝えています。

元和《げんな》元年（一六一五）　大坪《おおつぼ》流馬術の上田吉《きち》之丞《のじょう》重久《しげひさ》から印可されて免状を得る。また、新陰《しんかげりゅう》流兵法に入門し柳生又《やぎゅうまた》右衛門《えもん》（宗矩《むねのり》）に誓紙を出す。徳川秀忠から鷹《たか》狩《が》りのための大鷹二連を拝領。

同四年　柳生又右衛門から初伝相当の免状を得て、返礼に青磁《せいじ》内禿《うちはげ》の茶碗と狂言袴《きょうげんばかま》の茶碗を贈る。

同五年　元服して従五位に叙せられて紀伊守に任ぜられたこの年から、竹千代（のちの三代将軍家光）の兄弟子として新陰流を稽古。

同九年　穴沢紹勺《じょうじゃく》から飯篠《いいざさ》長威斎《ちょういさい》伝の長刀《なぎなた》の免状を印可。

以下、砲術・射術・太鼓・軍馬・軍法・柔術、鉄砲之薬方・鉄砲細工などを相伝・印可されています。そのなかで宗矩・家光も参加する兵法と禅の研究グループで沢庵禅師《たくあんぜんじ》から禅学を学んだとあるように、武術には精神的な探究が強く結びついていたことがうかがわれます。武士道の代表とされる『葉隠《はがくれ》』が佐賀で成立します（②）。

### 文武両道の藩校教育

徳川御三家の水戸藩では、天保《てんぽう》十二年（一八四一）に九代藩主・徳川斉《なり》昭《あき》の熱意で、藩校弘道館《こうどうかん》が創立されました。それは、一八・八ヘクタールというわが国最大の敷地をもつ藩校で、水戸城二の丸の大手門に面して正門があり、敷地東側の中央に学校御殿（管理棟）、その北側に文館、南側に武館を配し、西側の大半は武術のための調練場と馬場、敷地のほぼ中央に聖廟《せいびょう》（孔子を祀《まつ》った廟《ろう》）と鹿島神社がありました。この校舎配置に「学問と武芸をかたよりなく修めること、学問に励むのも武芸に精出すのも、ともに人間を練磨するという目的では同じであると自覚すべきこと」という水戸藩の文武一致の教育方針がよく表されています。

藤田東湖《とうこ》が草案を書き、藩学者の会沢正志斎《あいざわせいしさい》らが意見を加え、斉昭の裁定でできた「弘道館記」には、基本精神として、神儒一致・忠孝一致・文武一致・学問事業一致が掲げられています。現実の社会に役立つ学芸と武芸の習得を目ざして藩士教育が行なわれたのです。実際の教育は、「朝文《ちょうぶん》夕武《せきぶ》」といって、午前中は文館で学問を修め、午後から武館で武芸の稽古という時間割でした。武芸には、兵学・軍用・射術・馬術・剣術・槍《そう》術《じゅつ》・柄太刀《つかたち》・薙刀《なぎなた》・居合い・砲術・火術・柔術・杖小太刀《つえこだち》・水術の各種目があり、希望によってそれぞれの種目の上達を競ったのです（①）。

### 武道稽古を伝える絵図

大分市の弥栄《やさか》神社には、府内藩校遊焉館《ゆうえんかん》の授業風景が描かれた大きな絵図が残されており、文武両道にわたって鍛錬《たんれん》する藩士たちの姿が見られま

す。安政《あんせい》四年（一八五七）に新たに定められた修学規則によれば、馬廻り役以上の藩士の子弟は入学義務があり、年齢は八歳から二十五歳までてした。授業時間は午前六時〜午後四時ころまでで、弓術《きゅうじゅつ》・鎗術・剣術はこの時間を通して行なわれましたが、習書・素読《そどく》・講義が午前、弓・鎗・剣・采配《さいはい》・柔・棒・縄の各術の稽古が午後にあてられていました。

絵図を見ると、講義場で先生による講義が行なわれ、左奥のほうの部屋では幼年組が手習いの最中です。講義場と中庭をはさんだ土間が鎗術と剣術の稽古場で、面や胴をつけて練習中です。玄関先の庭では棒術、正門近くの建物では柔術と縄術の稽古が見られます。このほか、鉄砲の撃ち方、采配、木馬を使った馬術の練習、ほら貝を吹き太鼓をたたいている様子も描かれています。修学規則にある武術全般を臨場感をもって伝えています（③）。

柔術と縄術の稽古（大分版177ページより）

### 日本泳法の誕生と伝承

熊本藩では、初代藩主細川忠利《ただとし》の時代から、水泳が武芸の一つとして保護、奨励されました。こうした風土のなかで、小堀《こぼり》流踏水術《とうすいじゅつ》が生まれ、代々受け継がれ、現在は重要無形文化財に指定されています。立ち泳ぎを特色とするこの泳法は、藩士村岡伊太夫《いだゆう》が宝永《ほうえい》年間（一七〇四〜一一）に奥義をきわめ、その子小堀長順《ちょうじゅん》常春《つねなが》によって大成されたものです。

長順は九歳の夏、川游《かわおよぎ》支配人頭の沢村主繕《しゅぜん》の前で泳いでみせて大変ほめられ、十一歳と十三歳のときには藩主の前で披露し賞賛されています。このように才能をみせる長順を父伊太夫は「心気の工夫をこらし、力みのないように水をあしらって、艶《つや》のつくように泳ぐことが大切」と諭《さと》し、長順はよく守ったといいます。泳ぎは水との調和、「艶」が大切、まさに芸といえます。長順は宝暦《ほうれき》八年（一七五八）に、父伊太夫の泳ぎの奥義を後世に残すため『踏水訣《とうすいけつ》』を著しています。わが国最古の水泳の書です。

小堀流の特色は、体をまっすぐ保って両足で交互に水を踏み両手を使わずに泳ぐ「立游《たちおよぎ》」にあります。その技には、水書《すいしょ》（立游しながら扇や紙を張った板に書や絵を書く）、甲冑《かっちゅう》立游（甲冑を着けて立游）、立游射撃、酒呑《さけのみ》游、水剣（立游しながら二人で剣道の型をする）などがあります。

小堀流踏水術は歴代師範によって受け継がれました。五代め師範の小堀清左衛門（水翁《すいおう》）は幕末から明治にかけて活躍し、泳ぎ方、その名称などを現在のように決め、修行の段階を定めました。このころ門弟は一万人といわれました。六代めの猿木宗那《そうな》は、弟の小堀平七《へいひち》を学習院に、城義核《じょうよしざね》を京都武徳会に、西村宗系を長崎に遊泳教師とし派遣し、自らも団体訓練の指導書を出版するなど、全国への普及に尽力しました。

このように文武両道、心身鍛錬や芸としての武術に対して、江戸時代後期に外圧への危機感が強まってくると、各藩は西洋流の実戦的な兵学の導入と教育訓練を急速にすすめていくことになります（④）。

**関連項目**

①茨城三章9　石川三章8　鳥取三章1　山口三章7　②佐賀50科　③大分三章2　④熊本三章1

# 140 家《か》訓《くん》・店《てん》則《そく》

## 元禄《げんろく》という時代と商人の台頭

江戸時代中期は、武士や町人の間で歴史への関心が高まった時代ということができます。歴史といっても古代や中世のことではなく、せいぜい直近の百年間ほどの歴史です。自分たちの祖父やせいぜい曾祖父など先祖の歴史に関心が向いたのです。封建社会の主従関係は基本的には御恩と奉公の関係です。主君が土地や俸禄を家臣に与え、この御恩に報いるために家臣は懸命に奉公するというわけです。しかし、戦国時代ならいざ知らず平和になって幕藩体制が揺るぎ無いものになってしまうと、主君には切り取って与えるべき土地も加増してやる原資もありません。そこで強調されたのが旧恩を思い起こさせることです。一方、町人の世界では家系や由緒に関心が集まりました。ここでは経済の動きが急で、その動きに対応していくために、歴史的教訓を学ぼうとしたのです。

元禄という時代は、町人が歴史の表舞台に登場して活躍するようになった時代です。平和な時代が続き全国的な物流が実現して経済活動が活発になってくると、士農工商という身分制度で最下位に置かれていた商人が財力とともに発言力を増してきます。狭い藩単位で考える武士と全国経済の中での商売を考える商人とでは、時代への適応力が断然違います。しかし、町人にはまた違った難しい条件がありました。政治権力を持つ武士とどう折り合いをつけていくか、そして商売の元になる信用をどう維持していくかという課題です。そのため町人の関心は一家の歴史へ向き、新たな一門の結束と未来への出発点を探ろうとします。この時代に新たに商家の家訓や店則が相次いでつくられ、いわゆる老舗といわれる商家がその基礎を固めていったのです。

## 失敗の事例に学び家を守る

京都の三井高房《みついたかふさ》という人物は『町人考見録《ちょうにんこうけんろく》』という書物を著しました。彼は江戸時代の日本を代表する大商人三井家の三代目に生まれました。貞享《じょうきょう》元年（一六八四）に生まれ、寛延《かんえん》元年（一七四八）に没していますから、元禄という時代をまさに生きたということになります。商業の発展が著しかった元禄時代は、知恵と才覚と勤勉をモットーとする新しいタイプの商人が台頭し、一攫千金《いっかくせんきん》を夢見たり遊びにうつつを抜かす古いタイプの商人が没落していく新旧交代の時代でもありました。

三井家二代目高平《たかひら》の番頭中西宗助《なかにしそうすけ》が「町人の盛衰というものはその家の主人の家業維持のあり方にかかわっていますから、昔からの町人たちが没落して家を失っていったありさまを、御父上（二代目）に訪ねて記録しておいて、それを家族や親類の方々に見せてはいかがでしょうか」と高房に提案し、高平が口述したものを高房が編集してできたのが『町人考見録』です。三巻からなるこの書が完成したのは享保《きょうほう》十三年（一七二八）でした。数々の没落事例が具体的に記されていますが、ぜいたく・奢りによるもの十七、大名貸しの失敗によるもの三十四、投機的事業によるもの二、幕府の命令で取り潰されたもの四、借金の保証人になってのもの一、がその内訳です。中には数少ない成功例も紹介されています。

江戸時代の商家は、夫婦と子供だけという現在の家とは違い、家長とその親族および非親族の構成員が集まった複合家族でした。家長を中心として、それ以外の構成員は家業を維持するために必要なそれぞれの機能や職分をもって序列化されていました。家は建物や構成員を意味するものではなく、同一の事業が代々継承されていく家業と呼ばれるものこそ、家のもっとも基本的な要素だったのです。

この本は出版されたものではなく、筆写が繰り返されました。全体として領主経済のからくりに寄生して労せずして巨利を得ようとする商法を批判する内容で、多くの商人のバイブルとなりました（③）。

## 現在にも通用する服務規定

伊達《だて》家の公用紙を納めていた仙台の紙商、頓宮《とみや》忠左衛門《ちゅうざえもん》が晩年に記した教訓書『家内用心集《かないようじんしゅう》』は、実体験から生まれた優れた人生訓、職業訓として多くの人に愛読されました。この本は、上巻で夫婦、主人、兄弟などの家族関係、雇い人の使い方、出火、旅行、社交などの心得が二十三項にわたって説かれています。中巻には士農工商、それぞれの階層にあるものの役割と心得が記され、人生の楽しみについても触れられています。下巻は「家内制詞十五ヵ条」で、普通の家訓にあたり、日常生活、生産、営業などの心得が事細かに定められています（①）。

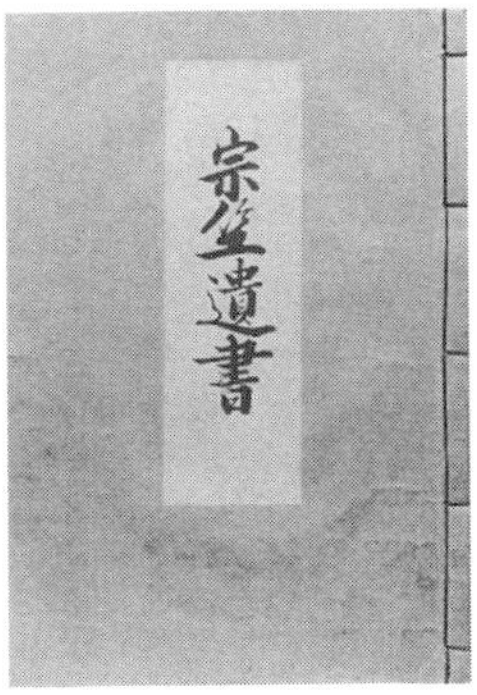

『町人考見録』のもとになった『宗竺遺書』（京都版251ページより）

家訓は教訓的なものが多く、店則は店の就業規則的な側面が多くなっています。しかし、家と店が未分化で同一と考えられていた時代には、「掟」や「覚え」という名称で、定められていることが多かったのです。江戸時代後期に名古屋の呉服業界で繁栄を誇ったのが水口屋《みなくち》でした。その店則は整然たる組織運営と顧客奉仕の姿勢で際立ち、現代の優良企業を思わせるほどでした。

水口屋には数々の家訓や店則が伝わっていますが、もっとも整備されているのは文化《ぶんか》七年（一八一〇）に改訂された五十四ヵ条にわたる「店方掟書」です。これは店内服務規律を定めたものですが、この年は水口屋が下降期に向かう転換点でした。この掟書はそうした経営環境のもとで、これまでの経験を集約し、組織の引き締めを目指して定められたものと思われます。その内容は、**1**店の安全を第一に考えることです。幕府や藩の法令を遵守することを求めています。火の元の注意、盗賊や万引きに注意すること、手形や証文に一存で判をつくことの禁止、商品や金を貸すことの禁止など、**2**客第一の徹底、**3**厳正に服務規定を守ること、**4**営業の実態を知らせ、全員で討論すること。従業員一人一人に経営の現状を知らせ、改善のための討議に参加させることや商品の仕入方や商売の進め方について熱心に話し合うことを求めています。上下のけじめが強調される一方で、公開の席では上下の差なしに批判が許されていたことには驚かされます（②）。

**関連項目**

①宮城四章1　②愛知四章4　③京都四章3・8　大阪四章5

いきわたる教育

# 141 幕藩体制を支えた学問

江戸時代、幕府が奨励し幕藩体制を支えた学問は儒学、とりわけ朱子学でした。

## 家康《いえやす》の心をとらえた朱子学

徳川家康は、関ヶ原の戦を制し天下統一がみえてくるころになると、どんな国家を建設し、どのようにして世の中を治めていくか模索しだしました。そんなとき家康が、新しい国家像を描くのにモデルとなるのは隣国の中国でした。朝廷をはじめとする日本の伝統的な権威や宗教を、どう取り込むかを真剣に考えたのです。

そんな家康の心をとらえたのは、宇宙の大から人間精神にいたるまで理路整然と説く朱子学でした。朱子学は中国宋代に生まれ室町時代には日本に入ってきていました。儒学《じゅがく》の一学派で、〝理気二元説〟の立場から自然と人間を原理づけようとしたものです。朱子学を深く知るために家康は、想像を絶するような忙しさの中、時間を割いて日本における朱子学の祖である藤原惺窩《せいか》を何度となく招き、講義を聴いたのでした。また、伝統的な日本の神々（神道）や仏教をより深く知るために書を集め、読んでいます。

当時、家康をはじめ天下の安定を望む大名たちは、その後禁制となるキリスト教を除き、宗教や思想の混乱を好みませんでした。三教（儒教・仏教・神道）の一致、または神儒合一を望むようになり、神道も仏教も表向きは儒学と争うことをさけ、惺窩やその弟子の林羅山《はやしらざん》のような儒学者も神儒合一の考え方を持つようになっていました。そのため経世《けいせい》（世を治めること）や道徳の面を儒学が、信仰の面を仏教・神道が受け持つという雰囲気が生まれ始めたのでした。

そうしたなか家康になによりも必要だったのは、政治の実務をこなせる博識多彩な学者でした。そこで崇高な理想を述べる理論家の惺窩に代わって家康に重んじられたのは、惺窩の弟子の羅山でした。羅山は、家康以降四代将軍までの侍講《じこう》（学問を教える師）として、主に外交文書や諸法度《しょはっと》の草案の作成や、典礼格式の調査などの実務に当たりました。そして、世の中が安定しだすとともに、羅山は実務家から政治顧問として、さらに次代をになう後継者の教育者として、その手腕を発揮するのでした（④）。

## 幕府政治の基礎を支えた朱子学

家康から家綱《いえつな》までの四代にわたり将軍の侍講を勤めた羅山は、三代将軍家光《いえみつ》から与えられた土地に書院や塾舎を設けて、各地からやってきた生徒を教育しました。寛永《かんえい》九年（一六三二）には尾張（愛知県）藩主徳川義直《よしなお》が、ここに儒学の創始者孔子《こうし》像などを安置する聖堂を寄付しています。

そして羅山の孫の鳳岡《ほうこう》の代に、五代将軍綱吉《つなよし》によってこの塾は大きく変わりました。綱吉はたいへんな学問好きで、和歌の研究を行なう歌学方や暦を作成する天文方などの役所を設けただけでなく、朱子学にも通じていたので、みずから江戸城で『論語《ろんご》』『孟子《もうし》』などの儒学の古典をたびたび講義し、大名・幕臣のほか大名などの家臣にも受講を許しました。この綱吉の命で、元禄《げんろく》四年（一六九一）塾舎や聖堂などが湯島（文京区）に移されて増築・改築され、旗本や御家人など幕臣の子弟を教育するための学問所が開設されたのです。孔子の生地の名をとって昌平坂《しょうへいざか》と名づけられ、その落成式に参加した綱吉は、さっそく経書を講義しています。鳳岡は大学《だいがく》頭《のかみ》という地位を与えられ、教育を担当する長官となりました。こうして五代将軍綱吉のとき、儒学（朱子学）は、上下の身分秩序を重んじ、「忠孝」「礼儀」を尊ぶ学問として幕府政治の基礎に正式に据えられたのです。

さらに八代将軍吉宗は、湯島聖堂で行なっている林家《りんけ》の講義を広く庶民にまで聴講することができるようにし、儒教の徳目を説いた『六諭衍義《りくゆえんぎ》大意』を刊行し、儒教による民衆教化につとめています。

元禄・享保《きょうほう》年間（一六八八〜一七三六）は朱子学の最盛期で、全国の藩校の約半数が、昌平坂学問所で学んだ者を儒官として招いていました。

ところが、鳳岡が享保十七年（一七三二）に死去した後、林家の学問の世界における力が次第に衰えていきました。朱子学の勢いがなくなっていきます。その一方、儒学のなかでも朱子学ほどには道徳に重きを置かない古学派（仁斎《じんさい》学派と徂徠《そらい》学派）や折衷《せっちゅう》学派が力を増してきます。それとともに幕臣をはじめとする武士の風俗が乱れ、学問や武芸をおろそかにする者が多く見られました。こうした風潮をなんとかしようと出されたのが「寛政異学《いがく》の禁」と呼ばれる政策（命令）です。異学とは、朱子学以外の学説ということで、朱子学を盛りたてることがそのねらいです。

昌平坂学問所での講義風景（東京版口絵より）（東京大学史料編纂所蔵）

さらに昌平坂学問所では、開設以後幕府滅亡までの間に、朱子学関係の漢籍《かんせき》を中心に、約二百種類、千九十冊あまりの書籍を刊行。これら官製の書籍の多くは江戸の書店で売られ、各地の藩校の教科書として使われ、朱子学の思想を広める役割を果たしています（③）。

## 各藩の教学としての学問

黄門様で名高い水戸（茨城県）藩二代藩主の徳川光圀《みつくに》は、『大日本史』の編さんに着手していますが、これは、光圀が儒教、とくに朱子学の教養を通じて、君臣の別を明らかにすることによって社会の秩序をただされねばならないという強い信念を持ち、そのためにはわが国の歴史を正確な事実に基づいて見直さなねばならないと考えたからです（②）。こうして水戸藩では、その藩校（当初は『大日本史』の編纂《さん》局である彰考館《しょうこうかん》、後には弘道館《こうどうかん》）で朱子学を教学としています。

また、江戸時代後期、中興の名君と言われた米沢（山形県）藩主の上杉鷹山《ようざん》は、政治と教育を一体化させる「治教一致《ちきょういっち》」を藩政の基本精神に掲げますが、その藩校興譲館《こうじょうかん》では、儒学者横井平洲《へいしゅう》により、儒教の実学思想（孔子の教えを実生活に生かし人間関係を円満にしていく思想）が教授されています。平洲は、儒学のいろいろな学派の良い点を取り入れ、国を治め人々の苦しみを救うのに役立つ学問を目指していました（①）。

**関連項目**

①山形三章3　②茨城前章・三章9　③東京五章1　岐阜三章7　④愛知五章1
京都前章　岡山前章・三章2　香川四章1

## 142 儒《じゅ》学

幕藩体制が確立して世の中が安定してくるとともに、儒学のもつ意義は増大してきました。社会において人々はどのような役割を果たすべきか説くとともに、上下の身分秩序を重んじ、「忠孝」「礼儀」を尊ぶ考え方が幕藩体制の維持に望まれたからです。儒学は、中国古代におこった孔子の思想に基づく学問で江戸時代日本の主要学問となり、朱子学・陽明学・古学（古義学）・折衷学などの学派がありました。なかでも朱子学の思想は、封建社会を維持するための教学として幕府や多くの藩に歓迎されました。

### 教学としての朱子学と昌平坂学問所

豊臣氏のあと天下をとった徳川家康は、幕藩体制という政治の仕組みを築いていくなかで、その体制を維持し正統化するバックボーンとして朱子学を取りいれます。朱子学は中国南宋の朱子によって大成され、わが国では藤原惺窩《せいか》により啓蒙された儒教の一学派で〝理気二元説〟の立場から自然と人間を原理づけようとしたものですが、日本ではとくにその〝大義名分論〟が注目され、封建的身分制度を合理化する学問と受け取られたのです。〝理気二元説〟は「宇宙を生成させる根本の理である太極《たいきょく》とこれから生ずる陰陽の気とで自然や社会・人間の成り立ちを説くもの」で、〝大義名分論〟は「臣民として守るべき節義と分限を論じるもの」です。

藤原惺窩の弟子の林羅山《らざん》は徳川家康に仕え、四代将軍家綱までの侍講《じこう》（学問を教える師）になりましたが、その孫の鳳岡《ほうこう》（後の大学守）の代に五代将軍綱吉の命で、幕府が旗本や御家人の子弟を思想教育するための学問所として昌平坂学問所が開設され、それ以降、朱子学は幕府によって官学として保護され、その一方、林家が中心となって幕府の文教政策を進めることになったのでした。こうして元禄《げんろく》・享保《きょうほう》年間（一六八八〜一七一七）は朱子学の全盛期でした。しかしその後、鳳岡のあとの林家の儒者たちは官僚化して学問的にも停滞していきます（①）。

### 寛政異学の禁とその波紋

一方、幕臣をはじめとする武士の風俗が乱れ、さまざまな事件を起こしたり、なかには政治批判をする者もいました。こうしたなか老中松平定信は政治の改革を進めるとともに、幕臣たちの風俗が乱れているのはゆゆしいことと考え、風俗を粛清して改革に役立つ人材を育成して改革を実りあるものにするために「寛政異学の禁」と呼ばれる政策（命令）をだしました。異学とは朱子学以外の学説ということで、そのねらいは朱子学を盛り立てることにあります。こうした政策がだされた結果、試験には、朱子学をまじめに勉強していないとできないようなものばかりでるようになり、また他の学派に属する者のなかには受験を認められなかった者もいました。もともとこの命令は昌平坂学問所に対するもので、他の藩校に対するものではありませんでしたがその影響は大きく、大名が幕府に忠誠を示すために教学を朱子学に変えたケースがかなりありました（①）。

### 陽明学と中江藤樹《なかえとうじゅ》

陽明学は、中国は明の王陽明が唱えた儒教思想をいい、朱子学と並ぶ儒学の一学派。「致良知《ちりょうち》」「心即理《しんそくり》」「知行合一《ちぎょうごういつ》」を説きました。江戸時代前期の儒学者・中江藤樹が、独学で朱子学に精通したのち、陽明学を唱えるようになります。

中江藤樹は日本陽明学の祖といわれていますが、若くして『大学』『論語』を読み、独学で『四書大全』を研究して朱子学の格法（格式・形式）をきびしく守りました。しかし、形式にとらわれすぎた朱子学に疑問を持っていたとき、陽明全書を手に入れて「致良知」の思想にふれ、今までの疑問や悩みがとけます。

藤樹は、だれでも生まれつき持っている心の本体を「良知」といいました。この「良知」の働きが正しい人間に導くのです。人は、いつも「良知」が十分働くようにしなければなりません。これを「致良知」「良知に致《いた》る」といいます。

藤樹は四十一歳で亡くなりますが、まだ健在のとき幕府は藤樹の郷里近江国大溝藩を通じて陰に陽に圧力をかけてきました。幕府がなぜ藤樹（陽明学）を目の仇としたかというと、徳川幕府を支える思想は林羅山が唱える朱子学で上下の秩序を絶対化する封建思想ですが、そんな朱子学に対して陽明学は、万人の心の奥に生まれつき理としての「良知」が備わり、その「良知」の働きが正しい人間に導くというのです。聖人と凡人とは平等であり、「到良知」の説は人間性の肯定と解放につながるからです（②③）。

孔子像（佐賀版217ページより）
（写真提供　多久市役所広報課）

## 古学と伊藤仁斎

伊藤仁斎は、儒学の中心だった朱子学を根本的に批判して、独自の学問と思想の体系を打ち立てました。それが古義学です。仁斎は初めのうち朱子学を学び、なかでも禅宗的な傾向の強い「敬《けい》」（心身を専一につつしむ学問の方法）を深めることに没入していき、三十歳を超えたころから、理を中心とした観念的な朱子学に疑問を抱き、やがて「仁」を中心とした独自の学問に向かいます。

仁斎の最大の学問的関心は、人間とその在り方にありました。彼の問題とする「道」は、天道や地道ではなく、人道（人としての道）でした。それは日常的な人間関係（人倫的世界）のなかにこそあると考えられていたので、「道」は抽象的だったり高遠だったりすることなく、卑近で日常的実践的なものであるとされました。仁斎は、朱子学の理気二元ではなく、気一元の運動の基づく生命感こそ「仁」の基本と考えたのです。「仁」の徳は、結局「愛」に基づく。そして愛とは、いつわりのないまことの心（いわば真心）のこと。仁斎によると、すべての徳は愛の心に発するものなのでした（④）。


関連項目

埼玉四章4　①東京五章1　岐阜三章7　②滋賀五章5　兵庫五章8　③愛媛三章6　④京都五章　高知五章1　福岡五章3　佐賀三章3　長崎三章2　宮崎五章8　鹿児島四章5

# 143 国学

国学は江戸時代中期におこった学問で、元禄期に始まった『万葉集』などの古典の研究が十八世紀後半になると、『古事記』や『日本書紀』などの歴史書の研究へと進み、それらの日本古典の研究を通して日本古来の精神を明らかにしようとしたものです。賀茂真淵《かものまぶち》や本居宣長《もとおりのりなが》らによって大成されましたが、のちに神道的色彩を強めて国粋化して、幕末の尊皇攘夷《そんのうじょうい》運動の思想的バックボーンとなりました。

## 国学の創始者、賀茂真淵とその弟子たち

賀茂真淵の両親はともに和歌を詠み、真淵に幼いころから影響をあたえました。そんな真淵のその後の人生を決定づけたのが荷田春満《かだのあずままろ》です。日本古典の研究の中心は和歌でした。古典の研究が進み、その解釈をするにも和歌を詠むのにも人間の理性や感情が第一に重んじられるようになりました。この思想を深めたのが荷田春満で、子どものころの真淵に深めた思想を教示したのです。真淵十一歳のときに始まります。

その後真淵は儒学の一学派・古文辞学を勉強し、その研究方法を『古事記』『日本書紀』『万葉集』の研究に応用しました。もともと用いられた古語の意義を明らかにすることによって、古典の本質にせまり日本古代の思想、古道を明らかにしようとしたのです。真淵の国学が出発します。

寛保《かんぽう》二年（一七四二）、真淵は江戸に居を構えて研究と著述に励みます。明和《めいわ》六年（一七六九）の死にいたるまでの間に、『文意考』『歌意考』『国意考』『語意考』『書意考』『にひまなび』など、真淵が古典研究の対象と方法論とを述べた重要な著述がなされます。ここに、単なる日本古典研究にとどまらない、国学という学問が成立しました。国学とは、『万葉集』や『古事記』に使われている古語を帰納的に調べ、その本来の意味を知り、仏教や儒教が渡来する以前の日本の国の人々の思想と行動・政治や社会・風俗習慣などを日本の原型として尊重し、研究するものです。真淵のこの思想は、本居宣長が著した『古事記伝』によって発展します（②）。

## 本居国学の精神

本居国学とは、江戸時代中期から後期にかけて伊勢国松阪（三重県松阪市）の地で本居宣長が開き、その後継ぎたちによって受け継がれた国学です。国学は、中国の学問の影響を離れて、日本固有の「道」をもとめました。日本には神社がたくさんありますが、その教えを支える理論（神道）には、儒教や仏教が強く影響していました。国学者たちは、そのような従来からの神道を否定して、日本古来の道に関する理論（復古神道）を模索したのです。その代表が本居宣長の考え方であるといえるでしょう。そして、それは宣長の『古事記伝』という精緻で、量的にも大部な著作に集約されているといっても過言ではありません。『古事記伝』は『古事記』の注釈書ですが、これは今日でいう注釈書以上のものであり、宣長の多岐にわたる学問、そして思想も含む宣長学総合の書ともいうべきものです。

『古事記伝』で宣長は、まだ平仮名や片仮名しかなかった時代に、むずかしい漢文体で書かれざるを得なかった『古事記』を、その著者であるとされる太安万侶《おおのやすまろ》がどう読ませようとしたのかという視点で、漢字音の研究

までさかのぼって研究し、読み方を定めさらに詳細な注釈を施しました。それは、『古事記』を原点として、そこに日本固有の神道を再発見しようとする努力でした。宣長は三十数年間にわたる着実な研究の結果、『古事記伝』四四巻を完成し、それから三年ほどで生涯を終えました。

ところで、この三十余年にわたる宣長の地道な研究生活を支えたのは何だったのでしょうか。それは、わが国最古の書物『古事記』に「古《いにしえ》の意《こころ》」を求める彼の情熱と、強い意志にほかなりません。「古の意」、これを彼は「生まれながらの真心《まごころ》」とも言い換え、「漢心《からごころ》」と対置させます。すなわち、「生まれながらの真心」としての「古の意」は、本来学問によって獲得されるものではなく、自然のうちに人に備わり、「古人《いにしえびと》」はこの「真心」のままに、楽しく、穏やかに日々を暮らしていたとするのです。彼の理想とする「古」は、まさにそういう時代でした。

それが、後世になると、人の世の中に広まった「漢心」に「真心」を失いはて、ついに「漢籍《からぶみ》」流入前の古人の「意」は、学問を通してしか知ることができないものになってしまったというのです。宣長の『古事記』研究、そして『古事記伝』執筆の出発点は、まさにこの認識にあったというべきでしょう。その背後には、『源氏物語』に代表されるような、きわめて王朝的な「物のあわれを知る心」が常に意識されていたはずなのです（③④）。

宣長自画像（愛知版215ページより）
（本居宣長名品図録より）

### 尊皇攘夷運動の思想的源流

秋田が生んだ偉大な国学者平田篤胤《あつたね》は、本居宣長を深く尊敬し、日本固有の文化を古典のなかから実証的に求めるという古道説を継承して、復古神道を唱えました。古道説に尊皇思想が加えられ、幕末の尊皇攘夷運動の思想的源流になります。

わが国古来の文化や思想を確立しようとしたのが国学でした。他国の学問を借りてすべて解釈するあり方に疑問を持ち、それを厳しく批判したのです。しかし篤胤は単にそれまでの国学研究にとどまらず、さらに思想的にも国学を発展させたところに大きな足跡を認めることができます。日本固有の文化を古典のなかに実証的に求め、実践的には「道」という規範をものにした点に篤胤の独創性があるのです。篤胤は国学という言葉は用いないで、古学とか古道を多用したことに、まさにその意味が含められていたのでしょう。それまでの国学の考えを深め、とくに人間の本性に即した道学として確立したのでした。

こうして篤胤は、儒教や仏教を厳しく見直し・排斥して日本古来の純粋な信仰を尊ぶ復古神道を大成し、農村の有力者や一般農民にも広く受け入れられていき、幕末の尊皇攘夷運動に大きく影響を与えたのです（①）。

**関連項目**

①秋田五章6　埼玉五章3　千葉三章9　千葉五章12　新潟三章9　福井五章4　岐阜五章6　②静岡三章3　③愛知三章8　三重三章1　④三重三章3　愛媛五章3　熊本三章6

# 144 算学

西洋流の数学に対して、わが国古来の数学を和算（算学）といいます。中国数学の影響を受けながらもわが国独自の発展をとげ、江戸時代にその最盛期を迎えました。和算は、微分・積分に類似する方法で円の面積を求めるなど当時の世界でも最高レベルの数学といっていいでしょう。

## 和算の発展に貢献した『塵劫記《じんこうき》』

江戸時代初期の数学者吉田光由《みつよし》は、普通の人々の生活に役立つ数学を志し、『塵劫記』という数学の本を書きました。人々は、この本を自力で学んで算盤《そろばん》の使い方を知り、よりよい暮らしのために数学を生かしていったのでした。例えば掛け算の「九九」、これは『塵劫記』によって世の中に広まったのです。数学を人々の生活に根づかせました。

『塵劫記』は寛永《かんえい》四年（一六二七）に発行されましたが、この時代の性格から強い影響を受けています。まず、戦争の時代が終わって平和な産業の時代に入ったということがあります。生産は盛んになり、品物は遠く離れた地方を結んで流通されるようになりました。『塵劫記』刊行の少し前には、慶長金銀という新しい貨幣がつくられました。生産と流通が盛んになったので、それまでの貨幣では間に合わなくなったのです。次に、中国から伝えられた算盤が短期間に全国に普及したため、統一された算盤の使い方を教える必要があった、ということがあります。

こうした世の中の変化に、的確に対応できなければなりません。数の性質と計算の方法が理解できなければ対応できませんが、その点、『塵劫記』は実にうまくできているのです。挿絵が多く使われて、懇切丁寧な解説で、師がなくてもその当時の数学がすべて理解できるように工夫されています。算盤による乗除などその使い方、利息、貨幣間の交換比率、度量衡、比例、このほか測量等が書かれています。

江戸時代の庶民教育というと、寺子屋で「読み・書き・算盤」が教えられるという印象があるでしょうが、そうなるのはもう少し後の時期です。江戸時代初期に自分で算盤を習おうと思ったら、『塵劫記』を読むしか方法がなかったのです。そのため『塵劫記』は売れました。

当時の日本の貨幣は、かなり複雑でした。金・銀・銭がそれぞれ独立して使われており、その上に、京都や大坂つまり上方では主として銀貨が、江戸では金貨が使われるのですから、金と銀そして銭を時と場合に応じて交換する必要がでてきます。金一両―銀六十匁―銭四貫文がいちおうの交換比率でしたが、これはあくまで基準で、その日その日によって変動するのです。素早く計算し、自分もだまされず、相手もだまさないで正しい取り引きをするには、算盤を上手につかえなくてはならないのです(②)。

このように多くの人々に利用され、また和算を発展させてきた『塵劫記』の内容をさらに高めたのが関孝和です。少年のころ『塵劫記』を自力で学習し、発展してきた数学（和算）をキチンと理論づけたのです。

## すぐれた数学者で大名、有馬頼徸《ありまよりゆき》

関孝和は、延宝《えんぽう》二年（一六七四）に『発微算法《はつびさんぽう》』を刊行することにより和算家としての活動を始めますが、その業績は前時代の和算からは大きく飛躍したものでした。彼の研究分野は行列式・判別式・不定方程式・招差《しょうさ》法《ほう》・円理《えんり》・角《かく》術など多方面にわたっていますが、そのなかでもとくに重要なものは傍書式演段《ぼうしょしきえんだん》術の発明でしょう。これは従来の天元《てんげん》術に代わって、その後の和算研究には極めて有効な方法でした。

そんな和算に関心を持ち、当時の関流和算のあらゆる分野を研究して先人の業績を整理したのが、久留米藩の第七代藩主有馬頼徸。明和《めいわ》三年（一七六六）、関流和算全般をまとめたものとして、『拾璣算数《しゅうきさんぽう》』全五巻を著しました。これは当時の関流和算の最高水準を示すもので、その後の多くの和算研究者から親しまれた書物です。

頼徸はこの書で、従来から秘密にされていた点鼠《てんざん》術を初めて公開しました。彼は、まず最初に「点鼠術はもともと良法であって関門に入門し、一生懸命勉強したものしか、その良さは理解できないものである」と断っています。その上で点鼠術の内容を詳しく説明し、さらに例題を具体的に示しました。このことで、それまで秘密だった点鼠術が誰にでも学べるものとなったのです。点鼠術は関孝和の発明した演段《えんだん》術を改良発展させたもので、一種の多元連立方程式を構成して問題解決にあたる方法ともいえます。

自ら和算を極めた藩主は、藩内の学問奨励には熱心で、藩校の改革にも力を注ぎましたから、その精神は後年んも十分にいかされているといえます（③）。

現存する群馬県最古の八幡八幡宮の算額
（群馬版196ページより）

## 算額奉掲を競った数学者たち

江戸時代に発達した日本独自の数学のことを和算といいますが、その和算を究めようとする者を和算家といっています。

和算家による研究は、問題をつくりそれを手際よく簡潔に解くことでした。そのために、数理を究め新しい定理・公式を創造しました。江戸時代には、研究発表できる学会や学術誌がなかったので、和算家は研究成果を算額にして、多くの参詣人が集まる神社や寺院に奉掲し、一人でも多くの人に見てもらえるようにしたのです。算額とは和算の絵馬で、問題と解答がかかれたもののことをいいます。

算額を奉掲することによって和算家は研鑽を重ね、数学文化を発展させていったのです。このような研究方法は全国各地で行なわれていたもので、外国に類をみない江戸時代文化の発展形態の特色でした。こうして日本独自の和算は、世界的にみても高度な数学として江戸時代に隆盛したのです（①）。

**関連項目**

青森五章1　山形五章5　福島五章2　①群馬三章6　長野三章5　②京都五章4　兵庫三章7　③福岡三章2

# 145 農学

## 農業生産力の向上に農書が大きな役割

江戸時代初期、世の中が安定してくると、領主は農業を勧めて生産基盤を確保する政策に大きく転換、用水を開削し荒地の開発に取り組むなど耕地の拡大に努めました。田畑の面積は、江戸時代初めの約百六十四万町歩から江戸中期（十八世紀初め）には約三百町歩へと大幅に増加しました。

しかし、この開発により種々の弊害が続出。農地拡大政策の反省から、農業は単位面積当たりの生産力を高める方向に向かい、反当たり収穫量が増大する状況が生まれます。農業技術の進歩です。農具が改良され、深耕用の備中鍬《びっちゅうぐわ》、脱穀具の千歯扱《せんばこ》き、選別調製具の唐箕などが普及したのがその一つ。また、肥料はそれまで山野からの草・落葉、人糞などに頼っていましたが、油粕・干鰯《ほしか》などの金肥《きんぴ》（購入肥料）も利用されるようになったのです。こうして生産力が高まるとともに、年貢用の米生産以外に商品作物の栽培を行なう地域が次第に増えていきました。

農具や肥料の普及には、江戸時代の農業技術書である農書が大きな役割を果たしました。宮崎安貞《みやざきやすさだ》の『農業全書』、大蔵永常《おおくらながつね》の『広益国産考』など農書が各地で次々著されるとともに、それぞれの地方に適した作物がつくられるようになり各地に特産物が生まれています。次に、いくつかの農書とその著者についてみていきます。

## 江戸時代の三大農学者

宮崎安貞は、農業技術の発達のため研究・記録を重ね、その記録をもとに著した『農業全書』は多くの人に読まれて高い評価を受けました。安貞は、正保《しょうほう》四年（一六四七）、二十四歳のときに筑前《ちくぜん》国（福岡県）黒田藩に仕え、山林奉行となります。しかし間もなく退職して農村に住み、農耕生活に入っていきます。「品質のよい作物をより多く収穫するには、土地の性質や作物の性質をよく知り、耕作の時期や肥料の調製法などをよくよく研究して、それぞれの作物にあった方法で農業を行なえば、もっと収穫は増加するはず」という自分の考えを実践してみたいと。

そのため最初に実行したのは、農業先進地の大和《やまと》（奈良県）・河内《かわち》（大阪府）を訪ね、その土地の老農に先進技術を学ぶことでした。老農の話を聞き、要点を記録して帰り、自分の農場で実験し、いろいろ工夫を重ねながら最もよい方法を見つけだし、それをていねいに記録していきました。

新しく得た知識や技術は、近くの農家にも伝え、村人の特産物つくりに役立ち、感謝されていました。この農場では、もう一つの実験も行なわれていました。それは、当時の農業技術書としては、最新・最先端の情報といえる中国の書物『農政全書』に書かれている農作物栽培法の実験です。

このように農業先進地の視察で得た知識、外国の本から得た知識、それに自分自身の経験などをもとに実験を繰り返し、それぞれの作物にあった栽培法を会得するとともに、収穫物の保存法や利用法も研究し、くわしく記録していきました。この記録をもとに、三十余年におよぶ努力の成果を一つにまとめあげたのが『農業全書』。全十巻の大著作です。体系を持った農業技術書で、日本の農書を代表する文献といっていいでしょう（④）。

一般に江戸時代の三大農学者は、前記の宮崎安貞のほか大蔵永常・佐藤信淵の三人があげられ、いずれも農書を著しています。大蔵永常は豊後《ぶんご》国日田（大分県日田市）の出身で、全国各地を見て歩き工芸作物の栽培法と加工法、農具・害虫防除・地力維持などを扱った農業技術書を相次いで著しました。生涯の著作が三〇余種におよぶ、江戸時代最大の農業ジャーナリスト（⑤）。佐藤信淵は、江戸時代の農学者としては農業の実際を追求した永常の対極に位置する人物でした。彼の農学は、儒教の経典や国学に依拠した観念論的性格が強く、農学者・経世論者として幕府や諸藩の顧問学者を務め、彼自身の学問を父祖伝来の家学と称しました（①）。

## 農民の生活向上を願う農書

江戸の人々の生活を支えた穀倉・野菜地帯である埼玉の平野でも、幕末期に野菜・作物の栽培法を記した農書が著されました。「耕作仕様書」です。著者は福島貞雄。実際に農業を営んでおり、農村のすぐれた指導者でした。

宮崎安貞著『農業全書』に収録されている「農事図」より。（福岡版301ページより）

江戸に近い埼玉県域では、幕末期になるに従い野菜や商品作物に対する需要が増大してきます。江戸の大都市化と人々の暮らしの向上が、これまでと違った作物の栽培を求め始めたのです。「耕作仕様書」の特徴の一つに、栽培する作物をすべて商品として扱っている点があります。野菜や工芸作物はもちろんのこと、穀物でも販売することを念頭においた栽培を説いているのです。例えば米の品種別記述のなかに、「風味よし」「売り先よし」「風味悪し」などとあり、小麦の栽培でも「上物也」「値段よし」と記されています。味のよい米や小麦は高値で販売され、それだけ農民の収益が増します。かつては、米や麦などの穀物は多収穫することを目的にしましたが、埼玉県ではこの時代になると高値で売れることを目指していたのです。また「耕作仕様書」のなかで著者の貞雄は、農業経営モデルを提示し、その一年間の収支まで出しています。貞雄は、作物ごとに記した栽培法も、適切な農業経営と結びついてはじめて成功すると考え、このようなモデルを作成したしたのでしょう。著者の貞雄の念頭には、農民の生活の安定化を願っていたからにほかなりません②。

養蚕を営む農家に向けて、作業の内容から経営までくわしく書かれた『蚕飼絹篩大成《こがいきぬぶるいたいせい》』。この本は地場産業としての養蚕を奨励し、養蚕の普及に大きな役割を果たした貴重な農書といえます。近江国（滋賀県）成田重兵衛が文化九年（一八一二）に著した養蚕の実用書。当時は、養蚕の書物がいくつか出ていましたが、蚕を飼育する指導書は難しいので、『蚕飼絹篩大成』は、言葉づかいはやさしく、蚕の飼育の始めから終わりまで導き、しかも養蚕農家の損益を一人ひとりが理解できるようにするまでを指導の趣旨としています（③）。

**関連項目**

青森五章7　岩手二章7　①秋田五章5　福島五章1　群馬三章6　②埼玉四章7　愛知三章5　③滋賀四章10　④福岡五章2　⑤大分五章2

# 146 医学

江戸時代中頃まで、わが国の医学の中心だったのが漢方医学。それが十九世紀に入ると蘭方医学が勢いを増してきます。

## 漢方医学―江戸時代前半の主役

中国で漢代を中心に発達し大成した医学のことを漢方医術といい、日本では早くからこれを取り入れ、独自の体系に築き上げました。その治療法には、鍼《はり》・灸《きゅう》による物理療法と漢方薬による薬物療法があります。

そしてこの漢方医学には、江戸時代、二つの流れがありました。一つは、中国の宋《そう》以後の医学理論によるもので、陰陽《いんよう》五行《ごぎょう》説によって人間の健康状態、あるいは逆に病気状態をみる方法です。病人の脈・皮膚の色・声の状態・外観等をみて、陰陽五行説にあてはめ医師がみたてるというもの。このグループを後医方《こういほう》といいます。陰陽五行説とは、陰・陽の二つの「気」と、木火土金水《もっかどごんすい》の五行が、互いに影響しあい反発しあうことによって万物の現象が生じるとするものです。

他の一つは、陰陽五行説によりみたてるのを観念的と反対し、古い漢代の医方をよしとする立場から、理論より実践を重んじるというものでした。これを古医方《こいほう》といいます。この古医方は、わが国で最初に人体解剖を行なった山脇東洋《やまわきとうよう》を経て吉益東洞《よしますとうどう》に引き継がれ、古医方医学が確立されます。

東洞は、実態を正しく見極めること、事実を尊重することを繰り返し述べています。そのうえで、治療に使う薬についても、医書にはよく効くとあっても必ずしもそうでなく、逆に民間に伝わったものでも必ずしも悪いとは限らないので、自分でよく調べ、実際に効き目のあるものだけ処方に取り入れる、とします（⑦）。東洞の医学論は、「万病一毒」論に代表されますが、これは、すべての病気は一つの毒によって生じ、この病毒は作用の強い薬の毒力をもって制するというもの。江戸時代中期における漢方医学の世界は、東洞の出現で大きな波紋が生じました。この後医方、古医方派の系列は、今日でも漢方医のなかに受け継がれています。

なお、漢方医学における治療法の一つである漢方薬については、植物等の薬物について研究する学問として本草《ほんぞう》学がありますが、その本草学に取り組む人が増えています。本草学に長い歴史のある中国で、それを代表する著書『本草綱目《こうもく》』（李時珍《りじちん》著）が一五九六年に出版され、日本にも江戸時代はじめ（一六〇四年頃）に輸入されていました。千九百近くの物品（本草）を、十六の部門にまず分け（大綱）、さらにそれを六十に細分して（細目）、産地や効能を述べたものです（③）。この本は、江戸時代には大いに利用されています。杉田玄白とともに『解体新書』の翻訳に取り組んだ中川淳庵も本草学に打ちこんでいます。淳庵は蘭方医で内科を専門としていました（①）。

## 蘭方《らんぽう》医学―実証的なところが支持される

蘭方医学は、江戸時代中後期の十八世紀後半以降、徐々に漢方医学にとって変わっていくわけですが、蘭方医学が伝えはじめられた当初はごく単純な外科の分野に限られていました。例えば、江戸時代前期の儒医・向井《むかい》元升《げんしょう》は、長崎出島の商館医にオランダ医学を学び、後に『紅毛流外《こうもうりゅうげ》科秘《かひ》要《よう》』という医書を著します。その内容は、簡単な外科手術と膏薬《こうやく》療法について。元升の書いた『紅毛流外科秘要』は、その後長崎留学生の必読文献として写し続けられます（⑨）。これは、紅毛流外科とかカスパル流外科とかいわれました。

こんな状態だった蘭方医学が本格的に研究されだすのは、八代将軍吉宗がキリスト教に関係のない漢訳洋学書の輸入を認めてからです。全国各地で漢訳洋学書を読み、蘭方医学を専門的に研究する人が出てきています（⑤）。古医方の東洋なども、宝暦《ほうれき》四年（一七五四）に初めて人体解剖をした際、西洋の解剖図とそっくり符合したことに感激しているのです（④）。

こうして蘭方医学に対する関心が高まっていき、杉田玄白《げんぱく》・中川淳庵《じゅんあん》らにより『解体新書』が翻訳刊行されるにおよび、蘭方医学に向けられる期待はさらに大きくなり、蘭方医学は全国各地で本格的に取り組まれるになりまです。それまでの漢方医学よりも実証的であることが共感を呼び、支持されたのです。若いとき漢方医として勉強・修行して、その後『解体新書』などで蘭方医学の素晴らしさにふれ、蘭方医学を勉強して、その後蘭方医として活躍するというような人が増えています。笠原白翁《はくおう》、緒方春朔《おがたしゅんさく》、麻田剛立《ごうりゅう》など多士済済です（②⑤⑥⑧）。

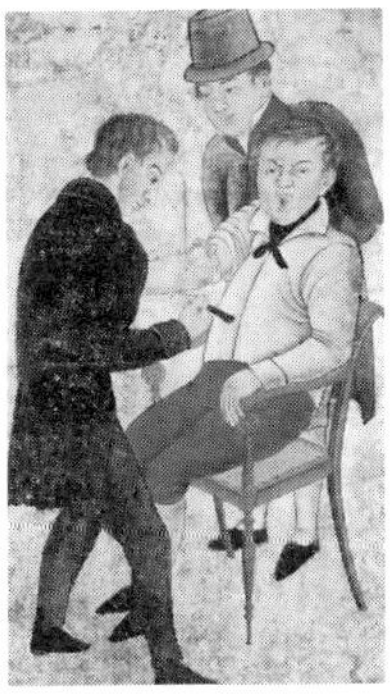
シーボルトの外科手術（長崎版口絵より）（川原慶賀の「瀉血手術図」）

この蘭方医学が全国に普及されるのに大きく貢献したのは、蘭方医のシーボルト。文政《ぶんせい》六年（一八二三）に、出島の商館医として長崎に赴任してきました。シーボルトは、幕府の許可を得て建てた鳴滝塾《なるたきじゅく》を拠点に全国から集まった門弟たちに外科・内科・産科・眼科を中心とする医学の理論と実技を教えました。その際シーボルトは、学問とは本を読んだり、講義を聴いたりするだけでは本当に身につかないと考え、何事もやってみせ、やらせてみるという体験学習を重視しています。診察や治療の実際を見学させ、手伝わせるという臨床教育を行ない、薬剤の調合に至るまで、厳しく実習指導を行なっています（⑩）。

こうして鳴滝塾に集まった人たちは、みんな蘭方医学を体得して意気揚揚と郷里へ帰り、蘭方医として活躍していくのでした。

幕府は、安政《あんせい》二年（一八五五）に長崎の地に海軍伝習所を開設しますが、その伝習所に医師としてやってきた一人が、ポンペ・ファン・メーデルフォールト。二十八歳の軍医でした。ポンペは、基礎医学から臨床医学におよぶ近代医学教育のカリキュラムを組み、それを伝習所の生徒たちに実践させたのです。日本における現代医学教育課程の最初といってよいものでした（⑨）。

**関連綱目**

岩手三章7・10　宮城三章5　秋田一章9　山形五章7・9・10　栃木50科　群馬四章10　埼玉四章9　千葉三章8　東京二章9　①福井五章3・②6　静岡五章3　③愛知三章4　三重五章5　京都三章2・④五章8　⑤大阪十章4　和歌山三章2・五章6　⑥鳥取三章5・五章5　島根三章5　⑦広島五章3・4　山口三章6　徳島五章5・6・7　愛媛五章4・5⑧福岡五章4　⑨長崎三章3・⑩7　大分三章7

# 147 蘭《らん》学

## 八代将軍吉宗が漢訳洋書の輸入解禁

幕府が鎖国政策に踏み切って以降、医学はもとより西洋のことはすべてオランダ（蘭）を通じて入ってきました。蘭学は、オランダを通じてもたらされた西洋学術の研究やそこから派生した諸学術全般を指します。

当初は、断片的知識が入ってくるだけでしたが、やがて八代将軍吉宗の時代になると、吉宗の推進した殖産興業政策に連動して、漢訳された西洋書に対する輸入制限が緩和され、多くの漢訳西洋書が輸入されるようになります。これは、江戸時代を通じてキリスト教に関わる漢訳西洋書は日本への持ちこみが厳しく禁じられていましたが、日本人とっては原書よりも漢訳された書によって西洋に知識を知ることのほうがはるかに早道だったことから吉宗が、一部のキリスト教関連書を除いて殖産興業に役立つ科学書などの漢訳洋書について輸入を認めることにしたのです。

漢訳西洋書が輸入されるようになると、各地で西洋書の内容研究とともに西洋書自体の翻訳作業が進められるなかで、その優秀性が確認され新しい学問としての発展を遂げることになります。吉宗の漢訳洋書の輸入解禁は、以降盛んとなる蘭学の糸口を開いたのでした（③）。

## 天文学の発展、『解体新書』等の翻訳と蘭学事情

オランダ語は読めないものの漢訳した西洋書を読みこなし、西洋の天文学の知識をしっかりと吸収し、新たな段階の天文暦学を切り開いたのが天文学者の麻田剛立《あさだごうりゅう》です。豊後《ぶんご》国（大分県）出身の剛立は、漢訳西洋書で得た天文学の知識をもとに天体観測を続け、麻田流と称される天文暦学を確立したのでした。剛立は、西洋流の天文学を取り入れて精密で正確な暦をつくろうとしていた幕府に乞われ、寛政《かんせい》の改暦に協力しています（③）。

蘭学が本格化するのは、杉田玄白《げんぱく》・前野良沢《りょうたく》らがオランダの医書『解体新書』を翻訳して刊行して以降のことです。『解体新書』は、当時の医師や医学生に衝撃を与えるとともに、蘭方医術を学んでいた人々に大きな勇気を起こし、さらに蘭方など蘭学に魅力を感じさせたのでした（②）。

そうしたなか陸中国（岩手県）の大槻玄沢《おおつきげんたく》は、玄白と良沢に蘭学を学んで蘭学塾の芝蘭《しらん》堂を江戸に開設して多くの学生を教え、また蘭学書を翻訳しました。芝蘭堂には全国から多くの蘭学や蘭方を学ぶ人たちが集まって勉強しており、後に蘭学者として有名となる橋本宗吉、稲村三伯《さんぱく》らがいます。宗吉は、大坂で蘭学塾を開設して大坂の地に本格的な蘭学を根付かせるベースをつくり、緒方洪庵《こうあん》の適塾につなぎます。三伯は蘭和辞書『ハルマ和解《わげ》』を完成させ、それ以降の蘭学発達にはずみをつけたのです。この『ハルマ和解』は、西洋語を日本語に訳した日本最初の辞書で学問的にも大きな業績であり、蘭学者たちに貴重な本として扱われました。学生たちは、競ってこの本を写しながらオランダ語を勉強したのです（④）。

こうして『解体新書』の刊行以降、蘭方の面で蘭学は大きく発展を遂げましたが、江戸で『解体新書』が刊行され反響を呼んだちょうどその頃、長崎では通詞《つうじ》（通訳）の本木良永《もときりょうえい》が『天地二球用法』を翻訳しています。これは、コペルニクスの天文学を翻訳したもので、地動説が日本に初めて紹

介されたのです。良永は、以前からたった一人で、植物学・地理学・天文学などの本の翻訳に取り組んでいました。良永は、その後も地理学・天文学の本を続けて翻訳し、次第に高く評価されるようになっていきます。

この良永に学んだのが志筑忠雄《しつきただお》です。忠雄は、寛政十年（一七九八）に『暦象《れきしょう》新書』上編を翻訳して著し、地動説と太陽系の運動の様子とその諸係数について説きました。それは、ニュートン物理学の紹介でした。二年後には中編を著し、引力の法則による天体運動の解釈について論じ、さらに二年後の享和《きょうわ》二年（一八〇二）に完成した下編では、上・中編で展開した理論の数学的基礎を論じて、付録として『混沌分判《こんとんぶんぱん》図説』という宇宙起源論を著し、星気《せいき》説（一種の星雲説）を唱えました。これらは、日本ばかりでなく世界の物理学・天文学・数学などの最先端をいくものでした。粒子・弾力・重力・引力・遠心力・求心力・加速などの言葉は、この『暦象新書』を翻訳するなかで忠雄が造語したものです。忠雄の名が、初めて世に知られるようになったのは、大槻玄沢の子玄幹《げんかん》が文化《ぶんか》元年（一八〇四）に長崎を訪れてからです（⑤）。

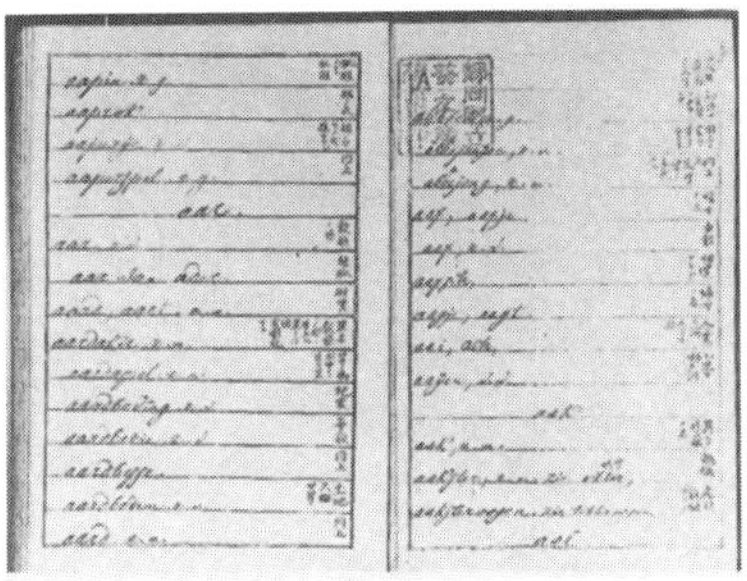

『ハルマ和解』（鳥取版217ページより）
（静岡県立図書館葵文庫）

## 医学から軍事へ——蘭学塾のさらなる繁栄

江戸時代も終盤に入ると、幕府や諸藩により〝富国強兵〟がすすめられたこともあり、蘭学塾がさらに盛んになっていきます。蘭学塾では、それまで蘭方医学がほとんどだったのに、兵法・地理・天文などにも力が入れられます。こうした傾向は、例えば「蛮社《ばんしゃ》の獄《ごく》」で嫌疑をかけられ逃亡中の蘭学者・高野長英《ちょうえい》が、逃亡中に『兵制全書』『砲家必読』等を薩摩藩主や宇和島藩主に依頼され、翻訳しているのからもわかります（①）。

こうしたなか各地の蘭学塾が盛んになります。江戸の芝蘭塾は多くの人々が押し寄せ、入門するのもままならなくなっています。長英なども、学資の面で不十分だったため、入門が許されなかったほど。藩から費用を出してもらう留学生や富裕な家の出とかでなければ、蘭学塾に入門するのすら厳しい状況だったのです。大坂の適塾も人気があり、天保《てんぽう》十五年（一八四四）から文久《ぶんきゅう》二年（一八六二）までの十八年間に全国各地から六百人以上の入門者があったことが知られています。入門者は、医学を学ぶ者だけでなく、兵学や砲術といった軍事科学・本草学・天文学・物理学・化学などさまざまな分野を志す人々が集まりました。そして大村益次郎、佐野常民、橋本左内、福沢諭吉ら多くの人材が適塾から育っていきました（③）。

蘭学は民間の蘭学塾からさらに、各地の藩校でも取り入れられるようになっていきます。例えば薩摩藩が安永《あんえい》八年（一七七九）に明時館（後の天文館）を設けて天文暦学を奨励し、寛政五年（一七九三）には農業物産書『成形図説』を編さん、文化元年（一八〇四）から三十年にわたって刊行され、殖産興業の面から蘭学を導入しました（⑥）。

**関連項目**

①岩手五章5　東京五章2　②福井五章3　③大阪十章4　④鳥取三章5　⑤長崎一章8　⑥佐賀五章5

# 148 博物学

## 世界の自然誌研究を受けとめて

本草学《ほんぞう》とは、とくに薬になる草木・動物や鉱物を研究する学問で、さらに染料や食料など生活に役立つもの全般へと及ぶものです。世界では、遠くギリシャ時代や中国の前漢時代から本草学の文書が見られます。ルネッサンス運動のなかで自然誌（博物学）研究が高揚し、十五世紀半ばにネーデルランドのドドネウスが植物図鑑『本草書』をまとめ、十七世紀半ばにポーランドのヨンストンが『禽獣《きんじゅう》魚介虫譜』を大成します。そして、十八世紀半ばスウェーデンのリンネによって体系化されます。

こうした世界の自然誌研究の成果が、長崎を通じて日本の本草研究者・蘭学者たちを大いに刺激するのです。いっぽう古代から豊かな本草研究の蓄積がある中国からは、奈良・平安時代以来その成果が取り入れられてきましたが、明の時代十六世紀半ばに李時珍《りじちん》が『本草綱目《ほんぞうこうもく》』をまとめます。これは江戸時代初めに日本に入り、貝原益軒《かいばらえきけん》が翻訳しまたこれにならって宝永《ほうえい》六年（一七〇九）『大和本草』を著わすなど、本草研究熱が高まります。

## 平賀源内《ひらがげんない》による全国物産博覧会

江戸時代日本の本草、物産研究は、それまで金銀を払って外国から買っていた薬用人参《にんじん》や砂糖を初めすべての物資を自国で生産する自給列島日本の資源開発・活用、特産づくりのなかで活発になりました。とくに八代将軍徳川吉宗《よしむね》による経済活性化政策以降、江戸時代中期から幕府・諸藩は薬草木を収集・栽培する「薬園」などを設けて、力を入れていきます。

こうした時代の申し子が、平賀源内です。寛延《かんえん》二年（一七四九）高松藩の御蔵番となった源内は、時の五代藩主松平頼恭《よりたか》に才能を認められ、現在の栗林《りつりん》公園につくられていた薬草園の仕事や、藩内外の物産の調査・収集、図譜作成などに取り組みます。頼恭は、高松藩財政再建の名君といわれ、本草学・物産学にも深い造詣《ぞうけい》をもつ人でした。

長崎への遊学で刺激された源内は、宝暦《ほうれき》六年（一七五六）、藩主に願い出て江戸に向かい、途中大坂で戸田旭山《きょくざん》に学び、江戸では本草学の第一人者田村元雄《げんゆう》の門に入りました。そして、元雄に勧めて、薬品会の開催を実現するのです。

宝暦十一年高松藩を辞職した源内は、翌年の第五回薬品会に全力を尽くし、大成功を納めました。それは、全国からの出品点数が千三百種にも上り、種類も草木金石鳥獣魚介類など多彩で、琉球《りゅうきゅう》（沖縄県）・中国・オランダなどの産物も多数集まる、博覧会というべきものでした。この五回の薬品会の成果をまとめたのが『物類品隲《ぶつるいひんしつ》』全五巻です。

源内はいっぽう、戯作《げさく》の売れっ子作家になり、また鉱山開発、火浣布《かかんふ》（火に燃えない布）やエレキレル（摩擦式起電器）・磁針器などの発明、西洋画など多彩な才能を発揮し波乱の生涯を送りますが、日本の博物学集大成への構想をもち続けていました。冒頭で掲げたドドネウスやヨンストンの著作など世界の本草・博物学の成果を、経済的に苦しいなかで買い集めているのです。そして、これらは、源内の生涯の友であった『解体新書』執筆グループの杉田玄白《すぎたげんぱく》や中川淳庵《なかがわじゅんあん》ら蘭学者の研究文献になりました（⑤）。

## シーボルトとの交流のなかで

日本の本草学、博物学研究がさらに活発化し前進するのは、江戸時代後期、リンネなどの研究成果の導入、そして文政《ぶんせい》六年（一八二三）オランダ商館つきの医師シーボルトの来日です。シーボルトは積極的に日本の研究者との交流・指導、植物などの収集を行ないました。尾張藩の水谷豊文《ほうぶん》は、当時の代表的本草学者である京都の小野蘭山《らんざん》に学び、精力的に藩の薬草園の仕事や本草研究、採集を進めていました。水谷は、文政九年オランダ商館長の江戸参府に随伴するシーボルトを、弟子たちとともに迎えます。このとき、シーボルトは、水谷の描いた二冊の画帳に目を見張りました。

リンネの命名法と分類学によって研究を進めた人が、岡山津山藩医の宇田川榕庵《ようあん》と、水谷の弟子の伊藤圭介です。伊藤は、シーボルトに誘われて文政十年に長崎に行き、水谷の著書『物品識名《ぶっぴんしきめい》』のなかの植物の学名を明らかにするなど、シーボルトとともに研究しました。この成果をもとに和名とラテン語の学名を対比させた『泰《たい》西《せい》本草名疏《めいそ》』を著わしました。

岐阜大垣藩の医師、飯沼慾斎《よくさい》は文《ぶん》久《きゅう》元年（一八六一）、日本各地の植物を採集・研究し、リンネの分類学に学んで分類して正確な図とともにまとめた『草木図説』を著わしています。世界的名著といわれる図説です。伊勢国亀山《かめやま》（三重県亀山市）の町人の子として生まれた慾斎は、学問（蘭学）への思い断ちがたく、京都の小野蘭山の弟子になり、その後美濃蘭学の祖、江馬蘭斎《えまらんさい》の開く大垣の「好蘭堂《こうらんどう》」に入り、また尾張の伊藤圭介らとも学術交流して研究を進めたのです（③）。

平賀源内旧邸（香川版277ページより）

## 水産動物誌の大成、学名に残る農民採集家

紀伊藩では、藩医で博物学者の畔田翠山《くろだすいざん》が数々の博物研究書を著わしますが、その代表的なものに、わが国初の水産動物についてまとめた『水族誌』全十巻があります。文政十年の完成で、七百三十五種の海・淡水の魚、虫などについて、地方ごとの呼び名や産地による違いまで解説されているものです（④）。陸中国下松本村（岩手県紫波《しわ》町）の農家に生まれた須川長之助は、万延《まんえん》元年（一八六〇）箱館に渡り、ここでロシアの気鋭の植物学者マクシモービチと出会い、植物採集の援助者・共同研究者になり、マクシモービチ帰国後も、押し葉標本を送り続けました。高山植物のチョウノスケソウは、長之助にちなんで牧野富太郎《まきのとみたろう》が学会発表したものですし、シロバナエンレイソウ・イヌシデ・ウサギギクなど多くの日本産植物の学名に、チョーノスキイの名が入れられ、その業績を伝えています。江戸時代中後期には日本の自然誌研究が非常に高まったのです（①）。

**関連項目**

①岩手三章　②愛知三章4　③岐阜三章4　④和歌山五章8　⑤香川五章3

# 149 暦《こよみ》

## 八百年以上も使っていた中国の古い暦

わが国の暦は、中国から輸入したものを長い間使っていました。宣明《せんみょう》暦《れき》と呼ばれる暦は貞観《じょうがん》三年（八六一）に採用されてから、実に八百二十年以上も使われました。本家の中国ではこの間に何回も改暦が行われたのに、日本ではまったく改暦が行われずに使用し続けられたため、どんどんズレが生じてきました。江戸時代になって、渋川春海《しぶかわしゅんかい》という人物が暦をつくりました。貞享《じょうきょう》二年（一六八五）に施行されたこの暦は、日本人の手になる初めての暦ということができます。この暦がきっかけとなって幕府に天文方が置かれるようになりました。しかし、この貞享暦は不備な点が多く、八代将軍徳川吉宗《よしむね》の命令で西洋流の天文学を採り入れた暦づくりが試みられます。なかなかうまくいかず、吉宗が死んだあとの宝暦《ほうれき》五年（一七五五）までかかりました。しかし、この宝暦暦もあまり出来のよいものではありませんでした。

寛政《かんせい》七年（一七九五）、幕府は再び改暦を計画し、正確な暦をつくろうとしました。この仕事に携わったのが、高橋至時《たかはしよしとき》と間重富《はざましげとみ》でした。いずれも麻田剛立《あさだごうりゅう》の門下生です。二人は当時のわが国最高水準の天文学理論と最新のデータに基づいて、新しい暦をつくろうと努力を傾けました。従来からいる幕府天文方の古い考え方との衝突を繰り返し、時に妥協をしながらも、ともかく初めて西洋天文学を導入した寛政新暦を完成させました。寛政九年のことです。こののち至時の次男の渋川景祐《しぶかわかげすけ》を中心として天保暦《てんぽうれき》がつくられました。この天保暦は西洋天文学を採り入れたもっとも正確な太陰太陽暦で、現在旧暦（陰暦）と呼ばれているものです（④）。

## 各地で発行されていた暦の幕府による統制

江戸時代には各地で暦が出されていました。前からあった京暦（京都府）、南都《なんと》暦（奈良県）、会津《あいづ》暦（福島県）、三島《みしま》暦（静岡県）、丹生《にゅう》暦（三重県）などに加えて、江戸暦（東京都）、伊勢《いせ》暦（三重県）なども出版されるようになりました。また、東北地方には会津のほかにも仙台暦（宮城県）、盛岡暦・田山《たやま》暦（いずれも岩手県）、秋田暦（秋田県）、弘前《ひろさき》暦（青森県）などがあったことが知られています。ほとんど全国でつくられていたといっても過言ではないでしょう（①）。

もともと暦は貴族や寺社で吉凶を占うために使われていました。したがってこれらは吉凶や方位など細々した説明を書き入れた漢字だらけのものでした（具注暦《ぐちゅうれき》といいます）。しかし、商業経済が進み、農作業が標準化されるにつれ、暦は人々の生活に欠かせないものへとなっていきました。そうした需要に応えるためにつくられたのが、仮名交じりの木版刷暦でした。現存する最古の木版刷は、元弘《げんこう》二年（一三三二）の仮名暦《かなれき》とされます。

江戸時代の暦づくりは貞享暦ができて以来、幕府天文方に一本化されます。奈良暦の制作課程を見てみます。天文方でつくられた暦の原稿に、各地の暦製造業者が占いや必要事項を記入し、それを天文方が校閲した後、京都の暦師である大経師に渡されます。大経師がそれをもとに版木をつくって刷出し、天文方に届けて校正を受けた後に各地の造暦師に渡し、それぞれ版木を使って刷出します。各地で刷られた暦は再び天文方に集められ、再度校閲された後本格的な印刷にかかるというシステムがとられました。奈良暦の場合、毎年五月に新暦の製作願いを幕府に出し、許可されると七月から八月にかけて大経師の製作した写本暦が渡され、九月中には奈良暦独自の暦原稿を天文方に提出し、十一月頃になると校正された原稿と発行許可書が天文方から届けられます。そこから本格的な印刷にかかります。奈良暦は、寺社に押しかける参拝客の土産として人気がありました（③）。

### 美しい文字や絵・記号で表された暦

静岡県三島市で発行された三島暦は、京暦についで古い歴史を持っているといわれています。現存する最古の三島暦は、永享《えいきょう》九年（一四三七）の木版刷です。三島大社の土産物として人々が買ったほか、静岡県内、神奈川県内にまで配布されたようです。細くて美しい仮名文字が三島暦の特徴でした。三島の暦屋河合家には、珍しい文書が残されています。伊勢暦が勢力を伸ばし、三島暦がさっぱり売れなくなった時がありました。伊勢神宮の御師が神宮の御札の土産物として暦を無料で配ったのです。たまりかねて訴え出た時に大岡越前守《おおおかえちぜんのかみ》が下した裁定書です。河合家が勝訴したので大切に保管していたのでしょう（②）。

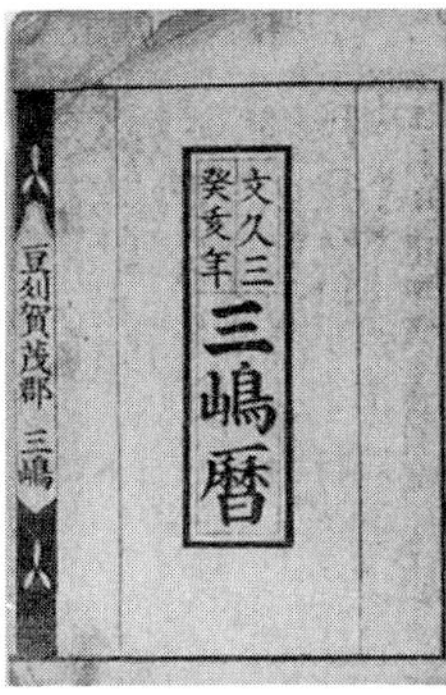

三島暦（静岡版271ページより）

南部《なんぶ》藩の絵暦は大変珍しいものです。暦に「田植よし」「種まきよし」と書かれていても、文字の読めない人には何のことかわかりません。識字率がそう高くなかった時代ですから、米、麦、粟《あわ》、稗《ひえ》などに関する諸々の農作業の日程、それに雨や雪、祭や行事の日程などを絵と記号でだれにでもわかるように刷込んだ暦があったのです。最近は差別用語との関連で絵暦と呼ばれますが、もともとは「めくら暦」と呼ばれていました。この場合のめくらは、目が不自由な人を指すのではなく、文盲の人を指しています。

めくら暦は盛岡と田山との二種類があります。田山暦は、岩手県二戸《にのへ》郡安代《あしろ》町でつくられました。この地方は冷害・凶作に何度も襲われましたから、その被害から少しでも農民を救えないかと善八という人物が、農業経営の目安として考え出したものといわれています。絵と記号を組み合わせて、農具や生活用具、それに十二支（えと）の動物など、身近なもので構成されています。田山暦は手書きだったり、印鑑を押すように使用する木活で版木を一つ一つ押してつくるので、完成させるまでに大変な手間と労力を要します。

盛岡暦は、田山暦に数十年遅れてつくられました。盛岡暦は一枚摺りで、縦長です（田山暦は横長）。八十八夜を重箱と矢の組み合わせで表現しているなど考え方は田山暦と同じです。ただ盛岡は城下町で、下絵を書く人、彫る人、刷る人など、当時の最高技術を持った職人がいたので、田山暦に洒落っ気や遊び心を加えた楽しい暦ができあがったものと思われます。最盛期には一万五千部も売ったといわれています（①）。

**関連項目**

①岩手二章4　②静岡四章6　富山五章7　③奈良四章5　④大阪十章4

# 150 和歌・漢詩

江戸時代、和歌や漢詩を教育の柱の一つにしているユニークな塾がありますが、和歌や漢詩はどんな役割を果たしていたのでしょうか。

## 賀茂真淵《かものまぶち》の古代復古調を批判

十八世紀後半になると、日本古来の思想を大切にしようとする国学が台頭・発展してきます。その国学をリードする国学者たちの多くは、同時に歌人としても知られる人が多い。国学の提唱者ともいえる賀茂真淵は『万葉集』を中心に古典を研究し、「四季の自然のように心を古代へ帰して万葉集風に詠《よ》むべきだ」と主張。万葉調への復古を唱《とな》えたわけですが、それに異を唱えたのが香川景樹《かげき》です。「自然の感情をそのままに表現する、〝すがすがしさ〟の表現が創作の道である」と、桂園《けいえん》派を形成しました。

景樹の門に入って和歌を学んだ内山真弓は、桂園派で身を立てることを決意し、郷里（長野県松本市）へ帰り塾を開いて教育と和歌の指導に当たります。農閑期には寺社・医師・富農等の子弟に読み書き算盤《そろばん》の基礎的実学を教える一方、同好の者に和歌を教示し、著作に専念しました。

その代表作が『歌学提要《かがくていよう》』です。「表現欲は、食欲・性欲とともに重要なものであり、誰もが感情の調べを自然に詠むべきである」と述べ、『古今和歌集』の序を踏まえて和歌の道は難しいと説くとともに、賀茂真淵門下の歌への批判を展開します。本居宣長が、和歌に関してあらゆる角度から論じた『排蘆小船《あしわけおぶね》』とともに重要な位置を占める書と評価されています。この書は明治初期まで版を重ねました（①）。

## 作歌を通し、いかに生きるかを追求

今村文吾は、大和（奈良県）で、医学と儒学を教える塾を開き、その塾に歌人を招いて和歌も教え、今村社中として和歌の水準も高めたのです。その歌人とは伴林光平《ともばやしみつひら》。歌人であるとともに国学者でした。光平は、「古典の歌に新しさを見いだしながら、日常の自然や心情の率直な表現を尊重して風雅に詠《うた》う」、そんな歌風に影響を受けていました。

光平は、安政三年（一八五六）から国学と和歌の指導を始めました。当時は、香川景樹により開かれた新しい歌の境地「自然の感情をそのままに表現すること」が広く受け入れられ、民衆文芸が花開いていた時代でした。なお光平は、塾で指導を始める前の嘉永六年（一八五三）には奈良興福《こんぶ》院の尼僧に国学と和歌を講義し、安政四年からは中宮寺でやはり国学と和歌の講義を行ない、大和における国学者・歌人としての位置を確立しています。今村社中は、光平から和歌のつくり方や技巧のみでなく〝和歌の心や真髄〟を教えられて歌づくりに励んで和歌の水準を上げ、歌人相互のつながりを広めていったのでした。光平は「歌は皇国の大道にて、日本魂を深く身にたくえて、たけ高く、はば広く、野鄙《やひ》（卑）なることを捨てて高品に神の納受したまうべき歌を詠むべきなり」と言っています。今村社中やこの地域の人々は、光平の指導により、自然を詠み品格ある歌を詠ずることによって、いかに生きるかを追求したのです。

以上のような和歌の動きに根っこのところで関係していると思われるのが、宮中における歌学伝承における形式の変化です（④）。

## 子弟関係を強める歌学伝承の変化

宮中において、師から弟子に直接さずけられていた歌学の伝授が、南北朝時代から室町時代にかけて、『古今《こきん》和歌集』を中心とした〝古今伝授〟として形式化されます。この古今伝授の存在によって歌人の育成がなされ、歌学そのものの深化も行なわれてきたのでした。

『古今和歌集』をテキストとして、読みを教え、むずかしい語句の解釈を行ない、『古今和歌集』の成立についてなどの講義が行なわれます。これは、現代における大学の国文学科の教室でのスタイルと似ています。こうして『古今和歌集』を学ぶと「古今和歌集の説」を受けたことになり、同じように「後撰集《ごせんしゅう》の説」「拾遺集《しゅういしゅう》の説」の三つの勅撰《ちょくせん》集の講義を受けるのです。江戸時代に入ると、この古今伝授は御所《ごしょ》伝授という新しい形に生まれ変わります。それが、江戸時代における歌道の発展の基盤となるのです。

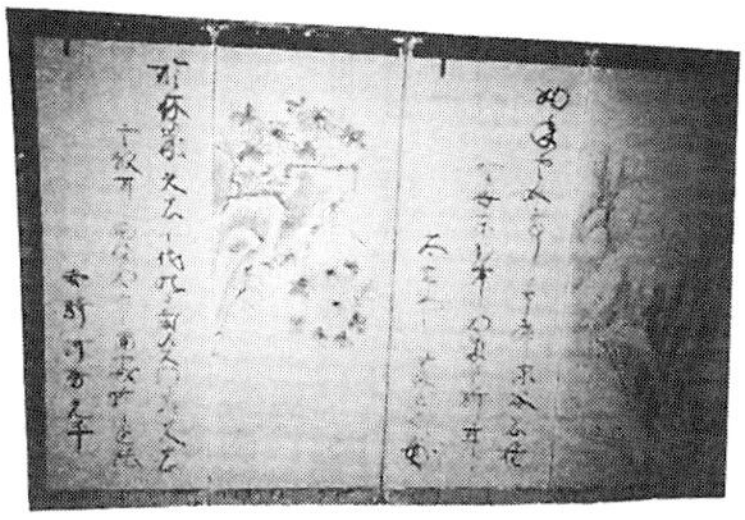
伴林光平の和歌屏風（奈良版203ページより）

江戸時代に入り、古今伝授は八条宮智仁親王から後水尾《ごみずのお》天皇に相伝《そうでん》されます。後水尾天皇は、近世前期を代表する歌人であり、朝廷歌人たちの歌学教育・古典教育に情熱を傾けた人。その後水尾天皇が、古今伝授に新たな規則を設けたのです。それは、伝授を受ける人の年齢を三十歳以上とすること、伝授を受けるに際して、三十首の和歌を詠作して提出することなどです。これは古今伝授が子弟関係を通じた歌学教育であり、その関係を強めるということを示していると思われます。三十首の提出ということですが、実際は六十首を提出。その六十首について伝授者（この場合は後水尾天皇）は一首ずつに添削を行なうのです。後水尾天皇が新たに形式を整えたこの古今伝授を、御所伝授と呼びます（③）。

## 漢詩の果たした役割

江戸時代の塾で、和歌のほかに漢詩の影響も大きなものがあります。学者で漢詩も嗜《たしな》む人がたくさんおり、自ら開催した塾で漢詩を取り入れています。美濃（岐阜県）の梁川星巌《やながわせいがん》をはじめとしたグループ（白鷗社《はくおうしゃ》）。備後（広島県）の菅茶山《かんちゃざん》や頼山陽《らいさんよう》など多士済済です。漢詩人・歴史家として名高い山陽は、漢詩人として知られる人たちとの交流が多く、その影響力は大きいものがありました。また、漢詩とは直接関係ありませんが、山陽が二十五年もの年月を費やして著した『日本外史』が、川越藩（埼玉県）の藩校のテキストとなり、さらに全国の藩校や寺子屋でも読本として使われて「天子（天皇）のほかは、国民はみな平等」とする考えが、幕末の日本に大きな影響を与えました。漢詩を教化の一つとしていた塾では、塾生のなかに幕末の倒幕運動に参加している人が目立ちます（②⑤⑥）。

**関連項目**

秋田四章6　①長野三章11　②岐阜三章6・五章7　愛知三章2　滋賀五章8　滋賀五章12　③京都四章1　④奈良三章4　⑤広島三章5・⑥五章5　福岡三章7・9

# 151 俳諧《はいかい》

### 貞門《ていもん》俳諧と談林《だんりん》俳諧

江戸時代初期、俳諧を独立した文芸の一形式として確立したのは、京都の松永貞徳《ていとく》（一五七一〜一六五三）です。穏やかなユーモアがただようその句風は人々の心を捉え、関西を中心に広まりました。貞門《ていもん》派といわれ、古典や昔の事柄を分かりやすく詠むこと、言葉の遊び・滑稽味を特色とします。門下には、松尾芭蕉《ばしょう》に俳諧の手ほどきをした北村季吟《きぎん》がいます。

この貞門派が形式に流れ停滞するなか台頭したのが、熊本の西山宗因《そういん》（一六〇五〜八二）を中心とする談林《だんりん》派の俳諧です。古典や伝統等にこだわらず、庶民的な笑いをベースに自由に表現するのを特色とします。軽妙な着想、口語体の表現で、上方や江戸の新興町人に喝采《かっさい》を博しました。門下には、浮世草子（小説）の井原西鶴《いはらさいかく》がいます。

伊賀上野（三重県上野市）の松尾芭蕉（一六四四〜九四）は、貞門俳諧の技巧と談林俳諧の自由な表現の両方に学び、江戸へ出ました。寛文《かんぶん》十二年（一六七二）のこと。当時の江戸俳諧は談林派が中心でした。江戸に出た芭蕉は談林派の俳人と交流し、談林的な作品を次々と発表して、三十代なかばには宗匠《そうしょう》（俳句の師匠）の地位を確立したのでした（⑤⑥⑦⑨⑩）。

### 芭蕉独自の道へ

芭蕉が宗匠の地位を確立すると間もなく談林派の句は、急速に人気を失います。こうしたなか芭蕉はそれまでの作句を振りかえり、純粋に芸術に生きることを決意し、住まい（庵）を移しました。やがて芭蕉を号として使うようになっていきます。

天和《てんな》二年（一六八二）、芭蕉の住む庵《いおり》が類焼《るいしょう》し、甲斐《かい》国（山梨県）の知人の家に、身を寄せることになります。この体験が、芭蕉がそれからの旅に明け暮れる生活をするきっかけになったといいます。

芭蕉は、貞享《じょうきょう》元年（一六八四）世にいう「野ざらし」の旅に出ます（この紀行が『野ざらし紀行』です）。まず伊勢神宮（三重県）に詣で、ついで郷里の伊賀に立ちより、四〜五日滞在した後、大和（奈良県）吉野（奈良県）山城（京都）近江（滋賀県）をへて名古屋（愛知県）に入りました。

この名古屋で芭蕉は、名古屋の気鋭の俳人たちと歌仙をまく（連句をつくる）ことになりましたが、この日の連句を中心に編まれた『冬の日』は後に蕉風俳諧の代表作を集めて門流の人々が修行するお手本とした『芭蕉七部集』の第一集におかれることになりました。芭蕉独自の俳諧はこの集から始まったとされ、名古屋は蕉風発祥の地といわれています。以降、奥羽地方、北陸地方の旅行（「奥の細道」）で深められていきます（⑤⑥）。

### 奥の細道シリーズ

元禄《げんろく》二年（一六八九）、芭蕉は奥羽地方、北陸地方への大旅行を決意したのでした。これが有名な「奥の細道」の旅です。この旅で芭蕉は、古典や古人の作品に描かれる名所・旧跡（歌枕）を丹念に歩きます。それは、名所・旧跡で古人と出会い、自然と人間について対話するためでした。また、この旅で芭蕉が最大の楽しみにしていたことは、親交のある俳人と会うことでした。芭蕉たちは行く先々で歓迎されたのです。

三月に江戸を出発した芭蕉が白川藩領の須賀川宿（福島県須賀川市）に着いたのは、ちょうど田植えの季節でした。着くとすぐ詠んだ句が「風流の初めやおくの田植歌」。諸式問屋《しょしきといや》の相良等躬《さがらとうきゅう》の屋敷に八日も滞在しました。等躬が俳諧集のほかに『陸奥名所寄《むつめいしょよせ》』という本を刊行していたため、東北地方の歌枕を訪ねるのが目的だった芭蕉は、行く先々の情報を求めて滞在を伸ばしたことが考えられます。もちろん、等躬をはじめとする須賀川の俳人たちが、芭蕉たちと歌仙をまくだけの実力を持っていて、客人を飽《あ》きさせなかったこともあります。

松島（宮城県）、平泉（岩手県）を足早に通りすぎた芭蕉が訪ねたのは、尾花沢（山形県尾花沢市）の紅花商人・鈴木清風です。芭蕉にとって、尾花沢の清風に会うことが旅の最大の目的の一つでした。五月のこと。清風は、忙しい自分の家はさけて、養泉寺という静かな寺に七日間も芭蕉を泊めたのです。芭蕉は「涼しさをわが宿にしてねまるなり」と詠んでいます。芭蕉は、さらに山寺、大石田、新庄、出羽三山、酒田と出羽路の旅を続けますが、その先々で芭蕉を世話した人々はみな清風の俳人仲間です。

芭蕉庵に集まった七人の弟子（東京版口絵より）

東北の旅を終え、越後国（新潟県）に入ります。ここ越後では宿泊予定のところで断られるなど印象が悪かったとされますが、宿泊を断られた日に芭蕉が詠んだとされるのが「荒海や佐渡によこたふ天の川」。次に訪れた越中（富山県）では、七月十三日は滑川に翌日は高岡の宿泊しています。芭蕉は厳しい残暑のため体調を崩していましたが、「早稲の香や分け入る右は有磯海」という句を残しています。

芭蕉は、旅先の行く先々で地元の俳人たちと句を交し合いながら、八月終わりに大垣（岐阜県大垣市）で「奥の細道」の大旅行を無事終えたのでした。こうしたなかで芭蕉の胸中に去来したものは、悠久《ゆうきゅう》の自然、人生の無常、にもかかわらず断ち切れない人間への愛着でした。閑寂《かんじゃく》にして高雅、簡潔にして清雅なおもむきがただよう、芭蕉独自の俳風＝蕉風《しょうふう》をつくりあげていきました（①②③④⑤⑥）。

### 芭蕉に帰れ

その後も芭蕉は漂白《ひょうはく》の旅を続けましたが、元禄七年、旅先の大坂でこの世を去りました。五十一歳。芭蕉の死後、蕉風を継ぐと期待された其角《きかく》、嵐雪《らんせつ》、去来《きょらい》、支考《しこう》等、蕉門十哲もその方向性がばらばらとなり、蕉風の確立期にみせた清新な詩的精神が失われてしまいました。やがて芭蕉の五回忌を迎えた寛保年間（一七四一〜四四）になると、当時の俳壇の衰えを嘆く声とともに、「芭蕉に帰れ」という言葉が全国的に叫ばれるようになりました。京都の与謝蕪村《よさぶそん》が、そうした呼びかけの中心的な人物です（⑤⑧）。

**関連項目**

宮城五章8　①山形五章2　②福島五章3　③新潟三章3　④富山五章1　山梨四章3　岐阜三章1　⑤愛知五章5　⑥三重五章3　滋賀四章2　⑦京都五章3・⑧10　⑨兵庫四章2・五章5　愛媛四章5　⑩熊本五章2

# 152 美術

## 安定した画風を誇った狩野《かのう》派の画家

絵画の世界で、江戸時代を通して主流だったのが狩野派です。幕府や各藩の御用絵師となり、幕府や藩に仕えて絵を描く仕事に携わりました。幕府の重要な建物の仕事をする場合、主要な部屋は江戸から派遣された狩野探幽《たんゆう》ら狩野派の絵師たちが描き、藩の絵師たちは周辺の建物を受け持ちます。また、城下の屋敷や寺社のふすまに画を描いたり、藩主たちに武運長久祈願にさいして仏画や絵馬を製作しています。

藩の絵師たちは、多くの場合、江戸で幕府の御用絵師となった狩野派の奥絵師四家（鍛冶橋《かじばし》狩野・木挽町《こびきちょう》狩野・中橋《なかばし》狩野・浜町《はまちょう》狩野）のいずれかの門に学んでいます。それらの門には全国各地から集まった絵師志願者が大勢いました。もっとも画技に習熟した門人が塾頭になり、免許を授かって、各地の大名家に推薦され御用絵師に取りたてられていくのです。

こうして狩野派は画技的に安定するとともに、画派として大きな影響力を持つようになりました。しかし江戸中期以降の狩野派は、それ以前のような芸術的活力に乏しいといわれています。画派としての様式の統一を図るため、粉本と呼ばれる絵手本を忠実に守ろうとしたからです。かえって絵師個人の創造力が発揮できなくなったと考えられます。

そんなか薩摩藩では、自前で狩野派の絵師を養成しようという気運が高まってきました。藩士のなかから絵の才能がある人材を選び、江戸の狩野家に修行に出します。狩野派の技法を身につけて帰国した彼らを絵師として採用し、藩内のさまざまな絵画制作に当たらせました。絵師たちは、あとに続く若い絵師を養成するという義務も課せられます。薩摩藩では、絵師となるべき人材はまず自国の先輩格の絵師に学び、その後江戸の狩野家で修行、免許皆伝を得て帰国するというケースが多かったのです。

狩野派としては異色の存在が、伊予（愛媛県）の今村道之進です。道之進は、京都で正規の狩野派の絵画教育を受け、郷里の伊予中曽根村に戻って絵を描いた絵師、つまり在村狩野派絵師でした。江戸・京都・大坂などの大都市で庶民の求めに応じて絵を描いた狩野派の絵師たちは〝町狩野〟と呼ばれていますが、道之進は〝村狩野〟だったわけです。このように生涯農村で活動した絵師は、今のところこの道之進以外は一人もいません。

道之進は、経済力に恵まれた東予地方の大庄屋・庄屋など有力者の求めに応じて多くの作品を描きました。寺社のふすまやお堂の天井などにも描いていたようですが、残念ながらその作品は残っていません。（④⑤⑥）

## 町人のなかから生まれた絵画

京都の呉服屋出身の尾形光琳《おがたこうりん》は、本阿弥光悦《ほんあみこうえつ》や俵屋宗達《たわらやそうたつ》の技法を取り入れ、狩野派の山本素軒《そけん》のもとで画技にみがきをかけ、絵画や蒔絵《まきえ》に新風を吹き込みました。大和絵の伝統的な装飾と王朝文学趣味を持ったこの流派は、琳派と呼ばれました。絵筆は一般的な掛物だけでなく印籠《いんろう》の蒔絵や陶器など工芸品の領域まで及び、着物に直接描く描絵も試みました。寛文小袖や西陣織《にしじんおり》、友禅染《ゆうぜんぞめ》の流行もあって衣裳の絵模様には意欲的だったようです。光琳は、呉服屋出身という経験を生かして腕を振るったのです。

光琳の図案は、円を中心にして成立しているのが特徴ですが、屏風《びょうぶ》にせよ和服にせよ長方形の面ですので、円形は絶妙のコントラストを示して有効だったといえるでしょう。こうした図案化、装飾画等の技法にもまして、みごとなのが正確なデッサンです。光琳は、風俗には目をむけずに普遍的な美の創造に力を注ぎ、上品な京文化の世界を示しています（③）。

光琳が高級感のある作品を残したのに対し、菱川師宣《ひしかわもろのぶ》は庶民に受け入れやすい風俗画を描きました。師宣は安房国（千葉県）の職人（紺屋・縫箔《ぬいはく》師）の家に生まれ、十七歳前後で江戸に出て狩野派や土佐派をはじめいろいろな画派の絵を学びました。諸派の絵を修練するうちに風俗を描くことを主眼に置き、独自の浮世絵というジャンルをつくりあげ、江戸の町民の支援を受けて活躍するようになります。

師宣の大きな功績は、それまでの絵画芸術が一部の層だけしか与えられていなかったのを、一般大衆にもたらすことに成功したことです。浮世絵《うきよえ》は、木版の印刷技術を駆使して一枚絵を量産するというそれまでにない方法をとりました。木版を利用した浮世絵は大量生産が可能になり、庶民でも入手できるようになったのです（②）。

狩野派を学び雪舟の画風を目指した雲谷等顔の山水図（山口版196ページより）（山口県立山口博物館蔵）

## 庶民に愛好され発展した浮世絵

元禄《げんろく》泰平の世を迎えて、江戸や京都・大坂の三都では、富裕な町人を基盤とした豪華な元禄文化が花開きました。庶民の娯楽として歌舞伎が人気沸騰し、歌舞伎の舞台絵や人気役者のプロマイドが望まれる時代の到来です。元禄のころの版画は、墨《すみ》一色摺《ず》りに筆で彩色したものでした。

それが享保《きょうほう》年間（一七一六〜三六）に奥村政信という浮世絵師が登場して、墨摺り絵に工夫を加えてさまざまな様式の浮世絵版画とつくり出しました。たとえば紅絵《べにえ》や浮絵《うきえ》、柱絵《はしらえ》などがそれです。政信は、墨摺り絵の時代から来るべき多色摺り版画の時代への橋渡しをした重要な人物です。

明和《めいわ》二年（一七六五）に多色摺の技法が完成して、錦絵《にしきえ》と呼ばれる華麗なものとなりました。この時期を代表するのが詩的情緒豊かな鈴木春信の美人画、世人におおいにもてはやされたといいます。天保《てんぽう》年間（一八三〇〜四四）には錦絵の風景画が流行し、葛飾北斎《かつしかほくさい》、歌川（安藤）広重《ひろしげ》らが、民衆の旅への関心と結びついて人気を得たのでした。これらの錦絵は、ヨーロッパの印象派の画家たちに強い影響を与えました。

錦絵は、まず版元のもとに絵師、彫《ほ》り師、摺り師の共同作業があって制作されるものです。また、摺りのズレを防ぐために、一定の湿気を紙に与えて収縮率を同じに保つとか、見当と呼ばれる版木《はんぎ》の彫りこみなどの工夫があります。

江戸の職人の技は、毛彫りやぼかし、空摺り、きめこみ摺り、雲母《うんも》摺りなどの素晴らしい多色摺り木版技法を発揮し、世界に誇るみごとな錦絵を生み出したのです（①）。

**関連項目**

①東京五章7　②千葉五章2　滋賀四章6　③京都五章　山口三章4　④愛媛三章8　⑤愛媛四章6　大分五章5　⑥鹿児島四章1

# 153 茶道

茶道は、豊臣秀吉に寵愛《ちょうあい》された千利休《せんのりきゅう》により「わび茶」として大成されますが、江戸時代に入るとその「わび茶の道」が曲がり角を迎えます。

## 主流は「大名茶」

江戸時代に入ると茶の湯の世界は、利休に直接・間接の教えを受けた小堀政一《まさかず》（遠州《えんしゅう》）、片桐貞昌《さだまさ》（石州《せきしゅう》）、細川忠興《ただおき》（三斎《さんさい》）などによって受け継がれた大名茶が主流となっていきます。振興勢力として大きな権力、財力を持ったこれらの人々は理念としては利休の〝わびの心〟を重んじながらも、道具にも料理にも、彼らだからできる贅沢を楽しんでいます。当時、武家の社会において茶の湯は、嗜《たしな》みの一つとして理解されていました。

近江国（滋賀県）浅井郡小室の領主の小堀政一は、古田織部《おりべ》に茶の湯の教えをうけ、後に遠州流の茶道を大成させます。そして、二代将軍秀忠、三代将軍家光に茶の湯を指導することにより武家中心の「大名茶」の世界を創出しました。また、大和国小泉藩主の片桐貞昌は、桑山宗仙《そうせん》から茶の湯の手ほどきをうけ、石州流茶道の開祖となります。そして、四代将軍家綱に召されて茶を点て、石流三百カ条（石州流茶法の書）を上申、将軍家の茶器を鑑定したので、名実ともに柳営《りゅうえい》茶道（将軍家茶道）における小堀遠州の後継者と認められたことになります。

どちらも茶の湯の道具は、利休時代の和物（国産品）重視から、輸入品、中国明代の染付《そめつけ》磁器の祥瑞《しょんずい》など新しい唐物《からもの》が長崎を通じて輸入されたものになっています。また、秀吉の朝鮮出兵の際、朝鮮から連れてきた陶工が各地に陶磁器の技法を伝え、有田・高取・萩・上野《あがの》など各地で藩営の窯《かま》場《ば》が設けられ、優れた製品が焼かれるようになりました。こうして大名茶の道具はたいへん豪華なものとなっていきます。料理そのものも一汁三菜どころではなく、一の膳、二の膳、三の膳まで出されています。

こうしたなか利休が開いた「わび茶」へ復帰することで千家を再興しようとしたのが利休の嫡孫《ちゃくそん》・千宗旦《そうたん》（一五七八〜一六五八）です（①③④）。

## わび茶の再興

宗旦は、利休自刃《じじん》のときすでに十歳を過ぎていましたから、祖父の悲劇に大きな衝撃を受けていたのでしょう。生涯仕官することなく、清貧のうちにひたすらわびの真髄を求めて精進し、こじき宗旦とまで呼ばれていました。しかし千家の嫡流である宗旦は、単なる世捨て人の茶人として一生を終わるわけにはいきませんでした。わび茶本来のあり方からそれてしまいそうな大名茶全盛のなかで、祖父が掲げた灯を消さぬために宗旦が選んだ道は、みずからは自由人として茶の本流を追求しつつも、後継者（子ども）たちは、ときの実力者たちに仕官させて活動の場を与え、茶道界に利休への復帰の気運をつくり出していこうというものでした。

宗旦には四人の息子と一人の娘がいました。長男の宗拙《そうせつ》は、宗旦がまだ十五、六歳のころの子で、折り合いが悪く、家を継ぎませんでした。次男の宗守《そうしゅ》は塗師《ぬし》の吉文字屋《よしもんじ》に養子に入りましたが、後に千家に戻って官休《かんきゅう》庵《あん》をおこし、讃岐高松藩に茶頭として仕えました。この人が武者小路千《むしゃのこうじせん》家《け》の初代です。三男の宗左《そうさ》は紀州徳川家に仕え、表千家の初代となりました。

四男の宗室は、はじめ将軍家医官で茶人でもあった野間玄琢《げんたく》の家に養子に入りますが、玄琢の没後千家に戻り、加賀前田家に仕え、裏千家の初代となります。娘は、京都の商家本間利兵衛（宗利）に嫁ぎました。同家は先々代の妻が利休の妹であった関係から千家との縁が深く、久田姓を名乗り始めた当主宗利の弟の庸軒《ようけん》は宗旦の高弟で、後に千家風の一派、庸軒流の祖となりました（④）。

こうして利休の大成した「わび茶」の道が継承、より多くの人々に広まる土台がととのったのです。

## 町人茶道の流行

江戸時代も半ばに入って商品経済が発達し、町人の経済力が武家をもしのぐようになってくると各地の豪商の間で茶の湯が盛んに行なわれ、町人出身のすぐれた茶人も現れてきます。

大坂では、町人に茶道が広がるとともに、作法にしばられることなく自由な形で煎茶《せんちゃ》を楽しむ「煎茶道」が盛んになります。明和《めいわ》・安永《あんえい》年間（一七六四〜八一）に、上方（関西地方）の知識人の間に広い範囲で煎茶愛好グループが形成されます。その中心となったのが池大雅、木村兼葭堂《けんかどう》などで、このうち兼葭堂は大坂の煎茶愛好者の中心人物です。大坂の富裕な酒造家の生まれで、当時の大坂を代表する町人学者。

「不昧流」の松平不昧が愛用した井戸
（島根版口絵より）

抹茶を用いる茶の湯に対抗して、煎茶による自由な茶道としての側面を見出し普及させた人に売茶翁《ばいさおう》がいます。売茶翁こと高遊外《こうゆうがい》（柴山元昭）は、黄檗《おうばく》山万福寺で学んだこともある禅僧です。享保《きょうほう》十六年（一七三一）京都に出て煎茶を媒介とした自由な世界を求め、享保二十年ころに京都の東《ひがし》山《やま》に茶店を構え、形式にとらわれず煎茶を通じて多くの人々と風雅な交わりを求めました。こうした煎茶道が、急速に広がっていくことになります。

ちなみにこの時代の煎茶は、現在の煎茶とは製法が違って品質はよくなく、短時間煮沸して煎じて飲むものが多かったそうです。

豪商・知識人を中心に広がった煎茶は、文化《ぶんか》・文政《ぶんせい》年間（一八〇四〜三〇）には一般の人々にも急速に浸透していきます。煎茶の大衆化は文人的な個々の創意工夫による飲み方ではなく、何らかの規範を求めるという風潮を生み出していきます。そうしたなかから文人の余技ではなく専門的な煎茶家が出現します。京都では小川後楽《こうらく》、大坂では町人出身の田中鶴翁《かくおう》が、煎茶道としての礼式・礼法を確立し、家元としてその普及に努めます。

表千家、裏千家等は、利休から伝わった千家茶道の定式化に努めました。そして寛保元年（一七四一）、表千家七世の如心斎宗左《じょしんさいそうさ》、裏千家八世の一燈《いっとう》宗室《そうしつ》、のちに江戸千家の祖となる川上不白《ふはく》によって千家の作法を定めた『千家七事式《しちじしき》』が成立、これが千家の中興期といわれています。こうして利休の茶の道統は、表、裏、武者小路の三つと千家を中心とする諸流によって今日に至るまで継承されることになります（②④）。

**関連項目**

①大阪九章5　②滋賀五章3　③奈良五章2　④島根50科

# 154 剣術

剣術は、闘争の手段として長い歴史があります。しかし、それが体系的に流派を形づくって、師匠から弟子へと伝えられるようになったのは、戦国時代のことです。戦の連続だった戦国時代には、剣の力で一国一城の主になることも夢ではなく、戦場で名を挙げるには白兵戦に打ち勝つ剣の力が必要でした。それどころかある程度の剣術の心得がなければ生き抜くことさえ困難だったでしょう。しかし、争乱の時代が去った江戸時代には、剣術の持つ意味も変わりました。武士は剣術を通して武士としてのあるべき姿を探り、自らの心身を鍛練して属する大名家あるいは殿様に危急のあるときに備えることが、剣術を学ぶ主な目的となりました。浪人といわれる主家を失った武士は剣豪と呼ばれることによって新たな仕官の口を見出すこと、藩に属する武士は藩内での出世に有利になるように剣を学ぶという実利的な意味もありました。一方で庶民は、都市では浪人が溢《あふ》れ、地方では無宿が好き放題する治安の悪さの中で、自衛や護身のために剣術を習う人々も多くなっていきました。

## 将軍家の剣法は柳生新陰《やぎゅうしんかげ》流

将軍の剣術指南役は、代々柳生家が勤めました。柳生家の流儀は新陰流です。新陰流の祖は、上州の神泉伊勢守秀綱《かみいずみいせのかみひでつな》で、柳生石舟斎宗厳《せきしゅうさいむねよし》は秀綱に二年間ついて修行を重ね、さらに独自の工夫を加えて柳生新陰流を完成したと伝えられます。石舟斎の実力に注目した徳川家康は、実際に目の前でその剣術の秘法を見、深く感銘を受けて徳川家の剣術指南を依頼したといわれます。石舟斎は老齢を理由に出仕を断り五男の宗矩《むねのり》を推挙しました。宗矩は二代将軍秀忠《ひでただ》の兵法指南に就任。関ヶ原の戦、大坂の陣などで戦功をあげ、さらに三代将軍家光《いえみつ》のとき、総目付（大名の監視に当たる重職）になります。そして、宗矩は大和《やまと》国（奈良県）柳生藩の初代藩主として一万石を領しました。柳生藩は定府《じょうふ》大名といって、参勤交代をしないで、江戸に常駐する大名であったため、江戸柳生と呼ばれました。

他方、尾張（愛知県）藩の徳川義直《よしなお》は石舟斎に厳しく剣の道を教え込まれた孫柳生利厳《としよし》を剣術指南に迎えます。そして利厳の子孫は代々尾張藩の兵法指南を続け、明治維新まで変わりませんでした。こちらを江戸と区別して尾張柳生といいます（④）。

## 幕末に実力を発揮した薩摩示現《さつまじげん》流

江戸時代の剣術でルーツとされる流派は、そのほとんどが鹿島《かしま》（茨城県鹿島郡）から発しています。もともとここは大和朝廷の東国における最前線基地で、武神をまつる鹿島神宮からは東国地方から徴収されて九州方面の防衛に向かう防人《さきもり》が結集して「鹿島立ち」するところでした。そのため武勇の気風が強い土地柄で、剣の道もここから創始されたものが多いといわれます。国摩真人《くになずまひと》によって生み出されたとされる剣の道は、やがて上古流、中古流に分かれ、それが関東七流になったと伝えられます。その中の鹿島新当流は、剣聖といわれた塚原卜伝《つかはらぼくでん》の流派として有名です。戦国乱世の中で生れた卜伝の剣は、なにより実戦に強く、兜《かぶと》をも打ち割る剣法といわれました（①）。

その流れを汲むのが、薩摩示現流です。幕末に政敵を震え上がらせた薩摩示現流は、東郷重位《とうごうちゅうい》によって創始されました。重位は京都で、常陸国《ひたち》（茨城県）出身の僧善吉《ぜんきち》に剣を学びました。善吉は天真正自顕流《てんしんせいじけん》を修めており、関東七流につながるのです。東郷重位は薩摩藩初代藩主島津家久《しまづいえひさ》の前で、家久の剣術指南と立ち会います。これを一撃のもとに倒した重位は、以来家久の剣術指南になります。そして示現流は、薩摩藩のお家流に指定されます。国分に住んでいた重位は、城下に呼び寄せられ城の近くに屋敷と道場を与えられて、家臣を指導しました。弟子たちが毎朝練習にはげむ気合いの声が城にまで届いたといいます（⑤）。

　薩摩示現流はその後いくつかの流派に分かれますが、いずれももとは東郷重位を源流とします。幕末の騒擾《そうじょう》の中で、あるいはその後に続く明治維新のための争乱の中でも、さらには西南戦争でも相手方を脅えさせた薩摩藩士たちの剣は、こうして育まれていったのです。

柳生新陰流勢法（奈良版270ページより）

## 自衛のための農民剣法

　柳生新陰流、薩摩示現流ともに源は、鹿島で生まれたことはすでに触れましたが、その中で一刀流の生みの親とも近世剣法の三大始祖の一人ともいわれるのが、神泉伊勢守秀綱です。その秀綱が居を構えたのが勢多《せた》郡上泉村（前橋市）でした。そのような全国的に名高い剣術家がいたことに加え、上州（群馬県）は、早くから奥州（東北地方）、越後（新潟県）、信州（長野県）など各地に通じる交通路が開け、対立する勢力の行き来が可能なところでした。時々の領主は不測の事態に備えて、農民に剣術修行を奨励しました。また、上州人は気が荒いといわれる上に、「上州長脇差《ながわきざ》し」「上州侠客《きょうかく》」といわれるように、多くの博徒《ばくと》や無宿《むしゅく》が活動し、縄張り争いを繰り返したので喧嘩剣法がさかんになりました。このような背景から農民も自衛のために剣術を学びました。

　その頃の上州における農民剣法の代表的な道場は、真（馬）庭念流でした。念流は今からおよそ六百年ほど前に相馬《そうま》（福島県相馬市）の住人、相馬四郎義元《よしもと》が編み出した護身術の剣法に発するといわれています。それから数えて念流四世が、真庭村（群馬県多野郡吉井町）に移住してこの地に念流を伝えたので、真庭念流と呼ばれるようになりました。その教えは護身の術であり、最初から人を倒すことを目的としていません。江戸時代から今まで入門者があとを絶ちません。常に民衆を相手に自衛を説きつづけたところに人気に秘密がありそうです（②）。

　幕末江戸には鏡新明智流《きょうしんめいち》（桃井春蔵）、神道無念流（斎藤弥九郎）、北辰《ほくしん》一刀流（千葉周作）、心形刀流《しんぎょうとう》（伊庭軍兵衛）などの人気道場がありました。最初カルチャースクールのようだったこれらの道場も、幕末の世情を受けて、次第に戦国時代の様相を呈したといわれます（③）。

**関連項目**

①茨城三章3　②群馬四章3　③東京七章7　④奈良四章6　熊本五章1　⑤鹿児島四章3

# 155 出版・貸本

## 江戸時代におけるわが国の出版状況

江戸時代は、印刷技術が急速に発展するとともに民間の出版業者が次々と現れ、多彩な本の出版が活発に行なわれるようになった時代です。それまで民間に出版業者などまったくなかったのですから、出版産業の出現は社会・文化史上におけるまさに革命的現象だったといえるでしょう。

江戸時代初期には、本の印刷・販売にあたる業者は「物の本屋」と呼ばれていましたが、やがて本屋という略称が一般的となります。その本屋は江戸時代はじめ、まず寺院を中心に京都に現れました。そして、元禄《げんろく》年間（一六八八〜一七〇四）には、およそ百軒の本屋が本の出版・販売を競っていました。彼らは、日本の古典も中国の古典も仏教の経典もみな印刷して商品とし、上流社会に独占されていた古典を一般に開放したのです。

新しい著作物もたくさん出版されるようになりました、元禄年間はじめには、およそ七千点もの本が出回っていたのです。それらの本の版元はほとんどが京都でしたが、大坂の出版も急速に発展しつつありました。元禄年間最高の作者、井原西鶴《さいかく》や近松門左衛門《ちかまつもんざえもん》らは大坂で作品を書き、大坂の本屋たちはその出版で活気づいたのです。元禄年間は、京都・大坂、つまり上方における出版業界の大発展の時代でした。

その元禄年間、江戸には約四十軒の本屋が活動しており、古浄瑠璃《こじょうるり》の本や仮名草子《かなぞうし》の刊行、菱川師宣《ひしかわもろのぶ》の浮世絵の刊行などいかにも江戸らしい出版はあったのですが、上方の出版業界に比べるとまだ江戸は未熟でした。江戸で売られている本の大半は、上方からの下り本でした。それが宝暦《ほうれき》年間（一七五一〜六四）ころから、江戸出版に独自の動きが現れてきます。そして、独自の出版活動を展開するとともに、江戸の本屋は販売網の拡大に熱心に取り組みます。

こうして文化《ぶんか》・文政《ぶんせい》年間（一八〇四〜三〇）には、各地に本屋が出現するのです。すでに本屋が存在していた名古屋（愛知県）・和歌山・金沢（石川県）・仙台（宮城県）などでは本屋の活動が活発になり、幕末に近づくにしたがい地方の在郷町にまで本商売の者が現れます。名古屋・仙台などは出版も活発でした。多いのは、往来本など寺子屋で使われる教科書です。庶民教育の普及と関連する現象であるのは間違いありません（①）。

## 京都と江戸の出版状況とその特徴

出版とは、文字や図画を印刷して頒布することをいいます。近世初期の出版の特徴は、それまで行なわれていた木の製版の版本に加えて、活字本が盛んに製作されたことです。その活字本の出版も次第に衰退し、正保《しょうほう》年間（一六四四〜四八）から慶安《けいあん》年間（一六四八〜五二）を境として、木製の製版本が中心となっていきます。これは、本を購入しようとする人々が多くなったので、製版本のほうがそういった需要に対応しやすいためでした。

こうした方法で製作された出版物の内容は多種多様で、江戸時代中期における本の「書籍目録」によると、仏書・儒書・漢詩集・漢文集・歴史伝記書・和歌書・歌学書・連歌書・俳諧書など三十三に分類されています。

このうち仏書が圧倒的に多く約四〇パーセント、これに続くものは儒書・漢詩漢文集の類で一〇パーセント強、和歌集・歌学書類が一〇パーセント弱、連歌書・俳諧書が六パーセント強です。

こうした出版は、江戸時代の初期には主として西本願寺・要法寺など洛中の寺院や、京都周辺では比叡山《ひえいざん》の寺院などで行なわれ、仏書や漢籍が刊行されていました。並行して、民間の人たちによる出版も行なわれます。寛永《かんえい》元年（一六二四）に例をとると、『保元《ほうげん》物語・平治《へいじ》物語』六冊が四条権十郎《ごんじゆうろう》により刊行され、『医方《いほう》大成論』が二条城前の忠兵衛に、仏書では『元亨《げんこう》釈《しやく》書』十五冊が小嶋家富《いえとみ》によって刊行されています。その後、多くの本屋が出版業を開始し、元禄年間（一六八八〜一七〇四）ともなると、京都市中で出版業を営む本屋の数は約百軒にのぼっています（③）。

大手出版業蔦重の店先（東京版口絵より）

江戸の出版活動は宝暦年間（一七五一〜六四）から、江戸浄瑠璃の本や絵草子、浮世絵などの出版と新しい展開をみせます。こうしたなか、目覚しい出版活動を展開したのは須原屋市兵衛です。例えば、蘭学書の本格的な翻訳書『解体新書』、西洋医学書の翻訳・出版は初めてのことなのでどんな処罰が待っているかわからないなかでの出版でした。幕府の反応をみて安《あん》永《えい》四年（一七七五）に売り出しています。さらに平賀源内《ひらがげんない》の物産学書として名高い『物類品隲《ぶつるいひんしつ》』、建部清庵《たてべせいあん》の救荒書『民間備荒録《びこうろく》』、林子平の『三国《さんこく》通覧図説』、宇田川玄随《うだがわげんずい》の『西説内科撰要』など十八世紀後半の江戸出版の記念碑的な書物が市兵衛の手で次々世に出されたのです。十八世紀後半は蔦屋《つたや》重三郎の出版が目覚しい。浮世絵師喜多川歌麿《きたがわうたまろ》の才能を育てて美人画の傑作を刊行し、東洲斎写楽《とうしゆうさいしやらく》の作品約五十点を一手に引きうけ刊行。山東京伝《さんとうきようでん》らの黄表紙の名作を次々と刊行し、江戸の出版界に刺激を与えています。京伝のほか十返舎一九・滝沢馬琴《ばきん》ら、同時期の江戸作者で重三郎の世話にならない者はなかったほどです（①）。

### 庶民に読書の楽しみを届ける貸本屋

こうしてたくさんの本など出版物が世に出るわけですが、その出版物の普及を支えていたのが貸本屋でした。文化《ぶんか》五年（一八〇八）の記録によると江戸の貸本屋は六百五十六人とあります。当時、大坂の貸本屋は三百人といわれていました。普通の貸本屋では、お得意先が百七、八十人ほど。江戸だけで十万人におよぶ読者がいたことになります。

貸本屋の日課は、本を山のように背負って得意先を回ること。町家はもちろん、大名や旗本屋敷に至るまで巡回していました。ぞくぞくと出版される新刊の面白い大衆小説は、一点につき数千部から一万部くらい刊行されており、貸本屋の活動で十万、二十万の読者を獲得していたのです。

江戸時代、挿絵の入った絵草子・読本を読みふけるという読書の楽しみ方が庶民の生活に根付いていたのです（①）。十八世紀後半に二万七千点近い本を所蔵する、当時日本最大の貸本屋は名古屋の「大惣《だいそう》」でした（②）。

**関連項目**

宮城三章4　①東京五章5　山梨三章5　②愛知三章6　③京都二章5　大阪九章6　鳥取五章7

# 156 地図

## 地図は最高の国家機密

江戸時代の日本は、鎖国政策をとっていたこともあって、地図は外国へ持ち出すことも外国人に渡すことも厳重に禁じられていました。藩内の地図や絵図もまた、藩によって他国へ持ち出すことを禁じられていました。地図代わりの国絵図は幕府の命令で何度か描かれて幕府に提出されていますが、精密ではあっても地図のように精緻《せいち》ではなく、あくまでも絵図でした。藩内の絵図や地図が領外に出ることは、幕府に藩の内情を知られることでもあり、もっとも警戒すべきことでした。こういう事情からわが国における地図の発達は、遅れていたといえます。

伊能忠敬《いのうただたか》や間宮林蔵《まみやりんぞう》が初めて実測に基づいて地図をつくったのは、すでに幕末近くになってからのことです。その事情は別項に記述されていますから、ここでは触れません。しかし、文政《ぶんせい》九年（一八二六）幕府天文方兼書物奉行高橋景保《たかはしかげやす》は、江戸に滞在していたシーボルトと会談中、クルーゼンシュテイン（ロシアの探検家）の『世界周航記』などをもらう代わりに、伊能忠敬の『大日本沿海輿《よ》地図』や間宮林蔵の『蝦夷《えぞ》全図』の謄写図を贈ることを約束しました。シーボルトの帰国用荷物を積んだオランダ船が難破して、この事件が発覚しました。シーボルト事件です。この事件は「蛮《ばん》社《しゃ》の獄」のきっかけになったともいわれ、地図が門外不出であることを改めて人々に印象付けました（②③）。

## 縮尺法を導入して正確な地図を作成

そういう中で地図づくりに懸命に取組んだ多くの人々がいました。その中から四人の人たちの仕事を見てみましょう。

伊能忠敬の日本全図は、内陸部は大部分空白です。この空白を埋めようと努力したのが、たとえば萩藩（山口県）の地理図師有馬喜惣太《ありまきそうた》でした。萩藩は長門《ながと》と周防《すおう》国を領していましたが、江戸時代中期すでに領内五百五十あまりに及ぶ村ごとの詳細な地図を同一の様式と統一的な縮尺で作成していました。この二国では藩政期を通じてこれが唯一の全域的な村絵図でした。縮尺は一里（約四キロ）を一寸として（三千六百分の一）つくられていて、この上なく詳細なものです。地図の形態はいずれも村域の形を表した不整形の切型図です。各図それぞれ村の外周を切り抜いているため、村の大きさによって地図の大きさが違います。差し渡し一〜二メートル程度のものが多く、中には長辺が三メートルを超すようなものもあります。

有馬喜惣太は本来絵師でしたが、萩藩が地図をつくるために臨時に採用されました。地図づくりは享保《きょうほう》十一年（一七二六）に始まり、宝暦《ほうれき》四年（一七五四）頃に終わっています。三十年近くに及ぶ大事業だったのです。有馬喜惣太は村絵図の作成事業が終了してからも藩絵図方に雇用されていましたが、五十五歳のとき正式な藩士に登用されています（⑤）。

わが国で地図作成上の変化が現れたのは、八代将軍徳川吉宗《よしむね》のときです。吉宗は洋学（蘭学）を解禁したことで知られますが、それからは外国の測量術が使えるようになったのです。それまでは「見取図」でしたが、それ以後は実測に基づく「分間図《ぶんげんず》」（縮尺図）が作成されるようになります。阿《あ》波《わ》国（徳島県）の岡崎三蔵《おかざきさんぞう》は、西洋流の規矩《きく》術を使いました。規はコンパス、矩は定規（曲尺《かねじゃく》）を意味します。三蔵は享和《きょうわ》二年（一八〇二）、徳島藩から阿波国図の作成を命じられます。

三蔵は一町（約一〇九メートル）を二寸にして、縮尺約千八百分の一の「分間村絵図」を作成しました。それから村図を郡単位にまとめた「分間郡図」を作成し、さらに郡図を再度編集して阿波一国の「阿波国図」を完成させたのです。事業が完成したのは天保《てんぽう》二年（一八三一）で、ここでもやはり三十年の歳月が費やされています（⑥）。

### 近代地図への橋渡しと世界全図

幕府は地方支配のため各藩に命じて、慶長《けいちょう》・正保《しょうほう》・元禄《げんろく》・天保の四回に渡って郷帳などとともに城下絵図と国絵図を納めさせました。このため各藩は「見取図」を作成して幕府に提出したのですが、見取図ではどうしてもゆがみや誤りが生じます。そこで専門家は何とかして正確なものをつくろうと努力を重ねたのです。

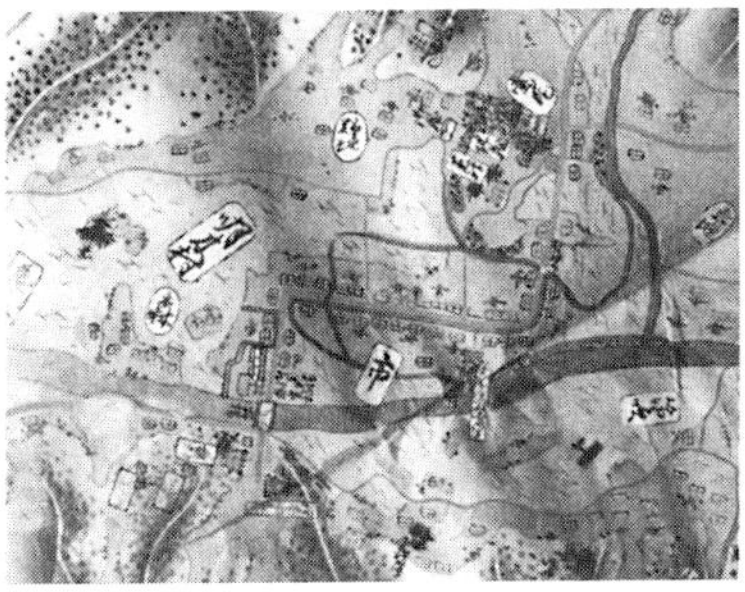
萩藩の村絵図「地下上申絵図」（山口版204ページより）

富山県新湊《しんみなと》市に生まれた石黒信由《いしぐろのぶよし》は、文政《ぶんせい》七年（一八二四）加賀国（石川県・富山県）、越中国（富山県）、能登国（石川県）の郡図十枚、翌八年には国図三枚と三州図一枚を加賀藩に提出しました。これらの絵図は大変精度が高く、近代地図への橋渡しをするものとして高く評価されています。

信由は宝暦十年の生まれで、若い頃に和算に興味を持ち関流算学者に入門します。さらに信由は測量術を学び免許を受けると、今度は天文暦学をも学びます。信由の学問はこれだけではなく、西洋数学、航海術などにもおよびました。仲由には、算学や航海術の優れた著作もあります。絵図を提出してから、仲由には藩の密命が下り、さらに精度の高い絵図をつくることになります。こうして完成したのが「加越能《かえつのう》三州絵図」でした（④）。

東北の海もない小藩に生まれた青年は、いつの頃からか世界を夢見るようになります。そして全生涯を世界地図の作成に賭けたのです。この青年は箕作省吾《みつくりしょうご》といいました。岩手県水沢《みずさわ》市で生まれた彼は、十六、七歳から江戸へ出ます。さらに京都など畿内《きない》で勉強し、江戸に落ち着いてからは地理学に興味を持つようになったようです。弘化《こうか》三年（一八四六）わずか二十六歳の若さでこの世を去るまでに、『新製輿地全図』、『坤輿図識《こんよずしき》』三巻、『坤輿図識補』四巻を著しました。

省吾は有名な蘭学者箕作阮甫《げんぽ》に弟子入りし蘭学を学んだのですが、省吾に惚れ込んだ師が自らの三女と省吾を娶《めあ》わせました。昼夜の別なく勉強して心身を削ったのか、省吾は結核に冒されましたが、それまで好奇の目で世界を紹介したものはありましたが、これほど学問的に世界を伝えるものはありませんでした（①）。

**関連項目**

①岩手五章8　②茨城五章8　③千葉五章6　④富山五章5　岡山五章4　⑤山口三章5　⑥徳島三章7

## 157 地誌

地誌・郷土誌は、地域の数だけあるといっても過言ではないでしょう。事実江戸時代に作成されたこの類の本は、出版されたもの、そうでないものを含めて多数に及びます。これらの地域誌を大別すると、領国の支配のために領主が命じてつくられたものと、学者が研究と調査を重ねてまとめたもの、無名の人々が書き綴《つづ》ったものに分けられます。いずれも後世の私たちにとっては、当時を知る上で貴重な史料となっています。全部をみていくのは不可能ですから、ランダムに地域を選んでいくつかを見てみます。

### 群馬県と埼玉県の地誌

上野国《こうずけ》（群馬県）で最初に編纂《へんさん》されたこの地域の歴史地理書『上野国志』を著述したのは、毛呂権蔵《もろごんぞう》という学者です。毛呂権蔵はほとんど独学で学問を修め、とくに仏教に精通していたといわれます。権蔵は上野国に古代の風土記などが残されていないこと、上毛《じょうもう》（上野の別称）の史跡が次第に消滅するのを憂い、さらには古い歴史や地誌を研究するのに文献不足で不便をしていることから、自ら上野国の歴史地誌をまとめようと考えました。権蔵は古い書籍を調べ、史実を探究・考証し、国内を実施踏査して、古老の話なども聞いて書き留め、三十年かかって『上野国志』を完成させました。内容は十四郡の村の歴史・寺社・旧跡・駅路（宿駅や道路）・河川・物産などを、詳細にまとめてあります。十五冊全部が完成したのは安永《あんえい》三年（一七七四）でした。

高崎藩士富岡正忠《とみおかまさただ》が著したのは、『上野名跡考《めいせきこう》』です。本書は『信濃地名考』にならって編集著述したもので、上野国全般の風土記・国史に当たる書物です。文化《ぶんか》六年（一八〇九）に完成しました。『上野名跡志』を著したのは富田永世《とみたえいせい》です。永世は長く飛脚問屋の奉公していた人で、歌人でもありました。忙しい仕事の合間に数多くの著書を書きましたが、その中でも「北武蔵名跡志」『上野名跡』が詳細で正確に記述されています（①）。

幕府の学問所（昌平黌《しょうへいこう》）が四十人の役人と二十年の歳月をかけて完成した地誌に、『新編武蔵風土記稿』（二百六十巻）があります。続いて同じように『新編相模国風土記稿』（百二十六巻）が編纂されます。風土記・地誌の類はだれが編纂したかによって、使われ方が変わってきます。

これらとは対照的に、村人が書いた地誌が埼玉県秩父地方にあります。「秩父風土記」です。いつだれによって書き始められたのかわかっていません。現在伝えられているもっとも古い「秩父風土記」は、源 山寿《みなもとのさんじゅ》という神主が筆写、増補した『増補秩父風土記』です。これが活字化されるときに原著は北島伊勢《きたじまいせ》という人物が書いたと伝えられていますが、この人物がどういう人なのかわかっていません。源山寿がほかの人に筆写を勧めたのが、続きを書き継ぐ契機になったようです。このあと無名の人々がつぎつぎと筆写し、少しずつ書き足されていることは注目されます。

埼玉県域にはこの他に、足立郡大間《おおま》村（鴻巣《こうのす》市）名主福島東雄《ふくしまあずまお》がまとめた「武蔵志」という地誌があります。十七冊で、享和《きょうわ》二年（一八〇二）頃まとめられたようです（②）。

### 新潟県と山梨県の地誌

越後《えちご》国寺泊《てらどまり》（新潟県三島郡寺泊町）の医師丸山元純《まるやまげんじゅん》は、国の内外を歩き回り、博物に重点を置いた地誌『越後名寄《なよせ》』三十一巻を、宝暦《ほうれき》六年（一七五六）に完成させました。越後には最初の本格的な地誌で、その後に書かれた多くの同種の本に大きな影響を与えました。寺泊は北陸道の宿駅で、古くは佐渡への渡船場でした。佐渡には金銀山があり、人の出入りは多く、荒海をわたるには日を選びました。元純は全国から集ってくる人々に出会って、話の中で博物に興味を抱いたといわれます。

江戸時代の越後で最大の地誌は、水原《すいばら》（北蒲原《きたかんばら》郡水原町）の本屋小田島允《まさ》武《たけ》がまとめた『越後野志』です。水原は現在、白鳥が飛来するので有名な瓢湖のある町として有名です。『越後野志《やし》』の自序は、文化《ぶんか》十二年（一八一五）に書かれていますが、允武はそれからも文政《ぶんせい》九年（一八二六）に没するまで加除訂正を行っていたといいます（③）。

『甲斐《かい》名勝志』という甲州（山梨県）の地誌は、萩原元克《はぎわらもとえ》という国学者が天明《てんめい》二年（一七八二）にまとめたものです。江戸の本屋から出版されたこともあって、全国で広く読まれたと伝えられています。『甲斐国志』は幕府の命令で、甲府勤番所がまとめたもので、文化十一年に完成しました。全百二十四巻に及ぶ大冊です（④）。

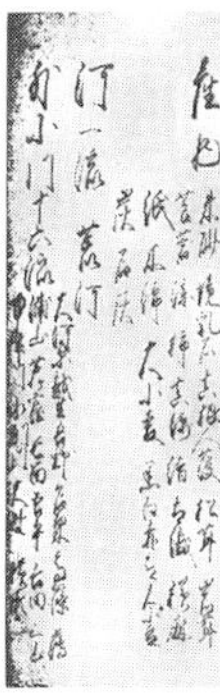
中林家の「秩父風土記」（埼玉版188ページより）

## 岐阜県と兵庫県の地誌

飛騨《ひだ》地方（岐阜県北部）の郷土史に関心をもつ人が必ず目を通す書物に、長谷川忠崇《はせがわただたか》編著『飛州志《ひしゅうし》』と上村満義《かみむらみつよし》著『飛騨国中案内《こくちゅうあんない》』の二つがあります。ともに江戸時代中期の延享《えんきょう》年間（一七四四〜四八）に著述され、飛騨地方ではもっとも古い地誌です。飛騨は幕府直轄領でしたから、江戸から代官が派遣されました。六代目の代官が忠崇の父でした。元文《げんぶん》四年（一七三九）、忠崇も代官になります。以来七年間代官として高山に暮らした忠崇が書き上げたのが、『飛州志』です。地役人としてこの代官所に勤めていたのが上村満義でした。役人として飛騨全域をくまなく歩き回り、見聞したことを記しています（⑤）。

江戸時代の兵庫県域は、摂津《せっつ》・播磨《はりま》・但馬《たじま》・丹波《たんば》・淡路《あわじ》の五カ国に分かれていました。それらの国ごとに数多くの地誌が発行されています。摂津国には元禄《げんろく》十四年（一七〇一）に成立した『摂陽群談《せつようぐんだん》』、享保《きょうほう》二十一年（一七三六）『日本輿地通志《よちつうし》―畿内部』に含まれる「摂津志」、寛政《かんせい》八年（一七九六）『摂津名所図会』などが成立し、かなり早くから地誌が発行されていることがわかります。播磨には多くの地誌があります。「明石《あかし》藩采邑私《はんさいゆうし》記《き》」「明石記」「龍野《たつの》志」などは、早くに成立したものです。但馬は厳しい自然条件にもかかわらず、寛延《かんえん》三年（一七五〇）という早い時期に「但馬考」が書かれています。丹波でもっとも早く成立した地誌は、篠山《ささやま》藩の領地誌でした。淡路は早くから全域の地誌が出されたことで、全国的にも注目されるところです（⑥）。

**関連項目**

①群馬三章7 ②埼玉三章5 ③新潟五章6 ④山梨三章6 ⑤岐阜三章2 ⑥兵庫三章8

# 158 図書収集・図書館

## 学問的関心と好奇心

江戸時代に三大文庫と呼ばれたのは、幕府の「紅葉山《もみじやま》文庫」、加賀《かが》藩の「尊経閣《そんけいかく》文庫」、それに佐伯《さいき》藩の「佐伯文庫」でした。幕府のものは献上された書物で、ほかの二つは藩主が収集した図書を集めたものです。庶民が読む娯楽本はともかく、江戸時代の学術書は高額で、とても普通の人が集められるようなものではありませんでした。たとえば「佐伯文庫」をつくった豊後《ぶんご》国（大分県）佐伯藩の毛利高標《もうりたかすえ》は、図書購入費が毎年数千両に達したので、二万石でしかない小藩の財政が逼迫したという記録も残っているほどです。藩主たちが図書を集める動機はさまざまですが、学問的興味と好奇心が大部分のようです。

これらの文庫には、外国の書物の中でも動物・植物図鑑が多数含まれています。まだ見たことのない珍しい生き物や、風物に藩主たちは心を躍らせたようです。そればかりではなく、水戸光圀《みとみつくに》のように、歴史編纂《へんさん》のために古書を収集するという人もいました（②）。また、藩校や郷学校などで利用するために内外の書物を集めるといった動機もありました。

これに対し、市井でこつこつと書物を集めて人々に公開する図書館をはじめた人たちもいました。こちらは寺子屋の師匠だったり、神主であったり、富裕な町人であったりしましたが、蔵書を死蔵させずに公開する、現在の公共図書館のさきがけとなりました。

## 図書収集に夢中になった藩主たち

松浦静山《まつらせいざん》は、肥前《ひぜん》国（長崎県）平戸《ひらど》の藩主でしたが、図書収集では有名な大名でした。静山はむしろ『甲子夜話《かっしやわ》』（二十一年間書き継いだ随筆集）の著者として有名ですが、その収集した図書も注目に値します。領内が豊作になって財政に少しゆとりのでた安永《あんえい》九年（一七八〇）、静山は平戸城内に「楽歳堂《らくさいどう》文庫」を、江戸浅草藩邸に「感恩斎《かんのんさい》文庫」を創設して広く図書収集に乗り出しました。内容は書画、墨帳、和書、漢籍、洋書に至り、また印刷されていないものは謄写させています。収集された書物は三万五千冊、約五千部といわれています。中でも約百五十冊の洋書はすべてオランダ、イギリス、フランスなどの十七世紀から十八世紀のもので、歴史、地理、医学、文学、哲学、天文、博物誌など多岐にわたって貴重なものばかりです。収集された本は、藩校で利用されました（⑤）。

「佐伯文庫」には、漢籍だけで八万巻が収められています。宋、元、明、清の版本を主とする蔵書は、四書五経から文学、語学、史書、地誌、仏典、医書など幅広く、質的にも優れたものでした。漢籍のほか和書・洋書のコレクションもあります。高標は宴席でも本を広げるというくらい、酒と本さえあれば満足というやや風変わりな殿様であったようです（⑥）。

前田綱紀《まえだつなのり》は加賀藩五代藩主です。綱紀は自身も学問に打ち込んだだけあって、図書収集も本格的でした。十七歳の万治《まんじ》二年（一六五九）から図書収集を始めました。数人の書物奉行を置き、各地に書物調奉行を派遣して良書を求めるというもので、さすが大藩の藩主のやることは違います。朝廷、幕府、公卿、大名から古寺社、蔵書家など、日本中を駆け回らせて調査収集を行っています。日本の文書や典籍はもちろん中国、朝鮮、さらには西洋までも含む広範囲にわたりました。原本のないものは厳格に校閲して写本をつくりました。最初は儒学者の木下順庵《きのしたじゅんあん》が中心になって図書選択を行っていましたが、綱紀自身も必ず目を通して最終的な取捨選択を判断しました。

このように収集された図書は数十万点にのぼるといわれ、質量ともに最高水準となり、綱紀は「尊経閣文庫」と名付けました。祖父の利常《としつね》が収集した「小松蔵書」、父光高《みつたか》の「金沢蔵書」と分けてのことでしたが、現在これらは一括して「尊経閣文庫」と呼ばれています。現在これらの蔵書は東京にある財団法人前田育徳会が管理しています。文庫の中には現在国宝や重要文化財に指定されているものだけで七十点を超えます。たとえば漢書の中には『両京新記《りょうきょうしんき》』のように、本国の中国では失われていてこの文庫にしか現存しないものがあるのです。また新井白石《あらいはくせき》の『古史通《こしつう》』は原本がなくなった今、もっとも優れた写本がこの文庫に存在します（③）。

青柳文庫石碑の拓本（岩手版327ページより）

**仙台と豊橋にできた公共図書館**

岩手県東磐井《ひがしいわい》郡東山《ひがしやま》町出身の青柳《あおやぎ》文蔵《ぶんぞう》は江戸の裏長屋に住み、寺子屋を開いていました。そのかたわら「青柳屋」という看板を掲げて公事師《くじし》を開業します。公事師というのは訴訟代理人のことで、今でいう弁護士に近い職業です。文蔵に頼むと必ず有利に処理してくれるという評判が立ち、「青柳屋」は有名になり、文蔵の収入も安定しました。そこで若い頃貧しくて本も買えなかったことを思い出し、折に触れて本を買い集めだしました。こうして集めた図書二千八百十余部、約二万巻、それに図書を収める建物の建設・修理費千両を仙台藩に託しました。仙台藩主伊達斉邦《だてなりくに》は大変喜び、すぐに仙台市東二番丁に書庫を完成させました。天保《てんぽう》二年（一八三一）のことでした。医学館に附属し、一般の人々の閲覧に供しました。これがわが国における私費によって建てられた初めての公開図書館でした（①）。

東海道五十三次の一つで京都と東京のほぼ真中に位置する吉田宿（豊橋市）に羽田《はだ》八幡宮があります。神主は国学者羽田野敬雄《はだのたかお》でした。敬雄は学問好きの富裕な商家の主人など多くの友人がいました。その友人の一人、福谷藤左衛門《ふくたにとうざえもん》が書物を収める文庫がほしいといったことから、「羽田文庫」をつくる運動が始まりました。神主屋敷のうちに場所をつくり、ここに蔵書をおくことにします。そして敬雄の友人たちが本を持ち寄りました。それでは足りないので広く本の寄贈を呼びかけました。「三河《みかわ》国羽田八幡宮文庫書籍奉納勧進」というビラを印刷して配りました。目標にした一万冊に達したのは創立から二十年のちの慶応《けいおう》三年（一八六七）でした。呼びかけに応じて寄贈した中には水戸《みと》藩主徳川斉昭《とくがわなりあき》、三条大納言実万《さんじょうだいなごんさねつむ》などがいます。現在これらの書物は、豊橋市立中央図書館に保管されています（④）。

**関連項目**

①岩手五章6　②茨城三章4　③石川三章1　④愛知三章7　⑤長崎五章3　⑥大分三章6

# 159 好学な藩主

江戸時代の各藩では、原則として世襲によって藩主の座が受け継がれました。跡継がないと最悪の場合大名家は断絶してしまいます。また、藩主が暗愚であったり、放蕩したりすると幕府によって改易されたりしました。このため各藩は早めに嗣子を決め、専門の養育係りを置いて大名になるための帝王学を学ばせました。こうして無事藩主になった大名の中には学問が好きになったり、素晴らしい見識の持ち主になったりする人物も多かったのです。

## 松平乗紀《のりただ》による知新館

老中松平定信の寛政改革の末期、幕命によって幕儒林家の養子になり、大学頭（幕府学問の最高責任者）になった林述斎《じゅつさい》の出身は、美濃国（岐阜県）岩村藩校知新館でした。元禄《げんろく》十五年（一七〇二）信州（長野県）小諸藩から転封（領地替え）となった藩主松平乗紀によって創設されたもので、美濃国では最初の藩校でした。

乗紀は学問を好み、早くから江戸で儒者の後藤松軒《しょうけん》に師事し、小諸藩主時代から藩学創設の構想を持っていましたので、松軒の推薦をうけ、その門人佐藤周軒《しゅうけん》を召し抱えます。岩村藩へ転封になると、乗紀は周軒を儒員教員に任命し、文武館（後に知新館と改称）の創設を命じました。

二万石という小藩でありながら、歴代藩主が学問を奨励し、藩財政が悪化したときにも、藩政維持のために人材養成は必要であるという考えは変えませんでした。このように文教政策に重点をおいて有能な藩士の育成をはかり、松平氏代々の伝統的政策の基礎を築いたことは、乗紀の先見の明を示すものだといえます。江戸時代末期に日本の文教をリードした林述斎や多くの著書を持つ大儒学者佐藤一斎らを輩出しました（②）。

## 毛利《もうり》高標《たかすえ》による四校堂《しこうどう》、佐伯《さいき》文庫も設立

豊後《ぶんご》国（大分県）佐伯藩の八代藩主毛利高標は、幼いころから学問を好み、経史（経書・歴史書）をはじめ幅広く儒学をおさめました。学問に広く通じ、歌集も残した六代藩主高慶《たかよし》とその子壺丘《こきゅう》の存在が影響したようです。高標はわずか六歳で家督を継ぎ、安永《あんえい》二年（一七七三）十八歳のときはじめて領国佐伯に入り、その二年後には領内を巡視、同六年には藩校四教堂を城内に設立しました。

高標はここに日田（日田市）から松下筑陰《ちくいん》（広瀬淡窓《たんそう》の師）を招き、天明《てんめい》元年（一七八一）には城内三の丸に御書物倉を建設しました。これが佐伯文庫です。高標が長年心を傾けて収集した本の数は漢籍だけで八万巻、質的にも非常にすぐれたものでした。享和《きょうわ》元年（一八〇一）、四十七歳で病没するまで、高標は購入図書の選定・保存・管理を熱心に行ない、蔵書の充実を目指したのでした。これらの蔵書は、藩校四教堂の教授や学生が閲覧したほか、佐伯藩士や領内の一般の人々、他藩の希望者にも貸し出されて活用されました。もっとも蔵書を利用したのは藩主高標自身で、たゆまない研究の成果は後に『雅衍《がえん》』二十二巻にまとまりました。

江戸時代、幕府の「紅葉山《もみじやま》文庫」、加賀藩の「尊経閣《そんけいかく》文庫」と並ぶ天下三大文庫と称された「佐伯文庫」はこうして形成されたのです（③）。

## 最高レベルに達していた延岡藩の数学と内藤正樹《まさき》

日本独自の数学・和算に、「点鼠術《てんざん》」（現代数学の代数に当たる）という算法がありますが、この用語をはじめて用いたのが内藤正樹です。正樹は延《えん》享《きょう》四年（一七四七）日向国（宮崎県）延岡藩七万石の藩主となった大名です。

内藤家は代々学問が盛んで、正樹も幼少のころから学問や俳句を学び、すぐれた力を持っていました。延岡藩の初代藩主になってからも正樹は、関流和算の奥義を究めていた数学者、松永良弼《りょうすけ》や久留島喜内《くるしまきない》らとともに和算や天文学に励み、家臣たちにも奨励していたので、延岡藩は、当時としては最高レベルの数学が盛んな藩となっていました。このように、藩主みずから学問を好み、研究に励んでいたこともあり、藩内には向学心の高い雰囲気が生まれていたのです。正樹は「教育とは、覚えることより、考えることをしなければならない」という考えを持っていましたが、この考え方（教育観）が藩内で実践されているようすがうかがえます。

延岡城西の丸跡の内藤記念館（宮崎版前口絵）

正樹の跡を継いだ二代藩主政陽《まさあき》も、正樹の考えを受け継ぎ、日向の各藩に先駆けて学問所（学寮）と武芸所（武寮）を城郭内に建て、藩士に文武両道を学ばせました。政陽のあと、一時藩の財政が窮乏して藩校の経営が困難な時期もありましたが、代々文武両道を奨励する藩政が行なわれ、教育の精神が受け継がれていきました（④）。

## 代々学問好きの大聖寺《だいしょうじ》藩前田家

初代大聖寺藩主となった前田利治は、寛永《かんえい》十六年（一六三九）の暮れ、加賀藩から百六人の家来を引き連れて大聖寺に入部しました。以降、十四代藩主前田利鬯《としか》が版籍奉還を行なう明治二年（一八六九）までのおよそ二百三十年間、大聖寺藩はつづくのです。この間、大聖寺藩には好学の藩主がたくさん出ました。江戸から、わざわざ有名な儒学者を招いた二代藩主利明や、領内の歴史・地理・農業などに関したことを調査させ『加賀江沼志稿《しこう》』（大聖寺藩領内の地誌）という本にまとめさせた九代藩主利之、藩学校をつくった十一代藩主利平はその代表的な藩主でした。

利平は、天保《てんぽう》十一年（一八四〇）、藩邸の書院に藩士たちを集め、そこで大聖寺藩の儒学者、江守城陽《えもりじょうよう》と竹内福水の二人に経書を講じさせました。利平は、その書院を学問所と称することにしましたが、それが大聖寺藩における藩校の始まりです。また、十二代藩主の利義は、安政《あんせい》元年（一八五四）この学問所とは別に、大聖寺八間道（加賀市大聖寺八間道）の前田酒造の屋敷を改修し、ここを時習館と名づけ、藩校としました。

大聖寺藩の学問を尊ぶ気風は、歴代藩主が学問好きで、藩士にも学問を学ぶ場を積極的につくってきたことと、藩主が招いた当代一流の学者が藩の教育をリードしてきたことが大きな基盤となっています（①）。

**関連項目**

山形一章8　福島一章1　茨城五章2　群馬三章2　①石川三章7　②岐阜三章3　鳥取五章6　岡山三章2　③大分三章6　④宮崎三章1

# 160 宗教

江戸時代、主たる宗教は仏教でした。家単位で信仰され、彼岸や盆など仏教行事の一部は習俗（しきたり）として暮らしの一部に入っていきます。

まず、幕藩体制と宗教の関係をみておきます。

## 幕藩体制と宗教との複雑な関係

江戸時代に入り幕藩体制が確立するとともに、幕府はすべての寺院・僧侶《りょ》を掌握するために着々と手を打っていきます。天台・真言・禅・浄土・日蓮・真宗などすべての宗派に対し、本山・末寺という秩序づけを行ない、幕藩権力を背景として宗派ごとに教団組織を形成していきました。「本末制度」と呼ばれます。

さらに寛永《かんえい》十二年（一六三五）ころから、キリスト教を禁止しキリシタンを摘発するため、寺院には寺請証文《てらうけしょうもん》を作成する権限が与えられます。幕府は、人々をいずれかの寺院に所属・登録させて、その寺院（檀那寺《だんなでら》）の檀家《だんか》であることを証明させるという制度を始めたのです。万治《まんじ》三年（一六六〇）ころには、村役人の庄屋らにより、現在の戸籍に相当する宗門《しゅうもん》改帳《あらためちょう》（宗門人別帳《にんべつ》）の作成を行ない、そこに寺の請印《うけいん》を押させています。

檀那寺は、檀家の人々の出生から死亡までの届け出、検死や旅行・移住・婚姻などあらゆる行動に関与しますが、法要《ほうよう》、墓石《ぼせき》・過去帳などの管理を通じ、檀家を寺院住職の思うように支配する体制をつくったのです。

こうした状況を檀家の人々の側から見れば、檀那寺の住職は、自分の菩《ぼ》提《だい》寺の住職という本来の姿だけでなく、幕藩領主による支配の末端の役人・戸籍係、権力に反抗したキリスト教や日蓮宗不受不施《ふじゅふせ》派の人々の摘発係、小作料徴収の地主、本山へ納入する費用の割り付け・寄付集めをする徴税係等の姿に見えるのでした。幕府は、このように寺院・僧侶を「本末制度」で支配し、僧侶を通じて日常生活の世俗倫理《せぞくりんり》を厳守させ、人々を教化する役割を果たさせながら寺院保護・仏教保護の政策をとったのです。

しかし、当時の人々にとって、毎日の身近な生活のなかで寺参りをしたり、僧侶とかかわるなど宗教的交流をすることは、教化ということもさることながら、レクリエーション的な意味あいも持っていました。

例えば真宗でいえば、開山親鸞《かいさんしんらん》の誕生日の降誕会《ごうたんえ》、花祭り、春秋の彼岸会、盂蘭盆会《うらぼんえ》、開山忌日《きじつ》の報恩講《ほうおんこう》、各種の御講《おこう》、村・地域単位で営まれる寄り合い、仏事や法事などは人々の年中行事となり、生活に密着したものとなっていました。寺院そのものが村落の共同生活の集会場・寄り合いの場・教育の場であり、僧侶は地域リーダー、世俗の事柄でも相談相手という面も持っていたわけです（②）。

## 家族の悲しみをすべて供養《くよう》してもらう場

山形市山寺にある立石《りっしゃく》寺は、亡くなった人の骨を納める寺として広く知られています。慈覚大師《じかくたいし》により開かれた天台宗の由緒ある寺です。

この地方では、人が死ぬとその遺骨の一部（歯骨《はっこつ》）をとっておいて、一周忌の前に山寺の奥の院に納骨し、供養してもらう風習があります。これを「歯骨納め」と呼んでいます。

また、亡くなった子どもを慰《なぐさ》めるために、人形やおもちゃを納める人もいます。子どもが病気や交通事故などで小学校にあがる前に亡くなったような場合は、絵を描く人に頼んで、子どもが真新しいランドセルを背負い、新しい服を着て、いそいそと登校する姿を描いてもらって、それを奥の院に納めます。同じように、息子や娘が結婚前に亡くなった場合は、家族のだれかがオナカマ（占いをしてくれる巫女《みこ》のこと）に行って、生きていればどんな相手と結婚する定めであったかを聞き、その人との結婚式の場面を絵に描いてもらって奉納する風習もあります。これをムカサリ（結婚式のこと）絵馬と呼んでいます。

山寺の奥の院には、こうした人形やムカサリ絵馬、先祖供養の塔婆《とうば》が所狭しと並べられています。当地方のこのような風習は、「死後の魂は山寺に還《かえ》る」という人々の考えにもとづいているといわれます。日本人の古くからの考えによれば、人間の死後の霊魂《れいこん》は村の近くにある姿の美しい山に行って、そこから子孫の生業や健康、村の安全を護ってくれるといいます。そのかわり、その家族が折々にこの山に登り、亡くなった人を供養しなければなりません。供養を怠ると、亡魂は村に病気をはやらせたり、火事や地震を起こして人々を逆に苦しめたり、冷害をもたらし稲作を駄目にしてしまうともいわれるからです。

立石寺を訪れる人々は、家全体で信仰し、家族の持つ悩みをすべて明かして供養しているのがよくわかります（①）。

高野山金剛峯寺（和歌山版230ページより）

## 幕府に本山として認定され参詣者が増える

高野山《こうやさん》金剛峰寺は空海（弘法大師）の開いた寺院として広く知られています。高野山は、元和《げんな》元年（一六一五）ころ、真言宗の本山として幕府に認定されたようです。この本山としての確立が、江戸時代の高野山を隆盛に導くことになります。大名家が高野山の各寺院を菩提寺と定めて信仰するようになり、大名家の供養石塔が数多く奥の院に建立されました。

江戸時代には、高野山は全国的に名を知られた霊場として、多くの参詣者を集めることになります。高野山の宿坊は、戦国時代から多くの戦国大名と契約関係を結んでいました。江戸時代には、大名で高野山に宿坊を持たないものはほとんどなく、寛政《かんせい》年間（一七八九〜一八〇一）には宿坊を持った大名家が二百四十二家を数えました。これらの宿坊は、たんに大名一家にとどまらず、その家臣や領民をも含んでいるものとなっていましたので、高野参詣の拡大がうかがわれます。江戸時代における民衆の高野山参詣者の数は、伊勢参詣者の数に次ぐものと考えられています（③）。

江戸時代の宗教は、幕府により仏教が中心に据えられ、キリスト教や日蓮宗不受不施派等は禁止された（禁じられた信仰参照）ものの、仏教以外の信仰、例えば神道・修験道・陰陽道等は仏教に準じた宗教として、幕府によって容認されていたのです。

### 関連項目

①山形四章1　②新潟三章　石川前章　福井前章・三章1　長野三章2・9　三重一章3　滋賀四章3　③和歌山四章2

# 161 新しい宗教

江戸時代は総じて安定した世の中でした。このため初期にキリスト教が禁止されて混乱が起った以外は、伝統的仏教と神道《しんとう》を中心とした宗教が主流を占め、全体としては大きな変化のない時代が続きました。承応《じょうおう》三年（一六五四）、明《みん》から隠元《いんげん》が来日し、京都宇治《うじ》に黄檗《おうばく》山万福《まんぷく》寺を開山、黄檗宗を開きました。しかし、黄檗宗はわが国三禅宗の一つ、臨済《りんざい》派の一分派と考えられ、伝統仏教の域を出ないものでした。

　ところが、世の中が騒然となってきた幕末に至って、いくつかの新しい宗教が生れました。庶民の不安な精神状況を映した動きと解釈することもできます。ここでは幕末に生れた天理《てんり》教、金光《こんこう》教、黒住《くろずみ》教の三つを取り上げます。

## 農家の主婦が突然生きながら神に召される

天理教は、天保《てんぽう》九年（一八三八）、大和《やまと》国山辺《やまべ》郡（奈良県天理市）で始まった宗教です。今では信者数百九十万人、伝導のための協会は約一万七千ヵ所を数えるまでになりました。日本国内はもとより、東アジア各地、アメリカ、カナダ、メキシコ、ブラジル、ヨーロッパ各地、アフリカなどにも信者が広がっています。

　天理教を始めたのは、農家の一主婦だった中山《なかやま》みきでした。みきは十三歳で中山善兵衛《ぜんべえ》に嫁ぎました。長男秀司《しゅうじ》を筆頭に一男五女をもうけましたが、うち二人は早く失いました。農家のことですから経済的には決して恵まれているとはいえませんでしたが、貧しくても仲の良い家族でした。しかし、長男の足が痛くなり、なかなか治りませんでした。この頃の通例であった寄加持《よせかじ》（修験者など大人数による祈祷）をしてもらってもあまり良くなりません。そのうち善兵衛は眼、みきは腰が痛み出しました。以前と同じようにその日も寄加持を修験者に頼みましたが、都合でその日は加持台にみきが立ったのです。この時みきの口から思わぬ言葉が出ました。

「我は元の神、実の神である。この屋敷にいんねんあり。世界一れつ（世界のすべての人々）を助けるために天くだった。みきを神のやしろにもらいうけたい」

　そばにいた人々は何のことかわかりませんでした。今まで聞いたこともない神のお告げ、家業や家事の忙しい中で、妻を神に差し上げることなどできるわけがない。まして子はまだ幼い。丸二日の神と人との激しい押し問答の末、衰弱しきった妻みきを見て、万策尽きた夫善兵衛は、神に向かって返事をしたのです。

「みきを神のやしろに差し上げます」

　するとそれまで激しかったみきの様子が、うそのように静まっていきました。この日中山みきは、親神、天理王命《てんりおうのみこと》の思いを伝える「やしろ」と定まったのです。中山みき四十歳のときでした。この日が天理教立教の日と定められています。

　神の言葉を告げるようになっても、長い間みきのいうことをだれも信じませんでした。みきのことを生き神様と人々が噂し始めたのは、安政《あんせい》年間（一八五四〜六〇）になってからのことでした。そのきっかけは「をびや許し」という安産の守護でした。女性にとってお産は今も昔も大変なことですが、昔はさまざまなタブーがありました。みきは、親神さえ信じれば禁忌や迷信は何一つ気にすることはないと教えたのです。さらにお産にとどまらず、あらゆる病気の回復や農事、商売のことなどでみきのところに相談に来る人が多くなっていきました。

みきはこれ以後「みかぐらうた」「おふでさき」などを教え始め、文字どおり教祖になっていきます。明治になって、天理教が広まってくると時の権力の弾圧も激しくなっていきました。こうした中の明治二十年、みきは世を去りました。みきが「世界の普請にかかる」といって嘉永《かえい》六年（一八五三）には黒船が来航し、わが国は否応なく世界の政治、経済の枠組みの中へと組み込まれざるを得なくなりました。急速な近代化は、すべての人々に恩恵を与えたわけではもちろんなく、それまで以上に過酷な生活の中に投げ出された圧倒的な多くの人々の間に、みきの教えが浸透していったのでした（①）。

天理教の教祖みき誕生の家（奈良版327ページより）

## 岡山で開かれた二つの新しい宗教

金光教を開いた赤沢文治《あかざわぶんじ》は、文化《ぶんか》十一年（一八一四）、備中《びっちゅう》国占見《うらみ》（岡山県浅口郡金光町）で農家の次男として生れました。文治が生れた地域では、陰《おん》陽道《みょうどう》に基づく金神《こんじん》が信じられていました。いろいろな役割を持ち時と方位を選んで動き回る多くの凶神たちの総称を「金神」として土地の人たちは恐れていました。文治は三十七歳までに離れ屋や母屋を建てましたが、専門家に相談したにもかかわらずその間に、長男、長女、次男、牛二頭などを次々に失いました。文治自身も四十二歳で重い病気にかかってしまいます。文治は金神に一心に祈り、これまでの自身を省みるとともに神々の心を心として生きる決意を伝えます。金神も文治の心に答え、病気回復を約束したといいます。病のいえた文治は金神の教えの通りに生活するようになり、信心を深めます。金神は恐ろしい凶神ではなく、助けてくれる金神を文治が拝んでいるという噂が近隣の村々に広がりました。安政六年秋、文治は世間の難儀をしている人を助けてほしいという、神の頼みを受けます。この日を金光教では立教の日と定めています（③）。

同じ岡山県で、岡山市に黒住教が生れたのは、文化年間（一八〇四〜一八）のことでした。教祖の黒住宗忠《むねただ》が、神の啓示（黒住教では天命直授《てんめいじきじゅ》と呼んでいます）を受けた日とされています。宗忠は最初、病をもつ人を治して評判になります。

宗忠の教えは、人はみな神の子であるということです。士農工商という身分制度の厳しかった中で、宗忠の話を聞く会合では、男女・身分の差はなく、武士といえども刀をはずして丸腰で参加しました。幕末、旧来の秩序が壊れていく中でいち早く身分の差を取り外した教えが人々の心をとらえていくのに、時間はかかりませんでした（②）。

**関連項目**

①奈良五章7　②岡山三章5・③7

# 162 庶民の信仰

## さまざまな信仰で豊漁と安全を祈る漁民たち

現在のように魚群探知機等をもたない江戸時代の漁民たちは、子どものころから大人とともに船に乗って、経験と知識を積み重ね魚を追いました。

しかし常に危険な場に身をさらし、大漁の日もあればまったく漁獲のない日もある不安定な、運に左右されることの多い仕事に、漁民たちはなんとか幸運を招き寄せようとさまざまな信仰に頼ったのです。漁民たちの信仰対象となるものには、エビス（蛭子、恵比寿等さまざまに表現されます）、金毘羅《こんぴら》、船玉、山東《さんどう》（和歌山市伊太祈曽《いだきそ》）の伊太祈曽神社、千田《ちだ》（有田市千田）の須佐神社、土地の氏神等があり、どれも厚く信仰しています。

まず船玉信仰。新宮市三輪崎では、正月と盆および秋祭りに、船玉さまにお神酒、塩、ご飯、おかずの盛られた膳を供え、船主と船頭が船玉さまを拝みます。ご神体はサイコロ、一文銭、女の髪の毛で構成されます。西《にし》牟婁《むろ》郡串本町串本の船玉さまも、小型の立方体の箱の中にサイコロを並べたものです。「大漁仕合神」と表書きした袋の中に男女一対の紙雛《かみびな》か十二文を入れる場合もあります。串本町大島の樫野《かしの》では、船玉は女神であると信じられていて、ご神体は紙に書いた女雛です。大漁祈願だといいます。

エビス信仰。県下のエビス神のほとんどは西宮からきたもので、それを海岸近くに設けた小祠《しょうし》やエビス神社に奉納しています。日高郡日高町田杭《たくい》の蛭子《えびす》神社は豊漁祈願や不漁続きのときのためにお参りします。御坊《ごぼう》市名田町楠井《くすい》にもエビスの小祠がまつられていますが、漁に出るときはお神酒と生魚を供え、木槌でドンドンたたきます。こうして大漁をお願いするのです。エビスは耳が不自由だからといいます。

金毘羅信仰。讃岐《さぬき》（香川県）の琴平にお参りして、金刀比羅宮《ことひらぐう》でご祈祷《きとう》を受け、海上安全のためのお札を頂いてきてまつるのが、県下一円で行なわれている金毘羅信仰です。那智勝浦町の浦上では、年に一度春に海神をまつり、海上安全と豊漁を祈る竜宮祭りを行ないます。漁民が神職といっしょに小船に乗って鬼島、蛭子島に渡り、海神をまつるのです。日置川町市江にある地蔵さんは、大漁祈願に効果が著しいと多くの参詣者があります。こんな地蔵さんは、県下にはたくさんあるのです（②）。

## 死なせた子どもの供養に六地蔵信仰

福島県檜枝岐《ひのえまた》村では、江戸時代から地蔵信仰が盛んでした。その背景には、引き続く凶作のため、生まれたばかりの子を殺して人口増加を防いだという悲しい現実があります。

檜枝岐村は深山の奥に位置し、四方に山がそびえていて朝夕日光を遮《さえぎ》ってしまい夏になっても寒く、しかもやせ地で、稲はもちろんのこと大麦さえ十分に育ちません。そのため主食をソバに求め、夏は家から遠い出作り小屋に寝泊りして焼畑をするなど、ソバの作付けをできるだけ多くしてきたのですが、霜害のためによく実らない年もあったのです。唯一の主食であるソバさえ半作、三分の一作どころか、皆無作の年もあったといいます。

こうした年が続くなか、桧枝岐村では公然と間引きが行なわれ、それを背景に六地蔵信仰が生まれてきたのです。

地蔵信仰が広まり始めたのは、浄土に行けないものは地獄に落ちてあの世で苦しまなければならない、という思想が民衆の間に定着してからのことです。我々が地蔵信仰をすることによって、菩薩《ぼさつ》は一切の罪人を助けるために代わりに毎朝地獄を訪ねて、地獄道・餓鬼道《がきどう》・畜生道・修羅道《しゅらどう》・人間道・天道の六道に身を分けて、六道輪廻《りんね》の衆生《しゅじょう》を救う、と考えられました。そして、この六道の一つ一つを各地蔵が分担するという考え方から、六体の石仏地蔵を建立《こんりゅう》するようになったものといわれます。

檜枝岐村では、六地蔵は間引きされた幼児や水子の供養のために建立されたものが多いといわれています。わが子のために毎朝供養することで、「賽《さい》の河原《かわら》」の責め苦から幼児を救い、間引きされたりこの世に誕生することを許されなかった幼児たちが極楽に行けるよう教え諭《さと》してもらうとともに、自分自身の心の平安を得るために信心するのです（①）。

## 庶民の暮らしを護《まも》る稲荷《いなり》信仰

船玉さま
（和歌山版261ページより）

山に宿る神霊を敬《うやま》う信仰に対し、町や村の屋敷にはその家を護ってもらう屋敷神をまつることも普通に行なわれていました。天・地・山・川に神があったように、人の住まいにも神がいたわけですが、屋敷神は、もっとも身近で生活に直接かかわる神といえます。鹿島の祐徳《ゆうとく》稲荷神社もそうした庶民の暮らしを護る屋敷神です。

佐賀鍋島初代藩主鍋島勝茂《なべしまかつしげ》の五男に当たる鍋島直朝《なおとも》は、鍋島御三家の一つとされる鹿島支藩を継いで、今でも地元の鹿島市では名君として敬愛されています。この鍋島直朝は二十八歳で彦千代（寿性院殿《じゅせいいんでん》）と結婚して直孝と直條《なおえだ》の二子を設けたのですが、その寿性院殿は万治《まんじ》二年（一六五九）三十一歳で没してしまいます。このため寛文《かんぶん》二年（一六六二）、京都の公家花山院《かざのいん》家の万子媛《まんこひめ》と再婚しました。鹿島に輿《こし》入れしてからの万子媛の生涯は、幸多いものではありませんでした。晩婚ながら万子媛は二子に恵まれましたが、長子の文丸は幼少にして、次子の式部は青年期に早逝してしまいました。直朝・万子夫妻にとっての精神的打撃は大きく、ついに仏門に救いを求めるということになってしまいました。直朝は道号（法号）を紹《じょう》龍《りゅう》とし、万子夫人は祐徳院と呼ばれることになりました。祐徳院と呼ばれた万子媛は、鹿島の南の古枝邑《ふるえだむら》の山狭に庵《いおり》をつくって読経三昧《どきょうざんまい》の暮らしになるわけですが、ここが今の石壁社《せきへきしゃ》といわれるところです。

江戸時代初期までは、晩年に法号（戒名）や入道名をつけて隠居、隠遁《いんとん》する例が多く残っていますが、この場合、信奉したり奉仕する神仏が必要になります。祐徳院万子媛にとっては、京都の花山院邸内に分祀《ぶんし》されていた、伏見稲荷大社の分霊を請《しょう》じ入れることでした。こうして鹿島の祐徳稲荷神社が創設されたのです。そして、幸少なかった祐徳院さんへの同情にも似た敬慕と相まって急速に人々の信仰を集めることになりました（③）。

**関連項目**

福島四章1　①福島四章3　千葉四章3　神奈川三章1　和歌山四章3・②6　③佐賀四章4

# 163 山岳信仰

わが国では古来、高い山や峻険な山岳地帯に神霊《しんれい》が宿ると考えられ、山自体をご神体とする山岳信仰が広く行なわれてきました。山岳信仰は長い間特定の宗教を信じる人たちや険しい山岳地帯で修行をして心身を鍛えようとする山伏《やまぶし》（修験者《しゅげんじゃ》）たちによって行なわれ、山自体もこれらの人々によって厳重に管理されてきましたが、江戸時代に入ると一般庶民にも登山参詣の門戸が開かれ、物見遊山《ものみゆさん》をかねた登拝《とうはい》がさかんになりました。

## 富士山に登る人たち

わが国は山岳国家ですから、神霊が宿るとされた山は全国いたるところにあります。なかでも一番高い富士山、山形県の出羽《でわ》三山、富山県の立《たて》山、和歌山県の熊野《くまの》三山、奈良県の金峯山《きんぷせん》、大阪府と奈良県にまたがる葛城《かつらぎ》山、愛媛県の石鎚《いしづち》山などが有名です。

江戸時代に多くの登山者で賑わったのは富士山ですが、富士山は八世紀から十一世紀にかけて猛烈な噴火を繰り返しました。人々はそれを神の怒りと恐れ、いっそう信仰を深めることになりました。人々は「講」という信仰団体をつくって、秋から翌年の春にかけて積み立てをし、夏に集団で富士登山をしました。この富士講の仕組みを考え、江戸庶民に富士登山への道を開いたのは長谷川角行《かくぎょう》という人物だったと伝えられています。

角行はもともと富士行者（富士山で修行をする人）の一人で、富士山の人《ひと》穴《あな》（浅間大社から五キロほど入ったところ）に入って爪先立ちの修行をしていたといいます。天正《てんしょう》十年（一五八二）、徳川家康は甲州勢に追われたとき、角行に導かれて人穴にこもってやり過ごし、難を避けたと伝えられます。翌年家康はわざわざ人穴に角行を訪ね謝意を伝えています。天下統一がなって駿府《すんぷ》（静岡市）に引退してからも家康は三度も角行を訪ねたといいます。角行は人穴にこもってばかりいたのではなく、たびたび穴から出て諸国行脚の旅に出ています。そして、庶民にこそ一家繁栄、現世安穏《あんのん》を願う信仰が必要だと、富士登山の有用性を説いてまわりました（③）。富士登山は御師《おし》と呼ばれる導者を道案内に行われます。御師は普段は町中で布教活動をし、人数がまとまればその人たちを引率して、道案内をしたり、山の中での参拝の作法などを教授します。角行は御師の先達《せんだつ》だったのです（②）。

## 出羽三山や石鎚山の山伏修行

出羽三山は、山伏修行のメッカです。出羽三山というのは、山形県のほぼ中央にそびえる標高一九八五メートルの月山《がっさん》と、月山噴火の泥流が北へ二四キロ流れて四一二メートルの小丘となった羽黒《はぐろ》山、月山の西一〇キロにそそり立つ一五〇四メートルの湯殿《ゆどの》山の総称です。

修験道というのは仏教の一派ですが、山中で難行苦行を行って、山の持つ神験を習得することを目指します。修行によって人格を高め、体力を鍛え、感受性を鋭くし、自然に溶け込み、神や仏の心に触れることによって霊能力を磨いて、社会の役に立とうとするのです（①）。こういう修行をする人たちを修験者（山伏）といいます。もともと役小角《えんのおづの》が開祖で、醍醐天皇時代聖宝（真言）が三宝院流を開き、堀河天皇時代増誉（天台）が聖護院流を開きました。金峯山に根本道場があるとされます。

出羽三山は険しい山道のほか、季節によっては高山植物が群生し、ほかで見られないような蝶やトンボが舞い、秋近くなってもうぐいすの声が聞こえるなど別天地の様相を呈します。このように修験の山には厳しさと美しさが、さながら地獄と天国のように織りなす山岳が選ばれてきたようです。ここでは年四回の峰修行が行なわれますが、洞窟にこもり、山から山へと渡り歩き、腰につけたかもしかの皮を地面に敷いて眠り、山菜を塩もみして食べるなど粗食に耐えて修行をします（①）。

修験の山として今もさかんな山の一つに石鎚山があります。この山は関西でもっとも高い山（標高一九八二メートル）ですが、現在では西之川（西条市）からロープウエーが通じ、八合目までわずか八分で着き、そこから頂上まで徒歩一時間半で登れます。しかし、石鎚山は長い間修行する人たちだけしか登ることのできない山でした。江戸時代に入ってから徐々に大衆化していったのです。

修験道をいく（愛媛版204ページより）

石鎚山の山開き（通称「お山市」）は、七月一日から十日間です（江戸時代は旧暦六月一日から三日間）。山開きには現在でも全国から数万人が集まり、熱烈な信仰世界を展開します。登山するときの装束は、白装束に手甲《てっこう》・脚絆《きゃはん》、それに地下足袋《じかたび》です。先達の吹き鳴らすほら貝の音に導かれながら出発します。途中、千尋《せんじん》の谷へ身を乗り出す「覗《のぞき》」などの業を行ないます。初めて登山することを初山といいますが、十五歳になると初山が許されて、石鎚登山をしなければ当時は一人前と認められない通過儀礼としての意味合いもありました（⑤）。

## 「蟻《あり》の熊野詣」の賑わいは熊野比丘尼《びくに》の活躍

熊野三山は、熊野三千六百峰といわれる深い山々の重なり合う、神秘の場所が死者の霊が赴く場所とされ、人々が畏敬《いけい》の念で眺めてきたところです。本宮《ほんぐう》、新宮《しんぐう》、那智《なち》の三社が鎮座しているところから熊野三山と呼び習わされてきました。三社はそれぞれ成立の事情を異にしていますが、中世までは大変な賑わいを見せました。江戸時代になって紀州藩が熊野往還を整備し、伊勢参詣とともに関東の人たちの参詣が増えました。

「蟻の熊野詣」というのは、蟻の行列のように次から次へと人が熊野へ通ったというほどの意味でしょうが、これほどに熊野詣がさかんになったのは熊野勧進聖《かんじんひじり》と熊野比丘尼の活躍があったからです。熊野比丘尼は「熊野観心十界絵図《かんじんじっかい》」や「熊野那智参詣曼陀羅《まんだら》」を持って、全国を布教して回ったのです。そして、これらの絵図に描かれている世界を熱心に説いて、熊野三山の霊験《れいげん》を強調したのです。現在でも全国各地に「熊野曼陀羅」が残されているのはこのためです（④）。

**関連項目**

青森四章2・6　秋田三章1　①山形三章2　茨城三章2　群馬四章1　富山四章1　石川四章1　②山梨四章1　長野二章10　岐阜四章2　③静岡四章4　④和歌山四章1　⑤愛媛四章1

信仰

# 164 禁じられた信仰

## キリスト教の禁制

わが国において、キリシタンがもっとも増えたのは慶長《けいちょう》十五年（一六一〇）のころで、約七十万人に達したといわれています。

慶長七年、江戸幕府を開いた徳川家康は、当初、貿易による利益を重視して、キリシタンに対して比較的寛容な態度をとっていましたが、元和《げんな》元年（一六一五）大阪落城で天下が完全に徳川の手に帰すると、キリシタン迫害がにわかに激しくなります。慶長十九年、キリシタンが国を危うくする恐れがあると「伴天連《ばてれん》追放令」を出しました。「日本は神国、仏国、儒教の国で、キリシタン宗門《しゅうもん》は邪教《じゃきょう》である。日本国中からキリシタンを排除せよ」というものでした。教会はすべて破壊され、キリスト教信者は厳しい迫害を受けました。信者は追放されたり、拷問《ごうもん》によって信仰を捨てることを強制され、それに従わない者は、火あぶり・首切り・逆さ吊り・水責め・熱湯責めなどを受けて殉教《じゅんきょう》していきました。多くの信者は、教えに背くより死を選んだわけで、その数は約三万人ともいわれます。

これほどの弾圧に、幕府はなぜ踏み切ったのか。徳川幕府は、儒教精神に基づき、士農工商という身分を定めてがっちりと封建社会を保持しようとしました。その際、キリスト教の世界観である「神の前には将軍以下みな平等」という考えは、士農工商の身分制のもとでは許されないものでした。また、キリスト教を通して、各地の大名が自由に貿易をして実力をつけることも、幕府にとって都合の悪いことだったのです（①②）。

## 天草・島原の乱と隠れキリシタン

西九州一帯では、打ち続く凶作が人々を困窮のどん底に追い込んでいました。天草（熊本県）ではそれまでの重税も手伝って餓死者が絶えませんでしたし、島原（長崎県）ではむごたらしい手段で重い年貢を取りたて続けていたのです。耐えかねた有馬藩の農民たちは、寛永《かんえい》十四年（一六三七）十月、有馬村（熊本県天草郡大矢野町）の代官林兵左衛門を殺害。この事件は島原半島南部の農民を巻きこんで一揆に発展し、さらに天草にも同様な一揆が起こり、結局島原の乱となっていきます。

島原の乱を指導したといわれる天草四郎時貞は、当時十六歳だったといわれています。島原の乱の数ヵ月前から、弾圧により信仰を捨てた人々に対して熱心に再び信仰するよう勧めていました。

重税に苦しむ農民たちは、四郎を一揆の総大将にまつりあげ、一致団結して立ちあがったのです。天草と島原の一揆軍（戦闘員二万七千人、婦女子一万三千人）は、有馬氏の旧城である原城に立てこもりました。

それに対し幕府は、松平信綱が約十二万の軍勢を率いて原城を海陸から包囲し、兵糧攻めにして翌十五年二月に総攻撃。原城は陥落しました。

幕府は島原の乱後、キリシタンを根絶やしにするため、その禁制を徹底的に、しかも組織的に行なうようになりました。キリシタンを発見してその信仰を捨てさせ、二度とキリシタンに戻らないようにさまざまな方法が考え出されたのです。次に述べる方法は、幕末までおよそ二百五十年間にわたって全国的に実施されたのでした。

訴人褒賞制《そにんほうしょうせい》、五人組、踏絵…。この踏絵は、熱心な信者にとってはつらい精神的な拷問でした。転んだ（キリスト教を捨てること）信者には、転び証文といって誓いの証文を書かせました。さらに、寺請制度《てらうけせいど》を実施しすべての日本人は仏教徒として必ずどこかの寺の信者にさせられたのです。

こうした幕府のしつようなキリシタン弾圧にも、信者たちのなかには、表向きは仏教徒と同じような生活を送りながらも、心のなかではキリシタンの信仰を守り続けた人々もたくさんいました。これらの人々は隠れキリシタンと呼ばれ、秘密裏に信仰の組織をつくっていました（①③④）。

## 一向宗の禁制と隠れ念仏

薩摩藩では、関が原戦いの前、慶長二年（一五九七）島津家十七代当主島津義弘が、「一向宗の信者になることは違法なことである」と一向宗禁止令を発布しました。ここに一向宗は、薩摩藩では正式に禁止され、二百七十年にわたり禁制されたのです。

マリア観音像（宮城版243ページより）（米川カトリック教会蔵）

寛永元年（一六二四）以降、しばしば一向宗禁止令は発布されましたが、寛永十二年に幕府が全国的に「キリシタン改《あらため》」を実施したのにともない、薩摩藩ではすべての人に木製の手札を配り、非キリシタン・非門徒であることを確認するといった特異な「宗門手《て》札改《ふだあらため》の制度」で取り締まりました。明暦元年《めいれき》（一六五五）、取締りの役所である宗体座《しゅうたいざ》が設置されます。

そして明暦のはじめころ、一向宗徒の中心人物が極刑に処せられたのです。初めての殉教者です。この事件をきっかけとして、明暦・万治《まんじ》・寛文《かんぶん》初年（一六五五～六一）にかけて郷士門徒を中心とした摘発が行なわれたのです。その処分は、名跡・屋敷・知行を剥奪して、身分を農民にして居住地をほかの村に移すというものでした。

なぜ、このころに一向宗の摘発が続いたのか。薩摩藩には、近世封建社会を通して異常に多い士族がいました。そこで、他国と異なり武士を城下に集中して居住させず地方に住まわせて、半士半農の生活をさせました。そうした特異な状況もあり、士族の人口を削減しなければならなかったので郷士層の門徒を摘発し農民に身分を移したとも考えられます。さらにいえば、士族と農民が同じ村に生活している社会では、一向宗信仰を中心として農民と士族が結束して一揆を起こす危険性もありました。

薩摩藩における一向宗禁止政策の基本的理由は、士族人口の削減と一向一揆の要因を取り除こうとした点にあったといえます。

日蓮宗の不受不施派も幕府によって禁制されています。江戸時代は、幕藩権力に従う宗教のみが存在を許されていたのです（⑤）。

**関連項目**

①宮城四章2　宮城四章3　山形四章4　②長崎前章　③長崎一章4　④熊本四章2　大分四章1　鹿児島四章1　⑤鹿児島四章2

## 165 神事《しんじ》

### 田の神様をもてなす

「田の神様、長いあいだまことにご苦労さまでございました。今年もよい秋にさせてもらい、ありがとうございました。なにもございませんが、どうか食事をおあがりくださいませ」。石川県能登《のと》半島で行われてきた「アエノコト神事」では、十二月五日、こんな風にていねいに田の神様をもてなし、感謝をささげます。

饗《きょう》する食事は、小豆ご飯、豆腐の味噌汁、豆腐・にんじん・ごぼう・大根・長芋・里芋・じゃがいも・にしん・昆布を用いた九種類の盛り合わせのお平《ひら》、大根のブリナマス、メバルの御膳で、二股大根、ブリの切り身、イワシが添えられています。場所は、神棚の下に設けられた斎場《さいじょう》。秋に収穫を終えたとき刈り上げ祭りを行い、稲穂とともに迎え入れた田の神様は来年の種籾《たねもみ》とともにここに休んでおられるのです。

かみしも姿に白扇を手にした主人は、「ご飯は、小豆飯でございます」「オツケは豆腐のタレジルでございます」「向かいのほうは、ハチメ（メバル）のオザシ（お頭つき）でございます」と、ひとつひとつ料理を紹介していきます。メバルには、田の神様が稲の葉でいためて不自由になった目を回復していただこうという願いが込められています。

お食事がすむと、田の神様に風呂に入っていただき、栗の木を炊いたイロリで温まっていただいてから、斎場にもどって甘酒をさしあげ、春のアエノコトまで家族と一緒に過ごしながら休んでいただくのです。

アエノコトは、もてなす＝饗え「あえ」という意味に、重要な神事である「こと」があわさったものとされますが、稲作にともなう神様へのもてなしは、季節と農作業の節目で行われてきました。人と稲の命のふれあい、お米とお米を育てるさまざまな力に対する感謝の心が、このような行事となって伝えられてきました。家に迎える田の神様の性格（一人か、夫婦か、親子三人か）や、迎える日時、もてなし方や料理などは、石川県北部でも少しずつ違うとされます（①）。全国でみるとさらに多彩でしょう。地域によってまた家々で、米・稲・田んぼをめぐる生産・生活・心のありかたが受け継がれてきたといえます。

### 山の神様との饗食、狩猟儀礼

宮崎県椎葉《しいば》村には、狩りにおける神々へのもてなしの儀礼が伝えられています。宮崎県の「狩の文化」に最初に注目した学者は民俗学の柳田國男《やなぎだくにお》でした。明治四十一年（一九〇八）に椎葉村を訪れ、狩猟民俗の調査をするなかで、村に伝えられてきた文書「狩の巻」に出会ったのです。

この地域の狩猟の作法は「狩の巻」や椎葉・西米良《にしめら》村の近世の文書に書かれていますが、現実には神楽《かぐら》のなかの儀礼に見られます。椎葉村尾前の神楽では、神楽の始まる前に、祭壇を設け、ここで獲れたばかりの猪《いのしし》を神々に捧げる儀礼が行われます。

「かぶがしら（頭）をもっては、天大《てんだい》しょうごん殿に祀《まつ》って参《まい》らせ申す」「かぶふた（尾）をもっては奥山三郎殿に祀って参らせ申す」「こひつぎあばら（腰骨と肋骨）をもっては中山次郎殿に祀って参らせ申す」と、次々と猪の部分を捧げていきます。「アロウ谷からフルコエの間まで木の根かやの根の下にマツリアラシのコウザキ殿まで、小猟師《こりゅうし》のまつりて（シシの内臓を七切れにして串刺ししたもの）を差し上げ申するによって、三丸五丸七丸十三丸三十三丸百六丸までのやくごんを奉《たてまつ》り申するによって、その上はのされ次第、御授《さず》け下さりゅうところを一重《ひとえ》にお願い奉り申す」

「小猟師」とは、この地方の猟師はみなその子孫であると信じてきたものです。昔、大猟師・小猟師の二人が狩に出かけ、山中で山の神がお産をしているところに出くわします。大猟師はお産を穢《けが》れとして通り過ぎたのに対して、小猟師は弁当を与えて介抱《かいほう》したところ、山の神はお礼に狩の獲物をたくさん与えることを約束し、以後、小猟師はいくらでも獲物をとれるようになったとされます。

一般に農耕社会では死や血を穢れとしてきたのに対して、ここでは動物は聖なる生贄《いけにえ》であり、たくさんの神々と人が饗食することによって一体になって、狩猟の安定を祈るのです。山や動物たちとのつきあいのなかで暮らしをつくってきた山村の奥深い生活文化があり、それが儀式として発現されているといえます（④）。

春のアエノコト前に田の神様に供される料理（石川版235ページより）

**地域性豊かな神事**

神事は、神々との交流の場であると同時に、それぞれの地域で生きるために大切な生活や各種職業の心がまえ、自然の捉え方や技術的慣習などを伝承していく機会でもありました。

長崎県壱岐《いき》の正月行事では、子どもたちに伝える昔話があります。大晦《おおみそ》日《か》に元旦の吸い物に使う鶴を買いにいった庄屋の下男が、帰り道鶴がかわいそうになり逃がしてやります。庄屋に怒られ追い出された下男は途方にくれますが、ある老婆（鶴）の家に泊めてもらって、元旦のご馳走にあずかります。老婆からは毎日引き止められますが、その口実に「（二日は）今日は船祝いです。帰ってはいけません」などと、正月行事が次々と語られる、というものです。

実際にも、正月行事はそのように進み、二日の「船祝い」は「乗り初め」ともいい、船にいって船霊《ふなだま》様にお雑煮《ぞうに》とお神酒《みき》をあげ、お祓《はら》いを受けて、模擬《もぎ》的な船出をします。農村部ではこの日が「仕事初め」です（③）。

九州最大の河川、筑後《ちくご》川によってつくられた佐賀平野には、網目状につくられた堀が発達し、この水を有効利用しかつ洪水を避ける努力を通じて、日本でも屈指の稲作地帯になっています。ここの村々の年中行事には、川や水に関係して豊作や無病息災を祈るものが多くあります。例えば春の「粥《かゆ》占い」は、お粥を煮て一カ月ほどおいて、かびの発生や乾燥ぐあいから五穀の豊凶や風水害を占う神事です。青かびは良、赤かびは不良、水分が多いと水害、乾燥気味だと旱魃《かんばつ》、ひび割れは地震などと占います（②）。

**関連項目**

宮城四章4　①石川四章2　岐阜四章1　静岡四章1　奈良四章2　和歌山四章3　島根四章7　広島四章6　山口四章7　徳島四章8　香川四章7　②佐賀四章1　③長崎四章1　④宮崎四章10

# 166 遍路《へんろ》

## 遍路は江戸時代半ばに一般化

四国遍路は中世までは四国辺地と呼ばれていました。霊場巡拝の風習は、平安時代から僧侶たちの間で行われていました。平安時代初期に若き弘法《こうぼう》大師《だいし》空海《くうかい》が、四国の海辺で厳しい修行をしたことが知られています。のちに弘法大師の弟子たちの僧が、その修行の跡を巡って修行したのが、巡礼の始まりといわれています。しかし、そこは長い間僧侶や高貴な人々の霊場であって、庶民のものとなったのはずっとあとのことです（③）。四国遍路が庶民の間に広く定着するのは、江戸時代も半ばの貞享《じょうきょう》・元禄《げんろく》年間（一六八四〜一七〇四）頃だと考えられています。この時期、高野山の修行僧真念《しんねん》の『四国遍路道指南』や高野山宝光院学僧寂本《じゃくほん》の『四国遍路霊場記』などの案内書が上方で相次いで刊行されたり、遍路道に沿って道標の建立が増えるなど、四国遍路が一般化している様子がうかがえます（②）。

## 環状型霊場、全行程一四〇〇キロの道のり

巡礼には西国三十三ヵ所、坂東三十三ヵ所などいろいろありますが、遍路と呼ばれるのは四国巡礼だけです。八十八ヵ所の霊場（札所）は、阿波《あわ》（徳島県）二十三ヵ寺、土佐《とさ》（高知県）十六ヵ寺、伊予《いよ》（愛媛県）二十六ヵ寺、讃岐《さぬき》（香川県）二十三ヵ寺と四国一円に散らばっていますが、この他に十数ヵ所の番外札所が点在しています。八十八ヵ所の霊場は四国全域のおもに海岸沿いにあり（山岳寺院も若干あります）、阿波の第一番札所竺和《じくお》山霊《りょう》山《ぜん》寺（徳島県鳴門市）から始まって、讃岐の医王山大窪《おおくぼ》寺（香川県大川郡長尾町）まで巡り終わると、ほぼ四国を一周したことになります。札所の順番にしたがい阿波国を発心《ほっしん》（仏道に入ること）の道場、土佐国を修行の道場、伊予国を菩提《ぼだい》（悟りを開くこと）の道場、讃岐国を涅槃《ねはん》（悟りの境地）の道場と呼んでいます。全行程は約三百五十里（約一四〇〇キロ）あり、歩くと普通の人で四十日から六十日かかりました（④）。

一番札所から八十八番札所まで順番に巡るのを順打ち（正打ち）、八十八番から逆に巡るのを逆打ちといいますが、どこから巡らなければならないという決まりはありません。紀伊半島の熊野（和歌山県）那智《なち》山青岸渡《せいがんと》寺から美濃（岐阜県）華厳《けごん》寺まで観音霊場三十三ヵ寺を巡礼する西国霊場のように直線的に歩むのとは違い、何度でも回ることのできる環状型の霊場ですから、どこからどう回ってもよいのです。巡礼することを打つというのは、江戸時代には納経札が木製で札所の建物に釘で打ち付けたので、このように表現しました。今も霊場のお寺には当時の木札が打ち付けられているのを見ることができます。

長い行程なのでいろいろな巡り方がされており、一番から十番の切幡《きりはた》寺（徳島県阿波郡市場町）まで一日で歩く十里十ヵ所やさらに吉野川を渡って井戸寺（徳島市）にいたる十七ヵ所参り（途中一泊）などの遍路行もさかんに行われました。とくに吉野川流域の農村地帯では十七ヵ所参りを済まさなくては嫁にもらってくれないという風習があったので、年頃の娘たちの通過儀礼になっていました。もっと徹底されていた村々もあって、嫁入り前に四国霊場を一巡しなければならないというところもありました（③）。

## 弘法大師と仏教の勧善懲悪《かんぜんちょうあく》思想

昔伊予国は荏原《えばら》の里（松山市）に衛門三郎という強欲な長者がいました。あるとき四国を巡っていた弘法大師がその門前に立って托鉢《たくはつ》をしていたところ、三郎は大師が持っていた鉢を叩き割って追い返すなどの非道をしたため、八人の子どもを次々と失うことになってしまいます。自分の非を悔いた三郎は遍路となって大師のあとを追いますが、なかなか巡り会うことができません。そこで二十一度目に逆に回ったところ阿波国焼山《しょうざん》寺の麓でまさに息絶えんとするとき、やっと大師と出会い、許しを乞うことができたのです。死に臨んだ三郎は大師から望みを問われ、伊予国の豪族河野氏の後裔《こうえい》として再生することを望みます。のち河野氏に男子が誕生しますが、手に石を握り締めていて、石には「衛門三郎再来」と書かれていたと伝えられます。この石を納めたのが五十一番札所石手寺（松山市）の名前の由来だといわれます。この話は四国遍路の起源説話として、遍路を体験した人なら知らない人はいないほどに知られています。伝説上の話ですが、弘法大師信仰と仏教が持つ勧善懲悪思想があいまって、江戸時代を通じて普遍化していったものと考えられます（②）。

結願の寺大窪寺本堂（香川版226ページより）

遍路の姿は、今では白装束と決まっているかのように考えられていますが、さまざまな衣装を着て遍路道を行ったようです。遍路に一番大切なのは金剛杖《こんごうづえ》で、この杖を持つことによって弘法大師と「同行二人」となり得たのです。それに菅笠《すげがさ》、納札は遍路が必ず持つものでした（①）。

## 接待と善根《ぜんこん》宿で手厚くもてなす

遍路に茶や食物、わらじなどの施しをすることは、接待を受けた遍路が自分の身代わりになって巡拝してくれるものと考えられたので、遍路の多い季節には人々はかなり遠方からも遍路道へ出て接待したのでした。遍路道周辺では接待講もできていて村落の有志が私財を持ち寄ったり、共有地からの収穫を接待の費用に充てたり、草取りなどの請負作業の収入を充てるなどしました。接待場は遍路道沿いの堂、庵、橋や井戸の近くなどに、掛け軸をつるして接待しました。遍路はこの掛け軸に向かって手を合わせ、自分の名前を書いた納札を置いて礼をいって通り過ぎました。善根宿は先祖の命日などにその供養に、遍路をわが家に連れてきて泊めることです。野宿が続く遍路にとっては、宿と温かい食事が何よりでした（①）。

しかし反面、ふるさとを捨てた遍路は巡礼を続けなければ帰るところがありません。駆落ち者、村や家を追われた人、業病に罹《かか》った人など遍路道の沿道の人々にはあり難くない遍路も多かったようです。途中で行き倒れた遍路の弔《とむら》いは村の人々が行いました。遍路道にはこうした人々の墓が、果てしなく続いています。

**関連項目**

①香川四章4　②愛媛四章4　③徳島四章1　④高知四章6

# 167 お蔭《かげ》参《まい》り

## 時代の曲がり角に不思議な現象

時代が曲がり角にさしかかると、前途の不透明感が増幅されるのか、時として不思議な現象が現出します。庶民のエネルギーが方向性を失って、ある種争乱の様相を呈するのは江戸時代後期によく見られた現象です。いったいなぜそんなことが起るのか、誰にもきちんと説明できませんが、庶民のうちに内在する怒りや絶望感、虚無感の具体的表現だったのかもしれません。祭の騒擾《そうじょう》化に始まり、伊勢へ伊勢へと大群衆が流れる「お蔭参り」、それに無秩序に争乱が増幅する「ええじゃないか」など、時代の結節点で見せた庶民の顔はさまざまでした。しかし、そこには旧来の呪縛《じゅばく》から解き放たれた開放感もまたあったのです。

## 祭が次第に派手に、不定期に

明和《めいわ》四年（一七六七）の春から夏にかけて、東海地方の村々で御鍬《くわ》祭が盛大に行われました。祭というと毎年決まった時期に決まったところで行われるものですが、この祭はそうではありませんでした。この祭は御鍬様と呼ばれる流行神を祭神としており、干支《えと》の丁亥《ひのとい》と壬戌《みずのえいぬ》の年に行われるという特徴がありました。この年も丁亥の年に当たっていました。この年から六十一年目に当たる文政《ぶんせい》十年（一八二七）の丁亥の年に、またも東海地方で御鍬祭が大流行しました。明和の年以上に盛大になりました。祭の行列には、揃いの衣裳で踊り歩くものと、奇想天外な趣向を凝らした仮装をして練り歩くものが目立ちました。

名古屋城下では晩夏から初秋にかけて疫病払いの梵天《ぼんてん》祭が毎年のように行われました。城下をあげて熱狂して、あまりに華美になったために藩が規制に乗り出したこともありました。天明《てんめい》五年（一七八五）、文化《ぶんか》八年（一八一一）、文政十三年などです。また、「馬の塔《とう》」という飾り立てた馬を神社に奉納し、馬を駆けさせる祭がありましたが、文政十一年の場合は奇抜《きばつ》になり、御鍬祭や梵天祭の様相とよく似てきています（①）。

## 「おかげでさ、するりとさ、抜けたとさ」

ときどき爆発的に流行したのは、こうした祭ばかりではありません。江戸時代に伊勢信仰が広く全国に浸透したことは別項の通りですが、伊勢参りが熱狂的なブームになって、全国から多いときには数百万人もの人が伊勢神宮へ集団で押しかけて参詣するという現象が何度も起きました。これを「お蔭参り」といいます。農民や町民が村役人や雇い主の許可を得ず、仕事を放棄して出かけるので「抜け参り」とも呼ばれました。全国規模で最大なお蔭参りがあったのは慶安《けいあん》三年（一六五〇）、宝永《ほうえい》二年（一七〇五）、明和八年（一七七一）、文政十三年の四回で、おおよそ六十年に一度起っています。

この中でもとくに文政十三年のお蔭参りは最大規模で、伊勢へ通じる街道は「おかげでさ、抜けたとさ」とはやしながら行進を続ける群集で埋め尽くされたと伝えられます。このときのお蔭参りは、阿波《あわ》国（徳島県）から起ったといわれます。『御蔭参宮文政神異記《おかげさんぐうぶんせいしんいき》』によれば、きっかけは次のようなことでした。

徳島城下の手習屋（寺子屋）で手習をしていた子どもが、参宮をしたいといい出し、翌日二、三十人で出発したといいます。このとき文政十二年で、翌年が六十年目に当たるのですが、子どもたちは待ちきれずに出かけてしまったようです。「御札が降った」などの流言が阿波を中心に伝えられ、人々が浮き足立ったようでもあります。ひとたびこうした噂が立つと各地で御札が降ったとの流言が飛び、お蔭参りが始まってしまいます。

大坂から参宮した女性五十人余りは、めいめい柄杓《ひしゃく》を一本ずつ持ち、お歯黒を落として白歯になり、男模様の大島を着てビロウドの男帯で裾《すそ》を高々と引き揚げ、ひぢりめんのふんどしを締め、髪は男髷《まげ》に結び、晒《さら》し手拭いで頬かむり、笠にお蔭参りと書き、持った旗には抜け参りと書く。道中は「おかげでさ、するりとな、抜けたとさ」とはやし立てながら踊り歩いた、という観察記録が残されています。これらの服装、とくに大坂の若い女性たちの服装は話題を呼び、その突き抜けた明るさに沿道の人々はこぞって開放感を味わったということです。もともと柄杓は、秋祭りの御輿《みこし》渡《と》御《ぎょ》のときなどの賽銭《さいせん》受けに使用するものです。しかし、こういう服装ができるのは富裕な人々で、大半の貧しい参詣者たちは柄杓一本を腰にさしたふんどし姿というのが多かったようです（②）。

浮かれ騒ぐ人たち（愛知版266ページより）
（「青窓紀聞」名古屋市蓬左文庫蔵）

「御蔭踊」も流行しました。参詣した阿波の人が伊勢神宮の外宮で、阿波踊りを披露したとの話もあり、その影響かも知れません。

## 「ええじゃないか」の流行

慶応《けいおう》三年（一八六七）夏から翌年にかけて、「ええじゃないか」といわれる一種の騒乱状態が、全国に蔓延《まんえん》しました。この騒ぎは、三河《みかわ》国渥美《あつみ》郡牟《む》呂《ろ》村（愛知県豊橋市）に端を発し、津波のように広がっていきました。この村から東は東海道に沿って江戸へ伝播《でんぱ》し、西は名古屋城下を経由して西日本各地へと広がっていきました。

この騒動もまた、お蔭参りと同じでどこからともなく御札が降ってくることによって始まります。御札の数は地域によってまちまちですが、御札の降った家では吉兆《きっちょう》の前触れと祝福し、この事実を近隣に告げて、酒や食べ物を振る舞いました。仕事や商売は休みにして、奉公人には休暇を出したので、町には浮かれ騒ぐ人があふれ、お祭のような騒ぎになりました。

ええじゃないかで浮かれ騒ぐ人たちは、町中で踊り狂ったので、御蔭踊との関連も注目されます。すでに伊勢音頭も各地に広まっていましたから、これに阿波踊りの速いテンポを加味したものという見方もあります（①②）。

明治維新を間近に控え、封建支配の限界が民衆の側から突きつけられた出来事でした。

**関連項目**

①愛知四章6　②徳島四章10

信仰

# 168 地域指導者

## 各地で経済立て直しに取り組んだ二宮尊徳《にのみやそんとく》

相模《さがみ》国栢山《かやま》村（神奈川県小田原市）で生まれた二宮尊徳は、全国の農村に大きな影響力を及ぼしました。天災と人災に痛めつけられて疲弊のどん底にあった農村に、人々の力によって再興する道をさし示したのです。

少年時代に両親を失い、先祖伝来の田畑まで川（酒匂《さかわ》川）の氾濫で失なうなど逆境の少年時代を過ごした尊徳は、「万難を排して一家を再興すること」を目標に必死に働くとともに勉学にも励みました。知識（教養）を身につけるために学問をしようとしたのでなく、あくまで農民としての実生活に役立つ学問（実学）を身につけようとしたのでした。

そんな尊徳の生きた時代は化政《かせい》期（一八〇四〜三〇）といい、農民生活の中にも貨幣経済が浸透してきた時代ですが、尊徳はいち早くその動向を読みとって村でとれた野菜や薪《まき》などを城下町小田原へ運んで売りさばいたり、時には武家や商家へ奉公したりして賃金を稼ぎます。こうして三十歳のとき二町歩の田畑を買い戻し、一家再興は達成されたのです。尊徳は、長い年月にわたる厳しい実践を通じて、天道（自然）と人道（行為）の調和が最も大切であることを体得したのでした。

尊徳が栢山村で実行した数々の経済的な試みが小田原城下にも聞こえ、尊徳が奉公していた服部家から「ぜひ我が家の仕法《しほう》（経済再建）を頼む」と依頼され、引き受けることになります。尊徳の仕法の基本は、一、分度《ぶんど》—実際の年間収入を正確にはじき出し、支出をそれ以内にとどめるよう工夫すること。二、推譲《すいじょう》—収入の半分で暮らしを立て、残りの半分を明日に備えること。この二つを実行することで、五年後に計画通り服部家の借財のほとんどを返済することができました。以後、栃木・茨城・福島等各地から呼ばれていますが、尊徳はこの「分度」と「推譲」の二本柱で、尊徳が人道と称する社会改良の険しい道を突き進んでいくのです（③）。

## 地域振興や教育者として地域に尽くした家老

文人家老として著名な高松藩家老の木村黙老《もくろう》は、塩や砂糖など生産の振興に努め、借金の返済に追われる藩財政の立て直しに貢献しました。

黙老は、久米栄左衛門《くめえいざえもん》の建議を入れ、坂出《さかいで》（坂出市）の塩田開発に取り組みました。藩財政が苦しいなか、巨費を投じての塩田開発には多くの異論もありましたが、黙老は藩主に進言し、反対意見を説得したのです。工事はわずか三年五カ月で文政《ぶんせい》十二年（一八二九）に完成。経費は二万両で、百十五町六反歩という広大な塩田が造成されたのです。藩はその後も塩田を広げ、年間収入は二千両にも上ったといわれています。

この年さらに、砂糖生産の保護奨励をはかるため「砂糖為替《かわせ》制度」を採択し、讃岐《さぬき》（香川県）の糖業振興に大きく貢献したのです。

また、溜池の改修にもつとめて五穀を豊かに実らせ、その一方、塩や砂糖などの特産品の生産は増大し、藩財政はうるおってきたのでした（⑤）。

教育者・家老として地域に貢献したのは、豊後《ぶんご》国（大分県）日出《ひじ》藩家老の帆足万里《ほあしばんり》です。日出藩は、七島藺《しっとうい》を加工した畳表が唯一の特産品という二万五千石の小藩です。藩財政の窮乏はひどく、参勤交代の旅費が不足し、江戸表では莫大な借金のため公務に支障をきたすほどでした。

天保《てんぽう》三年（一八三二）五十五歳のとき、日出藩の家老に就任した万里は、農本主義を貫き、貢租の米・大豆を藩収入の根本とし、町人の商業資本に頼らずに倹約奨励と綱紀粛正により藩財政の再建を図ろうとしました。そして万里は「武士が算術を軽視するのは誤りで、算術を知らないからこそ経済感覚にうとく町民からあざむかれるのだ」と主張しています。

享和《きょうわ》三年（一八〇三）二十六歳のとき万里は、自邸内に家塾を開設して藩士の子弟の教育に取り組みましたが、それ以前から藩士の子弟を私的に指導していたようです。そして文化《ぶんか》元年（一八〇四）には、塾名を稽古《けいこ》堂としています。その家塾稽古堂は、天保年間（一八三〇～四四）には藩学問所へと発展し、幕末の安政年間（一八五四～六〇）には藩校致道館《ちどうかん》の創設へつながります。万里が教育活動で残した足跡です（⑥）。

二宮尊徳（神奈川版310ページより）

## 津軽に養蚕の基礎を築いた文化人、野本道玄《どうげん》

野本道玄は京都生まれの文化人ですが、津軽藩の藩主に見込まれて仕えることになりました。茶道の指南役というのが当初の役割でしたが、三代目の道玄はそれにとどまらずに紙漉《す》き・焼き物などのほか、とくに養蚕の振興に貢献し、津軽地方の蚕業指導者として多くの業績を残したのです。

元禄《げんろく》年間（一六八八～一七〇四）ころまで絹織物は、中国から大量の生糸を買い付け、京都の西陣《にしじん》や堺《さかい》（大阪府）、博多（福岡県）などで織られていました。しかし幕府は、金銀の流出を防ぐため生糸の輸入を制限、このため西陣などでは生糸が不足し、幕府は各地から良質の生糸を集める「登せ糸」を奨励しました。このような時代に道玄は、藩に養蚕と機織《はた》を導入することを提案。藩はその提案を受け入れ、すぐに京都の織物師を呼び寄せて津軽が染料の調達や養蚕に適しているか藩内の調査をしたのです。

当時、弘前周辺には桑畑の大規模なものはなく、主に屋敷の周囲や田畑の畔《くろ》、川沿いの荒地などに植えられていました。このため道玄は、安定した養蚕を進めるため桑の木七万本を植えたのです。さらに道玄は、蚕飼育の手引書として『蚕飼養法記《こがいようほうき》』という本を著し、技術指導もしました。また資金が必要な者には、繭ができて買い取るときに差し引くことを条件に、資金を融資しています。やがて津軽の地から京都へ生糸や各種の織物が送られ、染料の材料となる紫根や紅花、はまなすの根なども藩の重要な産物になったのでした（①）。

岡山藩の重臣として、農民救済のため社倉米制度をつくり、新田開発など藩営事業に腕を振るった津田永忠《ながただ》（④）や、八代将軍吉宗の享保改革に民衆の声を反映させた相模国川崎宿（神奈川県川崎市）の田中丘隅《きゅうぐ》（②）など優れた地域指導者が各地にたくさんいました。

関連項目

①青森五章2　福島五章9　茨城五章4・6　栃木五章2　②神奈川五章1・3
③福井五章8　兵庫五章10　鳥取五章1　④岡山五章1　⑤香川五章7・10　⑥大分五章4・7　宮崎五章9　鹿児島五章8

# 169 名代官

代官というのは、幕府から派遣されて幕府直轄領（天領）を治める官僚を意味していました。全国各地に点在する幕府直轄領に派遣される代官は、将軍直属の家臣団である旗本から選ばれました。

代官は派遣された土地で、税金にあたる年貢を集めるのをはじめ、内政全般に関与しました。およそ五〜十万石の地域を支配しました。現在でいうとさしずめ市町村長のような役回りといえます。全国五十数ヵ所にあった陣屋《じんや》に詰め、行政に当たりました。

しかし、住民の生活状況などを何ら考慮せず、幕府の権力をかさにきて容赦なく年貢を取り立てたり、私服を肥やすために賄賂《わいろ》を受け取ったり、威張り散らすだけの人たちもいたのです。このため方言で「わからずや」のことを「おでーかん」という地方もあるほどです。だからといってすべての代官がそうかというと、決してそんなことはありません。身命を賭して職を全うし、地域住民のために尽くした名代官も多かったのです。

**任地のため身命を賭して闘った代官**

徳川家の家臣として三河《みかわ》（愛知県）に生れた鈴木重成《すずきしげなり》は、天草《あまくさ》・島原《しまばら》の乱（寛永十四年＝一六三七＝から翌年にかけて）のあと幕府直轄領となった天草の初代代官になりました。島原半島南部の原城に立てこもるキリシタン三万七千人を兵糧攻めにし、女子供に至るまで一人残さず殺すというわが国でも例のない無残な戦いでした。鈴木重成がこの地へ赴任したのは、まだ硝煙の匂いの消えやらない寛永《かんえい》十八年のことでした。

鈴木がまずやったことは、行政組織の整備でした。天草を八十六の村に分け、それを十の組にまとめ、村々に庄屋、組に大庄屋を配しました。大庄屋は組内の庄屋を指導監督し、往来手形（通行証明書）発行の特権を持たせました。村には年寄役を置き庄屋を補佐させ、百姓代数人を選ばせて庄屋・年寄に対する目付の役割を果たさせました。庄屋、年寄、百姓代を村方三役といいましたが、この行政組織は以来、明治まで続くことになりました。ほかに山を管理する山方役人、沖を航行する外国船を監視する遠見番の地役人がいましたが、代官のほかわずかな役人しかいない「小さな政庁」、それが天草代官所でした。大変な戦《いくさ》のあとで人心の荒廃が進んでいるとみられている地域に乗り込んだ鈴木は、苛斂な支配を想像する住民に対して、武力で威圧することなく、住民本位の行政姿勢を終始一貫取り続けたのです。庄屋、大庄屋を選ぶときにも住民の声望があるものを中心に人選し、身上を書き上げた書類は後々何かの災いになるといけないので焼却させせました。このため地域住民は戦のあと、わずかな期間でもともとこの地の特徴だった自由闊達な気風を取り戻したと伝えられています。

次に鈴木は、戦で放置されるままになっていた田畑の復興に取りかかりました。戦いで減った人口の回復には、九州各地から移民を積極的に受け入れました。それに加え、年貢の対象となる石高を、正確な検地によって定めました。それまで決められていた四万二千石というのは、実情に合わず、せいぜい二万一千石が適正だとはじき出しました。したがって天草の住民はこれまで、二倍の年貢を払っていたことになります。鈴木はこの石高半減を実現しなければ、再びこの地で大乱が起きると考えました。

鈴木は幕府直轄領を管轄する勘定奉行に石高半減を陳情しました。しかし、それは認められませんでした。再三の陳情にも埒《らち》があかないので、鈴木は最後の手段として直接老中に島民の苦衷を訴えました。ところがこれも退けられてしまいます。この上はと、鈴木は切々たる嘆願書を残して、自邸で自刃しました。死を以って訴えたのでした。幕府は重大な反抗に驚愕しましたが、すぐに病死として扱い鈴木の長男に跡目相続を許し、石高も六年後の万治《まんじ》二年（一六五九）、鈴木の上申通り二万一千石に改定したのでした（③）。

### 有能な幕府官僚の農村赴任

任命された代官たちが赴任するのは、ほとんどが農村地帯でした。したがって、農村復興が代官たちに担わされた最重要課題でした。それは直接的には年貢を滞りなく取り立てることを意味していましたが、飢饉《ききん》のあとなどでは農村の荒廃が進み、年貢を取り立てられるまでに農村を復興させることに手腕を問われました。

中井清太夫をたたえた祠（山梨版281ページより）

天明《てんめい》の飢饉（一七八三年から四年間）のちの農村荒廃に対処するために、幕府は各地の直轄領に有能な代官を派遣しました。松平定信《まつだいらさだのぶ》の寛政《かんせい》改革の一環でもありました。下野国《しもつけ》（栃木県）には竹垣三右衛門《たけがきさんえもん》、岸本武太夫《きしもとぶだゆう》、山口《やまぐち》鉄五郎《てつごろう》などの代官が派遣されました。

彼らは赴任してすぐ、農業人口の回復増加、耕地起こし返しによる耕作面積の復旧拡大、などに手を付けました。それまで在府（江戸詰）の代官も多かったのですが、松平定信は地方の代官陣屋へ常駐するように命じ、三人の有能な幕府官僚も赴任地で「代官仕法」を大胆に推進しました。これらの代官仕法の眼目は、自立した百姓（本百姓）をいかに多く確保するかにありました。これら三人の官僚のほか全国各地に散った代官たちは幕府の後押しもあり、それぞれに一定の成果を上げました。寛政改革がある程度の成果を収めたのはこうした有能な官僚たちの地方での努力が下支えした面があることを見逃すことはできません（①）。

### 神としてまつられる代官も

この他にもたくさんの名代官が生れました。甲府の濁《にごり》川を改修した代官桜井《さくらい》政能《まさよし》は、その功を称えられ地元住民から「水難除けの神様」としてまつられました。また、甲府代官だった中井清太夫《なかいせいだゆう》は、困窮する農民をみて対策はないかと考え、九州から馬鈴薯を取り寄せ、植え付けに成功しました。その後山梨はおろか、長野、新潟、関東などに馬鈴薯が普及し、のちの人は別名「セーダ芋」と呼んで、代官を偲《しの》びました（②）。住民の側に立って、過酷な年貢の減免に身命を賭した代官たちは数知れません。住民たちはそのつど顕彰碑を建てたり、社をつくってまつったりして感謝の気持ちを表したのです。

**関連項目**

福島五章5　①栃木五章4　②山梨五章4　静岡五章6　③長崎五章3

# 170 地域開拓者

## 北上山地に道路を拓いた牧庵鞭牛《ぼくあんべんぎゅう》和尚

断崖絶壁がそそり立つ三陸沿岸は、リアス式海岸といって海岸線に入り江が多く、風光明媚なところです。現在は道路も整備されて、観光地としてよく知られるようになりました。内陸部との連絡道路も整備されてきています。しかし、この地域の交通路が現在のように開発されるまでには、幾多の苦難と忍耐、多年の努力の道程がありました。三陸沿岸と内陸部とをつなぐには、南北に険しい山並みが走る北上山地に道路を切り拓くことが必要で、その先駆者として登場するのが牧庵鞭牛和尚です。

閉伊《へい》通り和井内《わいない》村（岩手県下閉伊郡新里《にいさと》村）の農家に生まれ、八歳で出家したといわれる鞭牛は、三十八歳のときに林宗寺《りんそうじ》の住職になっています。宝暦《ほうれき》五年（一七五五）の大飢饉に際し、北上山系の交通が劣悪なため多数の餓死者を出すという惨状を目にした鞭牛和尚は、自らの力で道路を改修しようと決意し、林宗寺の住職を投げ打って一生涯かけて各地の道路改修・開削に奉仕し始めたのです。四十六歳のときでした。

当初は、単身で悪路の改修を始めました。三陸地方の岩石は硬いので、最初の道具は、岩石を砕く鑿《のみ》だったといいます。村の人々は、鞭牛和尚が黒い衣に破れ笠というでたちで一人で岩石を砕いている姿を見て、「林宗寺の和尚さんは気が狂ったのではないか」とささやきあっていましたが、風雪にさらされながら鞭牛和尚の硬い石への根気強い挑戦は続きました。開削の進み方は牛歩に似てのろくても、悪路の改修を進めていく鞭牛和尚の姿を見て、村の人々の評価は次第に変わっていったのです。

鞭牛の道造りの成果を見て驚嘆し、驚嘆は心服を呼び、心服は協力を呼んだのでした。やがて周囲の人々は、誰が誘うでもなく鞭牛に対して自弁で協力するようになり、少ないときでも五、六十人、多いときには百二、三十人もの人々が集まり、鞭牛の指揮に従って道造りをしたので、道路の改修は急速に進みました。こうして鞭牛和尚が亡くなるまでの二十七年間に、浜街道（気仙沼《けせんぬま》と久慈《くじ》を結ぶ）、釜石街道（盛岡と釜石を結ぶ）、閉伊街道（盛岡と宮古を結ぶ）、和井内道（茂市《もいち》と小川《こがわ》を結ぶ）を改修しています（①）。

## 天水稲作の地に水路を引いた松井五郎兵衛儀長《よしなが》

日向《ひゅうが》国（宮崎県）飫肥《おび》藩の清武《きよたけ》地区八ヵ村では、天水を頼った稲作のためほんの少しの日照りでも干害を受け、稲の収穫が少ないか場合によっては皆無に近く、農民は毎年のように困窮の生活を強いられていました。

そんな清武地区二百二十町歩に、死を覚悟で用水路を拓いて水を引いてきたのは、清武を治める地頭《じとう》を補佐する松井五郎兵衛儀長でした。

儀長は藩内の検地のたびに用水路を拓く方法を学んだり、参勤交代にお供しては井堰や用水路に関する情報を集めました。同時に、清武地区に用水路を通すとしたらどうすればいいかあれこれ調査し、藩に「清武川の水を八ヵ村に注げば、干害の心配がなくなります。私に用水路工事をお任せください」と申し出ました。しかし、高い丘陵があり山は磐石で切り拓くことはできない、無駄金を使うばかりと許可されません。そこで儀長は、「用水路工事が完成せず、途中で止めることになったら切腹してお詫びします」と再度申し出ると、〃自分の命を賭けて用水路を引くというのだから〃と認められたのです。寛永《かんえい》十六年（一六三九）儀長は七十歳でした。

この用水路ができれば干害の心配がなくなると思った村人は、喜び勇んで日夜工事に励み、三ヵ月で長さ約四キロ、幅三〜五メートル、深さ一・八メートル以上の用水路ができあがりました。日照りで稲が枯れることがなくなり、村人は安心して稲作に励めるようになったのです（⑥）。

**不毛の大砂丘を開拓した桝田新蔵《ますだしんぞう》等**

鳥取県中部に広がる北条砂丘は、東西約十二キロ、南北約一・二キロ、面積にして千四百ヘクタールの大砂原です。古くからこの地は、作物が育たないといわれた不毛の地。強い風が吹けば砂が飛んで田畑を埋め、人家に大きな被害をもたらす厄介者でもあったのです。

そんな大砂丘の開発に命がけで取り組んだのが、砂丘に接する村の庄屋桝田新蔵。三十九歳のとき「広大な砂丘を水田に変えたい。そのため砂丘に水路を引く。これが自分に与えられた天命である」と決意したのです。

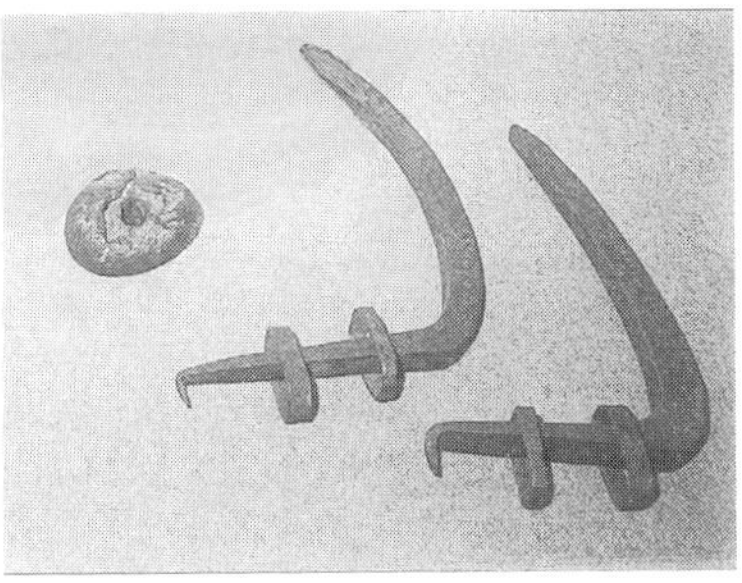

鞭牛和尚が使った道具類（岩手版315ページより）

新蔵は私財を投げ打ってこの事業を成し遂げたいと藩に申し出て、工事への着手が許可され、安政《あんせい》五年（一八五八）から工事を開始。すべてが人力と簡単な道具に頼る作業でした。長い水路に僅かずつの高低さをつけるため長く伸びた孟宗竹《もうそうだけ》を割って水盛り（水準を測る）をするという方法を考え、砂地では泥水を流して砂の目をふさぐ流水客土に似た方法をとりました。先祖伝来の田畑も酒造家としての貯えも工事資金に変わって、雇いいれる人夫の費用を払えず家族の労働力だけで取り組んだ時期もありました。万策尽き、藩の直営工事として引き継いでもらおうと願い出て、ようやく藩の工事として続行することができ、用水堰・用水路が次々完成していきました。用水の見通しのついた文久元年（一八六一）の早春、新蔵は一家をあげて入植、住みなれた村や屋敷を去ってただ一戸、水路を引いた砂丘地へ移住したのでした。

その翌年、自分の手で拓いた水田八反に田植えをしましたが、砂地は水持ちが悪く肥料分にも乏しいので、初めから多くの収穫は望めません。堆肥を入れて土を肥やし、八年後の明治三年（一八七〇）にようやく生計がたつようになったといわれます（②）。

瀬戸内海沿岸地方では各地で塩田が開発されています。例えば、備前国（岡山県）の野崎武左衛門は野崎浜の塩田開発に成功、「塩田王」と呼ばれています（④）。また、海上交通を危険のないものにするため、港の改修と築港に私財を投げ打った伯耆国《ほうき》（鳥取県）の岡田茂三郎《もさぶろう》（③）、灯台建設に命をかけた豊前国《ぶぜん》（福岡県）岩松助左衛門（⑤）など自分たちの住む地域を住みよくするために開発に身体をはった人がたくさんいました。

**関連項目**

岩手五章3・①4　茨城五章3　三重五章4　和歌山一章10　②鳥取一章6・③五章2　島根五章7　④岡山五章8　広島50科　山口一章2　徳島二章6　香川二章1・4　⑤福岡一章7　宮崎五章1・2⑥5・6

# 171 農業指導者

## 岡田明義《あきよし》――馬鈴薯《ばれいしょ》の普及に生涯を捧げる

幕末期、出羽国（秋田県）の一寒村の村役人だった岡田明義は、郷土の復興と繁栄（地域開発）を目指して新田開発に情熱を注ぎました。その後、彼は諸国周遊のなかで馬鈴薯の有利性を知り、その栽培と加工を土台とした『無水《みずなき》岡田開闢法《かいびゃく》』という独創的な開拓手法を述べた本を出版し、馬鈴薯の普及に生涯を捧げました。

明義の生まれた出羽国由利郡岩野目沢村（由利郡大内町）は出羽山地のほぼ中央にある山村で、耕地は北に向かって流れる芋川沿いの狭い谷間にあり、洪水のたびに被害を受け、また山村の常として冷水掛《ひやみずかか》りや日照不足など生産条件が悪く、生産力は低い地帯。村の人々は稲作収入の不足を補うために木炭を焼いたり、山林の伐採・材木の運搬などの山稼ぎに頼って、生計をたてていました。村の肝煎《きもいり》となった明義は、そんな村をなんとかしたいと新田開発に情熱を燃やしたのです。荒地のまま放置されている所に水を引いてこようと、夜、松明《たいまつ》を人夫に持たせて観測点に立たせ、それを頼りに水路を決めたといいます。こうして嘉永《かえい》六年（一八五三）には約八町歩（約八ヘクタール）の水田ができ、村の復興に役立ったのでした。

その後、北海道周遊の際、明義のその後の人生を大きく変える馬鈴薯にめぐり合ったのです。安政《あんせい》六年（一八五九）のこと。新田開発の困難さを知る明義にとって、水に頼らず作付けでき、収穫すると多彩な利用ができる馬鈴薯との出会いは、地域開発といえばすぐに新田開発を考えるという発想を大きく転換させることになったのです。

明義は馬鈴薯の種芋を持って帰郷し、さっそく試作に取り組みました。家の門前を流れる小川に水車小屋をつくり、澱粉の製造、味噌・醤油・菓子への加工についても研究しました。実験は成功し、明義は新しい食料作物に大きな自信を得たのでした。文久元年《ぶんきゅう》（一八六一）、馬鈴薯の栽培・加工法をまとめ、諸国に頒布して貧民救済、国土開発に役立てようと考え、出版したのが『無水岡田開闢法』です。この本の前半では馬鈴薯の栽培法・加工法が記され、後半では開拓の手法が述べられており、馬鈴薯に関するわが国最初の農書として注目されています（①）。

## 中村善右衛門《ぜんえもん》――蚕当計《さんとうけい》を発明、養蚕の発展をもたらす

養蚕農家の長男に生まれた中村善右衛門は、蚕室の温度調節に頭を悩ませていました。たまたま蘭方医にかかったとき脇にはさんだ体温計にヒントを得て、創意工夫を重ねて「蚕当計」を発明したのです。いってみれば養蚕専用の寒暖計。これは養蚕技術の向上に大いに役立ちました。

かつて、福島県北部の信達《しんたつ》地方（信夫《しのぶ》郡、いまの福島市と伊達郡）は養蚕業の盛んな地方として全国に知られていましたが、これは多くの先人が努力と工夫を重ねてきたからで、なかでも蚕当計を考案した中村善右衛門は、わが国養蚕業に科学の光をあてた大恩人として感謝されています。

善右衛門が生まれた梁川《やながわ》町字右城《うしろ》（伊達郡梁川町）は、大半の農家が「蚕殿様《こどんさま》」と呼んで蚕を大事に育てており、とくに蚕種《さんたね》生産では東北地方の中心的存在でした。中村善右衛門家は、幕末には蚕卵紙《さんらんし》二千五百枚も掃《はき》

立《たて》てする養蚕農家でした。一般の農家は半枚から一枚の掃立てなので、二千五百枚も製造した中村家は梁川でも五指に入る大規模生産者だったのです。

江戸時代の養蚕飼育は、清涼育《せいりょういく》と呼ばれる方法で行なわれていました。自然の気候にしたがって飼育する方法で、梁川では五月二日の八十八夜ごろに掃立て、三八〜四〇日かけ入梅前に上ぞくさせるのですが、気温の低い年には蚕が桑を食べずに上ぞくが遅れます。こうなると人手はかかるし、繭《まゆ》の質もよくありません。こうした年には、炭火で蚕室を暖めると上ぞく期間が短縮され繭も良いということを、梁川の養蚕農家は経験上知っていました。しかし蚕育の適温を人の勘に頼っていたため、温度調整に失敗、一晩で蚕を全滅させることもありました。そのため、温暖育と呼ばれるこの方法は危険が多いと一般化しなかったのですが、梁川の農家は、火気を使用した際の蚕室の温度を知る方法はないかと長年願っていました。

天保《てんぽう》十年（一八三九）善右衛門は、風邪を悪化させ、蘭方医に診療を受けたのですが、そのとき目にした体温計（その際、寒暖計の存在も知る）をヒントに工夫を重ね、蚕室の温度を測ることのできる「蚕当計」を考案・製作したのです。

そして、蚕当計の使い方の要点を記した『蚕当計秘訣』と題する冊子と蚕当計とをセットで販売することにしました。嘉永《かえい》二年（一八四九）のことでした②。

中村善右衛門肖像（福島版331ページ）

### 船津伝次平《でんじべい》——農村の子どもたちに手習所を開設

江戸時代末期、養蚕の盛んな農村に、読み・書き・算盤《そろばん》を学ぶ手習い所の九十九庵《つくもあん》を開設したのは、養蚕農家の三代目船津伝次平でした。

九十九庵は、赤木山山麓の養蚕が盛んな村に設けられた手習所（寺子屋）。勢多郡原之郷《はらのごう》（富士見村）の三代目船津伝次平が自ら師匠となり、子どもたちに読み・書き・算盤を教えたのです。近くに小高い九十九山があるので九十九庵。江戸時代末期の天保九年（一八三八）ごろの創立です。

当時、赤木山麓の農村は畑が多く、養蚕を中心とする畑作農業が中心でした。そして、製糸の盛んな前橋や桐生・伊勢崎をひかえていたので、養蚕農家は自分の家で生産した繭や、ひいた糸を売るようになりました。

船津家の家計帳簿「家財歳時記《かざいさいじき》」には、繭・糸・野菜の収入が克明に記録されています。農村も商品作物を生産するようになり、文化も進み、日常生活に文字や計算が必要になったのでしょう。農村でも学ぶ必要が出てきたので、伝次平は私設の手習所をつくったものと思われます。

九十九庵の筆子《ふでこ》（生徒）の数は、天保十一年までは、伝次平の長男市蔵を入れて三人でしたが、翌十二年に新たに五人が入ってきて、ようやく手習所らしくなりました。その後、九十九庵は発展し、明治五年（一八七二）まで続きました③。

**関連項目**

青森五章7　①秋田五章9　福島五章1・②7　茨城五章5　③群馬三章4　千葉五章10　富山五章2　岐阜五章9　奈良五章4　島根五章3・6　広島五章1　山口五章6・7・10　高知五章5　福岡五章2　大分五章2

# 172 義民

## 越訴《おっそ》の茂左衛門《もざえもん》、駕籠訴《かごそ》の惣五郎《そうごろう》

義民というのは、自分の利益を無視して難事業に立ち向かったり、苛酷な年貢の取り立てを見かねて困窮する農民の先頭に立って自ら処罰を受けたりする、犠牲的精神で地域や村の人たちのために闘った人々を指します。それゆえ地域で長く語り継がれて尊崇を受ける地域の恩人、そういう人物が義民といわれます。わが国の各地に義民伝承が残っています。なかでも磔《はりつけ》茂左衛門と佐倉惣五郎は、全国的によく知られた存在です。

磔茂左衛門がよく知られているのは、彼が行なった行為が江戸時代初期の代表越訴として典型的な例だったからです。上州沼田藩（群馬県）主真《さな》田信利《だのぶとし》は、藩内の検地を強行して三万石を十四万四千石とはじき出し、それを基準に年貢を徴収し出しました。実に四・八倍もの年貢を取ったのです。それに加え窓役《まどやく》、井戸役、祝儀役、うぶ毛役（窓役は窓の数、井戸役は井戸の数に応じて課した税。祝儀役は結婚に際して、うぶ毛役は生れた子どもに対する税金です）などといった名目で、つぎつぎと新税をつくり、むりやり税を取りました。これに憤激した月夜野村（利根郡月夜野町）の茂左衛門は、信利の悪政を五ヵ条の訴状にまとめ、上野（東京都台東区）寛永寺《かんえいじ》輪王寺《りんのうじの》宮《みや》の文箱に入れました。そしてこの文箱を人の目に付く板橋（東京都板橋区）の茶店に置きました。宮家の紋章入りの文箱に驚いた人が幕府と輪王寺に届け、事が発覚しました。幕府は隠密を沼田領に送りこみ、実情をつぶさに調べました。幕府評定所《ひょうじょうしょ》に呼び出された信利は、十ヵ条の糾問《きゅうもん》に何一つ満足に答えられず、三万石は没収改易《かいえき》されました。茂左衛門は故郷に帰ったところを捕らえられ、磔の刑に処せられました（②）。

下総《しもうさ》国佐倉藩（千葉県佐倉市）主堀田正信は、領内の年貢や課役《かやく》を大幅に増やしました。このため領内の農民は重い年貢に苦しみました。領内三百人余りの名主が集まって相談し、堀田家の江戸屋敷に年貢を何とかしてほしいと嘆願しましたが、相手にしてくれません。そこで名主のうち六人の惣代が、将軍への直訴を計画しました。五代将軍綱吉が上野寛永寺に参詣するというので、その途中に直訴しようと、惣代のひとり惣五郎が単身で直訴することになりました。惣五郎は下谷広小路黒門前の三枚橋の下に隠れていましたが、将軍の行列が橋に差し掛かったときに、橋の下から躍り出て、竹の先にさした訴状を差し出しました。

惣五郎の直訴によって面目を失った堀田正信は惣五郎夫婦と男子四人を処刑しました。最初に子ども五人が討ち首になり、夫婦は磔になりましたが、この時惣五郎は「自分は万民のために死ぬので悔やむことはないが、子どもまで殺すのは非道だ。やがて正信夫婦を修羅道《しゅらどう》（悪鬼の世界）へ引き入れて思い知らせてやる」と叫んだと伝えられています（③）。

茂左衛門の越訴も惣五郎の直訴も、五代将軍綱吉《つなよし》の時代に起ったことですが、伝承の部分が多く実証することはきわめて困難です。本人たちが実在したかどうかさえ疑わしい部分もあります。しかし、どちらもこの時代領内の年貢の重さに農民が苦しんでいたことや土木工事などに農民が借り出される課役が非常に多く農民を苦しめていたのは事実で、直訴・越訴も数多く出ています。背景を考えると十分にあり得る話ではあるのです。

## 用水路開削や一揆の指導、単身直訴など

この他義民伝承は数が多いのですが、義民たちは地域的に限定されたところで活躍したため、ほかの地域の人たちにとっては無関係で広がりを持たないため史料が残っていない場合が多く、一部地域で語り継がれるだけなので話がどうしてもあいまいになります。

寛永《かんえい》十六年（一六三九）から翌年にかけては全国的に飢饉《ききん》に襲われました。大坂町民も飢饉に喘《あえ》いでいましたが、木津《きづ》（中村）勘助《かんすけ》という人物は幕府の蔵または黒田藩の蔵を破って米を運び出し、それを町民の救済に充てたと伝えられています。勘助は新田を開発したことでも知られ、そこは勘助島と名付けられたといいます。地域の人々が彼の事績に感謝して地名として残したのでしょう。大坂では沢田久左衛門、一柳太郎兵衛、西尾六右衛門の三人が、雨水や悪水《あくすい》（汚水。利用できない水）の滞留に悩む村々に排水路を開削するよう繰り返し訴願したことが知られています。また大和川の付け替えに父子代々訴願を繰り返して実現した、川中九兵衛・中甚兵衛が義民として語り継がれています（⑥）。

磔茂左衛門地蔵（群馬版口絵より）

備中《びっちゅう》国下道《かどう》郡（岡山県総社市）では、享保二年（一七一七）から翌年にかけて「義民騒動」と呼ばれる百姓一揆が起っています。入会《いりあい》地となっていた山野を岡田藩（吉備《きび》郡真備《まび》町）が「留山」にしようとして騒動が起りました。岡田藩江戸藩邸に直訴した四人が処刑され、のちに四人を称える祭が開かれるようになりました（⑦）。享保《きょうほう》十八年、丹後国田辺（京都府加佐郡）の年寄赤松源右衛門と弟の佐兵衛兄弟と新井庄左衛門の三人は、越訴を敢行し、処刑されました。村民は三人を神社に神としてまつりました（⑤）。土佐藩（高知県）檮原村（高岡郡檮原町）の庄屋中平善之進は、藩の国産方を悪用する特権商人に農民たちが苦しめられているのを見かねて、強訴寸前の農民をなだめ自ら藩庁に訴えでて、逮捕処刑されました。善之進が処刑されたとき高知城下は激しい風雨に見舞われ、「善之進時化《しけ》」と呼ばれました。善之進の魂を鎮めるために風神塚が建てられ、五年に一度祭礼が行なわれています。この津野山騒動が起ったのは宝暦《ほうれき》五年（一七五五）のことです（⑧）。宮城県や岩手県で寛《かん》政《せい》九年（一七九七）に起こった一揆を指導した山伏正覚坊《しょうかくぼう》、文政《ぶんせい》六年（一八二三）に訴願運動を指導した菊地多兵衛（①）、文化《ぶんか》十三年（一八一六）に駿河国志太郡（静岡県島田市）で一揆を指導した増田五郎右衛門（④）、農民の窮状を見かねて直訴した阿蘇小国郷西里村（熊本県安蘇郡小国町）の七兵衛（⑨）など、のちの世で義民と呼ばれた人は数知れません。全国的に知られていなくても、その人となりは何百年を経たいまでも地域には語り継がれているのです。

**関連項目**

①宮城五章11　②群馬一章3　③千葉五章3　富山一章5　福井五章1　長野五章2　④静岡一章6　⑤京都一章4　⑥大阪七章6―3　⑦岡山一章5　香川三章8　高知一章3・⑧5　佐賀五章4　⑨熊本五章6

# 173 技術者・名工

## 工夫・発明に精魂を傾けた技術者

現存する日本最古の廻り舞台は、群馬県赤城村の上原田歌舞伎舞台。そしてこの舞台を作成したのが、上野国《こうずけ》（群馬県）の永井長治郎です。本業は水車をつくる車大工で、工夫をこらして様々な条件のところで水車をつくり出しました。さらに、その技術は廻り舞台や急流に刎橋《はねばし》をかけるなど各方面に向けられ人々に多くの便益を与えたのでした。

群馬郡上白井村《かみしろい》（北群馬郡子持村）は水車の動力に利用できるような細い流れに恵まれませんでした。そこで、長治郎は利根川の水流を利用することを考えてつくったのが、「突出《つんだし》水車」と呼ばれる特殊な水車です。

利根川の急流に臨んだ懸崖《けんがい》に水車小屋を建て、小屋の中央から直径一尺（約三〇センチ）の軸木を急流の上に付きだし、その先端に直径二十四尺の銭輪《ぜにわ》（水を受ける回転部）をつくり、それに長さ五尺・幅一尺の輪板《わいた》を八枚取り付けました。これを急流中に板の部分だけ沈めて、激流の力を利用して軸木を回転させ動力を起こし、小屋のなかの軸木に付けた歯車により動力を各所に伝えて精穀・製粉するというものです（①）。

発明といえば、火打ち石等で火を得ていた時代に、手軽に火を手にできるようにしたのが、讃岐国《さぬき》（香川県）の久米栄左衛門《くめえいざえもん》による「どんどろ付《つけ》木《き》」（マッチ）の発明が忘れられません。天保九年（一八三八）のこと。どんどろとは、硝酸に水銀を溶かし、エチルアルコールを加えたもののこと。日本最初といわれる尾張藩医吉雄常三より三年早い製造でした（③）。

種々工夫・発明を重ね、わが国最初の蒸気船の製造を成功させたのが、筑後国《ちくご》（福岡県）の田中久重《ひさしげ》です。久重は幼時からからくりの才に恵まれ、寝食を忘れてからくりの工夫に熱中。九歳のとき、回転錠《じょう》に似た仕掛けで蓋《ふた》の開閉を工夫した硯《すずり》箱をつくり、文化十年（一八一三）十五歳のときには、久留米絣《かすり》の絵形組み方と織機を工夫・発明し、久留米絣の進歩・発展に貢献しました。金属の精密な加工にも精通しました。さらに文政年間（一八一八〜三〇）水からくりを仕掛けて人形を舞踊させたり、笛を吹かせたりする「からくり芝居」を催して、町の人々の人気をさらったのでした。以来十年、からくり興行と技術修業に打ちこみますが、興行の失敗もあり、大坂に移り住んで懐中燭台《かいちゅうしょくだい》を製造販売し生計を維持していきます。

その頃、久重が注目したのが時計の技術。久重生来の技術である金属細工術と、からくり技術の最高の産物だからです。こうした素地に、最先端の天文暦学の知識を導入し、万年時計を嘉永四年（一八五一）に完成させます。その後久重は、蒸気や電気に関する知識を究めようと近代機械へ接近していきます。こうして佐賀藩に招かれて、蒸気缶の製造に成功し、さらに慶応元年（一八六五）木造外車式で十馬力の蒸気船凌風丸《りょうふうまる》を完成させたのでした。わが国で製造された最初の蒸気船です（④）。

## 社寺建築に腕をふるった大工の棟梁《とうりょう》

安土桃山文化の豪華絢爛《けんらん》な建築・彫刻美を、日光東照宮に再現した甲良《こうら》宗廣《むねひろ》は、日本の建築史上に大きな足跡を残しました。宗廣は、京都で建仁《けんにん》寺《じ》流大工の術を究めた甲良家六代光廣《みつひろ》の孫に当たり、江戸城天守閣の造営にも参加してすばらしい工匠ぶりを発揮したのです。

　宗廣は、甲良大工の名門の家に生まれ、近江（滋賀県）湖東地区の多くの名刹《めいさつ》に親しむ環境のなかで育ち、慶長元年（一五九六）に家康の邸宅の造営に従事します。家康は生国《しょうごく》三河（愛知県）の工匠を大切にしたことは有名ですが、近江出身の宗廣が抜擢されたのは宗廣の卓抜した技量を物語っています。同年、名門の近衛家の館門を建て、その腕を発揮しています。その際、門扉の左右を一つは宗廣がつくり、一つは左甚五郎《ひだりじんごろう》がつくったという話があります。宗廣の優れた彫刻技術を印象づけるものです。

　三代将軍家光の時代に日光東照宮が大改造されました。寛永十一年（一六三四）に着工し、わずか一年五ヵ月の工事でしたがその出栄映えは素晴らしいもの。日光東照宮は、安土桃山文化の豪華絢爛な建築美を再現したものですが、再現に当たってその中心になったのは宗廣でした（②）。

突出水車（群馬版291ページより）

### 石造アーチ橋を架けた石工《いしく》

　肥後（熊本県）の石工の起こりは、加藤清正が熊本城築城のために連れてきた穴太《あのう》（滋賀県坂本村）の石工に始まります。その後肥後の石工たちは、熊本藩が行なった干拓工事の築堤《ちくてい》・潮《しお》留塘《どめとも》に従事するなかで技術が上達していきました。甲羅築《こうらつき》や城石垣のたるみ（反り）はアーチの技術です。

　日本で最初に石造アーチ橋が架けられたのは寛永十一年で、長崎の中島川に架けられた石橋です。中国の石工たちによります。日本人として最初に石造アーチ橋を架けたのは、肥後の石工・藤原林七《りんしち》でした。長崎奉行所に勤番していた藤原林七は中島川の石橋を見て「脚がないのに、馬や車が渡っても橋が落ちないのはなぜか」疑問を抱き、通訳のオランダ人からアーチ橋のこと、円周率の計算法を教えてもらったのですが、出島以外での異国人との接触を禁じられていた時代に、取り締まるべき役人がその禁を犯してしまったので、林七は長崎から逃亡。肥後で石工の技術を習い、石工として身を隠しました。

　そして、仕事の余暇にアーチの研究に取りかかり、円周率にもとづき計算してアーチの形に組んだが、失敗を繰り返すばかり。そんなあるとき寺の屋根修復工事を見ていると、大工の棟梁が曲尺《かねじゃく》で計り板片《いたきれ》に書きつけて渡すと弟子たちは材料を運んできて、見る間に見事な寺勾配の屋根ができあがったのです。このとき林七の頭に閃《ひらめ》いたのは、寺勾配の屋根を反対にすればアーチになるということ。棟梁に聞くと、曲尺で寸を読み、裏の目盛を読むと円弧の計算がわかると教えてくれたのでした。これは、大工の棟梁なら必ず知っている「規矩術《きくじゅつ》」という曲尺の使い方の技術です。

　林七は飛んで帰り、はやる気持ちを押さえながら曲尺を読み、石を切り、台枠を組んで切り石を積み上げました。台枠をはずしても切り石は組み合って崩れ落ちません。乗っても大丈夫。アーチ橋の完成です（⑤）。

**関連項目**

①群馬五章2　三重五章6　②滋賀五章9　島根五章5　岡山五章5　山口四章2　徳島五章9　③香川五章6　④福岡五章6　⑤熊本五章8　大分四章8

# 174 豪農

### 中村喜時《よしとき》――寒冷地農業に尽くす

青森県南津軽の豪農の家に生まれた中村喜時は、冷害・凶作に悩む寒冷地の切実な問題にこたえようと『耕作噺《ばなし》』を著しました。風土気候をよく見極め、先人の経験と言い伝えを尊重することの大切さを説いて農業振興に貢献した『耕作噺』は、東北の代表的な農書です。

喜時は、『耕作噺』の冒頭部分で、諸国を巡り大都会も見てきたが、故郷津軽、なかでも自分の村よりよいところはないと書き起こしています。すなわち、著者喜時は日本各地を回ってみたが結局のところ自分の生まれた在所がいちばんよいと気がついたのです。そこで村の神社で講の会を開催し、お神酒《みき》を捧げて村の繁栄を祈り、田や畑の耕作の話にいろいろと花を咲かせ、それらをまとめたのが『耕作噺』であったというのです。

このようにして著された『耕作噺』は、すべて「老人の噺しけるは」として談話体のかたちで、津軽地方における耕作のことを詳しくのべているところに特徴があります。

厳しい津軽の風土のなかで農民は、いろいろな経験を積んで稲作を行なってきました。喜時自身もそうでした。その結果そのような経験や言い伝えを尊重して耕作する必要性を説くのです。冷害のきざしがあるときには田植えを急ぎ、薄植えを厚植えにし、遠植えを近植えにし、さらに用水の配慮をする必要があることを説くのです。

このような農書を著した中村喜時とはいったいどのような人物であったのか。これまでわかっていたのは、『耕作噺』に記されていたことによって喜時は十八歳で家を継ぎ稲作一筋に生きたこと、諸国を見聞して農業に詳しかったこと、勧農の一助として『耕作噺』を安永《あんえい》五年（一七七六）に書き著したこと、そのときは田舎館《いなかだて》組堂野前《どうのまえ》村に住んでいたことなどです。昭和四十一年（一九六六）の調査結果によれば、中村家の先祖は初代佐平衛からはじまり、喜時は由緒書から四代左兵衛と推測されること、さらに当時の中村家はかなりの豪農であったことなどが判明しました。

中村家の「奥大福」という大福帳に安永六年の中村家の収入と支出が記載されています。それによると、安永六年の中村家の米の増収量は千八百六十九俵で、その内訳の主なものは、小作米千二百三十三俵、手作り米二百五十一俵。当時の技術水準から判断すると貸付地は五十町歩（約五十ヘクタール）前後、手作り地は十町歩前後と推定されます。「奥大福」によると当時の中村家の小作人総数は五十七名なので、これらに田地が貸し付けられていたのです。

喜時は、庄屋を勤める地域の指導者。冷害に悩まされた時代に、その解決策を求めて読書に励み、実際に耕作し、各地を見聞して知識を広め、『耕作噺』を著すことになったものと考えられます（①）。

### 河野徳兵衛《こうのとくべえ》――晩年、俳句や書画に親しむ

河野徳兵衛が子孫の繁栄を願って『農事弁略《べんりやく》』を著したのは、天明《てんめい》七年（一七八七）二十五歳のときでした。また俳人としてもその名は広く知られ、甲州（山梨県）にとどまらず、江戸の著名な俳人や一茶とも親しく

行き来をして幅広く活動していました。

徳兵衛は、宝暦《ほうれき》十三年（一七六三）に甲斐《かい》国八代《やつしろ》郡夏目原《なつめはら》村（東八代郡御坂町）の豪農の家に生まれ、天保《てんぽう》九年（一八三八）に七十六歳で亡くなりました。徳兵衛が生まれた夏目原村は、現在は一面にブドウ畑が広がっていますが、当時は砂礫《れき》の多い土地で、農業の中心は麦や雑穀（粟・稗・ソバ・大豆など）、芋、大根などの野菜だったようです。河野家は江戸時代初期には村役人の家格で、元禄《げんろく》年間（一六八八〜一七〇四）には長百姓役についたらしく、さらに宝永《ほうえい》元年（一七〇四）には村の名主として「河野徳兵衛」の名前が見られるようになります。『農事弁略』を著した徳兵衛の代には、豪農層に成長をとげ、農業のかたわら酒造業も営むようになっていました。

徳兵衛が『農事弁略』を執筆した天明年間（一七八一〜八九）は全国的にひどい飢饉が続いた時期でした。天明二年から五年にわたって天候不順や浅間山の噴火などが原因となって凶作が続き、各地で多くの餓死者が出たり、全国的に一揆や打ち壊しが起こっていました。そうした社会的背景を考えてみると、徳兵衛が二十五歳という若さで将来に危機感をもち、生業である農業を真剣に考え、懸命に工夫をこらし、子孫が少しでも安定した生活を送れるように願って、この書を執筆した気持ちもうなずけます。

「桃の昔噺」（徳兵衛自身の絵が画かれている）（山梨版239ページより）

『農事弁略』は、徳兵衛の生活観・人生観を知るうえでも興味深いものがあります。あくまで、農業をもって家と村を治めることが第一と繰り返していますが、その一方で「自分自身の立場をわきまえた上で、その身にあった楽しみをもつのがよろしい」と述べ、後に俳諧や書画に親しんだ俳人河野一作としての徳兵衛の横顔を表わすのです。

江戸の俳人に俳諧について教えを受けた徳兵衛は、小林一茶と終生親交があり、俳句を詠みあったりもしました。

落馬した人の噺も永き夜ぞ　一作

と詠んだ発句に、一茶が協句として、

けふやほんまの更科の月　一茶

と付けたというのです。

また、元禄七年（一六九四）に芭蕉が没した後、さまざまな形で芭蕉の俳風を慕う蕉風《しょうふう》復古の機運が起こりましたが、一作もまた、芭蕉が説いた「古人の跡をふまず古人の求めたる処を求めよ」という教えに習って、蕉風俳諧を学ぼうと俳諧の勉強のために書き写したもののほかに、一作自身の句や文を書きとめた句帳や日記、冊子類も何冊か残っています（③）。家や村・地域を守り、発展させていくためには情報が不可欠でしたが、その情報伝達に果たした豪農の役割には大きなものがありました（②）。

**関連項目**

①青森五章7　福島五章7　埼玉四章2・②12　新潟三章9　③山梨四章4　岐阜五章9　高知五章5

# 175 地域に尽くした商人

**芭蕉《ばしょう》と親交を結んだ紅花《べにばな》商人、鈴木清風《せいふう》**

元禄《げんろく》年間（一六八八〜一七〇四）には、最上《もがみ》と呼ばれた山形県村山地方の村々でいろいろな商品作物がつくられるようになっていました。とくに染料用紅花は「最上紅花」と呼ばれた特産品で、一駄《だ》（二俵）五十両以上、年によっては百両もしたといわれます。その紅花を扱い、手広く商売をしていたのが尾花沢の嶋田屋（鈴木清風）です。

清風は、よく江戸や京都へ行きました。商売をやるには人とのつながりが大切ですから、商人や武士のあいだに流行していた俳諧《かい》を学び、江戸や山形では多少名の知れた俳人となりました。俳諧を通じた芭蕉との交友には深いものがあります。元禄二年、四十六歳の芭蕉は、関東・奥羽・北陸を周る「奥の細道」の旅に出ますが、芭蕉にとってこの旅の最大の楽しみの一つは清風に会って交流を深めることでした。江戸を出発する前にあこがれていた松島にはたったの一日の滞在、平泉には半日だけ。芭蕉は尾花沢へ一刻も早く着こうと道を急いでいます。元禄二年五月十七日、二人は二年ぶりに再会し、芭蕉は十日間も滞在しています。「奥の細道」の旅百五十日のなかで、芭蕉が十日間も滞在したのは尾花沢だけです。

『奥の細道』は、元禄七年に完成します。旅の後、芭蕉は五年間、考えに考えたすえに完成させたものです。旅の忠実な記録ではなく、紀行文でもあり俳文ともいえます。旅の多くの部分が省略されており、『奥の細道』の中心は出羽《でわ》国（山形県）の部分になっているのです（③）。

**河川の開削《かいさく》、新田《しんでん》の開発に取り組んだ商人**

京の豪商として知られる角倉了以《すみのくらりょうい》は、徳川家康の許可を得て安南（ベトナム）への朱印《しゅいん》船貿易に乗り出し海外貿易家として活躍しますが、同時に慶長《けいちょう》九年（一六〇四）から諸河川の開削事業にも乗り出し、実業家としての手腕を発揮して後世にその名を残しています。

まず開削に取り組んだのが、京都嵯峨天龍寺《さがてんりゅうじ》（右京区）の角倉邸の南を流れる大堰《おおい》川。了以はこの工事のなかで、岩盤を打ち砕くために爆薬を使ったといわれます。爆薬は、この時代にはかなりの貴重品でした。慶長十一年に工事を開始して、二年の歳月をかけて開通しています。ここで注目すべきことは、了以はこの大堰川の開削を、私財を投げ打って慈善事業として行なったのではなく、開削することでそこを通航する船から通行料金をとるということに着眼していることです。さらに了以は、京都と大坂の物資輸送を円滑化するために、京都二条と伏見とを結ぶ新しい運河＝高瀬川の開削を計画。慶長十六年に着手し、十九年に完成させています。高瀬川のもたらした経済的利益は莫大なものがありました（④）。

豊後《ぶんご》国日田《ひた》（大分県日田市）の豪商・広瀬久兵衛《きゅうべえ》は、西国筋郡代に協力するかたちで河川の開削や新田開発に積極的に取り組みました。まず取り組んだのは、文政《ぶんせい》六年（一八二三）の小ヶ瀬井出の開削。水不足に悩む日田盆地中心部の田地に水を引くためです。文政九年には、国東《くにさき》郡呉先《くれさき》新田（豊後高田市）の開発。その後、松崎村（宇佐市）地先《じさき》の干潟《ひがた》を干拓して新田を造成しました。「久兵衛新田」と呼ばれています。さらに文政十一年には、広瀬井路《いろ》を開通させています。このように久兵衛は、地域の水路開削や新田開発に大きく貢献しているのです（⑦）。

## 北海道開拓に力を注いだ商人

江戸時代から北海道開拓使時代にかけての約百三十年間、蝦夷地《えぞ》（北海道）で漁業をしながら、北辺の産物や日用品を売って富をたくわえ豪商といわれるまでになったのが栖原屋《すはら》（角兵衛《かくべえ》）。蝦夷地で商売するようになったのは、五代目からです。

初代の栖原角兵衛は紀伊《きい》（和歌山県）有田郡栖原村（広川町）の出で、元《げん》和《な》年間（一六一五〜二四）に有田の漁民を多数率いて房総《ぼうそう》半島へ行き、鰯《いわし》網漁法を試みて多くの漁場を開拓しました。二代目は、漁業でたくわえた資本をもとに、元禄《げんろく》年間（一六八八〜一七〇四）初期に木材問屋を開業、薪炭《しんたん》業にも着手します。三代目からは、房総の鰯網《いわしあみ》漁業は経営を土地の漁民にまかせて、江戸での木材・薪炭の営業に力を入れるようになります。

広瀬久兵衛像（大分版302ページより）
（広瀬家蔵）

栖原家が蝦夷地に渡るのは五代目のときで、宝暦《ほうれき》年間（一七五一〜六四）といわれます。江戸に本店を置き、蝦夷地の支店の屋号を栖原屋と称しました。六代目以降、蝦夷地の各地で場所請負人になっています。

当時、蝦夷地の経営は、幕府の直《ちょっ》轄《かつ》で行なわれており、物産の交易、集荷、流通は全面的に幕府の役人の手にゆだねられていましたが、さらに寛政《かんせい》十一年（一七九九）、幕府が北蝦夷地を直轄地にすると、六代目は、一族の者とともに御用取扱い商人を命じられ、蝦夷地の物産の輸送販売と内地の物産の蝦夷地への供給をしました。江戸と大坂が最大の市場で、大量の物産を廻船で運んだのです（②⑥）。

日本とロシアが、お互いの習慣や考え方の違いなどから一触即発の危機にあったとき、はからずもその間に立って紛争を解決する大きな働きをしたのが高田屋嘉兵衛《かへえ》。明和《めいわ》六年（一七六九）、淡路島都志本《つしほん》村（兵庫県五色《ごしき》町）で生まれました。家が貧しく早くから親元を離れ仕事をしていましたが、二十一歳で兵庫（神戸市）に渡って船の仕事に着きました。潮の流れをつかみ船を操《あやつ》ることにすぐれていたことから三年後には船頭となり、寛政七年（一七九五）には廻船問屋として独立するまでになったのでした。

翌年には、当時日本の船としては最大級の千五百石（約二二五トン）積みの辰悦丸《しんえつ》をつくり上げ、淡路から呼んだ弟たちと力を合わせて、五隻の持ち船を縦横に動かし、蝦夷地の産物を兵庫や大坂へ、また呉服など諸国の産物を蝦夷地へ運び、店を大きくしていきました。さらに嘉兵衛は、天然の良港としての箱館（函館）に目をつけ支店を開き、港を整備していきました。高田屋の印が入った荷は買い手も安心して中身を改めずに受け取ったとのことで、まさに船を操る腕と商売に正直な姿勢が一代で巨額な財産をなした理由でした（①⑤）。

**関連項目**

①北海道二章6・②四章1　青森五章4　③山形五章2・3　山梨二章8　④京都五章1　⑤兵庫五章6　⑥和歌山五章1　福岡四章6　⑦大分五章6

# 176 豪商

## 豪商のふるさと—近江《おうみ》商人と伊勢商人

江戸時代を通して全国的に活躍した商人として有名なのが、近江国（滋賀県）と伊勢国（三重県）の豪商です。天保年間（一八三〇〜四四）につくられた『大日本持◯長者鑑《もちまるちょうじゃかがみ》』をみると、伊勢の三井八郎右衛門を筆頭に伊勢の田端《たばた》屋治郎右衛門・大和《やまと》屋嘉《か》右衛門・小津《おづ》清左衛門、近江の中井源三郎・西沢忠右衛門らが上位に名を連ね、同じ頃の『江戸大商人持丸《もちまる》長者』の番付でも駿河《するが》町越後《えちご》屋八郎右衛門・伝馬《てんま》町の小津清左衛門と田端屋治郎右衛門など、伊勢屋・近江屋を名乗る商人の名がならんでいます。

近江と伊勢は、早くから商業の交流が盛んなところでした。近江は伝統的な大都会京都をひかえて、北は若狭《わかさ》国（福井県）と琵琶湖の東部にある今津を結ぶ九里半《くりはん》街道（若狭街道）が山越えで通じ、東では八風道《はっぷうみち》・千《ち》草道《ぐさみち》をつかう山越え商人やその南の伊勢道を通る商人があり、伊勢湾沿いの桑名や四日市に通じていました。そして江戸時代への移行とともに近江と伊勢は、中世以来の基盤を踏まえて全国に雄飛する商業活動の中心に転化していきます。

近江商人の活動は、西は長崎・薩摩《さつま》国（鹿児島県）から、東は南部・津軽から、松前・箱館・蝦夷《えぞ》地におよびましたが、京都・大坂を軸に、とりわけ関東地方への出店に特徴がありました。その商法は「産物廻し」といわれ、京都・大坂・西国筋の物産を東国へ「持ち下り」、帰路仙台袴地《はかまじ》・結城縞《ゆうきじま》・最上の紅花《べにばな》・桐生の絹織物、後には昆布・数の子・鯡《にしん》といった北海道の「登せ荷」として上方へ持ちかえりました。

それに対し伊勢は、東に伊勢湾を臨みはるかな江戸への海上の結びつきが可能でした。江戸のまちづくりとともに、寛永年間（一六二四〜四四）から寛文年間（一六六一〜七三）にかけて、おもに呉服太物《ふともの》商と両替商として江戸へ進出していきました。まず伊勢産出の木綿を取り扱って、やがて三河国・尾張国（ともに愛知県）を含めた伊勢湾沿いの木綿類を白子《しろこ》港から廻船で江戸へ運んだことが注目されます。こうして近江商人、伊勢商人ともに日本全国股にかけて商いに励み、商人の長者ランクの上位に並ぶ豪商になっていったのでした（②）。

## 新しい商法を取り入れ成功した三井越後屋《みついえちごや》

伊勢国松坂に本店を持つ三井家は、江戸に三井越後屋を開き新しい商法を取り入れて成功、江戸屈指の豪商にのぼりつめ、二百六十年余にわたる経済的・政治的変動のなかで豪商としての地位を保ち続けたのでした。

三井越後屋の創始者三井高利《たかとし》は、はじめ金融業で富を蓄え、後に江戸店《だな》・越後屋呉服店を開いて安い品物を大量に仕入れ、現金安売りを看板にする商売を始めたのです。それまでの呉服屋は、注文によって仕入れ、武家屋敷を中心とする得意先への掛売りが中心でしたが、越後屋では、商品の値動きをみて大量に仕入れ、売れ具合によっては値を下げるなど、資本の回転をはやめる商法を取り入れたのです。明暦の大火（一六五七）後、江戸はいちだんと拡大し、町人人口も飛躍的に増大し、越後屋のある日本橋（中央区）は商業の中心地として諸問屋が軒を並べ、その周辺に職人や小商人の店が増えていました。越後屋の商法は、そうした時代に適合したものだったのです。しかし越後屋の新しい商法は、呉服屋仲間から秩序を乱すものだと反発を受け、仲間との取り引きを断られるなどいやがらせを受けることになり、それを転機に駿河町《するが》（中央区）に移転して店舗を拡大し、新たに両替店を開いたのです。

三井家発展のもう一つの要素は一族の団結でした。高利は十男五女の子福者でした。三井家の二代目は高利の長男・高平が継ぎ、江戸・京都・大坂・松坂四ヵ所の呉服・両替・繰綿《くりわた》・生糸などの諸業を一つの経営体にまとめ、「宗竺遺書《そうちくいしょ》」といわれる三井家の家法を完成させています。以後、家法は折にふれて読み聞かされます。三代目の高房《たかふさ》へと引き継がれる時期に改めて組織を整え、明文化しておくことが求められていました。資本と人事を大元方へ集中し、一方では各店の営業努力が各店の資産となり、褒《ほう》美《び》金となる制度でした。高房は、富を築くのはたやすくてもそれを維持するのは難しいことに気付き、次代を担う者たちのために『町人考見録《ちょうにんこうけんろく》』を書いています（①③）。

鴻池両替店の図（大阪版口絵より）（渡辺祥英筆、鴻池合名会社蔵）

### 家訓を残し厳しい商人世界を生き抜いた鴻池《こうのいけ》屋

江戸時代ほとんどの商家は、商いをする奥が住居で、家族だけでなく奉公人も住みこんでおり、それらを含めて一つの「家」と考えていました。この「家」が順調に代々続いていくうちに、一から商売を始めた初代の苦労を知らない跡継ぎが経営に失敗する場合が多く、それを心配する商人たちは「家」を守っていくことの大切さ、商売に対する心がまえなどを子孫に伝えようと家訓を作成しました。

大坂商人を代表する豪商鴻池屋では、江戸時代を通じて各時期に家訓を作成しており、時代や家業の変遷により家訓のあり方も変化しているのがわかります。家業の経営状態に合わせて、そのときどきの当主（または隠居）が家訓を作成し、それらを守らせることで大勢の奉公人・別家たちを率いて、浮き沈みの激しい商人世界をくぐりぬけてきたのです。

鴻池屋の初代新右衛門は、慶長三〜五年（一五九八〜一六〇〇）に清酒醸造と酒の江戸輸送に成功し、元和《げんな》五年（一六一九）には大坂へ進出し、海運業と大名貸しも行なっています。その新右衛門が二十四ヵ条の「子孫制詞条目《しそんせいしじょうもく》」を作成しています。商家の子弟としての心がまえが実に具体的に書かれており、年に二回、鴻池一族の者のみ読み聞かせることとしています。正徳六年（一七一六）には、三代目宗利が「先祖之規範並家務《ならびにかむ》」を作成、子どもが大勢いても長男に本家を相続させることで、本家中心の態勢を整えようとしています。享保八年（一七二三）作成の「家定記録覚《いえさだめきろくおぼえ》」では、奉公人・召使いの処遇について具体的な金額も含め細かく規定されています。享保以前の家訓にみられた理念的・教訓的なものから、実際の経営上に必要なことがらが大半を占めるようになったのです（④）。

**関連綱目**

青森五章4　秋田五章7　山形五章3　①東京三章4　②三重50科　③京都四章3　④大阪四章5　兵庫五章4　福岡五章1　鹿児島五章7

# 177 思想家

## 封建の世に民主主義を説いた思想家、安藤昌益《しょうえき》

青森県八戸地方の飢饉《ききん》の記録書に「天明卯辰簗《てんめいうたつやな》」があり、それに「猪飢饉」という奇妙な飢饉のことが記されています。寛延《かんえん》三年（一七五〇）から三年にかけて猪が異常発生し、田畑が荒らされて、百姓たちが少なくとも三千人は餓死したというのです。延享《えんきょう》元年（一七四四）の八戸藩の百姓人口が三万千三百八十七人だったので、その一割が飢え死にしたことになるすさまじいものでした。

このように、まるで猪が人間を食い殺しているような光景を見つめていたのが、八戸町で町医者をしていた安藤昌益でした。おそらく昌益は、栄養失調の体で町に逃げ込んできた百姓たちを治療しながら、社会や政治経済の仕組みに目を向けざるをえなくなったのでしょう。この寛延の猪飢饉を境に、昌益の思想は大きく転回していきます。宝暦《ほうれき》二年（一七五二）と序にある刊本『自然真営道《しぜんしんえいどう》』に、「天下のあやまりによって病気に苦しみ、短命にして死んだ者のためにこの書を書く」と述べて、主張しています。人間（男女）は平等であること、自ら働く農民こそ真人間であること、そして武士が農民を支配する世の中が間違いであること。

昌益は、日本で初めて、このように明確に主張した思想家でした（①）。

昌益は、元禄《げんろく》十六年（一七〇三）ころ、今の秋田県大館市の郊外、仁井田村の安藤という有力な農家に生まれたと考えられています。その後、医者になる勉強をしたはずですが、昌益の十代、二十代、三十代のことはよく分からず、謎のままです。しかし四十二歳のとき、八戸で町医者をしていたことは間違いありません。昌益は、医者・学者として評判が高く、弟子となった身分の高い武士や藩の医者、商人らから尊敬されていました。

そして、寛延の「猪飢饉」を体験し、宝暦三年五十一歳のとき、自分のこれまでの医学に対する研究を『自然真営道』三巻にまとめて、京都から出版したのでした。序文には「天地・大自然の真理を誤ったために、病気に苦しみ、むざむざ死んでいった者のために精魂こめて著す」と昌益の決意が書かれています（③）。

## 人間と万物の共生を説いた哲学者、三浦梅園《ばいえん》

三浦梅園は人間と自然との関係を考え続け、日本人としては初めて人間と万物の共生に気付き、説いた哲学者。その哲学は条理学と呼ばれます。条理とは筋道（現代風にいえば秩序や摂理、法則）のこと。この宇宙には一定の筋道があり、それを論理的に解き明かしたのです。

梅園は享保《きょうほう》八年（一七二三）杵築《きつき》藩国東《くにさき》郡富永村（大分県安岐《あき》町）に生まれました。物心つくころから、あらゆることが不思議でたまらず、すべてを疑ってしまう子どもでした。例えば、手に持った石が落ちます。なぜだろうと大人に聞くと、それは重いからだと答えます。すると、なぜ重いものは落ちるのかと梅園の疑問はふくらむばかりで、そのために寝食を忘れるほどだったといいます。

梅園は、天地（宇宙）・自然の不思議さ、疑問を解き明かしたいと、十一歳のころから学問を始めます。結局梅園は、独学で天地創造の疑問に取

り組むうちに、この面では西洋が進んでいることを知り、長崎へ行って天文学を勉強。天地の形体、運行の大意（当時は天動説）を知ることができ、自ら天球儀《てんきゅうぎ》をつくりました。しかし、なぜそうなったのかという疑問は解けませんでした。同じころ、中国の「気の哲学」も学びました。

こうして西洋の天文学と中国の気の哲学をもとに、自ら天地を観察し、思索を深めるうちに、三十歳のころ「初めて気に観るあり。ようやく天地に条理あるを知る」と気付いたのです。この条理の発見を書き記したのが『玄語』。三十一歳から書き始め、完成したのは五十三歳のときでした。

この『玄語《げんご》』のなかで、梅園は「人は万物のなかの一物」と言いきりました。人は、この地球上にある動物・植物のなかの一種に過ぎないとみたわけです。二十世紀後半、人間が宇宙に飛び出して初めて地球は人間だけのものではない、地球環境や人間と万物との共生の大事さに気付いたのですが、梅園は地球的視点から、そのことをいち早く考えていたのです（④）。

三浦梅園像（大分版口絵より）
（三浦家所蔵）

## 幕末の開明思想家たち

ペリーが率いた近代的な軍艦が浦賀（神奈川県横須賀市）に来航した嘉永《かえい》六年（一八五三）以降、日本全体が動揺、「開国か攘夷（外国を撃退することを主張する排外的な考え方）か」議論が沸騰したのでした。こうしたなか世界の動き・流れをしっかり受けとめ、これからの日本（幕府）はどうすべきか冷静に考えている人がいました。横井小楠《こなん》と佐久間象山《しょうざん》です。

幕末から明治維新期にかけ、幕府や明治政府のなかで重要な働きをしたのが横井小楠です。小楠は、郷里の熊本藩では重用されませんでしたが福井藩主松平春嶽《しゅんがく》に招かれて藩財政改革に寄与するとともに、『国是《こくぜ》三論』を著して福井藩の、というより日本のこれからの進路を「産業を盛んにして利益を公平にすること、海軍を強くすること」としています。さらに小楠は幕府に対して「鎖国政策をやめて、外国と交際しなければならない。それには参勤交代の制度を廃止して諸藩に力をつけ、広く意見を求めて物事を決定しなければならない」と提案、幕府を動かしたのでした（④）。

幕末期に佐久間象山は、封建的秩序を重んじる朱子学の立場から開国論を展開します。象山の特徴は、例えば「蘭学を学びその優越性を認めるとすぐ洋式大砲の製造に取りかかる」など考えることと実践を統一しながら情勢を把握するところにありました。こうして洋学の知識を深めるなかで象山は文久《ぶんきゅう》二年（一八六二）十五代将軍慶喜《よしのぶ》に登用され、「主体的な開国論と同時に、公武合体により国論を統一すること」を幕府要人に説いて回ったのでした（③）。小楠も象山も志し半ばにして暗殺されています。

**関連項目**

①青森五章5　青森五章6　②秋田五章2　③長野五章5　④熊本五章9　⑤大分五章1

# 178 宗教家

## 民衆のなかに生きた僧、円空《えんくう》

荒削りで素朴、それでいてやさしい微笑をうかべて親しみやすい仏像。

こんな庶民的美しさをもつ、円空作といわれる仏像が北海道から近畿地方に至る全国各地に、たくさん残されています。数にして十数万体。

円空は、寛永九年（一六三二）美濃国竹ヶ鼻（岐阜県羽島市）に生まれたといわれています。その生涯は、全国を遊行《ゆぎょう》して行く先々で自身のため、また民衆のためにたくさんの仏像を彫り続けたとされています。

若い頃修験道《しゅげんどう》に入り、全国でも有数の霊山である伊吹山で修行した後、さらに富士山をはじめとする霊山で修行を重ねます。この頃、仏像の木彫りを覚えたと考えられています。そして、寛文三年（一六六三）三十二歳のとき出家し、尾張国（愛知県）の高田寺で天台宗を学んだ後、全国各地を渡り歩く遊行の旅に出たのでした。

時代は徳川家康が天下統一を果たし、江戸幕府による中央集権体制が固められつつある時期でした。そうしたなかで、人々に仏教信仰を教えることはたいへん困難なことだったのです。幕府は鎖国政策をとっており、キリスト教は禁止、仏教も寺院・僧侶を統制するための「諸宗寺院法度《はっと》」によって、その力は大幅に削減されていました。幕府はその封建体制を確固たるものにするために、民衆を管理・支配することを目指しており、さらに僧侶が民衆に対して町中で説教することは禁じられていました。

そんな時代に円空は全国各地を行脚し、仏像をつくりそれをまつることによって、仏を供養しようとしたのでした（②）。

## 権力に屈せず信念を貫き、人々の心に生きた僧、薫的《くんてき》

高知市洞《ほら》が島に、薫的神社があります。参拝の人が絶えず、いつも線香の煙がたちこめています。神社に線香の煙とはちょっと不思議に思われるでしょうが、これには次のようないわく因縁があるのです。

徳川幕府が倒れ、王政復古の新しい政治が始まった明治初年頃、「朝廷を尊び神社を敬うべし」という考えが急激に強まり、その反動として仏教を排斥しようという運動が全国に吹き荒れました。そうしたなか土佐国（高知県）でも歴史的な名刹《めいさつ》（有名な寺）である瑞応寺などが壊されてしまったのです。しかし、四国統一まで成し遂げた長宗我部元親《ちょうそがべもとちか》の菩提寺《ぼだいじ》として土佐第一の名声を誇った瑞応寺《ずいおうじ》が消え去ることは、土佐人にとってなんとしても耐えられないことでした。

そこで信者や有志たちが相談し、その昔瑞応寺の住職として多くの住民から深く敬慕されてきた薫的の霊を神としてまつり、地名をとって洞が島神社と名づけて崇拝することにしたのです。明治三年（一八七〇）のこと。さらに昭和二十四年には、薫的の名にちなみ薫的神社と改名され、現在に至っているのです。薫的は、それほどまで土佐人に親しまれかつ愛され、尊崇されていたわけですが、それは寛文十年（一六七〇）、瑞応寺の薫的をめぐるある事件で、薫的は三代藩主山内忠豊に囚《とら》われ、獄死したのですが、それに対し土佐の人々は、薫的は土佐と土佐人のため、あるいは瑞応寺のために公憤を抑えることができずに山内政権の非を正すため、命をかけて

立ちあがったと捉えており、だから薫的の行動は当時の土佐人の共感と共鳴を得、それがそのまま今日まで続いていると考えられるのです。薫的に抱く崇敬と愛着の念は、土佐の人々の心のなかに生きていたのです（③）。

**教えずして人を教化した清貧の僧、良寛《りょうかん》**

広く温かい心を持った良寛は、穏やかで怒ることがないと噂されていました。その頃地蔵堂（新潟県分水町《ぶんすいちょう》）に、いたずら好きの少年がいました。その少年が良寛のことを聞き、本当かどうか試してみたくなったのです。

地蔵堂の町には、西川というやや広い川が流れています。少年は、川を渡してやるといって良寛を舟に乗せました。そして、舟が川の中ほどまで来ると、わざと舟を揺り動かして、川の中へ良寛を落としてしまいました。このため、良寛は溺れそうになってしまったのです。驚いた少年は、持っていた棹《さお》を差し出して、それにつかまった良寛を舟に救いあげました。すると良寛は、相手を恨む気など少しもなく、命を助けてもらったことをひどく感謝し、岸へ上がってからも何度も頭を下げて立ち去ったといいます。もちろん良寛は、自分が少年によって川へ落とされたことは十分知っていたでしょう。しかし、人を疑ったりうらんだりすることがなかったのです。数日後、少年は良寛を訪ね、自分が間違っていたことをあやまり、まじめな人間になるよう誓ったということです。

良寛木像（茂木弘次の作）（新潟版口絵より）

良寛は、宝暦八年（一七五八）に生まれ、十八歳で髪を切って二十二歳で本格的な坊さんになり、備中国玉島（岡山県倉敷市）の園通寺で修行を終えましたが、寺の住職になったことはありません。三十九歳で越後国（新潟県）に帰ってきてから、一生を仏道の修行で通した人です（①）。

**庶民教化に尽くした禅僧、仙厓義梵《せんがいぎぼん》**

筑前国（福岡県）の聖福寺は、臨済宗の開祖・栄西禅師が開いた日本最初の禅院で、格式のある寺。その住職・仙厓は、財産や名誉を望まず一生黒衣のまま過ごし、風刺やとんちのきいた絵で、武士から庶民、子どもに至るまで多くの人々に「人のあり方」を説きました。

仙厓は、寛延三年（一七五〇）美濃国武芸《むげ》村高野（岐阜県武芸川町）に生まれ、十一歳から禅道場で修行して寛政元年（一七八九）三十九歳で聖福寺第百二十三世住職となったのです。仙厓は、学問を志す人に「どんなに勉強ができても、本当に知恵がなかったら、自分にとって何にもならないばかりでなく、笑い者になる」と常々諭《さと》しました。形や形式にとらわれることなく、真理をいかし、魂を生かすことを重んじたのです。そして、その真理を体得するためには「言葉少なく、少欲であれ」と教え、狩野派の画家に習ったといわれる絵を見せて説きました。数知れない人が、とんちで人々を教え導く仙厓の絵に接し、教化されていったのです（④）。

**関連項目**

青森五章1　①新潟三章5　②岐阜五章2　兵庫五章1　島根四章5　岡山五章2　③高知五章2　④福岡五章5　長崎五章1　熊本五章5　宮崎五章4

# 179 旅行作家

## 名所への案内役として登場、名所図会《ずえ》と秋里籬島《りとう》

江戸時代には、全国各地の名所旧跡を案内する書物がじつに数多く編纂され、刊行されました。名所とは、江戸時代以前までは和歌に詠み込まれた古跡景観をさす「ナドコロ」とされ、その場を知らなくても歌をつくるための知識教養として頭に入れておくべき場所でした。それが、江戸時代になって交通や治安が整備されたことを背景に、人々の物見遊山《ゆさん》や寺社参詣《けい》の増加、あるいは活発な流通経済活動のなかから、次第に名所は「実際に見に訪れたい場所」へと変わっていきました。その名所への案内役として登場してきたのが、今日のガイドブックの役割を果たす「名所記」「名所図会」などです。

名所図会は名所旧跡に関する故事・来歴などを挿絵を交えて紹介した書物で、安永《あんえい》九年（一七八〇）に刊行された秋里籬島の『都《みやこ》名所図会』がその始まりです。『都名所図会』はその名のとおり京都の名所・旧跡について記した書物ですが、刊行されるとともに爆発的な売れ行きをみせ、わずかの日数で数千部がさばけてしまったといいます。

読者からの要望で籬島は、前著の続編として『拾遺《しゅうい》都名所図会』を著し、さらに版元からのすすめで畿内すべて名所図会を刊行することになりました。旅費はすべて版元が負担し、籬島は絵師と筆談係を連れ、いつ帰るとも日を定めずゆうゆうと取材旅行に出かけました。晴れた日は各地で探訪に出かけ、雨が降ると宿で著述に励むという日々を送った、と伝えられています。こうして刊行されたのが『大和《やまと》名所図会』『和泉《いずみ》名所図会』『摂津《せっつ》名所図会』『河内《かわち》名所図会』で、これらのほかにも籬島は『東海道名所図会』『木曽路名所図会』など多くの名所図会を手がけています。

籬島の『都名所図会』に端を発して名所図会ブームは全国的な広がりをみせ、各地で数多くの名所図会が刊行されました（①②）。

## 親子三代にわたる大事業、『江戸名所図会』と斎藤月岑《げつしん》

斎藤月岑は、三十歳の若さで七巻二十冊におよぶ大著『江戸名所図会』を刊行しましたが、これは祖父以来まさに親子三代にわたる四十年余りをかけた大事業でした。

町名主を勤める斎藤家は公務が忙しい立場にもかかわらず、祖父をはじめとして代々著作活動を活発に行ない、数々の文化的業績を残してきました。斎藤家は絵草子《えぞうし》類の改《あらた》め役も兼ねていたことがあり、月岑もまた銀《しろがね》町（千代田区）の私塾に入門して漢学を勉強し、国学や絵を学んだ文化人でした。若いうちから町名主の職に就いて家を支え、学業でも軌道に乗り始めたころ、祖父からの宿願だった『江戸名所図会』編纂・刊行の大事業を成しとげ、文化人としての月岑の名を広めたのでした。

『江戸名所図会』は、それまで刊行された種々の「名所記」を引き継ぎながら、江戸名所の新たな紹介のため天保《てんぽう》年間（一八三〇〜四四）に誕生しましたが、寛政《かんせい》年間（一七八九〜一八〇一）に祖父幸雄が企画して出版しようとしていた背景には、京の都で誕生した『都名所図会』が評判となり、上方《かみがた》出版会からの大きな影響が存在していたのです。

『江戸名所図会』は四十年を費やしただけあって、収録されている名所の件数は千四十三件にもおよび、このうちの約半数がお寺や神社、お堂や祠《ほこら》を対象にしています。また、取り上げた地域は下総《しもうさ》中山（千葉県）、三浦（神奈川県）、大宮・狭山（いずれも埼玉県）と広く、南関東全域におよぶ名所図会と名前を変えてもおかしくない本です。

『江戸名所図会』の凡例には、「神社・お寺の大きさや構えを図示しているのは、現在の姿を模写している。その図のあいだに風俗・服飾などをいれているのも今のようすを描いている。古い時期のようすを描いているものは、時代を区切って描くようにした。江戸以外の土地の人に対して東都（江戸）が盛大で繁栄していることを知らせ、だれでもが見て読んで飽きないためにつくった」と書かれていますが、滝沢馬琴《ばきん》は『江戸名所図会』について「見たいところを引き出す不便はある」と批判しつつも、「挿絵と江戸近郊の部分がよい」として「地方の人で江戸に来られず、江戸が見られない人には最高の本」とこの本のよさを絶賛しています（①）。

『江戸名所図会』の湯島聖堂（東京版口絵より）

## 紀行作家の古川《ふるかわ》古松軒《こしょうけん》と貝原益軒《かいばらえきけん》

江戸時代中期から後期にかけ、多くの紀行文や地誌・地図を著して一般によく知られているのが備中国《びっちゅう》（岡山県）の古川古松軒です。幕府とかかわりをもった実証的地理学者としても知られています。

古松軒は、生涯、各地を旅行して、その旅の様子を細かく書き記した筆まめな人でした。そのうえ、目にした風景や珍しい物について多くの写生図を描いています。古松軒の著作には、数多くの挿絵があって、それが彼の著作を特徴づけ、資料としての価値を高めています。古松軒の著作で有名なのが『西遊雑記』『東遊雑記』ですが、他にも『四国道之記』『東行雑記』『帰郷しなの噺《ばなし》』『都の塵《ちり》』などの紀行があります。

天明《てんめい》三年（一七八三）五十八歳のとき、約六カ月にわたって九州を一周した旅の記録が『西遊雑記』であり、その五年後の天明八年六十三歳のとき、幕府の巡検使一行に随行して奥州（東北地方）から蝦夷《えぞ》地（北海道）へ旅したときの紀行が『東遊雑記』です。この『東遊雑記』では、蝦夷地の記事が全体の四分の一におよんでおり、古松軒の関心が蝦夷地にあったことをうかがわせます（④）。

儒学者であり、本草学者としても名高い筑前国《ちくぜん》（福岡県）の貝原益軒は大和路を繰り返し遊歴し、その旅の記録を何冊もの本に著しています。

その集大成が『和州巡覧記《じゅんらん》』ですが、そのなかで益軒は「この地の民は常に茶粥《かゆ》を食べています。大和国（奈良県）の家屋の天井は丸い小竹をよく洗って並べ、その上に薦《こも》を敷き土を上にぬります。大和国内で織り出す布は、般若《はんにゃ》寺の近所や菅原村の近辺引田村（いずれも奈良市）という所でさらしています」と、当時の大和の衣食住について記しています（③）。

**関連項目**

千葉五章13　①東京五章8　滋賀三章8　京都二章4　②大阪五章5　③奈良四章8　④岡山五章4　香川四章3

# 180 役者・力士

## 物語性重視の続き狂言《きょうげん》で人気出る

歌舞伎は出雲阿国《いずものおくに》が慶長《けいちょう》八年（一六〇三）、京都ではじめたと伝えられています。阿国が行ったのは「かぶき踊り」と呼ばれるものですが、これ以降それを真似て女歌舞伎の一座がたくさん現れて、諸国を回って演じました。しかし、風紀上の問題があるとして、寛永《かんえい》六年（一六二九）に禁止されてしまいました。代わって登場したのが若衆歌舞伎でしたが、これも衆道《しゅどう》（男色）によって風紀を乱すとされ、承応《じょうおう》元年（一六五二）に禁止されます。これ以後は大人の男優だけが出演する芝居興業が許され、これを野郎歌舞伎と呼びます。男優が女の役も演じることになり、これを女形とかおやまと呼んでいます。こうして現在のような歌舞伎の基盤がスタートしたのです。上方（京都・大阪）では、人形浄瑠璃《にんぎょうじょうるり》の影響もあって、次第に物語性を重視した多幕ものの続き狂言が演じられるようになります（②⑤）。こうして人気が出て、役者も人気者になっていきます。

## 中村歌右衛門《なかむらうたえもん》ら名優の輩出

上方で起こった歌舞伎が江戸にも移されて、寛永元年には猿若《さるわか》（中村）勘三郎《かんざぶろう》の猿若（中村）座、十一年には村山《むらやま》座（のちの市村座）、十九年には山村《やまむら》座、万治《まんじ》三年（一六六〇）には森田《もりた》座の四座が幕府から興業の認可を得ました。これらの座元は世襲され、代々中村勘三郎、市村羽左衛門《いちむらうざえもん》、森田勘弥《かんや》を名乗りました。座元の大看板が出る興業は大変人気がありました。四座のうち山村座は江島生島《えじまいくしま》事件により、断絶しました。

顔見世は歌舞伎の年中行事のうちでもっとも重要なものとされています。江戸時代の三都（江戸・京都・大坂）の官許の大芝居は、役者を毎年十一月から翌年の十二月までの一年契約で抱えました。そこで十一月が第一回の興業ということになり、契約後初めて役者が顔を揃えて観客にお目見えするという意味で顔見世（古くは面見世）といったのです（②）。

大坂では元禄《げんろく》年間（一六八八〜一七〇四）に、歌舞伎の人気が沸騰しました。人気役者は京都と大坂を頻繁に行き来していました。この時期女形としては水木辰之助や芳沢あやめ、立役では坂田藤十郎《さかたとうじゅうろう》が花形役者でした。また、嵐三右衛門《あらしさんえもん》、岩井半四郎《いわいはんしろう》、片岡仁左衛門《かたおかにざえもん》などが大坂で人気がありました（⑤）。

中村歌右衛門の名は歌舞伎界の名門として今でも有名です。初代の中村歌右衛門は加賀《かが》国（石川県）の人で、金沢市生まれ、父は医者でした。医者になるのを嫌って大坂・江戸などで役者修業をし、だんだん評判が上がり、やがて三都で知らぬもののいない名優になりました。寛政《かんせい》三年（一七九一）、大坂で七十四歳のとき死去したと伝えられています。

初代歌右衛門は弟子に二代目を譲りましたが、三代目には初代の実子が、寛政六年歌右衛門を襲名しています。屋号は加賀屋、俳名は芝翫《しかん》・梅玉《ばいぎょく》で、芸風は善悪・老若男女・時代と世話・地芸と所作に至るまですべてに巧みだったといわれています。地芸は振付をしないで写実的に演じること、所作は舞踊または舞踊劇で行われる振付をした動作のことをいいます。三都を通じて文化《ぶんか》・文政《ぶんせい》年間（一八〇四〜三〇）の代表的名優とうたわれました（③）。

## 江戸っ子を熱狂させた谷風《たにかぜ》と小野川《おのがわ》の取組み

相撲は格闘技として発達した武技の一つで、古代には節会《せちえ》相撲、中世には武家相撲として行われていました。勧進《かんじん》相撲は室町時代の末期に豊後《ぶんご》府内（大分市）で催されたのが最初だったといわれます。江戸時代になってからは京都・大坂・江戸の三都を中心に行われ、都市の発展とともにさかんになりました。

江戸では寛永《かんえい》初年（一六四八前後）、寺社の創建が多くその勧進相撲が行われたものと思われます。番付に「御免蒙」と大書されていますが、相撲は寺社奉行の許可を受けて興行が許されたので、寺社奉行の「御免を蒙った興業」という意味で書かれるのです。勧進相撲がいつ営利を目的にした興業になったかはっきりしませんが、宝永《ほうえい》四年（一七〇七）の史料などを見ると、書式だけが勧進の形を取っていて、実態は営利目的という興業が早くから行われていたようです。

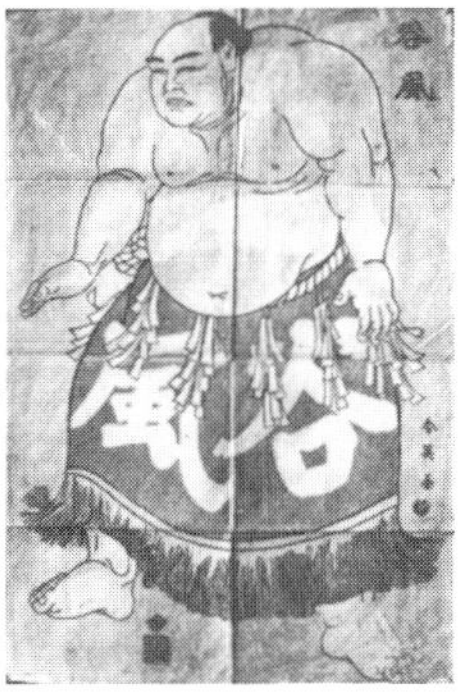


谷風の錦絵（宮城版297ページより）

大関、関脇、小結の三役、前頭、十両などの各段階も定まり、寛政《かんせい》年間（一七八九〜一八〇一）には横綱谷風梶《かじ》之助《のすけ》（二世）らの活躍もあり、江戸民衆の熱狂的な支持を得るようになります。谷風と並んで吉田司《よしだつかさ》家から横綱免許が出たのは小野川で、両者の取組みは江戸中の大評判となりました（②）。

## 不敗伝説の谷風梶之助とアメリカ水兵を相手にした力士

その谷風梶之助は、初代が宮城県刈田《かった》郡蔵王町の出身で、元禄《げんろく》七年（一六九四）の生まれです。本名を鈴木善十郎《すずきぜんじゅうろう》といい、幼少の頃から体が大きく、成長すると草相撲を取りました。近くの白石《しろいし》で江戸相撲の興行があり、それを見た善十郎は力士になることを決め、江戸へと上りました。二十歳で幕内力士となって、谷風梶之助を名乗りました。彼の全盛期は享保《きょうほう》年間（一七一六〜三六）で、実に九年間も勝ちっぱなしだったと伝えられています。最高位は大関で、のち讃岐高松《さぬきたかまつ》（香川県）松平《まつだいら》家のお抱え力士となり、四十三歳で死去しました。二代目の谷風は仙台市で生まれ、当時の大関に見出され、十九歳で江戸へ行きました。角界入りしてから谷風を名乗るまで二十一回の優勝を果たしました。安永《あんえい》五年（一七七六）、二世谷風梶之助を襲名しました。安永七年から天明《てんめい》二年（一七八二）まで六十三連勝を飾り、双葉山《ふたばやま》が六十九連勝をした昭和十三年まで、実に百五十六年間、だれにも破られなかった大記録でした（①）。

ペリー艦隊が浦賀《うらが》に入港したときに、アメリカの水兵と試合した力士もいました。一人は大関小柳常吉《こやなぎつねきち》で、小柳は三人の水兵を一度に相手し、一人を差し上げ、一人を股に抱え、一人を足で踏みつけたといいます。もう一人の白真弓《しらまゆみ》という幕内力士は、ボクシングの得意な水兵を張り手一発で土俵外へ飛ばしたと伝えられています（④）。

**関連項目**

①宮城五章1　②東京八章3　③石川五章5　④岐阜五章10　⑤大阪九章3

# 181 作家・文筆家

## 浮世草子《うきよぞうし》作者として活躍した井原西鶴《さいかく》

井原西鶴は松尾芭蕉（俳諧）や近松門左衛門（劇作家）とともに、元禄文学を代表する作家です。俳諧師や浮世草子作者として活躍しました。

浮世草子作者としての西鶴の活躍は誰もが知る通り、日本文学史上に燦然《さんぜん》と輝いています。不世出の小説家といってよいのです。

西鶴は若い時代から俳諧師として活躍していましたが、その名をさらに世に知らしめたのが、天和《てんな》二年（一六八二）に出版した『好色一代男』。俳諧宗匠として磨き上げた西鶴の文才がいかんなく発揮されています。この『好色一代男』は大坂だけではなく江戸でも刊行され、海賊版が出るほど好評を博しています。その後西鶴は、次々と作品を発表していきます。

貞享《じょうきょう》元年（一六八四）には、『好色二代男　諸艶大鏡《しょえんおおかがみ》』を刊行。翌貞享二年には『西鶴諸国はなし』を刊行しますが、ここでは西鶴の多方面への関心の広がりがみられます。さらに『好色五人女』『好色一代女』などの〝好色もの〟に続いて『武道伝来記』『武家義理物語』などの〝武家もの〟を描くなど、西鶴は次々と新たなジャンルを開拓していきます。

西鶴のこうした関心の広がりは、晩年には一般の人々に向けられ、町人生活に題材をとる『日本永代蔵《えいたいぐら》』（貞享五年刊）、『世間胸算用《むねさんよう》』（元禄《げんろく》五年＝一六九二刊）、『西鶴織留《おりどめ》』（元禄七年刊）といった〝町人もの〟の傑作を生み出すことになりました。とくに『世間胸算用』では、大晦日の一日に焦点をあてて、現実社会のなかで金銭に翻弄《ほんろう》される町人生活の悲哀を描くことに成功しています。ここには、身近な世界に視線を投じて町人のあるがままの姿を描くといった近代文学に通ずる写実性を獲得した点において、西鶴の一つの到達点をみることができます（④）。

## 膨大な紀行文を遺《のこ》した菅江《すがえ》真澄《ますみ》

三河（愛知県）出身の菅江真澄は、約五十年間もの長きにわたって北日本の各地を遊歴し、とくに秋田の地に長く滞在して、庶民の四季折々の行事や日々の暮らしぶりを客観的に捉えながらも温かい目をそそぎ、二百冊以上もの著作を遺しています。

天明《てんめい》四年（一七八四）一人の旅人が、三崎峠（秋田県象潟《きさかた》町と山形県遊佐《ゆざ》町の境）を越えて秋田の地に入ってきました。旅人の名は白井秀雄、後に菅江真澄と名乗ることになりますが、このとき三十一歳でした。天明という時代は天災地変の連続でした。東北の大飢饉、関東の大洪水、浅間山の大噴火など。そんな時代に真澄は、飢饉に苦しむ東北へなぜ向かったのかというのが大きな謎ですが、それはともかく、真澄の遺した多くの紀行文等により当時の農村の状況、人々の暮らしぶりがみえてきます。

真澄は、天明三年から八年の間に見聞したスケッチ集を『紛本稿《ふんぽんこう》』という著書として出していますが、その序文で「各地の民具や風俗をスケッチし、故郷に持ち帰って親や友だちに見せたい」と書いています。その言葉の通り、真澄は各地の民具や風俗を文章と絵にのこしていますが、どれも約二百年前の人々の生活ぶりが手にとるようにわかる貴重な文献となっているのです。真澄の著書は、日記・地誌・図絵集・随筆などに分類できますが、ものごとを客観的にとらえながらも、庶民の暮らしには温かい思いを寄せていることに特徴があります（②③）。

真澄のほかに、江戸時代の中期から後期にかけて多くの紀行文を著したのは、備中国《びっちゅうのくに》（岡山県）の古川古松軒《ふるかわこしょうけん》です。古松軒は、江戸時代中期から後期にかけて、多くの紀行文や地誌・地図を著し、また幕府とも関わりを持った学者として知られています。そんな古松軒の名が一般に知られるのは、紀行文や地誌のお陰といえますが、なかでも九州を一周した旅の紀行『西遊雑記《さいゆうざつき》』と奥羽（東北地方）から蝦夷地へ旅をしたときの紀行『東遊雑記』は有名です。ほかにも『四国道之記』『東行雑記』『帰郷しなの噺』『都の塵《ちり》』などの紀行文があり、同種の著作として故郷備中の地誌『吉備《きび》之志多道《のしたみち》』、八丈島についての聞き書き『八丈島筆記』があります。

古松軒は、生涯、各地を旅行して、その旅の様子を細かく書き記した筆まめな人でした。古松軒の著作には、数多くの挿絵があって、それが古松軒の著作を特徴づけ、資料としての価値を高めているのです（⑤）。

井原西鶴像（『西鶴置土産』）（大阪版480ページより）（大阪府立中之島図書館蔵）

**江戸後期を代表する女流作家、只野《ただの》真葛《まくず》**

江戸時代は、徳川幕府による治世下で士農工商の身分制がはっきりしており、儒教道徳を人々の拠《よ》るべき規範としていました。女性は、社会的な発言も、自己の意志や希望の実現も難しい時代でした。そんな時代に女流作家として、たくさんの優れた作品を発表した一人が只野真葛です。

五十四歳で夫に先立たれた真葛は、未亡人暮らしのなかで、それまでよりも執筆活動は盛んになっています。五十歳以前には、『みちのく日記』『香蓮尼伝《こうれんにでん》』などがありますが、それ以降には『絶えぬかずら』（随筆）『七種《ななくさ》のたとえ』（同上）『あやしの筆の跡』（奇談）『独考《ひとりかんがえ》』（評論）『幾夜がつたへ』（旧聞）『磯づたひ』（紀行文）など次々執筆されています。

こうして文政二年（一八一九）五十七歳の真葛は、妹のたへを滝沢馬琴《ばきん》のもとへ送り、『独 考』『奥州ばなし』『磯づたひ』の批評を乞いました。たへは、随筆『七種のたとえ』のなかで、秋の七種のうちの萩にたとえられて登場しています。しかし滝沢馬琴といえば、江戸の読本作家として当時もっとも有名な人です。明和四年（一七六七）生まれなので真葛より四つほど若いのですが、数多くの作品を発表し、とくに文化年間（一八〇四〜一八）の『椿説弓張月《ちんせつゆみはりづき》』、それに続く『南総里見八犬伝《なんそうさとみはっけんでん》』は構想雄大、複雑怪奇な物語で、男女のどの層の人々にも大人気です。そんな馬琴に、紹介状もなく、突然妹を使者として原稿を持ち込んだのです。

馬琴は、礼儀知らずと思いつつも暇をみて『独考』の批評を試みています。「婦人の身でこれほどまでに経済を論じたのは珍しいことだ」などとほめています。しかし、刊行するまではいきませんでした（①）。

**関連項目**

①宮城五章2　②秋田四章5　群馬五章1　埼玉五章5　③愛知五章7　滋賀五章6　④大阪九章1・2　⑤岡山五章4　香川五章1　宮崎五章11

# 182 俳人

## 東の芭蕉《ばしょう》とならぶ西の巨匠、上島鬼貫《うえしまおにつら》

後世、「東の芭蕉、西の鬼貫」と称えられる俳人上島鬼貫は、寛文《かんぶん》元年（一六六一）摂津《せっつ》伊丹《いたみ》（兵庫県伊丹市）に酒造家の三男として生まれました。鬼貫は、幼い頃から俳諧の才能を示し、俳諧の手ほどきを受けて「ゆくゆくは天下に名をなす人」と期待されましたが、単なる言葉遊びに陥ったり、奇抜さを競うような伊丹風俳諧に物足りなくなって、より深いものを求めて大坂に出て、いっそうの俳諧修業に励みました。

一時は悩んでノイローゼ気味になり、有馬温泉（神戸市）で静養したほどでしたが、ついに「まことの外に俳諧なし」という俳諧のあり方に到達したのです。貞享《じょうきょう》二年（一六八五）のことでした。ちなみに、芭蕉が四十三歳にして「古池やかわず飛び込む水の音」の句をつくって、いわゆる蕉風に目覚めたといわれるのがその翌年の貞享三年のことです。

「句をつくるに、すがた詞をのみたくみにすれば、まことすくなし。ただ心を深く入れて、姿ことばにかかわらぬこそ、このましけれ」

これは鬼貫の俳書のなかでももっとも愛読された『独《ひとり》ごと』に述べられている、俳諧に対する鬼貫の基本的な考え方です。句の〃形〃を飾らず、〃心〃を大切にし、淡白ななかにも美しさを秘めた俳諧を求めたわけです。鬼貫の主張には、禅の影響が強く表れています。芭蕉は、従来の俳諧に芸術性、思想性を与えて〃蕉風〃といわれる新しい俳諧の世界をつくりあげました。鬼貫も同じ頃、しかも芭蕉より十八歳若くして「まことの外に俳諧なし」との俳風を確立したのでした④。

## 俳諧の中興のリーダー、与謝蕪村《よさぶそん》

松尾芭蕉が元禄七年（一六九四）に亡くなってからは、その統率者を失った結果、蕉門の有力者はそれぞれが正統（蕉風）であることを主張し、次第にばらばらになっていきます。江戸の其角《きかく》の洒落《しゃれ》風や支考《しこう》の美濃風、乙由《おつゆう》の伊勢風がそれです。いずれも平俗に流れ、もっぱら言葉による機知を旨として、いたずらに大衆の好みを迎えようとし、かつての蕉風の面影は見られなくなってしまいました。

しかし時流に染まらない俳風の持ち主がいて、やがて芭蕉の五十回忌を迎えた寛保《かんぽう》年間（一七四一～四四）になると、「芭蕉に帰れ」という蕉風復興の機運が盛り上がってきます。各地に芭蕉の塚や句碑が建てられ、また芭蕉追善の俳諧が催され、芭蕉の伝記研究や作品の研究が行なわれるようになりました。そうした運動の中心的な俳人が与謝蕪村です。

蕪村は、享保《きょうほう》元年（一七一六）摂津国毛馬《けま》村（大阪市都島《みやこじま》区毛馬町）に生まれたといわれていますが、分からない部分が多いのです。ただ、十七、八歳で江戸に出て、足立来川《あだちらいせん》の門に入ったことが知られています。

江戸に出た若き蕪村は、江戸俳壇の状況に絶望しましたが、芭蕉五十回忌とともに起こった芭蕉の真の姿を見極めようとする運動に身をおく幸運に恵まれ、放浪生活のなかで積んだ画業と俳人・漢詩人らとの交流を通して蕪村は、「俳諧は俗語を用いて俗をはなるるをたっとぶ」（『春泥句集』序文）として、画俳一致の新しい詩的表現を打ち出したのです②③。

## 一茶と交流、房総俳壇の名花・織本《おりもと》花嬌《かきょう》

文化《ぶんか》七年（一八一〇）七月十三日、上総《かずさ》国富津村（千葉県富津市）の大乗寺というお寺で、法事が行なわれていました。地元富津村の旧家織本家の老婆が亡くなり、この日がちょうど百日目にあたるので、その「百か日法要」が営まれていたのです。亡くなった婦人は「花嬌」という俳号をもつ著名な女流俳人でしたので、法要には俳諧関係の友人も多数参列。そのなかに小林一茶もいたのです。そのとき一茶は四十八歳でした。

花嬌は、富津村からほど近い西川村（富津市西川）で名主をつとめる豪農・小柴庄左衛門の娘として生まれ、園《その》と名づけられました。生まれつき聡明だった園は、裕福な家庭で十分なしつけと教育を受けて育ち、やがて富津村の織本嘉《か》右衛門のもとに嫁ぎます。

織本家は小柴家と同様に代々名主をつとめる家柄で、酒造業と金融業を営む豪商。嘉右衛門は、家業に精を出すかたわら文芸を趣味とする教養人で、江戸の俳人大島蓼太《りょうた》に師事して俳諧を学び、砂明《さめい》と号していました。

花嬌は旧家の主婦として多忙な日々を過ごしながら、寸暇を惜しんで俳諧の勉強に打ちこんでいました。熱心に俳諧を学ぶ夫妻の周囲に、同好の仲間が次第に増えていったのです。

そんなある日、師の蓼太が一人の青年を伴ってきて、花嬌たちに「まじめで才能のある男です」と紹介しましたが、それが一茶と花嬌の最初の出会いでした。一茶は、信州（長野県）の農家の生まれ。家庭内の不和のため江戸へ奉公に出され、やがて俳諧師になろうと決意し、貧しさと闘いながら江戸で修業を続けているのでした。

寛政六年（一七九四）、夫の砂明が四十六歳でこの世を去り、花嬌は四十歳前後で未亡人となっていました。亡夫の喪に服して、花嬌はしばらく俳諧から遠ざかっていたようですが、その後、句作も盛んになっています。そんなとき一茶は、属していた俳諧グループを破門されていたのです。所属を失っては専業の俳人として生活することはできません。

そんな一茶に手厚い援助の手を差し伸べたのは、花嬌たち内房《うちぼう》地方に住む十五、六人の俳人たちでした。「一茶園」という結社をつくって一茶を主宰に据え、花嬌たち会員は作品を毎月江戸の一茶に送り、一茶はこれをまとめて「一茶園月並《いっさえんつきなみ》」という機関誌を発行します。会員はそれぞれ会費を納め、一茶の生活を助けるという仕組み。今日の俳句雑誌にも似た、ユニークな方法でした。花嬌は、一茶園月並に一回も休むことなく句を送り、一茶を励まし続けたのでした（①）。

画俳一致を目指す蕪村の「山野行楽図屏風」の部分（京都版口絵より）

**関連項目**

宮城五章4・8　山形五章2　福島五章3　埼玉五章6　千葉五章4・①7　新潟三章5　富山五章1　石川五章4　福井三章3・五章2　長野四章3　岐阜三章1・4・6・五章7　静岡五章4　②愛知五章5・50科　三重五章3　滋賀五章6・8・12　京都五章3・③10　④兵庫五章2・5　和歌山五章4　広島五章2　山口五章7　熊本五章2

# 183 測量・地理学者

## わが国初の実測による日本地図を生んだ伊能忠敬《いのうただたか》

伊能忠敬は、わが国で初めて実測による日本地図（「大日本沿海実測全図《えんかいじっそく》」）を作製した人として有名です。

忠敬は、延享《えんきょう》二年（一七四五）上総《かずさ》国小関《こせき》村（千葉県九十九里町小関）に生まれました。十歳のとき父の実家の神保《じんぼう》家に引き取られましたが、神保家は村一番の地主で酒造家でした。忠敬は、小さいときから読み書きそろばんなど教養をしっかり身につけ、十七歳のとき、佐原村（佐原市）の伊能家に婿入りしたのです。伊能家は、村で一、二の地主で、酒造・米穀売買・川舟運送なども営み、また名主もつとめる名家でした。忠敬は、伊能家一族の期待によく応え、家業に精を出して、前にも増して財産を増やし、三十六歳からの三年間は名主をつとめて村のために尽くしたのです。

その一方忠敬は、その後の人生を大きく左右する計算・測量などに関する知識を伊能家から学びました。伊能家は、以前から測量や地図作製の伝統をもつ家柄だったのです。忠敬は五十歳まで伊能家の主人として働いて隠居し、家督を長男に譲るとともに五十一歳のとき、高度な学問を学ぶため江戸へ出たのでした。

幕府天文方の高橋至時《よしとき》（西洋流暦学の第一人者といわれた麻田剛立《ごうりゅう》の高弟）の弟子となり、本格的に暦学を学ぶことになります。熱心に学んだ忠敬は、やがて至時門下で実力第一といわれるようになり、入門して五年後に忠敬は、蝦夷地《えぞ》（北海道）の測量に赴きますが、この蝦夷測量が忠敬のライフワークである全国測量と日本地図作製のきっかけとなったのです。

寛政《かんせい》十二年（一八〇〇）四月十九日、五十六歳の忠敬は蝦夷地へ向け江戸を出発します。奥州街道を測量しながら北上、一日に四十キロ以上の強行軍を続け、五月二十二日に箱館（函館）に着き、ここを起点として蝦夷地の測量を開始したのでした。忠敬は、この蝦夷地測量を手始めとして以後十七年間、九回にわたって全国を測量しました。蝦夷地東部、沖縄、小笠原諸島を除いて、日本全国の海岸線をくまなく測量したのです。

文化《ぶんか》十二年（一八一五）忠敬は、江戸府内の測量を最後に全国の測量を終え、それまでの測量成果を総合し、また間宮林蔵《まみやりんぞう》の北蝦夷地測量の成果も加えて、「大日本沿海実測全図」の作製にとりかかりました。しかし、その完成を見ることなく、文政《ぶんせい》元年（一八一八）忠敬は七十四歳で亡くなったのです。忠敬の死後も、「大日本沿海実測全図」の作製は部下や弟子たちの手によって続けられ、文政四年に完成しています③。

## 間宮海峡を発見した間宮林蔵

十八世紀に入ると、ロシア帝国が日本近海への進出を企てて千島列島にまで南下するようになりましたが、こうしたロシアの南下の動きは日本国内の対外危機感を高め、幕府内や諸藩の先覚者のなかから積極的に世界の事情をさぐろうという気運が盛り上がっていました。こうした気運の高まりのなか、樺太・シベリア大陸間の海峡を発見したのが間宮林蔵でした。

林蔵は、安永《あんえい》四年（一七七五）常陸《ひたち》国平柳村（茨城県伊奈町上平柳）に生まれました。小さい頃から数理的なものに興味をもち、よく近くの子貝川の深浅や樹高の高低、道路の遠近などを測ったりする子どもでした。十五、六歳の頃、子貝川《こかい》の岡堰《おかぜき》工事で、堰の組み方を改良して普請役に提案したのが認められ、江戸に出て測量術などを学ぶ機会を得たのです。

江戸に出た林蔵は、当時の筆頭老中《ろうじゅう》松平定信に認められ地理調査をしていた村上島之允《しまのじょう》に師事しました。寛政十一年（一七九九）島之允が、最《も》上徳内《がみとくない》らとともに近藤重蔵《じゅうぞう》を責任者とする東蝦夷（千島列島）調査隊の一員として蝦夷地へ渡るとき、林蔵も島之允の従者としてこの調査隊に加わり、蝦夷地へ足を踏み入れるのです。そしてその年、林蔵は蝦夷地の東南岸を測量するためにやってきていた伊能忠敬に偶然合い、本格的な測量術の手ほどきを受けることになります。林蔵は、樺太を調査後、江戸へ戻ると、忠敬からさらに高等な測量術を学び、また忠敬も「大日本沿海実測全図」の作製に当たっては、蝦夷地の部分は、林蔵の提供した実測資料を用いるなど、林蔵と忠敬とは、互いに学びあう関係が結ばれています。

その後林蔵は、もう一度樺太調査をしようと決意しました。樺太の北端をまだ見極めておらず、海峡の全域を実地に調査できていないからです。この二度目の調査により、海峡を発見し、樺太が離島であることを確認したのです。三十歳くらいのときでした。当時、樺太はシベリア大陸につながる半島であると思われていましたので、この発見は北方地理学史上の快挙だったのです（②）。

伊能忠敬画像（千葉版316ページ）

## 世界全図の作製に命をかけた箕作《みつくり》省吾《しょうご》

大老井伊直弼《いいなおすけ》が読んで外交の指針とし、吉田松陰《しょういん》がこれにより志しを立てたといわれる書、それは『坤輿図識《こんよずしき》』です。この書を著したのは、わずか二十六歳という若さでこの世を去った箕作省吾です。

省吾は、文政四年（一八二一）水沢藩領（岩手県水沢市）に生まれ、十二歳の頃、漢学と医学を学びました。その後、蘭学を学ぶため江戸へ出て箕作阮甫《げんぽ》を訪ね、入門を許されます。省吾は懸命に勉学に励みますが、そんな省吾の才学が認められ、弘化《こうか》二年（一八四五）二十四歳のとき箕作阮甫の養子となっています。こうして省吾はさらに研鑽につとめ、数々の洋書を読破。なかでも地理学に興味を持って研究しました。省吾が箕作門下に入門した時期ははっきりしませんが、とにかく二十六歳で死亡するまでに世界地理を翻訳し編集をこなしたことは、天性があったとはいえ、やはり努力の一言につきます。その著述は、『新製輿地《しんせいよち》全図』『坤輿図識』三巻、『坤輿図識補』四巻。なかでも『坤輿図識』は『新製輿地全図』に付随したもので、地図に表れた各州大陸、諸国家の位置、国勢、風俗習慣、宗教、産業、軍事力、政治の変遷にまでわたって紹介したものです。

結核に冒《おか》されながらも校正の手を休めず、将来を嘱望《しょくぼう》されながら弘化三年、二十六歳の若さでこの世を去ったのでした（①）。

**関連項目**

北海道四章1　①岩手五章8　山形五章6　②茨城五章8　③千葉五章6　新潟五章7　福井一章9　三重五章1　大阪十章4　島根五章4　山口五章9

# 184 漢方医

## 近代産婦人科学の基を築いた賀川玄悦《かがわげんえつ》

それまで呪術《じゅじゅつ》、祈祷《きとう》などに頼っていたお産に、日本で最初に手術という手法を取り入れたのは賀川玄悦です。また、玄悦の著した『産論』は、過去二十数年に及ぶ自身の体験に基づく産術についての研究記録をまとめたもので、西洋医学が入ってくるなかで高い評価を得たのでした。

玄悦は、彦根藩士三浦家の三男として元禄十三年（一七〇〇）に生まれ、密《ひそ》かに針灸按摩《しんきゅうあんま》を学ぶようになり、近江《おうみ》（滋賀県）にいる頃からすでに優れた技術を習得していました。玄悦は、さらに技術を磨き幅広い医学を志すため京都に向かったのです。

京都での玄悦の暮らしはたいへん貧しいもので、古銅鉄器を売買するかたわらで按摩業を営んでいました。そんな暮らしのなかで玄悦は、勉学に励んで独創的な〝賀川流按針《あんしん》法十二針《しん》〟を考案する一方、古医学の系統である湯剤《とうざい》之《の》方《かた》（せんじ薬のつくり方）についても熱心に学んでいました。

あるとき隣家の婦人が難産に苦しんでいるのを見た弦悦は、なんとかしてその婦人を助けたいと思い、徹夜で考え思いついたのが、古銅鉄器の秤《はかり》の分銅を掛ける鉤《かぎ》を使うことでした。翌朝この鉤で、母体から手を出してすでに死んでしまっていた胎児を取りだすことに成功し、婦人の生命を救うことはできました。これが「回生術」と呼ばれるわが国最初の産科手術でした。玄悦が四十歳のときのことで、これまで薬や呪術、祈祷に頼っていたお産に近代的な手術という手法を導入した日本で初めての例です。

その後、玄悦は産術を始めます。それまでの職業であった按摩業の知識を利用して、妊娠三ヵ月までの診察は按腹《あんぷく》（腹をさする按摩）で行なっていましたが、このやり方が大きな発見につながったのです。後に著した『産論』に次のようなことを書いています。

「妊娠五ヵ月を過ぎると胎児は瓜くらいの大きさになり、必ず背面倒首《はいめんとうしゅ》（首を下にして体を丸めている）の姿勢をとる」

『産論』は、玄悦六十六歳の明和二年（一七六五）に刊行されたもので、玄悦の産術の腕前の評判が広く伝わり、また西洋医学がはいってくることにより確認され、評価が高まったのでした。こうして明和五年、徳島藩に藩医として招かれています（③）。

## 画期的な全身麻酔術を創始した華岡青洲《はなおかせいしゅう》

乳がんは、江戸時代には不治の病とされ、当時の外科の水準からすれば治療はほとんど不可能といえるものでした。そんな乳がんを、華岡青洲は、自身が開発した麻酔薬を使い全身麻酔による手術に成功したのです。

青洲は、宝暦十年（一七六〇）紀伊国西野山村（和歌山県那賀町）に生まれ、外科医の父から南蛮流外科医学を学びました。天明二年（一七八二）二十二歳のとき青洲は、京都に出て古医方《こいほう》とオランダのカスパル流外科学を三年間、必死で学びます。古医方とは、それぞれの病状を十分に観察し、効果のある薬を探し求めることに力を入れる漢方の一つです。一方、カスパル流外科は、人の体には四つの体液があり、そのつり合いがくずれるために病気になるといいます。つり合いがくずれてできた、できものや傷には油薬を塗ったり簡単な手術をしておしまい、というものです。

三年間の京都遊学の後、青洲は天明五年に帰郷し、自宅で診療に従事します。この頃から青洲は、山野をめぐって薬草を採集し麻酔薬の研究を始めています。研究の結果、マンダラゲ（チョウセンアサガオ）を主成分とするものがもっともふさわしいという結論に達しました。それに中国系麻酔薬を配合することになります。問題は、調合した薬剤の混合率によって効果と副作用がどのように変化するかということ。青洲は、その実験台として実の母を選んだといいます。あるいは、それは妻のことだという説もあります。

それはともかく、マンダラゲに中国系麻酔薬を配合、麻酔薬通仙散《つうせんさん》を完成して研究を終えています。青洲は多くの手術にこの通仙散を使い、患者の苦しみは大きく減りました。文化元年（一八〇四）青洲は、乳がんの手術にも通仙散を使って挑みました。乳がんは不治の病とされ、当時の外科の水準からすれば治療は不可能といえるものでしたが、通仙散を使い全身麻酔をかけて手術に成功したのでした（②）。

華岡青洲と外科手術（治験図巻）（和歌山版口絵より）

**日本で初めて人体解剖を行なった山《やま》脇東洋《わきとうよう》**

解剖が禁止されていた江戸時代に、日本で最初に人体解剖に挑んだのは京都の古方医学の大家・山脇東洋でした。杉田玄白らの江戸小塚原での人体解剖に先立つこと十七年、京都六角獄舎《ろっかくごくしゃ》での人体解剖を指揮したのです。

宝暦四年（一七五四）、賭者《としゃ》の見事な手さばきで解剖が始まりました。それを食い入るように見つめていたのは、山脇東洋・原松庵《しょうあん》・小杉玄適・伊藤友信・浅沼佐盈《すけみつ》の五人。解剖をリードしたのは山脇東洋でした。そして、長くて一瞬のようにも思えた解剖が終了したとき、東洋は「実際に解剖すると西洋の解剖図とそっくり符号《ふごう》した。なんと素晴らしいことだろう」と思わず呟いたのです。解剖の結果とかねて研究していた西洋の解剖図とがそっくりだったことに、東洋は「実際に行なう」ことの大切さを痛感したのでした。

当時解剖は、厳罰を受けるかもしれない冒険的行為でしたが、東洋は十五年もの長い間、周到に準備し機会を狙って実現したのです。それに東洋だから可能だったのかもしれません。東洋は五十歳、法眼《ほうげん》（医者や儒者に授けられる称号）に叙せられ、古方医の大家として確固たる地位を築いていたのです。朝廷の医師ということが信用に重みを加えていました。

解剖が行なわれてから五年後の宝暦九年に、東洋はその実見記録ともいうべき『蔵志《ぞうし》』を刊行しました。慎重に配慮したにも関わらず、解剖に対する反対論は厳しく、とりわけ東洋と同じ古方医吉益東洞《よしますとうどう》の反論には無視できないものがありましたが、この解剖は日本における近代医学への道の礎を築いた快挙でした（①）。

**関連項目**

静岡五5　①京都五章8　②和歌山五章8　広島五章3・4・6　③徳島五章5・7

# 185 蘭方医《らんぽうい》

## 近代医学の出発点『解体新書《かいたいしんしょ》』と蘭方医たち

杉田玄白《げんぱく》・中川淳庵《じゅんあん》らによる翻訳書『解体新書』は、わが国における近代医学の出発点といっても過言ではありません。

明和《めいわ》八年（一七七一）、江戸の小塚原《こづかはら》刑場で杉田玄白は、中川淳庵や前野良沢《りょうたく》らとともに解剖の見学をしました。そのとき玄白・良沢は、ともに持ち合わせていたオランダの『ターヘル・アナトミア』という解剖書《かいぼうしょ》の図と実際の人体の解剖所見をくらべてみて完全に一致していることに気付き、従来の中国医書から学んだ自分たちの知識とあまりに異なっているのに非常に驚いたのでした。

そんな体験をした玄白は、良沢・淳庵と相談して、長崎でオランダ語を学んだことのある良沢を中心として『ターヘル・アナトミア』の翻訳を思い立ちます。辞書も参考書もない時代ですので苦心さんたんの末、安永《あんえい》三年（一七七四）に、玄白・淳庵と翻訳の協力を求めて参加してもらった石川玄常《げんじょう》・桂川甫周《かつらがわほしゅう》の連名で翻訳書を『解体新書』として出版したのです。この『解体新書』は、その当時の医師や医学生に大きな驚きとオランダ医術（蘭方）に対する興味を与えたのでした。

杉田玄白は享保《きょうほう》十八年（一七三三）の生まれ、祖父の代から若狭《わかさ》国（福井県）小浜藩に仕えてきた医師で、玄白二十二歳のとき山脇東洋《とうよう》が人体解剖を行なったことを知り、外科医の道を歩んでいました。『ターヘル・アナトミア』の訳ができたら、一日も早く本にしたいと考えていました。

前野良沢は享保八年の生まれで豊後《ぶんご》国（大分県）中津藩に仕える医者で、長崎でオランダ語の勉強をしたことがあり、玄白・淳庵にオランダ語の手ほどきをするなど翻訳面でのリーダー的存在。刊行に際し「私の名前が出ないのなら了解しよう」と、刊行することを了承しました。

中川淳庵は元文《げんぶん》四年（一七三九）の生まれ、玄白と同じく祖父の代から小浜藩に仕えてきた医師で、本草学《ほんぞうがく》にも興味を持っていました。淳庵は、『ターヘル・アナトミア』の存在を知り外科医の玄白に教えたのです。

この玄白と良沢にオランダ語を学んだ陸中《りくちゅう》一ノ関（岩手県一関市）の大槻玄沢《げんたく》は、芝蘭堂《しらんどう》という蘭学塾をつくって多くの学生を教え、また蘭学書を翻訳しています。この玄沢の芝蘭堂に入門した一人に鳥取藩の医師稲村三伯《さんぱく》がおり、蘭和《らんわ》辞書『ハルマ和解《わげ》』を完成させたのでした（①③⑦）。

## 全国各地で種痘《しゅとう》の普及に尽くす

現在の日本では、天然痘《てんねんとう》は絶滅していますが、かつては、ひとたび流行の兆しをみせるや、自然に治まるのを待つしかない、恐ろしい伝染病でした。このため江戸時代末期から明治はじめにかけて、蘭方医療でもっとも力がはいり大きな成果をあげたのは種痘法だったのです。

明《みん》（中国）などでは、患者のカサブタを粉にして健常者に接種し、免疫をつけさせようとする人痘種痘《じんとうしゅとう》が普及し、それがわが国にも伝わり、筑前《ちくぜん》国（福岡県）秋月藩の医師緒方春朔《おがたしゅんさく》によって寛政《かんせい》二年（一七九〇）以降に実施されました。しかしその方法は、接種を受けた者が天然痘に類似の症状におちいる危険性が高く、広く全国に普及することはありませんでした。

それに対し十八世紀末イギリスのジェンナーが発明した牛痘《ぎゅうとう》接種は、その安全性と確実な効果が認められるとともに、たちまちヨーロッパ全域に普及し、清《しん》（中国）でも十九世紀初頭には広東《カントン》に大規模な種痘所が設立されて、やがてわが国にも伝えられ、導入されることになります（②④⑤）。

わが国に牛痘接種が導入され、最初に成功したのは、嘉永《かえい》二年（一八四九）に種痘を実施した佐賀藩でした。

弘化《こうか》三年（一八四六）佐賀藩では天然痘が大流行し、そのことで種痘を行なう決断を迫られていたのです。オランダ人医師のシーボルトから牛痘接種のことを聞いていた藩医の伊東玄朴《げんぼく》は、藩主鍋島直正《なべしまなおまさ》に牛痘接種が必要なことを進言、藩主直正も清国で効果をあげていることを知り、さっそく牛痘苗《びょう》（ワクチン）を輸入することにしたのです。嘉永二年に輸入が実現、長崎でオランダ人医師により種痘を受けた子どもを佐賀城下に運び、牛痘の接種で軽く発病しその症状が軽くなったのを見届け、直正は自分の子どもにも種痘を実施して成功したのでした。その後直正は、江戸へのぼるとき痘苗を運ばせ、江戸屋敷に住む直正の娘にも玄朴が接種しました。これが江戸における種痘の最初だとされます（⑥）。

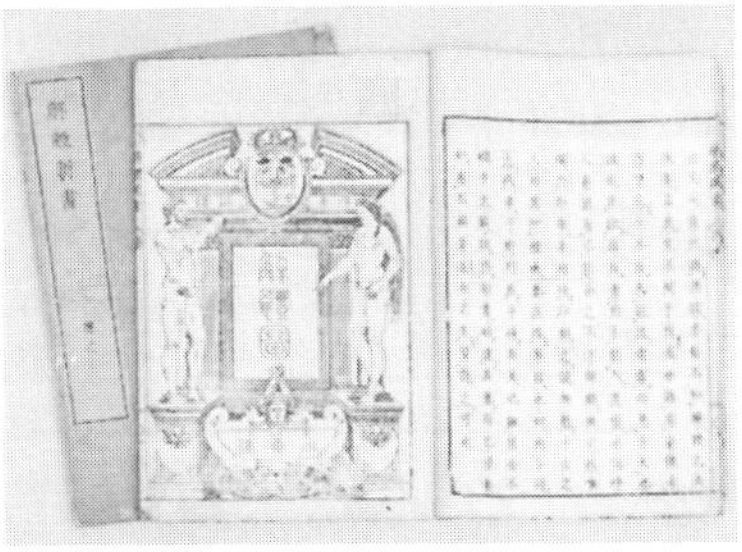

日本最初の西洋医学書『解体新書』（東京版口絵より）

この嘉永二年に、長崎でのオランダ人医師による種痘の成功は、各地に知らされ、いくつかの地方・藩で、この年種痘が行なわれています。

福井藩の医師笠原白翁《はくおう》は、少しでも早く牛痘接種を行ないたいと、京都の蘭学の師・日野鼎哉《ていさい》に相談のうえ、弘化三年に福井藩に対し、清国からの牛痘苗輸入につき幕府へ請願してほしい旨の願書を提出していました。そんな関係もあり、長崎に牛痘苗が着き、接種に成功したのを聞きつけるや、白翁はすぐに入手しようと行動を起こしたのでした。長崎へ行く途中、京都の日野家に立ち寄ると、すでに長崎にいる鼎哉の友人・頴川四郎八《えがわしろはち》から牛痘苗が届いていたので、白翁は長崎行きを中止し、牛痘苗を確保して福井へ持ちかえることになったのです。こうして、福井における種痘を開始する準備が整ったのでした。しかし藩医や役人は非協力的でしたので白翁は、菓子を与えて子どもたちを集めるなど、自分の財産を使い果たしてしまうほどの苦労をしながら種痘の普及につとめたのです。

京都には鼎哉の手で除痘館《じょとうかん》が開設され、白翁たちも協力して子どもたちに接種し、大坂の緒方洪庵《こうあん》へも牛痘苗を分けました。これが、京阪地区における最初の牛痘接種活動になったのでした（②）。

鳥取藩では、原田帯霞《たいか》・謙堂《けんどう》兄弟の努力で、嘉永三年（一八五〇）から種痘の普及が始まっていますが、人々の牛種痘に対する偏見は強く、説得は困難を極めたのでした。原田兄弟は、蘭学塾を開いていた箕作阮甫《みつくりげんぽ》に師事し、蘭方医学を学び、それがその後の人生を決定したのです。嘉永六年には、藩主池田慶徳《よしのり》の長男に接種されています（④）。

**関連項目**

青森五章8　岩手三章7　山形五章10　①福井五章3・②6　③鳥取三章5・④五章5　⑤福岡五章4　⑥佐賀五章5　⑦大分三章7

# 186 儒学者

## 幕末の大儒学者・佐藤一斎《いっさい》と多彩な門人たち

「少にして学べば、則ち壮にして為すことあり。壮にして学べば、則ち老いて衰えず。老いて学べば、則ち死して朽ちず」（「言志四録」）

つまり、少年時代に学べば壮年になって何事かを為し、壮年時に学んでおけば老年になっても気力が衰えない。老いても学んでおれば社会に役立ち名の朽ちることはない、という生涯学習の精神について説いています。

現在にも通じるこの名言を残した人が佐藤一斎です。現代社会にも活きる修養処世の心得が多くある名著「言志四録《げんししろく》」を著しています。文化二年（一八〇五）一斎が、昌平坂学問所の塾長となって塾生に講義するかたわら余暇をみつけて、人間修養、処世の糧として思いを記録した『言志録』『言志後録』『言志晩録』『言志耋録《げんしてつろく》』を総称して「言志四録」といいます。

昌平坂学問所は、五代将軍綱吉の命により、幕府が旗本や御家人の子弟を教育するため建てられたもので、江戸時代ただ一つの国立学校です。幕府が教学と定めた朱子学（儒学の一流派）を教えます。

明治維新の功労者西郷隆盛《さいごうたかもり》は、この「言志四録」を精読愛誦し、そのなかから百一条を抄出《しょうしゅつ》して座右の銘としています。西郷だけでなく、多くの維新の志士に愛誦され、明治維新の精神的原動力となっているのです。幕府を守るべき立場にあった一斎の意志とは全く違う結果になってしまったわけですが、それだけ万人を引きつける書物だったという証ともいえます。

一斎の門人には佐久間象山《しょうざん》・大塩平八郎・渡辺崋山《かざん》らがいて、その門弟に吉田松陰《しょういん》・勝海舟《かつかいしゅう》・坂本龍馬《りょうま》らがいることから、一斎は、幕末から明治維新にかけて最も大きな影響を与えた儒学者といえるでしょう（①）。

このように門下生から多彩な人材が出たということは、塾長時代の一斎が、昼夜を問わず訪れる全国の門下生に懇切丁寧に朱子学を教授したというだけでなく、自分の塾では陽明学を教授していたということと関係がありそうです。陽明学は、明（中国）の王陽明が唱えた儒教思想をいい、日本では中江藤樹が唱え始めた儒学の一流派です（③）。

## 塾生に限りない愛を注いだ山県周南《やまがたしゅうなん》

山県周南は、若いとき江戸へ出て荻生徂徠《おぎゅうそらい》に学びましたが、そのときの感動がその後の周南の人生において、大きな意味を持ち続けていました。

貞享《じょうきょう》四年（一六八七）周南は長州（山口県）萩藩の武士の家に生まれ、宝永二年（一七〇五）周南は、十九歳のときに江戸へ出て荻生徂徠に入門しました。当時、徂徠は古文辞学《こぶんじがく》を唱え始めたばかりで、学問としての体系はまだ整っておらず、それを信奉する学者は稀でした。古文辞学は儒学の一派で、孔子・孟子などの教えに直接触れることを提唱し、国を治める方法などを説いています。

周南は、徂徠のもとで学問に励みますが、その間、師徂徠の学説の完成に大きな貢献をしたといわれています。宝暦五年、周南は三年の学問修業を終え、萩に帰ります。後に周南は「徂徠先生だけが、外国（中国にとっての外国）である日本に生まれながら、孔子の道を真に理解し、明らかにされた。そのお陰で孔子の学問が輝かしいものとなり、人々に認められたのである」と記しています。周南にとって、徂徠に学んだこの三年間の感動が、その後の人生で大きな意味を持ち続けたのです。

正徳元年（一七一一）六代将軍家宣《いえのぶ》の就任を祝うため朝鮮通信使（一八四頁参照）が来日します。この一行には、わが国を代表する儒者で、当時対馬藩に仕えていた雨森芳洲《あめのもりほうしゅう》が随行していました。周南は、藩からの接待役として参加していましたが、芳洲は周南の人格と学問の高さに驚き、「西国第一」との賛辞を贈っています。周南は朝鮮の学者に接してみて、自分の学んできた古文辞学の正しさに自信を得たものと思われます。この朝鮮通信使への対応は周南の名前をますます高め、享保《きょうほう》二年（一七一七）周南は五代藩主毛利吉元《もうりよしもと》の侍講《じこう》（学問を教える師）に任命されたのです。

吉元は学問に興味を持っており、周南の進言もあって藩校の創設を決意、享保四年萩藩に藩校明倫館が開校します。周南三十三歳のことでした。当時、幕府の勧める学問は朱子学であり、藩主吉元も信奉していました。このため周南は、明倫館では学頭ではなく儒学の一教官に納まっています。

貝原益軒座像（福岡版311ページより）

しかし明倫館の教育は、その創設当初から古文辞学の要素が強く、朱子学は表面的なもの。周南は、名を棄てて実を取ったのでした。

以降十九年間、周南は塾生に自分の学問（古文辞学）を教授し続けました。「能力の低い者も向上することができる」と叱咤《しった》激励、塾生に限りない愛情を注ぎ続けたのです（②）。

## 民衆の教育啓蒙に尽くした儒者、貝原益軒《かいばらえきけん》

平均寿命が伸び老後の生活が問題になっている昨今、貝原益軒といえば『養生訓《ようじょうくん》』の著者としてよく知られています。晩年になって執筆した『養生訓』などの教訓ものは、民衆への深い愛情に根ざしたものです。

益軒は、寛永七年（一六三〇）福岡藩の祐筆（書記）役の家に生まれ、幼少期には町中・山村・農村といろんなところで生活し、庶民生活の実状をみて育ちました。十四歳になって初めて父から医書を学び、また京都から帰った兄から儒学の基礎を学んだのです。

寛文年間（一六六一〜七三）頃から畿内《きない》（京都を中心とする地方）の農村では商品作物の栽培が盛んとなり、上方（関西地方）を中心に和算・本草学（薬用植物学）・古医方（経験を重んじる医学）などが発達してきます。そんなか益軒は、木下順庵《じゅんあん》ら博学派の朱子学者、長崎出身の医者で本草家でもある向井《むかい》元升《げんしょう》らと親しく交際。農学者の宮崎安貞《やすさだ》とも付き合っていました。安貞は、益軒の協力を得て『農業全書』を刊行します。

それから数年を経た宝永五年（一七〇八）、七十九歳の高齢で著した『大和本草』は益軒の科学的業績として最も優れたものであり、今日でも趣味と実用を兼ねた名著として愛読されています。益軒が庶民のために教訓書の執筆に着手したのは、七十歳という当時とすれば老域をとうに超えたとみられる時期。八十四歳の年に『養生訓』を出版したのでした（④）。

**関連綱目**

①岐阜三章7 ②山口五章5 ③愛媛三章6 ④福岡五章3 宮崎五章8

# 187 国学者

## 日本古来の「道」を求めた国学者たち

国学は、日本古典の研究を通して日本古来の精神を明らかにしようとした学問で、『万葉集』等の研究を通して賀茂真淵《かものまぶち》により提唱され、それを引き継いで集大成したのが本居宣長《もとおりのりなが》でした。

宣長は、京都に出て儒学・医学を学び、契沖《けいちゅう》の著作にも目を開かれ、郷里の伊勢松坂（三重県松阪市）に戻って医業のかたわら真淵に入門して、本格的に国学を学びました。国学の研究に没入し、『源氏物語』はじめ平安文学の研究を通じて「もののあわれ」説を唱え、その後、三十数年もかけて『古事記伝』全四十四巻を完成させたのです。『古事記』を原点として、そこに日本固有の神道を再発見しようとする努力でした（③④）。

宣長を国学の道へ開眼させたのは契沖ですが、契沖は仏教の優れた修行僧でした。文献学的な新しい研究手法を拓き、『万葉代匠記《だいしょうき》』『和字正濫抄《わじしょうらんしょう》』などたくさんの著作を残してやがて台頭してくる国学者や後進の学徒に多大な影響を与えたのでした。宣長は自著の『初やまぶみ』で、「古学とは、すべて後世の説に関係なく、なにごとも古い書物によって、その本意を検討し、上代のことを詳しく解明する学問である。それを始めた契沖法師こそ古学の生みの親というべきであろう」と賞賛し、真淵は「契沖の代匠記は万葉の初めの注と言うべく」と評価しています（⑤）。

宣長のもとには、その名声をしたって次第に多くの弟子が集まるようになりました。地元の伊勢国の二百人を中心にして、約四百九十人もの人たちが正式に入門しています。尾張《おわり》（愛知県西部）には八十六人の門人がいましたが、これは田中道磨《みちまろ》という学者が、宣長の国学を受け入れる素地を築いていたからです。道磨は美濃《みの》国（岐阜県）の出身で、真淵の影響を受け、『万葉集』の研究に高い見識を持っていたのです（③）。

## 国学を学び、神社を再興した国学者

飛騨《ひだ》国（岐阜県）の田中大秀《おおひで》は、二十七歳のときに宣長が京都へ出張したとき門人となり、宣長の弟子として三十九歳まで国学の勉強に励んだのでした。国学を学び、古くからの日本人のものの考え方を知ろう、本当の国のあり方をさぐろうと志した大秀は、郷里高山の荏名《えな》神社が荒れ放題になっていることを知り、神社を建て直そう、再興しようという決意を持ったのです。荏名神社は、延喜《えんぎ》式神明《しんめい》帳のなかに書かれている神社で、飛騨国における八つの大きな神社の一つ。文化十二年（一八一五）大秀が三十九歳のとき神社の再建工事をはじめ、文政元年（一八一八）立派に再建することができました。

大秀は、再建工事が完成する前年の文化十四年、家を継ぐため高山へ帰り、家業の薬種業は跡継ぎの寿豊《ひさとよ》に譲り、再建した荏名神社の宮司《ぐうじ》となったのでした。大秀は、宮司になってからももっぱら国学の研究に没頭し、敬神と尊皇の精神を広めたのでした。

その一方、神社を再建した大秀は、弘化元年（一八四四）土蔵を建てる仕事に取りかかりました。一生かかって集めた図書を後世に残そうと思ったからです。図書は約五百冊ですが、二百四十六冊は大秀自身で筆写したものです。今では五百冊の本くらい簡単に集められますが、当時は大変なことでした。遠方から借りてきたものを毛筆で写し取ったのです（②）。

**尊皇攘夷《じょうい》思想へ向かった国学者たち**

本居国学を継承した（と自認する）平田篤胤《あつたね》は、それをさらに、古代人にならった人間主義にもとづく清純な精神生活の実践に努めようとしました。そして唱えたのが復古神道《ふっこしんとう》、平田国学の誕生です。

篤胤は、安永五年（一七七六）出羽国（秋田県）の生まれ。二十歳のとき江戸に出て、備中国《びっちゅう》（岡山県）松山藩士平田藤兵衛篤隠《とうべえあつやす》の養子となり、平田半兵衛篤胤と名乗ることになりました。享和《きょうわ》三年（一八〇三）最初の著書『呵妄書《かもうしょ》』を出し、この頃から次第に宣長を尊敬するようになり、宣長が亡くなった後、門人となるのです。古道学に目覚め、以後没するまでの間、一心に精励刻苦し、和・漢・洋の書を読破するなど生涯学問に励んだのでした。篤胤は、「真実の神道というのは神国日本の国体を知り、神のなす道に習い学んで正しい道を歩むことであり、それが日本人として最も大切なことである」と言っています。それまでの国学を深め、人間の本性に即した道学、国家神道として確立したのでした。

賀茂真淵翁画像（静岡版口絵より）

平田国学は、知識人だけでなく農民にも広く受け入れられていき、生前の門人は五百五十三人、没後の入門者は千三百人余りという驚異的な数にみられる通り全国に影響を及ぼした人物といえましょう（①）。さらに、この平田国学に尊皇思想が加えられ、幕末の尊皇攘夷運動に大きく影響を与えたのでした。

伊予国《いよ》（愛媛県）大洲藩の矢野玄道《はるみち》は、弘化三年（一八四六）江戸へ出てあこがれていた平田塾を訪ね、同郷の平田鉄胤《かねたね》（平田篤胤の婿養子）に会い、国学について疑問に答えてもらうとともに篤胤の著作を借りて読む機会を得ました。そして翌年、正式に平田塾へ入門したのです。同時に幕府の昌平坂学問所にも入塾を許されました。玄道にとって、国学と儒学を同時に学習することは貪欲な学習意欲の表れだったといえます。

嘉永《かえい》四年（一八五一）二十九歳の玄道は京都へ出て、以降慶応三年（一八六七）までの約十五年間、尊皇攘夷運動のうずまく京都で、国学者としての立場を明確にしながら、皇学校（国学を中心に教える学校）の設立など国学の実践活動に献身的に取り組んだのです。

その際玄道は、血なまぐさい尊皇攘夷運動という政治活動とは一線をかくし、もっぱら篤胤が生前やり残した国学研究を深めていったのでした。玄道の七百冊の著作のなかでも大作となる『皇典翼《こうてんよく》』（全二十七巻）は、この頃執筆しています。『皇典翼』は、日本の古代史を明らかにしようとする書物でした（⑥）。

**関連項目**

①秋田五章6　群馬五章5　埼玉五章3　千葉五章12　富山五章3　福井五章4　静岡五章3　②岐阜五章6　③愛知三章8　④三重三章3　大阪十章1　⑤兵庫三章1　岡山五章9　⑥愛媛五章3

# 188 蘭《らん》学者

## シーボルトの鳴滝《なるたき》塾に集まった若き学究たち

日本の科学技術、とりわけ医学の水準を高めるのに大きく貢献したドイツ生まれの青年医師、フィリップ・フランツ・フォン・シーボルトが、出島のオランダ商館医として長崎に赴任したのは文政六年（一八二三）のことでした。シーボルトは、医学はもとより、地理・歴史・社会・生物・化学など、さまざまな分野にわたる知識と旺盛な探求心を備えており、日本との文化交流の担い手としてオランダ政府から送りこまれたのです。

来日した翌年、シーボルトの教育と研究の拠点として、鳴滝塾が開かれました。来日早々シーボルトは、商館内で通詞《つうじ》（通訳や貿易事務をする人）で医学を学んでいた人たちに講義し、またシーボルトの名声を聞いて診察を願う日本人を、通詞の従者という名目で診察したりしていましたので、シーボルトの評判はさらに高まり、教えを受けたい、診察してほしいという人が増えるばかり。それに応えるためでした。

シーボルトの名声と鳴滝塾の開設を聞いた全国各地の若き学究たちは、続々と長崎に集まってきました。鳴滝塾に入門した俊英たちの出身地は、全国にわたっています。陸奥（岩手県）の高野長英、出羽（山形県）の小関三英、江戸（東京都）の湊長安《みなとちょうあん》、加賀（石川県）の黒川良安《りょうあん》、阿波（徳島県）の高良斎《こうりょうさい》・美馬順三《みまじゅんぞう》、伊予（愛媛県）の二宮敬作・三瀬諸淵《みせもろのぶ》、肥前（佐賀県）の伊東玄朴《げんぼく》、豊後（大分県）の日野鼎哉《ていさい》など。

シーボルトは、この門弟たちに外科・内科・産科・眼科を中心とする医学の理論と実技はもとより、当時、万有学と呼ばれた百科事典的な広範な学問を教えたのです。シーボルトから教えを受けた医学生たちは西洋医学の進歩に驚き、深い感銘を受けたのでした。みんな郷里等に帰ると、蘭方医・蘭学者として活躍しています（④⑤）。

## 蘭学者として生命を燃やし尽くした高野長英

二十一歳でシーボルトの鳴滝塾で蘭学の教えを受けた高野長英は、オランダ語の読解力が格段に進歩し、語学力においてはシーボルト門下随一といわれるほどになり、その後江戸で蘭学塾を開いています。

ところが、天保十年（一八三九）の「蛮社《ばんしゃ》の獄《ごく》」で渡辺崋山らとともに罪に問われ、いったん捕らえられたがその後脱走。逃亡生活に入りますがその最中に、次々と著作等を完成させています。

弘化三年（一八四六）薩摩藩主島津斉彬《なりあきら》のために『兵制全書』を、翌四年『三兵答古知幾《さんぺいたくちき》』『知彼一助《かれをしるのいちじょ》』を完成しています。『三兵答古知幾』は全二十七巻で、歩兵・騎兵・砲兵の三兵の訓練と実践技術を説き明かしたもの。翻訳は達意の文章で綴られています。『知彼一助』は全一冊、イギリス・フランスを中心とし、オランダ・アメリカをも合わせて、それぞれの国情を記した国際政治的論文で、書き方を通してイギリスの制度に日本の為政者が眼を向けるよう気を配っている様子が伺えます。嘉永元年（一八四八）には、伊予の宇和島藩主伊達宗城《むねなり》に招かれ、蘭学者伊東玄朴の門人として伊東瑞渓《ずいけい》の変名で翻訳の仕事を担当し、『砲家必読』全十一冊を著しました。江戸へ戻った長英は、嘉永三年捕方《とりかた》に襲われ、短刀でのどを自分で突いて、死んだのです。四十七歳。長英は、蘭学・蘭方医術をシーボルトに学び、医者から医科学者へ、さらに救国自立のための兵制兵学の研究家へと時代の激動とともに自分の生命を燃やし尽くしたのでした。

この長英の薫陶を受けて、上野国《こうずけ》(群馬県)の雪深い吾妻地方でたくさんの蘭方医が活躍しています。伊勢町(中之条町)の柳田楨蔵《ていぞう》、沢渡村(同)の福田宗禎《そうてい》・高橋元貞《もとさだ》、中之条町(同)の望月俊斎《しゅんさい》、横尾村(同)の高橋景作ら。この地帯は養蚕に生きる村で、温泉もある地帯です(①②)。

## 天文暦学でも大活躍の蘭学者たち

天明・寛政年間(一七八一～一八〇一)に、天文学者としても医者としても優れた実績を残したのは、麻田剛立《ごうりゅう》です。剛立はオランダ語を読むことはできませんでしたが、八代将軍吉宗のときに輸入が認められた漢訳西洋書を積極的に読んで知識を吸収して、しかも実証主義にもとづく研究を推し進め、その結果、新たな天文暦学を切り開いたのでした。

洋書を手にした長野長英(岩手版口絵より)(坂内青嵐筆)

剛立は、豊後国(大分県)杵築藩の生まれで、幼い頃から天文学に興味を持っており、独力で天文学を学んで天体観測を行ない、三十歳のときには当時の暦に漏れていた日食を指摘するまでになっていました。その一方、漢方の医学も修得し、明和四年(一七六七)三十四歳で藩医となります。しかし藩医としての仕事は天文学の研究と両立せず、天文学への思いが強かった剛立は杵築を離れ大坂に出て、医者として生計を立てながら天文学の研究を続けることになります。

こうして天明年間の始めの頃、天体観測にもとづく新たな天文暦学を切り開いていき、それが麻田流天文学と称されるようになるのです。

大坂で初めての蘭学塾となる綵漢《しかん》堂を開いて、蘭学を大坂の地に根付かせたのは橋本宗吉であり、大坂の〝蘭学の祖〟と称されています。

宗吉は大坂で傘の柄を描く職人をしていましたが、エレキテル(起電機)の実験を行なうなど、西洋文明に興味をもっていた人物でした。ちょうど、西洋天文学の導入に際しオランダ語の重要性を深く認識していた間重富(麻田剛立の弟子)は、この青年を江戸へ留学させオランダ語を学ばせることにします。そして、当時随一の蘭学塾であった大槻玄沢の芝蘭堂へ入学させたのは、寛政元年(一七八九)のこととされています。

宗吉は、四ヵ月で四万語のオランダ語を習得したという逸話が残るほど才能を発揮し、わずか数ヵ月の留学期間を終えて帰坂した後、重富の期待通り天文学・医学・薬学・電気などの蘭学書を次々翻訳し、西洋の新知識の紹介に大いに貢献することとなります。翻訳作業を通じて得た知識をみずからのものとして体得し、それらの知識をもとに綵漢堂に集う多くの門人を育てていくことになったのです(③)。

**関連項目**

①岩手五章5　山形五章7・9・10　②群馬四章10　福井五章3・6　岐阜三章5　三重三章5・五章5　③大阪十章4　鳥取三章5・五章4　④徳島五章6　愛媛五章4・5　佐賀五章5　⑤長崎三章7　大分三章7

# 189 海外体験者

江戸時代に、航海中大しけに遭《あ》って外国に漂着《ひょうちゃく》し海外生活を余儀なくされた船乗りたちは少なくありません。苦難のうちでの帰還の願いは、国交・通商を求めるロシアなどの諸国と、日本の鎖国政策との間で翻弄《ほんろう》されますが、その外国見聞は得がたい海外資料となりました。

## ロシア事情をもたらした大黒屋光太夫《だいこくやこうだゆう》

天明《てんめい》二年（一七八二）、伊勢国白子《しろこ》港（三重県鈴鹿市）を発ち、紀州藩の蔵米をつんで江戸に向かった神昌丸《じんしょうまる》は駿河《するが》沖で遭難し、ようやく七ヵ月後にアリューシャン列島のアムチトカ島に上陸しました。乗組員は、船頭の大黒屋光太夫以下十七名でしたが、漂流中に一人の仲間を失っています。ロシアの勢力下にある極寒の島での不安な生活を強いられること四年、七名が死亡しました。光太夫の優れた指導力のもとで、ひたすら故国への生還を夢見て耐えてきた漂流民たちに、こんどは大陸のカムチャツカへ、さらにはイルクーツクへと移動させられる運命が待っていました。この間に四名が死亡しています。イルクーツクは、帝政ロシアがシベリア開発のために開いた、バイカル湖西南の政治・軍事・商業都市です。

ここで光太夫らは、キリル・ラックスマンに出会います。キリルは一行の面倒を見てくれ、光太夫らも異国の生活や人々と親しく慣れる努力をしながら帰国への希望をつなぐのでした。キリルは、光太夫らを日本語教師として定住させることを望んでいましたが、帰国への決意が固いことを確かめると、援助に手を尽くし、帝国の女帝エカテリナ二世に直接訴えることを決意し、光太夫を伴って首都ペテルブルクへ向かいました。

エカテリナ二世への謁見《えっけん》が実現し、深い同情を示された光太夫に、ようやく帰国の許可がおります。足の切断で帰国の希望が失われた庄蔵と若い新蔵はイルクーツクに残り、わずか三人の帰国になっていました。軍艦エカテリナ二世号で日本に向かう使節は、キリルの息子のアダム・ラックスマン。光太夫らを送還しながら、日本との通商・国交を開く交渉の役割を帯びての航海です。そして、神昌丸遭難から一〇年後の寛政《かんせい》四年（一七九二）ついに根室に着岸。ところが鎖国下にある幕府は大いに驚き、通商は長崎で行なうことを伝えるという一時しのぎの対応に終始しました。光太夫らの念願の帰国は、半幽閉状態で江戸に留め置かれるという結果になったのです。江戸城で老中・松平定信らの取り調べを受け、蘭方医の桂川甫《ほ》周《しゅう》が聞き取りをもとに『北槎聞略《ほくさぶんりゃく》』『漂民御覧之記』を著しました。光太夫の口述は詳細・鮮明で、ロシアの地理や、酒・ガラスなどの製造法、官制などにまで及び、質・量とも一級のロシア事情の書となりました③。

## 津太夫《つだゆう》らの長いロシア生活と世界一周

文化《ぶんか》元年（一八〇四）、ロシア皇帝・アレクサンドル一世の命を受けたレザノフが長崎に来航し、国交と将軍に国書を呈することを求めます。先に光太夫らを送還したラックスマンに幕府が答えた「通商は長崎で」との約束に応じ、長崎にやってきたのです。このとき、レザノフも漂流民を伴っていました。仙台の若宮《わかみや》丸の水主・津太夫ら四人です。

若宮丸は、寛政《かんせい》五年（一七九三）、仙台藩の御用米などを積んで石巻港から江戸に向かう途中、塩屋崎《しおやざき》沖で暴風雨にあい漂流、六ヵ月後にアリューシャン列島のアッカ島に漂着しました。ここから、光太夫らと同じくオホーツク、イルクーツクへと苦難の旅が始まり、イルクーツクでは八年間も滞在します。伊勢神昌丸の乗組員でロシアに帰化した庄蔵・新蔵とここで出会い、若宮丸の善六らも帰化し、善六は日本語学校の教師補になります。

津太夫らは、首都ペテルブルクに送られ皇帝に謁見し、気球の飛行実験や美術館・博物館・劇場・病院などを見学しています。そして、帰国希望者四人を伴ったレザノフ一行は、大西洋を南下し、南米大陸の最南端をまわって太平洋を北上、カムチャツカを経て長崎に至るのです。ところが、幕府は半年も船中で待たせた挙句、国交・通商を拒否します。津太夫らは、幕府の取り調べののち、仙台藩に引き渡され、ここで蘭学者・大槻玄沢《おおつきげんたく》が事情を聞き取りしてまとめたのが『環海異聞《かんかいいぶん》』です。これは仙台藩の公式記録で、なかにはロシア語六四一語も収められています（②）。

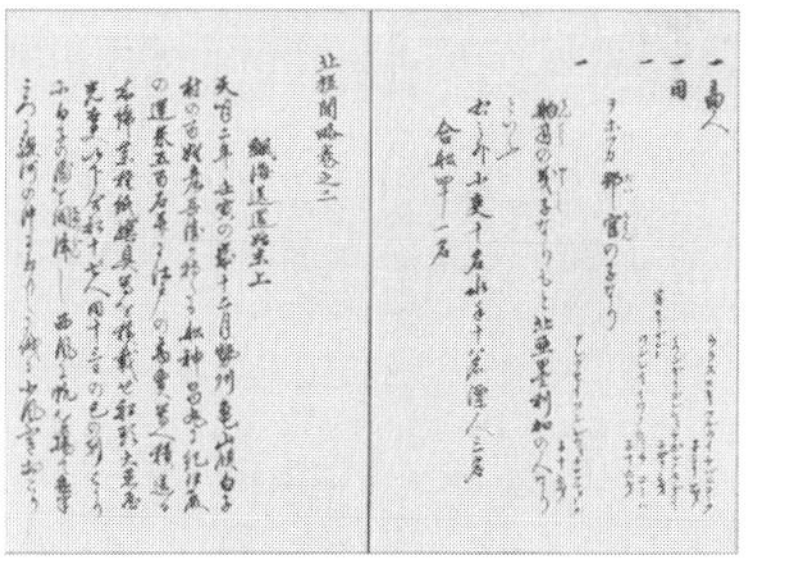
光太夫の見聞をまとめた『北槎聞略』（三重版354ページより）

**ロシア連行の中川五郎治《ごろうじ》の大きな土産、種痘《しゅとう》**

幕府の対応に怒ったレザノフの部下は、樺太やエトロフで番屋を襲い、日本人を連行するという「エトロフ事変」を引きおこします。文化《ぶんか》四年（一八〇七）のことです。このときロシアに連行されたのが、下北半島出身の五郎治と佐兵衛の二人でした。五郎治は松前に渡って、木材業や場所請負人として高名な栖原屋庄兵衛《すはらやしょうべえ》に奉公したのち、高田屋嘉兵衛《かへえ》が開設した「エロトフ場所」に勤めているとき、この災難にあったのです。

オホーツクに送られた五郎治らは苦しい抑留生活を耐え忍びますが、文化八年八月、五郎治は突然イルクーツクに召還されます。この年、ロシア軍艦ディアナ号艦長のゴローニンら八名がクナシリで日本側に捕えられ松前に幽閉されるという事件が発生し、ゴローニン救出の手段に五郎治や漂流民が使われることになったのです。ロシアの指揮官はディアナ号副艦長のリコルドで、報復に高田屋嘉兵衛を捕えており交換を要求していました。高田屋は捕虜の身で事件解決に尽力し、一年以上に及ぶ交渉のちエトロフ事変へのロシアの謝罪を得ることで、ゴローニンは釈放されます。通訳にあたったのは、若宮丸乗組員でロシアに帰化した善六でした。難航する交渉過程で五郎治は使者にもなり、ディアナ号にいた日本人の上陸を実現しています。民間人が事件解決の主役だったのです。

五郎治の大変な功績は、種痘技術を持ち帰ったことです。ヤクーツク付近の商家で種痘の書物を目にした五郎治は、医師について種痘の方法を身につけたのです。文政《ぶんせい》七年（一八二四）蝦夷地《えぞ》に天然痘が大流行したとき、五郎治は松前で種痘を行ない、また天保《てんぽう》六年（一八三五）、同十三年の流行時も五郎治の種痘で人命が救われました。全国的な種痘普及の契機となった鍋島藩（佐賀県）の種痘成功は嘉永《かえい》二年（一八四九）のことです。

**関連項目**

①青森五章8　宮城五章6・②9　愛知五章4　③三重五章8　鳥取五章9　島根一章7　高知五章8

# 190 文人大名

## 江戸時代後期を代表する知識人大名、柳沢保光《やすみつ》

文人とは、『広辞苑』によると「詩文・書画など、文雅なことに従事する人」などと記されています。文人には儒者や書家・画家・医師・歌人・茶人・俳諧宗匠（師匠）などが含まれ、これら文雅《ぶんが》（文芸の風雅な道）なことは、当時学問と同様の教養として取り扱われていました。

大和国《やまと》（奈良県）郡山藩《こおりやま》の三代藩主・柳沢保光は、その幅広い教養のなかでも、ことに茶の湯を愛好した大名として有名でした。いまでも茶道を嗜《たしな》む人たちの間に「尭山公《ぎょうざん》」の称号で親しまれ、敬慕《けいぼ》されています。

郡山藩歴代の藩主はいずれも治世の手腕に優れ、学問や文芸を究めました。そんな学問一家に生まれた保光は、幼い頃から藩主教育を受け、歌道・俳諧を学び、絵画・書道も嗜みました。そして安永《あんえい》二年（一七七三）二十一歳のとき家を継いで藩主となったのです。

保光が歌人として活発な活動を始めるのは、家を継いで四年目の安永六年のこと。歌会に出かけ、他藩藩主や公家とも和歌の贈答を交わします。そうしたなかで保光の和歌が評価され、大名歌人としての存在感が増すとともに、十一代将軍家斉《いえなり》夫人（茂子）の歌道師範となったのです。その後将軍夫人への添削は九年間にも及びます。また、保光は千家流の詫《わ》び茶にも熱心で、多くの茶人・宗匠と交流しながら他流を究明して、やがて石《せき》州《しゅう》流尭山派をおこし独自の茶の湯を後世に伝えたのです。そんな保光に、家が栄えることを願う大名の精神をみることができます（③）。

## 「不昧流《ふまい》」茶の湯の創始者、松平不昧

幼い頃から活発すぎる傾向があったという不昧は、教育係や重臣から茶の湯と仏教の禅をやるよう導かれます。「この二つに興味を持てば腕白もおさまるのではないか」と考えられたようです。こうして不昧は十八歳から正式に茶道を学び、十九歳から禅学を学ぶことになったのです。

不昧は茶の湯や茶道古典を学び、「茶庭・茶室の構造は千宗旦《せんのそうたん》（利休《りきゅう》の孫）に及ぶものなく、器物を愛《め》で書画をよくするは小堀遠州《えんしゅう》（遠州流の祖）に勝るものはなく、道を重んじ古法を守ることは片桐石州《せきしゅう》（石州流の祖）の右に出るものなし」ということを知り、この三者を合わせれば理想的な茶博士になれると、その実現のため「不昧流」の祖となります。茶道の根本を重視し、「諸流皆我が流」の茶道観を確立したのです。

「茶の湯は稲葉に置ける朝露のごとく、枯野に咲けるなでしこのようにありたく候」。茶の湯に対する不昧の言葉です。清楚で侘びた心が汲みとれ、茶道の根本精神を終生貫いた茶人大名に間違いないでしょう（④）。

## 名古屋にユートピア実現を目指した徳川義直《よしなお》

江戸時代の名古屋には、学問だけでなく文芸までも含む広い分野に、独特の学風といえる名古屋学が生まれ育っていました。名古屋学は、その後の日本の学問や文化の血となり肉となって大きな影響を与えていることを見逃せません。その土台を造ったのは、家康の第九子義直でした。

慶長《けいちょう》十二年（一六〇七）まだ八歳の義直は尾張《おわり》一国を与えられ、大御所

として寸暇をおしんで学問に親しむ父（家康）の背中を見て早くから書物に親しみ、学問や文化への関心をもって成長したのです。そうした義直の資質を開花したのは朱子学者の林羅山《らざん》で、藩政を自分で決裁するようになった義直は、神儒合一による文治《ぶんち》主義で藩を治める道を選びました。

義直は、みずから学問・思想の基本資料の収集と研究・編さん（『類聚《るいじゅう》日本紀《にほんぎ》』）につとめて、文治主義の範を示します。集めた書は、父家康から受けついだ「駿河《するが》御譲本《おゆずりぼん》」をベースに二万冊。義直の蔵書をおさめた御《お》文庫（後の蓬左《ほうさ》文庫）は、質量ともに当代随一といわれ、なかでも日本古代史関係の書籍は、基本文献のほとんどが集められていました。

戦国時代の荒々しい気風が残る家臣たちに義直は、戦乱のない社会における上に立つ者の生き方をみずから示し、父家康が夢みたであろう太平の世を、中国のユートピア伝説に由来する蓬莱《ほうらい》の宮（熱田神宮）の西一帯、蓬左の地（名古屋）に実現しようとしたのかもしれません（②）。

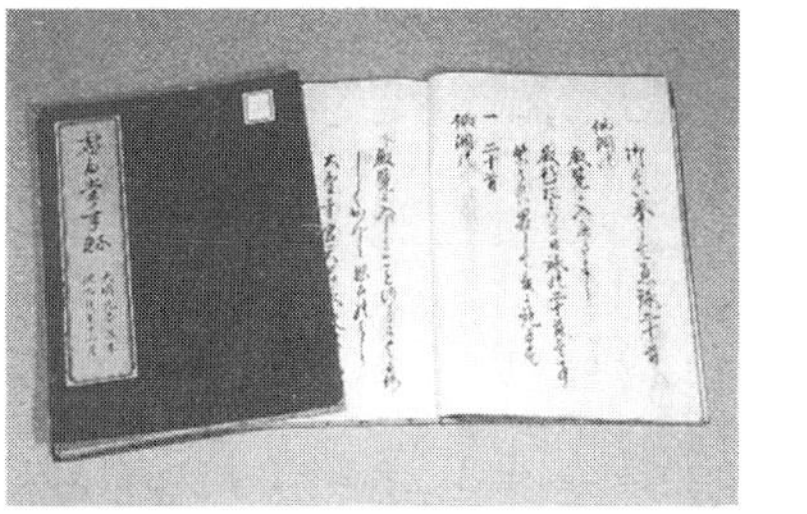

柳沢保光の公用記録「虚白堂年録」（奈良版292ページより）（柳沢文庫所蔵）

### 得意の本草学《ほんぞうがく》をいかし産業振興をはかった前田利保《としやす》

富山藩十代藩主の前田利保は自他ともに認める本草学者であり、その知識を産業振興のために役立てて民生の安定に尽力しました。

寛政《かんせい》十二年（一八〇〇）に江戸で生まれた利保は、幼い頃から植物が好きで、二百種余りの花を集めたといわれます。江戸の富山藩屋敷に花壇をつくり、『本草綱目《こうもく》』（本草学の書物）に基づいて花や木を植え、さらに植物園もつくったりしました。本草学を学び、西洋の植物についても蘭学者から講義を受けたのです。当時の本草学は、薬用となる植物をはじめ動物・鉱物までおよぶもので、博物学といえるものです。こうして利保は、若くして本草学者として知られる存在になっていきます。

天保《てんぽう》六年（一八三五）利保は十代藩主を継ぎ、財政に苦しい藩政を動かしていくことになります。行き詰まった藩政を打開するため利保は、産物方役所を設け産業興しをはかります。陶器《とうき》・漆器《しっき》・織物の製造に力をいれました。甘蔗《かんしゃ》（さとうきび）や漆《うるし》・杉・桐などを植え、ほかに文房具・香具などの製作も命じています。農業の収入だけでなく、いろいろな産業を興して収入増をはかり、藩財政の健全化をはかろうとしたものです。

利保の本草学の知識は、富山藩の代表的産業である売薬に役立つことになります。富山の薬売りは、全国の村々を回って薬を各家庭に置き、もう一度回ったとき（場所により三ヵ月から一年）使った分だけの代金を受けとるという商売（現在も続いている方法）で、病気になっても薬が満足に手に入らない地域の人々の健康を守ってきました。この薬の行商で得た利益の一部は藩に上納され、藩の重要な財源となっていました。

また利保は本草学とともに歌人であり、国語学者としても優れており、藩校での学科に歌学・古学・国語を新たに取り入れています（①）。

**関連項目**

茨城五章9　①富山五章10　山梨五章2　②愛知五章1　滋賀五章3　③奈良五章1・2　④島根三章7　福岡三章2　大分三章6　宮崎三章1

# 191 藩中興の祖

## 藩主は国家人民のためにいる

名君と呼ばれる殿様は数多くいます。しかし、その中で藩中興の祖といわれる人物は限られます。為政者を選ぶのに住民の意思がまったく反映されなかった江戸時代は、藩主次第で民衆の生活が直接左右されました。そういう中で中興の祖と呼ばれた藩主たちは、凡庸《ぼんよう》な藩主とどこが違ったのでしょうか。幾人かの中興の祖と呼ばれた藩主を見てみます。

上杉鷹山《うえすぎようざん》が山形県米沢藩中興の名君といわれたことはよく知られています。米沢藩は関ヶ原の戦ののち会津《あいづ》（福島県）から米沢へ移され、百二十万石から三十万石へと石高が減らされます。そして、さらに四代藩主のとき十五万石になり、鷹山が八代藩主の養子として上杉家へ迎えられる頃は、郡代が権力をほしいままにしていて、財政はどん底にまで落ち込んでいました。鷹山が藩主の座についたのは明和《めいわ》四年（一七六七）のことです。そしてまず手をつけたのが財政の立て直しで、富国政策に全力をあげました。桑、楮《こうぞ》、櫨《はぜ》を百万本ずつ植え付けさせたのをはじめ、藍《あい》、和紙、墨、筆、製陶、製塩、造船、織物などの職人をそれぞれの産地から呼び寄せて学ばせるなどして技術移入を図ります。領内でほとんどのものを自給できる体制を整えると、次には領内の特産品の他領への販売に力を入れました。

奥羽《おうう》地方は天明《てんめい》三年（一七八三）大凶作に見舞われましたが、米沢藩は流浪の民を一人も出さなかったといわれます。というのも安永《あんえい》五年（一七七六）から、鷹山は農民一人当たり籾《もみ》一升ずつ供出して貯えるように命令しました。大凶作の年には、蔵に二年分の備荒籾がたまっていたのです。鷹山は藩士のいうことをよく聞きましたが、不正や偽りは果断に処分しました。藩校興譲館《こうじょうかん》をつくって、藩士の教育にも熱心でした。そして何より後世に鷹山の名を高めたのは、跡継ぎの治広《はるひろ》に贈った三カ条の「伝国の辞」です。ケネディ大統領を感服させたといわれるこの言葉は、封建領主とは思えない民主精神にあふれたものです。

「国家というものは先祖から子孫に伝えるもので、藩主の私有すべきものではない」

「人民は国家に所属するもので、藩主の私有物ではない」

「藩主は国家人民のためにいるのであって、藩主のために国家人民がいるのではない」（①）

## 流通改革で財政危機を脱する

香川県高松藩で中興の祖といわれたのは、五代藩主頼恭《よりたか》でした。頼恭が藩主になって立ち向かわなければならなかった第一の課題は、他の藩と同様深刻な財政危機でした。頼恭は就任直後から藩内組織のあらましや生産高、人口など領内の情勢を調査させ、それをもとに藩政改革に着手しました。殖産興業の振興はもちろんですが、このときにのちの高松藩の主要財源となる砂糖の研究に手をつけています。

殖産興業政策に関連して流通改革も行われました。宝暦《ほうれき》七年（一七五七）から七、八種類の藩札を発行し、札会所と小引替所によって正貨と藩札の引き替えにあたりました。藩外へ販売したものの収益金が領内で使われるときは藩札と交換されるので、藩に正貨が入ります。領内外で藩札の信用度を高め、正貨と引き替えることで藩庫に正貨を貯えていったのです。同時に緊縮財政を実施しましたが、支出を書き留める「諸払明細帳」には頼恭自ら序文を記して決意のほどを示しました。こうして頼恭が没する頃には備蓄金もたまり、借り上げていた藩士の俸禄も元に戻せるようになったのです。

もう一つ頼恭が力を入れたのは、学問でした。藩校の講義をさかんにし、江戸藩邸内にも学問所を設けて人材育成にあたりました。殖産興業政策とも密接な関係がありますが、自らも博物学者であったせいもあって、足軽《あしがる》の平賀源内《ひらがげんない》の才能を見抜き抜擢して、薬草の研究をさせました（③）。

### 硬軟自在に政策を実施した水戸黄門

黄門様で名高い茨城県水戸藩主徳川光圀《みつくに》は、十八歳のとき、生涯の事業として『大日本史』の編さんを志します。藩主としても多くの業績を残しています。徳川家康の孫として生まれた光圀は、小さい頃は手のつけられないわんぱく小僧だったと伝えられます。「水戸黄門諸国漫遊記」は明治の頃に大阪の講釈師によって初めて演じられたといわれますが、あれはまったくのつくり話です。光圀は三十四歳のときに水戸藩二代藩主の座につきます。

上杉鷹山の画像（山形版口絵より）

光圀の業績の一つは、水戸城下に上水道を敷設したことです。この上水道は笠原水道と呼ばれ、現在でも水戸市の上水道の一部になっています。快風丸という大船を建造してえぞ地を探検させたこともあります。また、筋の通らない神仏習合を嫌い、神仏を分離し、僧侶や神職を大量に追放するという宗教改革を実施したこともあります。凶作や飢饉に備えて備荒蔵に穀物を貯えることを制度化したり、年貢の軽減を実施したり、硬軟取り混ぜた政策を自在にとり入れたのが黄門政治の真髄のようです。西山荘《せいざんそう》に隠居してからは、『大日本史』編さんに打ち込みました（②）。

### 農政改革に手腕を発揮

愛媛県宇和島《うわじま》藩の歴代藩主を悩ませたのは、例に漏れず財政の窮迫でした。蔵米制やくじ持制などを実施し、税収を安定させる対策がとられましたがなかなか好転しません。そうした中でもっとも手腕を発揮したのが五代藩主村候《むらとき》で、殖産興業に力を注いで財源の確保を図りました。村候の行った改革は、寛保《かんぽう》から宝暦年間（一七四一～六四）に集中していますが、その時点で三百諸侯随一といわれました。くじ持制という土地制度は村高を確保するために耕地が偏らないようにくじで割り当てる方法ですが、これを本百姓中心の高持制に改め、全藩領で実施しました。行政機構も改めて地方行政の強化を図りました。製蝋、製紙業を保護統制したのをはじめ、鰯《いわし》船曳網漁を保護奨励し、水揚げは西日本一といわれました（④）。

**関連項目**

①山形一章8　②茨城五章2　山口五章4　③香川五章2　④愛媛五章1

# 192 受難の指導者

### キリスト教の禁教や改易《かいえき》の犠牲に

正しい主張をしても政敵に陥れられたり、信念ゆえに権力者におもねることができなかったり、考え方が時節に合わなかったり、力を持っていながら容れられない有能な人というのはいつの時代にもいます。こういう人たちの場合、有能なるがゆえに悲劇の結末を迎えることが多くなります。江戸時代の受難の指導者を振り返ってみます。

後藤寿庵《じゆあん》は篤信のキリスト教信者でした。伊達《だて》正宗《まさむね》に見込まれ、胆沢《いさわ》郡福原（岩手県水沢市）に千二百石で召し抱えられます。胆沢郡のほとんどは見渡す限りの荒野でした。元和《げんな》元年（一六一五）、寿庵は胆沢川の扇状地扇頂部に堰を設ける工事に取り掛かり難工事の末ここに堰を設けたために用水路が開かれ、胆沢平野は後年名高い米の産地になりました。三代将軍家光の代にキリシタン弾圧が強まると、正宗は寿庵に転宗を勧めました。しかし寿庵は聞き入れず、逃亡しましたがその後の行方はわかっていません。住民たちは寿庵の遺徳を偲《しの》んでこの堰を寿庵堰と呼んでいます（①）。

越後《えちご》高田藩（新潟県上越市）は大規模な新田開発を、藩政初期の頃立て続けに行ないました。家老の小栗美作《おぐりみまさか》はその陣頭に立って奮闘しました。ところが寛文《かんぶん》五年（一六六五）の大地震で、領内は大被害に見舞われます。莫大な復興費用は、藩財政に深刻な影響を及ぼしました。小栗美作は藩内の反感を買いながらも、財政立て直しに懸命に努力します。その最中に藩主の家督相続問題が持ち上げり、藩内は二派に分かれて反目を強めることになってしまいます。この争いは幕府評定所《ひょうじょうしょ》へ持ち出され、最後には五代将軍綱吉の直接の裁断という形で決着します。小栗美作とその子大六《だいろく》は切腹、藩は改易となってしまいます（②）。

### 野中兼山《のなかけんざん》と小栗上野介忠順《こうずけのすけただまさ》

二十七年間にわたって土佐藩（高知県）の政治を牛耳っていた野中兼山が失脚したのは、寛文《かんぶん》二年（一六六二）でした。兼山は、藩の執政として手腕を発揮してきました。初期の藩政の確立に尽くし、開発事業を強力に推進しました。開発行政は反対派を生みがちです。藩主が代替わりを迎えたときに反対派の攻勢が強まり、兼山は辞職に追い込まれました。隠棲した兼山はその年の暮れに失意のうちに没しました。反対派の追及は厳しく、遺族は以来四十年にわたって、宿毛《すくも》に幽閉されます。遺族は執政の係累《けいるい》としての品位と誇りを失わず、毅然として生活を続けたのでした（⑥）。

小栗忠順（上野介）は、幕府末期の勘定奉行兼海軍奉行兼陸軍奉行並でした。いかに人がいないとはいえ、肩書きが名刺からはみ出るほどです。逆にいうとそれだけ忠順が秀でた人物だったことを意味してもいます。万《まん》延《えん》元年（一八六〇）に日米修好条約の批准使節として渡米、帰国後幕府改革に尽力します。軍の制度改革に手をつけ、海軍を強化し、わが国初の陸軍となる歩兵組を組織します。忠順はフランスの協力を得て横須賀に大規模な製鉄所（造船所）を建設します。慶応《けいおう》元年（一八六五）に完成した施設はのちに明治政府に引き継がれ、横須賀海軍工廠となります。

鳥羽伏見の戦に敗れて江戸城に帰った十五代将軍慶喜《よしのぶ》の前で、作戦を披露し主戦論を唱えた忠順の案は結局容れられませんでした。江戸開城後日本陸軍の創設者、大村益次郎《ますじろう》は忠順の作戦を聞いて、この作戦を実行に移されていたらわれわれの首はなかったろうといったといわれます。忠順は領地である上州群馬郡権田《ごんだ》村（群馬県群馬郡倉渕《くらぶち》村）で引退生活を送っているところを捕えられ、その日のうちに斬首されました③。

## 長州藩も薩摩藩も無傷ではいられなかった

明治政府の主力となった薩摩・長州といえども、多くの血を流しました。長州藩が尊王攘夷と開国佐幕派に分かれたとき、藩士（中老格）の長井雅《う》楽《た》は「航海遠略策」を建言しましたが、時代の大きなうねりの中で葬り去られ、雅楽は自宅で切腹を命じられました。国を開いて積極的に外国へ出かけて、わが国のよいところを外国に見せようという雅楽の提案は、正論でしたが激昂していた藩内の議論の中では無力でした⑤。

周布政之助《すふまさのすけ》は、政務役として藩の改革に乗り出しました。嘉永《かえい》六年（一八五三）のことです。藩の財政を中心とした改革でした。ついで彼は安政《あんせい》六年（一八五九）、藩の軍制改革に乗り出します。長州藩の洋式軍制の基本はこの時形作られたものです。長州藩は元《げん》治《じ》元年（一八六四）、武力で京に攻め込み、禁門の変を起こします。この時長州は敗れ、幕府との妥協が図られます。藩の実権も保守派に握られたことから、周布政之助は自刃しました④。

調所笑左衛門の銅像（鹿児島版口絵より）

江戸時代後期の薩摩藩は、五百万両もの借金に苦しんでいました。調所《ずしょ》笑左衛門《しょうざえもん》は貧しい家に生まれましたが、薩摩藩八代藩主島津重豪《しげひで》に才能を見出され、側《そば》用人となって、この財政危機を建て直すことになりました。支出削減を始めあらゆる手だてを駆使して、笑左衛門は財政改革に成功します。笑左衛門は京都・大坂の商人と交渉して借金を二百五十年年賦にしてもらうことに成功したほか、三島（奄美《あまみ》大島、喜界《きかい》島、徳之島《とくのしま》）の黒砂糖で収入を増やすとともに、煙草・鰹節・硫黄・塩などの生産に力を入れました。また江戸幕府の目を盗んで琉球（沖縄県）や清《しん》（中国）と大掛りな密貿易を行ない、大きな利益をあげました。

こうした努力により藩の収入は増え、借金五百万両（当時の藩の収入の三十～四十年分）を返しただけでなく、弘化《こうか》四年（一八四四）には五十万両の貯金も達成しました。ところが笑左衛門は嘉永元年、江戸の宿舎で服毒死します。幕府に密貿易が知れることを恐れて自殺したといわれますが、真相は不明です。西郷隆盛《たかもり》や大久保利通《としみち》など、のちに明治の元勲といわれた人たちから笑左衛門は厳しく批判され、その一族も罰せられてしまいます⑦。明治になってもだれも彼の功績を顕彰しようといいださず、一家も離散してしまいました。笑左衛門の蓄えた資金によって、薩摩藩は幕末を雄藩として行動できたのにです。

**関連項目**

①岩手五章1　②新潟一章7　③神奈川五章6　④山口五章8・⑤9　⑥高知四章2　鹿児島五章2・⑦5

# 193 外国船の渡来

幕府はキリスト教の禁教を進めるとともに、対外的窓口は長崎だけとし、わが国と海外との自由な交流をいっさい禁止します。寛永《かんえい》十八年（一六四一）以降、この「鎖国」体制が二百余年続くのです。

## 繰り返し交易を求め来航したロシア

十七世紀の中ごろ、ロシアはオホーツク海沿岸まで勢力を伸ばし、毛皮などを手に入れていました。しかし、首都ペテルブルグからあまりに遠いので、カムチャツカの南にある日本から生活に必要な品々を手に入れることや毛皮を売ることを計画していました。こうしてロシアは、その後繰り返し日本へ通商を求めてくるようになったのです。

寛政《かんせい》四年（一七九二）女帝エカテリーナ二世の命を受けてアダム・ラックスマンが日本との交易を求める手紙を持って、根室へ現れました。松前藩はすぐに幕府に連絡、このとき幕府の中心は寛政改革で名高い松平定信《さだのぶ》でした。幕府側は、ラックスマンに交易を望むなら長崎へ行くようにと、そのときのために長崎への入港許可証である信牌《しんぱい》を渡しました。

その後、文化《ぶんか》元年（一八〇四）皇帝アレキサンドル一世からの親書を携えてレザノフが、かつてラックスマンが受け取った信牌を持って長崎にナジェーダ号で来航。通商関係の樹立を求めましたが、以前対応した定信は失脚しており、レザノフは半年も長崎港内で待たされ満足な交渉もできないまま帰ることになりました。その帰路に日本の防備の弱さを知ったレザノフは、力によって通商を認めさせようとして海軍士官に日本沿岸を攻撃するよう命じたのです。レザノフは一八〇七年に亡くなったのですが、その後彼の命を受けた士官は二隻の船で蝦夷《えぞ》地周辺に現れ、米・酒・木綿などを奪ったり、上陸して焼き討ちなどを重ねたのです。このことが日本とロシアとの緊張を高め、ゴローニン事件を引き起こしたのです。

文化八年、ロシア皇帝は軍艦ディアナ号に対して千島南部やオホーツクの測量を命じ、それを受けた艦長ゴローニンは千島列島を南下し、国後《くなしり》近辺で測量を開始したのでした。そして松前藩から、小人数なら上陸を許すといわれたゴローニンは、武器も持たずわずか九人で上陸。たちまち捕らえられ、松前に監禁されたのです。ゴローニンは先年のロシア船の乱暴は国の命令ではないことを説明し、松前奉行は納得したのですが江戸の幕府は認めませんでした。こうした日本への報復としてロシアに捕らえられた淡路の商人・高田屋嘉兵衛《かへえ》の冷静な対応もあり文化十年ゴローニンは釈放され、ロシアとの緊張した関係は改善されたのでした（①）。

## 通商を求め、漂流者送還に来航した外国船

北方での緊張に加え幕府を悩ませたのは、文化五年のフェートン号事件です。イギリスの軍艦フェートン号が、当時交戦中だったオランダの旗をひるがえして鎖国の禁令を犯して長崎港に入港し、薪《まき》と水を要求してオランダ商館にオランダ人二人の引き渡しを迫ったのです。そのときの長崎警備の当番は佐賀藩で、番所の責任者二人が責任を負わされて切腹となり、藩主は謹慎の罰を受けたのでした（⑤）。

その後も文政《ぶんせい》元年（一八一八）イギリス人ゴルドンが通商を求めて浦賀

（神奈川県）に、文政五年には同じイギリス船が来航し、文政七年にもイギリス人が常陸国《ひたち》（茨城県）に来航しました。このように、外国船がたびたびやってくるようになったので、幕府は文政八年に「異国船打払い令」を出します（②）。これで大騒ぎになったのがモリソン号事件です。

天保《てんぽう》八年（一八三七）、アメリカの商船モリソン号が、日本人漂流民七人をともなって通商を求め浦賀沖、および鹿児島湾口に来航したのに対し、幕府が「異国船打払い令」にしたがって砲撃し退去させたのです。漂流民を送還してきた外国船をその目的も問わずに打払ったことから、三河《みかわ》（愛知県）田原藩家老で蘭学者の渡辺崋山《かざん》は『慎機論《しんきろん》』を、陸奥《むつ》水沢（岩手県水沢市）出身の医師で蘭学者の高野長英《ちょうえい》は『夢物語』を書いて、日本を取り巻く国際情勢から幕府の打払い政策を厳しく批判しました。それに対し幕府は、崋山を国元での永蟄居《えいちっきょ》、長英を永牢などに処したのでした。これが、いわゆる「蛮社の獄《ばんしゃのごく》」と呼ばれる蘭学者弾圧事件です（④）。

この事件の後、幕府は「異国船打払い令」を緩和し、「薪水給与令」を出し、漂着した外国船には薪水・食糧を与えることにしたのです。打払い令により外国と戦争になる危険を避けるためでした。

ペリー艦隊を描いた「武州潮田遠景」（東京版口絵より）

弘化《こうか》元年（一八四四）から琉球に相次いで外国船がやってきています。この年フランス軍艦がやってきて、貿易とキリスト教の布教を強く要求しました。琉球が断ると軍艦は去りましたが、宣教師と通訳を残して要求を続けました。弘化三年、イギリス軍艦が貿易を求めてやってきて、断られると宣教師を強引に上陸させて帰りました。さらに時期を前後してフランス艦隊まで再来して繰り返し貿易を要求してくるのです。薩摩藩の指示で断り続けますが、イギリス・フランス両国はその後も琉球との貿易をあきらめる様子はみえませんでした（⑥）。

### 二百余年の「鎖国」を破った黒船艦隊

「鎖国」政策を続けること二百余年、それを破ったのは巨大な黒船の出現でした。嘉永《かえい》六年（一八五三）、ペリーの率いるアメリカ東インド艦隊四隻が、浦賀（神奈川県横須賀市）の沖合いに錨《いかり》をおろしたのです。旗艦サスケハナ号（約二五〇〇トン）とミシシッピ号（約一七〇〇トン）は黒煙をあげて走る巨大な蒸気軍艦で、プリマス号とサトラガ号は帆船ですが、重装備の強力な軍艦でした。人々が「黒船」と呼んだように四隻とも黒く塗装され、それぞれ臨戦態勢に入り、大砲はいつ火をふくかもしれない不気味さでした。ペリーがフィルモア大統領の国書を提出して開国を求めたのに対し幕府は、朝鮮・琉球以外の国からの国書は受領しないという従来の方針を破り、国書を正式に受け取り、翌年、国書へ回答することを約束してとりあえず帰ってもらったのでした（③）。その直後にロシア使節プチャーチンがディアナ号で長崎に来航し、開国と国境の画定を求めたのです。

**関連項目**

北海道一章8・①二章6・②7　青森一章8　③東京二章8　④東京五章4　大阪50科　⑤佐賀一章8　長崎前章　⑥鹿児島五章6

# 194 対外防備

## 初めて対外防備について体系的に論じた林子平

わが国の対外防備について初めて体系的に論じたのは、仙台藩藩士の林子平《しへい》でした。子平は、寛政《かんせい》三年（一七九一）に刊行した『海国兵談』で「外国が日本を攻めてきた場合、いかに防御すべきか」述べています。

子平は、日本が四方を海で囲まれた海国で、江戸の日本橋から中国やオランダまでは境界のない水路であることを指摘。海辺の防備について、長崎に石火矢《いしびや》（砲台のこと）はあるが、それを全国枢要の沿岸に設けるべきであると説きます。とくに重要な江戸湾の安房《あわ》国（千葉県）や相模《さがみ》国（神奈川県）にこれがないのは不都合だとし、速やかに設置してそこには諸侯を置いて備えを厳重にすべきだというのです。そのうえで子平は、海辺の兵法は水戦にあるとし、造船の必要性を主張します。これまでの日本船ではだめで、外国の造船技術やその船が堅固である理由をよく知ったうえで製作すべきだというのです。大砲の必要性についても述べています。

それに先立つ天明《てんめい》六年（一七八六）に刊行した『三国《さんごく》通覧図説』では、蝦夷《えぞ》地（北海道）は金銀材木、海産物など物産が豊富なところだといい、蝦夷地全域を日本国内にすべきだと主張しています。三国とは朝鮮、琉球、蝦夷地のことです。『三国通覧図説』では、これに小笠原諸島などを含めた、日本に隣接する国々について述べています。

この子平の主張は幕府に受け入れられず、寛政四年に子平は処罰されますが、その年の暮れにロシアのアダム・ラックスマンが蝦夷地根室に来航し、通商を求めてきました。そのため幕府は江戸湾の防備を強化するなど、子平の主張を取り入れざるを得なくなりました（③）。

## 北辺の警備強化に幕府が乗り出す

寛政四年（一七九二）にロシアのアダム・ラックスマンが根室に来航したのに続き、寛政八年にはイギリスのブロートンの指揮するプロビデンス号が内浦湾に現れました。ブロートンは翌九年にもやってきます。蝦夷地をまかされていた松前藩は、忙しく緊張した状況が続きました。

幕府は、小さな松前藩ではロシアやイギリスなどの対応できないと判断し、箱館（函館）の警備を陸奥《むつ》国（青森県）津軽藩に命じたのです。続いて寛政十年には、蝦夷地の調査に入っています。調査隊には近藤重蔵《じゅうぞう》や最《も》上徳内《がみとくない》もおり、国後《くなしり》・択捉《えとろふ》まで調査しました。その調査に基づき、幕府は寛政十一年に松前氏を陸奥国梁川《やながわ》（福島県）に移して東蝦夷地を直接支配することになり、続いて文化《ぶんか》四年（一八〇七）には西蝦夷地も幕府が直接支配することになって蝦夷地全体が幕府の直接支配となったのです（①）。

寛政十一年に東蝦夷地が幕府の直接支配になるとともに、箱館と浦河《うらかわ》の警備は幕命を受けた津軽藩・南部藩が行なうことになりました。以降、両藩の蝦夷地警備は常備軍としての性格を持つことになります。それが安政《あんせい》元年（一八五四）にロシアとの間に和親条約が結ばれて、下田（静岡県）とともに箱館の開港が決まると蝦夷地は緊張を帯び、秋田・仙台（宮城県）・庄内（山形県）・会津（福島県）・富山の諸藩も蝦夷地警備を命じられ、この体制が明治維新まで続くことになります。

津軽・南部両藩の警備場所は時期により違いますが、最初は、箱館・松前・江差《えさし》および東蝦夷地を警備し、蝦夷地全域が直接支配となってからは両藩とも箱館・松前・江差・択捉のほかに、津軽藩は増毛《ましけ》・天塩《てしお》・利尻《りしり》・宗谷（稚内市）などの西蝦夷地と樺太《からふと》、南部藩は砂原《さわら》・浦河・厚岸《あっけし》・根室・国後などの東蝦夷地を警備しています（②）。

## 唯一外国に開かれていた長崎の警備

北辺の警備とともに対外防備で重視されていたのは、鎖国政策が続くなか唯一外国へ向かって開かれていた長崎の地の警備です。この重要な任務を担当したのは、佐賀藩と福岡藩でした。寛永《かんえい》十八年（一六四一）に、まず福岡藩に長崎警備が命じられ、続いて佐賀藩には翌十九年に命令が下っています。それ以降、福岡藩と佐賀藩は交代で任に当たることになります。長崎港の港内・港外には台場が築かれており、大砲や火薬が備えつけられ、警備に当たっていました。この長崎警備には、他に秋月（福岡県）・唐津（佐賀県）・島原・平戸・大村・五島（いずれも長崎県）・熊本などの近隣諸藩が加わり、福岡・佐賀藩を補佐する体制を敷いていました。寛政《かんせい》四年（一七九二）にロシアのラックスマンが根室に来航したことで海防の必要性が高まり、佐賀藩は同七年に大砲を二十七門改鋳して、長崎警備を強化しています。また、文化《ぶんか》五年（一八〇八）にイギリス軍艦のフェートン号事件があり、それ以降、長崎警備の充実がはかられています。さらに佐賀藩では、幕末に向け長崎港外に台場を増築し、外国船をそこより内にいれないために、幕府から風水害の救援という名目で五万両の借金までして近代的な大砲を備えたのでした（⑤）。

林子平『海国兵談』（宮城版330ページより）

## 幕府のお膝元・江戸の対外防備

ペリーの率いるアメリカ東インド艦隊四隻が、浦賀（神奈川県横須賀市）にやってきたのは嘉永《かえい》六年（一八五三）のことでした。人々が「黒船」と呼んだように四隻とも黒く塗装され、それぞれ臨戦体制に入り、大砲はいつ火をふくかもしれない不気味さでした。

このとき幕府は、諸大名に三浦半島（神奈川県）から房総《ぼうそう》半島（千葉県）に至る江戸湾沿岸の警備を命じ、旗本や御家人（将軍直属の家臣）へは、江戸城や海岸への緊急出動が指示されています。

ペリーが退去した後、幕府は当時保有していた大砲の射程距離が短いので、相模国（神奈川県）の観音崎《かんのんざき》や猿島《さるしま》（ともに横須賀市）、房総の富津《ふっつ》（千葉県富津市）付近を固めただけでは江戸の防備にならないことを痛感します。そこで、江戸湾の内海の防備強化の重点策として、翌年春に予定されるペリーの再来航までに、品川沖の海中に十一ヵ所の台場を築くことを勘定吟味役格・代官の江川英龍《ひでたつ》らに命じています（④）。

**関連項目**

①北海道二章7　②青森一章8　岩手一章4　③宮城五章5　秋田五章8　④東京二章8　神奈川三章8・五章6　富山一章9　和歌山五章9　⑤佐賀一章8

# 195 外国との戦い

江戸時代、わが国は小競り合いはともかく、本格的に外国と戦火を交えたことはありませんでした。文久《ぶんきゅう》三年（一八六三）に起こった薩英《さつえい》戦争、そして同年と翌年の元治《げんじ》元年（一八六四）と二度にわたって戦われた下関攘夷《じょうい》戦争で、その太平の夢は打ち破られました。

## 鹿児島湾内に必死で砲弾を浴びせる薩摩《さつま》兵

文久二年、横浜から川崎（ともに神奈川県）まで遠乗りに出かけたリチャードソン、マーシャル、クラーク、ボロデール夫人の四人のイギリス商人は、途中の生麦《なまむぎ》村（横浜市鶴見区）で、大名行列と遭遇しました。江戸から鹿児島に向かっていた島津久光《ひさみつ》（十二代藩主忠義《ただよし》の実父）の行列でした。行列の供侍《きょうじ》たちは身振り手振りで道を開けるようにいいましたが、イギリス人たちは日本の習慣に不慣れだったため意味が分からず、行列の中に馬を乗り入れてしまいました。行列を乱された供侍たちが激怒し、イギリス人に斬りかかり、リチャードソンを殺害、ほかの男二人にも怪我をさせました。これが生麦事件です。

イギリスは幕府に賠償金一〇万ポンド、薩摩藩に犯人の処刑と賠償金二万五〇〇〇ポンドを要求しました。幕府はこの要求をのみましたが、薩摩藩は拒否しました。行列を乱したものを斬るのは日本の慣《なら》わしで、非はイギリス側にあると主張しました。このためイギリス代理公使ニールは、艦隊を率いて海路鹿児島へ向かい、直接薩摩藩と交渉しようとしました。イギリスの要求を拒否しつづけていた薩摩藩は、イギリスの報復攻撃があるものとみて、迎撃体勢を取っていました。

イギリス艦隊が鹿児島湾の入り口に姿を現したのは、六月二十七日でした。旗艦ユーリアラスをはじめパール、アーガス、パーシュース、コケット、レースホース、ハボックの軍艦七隻でした。鹿児島湾岸の薩摩藩陣地からいっせいに狼煙《のろし》があがる中、艦隊はゆっくりと北上し、鹿児島の南沖一五キロほどのところに停泊しました。薩摩藩の砲台は湾を取り巻くように八十一門が備え付けられていましたが、いずれも艦隊に照準を合わせています。艦隊には合計八十九門の大砲がありました。両軍が睨み合う中で交渉が始まりましたが、両者の主張は平行線をたどりまったく進展しませんでした。七月二日、悪天候を衝いてイギリス艦隊は薩摩の蒸気船の拿捕《だほ》に踏み切りました。これをきっかけに薩摩の砲台が火を噴きました。射程圏にいたのは二艦だけでしたが、この攻撃はイギリス艦隊を慌てさせました。威圧すれば降伏すると思っていた薩摩藩が反撃してきたからです。艦隊は一時退却しましたが、その後の反撃では大砲の差が歴然としていました。薩摩の大砲が射程二〇〇〇メートルだったのに対して、イギリス艦隊の大砲は四〇〇〇メートル前後、しかも弾頭には信管がついていて当たると爆発します。鹿児島城下はたちまち艦砲射撃で火に包まれました。薩摩側もユーリアラスを破壊、レースホースを座礁させました。コケットにも大きな損害を与えました。しかし砲台が艦隊の砲撃でやられて、有効な反撃ができませんでした。二日間の戦争のあと、イギリス艦隊は去っていきました。

その後の交渉で薩摩は賠償金を払ったものの、犯人は不明ということで妥協が成立、好敵手同士と認め合った両者は急速に親善を深める関係になりました（②）。

### 連合艦隊の激しい砲撃にさらされる下関

文久三年五月、雨が降りしきる下関海峡で、停泊中のアメリカ汽船に長州藩の軍船が近づき砲撃しました。五月下旬にはフランス軍艦を、さらにはオランダ軍艦にも砲撃を加えました。攘夷の決行を叫んで、外国艦船を砲撃したのです。しかしやられた側の反撃はすばやく、六月にはアメリカ軍艦が現われ、藩の軍船四隻のうち三隻を撃沈、大破していきました。つづいてフランス軍艦二隻が来襲して兵隊二百五十人が上陸、たちまち長州兵は追い払われ、砲台を占拠されたうえに徹底的に破壊されました。陣所も焼き払われました。

さらに翌年の八月、一方的な軍事行動をただすためイギリス、フランス、オランダ、アメリカの四カ国連合艦隊が十七隻も来襲。すさまじい艦砲射撃を続けたうえで、二千人の兵員が上陸、長州藩も迎え撃ちましたが、四日間の戦闘で長州の砲台という砲台は占領され、大砲六十二門が奪い去られました。圧倒的に優れた欧米の軍事力になすすべなく敗れた長州藩は、すぐに休戦交渉を申し込み、全面敗北したのです。

馬関戦争図（山口版口絵より）（下関市立長府博物館蔵）

長州藩はこの戦争を仕掛ける前に、京都で藩主を交えて五日間もの会議を行なっています。そこで攘夷決行を決めたといわれますが、強行派が勝ったということなのでしょう。攘夷戦争に敗れたという報が伝わると、萩城下では今度は萩に外国軍隊が攻めてくるといって、数え切れないほど大勢の老若男女が海岸に出て、防備のために土塁を積んだといいます。城下の町々では女性まで含めて軍事訓練が始まったともいわれます。

攘夷戦争に参戦した者が携えていた布には、まず攘夷をして、その上で開国か鎖国かを決めようという意味のことが書かれていました。これがこの戦争を指導した者たちの考え方であったと思われます。幕府のようにただ脅しに負けて開国するのではなく、まず外国を追い払って、その上で対等の立場で開国する、という手順を踏むことを主張しているのです。敗戦のあとの講和会議に出席した高杉晋作《たかすぎしんさく》は、外国に対して強い態度で接しています。賠償金を求めたり、領土割譲を要求する外国に対して、高杉晋作は「戦争は幕府の命令に従ってやったことだ、幕府に請求せよ。わが国は神の国だ、一部たりとも領土を外国に譲ることはできない」と、きっぱりと答えたということです。

会議の通訳を務めたアーネスト・サトウは、「長州人を戦争でやぶってから、かえって彼らを好きになり、尊敬の気持ちも起こった」と述べたと伝えられます（①）。

**関連項目**

①山口一章9　②鹿児島一章8

# 196 開国と鎖国の終焉《しゅうえん》

## 黒船来航のショック

「泰平《たいへい》の眠りをさます上喜撰《じょうきせん》たった四はいで夜も眠れず」という狂歌は、「黒船」来航による人々の動揺をうまくとらえていることでよく知られています。黒船来航とは、アメリカ東インド艦隊司令長官ペリーの開港要求をさし、上喜撰とは当時の銘茶「上喜」の上等品のこと。このお茶のカフエインで眠れなくなることと、ペリー艦隊の四隻の蒸気船に驚いて眠れないことをかけたものです。

嘉永《かえい》六年（一八五三）六月、アメリカ東インド艦隊司令長官ペリーが四隻の巨大軍艦を率いて浦賀（神奈川県横須賀市）に来航し、二百余年続いた日本の鎖国政策を撤回させて開国を求めてきました。幕府は、このペリー来航をオランダ商館長から情報を得ていたのですが有効な対策を立てられず、ペリーの強い態度に押されてアメリカ大統領からの国書を正式に受け取り、翌年、国書へ回答することを約束して帰ってもらったのです。その直後に、ロシア使節のプチャーチンが長崎に来航し、開国と国境の画定を要求してきています。長年にわたる鎖国体制によって外国に対する危機管理意識はまったくといってよいほど機能していなかったので、幕府はやむなく、ペリーの要求に対する方針を諸国の大名に諮《はか》っています。このときの幕府の責任者は、老中首座の阿部正弘でした。

約束通り翌嘉永七年の一月、ペリーは今度は七隻の軍艦を率いて再来したのです。「要求を拒否すれば開戦におよぶ勢いだ」と報告を受けた阿部はこの時点で要求を承認し開国への方針へ踏み切ったものと思われます。交渉の結果、日米和親条約が調印・締結されました。アメリカ船の下田・箱館への寄港、薪水や食糧の購入、漂着アメリカ人の保護、最恵国《さいけいこく》待遇などを決めています。この調印は、長崎の出島での貿易以外にはかたく扉を閉ざして、二百余年にわたり続けられてきた鎖国の終焉を意味し、明治維新の開幕を告げる画期的なできごとでした（②③）。

## 開国後に備えた老中阿部正弘

日米和親条約の締結後、開国政策が推進されるのですが、それにともなって幕府は嘉永《かえい》・安政《あんせい》の改革に着手します。阿部は、安政元年（一八五四）六月、「海防局」の設置を提案しています。それは、海防掛に付属した組織として海防掛の人々を定例的に参集討議させるもので、老中・若年寄も臨席できるというものでした。さらに、この海防局に付属する専門部局を置いて、外国の事情に通じている諸藩の学識者（藩士も含む）をそこに出仕させ、海防掛からの諮問に答えさせるという構想を持っていました。諮問に際しては、諸藩士へも、たとえ機密事項であっても「推察の可能な程度の事情はなるべく知らせて、衆知を集めたい」という考え方でした。

「海防局」じたいは実現しませんでしたが、その下部機構に諸藩の学識者を登用する案は、安政二年、洋書の翻訳などをする蕃書調所《ばんしょしらべしょ》となって結実し、幕末期の西洋科学技術の吸収に大きな役割を果たすことになります。この年には、幕臣に洋式兵術などを学ばせる講武所が設立され、またオランダ人を教官とする長崎海軍伝習所が開設されています。

こうして開国の方向を示すとともに阿部は、それを推進する人材を海防掛として積極的に登用しています。勝麟《りん》太郎（海舟《かいしゅう》）もそうですが、堀利《とし》熙《ひろ》・永井尚宗《むねなお》・岩瀬忠震《ただなり》・大久保忠寛《ただひろ》らです。なかでも忠震は、講武所・蕃書調所・長崎海軍伝習所の創設に関与し、つねに開国論を唱えて外交の第一線で活躍しており、安政五年の日米修好通商条約をはじめとする安政五ヶ国条約は、忠震の手で調印されました。難しい時期を挙国体制で乗り越えようと着々と手を打っていた阿部は、それが徐々に実現していくなか三十九歳の若さで病死してしまいます。安政四年六月のことでした（③）。

**開国か攘夷《じょうい》か議論沸騰**

嘉永六年（一八五三）ペリー来航に際し、その報告・対策を諸藩大名に諮ったことはすでに記した通りですが、このとき老中阿部正弘は、朝廷にもペリーの来航とアメリカ大統領国書について報告しています。このペリー来航は国内に対外危機感を生み、攘夷論（外国を撃退することを主張した排外的な考え方）がさかんになり、それまで政治に対して「蚊帳《かや》の外」だった朝廷にも、また諸藩の大名にも幕府の対応を公然と批判する風潮が広まるキッカケとなったのです。

明治元年の箱館（北海道版175ページより）

こうして幕府が開国へ向けて遅ればせながら手を打っているなか、巷《ちまた》では開国か攘夷か議論が沸騰していました。どの藩も同様なのですが、あの近江《おうみ》国（滋賀県）彦根藩でも開国派と攘夷派との間で激論が交わされていたのです。当時の藩主・井伊《いい》直弼《なおすけ》は早くから諸外国に対する脅威を感じており、また直弼に仕えた学者にも西洋に対して意識の高い人々が集まっていて、開国せざるを得ないという意識を強く持っていました。

安政《あんせい》五年四月、直弼は幕府の大老に就任します。就任するやいなや直弼は、下田に駐在していたアメリカの初代総領事ハリスから強く迫られていた開国の条約締結の延期を画策する一方、朝廷からの開国勅許（朝廷の許可）を得ようとその工作を長野主膳にゆだねますが、反対派の抵抗は強く同年六月、直弼は勅許を待たずに日米修好通商条約を締結したのです。

この直弼の決断に攘夷派は激しく怒りますが、同年後半から翌年にかけて反対派をいっせいに検挙し、安政の大獄が始まりました。逮捕者は橋本左内《さない》、吉田松陰《しょういん》、頼三樹三郎《らいみきさぶろう》、梅田雲浜《うんぴん》ら諸藩の志士のほか、鷹司《たかつかさ》、近衛、三条などの公家やその家臣にまで及び、前水戸藩主徳川斉昭《なりあき》、福井藩主松平慶永《よしなが》、土佐藩主山内容堂《ようどう》や諸侯にも蟄居《ちっきょ》（一室に謹慎させる）、慎《つつし》みなどの処分が下されたのです。この開国をめぐる難問題は、十二代将軍家慶《いえよし》がペリー来航の嘉永六年に病死したのを発端に起きた将軍継嗣《けいし》問題とからんだため複雑な様相を呈したのでした。将軍後継者をめぐり紀州藩の徳川慶福《よしとみ》（八歳）を擁立する派（紀州派）と三卿一橋家の徳川慶喜《よしのぶ》（十七歳）を擁立する派（一橋派）の二つのグループが対立したのです（①②③）。

**関連項目**

北海道三章1・3　東京二章8・五章3　神奈川前章　福井一章9・①10　②滋賀一章8　大阪十一章4　兵庫一章7　③広島一章7　佐賀三章6　長崎三章8

# 197 藩内の分裂

## 網の目のように張り巡らされた徳川家の支配

幕末が近づくにつれ、どこの藩でも大なり小なり、藩内の意見対立が表面化してきました。危機的な藩財政の窮迫と外圧に加え、中央政府の方針の混迷が、各藩に動揺をもたらしました。

外様《とざま》であれ、譜代《ふだい》であれ、二百五十年以上にわたる徳川支配は、全国各地の藩に徳川家との関係構築を強要してきました。例えばそれは、藩主の婚姻《こんいん》であったり、嗣子《しし》のいないときの養子であったり、徳川一族の有力者の子弟の執政への受け入れであったりしました。このように、大藩小藩ともに徳川一族との関係は、全国の藩に網の目のように張り巡らされていました。

したがって、幕府が支配者として当事者能力を失っていったからといって、すぐに掌《てのひら》を返すようなことはできにくい状況にどの藩もありました。とくに藩主一族にとっては、そのしがらみを絶ち切るのは容易なことではありませんでした。それが藩内の亀裂を生むきっかけになりました。まず外圧を除き、わが国政治の原点ともいうべき朝廷親政に戻して、その後に対外方針を含めた国の基本政策を決定しようという考え方の尊王攘夷《そんのうじょうい》派と、朝廷と幕府が一致協力して国難に対処しようとする公武合体《こうぶがったい》派とが鋭く対立していました。藩主たちはほぼ例外なく公武合体派でした。ところが藩内の若手藩士を中心に、時代の転換点にあって劇的な変化を求める声が強まり、なんとか幕府の立場を守ろうとする藩主や執政など藩上層部との対立が鮮明になります。

## 態度を明らかにできなかった将軍の子

徳島藩の十三代藩主蜂須賀斉裕《はちすかなりひろ》は、十一代将軍徳川家斉《いえなり》の二十二人目の子として生まれ、徳島藩主に子がなかったため、蜂須賀家の養子に迎えられました。徳島藩の幕末の経済動向は、他藩と違って、最大の特産品である藍《あい》の売れ行きも順調で、領内も比較的安定していました。文久《ぶんきゅう》の藩内改革こそ保守派重臣たちの協力が得られず挫折しますが、大坂湾の入口である淡路の由良《ゆら》と岩屋《いわや》に砲台をつくる一方、人材養成のために江戸藩邸内に藩校長久館《ちょうきゅうかん》を設立するなど、藩主の斉裕は精力的に藩政に取り組みました。また幕府にあっても公武合体の推進者として努力し、文久二年（一八六二）陸軍総裁に就任し、海軍総裁も兼務します。

ところが領国では、討幕か佐幕（幕府を大切にすること）かで藩内の意見が分かれ、藩論を統一できないでいました。淡路を知行地とする徳島藩筆頭家老稲田家の主従は、討幕派として積極的な活動を続けていました。稲田家は、徳島藩内で特異な立場にあったためそれに同調することをためらう空気もあって、国元へ帰った斉裕もついに旗色を鮮明にできませんでした（②）。

## 脱藩に追いつめられた土佐勤王《とさきんのう》党

藩内が分裂していたのは、後に明治政府の中心勢力のひとつになる土佐藩も同様でした。嘉永《かえい》六年（一八五三）にペリーが浦賀《うらが》（神奈川県）に来航して以来、国内各地で開国論と攘夷論がうずまき、討幕派と佐幕派の対立に拍車がかかりましたが、土佐藩内でもその対立は抜きさしならないものにまでなっていました。討幕派は下級武士、佐幕派が上級武士という基本的な構図にも変わりありませんでした。土佐（高知県）における上級武士とは藩主山内氏とともにこの地にやってきた山内武士団であり、下級武士はそのずっと下位に位置づけられた土着の武士団でした。

土佐藩主山内家は外様ではあっても、藩祖山内一豊《かずとよ》以来、徳川家とは親密な関係を続けてきました。このため藩主の山内容堂《ようどう》は、徳川家にできるだけ傷がつかないようにと公武合体を推進する立場でした。しかし、下級武士たちはこれに満足せず、藩をあげて勤王のために力を尽くすことを主張して、武市半平太《たけちはんぺいた》（瑞山《ずいざん》）を中心に土佐勤王党を結成して、藩内に働きかけを始めます。このため藩主を支持する執政たちと激しく対立します。とくに容堂の片腕として藩政の中心にいた吉田東洋《よしだとうよう》は、土佐勤王党の動きを一顧だにしませんでした。

武市半平太旧宅（高知版337ページより）

吉田東洋は土佐勤王党の手で文久二年に暗殺されます。この直後から、土佐藩は尊皇攘夷の旗を高く掲げることになります。ところが将軍の後継ぎ問題での井伊直弼《いいなおすけ》との対立で隠居させられていた容堂が再び実権を握ったことによって、武市半平太は入獄を余儀なくされ、土佐勤王党の坂本龍馬《りょうま》、中岡慎太郎《しんたろう》、吉村虎太郎《とらたろう》らは、脱藩という道をとらざるを得なくなったのでした（③）。

## 御三家の中の激しい内部対立

徳川御三家のひとつである水戸藩内の対立も深刻でした。御三家であるだけに、その影響も無視できませんでした。対立が頂点に達したのは、元治《げんじ》元年（一八六四）で、藩内尊王攘夷派の藤田小四郎《こしろう》、田丸稲之右衛門《いなのえもん》らは、藩を出て筑波山《つくばさん》で兵を挙げるに至りました。藤田らの大義名分は、水戸藩九代藩主徳川斉昭《なりあき》の遺志を継ぐということでした。

斉昭は幕府の中枢にありながら、攘夷の意思を変えなかった人物でした。開国した大老井伊直弼を桜田門外で襲った浪士たちの行動も斉昭の遺志に忠実であろうとした考え方の表れでした。筑波山で挙兵した藤田らは、徳川家の紋である葵《あおい》の幕を本陣に張って、自分たちの行為の正当性を主張するという尊王攘夷派としては異例の行動をとりました。これも御三家の中興の祖と仰がれる斉昭の遺志を体現しようとしたところからの行動でした。

水戸天狗《てんぐ》党と名乗った藤田らは、どんどん勢力を伸ばし、長征したのでした。この間、水戸藩は表向き公武合体派に与《くみ》していました（①）。

**関連項目**

岩手一章7　①群馬一章10・五章5　山梨一章10　岐阜一章10　三重一章11　大阪十一章1　奈良一章9　島根一章6　山口一章10　②徳島五章10　香川一章9　愛媛一章8　③高知五章7　宮崎一章8　鹿児島一章9

# 198 幕府への叛旗《はんき》

### 藩内の深刻な対立

幕末になって幕府へ公然と叛旗を翻したのは長州藩ですが、その長州藩も高杉晋作《たかすぎしんさく》らが下関（山口県）で挙兵して藩内保守派を打倒して、藩論を討幕に統一するまでは揺れに揺れました。揺れるたびにその時点で優勢なほうが、反対派の家老や執政を切腹に追いこむということを繰り返しました。薩摩藩も同様でした。薩長同盟が成立するまでは、公武合体を主張し、幕府の弱体化を防ごうとしました。そしてこの考えに同調しない者を追放したり、幽閉することを繰り返していたのです。第二次長州征伐《せいばつ》以降は、長州・薩摩ともに藩論を統一し、幕府に公然と叛旗を翻《ひるがえ》しました。

### 幕府に衝撃を与えた大塩《おおしお》の乱と一揆

幕末になって公然と幕府に叛旗を翻した最初の事件は、大坂で起りました。大坂東町奉行所前与力大塩平八郎《へいはちろう》が起こした反乱です。天保《てんぽう》七年（一八三六）は、度重なる風水害で凶作が予想されていました。このため商人たちは米の買占めに走りました。予想通り大凶作になると、米価は急騰し、人々の困窮は目に余る惨状となりました。その最中に東町奉行跡部良弼《あとべよしすけ》は、実兄の老中水野忠邦《みずのただくに》の要請で江戸へ大量の米を送っていました。翌年の新将軍宣下《せんげ》式典準備のためのものでした。こうしてますます大坂の米は品薄となり、米価は騰貴しました。

大塩は陽明学者であり、清廉潔白な人柄で与力在任中の手腕もなかなかのものでした。若くして引退して自宅で洗心洞《せんしんどう》という家塾を開いていました。塾には大塩の人徳を慕って多くの門人が、学びに来ていました。大塩はかねてから人々の困窮をよそに、巨利を貪《むさぼ》り贅沢三昧《ぜいたくざんまい》で暮らす富裕な商人たちが許せませんでした。そして彼らと結託して、保身を図り私腹を肥やすことに狂奔《きょうほん》する奉行以下の役人に怒りを感じていました。自身も身を置いていた奉行所が奸吏《かんり》によって汚され、幕藩体制が内部から腐食されていくのが許せません。

天保八年、大塩は門弟ら七十数人とともに挙兵します。「救民」と書いた旗など数本を立て、大筒（大砲）を引き回して市中を行進しました。大塩軍の総勢は一時三百人近くになり、大商人の店が建ち並ぶ北船場（大阪市中央区）などで、砲撃を繰り返し店や蔵を破壊炎上させました。しかし、幕府軍との二回目の交戦でひとりが狙撃《そげき》されたのをきっかけに総崩れとなって四散し、鎮圧されました。わずか半日で鎮圧される間に、大坂の町の五分の一が焦土《しょうど》となりました。大塩は逃亡し、一ヵ月以上捕まりませんでした。大塩には懸賞金がかけられましたが、人々は「大塩様」と称え、誰一人として密告するものはありませんでした（⑤）。

大塩の乱は、各方面に大きな衝撃を与えました。この事件に刺激を受けた国学者生田万《いくたよろず》は、滞在先の柏崎（新潟県柏崎市）で、陣屋へ同志とともに討ち入りました（②）。これより先、天保七年八、九月に、初めて「世直し」という言葉が使われた一揆が起りました。三河の加茂《かも》騒動（愛知県豊橋市一帯）と甲州の郡内《ぐんない》騒動（山梨県都留《つる》市一帯）です。とくに加茂騒動は「世直し大明神」の旗の下に、明確に幕府の米価政策を批判したもののでした（④）。また郡内騒動も、郡内ばかりでなく国中《くになか》（甲府盆地一帯）にまで広がり甲府城下に一揆が押し寄せ、その中には富裕な農民層まで含まれており、明らかに幕府の米価政策への批判が現れています（③）。

## 武力で幕府に挑んだ人々

時代が進むと公然と武力をもって、幕府に対抗しようという動きが現れるようになります。たとえば明治維新のさきがけといわれた天誅《てんちゅう》組の変などがそれです。幕府大老井伊直弼《いいなおすけ》が桜田門外の変で討たれてから、公武合体派と尊尊攘夷派との対立が激しくなります。文久《ぶんきゅう》三年は、そうした対立が頂点に達した年でした。天皇が大和へ行幸《ぎょうこう》する機会を捉えて、一気に尊王攘夷体制をつくりあげてしまおうと天誅組は、五條代官所（奈良県五條市）を襲撃、代官を捕らえました。五條一帯を統制下に置くと、事件を聞きつけた尊王攘夷派の人々が続々と五條に参集してきました。この時京都では「八月十八日の政変」（公武合体派の会津藩と薩摩藩が手を結び、尊王攘夷派の公家《くげ》・長州藩兵ともに朝廷から追放されました）が起こり、大和行幸が中止になります。こうした情勢の中で、天誅組は十津川《とつがわ》郷士千人を含めて、譜代の高取《たかとり》藩（奈良県高市郡高取町）を攻撃します。高取城から大砲で反撃されると総崩れになり、敗走します（⑥）。

大塩平八郎像（大阪版口絵より）（大阪市立博物館蔵）

水戸藩の尊王攘夷派は各地の浪士を集めて大きくなり、天狗党《てんぐ》と呼ばれました。水戸藩内部はペリーの来航以来佐幕派と尊王攘夷派の二つに分かれ激しく対立していました。元治《げんじ》元年（一八六四）、その内の尊王攘夷派は筑波《つくば》山で挙兵しました。生糸景気に沸く上州（群馬県）で軍資金を調達し、京都へ上るというのが彼らの行動予定でした。八百数十人の軍勢は、各地で商人から軍資金を強奪し、進軍しました。別動隊も含めるとかなりの人数に達していました。本体は上州を進軍し、下仁田《しもにた》（群馬県甘楽《かんら》郡下仁田町）で高崎藩兵と激突しました。これを破った天狗党は、信州（長野県）に入り、松本藩や諏訪藩と戦い、何とか勝利を収めて木曽路を通って京都を目指しましたが、越前敦賀《つるが》（福井県敦賀市）の近くで力尽きて、加賀藩に降伏しました（①）。

武力闘争はいずれも鎮圧されていますが、各藩の藩兵は太平に慣れ、鎮圧に手間取りました。これが尊王攘夷派に勢いを与えたことは否めません。島根県隠岐《おき》では、長州藩の幕府への叛旗に呼応して、松江藩の役人を追放して、島民による自治政府がつくられました。隠岐で結成された正義党には三千人以上が参加し、文字通りの島民による政府の出現でした。これを隠岐コンミューンと呼ぶ人もいます。しかし、このときにはすでに明治新政府が発足していましたし、尊王攘夷はすでに天皇親政を実現し、開国和親へと方向転換されていました。島民だけが置き去りにされた感があります。指導者たちは、他ならぬ明治政府によって処罰されました（⑦）。

**関連項目**

①群馬一章10・②五章5　③山梨一章10　④愛知一章7　⑤大阪十一章1　⑥奈良一章9　⑦島根一章6　山口一章10・五章8・9　高知五章7　鹿児島一章9

# 199 世直しと庶民

## 世直しの神にかかってくるか

幕藩の支配体制が緩み、外国からの圧迫が強まる中、庶民の中には閉塞《へいそく》感が急速に広まりました。社会が騒然とする中で、「世直し」を唱える人々があちこちで騒ぎ立てるようになりました。

まず天保の飢饉の最中、三河《みかわ》加茂《かも》郡（愛知県豊田市）の農民たちが米価の値下げを求めて騒ぎ出しました。彼らは世直しを叫んで、米商人らへの打ち壊しを行います。これを加茂騒動と呼んでいます。天保《てんぽう》七年（一八三六）に始まったこの騒動は、酒造家・米屋などを次々と打ち壊していきました。人々は「なんじらよく聞け。金銀のあるにまかせ多くの米を買占め、貧乏人の難渋を顧みず、酒となして高値で売り、金銭かすめ取りたる罰はのがるるべからず。今日只今、世直しの神が来て厳罰をあてようぞ。観念せよ」と叫びながら打ち壊したといいます。一揆を起こした人々は、自らを「世直し神」といって、行動を正当化しているところから、社会の変革を目的にする世直し意識がすでに表面化した事例とみられます。三～四千人の一揆勢が挙母《ころも》城下に入ったときも、藩兵が竹槍や鉄砲を構えて待機しているのを見て、「こざかしい、その竹槍は何にするのじゃ。世直しの神に向かってかかってくることもできまい」。このとき挙母藩兵が発砲し、別に待機していた岡崎藩兵とに挟み撃ちされ、さらに尾張藩兵もやってきたため、さすがに一揆勢もちりぢりになって逃げました（④）。

加茂騒動の参加者は、加茂・額田《ぬかた》両郡二百四十ヵ村と挙母城下七町からおよそ一万数千人、三河最大の一揆でした。加茂騒動の背景には中継市場もまだ形成されていない農村にまで商品経済が入り込み、本来米価が上がって喜ぶはずの農民が、米価の急騰に追いつめられていったということがあります。天保七年には甲斐《かい》（山梨県）でも大規模な一揆が起こっています。郡内《ぐんない》騒動ともいわれるこの一揆は、米価高騰のため困窮した都留《つる》郡の農民が米屋に押しかけたのが発端で、甲府盆地での大規模な打ち壊しに発展します。参加者は三万人といわれ、参加村は四百八十村、打ち壊された家は三百十九軒に上りました。江戸に近い幕府領でしたから、幕府に強い衝撃を与えました。ここには甲府勤番所が置かれていましたが、わずかな代官所の手勢ではどうすることもできなかったようです。江戸に近いため商品経済がより浸透しており、加茂騒動とは様相を異にしていました（③）。

## 攘夷《じょうい》運動と貧民救済

騒然とした幕末の文久《ぶんきゅう》三年（一八六三）、千葉県九十九里地帯で攘夷と貧民救済をかかげた世直し騒動が起こりました。豪農や豪商を襲って金や米を出させ、横浜（神奈川県）襲撃を試みましたが、幕府によって鎮圧されました。この騒動の中心になったのは、真忠《しんちゅう》組と名付けられた百三十八人でした。隊員は皆大小を腰に指し、武士の服装をして武士らしい名前を名乗りましたが、大半は農民でした。

関東でも水戸藩を中心に尊王攘夷運動がさかんでしたが、真忠組は尊王については無関心だったようです。もっぱら攘夷に関心を寄せていたようで、代表が書いたものには「開国をして外国と交易を始めたが、そのために人民の生活が苦しくなった。貧民は絶えがたいほどに困窮している。だから彼らを救助すべきである。救助するために一番必要なことは、横浜の外国人を追い払い、また貿易で暴利をむさぼっている悪い商人どもをやっつけるべきだ」とあります。

真忠組の加入者はだんだん増えていきました。隊員は地域を歩き回って豪農・豪商に資金、米、武器を強制的に出させました。こうして集められた金は千三百八十七両、米は百二十一俵に達し、武器は刀剣百三十二、鉄砲九、槍二十になりました。このうち金千百四十四両、米六百四十二俵が、村人千八百六十七人に配られました。天保八年、大坂で起きた大塩平八郎《おおしおへいはちろう》の乱、同じ年の越後柏崎（新潟県柏崎市）の生田万《いくたよろず》が起こした事件などに影響されたものと思われますが、この時期らしいのは彼らが攘夷が必ずしも尊王と同一ではないという事実を示したことでしょう。朝廷は鎖港（港を閉ざして外国人を立ち退かせること）を幕府に迫り、幕府はそれを一日延ばしにしていました。真忠組は幕府が立場上できないならば、われわれがやる、それが真の忠義だというわけでこの名をつけたのでした。鎮圧に乗り出した幕府にあっさりと壊滅した真忠組でしたが、攘夷という言葉の中味について彼らが突きつけた課題は小さくありませんでした（②）。

加茂騒動の出発点の観音さま（愛知版69ページより）

### 「貧富のかきならし」は時代の趨勢

世直しについて当時の人々は、「世均《ならし》」「世平均《へいきん》」あるいは「貧富のかきならし」と表現しています。彼らは実力行使をほのめかしながら、資産家とかなり高圧的な態度で交渉し、質物の無償返還、借金証文などの破棄あるいは焼却、米価をはじめ諸商品の値下げを要求して実現させました。それによって彼らは、以前のように家族を中心とする農業を営もうとしたのです。これを小農回帰といいます。そしてその行動が正しいことを示すために、多くの人々の信仰を集める神社や寺の境内を世直し勢の集合地とし、彼らの先頭には「世直し大明神」と大書した幟《のぼり》を翻《ひるがえ》していたのです。

慶応《けいおう》四年（一八六八）群馬県高崎市にあった岩鼻《いわはな》陣屋は、「官軍に徹底抗戦する」と主張して、江戸防衛のための農兵銃隊取立て計画を管内の村々に布告しました。すでに幕府の命運は尽きたと判断していた農民は、いっせいに反対しました。とりわけ藤岡（藤岡市）の農民は「岩鼻陣屋を攻撃して、計画を撤回させよう」と決議しました。陣屋攻撃の報に驚いた役人は、計画を撤回し、この日を境に陣屋の機能は停止しました。この直後に始まった上州世直し一揆は、西上州から東上州へ、さらに北上州へ波及し、東山道《とうさんどう》総督府（維新政府）や上州諸藩はいっせいに弾圧に乗り出しましたが、時代はもう後戻りを許しませんでした（①）。

**関連項目**

①群馬一章11　②千葉一章7　③山梨一章10　④愛知一章7　奈良一章10

# 200 内戦から明治へ

## 倒幕運動と王政復古

尊王攘夷《じょうい》を藩論として活発な運動をしていた長州藩は、元治《げんじ》元年（一八六四）の禁門の変での敗退と、幕府による第一次長州征討、イギリスなど四国連合艦隊による下関砲撃事件で、いったん幕府への恭順路線に変わりました。しかし、新たに高杉晋作《しんさく》・桂小五郎《こごろう》（木戸孝允《たかよし》）らの革新派が主導権をもって、尊王攘夷から尊王倒幕路線へと転回していきました（④）。

いっぽう、公武合体の道を模索してきた薩摩藩では、大久保利通《としみち》・西郷隆盛《たかもり》のコンビによる開明路線、明治維新への事業が動き出していました。禁門の変で長州軍を敗退させたあと、第一次長州征討の参謀西郷は、勝海《かい》舟《しゅう》の教えもあって、長州征討の平和裡《り》の解決をはかりました。幕府は翌慶応《けいおう》元年（一八六五）第二次長州征討の指令を出しますが、慶応二年二月坂本龍馬《りょうま》・中岡慎太郎《しんたろう》の仲介で、西郷と桂との間で薩長密約が交わされます。ここに、強大な倒幕勢力「薩長連合」が成立しました。六月に幕府は第二次征討を起こし開戦しましたが、戦況は不利で、急死した十四代将軍家茂《いえもち》の喪を理由に休戦に至りました。

慶応三年、大久保は熱心な王政復古論者であった岩倉具視《ともみ》と組んで、朝廷工作にあたり、倒幕の密勅《みっちょく》の入手と藩主の上洛に動きます。こうした動きを察知した幕府側は、公武合体路線をとる土佐藩の政権返還の奨めを受けて、十月十四日に十五代将軍徳川慶喜《よしのぶ》が大政奉還を行ないます。

これに対して、大政奉還で機先を制せられることを警戒した薩長勢力は、十二月十九日「王政復古の大号令」を発して、「新政府」樹立を宣言したのです。「大号令」は幼い明治天皇の前で岩倉が大久保らと作成したものでした。それは、摂政《せっしょう》・関白《かんぱく》・征夷《せいい》大将軍などを廃して、天皇のもとに総裁・議定・参与の三職をおくというものでした。そして、将軍慶喜に官位と土地の朝廷への返還を命じる決定がなされました（⑤⑥）。

## 戊辰《ぼしん》戦争

これに反発した旧幕府勢力は、慶応四年（一九六八）年一月、徳川慶喜を擁して京都に反撃に出、ここに戊辰戦争が始まりました。京都守護職を勤めていたのが会津《あいづ》藩主松平容保《かたもり》、京都所司代は容保の弟の桑名藩主松平定敬《さだあき》でした。会津・桑名藩兵を中心とする旧幕府軍は鳥羽《とば》・伏見《ふしみ》で、西郷の率いる官軍に大敗します。鳥羽・伏見で勝利した新政府軍は、東海道・中山道・北陸道を諸藩を降伏させながら北上しました。そして四月、西郷と勝との会談によって江戸城が無血開城され、五月には彰義《しょうぎ》隊が上野で討たれ、七月に江戸を東京と改め、九月に元号が明治《めいじ》と改められます。

しかし、新政府主戦派は親徳川勢力の一掃を主張し、とくに反政府派の中心とみなされた前京都守護職松平容保の会津を標的とし、白虎《びゃっこ》隊や二本松少年隊などの悲劇を生んだ激しい戦闘が行なわれました。九月の会津若松城開城で終止符を打ちます（③）。

そして、戦争は旧幕府海軍副総裁榎本武揚《たけあき》がひこもった箱館の五稜郭《ごりょうかく》へと移っていきました。榎本軍四千人が五稜郭に入城したのは十二月九日。新政府軍参謀の黒田清隆《きよたか》は明治二年（一八六九）五月十一日を新政府軍総攻撃の日と決め、陸上と艦砲射撃とで激しく攻撃し、五月十七日榎本は降伏の決意を黒田に伝え、五稜郭は新政府軍に引き渡されます（①）。

## 新政府による近代日本のスタート

戊辰戦争で西郷隆盛は東北地方へと転戦したのに対し、大久保利通・岩倉具視・木戸孝允らは京都で新政権確立の政略をめぐらせました。明治元年一月には、諸外国に対して王政復古と天皇の外交主権の掌握を告知。三月には五箇条の誓文を交付しますが、これは、公儀世論の尊重と開国和親などを国策の基本として示すいっぽう、天皇が百官をひきいて神々に誓約するという形をとって天皇親政を強調したものです。幕藩体制を一掃し中央主権を確立するために版籍奉還《はんせきほうかん》・廃藩置県《はいはんちけん》を実施するとともに、中央政府組織においては神祇官《じんぎ》・太政官のもとに各省を置くなどの集権化をすすめ、要職を薩長に土肥を加えた四藩出身の実力者が占めました。いわゆる「藩閥《はんばつ》政治」のもと、殖産興業・脱亜《だつあ》入欧・文明開化によって富国強兵政策を国家的にすすめる近代日本がスタートすることになります。

軍艦開陽丸（北海道版187ページより）

## 積み残されたもの

幕末の体制矛盾のなかで新しい形・秩序を求めるさまざまな動きを、開国か攘夷か、佐幕か倒幕かという点に集中させて戦われたのが内戦から明治への過程だったといえます。仙台藩の玉《たま》蟲《むし》左太夫は、戊辰戦争で自ら手がけた会津恭順交渉が新政府軍に拒否されたあと、奥羽越列藩同盟の責任者として戦い、敗戦後政府から切腹を命じられた人です。玉蟲は万延《まんえん》元年（一八六〇）、日米修交通商条約の批准書交換使節団の一員としてアメリカにわたり、アフリカ・香港を回り、その見聞を『航米記録』にまとめています。玉蟲は、人々の平等、人間重視など西欧民主主義社会の事実にふれるとともに、先進列強の植民地支配の実態に危機感を抱き、侵略されるアジア・アフリカの立場で考えています。脱亜入欧をとなえた近代日本が忘れがちだった心をもって、新しい時代をとらえていたのです（②）。

世直しを求める民衆の動きを受けとめて活動した草莽《そうもう》の志士には、下総《しもうさ》国相馬出身の相楽総三《さがらそうぞう》のように、明治維新の過程で切り捨てられていった人々が少なくありません。相楽の率いる赤報隊《せきほう》は戊辰戦争で中山道を東進し、新政府が掲げた年貢半減令をスローガンに信州に入ります。しかし、すでに半減令を取り消していた新政府は、相楽らの公約を不都合なものとし、偽《にせ》官軍として捕え処刑しました（④）。

明治維新後、血税一揆などの民衆の抵抗が藩政期以上に発生します。これが、自由民権運動へとつながっていきます。

**関連項目**

①北海道三章4　②宮城五章6・10　③福島前章・四章7・8　三重一章11・6
④山口一章10・五章10・11・50科　⑤鹿児島五章9・⑥10

# 第2部

# 江戸時代人づくり風土記総目次

**北海道**
前章　江戸時代の日本にとってのえぞ地（13）
第一章　大地に抱かれて（29）
1　アイヌ民族のものの見方・考え方―自然とともに生きる
2　アイヌの昔の着物
3　アイヌの家おこし（チセ・ア・カラ）
4　アイヌの結婚式
5　アイヌの子どもたちの遊び
6　アイヌの民話（ウウェペケレ）
7　熊送り（キムンカムイ・イヨマンテ）
8　ユカラの世界
9　古式舞踏
10　アイヌの民具のいろいろ
第二章　和人の進出がえぞ地にもたらしたもの（83）
1　和人の進出―松前藩の成立まで
2　道南十二館―えぞ地経営の豪族たちの拠点
3　えぞ三官寺―徳川幕府のえぞ地直轄支配とアイヌ民族への教化活動
4　交易とアイヌ民族の生活様式―本州社会とのかかわり
5　コシャマイン・シャクシャインの戦い
6　ロシアがカラフト・千島へ南下―紛争解決に努力した人びと
7　北辺の警備と北方領土―対外的危機の中で
第三章　近代日本の実験農場・北海道（161）
1　鎖国の夢をやぶるえぞ地
2　箱館奉行所の設置―幕府、えぞ地の経営に乗りだす
3　箱館開港―世界に開かれたえぞ地
4　箱館戦争―榎本武揚の抵抗
5　開拓の主力となった移民や屯田兵
6　北海道の開拓は、西洋技術の導入で―黒田清隆
7　外国の技術と知識に学んだ先進性
第四章　北国の生活文化を創造した人（241）
1　北に目を向けて
2　広い大地と豊かな自然の中で
3　雪と寒さの中で―きびしい自然とつきあう知恵を出した人びと
4　おおらかな風土の中で―フロンティア精神に満ちた人びと
5　世界に目を向けて
資料編　北海道（321）（アイヌ語を語源とするおもな地名・おもな民謡のふるさと・おもな文化財・おもな史跡など）

**青森**
前章　近世の青森　その地域振興の足どり（13）
第一章　自治と助け合いの中で（27）
1　弘前城の建設と青森港の開発―弘前藩の基礎づくり（弘前・青森）
2　村落行政のしくみ―遣・組制度と通制度（弘前・八戸）
3　岩木川流域の新田開発―津軽平野を肥沃な田園に（県西部）
4　七里長浜の防風植林―野呂家代々と村人の努力―（西津軽）
5　八戸藩の舫制度―藩の経営による共済組合（八戸）
6　藩境塚と境界紛争―津軽藩と南部藩の争い（東津軽・上北）
7　天明飢饉と荒田復興―頼れるのは農民の力（県全域）
8　えぞ地および本土沿岸警備―津軽・南部両藩が負った使命（県全域）
9　民次郎一揆―首謀者として処刑された青年（弘前）

10　稗三合一揆―きびしい改革にたまりかねた農民（八戸）
第二章　生業の振興と継承の中で（107）
1　津軽・南部のヒバ―良材としての移出特産品（県北部）
2　津軽塗―変塗技法をとり入れた日用漆器（弘前）
3　尾太鉱山―藩財政を支える重要資源（中津軽）
4　八戸の漁業―発展の礎となった鰯地引き網漁（八戸）
5　下北の寒立馬―南部藩も馬産業（下北）
6　〔絵と文〕畑マタギの生活―狩猟を生業として（下北）
7　悪戸焼―日用雑器に本領を発揮（弘前）
8　馬渕川の水運―八戸藩の産物を運んだ大動脈（八戸）
第三章　地域社会の教育システムの中で（169）
1　津軽藩校稽古館―上級家臣の子弟を教育―（弘前）
2　安定寺の寺子屋教育―人間育成への卓見と情熱（青森）
3　八戸藩文武講習所―藩政刷新のにない手を育成（八戸）
4　下北地方の教育事情―本州最北端の寺子屋（むつ・下北）
5　黒石藩の経学教授所―小藩の藩校教育（黒石）
6　黒石の民間教育と黒森学校―二十一を数えた寺子屋（黒石）
7　三戸郷学校の為憲場―地方教育の拠点として（三戸）
8　工藤他山と思斎堂―学問を求める心を教える（弘前）
第四章　子育てと家庭経営の知恵（223）
1　えんぶり―実りの秋を願う祭り（八戸）
2　恐山信仰―イタコによる死者の霊との再会（むつ）
3　オシラ様信仰―農事・家内和合の神として（県全域）
4　〔絵と文〕泉山の初参り―子の成長を祝う登拝習俗（三戸）
5　神楽と能舞―下北半島の民俗芸能（むつ）
6　岩木山信仰―「お山参詣」とよばれる登拝行事（中津軽）
7　津軽のねぶた祭り―七夕の「眠り流し」行事（弘前・青森）
8　〔絵と文〕津軽の地蔵信仰―民衆の願いをこめる（県北西部）
9　津軽こぎん―労働者にほどこした民衆の知恵（県西部）
第五章　地域おこしに尽くした先駆者（297）
1　真法恵賢―八戸和算の開祖（八戸）
2　野本道玄―津軽に養蚕の基礎を築いた文化人（弘前）
3　飛騨屋久兵衛―木材業振興の原動力となる（下北）
4　安田次郎兵衛―足水堰の開削に尽くした豪商（北津軽）
5　安藤昌益―封建の世に民主主義を説いた思想家（八戸）
6　乳井貢―藩政改革を推進した信念の思想家（弘前）
7　中村喜時―『耕作噺』を著し、寒冷地農業に尽くす（南津軽）
8　中川五郎治―ロシアから種痘を伝える（下北）
9　〔絵と文〕新渡戸伝―三本木原・十和田市の開祖（十和田）
10　平尾魯仙―画業と著作活動にはげんだ文人（弘前）
11　蛇口伴蔵―乾いた台地を水で潤す（八戸）
資料編（371）

## 岩手

前章　近世の岩手　その地域振興の足どり（13）
第一章　自治と助け合いの中で（27）
1　南部信直と利直―内戦を鎮圧して盛岡城を築城（盛岡）
2　村上道慶と菅野杢之助―身を捨てて村を救う（陸前高田）
3　建部清庵―飢饉対策として『民間備荒録』を著す（一関）
4　大原呑響と大村治五平―北方防備の警告者（東磐井・盛岡）
5　新渡戸伝―藩政改革の提言と三本木原の開発（盛岡）
6　多助・喜蔵・命助―幕末の百姓一揆の指導者たち（下閉井・釜石）
7　楢山佐渡―崩壊する藩に殉じた武士の中の武士（盛岡）
8　凶作と飢饉―その惨状と闘った人々（県全域）
9　無尽と頼母子―相互扶助的な庶民金融の普及（県全域）
第二章　生業の振興と継承の中で（93）

1　北十左衛門と丹波弥十郎―砂金発掘の成功者（盛岡）
2　岩手の伝統工芸―自然と歴史にはぐくまれた伝承（県全域）
3　前川善兵衛―三陸の海から富を築いた企業家（上閉井）
4　南部藩の絵暦―田山暦と盛岡暦（二戸・盛岡）
5　佐々木理助・彦七―盛岡藩最大の鉄山師（下閉井）
6　盛岡城下の商人たち―近江出身者とその家訓（盛岡）
7　淵沢円右衛門―農書『軽邑耕作鈔』を著す（九戸）
8　南部駒を育てた人びと―藩営牧場のしくみ（県北部）
9　大島高任―近代鉄産業の父（釜石）
第三章　地域社会の教育システムの中で（169）
1　寺子屋・古館家―五代にわたる庶民教育（盛岡）
2　芦東山―『無刑録』を著した先覚者（東磐井）
3　歴史を駆け抜けた学者一族―養賢堂と平泉・玄沢・磐渓（一関）
4　盛岡藩校―明義堂から作人館へ（盛岡）
5　横川良助―南部藩政の記録者（盛岡）
6　信成堂と文武修業宿―郷学教育をになった人びと（遠野）
7　八角高遠―種痘の普及に尽くした西洋医（盛岡）
8　須川長之助―植物採集の草分け（紫波）
9　八角高遠と大島高任―洋学校「日新堂」の創設者（盛岡）
10　三浦自祐と回生堂―西洋医学の基礎づくり（盛岡）
第四章　子育てと家庭経営の知恵（243）
1　鬼剣舞と田植踊り―北国農民の祈りの伝承（県全域）
2　農家の生活教訓と躾―高橋家の古文書から（紫波）
3　子供たちと民間信仰―オシラサマや隠し念仏（県全域）
4　間引きと子返し―飢饉で追いつめられる農民たち（県全域）
5　年中行事と人々の祈り―ミズキダンゴやスネカ（県全域）
第五章　地域おこしに尽くした先駆者（289）
1　後藤寿庵―寿庵堰を開削したキリシタン武将（水沢）
2　奥寺定恒―奥寺堰を開き新田を開発（和賀・北上・花巻）
3　鎌津田甚六―鹿妻穴堰を開いた鉱山師（盛岡）
4　牧庵鞭牛和尚―閉井街道の開削に献身（下閉井）
5　高野長英―波乱の生涯を通して燃やした向学心（水沢）
6　青柳文蔵―日本初の公開図書館を開設（東磐井）
7　切牛の弥五兵衛―不屈の百姓一揆の指導者（下閉井）
8　箕作省吾―世界全図の作成に命をかける（水沢）
資料編（349）

**宮城県**

前章　近世の宮城　その地域振興の足どり（11）
第一章　自治と助け合いの中で（20）
1　奥州王伊達政宗の仙台城と城下町づくり
2　川村孫兵衛と石巻開港
3　仙台城下への舟の道―藩政期に掘られた貞山運河
4　豊かな実りを今に伝える品井沼干拓と「潜穴用水」
5　伊豆野堰と新田開発―広大な御鷹場を美田に
6　赤子養育制度と生命観の変化
7　阿武隈川の河岸問屋の活躍
8　大名と庶民の往還―東北横断ルート
9　宿駅振興と『国恩記』の世界
10　〝水の都〟だった城下町仙台―四ッ谷用水の果たした役割
第二章　生業の振興と継承の中で（94）
1　大江戸の米蔵を賄う仙台米の流通を担った人びと
2　鉄と鉛の精錬の足どり
3　石巻鋳銭場の繁栄
4　名馬仙台駒を育てる
5　白石の和紙と温麺

6　古代から続く製塩業
7　三陸近海の大物漁業
8　山形産と双璧の仙台紅花
9　こけしづくりのルーツ、横川
10　三陸の海で活躍した人びと
第三章　地域社会の教育システムの中で（184）
1　藩校養賢堂と大槻家の人びと
2　広く藩内各地で教育への情熱あつく
3　多彩な寺子屋の隆盛
4　『農家手習状』など地元出版教科書にみる庶民教育
5　仙台藩医学校とその多彩な人材
6　高野家日記にみる在地領主の日常生活と人づくり
第四章　子育てと家庭経営の知恵（230）
1　紙商人・頓宮忠左衛門と「家内用心集」
2　禁教とかくれ切支丹
3　隠し念仏の信心生活
4　七夕行事のすがたとその心
5　仙台の祭礼をもりたてる人びと
6　今に伝わる陸前の法印神楽
7　神の島、金華山詣での人びと
8　女性たちの心の絆、小牛田の山神講
9　飢饉を乗り切る救荒食と食糧備蓄
第五章　地域おこしに尽くした先駆者（296）
1　谷風梶之助二世―不世出の名横綱
2　近世後期の女流作家、只野真葛
3　高僧・雲居希膺禅師
4　松島の文化振興に尽くした俳人、大淀三千風
5　林子平とその思想
6　仙台藩士の海外体験、国際化社会の先駆者―玉蟲左太夫
7　甘藷翁・川村幸八
8　地方俳諧の交流に尽くした松窓乙二
9　『環海異聞』にみる庶民の海外体験―漂流民津太夫
10　新井奥邃―幕末仙台藩が生んだ思想家
11　義民・山伏正覚坊と菊地多兵衛
12　慶長遣欧使節、支倉常長
資料編（386）

## 秋田県

前章　近世の秋田　その地域振興の足どり（13）
第一章　自治と助け合いの中で（27）
1　佐竹義宣と梅津政景―秋田藩の基礎をきずく（秋田）
2　米代川の水運―秋田北部の物資流通の大動脈（県北部）
3　坊沢の五義民―災害と重税に泣く農民の代弁者（北秋田）
4　ハタハタ漁と漁民一揆―操業の自由化を勝ちとる（男鹿）
5　栗田定之丞如茂―海岸砂防林の育成に尽くす（秋田）
6　感恩講と那波祐生―貧民救済に尽くす（秋田）
7　名勝〝象潟〟と新田開発―景勝地の変貌（由利）
8　天保の北浦一揆―政治の改革を求めた農民たち（仙北）
9　高橋痘庵と大友玄圭・玄宰―伝染病の絶滅に尽くす（仙北・大曲）
第二章　生業の振興と継承の中で（93）
1　マタギの里・大阿仁―狩猟を生業とする人びと（北秋田）
2　秋田杉―〝宝の山〟を育てる（県北部）
3　阿仁銅山―豊かな鉱脈の開発（北秋田）
4　川連漆器―伝統に生きる工芸（雄勝）
5　鹿角紫根染と茜染―古代染法を守る（鹿角）
6　白岩焼―藩の後ろだてによって興隆した白岩瀬戸山（仙北）

7　長崎七左衛門―稲作技術の改善に尽くす（北秋田）
8　三百年の伝統・樺細工―桜の皮の美しさを生かす（仙北）
9　養蚕と秋田八丈―江戸時代の「村起こし」（秋田・河辺・雄勝）
第三章　地域社会の教育システムの中で（171）
1　鳥海山と山伏修行―修験道場としての霊山（由利）
2　秋田の若者組―生活修練と教育の場（県全域）
3　赤津寺子屋―日本七大寺子屋の一つ（秋田）
4　修身館・長善館・日新堂―由利諸藩の藩校教育（本荘・由利）
5　秋田藩校の設立―文武忠孝の人材を育成する（秋田）
6　菅原源八―農民教育の実践者（南秋田）
7　風土に根ざした教育と学問―江戸での修業を生かして（鹿角）
第四章　子育てと家庭教育の知恵（227）
1　小正月行事ナマハゲ―異郷から訪れる神の名残（県全域）
2　農村の年中行事―五穀豊穣や悪病退散を願う（県全域）
3　かまくらと子供たち―雪の夜のメルヘン（県南部）
4　七夕と竿灯祭り―豊作を願い災厄を祓う行事（秋田）
5　菅江真澄―子供たちの生活・行事を書き誌す（県全域）
6　後藤逸女―逆境に耐えた女流歌人（雄勝）
第五章　地域おこしに尽くした先駆者（281）
1　黒沢元重―院内銀山の開発・発展に尽くす（雄勝）
2　安藤昌益―封建制度を徹底的に批判する（大館）
3　渡部斧松―未開発の原野に村を拓く（南秋田）
4　小田野直武―「秋田蘭画」を生んだ洋画の先駆者（仙北）
5　佐藤信淵―時代を先取りした経世家（雄勝）
6　平田篤胤―平田国学を樹立する（秋田）
7　山中新十郎―建言によって藩政に寄与した豪商（秋田）
8　吉川忠行・忠安父子―新時代を見通した兵学家（秋田）
9　岡田明義―馬鈴薯栽培の先覚者（由利）
資料編（353）

## 山形県

前章　近世の山形　その地域振興の足どり（13）
第一章　自治と助け合いの中で（27）
1　最上川の舟運―下り荷と上り荷で賑わう大動脈（県全域）
2　酒田湊の発展―御城米の積み出しと交易で賑わう（酒田）
3　羽州街道―大名通行と商人荷物の輸送路として発展（県全域）
4　北楯大堰―北舘大学による用水路の開削〔東田川〕
5　白岩一揆―多数の犠牲者を出した初期一揆（寒河江）
6　長瀞質地騒動―流地禁止令がひきおこした一揆（東根）
7　莅戸善政―『かてもの』で凶作への心構えを説く（米沢）
8　上杉鷹山―米沢藩中興の名君（米沢）
9　村山一揆―幕領・諸藩領にまたがる大農民闘争（県中部）
10　吉高勘解由―新庄藩の嘉永改革の推進者（新庄）
第二章　生業の振興と継承の中で（105）
1　紅花の生産と流通―「最上紅花」の名をとどろかす（村山）
2　山形の鋳物業―出羽三山詣での賑わいとともに発展（山形）
3　青苧の生産―藩財政をささえる特産物（米沢・西村山）
4　〔絵と文〕庄内米―藩財政と豪商の経済基盤をささえる（酒田・鶴岡）
5　延沢銀山―銀山の開発と銀山町の形成（尾花沢）
6　山形の鍛冶業―鍛冶町の成立と刀工たち（山形）
7　米沢織―山形県を代表する絹織物（米沢）
8　〔絵と文〕天童の将棋駒―下級武士の内職として発展（天童）
第三章　地域社会の教育システムの中で（173）
1　三浦寛右衛門―新庄藩教学の祖（最上・新庄）
2　〔絵と文〕出羽三山と山伏修行―修験道のメッカ〔県中部〕

3　米沢藩の教育─興譲館と好生堂（米沢）
4　荒井和水と「鶴鳴舎」─心学による町人教育（鶴岡）
5　庄内藩校致道館─天性に応じた柔軟な教育（鶴岡）
6　上山藩校明新館─士風の刷新と開かれた校風（上山）
第四章　子育てと家庭経営の知恵（217）
1　山寺立石寺─山寺に寄せる庶民信仰（山形）
2　刺し子─針と糸にかけた妻女たちの心意気（米沢）
3　黒川能─農民みずから伝承してきた民俗芸能（東田川）
4　出羽国のキリシタン信仰─弾圧下の布教と殉教（最上・米沢）
5　新庄まつり─宝暦の飢饉からの復興を祈願して（新庄）
6　草木塔─先人の残した自然愛の心（県南部）
第五章　地域おこしに尽くした先駆者（273）
1　最上義光─城下町山形の形成と産業の振興（山形）
2　鈴木清風─芭蕉と親交をむすんだ紅花商人（尾花沢）
3　本間光丘─藩財政の再建や植林事業に尽くした豪商（酒田）
4　佐藤藤左衛門・藤蔵父子─庄内砂丘地の植林に尽くす（酒田）
5　会田安明─最上流を起こした和算家（山形）
6　最上徳内─蝦夷地探検の先駆者（村山）
7　蘭方医長沼太沖─幕末の百科事典『牛の涎』を著す（長井）
8　鈴木今右衛門─難民救済に慈悲を注ぐ（鶴岡）
9　小関三英─蛮社の獄に連座した悲劇の蘭学者（鶴岡）
10　長沢理玄─種痘の普及に尽くした蘭方医（山形）
11　清河八郎─尊王攘夷運動に活躍した郷士（東田川）
資料編（361）

**福島県**

前章　近世の福島　その地域振興の足どり（13）
第一章　自治と助け合いの中で（27）
1　保科正之と「家訓十五ヵ条」─会津の士風をつくる（会津若松）
2　沢村勘兵衛─小川江用水の開発に尽くす（いわき）
3　阿武隈川の舟運─年貢米などの輸送路として発展（県北東部）
4　大内宿の盛衰─会津西街道の宿駅（南会津）
5　御薬園と薬用人参─会津藩の保護と奨励のもとに栽培（会津若松）
6　南山御蔵入騒動─年貢減免にかけた六つの命（南会津）
7　産子（赤子）養育制度─会津藩と白河藩の人口政策（県西南部）
8　〔絵と文〕幕末維新の悲劇─白虎隊と婦人たち（会津若松）
第二章　生業の振興と継承の中で（93）
1　相馬地方の製塩業─藩の重要財源として発展（相馬）
2　会津塗─藩の重要財源となった漆器産業（会津若松）
3　〔絵と文〕桐材加工業─会津の桐下駄（県西部）
4　三春駒─阿武隈山地の馬産業（田村）
5　相馬の焼きもの─相馬駒焼と大堀焼（相馬）
6　信達地方の養蚕業─蚕種生産と技術の向上（伊達・福島）
7　〔絵と文〕土湯こけし─温泉地の伝統工芸（福島）
8　会津の酒造業─藩営と株仲間による酒造り（会津若松・喜多方）
第三章　地域社会の教育システムの中で（159）
1　会津心学の普及─中江藤樹の教えと弟子たち（喜多方）
2　藩校日新館─会津士魂を培った教育（会津若松）
3　岩井田昨非と戒石銘─二本松藩の民政方針を刻む（二本松）
4　白河藩の教育─藩校立教館と郷学敷教舎（白河）
5　浅川の花火若者組─伝統行事の担い手（石川）
6　慈隆─勤王思想の教育家（相馬）
第四章　子育てと家庭経営の知恵（209）
1　「七日堂裸詣り」と「十三詣り」─町の祭りと家庭の祭り（河沼）
2　〔絵と文〕相馬野馬追祭─武士道精神の現れ（相馬）
3　六地蔵信仰─苦悩からの解放を願って（南会津）

4　じゃんがら念仏踊り―娯楽要素の濃い宗教行事（いわき）
5　人形浄瑠璃―三人遣いの人形芝居（安達・郡山・須賀川）
6　檜枝岐村の歌舞伎―常設舞台も備えた本格的な地芝居（南会津）
7　二本松少年隊―忠烈精神を育てた家庭教育（二本松）
第五章　地域おこしに尽くした先駆者（275）
1　佐瀬与次右衛門―『会津農書』を著し技術発展に尽くす（会津若松）
2　磯村吉徳―二合田用水の設計にあたった算学者（二本松）
3　宿場町が生んだ俳人―蕉風を受け継いだ人びと（須賀川）
4　伊藤祐倫と須賀川牡丹園―薬用牡丹の栽培（須賀川）
5　寺西封元―農村復興に尽くした名代官（東白川・伊達）
6　安積艮斎―幕末の昌平黌の教授（郡山・二本松）
7　中村善右衛門―蚕当計を発明し、養蚕発展に尽くす（伊達）
8　菅野八郎―新しい社会の誕生を見通す（県北部）
9　富田高慶―尊徳仕法による農村復興の功労者（相馬）
10　安藤信正―藩政にも幕政にも誠意を尽くす（いわき）
11　島田帯刀―天保飢饉の農民救済に尽くした代官（石川・伊達）
資料編（363）

**茨城県**

前章　近世の茨城　その地域振興の足どり（13）
第一章　自治と助け合いの中で（27）
1　水戸藩の宝永一揆―宝永改革の重圧をはねのけた農民たち（県全域）
2　那珂湊の発展―北からの回船の中継港（那珂湊）
3　飯沼新田開発―大都市江戸の消費市場をにらんで（結城・猿島）
4　笠間藩の藩政改革―人口増加策と農民保護（笠間）
5　牛久の助郷一揆―私利をむさぼる者を許すな（稲敷）
6　鹿島南部の新田開発―太田・須田・柳川の三新田（鹿島）
7　下館藩の立て直し―報徳仕法の導入と下館信友講（下館）
第二章　生業の振興と継承の中で（83）
1　鹿島灘沿岸漁業―鰯地引網漁に賑わう村々（鹿島）
2　霞ヶ浦の漁業―コイ・ワカサギ・シラウオの産地（霞ヶ浦）
3　猿島茶―その改良と販路づくり（猿島）
4　水郷の町潮来―行楽客で賑わった水上交通の要所（行方）
5　結城紬―主婦の手紡ぎによる高級織物（結城）
6　奥久慈の蒟蒻づくり―暮らしを支えた生業（久慈）
7　「陣中膏」ガマの油―筑波山の土産物（つくば）
8　土浦の醤油づくり―野田・銚子にならぶ名産地（土浦）
9　常磐炭田―神永喜八と石炭を掘った人びと（多賀）
10　水戸納豆づくり―古くからの郷土食と産業振興（水戸）
第三章　地域社会の教育システムの中で（167）
1　風雅の道を楽しむ農民―泥田から生まれた素朴な俳句（県南部）
2　筑波山信仰―男と女の神の和合にあやかる（筑波）
3　鹿島新当流―剣法伝授における教育（鹿島）
4　彰考館―『大日本史』編纂の学者たち（水戸）
5　常総諸藩の藩校―学校システムと教育理念（県全域）
6　水海道の寺子屋―塚田家の遊雲堂（水海道）
7　青藍舎と南街塾―水戸学を代表する二つの私塾（水戸）
8　加倉井砂山の日新塾―北関東随一の農村私塾（水戸）
9　弘道館―文武一致の教育をめざした水戸藩校（水戸）
第四章　子育てと家庭経営の知恵（249）
1　「日立風流物」―庶民の手による世直しの祭り（日立）
2　伊奈の綱火―民俗芸能としての高岡流と松下流（筑波）
3　弥作の親孝行―東福寺の孝子弥作祭（行方）
4　大薩摩座―農民による文化活動の牽引力として（水戸）
5　鹿島神宮の祭頭祭―可愛らしい男児がつとめる大総督（鹿島）
第五章　地域おこしに尽くした先駆者（297）

1　伊奈半十郎忠治―利根川の流路を変えて新田を開発（県南部）
2　徳川光圀―水戸黄門の名で親しまれる名君（水戸）
3　永田茂衛門―辰ノ口堰などの用水開発に尽くす（久慈）
4　入江善兵衛と沼尻墨僊―民衆のために燃焼した生涯（土浦）
5　木村謙次―『足民論』を通して農政改革をめざす（久慈）
6　小宮山楓軒―農民を第一に考えた政治を行う（鹿島・東茨城）
7　藤田幽谷―藩政改革を説いた『勧農或問』を著す（水戸）
8　間宮林蔵―間宮海峡を発見した探検家（筑波）
9　古河藩主・土井利位―雪の研究に燃えた幕府の老中（古河）
資料編（369）

**栃木県**

前章　近世の栃木　その地域振興の足どり（13）
第一章　自治と助け合いの中で（27）
1　五千石用水―その開削と維持への努力（河内）
2　鬼怒川の舟運と筏流し―江戸へ物資を運ぶ一大交通路（塩谷）
3　那須野ヶ原の開拓―用水開削への努力（黒磯・那須・大田原）
4　会津西街道の確保―たび重なる災害と闘う（塩谷）
5　水害から村を守る―村人たちの苦悩（小山）
6　籾摺り騒動と鈴木源之丞―庄屋たちと農民一揆（宇都宮）
7　日光神領の復興事業―二宮尊徳の仕法を導入（県北西部）
8　黒羽一揆―幕末期における黒羽藩の農民一揆（那須）
第二章　生業の振興と継承の中で（89）
1　天明鋳物―佐野における鋳物業の発展（佐野）
2　大谷の石山―建築材として活用される大谷石（宇都宮）
3　日光特産の土産物―日光下駄・日光彫・日光湯波など（日光）
4　烏山和紙―「御用紙」として発展する（那須・芳賀）
5　下野のかんぴょう―日本一の生産量を誇る（下都賀・河内）
6　野州産朝鮮種人参の栽培―薬用人参の先進地（県西部）
7　野州石灰―江戸市場へ積極的に進出（安蘇・栃木）
8　益子焼―日用雑器の量産をめざす（芳賀）
第三章　地域社会の教育システムの中で（157）
1　足利学校―郷学の振興に尽くした人びと（足利）
2　須藤杜川・温父子―地方文化興隆の担い手（佐野）
3　壬生藩校―藩士の教育とその精神的基盤を養う（下都賀）
4　諸葛琴台―膨大な著作が示す学問への熱意（那須）
5　鈴木石橋―地域教育と窮民救済に尽くす（鹿沼）
6　馬頭郷校―北島秀朝らの人材を生みだす（那須）
7　黒羽藩校―何陋館と作新館における教育（那須）
第四章　子育てと家庭経営の知恵（213）
1　水神様とカピタリ―水への恐れと感謝の表現（県全域）
2　羽黒山神社の梵天祭りとくされ鮨―信仰に結ばれる村人たち（河内）
3　日光山の祭―弥生祭・強飯式・千人武者行列（日光）
4　塙天祭―華麗で豪壮な八種類の踊り（那須）
5　常盤潭北の家庭教育―農民教化の先駆者（那須）
6　田村吉茂と農業訓―子孫に残した農業心得（河内）
7　小貫万右衛門―『農家捷径抄』で説く家庭教育（芳賀）
8　生子神社の泣き相撲―こどもの健やかな成長を願って（鹿沼）
第五章　地域おこしに尽くした先駆者（281）
1　大金重貞―那須国造碑の発見と文化活動（那須）
2　鈴木武助―荒廃した農村の復興に尽くす（那須）
3　足利織物を育てた人びと―発明と工夫を重ねて（足利）
4　山口鉄五郎―農村復興策を推進した名代官（栃木・大田原）
5　大関増業―殖産興業と学芸に力を入れた黒羽藩主（那須）
6　石井包孝―助郷で苦しむ村民の救済に尽力（安蘇）

7　河野守弘―二十年をかけて『下野国誌』を完成（真岡）
8　菊池教中―岡本・桑島新田の開発に尽くす（河内）
資料編（345）

## 群馬県

前章　近世の群馬　その地域振興の足どり（15）
第一章　自治と助け合いに中で（23）
1　城と城下町の整備―江戸北方の守り（前橋・高崎・館林）
2　新田開発と用水開削―天狗岩用水・岡登用水など（前橋・新田）
3　直訴して花と散った義民たち（各地）
4　行きかう重要な陸路―中山道・脇街道と宿場の風景（各地）
5　上州と江戸を結ぶ利根川―その河岸と舟運（各地）
6　全国の関所の四分の一が上州に集中―江戸北辺の守り（各地）
7　幕藩体制下の領主をたじろがせた大一揆（各地）
8　天明の浅間山大噴火―その災害と救援（各地）
9　荒廃する農村を復興しようとした上州諸藩の政策（各地）
10　上州路の水戸天狗党と下仁田戦争（各地）
11　〝世直し〟世界を夢見た人々（各地）
第二章　生業の振興と継承の中で（103）
1　養蚕王国をつくるきっかけになった登せ糸・登せ絹（各地）
2　絹織の町桐生の繁栄、水車と機声と奉公人でにぎわう町（桐生）
3　養蚕・製糸・絹織物、三工程が上州各地に分布（各地）
4　世界にはばたく上州生糸（各地）
5　横浜で活躍した生糸売込商、それを支える荷主たち（各地）
6　煙草・麻・半紙・絣など多彩な産物（各地）
7　上野の特産物、上野砥、万座・白根の硫黄（甘楽・利根・吾妻）
第三章　地域社会の教育システムの中で（165）
1　藩主酒井忠挙によって創設された前橋藩校好古堂（前橋）
2　板倉勝明の政治姿勢と『甘雨亭叢書』（安中）
3　藩の援助と民間有志で設立された伊勢崎藩の郷学（伊勢崎）
4　農村経済の発展で生まれた私塾、九十九庵、蓼園社（赤城山麓）
5　算額奉掲を競った群馬の数学者たち（高崎など）
6　農学の発展に貢献した吉田芝渓と大石久敬（渋川・高崎）
7　先人の努力によって編纂された郷土誌（各地）
第四章　町、村、家の暮らしと文化（215）
1　上毛三山の信仰―赤城・榛名・妙義のにぎわい（各地）
2　温泉番付で上位を占める上州の温泉（伊香保・草津）
3　農民剣法のさかんな上州（各地）
4　上州に集まる〝無宿〟と関東取締出役（各地）
5　上州名物嬶天下にみる女性の地位（各地）
6　商いの都、高崎町人の歳時記（高崎）
7　水との闘いだった利根川流域の農民（流域各地）
8　農村歌舞伎の隆盛―今も残る最古の回り舞台（赤城・富士見）
9　さかんだった俳諧と狂歌（各地）
10　村で活躍した蘭医たち―幕府の弾圧の中で（各地）
第五章　地域おこしに尽くした先駆者（283）
1　自立した女性の生き方を示した羽鳥一紅（高崎）
2　水車大工にして発明王の永井長治郎（赤城）
3　幕末期の日本を代表する南画家となった金井烏洲（境町）
4　王政復古の先駆者、高山彦九郎（太田）
5　思索し、行動する国学者、生田万（館林）
6　生糸売買で活躍した上州の横浜商人、吉村屋幸兵衛（大間々）
7　卓越した実業家・文化人、佐羽淡斎（桐生）
資料編（331）

## 埼玉県

前章　近世の埼玉　その地域振興の足どり（16）
第一章　自治と助け合いの中で（24）
1　関東平野の大河川を治める―利根川・荒川の流路つけかえ（各地）
2　埼玉平野を縦断する大用水―葛西用水と見沼代用水（各地）
3　武蔵野の台地を拓く、野火止用水と三富新田（県西部）
4　交通網の発達と宿場町のにぎわい（各地）
5　農業政策で藩政を確立した、松平信綱（川越）
6　天領と旗本領の支配が入り交じる村々（各地）
7　埼玉の地に成立した城下町は、江戸の重要な衛星都市（川越）
8　江戸を揺るがす大一揆、伝馬騒動と武州一揆（各地）
第二章　生業の振興と継承の中で（79）
1　江戸の米蔵埼玉平野、つぎつぎに行われた新田開発（各地）
2　商品作物と野菜づくり―江戸を背景とした農業（各地）
3　絹と綿の王国―秩父絹と岩槻木綿（秩父・岩槻）
4　独特の製法でつくられる、味で勝負の狭山茶づくり（狭山）
5　紅花と藍の生産、桶川臙脂と武州藍（各地）
6　川口の鋳物と朝霞の伸銅（川口・朝霞）
7　発達する在郷町、多彩な市と在郷商人の活躍（各地）
8　江戸に進出する在郷商人たち（各地）
第三章　秩父盆地を生きた人々（153）
1　山岳盆地の風土の中で共同体を育む（秩父）
2　山と川によって生きる人たち（秩父）
3　山間の地でたくましく働く女性たち（秩父）
4　にぎわう六斎市に集う人々（秩父）
5　地域誌を書き伝え、文化の底流を支えた人々（秩父）
6　祭りや芸能をさかんにした人たち（秩父）
7　巡礼を迎え入れた人たち（秩父）
第四章　地域社会の教育システム（211）
1　川越城下町商人、榎本弥左衛門の生涯（川越）
2　激動の農村から世の大変化を見つめた豪農、奥貫友山（川越）
3　岩槻藩大岡家の教学と児玉南柯（岩槻）
4　遊歴の儒者、寺門静軒と彼を支援した武州の豪農（各地）
5　心学普及に尽くした大島有隣の恭倹舎（北葛飾）
6　小谷三志、相互扶助と平等の社会を求めた不二道の実践（鳩谷）
7　農書を書いた人々、福島貞雄と渋沢宗助（鴻巣・深谷）
8　春秋庵加舎白雄と県西部の俳諧（県西部）
9　地域医療に貢献した人々（県西部）
10　地域とともに歩んだ寺子屋師匠、植田養山（行田）
11　名主日記にみる、行動する女性たち（入間）
12　地域社会の情報伝達に果たした豪農の役割（各地）
第五章　地域おこしに尽くした先駆者（299）
1　〝関東流〟伊奈氏の三代にわたる治水事業（各地）
2　キリシタン救出に奔走した学僧、寒松（川口）
3　『群書類従』を編集した盲目の大学者、塙保己一（児玉）
4　郷土を愛し、郷土のために尽くした吉田宗以、宗敬父子（熊谷）
5　時代を辛辣に批判して江戸で大評判の小説『妙々奇談』（飯能）
6　俳人として、埼玉で活気に満ちた生涯を送った鈴木荘丹（与野）
7　近代実業の指導者、渋沢栄一をめぐる人々（深谷）
資料編（355）

## 千葉県

前章　近世の千葉　その地域振興の足どり（13）
第一章　自治と助け合いの中で（27）
1　利根川水運の発展―物資と文化交流の大動脈（県北部）
2　〔絵と文〕将軍の鷹狩り―鷹場農民の苦労（東金・県西部）

3　上総木更津の繁栄―江戸湾の要港（木更津）
4　椿海の干拓事業―辻内刑部左衛門と鉄牛和尚の尽力（香取）
5　北条藩の万石騒動――万石領内でおきた百姓一揆（館山）
6　印旛藩の開発―三度にわたって挑戦された事業（印旛）
7　真忠組―譲夷と貧民救済をかかげた世直し運動（山武）
8　〔絵と文〕掘り抜き井戸の技術―上総掘り（君津・木更津）
第二章　生業の振興と継承の中で（87）
1　行徳塩田―幕府の御用塩を生産（市川）
2　勝浦の朝市―流通経済確立のための基盤として（勝浦）
3　房総の漁業―関西漁民による開発と発展（県全域）
4　九十九里浜の地曳網漁―干鰯・〆粕の加工で繁栄（山武）
5　嶺岡牧場―日本酪農発祥の地（安房）
6　銚子・野田の醤油―関東濃口醤油の誕生（県北部）
7　山武林業―山武杉の育成と上総戸の生産（山武）
8　近江屋甚兵衛―上総ノリにかけた情熱（君津）
第三章　地域社会の教育システムの中で（161）
1　飯高檀林―日蓮宗の最高学問所（八日市場）
2　寺子屋の教育―四代続いた「安川舎」（船橋）
3　楫取魚彦―名著『古言梯』を著す（佐原）
4　東条一堂―多くの門人を育てた教育者（茂原）
5　新井文山―地域の教育に貢献した学者（館山）
6　海保漁村の子弟教育―「掃葉軒」で人材を養成（山武）
7　佐倉藩の成徳書院―総合大学としての藩校教育（佐倉）
8　蘭医学の順天堂―医学振興に尽くした佐藤泰然・舜海（佐倉）
9　伊能穎則―国学・歌道を普及する（佐原）
第四章　子育てと家庭経営の知恵（231）
1　〔絵と文〕鬼来迎―信仰の歴史の生き証人（匝瑳）
2　水塚にみる水防の知恵―水害から生命財産を守る（印旛）
3　成田不動―宗派をこえて大衆の人気を得る（成田）
4　宮負貞雄と『民家要術』―その家庭教育論（香取）
5　大高善兵衛と平山仁兵衛―児童福祉の先駆者（山武・八日市場）
第五章　地域おこしに尽くした先駆者（273）
1　醍醐新兵衛―房総捕鯨ひとすじに生きる（安房）
2　菱川師宣―浮世絵版画のパイオニア（安房）
3　〔絵と文〕義民佐倉惣五郎―その伝説と実像（成田）
4　白井鳥酔―芭蕉を顕彰し、房総俳壇を振興（長生）
5　稲葉默斎―地方で学問を広める（山武）
6　伊能忠敬―名主から日本一の測量家へ（佐原）
7　織本花嬌と斎藤園女―房総俳壇の二輪の名花（富津・船橋）
8　武田石翁―房州の石工から彫刻家へ（安房）
9　田丸健良―仁医・平俗至誠の文化人（夷隅）
10　大原幽学―教学の実践につとめた農民指導者（県北東部）
11　堀田正睦―藩内の振興と幕政への参画（佐倉）
12　鈴木雅之と『民政要論』―疲弊農村の更生を説いた国学者（成田）
13　赤松宗旦―『利根川図志』に注いだ情熱（県北部）
資料編（369）

**東京都**（『大江戸万華鏡』）
前章　江戸時代の東京　大江戸の繁栄と人づくり（9）
【見る1】築く―街と住まいと都市のシステム（25）
〔読む〕第一章　大江戸シティー・プラン〔都市構想と基盤づくり〕（57）
1　江戸の町づくり―八百八町の市街地造成
2　築城から長屋普請まで―江戸開発の建築様々
3　すべての道は日本橋に通ず―五街道整備の狙いと効用
4　物流の動脈としての舟運―大量輸送用の水上ルート開発
5　水道の水は江戸っ子の誇り―世界の先端をいく上水道事業

6　郵便制度の前身―全国を結ぶ飛脚
7　武蔵野の開墾―新たな沃野の創出への苦闘
8　江戸幕府の三大改革―享保・寛政・天保の改革と熱意
〔読む〕第二章　大江戸セキュリティー・システム〔治安・防災・厚生のしくみ〕
1　日本型「自治」―市民に委託された町政
2　懲罰一本から教育と更生に―牢屋敷と人足寄場
3　〝江戸の花〟とのたたかい―防火対策と消防システム
4　天災と復興の努力―江戸市民による救援活動
5　八王子千人同心の任務―国境警備と治安維持
6　〝忠臣蔵〟の衝撃―為政者の立場、批判、義士への共感
7　江戸近郊の鷹場―広大な野生鳥獣天国をつくる
8　ペリーの来航と江戸の庶民―驚きて好奇心に沸く
9　江戸の医療態勢―官営養生所と町医者の活躍
10　ごみ処理と屎尿のリサイクル―衛生環境を守る知恵
11　難民救済に官民の努力―囲籾や七分積み金などの備え
【見る2】働く―繁栄を支えた汗と知恵（217）
〔読む〕第三章　大江戸ビジネス・タウン〔そろばんと技の世界〕（233）
1　江戸幕府の造幣局―金・銀・銭座のしくみと両替商
2　蔵前・札差の世界―米相場を動かしたシステムと人びと
3　日米間初の為替レート交渉―摩擦を超えて国際社会に仲間入り
4　日本橋の老舗問屋街―上方商人による江戸店の発展
5　世田谷のボロ市―年末年始の風物詩
6　魚市場・青物市場―百万都市の生鮮品流通システム
7　木材集散地木場の繁栄―財をなした商家と働く人びと
8　江戸名品のつくり手たち―粋なデザイン、精緻な技
〔読む〕第四章　大江戸バックグラウンド〔山から海から田畑から〕（299）
1　江戸の野菜―巨大消費都市が育てた青物さまざま
2　染井の植木屋―ゆとりが生んだグリーン・ビジネス
3　お江戸が焼けて山栄ゆ―町屋建設を支えた青梅材
4　暮らしを支えた炭と薪―江戸の生活用熱エネルギー源
5　八丈島特産の黄八丈―市民の日常着となった絹織物
6　江戸湾の漁業―「江戸前」は生きのよさの代名詞
7　江戸名産の浅草海苔―つくる漁業のさきがけ
8　新島特産のクサヤ―独特の風味と保存性にすぐれた干物
9　大消費地江戸が育てた桑都―八王子の絹織物業
【見る3】学ぶ―広い裾野、多彩な開花（369）
〔読む〕第五章　大江戸ルネッサンス〔学問と芸術の広がり〕（385）
1　昌平坂学問所―幕府文教政策の本拠
2　寺子屋・私塾の隆盛―庶民の教育熱のたかまり
3　蕃書調所―幕府が開いた国際情報受信基地
4　身分を越えたフォーラム―源内・南畝・華山と学者・文化人たち
5　全国を制覇した江戸の出版業―市民文化の受容力に対応
6　俳諧・狂歌・川柳の大流行―大衆参加のカルチャー・ブーム
7　浮世絵―視覚文化を庶民のものにした量産システム
8　『江戸名所図会』の世界―リアルな江戸名所絵入り地誌
9　関東十八檀林と学僧教育―浄土宗僧侶の養成所
【見る4】驚く―異文明接触の衝撃（465）
〔読む〕第六章　大江戸ビジターズ・アイ〔外国人に聞く江戸観〕（481）
1　ウイリアム・アダムス―草創期の江戸で徳川家康の政治顧問
2　ケンペル『江戸参府旅行日記』―元禄の江戸の賑わい
3　朝鮮通信使―十二回の来日で親密な交流
4　シーボルトと幕末の江戸―『参府紀行』にみる大都市の素顔
5　ラザフォード・オールコック―駐日イギリス公使のみた幕末の風俗
6　アーネスト・サトー―イギリス外交官のみた動乱期の江戸
7　ヒュースケンと『日本日記』―攘夷の犠牲者が記す日本人像

〔読む〕第七章　大江戸ライフ・スタイル〔江戸っ子日々の暮らし〕(539)
1　長屋暮らし―その住みよさ・住みにくさ
2　江戸のファッション―活動性・機能性を追求する
3　浮世風呂・浮世床を楽しむ―町内サロンとしての銭湯・床屋
4　富士講―江戸庶民をひきつけた富士信仰
5　江戸の三富くじ―でっかい夢に興奮する人びと
6　江戸庶民の生活情報源―高札・読売(かわら版)・番付など
7　市民の文化塾―カルチャー・スクールの賑わい
8　大江戸ライフの声・鐘・唄―町を彩る〝音〟の数々
【見る5】賑わう―繁華の都、四季の遊楽(609)
〔読む〕第八章　大江戸アミューズメント〔物見遊山の楽しみ〕(657)
1　市中・近郊名所めぐり―江戸庶民の行楽上手
2　江戸を離れて膝栗毛―近くは成田詣で、遠くはお伊勢参り
3　歌舞伎と相撲―江戸っ子を熱狂させたイベント
4　両国川開き―花火にかける江戸っ子の心意気
5　祭り・縁日に血が騒ぐ―山王祭や神田祭など
6　江戸の七福神詣で―幸福を願う庶民の信仰
7　江戸の民俗芸能―伝統に育まれた田楽や神楽
8　料理茶屋の繁盛―江戸のグルメ・ブーム
9　盛り場が生んだ庶民文化―見世物・辻講釈など
〔読む〕資料編(735)
江戸時代東京の物産地図

**神奈川県**
前章　近世の神奈川　その地域振興の足どり(13)
第一章　自治と助け合いの中で(27)
1　小泉次大夫―稲毛・川崎二ヶ領用水を開削(川崎)
2　砂村新左衛門―三浦郡久里浜の内川新田を開発(横須賀)
3　新田開発―山村を救った小高市右衛門(横浜)
4　代官・蓑笠之助正高―田中丘隅の後継者(小田原)
5　池上新田と池上太郎左衛門―砂糖国産化にも尽力(川崎)
6　天明の飢饉―「土平治一揆」の人びと(津久井)
第二章　生業の振興と継承の中で(83)
1　鎌倉彫りを育てた人々―生き続ける鎌倉仏師の伝統(鎌倉)
2　箱根細工を育てた人たち―木地師亀吉・名人為次郎(箱根)
3　箱根七湯―時代の流れに対応した湯宿主たち(箱根)
4　三崎港の発展―水軍の根拠地から遠洋漁業の基地へ(三崎)
5　浦賀干鰯問屋―飯塚屋の家法(浦賀)
6　尊徳門下の福住正兄―箱根湯本の観光事業の推進者(箱根)
7　草山貞胤―技術を誇った秦野たばこの祖(秦野)
第三章　地域社会の教育システムの中で(139)
1　遊行寺の信仰集団―民衆にささえられた念仏信仰(藤沢)
2　江戸庶民の信仰と遊山―江ノ島詣でと大山詣で(藤沢・伊勢原)
3　川崎大師―江戸庶民の信仰の地(川崎)
4　寺子屋玉淵堂と浅井忠良―宿民の悲願で開設(川崎)
5　誠拙周樗―僧堂をおこした円覚寺中興の名僧(鎌倉)
6　雲水の育成―鎌倉五山にみる禅の修行(鎌倉)
7　中根東里―港町に蒔かれた学問の種(浦賀)
8　海防と三浦半島―会津・川越・萩藩と相模の人びと(横須賀・三浦)
9　小田原藩校の足跡―集成館から文武館へ(小田原)
10　ヘボン塾―フェリス女学院・明治学院の母胎(横浜)
11　郷学校―公立学校の前身として
12　小笠原東陽と耕余塾―人間性を重視した民衆の教育者(藤沢)
第四章　子育てと家庭経営の知恵(241)
1　東慶寺―不遇な女性を救済した駆けこみ寺(鎌倉)
2　相模野のおんなたち―逞しくしたたかな生(相模原)

3　関口藤右衛門―庶民生活史の貴重な資料『関口日記』を遺す（横浜）
4　万随和尚と「峯の灸」―江戸時代の民間療法に寄与（横浜）
5　金子サクと『童子躾方』―庶民教育の手引き書を作る（綾瀬）
第五章　地域おこしに尽くした先駆者（277）
1　田中丘隅―民衆の声を聴き力を生かした行政の達人（川崎）
2　吉田勘兵衛―横浜埋め立ての功労者（横浜）
3　二宮尊徳―報徳仕法を実践した偉大な農政家（小田原）
4　高島嘉右衛門―横浜の文明開化に大きく貢献（横浜）
5　中居屋重兵衛―横浜開港の先駆的商人（横浜）
6　小栗忠順―横須賀製鉄所を創設した幕末の改革者（横須賀）
資料編（335）

**新潟県**

前章　近世の新潟　その地域振興の足どり（13）
第一章　自治と助け合いの中で（27）
1　罰則と温情―村極めと村民の共同自治活動（県南部）
2　佐渡のユイ慣行―農作業の相互扶助組織（佐渡）
3　間の宿場と六斎市―地の利を生かした町づくり（中蒲原）
4　天明・天保の飢饉―酒造家佐藤家の救援活動（小千谷）
5　明和新潟騒動―町民のための政治をめざした涌井藤四郎（新潟）
6　佐渡の善兵衛騒動―経済をめぐる幕府と島民の対立（佐渡）
7　高田藩と新田開発―家老小栗美作の積極政策（上越）
8　紫雲寺潟の干拓―豊な米作地帯の誕生（北蒲原）
第二章　生業の振興と継承の中で（97）
1　佐渡の金銀山―西洋技術を取り入れて開発（佐渡）
2　越後縮―雪と女たちが造り出した麻織物（県南部）
3　燕の鍛冶業―和釘から日用器物の生産（燕）
4　三面川の鮭―村上藩の財源として育成（村上）
5　村上堆朱―工夫から生まれた特産漆工芸品（村上）
6　越後の毒消し丸―行商がささえる製薬業（西蒲原）
第三章　地域社会の教育システムの中で（155）
1　越後の真宗―その教化活動の展開（県全域）
2　佐渡能楽の根付き―島民の中に蒔かれて（佐渡）
3　越後の俳壇と俳人―地方文化の萌芽（県全域）
4　高野余慶―倹約と勤勉を重んじ、士風の刷新をはかる（長岡）
5　良寛―教えずして人を教化した清貧の歌僧（県全域）
6　越後の寺子屋―その生活と教育内容（県全域）
7　新発田藩校と社講制度―庶民に門戸を開いた学習（新発田）
8　三余堂と長善館―藍沢南城と鈴木文台の教育（西蒲原・柏崎）
9　豪農桂家の学問―平田国学の普及（新津）
第四章　子育てと家庭経営の知恵（231）
1　越後の瞽女―自立する盲目の女性たち（県全域）
2　幕府諸藩の教学政策―孝行者や忠義者の表彰（県全域）
3　生活教訓と躾―渡辺家古文書から（岩船）
4　森田千庵―蘭方医学の普及に尽くす（加茂）
5　雪国の子供と遊び―知恵と工夫で雪を楽しむ（県全域）
6　越後の冬籠り―『北越雪譜』の雪国のくらし（南魚沼）
第五章　地域おこしに尽くした先駆者（291）
1　塩の道とボッカたち―糸魚川街道の荷運び（糸魚川）
2　真柄仁兵衛―越後の石油開発に尽力（新津・刈羽）
3　鍛冶商人と行商人―金物の町三条を築いた人びと（三条）
4　北前船の人びと―蝦夷地交易で利益をあげる（佐渡）
5　大崎オヨと植村角左衛門―栃尾紬の改良と販路拡充に尽くす（栃尾）
6　丸山元純と小田島允武―越後の地誌と人びと（三島・北蒲原）

7　松田伝十郎―蝦夷地探検の功労者（柏崎）
8　伊藤五郎左衛門―身を挺した分水工事（西蒲原）
9　小林虎三郎―学校設置に賭けた米百俵の計（長岡）
資料編（367）


**富山県**


前章　近世の富山　その地域振興の足どり（13）
第一章　自治と助け合いの中で（27）
1　牛が首用水の開削―四万石の美田をつくる（富山・婦負・射水）
2　富山藩の田地割制度―農民の創意を生かした農政（県中央部）
3　礪波地域の町立て―流通の便と仕事の場づくりに寄与（県南西部）
4　今石動宿―北陸街道の重要宿駅（小矢部）
5　「七木の制」―用材確保のための厳しい林制（県全域）
6　真宗門徒農民の移住―北陸地方から北関東へ（砺波）
7　文化十年の農民一揆―有力町人への打ち荒らし（富山・婦負）
8　常願寺川の氾濫―〝暴れ川〟との果てしない戦い（中新川）
9　幕末の海防政策―加賀藩の沿岸警備策と民衆の負担（下新川）
第二章　生業の振興と継承の中で（93）
1　越中七かね山―鉱山業の盛衰（県中央部）
2　富山湾の漁業―豊かな漁獲に恵まれる（県北部）
3　越中ブリと飛騨街道―人と物の交流回路（県中央部）
4　高岡の銅器と鉄鋳物業―藩の保護政策により発展（高岡）
5　越中七浦と北前船―上方交易の発展（県北部）
6　井波町の蚕種業と絹業―井波第一の商売（東砺波）
7　富山の売薬業―富山商人の巧みな経営（富山）
8　八尾の和紙産業―売薬とともに発展（婦負）
9　井波大工と城端塗―磨きぬかれた伝統の技（東砺波）
10　〔絵と文〕福岡町の菅笠づくり―農閑期の副業（西砺波）
11　氷見の縫い針と鏡磨き―行商販売と地方巡回（氷見）
12　福光町の干し柿づくり―藩主も賞味した特産品（西砺波）
第三章　地域社会の教育システムの中で（193）
1　尺伸堂と空華廬―高僧を輩出した越中の学塾（氷見・下新川）
2　小西屋の庶民教育―売薬産業の発展に貢献（富山）
3　富山藩校広徳館―人材育成への藩主の熱意（富山）
4　高岡の私塾・寺子屋―商業都市の教育熱（高岡）
5　灘浦教育と広沢塾―広沢周斎の教育（氷見）
6　福光の栖霞園―宮永荻園による学問教授（西砺波）
7　神子高たかの寺子屋教育―女子教育のさきがけ（高岡）
第四章　子育てと家庭経営の知恵（241）
1　立山信仰―修験の山から参詣信仰の山へ（中新川）
2　村御講と村びとの信仰―真宗教団のひろがり（県全域）
3　五箇山の暮らし―山深い合掌づくりの里（東砺波）
4　〔絵と文〕ボンボコ祭り―海上安全と豊漁を祈願（新湊）
5　高岡の御車山祭―絢爛豪華な曳山（高岡）
6　〔絵と文〕法福寺の稚児舞―五曲を舞う（下新川）
7　八尾の風の盆―越中おわら節のふるさと（婦負）
8　薬種問屋中田家の教え―その「家憲」と「店員心得」（富山）
第五章　地域おこしに尽くした先駆者（305）
1　浪下上人―越中俳壇を築いた瑞泉寺住職（東砺波）
2　宮永正運―『私家農業談』を著し、農業の振興に尽くす（小矢部）
3　五十嵐篤好―農政に尽くした国学者（高岡）
4　伊東彦四郎―愛本新用水開削の功労者（下新川）
5　石黒信由―「加越能三州絵図」の作成者（新湊）
6　沢田清兵衛―庄川沿岸の治水・開拓の功労者（西砺波）
7　西村太冲―越中が生んだ天文・暦学の大家（東砺波）
8　播隆上人―槍ヶ岳を開山した念仏行者（上新川）

9 椎名道三―十二貫野用水開発の功労者（下新川）
10 前田利保―藩政改革に取りくむ学者藩主（富山）
11 黒川良安―西洋医学の先覚者（中新川）
資料編（385）

## 石川県

前章　近世の石川　その地域振興の足どり（13）
第一章　自治と助け合いの中で（27）
1 加賀藩の改作法―藩政の基礎をつくった総合的農政（県全域）
2 加賀藩の十村制度―十村役による農村支配（県全域）
3 白山争論―杣取りなどの権利をめぐる抗争（石川・能美）
4 辰巳用水―板屋兵四郎による用水開削（金沢）
5 浦野事件と義民道閑―藩に利用された内紛（鹿島）
6 正徳の大一揆―大聖寺藩農民の固い結束（加賀・江沼）
7 卯辰山騒動―百三十年前のシュプレヒコール（金沢）
第二章　生業の振興と継承の中で（81）
1 輪島塗―独力で販路をひろげた伝統工芸品（輪島）
2 〔絵と文〕輪島の朝市―海の幸と山の幸の交換（輪島）
3 焼畑農耕―加賀白山ふもとの暮らしの知恵（石川）
4 九谷焼―世界に誇る細密華麗な上絵付け（加賀・小松・金沢）
5 〔絵と文〕能登の製塩業―藩をうるおした塩づくり（県北部）
6 加賀友禅―元禄ファッションをリードする（金沢）
7 御細工所―工芸王国加賀のかなめ（金沢）
8 〔絵と文〕能登内浦の鯨漁―勇ましい寄鯨捕り（県北部）
9 大聖寺絹―武士階級の奥方の内職として発展（加賀）
10 能登上布―女たちが支えた織物産業（鹿島・羽咋）
第三章　地域社会の教育システムの中で（161）
1 前田綱紀―学問振興のための図書収集（金沢）
2 「オザ」と真宗門徒―暮らしのなかの宗教活動（県全域）
3 石動山天平寺の教学―石動衆徒としての修行と活動（鹿島）
4 藩校明倫堂と経武館―「四民教導」をめざす学び舎（金沢）
5 郷校・集義堂と集学所―高まる町人層の勉学熱（小松・金沢）
6 私塾挹遊館―上田作之丞とその門人たち（金沢）
7 大聖寺藩の学問振興―好学の歴代藩主（加賀・江沼）
8 武学校壮猶館と語学校道済館―加賀洋学のメッカ（金沢）
第四章　子育てと家庭経営の知恵（221）
1 白山信仰―若者たちの通過儀礼としての白山参詣（石川）
2 アエノコト神事―田の神様をまつる行事（県北部）
3 〔絵と文〕名舟の御陣乗太鼓―神様を先導する太鼓（輪島）
4 お旅まつりと曳山歌舞伎―豪華な舞台と子どもたち（小松）
5 鬼子母神信仰―子授け・安産・子どもの健康祈願（金沢）
6 加賀の能楽―宝生流の発展（金沢）
7 ほうらい祭―加賀獅子による武芸の競演（石川）
8 能登の烏帽子親―擬制の親子関係を結ぶ習俗（県北部）
第五章　地域おこしに尽くした先駆者（289）
1 五十嵐道甫―加賀蒔絵の基礎を築いた親子二代（金沢）
2 任誓―一向一揆の風土が生んだ信仰者（石川）
3 土屋又三郎―『耕稼春秋』を著し、農業の振興に尽くす（金沢）
4 加賀の千代女―北陸俳壇に生きた才女（松任）
5 中村歌右衛門―三都に名をとどろかせた初代と三代（金沢）
6 道下村の丹治―邑知潟大干拓工事の夢（羽咋）
7 銭屋五兵衛―一代で消えた悲運の豪商（金沢）
8 寺島蔵人―加賀藩革新の士（金沢）
9 枝権兵衛―富樫用水の改修工事の功労者（石川）
資料編（361）

## 福井県

前章　近世の福井　その地域振興の足どり（13）
第一章　自治と助け合いの中で（27）
1　永平寺門前大工村―一目置かれた「志比大工」の集団（吉田）
2　若狭街道と熊川宿―京都と北陸・山陰を結ぶ要路（県南西部）
3　今庄宿の繁栄―北陸道の宿場の暮らし（南条）
4　福井藩の藩札発行―藩財政の窮乏を打開する（福井）
5　浦見川開削―偉業を成し遂げた行方久兵衛（三方）
6　鳴鹿大堰の水争い―生活権を守るための闘い（吉田・坂井）
7　明和の大一揆―組織的な民衆パワーの勝利（福井）
8　勝山騒動―藩の垣根を越えた大一揆（勝山）
9　大野藩の北蝦夷地開拓―藩主土井利忠と側近たちの努力（大野）
10　福井藩の改革と幕政参与―幕末の危機的情勢への対処（福井）
第二章　生業の振興と継承の中で（105）
1　若狭の伝統工芸―若狭塗とめのう細工（小浜）
2　若狭湾の漁業―大消費地の京都をひかえ発展（小浜）
3　三国湊の発展―北前船と九頭竜川の舟運（坂井）
4　面谷銅山の発展―大野藩の財政を支える藩営事業（大野）
5　紙の王―越前鳥の子と越前奉書（今立）
6　越前焼―庶民のくらしを支えた日用陶器（丹生）
7　〔絵と文〕越前漆器―農家の副業として発展（鯖江）
8　越前鎌―打刃物業発展の柱（武生）
9　堀名銀山―幕末にひととき輝いたしろがねの花（勝山）
第三章　地域社会の教育システムの中で（181）
1　〔絵と文〕永平寺―道元禅師の教えと厳しい修行（吉田）
2　藩校順造館―国家に役立つ人間を育てる（小浜）
3　〔絵と文〕橘曙覧―清貧に甘んじながら歌を詠む（福井）
4　福井藩校明道館―新しい時代をつくる人材を生む（福井）
5　私塾と寺子屋―密接な師弟関係（県全域）
第四章　子育てと家庭経営の知恵（213）
1　〔絵と文〕水海の田楽能舞―豊な実りを願う舞（今立）
2　矢代の手杵祭―唐の王女の伝説にまつわる儀式（小浜）
3　産小屋―浄穢観念にもとづく慣習（敦賀）
4　穴馬の真宗道場―信仰に生きる人びと（大野）
5　田中家の家訓―豪農の背負う使命（丹生）
6　三国祭―勇壮な武者人形の山車（坂井）
7　綱女の子守―襲いかかる犬から子どもを守る（小浜）
8　海商の家憲―内田家・古河屋の例を通して（坂井・小浜）
第五章　地域おこしに尽くした先駆者（279）
1　松木庄左衛門―大老をも動かした若き義民（遠敷）
2　女流俳人哥川―泥中に咲いた蓮の花（坂井）
3　杉田玄白と中川淳庵―西洋医学の導入に尽くす（小浜）
4　伴信友―考証学的方法による古典研究（小浜）
5　林毛川―勝山の近代化の基礎を築く（勝山）
6　福井藩医笠原白翁―わが国牛痘種痘術の先駆者（福井）
7　橋本左内―近代統一国家を構想した先駆者（福井）
8　由利公正―藩財政の危機を救ったアイデアマン（福井）
資料編（345）

## 山梨県

前章　近世の山梨　その地域振興の足どり（15）
第一章　自治と助け合いの中で（23）
1　偉容を誇る甲府城と整備された城下町（甲府）
2　甲州独特の財政・金融国法―甲州金・甲州桝・大小切（国中）
3　甲府勤番支配と代官支配による幕府領行政（全域）
4　産業振興に尽くした秋元氏三代の治世（郡内）

5　内陸交通の中心、甲州街道と脇往還（各地）
6　物資輸送の大動脈、富士川の舟運（各地）
7　たびたび氾濫した三つの川の治水事業（各地）
8　堰をつくり新田を開発―穂坂堰・徳島堰など（各地）
9　米倉騒動、太枡騒動など一揆が多発した背景（各地）
10　天保の郡内騒動の背景と、その悲劇的な結末（各地）
第二章　生業の振興と継承の中で（95）
1　土木・採掘技術に優れた甲州の金山経営（黒川・早川など）
2　絹織物として人気が高かった郡内織（郡内）
3　登せ糸を生産した甲府盆地東部の養蚕業（八代・山梨）
4　甲府盆地西部の綿栽培と甲州木綿（西郡）
5　富士川筋一帯でさかんだった紙漉き（市川大門・河内）
6　江戸や駿州などへ向けた甲府盆地周縁部の煙草（各地）
7　甲斐の名産、勝沼周辺の甲州葡萄（勝沼など）
8　横浜開港と初期貿易商人甲州屋忠右衛門（石和）
第三章　地域社会の教育システムの中で（169）
1　勤番所の子弟教育―甲府学問所から徽典館へ（甲府）
2　さかんだった郷学、由学館・興譲館・松声堂の活動（各地）
3　向学心の高揚と私塾の隆盛、今も名高い〝環松亭〟（甲府・若草）
4　各地に広まる寺子屋教育―その普及と地域的な特性（各地）
5　寺子屋の教科書とその地方出版（甲府）
6　画期的な地誌『甲斐名勝志』と『甲斐国志』（甲府）
7　思想と教育のはざまに―勤皇思想と心学（各地）
第四章　町、村、家の暮らしと文化（217）
1　さかんだった富士信仰とそれを支えた御師（各地）
2　陸路、水路から集まった身延詣でのにぎわい（身延）
3　村役人層から庶民まで広く浸透した甲州の俳諧（各地）
4　『農事弁略』を書いた河野徳兵衛の世界（御坂）
5　焼畑の村奈良田の山村の生活（早川）
6　甲州の温泉と湯治する人々（各地）
7　甲斐一国の祭礼の三社御幸と西御幸・通い祭り（各地）
第五章　地域おこしに尽くした先駆者（257）
1　家康の懐刀として手腕をふるった大久保長安（甲府）
2　甲斐経営に意欲的に取り組んだ柳沢吉保・吉里父子（甲府）
3　諸芸に秀でた文人、柳沢淇園（甲府）
4　生前に神として祀られた名代官たち（各地）
5　『柳子新論』を著した悲劇の論客、山県大弐（竜王）
6　江戸経済を支配した杉本茂十郎（御坂）
7　きびしい廻国修行を積んだ木食僧行道と白道（下部）
8　新道を切り開き昇仙峡を世に出した長田円右衛門（甲府）
9　豪商大木家に今も伝わる貴重な資料（甲府）
10　貿易商甲州屋忠右衛門と財閥を築いた若尾逸平（甲府・石和）
資料編（327）

**長野県**
前章　近世の長野　その地域振興の足どり（13）
第一章　自治と助け合いの中で（25）
1　飯綱の大座法師池―浅河原十ヵ村の人々と灌漑用水（長野）
2　佐久甲州往還―矢出原の三軒家（南佐久）
3　「飛騨鰤」を運んだ野麦街道―海の幸ロード（松本）
4　千曲川往還橋―洪水とのたたかい（佐久）
5　浅間山大噴火と天明の飢饉―民衆の世直し行動を誘発（佐久）
6　等々力孫一郎―拾ヶ堰開削に命をかける（南安曇）
7　下伊那の紙漉き業―その問屋阻止のたたかい（飯田）
8　天竜下り―木材運搬と通船事業（飯田）
第二章　生業の振興と継承の中で（85）

1　戸倉宿―北国街道沿いの俳諧の里（埴科）
2　手すき和紙の里―伝統いきづく雪国の風土産業（飯山）
3　養蚕業の発展―日本一のメッカとなる（上田）
4　上田紬―上田藩の奨励で名産品となる（上田）
5　木曾谷の林業―木曾山の資源保護と存続（木曾）
6　権兵衛街道―牛方の頭・権兵衛がひらいた米の道（伊那）
7　秋山郷の暮らしの知恵―陸の孤島から観光地へ（下水内）
8　高遠焼―土管から「お庭焼」へと発展（高遠）
9　佐久鯉―餌に恵まれ水田に育った美味（佐久）
10　日本アルプスを拓いた人たち―信仰と生活に命をかけて（南安曇）
第三章　地域社会の教育システムの中で（169）
1　伊那谷の人形芝居―農村に根付いた郷土芸能（下伊那）
2　善光寺―庶民信仰のメッカ（長野）
3　信州心学の開祖―中村習輔と植松自謙（埴科・諏訪）
4　寺子屋師匠・和徳―三代にわたって庶民教育に尽力（上伊那）
5　寺島宗伴―鬼無里村の和算師匠（上水内）
6　西宮の歌舞伎舞台―農村生活に密着した民俗文化財（小県）
7　松代藩校―学問所から文武学校へ（長野）
8　高遠藩校・進徳館―その学統と人材の育成（上伊那）
9　諏訪大社―全国に広まるお諏訪様信仰（諏訪）
10　伊那谷の寺子屋―漢皐亭の初等教育など（伊那谷）
11　内山真弓―家塾・聚芳園を開き歌論書を著す（松本）
第四章　子育てと家庭経営の知恵（261）
1　依田惣蔵―農家経営の体験を『家訓全書』に著す（佐久）
2　入野谷の孝行猿―明治の修身教科書にのった説話（上伊那）
3　小林一茶―生活の哀歓を率直にうたう（上水内）
4　横田家の母の躾―松代藩士の娘から明治の母へ（長野）
第五章　地域おこしに尽くした先駆者（295）
1　市川五郎兵衛―新田開発の功労者（北佐久）
2　多田加助―身を賭して百姓の窮状を救う（南安曇）
3　二人の郷土史家―吉沢好謙と瀬下敬忠（佐久）
4　恩田木工―組織の活性化と財政再建にいどむ立役者（松代）
5　佐久間象山―伝統と革新のはざまに生きた逸材（長野）
6　小木曾猪兵衛―南山一揆の指導者（飯田）
7　島崎正樹―山林解放に身を捧げた悲劇の国学者（木曾）
資料編（351）

## 岐阜県

前章　近世の岐阜　その地域振興の足どり（13）
第一章　自治と助け合いの中で（27）
1　輪中の村―その自治と助け合い（県南西部）
2　戸田氏鉄の治世―大垣藩政の基礎を固める（大垣）
3　〔絵と文〕中馬街道―名古屋と信州を結ぶ輸送路（土岐・恵那）
4　根尾川筋の段木生産―米がわりの年貢として（本巣）
5　地方法度にみる農民保護思想―美濃郡代岡田善政の政策（県南部）
6　〔絵と文〕曾代用水の開発―民間の手による大事業（美濃・関）
7　郡上藩の宝暦騒動―藩主にも厳罰が下った農民一揆（郡上）
8　薩摩藩の御手伝い普請―宝暦の治水工事（県南西部）
9　天領飛騨の大原騒動―明和・安永・天明の大一揆（県北部）
10　戊辰戦争と郡上藩―凌霜隊にみる小藩の悲劇（郡上）
第二章　生業の振興と継承の中で（105）
1　美濃焼の発展―桃山茶陶から日用陶磁器へ（県南等部）
2　長良川の鵜飼漁―伝統が支える華麗な技（岐阜）
3　関の鍛冶業―刀剣から日用の刃物へ（関）
4　美濃紙の生産―豊富な楮と良質の水に恵まれて（美濃）
5　飛騨川の運材業―飛騨人の暮らしを支えた材木流し（県北部）

6 高山の朝市―内陸の風土がはぐくむ味覚の市（高山）
7 飛騨匠と春慶塗り―高山の伝統工芸（高山）
8 岐阜の提灯づくり―熟練の技が生みだす繊細な美（岐阜）
9 〔絵と文〕加納の和傘づくり―加納藩の奨励の下に発展（岐阜）
第三章　地域社会の教育システムの中で（165）
1 各務支考と美濃俳壇―蕉風の継承をめざして（岐阜）
2 飛騨郷土史研究の先覚者―長谷川忠崇と上村満義（高山）
3 岩村藩校知新館―「文教の藩」の名を高める（恵那）
4 江村北海と美濃詩壇―郡上藩の客師として（郡上）
5 美濃蘭学の興隆―江馬蘭斎と飯沼慾斎（大垣）
6 梁川星巌と「白鷗社」―美濃の漢詩人たち（大垣）
7 佐藤一斎と美濃儒学―幕末の大儒者とその門人たち（恵那）
8 村瀬藤城と「梅花村舎」―郷村教育と民政に尽くす（美濃）
9 赤田家三代と静修館―飛騨の国中教育所として（高山）
10 浄光寺の寺子屋―習貫堂の庶民教育（山県）
第四章　子育てと家庭経営の知恵（249）
1 どぶろく祭り―秘境白川郷の神事として（大野）
2 高賀山信仰―庶民のくらしと結ばれて（郡上・武儀・美濃）
3 長滝の延年―七百年以上の歴史を持つ伝統の祭り（郡上）
4 白川郷の大家族制度―合掌づくりの村の暮らし（大野）
5 高山祭り―工匠が名技をこらした華麗な屋台（高山）
6 真桑文楽―農村に根づいた人形浄瑠璃芝居（本巣）
7 郡上踊り―健全な大衆娯楽として（郡上）
第五章　地域おこしに尽くした先駆者（299）
1 中嶋両以―美濃の一商人から日本の豪商へ（岐阜）
2 〔絵と文〕円空―民衆のなかに生きた僧（羽島）
3 飛騨屋久兵衛―北国で花開いた飛騨人の商才（益田）
4 永田佐吉―公益に尽くした「仏佐吉」（羽島）
5 二木長嘯―高山の町人文化の振興に尽くす（高山）
6 田中大秀―式内荏名神社を再興した国学者（高山）
7 二人の女流詩人―美濃が生んだ江馬細香と梁川紅蘭（大垣）
8 大原鉄心―幕末の大垣藩財政改革の推進者（大垣）
9 大坪二市―飛騨地方の農業改良に尽くす（吉城）
10 白真弓肥太右衛門―白川郷出身の力士（大野）
資料編（371）

**静岡県**

前章　近世の静岡　その地域振興の足どり（13）
第一章　自治と助け合いの中で（27）
1 伊豆の金山―土肥・湯ヶ島などの金山の繁栄（田方・賀茂・下田）
2 東海道宿駅の発展―見付宿の繁栄を中心に（磐田）
3 富士川治水と新田開発―堤防に守られた加島の美田（富士）
4 〔絵と文〕大井川の川越し―野田三郎左衛門（県中部）
5 宝永の富士噴火とその復興―ねばり抜いた農民たち（駿東）
6 田中藩文化の一揆―義民増田五郎右衛門の献身（島田）
7 浜松藩の農民一揆―国替え騒ぎの渦中に勃発（浜松）
8 掛川の報徳運動―岡田佐平治・良一郎父子による地域振興（掛川）
9 安政の地震・津波からの復興―壊滅的打撃を乗り越えた住民（下田）
第二章　生業の振興と継承の中で（93）
1 駿府の木工・漆工―城と神社の建造に始まる（静岡）
2 掛川の葛布―その生産と技術の伝承（掛川）
3 天城山の薪炭業と椎茸栽培―御林と地元民との共存（田方）
4 熱海の献上湯―出で湯の里の賑わい（熱海）
5 〔絵と文〕駿河茶―その栽培と献上茶（静岡）
6 田子の鰹漁―土佐節の製法にならった田子節の生産（賀茂）

7 天城地方のわさび栽培―気候と地の利を生かして大きく発展（田方）
8 掛塚湊の発展―天竜川水運と江戸をむすぶルート（磐田）
9 「笠井縞」にみる遠州木綿の歴史―市の発展とともに（浜松）
10 漆喰と土蔵の町・松崎―風待ち港として発展（賀茂）
第三章 地域社会の教育システムの中で（175）
1 伊豆の若者組―生活指導と漁業者の養成の場（田方・賀茂）
2 湯山文右衛門の寺子屋教育―地域教育の振興（駿東）
3 福王寺にみる寺子屋教育―幅広い年齢層を教える（磐田）
4 遠州諸藩の藩校教育―時代の要請にこたえる人材養成（県西部）
5 小林平兵衛と農村復興―心学から報徳仕法へ（御殿場）
第四章 子育てと家庭経営の知恵（215）
1 藤守の田遊び―千年の伝統を守る豊作予祝の神事（志太）
2 伝説のふるさと佐夜の中山―久延寺の子育て観音と夜泣石（掛川）
3 遠州大念仏―夏の夜の荘厳劇（浜松）
4 〔絵と文〕富士講―角行東覚が布教に尽くす（富士宮）
5 凧揚げ合戦―五月の空に躍る大凧（浜松）
6 三島暦―日本で最初の木版暦（三島）
7 斎輔霊神―民間療法の元祖となった高松才助（磐田）
第五章 地域おこしに尽くした先駆者（281）
1 〔絵と文〕友野与右衛門―箱根用水作りに貢献（裾野）
2 白隠―人の心に迫る書画と民衆の救済（沼津）
3 賀茂真淵―国学の創始者とその弟子たち（浜松）
4 菊池袖子―土に生きた農民女流歌人（田方）
5 島津恂堂と玄圭―地域医療にも尽くす沼津藩医の父子（沼津）
6 江川英龍―質素勤勉に徹した名代官（田方）
7 戸田号進水と船大工たち―近代造船業の夜明け（田方）
8 下岡蓮杖―日本写真史上の草わけ（下田）
資料編（341）

## 愛知県

前章 近世の愛知 その地域振興の足どり（15）
第一章 自治と助け合いの中で（23）
1 西の押さえ名古屋城築城―尾張名古屋は城でもつ（名古屋）
2 領内安定と国力の増大を目ざして築造された入鹿池（犬山）
3 三河湾と伊勢湾の干拓―新田の拡大と環境の変化（沿岸各地）
4 大倉永常による殖産興業策（三河）
5 産業と暮らしのネットワーク中馬街道（各地）
6 二川宿本陣の繁栄をみちびいた馬場彦十郎の才覚（豊橋）
7 世直しを求める農民たちの起こした賀茂騒動（賀茂・豊田）
第二章 生業の振興と継承の中で（73）
1 木綿の時代を支えた、三河と尾張の木綿（各地）
2 木綿の大産地を背景に発展、有松・鳴海の絞り染め（名古屋）
3 三河の八丁味噌―大豆だけでつくるこくのある自然食品（岡崎）
4 酒粕でつくった半田の酢―江戸前の寿司には㊞印（知多）
5 知多と三河の製塩業―八丁味噌への供給など（各地）
6 幕藩経済を揺るがした尾州廻船・内海船（知多）
7 壷・瓶などの伝統技術を今に伝える常滑焼（常滑）
8 瀬戸焼―大窯から連房式登窯へ（瀬戸）
9 瀬戸磁器―せとものの生産と流通（瀬戸）
10 師崎の漁業と加工―鯨・鰯・鯛・このわた（知多）
11 西尾藩の貴重な財源となった特産物―雲母（三河）
12 尾張の市場と一宮の三八市（一宮）
13 黒鍬と農鍛冶―大野鍛冶と土木技術集団の出稼ぎ（知多）
第三章 地域社会の教育システムの中で（171）
1 時習館をはじめとする三河諸藩の藩校（各地）

2　漢詩・絵の人材を多く育てた有隣舎とその学統（一宮）
3　武士・町人の生活文化としてさかんだった名古屋の芸道（名古屋）
4　本草学をきわめ、近代植物学につなぐ（名古屋）
5　小農民の自立をめざす農書『百姓伝記』の世界（三河）
6　文化都市名古屋に応えた本屋と巨大貸本屋の繁栄（名古屋）
7　公共図書館の先駆となった吉田の羽田文庫（豊橋）
8　多彩な文人・学者を育てた本居国学の広がり（各地）
9　地震を冷静にみて書いた、赤羽根村農民の災害記録（渥美）
第四章　町、村、家の暮らしと文化（227）
1　立田輪中の水防と水屋（海部）
2　幕府の保護で栄えた三河万歳のふるさと（安城・西尾）
3　華麗な祭典、津島神社の天王祭り（津島）
4　店則にみる水口屋呉服店の経営（名古屋）
5　織屋女子奉公人たちの生活（尾西）
6　御鍬祭りと「ええじゃないか」（尾張）
7　七墓―浄瑠璃で語り継ぐ村の暮らし（西尾張）
8　猿投の棒の手―猿投神社の棒術の奉納（猿投）
9　美と伝統技術の粋、山車とからくり（半田）
第五章　地域おこしに尽くした先駆者（287）
1　〝名古屋学〟を築いた義直・元贇・信景・秀穎（名古屋）
2　天明の藩政改革に組み込まれた、細井平洲の教化講談会（各地）
3　瀬戸の磁祖、加藤民吉の努力が実った染付焼（瀬戸）
4　世界をつなぐ漂流民、重吉とにっぽん音吉（知多）
5　名古屋俳壇の雄、横井也有と加藤暁台（名古屋）
6　渡辺崋山―開国進取を唱えた田原藩家老・文人画家（渥美）
7　ぼう大な紀行文、随筆を遺した菅江真澄（岡崎）
8　三河の歴史、人物伝をまとめた渡辺政香と在郷の人々（豊橋）
9　近代的物流の開拓者、内田佐七（知多）
10　女性教祖の誕生―媹姾喜之の生涯と宗教（名古屋）
資料編（357）

## 三重県

前章　近世の三重　その地域振興の足どり（13）
第一章　自治と助け合いの中で（27）
1　藤堂高虎の城づくり・町づくり―二つの城下町建設（津・上野）
2　陣屋町久居藩―藩主が先頭に立っての国づくり（久居）
3　伊勢神宮の式年遷宮―地元民の奉仕活動（伊勢）
4　桑名・関の賑わい―東海道の主要な宿場として（桑名・鈴鹿）
5　山田三方会合―その自治組織と山田羽書（伊勢）
6　熊野街道―西国巡礼への道（県南部）
7　西黒部村の新田開発―塩づくりから米づくりへ（松阪）
8　空気穴のある横井戸〝マンボ〟―地下用水路の開発（県北部）
9　津藩の寛政大一揆―農民三万人をまきこむ大闘争（県中央部）
10　今に生きる御城番屋敷―松阪城警固の武士の住居（松阪）
11　桑名藩と明治維新―激動期の藩の運命（桑名）
第二章　生業の振興と継承の中で（103）
1　熊野灘の鯨漁―困難な操業をのりこえて（県南部）
2　志摩の漁業―男はカツオ船、女は海女（鳥羽・志摩）
3　治田鉱山と紀州鉱山―昭和までつづいた銅山（員弁・南弁妻）
4　林業育成と炭づくり―木の国・熊野の経済基盤（尾鷲）
5　丹生水銀と射和軽粉―その繁栄が残したもの（多気・松阪）
6　伊賀焼と万古焼―二つの窯業生産の発展（阿山・三重・四日市）
7　〔絵と文〕桑名の鋳物―桑名藩による保護・育成（桑名）
8　津綟字―将軍への献上品とされた特産織物（安芸・津）
9　松阪木綿の生産と普及―伊勢商人の活躍（松阪）
10　伊勢型紙の生産と普及―紀州藩のバックアップ（鈴鹿）

11 伊勢の三穂―米どころ伊勢の名を高めた優良三品種（伊勢）
第三章 地域社会の教育システムの中で（193）
1 豊宮崎文庫と林崎文庫―伊勢神宮神官による学校（伊勢）
2 谷川士清と神道教育―神道道場としての森陰社（津）
3 私塾鈴屋とその門流―本居宣長がめざしたもの（松阪）
4 寺子屋「寿硯堂」―奉公に出る子どもを養成（松阪）
5 〔絵と文〕麗沢舎と有誠舎―心学道場による庶民教育（阿山・上野）
6 各地の藩校教育―士風の刷新と人材養成（県全域）
7 竹川竹斎と「射和文庫」―万巻におよぶ書籍の蒐集（松阪）
第四章 子育てと家庭経営の知恵（243）
1 お伊勢参り―物見遊山を楽しんだ長旅（伊勢）
2 国府の隠居制度―「嫁の天国」をつくった慣行（志摩）
3 〔絵と文〕波切の大わらじ祭り―漁民の海への願い（志摩）
4 安乗の人形芝居―海からわたってきた民俗芸能（志摩）
5 伊勢古市の歌舞伎―役者たちの登龍門（伊勢）
6 〔絵と文〕種まき権兵衛―語りつがれる伝承譚（北牟婁）
7 長島輪中の水屋―洪水にそなえる暮らしの知恵（桑名）
第五章 地域おこしに尽くした先駆者（297）
1 門屋七郎兵衛―安南貿易家としての生涯（松阪）
2 河村瑞賢―海運・治水に尽くした大事業家（度会）
3 大淀三千風と松尾芭蕉―旅に生きた二人の俳人（松阪・上野）
4 西島八兵衛―土木技術のパイオニア（津）
5 野呂元丈―西洋本草学を紹介した蘭学の先駆者（多気）
6 森万右衛門―社寺建築に腕をふるった大工の棟梁（津）
7 蕭白と月僊―伊勢路に花ひらいた強烈な個性派画家（伊勢）
8 大黒屋光太夫―北方情勢を伝えたロシア漂流民（鈴鹿）
9 平松楽斎―救荒書を著し飢民を救う（津）
10 松浦武四郎―「北海道」の名づけ親（一志）
資料編（371）

## 滋賀県

前章 近世の滋賀 その地域振興の足どり（15）
第一章 自治と助け合いの中で（23）
1 信長・秀吉による安土・長浜築城と地域支配（各地）
2 東西を結ぶ日本の回廊、交差する水陸交通（各地）
3 さまざまな町の姿宿場町・城下町・門前町のにぎわい（各地）
4 川浚えや拝水路の築造による大小河川の治水と水防（各地）
5 農村の地域づくりにみる、共同体のしくみと掟（各地）
6 増税をめざす検地を阻止した天保大一揆と義民たち（南部）
7 寛文の震災―迅速だった幕府・諸藩の対応（各地）
8 動乱の幕末に揺れる近江諸藩と藩士たち（各地）
第二章 生業の振興と継承の中で（83）
1 全国に知られた地場産品、近江麻布と浜ちりめん（犬上・長浜）
2 近江商人の代表的商材、近江蚊帳（湖東）
3 信楽焼と湖東焼、日用雑器から茶陶まで（信楽・湖東）
4 伝統技術の中から再生した国友の鉄炮鍛冶（長浜）
5 湖東・湖南地域の鋳物師（各地）
6 各地の築城に参加した穴太の石積み衆（大津）
7 木地業の発祥の地・蛭谷・君ヶ畑の木地師と日野椀（日野）
8 薬草の宝庫近江国から全国へ、近江売薬と伊吹もぐさ（各地）
9 先進的技術と流通革命で広まった彦根牛肉と近江牛（彦根）
10 京都の工芸を支える安曇川の扇骨と硯石（安曇川）
第三章 湖とともに生きる（167）
1 湖の治水の瀬田川浚えに命をもやした藤本家（高島）
2 さかんだった湖上交通と大津港の繁栄（各地）
3 多様な生態に適応してきた湖水・河川の多彩な漁業（各地）

4　江戸時代の琵琶湖の漁業権、結果としての資源保全（各地）
5　すしの原型をしのばせる、フナズシ（各地）
6　澄んだ湖を守った用水・排水のしきたり（各地）
7　古式水道が発達していた湖辺の町の上水利用（八幡・彦根・長浜）
8　近江八景の文化史―水辺の風景の再発見［各地］
第四章　地域と家の教育と文化（225）
1　つぎつぎと設立された近江諸藩の藩校とその教育（各地）
2　近江を愛し、幻住庵に滞在した芭蕉と高弟たち（大津）
3　比叡山の再興とその信仰、千日回峯行と十二年籠山行（大津）
4　能楽・茶道に秀でた彦根藩井伊家の学芸（彦根）
5　教育熱の高さを物語る寺子屋、時習斎と地域文化（五個荘）
6　街道名物となった無名の民衆美術、大津絵（大津）
7　春を迎える近江八幡の左義長祭り（八幡）
8　農村に根づいた本格人形芝居、冨田人形浄瑠璃（びわ町）
9　豪雪地帯、湖北、奥余呉の暮らしと冬の行事（伊香）
10　養蚕を取り入れた合理的農業経営を説く『蚕飼絹篩大成』（長浜）
第五章　地域おこしに尽くした先駆者（295）
1　湖東商人、松井遊見と外村与左衛門の活躍（湖東）
2　近世後期を代表する近江の豪商二世小林吟右衛門（愛知）
3　茶道、建築、作庭の名手、小堀遠州（長浜）
4　『靖献遺言』で大きな感化を与えた浅見絅斎（高島）
5　わが国陽明学の開祖、中江藤樹と熊沢蕃山（安曇川）
6　商人出身の国文学者、伴蒿蹊と盟友たち（八幡）
7　日朝友好に生涯をささげた儒学者、雨森芳洲（高月）
8　尼として生きた歌人慈門尼と、心学者慈音尼（彦根）
9　日光東照宮を造営した甲良大工の棟梁、甲良豊後守宗廣（犬上）
10　博物学の先覚者、木内石亭（草津）
11　桜を描く女流画家、織田瑟瑟（八日市）
12　誌、和歌などに多くの子弟を育てた、龍草廬の生涯（彦根）
資料編［375］

## 京都府

前章　近世の京都　その地域振興の足どり（13）
第一章　自治と助け合い（29）
1　京の町衆―その自治活動の組織と運営（京都市）
2　祇園祭―伝統を支えた京の町衆（京都市）
3　地蔵信仰―生活と結びついた伝説と生活の中の助け合い（京都市）
4　丹後の百姓一揆―義民の活躍（京都府中北部）
第二章　町の生業の振興と継承（63）
1　京の伝統工芸品―その成り立ちと発達（京都市）
2　京の食文化―京菓子と京料理（京都市）
3　西陣織―京を代表する織りと染め（京都市）
4　江戸時代の京都旅行―花の都に訪れる人びと（京都市）
5　京都の出版業―出雲寺和泉掾や佐々木竹苞楼（京都市）
第三章　在郷の生業の振興と継承（121）
1　海の恵みを享受した人びと―伊根浦の漁業（与謝郡）
2　京野菜―都びとの食生活を潤した多種多様の野菜（京都市）
3　働く女性―大原女と白川女（京都市）
4　京の林業―北山台杉と磨丸太（京都市）
5　宇治茶と茶師―碾茶と煎茶と玉露と（宇治市）
6　酒どころ伏見―笠置屋の歴史
7　黒谷和紙―自然環境が育んだ伝統産業（綾部市）
第四章　教育と子育て（179）
1　古今伝授にみる教育―歌道発展の基盤（京都市）
2　京都の私塾―〝学生のまち〟京都の学問と教育（京都市）
3　三井高房―『町人孝見禄』で教える商人の理想像（京都市）

4　禅寺本山にみる雲水修行―仏教本来の精神を再生する（京都市）
5　石田梅岩―石門心学の教え（京都市）
6　落柿舎―芭蕉俳諧の舞台（京都市）
7　京の芸能と家元―完全相伝から家元制度へ（京都市）
8　老舗の家訓―家業維持と店員教育のための訓戒（京都市）
9　京都の寺子屋教育―篤志軒と白景堂（京都市）
第五章　地域おこしに尽くした先駆者（267）
1　角倉了以―大堰川・高瀬川を開削した豪商（京都市）
2　本阿弥光悦―独自の世界を創った万能の工芸家（京都市）
3　松永貞徳―民衆詩としての俳諧の確立（京都市）
4　吉田光由―『塵劫記』による数学発展への貢献（京都市）
5　伊藤仁斎・東涯父子―私塾古義堂での教育（京都市）
6　尾形光琳・乾山兄弟―元禄文化を代表する美術家（京都市）
7　絹屋佐平次―丹後縮緬の始祖（中郡）
8　山脇東洋―京都が生んだ近代医学の先駆者（京都市）
9　下村彦右衛門と飯田新七―大丸・高島屋の創業者たち（京都市）
10　与謝蕪村―江戸時代中期俳諧のリーダー、南画の第一人者（京都市）
資料編（349）

**大阪府**（『大阪の歴史力』）

前章　近世の大阪　その地域振興の足どり（23）
第一章　継承と開発　大阪圏の成り立ちと基盤整備（33）
1　町の発展、寺内町・門前町から近世の町へ（各地）
2　堺、自由貿易都市から近世の都市へ（堺）
3　所領配置と高槻、岸和田の城下町（各地）
4　大規模におこなわれた干拓と河川流域の治水と新田開発（各地）
5　東海道枚方宿と大坂の諸街道（各地）
6　畿内の流通をになった淀川・大和川などの水運（各地）
第二章　民力の躍動　〝水の都〟大坂の誕生と成長（77）
1　大阪築城と城下の建設〔大阪〕
2　三の丸建設と船場の開発（大阪）
3　大坂の戦災復興と城下の大拡張（大阪）
4　四通八達した大運河と大下水―〝水の都〟の完成へ（大阪）
5　民間の資本と活力でおこなわれた町の建設〔大阪〕
第三章　全国経済の要　モノ、カネ、人が集中する〝天下の台所〟（127）
1　日本一周航路の整備と大坂中心の全国的流通体制の完成（大阪）
2　諸藩の大坂屋敷と蔵屋敷、その機能と役割（大阪）
3　諸国生産地と大坂―中央市場としての大坂の多大な影響力（大阪）
4　金融センター大坂―〝天下の台所〟を支えた金融力（大阪）
5　生産基地・消費市場としての大都市大坂（大阪）
第四章　商工業の拠点　商都大坂の行動力と商業道徳（169）
1　堂島米市場の仕組みと役割―全国米相場の形成（大阪）
2　大坂から世界へ輸出された銅（大阪）
3　道修町の成立と発展（大阪）
4　信用と協力で築かれた大坂商人社会（大阪）
5　豪商たちの日々―家訓・店則の制定（大阪）
6　干鰯仲買近江屋長兵衛の盛衰（大阪）
第五章　自治の活力　町政の仕組みと町民と日常生活（223）
1　広い権限をもっていた東・西町奉行の機構と役割（大阪）
2　三郷惣会所の機構と役割―惣年寄、町年寄などによる自治〔大阪〕
3　町民による自治運営、大坂三郷の町政（大阪）
4　季節感に富んだ大坂町民の日常生活（大阪）
5　観光都市大坂の横顔―全国から多くの人が集まる（大阪）
6　軒をつらねる食の専門店、多彩な料理屋（大阪）
7　大坂三郷の生活環境―上水・下水・ゴミ処理など（大阪）
第六章　産業ネットワーク　農村と都市の巧みな連携（303）

1　北は菜種、南は綿、地域特性を生かした農業（各地）
2　青物作の村、畑場八ヵ村―三郷への生鮮蔬菜類の供給（各地）
3　地域の経済を支えた河内・和泉の木綿（各地）
4　堺の包丁・鉄砲鍛冶―中世以来の伝統（堺）
5　池田酒―灘に先駆ける銘酒のさと（池田）
6　各地域で特色ある特産品づくりが進む（各地）
第七章　自立する農漁村　不断の変化に適応する農漁民（349）
1　地域の変化と在郷町の発展―寺内町・市場町・宿場町など（各地）
2　幕府の畿内支配と農村（各地）
3　農村の変化と農民の暮らし―商品作物の栽培で変わる農村（各地）
4　大坂湾の漁撈技術が西へ東へ（沿岸各地）
5　大坂三郷の屎尿処理と田畑肥料への利用（各地）
6　農民たちの闘い①商品作物と国訴（各地）
②村内の民主化のために（各地）
③大坂の義民たち（各地）
④年貢減免を要求して農民が立ち上がった千原騒動（泉北）
第八章　伝統と洗練　食道楽を支えた食料品流通の知恵（419）
1　海から街へ、活気に満ちた市場の成立と発展（大阪）
2　西日本と日本海を結ぶ伝統の雑喉場と靫の市場（大阪）
3　先進漁場大坂湾沿いの各地の市場（沿岸各地）
4　伝馬青物市場の成立と難波・木津の立売場（大阪）
5　大坂が発祥の地―多種多様な乾物（大阪）
第九章　自由な発想　庶民とともに歩んだ浪花文化（479）
1　俳諧から浮世草子へ―流行作家井原西鶴（大阪）
2　人気を不動のものとした近松門左衛門と人形浄瑠璃（大阪）
3　大坂歌舞伎の成立と発展（大阪）
4　見世物芸と寄席芸のにぎわい（大阪）
5　豪商や文化人たちのサロン―町人茶道の成立（大阪）
6　読書習慣の定着が支えた大坂の出版業（大阪）
7　活発に活躍した大坂の画人たち（大阪）
第十章　自在に学ぶ　時代に先駆けた浪花の学問（543）
1　契沖周辺の学問環境―大坂和学の一面（大阪）
2　町人の学問所、懐徳堂（大阪）
3　町人学者たちと混沌社（大阪）
4　大坂蘭学の大いなる発展（大阪）
5　夜学もあった商人の町大坂の寺子屋（大阪）
第十一章　変動の時代へ　幕末の動乱と大坂（581）
1　天保の飢饉と大塩平八郎の乱（大阪）
2　天保の改革と大坂（大阪）
3　幕末の異変とさまざまな情報（各地）
4　幕末、幕藩体制の動揺（各地）
資料編（615）
特別付録（639）


## 兵庫県


前章　近世の兵庫　その地域振興の足どり（15）
第一章　自治と助け合いの中で（23）
1　幕府の西国支配の要、西国将軍池田輝政と小藩の分立（各地）
2　天下の名城姫路城―九年の歳月と延べ二千万人の手で完成（姫路）
3　各地の築城と城下町づくり―封建都市の建設ラッシュ（各地）
4　淡路の領主蜂須賀氏と洲本城代稲田氏（淡路）
5　山陽道・山陰道・南海道と脇往還―進む宿駅の整備（各地）
6　あいつぐ一揆と藩財政の窮乏（各地）
7　幕末各藩の動向と神戸海軍操練所（神戸）
第二章　生業の振興と継承の中で（73）
1　近世初期の私札と藩札―商品の流通で旺盛な貨幣需要（各地）

2 各地で栄えた銀・銅・鉄の鉱山（生野・川西など）
3 播州地方の経済を支えた綿作と木綿織（播磨）
4 地域で分業し、発展した但馬の養蚕（円山川流域）
5 全国生産をリードした塩の先進地、赤穂（赤穂）
6 ①名醸地、伊丹の酒〝丹醸〟（伊丹）
②灘の生一本の誕生（西宮・神戸）
③丹波杜氏と篠山藩、百日稼ぎと市原村清兵衛の直訴（篠山）
④下り酒と酒専用の輸送船樽廻船（神戸）
7 あいついで実施された特産品の藩専売制（各地）
8 西摂水車と絞油業―技術革新と地域社会の変貌（灘目河川）
9 現代に継承された伝統的諸産業の発展、地場産業化（各地）
10 古くから発達していた瀬戸内・大坂湾の漁業（湾岸各地）
第三章 地域社会の教育システムの中で（171）
1 契沖の学問―その目指したもの、残したもの（尼崎）
2 多数創設された藩校とその役割（各地）
3 藩校洲本学問所と稲田氏の郷学益習館（淡路）
4 広く門戸が開かれていた各地の郷学（各地）
5 ユニークなものをはじめ百一もあった私塾（各地）
6 広く庶民の心をとらえた石門心学（関宮・豊岡・出石）
7 自然科学の発展―優秀な和算の大家を多数輩出（各地）
8 それぞれの地域でさかんだった地誌の編纂と刊行（各地）
第四章 町、村、家の暮らしと文化（221）
1 大乗寺にたくさん残されている應擧一門の絵画（香住）
2 村々にまで広がってさかんだった俳諧（各地）
3 全国一多い農村舞台―さかんだった歌舞伎（各地）
4 全国を巡って人気が高かった淡路の人形浄瑠璃（西宮・淡路）
5 湯治場として繁栄した有馬と城崎の湯（神戸・城崎）
6 町場の形成と町民の意識（兵庫・伊丹・高砂など）
7 今に伝わり、四季を彩る多彩な民俗芸能（各地）
第五章 地域おこしに尽くした先駆者（269）
1 人々に親しまれた臨済宗の名僧沢庵和尚（出石）
2 東の芭蕉とならぶ西の巨匠、上島鬼貫（伊丹）
3 民衆に平易な説法で不生禅を説いた、盤珪禅師（姫路）
4 廻船・問屋業で全国に名を知られた北風家（神戸）
5 江戸時代淡路が生んだ二人の文化人、嵐雪と文楽軒（淡路）
6 北海の雄、高田屋嘉兵衛の活躍（淡路）
7 大石内蔵助―『忠臣蔵』で人気の家老の実像（赤穂）
8 青谿谷書院を開いて多くの門人を育てた池田草庵（八鹿）
9 創意工夫で帆布を改良した工楽松右衛門（高砂）
10 産業経済の振興政策で藩財政を建て直した河合寸翁（姫路）
11 近代教育の萌芽を培った篤学の士、小島省斎（柏原）
資料編（341）

## 奈良県

前章 近世の奈良 その地域振興の足どり（15）
第一章 自治と助け合いの中で（23）
1 幕藩体制の成立と小藩の分立（各地）
2 築城と城下町の形成（郡山・高取）
3 統一政権と春日社・興福寺（奈良など）
4 町場の形成と町民自治―奈良町と今井町の例（奈良・今井）
5 大和川と吉野川の水運（各地）
6 民衆のエネルギーの高まりでにぎわった街道（各地）
7 少しずつ開かれていった近世農村の自治（各地）
8 住民の暮らしと権利の主張―国訴・騒動（各地）
9 明治維新の先駆け、天誅組の変（五條）
10 揺らぐ支配体制と踊り出る民衆―幕末の世相から（各地）

第二章　生業の振興と継承の中で（102）
1　奈良晒―武士の裃用など高級麻織物（奈良）
2　作りまわしの農法による綿作と美しい木綿織の発展（各地）
3　菜種と種油と油粕―〝まわし〟の世界（各地）
4　民間事業として発展した大和の売薬業（御所・高取）
5　吉野の林業―杉・檜の良材に恵まれる（吉野）
6　松井古梅園の工夫で市場を独占した奈良の墨（奈良）
7　吉野紙と国栖紙―吉野地方の良質の紙（丹生川・吉野川流域）
8　柳沢時代から藩士の内職だった金魚飼育（大和郡山）
9　土器づくりの伝統が江戸時代に花開いた赤膚焼（奈良）
第三章　地域社会の教育システムの中で（179）
1　多聞院長実房英俊が記した南都寺院の教育（各地）
2　藩を支える人材の育成をめざして―大和の藩校では（各地）
3　家塾の隆盛―興譲館と谷三山（八木）
4　今村文吾の家塾〝晩翠堂〟と和歌の隆盛（平群）
5　石門心学の普及と庶民教育の充実（各地）
6　大規模に行われた元禄の陵墓調査と修理（各地）
7　大規模な陵墓の調査と修理、幕末の帝陵発掘事件（各地）
8　十津川郷の教育熱が生んだ郷学、文武館（十津川）
第四章　町、村、家の暮らしと文化（231）
1　東大寺大仏殿の復興と公慶（奈良）
2　奈良町歳時記―おん祭りとお水取りと鹿の角伐り（奈良）
3　京都・大坂の影響を受けた俳諧の隆盛（各地）
4　ただひとつ大和に残った金春座と江戸時代の能（奈良）
5　四百年もつくり続けられた奈良暦（奈良）
6　武術の求道者たち―柳生流・宝蔵院流（柳生・奈良）
7　寺社とその文化―近世仏教美術と芸能（各地）
8　名所としての大和―数多い名所案内記、地図の刊行（奈良）
第五章　地域おこしに尽くした先駆者（287）
1　堯山と称する文人大名、柳沢保光（大和郡山）
2　茶道石州流の開祖片桐貞昌と奈良の茶業（大和郡山）
3　浅田松堂―大和絣の創始者（御所）
4　農業技術の改良に力を尽くした中村直三（天理）
5　吉野葛の製造と森野薬草園を創始した森野藤助（宇陀）
6　伝統の技と心の再興、近代彫刻の先駆者森川杜園（奈良）
7　天理教の創始者、中山みき（天理）
8　平城京と条里制を研究した北浦定政（奈良）
資料編（339）

**和歌山県**

前章　近世の和歌山　その地域振興の足どり（15）
第一章　自治と助け合いの中で（23）
1　御三家紀州藩の基盤を築いた初代藩主徳川頼宣（和歌山）
2　青年藩主徳川吉宗の大胆な藩政改革（和歌山）
3　藩財政再建と文化振興を目ざした十代藩主治宝（各地）
4　参詣道、街道を行き交う人々と情報（各地）
5　東西を結んだ海上交通路の要衝、紀伊半島（各地）
6　紀ノ川流域の苦心の治水と開田（紀北）
7　高野山の支配に抵抗した農民の大一揆（高野山）
8　最大の農民蜂起、文政の〝こぶち騒動〟（各地）
9　宝永、安政の大地震と大津波、その惨状と救援（各地）
10　有田川築堤に命をかけた望月太左衛門（有田）
11　地域特性と安藤、水野家の地方経営（田辺・新宮）
第二章　生業の振興と継承の中で（105）
1　全国に知られる紀州みかん、その生産と流通（有田）
2　江戸や大坂に送り出された紀州材と山林保護政策（各地）

3　農業の綿作と城下の綿織が結合した一代繊維産業（各地）
4　古い歴史を持ち、関東の味覚を育てた湯浅・広の醤油（有田）
5　近世最大の捕鯨地域と鯨組の集団作業（太地）
6　江戸の庶民に愛された黒江の漆器（海南）
7　田中善吉の努力で藩全域に広がった櫨栽培と木蝋生産（有田）
8　質量ともに全国トップクラスだった粉河酢（粉河）
第三章　地域社会の教育システムの中で（175）
1　歴代藩主の好学と人材育成、藩校学習館の教育（和歌山）
2　地域医療に大きく貢献した藩の医学館（和歌山）
3　海防論議の中での人材育成、石田冷雲の就正塾（湯浅）
4　庶民の職業訓、人生訓を易しく説いた修敬舎の心学（和歌山）
5　西欧文明の摂取を急いだ幕末の紀州藩（和歌山）
6　商品経済の発展とともに普及した寺子屋（各地）
第四章　子育てと家庭経営の知恵（221）
1　山岳信仰のメッカとなった熊野三山の盛衰と民間信仰（東牟婁）
2　庶民のものとなった真言密教、高野山の賑わい（高野山）
3　淡嶋神社の雛流し神事にみる女性の願い（和歌山）
4　少年が神に奉仕する須佐神社のオトウマツリ（御坊）
5　虫送り、雨乞い、野分け休み等豊作を祈る農耕儀礼（各地）
6　さまざまな信仰を通して豊漁と安全を祈る漁民達（各地）
7　歌枕の名勝、和歌の浦の風光と文学作品（和歌山）
8　江戸時代紀州女性の生活と意見（和歌山）
第五章　地域おこしに尽くした先駆者（283）
1　房総の鰯網を起こし、北海道開拓も手がけた栖原角兵衛（有田）
2　数々の伝説に彩られた紀伊国屋文左衛門の謎（各地）
3　朝鮮のすすんだ儒学を伝えた李真栄、梅渓父子（和歌山）
4　名高い画人、漢詩人の祇園南海（和歌山）
5　大塩の乱から離脱、教育の大家になった湯川麑洞（新宮）
6　画期的な全身麻酔術を創始した華岡青洲（那賀）
7　教育、医療、政治に尽くした幕末の先覚者、浜口梧陵（有田）
8　日本初の水産動物誌を著した畔田翠山（和歌山）
9　仁井田南陽・長群父子と幕末の紀州藩（和歌山）
10　治水と農業振興に尽くした井沢弥惣兵衛と大畑才蔵（和歌山）
資料編（357）

## 鳥取県

前章　近世の鳥取　その地域振興の足どり（15）
第一章　自治と助け合いの中で（23）
1　鳥取・米子・倉吉、三つの城下町の建設と発展
2　亀井茲矩の朱印船貿易と産業振興
3　大谷・村川家の竹島渡海事業
4　西廻り海運と因伯の港町
5　鳥取藩の請免制と農民、そして元文・宝暦一揆
6　北条砂丘の新田開発―砂丘に命をかけた桝田新蔵
7　弓ヶ浜半島の米川開削―不毛の広野へ水を引いた人々の苦心
8　鉄山公害と下流域農民
9　信仰の別天地大山領―地蔵信仰で賑わった山
10　杉の美林を育てた若桜と智頭の林業
第二章　生業の振興と継承の中で（99）
1　砂鉄採取とたたら製鉄
2　はぜ蝋の生産を奨励して成功した鳥取藩
3　大山詣りと牛馬市
4　綿花・綿織物の生産と流通
5　漁業の技術革新―多彩な漁法の発達
6　鰯漁と干鰯の製造販売
7　伊平貝漁業と干し貝の移出

8　人参など薬用植物の採取と栽培
9　全国トップの産地、倉吉の稲扱千刃
第三章　地域社会の教育システムの中で（183）
1　藩校尚徳館の創設と発展
2　熊谷道伸・子貞父子と修道館
3　伊藤宜道と溝口郷学
4　景山粛と景山塾―幕末の志士たちを育てた異色の塾
5　日本最初の欧和辞典『ハルマ和解』
6　因伯の地域に根ざした寺子屋教育
第四章　子育てと家庭経営の知恵（227）
1　商人の道を実践した鹿島家とその家訓
2　農民の活力を呼び起こした円通寺の人形芝居（人形繰り）
3　酒津のトンド―少年のみそぎ行事
4　春を呼ぶ用瀬の流しびなとひな祭り
5　若連中が主催し活躍する城山神社の祭礼
6　狐持ち迷信とのたたかい
7　農耕儀礼にみる豊作への祈り
第五章　地域おこしに尽くした先駆者（279）
1　米村所平と安田成信の農政改革
2　赤碕築港に生涯をかけた岡田茂三郎
3　二百四十五年をかけて完成した佐野川の開削
4　伊王野坦の医学・洋学とその足跡
5　種痘の普及に尽くした原田兄弟と鳥取藩
6　学問に打ち込み優れた著作を残した学者大名池田冠山
7　今井芳斎（兼文）―医業から書店と出版業に
8　六尾反射炉と武信潤太郎
9　伯耆の漂流民利七の海外体験
資料編（351）

## 島根県

前章　近世の島根　その地域振興の足どり（15）
第一章　自治と助け合いの中で（25）
1　松江の城づくり町づくり（松江）
2　〝芋代官〟と敬われた石見の井戸平左衛門正明（石見）
3　松江藩の藩政改革と天明の大一揆（出雲）
4　老中松平周防守の国元での藩政改革（浜田）
5　紙で大きな収益をあげた津和野藩の産業開発（津和野）
6　隠岐コンミューンを実現した騒動と自治政府（隠岐）
7　漂流民の救助を通じて日朝交流（各地）
第二章　生業の振興と継承の中で（77）
1　石見銀山の盛衰、大久保長安の銀山振興策（石見）
2　何よりも出雲に利益をもたらした雲州木綿（出雲）
3　石州半紙と遠田表で農山村に産業振興（益田）
4　長崎俵物のあわびとなまこが中心だった隠岐の漁業（隠岐）
5　大きな利潤をあげた藩営専売事業、木実方と人参方（松江）
6　農鉱一体で形成された和鉄の主産地奥出雲（雲南）
7　城下町浜田の繁栄を支えた北前船（浜田）
8　唐人窯と日常生活雑器の石見焼（石見）
9　時代を先取りした石見銀山の鉱害対策（石見）
第三章　地域社会の教育システムの中で（155）
1　藩祖以来の長い歴史を持つ松江藩校、修道館（松江）
2　浜田藩の藩校、長善館と小篠御野（浜田）
3　多くの人材を輩出した津和野藩校、養老館（津和野）
4　今も受け継がれる出雲大社の杵築文学（出雲）
5　地域医療に貢献した西洋医学を学んだ村医者たち（各地）
6　庶民の教育ニーズにこたえる寺子屋教育（各地）

7 松平不昧（治郷）の茶の湯の真髄（松江）
8 隠岐の若者の心をとらえた攘夷運動の原点（隠岐）
第四章 子育てと家庭経営の知恵（215）
1 豪壮華麗な船渡御祭、ホーランエンヤ（松江）
2 重税に負けない増産を提唱した農民、源八（出雲）
3 地方役人が描いた理想的な農民像（出雲）
4 土着の実学者、石田春律の『百姓稼穡元』（江津）
5 過酷な日常を心穏やかにと説いた仰誓（浜田）
6 人の命の尊さを説き続けた学者と僧（出雲）
7 鉄にたずさわる人々の守護神、金屋子神（出雲）
8 神話の世界を今に伝える石見神楽（石見）
第五章 地域おこしに尽くした先駆者（277）
1 神戸川下流域の総合開発に取り組んだ大梶七兵衛（出雲）
2 富くじ興業で砂防林を完成させた井上恵助（出雲）
3 飢饉に農民とともに立ち向かった森広幾太と伝兵衛（出雲）
4 藩ぐるみの密貿易に夢をかけた男（浜田）
5 世界に誇る算盤をつくった奥出雲の職人たち（奥出雲）
6 凶作への対応に農民と奮闘した村上考言と忌部正興（隠岐）
7 隠岐の荒れた山地を蘇らせた原玄琢と藤野孫一（隠岐）
資料編（333）

**岡山県**

前章 近世の岡山 その地域振興の足どり（13）
第一章 自治と助け合いの中で（27）
1 高瀬舟―河川交通の主役として（県全域）
2 矢掛宿―山陽道の宿場町として繁栄（小田）
3 児島湾の新田開発―倉田・幸島・沖新田など（岡山）
4 下津井湊と北前船―西廻り航路の中継港（倉敷）
5 新本義民騒動―入会地をめぐる百姓一揆（総社）
6 山中一揆―五十一人の犠牲者を出した津山藩の大一揆（真庭）
7 森下立太郎―岡山藩における農兵隊の組織者（岡山）
第二章 生業の振興と継承の中で（81）
1 藺草の栽培と畳表―天下の名品「早島表」（都窪）
2 備前焼―工夫を重ねて再び脚光を浴びる（備前）
3 吹屋ベンガラ―近代工業のまねできない美しい色（川上）
4 北房町の鰤市―江戸時代の連鎖市から発展（上房）
5 玉島港と備中綿―その繁栄を支えたもの（倉敷）
6 備中売薬―万代家に伝わる妙薬「反魂丹」など（総社）
7 中国山地の鉄山業―村の人びとの生活を潤す（県北部）
8 倉敷商人の活躍―白壁と土蔵の町の繁栄を築く（倉敷）
9 千屋牛―和牛改良に務めた太田辰五郎の功績（新見）
第三章 地域社会の教育システムの中で（153）
1 矢吹学舎―室町時代末期から三百三年続いた寺子屋（岡山）
2 池田光政と熊沢蕃山―その政治理念と学問（岡山）
3 日蓮宗不受不施派の信者―弾圧に屈せず信仰を守る（県全域）
4 閑谷学校―庶民教育のための藩営郷学（備前）
5 黒住宗忠―太陽信仰を柱とする黒住教の開祖（岡山）
6 難波抱節と思誠堂塾―医は仁術の実践者（御津）
7 赤沢文治―金光教の開祖と民衆教化（浅口）
8 山田方谷―藩校有終館学頭から老中政治顧問へ（高梁）
第四章 子育てと家庭経営の知恵（211）
1 備中神楽―古い神事を継承する（県西部）
2 唐子踊り―民衆レベルの朝鮮文化摂取（邑久）
3 西大寺の裸祭り―天下の三代奇祭とされる会陽（岡山）
4 徳山家の家訓―『農業子孫養育草』にみえる教え（真庭）
5 美作の地下芝居―村人たちの生活と娯楽（県東北部）

第五章　地域おこしに尽くした先駆者（255）
1 津田永忠―新田開発など藩営事業に腕をふるった藩政家（岡山）
2 寂厳―悉曇研究に生涯をかけた名僧（倉敷）
3 湯浅常山―戦国史談集『常山紀談』を著す（岡山）
4 古川古松軒―実地を重んじた地理学者（総社）
5 大月源―わが国唯一の女性刀工（井原）
6 川合忠蔵―実践的農法を説いて地域振興を図る（井原）
7 武元君立―『勧農策』を著し農村の復興に尽くす（和気）
8 野崎武左衛門―塩田開発の功労者（倉敷）
9 平賀元義―万葉の世界に生きた放浪の国学者（岡山）
10 犬飼松窓―三余塾を開いた農民学舎（倉敷）
11 仁木永祐と医学研究場―民権運動の種をまく（津山）
資料編（329）

**広島県**

前章　近世の広島　その地域振興の足どり（13）
第一章　自治と助け合いの中で（27）
1 福山城下の町づくり―全国にさきがけ上水道敷設（福山）
2 朝鮮通信使と鞆の浦―日朝文化交流の潮待ち港（福山）
3 享保の大一揆―三次藩から広島本藩に飛び火（三次・庄原・広島）
4 社倉と義倉―災害対策としての備蓄倉（広島・福山）
5 塩田騒動―浜子による賃金引き上げ闘争（竹原）
6 福山藩の天明大一揆―大規模な農民闘争（福山）
7 阿部正弘―幕政・藩政両改革に命を燃やす（福山）
8 広島藩と明治維新―長州征伐の舞台となる（広島）
第二章　生業の振興と継承の中で（89）
1 備後表―福山藩の財政をささえる特産品（沼隈）
2 広島湾の牡蠣養殖―広島の味覚を代表する名産品（広島）
3 安芸木綿―広島藩の特産物として発展（県南部）
4 〔絵と文〕芸備の鉄山業―たたら製鉄の発展（県北部）
5 宮島細工―厳島神社参詣の土産物（佐伯）
6 鞆の津の保命酒―特産薬酒として珍重される（福山）
7 広島針―家庭用縫い針から工業用ミシン針まで（広島）
8 〔絵と文〕瀬戸内農業―新開地と綿作・果樹栽培などの発展（県南部）
9 倉橋島の造船業―すぐれた造船技術で繁栄（安芸）
10 〔絵と文〕熊野筆―行商人が伝えた特産品（安芸）
第三章　地域社会の教育システムの中で（165）
1 安芸門徒とその指導者―慧雲門下の学僧たち（県西部）
2 広島藩の藩校教育―講学所から修道館へ（広島）
3 香川南浜―藩の学問所をしのいだ塾「修業堂」（広島）
4 頼家の学問―春水・春風・杏坪三兄弟の業績（竹原）
5 菅茶山と廉塾―「学種」の育成に情熱をかけた漢詩人（深安）
6 矢口来応―広島の心学の隆盛をもたらす（広島）
7 福山藩校誠之館―新時代をめざす教育改革（福山）
第四章　子育てと家庭経営の知恵（221）
1 花田植え―米づくりのスタートを祝う儀式（山県・高田）
2 べっちゃー祭―厄をはらい無病息災を願う（尾道）
3 〔絵と文〕新庄南条踊り―虫送りの行事（山県）
4 備後の神楽と安芸の神楽―共同体の祭儀と芸能（県東部・県西部）
5 吉備津神社のほら吹きまつり―夢を語って笑いあう（芦品）
6 世羅神事―稲の豊凶を占う世羅神社の秋祭り（比婆）
第五章　地域おこしに尽くした先駆者（271）
1 村上休広―竹原の甘藷先生（竹原）
2 多賀庵風律―広島俳壇隆盛のもとを築く（広島）
3 吉益東洞―実証医学を主唱する医療の革命児（広島）

4　星野良悦―わが国最初の骨格標本をつくった医者（広島）
5　頼山陽―明治維新への刺激になった『日本外史』（竹原）
6　野坂完山―村医者として地域医療に尽くした名医（東広島）
7　江木鰐水―幕末福山藩の難局に対処した儒者（福山）
8　葛原勾当―研究と指導に一生をかけた盲目の箏曲家（深安）
9　富田久三郎―備後絣の創始者（福山）
資料編（343）

## 山口県

前章　近世の山口　その地域振興の足どり（15）
第一章　自治と助け合いの中で（23）
1　毛利氏の防長受領と萩本藩・四支藩の成立（各地）
2　瀬戸内開作の推進―新田・塩田の造成（瀬戸内）
3　水防と通船を図る萩城下の治水事業（萩）
4　灌漑用のトンネル潮音洞を掘削した岩崎想左衛門（都濃）
5　万治制法によって整備された支配体制と、藩士、領民の生活（各地）
6　享保の大飢饉、その惨状と救援活動（各地）
7　特別会計を生かした財政改革、宝暦検地と撫育方の創設（各地）
8　長州藩の太平の眠りを覚ます天保一揆と天保改革（各地）
9　みずからの開国への大転換となった下関攘夷戦争（下関）
10　長州征伐をはねのけた人々―徳川氏の支配に痛撃（各地）
第二章　生業の振興と継承の中で（89）
1　萩焼の創始と発展―朝鮮文化を吸収（萩）
2　塩の生産と流通―三田尻塩の名声（防府）
3　藩財政を支えた請紙制と紙漉村の厳しい暮らし（都濃・佐波）
4　綿花生産と綿織物の発達―郷村の商品経済化（岩国・大島）
5　長戸北浦の捕鯨の歴史（長門）
6　製塩の燃料に使われた、長門南部の石炭（宇部・小野田）
7　官民共同で推進した櫨栽培と蝋づくり（各地）
8　北前船の寄港地として繁栄した沿岸諸港（各地）
9　伊佐の売薬―置き薬の行商と製造（美祢）
10　小嶋惣兵衛と鰮網漁業の発展（瀬戸内）
11　長門国の鉄山業（長門）
第三章　地域社会の教育システムの中で（175）
1　萩藩学の創生と発展―山田原欽から藩校明倫館へ（萩）
2　各支藩が力を注いだ学館と郷学の隆盛（各地）
3　全国一、二の普及をみせた萩藩各地の私塾と寺子屋（各地）
4　雪舟の画風を再興した雲谷派画人の活動（萩）
5　萩藩の村絵図づくりに尽くした有馬喜惣太（各地）
6　西洋医学を積極的に摂取し活用した萩藩（各地）
7　富国強兵の要請に応えた幕末防長の洋学と兵学（萩）
8　志士輩出の起爆力となった松下村塾の教育実践とその影響（萩）
第四章　町、村、家の暮らしと文化（227）
1　大島久賀村の梯子田と農耕文化（大島）
2　各地の建造物に作品を残した、大島の石工（大島）
3　港町豪商の経営姿勢を示す柳井津商家の家訓と店則（柳井）
4　離島の暮らしを支えた見島牛（萩）
5　周防山地の山村に生きる「滑問答略記」の世界（玖珂・都濃）
6　オシクラゴウを伝える青年宿の村、玉江浦（萩）
7　大内文化の優雅な遺産、八坂神社の祇園会と鷺舞（山口）
8　日本全国に巡業し、人気を博した徳地人形浄瑠璃（佐波）
9　二所神社の風鎮祭―二百十日の無事を祈る踊り（熊毛）
10　七年に一度の厳粛な神迎え蓋井島の山の神神事（下関）
第五章　地域おこしに尽くした先駆者（289）
1　転換期を生き抜いた藩祖、毛利輝元（萩）

2　吉川広嘉と独立禅師、領主と亡命僧の出会い（岩国）
3　徳山藩の再興を果たした奈古屋里人の活躍（徳山）
4　長州藩中興の祖、毛利重就（萩）
5　防長古文辞学をおこした儒学者、山県周南（萩）
6　岩国綿作の開発の功労者、村本三五郎（岩国）
7　江戸時代の女流俳人、田上菊舎（豊浦・吉敷）
8　安政改革を推進した周布政之助（萩）
9　航海遠略策を確立した長井雅楽の波瀾に富んだ人生（萩）
10　幕末の豪商志士、白石正一郎（下関）
11　幕末を駆けぬけた若き指導者、高杉晋作（萩）
12　長府藩製糖業の創始者、永富独嘯庵（下関）
資料編（369）

## 徳島県

前章　近世の徳島　その地域振興の足どり（15）
第一章　自治と助け合いの中で（23）
1　徳島築城と町づくり―水の都を拓く（徳島）
2　城下と領内・隣国を結ぶ、阿波五街道と峠道（各地）
3　深い渓谷にかかる祖谷と木頭のかずら橋（三好・那賀）
4　播磨灘、紀伊水道を制する阿波の水軍（海岸一円）
5　物資と人をつなぐ川、吉野川と那賀川の水運（各地）
6　吉野川の洪水と闘う流域住民、〝洪水遺産〟（徳島・板野・麻植）
7　新川をせき止めた第拾堰、穀倉地帯下板を塩害から救う（板野）
8　藍作農民の抵抗、宝暦五社宮騒動（北方四郡）
9　「傾城阿波鳴門」のモデル、阿波の十郎兵衛（徳島）
10　農民側が勝利をおさめた仁宇谷一揆（那賀）
11　飢饉と煙草年貢徴集に決起した天保上郡一揆（西阿四郡）
第二章　生業の進行と継承の中で（97）
1　吉野川が育て、地域経済の根幹を支えた藍の大産地（各地）
2　阿波藍の精華、久次米兵次郎家―地域豪商から全国財閥へ（徳島）
3　芝居になった藍商人「伊勢音頭恋寝刃」の虚実（各地）
4　撫養湊の繁栄―阿波と日本の諸国を結ぶ鳴門（鳴門）
5　那賀川の林業を支えた伐畑農民（那賀）
6　藩の財政を救った塩田開発と塩の流通（鳴門・徳島）
7　忘れられた阿波の特産物〝火打ち石〟と〝火打ち金〟（阿南）
第三章　地域社会の教育システムの中で（139）
1　新しい藩校教育のプランをたてた集堂迂亭（元就）（徳島）
2　儒学、医学、国学、洋学と幅広い学問を教えた徳島藩校（徳島）
3　各地の寺子屋と私塾―郷村にも広がる教育熱（各地）
4　城下から吉野川沿いに学習熱が高まった石門心学（各地）
5　克明な地誌の編纂、『阿波志』『阿波拾穂集』など（徳島）
6　高度な土地利用と先進的技術を伝える阿波の農書（各地）
7　精密な阿波国実測地図を作製した岡崎三蔵（徳島）
8　近世阿波の民衆文芸、俳諧と狂歌（各地）
第四章　町、村、家の暮らしと文化（205）
1　信仰・旅・情報交流、お遍路さんと善根宿（東部）
2　大ぶりな人形、力強い芸、阿波の人形芝居（各地）
3　阿波踊りにつながる徳島城下の盆踊り（徳島）
4　藍作地帯に働く女性たち―名産を支えた技と辛抱（吉野川流域）
5　勤勉と合理主義を貫く、阿波商家の仕事と地域への貢献（各地）
6　徳島のキリシタンと徳島藩の対応（各地）
7　海の男たちの祭り、姫神祭、関船、船だんじり（海部・阿南）
8　古型を伝える雨乞い神事、西祖谷の神代踊り（三好）
9　村最大の娯楽の場、犬飼、坂州の農村舞台（徳島・那賀）
10　文政のおかげ参りの発端と高揚―少年少女の抜け参りから（各地）
11　多彩な狸伝説、人と狸のユーモラスなかかわり（各地）

第五章　地域おこしに尽くした先駆者（273）
1　藩政三百年の創業者、蜂須賀家政・至鎮父子（徳島）
2　吉野川河口の治水と開発に力を尽くした伊澤家（阿波）
3　十代藩主重喜、宝暦改革の苦闘と挫折（徳島）
4　代表的な特産物阿波三盆糖の祖、丸山徳弥（板野）
5　近代産婦人科学の基を築いた賀川玄悦（徳島）
6　シーボルトに洋学を学んだ、美馬順三と高良斎（那賀・徳島）
7　藩医から町医者、開拓の父へ、関寛斎の生涯（徳島）
8　書家、南画家、幕末の三筆の一人貫名菘翁（海屋）（徳島・阿南）
9　人形師天狗屋久吉、木偶づくりの名工（名東）
10　幕末の徳島藩志士たちの群像（徳島）
資料編（341）

## 香川県

前章　近世の香川　その地域振興の足どり（15）
第一章　自治と助け合いの中で（23）
1　高松城と丸亀城の築城と町づくり（高松・丸亀）
2　西島八兵衛が築城し直した満濃池（満濃）
3　時代の変転を象徴する生駒騒動（高松）
4　日本全国に進出した讃岐の廻船（各地）
5　義民が指導した寛延の大一揆（西讃）
6　丸亀新堀と多度津湛甫―金毘羅参りの上陸湊（丸亀・多度津）
7　門前町のにぎわい―金毘羅、仏生山、白鳥（琴平・高松・白鳥）
8　萱原掛井の建設と剣来ヶ端争論（綾南）
9　幕末の政局と高松藩―幕府で重きをなした松平頼胤（高松）
第二章　生業の振興と継承の中で（85）
1　瀬戸内沿岸の塩田開発―江戸時代前期の状況（各地）
2　綿づくりの発展と大衆衣料木綿の普及（丸亀・三豊）
3　独自の技法でつくられた讃岐産白砂糖の誕生（東讃）
4　藩の財政を建て直すための坂出大浜の塩田開発（坂出）
5　米作とのかけもちで行われた砂糖黍づくり（各地）
6　砂糖の統制で財政を建て直した高松藩、丸亀藩（高松・丸亀）
7　高松藩の理兵衛焼、保多織、漆器（高松）
8　享保の漁場争論―大岡越前守らの名判決（丸亀・塩飽）
第三章　瀬戸内の島々の暮らしと文化（133）
1　小豆島の大坂城石丁場―徳川大坂城と岩ヶ谷石丁場（小豆島）
2　小豆島の石垣とさつまいもと水不足（小豆島）
3　漁場に恵まれた瀬戸内の島々の漁業（小豆島・塩飽諸島・直島）
4　小豆島の農村歌舞伎と若衆組（小豆島）
5　塩飽勤番所の創設、年寄役の権限弱化と島中寄合（塩飽）
6　今に生きる江戸時代の産業、塩、素麺、醤油（小豆島）
7　塩飽諸島の廻船業と船大工（塩飽）
8　小豆島の越訴と百姓一揆―平井兵左衛門と世直し（小豆島）
第四章　地域社会の教育システムと文化（201）
1　高松藩・丸亀藩の藩学―講道館と正明館（高松・丸亀）
2　さかんだった各地の私塾（各地）
3　金毘羅丸亀街道を通った人々（琴平）
4　大窪寺へ至る四国遍路結願への道（長尾）
5　細川家・恵利家住宅と農民の生活（長尾）
6　阿讃交流の峠道とカリコ牛（各地）
7　滝宮念仏踊りと雨乞い行事（綾南）
8　よみがえった江戸時代の歌舞伎、金毘羅大芝居（琴平）
9　庄屋の食生活―晴れの日の御馳走（各地）
第五章　地域おこしに尽くした先駆者（263）
1　文武をかねそなえた女流作家、井上通女（丸亀）
2　高松藩中興の名君、松平頼恭（高松）

3　わが国初の博覧会を開いた平賀源内（志度）
4　高松藩校講道館の初代総裁、後藤芝山（高松）
5　讃岐漆器の祖玉楮象谷の繊細華麗な作品（高松）
6　知られざる技術者、久米栄左衛門の多彩な活躍（引田）
7　文人家老として著名な木村黙老（高松）
8　異色の幕末讃岐の志士、日柳燕石（琴平）
9　郷土史誌の編纂に尽くした、中山城山、梶原藍水（各地）
10　弘浜書院を開いて教育に務めた家老、林良斎
資料編（335）

**愛媛県**

前章　近世の愛媛　その地域振興の足どり（15）
第一章　自治と助け合いの中で（23）
1　伊予八藩の成立と城下町づくり（各地）
2　長い海岸線の干拓と新田開発（各地）
3　伊予の主な街道、その整備と人々の往来（各地）
4　傾く藩財政と制度改革―その結果窮迫する武士の生活（各地）
5　村落の支配を確立した土地制度―鬮持制・地坪制（各地）
6　周到な準備によって成功をおさめた吉田騒動（吉田）
7　享保の大飢饉における松山藩の実情と対応（松山）
8　幕末動乱の中の伊予諸藩、その動向と対応（各地）
第二章　生業の振興と継承の中で（81）
1　幕府の保護下で発展した別子銅山の開発と経営（新居浜・別子山）
2　波止浜・多喜浜の塩田開発と伊予の塩（波方・新居浜）
3　伊予の紙―宇和島の泉貨紙、大洲の半紙、西条の奉書（各地）
4　高機縞を改良して発展し、人気のあった伊予絣（松山）
5　綿栽培と綿織―白木綿からやがてタオルへ（今治）
6　今に伝わる砥部焼と各地へ販売していた菊間瓦（砥部・菊間）
7　櫨栽培と木蝋生産―藩の殖産興業政策と統制（宇和島・大洲）
8　宇和海の干鰯を中心とする水産物の流通（宇和島）
第三章　地域社会の教育システムの中で（131）
1　もっとも早く藩校を設立した大洲藩の止善書院明倫堂（大洲）
2　士風建て直しのために設立された松山藩校明教館（松山）
3　宇和島藩の藩校教育―内徳館、敷教館、明倫館（宇和島）
4　庶民も教育した小松藩校、培達校から養正館へ（小松）
5　西条藩校択善堂と今治藩校克明館（西条・今治）
6　中江藤樹と日本陽明学の学統たち（大洲）
7　常磐井家の私塾古学堂の隆盛（大洲）
8　伊予の各藩で活躍した御用絵師たち（各地）
第四章　町、村、家の暮らしと文化（203）
1　お山詣りでにぎわう霊峰石鎚山と庶民信仰（西条・小松）
2　大山祇神社と瀬戸内の島の人々の暮らし（芸予諸島）
3　和霊信仰と南予の風土（南予）
4　厚遇されやがて忌避された伊予路の四国遍路（各地）
5　豪農、豪商らに広がり今に受け継がれる俳句熱（松山など）
6　生涯農村で活躍した狩野派絵師、今村道之進（東予）
7　段々畑と鰯網、宇和海沿岸の人々の暮らし（南予）
8　水系制御とまつり―皆廻池から先人の知恵を学ぶ（大西）
9　だんじり、太鼓台と祭りの風流化（西条・新居浜）
10　南予地方のツキアイ―人と牛が育んだ〝闘牛〟という文化（南予）
第五章　地域おこしに尽くした先駆者（263）
1　宇和島藩の藩政改革に挑んだ五代藩主、伊達村候（宇和島）
2　伊予聖人とうたわれた学者、近藤篤山（小松）
3　勤皇のこころざし篤い国学者、矢野玄道（大洲）
4　シーボルトに学んだ蘭学者、二宮敬作（宇和島）
5　シーボルト最後の門人、三瀬諸淵（周三）（大洲）

6　日本初の洋式城郭五稜郭を設計した武田成章（大洲）
7　泉貨紙の創始者、兵頭太郎右衛門（野村）
資料編（303）

**高知県**
前章　近世の高知　その地域振興の足どり（13）
第一章　自治と助け合いの中で（27）
1　城下町高知の成り立ち―有力商人主導の町づくり（高知）
2　野中兼山―大開発事業による土佐藩政の確立（高知）
3　岡村十兵衛―窮民を救うために捨てた命（室戸）
4　元禄大定目―土佐藩政の基本方針を示す藩法（県全域）
5　津野山騒動と中平善之進―引き継がれる義民の精神（高岡）
6　宿毛領一揆―犠牲者を出さなかった領民の知恵（宿毛）
7　池川の紙一揆―逃散して平紙の自由販売をかちとる（吾川）
第二章　生業の振興と継承の中で（81）
1　〔絵と文〕土佐和紙―戦国秘話に彩られた歴史（吾川）
2　土佐の捕鯨―組に分かれた集団漁業の発展（室戸）
3　土佐の林産物―藩財政を支えた土佐材木（長岡・安芸）
4　〔絵と文〕鰹漁と鰹節の製造―海の幸に恵まれた土地（土佐）
5　土佐の焼き物―尾戸焼から能茶山焼へ（高知）
6　街路市の発展―高知城下の定期市の賑わい（高知）
7　石灰製造―土佐の産業を支える（南国）
8　水稲の二期作と野菜の早出し栽培―温暖な気候を生かして（高知）
9　オナガドリ―その開発と育成（南国）
第三章　地域社会の教育システムの中で（153）
1　谷秦山とその一族―谷門の学の伝統を継ぐ（高知）
2　江村老泉―書道を通して民衆教化に尽くす（高知）
3　教授館にみる藩校教育―土佐南学の伝統をもとに（高知）
4　安芸地方の寺子屋教育―学ぶことに目覚めた庶民（安芸）
5　幡多の泊り屋―若者を実地教育する合宿所（県西部）
6　藩校・致道館―山内容堂・吉田東洋による人材の育成（高知）
第四章　子育てと家庭経営の知恵（199）
1　山内一豊の妻、見性院―夫の偉業をささえたその内助（高知）
2　野中兼山の遺族たち―父への誇りを胸に幽閉四十年（宿毛）
3　どろんこ祭り―土佐路に春本番を告げる風物詩（高知）
4　『寺川郷談』に書かれた村の暮らし―しきたりと約束事（土佐）
5　村の相続・隠居慣行―家の継続と繁栄のために（県全域）
6　〔絵と文〕四国遍路―住民に厚遇された巡礼（県全域）
7　漁民の信仰と海上禁忌―航海の安全と豊漁を願って（県全域）
8　坂本龍馬と姉乙女―「泣き虫」小僧から幕末の英雄へ（高知）
9　土佐の闘犬―気迫と闘志に満ちた見るスポーツ（高知）
10　豊漁祈願のシットロト踊り―室戸港の繁栄を祝して（室戸）
第五章　地域おこしに尽くした先駆者（285）
1　谷時中とその弟子たち―土佐南学派の隆盛（高知）
2　薫的―権力に屈せず信念を貫いた孤高の僧（高知）
3　緒方宗哲―地誌『土佐州郡志』を編む（高知）
4　吉本虫夫―抜擢されて庄屋となる（吾川）
5　細木瑞枝―農書『耕耘録』をまとめた文人庄屋（土佐）
6　絵師金蔵―流転の末の芝居絵の境地（香美）
7　武市瑞山―土佐勤王党の組織者（高知）
8　〔絵と文〕中浜万次郎―アメリカ帰りの指導者（土佐清水）
資料編（343）

**福岡県**
前章　近世の福岡　その地域振興の足どり（13）
第一章　自治と助け合いの中で（27）

1　柳河藩の干拓事業―難工事に取りくんだ人々（柳川）
2　筑後川の用水開発―大石・長野・床島堰（浮羽・三井・久留米）
3　矢部川の治水事業―千間土居を築いた田尻惣馬（柳川）
4　石原宗祐と曾根新田―新田開発に生涯を捧げる（北九州）
5　筑後農民騒動―宝暦四年の一揆（久留米）
6　五ヵ村用水路―官民一体の努力によって完成（飯塚）
7　岩松助左衛門―白洲灯台建設にかけた半生（北九州）
第二章　生業の振興と継承の中で（81）
1　八女茶―品質で日本一を誇る（八女）
2　筑後手すき和紙―僧日源の創始による伝統産業（八女）
3　伝統を支えた陶工たち―上野焼と高取焼［県北部］
4　大川の木工―木工業の基礎をつくった指物大工職（大川）
5　眼療宿場の繁栄―目養生に全国から集まる（粕谷）
6　博多織機業―福岡藩の保護のもとに育てられた名産品（福岡）
7　博多人形―中ノ子吉兵衛と素焼人形（福岡）
8　久留米絣―井上伝の創始による代表的な木綿織物（久留米）
9　中原嘉左右―日本の商・工業発展の基礎を築く（北九州）
第三章　地域社会の教育システムの中で（151）
1　安東省菴とその教学―自己を高めるための真の学問（柳川）
2　有馬頼徸―和算の大家として知られる学者大名（久留米）
3　筆子塚は語る―寺子屋の師匠と子どもたち（浮羽）
4　継志堂と上妻の教学―紙漉き学者が育てた学問風土（八女）
5　福岡藩校―修猷館と甘棠館（福岡）
6　樺島石梁と久留米藩校―修道館から明善堂へ（久留米）
7　大隈言道と野村望東尼―思想の違いを超越した和歌の道の子弟（福岡）
8　「郷先生」たち―田舎学者の群像（浮羽）
9　村上仏山と水哉園―詩を重視した教育（行橋）
10　牧園茅山と伝習館―「武」を重んじた柳川藩校（柳川）
第四章　子育てと家庭経営の知恵（223）
1　神功皇后伝説―宇美八幡宮と子安信仰（粕屋）
2　庚申講に集う人々―村人たちのつながりを深める信仰（県全域）
3　天神信仰―太宰府天満宮に祭られた菅原道真の御霊（大宰府）
4　町をあげての博多の祭り―松ばやしと祇園山笠（福岡）
5　開の農民能―農村に根付いた芸能（三池）
6　伊藤小左衛門―地域の発展に尽くした豪商の悲劇（福岡）
7　林田正助―筑後の豪商、手津屋家の家訓（浮羽）
8　博多にわか―博多生まれで博多育ちの風刺と滑稽（福岡）
第五章　地域おこしに尽くした先駆者（289）
1　神屋宗湛―堺の茶人たちと親交をもった博多の豪商（福岡）
2　宮崎安貞―『農業全書』を著した日本農学の祖（福岡）
3　貝原益軒―民衆の教育啓蒙に尽くした儒者（福岡）
4　秋月藩医緒方春朔―天然痘予防の先駆者（甘木）
5　仙厓義梵―庶民教化に尽くした和尚（福岡）
6　田中久重―近代技術の創出に精魂を傾けた技術家（久留米）
7　真木和泉―討幕運動に生命をかけて推進した宮司（久留米）
資料編（341）

## 佐賀県

前章　近世の佐賀　その地域振興の足どり（15）
第一章　自治と助け合いの中で（23）
1　鍋島藩安定の基盤、佐賀城築城と城下町づくり（佐賀）
2　寺沢氏の創業を受け継ぐ唐津城と城下町（唐津）
3　水を中心とした国づくり、治水の神様成富兵庫茂安（佐賀）
4　飛砂を防ぎ名勝を生んだ虹の松原の植林（唐津）
5　人・物・情報が行き交った長崎街道（各地）

6　八万人の犠牲を出した享保の大飢饉（各地）
7　六府方の設置で大規模な産業振興（佐賀藩領）
8　長崎警備がもたらした重い財政負担と先進文明の摂取（佐賀）
9　最先端重工業技術を結集した反射炉（佐賀）
第二章　生業の振興と継承の中で（91）
1　朝鮮文化の恩恵とその日本化、有田焼の誕生と発展（有田）
2　日用雑器から茶の湯の名品まで、唐津の焼き物（唐津）
3　佐賀平坦の堀と独特の農具、農作業（佐賀）
4　中国伝来の技法による名品、嬉野の釜煎り茶（嬉野）
5　名水を利用した和紙と素麺で町づくり（小城）
6　こうぞ（楮）作付け推進と紙漉き、藩財政と農民の負担（唐津）
7　鯨大尽を生んだ勇壮な小川島捕鯨（呼子）
8　はぜ栽培と木蝋の専売制で藩財政を潤す（各地）
9　対馬藩の有力財源だった田代の売薬（鳥栖）
10　わが国石炭産業の先駆、唐津の石炭生産と販売（唐津）
11　鍋島藩染織工芸の謎とルーツ（佐賀）
第三章　地域社会の教育システムの中で（197）
1　幕末に多くの人材を輩出した佐賀藩校、弘道館（佐賀）
2　私塾教育システムの基礎をつくった奥東江、吉武法命（唐津）
3　学問の理想郷を求めた茂文創建の多久聖廟（多久）
4　広瀬淡窓の感化を受けた田代藩校、東明館（鳥栖）
5　庶民の教育ニーズに応え、盛況だった各地の寺子屋（各地）
6　開国の先兵の役割を果たした佐賀の海外留学生たち（各地）
第四章　子育てと家庭経営の知恵（243）
1　幸せを祈るさまざまな講と年中行事（各地）
2　能楽の源流を今に伝える白鬚神社の田楽（佐賀）
3　田植えを演じて豊作を願う仁比山神社の御田舞（佐賀）
4　庶民の願い、英彦山詣りと祐徳稲荷信仰（佐賀）
5　町人の意気と経済力を発揮した唐津くんち（唐津）
6　「赤子養育のうた」にみる間引きの防止（唐津）
7　わらべ唄にみる文化交流（各地）
第五章　地域おこしに尽くした先駆者（301）
1　佐賀藩三百年の創業者、鍋島直茂、勝茂（佐賀）
2　西欧陶磁に絶大な影響を与えた肥前磁器の精華、柿右衛門（有田）
3　山本常朝と田代陣基、『葉隠』を遺した二人（佐賀）
4　虹の松原一揆を指導した大庄屋、冨田才治（唐津）
5　幕末佐賀洋学の先達、伊東玄朴と同志たち（佐賀）
6　先見の明によるリーダーシップを発揮した鍋島直正（佐賀）
資料編（349）

**長崎県**
前章　近世の長崎　その地域振興の足どり（13）
第一章　自治と助け合いの中で（27）
1　キリシタン大名と少年使節―ヨーロッパ世界との出会い（大村）
2　長崎街道の発達―九州第一の脇街道（県全域）
3　以酊庵―江戸時代の日朝交流の要（対馬）
4　キリシタン弾圧と鎖国―迫害と拷問による受難の歴史（島原）
5　長崎貿易の振興と発展―貿易法の移り変わりとともに（長崎）
6　陶山訥庵と猪退治―猪による農作物被害から島民を救う（対馬）
7　大藩の圧力に抵抗する農民―諫早一揆と指導者若杉春后（諫早）
8　西欧文明吸収の先駆者たち―血のにじむような努力の末に（長崎）
第二章　生業の振興と継承の中で（87）
1　波佐見焼と三川内焼―磁器とともに栄えた窯場（佐世保・東彼杵）
2　深沢儀太夫・江口甚右衛門―西海の捕鯨業に尽くす（大村）
3　長崎の美術工芸―外来文化の積極的な消化吸収（長崎）
4　渡来物の果樹・野菜の育成―茂木ビワ・ザボンなど（県全域）

5　長崎の食べ物―異国趣味に富む食文化（長崎）
6　櫨の栽培―藩財政を支えた製蝋（島原）
7　雲仙温泉―神仏に守られて心と体をいやす（島原・南高来）
8　サトウキビ栽培―糖業にかけた夢と情熱（島原・南高来）
9　長崎鎔鉄所―造船工業の夜明け（長崎）
10　有家手延そうめん―そうめん船による販路拡大（南高来）
第三章　地域社会の教育システムの中で（173）
1　セミナリヨとコレジヨ―長崎のキリシタン学校（長崎）
2　長崎聖堂と向井氏―儒学の振興に尽くす（長崎）
3　ポンペと長崎養生所―近代医学教育のさきがけ（長崎）
4　五島藩校の育英館―文武両道に励む（福江）
5　大村藩校の五教館―幕末維新の人材を育てる（大村）
6　島原藩校の稽古館―教育水準の向上を目ざして（島原・南高来）
7　鳴滝塾に集まった人びと―西欧近代文明の灯（長崎）
8　長崎海軍伝習所―近代教育の礎となった洋式授業（長崎）
第四章　子育てと家庭経営の知恵（231）
1　壱岐の年中行事―正月行事・世上祭り・盆綱引きなど（壱岐）
2　ジャガタラ文―海外追放の女性たちの運命と生活（長崎・平戸）
3　対馬厳原地蔵盆―子供が主役の祭り行事（下県）
4　異国情緒の祭り―「ペーロン」や「くんち」に残る風習（長崎）
5　民間芸能浮立―地域ごとに守り伝えた伝統の様式（県中部）
6　勘作ばなし―語り継がれたとんちの妙味（大村）
第五章　地域おこしに尽くした先駆者（285）
1　隠元―黄檗文化を伝え、教化に尽くす（長崎）
2　千葉卜枕―不毛の地、放虎原の開拓（大村）
3　松浦静山―名著『甲子夜話』を著す（平戸）
4　本木昌造―活版印刷技術の開発者（長崎）
5　大浦慶―幕末の女貿易商（長崎）
6　上野彦馬―日本写真術の基礎を築く（長崎）
7　ウィリアムズ牧師―幕末のキリスト教伝道に尽くす（長崎）
8　楠本端山・碩水―明治を築いた人びとを育てる（平戸）
資料編（347）

## 熊本県

前章　近世の熊本　その地域振興の足どり（13）
第一章　自治と助け合いの中で（27）
1　熊本藩と手永制度―その農村支配と行政のしくみ（県全域）
2　轟泉水道―現存する日本最古の上水道の開発（宇土）
3　球磨川の開削と舟運―林正盛の執念による開発（人吉）
4　百太郎溝と幸野溝―開発の恩人となった百太郎と高橋政重（球磨）
5　熊本藩・宝暦の改革―細川重賢と堀平太左衛門（熊本）
6　『仁助噺』に見る農村の実態―藩政改革のしわ寄せ（上益城）
7　稲津弥右衛門―萩原堤の復旧工事と農村復興（八代）
8　天草の百姓一揆―義民・長岡五郎左衛門と永田隆三郎（天草）
第二章　生業の振興と継承の中で（89）
1　八代の藺草栽培―肥後表の名で知られる生産地（八代）
2　山鹿灯籠―灯籠作りと灯籠祭（山鹿）
3　五家荘の焼畑農業―秘境の山里の生業（八代）
4　〔絵と文〕球磨焼酎―自家用として自由に醸造（球磨・人吉）
5　来民うちわ―町をあげてのうちわ作り（鹿本）
6　肥後象眼―名工たちによる刀装品としての発達（熊本）
7　熊本の植木市―伝統に育まれた肥後名花（熊本）
8　養蚕・製糸業の発展―藩財政の基礎として（県全域）
9　〔絵と文〕櫨栽培―熊本藩の製蝋事業（県全域）
10　肥後六花―花にこめた肥後もっこすの想い（熊本）
第三章　地域社会の教育システムの中で（163）

1　小堀流踏水術―日本泳法の教育と伝承（熊本）
2　熊本藩校の時習館―すぐれた人材を生んだ教育システム（熊本）
3　熊本藩の蕃滋園―薬草園の発展と藤井家の人びと（熊本）
4　医学寮再春館―仁術を基本とする医学振興のために（熊本）
5　人吉藩校の習教館―庶民の教化にも大きな成果（人吉）
6　林桜園―肥後勤王党の精神的支柱となった国学者（熊本）
第四章　子育てと家庭経営の知恵（211）
1　木原不動尊―火渡り荒行で知られる日本三大不動の一つ（下益城）
2　〔絵と文〕祈りの島、天草―禁教令下のキリシタン信仰（天草）
3　藤崎八幡宮の例大祭―勇壮な馬追いの祭り（熊本）
4　阿部一族の悲劇―殉死の意味を問う事件（熊本）
5　『肥後孝子伝』―藩が求める理想的庶民像（県全域）
6　放牛石仏―善根を積んで亡父を弔う（熊本）
7　〔絵と文〕肥後の彦一―語り継がれる頓智の妙味（熊本）
8　子供組の年中行事―地域社会の一員となるための訓練（県全域）
第五章　地域おこしに尽くした先駆者（275）
1　宮本武蔵―細川忠利公にささげた晩年（熊本）
2　西山宗因―連歌・俳諧の振興に尽くす（八代）
3　鈴木重成―天草の民政に尽くした初代代官（天草）
4　北島雪山―唐様書風の基礎を築いた書家（熊本）
5　鉄眼禅師―十年を費やして『大蔵経』を刊行（下益城）
6　義民七兵衛―死を賭して農民の窮状を救う（阿蘇）
7　鹿子木量平―大干拓を成し遂げた意地（八代）
8　肥後の石工―架橋に尽くした名工・岩永三五郎たち（八代）
9　横井小南―日本の近代化を目指した開明思想家（熊本）
資料編（345）

## 大分県

前章　近世の大分　その地域振興の足どり（15）
第一章　自治と助け合いの中で（23）
1　諸領が入り交じって成立した小藩分立体制（全域）
2　個性ある城下町づくりと地方支配（各地）
3　幕府領支配の変遷と日田代官（日田）
4　切実だった新田開発と井路開削の背景（各地）
5　往還と城下をつなぐ道―街道と河川交通（各地）
6　繁栄する港、瀬戸内に満ちていた豊後諸藩の船（各地）
7　強訴、逃散から一揆へと拡大していった農民の闘い（各地）
8　危機的な藩財政とさまざまな財政再建策（各地）
9　幕府領農民と府内藩との争い、銭瓶石騒動の始末（大分・別府）
10　豊前・豊後における享保大飢饉の被害と救済策（各地）
第二章　生業の振興と継承の中で（93）
1　九州一円に進出した日田の掛屋と〝日田金〟（日田）
2　城下町で栄えた商業、さらに在町で発展（各地）
3　江戸・大坂市場を席捲した豊後表（大分・日出・杵築）
4　幕府の専売品になった明礬（別府）
5　さかんに産出された各種の鉱産物（各地）
6　全国に名を馳せたみかん・かぼす・椎茸栽培（竹田・大野・海部）
7　新品種が生まれ、生産を奨励された櫨と蝋（宇佐・日田）
8　藩財政を支えた佐伯干鰯と塩づくり（沿岸部）
9　『高田風土記』の世界にみる多彩な畑作物（大分）
第三章　地域社会の教育システムの中で（167）
1　藩校教育に力をそそいだ諸藩（各地）
2　文武両道を鍛錬した府内藩校遊焉館の教育（大分）
3　広瀬淡窓と全国から門人が集まった咸宜園（日田）
4　ユニークな私塾教育―菊園・西崦精舎・知来舘など（大分・日出）
5　広く普及した寺子屋―〝戴星堂〟から〝緑水舎〟まで（各地）

6　学問を好み、後世に貢献した二人の藩主（佐伯・中津）
7　地域医療の発展に貢献した蘭方医たち（各地）
第四章　町、村、家の暮らしと文化（211）
1　弾圧されたキリスト教─豊後崩れの悲劇（各地）
2　路傍の神仏に手を合わせる村人の信仰生活（各地）
3　祭りと市─浜の市など祭礼市と定期市（大分）
4　庶民の湯治場となって発展した別府温泉（別府）
5　毎日の暮らしと特別な日─ケとハレ（全域）
6　文芸の興隆─俳諧と庶民の伝承説話（各地）
7　今も命脈を伝える〝踊村〟北原人形芝居（中津）
8　夢のかけ橋、石造りアーチ橋をかけた石工たち
第五章　地域おこしに尽くした先駆者（225）
1　〝豊後聖人〟と慕われた哲学者、三浦梅園（安岐）
2　『広益国産考』に結実した多くの農書の著者、大蔵永常（日田）
3　日本の本草学を大成した賀来飛霞（豊後高田）
4　教育者、家老として地域に貢献した帆足万里（日出）
5　豊後南画を完成させ人材を育成した田能村竹田（竹田）
6　広瀬久兵衛─豪商・地域開発・財政コンサルタント（日田）
7　臼杵藩財政再建の立役者、村瀬庄兵衛（臼杵）
8　郷里中津を愛しつづけた福沢諭吉（中津）
資料編（319）

## 宮崎県

前章　近世の宮崎　その地域振興の足どり（15）
第一章　自治と助け合いの中で（23）
1　日向国における小藩の成立（全域）
2　地域支配区画の形成─薩摩藩都城領の五口六外城制（都城）
3　日向国特有の土地制度と地域の支配（各地）
4　日南の歴史を変えた大事業、堀川運河の開削（飫肥）
5　日向と江戸・上方を結ぶ流通のネットワーク（各地）
6　幕府をも動かした山陰村・坪谷村百姓逃散一揆（延岡）
7　日向国各藩の財政窮乏状態とその対策（各地）
8　幕末の動乱に揺れた日向諸藩の藩士たち（各地）
第二章　生業の振興と継承の中で（75）
1　多様な山林経営─藩直営による〝御手山経営〟（東西諸県）
2　飫肥杉の名声─部一山制と飫肥藩の山林経営（飫肥）
3　全国に知れわたった日向の和紙（各地）
4　銅輸出の一端を担っていた日向の銅山業（延岡）
5　木炭の最大の供給地だった日向（各地）
6　日向の山々から積み出された産物（各地）
第三章　地域社会の教育システムの中で（105）
1　学問好きの藩主による手厚い文教政策─広業館を中心に（延岡）
2　人材育成に貢献した高鍋藩の藩校明倫堂（高鍋）
3　日講上人から学習館までの佐土原藩の教育（佐土原）
4　民間が灯を点けた飫肥藩の教育（飫肥）
5　明道館を中心とした都城の教育（都城）
6　文化の発信に貢献した高妻騰雲・五雲の私塾（本庄）
7　延岡藩の飛地〝宮崎〟の私塾（宮崎）
第四章　町、村、家の暮らしと文化（167）
1　薩摩藩の一向宗禁止で姿を変えた〝かくれ念仏〟（都城）
2　江戸時代に始まった新婚旅行─シャンシャン馬（宮崎）
3　町人俳人たちがつくった日向俳壇、今も残る俳人墓地（宮崎）
4　薩摩藩都城国学がさかんになった原動力（都城）
5　焼畑を中心とする山の暮らし（椎葉・西米良）
6　受け継がれる多彩な民俗芸能（各地）
7　廻国僧の造仏活動と庶民信仰の姿（都農・米良）

8　農民の願いがこめられた田の神石像（旧薩摩藩領）
9　三百もの民謡が伝わる民謡の宝庫（各地）
10　狩りの文化、今も伝わる狩猟儀礼（椎葉）
第五章　地域おこしに尽くした先駆者（235）
1　五ヶ所高原の先覚者、矢津田喜多治（高千穂）
2　用水開発を導いた庄屋と医師、土持信贇と碓井玄良（高千穂）
3　獄死した勤皇の志厚い思想家、甲斐右膳、大蔵父子（西米良）
4　日講と古月─藩主や庶民に、政道や人の道を説く（佐土原）
5　松井用水路を開発、神として祀られた松井五郎兵衛儀長（宮崎）
6　飫肥林業最大の功労者、野中金右衛門（飫肥）
7　都城観音瀬を開削した、藤崎公寛（都城）
8　日向が生んだ大儒学者、安井息軒（清武）
9　外交に奔走した飫肥藩家老、平部嶠南（飫肥）
10　藩の学問所創設を藩主に建言した千手興欽（八太郎）（高鍋）
11　「此花日記」の著者、日高蔦子（高鍋）
12　藩民の心のよりどころとなった藩母、島津隨真院（佐土原）
資料編（319）

## 鹿児島県

前章　近世の鹿児島　その地域振興の足どり（15）
第一章　自治と助け合いの中で（23）
1　鹿児島城築城と城下町づくり─薩摩藩の出発（鹿児島）
2　琉球出兵と琉球口貿易（南西諸島）
3　薩摩藩独特の地方支配、外城制度と郷士（全域）
4　独特の土地制度、門割制度と農民の暮らし（全域）
5　薩摩藩の新田開発と用水の確保（各地）
6　数少ない農民の反乱、犬田布騒動と加世田一揆（徳之島・加世田）
7　安永の桜島大噴火─その被害と救援（桜島）
8　先進国の高い水準を思い知った薩英戦争（全域）
9　薩長同盟の成立─維新の主役に躍り出る（全域）
第二章　生業の振興と継承の中で（81）
1　さつま芋として全国に普及した甘藷（各地）
2　五百年の歴史を刻む薩摩の酒、焼酎（各地）
3　全国的に有名な名産品、国分煙草（国分・指宿）
4　藩の奨励で特産物になった櫨蝋（桜島など）
5　重要な特産物として世界に輸出された樟脳（各地）
6　九州一の馬産地といわれた薩摩藩領の馬牧と畜産（各地）
7　圧倒的な産出量を誇った金山と錫山（各地）
8　薩摩藩の製鉄─水車ふいごと石組製鉄炉（各地）
9　薩摩焼─その歴史と多様性（各地）
10　優良鰹節の生産地となった鹿籠の鰹漁業（枕崎）
第三章　島に生きる人々の暮らし（147）
1　種子島の支配と島民の暮らし（種子島）
2　屋久杉と島の人々の暮らし（屋久島）
3　漁業を中心としたトカラの島々の暮らし（トカラ列島）
4　奄美群島代官所の支配体制と島役人（奄美群島）
5　特産品黒糖をめぐる奄美の暮らし（奄美群島）
6　本場奄美大島紬─その生産と技術の継承（奄美大島）
7　闘牛に燃える徳之島の暮らし（徳之島）
8　甑列島の人々の暮らし（甑列島）
9　流刑地としての薩南諸島（薩南諸島）
第四章　地域社会の教育、文化、暮らし（227）
1　キリスト教の伝来と禁制（全域）
2　一向宗の禁制とかくれ門徒（全域）
3　薩摩示現流の隆盛─東郷重位とその弟子たち（鹿児島）
4　薩摩藩独特の郷中教育（全域）

5　薩南学派の継承者たち―南浦文之ら（加治木）
6　藩校造士館・演武館の創設（鹿児島）
7　天文館の創設と薩摩暦（鹿児島）
8　郷学の設置と郷士の教育（各地）
9　〝近思録崩れ〟と〝お由羅騒動〟―お家騒動はなぜ起こったか（鹿児島）
10　斉彬の夢が明治政府に受け継がれる集成館事業（鹿児島）
11　自由に個性を発揮した狩野派の絵師たち（鹿児島）
12　田の神講と棒踊り（各地）
13　豊作を祝い、そして祈る八月踊り（大隅・奄美）
第五章　地域おこしに尽くした先駆者（311）
1　甘蔗の栽培と製糖法の祖、直川智（奄美大島）
2　命をかけてお手伝普請を成功させた家老平田靭負（鹿児島）
3　商業・文化振興に尽くした八代藩主島津重豪（鹿児島）
4　『大石兵六夢物語』を書いた藩士、毛利正直（鹿児島）
5　調所広郷―天保の改革の立役者、側用人から家老へ（鹿児島）
6　幕末に世界に目を向けた藩主、島津斉彬（鹿児島）
7　飛び抜けた豪商、代々続いた浜崎太平次（指宿）
8　島民の生活向上に生涯尽くした松寿院（種子島）
9　大久保利通―明治政府の中心人物の若き日（鹿児島）
10　西郷隆盛の短くも波瀾に富んだ生涯（鹿児島）
資料編（381）

**沖縄県**

前章　近世の沖縄　源流への旅―その歩みに学ぶ（15）
第一章　島に暮らす（29）
はじめに　暮らしの文化にみる国際性の伝統
1　長寿をささえる食文化の伝統
2　酒と宴
3　命をささえたソテツ
4　水を守る
5　家づくり、今むかし
6　涼しく装う
第二章　島の人生（79）
はじめに　沖縄における人の一生
1　新しい生命への期待
2　子育てのしきたり
3　島の青春と男女交際
4　婚礼の姿とこころ
5　老人を大切にする風土
6　葬儀と年忌
第三章　島に働く（113）
はじめに　風土的条件を生かした労働
1　農業の歩み
2　海に生きる
3　暮らしをささえる家畜たち
4　砂糖づくりの光と影
5　泡盛をつくる人びと
6　伝統工芸を育てる
7　商都・那覇の活況
第四章　島の祈り（185）
はじめに　沖縄びとの祈りの対象
1　ミルヤ・カナヤの信仰
2　ヲナリ神の島
3　沖縄・祈りの空間
4　異形の神々と祭り

5　あの世とこの世をつなぐ霊媒者、ユタ
第五章　島のことば（221）
はじめに　沖縄方言と共通語
1　沖縄方言の実態
2　沖縄に生きる古語
3　沖縄方言と九州方言との係わり
4　沖縄における共通語教育
5　沖縄方言の現状と将来
6　オモロ・琉歌・組踊
第六章　島のきずな（255）
はじめに　小宇宙としての「シマ共同体」
1　間切と村
2　間切とシマの自治制度
3　地縁意識と血縁意識
第七章　島の学芸（277）
はじめに　琉球文化の独自性
1　学問教育の普及
2　冊封使歓待の王府の芸能
3　沖縄の民俗芸能
4　護身術としての空手
5　民間医療と専門医の誕生
6　沖縄の音楽
第八章　島の恩人たち（329）
はじめに　近世沖縄の人物
1　羽地朝秀―沖縄の近世をうながした政治家
2　儀間真常―沖縄産業の恩人
3　程順則―琉球最大の碩学
4　蔡温―近世沖縄の傑出した政治家
5　玉城朝薫―琉球古典劇「組踊」の完成者
6　宜湾朝保―最後の三司官、最大の歌人
資料編（359）
陳舜臣特別インタビュー　アジアに開く架け橋―沖縄の歴史と文化の重み（360）

※各県版の資料編には別項に掲載してある「江戸時代50科」のほか、「文献資料」「物産一覧」「年表」「索引」などが掲載されています。

# 江戸時代50科テーマ一覧

(1)「えぞ地の探検―開かれてゆく辺境の地」(北海道)
(2)「民間信仰のさまざま―風土と生業が育んだもの」(青森)
(3)「鉄―江戸時代の暮らしをささえる」(岩手)
(4)「お家騒動のうそまこと」(宮城)
(5)「林業―その保護と育成」(秋田)
(6)「広域流通―西廻り海運と北国地方」(山形)
(7)「養蚕業の発展―着実に準備されてきた基盤」(福島)
(8)「うなぎ―水戸光圀の剛直な気性」(茨城)
(9)「病と治療―医療制度と薬種政策」(栃木)
(10)「横浜開港と生糸貿易」(群馬)
(11)「野菜の生産と流通」(埼玉)
(12)「侠客と男伊達の世界―庶民のなかの英雄たち」(千葉)
(13)(48)「江戸時代の大名屋敷―その機能と果たした役割」(東京)
(14)「街道―東海道と宿場の始まり」(神奈川)
(15)「米―三百年の太平をささえる」(新潟)
(16)「江戸時代の売薬―反魂丹や万金丹」(富山)
(17)「農村支配と自治―幕藩体制下の統治システム」(石川)
(18)「漂流物語―鎖国下の漂流民の運命」(福井)
(19)「果物の生産と市場」(山梨)
(20)「庶民の暮らしの知恵―諺がおしえる江戸時代」(長野)
(21)「和紙―町人文化の発展をささえて」(岐阜)
(22)「東海道―文芸・歌舞伎・美術を育てる」(静岡)
(23)「俳諧の流行と変遷」(愛知)
(24)「豪商のふるさと―近江商人と伊勢商人」(三重)
(25)「近江商人の経済活動」(滋賀)
(26)「京文化と京ことば」(京都)
(27)(49)「日本の国際性は江戸時代の大坂から」(大阪)
(28)「江戸時代の酒」(兵庫)
(29)「水不足の中の農民〝大和豊年米食わず〟」(奈良)
(30)「藩政改革の諸相」(和歌山)
(31)「飛砂との闘い」(鳥取)
(32)「江戸時代の茶道」(島根)
(33)「水―確保と利用」(岡山)
(34)「瀬戸内の塩業―全国生産高の大部分をまかなう」(広島)
(35)「志士たちの明暗」(山口)
(36)「人形浄瑠璃を育てた人々」(徳島)
(37)「和三盆と菓子」(香川)
(38)「江戸時代の銅山の開発と経営」(愛媛)
(39)「維新の志士―幕末の土佐藩の群像」(高知)
(40)「男の中の男とは―江戸時代の庶民のあこがれ」(福岡)
(41)「江戸と肥前鍋島の武道」(佐賀)
(42)「外来語の由来―貿易港長崎に残された言葉」(長崎)
(43)「剣豪―太平の世を剣に生きる」(熊本)
(44)「天領(幕府領)日田の西国筋郡代と掛屋」(大分)
(45)「天領と譜代藩の成立―幕府の東・南九州支配」(宮崎)
(46)「さつま芋」(鹿児島)
(47)「アジアに開く架け橋―沖縄の歴史と文化の重み」(沖縄)

# しおり（月報）テーマ一覧

肩書は取材時

**北海道**

伊達士族移民の足跡をたどる（伊達市市史資料編さん事務局・松下昌靖さん）
鯡群来に沸いた余市の今昔（余市郡漁業協同組合参事・中島政夫さん）
酪農ことはじめ、宇都宮牧場の今（長沼町宇都宮牧場・宇都宮潤さん）
アイヌの生活文化を守り続ける（二風谷アイヌ文化資料館館長・萱野茂さん）

**青森**

北辺の地に生きた会津士魂（青森市立油川小学校、斗南会津会顧問・葛西富夫さん）
ぼくの中の津軽（作家、弘前出身・長部日出雄さん）
複合経営で生き抜く下北の農業（下北郡東通村大利・奥島一志さん）
津軽三味線の足どりと心（作家、弘前市在住・大條和雄さん）

**岩手**

北上川に生きた人々（岩手県児童文学研究会会長・菊池敬一さん）
雪国の大地に生きて（和賀郡沢内村長・太田祖電さん）
高冷、多雪を恵みに変える（西和賀農業協同組合組合長・佐々木覓さん）
岩手びとの心にあるもの（岩手県民間教育研究所長・吉田六太郎さん）

**宮城**

名産白石温麺を全国の食卓へ（きちみ製麺社長・吉見光夫さん）
すこやかで優美な堤人形のすがた（つつみ人形製造所・芳賀強さん）
伝統の地場産業雄勝硯を彫り続ける（雄勝硯伝統工芸士・阿部英一さん）

**秋田**

秋田の食べものあれこれ（歴史家・吉田豊さん）
木の味わいを楽しむ大舘曲わっぱ（大舘曲物曲輪工業取締役・浅井幸樹さん）
北限のお茶作りを守る（能代市檜山霧山下・大高義雄さん）
秋田美人のルーツは！（郷土史研究家・伊多波英夫さん）

**山形県**

山形県いも煮会のルーツを探る（山形市史資料編集主任・武田喜八郎さん）
鷹山公の心を彫りつづける（笹野彫り協同組合組合長・加藤孝吉さん）
酒田の地域文化と本間家（本間美術館館長・佐藤三郎さん）
二百余年の歴史鮭川農村歌舞伎（鮭川歌舞伎保存会長・佐藤成美さん）

**福島**

絹織物の郷、川俣ものがたり（川俣町織物展示館運営協議会長・遠藤一男さん）
〝伝統は革新〟の百三十九年を迎える（薄皮饅頭柏屋会長・本名善兵衛さん）
五月幟の武者絵を画き続ける（いわき市平、市指定無形文化財・高橋晃平さん）

掘り起こし続ける郷土の歴史（会津若松市歴史春秋出版社長・阿部隆一さん）

**茨城**

手抄き和紙、西の内の里に生きる（西の内和紙抄造元・菊池栄慈朗さん）
水府たばこのあしあと（元茨城県職員・森田美比さん）
ふだんの暮らしに溶けこむ器を（笠間焼仕法窯元、製陶ふくだ第六代義右衛門・福田勝之さん）

**栃木**

生命ある記念碑、日光杉並木を守る（日光東照宮林務課技術員・柿沼清一さん）
町中の清流、那珂川の川漁（那珂川北部漁協理事、那珂川西支部長・後藤福壽さん）
しなやかな掃き味の鹿沼箒を作る（鹿沼市西沢・福田大作さん）
今も生きる塩原湯治宿の風景（塩原温泉観光協会専務理事・長谷川亘さん）

**群馬**

全国一の生産量を誇る〝福だるま〟（高崎だるま製造卸、中喜屋主人・峯岸喜太郎さん）
水戸藩に学んだ下仁田のこんにゃく（「荻野商店」営業部長・荻野匡司さん）
将軍吉宗が江戸に運ばせた名湯（草津温泉を訪ねて）

**埼玉**

秩父の伝統食をつくり、伝える（秩父郡皆野町・新井君江さん）
川越祭りの起源と変遷（氷川神社名誉宮司・山田勝利さん）
武州藍染めの技を守る（武州中島紺屋・中島安夫さん）

**千葉**

名産、佐倉炭を焼き続ける（印旛郡八街町用草・赤地虎雄さん）
千倉の海女稼業の灯は絶やさない（安房郡千倉町白間津・田仲のよさん）
江戸の情緒たっぷり、矢切の渡し（矢切渡船船頭・杉浦正雄さん）
二百五十年の伝統、房州富浦のビワ（房州枇杷組合連合会、八束枇杷組合・穂積昭治さん）

**東京**

江戸から受け継がれたもの、消し去られたもの（国際日本文化研究センター所長、哲学者・梅原猛さん）
日本の明日のために江戸時代に学ぶ（三菱総合研究所取締役相談役、工学博士・牧野昇さん）

**神奈川**

湯治場、箱根その繁栄をもたらしたもの（箱根町文化財保護委員、正眼寺住職・岩崎宗純さん）
おやじに仕込まれて今の私がある（箱根寄木細工師・二宮義之さん）
手仕事の味もいいもんでしょう（入れ子人形師・戸沢昭男さん）
神奈川県民性はこうして培われた（鎌倉市東慶寺前住職・井上禅定さん）

**新潟**

越後杜氏と酒造り唄（新潟県民族学会会員・深井義春さん）
特別天然記念物トキ保護の歴史（両津市郷土博物館館長・佐藤春雄さん）
名僧を輩出させた越後の風土（一心寺住職・田子了祐さん）
雁木のある雪国のくらし（日本民俗学会会員・高橋実さん）

**富山**

砺波散居村の暮らし昔と今（砺波郷土資料館館長、砺波散村地域研究所事務局長・佐伯安一さん）
険路に刻まれた歴史、境関所と上路越え（仁王山護国寺住職・高島清祐さん）
下村加茂神社の神事にみる豊穣への祈り（下村役場総務課課長・山森祐治さん）

**石川**

伝統製法加賀名物の吸坂飴（加賀市吸坂辻製飴所・辻順治さん）
精巧優雅な田鶴浜建具の今昔（田鶴浜建具工業協同組合・平見孝義さん）
近江町市場は金沢市民の台所（近江町市場商店街振興組合事務長・前多正さん）
古式ゆかしく唐戸山神事相撲（羽咋市商工会事務局長・橋本俊一さん）

**福井**

四百余年の伝統大野の朝市（大野市朝市出荷組合組合長・安川善七郎さん）
菅笠づくりの技を伝える（丹羽郡清水町杉谷・仲橋ほかのさん）
繊細、華麗な若狭塗りの味わい（古川若狭塗店・古川光作さん）
鯖街道熊川宿に住んで（遠敷郡上中町熊川・亀井清さん）

**山梨**

甲州ブドウの風味を生かす〝月の雫〟（〝月の雫〟製造卸、忠玉園主人・萩原進さん）
画仙紙の開発に成功した西島和紙（「山十製紙」社長・笠井伸二さん）
富士信仰と〝郡内織〟（富士吉田市歴史民俗博物館を訪ねて）

**長野**

雑木林に育まれた江戸時代の暮らし―街は緑、村は紅葉（信濃生物会会長・山崎林治さん）
歴史に根ざす信濃方言―雨ずらァから雪まで―伝統のローカル色（信州大学人文学部教授・馬瀬良雄さん）
田も作るし詩も創る暮らし―風狂人生と人情（駒ヶ根総合文化センター所長・宮脇昌三さん）

**岐阜**

中山道が運んだ東美濃の経済と文化（中津川市苗木遠山史料館・安池俊介さん）
高山の文化を生み、育んだもの（高山市教育委員会教育長・石原哲彌さん）

**静岡**

おいしさ追求、三ヶ日みかんの歩み（三ヶ日町農業協同組合企画監査室室長・清水理さん）
育てる漁業、先進地の誇り（浜名漁業協同組合総務課長・内山基さん）
繊細な味わい、竹千筋細工を組む（静岡竹工芸協同組合理事、伝統工芸士・野崎保雄さん）
雲海の上に生きる（表口富士山新六合目宝永山荘・渡井正弘さん）

**愛知**

七百年の伝統を持つ花祭り（東栄町花祭会館前館長・古川覚治さん）
岡崎の夜空を彩る三河花火（加藤煙火代表取締役・加藤博之さん）
江戸前寿司の原点は半田の酢（博物館「酢の里」を訪ねて）

**三重**

漁業と地域の絆を守る答志の寝屋（答志漁業協同組合組合長・浜口由男さん）
射和文庫と竹川竹斎という人（射和文庫継承者・竹川欽也さん）
伊賀忍者のふるさと上野（忍者研究家、元上野市長・奥瀬平七郎さん）
お伊勢参りを支えた恩師の働き（久保倉大夫家後裔・久保倉利彦さん）

**滋賀**

千三百年の伝統を誇る「比叡の大祭」（日吉大社権禰宜・瀧沢隆尚さん）
近江商人の知恵が生んだ街道の売薬（旧和中散本舗二十四代当主・大角彌右衛門さん）
湖の自然と歴史をふりかえる情報センター（琵琶湖博物館を訪ねて）

**京都**

京のわらべ唄今もうたいつがれて（詩人・相馬大さん）
錦市場の今むかし（京都錦市場商店街振興組合理事長・桒山晧さん）
京の垣と塀・洗練された多彩なデザイン（歴史家・吉田豊さん）
京・大阪・江戸三都の人情品定め（時代考証家・稲垣史生さん）

**大阪**

日本の綿産業と河内木綿（㈶日本綿業振興会常務理事・日比暉さん）
近世以来の流れを汲む中央卸売市場（㈳大阪市中央卸売市場本場市場協会資料室・酒井亮介さん）
堺の歴史を問う常設展示（堺市博物館を訪ねて）

**兵庫**

〝三木金物〟の伝統に生きる（〝大内鑿〟製造販売・大内光明さん）
播磨平野の恵みが生んだ龍野醤油（うすくち龍野醤油資料館館長・正田富夫さん）
仙石氏ゆかりの〝但馬の小京都〟（出石町を訪ねて）

**奈良**

茶筌の〝味削り〟は一子相伝の技術（茶筌師、竹茗堂当主・久保昌城さん）
日本最古の伝統をもつ三輪素麺（三輪素麺工業協同組合理事長・植田一隆さん）

南朝の皇族も住んだ修験と能楽の村（天川村を訪ねて）

**和歌山**

新宮のお燈祭りの心意気（新宮市文化財審議会委員長・山本国男さん）

紀州備長炭の窯火を守り続ける（田辺市木炭生産者組合組合長・木下伊吉さん、同副組合長・木村稔さん）

陽光の色の紀州てまりをつくる（紀州てまりの会・青木瀑布美さん）

**鳥取**

若桜木地師の伝統を再興（木工挽物・茗荷定治さん）

親、子、孫、三大で漉く因州和紙（筆切れず会長・前田久男さん）

生活感あふれる弓浜絣にひかれて（工房ゆみはま主宰・嶋田悦子さん）

**島根**

松江の食を支えた宍道湖・中海の幸（松江市立松江郷土舘学芸顧問・井川朗さん）

山あいの城下町、津和野の町並みの魅力（島根県文化財保護指導委員・森澄泰文さん）

江戸時代の出雲大社信仰（出雲大社・千家和比古さん）

**岡山**

昔ながらの技術を守る勝山竹細工（伝統的工芸品勝山竹細工伝統工芸士・川元照さん）

備中鍛冶の伝統を守りつづける（備中鍛冶師・野瀬啓一さん）

土肌の味わいが生きる備前焼（伝統工芸士、備前焼陶友会元理事・森宝山さん）

日生の漁法あれこれ（日生町漁業協同組合専務理事・有吉肇さん）

**広島**

宮島の繁栄をもたらした多彩な振興策（宮島町町史編さん室専門員・岡崎環さん）

おいしい広島和牛をつくり広める（広島県立畜産試験場油木肉用牛改良センター所長・馬屋原康博さん）

全国の九五パーセント伝統の地場産業、仁方の鉡（㈱大上鉡製作所社長・大上一成さん）

三次の鵜飼をささえる三百六十五日の営み（三次市無形文化財鵜匠・角浜八郎さん）

**山口**

ふぐ刺しはできるだけ薄く切る（ふぐ調理師・西山正己さん）

大内文化の香りを伝える大内塗（大内塗工芸作家・冨田潤二さん）

博物館が物語る毛利家の栄光（毛利博物館を訪ねて）

**徳島**

民衆の躍動する心を伝える「阿波踊り」（『阿呆連』連長・三好博文さん）

深みのある色調とシボの〃正藍しじら織〃（徳島市織布／代表・長尾藤太郎さん）

吉野川下流域の干拓と人形浄瑠璃をテーマに（松茂町歴史民俗資料館を訪ねて）

### 香川

食塩の入れ具合でうどんに〝腰〟を出す（「うどんの庄かな泉」マネージャー・近藤哲治さん）

引田町の砂糖黍からつくる〝和三盆〟（三谷製糖羽根さぬき本舗当主・三谷昌司さん）

〝金毘羅詣で〟の人々でにぎわう象頭山（金刀比羅宮を訪ねて）

### 愛媛

元結づくりから発展した伊予水引（㈱有高扇山堂専務・有高秀三さん）

〝伊予砥〟の産地で生まれた砥部焼（砥部焼伝統産業会館館長・武本猛さん）

木蝋生産で繁栄した町を復元する（内子町を訪ねて）

### 高知

優美な素材美を生かすサンゴ細工（土佐足摺サンゴ博物館副支配人・今津信夫さん）

土佐のニンニク食文化―栽培と利用の長い伝統（香美郡野市町農業協同組合営農課長・大倉孝男さん）

酒の国、土佐のドロメ祭り（香美郡赤岡町ドロメ祭り実行委員、高木酒造社長・高木皖水さん）

清流、四万十川の川漁（四万十川漁業協同組合理事長・沖屋正一さん）

### 福岡

福岡民謡の黒田節物語、サムライたちの美学（西日本新聞客員編集委員・江頭光さん）

筑豊炭田の夜明けと日暮れ、地の底に眠る宝庫（直方郷土研究会顧問・紫村一重さん）

小笠原礼法のこころと形、思いやる心が基本（小笠原宗家・小笠原忠統さん）

筑前の漁村とその信仰、古い歴史と大漁旗（福岡地方史研究会幹事・高田茂広さん）

### 佐賀

有明海ガタ漁の今と昔（鹿島市浜町・峰松忠一、庄次郎さん）

伝統の須古ござを虹の色に織る（杵島郡白石町・栗山ユキさん）

男を励まし、時代を支えた佐賀の女性たち（女性史研究家・豊増幸子さん）

### 長崎

〝島原大変〟と復興の努力（島原図書館・三原義男さん）

おいしさ抜群の伊木力ミカン（多良見町農業協同組合長理事・相川庄徳さん）

べっ甲細工の技と心（江崎べっ甲店・江崎淑夫さん）

島の特産品、手造りの若田硯（厳原町文化財保護審議会委員長・津江篤郎さん）

### 熊本

五木の子守唄の源流をたずねて（元五木東小学校校長・丸山満喜雄さん）

清流の恵み菊池川のオロ垣アユ漁（菊池川漁業協同組合参事・神崎久康さん）
火の国の春を告げる阿蘇の野焼き（阿蘇町商工会会長・井野忠治さん）

**大分**

七百年の伝統を守る北原人形芝居（北原人形奉納会会長・中山重義さん）
大分の特産品、杵築の〃七島表〃（〃七島表〃生産農家・西光男さん）
天領の繁栄を支えた日田の掛屋（豆田町を訪ねて）

**宮崎**

翌年の豊作を祈って徹夜で舞う夜神楽（上田原高千穂神楽保存会・内倉真澄さん）
日南市飫肥に残る武家屋敷と城下町（日南市教育委員会社会教育課・岡本武憲さん）
領主の御典医が普及したお茶づくり（霧が生んだ都城茶）

**鹿児島**

集成館事業が生んだ薩摩切子（尚古集成館学芸係長・松尾千歳さん）
ソテツやハブの模様を使った大島紬（「本場大島紬」伝統工芸士・村山義明さん）
鉄砲伝来と甘藷栽培の史跡巡り（種子島を訪ねて）

**沖縄**

二一世紀を目ざす沖縄（作家、元沖縄県立博物館長・大城立裕さん）
長寿社会への提案沖縄のライフスタイル（琉球大学医学部教授・松崎俊久さん）

# 江戸時代人づくり風土記執筆者一覧

（順不同・敬称略・肩書きは刊行当時）

**北海道**（平成二年＝一九九〇＝七月刊）

佐々木俊介（三菱総合研究所）
大石慎三郎（学習院大学名誉教授）
吉田豊（歴史家）
鈴木章司（札幌市立豊水小学校）
萱野茂（二風谷アイヌ文化資料館）
赤坂治雄（札幌市立北野台小学校）
出淵護（北海道立教育研究所）
川合正（札幌市立ひばりが丘小学校）
山崎好男（札幌市立稲積小学校）
内山素男（札幌市立厚別中学校）
千代肇（元函館市立博物館）
渡辺重一（元函館市立柏野小学校）
三田俊昭（函館市立昭和小学校）
佐々木幸則（札幌市立幌西小学校）
追分充（北海道教育大学附属札幌小学校）
岩城浩一（当別町立当別小学校）
吉田博（札幌市立南郷小学校）
新保元康（札幌市立幌西小学校）
藤村裕一（札幌市立幌南小学校）
渡辺慎司（札幌市立発寒東小学校）
高田章夫（札幌市立円山小学校）
佐薙政昭（札幌市立新川小学校）
菅原直（札幌市立西宮の沢小学校）
工藤一廣（札幌市立琴似中学校）
武田隆雄（北海道教育庁網走教育局）
飯塚崇教（札幌市立新川西中学校）
白綾隆司（札幌市立中島中学校）
高辻清敏（札幌市立宮の森中学校）
山本真司（札幌市立柏中学校）
橋本敏昭（札幌市立上野幌中学校）
村上雄司（函館市立東川小学校）
林裕紀（函館市立中部小学校）
亀谷幸夫（函館市立駒場小学校）
本間淳一（函館市立中部小学校）
鈴木晶夫（札幌市立平岡小学校）
遠藤哲（札幌市立平岸高台小学校）
富樫康夫（札幌市立西園小学校）
藤田英博（札幌市立厚別通小学校）
安井敏彦（札幌市立大谷地東小学校）

祐川猛（札幌市立豊水小学校）
岡田祐一（札幌市立幌南小学校）
田山修三（札幌市立幌南小学校）
松村諭（札幌市立大通小学校）
竹内功（札幌市立藤野小学校）
平岡弘之（北海道教育大学附属札幌小学校）
村上直史（札幌市立幌西小学校）
風無隆夫（札幌市立真駒内緑小学校）
高井昌章（札幌市立稲積小学校）
野寺克美（札幌市立稲穂小学校）
羽川希世志（札幌市立白石小学校）

**青森**（**平成四年＝一九九二＝六月刊**）
佐々木俊介（三菱総合研究所）
大石慎三郎（学習院大学名誉教授）
吉田豊（歴史家）
工藤睦男（弘前大学）
七尾美彦（青森県立黒石高等学校）
昆政明（青森県立郷土館）
工藤祐薫（光星学院八戸短期大学）
鬼柳恵照（平内町立浅所小学校）
瀧本寿史（青森県立郷土館）
藤田俊雄（八戸市博物館）

佐藤武司（弘前大学）
品川弥千江（清風園「津軽ふるさと館」）
古里淳（八戸市博物館）
辻村武友（元蓬田村立蓬田中学校校長）
佐藤吉長（元青森県立弘前工業高等学校教諭）
三浦忠司（青森県立八戸西高等学校）
山崎俊三（弘前市立図書館）
戎昭（「青森市の歴史」編纂委員）
菊地敏男（青森県立八戸高等学校）
葛西富夫（青森市立油川小学校）
篠村正雄（青森県立板柳高等学校）
佐藤嘉悦（三戸城温故館）
古舘光治（八戸市教育委員会）
森勇男（東通村助役）
笹森建英（弘前大学）
藤田本太郎（元東北女子大学教授）
成田敏（青森県立郷土館）
前田セツ（津軽こぎん刺し研究家）
斎藤潔（青森県立八戸工業高等学校）
宮川慎一郎（弘前市役所）
鳴海健太郎（大畑町立大畑中学校）
舘岡一郎（板柳町ふるさとセンター）
小島康敬（国際基督教大学）

富岡一郎（川内町教育委員会）
新渡戸明（十和田観光電鉄株式会社）
木村久夫（八戸市教育委員会）
市川健夫（信州短期大学）

**岩手**（**昭和六十三年＝一九八八＝六月刊**）
三菱総合研究所地域計画部
大石慎三郎（学習院大学名誉教授）
吉田豊（歴史家）
森ノブ（岩手県文化財保護審議委員会）
荻原一也（陸前高田市立博物館）
桑島平（岩手県立黒沢尻北高等学校）
小林文夫（郷土史家）
佐々木祐子（盛岡市子ども科学館）
鈴木宏（岩手県立博物館）
太田原弘（岩手県立総合教育センター）
高野豊四郎（岩手大学附属中学校）
工藤紘一（岩手県立一戸高等学校）
鈴木恵治（岩手県立盛岡農業高等学校）
藤井茂（近代人物研究家）
長岡高人（教育史家）
芦文八郎（芦東山先生記念館）
八巻一雄（郷土史家）
国本恵吉（岩手医科大学）
井上幸三（岩手植物の会）
門屋光昭（岩手県立博物館）
星川香代（矢巾町立煙山小学校）
山本玲子（岩手民俗の会）
小林晋一（水沢市市史編纂室）
佐々木和夫（岩手県立総合教育センター）
山口興典（岩手県立水沢農業高等学校）
名須川溢男（岩手県立盛岡第一高等学校）
飯田賢一（東京工科大学）

**宮城**（**平成六年＝一九九四＝五月刊**）
大石慎三郎（学習院大学名誉教授）
渡辺信夫（東北大学文学部教授）
吉田豊（歴史家）
石垣宏（石巻高等学校教諭）
佐藤昭典（宮城県仙台湾フェリー理事長）
高倉祐一（寺岡小学校教諭）
千葉景一（東北歴史資料館副館長）
菊池慶子（聖和学園短期大学講師）
櫻井伸孝（涌谷高等学校教諭）
高倉淳（仙台郷土研究会副会長）
齋藤鋭雄（宮城県農業短期大学教授）

岡田廣吉（東北大学選鉱精錬研究所助教授）
村井秀夫（宮城古文書を読む会会長）
中橋彰吾（白石市文化財保護委員）
佐々木常人（気仙沼高等学校教諭）
難波信雄（東北学院大学文学部教授）
鵜飼幸子（仙台市史編纂室室長）
川島修一（気仙沼市史編纂室）
菅原雪枝（仙台郷土研究会会員）
大村榮（すばる教育研究会会長）
原田夏子（聖和学園短期大学講師）
高柳義男（東北薬科大学学長）
土生慶子（仙台郷土研究会会員）
門屋光昭（盛岡大学文学部助教授）
岩崎真幸（東北学院大学文学部助教授）
小野寺正人（石巻商業高等学校教諭）
後藤一蔵（古川工業高等学校教諭）
吉岡一男（東北外国語専門学校講師）
菊池勇夫（宮城学院女子大学学芸学部教授）
星智雄（大梅寺住職）
石崎素秋（俳人）
守屋嘉美（東北学院大学文学部教授）
大竹誠一（大竹園茶舗社長）
新田孝子（東北大学図書館資料室）
藤一也（作家、東北学院大学講師）
鯨井千佐登（宮城工業高等専門学校助教授）
竹内英典（宮城県図書館奉仕課長）
尾崎秀樹（文芸評論家）

**秋田（平成元年＝一九八九＝七月刊）**

佐々木俊介（三菱総合研究所）
大石慎三郎（学習院大学名誉教授）
吉田豊（歴史家）
山中良二郎（元秋田県立秋田図書館）
古内龍夫（秋田県立能代高等学校）
佐藤貞夫（大館市立東中学校）
渡部紘一（秋田県立博物館）
越後昌二（能代市文化財保護審議会）
佐藤怜（秋田大学）
半田和彦（秋田県立秋田南高等学校）
柴田次雄（五城目町立五城目第一中学校）
佐藤清一郎（郷土史家）
藤田秀司（秋田県文化財保護審議会）
金森正也（秋田県立秋田南高等学校）
斎藤実則（秋田県立湯沢北高等学校）
佐藤英俊（秋田県教育センター）
栗山文一郎（鹿角市文化財保護審議会）

富木耐一（秋田県民俗学会）
田口勝一郎（国立秋田工業高等専門学校）
佐藤守（秋田大学）
越中正一（秋田市立泉中学校）
渡辺喜一（秋田県立秋田図書館）
安村二郎（郷土史家）
齋藤壽胤（彌高神社平田篤胤佐藤信淵研究所）
木崎和廣（秋田県民俗学会）
飯塚喜市（日本民俗芸能学会）
田口昌樹（菅江真澄研究会）
佐藤昭吉（稲川町公民館）
渋谷鉄五郎（秋田県文化財保護協会）
渡部綱次郎（秋田県立博物館）
加藤衛拡（筑波大学）

**山形**（平成三年＝一九九一＝二月刊）

佐々木俊介（三菱総合研究所）
大石慎三郎（学習院大学名誉教授）
吉田豊（歴史家）
横山昭男（山形大学）
田村寛三（酒田市史編さん室）
井川一良（酒田市立南遊佐小学校）
渡辺為夫（山形銀行）
吉田達雄（東根市史調査協力員）
太田浩雅（東根市教育委員会）
小野榮（米沢市史編纂専門委員）
松野良寅（米沢市史編纂委員）
梅津保一（山形県立北村山高等学校）
大友義助（新庄市史編纂室）
真木正雄（河北町立紅花資料館）
槙昭一（山形女子短期大学）
渡部史夫（山形県教育センター）
佐藤繁実（中国河北大学）
渡部恵吉（米沢市史編さん室）
伊豆田忠悦（山形県史編集委員）
伊藤和美（最上町教育委員会）
戸川安章（日本民俗学会）
大川勝三郎（鶴岡市史編纂委員会調査員）
佐々木茂吉（元鶴岡市文化財保護指導員）
須崎寛二（南陽市立沖郷小学校）
徳永幾久（元山形県立米沢女子短期大学）
橋爪健（米沢市史編纂委員）
結城嘉美（山形県文化財保護審議会委員）
武田喜八郎（山形市嘱託）
鈴木正一郎（山形県立新庄南高等学校）
須藤儀門（遊佐町史編さん委員）

千喜良英二（山形県立米沢女子短期大学）
滝田勉（山形県立新庄南高等学校）
竹田市太郎（長井市史編さん委員）
金内重治郎（致道博物館嘱託）

**福島（平成二年＝一九九〇＝九月刊）**

佐々木俊介（三菱総合研究所）
大石慎三郎（学習院大学名誉教授）
吉田豊（歴史家）
武藤清一（会津史学会）
小野一雄（福島県史学会）
安田初雄（元福島大学）
大塚実（福島県史学会）
林俊（御薬園）
渡部力夫（田島町史編さん室）
竹川重男（福島県立須賀川高等学校）
宮崎十三八（会津史学会）
村川友彦（福島県文化センター歴史資料館）
渡邊明（会津史談会）
角田伊一（三島町文化財専門委員）
渡辺康芳（郡山市立大槻中学校）
鈴木清（相馬市教育委員会）
吉田勇（福島県史学会）
阿部計英（伝統こけし松屋系三代目工人）
伊藤豊松（福島県立会津女子高等学校）
川口芳昭（会津史学会）
山田岩男（会津藩校日新館）
紺野庫治（二本松市史編纂専門委員）
野崎健二郎（白河市文化財保護審議委員）
佐藤守（秋田大学）
岩崎敏夫（東北学院大学）
増子和光（圓蔵寺寺務所）
安藤紫香（福島県民俗学会）
佐藤孝徳（福島県史学会）
永山祐三（郷土史家）
吉村仁作（福島大学）
戸石清一（福島県史学会）
永山倉造（須賀川史談会）
誉田宏（福島県文化センター歴史資料館）
山崎義人（元郡山市図書館）
八巻善兵衛（梁川町史編纂室）
佐藤友治（福島県文化センター歴史資料館）
松村敏（金沢大学）
守谷早苗（福島県立福島東高等学校）
菅野俊之（福島県立図書館）

**茨城**（平成元年＝一九八九＝三月刊）
佐々木俊介（三菱総合研究所）
大石慎三郎（学習院大学名誉教授）
吉田豊（歴史家）
寺門守男（茨城県立里美高等学校）
林敬（筑波大学）
小室昭（筑波大学附属小学校）
永井博（茨城県立茎崎高等学校）
高橋丈夫（茨城県立波崎柳川高等学校）
川俣正英（下館市立下館小学校）
永山正（郷土史家）
今井隆助（郷土史家）
植田敏雄（茨城県立波崎高等学校）
矢口圭二（茨城県立下館第一高等学校）
野上平（茨城県立日立第二高等学校）
林正一（茨城県新治郡新治村役場）
橘松壽（日立市立駒王中学校）
會澤義雄（茨城県立那珂高等学校）
柳生四郎（土浦短期大学）
斉藤茂（つくば市立筑波小学校）
保立謙三（土浦日本大学高等学校）
鈴木暎一（筑波大学）
青木光行（茨城県立牛久高等学校）
稲川友子（茨城県立波崎柳川高等学校）
清水博之（日立市郷土博物館）
今瀬文也（茨城県立水戸養護学校）
川島先則（小川町立小川北中学校）
秋山房子（茨城県立日立商業高等学校）
矢作幸雄（鹿島神宮）
本間清利（郷土史家）
高橋裕文（茨城県立大子第一高等学校）
吉澤義一（茨城町立明光中学校）
久野勝弥（茨城県郷土文化研究会）
村田昌三（茨城県立下妻第一高等学校）
山口美男（茨城県立古河第二高等学校）
稲垣史生（江戸時代考証家）
安昌美（茨城県立水戸第二高等学校）
加川雍子（茨城県立図書館）

**栃木**（平成元年＝一九八九＝十一月刊）
佐々木俊介（三菱総合研究所）
大石慎三郎（学習院大学名誉教授）
吉田豊（歴史家）
野口一雄（元南河内町農業協同組合）
古田真隆（宇都宮市立横川中学校）
磯忍（西那須野町教育委員会）

佐藤権司（藤原町立三依中学校）
平田輝明（小山市立博物館）
徳田浩淳（下野歴史学会）
斎藤康則（今市市役所）
大宮司克夫（黒羽町文化財保護審議委員会）
石田正巳（佐野市郷土博物館）
大野登士（城山学園）
小川聖（小山市立博物館）
大嶽浩良（栃木県立真岡女子高等学校）
楡木恒（元壬生町教育委員会）
熊田一（鹿沼市文化財審議委員会）
川田純之（栃木県立小山西高等学校）
森島茂（益子町史編纂室）
菊地卓（栃木県立足利女子高等学校）
田村正規（興生寺）
渡辺和（栃木県立宇都宮女子高等学校）
堀江孝四郎（馬頭町史編纂室）
田島一利（栃木県立宇都宮女子高等学校）
柏村祐司（栃木県立博物館）
高藤晴俊（東照宮）
皆川晃（南那須町立荒川中学校）
入江宏（宇都宮大学）
大木茂（栃木県立博物館）
松浦一行（栃木県立博物館）
藤田倉雄（元西那須野町立槻沢小学校）
小林聖夫（黒磯市立大原間小学校）
荒井勝（足利市教育委員会）
川島武夫（塩原町立箒根中学校）
高崎寿（桐生短期大学）
上原祥男（二宮町立物部小学校）
渡辺平良（栃木県立宇都宮高等学校）
宮本義巳（帝京大学）
小貫隆久（栃木県立黒磯南高等学校）
小貫康夫（栃木県立黒磯高等学校）
阿部昭（国士舘大学）

**群馬**（**平成九年＝一九九七＝六月刊**）

大石慎三郎（学習院大学名誉教授）
井上定幸（財・群馬地域文化振興会常任理事）
田畑勉（国立群馬工業高等専門学校教授）
新井幸弘（群馬県立文書館古文書課主任）
鈴木一哉（群馬県立文書館古文書課主任）
中島明（高崎市史編纂専門委員・経済学博士）
岡田昭二（群馬県立文書館主幹兼専門員）
川村晃正（専修大学教授）
木村晴寿（松商学園短期大学助教授）

根岸秀行（朝日大学助教授）
瀧沢典枝（群馬県立文書館嘱託）
青木裕（赤城村立三原田小学校校長）
淡路博和（新島学園高等学校教諭）
菊池誠一（伊勢崎市教育委員会）
柳井久雄（明和女子短期大学非常勤講師）
大竹茂雄（高崎商科短期大学兼任講師）
大島史郎（渋川市文化財調査委員）
時枝務（東京国立博物館主任研究官）
川島維知（館林市文化財調査委員）
塚越雅幸（群馬県立中央高等学校教諭）
吉永哲郎（高崎経済大学非常勤講師）
正田喜久（群馬県立太田高等学校校長）
西川武臣（横浜開港資料館調査研究員）
大里仁一（桐生市文化財調査委員）
吉江剛（群馬県立文書館主幹兼指導主事）
高見沢保（群馬県立文書館文書調査員）

**埼玉（平成七年＝一九九五＝九月刊）**

大石慎三郎（学習院大学名誉教授）
黒須茂（前埼玉県立博物館館長）
吉田豊（歴史家）
木村立彦（所沢市教育委員会文化財保護課）
兼子順（埼玉県教育局文化財保護課）
井口信久（川越市立博物館）
大野政己（川越市立博物館）
根岸篤太郎（児玉町史編さん委員）
児玉典久（加須市立加須東中学校教諭）
岸清俊（埼玉県教育局文化財保護課）
杉山正司（埼玉県立博物館）
工藤宏（入間市博物館）
白井哲哉（埼玉県立文書館）
千嶋壽（秩父市立図書館館長）
新井浩文（埼玉県立文書館）
井上勝之助（秩父市立図書館協議会委員）
山崎春江（秩父市立図書館）
中野茂（秩父市教育委員会社会教育課）
重田正夫（埼玉県立文書館史料編さん課）
飯山實（岩槻市役所）
野口三男（杉戸町立東中学校校長）
岡田博（「まるはとだより」編集・発行人）
内野勝裕（毛呂町文化財保護審議委員会）
岡田英行（埼玉県立文書館）
太田富康（埼玉県立文書館）
小澤正弘（埼玉県立南稜高等学校校長）
田尻高樹（埼玉県立文書館文書調査員）

長谷川宏（埼玉県立文書館文書調査員）
小林甲子男（埼玉県俳諧研究会主宰）
渡邊善次郎（都市農村関係史研究所主宰）

**千葉（平成二年＝一九九〇＝十一月刊）**

佐々木俊介（三菱総合研究所）
大石慎三郎（学習院大学名誉教授）
吉田豊（歴史家）
川名登（千葉経済大学）
根崎光男（法政大学）
筑紫敏夫（木更津市文化財保護審議委員会）
樋口誠太郎（千葉県立中央博物館）
須田茂（千葉市史編集委員会）
鏑木行廣（私立成田高等学校）
柴田武雄（東金市史編集委員会）
山田吉彦（上総掘りを伝える会）
小澤利雄（元東邦大学附属東邦高等学校）
菅根幸裕（千葉県立総南博物館）
渡辺孝雄（千葉県文書館）
田村敬（九十九里町立九十九里いわし博物館）
君塚文雄（安房郷土文化研究会）
小川浩（千葉県立東葛飾高等学校）
岩井宏寿（千葉県林業試験場）
大島雄二（君津市教育委員会）
依知川雅一（八日市場市役所）
平井孝一（元船橋市立船橋高等学校）
伊藤泰和（香取神宮史誌編纂委員会）
加藤時男（千葉県立成東高等学校）
伊藤一男（九十九里総合文化研究所）
深田隆明（光町教育委員会教育課）
阿由葉司（国立歴史民俗博物館）
小倉博（成田山霊光館）
白井千万子（総武近世史研究会）
長谷川匡俊（淑徳大学）
對馬郁夫（鋸南町史編纂委員会）
仁科又亮（美術史家）
加藤定彦（立教大学）
小島一仁（歴史教育者協議会）
井上脩之介（俳人）
岡田晃司（館山市立博物館）
鶴岡節雄（千葉県立総南博物館協議会委員会）
松澤和彦（元国士館大学図書館）
吉野英子（総武近世史研究会）
尾崎秀樹（文芸評論家）

**東京（『大江戸万華鏡』平成三年＝一九九一＝十二月刊）**

佐々木俊介（三菱総合研究所）
大石慎三郎（学習院大学名誉教授）
吉田豊（歴史家）
蒲生真紗雄（都立上野高等学校）
桜井邦夫（大田区立郷土博物館）
斉藤司（調布市史編集室）
根崎光男（練馬区立美術館）
加藤貴（北区教育委員会）
和崎晶（山梨県史専門調査員）
村上直（法政大学）
近松鴻二（江戸東京博物館）
筑紫敏夫（千葉県立君津商業高等学校）
澤登寛聡（北区教育委員会）
関雅子（蕨市史編纂担当事務局）
土肥鑑高（大東文化大学）
湯本豪一（川崎市市民ミュージアム）
片倉比佐子（元東京都公文書館）
池上博之（世田谷区立郷土資料館）
太田尚宏（北区史編纂調査会）
横浜文孝（江東区芭蕉記念館）
平野榮次（東京都文化財保護審議会委員）
福井功（練馬郷土史研究会）
君塚仁彦（東京学芸大学）

平野順治（大田区郷土の会）
段木一行（法政大学）
平澤勘蔵（大田区立郷土博物館）
前田長八（新島郷土館）
樋口豊治（日本大学明誠高等学校）
高沢憲治（私立高輪高等学校）
今田洋三（近畿大学）
佐藤勝明（都立第一商業高等学校）
小澤弘（調布学園女子短期大学）
鈴木章生（江戸東京博物館）
北村行遠（立正大学）
楠家重敏（日本大学）
沓沢宣賢（東海大学）
中尾宏（京都芸術短期大学）
富田仁（日本大学）
岩壁義光（宮内庁書陵部）
白井哲哉（明治大学刑事博物館）
稲垣史生（江戸時代考証家）
小川和佑（明治大学）
比留間尚（群馬大学）
鈴木理生（都市史研究家）
岩橋清美（法政大学）
伊藤好一（関東近世史研究会）

佐々木栄一（法政大学）

**神奈川**（**昭和六十二年＝一九八七＝十一月刊**）

株式会社三菱総合研究所地域計画部
入谷清久（川崎大師平間寺寺宝什物管理委員会専門委員）
石渡正（郷土史家）
上坂高生（作家）
高田稔（開成町文化財保護委員）
岩橋春樹（鎌倉国宝館勤務）
岩崎宗純（箱根町文化財保護委員）
黒田裕一（日本地名研究所勤務）
鈴木亀二（郷土史家）
大和田公一（箱根町立郷土史料館勤務）
櫛田和幸（秦野市管理部市史編纂室勤務）
高野修（藤沢文書館勤務）
鈴木良明（神奈川県立博物館勤務）
岩崎ゆう子（日本地名研究所勤務）
井上禅定（東慶寺前住職）
三浦勝男（鎌倉国宝館館長）
山本詔一（郷土史家）
水野勝康（神奈川県立文化資料館勤務）
上野ゆうじ（執筆業）
大路和子（作家）
長田かな子（相模原市立図書館勤務）
内田四万蔵（横浜市社会教育委員）
吉田豊（歴史家）
風巻絃一（作家）
佐藤隆一（青山学院高等部教諭）
萩原進（郷土史家）
岩崎義朗（郷土史家）
稲垣史生（江戸時代考証家）
岡田喜秋（紀行文作家）

**新潟**（**昭和六十三年＝一九八八＝十二月刊**）

佐々木俊介（三菱総合研究所）
大石慎三郎（学習院大学名誉教授）
吉田豊（歴史家）
松永靖夫（新潟県立三条高等学校）
佐藤利夫（新潟県立佐渡女子高等学校）
滝沢定春（新潟医療福祉専門学校）
田所和雄（新潟県立長岡高等学校）
三村哲司（新潟市郷土資料館）
児玉信雄（新潟県立佐渡高等学校）
清沢聡（上越市立城北中学校）
宮川四郎兵衛（紫雲寺町文化財保護審議会）
田中圭一（筑波大学）

上村政基（十日町市文化財保護審議会）
小沢進（吉田町立吉田南小学校）
鈴木鉀三（郷土史家）
石山与五栄門（巻町立郷土資料館）
田子了祐（新潟県立新潟南高等学校）
矢羽勝幸（上田女子短期大学）
稲川明雄（長岡市史編纂室）
谷川敏朗（新潟県立新潟中央高等学校）
波多野清子（十日町市立川治小学校）
後藤康志（長岡市立四郎丸小学校）
高木靖文（新潟大学）
帆苅喜久男（新潟県立新発田高等学校）
佐久間惇一（郷土史家）
小村弌（新潟薬科大学）
長谷川一夫（与板町立与板小学校）
駒形覐（新潟県文化財保護審議会）
細矢菊治（新潟県文化財保護指導委員）
斉藤丈（糸魚川市文化財保護審議会）
徳永清綱（新津市史編纂室）
宗村彰夫（三条市立第一中学校）
外内千恵子（新潟県史編纂室）
嶋田進（刈谷田新報社）
中村義隆（新潟県教育センター）
山下隆吉（郷土史家）
亀井功（吉田町立吉田中学校）
真水淳（新潟県立図書館）

**富山（平成五年＝一九九三＝九月刊）**

佐々木俊介（三菱総合研究所）
大石慎三郎（学習院大学名誉教授）
吉田豊（歴史家）
竹脇久雄（小杉町立小杉小学校）
中村太一路（富山市文化財保護調査委員）
深井甚三（富山大学）
田村京子（小杉町史編纂室）
中川敦子（婦中町史編纂室）
畠山良平（近世文書を読む会）
広田寿三郎（元富山県史編纂専門委員）
宮本幸江（富山市立呉羽中学校）
土岐幸次（勝善寺副住職）
土田一夫（猪谷関所館）
植村元覚（富山大学名誉教授）
勝悦子（細入村史編纂委員）
斉藤道保（元氷見市教育長）
今村郁子（砺波市砺波郷土資料館）
橋本芳雄（氷見市文化財審議委員）

新田二郎（富山県公文書館）
定村武雄（福光町文化財保護委員）
酒井和（読史会会員）
高瀬保（富山市郷土博物館）
日和祐樹（福岡町歴史民俗資料館）
千秋謙治（井波町文化財保護委員）
前田英雄（元富山県史編纂専門委員）
金龍教英（富山県公文書館）
金崎謙輔（氷見市史編纂委員）
太田久夫（高岡市立中央図書館）
元木登美子（富山市郷土博物館）
国谷胎子（富山県公文書館）
米原寛（富山県立山博物館）
村上忠森（重要文化財合掌造主人）
野積正吉（新湊市教育委員会）
牧野たか子（読史会会員）
樽谷雅好（高岡市児童文化協会）
成瀬昌示（元八尾町史編纂委員）
寺口けい子（元富山県史編纂室）
青雲乗芳（浄土真宗本願寺派光覚寺住職）
神島達郎（富山県立富山南高等学校）
佐伯安一（砺波市砺波郷土資料館）
奥田淳爾（洗足学園魚津短期大学）

酒井初江（読史会会員）
栄夏代（富山県公文書館）
松岡茂（富山県公文書館）
浦田都茂子（元富山県史編纂室）
広瀬誠（富山県文化財保護審議会委員）
加藤達行（富山市郷土博物館）
高瀬重雄（富山大学名誉教授）
宗田一（日本医史学会常任理事）

**石川（平成三年＝一九九一＝六月刊）**

佐々木俊介（三菱総合研究所）
大石慎三郎（学習院大学名誉教授）
吉田豊（歴史家）
石野友康（石川県立錦城養護学校）
浜岡伸也（石川県立歴史博物館）
宮江伸一（金沢大学）
堅田悌二（鹿島町文化財保護審議会委員）
見附裕史（加賀市教育委員会）
かつおきんや（愛知県立大学）
梶原修一（輪島市文化財保護審議会）
橘礼吉（石川県立歴史博物館）
寺尾健一（石川県立美術館）
坂下喜久次（内浦町文化財専門委員）

高澤裕一（金沢大学）
西山郷史（珠洲市文化財保護審議委員）
今井一良（石川郷土史学会）
小倉学（元国立石川工業高等専門学校）
藤平朝雄（稲忠漆芸堂）
北野勝彦（小松市立国府中学校）
今村充夫（国立石川工業高等専門学校）
藤島秀隆（金沢工業大学）
石野春夫（日本電信電話株式会社鶴来支店）
千場辰夫（加能民俗の会）
大桑斉（大谷大学）
正見巌（金沢市立大徳小学校）
山根公（石川県教育委員会）
牧孝治（石川郷土史学会）
佃和雄（門前町文化財保護審議委員）
有側末広（石川県立白山青年の家）
屋敷道明（金沢市立泉野小学校）
蔵國晴（石川県郷土資料保存研究会）
山中清孝（江戸川女子短期大学）
米原寛（富山県教育委員会立山博物館建設準備室）
香村幸作（石川県立図書館）
竹中匠（石川県立図書館）

## 福井（平成二年＝一九九〇＝六月刊）

佐々木俊介（三菱総合研究所）
大石慎三郎（学習院大学名誉教授）
吉田豊（歴史家）
吉岡泰英（福井県立朝倉氏遺跡資料館）
大森宏（小浜市役所文化課）
舟沢茂樹（福井県立朝倉氏遺跡資料館）
吉田叡（福井県立福井商業高等学校）
杉本泰俊（小浜市役所文化課）
藤野立恵（福井県史編さん課）
本川幹男（福井県立道守高等学校）
坂田玉子（大野市文化財保護委員）
小畑昭八郎（小浜市立図書館）
藪本金一（福井県立若狭東高等学校）
上出純宏（三国町郷土資料館）
加藤守男（福井県史編さん課）
加藤良夫（武生市立図書館）
渡部智（元福井県立陶芸館）
竹内信夫（鯖江市教育委員会）
斎藤嘉造（武生市史編纂委員）
久米田裕（元福井工業大学）
熊谷忠興（永平寺祖山傘松会）
三上一夫（福井工業大学）

坂本育男（福井県立博物館）
金田久璋（国立歴史民俗博物館調査員）
藤本良致（今立町文化財保護委員）
山本孝衛（福井県立鯖江高等学校）
平野俊幸（福井県坂井福祉事務所）
冨永亮一郎（福井市史近代部会）
永江秀雄（福井県立若狭歴史民俗資料館）
田中光子（福井県立武生高等学校）
四方吉郎（福井県立若狭高等学校）
伴五十嗣郎（皇学館大学）
白崎昭一郎（福井県立福井保健所）
高野澄（作家）
佐野光臣（福井県立勝山高等学校）

**山梨（平成九年＝一九九七＝九月刊）**

大石慎三郎（学習院大学名誉教授）
飯田文弥（山梨大学非常勤講師）
数野雅彦（山梨県考古学協会委員）
弦間耕一（山梨郷土研究会理事）
広田文範（元高等学校教諭）
星野芳三（富士吉田市文化財審議委員会委員）
鈴木利秋（甲府市立北西中学校教諭）
清水小太郎（山梨郷土研究会常任理事）
平山優（山梨県史編さん室主任）
斎藤左文吾（山梨歴史研究会会長）
藤實久美子（学習院大学史料館特別研究員）
望月健男（山梨県立図書館資料課長）
浅川明次（甲府市藤村記念館管理指導員）
植松光宏（甲府市市民部次長）
堀内真（富士吉田市史編さん係長）
林陽一郎（山梨県史編さん室嘱託）
高室有子（山梨県立文学館学芸員）
野澤公次郎（信玄公宝物館館長）
石川博（駿台甲府高等学校教諭）
吉田雅子（上智大学大学院博士後期課程）
早川俊子（山梨県史編さん室近世部会特別調査員）
宮澤富美恵（山梨県史編さん室近世部会特別調査員）
斉藤康彦（山梨大学経済学部教授）
小林幸代（山梨県立図書館司書）

**長野（昭和六十三年＝一九八八＝二月刊）**

三菱総合研究所地域計画部
吉田豊（歴史家）
丸田修治（長野市立吉田小学校）
井出正義（郷土史家）
横山篤美（郷土史家）

木内寛（佐久市市史編纂室）
山崎哲人（佐久市立野沢小学校）
細川修（長野県立上田高等学校）
石川正臣（豊科郷土博物館）
大橋昌人（坂城町立八幡小学校）
青木広安（長野市市史編纂室）
田中一行（信州大学）
川上元（上田市立博物館）
小松芳郎（長野県史編纂室）
柿木憲二（長野県立上伊那農業高等学校）
石沢三郎（郷土史家）
代田敬一郎（松本大学予備校）
市川武治（郷土史家）
山浦寿（長野県立松本深志高等学校）
日下部新一（郷土史家）
米山一政（郷土史家）
湯本豊佐太（山ノ内町立山ノ内中学校）
小沢和延（郷土史家）
赤羽千鶴（和算史家）
別府基保（郷土史家）
春日博人（高遠町立高遠小学校）
宮坂光昭（諏訪市市史編纂室）
中村一雄（教育史家）
腰原哲朗（長野県立松本筑摩高等学校）
大井隆男（佐久市市史編纂室）
宮下三津衛（郷土史家）
矢羽勝幸（長野工業高等専門学校）
天田邦子（上田女子短期大学）
斎藤洋一（信州農村開発史研究所）
中川治雄（松本市立清水中学校）
青木歳幸（長野市立皐月高等学校）
古川貞雄（長野県史編纂室）
興津要（早稲田大学）

**岐阜（平成四年＝一九九二＝九月刊）**

佐々木俊介（三菱総合研究所）
大石慎三郎（学習院大学名誉教授）
吉田豊（歴史家）
船戸政一（関市教育長）
片野知二（片野記念館）
清水進（大垣市教育委員会）
磯村義幸（土岐市教育委員会）
西脇康雄（岐阜市立長良東小学校）
上村恵宏（各務原市歴史民俗資料館）
菊池真也（美濃加茂市教育委員会）
白石博男（岐阜県立郡上北高等学校）

臼井進（前岐阜県歴史資料館）
角竹弘（白川村史編集室）
小川敏雄（岐阜県博物館）
桃井勝（土岐市立下石小学校）
浅野弘光（岐阜県歴史資料館）
後藤光伸（関市史編さん室）
旭健（岐阜県歴史資料館）
松田千晴（岐阜県教育委員会）
田中彰（高山市教育委員会）
向島昌雄（上宝村立本郷小学校）
奥村正彦（岐阜県教育委員会）
藪下浩（岐阜市歴史博物館）
小瀬渺美（聖徳学園岐阜教育大学）
石原哲彌（高山市教育委員会）
樹神弘（岩村町教育委員会）
青木修（八幡町立八幡小学校）
北村晥庸（大垣市教育委員会）
早野博之（神戸町立神戸小学校）
林伍彦（御嵩町立向陽中学校）
今津利治（岐阜県博物館）
井原政純（国士館大学）
西村覚良（岐阜県文化財保護センター）
三輪晴吉（白川村立白川小学校）
簑島一美（岐阜市立長良東小学校）
上村浩昌（武芸川町立武芸川中学校）
翠叶司（岐阜市教育委員会）
高橋教雄（岐阜県立郡上高等学校）
友田靖雄（岐阜県歴史資料館）
波多野寿勝（笠松町立下羽栗小学校）
丸山幸太郎（本巣町立本巣小学校）
則竹節（岐阜県立羽島高等学校）
谷畠博之（高山市郷土館）
横関朝子（作家）
下林博孝（岐阜県歴史資料館）
町川克巳（岐阜市立長森南小学校）
加納宏幸（関市史編さん室）
久米康生（和紙研究家）

**静岡**（平成二年＝一九九〇＝二月刊）

佐々木俊介（三菱総合研究所）
大石慎三郎（学習院大学名誉教授）
吉田豊（歴史家）
水口為和（日本鉱業史研究会）
徳橋伸一（磐田市史編纂室）
関根省治（静岡県立沼津東高等学校）
上坂高生（作家）

杉山元衛（静岡県立大井川高等学校）
太田裕治（静岡県立磐田北高等学校）
海野福寿（明治大学）
佐々木忠夫（静岡県立下田南高等学校）
石川純一郎（常葉学園短期大学）
橋本敬之（伊豆長岡町立長岡中学校）
太田君男（伊豆山郷土資料館）
清水眞澄（松崎町文化財保護審議会）
神谷昌志（静岡県史編纂調査協力員）
佐藤守（秋田大学）
芹澤伸二（私立御殿場西高等学校）
山下二郎（大井川町教育委員会）
石野茂子（静岡県民俗学会）
西田光男（天竜市立光明小学校）
杉村斉（三島市郷土館）
孫六京一（水窪町文化協会）
益田實（沼津市教育委員会）
岩崎鐵志（静岡県立大学短期大学部）
長倉慶昌（静岡県文化財保存協会）
土屋重朗（土屋内科医院）
仲田正之（静岡県立三島北高等学校）
伊藤一雄（宝泉寺）
前田實（下田市立下田図書館）

北小路健（国文学者）
川崎文昭（常葉学園大学）

**愛知**（平成七年＝一九九五＝十一月刊）

大石慎三郎（学習院大学名誉教授）
林英夫（立教大学名誉教授）
吉田豊（歴史家）
青木美智男（日本福祉大学経済学部学部長）
須田肇（徳川林政史研究所研究員）
牧野哲也（西尾市文化財保護指導員）
別所興一（時習館高等学校教諭）
村瀬正章（愛知県史編纂委員）
渡辺和敏（愛知大学教養部教授）
斎藤純（専修大学講師）
田中青樹（名古屋市市政資料館）
岩月栄治（岡崎市文化財保護審議会委員）
杉山皓造（博物館「酢の里」前館長）
村瀬典章（刈谷市教育委員会生涯学習課）
斎藤善之（日本福祉大学知多半島総合研究所）
中野晴久（常滑市民俗資料館）
藤澤良祐（瀬戸市埋蔵文化センター）
服部郁（瀬戸市歴史民俗資料館）
山下清（南知多町史編集委員）

林知左子（西尾市教育委員会文化振興課）
篠宮雄二（日本福祉大学講師）
田中康弘（時習館高等学校教諭）
安田文吉（南山大学国文科教授）
幸田正孝（豊田工業高等専門学校教授）
深谷克己（早稲田大学文学部教授）
村松裕一（羽多野敬雄研究会所属）
杉戸清彬（椙山学園大学教授）
小川幸代（東京大学経済学部文書室）
神谷素光（前安城市歴史博物館館長）
小島廣次（中部大学女子短期大学教授）
浅野美和子（愛知教育大学講師）
山本祐子（名古屋市博物館）
小林弘昌（尾西市歴史民俗資料館）
安藤勇（豊田市教育委員会文化財保護課長）
立松宏（半田市立博物館館長）
藤井智鶴（東海市史編纂室）
山川一年（瀬戸市歴史民俗資料館館長）
新行和子（前岡崎市史編集委員）
佐藤勝明（和洋女子大学専任講師）
神谷智（日本福祉大学知多半島総合研究所）
野呂界雄（立田村史編集委員長）

**三重**（**平成四年＝一九九二＝五月刊**）

佐々木俊介（三菱総合研究所）
大石慎三郎（学習院大学名誉教授）
吉田豊（歴史家）
樋田清砂（三重県史編さん室）
岡田文雄（久居市文化財調査委員長）
間宮忠夫（伊勢市文化財保護委員）
西羽晃（桑名市文化財保護審議会委員）
前千雄（熊野市文化財専門委員）
川合健之（三重県史編さん室）
田中欣治（三重短期大学）
茂木陽一（三重短期大学）
下村登良男（松阪市教育委員会）
秦章治（三重県立木本高等学校）
野村史隆（海の博物館）
黒川静夫（三重県立松阪工業高等学校）
田崎通雅（尾鷲市教育委員会）
田畑佳子（松阪市文化財保護委員）
吉村利男（三重県史編さん室）
梅澤裕（三重県立桑名高等学校）
浅生悦生（津市教育委員会）
門暉代司（松阪市教育委員会）
仲見秀雄（三重県文化財保護審議会委員）

佐々木一（菰野町郷土資料館）
西川順土（神宮文庫）
竹西宗夫（津市教育委員会）
高倉一紀（天理大学附属天理図書館）
梅村佳代（暁学園短期大学）
阪本正彦（三重県史編さん室）
松村勝順（三重県教育委員会）
上野利三（松阪大学）
酒井一（三重大学）
浦谷広巳（大王町史編さん委員）
西城利夫（志摩民俗資料館）
岡田芳幸（皇學館大學神道博物館）
植村明（海山町郷土資料館）
金森勝（長島町文化財調査委員）
久松倫生（松阪市議会議員）
山口千代己（三重県史編さん室）
岡本勝（愛知教育大学）
辻敬治（名張市教育委員会）
茅原弘（三重郷土会常任理事）
野尻孝明（関町教育委員会）
毛利伊知郎（三重県立美術館）
鈴木えりも（三重県史編さん室）
日野出英彦（三重県立西高等学校）
佐藤貞夫（三重県立津高等学校）
東條寛（四日市市教育委員会）
青山泰樹（三重県立津東高等学校）

**滋賀**（平成八年＝一九九六＝七月刊）

大石慎三郎（学習院大学名誉教授）
朝尾直弘（京都橘女子大学教授）
吉田豊（歴史家）
中井均（米原町教育委員会主任）
江竜喜之（滋賀県立八幡商業高等学校校長）
八杉淳（草津市街道文化情報センター）
佐々木悦也（高月町立観音の里歴史民俗資料館学芸員）
水本邦彦（京都府立大学文学部教授）
苗村和正（滋賀大学教育学部非常勤講師）
三木晴男（京都大学理学部名誉教授）
樋爪修（大津市歴史博物館学芸員）
渡邊守順（四天王寺国際仏教大学教授）
上村雅洋（和歌山大学経済学部教授）
桑山俊道（滋賀県立近代美術館学芸員）
宇田川武久（国立歴史民俗博物館教授）
藤田貞一郎（同志社大学商学部教授）
北垣聰一郎（兵庫県立兵庫工業高等学校教諭）
渡辺恒一（彦根城博物館学芸員）

宇佐美英機（滋賀大学経済学部助教授）
吉田忠（京都大学総合人間学部教授）
中江彰（安曇川町役場土木課都市計画係長）
石田弘子（新旭町教育委員会郷土資料室）
和田光生（大津市歴史博物館学芸員）
大沼芳幸（滋賀県教育委員会文化財保護課）
嘉田由紀子（琵琶湖博物館専門学芸員）
日比野光敏（市邨学園短期大学講師）
神吉和夫（神戸大学工学部建設学科助手）
木村至宏（大津市歴史博物館館長）
池田宏（滋賀県立図書館主査）
武覚超（叡山学院教授）
谷口徹（彦根城博物館学芸員）
柴田純（京都外国語大学外国語学部教授）
石丸正運（滋賀県立近代美術館館長）
米田実（水口町立歴史民俗資料館主査学芸員）
早嵜観縁（元びわ町教育長、びわ町文化財専門委員）
中澤成晃（滋賀県文化財保護審議会委員）
西川丈雄（長浜市企画部市史編さん担当課長補佐）
末永國紀（同志社大学経済学部教授）
藤田恒春（関西大学文学部講師）
石黒衛（立命館大学文学部助手）
松本孝太郎（財団法人藤樹書院理事）
宗政五十緒（龍谷大学文学部教授）
木村一雄（雨森芳洲庵館長）
柴桂子（女性史研究家、桂文庫主宰）
浜野喜三郎（甲良町歴史文化調査委員）
井上優（栗東歴史民俗博物館学芸員）
佐々木丞平（京都大学文学部教授）
母利美和（彦根城博物館学芸員）
門野晃子（今津町史編さん室員）

**京都**（**昭和六十三年＝一九八八＝十一月刊**）

三菱総合研究所地域計画部
大石慎三郎（学習院大学名誉教授）
吉田豊（歴史家）
森谷尅久（歴史家）
川嶋将生（聖母女学院短期大学）
芳井敬郎（花園大学）
梅本政幸（郷土史家）
石沢誠司（京都市総合資料館）
辻ミチ子（宇治市歴史資料館）
左方郁子（歴史家）
村上明子（大阪府立大学）
宗政五十緒（龍谷大学）
向井義夫（郷土史家）

林義夫（元京都府立農業試験場）
西山恵子（宇治市歴史資料館）
坂本喜代蔵（中川八幡宮）
栗山一秀（月桂冠）
木下礼次（郷土史家）
柳瀬万里（大阪城南女子短期大学）
辻本雅史（光華女子大学）
鎌田道隆（奈良大学）
松尾靖秋（俳文学者）
西山松之助（家元研究家）
腰原哲郎（長野県立木曾高等学校）
高野澄（歴史家）
中井和子（京都府立大学女子短期大学部）

**大阪**（**『大阪の歴史力』平成十二年＝二〇〇〇＝三月刊**）

大石慎三郎（学習院大学名誉教授）
藤本篤（前大阪市史編纂所所長）
藤田実（大阪市史編纂所所員）
矢内一磨（大阪歴史学会会員）
荒武賢一朗（大阪市史料調査会調査員）
渡邊忠司（大阪市史料調査会主任調査員）
中島三佳（枚方市立枚方中学校教諭）
内田九州男（愛媛大学法文学部教授）

松村博（財・大阪市都市工学情報センター理事長）
大澤研一（大阪市立博物館学芸員）
豆谷浩之（財・大阪市文化財協会調査員）
西向宏介（広島県立文書館研究員）
中川すがね（甲子園大学人間文化学部専任講師）
川嵜一郎（住吉大社禰宜）
松迫寿代（大阪大学大学院生）
衛藤彩子（西宮市立郷土資料館嘱託）
村田路人（大阪大学大学院文学研究科助教授）
井戸田史子（関西学院大学図書館職員）
北川央（大坂城天守閣主任学芸員）
近江晴子（大阪天満宮文化研究所研究員）
岡田光代（大阪府立大学経済学部助教授）
吉田豊（堺市博物館学芸員）
田中万里子（池田市教育委員会学芸員）
鳥野茂治（泉佐野市史編さん室学芸員）
常松隆嗣（関西大学文学部非常勤講師）
酒井亮介（社・大阪市中央卸売市場本場市場協会資料室）
小藤政子（岸和田市立大芝小学校教諭）
山崎善弘（加西市史編さん委員会編さん委員）
曽我友良（貝塚市教育委員会郷土資料室嘱託）
坂本美加（大阪市立大学大学院生）
鈴木博子（大阪市立大学大学院前期博士課程）

中川桂（大阪大学大学院文学研究科助手）
田中豊（奈良県立商科大学商学部助教授）
山口佳代子（大阪大学大学院生）
井溪明（堺市博物館学芸員）
西田正宏（大阪女子大学人文社会学部講師）
山中浩之（大阪女子大学人文社会学部教授）
有坂道子（京都大学大学院文学研究科助手）
白杉一葉（茨木市史編さん室嘱託員）
中山学（著述業）
作道洋太郎（大阪大学名誉教授）

**兵庫**（**平成十年＝一九九八＝十月刊**）
大石慎三郎（学習院大学名誉教授）
酒井一（天理大学教授）
前嶋雅光（元神戸親和女子大学教授）
武田清市（淡路文化団体連絡協議会会長）
田中智彦（岐阜聖徳学園大学助教授）
大国正美（神戸深江生活文化史料館副館長）
有井基（ジャーナリスト）
永井久美男（兵庫埋蔵銭調査会代表）
西向宏介（広島県立文書館研究員）
宿南保（養父町史編集室代表）
廣山堯道（赤穂市立歴史博物館館長）
石川道子（伊丹市酒造家資料調査委員会調査員）
中野卓郎（丹波史懇話会会長）
寺田匡宏（大阪大学文学部大学院）
桑田優（神戸国際大学経済学部教授）
木南弘（神戸市文書館嘱託）
吉原栄徳（園田学園女子大学教授、契沖研究会会長）
竹下喜久男（仏教大学文学部教授）
布川清司（神戸大学発達科学部教授）
藤井康生（近畿数学史学会副会長）
寺脇弘光（著述業）
味田晃（香住町文化財審議会議長）
今井美紀（柿衛文庫事務局長）
永田實（兵庫県立神戸高等学校教諭）
中西英夫（兵庫県立三原高等学校教諭）
地主喬（武庫川女子大学教授）
岡本久彦（元兵庫県文化財保護指導委員）
岡本丈夫（柏原町文化財審議委員）
小野真一（赤穂市立歴史博物館学芸員）
柚木学（関西学院大学経済学部名誉教授）
庄洋二（兵庫県史編集室）

**奈良**（**平成十年＝一九九八＝十二月刊**）
大石慎三郎（学習院大学名誉教授）

廣吉壽彦（奈良文化女子短期大学教授）
大宮守友（奈良県立斑鳩高等学校教諭）
森本育寛（橿原市立図書館主幹）
大宮守人（奈良県立民俗博物館学芸員）
西村幸信（大阪市立大学大学院）
塩谷行庸（奈良県立郡山高等学校教諭）
井岡康時（奈良県立同和問題関係史料センター研究指導主事）
吉田栄治郎（奈良県立同和問題関係史料センター研究指導主事）
谷山正道（天理大学教授）
徳永光俊（大阪経済大学教授）
梶本吉博（奈良県立御所工業高等学校教諭）
谷彌兵衛（林業経済史研究者）
山上豊（奈良県立奈良図書館第二奉仕係長）
大久保信治（桜井女子短期大学教授）
向井止津男（柳沢文庫常務理事）
高橋隆博（関西大学文学部教授）
幡鎌一弘（天理大学おやさと研究所講師）
上田清（奈良県教育委員会教職員課課長補佐）
梅村佳代（奈良教育大学教授）
小橋康之（奈良県教育委員会生涯学習課主査）
奥本武裕（奈良県立北大和高等学校教諭）
中川みゆき（奈良県立平城高等学校教諭）
土谷泰敏（大阪教育大学教授）
金春欣三（能楽金春流家元分家）
橋本紀美（安堵町立歴史民俗資料館学芸員）
米田弘義（柳沢文庫研究員）
寺田孝重（奈良県農産普及課果樹特産係長）
浅井允晶（堺女子短期大学教授）
池田憲彦（奈良県立御所工業高等学校教諭）
山口仁久（奈良県教育委員会学校教育課主事）

**和歌山（平成七年＝一九九五＝六月刊）**

大石慎三郎（学習院大学名誉教授）
安藤精一（和歌山大学名誉教授）
吉田豊（歴史家）
小山譽城（和歌山県立那賀高等学校教諭）
岩倉哲夫（和歌山県立紀北農芸高等学校教諭）
福田光男（和歌山市立雑賀小学校教諭）
宇田好孝（和歌山県立笠田高等学校教諭）
木村安男（和歌山市立四箇郷小学校教諭）
森田泰充（和歌山県立耐久高等学校教諭）
笠原正夫（和歌山工業高等専門学校講師）
廣本満（本宮町史編纂委員）
藤田貞一郎（同志社大学商学部教授）
天野雅敏（神戸大学経済学部教授）
藤村聡（神戸大学大学院博士課程）

三好國彦（和歌山県立和歌山北高等学校教諭）
湯川馨（県・市小学校社会科研究会元会長）
吉川寿洋（和歌山工業高等専門学校教授）
遊佐教寛（関西大学経済学部講師）
辻本雄一（和歌山県立新宮高等学校教諭）

**鳥取（平成六年＝一九九四＝七月刊）**

大石慎三郎（学習院大学名誉教授）
吉田豊（歴史家）
松尾陽吉（米子市史編纂常任編集員）
山根幸恵（財・尚徳錬武館館長）
船越元四郎（米子市文化財保護審議会会長）
福井淳人（国府町立宮下小学校校長）
宇田川宏（郷土史家）
畠中弘（境港市民図書館館長）
影山猛（江府町教育委員長）
大北英太郎（元鳥取大学教授）
吉田政博（鳥取郷土文化研究会会員）
藪中洋志（倉吉博物館学芸員）
長岡健二（郷土史家）
小田隆（江府町文化財審議委員長）
早川時夫（境港市史編纂室専門員）
森納（医師）
篠村昭二（教育史家）
須崎俊雄（同人誌主宰）
川上迪彦（山陰民俗学会理事）
小谷恵造（郷土史家）
杉本良巳（米子市立山陰歴史館館長）
妙泉弘宣（倉吉市史編纂委員）
橋本正之（倉吉東高等学校教諭）

**島根（平成六年＝一九九四＝十月刊）**

大石慎三郎（学習院大学名誉教授）
吉田豊（歴史家）
内藤正中（島根大学名誉教授）
原龍雄（島根県近世史研究会会長）
岩町功（石央文化ホール館長）
岡崎三郎（益田市文化財専門委員）
高橋一郎（横田町文化財専門委員）
児島俊平（石見郷土研究懇話会事務局長）
島田成矩（松江工業高等専門学校教授）
森澄泰文（島根県文化財保護指導員）
斎藤至（大社史話会会長）
内田和義（島根大学農学部助教授）
藤沢秀晴（平田市立図書館長）
小林俊二（島根県近世史研究会幹事）

北村久美子（島根県立図書館主任司書）
石塚尊俊（日本民俗学会評議員）
竹内幸夫（邑智郡大元神楽伝承保存会副会長）
池橋達雄（島根県立出雲高等学校講師）
内田文恵（島根県立図書館資料課奉仕係長）
筒井紘一（茶道研究家）

**岡山**（平成元年＝一九八九＝九月刊）

佐々木俊介（三菱総合研究所）
大石慎三郎（学習院大学名誉教授）
吉田豊（歴史家）
湯浅照弘（元岡山市立西大寺図書館）
中野美智子（岡山大学附属図書館）
柴田一（兵庫教育大学）
角田直一（地方史研究家）
人見彰彦（岡山県史編纂室）
難波俊成（関西高等学校）
臼井洋輔（岡山県立博物館）
上西節雄（岡山県立美術館）
加原耕作（岡山県教育庁文化課）
大田茂弥（倉敷市文化財保護審議会）
鷲見十三生（総社市まちかど郷土館）
宗森英之（岡山県立林野高等学校）
吉沢利忠（山陽新聞社）
御倉清志（新見市立美郷中学校）
秋山和夫（岡山大学）
妻鹿淳子（清心女子高等学校）
黒住信彰（黒住教学院）
福嶋義次（金光教教学研究所）
西川宏（山陽女子中・高等学校）
釈子哲定（宝島寺住職）
竹林栄一（岡山県立博物館）
大塚宰平（井原史談会）
太田健一（岡山県立岡山東商業高等学校）
別所信吾（岡山県総合文化センター）
高田正規（岡山進研学院）

**広島**（平成三年＝一九九一＝三月刊）

佐々木俊介（三菱総合研究所）
大石慎三郎（学習院大学名誉教授）
吉田豊（歴史家）
鐘尾光世（福山市立福山城博物館）
池田一彦（福山市教育委員会）
藤村耕市（三次地方史研究会）
棚橋久美子（鳴門教育大学）
太田雅慶（広島商船高等専門学校）

西村晃（広島県立文書館）
松崎哲（広島県立歴史博物館）
菅信博（広島県立広島井口高等学校）
赤木昌彦（広島市立美鈴が丘高等学校）
佃雅文（宮島町史編さん室）
岡崎環（宮島町史編さん室）
東晧傳（広島修道大学）
鈴木幸夫（安田女子大学）
一色征忠（廿日市市教育委員会）
竹之内哲郎（熊野町教育委員会）
山中寿夫（元広島大学）
種田豪（私立修道高等学校・中学校）
青野春水（広島大学）
菅波哲郎（広島県立歴史博物館）
森田雅一（「誠之館百三十年史」編纂委員）
久枝秀夫（大朝町文化財保護委員）
朝井柾善（尾道市文化財保護委員）
岩田勝（日本民俗学会評議員）
尾多賀晴悟（新市町立歴史民俗資料館）
難波宗朋（東城町史編纂室）
下垣内和人（広島文教女子大学）
江川義雄（日本医史学会評議員）
和田嘉郎（広島県立福山工業高等学校）
佐藤一夫（神辺町立歴史民俗資料館）
小田原京子（元新市町立歴史民俗資料館）
太田健一（広島女子大学）
林紀典（芸備地方史研究会）

**山口**（平成八年＝一九九六＝二月刊）

大石慎三郎（学習院大学名誉教授）
小川国治（広島大学総合科学部教授）
吉田豊（歴史家）
脇正典（松崎幼稚園園長・理事長）
重枝慎三（防府市史編さん委員・桑山中学校教諭）
樋口尚樹（萩市郷土博物館学芸係長）
小山良昌（山口県文書館副館長）
藤重豊（山口県史編さん室次長）
北川健（山口県立山口博物館副館長）
一坂太郎（東行記念館学芸員）
影山純夫（山口大学教育学部助教授）
三宅紹宣（広島大学学校教育学部教授）
吉本一雄（山口県立山口博物館専門研究員）
土屋貞夫（元美祢市立図書館館長）
山崎一郎（山口県文書館研究員）
川口雅昭（山口県史編さん室専門研究員）
川村博忠（山口大学教育学部教授）

近藤隆彦（萩市立図書館館長）
小川亜弥子（福岡教育大学講師）
高橋伯昌（山口県農業試験場営農生活研究室長）
伊村光由（山口県文化財保護管理指導員）
菊本雅喜（東和町役場施設課係長）
福本幸夫（柳井市文化財保護指導員）
清水満幸（萩市郷土博物館学芸員）
金谷匡人（山口県史編さん室専門研究員）
百田昌夫（山口県教育委員会文化課課長補佐）
礒村朝久（元徳地町立島地小学校校長）
瀬田静香（元山口県立鹿野高等学校教諭）
湯川洋司（山口大学教養部助教授）
梅田正（毛利博物館館長）
宮田伊津美（岩国市立徴古館学芸員）
吉積久年（山口県文書館専門研究員）
中原郁生（山口県地方史学会理事）
河本福美（山口県史編さん室専門研究員）
伊原慎太郎（山口県立山口博物館学芸員）
田中彰（北海道大学名誉教授）

**徳島**（平成八年＝一九九六＝十月刊）
大石慎三郎（学習院大学名誉教授）
三好昭一郎（四国学院大学講師）
吉田豊（歴史家）
根津寿夫（徳島市立徳島城博物館学芸員）
小笠泰史（徳島県教育研修センター研修主事）
立石恵嗣（徳島県立文書館古文書係長）
金原祐樹（徳島県立文書館古文書係主事）
真貝宣光（阿波郷土会副会長）
松下師一（松茂町歴史民俗資料館学芸員）
松本隆義（藍住町教育委員会嘱託）
山下博之（四国大学総務部申請事務室室長）
大和武生（徳島県立文書館館長）
逢坂俊男（徳島県埋蔵文化センター調査係長）
小原亨（阿南市文化財保護委員）
林啓介（徳島県立図書館文化推進員）
須藤茂樹（徳島市立徳島城博物館学芸員）
大柴せつ子（徳島県立城ノ内高等学校教諭）
名倉佳之（徳島文理中学・高等学校教諭）
立石一（元徳島県立農業試験場場長）
平井松午（徳島大学総合科学部助教授）
佐藤義勝（徳島文理大学短期大学部非常勤講師）
板東英雄（徳島県立城南高等学校教諭）
岡田一郎（海南町教育委員会教育長）
下川清（徳島県教育委員会指導主事）
浅香寿穂（徳島県教育委員会文化財課課長）

賀川明孝（かがわ代表取締役）
福島義一（日本医史学会名誉会員）
西角井正大（国立劇場芸能部長）

**香川（平成八年＝一九九六＝十二月刊）**

大石慎三郎（学習院大学名誉教授）
木原溥幸（香川大学教育学部教授）
直井武久（香川県文化財保護協会丸亀支部長）
大林英雄（満濃町文化財保護協会会長）
中村洋一（香川県歴史博物館建設準備室係長）
丸尾寛（香川県立文書館副主幹）
岡俊二（四国学院大学教授）
眞井孝征（国分寺町立国分寺南部小学校教諭）
藤田順也（綾上町立西分小学校教諭）
平井忠志（元香川県農林部開発水利課長）
小山泰弘（香川県立文書館資料課長）
渡辺則文（広島大学名誉教授）
浜近仁史（香川県大手前高等・中学校教諭）
藤田一郎（元坂出市文化財審議委員）
小笠原隆夫（高松市立協和中学校教諭）
廣瀬和孝（香川県情報処理教育センター所長）
後藤安哉（香川県歴史博物館建設準備室調査員）
石井信雄（小豆島民俗資料館嘱託）
千葉幸伸（香川県立高松商業高等学校教諭）
水野一典（香川民俗学会理事）
入江幸一（史跡塩飽勤番所顕彰保存会会長）
徳山久夫（引田町歴史民俗資料館長）
新野忠（本島地区文化財保護協会会長）
井上勝之（坂出市立金山小学校校長）
堀家守彦（丸亀市文化財保護審議委員）
藤井洋一（香川大学講師）
田井静明（香川県歴史博物館建設準備室主査）
松原秀明（金刀比羅宮図書館嘱託）
秋山照子（明善短期大学教授）
胡光（香川県歴史博物館建設準備室学芸員）
東原岩男（香川県立文書館資料調査委員会会長）
阿河準三（財・栗山顕彰会理事）
長谷川桂子（財・鎌田共済会郷土博物館学芸員）
馬場栄一（元高松市立龍雲中学校校長）
白川武（香川県文化財保護審議委員）
野村美紀（香川県歴史博物館建設準備室学芸員）

**愛媛（平成九年＝一九九七＝十二月刊）**

大石慎三郎（学習院大学名誉教授）
内田九州男（愛媛大学法文学部教授）
蔦優（愛媛県立宇和島南高等学校教諭）

胡光（香川県歴史博物館建設準備室学芸員）
坂東梅生（済美平成中学校常勤講師）
松岡明宏（前愛媛県立三間高等学校教諭）
青野春水（徳島文理大学文学部教授）
岡村暢哉（大分市教育委員会美術館建設準備室学芸員）
池内長良（元愛媛県立第一養護学校教諭）
清水正史（愛媛県立松山北高等学校教諭）
岩橋勝（松山大学経済学部教授）
渡辺則文（広島修道大学教授）
三好昌文（松山大学法学部教授）
斉藤正直（今治市文化財保護審議委員）
古谷直康（松山東雲高等学校教諭）
澄田恭一（愛媛県立八幡浜高等学校教諭）
芳我明彦（愛媛県総合教育センター教諭）
友澤彰（小松町立温芳図書館郷土資料調査研究主事）
塩見淳（西条市文化財保護委員会委員長）
清水英（清水内科医院院長）
矢野徹志（愛媛県立松山南高等学校砥部分校デザイン科教諭）
森正史（愛媛県文化財審議委員会会長）
岡田篤人（越智郡島部消防事務組合消防第一隊長）
星野晋（山口大学医学部専任講師）
森正康（松山東雲短期大学助教授）
松井忍（松山東雲女子大学助教授）
門田恭一郎（愛媛県立松山中央高等学校教諭）
河野正文（大西町藤山歴史資料館館長）
佐藤秀之（西条市立神拝小学校教諭）
石井浩一（愛媛大学教育学部助教授）
三木忠（大原簿記専門学校新居浜校校長）
門多正志（宇和町文化財審議委員会委員長）
井上淳（愛媛県歴史文化博物館学芸員）
石野弥栄（愛媛県歴史文化博物館学芸課長）
東昇（九州大学大学院比較社会文化研究科）

**高知**（平成二年＝一九九〇＝三月刊）

佐々木俊介（三菱総合研究所）
大石慎三郎（学習院大学名誉教授）
吉田豊（歴史家）
広谷喜十郎（高知県立図書館）
橋田庫欣（宿毛市中央公民館）
島村泰吉（室戸市教育相談室）
武田義友（郷土史家）
上田茂敏（元東津野村教育長）
岡部正明（元私立高知学芸中学・高等学校）
岡田明治（伊野町文化財調査会）
町田武雄（郷土史家）
丸山和雄（高知県立高知女子大学）

武田勝（南国市史編纂室）
浜田清貴（南国市教育委員会）
吉永豊實（土佐史談会）
岡林清水（徳島文理大学）
依光貫之（高知県立図書館）
小松榮次（安芸市文化財保護審議会）
千葉昌弘（高知大学）
大久保千堯（若宮八幡宮）
坂本正夫（高知県立高知小津高等学校）
近藤勝（高知学園短期大学）
志磨村幹人（高知県立高知西高等学校）
高木啓夫（高知県立高知工業高等学校）
宅間一之（高知県立佐川高等学校）
近森敏夫（郷土史家）
畑山昌弘（土佐清水市教育長）
高野澄（作家）

**福岡**（**昭和六十三年＝一九八八＝九月刊**）

三菱総合研究所地域計画部
大石慎三郎（学習院大学名誉教授）
吉田豊（歴史家）
中野等（九州歴史資料館分館・柳川古文書館）
古賀幸雄（郷土史家）
今村元市（梅光女学院短期大学）
福成鈥（福岡県立三潴高等学校）
綿島一彦（福岡地方史研究会）
米津三郎（八幡大学）
江下淳（元八女市立図書館）
三池賢一（福岡県立図書館）
百田篤弘（福岡県立美術館）
石瀧豊美（須恵町文化財専門委員会）
武野要子（福岡大学）
佐々木哲哉（西南学院大学）
深谷真三郎（郷土史家）
新谷恭明（九州大学）
稲益豊（九州産業大学）
木村政伸（九州大学）
井上忠（福岡大学）
谷川佳枝子（郷土史家）
森弘子（大宰府天満宮文化研究所）
柳猛直（フクニチ新聞社）
北村慶子（福岡県立図書館）
後藤正明（福岡大学）
山口宗之（九州大学）

**佐賀**（**平成七年＝一九九五＝二月刊**）

大石慎三郎（学習院大学名誉教授）
福岡博（佐賀女子短期大学講師）
吉田豊（歴史家）
小宮睦之（元佐賀県立博物館副館長）
山崎猛夫（松浦史談会会長）
富岡行昌（元唐津市立図書館館長）
川上茂治（鹿島史談会幹事）
大園隆二郎（佐賀県立佐賀西高等学校教諭）
森周蔵（佐賀県立神埼高等学校教諭）
羽場俊秀（日本赤十字愛知女子短期大学助教授）
大橋康二（佐賀県立九州陶磁文化館学芸課長）
中里紀元（からつ歴史民俗研究所主宰）
宮島昭二郎（九州国際大学教授）
森敏治（塩田町社会福祉協議会会長）
村岡安廣（村岡総本舗社長）
神田歳也（松浦史談会会員）
長忠生（鳥栖郷土研究会副会長）
小林肇（西九州大学教授）
長野暹（佐賀大学教授）
宮原香苗（佐賀県立博物館学芸員）
生馬寛信（佐賀大学教授）
尾形善郎（多久市郷土資料館館長）
金子信二（佐賀市文化財審議委員）
米倉利昭（佐賀大学教授）
黒木俊弘（佐賀大学名誉教授）
宇治章（佐賀県立九州陶磁文化館主査）
栗原耕吾（佐賀県立図書館）
杉谷昭（久留米大学教授）

**長崎（平成元年＝一九八九＝五月刊）**

佐々木俊介（三菱総合研究所）
大石慎三郎（学習院大学名誉教授）
吉田豊（歴史家）
結城了悟（日本二十六聖人記念館）
原田博二（長崎市立博物館）
田中節孝（西山寺）
宮崎賢太郎（純心女子短期大学）
越中勇（長崎県立美術博物館）
原岡秀人（九州龍谷短期大学）
川内知子（諫早市教育委員会）
江越弘人（長崎市立博物館）
下川達弥（長崎県立美術博物館）
稲富裕和（大村市教育委員会）
越中哲也（純心女子短期大学）
月川雅夫（長崎県立農業経営大学校）
高木繁幸（長崎県立島原高等学校）

塩田元久（地方史研究家）
白石正秀（口之津町歴史民俗資料館）
木藤六喜（長崎歴史文化協会）
永田幸次郎（長崎県立ろう学校）
片岡瑠美子（純心女子短期大学）
若木太一（長崎大学）
中西啓（国立療養所長崎病院）
松岡眞太樹（長崎市立博物館）
久田松和則（富松神社）
本馬貞夫（長崎県立長崎南高等学校）
立川初義（長崎県立長崎図書館）
横山順（壱岐郷土館）
山口康夫（地方史研究家）
津江篤郎（厳原町文化財保護審議会）
立平進（長崎県立美術博物館）
野本政宏（長崎県立諫早高等学校高来分校）
河野忠博（大村史談会）
宮田安（黄檗研究家）
木田昌宏（松浦史料博物館）
山田かん（長崎県立長崎図書館）
永松親子（地方史研究家）
津田進（長崎県立長崎図書館）
坂田直士（佐世保史談会）
高田泰雄（長崎歴史文化協会）
濱口忠（長崎史談会）
石田保（元長崎県立長崎図書館）

**熊本**（平成二年＝一九九〇＝七月刊）

佐々木俊介（三菱総合研究所）
大石慎三郎（学習院大学名誉教授）
吉田豊（歴史家）
松本寿三郎（熊本大学）
一宗雄（宇土市民会館）
渋谷敦（郷土史家）
井上清一（日本の石橋を守る会）
蓑田勝彦（熊本県立八代農業高等学校）
鶴田八洲成（郷土史家）
遠山仁哉（鏡町文化財審議委員会）
山田康弘（郷土史家）
永田瑞穂（熊本県立熊本工業高等学校）
高田素次（郷土史家）
白石巌（熊本民俗文化研究会）
堀一夫（元熊本大学）
宮原國臣（熊本市中小企業局振興課）
松岡智（元熊本県立農業大学校）
山崎貞士（郷土史家）

猿木恭経（元学習院中等科）
浜田善利（熊本工業大学）
鹿子木敏範（尚絅大学）
種元勝弘（人吉市文化財保護委員会）
吉村滋（元熊本日日新聞論説委員）
敷島羊一（熊本市立城南小学校）
北野典夫（郷土史家）
坂本経昌（熊本市立熊本博物館）
山下勉（郷土史家）
鈴木喬（熊本大学）
江上敏勝（八代市立高田小学校）
島田真祐（島田美術館）
堀田善久（天草文化協会）
高野和人（青潮社）
荒木栄司（作家）
北里篤（小国町文化財保護委員会）
上河一之（熊本女子大学）
風巻紘一（作家）
上田満子（熊本県立図書館）

**大分**（**平成十年＝一九九八＝六月刊**）
大石慎三郎（学習院大学名誉教授）
豊田寛三（大分大学教育学部学部長・教授）
佐藤満洋（ＮＨＫ学園古文書講座講師）
後藤重巳（別府大学文学部教授）
佐藤晃洋（大分県立情報科学高等学校教諭）
長田弘通（大分市歴史資料館主任）
久米忠臣（杵築藩研究会会長）
武富雅宣（大分市歴史資料館主任）
入江秀利（別府市文化財調査員）
甲斐素純（玖珠町誌編纂専門員）
秦政博（大分市教育委員会参事）
山下俊雄（津久見市役所企画課係長）
田本政宏（大分県立森高等学校教諭）
鹿毛敏夫（大分県立先哲史料館研究員）
鳥井裕美子（大分大学教育学部助教授）
芦刈政治（大分県部落史研究会副会長）
小泊立矢（大分県立先哲史料館副館長）
小玉洋美（元大分県文化財保護審議会委員）
狭間久（大分合同新聞論説委員）
一法師英昭（大分県部落史研究会事務局長）
岡崎文雄（大分県石橋研究会）
平井義人（大分県立先哲史料館主任研究員）
宗像健一（大分県立芸術会館課長）
菊田徹（臼杵市役所文化振興課長）
三重野勝人（元別府鶴見丘高等学校校長）

加藤泰信（大分県立先哲史料館先哲史料専門員）

**宮崎**（平成九年＝一九九七＝二月刊）

大石慎三郎（学習院大学名誉教授）
松下志朗（福岡大学商学部教授）
山下真一（都城市史編さん室主事近世史担当）
大賀郁夫（宮崎公立大学人文学部専任講師）
岡本武憲（日南市役所社会教育課文化係長）
黒木広志（宮崎県史編さん室主査）
徳永孝一（宮崎西高等学校教諭）
遠田辰芳（本庄高等学校教諭）
上原兼善（岡山大学教育学部教授）
今城正広（高岡町教育委員会社会教育課主事）
甲斐亮典（宮崎県文化財保護審議会委員）
塩満啓蔵（延岡市社会教育指導員）
岩村進（高鍋町文化財調査保存委員会委員）
三好利奄（佐土原地区郷土史同好会会長）
吉田常政（日南市文化財保護委員）
茨口政俊（宮崎県民俗学会幹事）
松浦祥雄（県立宮崎工業高等学校教諭）
矢野一弥（宮崎県史専門調査委員）
那賀教史（宮崎県教育庁文化課文化財係長）
山口保明（宮崎県立看護大学教授）
三原靖雄（宮崎県史編さん室主査）
前田博仁（宮崎県立図書館資料課郷土資料係長）
永松敦（椎葉民俗芸能博物館準備室主任学芸員）
原田解（宮崎県民俗学会副会長）
中武雅周（西米良村教育委員長）
青山幹雄（佐土原町文化財審議委員）
小池修（宮崎市就学指導委員会委員）
日高篤盛（著述業）
塩水流忠夫（高城町文化協会会長）
町田俊秀（宮崎地方史研究会会員）
石川正雄（宮崎県史専門調査委員）
宮野原泰男（宮崎県史編さん室嘱託）

**鹿児島**（平成十一年＝一九九九＝四月刊）

大石慎三郎（学習院大学名誉教授）
芳即正（尚古集成館館長）
原口泉（鹿児島大学法文学部教授）
徳永和喜（鹿児島県歴史資料センター黎明館学芸専門員）
畠中彬（鹿児島県立錦江湾高等学校教諭）
尾口義男（鹿児島県歴史資料センター黎明館調査史料室室長）
佐野武則（鹿児島県立薩南工業高等学校教諭）
義憲和（伊仙町歴史民俗資料館館長）
橋村健一（薩摩郡下甑村教育長）

松尾千歳（尚古集成館学芸係長）
山田尚二（鹿児島市立西郷南洲顕彰館館長）
鮫島吉廣（薩摩酒造株式会社常務取締役）
上野堯史（鹿児島県立鹿児島聾学校高等部教諭）
前床重治（鹿児島県総合教育センター次長）
宮下満郎（鹿児島県史編さん委員）
木原三郎（谷山の文化を育てる会会長）
上田耕（ミュウジアム知覧学芸員）
山下廣幸（鹿児島県歴史資料センター黎明館学芸課長）
宗前鉄男（枕崎市文化財保護審議会会長）
鮫島安豊（種子島開発総合センター所長）
向山勝貞（鹿児島経済大学企画広報室長）
本山文雄（鹿児島県立笠沙高等学校教頭）
山下文武（大島新聞社論説委員）
林蘇喜男（名瀬市立奄美博物館館長）
松井輝美（南海日々新聞社編集局長）
松山光秀（徳之島町文化協会会長）
小川三郎（郷土史研究家）
榮喜久元（元鹿児島県立図書館奄美分館長）
星野元貞（真宗僧侶）
日高勝博（鹿児島県立阿久根高等学校教諭）
塩満郁夫（鹿児島県立図書館内奉仕課長）
寺尾美保（尚古集成館係長・学芸員）
唐鎌祐祥（鹿児島県立松陽高等学校校長）
難波経健（鹿児島県立鹿児島南高等学校教諭）
山西健夫（鹿児島市立美術館学芸係長）
川野和昭（鹿児島県歴史資料センター黎明館学芸専門員）
久保田瑞成（鹿児島県歴史資料センター黎明館学芸専門員）
濱田利安（鹿児島県歴史資料センター黎明館主任学芸専門員）
山口真弥（鹿児島大学大学院人文社会科学研究科修士課程）
盛満恵子（鹿児島県歴史資料センター黎明館資料調査編集員）

**沖縄（平成五年＝一九九三＝一月刊）**

佐々木俊介（三菱総合研究所）
大石愼三郎（学習院大学名誉教授）
吉田豊（歴史家）
大城立裕（作家・元沖縄県立博物館館長）
上江洲均（文化庁文化財保護部伝統文化課）
金城須美子（琉球大学）
萩尾俊章（沖縄県立博物館）
金城義信（沖縄県企業局）
中村誠司（名護市教育委員会）
永瀬克己（法政大学）
與那嶺一子（沖縄県立博物館）
比嘉政夫（琉球大学）
宜保榮治郎（沖縄県立博物館）

福村光敏（沖縄民俗学会会員）
上田不二夫（県立沖縄水産高等学校）
嵩原建二（沖縄県立博物館）
島袋正敏（名護市教育委員会）
金城功（沖縄県教育庁文化課）
津波古聡（財・海洋博覧会記念公園管理財団首里管理センター）
小野まさ子（浦添市立図書館）
比嘉実（法政大学沖縄文化研究所）
野原三義（沖縄国際大学）
大城将保（沖縄県立博物館）
大城學（沖縄県立博物館）
宮城篤正（浦添市美術館）
渡嘉敷守（沖縄県高等学校障害児学校教職員組合）
比嘉悦子（琉球大学）
池宮正治（琉球大学）
玉木順彦（北谷町役場町史編集室）
陳舜臣（作家）
島尻克美（那覇市文化局文化振興課）
里井洋一（琉球大学）
富島壮英（沖縄県立図書館史料編集室）
新城安善（元琉球大学附属図書館）

米沢織 山形159
よりこ 山梨122
依座 香川247
寄年 徳島329
四艘張網 兵庫166
四白政策 山口32,313
四百町新地 熊本321

［ら］

来迎谷 愛媛208
楽焼 奈良176
蘭癖大名 佐賀335
蘭陵王置物 奈良325

［り］

力田遺愛碑 群馬34
利休七哲 福岡95 熊本122
陸軍親兵 島根63
六芸 佐賀210,216
栗林荘 香川121
理兵衛焼 香川121
竜王煙草 山梨133
竜王綿 山梨121
琉球落し 長崎151
琉球外交事件 鹿児島349
琉球漆器 沖縄160
琉球出兵 鹿児島28
琉球大砲船 鹿児島351
流刑地 鹿児島220
龍蔵堤 徳島53
リュンゴンサン 和歌山265
領地黒印状 宮城51
凌風丸 福岡331
両墓制 島根257
輪王寺宮の文箱 群馬42
輪王寺宮門跡 群馬219

［る］

類族改めの制度 長崎55

［れ］

例幣使 栃木233
連雀商人 群馬25

［ろ］

老猿 奈良319
浪士組 山形357
蝋花 愛媛120
櫓木 宮崎47,52,81,100
六郷の竹うち 秋田261
六地蔵信仰 福島224
六十人者 和歌山27
六十六部 宮崎210
六十六ヶ所地蔵巡礼 兵庫55
六樹園 徳島203
六仲間 宮城70
六木 和歌山114
露西亜正教会 岩手222
六府方 佐賀70
露頭 愛媛83
櫓割り 宮城141

［わ］

和歌海苔 和歌山272
和歌祭り 和歌山271
若水汲み 滋賀283
若宮市 大分224
倭館 島根75 佐賀175 長崎43
和合塩浜 熊本325
和三盆 徳島237,338
和州遠山流 奈良294
綿替木綿制 愛媛110
ワタクサー 沖縄130
和中散 滋賀134,384
和銅 埼玉156
侘びの茶会 島根334
和布役 島根102
藁蛇 島根271
割済 和歌山42
割地制度 愛媛53
割付塩 宮城136
割鉄生産 鳥取105
割元 大分70
和霊信仰 愛媛216

［を］

をののえ草稿 宮城347

肥後勤王党 熊本203
英彦山ガラガラ 佐賀251,273
肥後芍薬 熊本139,156
肥後象嵌 熊本122
彦根牛肉 滋賀140
肥後の石工 熊本327
肥後の彦一 熊本262
彦法師 佐賀143
肥後モッコス 熊本302
肥後六花 熊本155
尾州廻船 愛知109,313,344
微笑仏 山梨303
肥前磁器 佐賀94
肥前物 佐賀60
日田金 佐賀170 大分19,94,321
日田騒動 大分39
秀衡塗 岩手102
火床 埼玉121
人寄役 青森83
雛流し神事 和歌山238
檜枝岐芝居 福島260
日野紙 群馬138
日野商人 滋賀128,377
日野売薬 滋賀20
日野椀 滋賀19,59,124,131,377,386
火振りかまくら 秋田247
姫神祭 徳島246
姫路木綿 兵庫87
白衣観音 奈良319
百姓相続方仕法 熊本82
百姓稼山 埼玉164
百姓条目 宮城223
白帯行者 滋賀244
百太郎溝 熊本51
百日稼ぎ 兵庫115
百ハギギモン 山形230
百間樋 福島287
白虎隊 福島88,174,266
日向和紙 宮崎87
評定所格式帳 宮城405
標符 青森333
微粒子病 山梨167,323
拾い砥 群馬143
広峯神社御田植祭 兵庫265
ビワマス 滋賀191
紅型 沖縄75,164
ビンザサラ 佐賀254
ピン遣い 大分255

［ふ］

撫育方 山口17,32,62,99,134
ふいご祭り 和歌山291
分一銀 愛媛122
分一所 徳島33,52,92,126,338
部一山制 宮崎83
風鎮祭 山口278
封泥法 香川99
風流踊り 奈良278
フェートン号事件 福岡330 佐賀58,80,236 長崎86
撫角銭 宮城113
吹大工 愛媛86
伏条苗 鳥取96
複層林 鳥取98
福面 島根152
武講 福島174
武甲山信仰 埼玉205
武左衛門一揆 愛媛64
賦算 神奈川142
富士川舟運 山梨137,262
富士講 埼玉246 山梨218
富士山噴火 神奈川57
歩質場 大分77,106
武士土着制 青森77
藤牧検藤流 愛知277
伏見作事板 秋田36
武州藍 埼玉108
武州一揆 埼玉72
武州木綿 埼玉97
不受不施派 神奈川145 宮崎118
ふすまカラクリ 徳島257
蓋井島の山の神神事 山口284
札張り仲間 埼玉247
扶持枡 島根236
筆子塚 福岡166
葡萄 山梨20,55,138,274
太織絹 群馬106
太枡騒動 山梨42,179,283
太物 山形163 埼玉150,177
船車 群馬292
フナズシ 滋賀188,197
船玉信仰 和歌山261
舟丁 宮城36
舟手道 山形34
不昧流 島根203
踏絵 長崎55
踏車 佐賀110
麓 宮崎34 鹿児島53
フリゾメ 和歌山246
ブリ縄 兵庫166
浮立 佐賀256,261 長崎270
文化一揆 大分71,78
文化の高直り 青森90
文化朋党事件 鹿児島279,331
分間図 徳島193
豊後表 大分21,107
豊後崩れ 大分212
豊後浄瑠璃 大分249
豊後聖人 大分266
豊後茸師 大分21,130
豊後明礬 大分116,232
豊後森の法難 熊本311
分根法育苗 福島113
文武修業宿 岩手207
文武宿 山形212
文命堤 神奈川55

［へ］

米券 山形296
平城京保存運動 奈良338
ヘイタ 滋賀179
平炉 岩手124
ペーロン 長崎80,264
ベカンベ祭り 北海道84
へこかき 大分239
別師 徳島329
別火 島根267
紅絣 埼玉109
紅地蔵 群馬44
紅花 山形33,41,52,87,124,132 埼玉108,143
ヘボン塾 神奈川217
弁甲材 宮崎44,83
弁指 宮崎42
弁天祭り 山口260

［ほ］

焙炉 福岡87
ホウイッスル 宮崎94
坊入り 青森182
法印神楽 宮城266
宝永の大地震 和歌山82
放牛石仏 熊本255
方限 宮崎38 鹿児島248
ホウゲンギョウ 福岡245
宝五の凶作 青森332
泡斎念仏 福島42
ほうさい念仏踊り 福島233
坊沢の五義民 秋田42
砲術館 秋田341
宝生流 奈良254
豊心丹 奈良20,123
宝蔵院流 奈良264
ボウチョウ漁 神奈川110
報徳仕法 神奈川105,304 栃木74

農兵銃隊取立計画　群馬96
農兵制　和歌山194
農兵隊　島根62
農民剣法　群馬230
農民の漁撈　滋賀182
軒先国有林地帯　青森115
のこぎり商い　山形33,39　群馬107　山梨322　滋賀21,90,377
野銭　埼玉55
「覗」の行場　愛媛208
野たたら　岩手155　島根265
延鉄　岩手125
登せ糸　福島137,365　山梨20,56,81,110,141,161,320
野守　埼玉40,55
野山獄　山口223,340
糊入紙　山梨128
野論　埼玉43

［は］

梅花文庫　愛知175
廃砂　鳥取76
盃状穴　山口238
買田法　大分79,305
売暦・賦暦　奈良262
延犂　佐賀113
延縄漁　神奈川110　鳥取147
端踊　沖縄288
羽書　鹿児島179
葉隠四請願　佐賀322
博多織　福岡114
博多にわか　福岡273
博多人形　福岡122
博多松ばやし　福岡248
ハカライ石　大分51
掃立て　福島324　山梨115
萩森騒動　愛媛46
萩焼　山口90
萩釉　奈良177
萩原煙草　山梨133
白散・黒散　神奈川261
白丁　鳥取257
幕末四賢候　愛媛74
博労座　鳥取88,120
箱根細工　神奈川91
箱根七湯　神奈川99
箱まわし　徳島347
羽差　佐賀159
羽指　和歌山148
はさみ遣い　大分255
波佐見焼　長崎88
端折紙　島根75
端子　山梨34
梯子田　山口228
場所請負制度　青森347
芭蕉布　鹿児島174　沖縄76,162
柱立廻式廻転機構　群馬293
走り込み八丁　愛媛207
馬制更生　宮城123
櫨方手子　山口131
櫨元銀　愛媛123
裸苗押し　和歌山254
裸参り　秋田228
旗絹　群馬104,117,325
秦野たばこ　神奈川131
バタバタ　奈良307
ハタハタ干鰯　秋田55
羽田文庫　愛知210
肌吉工　山梨124
八王子石灰　栃木145
八月踊り　鹿児島304
八条流　宮城119
八段返し　徳島347
ハチノコ　愛媛248
八の太郎伝説　青森154
八戸和算　青森299
八判　香川127
八万貫楮　佐賀154
初尾銀　山口167
八講布　山形130
八朔馬進献　滋賀43
八朔踊り　山口279
八州廻り　群馬238　神奈川259
バッタリ　兵庫235
八調子神楽　島根275
八丁味噌　愛知58,90,104
八塔水　群馬45
馬頭観音　青森373
花市場　山形110
花入塚　愛媛233
ハナガラ　和歌山250
鼻切り　和歌山299
花芝居　福島259
花そうきん　山形228
花寝かせ　山形107
花振り　山形107
花祭り　愛知22
花蒸籠　宮城147
花連　熊本140
塙天祭　栃木236
羽之流　島根52
母駄　鹿児島111
バプチスタ号　宮城15
浜五挺唐樋　山口38
浜坂の縫針　兵庫161
浜砂鉄　鳥取49,76,102
浜田宗論　島根21,252
浜ちりめん　滋賀84,292
浜茄子　秋田166
浜の市　大分223,255
浜目　鳥取157
ハヤズシ　滋賀198
早付木　徳島137
原方衆　山形225
原野の太鼓念仏　兵庫267
腹包丁　愛媛40
針金だより　愛媛192
春砂号　宮城123
榛名講　群馬220
原山勝負　沖縄262
番楽　秋田228
藩境塚　青森71　岩手15
半切紙　宮崎87
反魂丹　奈良124
藩札　兵庫77,127
蛮社の獄　岩手322　山形339　福島317　愛知49,329　和歌山188　群馬278
反射炉　鳥取309,335　佐賀59,85
播州織　兵庫90
蕃書調所　山口218　愛媛295
藩是三大綱　山口215
半切紙　福岡91
半田船　愛知109
判賃　山梨119
鈑銅甕下窯　佐賀100
ハンナレ　愛知95
判人形　徳島250
半百姓　愛媛265
帆門四天王　大分191

［ひ］

比井廻船　和歌山55
ビイドロ　長崎105
燧石　大分125
火打ち金　徳島135
稗三合一揆　青森100　岩手142,338
ひえつき節　宮崎198,224
東山焼　山形100
東山和紙　岩手102
日方廻船　和歌山160
引立船　宮城140
備荒倉　岩手82,268
備荒作物　神奈川59
備荒貯穀　宮城289
肥後表　熊本90

内々踊　群馬267
名負林　徳島125
中尾唐津　佐賀105
中抑　宮崎37
長木沢　秋田38
魚垣漁　沖縄124
長崎海軍伝習所　長崎224
長崎くんち　長崎267
長崎警備　佐賀79,343
長崎御番　福岡330
長崎地下配分銀　長崎59
長崎養生所　長崎42,190
長崎鎔鉄所　長崎158
流し込み活字　長崎311
流しびな　鳥取248
流し山　鳥取79,100
長束木綿　兵庫87,132
仲付駑者　福島56
中津辞書　大分202
長瀞質地騒動　山形69
中野絣　群馬134
半　山梨34
長浜縮緬　滋賀387
仲持　愛媛42
中屋鋸　山形156
永山布政所　大分54,244
流れ鯨　佐賀157
流漉　山梨130
流地禁止令　山形69
泣き相撲　栃木266
投銀　福岡261
名子　徳島39,125
名塩紙　兵庫128,162
灘の生一本　兵庫110
灘の宮水　佐賀143
七色掛物　栃木177
七カ条の上言　岩手180
七北田刑場　宮城137
七二札　佐賀151
七墓　愛知267
七日堂裸詣り　福島210
鍋島更紗　佐賀61,188
鍋島緞通　佐賀61,190
生首肥料の掟　青森56
ナマハゲ　秋田228,241,262,299
生葉染め　徳島100
生麦事件　神奈川221　鹿児島337
波平の大刀　鹿児島337
なもで踊　奈良278
納屋物　熊本33
奈良石　群馬260
奈良暦　奈良259
奈良晒　山形126,162　奈良19,51,102,301
奈良墨　奈良137
奈良人形　奈良19,319
奈良火鉢　奈良173
奈良風炉　奈良173
ナルコ参り　滋賀283
鳴滝塾　長崎42,217
ナレズシ　滋賀197
縄騒動　兵庫50
縄索講無尽　岩手89
南阿測地法　徳島195
南京釜　佐賀117
南湖綿　山梨121
南仙紅花　宮城148
南都改　奈良51,104
南都絵所　奈良276
南都教学　奈良182
南蛮車　山口128
南蛮絞り　愛媛304
南蛮吹　山形137　兵庫81
南部鋳物　山形116
南部絵暦　秋田237
南部鎌　秋田298
南部九牧　岩手148
南部駒　岩手147
南部鉄　青森157　岩手102
南部の鼻曲鮭　岩手109
南部藩の牧制　青森139
南部檜　青森109
南部曲がり家　岩手152

［に］

仁宇谷一揆　徳島83
にごし　奈良344
ニコロブナ　滋賀191
二歳駒揃市　宮城119
西川材　埼玉20,124
錦木　秋田221
ニシコオリ　秋田125
西郡煙草　山梨133
虹の松原一揆　佐賀325
二十二士事件　鳥取22
二十二夜講　埼玉175
二十四組問屋　愛知110
二条流　島根181
ニシン粕　北海道259
仁助咄　熊本66
二才組　鹿児島374
二才中　宮崎218
二段掛け　佐賀112
日米修好通商条約　神奈川202,217,327　福岡336
日露通好条約　北海道159
日光下駄　栃木108
日光彫　栃木107
日光湯波　栃木109
日峯さん　佐賀143
二転子三鍋法　沖縄139　鹿児島319
二年三毛作の輪作　岩手84
丹生紙　奈良160
二分口役所　和歌山99,151
日本三大不動　熊本212
日本二十六聖人　長崎331
二本松少年隊　福島266
女人講中　埼玉175
女人高野　和歌山234
如来教　愛知353
人形浄瑠璃　福島140　徳島70,213,327,342
人参方　島根106,226
人参代官　愛媛74
人足寄場　埼玉242
人配　鹿児島51,332
人名　香川20,127,166,177,191

［ぬ］

ヌーバレー　沖縄291
糠砂　埼玉121
抜穂　秋田151
抜け蝋　鳥取111
貫木屋　沖縄68
布改　山梨118
布塩市　島根87
布もみや　奈良103
沼田煙草　群馬19,134

［ね］

ねこざ　山梨101
根来塗　和歌山155
寝た牛　熊本272
寝床　徳島100
子年の大風　佐賀289
ねの子餅茶碗　佐賀101
ねぶた祭り　青森269
根船　宮城292
ねぶり流し　秋田228,242,253
眠り流し　青森269
練油　鳥取110
ネリガタメ　香川171
年序階梯制　宮城283
念仏信仰　神奈川140

［の］

農村歌舞伎　群馬261
農村舞台　徳島256,328,342

ちょぼくれ節　群馬189
ちょんがり　愛媛61
ちろり船　佐賀162
賃機　埼玉96
賃挽製糸　群馬110,121,242

［つ］

堆錦　沖縄161
堆朱　香川292
通気管　島根153
通仙散　和歌山321
杖突　和歌山17,63,78
使い神　鳥取115
津軽こぎん　青森281
津軽塗　青森116
津軽の馬鹿塗　青森20
ツキアイ　愛媛258
月ヶ瀬の梅　奈良19
付家老　和歌山17,25,97,206
突出水車　群馬291
突き取法　宮城143　長崎96
月の雫　山梨159
月見の占い　岩手275
ツク　宮崎196
津久見みかん　大分127
作石　滋賀118
作り子抜け　福島279
津出し分　鳥取124
土崎湊の米騒動　秋田81
土湯こけし　福島145
恙虫病　秋田90
筒粥神事　群馬222
津留　山形64
つなぎ銭　秋田45
つのじ運上　鳥取150
潰れ百姓　山形63　熊本31
潰米　滋賀177
通夜堂　徳島211
吊り船　徳島59
剣来ヶ端争論　香川71

［て］

鉄砲伝来　鹿児島148
手明鑓　佐賀29,74
ディアナ号　和歌山193,348
帝陵発掘事件　奈良217
出蚕　群馬121
出切手　長崎150
手猿楽　奈良255
丁橋庵　山形329
鉄滓　鳥取104
鉄山師　島根187　鳥取20,49,78,106
鉄砲鍛冶　鹿児島155
鉄砲窯　愛知119
鉄砲棒火矢　宮城143
出機　愛知258
手馬　愛知52
手回しろくろ　島根317
寺請制度　埼玉205,312　長崎55
寺西代官十禁の制　福島309
寺西八カ条　福島307
寺樋渡し　愛媛249
塡海工事　佐賀81
田楽　奈良40　佐賀253
天下の三上水　兵庫40
天狗状　福岡58
天狗蘇命散　奈良125
天狗とかくれみの　熊本264
伝国の辞　山形88
天衝舞　佐賀247
天神講　埼玉284
天神信仰　福岡238
転送機　島根153
点鼠術　宮崎106
天誅組　埼玉351　奈良87,201,226　和歌山332
天当船　宮城66,100
点取俳諧　栃木246　滋賀233
天王市　福島137
天王祭り　愛知240,279
天筆かまくら　秋田246
天保騒動　山梨89,109
天保の大一揆　山口18,67
天保の大飢饉　北海道154　山形194　福島356　神奈川124　鳥取345
伝馬騒動　埼玉19,72,219
伝馬役　神奈川278
天明鋳物　栃木90
天明飢饉　岩手266
天明騒動　宮崎120
天明の大一揆　島根43
天明の大飢饉　秋田162,252　山形79,332　福島80,185,307,356　栃木63,262,293,306　神奈川73　愛知109　熊本319
天理教　奈良326

［と］

當　和歌山159
堂入り　滋賀244
銅瓦　埼玉120
道薫坊廻百姓　徳島215
当家制法条々　山口50,177
童子教　鳥取224
唐招提寺の復興　奈良276
当職　山口50,62,130,164,303
唐人窯　島根143
陶石　愛知143
燈前示教　宮城224
東都薬品会　香川280
灯明銭　山梨248
唐箕　島根150
灯明堂　神奈川113
トゥンガラヤー　沖縄91
トーカチ　沖縄103
通し苗代　秋田151
遠見機構　群馬293
遠見番所　青森88　群馬64
遠見番　佐賀81
通の制度　青森43
砥株　群馬160
時献上　滋賀201
土器製塩法　愛知102
時の太鼓　岩手41
研ぎブネ　香川101
得意場　愛知169
徳蔵廻し　宮城166
徳地人形浄瑠璃　山口273
徳地和紙　山口104
砥窪　群馬142
徳和煙草　山梨133
床しめ　愛知165
常滑焼　愛知87,112,116
年日の祝い　沖縄102
外城　宮崎172,189　鹿児島24,34
飛梅講　福岡240
飛び出し離婚　群馬244
土平治一揆　神奈川72
砥部焼　愛媛20,115,314
富くじ　島根291
富講　熊本40
冨田人形浄瑠璃　滋賀275
留買い　埼玉100
留林　和歌山113
留山制　青森110
外山座　奈良254
鳥居長根　秋田299
取替米　和歌山38
取木　山梨141
取り立て大名　福島177
鳥ノ子御帳　佐賀29,71
ドル相場　群馬132
屯田兵　北海道191
どんどろ付木　香川301

［な］

内湖　滋賀184,191

俗論派 山口21,82,362
底抜けひしゃく 埼玉175
底樋 香川35
素水製法 宮城133
素水炊 徳島130
袖乞い 香川53
訴人褒賞制 長崎55
薗原騒動 群馬233
杣所 鳥取93
ゾメキ踊り 徳島219
算盤大名 佐賀343
尊号事件 群馬308
存清 香川121,292
尊性堂 兵庫195,316
尊徳仕法 福島340

［た］

ターチーメー 沖縄52
大社祈祷参物 島根343
大小切 山梨21,31
大小切騒動 山梨325
大将防ぎ 鹿児島250
大山詣り 鳥取115
太地一類 和歌山149
大配分 佐賀29,168
大仏殿復興 奈良236,273
太平天国の内乱 山口359
大砲製造所 愛媛296
大謀 宮城140
代米制度 鳥取94
大名茶 島根335
鯛麺 香川260
大漁唄い込み 宮城160
田植踊り 岩手244
他界信仰 鳥取115
タガエ 愛媛248
高掛かりもの 群馬44
高倉人形 福島244
高崎崩れ 鹿児島223
高砂置物 奈良322
高島硯 滋賀160
高島扇骨 滋賀160
高島縮 滋賀84
高島流砲術 佐賀343
高田牛蒡 大分161
田方木綿 和歌山121
高田輪中 大分161
高千穂神楽 宮崎202
高殿 島根265
高取焼 福岡94
高機 栃木298 群馬112,325 山梨105 奈良305 山口115
高機縞 愛媛103
高松焼 和歌山44
高室芝居 兵庫238
太柄石 大分259
焼過糖 沖縄142
薪能 奈良42,244
滝の市 大分223
多喜浜塩田 愛媛18,36,89,312
滝宮念仏踊り 香川243
多久聖廟 佐賀213
竹打ち合戦 秋田246
竹島渡海 鳥取29,39
田下駄 滋賀50
竹苞楼 滋賀337
武豊の味噌溜り 愛知113
蛸壺塚 兵庫232
山車からくり 愛知279
田嶋の網 鳥取155
田代売薬 佐賀171
助合穀銀 大分19,42,303
太助灯篭 香川61
只谷間府 島根281
たたら製鉄 島根262 鳥取20,76,100,176 山口168
立買衆 群馬105
立川銅山 愛媛83,304
立木 愛媛120
立切網 宮城144
太刀割石 群馬232
立田輪中 愛知228
辰年御免株 兵庫113
龍野の醤油 兵庫141
タツベ 滋賀185
建網漁業 岩手113
館煙草 群馬134
種銭 宮城115
田ノ神 鳥取270
タノカンサー 宮崎214
頼まれ無尽 岩手90
頼母子 岩手85
頼母子講 山梨312
駄馬改め制度 福島118
煙草騒動 徳島92
田船 滋賀50,180
玉置流 秋田213
球鋼 山形157
民次郎一揆 青森23,93
溜 和歌山143
試し吹き 宮城115
溜漉 山梨130
溜釣漁 宮城141
田山暦 岩手116
陀羅尼助 奈良18,123
樽廻船 愛知109,311 大阪146 兵庫123,303 和歌山54
樽丸 奈良130
田原眼科 福岡107
誕育塚 福島311
段式 大分79
単室窯 佐賀98
ダンジュク 滋賀283
丹醸 兵庫104
だんじり 愛媛251
反高場 群馬32
丹鶴流 和歌山210,318
檀那場 群馬221
旦那場 愛知239
だんぶり長者伝説 秋田223

［ち］

筑後農民騒動 福岡55
筑後和紙 福岡89
千種鉄 兵庫33,83
知工 兵庫304
地境木 徳島61
地下げ 鹿児島217
知多廻船 愛知21
知多木綿 愛知75,312
乳形 和歌山234
秩父御馬 埼玉156
秩父絹 埼玉19,94,126,172,179,200,371
秩父の千年紙 埼玉180
秩父札所 埼玉156,175,203
秩父夜祭 埼玉19,126,157,195
チドリ 徳島258
千鳥破風 兵庫31,39
千野煙草 山梨133
茶碗薬 佐賀98
中国酒 愛知312
中馬 愛知21,52,108
潮音洞 山口45
鳥海修験 秋田172
チョウクライロ舞 秋田180
朝参供養 宮崎60
徴士 鳥取210
彫漆 香川124
銚子の口 愛知33
丁石 香川218
長石釉 島根147
朝鮮人街道 滋賀35,268,390
長百姓 山梨81,135,162,181,232
長宝水 大分48
丁持 山形44
直耕の真人 秋田292

白髪素麺　佐賀145
白河家訓　福島186
シラクチカズラ　徳島40
シラス台地　鹿児島49
白洲灯台　福岡72
白保　佐賀151
白帆注進　佐賀81
印石　徳島62
白薩摩　鹿児島132
白下糖　徳島296
白炭　宮崎52,77,101
白鞣　兵庫330
白目　愛媛313
塩飽廻船　香川45
塩飽島大工騒動　香川20,193
塩飽人名領　香川127
塩飽水軍　香川45,58,127,177
新川掘抜　徳島65
神器陣　山口216
新宮廻船　和歌山54,115
新宮古図　和歌山372
信玄壷　滋賀101
新肴場　神奈川109
信州種　群馬120
心中節　鳥取237
新酒番船　兵庫124,304
新庄まつり　山形258
新製輿地全図　岩手347
神代踊り　徳島251
信達世直し騒動　福島332
進発論　山口340
新兵衛信楽　滋賀99
神馬草　島根323
神明講　滋賀284
神鹿　奈良323
地機　山口115

［す］

水駅　山形29
水音社　徳島55
睡仮面　奈良325
水車精米　兵庫114
水車ふいご　鹿児島124
水神踊り　鹿児島305
水選　秋田151
杉原紙　兵庫163
水防竹林　徳島59
水面制度　滋賀191
水門守　宮城53
水利触頭　滋賀64
水力八丁車　栃木299
水路敷地料　鳥取101
崇義団　和歌山194,328
須賀川牡丹園　福島299
須賀場釜　福島98
菅谷高殿山内　島根19
杉方部一法　宮崎274
すくも　徳島21,100,192,231
スガメ石　大分260
朱雀門　奈良338
鮨切り祭り　滋賀188
寸法頭　山形140
捨馬御札　宮城72
捨子教誡の謡　島根255
スネカ　岩手273
炭方六ヵ村　島根86
隅田党　和歌山27
洲本仕置　兵庫48
すりの海　島根53
スンビン号　佐賀345

［せ］

青雲の要路　島根47
正義党　島根64,213
正義派　山口82,362
正骨範　島根186
清座　福島164
正式俳諧　福島294
正条密植法　神奈川133
誠信講　福島333
西攝水車　兵庫134
精忠組　鹿児島368
誠忠派崩れ　宮崎193
製鉄用炭窯　岩手124
製糖法　鹿児島312
西南戦争（西南の役）　福島274
　鹿児島380
成破の盟　山口347
西洋陣法　山口337
清涼育　福島324
製蝋板場　山口41
セータ芋　山梨281
世界全図　岩手342
是閑唐津　佐賀105
関狩　鹿児島340
関下人形　福島245
石州半紙　島根19,55,92
石州流尭山派　奈良292
石州流　島根203
関根留　秋田40
関船　徳島249
施行　徳島262
関流五伝　山形310　群馬197
関流和算　福岡159
勢子船　佐賀161
世上祭り　長崎234
施印　和歌山201
膳所藩烈士事件　滋賀79
瀬田川の川浚え　滋賀48,168
勢田の御厨　滋賀192
瀬戸窯　愛知122,126
瀬戸の磁祖　愛知303
瀬戸焼　愛知121,296,303
銭瓶石騒動　大分80
セミナリヨ　長崎29,104,174,
　211
施薬局　和歌山43
せり板　山梨101
セリヒキ機構　群馬294
繊維作物　埼玉92
遷界令　佐賀95
泉貨紙　愛媛96,267,298,315
詮議　鹿児島251
千間谷地　秋田297
仙国御郡方式目　宮城404
仙石騒動　兵庫95　島根53
洗骨改葬　鹿児島308
善五郎穂　奈良308
善根宿　徳島18,206　香川226
　愛媛44,224
千秋万歳　愛知235
煎汁　鹿児島142
千筋千反　愛知259
仙台駒　宮城117
仙台七夕まつり　宮城407
仙台通宝　宮城113
仙台藩租税要略　宮城407
千日回峯行　滋賀241
千人講　秋田351　佐賀73
千人武者行列　栃木228
千歯こき　神奈川251　新潟307
　鳥取20,30,49,176　佐賀111
千姫事件　島根17
仙府年中往来　宮城17
センベコウラ　福島98
扇楽座　鳥取238

［そ］

惣池　滋賀212
双海船　佐賀161
象谷塗　香川292
蒼前信仰　青森373
惣無事令　宮崎26
相馬駒焼　福島122
相馬塩　福島96
相馬野馬追祭　福島219
草木塔　山形265
曾我どんの傘焼　鹿児島339
俗論党　滋賀79

賀336
治右衛門十五　島根122
シオクリ　青森144
潮留　山口37,53,235
塩の道　福島99
四恩　愛知201
自稼請負制　鹿児島119
直挿し　宮崎84
直出人夫　鳥取79
地方直し　埼玉59
鹿の角伐り　奈良45,239
信楽焼　滋賀19,97,385
シキシ餅　大分227
シキ　宮崎215
式年神幸祭　島根216
敷深　島根149
四境戦争　山口86,355,363
時雨塚　福島293
重清騒動　徳島93
四国遍路　香川222　愛媛40,222　高知249
四国霊場　徳島18,206
私札　兵庫74
地士　和歌山27,173,287
獅子踊り　山形222
しし垣　香川140
シシガシラ　奈良171
視実等象儀　福岡329
地芝居　福島259　群馬21,263　埼玉196
シシマツリ　宮崎230
地子免除　滋賀175
寺社無尽　岩手87
枝条架式　福島100
四条円山派　滋賀335
時鐘茂合　青森70
地神教　山口254
施政堂　福島347
地蔵早稲　奈良311
四断の法　長崎98
七反船　宮城163
七島表　大分104,107,141,232
七島筵　熊本90
七度半の使い　愛媛247
七年飢饉　青森68
七歩金掛込　香川116
七里役所　和歌山52
実学党　熊本343
仕次ぎ　沖縄155
四天王寺　神奈川142
指頭画　山梨275
地平し段免　鳥取56,282
篠巻　山梨20,117
柴右衛門狸　徳島270
シバタテ　和歌山247
柴村騒動　奈良81
四半百姓　愛媛265
地引網漁　青森130　岩手113
紙布　島根87
自普請　滋賀50,170
渋地椀　和歌山156
自分手政治　鳥取17,27,199,331
治兵衛窯　奈良174
市法貨物仕法　長崎58
島遊び　鹿児島309
嶋家家法　和歌山202
島原の乱　山形66　福島161　埼玉51,312　佐賀79　長崎52,211
嶋木綿　和歌山100,120
縞木綿　愛知255,295
地廻り酒問屋　埼玉149
地廻り塩　埼玉213
シメ講　滋賀284
シメシアライバ　滋賀209
下河除　山梨71
下北の寒立馬　青森137
下野のかんぴょう　栃木121
下仁田紙　群馬137
下仁田戦争　群馬89
霜夜塚　愛媛233
龍踊　長崎80
ジャガタラ文　長崎241
シャクシャインの戦い　北海道135
寂心さんの楠　熊本319
シャクリ　滋賀287
蛇車　滋賀204
社倉囲穀　山口54
社倉　福島30,69,78,161,310　愛媛50　福岡311
シャレギ　宮崎197
じゃんがら念仏踊り　福島231
シャンシャン馬　宮崎175
洲乾　神奈川298
十三小廻し　青森52
十三詣り　福島210
銃創瑣言　宮城221
宗躰座　宮崎173
十七ヵ所参り　徳島209
十二たまご　神奈川93
十二年籠山行　滋賀241
宗判権　島根252
修補米銀　山口54
宗門手札改　鹿児島236
修行扶持　愛媛163
宿置金制度　福島50
修験宗　秋田179
十干　佐賀251
十州塩田同盟　山口102
出入司　宮城1101
朱泥急須　愛知117
種痘　山形193,346　和歌山189,331　鳥取311,329　佐賀337　長崎215　宮崎247,291,307
修二会　奈良234,242
種苗付着器　鳥取161
順打ち　香川225
潤色五ヵ条　島根156
攘夷事件　島根68
松煙墨　奈良136
生涯米　鳥取204
正月小屋　鳥取245
将棋駒　山形168
蒸気薬　島根153
正教坊流　滋賀245
上国与人制度　鹿児島170
尚歯会　岩手322　山形344　福島316　東京419　愛知329
定式糖　鹿児島316
上使屋　佐賀55,223
上州三分限者　群馬135
上州持下り商人　群馬106,137
正倉院古文書　奈良320
上蔟　山梨115
焼酎　鹿児島89
正徳新例　長崎62
聖徳太子信仰　奈良66
庄内の乱　宮崎28,32
樟脳　鹿児島105　宮崎50,76,80,182
上布　沖縄91,262
菖蒲苗　島根229
称平徳利　栃木153
浄法寺塗　岩手102
条坊制・条里制　奈良332
正保の二歩減　山口30
正明膏　福岡109
上毛カルタ　群馬223
昭林流　沖縄298
昭霊流　沖縄298
松露　佐賀50
諸術調所　北海道171　愛媛295
助命壇　愛知230
白岩一揆　山形62
白岩目安状　山形65
白岩焼　秋田130

御内法信仰　岩手262
固寧倉　兵庫329
コバ　熊本107　宮崎195
小半　山梨34
虎尾の会　山形355
五品江戸廻送令　群馬125
こぶち騒動　和歌山74
古物写し　奈良324
小触、口才　宮崎39
御幣流し　秋田256
小堀流踏水術　熊本164
小間紙漉き　愛媛99
コマザラエ　滋賀206
小間物丸合組合　宮城152
ゴミかき　滋賀207
御免馬　宮城119
御免売薬　奈良124
薦印　兵庫126
古屋敷だんじり　愛媛254
子安信仰　福岡224
御用活鯛　神奈川116
小寄りの法座　島根252
御利生　香川244
御料所巡見　埼玉160,171
御霊信仰　愛媛218
コレジヨ　長崎174
金剛砂　奈良19
金剛流　奈良254
金春座　奈良21,253
金毘羅大芝居　香川21,249
金毘羅信仰　和歌山264
金毘羅大権現　香川21,64,216,249
コンブロード　北海道260


［さ］

西海の乱　熊本81
在方長役　鳥取164,287
在方御法度　鳥取91,109
才賀町小倉　島根87,343
西国筋郡代　大分38,50,94,184,262,300,320
歳時農桑　熊本143
祭酒　山口176,320
西条奉書　愛媛96,312
最上流和算　山形315
斎田塩　徳島128,237
斎田四組　徳島128
祭道公事　埼玉309
採灯護摩　熊本212
細美　群馬136
采振り踊り　島根219
材木切手　鳥取94
佐伯文庫　大分200
佐伯干鰯　大分139,164
塞の神焼き　秋田228
竿高　島根236
坂出塩田　香川105,299,309
堺の会合衆　山形38
坂下門事件　福島351
酒田の三十六人衆　山形38
坂戸座　奈良254
佐賀錦　佐賀192
佐賀平坦　佐賀107
酒箒　福島153
左義長　秋田240　滋賀268
鷺舞　山口266
作神信仰　群馬222
桜島大噴火　鹿児島61
桜田門外の変　福島205　滋賀22,102,230,25,306
座繰法　群馬125
下げ鉄場（左下場）　鳥取105
下げ米上げ塩　山梨61
ササラ舞　秋田228
差上木場　宮崎274
差海商人　島根317
指紙　徳島66,91
刺し子　山形225
薩英戦争　鹿児島69
五月篭り　鳥取274
薩長同盟　鹿児島75,372
薩南学派　鹿児島255
冊封使　沖縄36,135,206,285,300,305,350
札幌農学校　北海道225,293
薩摩切子　鹿児島288
薩摩暦　鹿児島266
薩摩焼　鹿児島132,288
擦文文化　北海道86
里筏　徳島126
砂糖為替金趣法　香川19,117
砂糖黍（甘蔗）　神奈川68　和歌山162,370　鹿児島150,177,179,312
砂糖与　沖縄143
砂糖車　香川98　長崎154　鹿児島176
サナブリ　和歌山254
讃岐うどん　香川262
讃岐三白　香川18,63,90,115,278,351
讃岐彫り　香川126,292
実盛送り　愛媛218
サバニ　沖縄128
サブタ　大分161
鞘入焼物　山口94
狭山茶　埼玉101,366
申年がしん　鳥取269
申年の大水　山口42
猿投の棒の手　愛知274
山陰道鎮撫使　島根64　鳥取210
算額奉掲　群馬194
三ヶ国協定　山口101
三棄三興　秋田350
三経塚由来　宮城242
三座　愛媛122
産子（赤子）養育制度　福島78
蚕種　山形161　群馬120,334　埼玉259　山梨114,161,323　熊本145
三州馬　愛知21,53,108
三州統一　宮崎32,169
三十六王子　愛媛206
三色火薬　神奈川321
鑚錐台　佐賀59
三船の誉れ　和歌山270
三代徒歩　佐賀173
三大銘葉　神奈川131
三奪の法　大分182
桟俵　鳥取251
山丹交易　北海道114
蚕当計　福島323,368
桟留縞　愛知78,255
三人遣い　徳島213　福島241
三年坂の櫓台　和歌山30
サンバイおろし　鳥取274
産馬仕法　宮城12
三八休浜法　山口101
三夫食制　福島69
産物趣法金納　香川93
三閉伊通り一揆　岩手339
三片紅　山形112
山法　岩手125
三方領地替え　山形51
三盆白　山口367　香川101
蚕卵紙　福島139,324　埼玉180
三稜鍼切法　秋田92


［し］

地藍玉　埼玉113
仕明地　沖縄271
シーサー　沖縄61,215
紫衣事件　兵庫272
椎葉神楽　宮崎204
椎葉型民謡　宮崎223
椎葉山騒動　宮崎5
シーボルト事件　和歌山188　佐

椋札　大分104
クネ　大分161
九戸四門の制　青森138
工夫飛白　奈良306
熊送り　北海道64
球磨焼酎　熊本112
熊野炭　和歌山287
熊野比丘尼　和歌山222
汲湯銭　山梨246
久米鋳物師　愛知113
久米式塩田　香川108,303
雲井の梅　福岡326
蔵元両人役　山口64,130
倉吉餅　鳥取31,144
来村騒動　愛媛56
久留米絣　福岡137
黒石藩経学教授所　青森199
蔵人崩れ　鹿児島282
黒江漆器　和歌山155,368
畔頭　山口50,185,202
黒川能　山形241
黒鍬　愛知113,164
黒鍬衆　熊本327
黒薩摩　鹿児島132
黒田騒動　福岡346
ぐろ農法　奈良18
黒羽一揆　栃木81
黒森学校　青森205
鍬先免　熊本331
鍬下年季　埼玉86　愛知19　山口33
クワヒル　北海道278
郡境石　徳島61
郡中制法　山口50
郡内織（郡内絹）山梨56,103,268
郡内騒動　山梨44

［け］

桂園派　滋賀335
慶応義塾　和歌山211　大分315
鯨鯢供養塔　佐賀160
芸州塩屋小八作　島根314
慶長丁銀　愛媛82
京浜鉄道敷設　神奈川315
恵民講　群馬88
契約講　岩手88
ケカチ　秋田80
ゲコギモノ　愛媛228
下財　兵庫80
外道溝　福岡69
ケベール銃　和歌山329　佐賀57
けむりぬき　島根82
遣欧使節団　山形250　長崎29
剣先船　奈良60,79
見山楼　福島316
献上湯　神奈川99
遣制度と組制度　青森40
見当流　愛知277
源内焼　香川121
間板小屋　島根330
元文一揆　鳥取54,60,286

［こ］

甲安今吹金　山梨32
航海遠略策　山口21,338,342
小鵜廻船　栃木37
鉱害対策　島根149
江華島事件　鹿児島380
口琴（ムックリ）　北海道56
甲銀　山梨117
郷倉　栃木292,312
工芸作物　埼玉256
庚午事変　兵庫50,190
降参言わせ　鹿児島250
功山寺決起　山口362
降参証文　群馬99
郷士　鹿児島34
糀土　大分115
甲州金（甲金）　山梨21,31,44,80,101,119,132,261,312
甲州財閥　山梨323
甲州塩　山梨18
甲州枡　山梨21,31,44,83,262
甲州木綿　山梨117
甲州流　和歌山93
庚申講　福岡231
庚申待　福岡232
洪水遺産　徳島56
楮方　佐賀150
楮元銀　愛媛96
楮本銭　宮崎89
広大和本草　奈良167
郷中　鹿児島248,367
郷中無尽　秋田347
上野砥　群馬141
郷筒　愛媛77
甲の石火箭　山梨131
強飯式　栃木228
甲府勤番　山梨17,29,38,52,82,170,205,211,252
航米日録　宮城334
神戸海軍操練所　兵庫71
高野聖　和歌山230
甲良大工　滋賀352
甲羅築　熊本328
牛王紙　佐賀272
郡山金魚　奈良19,170
郡山石州流　奈良292
子害　福島333
古学堂文庫　愛媛188
古唐津　佐賀103
粉河酢　和歌山169,368
御勘弁味噌　島根86,152
扱き箸　鳥取179,278
故郷をおもふ長歌　宮城307
黒印状　北海道92,123
国産菅糸　秋田161
古九谷　佐賀312
黒糖　鹿児島177
国分煙草　鹿児島95
告祭　奈良290
穀物番所　神奈川76
黒曜石　愛知51
御裁許木札　香川77
小細工織　埼玉118
小細工物　愛知117
漉漆紙　奈良160
古式水道　滋賀211
コシキ炉　栃木92
五品江戸廻令　山梨167
越荷方　山口17,138
コシャマインの戦い　北海道134
五社宮一揆　徳島289
戸主会　岩手250
古正阿弥　熊本123
五常講　神奈川309
古浄瑠璃　福島240
御所流れ　奈良19,303
牛頭天王　佐賀126
小炭焼き　鳥取103
御前紙漉人　宮城126
子育木馬　福島120
五体王子　和歌山49
五太木船　宮城100
五駄付　宮城141
コタンコロクル　北海道85
小知行派立　青森18,49
小稚児組　鹿児島374
御馳走米　佐賀70,214
国境紛争　岩手14
湖東座　滋賀280
後藤点　香川205,287
後藤塗　香川126
湖東焼　滋賀19,97
コトの日　鳥取274
子供組　熊本267
子供養育米　島根86
蚕殿様　福島323

ガンドウ機構 群馬293
関東絹 埼玉183
関東郡代 埼玉17,41,63,81,240,303
関東御要害体制 群馬64
関東十八代官 埼玉63
換糖上納 鹿児島316
関東取締出役 群馬20,92,96,235,266 栃木321
関東の上酒 埼玉149
関東流 埼玉81,307
鉄穴流し 鳥取20,76,82,100 島根51,115,122
勧農肝煎役 群馬88
勧農普請 徳島284
感恩講 秋田64
勘場 山口55,174,202 宮崎48,77,101
関八州 栃木337 神奈川148,286
上原窯 愛媛115
寛文の震災 滋賀68
勘弁 島根151
寛保の大水害 埼玉219
貫目改所 滋賀42
眼療宿場 福岡107
咸臨丸 長崎160,229
寒冷地農業 青森338
甘露醤油 山口240

［き］

木一本首一つ 青森316
生糸横浜廻送停止 群馬125
気負水 徳島127
奇應丸 奈良123
木おろし唄 宮崎224
祇園山笠 福岡247
生絹 群馬18,112,137
規矩術 徳島194 熊本330
菊間瓦 愛媛20,115,313
伎芸天像 奈良319
刻煙草 群馬19,134
木地師起源説 和歌山156
岸岳七窯 佐賀101
紀州廻船 和歌山54
紀州ネル 和歌山119
紀州みかん 和歌山106,367
紀州流 和歌山355
義臣伝輪読会 鹿児島339
木銭 山梨248
義倉 秋田347
木曽川宝暦治水 愛知230
木曽三川治水工事 鹿児島320
木曾塚 滋賀235
北浦一揆 秋田79
北方 徳島70,227,283
北上川改修工事 宮城27
北楯堰 山形280
北原人形芝居 大分251
吉川流 秋田340
杵築文学 島根178
亀甲石 山梨60
狐持ち 鳥取261
義田法 島根42
起倒流 愛知277
絹市 埼玉94,150
絹運上反対一揆 群馬69
絹大市 埼玉198
絹買宿 群馬105,123
衣掛の森 福岡224
絹仲買 埼玉181
絹の割 埼玉94
絹飛脚 埼玉182
絹札 埼玉181
絹屋窯 滋賀101
木実方 島根43,106,226
木原不動尊 熊本212
黍検者 鹿児島171,178
生平 奈良106
奇兵隊 山口21,80,338,352,360,373
生木綿 群馬139
生諸白 福島152
逆打ち 埼玉206
逆水灌漑 滋賀204
清正石垣 熊本327
伽羅油 鳥取107
九州国分令 宮崎25
九州停戦令 宮崎24
牛痘接種法 秋田87 山形346 福岡312 佐賀346
牛馬市 鳥取88,119
窮民屋 長崎69
業家 鳥取186
境趣論 和歌山309
行茶 奈良295
行人 和歌山18,68,231
凶年蔵土穂 島根320,350
享保仙字銭 宮城112
享保の大飢饉 鳥取95 愛媛66,134,162,169,265 山口56 佐賀62
京枡 島根236
玉泉坊流 滋賀245
魚鳥座 鳥取45
キラスマメシ 大分312
切替畑 鳥取90
切紙 鳥取146
切支丹御札 宮城72
切支丹殉教 宮城16
切支丹の犯科帳 宮城242
金華山詣 宮城17
切支丹山狩り事件 秋田221
霧島神道 宮崎172
伐畑 徳島124
切米 佐賀30,74
桐生紙 群馬137
桐生紗綾 群馬108
金魚養玩草 奈良167
金銀梨地塗 福島104
錦恵山焼 奈良174
径山寺味噌 和歌山143
銀札崩れ 佐賀171 大分75
銀札騒動 鳥取110,229
銀山大盛 島根149,339
釿始の儀式 奈良236
近思録崩れ 鹿児島223,278
金長狸 徳島271
均分農村 鹿児島43
金目高制 青森45

［く］

九六騒動 奈良29
玖珂縮 山口115
九月堂御籠り 福島212
傀儡師故城阯 兵庫241
クサラカシ 愛媛128
くされ鮨 栃木221
草分百姓 島根292
串鮑役 島根101
公事宿 埼玉148
九十九王子 和歌山49,226
鯨組 和歌山148
鯨史稿 宮城143
鯨大尽 佐賀158
グスク 沖縄209
薬食い 滋賀141
九頭竜神信仰 青森375
くずれ 福岡234
来民うちわ 熊本117
下り鯨 長崎95
下り酒 埼玉149 兵庫113,122
下り塩 埼玉145,213
下りねせ 埼玉113
口かみ酒 沖縄42
クナシリ、メナシの戦い 北海道138
国栖紙 奈良18,159
国友鉄砲鍛冶 滋賀20,103

嬶天下　群馬240
鍵預り　愛媛247
掻きイワシ　愛媛128
柿右衛門様式　佐賀92
柿渋　滋賀59,127
家訓十五ヵ条　福島28
隠し念仏　岩手258
学田　徳島160
学田新田　福島187
賀来の市　大分223
カクラサマ　岩手258
鹿倉　宮崎77
学侶　和歌山18,69,231
かくれ切支丹　宮城237
かくれ念仏洞　宮崎171
かくれ門徒　鹿児島235
カケイデ　愛媛248
欠落　埼玉290
駆けこみ寺　神奈川242
懸硯方　佐賀90,168
掛屋　和歌山280　大分94,244,299,320
囲米　佐賀69
囲籾　山形100　鳥取77　島根324
籠出し（大聖牛）　山梨70
水主立　鹿児島215
葛西大崎一揆　宮城28
傘踊り　鳥取238
傘型連判状　秋田79
家作無尽　岩手88
貸本屋　愛知203
鹿島流し　秋田242
過書　山口221
春日有職奈良人形師　奈良321
春日禰宜能　奈良255
春日若宮祭　奈良21,40,320
粕酢　愛知96
ガス灯　神奈川317
カスパル流外科　和歌山320
霞場　青森238　山形120
かずら橋　徳島38
絣糸趣法　香川93
かせぎ札　徳島125
加世田一揆　鹿児島56
カセドリ　岩手278
雅俗弁　和歌山310
片表　兵庫304
堅田漁師　滋賀193
カダチ　宮崎196
カチャーシー　沖縄309
鰹節　大阪427　高知102　鹿児島140
カッタイ道　愛媛225
勝手造り令　兵庫108,113
勝手世騒動　鹿児島180
鹿角茜染　秋田123
鹿角紫根染　秋田123
勝間土　香川100
勝山館　北海道100
かて飯　岩手254
かてもの　山形81
門割制度　宮崎38　鹿児島41
家内制詞十五ヵ条　宮城230,235
金神信仰　栃木95
神奈川条約　神奈川323
金沢文庫　栃木158
かなて　香川129
金屋子神　青森378　島根262
金屋大工　島根263
金輪車　鹿児島183
銅鳥居　佐賀250,271
鹿野畑　山形63
樺細工　秋田153
樺崎砲台　愛媛75
川原田人形　福島243
華蛮折衷　山梨275
カピタリ　栃木214
カピタン参礼　佐賀58
カフト　滋賀209
かぼすの元祖木　大分129
釜煎り茶　佐賀117
カマクラ　秋田228,240,244
鎌倉五山　神奈川171,179
鎌倉彫り　神奈川84
鎌田流　愛知277
紙買札　愛媛97
紙掛庄屋　佐賀152
上郡一揆　徳島21,89,285,335
紙漉船役　山梨126
上三原田歌舞伎舞台　群馬261,290
上行合人形　福島245
亀山社中　長崎319
亀割の淵　熊本47
蒲生放水路　宮城403
加茂騒動　愛知65
鴨の囀り　宮城61
加茂山騒動　徳島93
カヤカベ教　宮崎172
カヤマチ　愛媛221
粥場　佐賀66
通い祭り　山梨251
唐糸　群馬128
からいも郷士　鹿児島385
カラカラ橋　島根30
カラクリ機構　徳島257
カラコゲ　愛媛210
烏山和紙　栃木112
唐津くんち　佐賀277
からつもの　佐賀99
唐塗　青森116
唐破風　兵庫31,39
唐樋　山口38
からめる　秋田286
唐物　和歌山300
唐物十六種　鹿児島346
唐物貿易　鹿児島333,345
かりあん船　佐賀312
狩川大堰　山形56
借耕牛　徳島34
カリコ牛　香川236
刈干切唄　宮崎221
川躍り　鹿児島305
川口鋳物　山形116　埼玉21,116,368
川越絹　埼玉368
川越大火　埼玉69,212
川崎大師信仰　神奈川159
川砂鉄　鳥取76,102
為替貸　山口337
川連漆器　秋田117,265
川登石　愛媛116
川びたり　群馬253
川骨　宮城291
瓦版の引札　島根48
寛永総検地　宮城54
寛永寅の縄　福島37
咸宜園　福岡202　大分45,179　宮崎140,162,308
歓喜間符　愛媛82
カンクイ　熊本107
勘作ばなし　長崎277
干城隊　福島206
勧請縄　滋賀57
寛政異学の禁　山形206　千葉186　東京123,389　石川184　三重231　滋賀228　香川22,206,214,322　高知171　福岡185,218
寛政の改革　山形87　福島85,186,307　栃木194,306
寛政の三奇人　栃木159,295　熊本118
寛政の大火　愛媛137
寛政の転法　岩手25
観世流　奈良254
竿灯　秋田228,251

男鹿石 秋田302
お陰参り 東京673 愛知263,347 三重47,58,249,363 徳島261
御囲堤 愛知18,229 岐阜30,75 三重282
お囲い村 新潟76
小笠原流礼法 岐阜215
苧粕 石川154
小ヶ瀬井手 大分44,300
岡大豆 大分21,165
御金改役 宮城114
岡船 愛知53
御壁書 佐賀29
御紙屋衆 福井150
岡本大八事件 宮崎54
小川江筋 福島234
小川紙 埼玉144,370
小川島歌舞伎舞台 群馬265
小川島捕鯨 佐賀157
御冠船踊 沖縄285
隠岐騒動 島根61,208
小城素麺 佐賀145
沖田畷の戦い 佐賀24
小木の行 秋田174
隠岐のすさび 島根179
お木びき木やり歌 鳥取167
奥絵師四家 愛媛195
奥久慈こんにゃく 茨城126
お国潤いの策 愛媛211
奥藤の太刀振り 兵庫262
小倉山房吟社 福岡210
御蔵砥 群馬160
御蔵派立 青森49
御鍬祭 愛知260
桶川臙脂 埼玉108
雄亀滝橋 熊本331
オゲヘンド 愛媛225
御公儀百姓 長崎167
オコナイ 滋賀285
オザ 石川169
尾崎小みかん先祖木 大分127
長稚児組 鹿児島374
納札 香川223
納枡 島根236
大鞘樋門 熊本322
押絵羽子板 東京293
お潮い松 佐賀50
押送船 愛知152
折敷 和歌山160
オシクラゴウ 山口259
お七火事 東京145,279
押しブネ 香川100
オシラサマ 青森240,372 岩手258
御救大浚え 滋賀174
御救い門割 宮崎39
御救小屋 東京211,585 静岡87
尾鈴山経済圏 宮崎49
お接待 徳島209 愛媛224
恐山信仰 青森232
お太鼓結び 東京555
御台処馬 宮城119
オタキ 鳥取243
お焚きあげ 鳥取252
御館の乱 新潟157
御立派 島根44,298
御立山（御建山） 鳥取62,91,103 山口173,252
御田舞 佐賀260
小田原征伐 埼玉309
御茶壷道中 山梨55 静岡40,126 滋賀43,101 静岡40,126
オツネン 熊本273
お手伝い普請 千葉70 東京61,67 岐阜78 鹿児島320
お伝絣 福岡141
御道具山 佐賀96
オトウマツリ 和歌山245
オトーリ 沖縄42
男の年取り 岩手274
男山焼 和歌山44
おどし鉄砲 香川141
御留山 秋田105
尾戸焼 高知107
オナガドリ 高知137
オナカマ 山形218
オナマ 和歌山261
鬼追い 兵庫264
鬼剣舞 岩手244
鬼すべ 福岡241
遠敷市庭 福井37
御庭焼 和歌山44 香川121
お練り 兵庫237
尾花子 宮城120
御払馬 宮城119
御日市御免 宮城122
飫肥杉 宮崎83
をびや許し 奈良328
御船入堀 宮城35
御船手御定 鳥取149,156
御船手四人衆 神奈川112
御舟曳堀 宮城36
オボケ 石川155
お水取り 奈良239
オムシャ 北海道127
オモギ 滋賀179
重立商人 奈良132
面扶持の制 山形101
オモロ 沖縄249,287,308
親郷 秋田146
お山祝い 群馬220
お由羅騒動 熊本335 鹿児島224,278,332,375
オランダ正月 三重352
織部焼 岐阜109
おり米 福井282
オロシ（堕胎） 佐賀286
尾張縞 愛知271
尾張木綿 愛知163
おんぞまつり 静岡160
温暖育 福島325,368
隠田 島根283
女の家 鳥取274
女の年取り 岩手274
おんば講 滋賀283
御柱祭（おんばしら） 長野214,242
おん祭り 奈良239


［か］


櫂踊り 島根219
貝殻節 鳥取161,166
開眼供養会 奈良236
甲斐絹 山梨320
海軍親兵 島根62
海軍伝習所 佐賀345 長崎160,192
外国掛り目付 群馬323
外国船警備 埼玉292
蚕積金制度 群馬86
買芝居 群馬22,262
貝じょれん漁具 鳥取161
回生術 徳島303
戒石銘 福島177
買次商 群馬111,123,319,326
買積み廻船 愛知312
回天封事 山形356
櫂伝馬船 島根218
懐妊調 宮城61
開物館 鹿児島351
海布丸太 奈良129
買米仕法 宮城14,111,289
買湯屋 埼玉118
開陽丸 北海道187
偕楽園焼 和歌山44
嘉永朋党事件 鹿児島279
替持法 山口101

ウルシカブレ 岩手265
上荷船 大阪68,118,162,232
雲谷派 山口194
雲州そろばん 島根313
雲水修行 京都205
雲藩暴動 島根61
雲霧帯 鹿児島156

［え］

永久石代法 岐阜84
エイサー 沖縄310
影写説 和歌山309
永続金制度 群馬87
永代たたら 島根265
永方 埼玉157
ええじゃないか 愛知260 和歌山282 広島87
易学 埼玉308
駅路寺 徳島240,276
絵金祭り 高知323
恵賢流数学 青森302
恵光坊流 滋賀245
絵暦 岩手116
蝦夷騒動 山形327
蝦夷地探検 茨城336
越後上布 山形160
越後騒動 新潟85 三重309
越後縮 山形127 新潟106
越後布 新潟284,325
越前鎌 福井166
越前漆器 福井161
越前鳥の子紙 福井146
越前奉書紙 東京446 福井32,56,146
越前焼 福井154
越中おわら節 富山283
越中七浦 富山126
越中売薬 富山210
越中ブリ 富山110
越中枠 群馬34
江戸大廻し問屋 大阪130,231
江戸廻米 宮城33,66
江戸蠣殻灰 栃木145
江戸神楽 東京714
江戸小紋 東京295
江戸地廻り 東京364
江戸地廻り経済圏 埼玉106,116 東京291
江戸大火 埼玉215
江戸大地震 埼玉292
江戸十組問屋 千葉132 静岡97
江戸の大殉教 埼玉312
江戸前の魚 東京339
江戸木綿問屋仲間 埼玉98
エトロフ事変 青森347
江ノ島詣 東京669 神奈川148
エビス信仰 和歌山263
絵踏みの制 長崎331
烏帽子親 石川282 静岡180
エリ 滋賀182,191
エレキテル 東京413
縁仮旦那 秋田179
エンカン船 徳島51
遠州大念仏 静岡241
遠州七窯 福岡98
遠州七不思議 静岡229
遠州木綿 静岡159
遠州流 京都246
延寿派 熊本123
塩硝 富山265
煙硝 岐阜272
遠町深鋪 愛媛87
円通寺の人形芝居 鳥取236
えんぶり 青森225
延宝の大飢饉 岡山258

［お］

御預牛制度 大分37
苧網 山口118
オイアミ 滋賀187
御家流 千葉209
御石改所 宮城40
お伊勢参り 福島260 東京666 三重109,245 大阪250
御鋳立方の七賢人 佐賀86
追鳥狩 福島174
奥羽越列藩同盟 青森24 宮城339,360 福島266,343,353
奥羽観蹟聞老志 岩手70 宮城34,126,274,407
奥羽列藩同盟 →奥羽越列藩同盟
扇石積み 熊本335
扇塚 滋賀250 兵庫232
奥州蚕種本場 福島141
奥州仕置 宮城289
奥州種 群馬120
奥州種場 福島323
奥州船積問屋 群馬58
奥仙紅花 宮城148
黄檗宗 静岡161 京都336 長崎288 熊本307
御厩頭 宮城119
苧うみ 奈良105,301
近江蚊帳 滋賀90
近江牛 滋賀137
近江検地 滋賀17
近江商人 北海道126,244 岩手131 山形117 東京364 新潟319 石川154 岐阜317 三重372 滋賀20,296,376 岡山55
近江売薬 滋賀130
近江八景 福島293 滋賀218
近江麻布 滋賀84
青梅材 東京317
大足引き 新潟40
大足フミ 広島227
大穴口 山梨74
大石兵六夢物語 鹿児島334
大垣廻し 奈良45
大囲堤 埼玉57
大鍛冶場 鳥取104
大川指物 福岡101
扇石 山口237
大蔵流狂言 奈良322
大芥溜 東京207
大坂買屎 大阪385
大阪廻銅 秋田221
大坂米切手訴訟事件 山口62
大坂七名泉 大阪274
大薩摩座 茨城272
大塩平八郎の乱 茨城362 東京124,585 長野334 静岡320 大阪248,426,582,601 和歌山314 福岡328
大島置目条々 鹿児島172
大島紬 鹿児島184
大島の石工 山口235
大洲半紙 愛媛96,314
大茶盛 奈良177
大津絵 千葉284 滋賀35,263,383
大津算盤 滋賀383
大綱引き 秋田228
大津百艘船仲間 滋賀40,175
大伝馬 岩手125
オオトシ 滋賀283
大鳶くずれ 富山79
大野鍛冶 愛知113,167
大野十番頭 和歌山27
大野船 愛知109
大橋高炉 岩手155
大橋流の書 秋田191
大浜塩 愛知104
大原騒動 岐阜83,142,358
大原女 京都141
大堀焼 福島122
大谷石 栃木97
大山詣 神奈川148

162
磯付村　東京342
磯節　鹿児島165
伊平貝　鳥取161
潮来節　茨城112
板締め　愛知84
一位一刀彫り　岐阜148
市江車　愛知242
一所持　宮崎189
一代侍　佐賀336,346
市の掟　埼玉95
市引き　埼玉179
一枚摺　大阪599
一丸蝋　山口131
市村六之丞座　兵庫243
一文人形　大分227
一夜湯治訴訟　神奈川126
一里塚　東京80
一里松　徳島33
一粒丸　新潟269
一割船　東京276
一角印籠　香川125,292
一閑張　佐賀277
一向一揆　石川35,169,297　大阪35　岡山274
一陳糊　石川128
一手問屋　宮城150
一刀彫り　奈良320
一藩面扶持の制　福島349
一本釣り　高知102
以酊庵　長崎43
出湯崩引　大分231
井戸茶碗　佐賀101
糸引歌　山口114
糸割符　埼玉179　山梨110　京都84　大阪45,93,229　福岡116,260　長崎57
いなご土　愛知200
稲田騒動　徳島336
伊那谷人形芝居　長野173
井波大工　富山158
稲むらの火　和歌山88,330
伊奈流　埼玉307
犬追物　鹿児島114,320
犬田布騒動　鹿児島56
戌年の荒れ　群馬256
戌の満水　長野318
猪熊事件　鹿児島219
猪鹿追詰　長崎65
位牌畑大漁　宮城160
用夫　鹿児島215
伊吹もぐさ　滋賀35,130,387
今市実繰　島根87
今出絣　愛媛107
伊万里焼　石川113　岡山99　佐賀93　長崎89
鋳物師　栃木94　埼玉116　滋賀110
伊予絣　愛媛19,102,314
伊予式晒法　愛媛121
伊予聖人　愛媛174,268
伊予綿ネル　愛媛114
入会秣場　埼玉39
入会用水　宮城47
入り鉄砲に出女　群馬62
入浜式塩田　福島95　千葉89　広島58,188,344
圦樋　埼玉31,302
入百姓　福島357
入佐山　兵庫275
伊呂波異見　群馬189
色見　鳥取157
岩木山信仰　青森260
岩蔵紙　佐賀147
鰯網　→鰯漁
鰯地引網漁　→鰯漁
鰯漁　茨城84　千葉112　和歌山284　愛媛242,315
岩田半紙　山口298
岩槻木綿　埼玉94,125,370
石見神楽　島根269
石見瓦　島根123
石見検地　山梨110,261
石見丸物　島根144
石見八重葎　島根239,349
石見焼　島根143
隠居慣行　高知241
因州和紙　鳥取250
陰徳倉　大分44
陰徳講　千葉352
伊部手　岡山92

［う］

温麺　宮城124
上田紬　長野107
上野撮影所　長崎327
飢扶持　島根46,320　鳥取77
ウオジマ　滋賀183
魚付林　高知98
鵜飼船　宮城66
鵜飼漁　岐阜114
浮置米歩増　和歌山39
宇気母智神　宮崎218
浮世組　和歌山150
浮世床　東京556
浮世風呂　東京556
請紙制　島根58　山口18,58,104
烏犀角　神奈川261
牛久の助郷一揆　茨城59
氏子狩り　滋賀125
氏子場　群馬218
宇治茶　京都156
宇治年寄会合　三重44
牛ノ峠論争　宮崎84
牛役　愛媛61
羽洲鎌　山形156
碓氷関所　群馬62
臼杵石仏　大分257
臼太鼓踊り　宮崎206
鶉縞　群馬139
うそ替　福岡241
宇陀紙　奈良161
卯辰山騒動　石川74
ウチナースガイ　沖縄74
内習い制度　青森252
内ノ子騒動　愛媛49
内林　鳥取91
内町外町型　滋賀44
内山紙　長野93
団扇　香川61,352
内海船　愛知109,344
鵜戸さん参り　宮崎175,226
鵜殿廻船　和歌山54,115
姥ヶ餅　滋賀177,383
うぶげ役　群馬42
生子麦　佐賀288
うぶすな神　埼玉196
馬生産役員　宮城119
馬継場　埼玉47
馬作り　熊本267
馬手間　沖縄97
午歳総開帳　埼玉203
午年の大水　栃木60
馬の塔　愛知262,283
馬牧　鹿児島111
産落鯨定　和歌山152
海川御役　岩手36
梅北一揆　宮崎170
梅迫騒動　京都176
梅鉢紋　愛媛113
浦上四番崩れ　徳島244
浦野事件　石川60
卜半役所　大阪452
卜部神道　神奈川203
浦辺水軍　大分61
降り井（ウリカー）　沖縄57
売込商　群馬129,319

佐賀288
明石縮　新潟284
赤玉神教丸　滋賀35
あかてつき　愛媛66
銅御殿　群馬130
上野焼　福岡94
赤膚焼　奈良173,293
赤間関抜荷事件　山口62
赤物　愛知117
秋蚕　福島329
秋田畝織　秋田66,161
秋田杉　秋田102,220
秋田八丈　秋田66,161
秋田蘭画　秋田305
安芸木綿　広島104
アギヤー　沖縄127
芥船　東京207
悪戸焼　青森147
揚浜式塩田　千葉89 三重75
揚げ舟　群馬255 佐賀176
上げ米　愛媛70
赤穂塩　兵庫100,130,142
赤穂浪士　東京171
朝霞の伸銅　埼玉116
淺川騒動　福島193
淺川の花火若者組　福島193
浅草海苔　東京346
朝日長者　島根267
麻布改役所　滋賀85
浅間山大噴火　栃木293 群馬76,339 茨城50,322,332 埼玉323 東京154 神奈川73 長野57,263 高知66
足利織物　栃木298
足利学校　栃木158 群馬208 埼玉310
足利小倉織　栃木302
足付盥　和歌山155
足半草履　山梨64
足踏水車　佐賀109 福岡103
足踏みろくろ　島根315
あじろ炊き　鹿児島363
吾妻麻　群馬136
安宅御船屋　徳島45
愛宕山八景　福島293
頭振　富山67,366
熱海御殿　静岡121 鹿児島36
厚岸国泰寺文書　北海道115
アットウシ　北海道37
穴太積み　滋賀47,122,360
穴口開削　岩手305
安乗文楽　三重265
阿武隈川舟運　福島43
油木　島根107
油屋騒動　徳島113
あぶり蚕　福島143
安倍清騒動　宮城289
アマウェーダ　沖縄119
天城炭　静岡114
天草・島原の乱　熊本81,244,276,292
雨乞い芝居　香川172
雨乞い浮立　佐賀247
奄美群島代官所　鹿児島170
アマルガム法　新潟101 静岡31
網切り騒動　北海道155
網師屋　鳥取157
阿弥陀目安　群馬40
アミモジ　滋賀185
菖蒲躍り　茨城112
洗子の戒　島根255
荒川の西遷　埼玉17,24,305
荒事　東京433,443
荒味漆　石川82
有家手延そうめん　長崎166
有田泉山　長崎88
有田皿山　佐賀93
有田みかん　和歌山57
有田焼　佐賀92
蟻の熊野詣　三重65 和歌山18,223
有松・鳴海絞り　愛知84
阿波踊り　徳島219,265
阿波型農業　徳島187
阿波九城　徳島83,276
阿波三盆糖　徳島121,237,295
阿波の水軍　徳島44
阿波枡　徳島78
安政の五カ国条約　福岡336
安政の大獄　山形355 福島333,350 滋賀76 山口21,344,358 福岡336
安政の大地震　千葉354 東京158,589 富山79 福井100 長野346 静岡85,336 岐阜347 和歌山84
穴馬門徒　福井242
安楽律騒動　滋賀247

［い］

飯田大張紙　長野71
家元制度　京都244
家康廟　埼玉47
医学伝習所　長崎323
猪掛祭　宮崎229
筏師　鳥取94
筏宿　東京320
井形渡し　長野54
伊香保奉額事件　群馬232
伊賀焼　三重142
五十里水　茨城119
生田塩　愛知43
五口六外城制　宮崎31
イクヒナ　徳島51
イグン漁　沖縄125
池御料　香川35
池田酒　大阪336
池田炭　大阪353
イケフネ　大阪439
異骨相　高知287
生駒騒動　香川16,37,59
イサザ　滋賀191
伊佐の売薬　山口140
いさばまわし　長崎169
諫早一揆　長崎71
躄機（いざり機）　山形163 栃木298 群馬106,325 茨城121 埼玉174 東京362 新潟109 山梨105 京都84
射和軽粉　三重134
射和文庫　三重141,236
石垣原の戦　大分26
石組製鉄炉　鹿児島124
石の宝殿　兵庫53,325
石巻鋳銭場　宮城109
石火矢　佐賀79
石母田文書　宮城238
衣装俄　徳島222
和泉櫛　大阪345
和泉の瓦　大阪347
和泉木綿　大阪46,314
泉山の初参り　青森247
出雲国益角力見立大番付　島根87,110,343
出雲大社教　島根184
出雲守台所木　岐阜136
石動衆徒　石川178
出流山挙兵　埼玉238
伊勢白粉　三重138
伊勢型紙　三重169
伊勢歌舞伎　三重273
伊勢講　福岡237
伊勢暦　静岡267　三重61
伊勢商人　三重164,372
伊勢信仰　岐阜295
伊勢錦　奈良310 三重182
伊勢木綿　東京259 三重155,

吉田理兵衛 秋田114
吉高勘解由 山形98
吉武法命 佐賀207,332
吉冨復軒 福岡207
吉野庄三郎 宮崎159
吉野彦助 石川332
吉益東洞 京都326 広島285
吉益北州 鳥取313
吉見頼行 島根171
吉村新兵衛 佐賀118
吉村虎太郎 奈良89,226
吉村寛隆 宮崎239
吉村屋幸兵衛 群馬130,318,334
吉持源治郎 鳥取300
吉本虫夫 高知309
吉本弥之助 香川106
吉分大魯 徳島199
依田惣蔵 長野262
四本亀次郎 鹿児島353
淀屋个庵 大阪427,458,508
淀屋常安 大阪137,230,458
米沢彦八 大阪505,576
米津屋庄三郎 徳島105
米村所平 鳥取18,19,58,71,280,283,353
ヨハネ原主水 埼玉312

［ら］

頼杏坪 広島192,199
頼山陽 岐阜221,344 奈良194 広島178,188,300,319
頼春水 広島182,189,199,282,300
頼春風 広島191
来信国 岡山290
頼勉次郎 宮崎121
ラックスマン 北海道143,152,162 青森86 山形320 佐賀80
ラナルドマクドナルド 北海道313
藍水堂一徳 滋賀109

［り］

李参平（三平） 佐賀92,102,310 長崎88
李芍光 山口90
李真栄 和歌山176,298
李梅渓 和歌山29,176,300
李郎子 島根143
利右衛門 鹿児島83,382
利七 鳥取343
栗庵似鳩 群馬273,298
李家等和 山口199
隆光 奈良20,236,273
竜造寺隆信 佐賀24,118,302,320 宮崎24
竜造寺高房 佐賀24,302
竜造寺政家 佐賀24,302,304
柳亭種彦 埼玉233
良寛 新潟190
臨川堂百錬 滋賀109

［る］

ルイス右衛門 山形254
ルイスソテロ 山形250
ルイスフロイス 滋賀27

［れ］

霊空光謙 滋賀246
霊端 徳島321
レザノフ 北海道144 青森348 山形320
蓮如 富山249 石川169 福井22 大阪34,420 島根249

［ろ］

浪化上人 富山307
六郷政跡 秋田196
六郷政乗 秋田195
六如上人 滋賀334

［わ］

若尾逸平 山梨166,296,320
若狭屋半兵衛 香川190
若杉春后 長崎71
若槻礼次郎 島根194,212,223
若林強斎 滋賀318
若松総兵衛 愛媛74
若宮晴徳 愛媛196
脇儀助 大分115
脇坂安董 兵庫183
脇坂義堂 福島308 埼玉242 京都255
脇坂甚内安治 兵庫46
涌井藤四郎 新潟61
分部光実 滋賀226
和気柳斎 神奈川260
和田源左衛門 愛媛33
和田十郎 山形179
和田忠兵衛頼元 和歌山148
和田寧 兵庫213
和田理兵衛 埼玉57
渡部斧松 秋田297
渡部道可 宮城214
渡辺嘉左衛門 秋田132
渡辺崋山 山形339 福島317 群馬111,314 東京419 神奈川254 愛知324
渡辺一 山形313
渡辺洪基 山形193
渡辺七三郎 山形157
渡辺秀石 長崎108
渡辺正庵 宮崎140,161
渡辺道斎 島根187
渡辺土平治 神奈川72
渡辺友意 福島46
渡辺半三郎 宮城67
渡辺守綱 埼玉58
渡辺善映 新潟259
和徳 長野195
藁科松柏 山形187
蕨喜藤太 千葉147

# 事　項

［あ］

アームストロング砲 佐賀202,238
藍 山形165 新潟77 鳥取21,126 徳島33,57,72,98,140,182,190,226,233,283,295
藍粉成 徳島21,99,227
藍師 徳島98,298
藍玉 三重163 鳥取143 広島339 徳島101,119,191,298,352
藍玉座 山口42
会津塗 福島102
会津の桐下駄 福島110
饗庭塩 愛知43,56,92,104
四十物 新潟296 福井118
アエノコト神事 石川229
青苧 山形31,41,87,124,132,159,324
青苧騒動 山形126
青手 石川116
青花液 愛知86
青松葉事件 愛知22
青物立売 大阪464
青物渡世 大阪310
青柳館文庫 岩手330
青柳倉 岩手330
青柳文庫 宮城217
赤絵 佐賀94,311
赤城講 群馬130
赤子養育制度 宮城57 福島85

山県大弐　埼玉227　山梨210,288,317
山県太郎右衛門　宮崎272
山片蟠桃　大阪557,559,618
山岸喜兵衛　宮城202
山口勘兵衛維深　奈良25
山口喜惣兵衛　愛媛164
山口吉右衛門　徳島74
山口素堂　山梨231,237,280
山口鉄五郎　群馬236　栃木47,306
山口八兵衛　山梨74
山口兵衛　熊本97
山口六郎右衛門　群馬43
山崎闇斎　福島32,161,169　東京213　京都193,301　島根208　高知30,172,292,319　福岡237　佐賀210,216
山崎家治　香川16,28,44　熊本293
山崎七之丞　福島349
山崎守三　沖縄304
山崎石燕　群馬203
山崎瀬蔵　徳島196
山崎為徳　岩手342
山崎弥右衛門　高知33
山崎蘭洲　青森171
山路主住　福岡159
山下治助　山梨83
山下守胤　富山373
山下村清七　福島151
山田蠖堂　山形215
山田原欽　山口20,48,176,318
山田山川　群馬176
山田清安　鹿児島281
山田武雅　徳島293
山田常良　大分53
山田道安　奈良274
山田東海　愛媛291
山田八郎兵衛　福島70
山田文右衛門　北海道263
山田方谷　岡山204
山田真恒　徳島289
山手儀三郎　秋田131,132
山手滝治　秋田135
大和屋茂右衛門　徳島271
山奈宗真　岩手57
山中鹿之助　鳥取32
山中信古　和歌山189,338
山中新十郎　秋田330
山中利右衛門　滋賀86
山西庄五郎　徳島134
山根華陽　山口313,320
山内一豊　高知28,36,51,200
山内董正　栃木330
山辺丈夫　島根171
山宮勘兵衛維深　秋田199
山村新兵衛　山口92
山村良候　長野113
山村智伯　熊本68
山元荘兵衛　宮崎51,77
山本器　鳥取224
山本源蔵　愛媛163
山本ゴイ　新潟233
山本惟命　和歌山215
山本三郎右衛門　熊本78
山本重澄　佐賀93,320
山本庄左衛門　愛知55
山本大膳　埼玉64　山梨162,179
山本善太郎　愛媛121
山本忠佐　愛知178
山本常朝　佐賀309,317
山本東籬　和歌山179
山本尚徳　愛媛76
山本北山　秋田222　群馬329
山本正誼　鹿児島262,278
山本楽所　和歌山339
山本緑陰　埼玉232
山本老迂斎　新潟183
山家清兵衛　愛媛25,217
山家伝蔵　宮城151
山脇東海　奈良198
山脇東洋　福井297　京都324　広島286,294　山口207,365


［ゆ］


湯浅常山　岡山270
湯浅新兵衛　岡山301
由井正雪　福島31
結城秀康　福井53,98
結城文右衛門　埼玉201
結城正武　山形156
祐天上人　福島232
遊行上人　神奈川143
湯山文右衛門　静岡184
由良国繁　群馬304,324
由利公正　福井338


［よ］


養甫尼　高知82
横井希純　徳島137,184,358
横井金谷　兵庫252
横井小南　福井98,200　長野331　熊本147,176,193,338
横井千秋　愛知217
横井時敬　島根230
横井也有　愛知22,317
横尾玄鑑　宮城204
横川良助　青森102　岩手57,199,266
横田亀代　長野286
横田俊益　福島161,168
横田柳几　埼玉262,339
横地官三郎　島根64
横谷宗珉　東京288
横山甚助　大分20,72,77
与謝蕪村　愛知207,320,362　京都341
吉井友実　鹿児島367
吉井直道　徳島185
吉江輔長　山形189
吉雄圭斎　長崎192
吉雄耕牛　長崎82
吉雄権之助　長崎218
吉雄常庵　愛知193
吉岡出雲　新潟103
吉岡隼人　島根83
吉川和泉助　福島103
吉川惟足　福島32
吉川温恭　埼玉103
芳川波山　埼玉234
吉川平介　和歌山112
吉木蘭斎　島根187
吉沢好謙　長野310
吉田兼見　滋賀119
吉田勘兵衛　神奈川297
吉田金吾　長野173　岐阜289　滋賀276
吉田玄蕃　山梨211,292
吉田芝渓　群馬121,201,243,339
吉田潤之助　熊本157
吉田松陰　岩手199　秋田328　福島201　茨城232　山口20,76,129,182,192,220,343,357,370
吉田甚助　香川252
吉田清兵衛　宮城349
吉田世良　愛知183
吉田大八　山形169
吉田東洋　高知191,332
吉田長由　山形340
吉田孫兵衛　広島45
吉田光由　山形310　京都292　兵庫209
吉田宗敬　埼玉148,323
吉田宗敏　埼玉148,325
吉田宗以　埼玉148,323
吉田与平　宮城142

村山宗兵衛 秋田282
室井鳩巣 神奈川188 石川183 和歌山37,308
室井源二郎 宮城196
［め］
明庵栄西 埼玉101
目黒浄定 福島60
米良重隆 宮崎250
米良東嶠 大分170,190,286
［も］
毛内有右衛門 青森80
毛利空桑 大分22,187
毛利重就 山口17,30,62,83,102,310,367
毛利重能 福島284 京都294 兵庫208
毛利敬親 山口20,42,69,209,223,337,343,359
毛利高政 大分25,38,46,139
毛利輝元 島根26 山口16,24,91,104,194,290,298,310
毛利秀就 山口17,24,294,298,310
毛利正直 鹿児島334
毛利宗広 山口41,310,321,365
毛利元就 山口16,46,50,290,342,356
毛利吉元 山口20,176,305,319,389
モーニッケ 山形347 福井327 長崎215 熊本193
最上徳内 北海道143,152,254,323 青森86 山形314 東京508 新潟340
最上義光 青森29 山形29,39,55,117,153,243,274
木喰上人 和歌山18,61,231 宮崎208,327
物集高世 大分170,210
望月五郎左衛門 茨城315
望月俊斎 群馬277
望月清兵衛 山梨125
望月太左衛門 和歌山90
餅屋善六 石川147
本居内遠 奈良333 和歌山182,344
本居大平 愛知177,215,337 和歌山21,182,277,339,344
本居宣長 秋田321 岐阜337 愛知207,215,298 三重209,237 和歌山43,179,182 島根167,179,186,195
本木栄之進 長崎83
本木昌造 鳥取333 長崎162,307
元木ろ洲 徳島185,358
本島藤太夫 佐賀85,344
木綿屋市郎兵衛 滋賀91
桃節山 島根162,348
桃白鹿（源蔵） 島根157
森伊左衛門 大分272
森甚五兵衛 徳島44,136
森清助 徳島196
森徂仙 大阪524
森忠洪 兵庫181
森春濤 愛知180
森平右衛門利真 山形85
森又左衛門 徳島86
森万右衛門 三重333
森弥兵衛 鹿児島144
森川許六 滋賀239 奈良117
森川杜園 奈良319
森下立太郎 岡山74
森下禎之助 徳島192
森島作兵衛 香川121
森島弥十郎 山梨206
守住貫魚 徳島185
森田久右衛門 高知108
森田重吉 愛媛100,313
森田節斎 奈良90,188,197
森田千庵 新潟266
森野藤助 奈良20,124,313
森広幾太 島根298,300
森広伝兵衛 島根88,298,302
森山栄之助 北海道315
森山弥七郎 青森29
諸葛琴台 栃木182
文殊四郎 大阪325
［や］
八板金兵衛 岐阜123
八百屋南籐 大阪270
八木信恭 愛媛112
八木元信 鹿児島120
八木下要右衛門 東京366
柳生里恭 奈良177,188
柳生宗矩 東京594 奈良18,30,265
柳生宗厳 奈良27,264
矢口来応 広島205
矢崎又右衛門 山梨77
八代権右衛門 滋賀258
屋代弘賢 福島340
安井九兵衛 三重319 大阪92,123,408,497
安井息軒 宮崎89,129,284,293,327
保泉種三郎 福島349
安川内蔵助 千葉171
安田成信 鳥取280,286
安田七左衛門 鳥取74,284
安田次郎兵衛 青森318
安田政一 山口275
安田光則 宮城195
保姫 鹿児島331
安松金右衛門 東京97 埼玉41, 55
八角高遠 岩手214,228
八十島治右衛門 愛媛56,243,265
谷田貝八右衛門 栃木58
矢津田喜多治 宮崎236,328
柳川熊吉 北海道189
梁川紅蘭 岐阜242
柳川春三 和歌山209
梁川星巌 群馬301,329 岐阜206,223,347滋賀77,336
柳沢淇園（柳里恭） 山梨19,272
柳沢保申 奈良171,191,290
柳沢保光 奈良171,288
柳沢吉里 山梨17,29,32,38,74,111,265,272 奈良19,29,169,187
柳沢吉保 埼玉43,105 東京282 山梨17,29,32,38,111,265 奈良169,187,212,236,288
柳田禎蔵 群馬277
柳瀬義達 愛媛111
梁田蛻巌 兵庫195
矢野玄道 愛媛190,275
矢野栄教 徳島321
矢原又右衛門 香川33
矢部覚兵衛 新潟141
矢部惣四郎 福島163
山内吉右衛門 福島73
山内作左衛門 北海道159
山内豊信（容堂） 高知345,161,332
山内豊敷 高知170
山内広通 山口41
山岡喜八郎 群馬93
山岡権右衛門 福島284
山岡鉄太郎 山形357
山鹿素行 青森199 兵庫39,181 長崎203
山県有朋 山口220,354,356
山県九左衛門 鳥取27
山県周南 山口20,184,317,365

丸山可澄 山形42
馬渡八郎 佐賀237,240
万代常閑 岡山118

［み］

三浦明敬 宮崎29,92
三浦寛右衛門 山形174
三浦恭園 岩手236
三浦源蔵 山口99
三浦玄忠 愛知85
三浦シオ 長崎113
三浦自祐 岩手235
三浦新九郎 鳥取56,282
三浦帯刀 千葉76
三浦竹渓 愛知174
三浦貞蔵 山形179
箕浦徳胤 鳥取184
三浦梅園 大分22,169,187,266,280
三浦命助 岩手199
三浦元苗 滋賀228
三浦弥左衛門 愛知158
三浦良佐 山形179
三浦屋惣右衛門 宮城82,112
味方家重 三重121
味方但馬 新潟99
三上是庵 愛媛79
三上里恵 埼玉289
三河口太忠 山形93
三木パウロ 徳島240
三木正通 徳島27
三熊介堂 滋賀366
三熊花顚 滋賀337
神子高たか 富山236
三沢信濃 宮城370
三沢初子 宮城45
三品仁兵衛 宮城114
三品容斎（宅平） 愛媛175,268,273
水木辰之助 大阪498
水谷豊文 愛知191
水足五郎兵衛 熊本145
水足屏山 熊本173
水野勝成 広島28,92,258,336
水野重仲 和歌山17,27,98
水野忠清 長野303
水野忠邦 群馬279 埼玉62,126 東京124,330 神奈川311 山梨87 静岡70,200,247,258,323 愛知72 島根51
水野忠任 佐賀210,326
水野忠直 長野306
水野忠央 和歌山103,118,209,313
水野忠見 兵庫61
水野忠通 大阪310
水野長勝 埼玉59
水間良実 鹿児島268
三瀬諸淵（周三） 愛媛166,187,191,283,285
溝口直養 新潟208,225
溝口信勝 奈良46,246
三田昂馬 兵庫195
三田俊次郎 岩手241
三田称平 栃木153
道川清兵衛 秋田194
三井高利 東京257 三重166
三井高房 京都197
三井八郎右衛門 京都334
密英上人 兵庫224
箕作阮甫 岩手343 鳥取306,314 佐賀338,375
箕作省吾 岩手342
三橋鎌山 神奈川87
碧川篤真 秋田324
水上善治 富山266
皆川宗海 秋田197
皆川淇園 滋賀230,335 京都193
湊長安 宮城220 山形340
南一郎平 大分50,303
南薫風 徳島336
蓑笠之助正高 神奈川55
美馬君田 香川318
美馬順三 徳島19,305
宮井安泰 富山337
宮負定雄 千葉251
宮岡豊後 新潟72
宮川四郎兵衛 新潟91
三宅見龍 広島311
三宅艮斎 和歌山328
三宅尚斎 滋賀318 佐賀208
三宅石庵 大阪550
三宅隆仲 福島283
三宅友信 山形344
三宅康直 愛知47,327
宮崎禅斎 京都86
宮崎善四郎 秋田131
宮崎太柱 島根152
宮崎梯助 群馬88
宮崎安貞 岩手45 秋田149 栃木297 神奈川61 富山320 徳島187 福岡203,298,307
宮崎友禅斎 石川127
宮下敬助 長野251
宮永萩園 富山229
宮永正運 富山316
宮永八百治 宮崎159
宮原真宅 宮崎172
宮原良弥 山梨114
宮本武蔵 東京593 熊本125,276
妙立慈山 滋賀246
身禄 東京567
三輪休雪 山口94

［む］

向井去来 京都224
向井元升 長崎182
務川忠兵衛 長野333
椋梨一雪 徳島198
椋梨藤太 山口21,335,343
武者主計 宮城66
村井見朴 熊本180,188
村井古道 奈良103
村井新七 岩手133
村井新助 青森219
村井清七 山形130
村尾十兵衛 鳥取37
村岡伊太夫 熊本164
村上玄水 大分205
村上考言 島根320
村上随憲 群馬281
村上天流 群馬232
村上道慶 岩手35
村上彦三郎 香川159
村上英俊 長野223
村上仏山 福岡209
村上光晴 山梨220
村上休広 広島272
村上頼勝 新潟140
村上屋伴蔵 宮城151
村川市兵衛 鳥取41
村瀬栲亭 秋田202 滋賀336
村瀬庄兵衛 大分78,171,307
村瀬藤城 岐阜219
村瀬弥兵衛 鳥取348
村田新八 鹿児島225,377
村田清風 山口21,67,213,290,335,342
村田蔵六 愛媛75,166,191,283,285 山口87,217,347
村田豊綏 滋賀79
村地才一郎 佐賀242
村野盛政 埼玉103
村松茂清 福島283 兵庫209
村松素行 滋賀79
村本三五郎 山口111,324

益田立軒　徳島161,357
増戸武兵衛　山形210
枡屋治平　滋賀91
町田八之丞　山形165
松井角平　富山159
松井佳一　奈良168
松井耕雪　福井172
松井五郎兵衛　宮崎264,273,325
松井素輪　群馬271,286
松井道珍　奈良139
松居遊見　滋賀296
松浦庄蔵　福井187
松浦武四郎　北海道86,120,326　秋田125　三重363
松浦与兵衛　福井106　京都286
松江重頼　奈良21
松尾芭蕉　秋田73　山形30,42,282　福島291,299　茨城168　千葉31,294　埼玉50,262,338　新潟175　富山309　石川191　愛知21,317　岐阜167　三重311　滋賀221,233,265　京都228,341　熊本289,298
松岡直右衛門　三重180
松川岐山　栃木159
松木清貞　宮崎118
松木伝兵衛　広島235
松崎観海　島根166
松崎慊堂　愛媛175
松崎謙堂　千葉206　静岡202
松崎蘭谷　兵庫219
松沢伊八　新潟321
松沢光憲　山形179
松田伝十郎　北海道326　新潟336
松田弥助　大阪505
松平明矩　兵庫59
松平家忠　埼玉25,46,123
松平容貞　福島228
松平容敬　福島53
松平容保　青森24　福島34,61,88,175　三重98
松平勝成　愛媛34,79
松平閑山（近訓）　大分78,174,305
松平定邦　福島83,185
松平定喬　愛媛41,198
松平定直　愛媛58,198,231
松平定信　北海道113,143　山形316　福島81,185,295,307　埼玉199,242　東京122,141,212,247,388,578　新潟240　山梨86,171　三重348　岡山281　愛媛137,138,179　熊本64
松平定通　愛媛50,138
松平定行　愛媛17,27,34,196,230
松平定能　山梨206
松平春嶽　福島352　福井47,98,200,326,331　熊本177,339
松平忠明　大阪47,69,91,220,230,421　奈良28
松平忠昭　大分29,225
松平忠刻　長崎137
松平忠恕　長崎137
松平忠祇　栃木66
松平忠俔　長崎137
松平忠優　長野110,333
松平忠吉　群馬254　埼玉25,301　愛知26,32
松平近説　大分22,175,305
松平輝高　群馬70
松田伝十郎　山形321
松平直矩　大分30,39
松平直政　島根99,156,216,236
松平斉厚　群馬259,311
松平信明　山梨205
松平信綱　埼玉18,40,51,69　東京97　長崎54
松平信庸　山形214
松平信輝　埼玉57
松平信行　山形209
松平信之　奈良18,30,211
松平乗紀　岐阜184
松平治郷（不昧）　奈良292　島根22,180,201,224,299
松平英親　大分28,109,169
松平正容　福島53,60
松平正綱　山梨264
松平正経　福島60
松平光通　福井52,155
松平光長　新潟86
松平宗矩　福井98
松平宗衍　島根41,108,157,299
松平茂昭　福井102
松平康任　島根47,306
松平康英　佐賀58,341
松平康福　島根164,305
松平慶永　山形357　福井56
松平頼桓　香川203,272,286,308
松平頼重　香川16,25,44,64,103,121,202,271
松平頼胤　香川78,125,295,309,316
松平頼常　香川21,202,271,289
松平頼豊　香川271,285
松平頼恭　香川19,88,97,115,204,271,278,287,308,338
松平頼聰　香川78,295
松平頼恕　香川78,103,125,292,309,323,327
松平頼儀　香川78,309,322
松永尺五　京都192
松永貞徳　愛知359　京都192,260,284　奈良247
松浪勘十郎　茨城29,339　広島45
松木庄左衛門　福井280
松前章広　北海道154
松前勘解由　北海道163
松前広長　北海道132
松前慶広　北海道123
松村月渓　滋賀335
松村宗昆　沖縄298
松村宗昆　沖縄298
松本運七　秋田131
松本久右衛門　愛知118
松本古堂　島根200　鳥取212
松本茂右衛門　栃木122
松本重孝　島根275
松本雪山　愛媛196
松本良順　長崎193
松屋伊兵衛　石川87
松山棟庵　和歌山212,333
松浦詮　長崎339
松浦鎮信　長崎91
松浦静山　京都194　長崎300
真鶴　沖縄173
曲直瀬道三　埼玉310
間部詮勝　岩手195　福井48
真鍋伊作　愛媛101
間宮武右衛門　香川272
間宮林蔵　北海道153,253,325　岩手51　山形321　茨城353　千葉316　新潟340
真山保兵衛　宮城361
丸尾五左衛門　香川46
丸田兼義　鹿児島188
丸田南里　鹿児島181
丸田正通　山形313
丸屋治兵衛　奈良175
円山応挙　青森245　滋賀335　兵庫222
丸山元純　新潟329
丸山清兵衛　山形170
丸山長作　鳥取299
丸山徳弥　徳島295
丸山平六　山形89

プチャーチン　北海道158 静岡85,325 佐賀58,344
舟木外記　兵庫205
船木春平　鳥取223
船越作左衛門　鳥取19,355
船津伝次平　群馬187 奈良308
ブラキストン　北海道176
フランシスコザビエル　埼玉311
古市剛　群馬167,338
古内主膳　宮城51
古川古松軒　宮城34,113,277,332 秋田39 福島56 山形93,195 埼玉49 岡山278
古川亮朝　京都264
古郡重政　静岡44
古沢滋　徳島339
古田織部　岐阜109 愛知304 三重143 滋賀315 奈良299 山口92 福岡98
古館孫兵衛庸水　岩手170
古野美福　愛知174
古屋蜂城　山梨215
ブロートン　北海道152
不破武兵衛　愛媛163
文楽軒　兵庫245,298

［へ］

平敷屋朝敏　沖縄290
別所玄季　宮城213
蛇口伴蔵　青森365
ペリー　北海道163
ベルナルド　東京187,251,403,512,525,530 鹿児島230
鞭牛和尚　岩手81,311
ベンジャミンライマン　北海道220

［ほ］

帆足万里　鳥取329 大分22,121,170,189,208,279,285,313
芳山　富山196
宝生友春　石川269
北條角磨　山形179
北条玄養　山形196
北条瀬兵衛　山口334
北條六右衛門　山形103,175
報専坊慧雲　広島169
蓬莱山人　群馬274
ホーレスケプロン　北海道211,217
外間専張　沖縄120
北郷時久　宮崎32
北郷久明　宮崎36
北堂和尚　静岡160
保坂勘助　長野273
星孫九郎　福島229
干川小兵衛　群馬81,162
保科容頌　福島80
保科正純　福島55
保科正経　福島34,53
保科正之　山形155,226 福島28,53,60,68,78,160,169 群馬166 神奈川203
星野金左衛門　群馬109,143
星野良悦　広島293
細井広沢　熊本303
細井平洲　山形86,187,211 愛知180,295
細川興文　熊本39
細川幸助　群馬171
細川重賢　青森172 佐賀71 熊本58,66,75,139,172,188,317
細川忠興　福岡95,145 熊本29,277
細川忠利　京都296 熊本29,117,164,241,276,328
細川綱利　熊本299,311
細川斉護　熊本140,208
細木瑞枝　高知315
細野亘　滋賀232
穂田元清　山口310
堀田利熙　北海道166
堀田正睦　山形348 千葉202,214,349
穂積与信　兵庫211
ホフマン　福島369
堀藤十郎　島根171
堀直寄　新潟132
堀秀政　滋賀31
堀平太左衛門　熊本58,66,143,172
堀内憲時　山梨204
堀内信　和歌山182,371
堀江平蔵　和歌山20,40
堀尾帯刀　静岡258
堀尾吉晴　滋賀31
堀内忠寛　山形192
堀部安兵衛　兵庫312
本阿弥光悦　京都276,296,308 奈良177
本城豊前　山形58
本田東陵　福島187
本多貞吉　石川17
本多忠敬　島根163
本多忠刻　兵庫25,35
本多忠政　兵庫25,34,38
本多利明　山形315 新潟216 大阪129
本多政勝　奈良28
本多正純　栃木101
本多政朝　兵庫26,40
本多正信　東京66
ポンペ　長崎42,190
本間玄調　茨城246
本間光丘　山形290,306
本間宗久　山形44

［ま］

前川善兵衛　岩手108
前田宗珉　千葉366
前田綱紀　石川134,162,183,213,269
前田利家　富山102 石川15
前田利次　富山205 石川204
前田利常　富山30,38,59,181,217,236,329 石川28,49,114,163,190,204,243
前田利長　富山117,236,273
前田利治　石川114,204
前田利保　富山371
前田斉泰　石川76
前田梅園　滋賀389
前田治脩　富山333
前田正甫　富山144,210,291
前野小平治　愛知345
前野良沢　岩手188 群馬306 福井301 和歌山185 山口208 福岡245 長崎81 大分22,205,315
前原巧山　愛媛75
真柄教有　宮城349
真柄仁兵衛　新潟299
真木和泉　福岡334 宮崎69
真木重郎兵衛　愛知49
真木光憲　福島354
真木保臣　山形356
牧文吉　宮崎163
巻菱湖　徳島320
牧園茅山　福岡216
牧野貞喜　茨城52
牧野忠精　新潟184,360
牧野忠成　新潟182
牧野康成　埼玉58,301
牧野よし　神奈川222
孫福斎　徳島113
正木屋清左衛門　長野80
益子金蔵　茨城129
真島幸庵　鳥取18,57,282,286
桝井清蔵　鳥取55,373
増田五郎右衛門　静岡64
増田新蔵　鳥取62,354

半谷仁左衛門 福島125
盤珪禅師 兵庫283
万随和尚 神奈川263
播隆上人 富山357 長野162
［ひ］
日枝梅山 山口191
比嘉乗昌 沖縄161
東白髪 熊本196
東方芝山 石川209
東島徳左衛門 佐賀93,311
比企藤馬 愛媛260
匹田松塘 秋田318
疋田文五郎 群馬230
樋口好古 愛知295
樋口権右衛門 青森49
樋口東里 山口183
樋口富蔵 高知112
樋口れい 大阪611
土方歳三 北海道186
菱川師宣 千葉282 東京422,439 神奈川161
肥田浜五郎 兵庫68
飛田安兵衛 兵庫90
日高謙三 宮崎307
日高仁兵衛 宮崎183
日高蔦子 宮崎307,328
飛騨屋久兵衛 北海道243 青森17,86,109,311 岐阜314
左甚五郎 東京287
秀島寛三郎 佐賀211
尾藤二洲 広島303 愛媛172,269
尾藤知宣 香川16,24
一栗兵部 山形61
一柳直家 愛媛29,168
一柳直重 愛媛29,168
一柳直盛 愛媛29,168
一柳頼親 愛媛171,270
一柳頼紹 愛媛77,172,271
人見蕉雨 秋田91
日根野吉明 大分29,48,225
日野鼎哉 福井325
百武兼行 佐賀236,242
百太夫 徳島327,344
ヒュースケン 東京530
兵頭太郎右衛門 愛媛298,315
平井兵左衛門 香川19,197
平岩親吉 山梨26,261
平尾魯仙 青森358
平岡円四郎 埼玉351
平岡鳩平 奈良91,200
平賀源内 秋田114,306 東京413 奈良317 和歌山337 香川275
平賀貞愛 大阪578
平賀元義 岡山311
平沢旭山 群馬204
平沢定右衛門 青森50
平沢平格 秋田203
平島義根 徳島293
平田篤胤 青森358 秋田211,218,315,321,339 栃木256 千葉251,357 愛知210,342 三重214 愛媛190,275
平田典通 沖縄159
平田彦三 熊本122
平田眠翁 鳥取21,168,373
平田靭負 三重285 岐阜79 鹿児島320
平塚平八郎 山梨182
平塚雄五郎 宮城143
平野一郎 秋田348
平野国臣 山形356 山口351 宮崎71
平野五郎右衛門 熊本78
平野甚右衛門 岐阜305
平野藤次 大阪92,123
平野八右衛門 滋賀66
平部嶠南 宮崎87,288,293,340,346
平松楽斎 三重356,364
平元謹斎 秋田215
平山仁兵衛 千葉258
広沢周斎 富山223
広瀬久兵衛 大分20,50,56,78,98,180,299
広瀬旭荘 栃木162 大分177,183
広瀬淡窓 福岡111,166,203,219 佐賀220 長崎206 大分22,56,174,179,187,200,245,263,285,299 宮崎140
広瀬萬次郎 愛媛260
広瀬蒙斎 福島187
広瀬林国 鳥取199
広田直道 兵庫212
［ふ］
深川安斎 香川202
深沢儀太夫 長崎95
深瀬繁理 奈良93,226
深見正昭 愛媛112
深谷勝竹 宮城120
福井仁平 徳島234
福沢諭吉 和歌山211,333 大分22,313
福島東雄 埼玉186,255,365
福島献吉 愛知105
福島貞雄 埼玉20,88,254,358
福島正則 広島36,91,152 山口24,197,294 愛媛17,24,53
福住九蔵 神奈川104,313
福住正兄 神奈川124,135,214
福田宗禎 群馬277
福谷藤左衛門 愛知210
福羽美静 島根177 愛媛280
福原五岳 大阪523
福原新左衛門 新潟59
福本仁左衛門 愛知306
藤井右門 山梨210,292
藤井源兵衛 熊本184
藤井黄山 広島207
藤井三郎 石川215
藤井晋流 福島293
藤井暮庵 広島199
藤井又蔵 岩手196
藤井藍田 徳島340
藤江斧助 兵庫196
藤岡五兵衛 滋賀131
藤川東園 香川214,321
藤崎公寛 宮崎278,327
藤沢東畡 香川215,321
藤田小四郎 群馬89 茨城240
藤田貞資 山形310 福岡163
藤田東湖 茨城227,242,329 東京158
藤田幽谷 茨城226,339,346
藤塚式部 宮城327
藤塚知明 宮城60
藤野四郎兵衛 北海道248 滋賀363
藤野孫一 島根327
藤林泰助 鳥取313
藤林普山 愛知195 鳥取218
藤村彦六 秋田153
藤本善右衛門 長野102
藤本太郎兵衛 滋賀48,170
藤本鉄石 愛知181 奈良89
不住斎竹心 京都247
藤好本蔵 愛媛267
藤原国次 山形121
藤原兼輔 島根260
藤原惺窩 和歌山299,361
藤原守春 山形277
藤原林七 熊本329
布施虎之助 山口43
淵岡山 福島162
淵沢円右衛門 岩手140

野中金右衛門　宮崎85,271,327
野中兼山　高知30,36,107,137,171,207,290
野之村仁清　福島122 京都72,312 奈良173
野辺沢光昌　山形138
能美屋佐吉　石川80
野村勘兵衛　群馬335
野村軍記　青森68,101 岩手142
野村幸右衛門　大分246
野村佐平治　茨城103
野村常林　愛媛196
野村助三郎　山口169
野村単五郎　滋賀262
野村望東尼　福岡195
野村立栄　愛知192
野元三之助　鹿児島365
野本道玄　青森305
野呂介石　和歌山272
野呂元丈　三重326
野呂理左衛門　青森54
［は］
パークス　愛媛75,287
袴田与五郎　秋田57
萩野信敏　埼玉247
萩森部　愛媛46
萩原喜右衛門　長野95
萩原賢和　群馬233
萩原貞起　長野256
萩原宗固　埼玉317
萩原禎助　群馬191
萩原元克　山梨203,215
萩原律友　徳島198
白隠慧鶴　静岡287 京都205
羽倉権九郎秘救　大分43,54,299
間重富　大阪569
羽柴秀勝　山梨16,25,265
橋本香坡　兵庫193,201
橋本五郎左衛門　秋田66 大分107
橋本左内　福井98,200,330
橋本三兵衛　島根50,306
橋本新左衛門　佐賀86
橋本宗吉　大阪570
橋本雅邦　山口200
芭蕉　→松尾芭蕉
蓮沼七左衛門　秋田131
蓮沼重左衛門　福島112
蓮沼仲　秋田300
長谷川角行　山梨220
長谷川勘兵衛　群馬105
長谷川喜平次　香川36
長谷川敬助　埼玉237
長谷川玄斎　滋賀161
長谷川貞雄　徳島293
長谷川庄五郎　山形69
長谷川宗右衛門　香川82
長谷川忠崇　岐阜176
長谷川長左衛門　山形121
長谷川平蔵　東京141
長谷川光信　大阪524
長谷川弥次左衛門　福井31
支倉常長　岩手295 宮城15,238,377 山形252
長谷部九兵衛　愛媛91,312
長谷部甚平　福井339
秦石田　滋賀389
秦魯斎　福井318
秦野恵教　兵庫201
羽田野敬雄　愛知210,337
畑原茂兵衛　福島151
八条宮智忠親王　兵庫251
蜂須賀家政　徳島16,24,38,45,72,128,220,268,274,336
蜂須賀重喜　徳島19,77,140,287,305
蜂須賀綱矩　徳島17,288
蜂須賀成詔　徳島315,339
蜂須賀斉裕　徳島21,315,334
蜂須賀斉昌　徳島84,182,202,252,334
蜂須賀治明　兵庫196
蜂須賀治昭　徳島140,182
蜂須賀宗鎮　徳島67,142,288
蜂須賀至鎮　兵庫25,42,47
八田知紀　宮崎191
八田兵助　佐賀87
服部安休　福島161
服部永錫　大阪562
服部十郎兵衛　神奈川308
服部外右衛門　山形301
服部南郭　京都345 奈良290 熊本298
服部半蔵　岐阜91 三重100
服部豊山　山形211
服部未石亭　滋賀363
服部宗重　鹿児島95
服部与三右衛門　岡山258
服部嵐雪　兵庫296
羽鳥一紅　群馬271,284,339
華岡青洲　和歌山185,320 島根179,188
波名城政由　沖縄304
塙直政　奈良40
塙保己一　石川167 埼玉21,315
羽仁正之　山口63,311
羽地朝秀　沖縄141,270,332
馬場佐十郎　長崎85　大分203
馬場重久　群馬121,243,338
馬場彦十郎　愛知60
馬場正方　長野322
浜尾新　兵庫320
浜口悟陵　和歌山87,143,191,212,286,327
浜崎太平次　福岡85 沖縄172
浜田彦蔵　鳥取349
浜田弥兵衛　長崎105
早川図書　宮崎109
早川多善（石牙）　山梨85
早川八郎左衛門　岡山247
林桜園　熊本203
林謙斎　岐阜236
林子平　宮城18,207,304
林述斎　福島316 埼玉317 愛知329 岐阜185,215 鳥取322
林信海　埼玉286,294
林新作　長野72
林宗甫　奈良215,280
林洞意　高知325
林藤内　奈良207
林遠里　島根229
林信敬　福島186
林正盛　熊本43
林又七　熊本122
林毛川　福井315
林羅山　青森246 福島32 東京386,595 島根156
林良斎　香川22,208,328
林田正助　福岡266
林田半蔵　宮崎58
速見行道　岐阜91
原綾蔵　山口274
原玄琢　島根327
原時行　宮崎111
原沢文仲　群馬282
原田甲斐　宮城15,387
原田謙堂　鳥取306,313
原田五右衛門　秋田57
原田蔵六　滋賀388
ハリス　福島352 東京252,530
春木南湖　群馬298
春田半左衛門　鹿児島126
伴嵩蹊　福島86 滋賀22,331
伴庄右衛門　滋賀91
伴伝兵衛　滋賀91,268
伴信友　福井306

鍋島光茂　佐賀199,213,273,309,317
鍋島宗茂　佐賀64,319,321
鍋島宗教　長崎72
鍋田三善　福島231
鍋屋与兵衛　埼玉245
並河誠所　群馬226　兵庫216
並木正三　大阪499
苗村介洞　滋賀334
行貝弥五兵衛　千葉61
行方久兵衛　福井58
奈良讓山　秋田222
奈良養斎　岩手57　秋田224
楢林栄建　佐賀335　長崎218
奈良屋権兵衛　山形291
奈良屋茂左衛門　東京283
楢山佐渡　岩手69
成田才次郎　福島268
成田三右衛門　岐阜150
成田重兵衛　福島365　滋賀289
成安道頓　大阪123
成島錦江　埼玉222
成島道筑　神奈川65,283
成瀬平三　滋賀77
成瀬正成　愛知32
成富兵庫茂安　佐賀38,87,308
那波活所　和歌山176
名和長年　鳥取317
南郷蘭室　福島187
南條良作　鳥取170
難波抱節　岡山190
南部重直　岩手103
南部草寿　富山210
南部済賢　岩手208
南部利直　岩手28
南部利剛　青森214
南部利用　秋田223
南部直政　青森186
南部信直　青森14　岩手28　秋田103
南部信真　青森187
南部吉助　宮城48
南浦文之　鹿児島255

［に］

新居正方　徳島185
新国掃部　宮城158
新島七五三太　群馬177
新島襄　北海道168　群馬178
新関久正　山形280
仁井田助左衛門道貫　和歌山284,343
仁井田長群　和歌山281,343
仁井田南陽（好古）　和歌山20,43,124,181,343,371
新妻金夫　宮崎109
新名主水　宮崎54
新納忠元　鹿児島248
ニール　鹿児島74
二階堂桃祖　福島294
仁木永祐　岡山324
二木長嘯　岐阜329
西善三郎　長崎82
西浦器水　山形199
西尾由則　徳島290
西岡翠園　愛知175
西川吉輔　滋賀81
西川如見　長崎103,246
西川甚五郎　滋賀20,91,268
西川利右衛門　滋賀91
錦織秋泉　島根256
錦織周泉　鳥取200
西崎善近　福島283
西島八兵衛　三重318　香川17,31,39
西田新九郎　鳥取335
西野恵荘　滋賀51
西林国橋　岡山215
西村久左衛門　山形31,125,161
西村貞太郎　山梨90
西村庄兵衛　兵庫204
西村太冲　富山338,350
西村時乗　鹿児島364
西村彦左衛門　三重183
西村彦兵衛　京都255
西村孫兵衛　滋賀159
西村明観　宮城211
西山砂保　島根179,189
西山宗因　愛知359　京都291　大阪481　熊本283
西脇紋右衛門　福井109
日明和尚　福島315
日講上人　宮崎118,257,325
新田義貞　群馬91,304
にっぽん音吉　愛知310
新渡戸稲造　北海道227
新渡戸伝　青森19,353　岩手54
二藤部兵右衛門　山形33
二宮敬作　愛媛75,192,282,285
二宮佐源　大分263
二宮尊徳（金次郎）　福島202,340　茨城75　栃木73,333　埼玉251　千葉70　神奈川104,124,135,304　静岡78,184,208
二宮彦可　島根186
二瓶左蔵　宮城204
乳井市郎左衛門建富　青森22
乳井貢　青森331
如心斎天然　京都246
丹羽氏清　愛知275
丹羽正伯　千葉169,326　和歌山336
丹羽高庸　福島181
丹羽忠亮　福島178
丹羽桃渓　島根96
丹羽長国　福島266
丹羽長重　福島177
丹羽光重　福島177,270,283
丹羽竜之助　佐賀242
忍室　鹿児島233
任誓　石川297

［ぬ］

額田七郎右衛門　兵庫193
貫名松翁　徳島185,320
塗師三十郎　福井108
沼波弄山　三重146,239
沼尻墨僊　茨城321
沼野峯　和歌山275

［ね］

根井行雄　群馬192,234
根岸友山　埼玉233
禰寝彦右衛門　鹿児島364
根津嘉一郎　山梨296
根本哲治　宮城196
根本通明　秋田203
根本弥右衛門　香川202

［の］

野井安定　愛媛189
能美洞庵　山口209,213
野上玄伯　鳥取315
野上陳令　秋田211
野口年長　徳島138,185,358
野国総管　沖縄119,337
野坂完山　広島311
野崎源蔵　鳥取189
野崎主計　奈良93,227
野崎武左衛門　岡山305　愛媛90
能島典方　愛媛196
能勢市十郎　滋賀70
能勢環　東京718
莅戸政在　山形84,90
莅戸善政　山形78,87
野田三郎左衛門　静岡52
野田重　長野98
野田広足　愛媛189
野田木工　奈良300
野中休意　埼玉297

内藤盛昌 福島86
内藤義泰 福島234
内藤頼由 長野233
内藤露沾 福島293
中天遊 大阪571 鳥取219
中井閑民 福島138
中井源左衛門 滋賀128
中井新三郎 宮城151
中井甚次郎 奈良207
中井清太夫 山梨281
中井竹山 大阪553,560,568,618 鳥取193
中井履軒 大阪555,560,568 鳥取194
長井雅楽 山口21,338,341
長井似水 新潟174
永井岩之丞 長崎225
永井長治郎 群馬290
永井直種 大阪359
永井兵助 茨城137
永井三右衛門 長野129
中居屋重兵衛 群馬125,164,334 神奈川319
中江千別 滋賀165
中江兆民 高知197
中江藤樹 福島160 滋賀21,324 和歌山316 愛媛21,26,132,181 熊本301
中尾甚六 佐賀158
長尾与一 宮崎109
中岡慎太郎 島根209 高知268
長岡五郎左衛門 熊本81
中臣典膳 島根196
中川乙由 京都341
中川五郎治 北海道160,167 青森346 秋田88
中川淳庵 福井192,296
中川清兵衛 北海道265
中川清六 滋賀189
中川専蔵 静岡97
中川半入 奈良271
中川半之丞 香川272
中川久恒 大分168
中川平衛門 大分72
中川本真 福島270
中川與右衛門 山口313
中川禄郎 滋賀77
中木維明 福島142
長久保赤水 福島95
長倉文左衛門 宮崎296
中込儀左衛門 埼玉248
長坂三知 徳島340
長崎七左衛門 秋田145
長崎兵助 秋田45
中里永寛 青森197
中沢道二 山形196 埼玉239 東京144 長野190 静岡211 滋賀351 京都214 広島205
長澤東海 島根157
長沢理玄 山形346 群馬282
中島三郎助 北海道190 神奈川187
中島錫胤 徳島338
中島長意 愛知44
中島藤右衛門 茨城126
中島輪兵衛 長野68
中嶋両以 岐阜301
中条太郎右衛門 奈良213
中條澄友（龍山） 香川211
中瀬助之進 熊本156
仲底仁也 沖縄305
中園左馬権頭 秋田351
中田謙斎 兵庫188
中田長左衛門 兵庫196
中田又重郎 長野163
中田高寛 富山337,356
永田佐吉 岐阜322
永田茂衛門 茨城314
永田隆三郎 熊本81
永谷宗円 京都161
長田伸六 島根328
仲地紀仁 沖縄306,331
長友精次郎 宮崎159
中西一棟 徳島199
中西右兵衛 大分20,77,309
中西喜六 島根213
中西光三郎 和歌山335
中西淡淵 愛知296
中沼了三 奈良228 島根63,209
永沼丈作 宮城143
長沼太沖 山形324
長沼正勝 山口311
中根雪江 福井56,99,326
中根東里 栃木171 神奈川186
中野義時 山形275
中野良助 鳥取114,353
長野恭度 愛媛179
長野主膳 滋賀78,230
中ノ子吉兵衛 福岡122
中浜万次郎 →ジョン万次郎
長浜長致 徳島202
中原嘉左右 福岡144
中原猶介 鹿児島353
中平善之進 高知58
中坊時裕 奈良17,52
中坊秀政 奈良17,52,43,225,300
永見大蔵 新潟86
中牟田倉之助 佐賀206
中村歌右衛門 石川321
中村一氏 滋賀31
中村一忠 鳥取16,39,46,327
中村源右衛門 愛知21
中村佐治右衛門 三重217
中村重通 滋賀259
中村習輔 長野187
中村順蔵 栃木160
中村正尊 熊本248
中村善右衛門 福島142,323,368
中村千次郎 滋賀228
中村淡水 滋賀82
中村直三 奈良207,308
中村彦三郎（文輔） 香川206,274
中村弁蔵 埼玉99
中村政徳 福島117
中村義上 愛知47
中村吉繁 埼玉311
中村喜時 青森338
中村義通 滋賀258
中村栗園 滋賀82,232
中村利平 徳島235
中村利兵衛 長崎138
仲村徳水 山形198
中山将監 広島29
中山城山 香川214,301,320,354
中山昌礼 熊本176
中山忠光 奈良88
中山美石 愛知175,218
中山文右衛門 秋田189,206
中山みき 奈良326
中山杢兵衛 新潟48
中山元成 茨城103
長山久助 愛媛123
仲村渠致元 沖縄160
名越左源太 鹿児島187
奈古屋玄蕃 山口306
梨本弥五郎 北海道177,277
名取春仲 宮城193
那波三郎右衛門 秋田163,168,330
那波祐生 秋田64
鍋島勝茂 佐賀25,58,79,271,302 長崎39
鍋島徹龍 長崎76
鍋島直茂 佐賀24,143,188,302
鍋島直恒 長崎72
鍋島直正 佐賀80,85,236,341
鍋島斉直 佐賀80,200,341

椿椿山　愛知330
坪井九右衛門　山口72
坪井信道　山形346
津村三郎左衛門　福岡29
津村淙庵　秋田240

［て］

程順則　沖縄280,341
ディエゴ神父　山形253
ディエゴ結城　徳島240
手島徳右衛門　鳥取171
手島堵庵　静岡211 長野187 京都213 奈良205 和歌山198 広島205
鉄牛和尚　千葉49
鉄眼禅師　熊本306
鉄門和尚　山形337
寺門静軒　埼玉232,359
寺沢志摩守　佐賀31,46,149,208,278,326,331
寺師次郎右衛門　鹿児島56
寺島蔵人　石川200,345
寺島宗伴　長野202
寺西封元　福島87,305,356
寺元淡厓　滋賀230
デレーケ　徳島51
天狗屋久吉　徳島215,327,346
天秀尼　神奈川243

［と］

土井利勝　埼玉313
土井利忠　福井90,142
土井利位　茨城361
土井利徳　愛知172
土井利益　佐賀207,286
洞海舎涼谷　茨城169
道薫坊　徳島327,344
道元禅師　福井182
東郷重位　鹿児島241
東洲斎写楽　東京439
東条一堂　千葉185
東条方秀　福島164
道智　兵庫247
藤堂高次　三重143,333 香川34,42
藤堂高虎　東京67 三重29 滋賀312 和歌山26 香川17,32,38,135 愛媛25,197,299
道念和尚　三重252
堂屋藤兵衛　兵庫75
十市石谷　大分280,298
遠山景元　東京129
渡嘉敷通寛　沖縄306
十河弥右衛門　千葉150
土岐定義　大阪52
常葉嘉兵衛　山形98 栃木244,260
常盤井厳戈　愛媛187,189,276,285
常磐顕信　宮城195
常磐玄安　宮城213
徳岡秀閑　鳥取199
徳川家重　埼玉226
徳川家綱　福島31,55,78 群馬166
徳川家斉　東京507
徳川家光　福島78 埼玉51,312
徳川家康　埼玉16,25,46,58,65,81,178,246,300,309 東京58,76,316,483 静岡31,41,125,217
徳川忠長（国千代）　山梨17,265
徳川綱重　山梨17,36,75,266
徳川綱豊　山梨１7,36,265
徳川綱教　和歌山31,63,179
徳川綱吉　群馬18,40 埼玉44 東京181,387 山梨32,266 和歌山32,358
徳川斉昭　福島350 群馬89,176 茨城236,242,352 鳥取22,188 広島74
徳川斎朝　愛知18,282
徳川治貞　和歌山21,38,165,179
徳川治宝　和歌山20,38,81,179,185,272,326,338,343
徳川秀忠　埼玉51,312 東京80,499
徳川光圀　山形42 茨城201,242,268,306
徳川光貞　和歌山31,63,177,300
徳川宗直　和歌山51,162
徳川宗春　愛知18,161,185,283
徳川宗睦　愛知205,255,297
徳川義直　山梨262,265 長野36,113 愛知17,26,32,43,124,186,241,281,304
徳川慶福　和歌山22,104,208,317
徳川吉宗　福島75 埼玉80,86 東京111,119,181,199,244,308,423 神奈川58,68 愛知161,185,204 京都198 和歌山19,31,64,178,185,216,304,336,361 山口60,307,364
徳川頼宣　山形86 三重128 和歌山17,24,61,79,98,148,170,206,271,298
徳島兵左衛門　山梨76
徳田主水　鳥取45
得明　福島81
徳山周蔵　岡山247
十倉治右衛門　京都174
戸沢正実　山形98,178
戸沢正胤　山形98
戸沢正令　山形104
戸島忠兵衛　滋賀161
戸田氏鉄　岐阜36,48
戸田勝隆　愛媛17,24,53,300
戸田忠翰　栃木195
等々力孫一郎　長野64
殿村安守　三重215
土肥普三　鳥取306
泊如竹　鹿児島160,257
富岡鉄斎　滋賀265
富田礼彦　福井175
富田永世　群馬212,275,340
富田織部　鳥取211
富田久三郎　広島335
富田才治　佐賀210,325
富田高慶　福島206,340 茨城80
富田孟二郎　宮崎69
富田完隆　福島341
富永助三郎　香川122
富永滄浪　滋賀370
富永仲基　大阪552,618
富永芳久　島根183,196
富松吟夕　徳島198
頓宮源兵衛　新潟141
外村与左衛門　滋賀296
友野雄助　山梨314
友野与右衛門　神奈川301 静岡282
伴林光平　奈良91,199,323,337
友松勘十郎　福島161
友寄景当　鹿児島185
豊田喜左衛門　香川210
豊田随園　愛媛196
豊原文秋　京都247
鳥居清長　神奈川104,161
鳥居忠英　栃木122,175
鳥居忠政　山形118,277 福島36
鳥居忠善　群馬323
頓宮忠左衛門　宮城230

［な］

内藤十湾　秋田225
内藤清右衛門　山梨206
内藤喬昌　福島86
内藤忠興　福島36
内藤天爵　秋田225
内藤信正　大阪48,94,220,421
内藤政樹　宮崎106,326
内藤正長　福島36
内藤正晴　福島36
内藤政義　宮崎71,108

334 滋賀333
橘守国 大阪522
橘守部 群馬210
橘義俊 島根179
龍世華 滋賀370
伊達安芸 宮城15,387
伊達邦成 北海道192
伊達重村 宮城59,305
伊達成実 宮城194
伊達忠宗 宮城31,51,95,110,312
伊達周宗 宮城59,358
伊達綱村 宮城17,44,51,111,118,123,135
伊達秀宗 愛媛25,60,161,216,230,243,264
伊達兵部 宮城15,387
伊達政宗 宮城12,16,28,35,50,64,85,94,118,131,237,300,312,334 山形250 福島104,160 愛媛25,60,216,264
伊達宗城 愛媛22,48,74,123,166,287
伊達宗純 愛媛26,60,243,264
伊達宗利 愛媛25,161,230,243
伊達宗直 宮城50
伊達宗紀 愛媛47,74,123,165,283,288
伊達宗村 宮城96,112,326
伊達村候 愛媛46,122,163,264
伊達慶邦 宮城115,252
伊達吉村 宮城17,96,111,286,326
伊達林右衛門 北海道250
蓼沼甚平 秋田163
館林与右衛門 岩手211
建部綾足 群馬269 山梨215
建部清庵 岩手41,83 宮城218
タナイヌ 北海道90
田中大秀 岐阜145,181,336
田中鶴翁 大阪514
田中勝助 岩手291
田中丘隅 神奈川31,55,165,278
田中休蔵 神奈川58
田中清見 島根275
田中七郎右衛門 滋賀113
田中甚助 福井248
田中せき 長野222
田中善吉 和歌山162,370
田中善左衛門 大阪311
田中太助 福島104
田中藤六 山口100
田中玄宰 福島64,81,104,171
田中久重 福岡137,327
田中不二麿 愛知182
田中正玄 福島169
田中道麿 愛知217
田中吉政 福岡28,153
田辺九郎平 新潟321
田辺十郎右衛門 山梨220
田辺清吉 宮崎101
田辺希文 宮城48
田辺楽斎 宮城213
谷三山 奈良22,190,192
谷時中 高知30,286
谷秦山 高知154,172,303,319
谷文晁 愛知324
谷風梶之助 宮城296
谷川士清 三重202
谷口弥右衛門 佐賀86
谷口与鹿 岐阜282
谷村庄七 福島151
田沼意次 北海道113 青森86 山形316 福島81,306 東京121,212 神奈川69 島根305
種子島時尭 鹿児島148
種子島久基 鹿児島83,152,384
田ノ上嘉作 福岡102
田能村竹田 大分22,169,236,291 宮崎239
田畑左文仁 鹿児島176
田部井伊惣治 群馬335
玉楮雪堂 香川125
玉楮象谷 香川124,292
玉川角兵衛 新潟119
玉城朝薫 沖縄287,350
玉田黙翁 兵庫201
玉蟲左太夫 宮城18,333,362
田丸健良 千葉333
田丸三郎左衛門 宮城203
田向十右衛門 愛媛83,304
田村元雄 東京413 神奈川68 香川279
田村貞彦 鳥取336
田村半右衛門 長野319
田村祐之進 徳島176
田村吉茂 栃木251
田村藍水 福井298
為永春水 埼玉233
為盛 鹿児島56
田安宗武 福島83 静岡298
タリナコ 北海道90
田原玄周 山口112,214
淡輪四郎兵衛 高知40
丹波弥十郎 岩手94

［ち］

近松門左衛門 福島240 東京422 大阪480,486 徳島214,343
秩父太郎 鹿児島264
千葉弘道 岐阜235
千葉胤連 佐賀143,302
千葉伝九郎 秋田131
千葉卜枕 長崎294
千村平右衛門 長野79
中馬源兵衛 鹿児島321
張振甫 愛知291
長連頼 石川60
澄辰 石川44
長宗我部元親 徳島24,44,275 香川16,31,337

［つ］

塚田久兵衛 茨城218
塚田与右衛門 福島138 長野105
津金胤臣 愛知295
津金文左衛門 愛知144,302
塚原卜伝 茨城193
津軽為信 青森15,73
津軽信明 青森171
津軽信英 青森15,199
津軽信政 青森21
月岡修理 群馬72
辻嵐外 山梨233,236
辻内刑部左衛門 千葉49
津島恒之進 滋賀362
津田愛之助 佐賀226
津田出 和歌山22,207,332
津田助左衛門 愛知168
津田宗（総）左衛門 滋賀134
津田伝右衛門 山梨77
津田永忠 岡山44,165,176,256
蔦屋重三郎 東京427
津太夫 宮城353
土川平兵衛 滋賀62
土持信贇 宮崎240,242,328
土屋作之丞 山形138
土屋政直 茨城144
土屋又三郎 石川304
土屋泰直 茨城323
土屋龍憲 山梨160
筒井定次 三重143 奈良17,24,41,50
筒井順慶 奈良319
続豊治 北海道168
都築与左衛門 愛媛122
堤惣平 滋賀86
角田忠行 愛媛280

高崎五郎右衛門 鹿児島281
高島浅太郎 鳥取336
高島嘉右衛門 神奈川312
高島秋帆 埼玉119 長野330 静岡322 佐賀59,343
高島清八 香川93
高須源兵衛 山形139
高洲就忠 山口62
高杉晋作 広島84 山口21,80,192,220,234,338,352,356,371
高瀬学山 和歌山178
高田屋嘉兵衛 北海道144 兵庫293,301 奈良171
高津例太郎 兵庫195
高梨兵左衛門 千葉134
高野重右衛門 宮城126
高野長英 岩手318 宮城220 山形339 福島317 群馬277 東京420 愛知329 愛媛74,166,191,283 長崎219
高野平右衛門 山形31
高野正誠 山梨160
高野弥一郎 宮城125
高野余慶 新潟182
高場順世 福岡109
高橋一閑 宮崎258
高橋景保 東京508
高橋嘉与 埼玉289
高橋喜左衛門 岐阜150
高橋九衛門 山形136
高橋玉斎 宮城17,213
高橋玄勝 山形192
高橋重平 岩手251
高橋草坪 大分296
高橋痘庵 秋田87
高橋道斎 群馬203,284
高橋藤三郎 山口237
高橋半左衛門 岩手335
高橋伴蔵 島根63
高橋武左衛門 秋田299
高橋文右衛門 香川189
高橋平左衛門 山形87
高橋政重 熊本51
高橋正功 滋賀79,231
高橋元種 宮崎18,26,139
高橋至時 千葉312 大阪569
高橋蘭斎 群馬205,282
高橋利兵衛 秋田119,270
高畠耕斎 徳島163
高原吉種 福島284
高松才助 静岡272
高松凌雲 北海道187
鷹見忠常 茨城368
田上宇平太 山口128,215
田上菊舎 山口327
高嶺明徳 沖縄304
高村光雲 奈良319
多賀谷重隆 秋田198
多賀谷宣隆 秋田198
高柳菜英 埼玉340
高山右近 富山273
高山吉五郎 北海道271
高山喜平 福井110
高山金次郎 福岡173
高山五兵衛 山梨47
高山伝右衛門 山梨231
高山彦九郎 岩手266 山形52 栃木295 群馬83,304,339 熊本176
鷹山頼茂 奈良233
高山六右衛門 福岡40
宝井其角 福島293 東京433 愛知320,361 滋賀259 京都341
滝平之進 大分288
滝吉弘 大分189
滝川亀太郎 島根198
滝口向陽 宮崎162
滝沢馬琴 愛知207,244,325
滝深庄左衛門 新潟148
沢庵宗彭（和尚） 京都209 兵庫270
田口半三郎 福島329
田口留兵衛 福島325
武井周発 愛媛196
武井助右衛門 岐阜133
竹内勘六 青森124
竹内菊右衛門 愛媛188
竹内玄洞 和歌山207 島根191
竹内五藤左衛門 三重77
竹内長太夫 三重108
竹内保徳 北海道166
竹垣三右衛門 栃木306
竹川竹斎 三重141,147,236
竹澤寛三郎 徳島337
竹田出雲 福島240 東京178 大阪490,577
竹田慶安 和歌山186
竹田定良 福岡180
竹田道跡 山形197
竹田庸伯 山口212,214
武田耕雲斎 福島205 群馬90
武田斐三郎 北海道171,177,278
武田成章 愛媛291
武田勝頼 山梨24,97,215,259
武田秀平 石川117
武田信玄 山梨21,24,34,66,97,117,127,242,258,265
武田石翁 千葉326
武田信虎 山梨24,66
武田信広 北海道90,97
武田孫兵衛 山形210
武市瑞山 高知330
武市半平太 高知267
武富咸亮 佐賀199,214
竹中久次 滋賀138
武信潤太郎 鳥取335
武野紹鴎 滋賀99
竹俣当綱 山形86,164,187
竹鼻正脩 愛媛170,270
竹原春朝斎 奈良283
竹原玄路 熊本61
竹姫 鹿児島278,328
竹前小八郎 新潟90
竹前権兵衛 新潟93
竹村三陽 山梨314
竹村立義 埼玉91
武村弥吉 滋賀115
竹本義太夫 福島240 大阪484,487 徳島214,343
武元君立 岡山298
竹本藤太夫 福島261
竹若伊右衛門 福岡114
太宰春台 島根19,55,166
田崎草雲 栃木163
田里朝直 沖縄290
田島治兵衛 滋賀64
田尻惣馬 福岡45
田代角左衛門 宮城140
田代陣基 佐賀317,373
田代清治右衛門 福島122
田代忠国 秋田310
田代親常 鹿児島334
田捨女 兵庫229,287
多田伊蔵 鳥取178
多田加助 長野302
多田五郎右衛門 高知88
多田富治 大分58,261
但木土佐 宮城116
只野真葛 宮城303
立花鑑賢 福岡220
立花鑑虎 福岡47
立花鑑寿 福岡217
立花鑑通 福岡216
橘曙覧 福井178,193
立花宗茂 静岡118 福岡153,255
橘南谿 岩手266 山形134,304,

正野玄三　滋賀131
浄法寺高勝　栃木246
ジョセフクロフォード　北海道228
ジョン万次郎　広島81 高知197,339 大分315
白井鳥酔　群馬269,286 埼玉263 千葉294
白井矢太夫　山形202,295
白尾国柱　宮崎190
白土次郎左衛門　茨城38
白鳥雄蔵　秋田88
白真弓肥太右衛門　岐阜364
慈隆　福島201,343
白石正一郎　山口19,349,360,373
次郎兵衛　青森142
真養心　沖縄144
新宮涼庭　京都195
真念　徳島206,357
神保綱忠　山形89,188
神保蘭室　山形211
真法恵賢　青森187,299
新見正興　宮城333 東京254
［す］
水心子正秀　山形155
菅礼治　秋田335
菅井太右衛門　山形170
菅江真澄　青森123,140,237 岩手117 秋田50,147,162,235,240,246,258 山形333 愛知331
菅波信道　広島200
菅沼下野守　山形96
菅野恭厚　宮城197
須川長之助　岩手221
菅原源八　秋田212
菅原助左衛門　秋田131
菅原道真　福岡238
杉浦国頭　静岡296
杉田玄白　岩手42,320 秋田307 山形192,326 福井192,296,309 和歌山185,323 京都330 広島294 山口208 長崎81
杉田伯元　岩手320
杉谷雍助　佐賀59,86,345
杉野丈助　愛媛115,314
杉村七郎右衛門　山梨73
杉本茂十郎　山梨294
杉若無心　和歌山97
調所広郷　熊本332 宮崎77,173 鹿児島280,341
鈴木家綱　岩手103
鈴木遺音　島根209
鈴木今右衛門　山形332
鈴木円斎　宮城195
鈴木兼久　福島95
鈴木金蔵　愛知88
鈴木源之丞　栃木66
鈴木三郎九郎　新潟169
鈴木重険　岐阜90
鈴木重胤　新潟226 山口349
鈴木重成　熊本291
鈴木重野　愛知218
鈴木春山　愛知326
鈴木清風　山形282
鈴木石橋　栃木190,297
鈴木善十郎　宮城296
鈴木荘丹　埼玉338
鈴木宗与　茨城312
鈴木伝右衛門　静岡160
鈴木友則　山形155
鈴木武助　栃木290,315
鈴木文台　新潟216
鈴木牧之　新潟58,108,180,274,282
鈴木雅之　千葉355
須田官蔵　茨城68
須田盛貞　秋田341
須藤杜川　栃木166
砂村新左衛門　神奈川35,301
栖原角兵衛　北海道246 青森315 和歌山284
須原屋茂兵衛　東京425,451,588
周布政之助　山口21,72,129,215,334,343
角倉了以　山梨60 長野78 京都166,268,278,292 岡山30,113
角倉屋利右衛門　静岡153
炭屋安兵衛　大阪585
住吉屋藤左衛門　大阪92
巣山徳次　宮崎159
陶山訥庵　長崎64
陶山鈍南　鳥取21,267
［せ］
性空上人　埼玉204
誠拙周樗　神奈川171
関寛斎（関寛）　徳島19,314
関喜内　秋田162,166
関準平　大分288
関佐左衛門　宮城132
関孝和　青森300 長野202 福岡159 宮崎106
関川屋与左衛門　新潟318
関口藤右衛門　神奈川256
関口保宣　山形196 埼玉239
瀬下敬忠　長野266,310
銭屋五兵衛　青森109 石川324,332,338
銭谷庄蔵　秋田60
セバスチャンビスカイノ　宮城29
瀬山登　香川60
瀬山命助　岩手268
仙厓義梵　福岡319
千家尊孫　島根181,196
千家俊信　島根178,195
仙石秀久　香川16,24
千手興欽（八太郎）　宮崎112,300,327
千丈実巌　長野220
禅中　山形338
千利休　愛知303 京都71 大阪43,508 島根203
［そ］
宗義智　佐賀32,174
宗田運平　佐賀212
左右田尉九郎　福岡188
相馬益胤　福島340
相馬充胤　福島203,341
相馬義胤　福島122
増誉　和歌山224
副島種臣　佐賀206,236
曾我蕭白　三重340
則誉守西　青森327
十河順安　香川202
ソテロ神父　宮城238
園田一二　福岡167
園田道閑　石川58
園田藤太夫　愛媛91,312
園山朔助　島根160
曾良　山形42 福島291
尊栄和尚　高知73
［た］
田井惣助　兵庫206
醍醐新兵衛　千葉274
大国屋勘兵衛　茨城143
大黒屋光太夫　北海道143 宮城332,356 三重348 岡山283
大根屋小兵衛　大阪471
大藤藤三郎　京都136
多賀庵風律　広島277
高木五郎右衛門　静岡140
高木六左衛門　栃木54
高階清助　鳥取313
高桑金蔵　山形31

佐藤舜海　千葉215
佐藤助右衛門　宮城291
佐藤泰然　千葉213,351
佐藤中陵　山形81
佐藤藤左衛門　山形134,293,300
佐藤藤蔵　山形134,293,300
佐藤友信　福島142
佐藤直方　群馬168 滋賀318,372
佐藤長健　鳥取372
佐藤長通　鳥取117
佐藤成裕　福島65
佐藤信季　秋田313
佐藤信淵　岩手270 秋田155,282,312,323 山形111 愛媛74,98,166
佐藤信寛　島根92
佐藤梅軒　秋田199
佐藤文吉　宮城157
佐藤平三郎　山形192
佐藤増蔵　鳥取203,301
佐藤茂平　山形99
里見藤右衛門　宮城148
里見兵兵衛　徳島54,175
真田伊賀守信利　群馬41,63
真田幸貫　長野222,286,325
真田幸弘　長野218
佐野権右衛門　愛知211
佐野山陰　徳島180,358
佐野七郎兵衛　山梨98
佐野常民　佐賀206,236
佐野博洋　大分209
左平次　山形163
寒川辰清　滋賀388
佐羽吉右衛門　群馬116,326
佐羽淡斎　群馬324
佐和直縄　徳島186
沢宣嘉　愛媛77,178
沢出椿庵　秋田224
沢島正噌　滋賀79
沢田清兵衛　富山343
沢野修輔　島根194
沢村勘兵衛　福島36,223
沢村琴所　滋賀227,346
沢屋仁左衛門　石川148
三条西実隆　和歌山106
三条実美　広島125 山口82 福岡197 熊本208
山東京伝　東京296
三宮義胤　滋賀81

［し］

椎名道三　富山364 石川55
シーボルト　東京506 静岡94 愛媛75,192,282,286 鳥取329 島根179,189 佐賀54,123,238,335 長崎42,94,147,217
ジェロニモアンゼリス　山形251
塩原太助　香川61,218
潮平盛成　沖縄280
塩見幸左衛門　鳥取321
塩谷啓介　石川331
塩谷善兵衛　秋田67
塩谷大四郎正義　大分20,43,50,183,300
慈音尼　滋賀345
志賀（島）巳兮　熊本62,143
慈覚大師　青森232
四竈信直　宮城120
敷地屋太兵衛　徳島176
重富鼎（縄山）　福岡204 佐賀225
宍戸治郎兵衛　宮城66
宍戸元続　山口30,91
志田修理　山形256
質屋伝兵衛　北海道142
志筑忠雄　長崎83
篠崎小竹　群馬176,302
篠田清蔵　鳥取171
篠田八郎右衛門　山形138
篠原丈助　栃木122
篠原忠右衛門　山梨296
篠原長久郎　徳島175
司馬江漢　秋田309 三重346 佐賀123
司馬凌海　徳島315
柴田鳩翁　京都214
新発田収蔵　新潟270
柴田早之介　茨城155
芝多民部　宮城116
芝辻清右衛門　大阪328
柴野栗山　香川22,203,288
渋江内膳政光　秋田31,104
渋川春海　富山351
渋沢市郎右衛門　埼玉258,348
渋沢栄一　埼玉21,115,258,315,346
渋沢子足　群馬314
渋沢宗助　埼玉254
澁谷鷲郎　群馬96,234
志摩利右衛門　徳島103,236,337
島内栄之助　佐賀239
島崎徳次郎　長野39
島崎正樹　長野344
島田帯刀　福島356
嶋田善次　和歌山20,124,372
嶋田直時　大阪69,221,427
島津元圭　静岡314
島津惟久　宮崎119,259
島津重豪　鹿児島20,268,278,327,342
島津恂堂　静岡310
島津忠高　宮崎118,258
島津忠恒（家久）　宮崎28,32
島津忠寛　宮崎72,124,314
島津斉彬　福井101 広島81 鹿児島20,75,279,284,346,368,375 沖縄355
島津斉宣　宮崎279,313 沖縄172
島津久光　福島352 宮崎70,316 鹿児島22,77,368,377
島津以（征）久　宮崎19,27,29,62
島津義弘　宮崎17,26,169
島袋憲亮　沖縄304
島村抱月　島根92
清水大蔵　山形57
清水金右衛門　長野106
清水金左衛門　福島369
清水図書　山口78
清水宅右衛門　福岡66
清水宣昭　愛知221
志村光安　山形57
志村九郎兵衛　山形58
下岡蓮杖　静岡333
下国定季　北海道103
下条釆女　福島44
下田勘助　秋田155
下田三蔵　岩手193
下次右衛門　山形58
下原重仲　鳥取106
下村彦右衛門　京都331
慈門尼　滋賀345
寂厳　岡山263
集堂迂亭　徳島140,292
寿仙　山形96
首藤傳蔵　大分264
尚順　沖縄155
尚真王　沖縄75
尚泰　沖縄155
尚寧　沖縄159,338
尚巴志　沖縄157
城親賢　熊本137,155
正岳真海　長野171
松花堂俊経　群馬274
庄司儀右衛門　鳥取172
庄子玄琢　宮城217
荘司直胤　山形156
松窓乙二　宮城345

後水尾天皇 京都184
小宮山楓軒 福島272,306 茨城338
小村英庵 新潟272
小村（日高）五明 宮崎183
小室信夫 徳島338
小室元長 埼玉271,296
小森桃塢 鳥取218,313
小屋延菴 三重39
小梁川市左衛門 宮城370
小山みい 静岡163
小山良左衛門 石川355
惟喬親王 滋賀125
ゴローニン 北海道147
五郎七清行 岩手103
金易右衛門 秋田85,166
金地院崇伝 大阪92 和歌山232
近藤重蔵 北海道144,152,323 岩手51 岡山280
近藤庄蔵 島根45
近藤太助 徳島74
近藤陶吉郎 福島127
近藤篤山 愛媛21,30,77,166,172,268
近藤南海 愛媛177,274
近藤信尹 滋賀220
近藤芳樹 奈良286
近藤利兵衛 徳島120
近藤隆左衛門 鹿児島281
金春禅竹 奈良254

［さ］

蔡温 沖縄57,120,260,345
西園寺公広 愛媛299
西郷信吾 島根209
西郷隆盛 福井334 山口22,82,350 鹿児島22,77,225,248,341,371,374
最澄 滋賀241
斉藤恭平 宮城197
斉藤六郎兵衛 宮城67
斎藤一興 岡山298
斎藤月岑 東京448,658
斎藤治右衛門 長野129
斎藤尚仲 山形313
斎藤庄兵衛 富山347
斎藤園女 千葉317
斎藤高教 福島100
斎藤民弥 福島81
斉藤竹堂 宮城198
斎藤等室 山口196
斎藤永胤 宮城227
斎藤平重郎 福島143
斎藤実 岩手342
斎藤弥九郎 山梨285
斎藤養達 秋田88
西遊寺鳳嶺 滋賀364
佐伯玄東 山口300
佐伯文太 鳥取348
坂時存 山口62,311
堺伊兵衛 青森315
堺紋兵衛 青森315
坂井源八 青森110
酒井家次 山形62
酒井重勝 埼玉58
酒井重忠 群馬166 埼玉40,67,123
酒井修敬 千葉303
酒井忠徳 山形196,202
酒井忠器 山形203
酒井忠勝 山形62,244 埼玉40 福井106,187,281 滋賀314
酒井忠清 群馬18,166
酒井忠真 山形244
酒井忠重 山形62
酒井忠相 群馬171
酒井忠隆 福井187
酒井忠挙 群馬166,338
酒井忠利 埼玉40,68
酒井忠直 福井59,187
酒井忠用 京都327
酒井忠恭 群馬172
酒井忠行 群馬166
酒井忠進 福井310
酒井忠世 群馬18,338 埼玉313
酒井忠義 山形244
酒井直次 山形62
酒井抱一 群馬298,329
酒井孫八郎 三重99
酒井田柿右衛門 京都315 佐賀94,310
堺屋弥蔵 徳島178,238,265
榊原豊通 滋賀79
榊原康政 群馬28 埼玉301
坂田金平 福岡342
坂田藤十郎 大阪489,498
栄名井聡翁 山梨296
阪元玄岡 宮城198
阪本天山 長野234
坂本新左衛門 福島74
坂本龍馬 滋賀76 兵庫68 高知262 熊本344
相良義陽 宮崎24
相良長毎 熊本195
相良長寛 熊本196
相良頼兄 熊本195
相楽等躬 福島291,299
向山周慶 香川19,97,274,338
崎山次郎右衛門 千葉109
崎山利兵衛 和歌山44,347
佐久間象山 長野254,325 和歌山328
佐久間忠吉 福島113
佐久間洞巌 宮城17,193
佐久間柳居 群馬269,286
佐倉惣五郎 千葉289
桜井政能 山梨279
桜田鉄斎 宮城194
左近義方 秋田205
佐々宗淳 栃木286
佐々若狭 宮城132
笹尾平太夫 愛知189
佐々木宇八 長野104
佐々木海量 滋賀347
佐々木元俊 青森177
佐々木惣吉 三重177
佐々木総四郎 滋賀337 京都111
佐々木中沢 宮城216
佐々木彦七 岩手123
佐々木道太郎 山梨182
佐々木理助 岩手123
佐々木介三郎 茨城205
佐々城朴安 宮城292
笹沼清左衛門 茨城160
笹原珍平 秋田197
佐瀬与次右衛門 福島276
佐瀬林右衛門 福島278
佐善修蔵 鳥取189
佐竹義敦 秋田202,307
佐竹義重 秋田28
佐竹義尭 秋田98,341
佐竹義隆 秋田283
佐竹義睦 秋田303
佐竹義宣 秋田28,64,198,283
佐竹義厚 秋田66,167,268,301,341
佐竹義文 秋田155
佐竹義和 秋田65,119,133,155,162,202,252,338
佐竹義理 秋田269
佐藤和泉 福島103
佐藤一斎 福島202,315 愛知324 岐阜185,213
佐藤金十郎 山形121
佐藤佐平治 新潟56
佐藤三右衛門 宮城134
佐藤周軒 岐阜184,214

栗田定之丞如茂 秋田57
栗本瀬兵衛 神奈川330
栗山修太郎 和歌山340
栗山大膳 福岡346
来原良蔵 山口129,216,334
紅林権左衛門 愛知61
黒井忠寄 山形89
黒岩長左衛門 群馬81,162
黒川喜兵衛 埼玉352
黒川良安 富山378 石川215
黒木惣兵衛 福島115
黒沢八右衛門 山形139
黒沢元重 秋田282
黒住宗忠 岡山75,182
黒田清隆 北海道189,198,207,256,279
黒田監物 鳥取58,283
黒田如水 福岡273
黒田助兵衛 神奈川299
黒田忠之 福岡260 長崎39
黒田長舒 福岡314
黒田長政 香川138 福岡97,296
黒田斉清 福岡326
黒田光之 福岡301
畔田翠山 和歌山189,336
玄源左衛門 福井30
黒柳招波 徳島199
桑田立斎 山形346
桑原源兵衛 徳島176
桑山宗仙 奈良297
薫的 高知294
［け］
桂庵玄樹 鹿児島255
景叙周麟 滋賀219
桂昌院 京都85 奈良21,236
契沖 愛知215 大阪544 兵庫172
月照 鹿児島225,376
月僊 三重340
源右衛門 山形164
賢章院 鹿児島348
見性院 高知200
玄蕃 福島95
ケンペル 東京490,507,525 長崎145 佐賀55,334
玄門智幽 滋賀246
［こ］
五井蘭洲 大阪553
小池悟平 和歌山199
小池正倹（琴河） 山梨180
小泉次太夫 神奈川28,286
小泉仁左衛門 岩手103
小泉友賢 鳥取168,372
小池九蔵 愛媛74,166
小出秀政 大阪51,420
小出吉英 兵庫271
高良斎 徳島19,307
黄（江夏）友賢 鹿児島27
公慶 奈良20,233,273
上坂助太夫 福島354
上崎鉄蔵 福島273
合田如玉 徳島305
高妻五雲 宮崎140
河野久太郎 富山338 石川215
河野杏庵 宮城217
河野三秀 神奈川69
河野春察 石川207
河野徳兵衛 山梨234,294
河野政通 北海道90
河野守弘 栃木163,328
鴻池清助 徳島282
鴻池善右衛門 京都202 大阪129,259
鴻池安右衛門 青森109
鴻池屋新右衛門 大阪196
合原程右衛門 神奈川187
好文軒耕淵 埼玉263
幸山浩斎 福井179
甲良宗廣 滋賀22,352
高力清長 埼玉98,123,311
高力忠房 長崎167
桑折宗臣 愛媛230
古賀穀堂 佐賀200,342
古賀精里 山形215 佐賀72,198
古賀平六 福岡87
国分宗山 茨城143
小暮武太夫 群馬227
小暮文左衛門 群馬314
古月禅師 宮崎119,120,260,326
古高俊太郎 滋賀76
虎哉禅師 宮城16,313
小坂半兵衛 栃木299
小佐野茂右衛門 栃木302
小島勘左衛門 宮城197
小島庄右衛門 埼玉26,304
小島蕉園 山梨86,179,283
小島省斎 兵庫198,202,334
小島美弥 埼玉289
小嶋次左衛門 山形126
虎杖庵天姥 長野88
御所野宥俊 秋田154
御所野宥和 秋田154
小杉玄適 京都325
小関三英 山形339 福島317 愛知329
小関藤兵衛 宮城125
五代友厚 鹿児島353
小高蔵人 秋田131
小谷三志 埼玉246 山梨220
児玉花外 島根184
児玉仲児 和歌山335
児玉南柯 埼玉226
児玉民部 山口47
後藤斎宮 神奈川87
後藤逸女 秋田265
後藤覚右衛門 大分259
後藤喜十郎 大分58,261
後藤才次郎 石川115
後藤三右衛門 宮城114
後藤芝山 香川22,203,274,285,353
後藤寿庵 岩手290 宮城238 山形249
後藤松陰 群馬176
後藤象二郎 高知268
後藤新平 岩手342
後藤有基 福岡166
五島盛繁 長崎198
五島盛運 長崎197
小西新右衛門 兵庫192
小西藤七 群馬120
小西行長 佐賀32 熊本36,327
小西来山 大阪228
木幡栄周 宮崎137,192
小早川隆景 山口291 愛媛17,24,53
小早川秀秋 山口294
小林一茶 秋田73 埼玉40 福島297 茨城168 千葉317,357 長野278
小林乾一郎 宮崎110
小林吟右衛門 滋賀296,303
小林重吉 北海道264
小林十郎左衛門 山形139
小林丹波 宮城125
小林虎三郎 新潟359
小林平兵衛 神奈川125 静岡208
小林孫四郎 兵庫58
小堀遠州 福島60,123 愛知304 滋賀310 岡山124 福岡98 佐賀103 熊本293
小堀新介 奈良297
小堀長順 熊本165
小松帯刀 鹿児島372
小松中正 福島113
五味蟹守 山梨233,238
五味釜川 山梨181,185,232,289

菊地多兵衛 宮城369
菊地与惣右衛門 宮城133
菊地三九郎 宮城115
木崎盛標（攸々軒） 佐賀358,372
岸上正名 兵庫194
岸崎佐久次 島根88,232,287
来島又兵衛 山口361
岸本武太夫 栃木306
木瀬三之 愛知215
黄瀬文吉 滋賀64
黄瀬平三郎 滋賀64
喜多織衛 滋賀249
北十左衛門 岩手94
喜田吉右衛門 岐阜61
北浦定政 奈良221,232
北岡太淳 青森176
北垣晋太郎 兵庫200,320
北風荘右衛門 富山131 兵庫291,304
北風彦太郎 兵庫289
北潟屋半睡 石川312
喜多川歌麿 東京427,439
北島雪山 熊本298
北舘大学 山形55,280
北野太郎左衛門 徳島129
北原泰里 高知130
北村季吟 滋賀21 京都289 奈良288
北村大恵 京都265
吉瀬瑞石 福岡206
木津勘助 大阪406
木津幸吉 北海道178
吉川広家 鳥取27,327 山口16,24,106,294
吉川広正 山口29,298
吉川広嘉 山口20,298
吉川五明 秋田203
吉川忠安 秋田338
吉川忠行 秋田211,338
木藤武清 鹿児島278
衣川長秋 鳥取89,118,208,290
絹屋佐平治 京都316
紀海音 大阪490,547
紀伊国屋藤左衛門 兵庫74
紀伊国屋文左衛門 東京282,289 和歌山106,291
木下順庵 石川165,183 滋賀339 京都192 和歌山305 長崎64
木下俊敦 大分170,287
木下俊治 大分29,108
木下延俊 大分27,108
規伯玄方 長崎47
儀間真常 鹿児島82,384 沖縄119,134,139,337
木俣くら 静岡164
木俣土佐 滋賀372
木俣守貞 滋賀227
木村一水 宮城320
木村影直 宮城205
木村軍太郎 千葉212
木村蒹葭堂 大阪512,522,561
木村謙次 茨城329
木村探元 鹿児島290
木村長造 滋賀77
木村毅 長崎228
木村黙老 香川104,116,303,306,326
木屋治左衛門 広島140
休閑 福島126
杏一洞 富山210
行基 山梨244
京極高朗 香川60,208
京極高和 香川16,29,44,264
京極高賢 香川62,208,328
京極高啄 香川62,328
京極高次 滋賀28,211
京極高中 香川60,207
京極高通 香川62,208
京極高行 兵庫205
京極忠高 福井61 島根18,99
京極安智 滋賀72
仰誓 島根247
行徳元遂（随） 大分57
教如上人 滋賀266
清河八郎 山形352 埼玉238
清須美源四郎 奈良19,104
清水六兵衛 京都72
許六 滋賀259
吉良上野介 東京170 兵庫309
吉良義央 愛知104
桐竹門三 長野173
桐野利秋 島根209 鹿児島241
宜湾朝保 沖縄355
金海 鹿児島133
北島秀朝 栃木198

［く］

久貝正俊 大阪49,69,221,228,427
日下儀左衛門 香川118
久坂玄瑞 山口21,76,220,338,357,372
日下伯巌 愛媛139,275
日下部太郎左衛門 福井203
草刈玄蕃 宮城238
草野忠右衛門 大分300
草野正辰 福島341
草場佩川 佐賀203,211,219,259
草間直方 大阪509,559,618
日柳燕石 香川313
草山貞胤 神奈川131
久次米兵次郎 徳島105,237
楠内友次郎 佐賀226
楠音次郎 千葉76
葛原勾当 広島328
久隅守景 滋賀221
楠本端山 長崎339
薬屋伝左衛門 兵庫75
久世広周 福島351
九谷庄三 石川118
朽木権佐 滋賀72
工藤剛太郎 徳島336
工藤陣八 岩手216
工藤他山 青森216
工藤伝作 秋田76
工藤平助 北海道113 青森86 宮城18,304,327
国定忠治 群馬20,235,340
国東治兵衛 島根92,122
国松伊兵衛 滋賀112
久野正伯 高知107
久野宗成 和歌山27
九戸政実 岩手28
久保佐助（城山） 香川203
久保新平 岡山68
久保藤右衛門 和歌山143
久保豊三郎 福島268
窪田幸左衛門 山梨311
窪田治部右衛門鎮勝 大分45,185
窪谷庄兵衛 茨城109
熊谷子貞 鳥取192
熊谷庄蔵 大分55
熊谷直実 青森138
熊谷道伸 鳥取192
熊坂台州 福島333
熊沢忠勝 埼玉311
熊沢蕃山 滋賀324 奈良22,30 岡山161,176,260 徳島281
隈元棟貫 宮崎192
久米栄左衛門 香川18,86,104,299,309
久米邦武 佐賀206,347
久米葱七 徳島332
工楽松右衛門 兵庫305,322
蔵田就貞 山口25
倉富篤堂 福岡205

加藤暁台　愛知22,317
加藤清正　熊本36,123,155,327
加藤貞泰　鳥取40,327　愛媛26,181
加藤三郎兵衛　愛媛115,314
加藤左馬介嘉明　兵庫46
加藤治兵衛　長野146
加藤宗兵衛　神奈川125
加藤民吉　愛知20,144,302
加藤千蔭　静岡303
加藤伝蔵　山口102
加藤藤兵衛　石川45
加藤彦兵衛　宮城111
加藤正方　熊本284
加藤光泰　山梨16,25,265
加藤明軌　滋賀232
加藤泰温　愛媛132,187
加藤泰興　愛媛26,98,133
加藤泰済　愛媛137,189
加藤嘉明　福島30,103　愛媛28,32,118
門田金治　愛媛115,314
門屋七郎兵衛　三重299
楫取魚彦　千葉177
門脇権四郎　秋田155
金井烏洲　群馬297,340
金井繁之丞　栃木299
金城和最　沖縄120,338
金森建策　島根187
金森重近　岐阜150
金森宗和　愛知304　奈良299
金森頼錦　岐阜66
金ヶ江三兵衛　佐賀92,310
兼門宗九郎　岐阜124
金子サク　神奈川270
金子重兵衛　神奈川271
金子兵左衛門　秋田57
金子弥右衛門　宮城297
金成善左衛門　宮城363
兼松甚蔵　岐阜172
狩野永徳　滋賀26
狩野金吾　宮城206
狩野探幽　東京69　高知325
狩野芳崖　山口200
加納鉄哉　奈良325
加納藤左衛門　三重319
加納諸平　和歌山182,344
鹿子木量平　熊本319
樺島石梁　福岡188
樺山主税　鹿児島264,278
加部安左衛門　群馬82,131,164,334
鎌田藤右衛門　秋田76
鎌津田甚六　岩手304
釜屋七右衛門　滋賀113
上泉伊勢守秀綱　群馬230
神尾大蔵　福島228
上河淇水　埼玉241
上坂安左衛門　神奈川58
神永喜八　茨城151
上西藤左衛門　宮城125
上村満義　岐阜176
神屋宗湛　福岡290
紙屋八左衛門　兵庫75
神谷定令　山形311
神谷弘孝　大分203
神山仙庵　青森328
神山魚貫　千葉356
亀井茲監　島根175
亀井茲矩　鳥取16,32,146,352
亀井南冥　福岡180,203,217　佐賀225　長崎198　熊本64
亀井秀綱　鳥取32
亀田鵬斎　秋田218　群馬297,329　埼玉64
亀屋佐京　滋賀134
蒲生氏郷　山形249　福島30,51,63,103,160　滋賀28,377
蒲生君平　栃木159,294,330　奈良334
蒲生定秀　滋賀127
蒲生忠知　愛媛28
蒲生秀行　福島30
蒲生将監　福島104
鴨田白翁　兵庫192
賀茂真淵　福島83　埼玉318　静岡295　愛知217
加舎白雄　群馬269　埼玉262
萱場木工氏章　宮城95
香山栄左衛門　神奈川187
柄井川柳　東京437
唐津屋清治郎　香川19,91
唐橋君山　大分169,292
カルバリョ神父　宮城241
川合小梅　和歌山182,275
川合忠蔵　岡山291
川井藤左衛門　千葉59
河合寸翁　兵庫194,327
河合元隆　静岡267
川上猪太郎　福島333
川上鉄太郎　長野43
川上広樹　栃木163
川崎権太夫　青森48
川崎平右衛門　東京115
川路聖謨　静岡85,325　長野330　奈良46,218　佐賀59
川瀬太宰　滋賀79
河田小龍　高知267,323
川田資敬　愛媛137,187
川田雄琴　愛媛132,187
川手五郎右衛門　山梨163,321
河野喜太郎　宮崎247
河野道介　山形170
川端道喜　京都76
川村幸八　宮城341
川村純義　鹿児島353
川村孫兵衛　宮城27,36,51,85,132
河村瑞賢　北海道130,132　青森38　秋田38　山形32,40　福島46　千葉53　東京92　三重304　大阪54,115,133,223,421,464　鳥取47　島根119　香川45,58,178
河村秀頼　愛知207,288
川本治兵衛　愛知309
菅卯左衛門　山形124
菅茶山　広島196,305,313
観阿弥清次　佐賀254
観阿弥　奈良254
願行寺了観　滋賀364
歓順和尚　福島37
鑑真　奈良276
観心院年子　宮城59
神田兵右衛門　兵庫193
香取繁右衛門　岡山198
菅野八郎　福島332
菅野李之助　岩手35
上林久茂　京都157
神林復所　福島347
神原杜堂　徳島323

［き］

木内石亭　滋賀22,359
祇園南海　奈良290　和歌山21,37,178,305,343
其角　→宝井其角
桔梗屋伍郎左衛門　兵庫74
菊田源兵衛　宮城116
菊池海荘　和歌山191
菊池教中　栃木337
菊池黄山　香川22,278
菊池五山　鳥取199
菊池袖子　静岡302
菊池武雅　香川21,202
菊池武賢　香川205,285
菊池道生　宮崎159

小木曾猪兵衛　長野332
沖田大吉　奈良207,311
荻津勝考　秋田310
荻生徂徠　秋田198 千葉169 神奈川56,188,283 山梨186,267 滋賀369 奈良288 島根39 山口317 佐賀225
奥東江　佐賀207,286
奥田木白　奈良174
奥田頼杖　広島207
奥平貞幹　愛媛34,78
奥平昌高　大分170,199,206
奥寺定恒　岩手297
奥寺八左衛門　岩手18
奥貫友山　埼玉219,337
奥村玄安　宮城216
奥村秀実　石川200,341,345,351
奥村政信　東京444
奥山内膳共建　滋賀373
小倉三省　高知289
小倉尚斎　山口176,320
小椋惣左衛門　秋田120
小倉惣治郎　山梨34
小栗上野介（忠順）　群馬96 神奈川327
小栗新兵衛　愛知42
小栗正矩　三重309
小栗美作　新潟80
尾埼星山（山人）　愛媛77,177
長田円右衛門　山梨309
小沢郷助　宮城197
小沢芦庵　滋賀335
小関三英　宮城216
織田長益　奈良25,30,297
織田信邦　山形168
織田信澄　滋賀31,46
尾高惇忠　埼玉348
小高市右衛門　神奈川44
小田切備中　島根41,106,291,299
小田島允武　新潟329
小田野直武　秋田305
落合雙石　宮崎126,288
鬼沢民次郎　青森93
小貫万右衛門　栃木259
小野朝右衛門　岐阜365
小野善助　岩手133
小野蘭山　愛知191
小野良策　岩手321
小野川喜三郎　宮城299
小野崎通敏　秋田331
小野田虎之助　山形118
小野寺譲治　宮城197
小野寺丹元　宮城217
小場宣忠　秋田33
小原君雄　滋賀259
小原治五右衛門　富山164
小原春造　徳島163,311
小原鉄心　岐阜351
小原桃洞　和歌山189,337
小夫兵庫　香川84,272
小山田信有　山梨46
小山田理兵衛　山形91
織本花嬌　千葉317
恩田大工　長野218,317
隠明寺善蔵　山形179

［か］

甲斐右膳　宮崎69,250
甲斐源助　大分58,261
海藤五兵衛　福島103
貝原益軒　奈良71,168,281 和歌山156,233 福岡203,245,300,305
海保漁村　千葉199
海保青陵　富山217
加賀の千代女　石川312 静岡302
加賀掾　大阪484
各務支考　石川313 東京433 愛知320,361 岐阜167 京都341 山口330
加賀美光章　山梨185,204,212,289
加賀屋太郎右衛門　山形33
賀川玄悦　埼玉271 徳島302
香川景樹　滋賀335 奈良200,320
香川修徳　兵庫248
香川将監　広島52
香川南浜　広島181
柿右衛門　→酒井田柿右衛門
蠣崎季広　北海道90
蠣崎波響　北海道114
蠣崎光広　北海道90,103
蠣崎義広　北海道90
蠣崎慶広　北海道90
垣田角次郎　大分262
柿沼山岳　群馬297
鍵谷カナ　愛媛103,314
賀来佐一郎　愛知196
賀来飛霞　大分209,279 宮崎195,328,348
角行東覚　静岡250
角行藤仏　東京565
角館固佐　山形179
加倉井砂山　茨城234
覚林和尚　秋田77
寛助兵衛　神奈川32
寛速水　香川22,104,116,303,310
影田孫一郎　宮城361
蔭山外記　福島356
蔭山東門　和歌山178,307
景山粛　鳥取206,373
景山龍造　鳥取189,209
笠原白翁　福井202,323
笠原筆子　埼玉289
笠原茂右衛門　山形50
鹿島三郎左衛門　鳥取229
加島平介　佐賀356,372
賀島政良　徳島289
柏有度　鹿児島183,319
柏木忠俊　神奈川215
梶原景山　香川86,327
梶原太郎左衛門　福井61
梶原藍水　香川320
春日潜庵　兵庫316
和宮親子内親王　福島351
綛屋庄兵衛　香川94
哥川　福井288
片岡仁左衛門　大阪258,498
片桐且元　奈良25,298
片桐貞昌　奈良30,295
片桐石州　滋賀252
片桐宗猿　滋賀254
片倉小十郎　宮城50,125,312,345
荷田春満　静岡296
片山庄太郎　香川105
片山北海　大阪512,563
片山与一　徳島255
カタリーナ永俊尼　鹿児島234
勝海舟　埼玉236 東京403 兵庫66 和歌山328,349 山口88 高知267 熊本342
勝木十蔵　福井271
香月牛山　京都261
葛飾北斎　東京439,457
勝部其楽　島根196,200
勝見二柳　徳島199
桂小五郎　山口83,343,358,373
桂誉正　新潟226
桂文治　大阪505
桂川甫周　山形340 宮城327 福井302 三重348
桂山彩巌　福島178
加藤明利　福島117
加藤明成　福島29
加藤磯足　愛知219,255,298
加藤景林　秋田108
加藤喜右衛門　宮城52
加藤吉左衛門　愛知144,302

大久保長安　埼玉47,63,301 新潟101,165 山梨31,97,258,297 長野113 岐阜115 静岡31 奈良51 島根78
大久保利通　鹿児島75,341,367,374
大久保利世　鹿児島367
大久保彦左衛門　東京301
大窪詩仏　群馬301,326
大隈言道　福岡195
大隈重信　神奈川315 佐賀202
大蔵永常　愛知46,166,328 奈良112,119,305,314,343 和歌山164 佐賀110 大分22,91,136,272
大倉六郎右衛門　京都166
大越喜右衛門　宮城45
大崎オヨ　新潟323
大薩摩縫殿左衛門　茨城272
大沢弥兵衛　長野193
大塩平八郎　滋賀61 大阪223,426 和歌山192,280,314
大島右京之亮　埼玉239
大島高任　岩手57,155,215,228
大島有隣　埼玉239 島根239
大島蓼太　茨城170
大嶋伴六　和歌山35,304,350
大嶋喜侍　兵庫212
大瀬休左衛門　鹿児島152
大関増業　栃木206,313
大関増裕　栃木85
大田錦城　秋田218 石川208
太田資愛　静岡200
太田宗助　茨城67
太田辰五郎　岡山137
太田忠助　熊本146
太田道灌　埼玉66 東京66,94,693 岡山273
大田南畝（蜀山人）　埼玉49 東京416,436 神奈川163 山梨215 島根183
太田伊左衛門　香川162
大田晴軒　愛知177
大高善兵衛　千葉258
太田垣猶川　兵庫204
大竹惣兵衛　福島143
大館高門　愛知219,298
大館晴勝　宮崎74,192
大谷九右衛門　鳥取42
大谷甚吉　鳥取39,46
大谷清兵衛　新潟113
大谷石庵　宮城238
大津簡七　福岡86
大塚毅斎　福島187
大塚啓三郎　栃木151
大月源　岡山285
大槻玄沢　岩手43,188 宮城214,219,287,327,353 山形326 和歌山281,323 広島298 鳥取22,214,312 長崎83
大槻磐渓　岩手190 宮城361
大槻平泉　岩手184 宮城143,214
大坪二市　岐阜357
大友玄宰　秋田87
大友宗麟　長崎29 大分101,193,212 宮崎24
大友吉言　秋田211
大友義鎮　長崎174
大友義統　大分17,24,48,194
大西伊作　鳥取339
大西権兵衛　香川19,57,119
大西滝三　奈良199
大野玄鶴　埼玉190,367
大野昌三郎　愛媛285
大庭源之丞　静岡282
大場山城　宮城59
大橋兵部（易清）　愛媛135
大畑才蔵　和歌山36,63,350
大原呑響　岩手48
大原彦四郎　岐阜83
大原幽学　千葉195,205,340,357
大堀村左馬　福島125
大前田英五郎　群馬20,239
大見武憑武　沖縄161
大村治五平　岩手48
大村純忠　長崎28,51,129,174,190,265
大村純長　長崎203
大村安之助　千葉84
大村喜前　長崎33,89
大目三郎左衛門　高知66
大矢弥市　神奈川225
大山左平次　富山97
大山隼人　秋田266
大淀三千風　宮城318 山形41 三重311
オールコック　福島352 東京514 佐賀54
岡修　宮城361
岡熊臣　島根175,196
岡太仲　愛媛44
岡井氷室　香川202
岡崎重家　徳島196
岡崎治郎左衛門　愛媛98,314
岡崎安之　山形308
小笠原三郎左衛門　埼玉26,301
小笠原忠真　兵庫38 熊本276
小笠原忠知　大分28,38
小笠原東陽　神奈川233
小笠原長胤　大分28,40,49,122
小笠原長次　大分28,38,122,254
小笠原長昌　佐賀152,279
小笠原長守　福井316
岡嶋嘉平次　大阪58
岡島正義　鳥取58,372
岡田明義　秋田346
岡田鴨里　兵庫196
岡田佐平治　静岡78
岡田子明　香川334
岡田庄太夫　大分19,41,67
岡田如黙　福島168
岡田心斎　大阪121
岡田頼母　島根49,167,186,239,305
岡田善政　岐阜55
岡田米山人　大阪522
岡田米仲　奈良289
岡田茂三郎　鳥取289
岡田弥兵衛　兵庫100,282
尾形乾山　京都279,308
緒方洪庵　大阪571,618 和歌山208,329 岡山193 鳥取219,304,312 島根191
緒方春朔　福井324 福岡312
緒方宗哲　高知301
尾形光琳　京都300,308
尾方長栄　徳島336
緒方又右衛門（東海）　佐賀220
岡部綱紀　福島343
岡部拙斎　香川21,202
岡部又右衛門　滋賀26
岡見知康　秋田218
岡村源五兵衛　宮城326
岡村十兵衛　高知44
岡本孝道　奈良207,310
岡本主米　大分78,304
岡本豊彦　沖縄132
岡本半介　滋賀77,372
岡本政苗　東京213
岡本保左衛門　兵庫101
岡谷瑳磨介　山形347
岡山友清　三重182
小川笙船　東京200
小川伝兵衛　愛知248
小川八十左衛門　徳島103
小川光氏　大分27,38
小川利平　愛媛101

岩永春斎　福岡204
岩永大蔵　大分263
岩間清馨　宮城345
岩松助左衛門　福岡72
岩本晴之　徳島245
岩本茂兵衛　群馬111,314
隠元　大阪370 長崎286
忌部正興　島根323

［う］

ウィリアムクラーク　北海道225,293
ウイリアムアダムス　東京482
上垣守国　福島139,369 兵庫93,218
上河淇水　徳島173
植木升安　三重37
上島鬼貫　兵庫230,277
上杉景勝　山形55,85,160,225,243 福島30 新潟76
上杉重定　山形85,164,187
上杉綱勝　山形85,226
上杉治広　山形80,88,192
上杉持朝　埼玉66
上杉鷹山　山形85,159,187
上田秋成　滋賀336 大阪512,552
上田淇亭　奈良191,197
上田作之丞　石川197
上田唯今　徳島54,173
上田俊蔵　大分133
上田与五郎　青森205
植田養山　埼玉278
植田下省　兵庫216
上野景範　鹿児島353
上野彦馬　静岡333 長崎322
上原立斎　滋賀80
植松三良平　東京355
植松茂岳　愛知218,337
植松自謙　長野187
植村家長　奈良18,30
植村禹言　奈良282
植村角左衛門　新潟323
植村左平次　栃木128 奈良124,314
植村政勝　三重326
上村辰弥　大阪484
上村源之丞　徳島215,327,342
宇佐美恵助　島根44,157
宇佐美伝次郎　新潟116
牛込忠左衛門　長崎59
碓井玄良　宮崎242,328
碓井直右衛門　福井137
宇瀬千右衛門　愛媛161
歌川広重　東京439,457 神奈川104,127 滋賀223
宇田川玄真　鳥取215,304
宇田川玄随　秋田314 岡山24
内崎順治　宮城361
内田佐七　愛知21,115,344
内田孫右衛門　山口365
内田与三次郎　福井270
内田利兵衛　山口233
内村鑑三　北海道227
内山真龍　静岡247
内山真弓　長野254
内山良休　福井142
宇都宮仙太郎　北海道296
宇都宮遯菴　山口178,298
宇都宮乗綱　愛媛299
内海草坡　青森359
鵜沼国懋　秋田349
鵜沼助四郎　秋田198
生方雨什　群馬270,286
馬之背駒蔵　徳島330,346
思（うみ）嘉那　沖縄172
梅田雲浜　福井192 滋賀81 奈良226 宮崎74
梅津憲忠　秋田31
梅津政景　秋田28,287 山形46
梅辻春樵　滋賀336
浦野孫右衛門　石川61
卜部宗左衛門　愛媛113
瓜生寅　福井203
雲居禅師　宮城312
雲谷等顔　山口20,195
雲甫和尚　兵庫284

［え］

英俊　奈良41,180
栄林周瑞　福岡83
江頭治右衛門　佐賀146
江川担庵　山梨285 佐賀85
江川英龍　東京191 静岡318,327
恵観和尚　岩手199
江木鰐水　広島315,318
江口甚右衛門　長崎95
枝権兵衛　石川353
越後屋太郎右衛門　秋田57
越前屋久右衛門　秋田57
江藤新平　佐賀204
エドウィンダン　北海道222,297
榎津久米之介　福岡101
榎本其角　→宝井其角
榎本武揚　北海道183,256 埼玉119 三重100
榎本弥左衛門　埼玉70,145,212
江幡五郎通高　岩手197
海老江庄右衛門　滋賀44
蝦又玄　和歌山186,192
江馬亀之進　宮城361
江間郡兵衛　秋田69
江馬細香　岐阜343
江馬蘭斎　岐阜198
江村北海　岐阜192 京都191
江村老泉　高知162
円空上人　北海道132 岐阜309,341
円耳真流　滋賀246
遠藤謙安　福島164
遠藤勝助　東京419
遠藤高璟　富山355
遠藤仁右衛門　山形100
遠藤春足　徳島203
遠藤広実　愛媛196
遠藤弁蔵　広島67

［お］

応其（木食上人）　→木喰商人
近江屋治郎右衛門　秋田76
近江屋甚兵衛　千葉153 東京172
大石内蔵助　兵庫39,308
大石久敬　群馬206,339
大石良英　佐賀337
大内久太夫　秋田198
大内義隆　山口279
大浦慶　佐賀124 長崎315
大浦為信　青森29
大江春塘　大分204,207
大江広元　山口290,342
大江巳之介　徳島218,330,346
大岡春卜　大阪522,618
大岡忠相　埼玉90,226 東京113,120,129,149,423 静岡267 香川127
大岡忠正　埼玉227
大岡忠光　埼玉226
大岡力次郎　山形170
大梶七兵衛　島根18,278
大金重貞　栃木282
大河原亀文　埼玉21,336
大河原養伯　福島161
大木彦右衛門　山梨316
大草太郎左衛門　兵庫195
大久保一林　山梨232
大久保要　茨城213
大久保勘左衛門　福井33
大久保忠真　神奈川208,309
大久保忠朝　佐賀208
大久保忠増　静岡58

泉沢履斎　秋田222
泉田大隅　宮城369
泉屋平右衛門　大阪130
出雲寺和泉掾　京都109
伊勢屋利八　京都136
磯村吉徳　福島283
井田龍造　福井262
板垣勘四郎　静岡146
板倉勝明　群馬173,340
板倉勝静　岡山204
板倉志摩之助　愛媛74
板倉内膳正　福島333
板橋鉄山　岩手124
板屋兵四郎　石川49
一枝禅師　滋賀346
市川五郎兵衛　長野296
市川作右衛門　宮城126
市川団十郎　千葉247　東京668
市川忠蔵　島根173
市河米庵　徳島320
市川和橋　山梨232
一木権兵衛　高知39,279
市野茂三郎　滋賀61
一瀬調実　山梨231
市原多代女　福島123,296
市村宗四郎　山形94
一柳太郎兵衛　大阪409
一茶　→小林一茶
一色義十郎　愛媛19,34
井出伝右衛門　埼玉30,305
井出道貞　長野316
出津秀一　茨城69
伊東玄朴　佐賀85,334,346
伊東昇迪　山形192
伊東彦四郎　富山88,329
伊東祐実　宮崎44,85,274
伊東マンショ　長崎174
伊東祐慶　宮崎62,84,265,272,324
伊東友賢　宮城361
伊東祐相　宮崎127,277,287
伊東祐兵　宮崎17,26,83,265,271,320,324
伊藤為憲　秋田222
伊藤伊兵衛　東京312
伊藤宜堂　鳥取199　島根196,255
伊藤久左衛門　大分121
伊藤圭介　愛知191
伊藤小左衛門　福岡259
伊藤五郎左衛門　新潟347
伊藤三郎左右衛門　宮城132
伊藤仁斎　滋賀319,336　京都191,300　和歌山343　島根57
伊藤助右衛門　山形119
伊藤坦庵　福井52
伊藤中兵衛　滋賀87
伊藤禎蔵　兵庫202
伊藤東涯　栃木190　和歌山343　京都300
伊藤東溟　宮城193
伊藤彦十郎　宮城135
伊藤博文　神奈川315　山口78,220,339,354
伊藤文蔵（鏡河）　大分169
伊藤祐倫　福島299
伊藤蘭斎　兵庫192
伊藤六郎太夫　福島183
井戸平左衛門　鳥取277　島根32,240,297,325
伊奈忠克　埼玉33,306
伊奈忠尊　埼玉240,304
伊奈忠次　群馬34　埼玉26,47,63,81,178,300　神奈川64
伊奈忠治　茨城298,353　埼玉26,41,56,60,81,159,303　神奈川32,64
伊奈半左衛門　福島46　群馬209,228　埼玉74,88,224　千葉51　東京90,116　神奈川57,69,279　静岡59
伊奈半十郎　埼玉159　茨城298,353　神奈川50　岐阜137,315
稲垣重綱　大阪73
稲垣長和　福井140
稲沢宗庵　福島325
稲田植久　兵庫190,195　徳島289
稲田誨植　兵庫190
稲田邦植　徳島335
稲田九郎兵衛　徳島94,270
稲田植誠　徳島336
稲津弥右衛門　熊本74
稲葉一通　大分214
稲葉迂斎　佐賀207
稲葉正則　静岡283
稲葉正巳　千葉196
稲葉黙斎　千葉302
稲見升貞　秋田210
稲村三伯　鳥取21,215,312
稲村七郎左衛門　山形129
乾十郎　奈良91
乾純水　徳島311
犬飼松窓　岡山318
犬塚安太　熊本325
イネ　愛媛283
稲生若水　石川183
伊能忠敬　北海道153　茨城354　千葉309
伊能頴則　千葉221
井上馨　山口78
井上儀左衛門　香川206,264
井上恵助　島根291
井上治平　広島161
井上重厚　京都227
井上昌倫　山梨201
井上通女　香川206,264
井上伝　福岡137
井上伝小路　神奈川52
井上武兵衛　秋田265
井上正春　静岡163
井上茂兵衛　愛媛135
井上良盛　鹿児島363
猪口万右衛門　福岡102
猪熊千倉　香川65,202
井原西鶴　山形42　東京422　京都197　大阪45,181,338,480,488,575
茨木重謙　三重85
井深茂太郎　福島174
今井勘右衛門　島根251
今井栄　福岡332
今井芳斎　鳥取327
今泉徳輔　福島313
今泉又兵衛　福島38
今津屋善次郎　徳島311
今成吉四郎　山形166
今宮大学義透　秋田202
今村五郎兵衛　福岡32
今村文吾　奈良22,91,198
今村道之進　愛媛236
今村弥次兵衛　長崎93
井村利平　奈良307
伊与田安太輔　福島151
入江善兵衛　茨城321
入江長八　静岡171
岩井与左衛門　奈良51
岩井田昨非　福島177
岩城隆恕　秋田198
岩城吉隆　秋田33
岩崎源造　長野146
岩崎長世　長野346
岩崎弥太郎　福島320
岩下方平　鹿児島368
岩瀬吉兵衛　栃木299
岩田みつ　山口115
岩永三五郎　熊本327

新井白石 福島46 埼玉62 東京119,239,501 千葉192 石川166 三重309 滋賀339 和歌山306,358 長崎62
荒井真庵 福島161
荒井宣昭 宮城61,334
荒井和水 山形194
荒尾成利 鳥取42
荒川秀種 秋田341
荒木如元 長崎107
荒瀬桑陽 山口252
荒砥屋孫兵衛 大阪482
有坂茂衛門 岩手103
有沢森右衛門 石川135
有馬石見 福岡59
有馬喜惣太 山口201,316,390
有馬清純 宮崎29,54,100
有馬新七 鹿児島368
有馬直純 宮崎29,54,139,324
有馬則維 福岡41
有馬晴信 長崎52,174
有馬義貞 長崎29
有馬頼永 福岡335
有馬頼徸 福岡55,159,173
有村治左衛門 鹿児島241
有吉以顕 岡山299
粟田万喜三 滋賀122
阿波の（坂東）十郎兵衛 徳島78
安定寺念西 青森179
安藤重信 山梨264
安藤昌益 青森22,187,324 岩手84,146 秋田289
安藤帯刀 山形86 和歌山92
安藤継明 愛媛63
安藤直次 和歌山17,25,98
安藤野雁 福島311
安藤信正 福島347
安藤広重 →歌川広重
安藤陽洲 愛媛267
安東政季 北海道97
安東省菴 福岡152
［い］
井伊直亮 滋賀101,250
井伊直興 滋賀248,389
井伊直弼 福島350 滋賀18,76,101,230,250,306 和歌山22,104,209,317 山口344,352,372 香川80
井伊直孝 滋賀18,216,227,248
井伊直中 滋賀228,249
井伊直憲 滋賀78,101,251
井伊直政 群馬26 滋賀44,248
井伊直幸 滋賀249,372
飯島雪斎 群馬282
飯田新七 京都331
飯田長門 山梨85
飯沼慾斎 岐阜198
伊王野担 鳥取22,304
猪飼敬所 奈良193
五十嵐篤好 富山323,341
五十嵐道甫 石川290
五十嵐養安 福島164
猪川平七 愛媛101
生島四郎太夫 兵庫68
生田弁左衛門 徳島290
生田万 群馬311,340
池内太左衛門 富山30
池上太郎左衛門 神奈川64
池尻善兵衛 大阪63
池田勘解由 岡山301
池田冠山 鳥取318
池田喜八郎 埼玉92
池田慶徳 鳥取22,188,203,316
池田玄斎 山形341
池田源助 長野154
池田玄文 香川19,97,273,278
池田定見 長野203
池田草庵 兵庫198,315
池田宗旦 兵庫278
池田忠雄 兵庫25,46
池田忠継 兵庫25,34,39
池田胤直 福島203,341
池田長吉 鳥取16,24,46,237
池田綱清 鳥取57,281,285
池田恒興 兵庫24
池田輝政 兵庫24,32,46,100,208,256
池田利降 兵庫24
池田治政 岡山272
池田光仲 鳥取16,42,54,91,298,327
池田光政 鳥取16,24,35,54,91,237,298,327 岡山45,91,161,171,182,256
池大雅 北海道132 山梨276 和歌山311
池部真榛 徳島185
伊古田純道 群馬281 埼玉274
生駒一正 香川31,38,59
生駒高俊 香川16,25,28,37
生駒親正 香川16,24,37,59
生駒親道 秋田200
生駒正俊 香川16,32,37
諫早茂行 長崎71
井沢宜庵 奈良91
伊澤亀三郎 徳島281
伊澤速蔵 徳島281
伊澤文三郎 徳島281
伊沢弥惣兵衛 茨城47 埼玉18,34,86 神奈川286 和歌山16,35,67,350
石井雨考 福島295
石井鶴山 佐賀72,199,219
石井包孝 栃木321
石井国広 山口275
石井俊助 愛知48
石井世左衛門 鳥取223
石岡林兵衛 青森149
石川光明 奈良319
石川滝右衛門 秋田163
石川藤九郎 山口306
石川八郎右衛門 愛知104
石川松兵衛 栃木302
石川大和 宮城195
石川理紀之助 秋田270
石川理兵衛 宮城96
石黒勘左衛門 秋田155
石黒信由 山形310 富山336,345,356
石田玄圭 群馬197,339
石田甚治郎 奈良73
石田梅岩 山形197 栃木260 長野187 岐阜236 静岡211 三重224 滋賀349 京都198,213 大阪195 奈良205 和歌山198 広島205
石田光成 滋賀31
石田利八 新潟308
石田冷雲 和歌山191
伊地知重貞 鹿児島255
伊地知季安 鹿児島35,353
石那田実右衛門 宮崎85,275
石橋弥兵衛 秋田317
石原清左衛門 滋賀173
石原宗祐 福岡50
石原藤蔵 静岡327
石原寛信 新潟208
石原正明 愛知220
石原有斐 山梨233
石丸利左衛門 佐賀68
石嶺伝莫 沖縄164
石母田大膳 宮城95,238,369
伊集院十蔵 鹿児島321
伊集院忠真 宮崎28,32
伊集院忠棟 宮崎20,26,32,169
泉沢修斎 秋田225

# 総　索　引

## 人　名

［あ］
アーネスト・サトー　東京523
愛加那　鹿児島377
相川四郎兵衛　群馬88
愛甲喜春　鹿児島259
会沢正志斎　茨城230,236,242　福岡335
相沢兵助　山形170
相沢金十郎　秋田339
藍沢無満　群馬190
藍沢南城　新潟216
会田安明　山形307,315
会津屋八右衛門　島根52,124,170,304
相原政胤　北海道97
亜欧堂田善　福島295
青木研蔵　山口209,214
青木昆陽　埼玉90,360　東京306　神奈川59　三重328　広島274　島根35
青木滄海　宮城193
青木津右衛門　滋賀51
青木文造（良豊）　佐賀226
青島俊蔵　山形317
青砥武平次　新潟134
青葉士弘　香川204,274,286,353
粟生屋源右衛門　石川246
青柳文蔵　岩手327　宮城217
青山拙斎　茨城231,236
青山忠裕　兵庫118
青山幸成　兵庫28
赤川玄悦　山口210
赤沢文治　岡山196
明石順治　岡山300
赤田臥牛　岐阜226,329
赤津盛正　秋田188
暁鐘成　大阪256,515　奈良283
我妻六兵衛　宮城44
赤松源右衛門　京都55
赤松滄洲　兵庫181
赤松宗旦　千葉362
赤松蘭室　兵庫181
安芸三郎左衛門　高知82
安芸恭雄　徳島339
秋保杢之丞　宮城115
秋里籬島　東京451　滋賀223,337,389　大阪255　兵庫216　奈良283
秋田輝季　福島117
秋月種茂　宮崎113,300,304
秋月種長　宮崎18,26,62,112,301,320
秋本多三郎　徳島86
秋元純一郎　茨城57
秋元凉朝　山形155
秋元長朝　群馬33
秋元久朝　山形156
秋元泰朝　山梨17,45,56,104
秋元志朝　山形346
秋山玉山　熊本173,190
浅井忠良　神奈川163
浅井長政　滋賀24
浅井屋源兵衛　滋賀173
安積艮斎　福島313
朝川善庵　鳥取199
麻田剛立　大阪560,567
麻田操　奈良19,113,301
浅野氏重　山梨16,47
浅野内匠頭長矩　東京170　兵庫27,308
浅野忠吉　和歌山98,113
浅野道有　福井198
浅野長晟　和歌山92,98　広島175
浅野長直　兵庫39
浅野長広　兵庫181,309
浅野長政　山梨16,25,117,261,265
浅野長吉　埼玉122　滋賀28,175
浅野弥太夫　岡山120
浅野幸長　山梨16,25,117,265　和歌山17,29,98,107,113,270,371
浅野吉長　広島52,175
朝日重章　愛知244
朝日丹波　島根44,157,299
朝比奈藤兵衛　岐阜90
下見吉十郎　広島275
浅見絅斎　滋賀318　京都193　島根179
浅見文次　滋賀372
浅見又蔵　滋賀88
芦東山　岩手177　宮城58,225
葦名直盛　福島60
葦名盛氏　福島60
葦名盛隆　福島104
葦名義広　福島160
足羽純亭　鳥取199,203
東一郎　滋賀82
阿曾三右衛門　富山43
足立重信　愛媛28,32
跡部良顕　群馬226
穴井六郎右衛門　大分20,42,67
穴太源太左衛門　滋賀119
穴山信君　山梨98,245
鐙屋惣右衛門　山形41
阿部市郎兵衛　滋賀86
阿部源左衛門　宮城143
阿部小平治　宮城45
阿部正倫　広島68
阿部正弘　東京403　広島74,125,213,326
阿部弥一右衛門　熊本243
阿部魯庵　山口209
安部信勝　埼玉58
安部信発　愛知173
安倍恭庵　鳥取168,372
安倍清右衛門　宮城97,289
安部井磐根　福島184,274
安部井壮蔵　福島274
甘糟右衛門　山形250
天草四郎　長崎53　熊本81
尼子義久　鳥取32
天野喜四郎　愛媛18,36,115,312
天野信景　愛知288
網屋吉兵衛　兵庫67
雨富検校　埼玉317
雨宮敬次郎　山梨296,322
雨宮作左衛門　山梨142
雨森精斎（精翁）　島根162,196
雨森芳洲　滋賀338
新井奥邃　宮城360
新井三郎左衛門　宮城361